宁夏回族自治区
标准地名志

—— 自治区卷 ——

NINGXIA HUIZU ZIZHIQU
BIAOZHUN DIMINGZHI

宁夏回族自治区民政厅　编

中国社会出版社

国家一级出版社·全国百佳图书出版单位

图书在版编目 (CIP) 数据

宁夏回族自治区标准地名志．自治区卷 ／ 宁夏回族
自治区民政厅编．-- 北京 ：中国社会出版社，2023.3
　　ISBN 978-7-5087-6767-3

　　Ⅰ．①宁… Ⅱ．①宁… Ⅲ．①地名-宁夏 Ⅳ.
①K924.3

中国版本图书馆 CIP 数据核字 (2022) 第 071387 号

出 版 人：浦善新	终 审 人：王　前
责任编辑：魏光洁	责任校对：刘海飞
封面设计：时　捷	

出版发行：中国社会出版社	地　　　址：北京市西城区二龙路甲 33 号
邮政编码：100032	编 辑 部：(010)58124851
网　　址：shcbs.mca.gov.cn	发 行 部：(010)58124868
经　　销：新华书店	

印刷装订：河北鑫兆源印刷有限公司	开　　本：185 mm×260 mm　1/16
印　　张：41	字　　数：800 千字
版　　次：2023 年 3 月第 1 版	印　　次：2023 年 3 月第 1 次印刷
定　　价：220.00 元	

中国社会出版社微信公众号

中国社会出版社天猫旗舰店

宁夏回族自治区地图

甘肃省

内蒙古自治区

内蒙古自治区

陕西省

甘肃省

甘肃省

石嘴山市

银川市

吴忠市

中卫市

固原市

图 例

段区市行政中心	县　　　道
地级市行政中心	自治区（省）界
县、市、区行政中心	地　级　市　界
乡、镇、街道办事处	县（市、区）界
国 营 农 场	长　　　城
高速铁路及车站	河　　　流
铁路及车站	山峰及高程
高速公路及编号	旅 游 景 点
国道及编号	飞 机 场
省道及编号	桥
专用道路及编号	

比例尺 1:850 000　审图号：宁S（2022）第001号　注：图中界线仅供参考不能据此划界。

宁夏回族自治区自然资源厅 编制

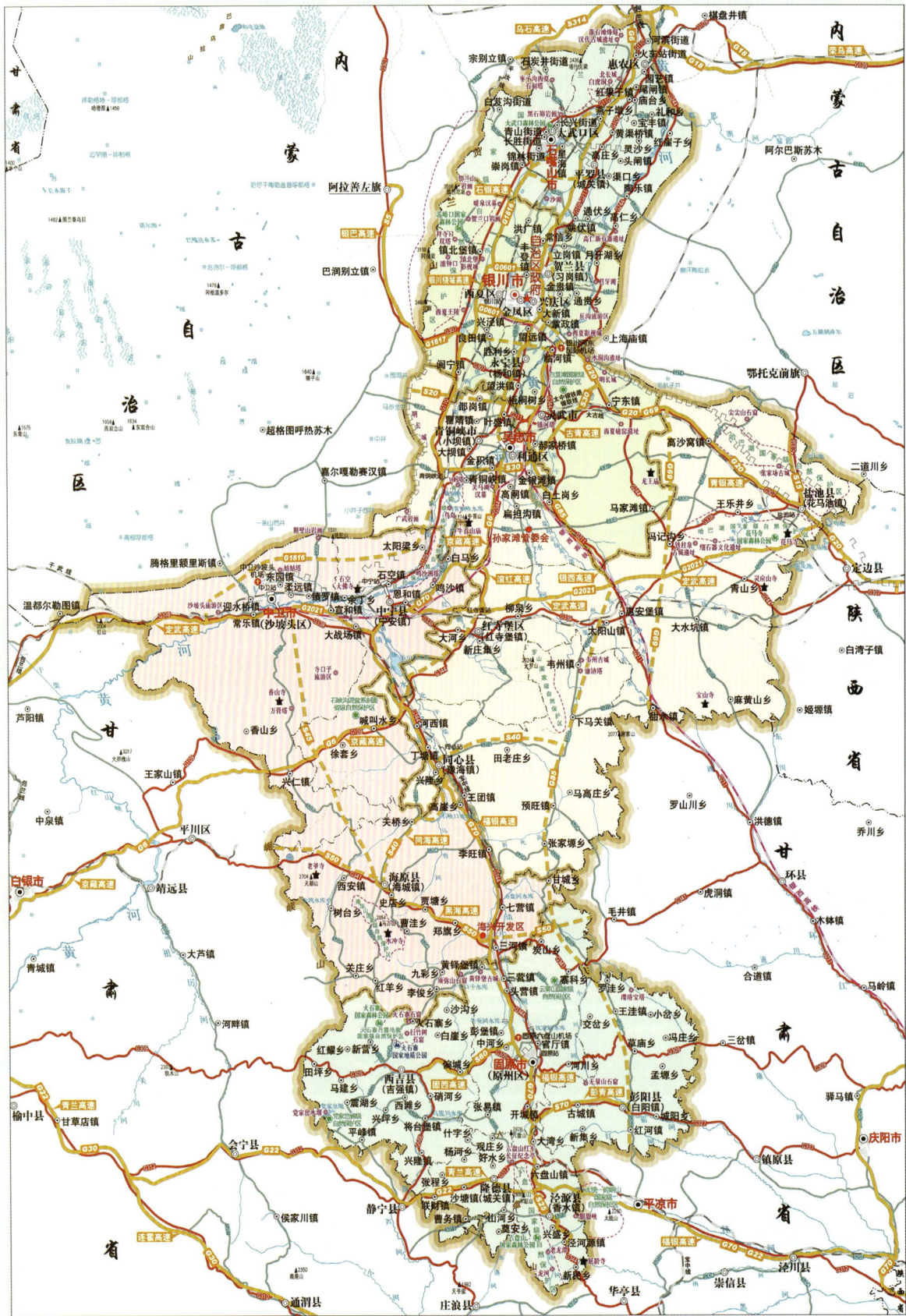

甘肃省

内蒙古自治区

陕西省

甘肃省

比例尺 1 : 1 100 000

```
0      11.0     22.0     33.0     44.0km
```

银川市

石嘴山市

吴忠市

中卫市

固原市

白银市

平凉市

庆阳市

内蒙古自治区

阿拉善左旗

鄂托克前旗

盐池县(花马池镇)

定边县

银川市地图

内蒙古自治区

内蒙古自治区

平罗县

贺兰县

西夏区

金凤区

兴庆区

银川市

贺兰县

永宁县

灵武市

青铜峡市

吴忠市

利通区

盐池县

红寺堡区

图例

- 设区市行政中心
- 地级市行政中心
- 县（市、区）行政中心
- 乡、镇、街道办事处
- 国营农、林、牧场
- 工业园区、开发区
- 行政村
- 自治区（省）界
- 地级市界
- 县（市、区）界
- 长城
- 高速铁路及车站
- 铁路及车站
- 高速公路及编号
- 国道及编号
- 省道及编号
- 县道及编号
- 专用道路及编号
- 河流
- 渠
- 沟
- 山脉
- 湖泊、坑塘、盐田
- 山峰及高程
- 旅游景点
- 机场

比例尺 1:260 000　审图号：宁S（2022）第001号。图中界线仅供参考不做划界依据。

宁夏回族自治区自然资源厅 编制

003

石嘴山市地图

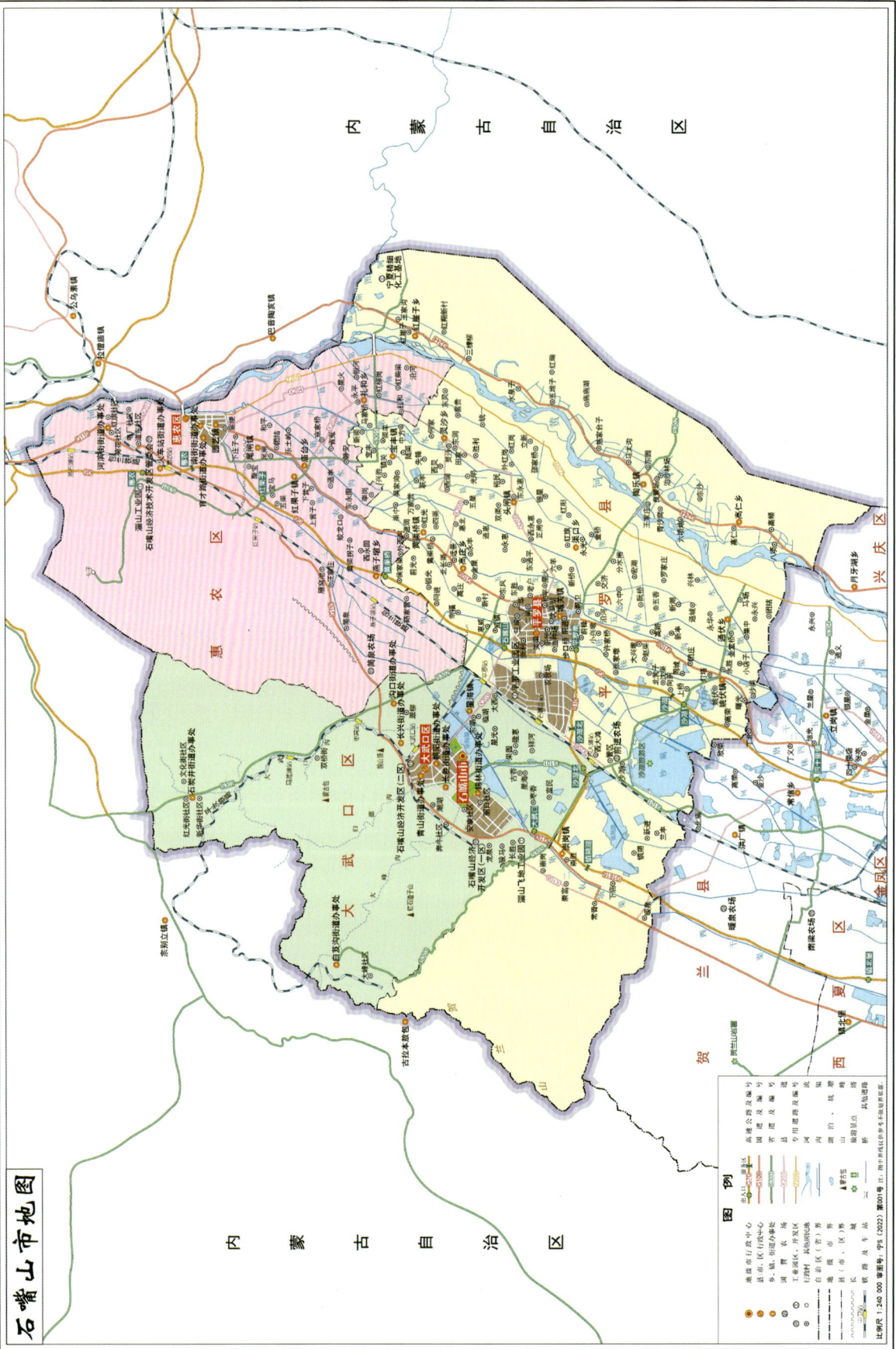

内 蒙 古 自 治 区

内 蒙 古 自 治 区

惠 农 区

平 罗 县

大 武 口 区

兴 庆 区

贺 兰 山

西 夏 区

金 凤 区

图 例

比例尺 1:240 000　审图号 宁S（2022）第001号　图上所代表的地物位置不表示境界线

吴忠市地图

内 蒙 古 自 治 区

陕 西 省

甘 肃 省

盐 池 县

武 市

灵 武 市

利 通 区

同 心 县

青 铜 峡 市

永 宁 县

中 宁 县

中 卫 市

沙 坡 头 区

原 州 区

内 蒙 古 自 治 区

甘 肃 省

海 原 县

比例尺 1:510 000

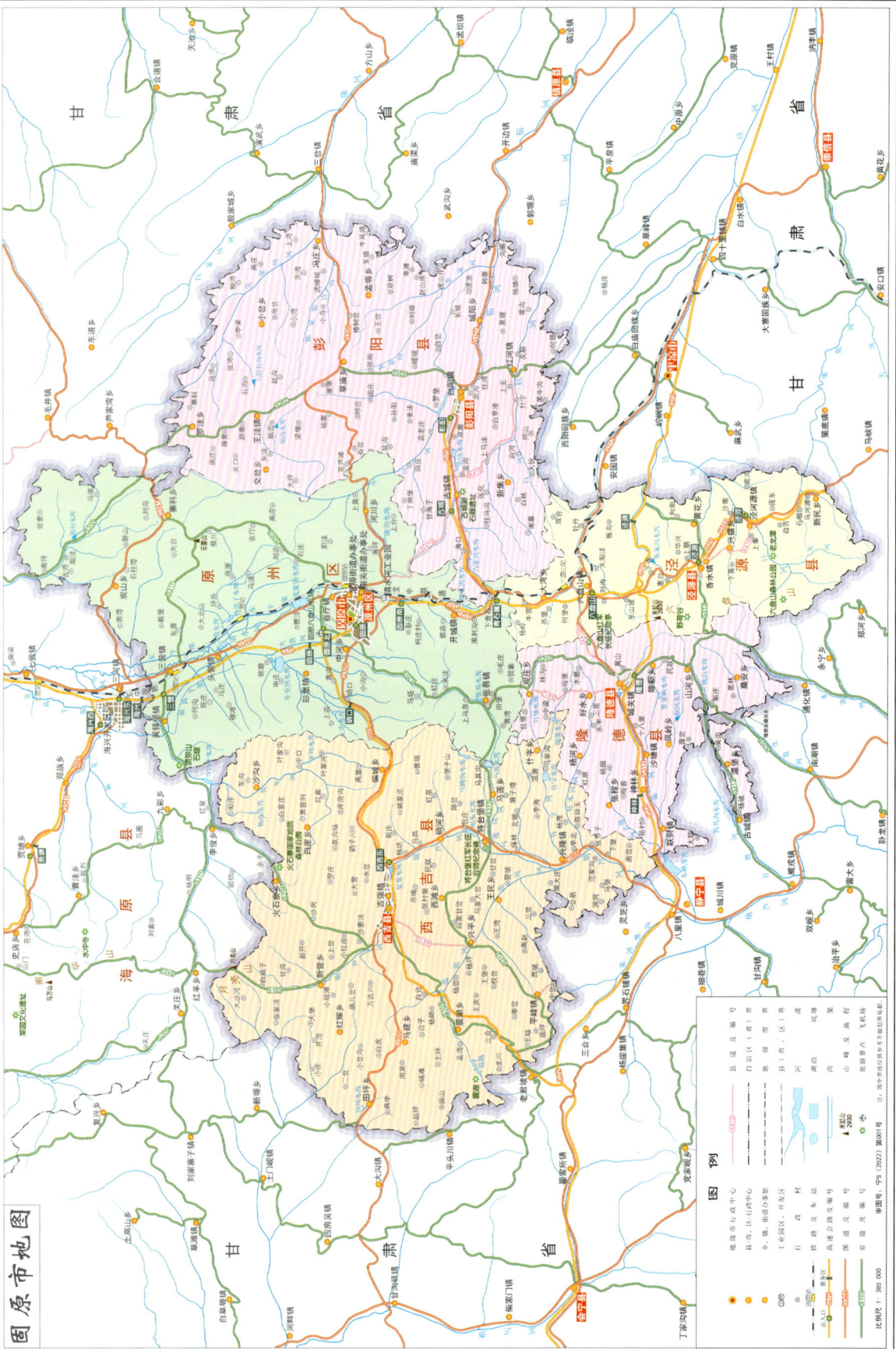

固原市地图

图　例

审图号：宁S（2022）第001号

比例尺 1：385 000

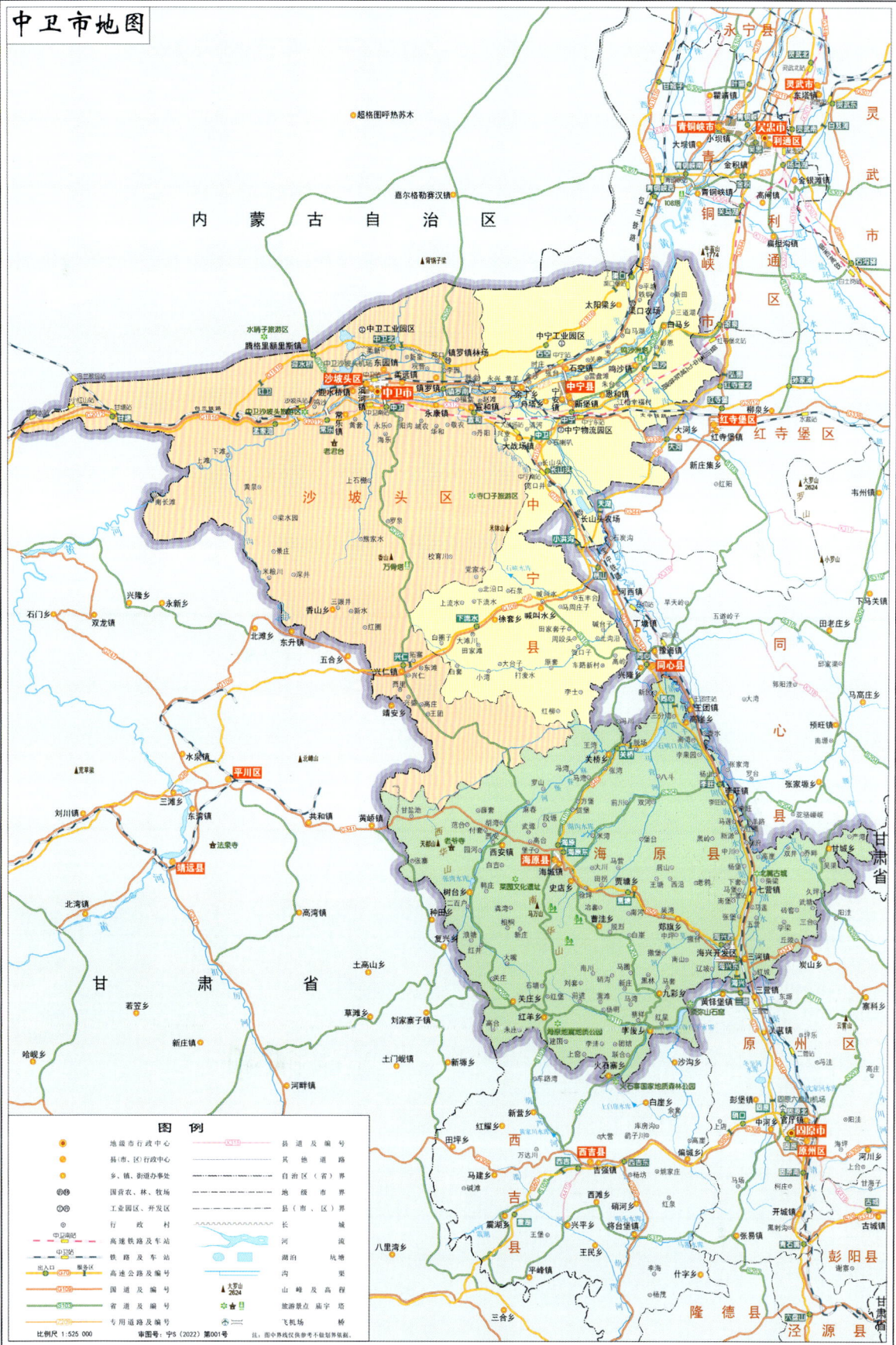

中卫市地图

内蒙古自治区

甘 肃 省

青铜峡市
吴忠市
利通区
灵武市
青
铜
峡
市
利
通
区

永宁县
灵武市

红寺堡镇　红寺堡区

同
心
县

固原市
原州区

西
吉
县

海原县
海 原 县

沙坡头区
中卫市
中宁县

沙 坡 头 区

中
宁
县

腾格里额里斯镇
超格图呼热苏木
意尔格勒赛汉镇

平川区
靖远县

彭阳县
隆德县
泾源县

甘
肃
省

图 例

地级市行政中心	县道及编号	
县（市、区）行政中心	其他道路	
乡镇、街道办事处	自治区（省）界	
国营农、林、牧场	地级市界	
工业园区、开发区	县（市、区）界	
行政村	县城	
中卫站 高速铁路及车站	河流	
中卫东 铁路及车站	湖泊　坑塘	
出入口 高速公路及编号	山峰及高程 大罗山 2024	
国道及编号	旅游景点 庙宇 塔	
省道及编号	飞机场	
专用道路及编号	桥	

比例尺 1:525 000　审图号：宁S（2022）第001号

宁夏回族自治区自然资源厅 编制

雄浑贺兰　银杏树 摄

陇原之夏　银杏树 摄

西夏陵　银杏树 摄

福银高速　于勇 摄

塞上江南　葛世卿 摄

银川市人民广场　连伯亭 摄

银西高铁　陈幸福 摄

永宁黄河公路大桥　任可 摄

银川市军博园黄河湿地　张秉东 摄

银川市滨河黄河大桥　刘宪忱 摄

银川市北塔湖　田恩民 摄

银川市金凤区凤凰桥　张学义 摄

银川市海宝公园 王绍军 摄

银川市阅海塔 田恩民 摄

石嘴山市星海湖　陈红梅 摄

石嘴山市新区人民公园

大武口区星光大道　强幼德 摄

石嘴山市大武口区北武当庙　娄星辰 摄

石嘴山市大武口区归德沟　楼星辰 摄

青铜峡市黄河楼　赵赫 摄

青铜峡市大禹文化园　吴忠市民政局 供

叶盛新旧黄河大桥　宁夏地名学会 供

青铜峡市大坝镇韦桥村唐徕渠正闸　宁夏地名学会 供

青铜峡市叶盛镇地三村水稻田　吴忠市民政局 供

青铜峡市 108 塔　吴忠市民政局 供

宁夏移民博物馆　周楠 摄

固原市东岳山　蔡全录 摄

彭阳县梯田云海　马钧臻 摄

中卫市迎水桥镇南长滩　陈学仁 摄

中卫市迎水桥镇北长滩　陈学仁 摄

中卫市胜金关遗址　买新国 摄

中卫市穿沙公路　葛世卿 摄

编纂委员会

凡 例

1. 坚持马列主义、毛泽东思想、邓小平理论、"三个代表"重要思想、科学发展观和习近平新时代中国特色社会主义思想，以辩证唯物主义和历史唯物主义为指导。在政治上与党中央的路线、方针、政策保持高度一致。

2. 本书属地方志中有关地名的专志，执行国务院颁布的《地方志工作条例》《地名管理条例》及宁夏回族自治区第十一届人民代表大会常务委员会通过的《宁夏回族自治区地名条例》，如实记述宁夏行政区域内的地名现状及历史、地名文化，实现"存史、资政、教化"宗旨。

3. 按照志书惯用的七种体例，本书只使用述（概述）、记（大事记）、志（志书主体）、图、表、录（附录）六种，不写人物传。本书的编排、内容、写法，均应遵守志书规范，与《地名词典》有别。

4. 编纂中做到资料翔实、内容不离"地名"主题，突出重点，写出地名文化与特色。资料以第二次地名普查成果为主，大量参考地方志、年鉴及各种地方文献、研究成果，以弥补本次地名普查资料的不足。

5. 采用记叙文体。除概述外，其余皆不作议论，以第三人称，客观记述实际情况，用资料的科学排比反映作者观点。

6. 上限起自地名出现，下限到2016年底，做到全书基本一致，大事记及重要新地名可延伸至2017年底。

7. 数字使用、计量单位。遵守《出版物上数字用法》和国家标准计量单位的规定。数字小数点后最多保留两位数。为适应这一规范，应根据不同情况选用适宜的标准计量单位。如面积：大的国土面积用平方千米，中等的森林面积、耕地面积用公顷，数量小的耕地面积、湖泊面积用亩，数量更小的建筑物、企事业单位占地面积、建筑面积用平方米。长度单位：大的用千米，小的用米；公路里程一般用公里，城区道路可用千米。质量单位，按重量大小分别用吨（如运输货物）、千克（或公斤）、克。

8. 古代度量衡因历朝差异很大，换算十分复杂，有的朝代至今尚无定论，故一般不作换算，仍沿用当时的计量单位及数字使用方法。如二丈三尺、十五石、五百里等。

9. 纪年。古代在帝王年号后扩注公元纪年，再写农历月、日，如唐贞观二十年（646年）七月十六日。其中农历月、日，必须用汉字数字；括号内的用阿拉伯数字，如系公元前，加"前"字；如系公元后，100年内者加"公元"二字，其余不加公元。从1912年起，全部使用公元纪年。不使用"新中国成立前（后）""解放前（后）""建国前（后）"等不科学的时间定位，用"中华人民共和国成立前（后）"或具体时间。

10. 称谓。记人一般直书其姓名，前置职务。民国政府官员也不加贬称。党和国家领导人按新华社惯例，即在姓名后（或前）加一最高职务，如毛泽东主席。行政区划、官府一律用全称。党政机关，在地名词目中用全称，如"中国共产党宁夏回族自治区委员会"；释文中可简称"自治区党委"，但不得使用"区党委"等模糊称谓。

11. 禁用词汇。执行新华社2016年10月15日规定的第一批禁用词汇。对其中涉及国家主权、党的方针政策的，必须使用规范性词汇。

12. 地名要素。基本地名要素包括：标准地名、正确读音、曾用名、简称及其来历、含义；所在位置、范围；地名沿革；下限年份概况及特色。这些基本要素，在各类地名记述中都不能或缺。其他自然地理实体地名、行政区划地名及交通、水利、医院、学校等专业地名，另有自身专业要素，皆应写全。

13. 注释。全书统一，使用随文扩注，即在正文后用括号加注。引用书名写到卷目或章节。其作者、版本，在附录的参考书目中列具。

14. 志书主体采用章、节结构。章设无标题综述。节下设目。目的层次序号：第一层次为一、二、三……；第二层次为（一）、（二）、（三）……。

15. 志书主体选取宁夏行政区域内的各类重要地名。行政区划地名写到街道办事处、乡镇及历史名村；城市道路写到主干道及老街（路）；公路写到省道；渠、沟写到支渠、支沟；文物遗址写到省级文物保护单位；旅游景区、学校、医院、市场、商场、宾馆酒店、场馆、广场园林等，写知名度高的。无地名功能的无线通信基站、小桥涵、企事业单位、公交车站、加油站不写。

目　录

概　述

　　宁夏回族自治区是中国 5 个少数民族自治区之一，成立于 1958 年 10 月 25 日，简称宁，号"塞北江南"，有"天下黄河富宁夏"之誉。位于中国西北的东北部，地处东经 104°17′~107°39′、北纬 35°14′~39°23′，北部地区三面与内蒙古自治区接壤，南部地区为甘肃省三面环绕，东部仅盐池县与陕西省为邻。辖银川、石嘴山、吴忠、固原、中卫 5 个地级市，9 个市辖区、2 个县级市、11 个县，193 个乡镇、46 个街道办事处。首府银川，自治区人民政府驻解放西街 361 号，东北（由 109 国道）至北京 1230 公里。面积 6.64 万平方千米。地势南高北低，呈梯状下降，由北向南分别为贺兰山山地、银川平原、灵盐台地、卫宁平原、黄土丘陵和六盘山山地 6 个地貌区。山地和丘陵占 53.8%，平原占 26.8%。2016 年末，常住人口 674.9 万，其中回族 244.15 万人，占 36.18%。全年实现地区生产总值 3168.59 亿元，全体居民人均可支配收入 18832 元。有国家历史名城 1 座——银川市，全国重点文物保护单位海宝塔、须弥山石窟等 35 处，自治区文物保护单位 110 处；国家级非物质文化遗产宁夏回族山花儿、回族服饰、二毛裘皮制作技艺等 15 项，省级非物质文化遗产羊皮筏制作技术、手工擀毡、回族口弦等 56 项。

一、地名来历及含义

　　宁夏一名，蕴含厚重的历史文化。夏，中国历史上的第一个朝代，中国人自称"华夏"即源于此。其第一代君主禹，后人称"夏禹""大禹"。大禹治水"浮于积石，至于龙门西河"，中间经过宁夏，留下以青铜神斧劈山导河形成青铜峡的传说及禹王洞、禹王庙等古迹。407 年，匈奴铁弗部首领赫连勃勃建立割据政权，定都统万城（陕西靖边县白城子古城），据有宁夏全境。他自称是夏禹的后代，故国号大夏，史称"赫连夏"。唐末五代，党项族以夏州（即统万城）为中心崛起，宋初从陕北逐步扩张到宁夏、内蒙古中西部、甘肃河西走廊。1038 年，其首领元昊称帝，定都兴庆府（后更名中兴府，今银川市），立国号为大夏。其境土"东尽黄河，西界玉门，南接萧关，北控大漠"。《宋史》有《夏国传》，因其版图在西，故史籍称西夏。西夏从正式建都立国到 1227 年被成吉思汗灭国，共 189 年。如从 1002 年李继迁攻占宁夏平原称"西平王"算起，长达 225 年，其间留下了很多地名。忽必烈中统二年（1261年）创立行省制度，以西夏故地设"西夏中兴等路行中书省"，为全国11个行省之一，治中兴府（今银川市兴庆区）。后与甘肃行省几经分合，于元至元二十五年（1288年）撤中兴路行省，设宁夏府路，寓意"安宁的西夏"。"宁夏"之名，由此传承至今。

二、地名沿革

西周早期已控制宁夏南部，因而在《诗经》中出现大［太］原、朔方之类的区域性地名，并派大将南仲到朔方筑城。至春秋战国时期，在今盐池县一带有昫衍戎，在固原地区东部有义渠戎，固原地区南部有乌氏戎。战国秦惠文王所置昫衍县（今盐池县张家场古城）、乌氏县（辖今泾源县）、朝那县（辖今彭阳县），是宁夏境内首批县级建置，县名都源自戎族部落。公元前214年，蒙恬北逐匈奴取"河南地"，置富平县，寓意富庶的平原，今银川平原大部属之。

西汉初年，宁夏各地建置多沿袭秦，汉惠帝四年（前191年）置灵州（亦写作洲）县，在黄河洲岛上，随水高下，未尝沦没，故号灵洲，是延续近两千年的"灵州"地名之源。岛上设2个牧马苑（全国共5个），名河奇苑、号非苑，是宁夏最早的官牧机构。楚汉相争，宁夏北部又沦为匈奴牧地。汉武帝元朔二年至元狩二年（前127—前121年），派大将卫青、霍去病多次出击匈奴，收复河南地、新秦中，并迁移内地居民到此耕垦，使人口大增，冠盖相望，原来的建置已不适应。汉武帝元鼎三年（前114年），从北地郡析置安定郡。新的北地郡移治马岭（甘肃省庆阳市西北），共辖19县（道），在宁夏境内有5县，其中富平、昫衍、灵洲为旧县，灵武、廉县为新设。安定郡治高平（今固原市城区），辖21县（道），在宁夏境内有7县，其中朝那、乌氏、泾阳为旧县，高平、朐卷、三水、参繸4县为新设。

东汉时，宁夏分属凉州刺史部之安定、北地两郡。其中：安定郡治临泾（今甘肃省镇原县西南），辖8县，在宁夏境内有高平、朝那、乌枝、三水4县；北地郡治富平（今吴忠市西），辖6县，在宁夏境内有富平、灵洲、参繸、廉县4县。东汉永初年间（107—113年），羌族起义大爆发，朝廷无力抵御，于东汉安帝永初五年（111年）将以上两郡南徙关中。汉顺帝永建四年（129年），朝廷对羌作战取得胜利，又将两郡回迁，恢复故县，但在东汉汉顺帝永和六年（141年）又南徙关中。东汉后期至西晋，朝廷无力治理，宁夏中北部行政建置名存实亡。十六国时期，多个政权曾管控六盘山区，赫连夏曾控制宁夏全境，但行政建置纷乱，史籍缺载，出现了高平川、都卢山等自然地理地名及一批城名。赫连勃勃所建丽子园、赫连果城，是宁夏境内最早的园林。

北魏初期，在宁夏南部置高平镇，北部置薄骨律镇，不领郡县，为军政合一机构。

后期分别改名原州、灵州，其下增设郡县。州、县之名，对其后的行政建置影响深远。原州治今固原市原州区，盖取"高平"曰"原"为名，至北周，领2郡5县。灵州治今吴忠市利通区，至北周，领5郡6县。北周，灵州辖今宁夏平原及其周边，有"塞北江南"的别号。其来源有二说。一为文化风俗说。《太平寰宇记》转引《隋图经》："灵州……风俗：本杂羌戎之俗。后周宣政二年（编者注：应为元年）破陈将吴明彻，迁其人于灵州，其江左之人尚礼好学，习俗相化，因谓之塞北江南。"二为地理风貌说。《武经总要》前集卷十八怀远镇："有水田、果园……置堰分河水溉田，号为塞北江南即此也。"唐代诗人韦蟾有诗曰："贺兰山下果园成［城］，塞北江南旧有名。"今人一般称作"塞上江南"。

　　隋朝取消北周的郡级建置。唐朝宁夏全境均属关内道，境内置灵州领县6个、原州领县4个，大部分地属之。其余分属盐州、会州、陇州。还曾在原州置都督府，在灵州置大都督府及朔方节度使。为处理民族关系，唐太宗曾亲幸灵州，会见北方游牧民族首领数千人，并在全国设立具有民族自治性质的羁縻府、州856个，其中在灵州界内的20多个。州名多以这些部族的原居地命名。唐末五代，宁夏南部被吐蕃占据，无州县建置，很多地名因长期不用而消失。北部仍属灵州。

　　1002年，西夏攻占宁夏北部、中部，1038年定都兴庆府（今银川市兴庆区），在宁夏平原新设8个州级建置。六盘山区仍为北宋控制，因与西夏交兵，设军政合一的镇戎军、德顺军、怀德军，级别与州相同。军下寨、城、堡林立。寨供军队驻防，城、堡供民定居，都由朝廷"赐名"。其含义一部分为对西夏的歧视，如镇戎、平夏、克戎、荡羌、宁羌、定戎之类；一部分为表示怀柔政策，如怀德、德顺、隆德、怀远之类；还有一部分使用当地原有地名。

　　元朝多数地名沿袭西夏，并正式使用"宁夏"一名（详见前述）。

　　明朝的宁夏，地处长城沿线。当时称长城为"边"，宁夏北部为第一道防线，筑有大边，或称外边；中部为第二道防线，筑有小边，或称内边。整个明长城沿线共设九边重镇，宁夏占两镇，即宁夏镇、固原镇。其中在固原镇又设三边四镇总制尚书，协调榆林到嘉峪关的军事防务。洪武五年（1372年），宁夏镇徙民于关陕，此后虽有少量回迁，户籍人口仍少于驻军人数。所以，无州、县设置，以军事上的卫、千户所、营、屯堡、关、烽墩为地名。由于原住民都已迁走，历史上的县、邑等旧地名随之"丢失"。后来实行军事屯垦，以百余士兵为一堡，由一名叫"百户"的低级军官管理，人们便以其姓名为堡名，如吴忠堡、邵刚堡、杨和堡……多数沿用至今，其中一些已按谐音更改，如张政堡改掌政堡、王铉堡改望洪堡、王泰堡改王太堡……不以人名命名的地名，又带有明显的民族歧视之意，如平虏千户所、套虏湖滩、平羌堡之类。从清代开始，才陆续将这些不利于民族团结的地名淘汰。

清雍正二年（1724 年）十月，清廷以宁夏"生齿繁庶"，改宁夏卫置宁夏府，辖 4 县 1 州；南部六盘山区则分属平凉府、固原直隶州。

民国建元，实行省、道、县三级建置。1913 年 2 月 7 日，改宁夏府为朔方道。同年 12 月，北京政府又决定改为宁夏道。1929 年 1 月 1 日，宁夏省成立。南部六盘山区仍属甘肃省。

三、地名现状

第二次全国地名普查汇总统计，共登记地名 133704 个。按全国地名普查规定的十一类地名分，其中行政区域地名 317 个，群众自治组织 3021 个，非行政区域名 2565 个，居民点 28267 个，交通运输设施 11864 个，水利电力通信设施 16692 个，纪念地旅游景点 7976 个，建筑物 1640 个，单位 55239 个，陆地水系 2277 个，陆地地形 3846 个。

在宁夏，古代和近代的地名，留下一些带有歧义、有损民族团结的糟粕，如镇戎、平夏、荡羌之类，经过治理，这些糟粕多已被清除。"文化大革命"中产生的一些带极左思潮类地名，如要武、战斗、反修之类，也已全部更名。但是，近 30 多年中，又出现少量不合规范的地名。一是洋，使用一些欧美外国地名，如瑞士花园、维也纳酒店、美茵之类，尤以住宅小区、商户居多。二是大，以"国际"命名的饭店、酒店、汽车城、企业，仅银川市就有近百家，口气最大的是九洲国际饭店。三是重名，"跃进""红旗""东风""红星""团结""友爱""民生"等地名，各市县重复使用。四是怪，如美德亨、君临天下之类，不知何意。近 30 年新建的居民小区，以"苑"命名成风，如湖畔嘉苑、福天苑之类，多得难以统计。而"苑"字的正解，是"养禽兽而有林木的地方"，有些居民查完《辞海》，心里很不是滋味。除此外，中英文兼用、以数字命名的也普遍存在。1958 年的人民公社化，将农村本有地名的居民点，都改为生产队，编为一队、二队、三队……留存至今。固海扬水工程修建渠道，其中最小的渠道称斗渠，按数字编号，沿线的村民小组，也按一斗、二斗、三斗命名，甚至编到十二斗，让外来者莫名其妙。有的县市，地名更名工作不遵守《地名管理条例》，如将很多行政村的"塬"改作"垣"，改变了原来的意思，甚至将耳熟能详的革命纪念地也随意更改，如毛泽东主席长征住过的单家集，也更名为"单民村"。

四、地名的命名原则

综览古今地名，在命名时都自觉或不自觉地遵循一些原则，其中最具普遍性的如下。

第一，以地理环境和名山大川命名，在古代政区类地名中较多。固原市因地势既高且平，汉代筑高平城，设高平县，北魏设高平镇。后改原州，亦因"高平曰原而名"。唐广德元年（763 年）后，吐蕃占领宁夏南部山区，史籍称其为"故原州"。明代"讳故改固"，更名固原州。隋唐在原州下又设平高县，直到今天，仍为固原市原州区。古灵州，则因黄河洲岛"随水高下，未尝沦没"而名，沿用两千多年。泾源县、贺兰县、石嘴山市、盐池县、红河乡、中河乡、好水乡、硝河乡、泾河源镇、六盘山镇等，皆因山水而名。乡镇、居民点，以这一原则命名的过千数。此外，在宁夏中部干旱区和与沙漠毗邻的地区，还出现许多以沙、水、泉命名的地名。著名的 5A 级景区沙坡头，因居腾格里沙漠边缘而名。其西有一碗泉、甘塘、营盘水，其东有迎水桥，皆为乡镇、村名。越是干旱少雨的地方，叫水的地名越多。如中宁县喊叫水乡，有上流水村、下流水村。红寺堡区的沙泉乡，有柳泉、中泉、沙泉、甘泉、新泉、永泉、东泉、西泉、水套 9 个与水有关的行政村名。

第二，因中华民族大家庭各民族的迁移、定居命名。宁夏最早的三个行政建置，都以戎族部落之名命名，取名乌氏县、朐衍县、朝那县。北魏时，将山东历下县（今济南）市民移入，置历城郡。北魏至北周，又两次将内地汉民迁至今银川市，特增设郡、县，均名"怀远"。一些名山大川的地名，也被打上民族迁徙的烙印。唐咸亨三年（672年），据有今青海全境的吐谷浑王国被吐蕃打败，国王慕容诺曷钵率余部迁至今同心县大罗山之东，朝廷特置安乐州，"欲其安且乐也"；实现安居乐业后，称其山为"达乐山"，今音转为"大罗山""罗山"。贺兰山之名，始见于隋开皇三年（583 年），"山有树木青白，望如驳马。北人呼驳马为贺兰"（《元和郡县图志》）。这里的北人，就是迁移到此的鲜卑贺兰部。另有鲜卑乞伏部驻牧于此，故贺兰山北段又名乞伏山。从古到今，各民族在宁夏的移入、迁出不断，对地名的影响亦大。1958 年 10 月宁夏回族自治区成立，从全国各地调来支宁人员，为他们专建了上海新村等居民小区。20 世纪 80 年代以后，实行移民吊庄政策，多次将南部贫困山区的乡、村整体搬迁至宁夏平原及周边，新产生了一大批移民吊庄地名。如永宁县的闽宁镇，就是福建省的对口扶贫点，成为全国脱贫典型。

第三，以姓名姓氏为专名。明洪武初为防御鞑靼、瓦剌南侵，将民户内迁关陕，以形成真空防御地带。数十年后，为解决军粮问题，在宁夏平原创设上百个军事屯堡，因旧地名无人知晓，多以管理该堡的"百户"姓名为堡名，沿用至今。如地级市中的吴忠市，乡镇中的李俊、杨和、邵刚、洪广、姚伏……约 1/3 的村庄、小桥、小渠、湖泊，以姓氏附一"家"字为专名，如郭家庄、魏家桥、尹家渠、马家湖之类。清雍正年间，朝廷派通智主修惠农渠竣工，招民屯垦成堡，为彰其功，堡名冠"通"字，形成通字八堡，如通义、通贵、通润等。宁夏平原的近千条支渠及跨渠桥梁，旧时大多以受益农户姓氏为专名。而这些渠、桥，又演变成居民点地名。南部山区的乡镇、行政村，以原住民的姓氏为专名，以沟、坪、塬、梁、湾、泉等地形为专名的，约占六成。

第四，以传统道德观念及当时意识形态命名。如隆德县、同心县、利通区、高仁乡、通义村、礼和乡、常信乡。原州区在唐代有劝善里、万福里、贤良里。中宁县在明万历间建有威武堡，民俗尚武。清乾隆十一年（1746年），民众以武抗交公粮。县令姚恪没有弹压，而是将堡名改为"恩和"，沿用至今。明代宁夏镇城32个街坊市名，分别叫熙春、泰和、咸宁、里仁、南薰、平善、毓秀、感应、修文、乐善、广和、备武、积善、宁朔……。中华人民共和国成立后，一批旧街道更以新名，用解放街、文化街、民族街、新华街、利群街、立新街、前进街等代替。1958年改乡为人民公社，改村为大队，名称多用东风、战斗、跃进、卫星之类，与各地重复太多，后多数废弃。"文化大革命"中，兴庆区和全国各地一样，出现了东方红、红卫、革命、战斗、红旗、反修、朝阳之类的重复地名，皆使用不长。1980年后，以意识形态命名的地名逐步减少。

第五，以统治阶级和民众的愿望命名。古代的州郡县名，一般都由朝廷命名，反映了统治者的期望，如西汉的安定郡，北朝的普乐郡、怀远郡，隋唐的回乐县，清朝的惠农县，乃至使用至今的宁夏、同心县、利通区、永宁县、中宁县。北宋与西夏长期对垒，在宁夏南部增设一个州，命名西安州。新筑93个军寨、城堡，均为朝廷"赐名"的居民点，用安、宁、定、德、镇、绥、靖等字特别多，还有平夏、克戎、荡羌、镇戎等敌视性词汇。民间命名的居民点，则只有用心良好的字、词，不含民族歧视成分，如兴隆、吉强、常乐、惠安等，都沿用至今。

第六，乡、村、居民点以古代军事、水利设施等人工构造物命名。宁夏有秦长城、明长城绵亘近三千里，关隘、营垒、战台密布，仅明代存名的烽墩（即烽火台）就有700多座。因而各地以长城、关、营、台、墩为通名的居民点较多，有的沿用至今。如烽墩中，就有大兴墩、小兴墩、燕子墩、头道墩、烟囱墩等；以长城及附属设施命名的，有长城塬、长城村、长城关、下马关、清水营、兴武营等。水利设施以朝代命名，居民点、桥梁以水利设施命名，如秦渠、唐徕渠、汉延渠及其支渠、闸、坝，都大量用作乡镇、村落、居民小区之名。各种楼台亭馆古建筑名，甚至城门的门额题款，都广泛用于街道名称，如银川市的南薰路、清和街、正源街、德胜工业园区，都源自城门之名。

第七，以数字和地理方位命名。如八里桥、十里铺、四十里店、头道巷、二道巷、二道墩、三道墩、五里墩之类。从固原市沿交通大道向北，有头营、二营、三营直到八营。1958年公社化以汉字的一、二、三……命名生产队，一直沿用到今天的村民小组。在专名之前冠以东、西、南、北、中的地名，也屡见不鲜。如银川古城的四门及四条环城路，湖泊、花园等。民国时期，叫西湖的就有6个。银川市金凤区就有大西湖和小西湖。

第八，以人们喜爱的各种家畜或动物命名。六盘山区古代畜牧业发达，唐代的陇右监牧鼎盛时期，马牛羊总数超过 60 万头，其中马匹过 30 万头，为中国古代官牧之最。这里的村落，冠以马字的有上百个，各县市都有叫马园、马庄、马场的居民点。羊路、羊坊、羊圈、羊槽也都成为村名。还有以吉祥美丽动物命名的，如燕鸽湖、孔雀湖、鸣翠湖，以燕鸽湖延展的管委会、居民点地名，就有 11 个。银川市曾有凤凰城之称，今除设金凤区外，还有街道、大型雕塑、小巷、居民小区、园林、影院，在取名时也冠以"凤"字。

第九，城市街巷以其文化特色和交易商品命名。最典型的是银川市老城的文化街道办事处，从明代至今，这条街集中了书院、学府、中学、各剧种的剧团、文联、文化厅等数十个教育和文艺单位。银川老城以商品命名的市坊、街巷，明代地方志记有 6 个，清乾隆《宁夏府志》载有 23 个，如碴子市街、鸡市街口、骡马市巷、羊市街、芦席巷、新木头市街、羊肉街口、猪市巷口、草巷、砖巷、柴市、陆纱帽巷、糠市巷等，其中多数在民国时期仍在使用，1954 年后逐步减少。20 世纪 80 年代后，商品经济繁荣并逐步过渡到市场经济，银川市出现 50 多个颇具规模的专业市场，如蔬菜、粮油、建材批发市场及家具市场、服装市场、花卉市场、灯具市场、文物市场等。以商品命名的地名之多，超过历朝历代。

五、地名文化

宁夏地名，承载多种地域文化。

一是反映中华文明的历史文化。灵武水洞沟遗址，是中国最早发现的旧石器人类文化遗址，距今 3 万多年，位于黄河之东 10 千米，以大量石器记录了黄河文明的起源。《诗经·小雅》有《出车》《六月》两篇，所吟地名"朔方""大原"，皆在宁夏境。战国秦始置的朐衍、乌氏、朝那三县，皆得名于戎族部落，是这里民族融合进程的一个里程碑。此后历朝，设州郡，置县镇，沉淀多种地名文化。西夏定都银川，所形成的西夏文化，是中华文明的组成部分。元代从西夏中兴等路行省到宁夏府路，是地名演变的里程碑。从此，宁夏之名稳定使用，并衍生出永宁、中宁等重要地名。

二是以"塞北江南"为代表的移民文化。秦汉时期，纳入中原王朝版图，朝廷在今河套地区移入内地汉民 70 万口，进行大规模经济开发。北魏至北周，多次从内地移民至灵州，增郡设县，取名"怀远"。又曾将山东历下县居民迁此，取名历城郡。隋郎茂《图经》记载："灵州……风俗：本杂羌戎之俗，后周宣政二年破陈将吴明彻，迁其人于灵州。其江左之人尚礼好学，习俗相化，因谓之塞北江南。"宁夏别号塞北江南，即源于此。

　　三是以秦汉古渠为代表的黄河文化。黄河自西南向东北贯穿宁夏境内，从秦汉到清代，建秦渠、汉渠、唐徕渠、汉延渠、大清渠、惠农渠等干渠。这些渠名，本身就是一部黄河水利发展史。黄河形成的冲积平原，总名宁夏平原，由银川平原、卫宁平原两部分组成，平原上渠道纵横，田连阡陌，故有"天下黄河富宁夏"之说。一些政区、居民点，都以渠、闸、坝等水利设施命名。宁夏引黄古灌区，已获世界灌溉遗产称号。几千年来，黄河的无数次改道，在平原上形成数百个大小不等的湖泊，并各有湖名，如七十二连湖、阅海、鸣翠湖、鹤泉湖，与沟渠、滩涂组成湿地。经联合国湿地公约组织认证，银川市已荣获首届"国际湿地城市"称号。

　　四是以军事设施为代表的边塞文化。战国秦在宁夏南部筑长城，横贯西吉县、原州区、彭阳县，因而出现长城塬、长城梁、将台等地名。秦蒙恬北逐匈奴后，筑塞外浑怀障，属于军事要塞，在今银川市兴庆区月牙湖乡，是银川筑城之始。楚汉相争，匈奴的白羊王、楼烦王伺机南下，又占领了河套地区的"河南地"，汉武帝派卫青再次收复，仍使用这些城障驻军防守。汉武帝随即"斥塞卒六十万"，分布在这些要塞开展军事屯垦。到明代，为防御鞑靼、瓦剌南侵，在宁夏北部、中部构筑两道防线，修筑长城总长过三千里，被山、河分隔成数十段，各自以"墙""长城"为专名，如河东墙、西南墙、北长城、北岔口长城、头道边、二道边之类。在防御体系中，又构建关、营、堡、战台数百座，出现了一大批军事设施地名。明代从固原沿交通大道向北，连设八个军营，后来改作牧马苑，今乡镇、行政村中的头营、二营、三营直到八营，都属于此。一些以平、定、安、镇、武字打头的地名，也因地处边塞而取。

　　五是以贺兰山、六盘山为代表的名山文化。六盘山脉古称陇山，形成陇右、陇东、陇阪、陇坻等区域地名。两座山脉皆为南北走向，山体中的东向沟谷，自古为交通孔道，有雄关固锁。在宁夏的固原地区，汉代有萧关，唐代有陇山关，是丝绸之路上的"海关"，有"限中外、隔华夷"之责。还有"原州七关"，各控一条古道。依托六盘山，产生许多居民点、险峡、名胜地名。如位于六盘山镇的弹筝峡，对其得名，郦道元在《水经注》中就写下一段脍炙人口的文字："山路之内，常有如弹筝之声，行者闻之，歌舞而去。又云弦歌之山，峡口水流，风吹滴崖，响如弹筝之韵，故名之。"中国工农红军翻越六盘山，毛泽东同志写下《清平乐·六盘山》。在六盘山上，今建有红军长征红念馆，成为留存红色文化的纪念地。贺兰山是宁夏平原阻挡风沙入侵的天然屏障，它得名于南北朝时期的鲜卑族贺兰部。诸山峰、山谷皆各有其名。贺兰山主峰海拔 3556 米，名敖包圪垯峰。由于自清初以来就是蒙古族与汉族的界山，山名也具有两个民族的色彩：敖包，在蒙古语中意为"堆子"，在广阔无垠的草原上，用土或石块垒成，标示居民点或作路标；"圪垯"，是宁夏回、汉民众对山头、山峰的惯称，如同心县大罗山主峰，海拔

2624.5 米，今名好汉圪垯。

六是反映畜牧、农耕文化。宁夏古代为畜牧、农耕文化交会区，在很多地名中都有反映。北魏设薄骨律镇，郦道元因"不究城名"，亲自访诸耆旧故老，才知源自一匹叫"白口骝"的骏马，后讹为薄骨律。六盘山区畜牧业发达，以马、羊命名的地名很多。宁夏平原农业发达，历史上有典农城、仓城、汉城等城镇。现今有良田、丰登、宝丰、丰盈、农丰等地名。

七是以大型基础设施为代表的中国特色社会主义地名文化。实行改革开放 40 多年来，宁夏现代化建设突飞猛进，各类建筑、基础设施宏伟壮观，出现一大批新型地名。在城市街道方面，有号称五十里长街、宽阔的北京路，有集防洪、景观、交通多种功能为一体的黄河金岸、滨河大道。在公共设施方面，有数十个公共广场、上百个大型园林。在交通方面，有京藏、青银、福银等 10 余条高速公路，黄河上架起了 19 座特大桥。至于星级酒店、旅游景区、各类市场、环境优美的居民小区、文化场馆、教育设施，更是不胜枚举。近年新出现的政务服务中心、市民大厅、审批中心，极大地方便了群众，成为家喻户晓、使用频率最高的新地名。

六、地名文化利用

厚重的地名文化，应该传承、利用。近 30 年，宁夏侧重于两个方面：第一是古为今用，将长期废弃不用的历史地名，选其精华、去其糟粕，用于新的地名中，其中尤以明代的园林景致、风景名胜为多。仅银川市新建的街巷、园林景观，使用古名的就过百。第二是现有地名文化的社会应用。政区地名延展为地方特产，最著名的是红黄蓝白黑"宁夏五宝"：红为宁夏枸杞，明代定为贡品；黄为甘草，从唐代开始为贡品；蓝为贺兰石，用来雕琢贺兰砚等工艺品；白为宁夏二毛皮，裘皮轻柔，毛绒卷曲成"九道弯"；黑为发菜，形似黑发，因谐音"发财"而成宴席名肴，近年重环保而禁售，故改为煤。宁夏大米、宁夏红枸杞酒、西夏啤酒，也都成为知名品牌。盐池滩羊、盐池甘草、中宁枸杞、中卫硒砂瓜，已列入国家农产品地理标志保护名录。灵武长枣、灵武碴子炭、彭阳山杏，属地方知名特产。地名延展为风味小吃的有黄渠桥羊羔肉、吴忠羊杂碎、大武口凉皮、固原莜面糕糕、中宁蒿子面。名山大川延展为其他地名的有贺兰县、泾源县、泾河源镇、贺兰山路、六盘山路、六盘山镇、六盘山中学、黄河路等。其他地名延展使用的有《朔方》文学期刊、长城轮胎、北塔奶粉、黄沙古渡景区、唐徕中学等。

第一章 政 区

第一节 银 川 市

银川市【Yínchuān Shì】 银川是宁夏回族自治区首府，居银川平原中部。东跨黄河与盐池县、内蒙古鄂托克前旗接壤；西以贺兰山与内蒙古阿拉善盟为界；南邻青铜峡市；北连平罗县。辖金凤区、兴庆区、西夏区、贺兰县、永宁县和灵武市。位于北纬 37°35′～38°52′，东经 105°48′～106°52′。面积 9025.38 平方千米。市政府驻金凤区北京中路，北纬 38°29′14″，东经 106°13′35″，至北京（铁路里程）1226 公里。2016 年人口 219.1 万，其中回族 56.37 万，占 25.73%；地区生产总值 1617.7 亿元，人均 74288 元。交通便利，有银川河东国际机场、包兰铁路、太中银铁路及京藏、青（岛）银、福（州）银、银昆（明）、绕城等高速公路通达。银川是全国历史名城，有全国重点文物保护单位海宝塔、灵武水洞沟旧石器文化遗址、承天寺塔、西夏陵、纳家户清真寺、拜寺口双塔、银川玉皇阁、贺兰宏佛塔、贺兰山岩画、灵武磁窑址 10 处，自治区文物保护单位银川鼓楼、灵武南磁湾恐龙化石遗址等 27 处；国家级非物质文化遗产回族服饰、回族汤瓶八诊疗法、宁夏小曲 3 项，省级非物质文化遗产贺兰皮影、宁夏民间说唱、回族武术鱼尾剑、魔术仙人摘豆、杂技飞叉、贺兰砚制作技艺 6 项。

一、"银川"之名的来历及含义

元代以后，在市区先后建立宁夏府路、宁夏镇、宁夏府、宁夏道、宁夏省。民国时期，甚至出现省、道、省会、县、城同以"宁夏"为专名的现象，于官于民，皆有诸多不便。1944 年 1 月 8 日，宁夏省政府决议，以宁夏省城设置银川市，并将《宁夏银川市政筹备处组织规程》呈报国民政府。为何取名银川，当时的文书档案未作记录。宁夏省政府于同年 4 月 11 日第 130 次委员会决定，将宁夏省城定名为银川市，并设市政筹备处，着手建市准备工作。由于时逢抗日战争，国民政府行政院直到 1945 年 8 月，才正式公布《宁夏银川市政筹备处组织规程》。1947 年 4 月 18 日，银川市正式成立，为宁夏省会。从此，"银川市"地名沿用至今。

银川之名，始见于唐天宝元年（742 年）。《元和郡县图志》卷四载：北周保定二年"置银州，以谷为名。旧有人牧骢马于此谷，虏语骢马为乞银……天宝元年为银川郡"。北宋时，又筑银川寨。但是，这两个地名都在今陕西省横山县党岔乡榆河堡遗址尚存。明朝以后，一些诗文将"银川"和宁夏联系起来。如万历四十二年（1614 年）来宁夏任三边总督的刘敏宽，在《秋日杨楚璞中丞抚临良晤长城关》中，就有"俯凭驼岭临河套，遥带银川挹贺兰"之句。又如清雍正七年（1729 年），兵部侍郎通智主修惠农渠竣工后，在碑记中写道："黄河发源于昆仑……经银川，石嘴[子]而北……"乾隆十八年（1753 年），宁夏府知府赵本植在府城成立书院，命名为"银川书院"。次年，赵本植的家庭教师汪绎辰编修地方志，地域范围为当时的宁夏府，定书名为《银川小志》。至此，银川作为地名出现，已是确指今之银川市。至于为什么叫银川，范长江《中国的西北角》认为："宁夏土质，碱性最重，地面常呈白色，故宁夏古名银川。"但从前引诗文看，显然与这里的农业发达、旱涝保收有关，所谓"天下黄河富宁夏"是也。今天流行的《宁夏川》歌词，就有"金川银川米粮川"之句。

二、地名现状

第二次全国地名普查汇总统计，全市共有地名 34755 个。其中乡镇级及以上行政区域地名 64 个，群众自治组织 601 个，非行政区域名 537 个，居民点 5992 个，交通运输设施 3678 个，水利电力通信设施 4626 个，纪念地旅游景点 947 个，建筑物 246 个，单位 17497 个，陆地水系 193 个，陆地地形 374 个。地名的命名、含义，大多数符合国务院颁定的《地名管理条例》要求，弘扬正气，体现真善美，继承传统文化，尊重当地群众的愿望，有利于民族团结和社会主义现代化建设。行政区划、街道及公共活动场所地名，都规范妥帖，便于使用，叫之朗朗上口。但在近 30 年新建的一些居民小区、新成立的一些民营企业，多由房地产开发商或企业法人自行命名，出现了一批不规范的洋、大、怪、重地名。以外国名人、城市命名的，以国际、世界、欧亚、天下冠名的，汉字与英文、阿拉伯数字混用的，屡见不鲜。有的居民小区，名称很长，前面再加上开发商名，长达 10 多个字，群众使用起来极不方便。有 100 多个居民小区，用"苑"为通名，而"苑"在《辞海》中的正解为"养禽兽并有林木的地方"。20 世纪 80 年代后，也有用于文艺界的，如"曲苑""文苑"，但不能用于居民点。在地名整顿工作中，由于数量多、涉及面广，亦很难整改。

三、地名沿革

银川市在春秋战国以前为北方游牧民族牧地。秦初，为匈奴白羊王、楼烦王领地。公元前214年，蒙恬北逐匈奴取"河南地"，筑塞外浑怀障。按《水经注》《元和郡县图志》所记，浑怀障在今兴庆区月牙湖乡，是银川市最早出现的城名。障，城障，即军事要塞。浑怀，驻守都尉之名。汉惠帝四年（前191年），改属灵州县，位于黄河干流与支流所围洲岛上。东汉后期，爆发大规模羌族起义，朝廷无力治理，亦无行政建置。十六国时期，匈奴贵族赫连勃勃于407年建大夏国后，将饮汗城（今掌政镇）改建为皇家园林，称"丽子园"。

北魏统一北方后，先在今宁夏平原设薄骨律镇（治今吴忠市古城湾），为军政合一性质，不领郡县。孝昌二年（526年）改置灵州，州下设郡县。《元和郡县图志》载，"后魏给百姓"，即从内地移民于饮汗城，置怀远县，是为银川市历史上第一个县级建置。县名含义为：内地移民志怀远方。北周建德三年（574年），又移民2万户于此，升置怀远郡，领怀远县，郡县同治一城。

隋代撤郡存怀远县，上隶灵州。唐仪凤二年（677年），怀远县城被黄河冲毁，次年于其西即今兴庆区老城更筑新城。五代时期人口锐减，怀远县降为城。北宋初，沿袭唐制，恢复怀远县，后降为镇，为灵州"河外八镇"之一。

北宋咸平四年（1001年），党项族首领、西平王李继迁率部由陕北西进，攻占怀远镇，次年攻克灵州，以之为西平府。不久，李继迁中箭身亡，其子李德明承袭王位，于北宋天禧四年（1020年）大兴土木，将怀远镇升为兴州，寓意政权兴起，以之为临时首都。北宋明道二年（1033年），又升兴州为兴庆府。1038年，元昊建立西夏政权，定都兴庆府。西夏天庆十二年（1205年）改兴庆府为中兴府，直至1227年西夏灭亡。蒙古汗国中统二年（1261年），在西夏旧地设西夏中兴路行省，以中兴府为省会，后与甘肃行省几经分合，元至元二十五年（1288年）撤中兴路行省，设宁夏府路，"宁夏"地名肇始于此。

明初，银川平原地处军事前沿，每到秋后，民户饱受蒙古骑兵掳掠之苦，朝廷遂下令徙民于关陕。洪武九年（1376年）改宁夏府为具有军事性质的宁夏卫。建文四年（1402年）后，又设宁夏镇，属北方"九边重镇"之一。宁夏镇辖有七卫，其中宁夏卫、宁夏左屯卫、宁夏右屯卫、宁夏中屯卫、宁夏前卫均治宁夏镇城，即今兴庆区老城。清初，沿袭明代镇卫制度，上隶陕西布政使司。康熙九年（1670年）划宁夏归甘肃巡抚管辖。雍正二年（1724年）十月，清廷以宁夏"生齿繁庶，不减内地"为由，请改宁夏卫置宁夏府，同时在府城置宁夏县署、宁朔县署。此时，宁夏府城已发展成为"西陲一大都会"。

民国建元，废除清代的府、州、厅建置，实行省、道、县三级建置。1913年1月公布《划一现行各道地方行政官厅组织令》后，"道"就成为介于省、县之间的二级政区。2月7日，改宁夏府为朔方道。12月，北京政府又决定改为宁夏道。1929年1月1日，宁夏省成立。1935年5月，宁夏县（后改为贺兰县）治由省城迁往谢刚堡。1944年1月，公布《银川市筹备处组织章程》。1947年4月18日，银川市政府成立，其行政区划范围为：以原宁夏省城为基础，东至红花渠西岸，西至唐徕渠东岸，南至南关强家水渠，北至盈水渠、教场湖南岸，面积约7.7平方千米，人口2.6万。"银川市"地名，由此沿用至今。

1949年9月23日，银川市和平解放，中国人民解放军银川市军管会随之成立。29日，银川市人民政府成立。同年12月23日，宁夏省人民政府成立。1954年9月，甘宁并省，成立甘肃省银川专区。1958年10月，宁夏回族自治区成立，以银川为首府至今。

四、地名文化

银川市的地名，反映了多种地域文化。

一是反映中华文明的历史文化。秦代所建塞外浑怀障、匈奴人所筑饮汗城，北魏至隋唐的怀远郡、怀远县，西夏的兴庆府，元代的宁夏行省，直到作为宁夏回族自治区首府的银川市区，系统记录了两千多年的历史。尤其西夏建都银川，长达189年，留下了兴庆府、中兴府、兴州、怀州、永州、静州等行政建置名，存留有西夏王陵、承天寺塔、拜寺口双塔、宏佛塔、皇城台等众多古迹，形成独有的"西夏故都"地名特色。其他朝代遗存的一批古建筑，如海宝塔、横城、鼓楼、南门城楼、玉皇阁，以实物反映了璀璨的文明史和建筑艺术。因此，银川市以厚重的历史文化，进入"全国历史名城"之列。

二是以"塞北江南"为代表的移民文化。秦汉时期，兴庆区被纳入中原王朝版图，朝廷在今河套地区移入内地汉民，进行大规模经济开发，人口增多。北魏统一黄河流域后，于526年"给百姓"，即从内地移民来此，设立怀远县。北魏太和初年（477年）平三齐（今山东省，即项羽所分三齐），徙历下（山东省济南市）民数万到今兴庆的月牙湖乡一带，因名历城，形成"地名搬家"。北周建德三年（574年），又移民二万户八九万口于怀远县，增设怀远郡。明洪武三年（1370年）置宁夏府，五年废府，"空其城"，徙军民于关陕，旧地名不再使用。九年（1376年），又创设宁夏卫及四个屯卫，实行军事屯垦。银川市存留50多个堡名，多数是管理屯堡"百户"的姓名。掌政镇的司家桥，原名思家桥，反映了惠农渠修通后招徕垦殖移民的"乡愁"。兴庆区老城的上海新村，是1958年为上海支宁人员专建。20世纪80年代后，宁夏实行移民吊庄政策，将南部贫困山区各县的一些乡、村整体搬迁到生存条件好的川区各市、县，在短期内都实现了脱贫。这种移民活动，在市境产生了一批新的地名。如西夏区的兴泾镇，因移民来自泾源县而名。所辖行政村中的泾花村、泾河村、黄花村，也都随移民带来。月牙湖乡的海陶村、塘南村、大塘村等地名，则是因海原县移民吊庄在旧陶乐县而得名。永宁县的闽宁镇，是全国扶贫脱贫的典型，由福建省对口援建。

三是以历代古渠为代表的黄河文化。黄河是中华民族的摇篮，泽被银川市。很多政区名、居民点，如滨河新区、临河镇、镇河堡、河滩村、滨河家园等，都源于黄河。黄河的游荡、改道，形成了上百个湖泊，而很多地名，又源于湖泊。从永宁县李俊镇到金凤区阅海公园一线，在唐代有长湖，名"千金大陂"，宽十里，长五十里。到清初，这些由黄河故道形成的湖泊呈串珠状，绵延过百里，"七十二连湖"之名沿用至当代。所以，银川市又有"塞上湖城"之誉。桑钦所著《水经》记述，秦汉时，这里的黄河"枝分东出，以溉田圃"。河东的灵武市有秦渠、汉渠；河西各区、县有唐徕渠、汉延渠及清雍正年间修建的惠农渠穿境而过。还有配套的支渠、斗渠，渠上又建闸坝，还有数十条排水沟，以及跨河、跨渠、跨沟的桥梁。上千个与水利相关的地名，书写着源远流长的黄河文化。

四是以军事设施为代表的边塞文化。秦蒙恬北逐匈奴后，筑塞外浑怀障，属于军事要塞，也是银川筑城之始。楚汉相争，匈奴的白羊王、楼烦王伺机南下，又占领了河套地区的"河南地"，汉武帝派卫青再次收复，仍使用这些城障驻军防守。汉武帝随即"斥塞卒六十万"，分布在这些要塞开展军事屯垦。到明代，银川地处边防前线，出现了一大批军事设施地名，如明长城中的河东墙，沿黄河东岸修建的长堤，沿贺兰山修建的西边墙。关，是建在贺兰山谷道入口处的军事要塞，有的设一道关，有的设三道关。如赤木关，就留下了头关、二关、三关之名。墩，是明代军事设施中的一种通名，又称烽墩，即烽火台。河东墙、长堤都是五里一墩，贺兰山东麓则依地形筑墩，至今仍留下一批叫××墩的地名，如头道墩、烟囱墩、十里墩之类。长城沿线的营、堡，都是军队驻防之所，如清水营、洪广营、横城堡、红山堡、镇北堡、平吉堡之类。1667年，康熙第三次亲征噶尔丹，从北京沿着明长城内侧的"摆边大道"，于农历三月辛未（二十日）进入宁夏，乙亥（农历二十四日）驻跸横城堡。丙子（二十五日）渡河后，在"河崖子"（河岸，今鸣翠湖西）祭奠黄河，在这里部署了进军路线、粮草调集方案，次日入宁夏府城，以原宁夏总兵冯德昌府第（今兴庆区凤凰北街）为行宫，驻跸长达18天。清代为镇守宁夏，特遣八旗兵驻防，在府城东北2公里筑"满城"。乾隆三年，满城毁于大地震，又在府城西7.5公里筑新满城。当代将旧满城以谐音更名满春乡，将新满城称之为"新城"。

五是以大型基础设施为代表的中国特色社会主义地名文化。

实行改革开放 40 多年来，银川市从一个"一条大街两座楼、一个警察把两头"的落后闭塞小城，变成了高楼林立、基础设施宏伟壮观的新型城市，随之产生了一批新地名。城市街道，有号称五十里长街、宽阔的北京路（2017 年已延展为 40 公里），有集防洪、景观、交通多种功能于一体的黄河金岸、滨河大道。公共设施，新建有光明、人民、西夏、灵州等 10 多个广场，海宝、唐徕、绿博、阅海等 20 多个园林。交通基础设施，有银川河东机场、京藏高速、青银高速、福银高速、银昆高速及绕城高速公路，黄河上架起了 4 座特大桥。至于星级酒店、各类市场、环境优美的居民小区、城市园林景观、文化场馆、教育设施，更是不胜枚举。近年新出现的政务服务中心、市民大厅、审批中心，将原来分散在数十个部门的证照办理、事项审批、纳税缴费等业务，集中在一处，简化了手续，有些原来要跑二三十个部门盖章的业务，现在一个窗口办理完毕，极大地方便了群众，成为家喻户晓的新地名。这些新地名，在命名过程中，经过了地名专家论证和推荐、公示征求意见、政府审定，代表了具有中国特色社会主义的地名文化。

银川市的历史地名，有很多长期废弃不用。近 20 年来，已大量选其精华，用于新的地名中，除西夏区、兴庆区两个政区外，还有上百个用于乡镇、行政村、城市道路、园林、景点，如丽景街道、玉皇阁北街道、鼓楼南北街、满春小区、南薰路、海宝公园、长城路、朔方路之类。有的地名，已成为商品、旅游区、名校的品牌，如长城轮胎、银川白酒、北塔奶粉、灵武长枣、灵武羊绒、黄沙古渡景区、贺兰山中学、唐徕中学。有的地名，因有厚重传统文化，已被确定为爱国主义教育基地，如鼓楼、银川黄河军事文化博览园、中山公园。地名文化的传承与使用，前景广阔，应在今后的地名工作中发扬光大。

五、辖属政区

（一）金凤区【Jīnfèng Qū】

银川市辖区，市人民政府驻地。地处银川市中部，位于东经 106°06′~106°28′，北纬 38°25′~38°38′。在包兰铁路以东，唐徕渠以西，南北绕城高速公路以内。地形单一，为黄河冲积平原。辖良田、丰登 2 镇，上海西路、北京中路、长城中路、满城北街、黄河东路 5 个街道。区政府位于北京中路街道黄河路 721 号。2016 年面积 345.47 平方千米，人口 30.79 万，其中回族 8.62 万人，占 28%。地区生产总值 195.4 亿元，人均 64052 元。

1. 地名来历及含义
2002 年 10 月 19 日，国务院（国函〔2002〕95 号）批复同意调整银川市市辖区行政区划：撤销银川市城区、新城区和郊区，设立银川市西夏区、金凤区和兴庆区。金凤区于 2002 年 11 月 1 日挂牌成立，得名于民间的银川"凤凰城"传说。

2. 地名沿革

金凤区地名沿革简明。清乾隆三年十一月二十四日（1739 年 1 月 3 日），驻防八旗兵的旧满城（今郊区满春乡境）因地震被毁，五年于宁夏府之西十五里丰乐堡筑新满城，俗称新城。1915 年为宁朔县治；1941 年隶永宁县；1951 年划属银川市；1955 年设新城镇；1958 年改新城人民公社；1968 年置新城区，驻新城西街。1972 年设银川市郊区，管理市郊农村。至 1990 年，新城至老城之间，除银新南路（今黄河路）沿线分布有企事业单位外，其余多为湿地，湖沼连绵，间有农田。2000 年，银川市城市总体规划确定新老城之间为城市中心区。此后大规模开发建设，完善城市基础设施，将自治区党委及人大常委会、各厅局、银川市政府迁入，吸引大批企业入驻，形成环境优美的市区。

3. 地名现状

第二次全国地名普查汇总统计，金凤区共有地名 4031 个。其中乡镇级及以上行政区域地名 8 个，群众自治组织 95 个，非行政区域名 19 个，居民点 667 个，交通运输设施 539 个，水利电力通信设施 634 个，纪念地旅游景点 110 个，建筑物 34 个，单位 1874 个，陆地水系 38 个，陆地地形 13 个。

4. 地名文化

金凤区地名以湿地文化最为突出。西汉时，黄河主流称上河或西河，自南而北纵贯全境。后主流改道东迁，故道变成长湖，至唐代南北长五十里，宽十里，即《元和郡县图志》所记"千金大陂"。经历代淤积，至清乾隆《宁夏府志》成书时，记有湖名 40 多个，众多湖泊互相连属，故称"七十二连湖"。田霖有诗曰："闲说连湖七十二，沧波深处聚鱼多。"其中仅丰盈堡有驾马湖、鹰食湖、段子湖、瓦一湖、官湖等 11 个湖名，丰登堡有西湖、锅底湖、金麦湖、池子湖等 7 湖。1936 年实测后绘制的地图上，现金凤区范围内 2000 亩以上的湖泊共有 12 个，其中以西湖最大，面积达 18 万亩。其次为七子连湖、银水湖、化一湖。而未命名的小湖、沼泽不计其数。从图上看，水域约占一半。至当代，开展农田水利建设，开挖多条排水沟，湖泊十去八九，或变成耕地，或衰减成沼泽。今西湖农场的耕地，都来自西湖。2002 年后，耕地、沼泽又都成为城市建设用地。至 2016 年，仅存阅海、宝湖、七子连湖、化雁湖、龙眼湖、西滩湖、杨家庄湖、森林公园湖 8 个湖泊，面积 3.36 万亩。2008 年建成的湿地修复工程艾依河（编者注：2018 年更名典农河），总长 129 公里，其中金凤区境内长 23 公里，宽约 150 米，已建成景观水道。地名所反映的湿地文化，起到存史、资政、教化作用，警示世人，应以之为鉴，充分认识湿地的作用，保护"地球之肾"。辖区内的森林公园、阅海公园、宝湖公园等，彰显了塞上湖城银川的秀丽风光和优美的生态环境。宝湖、阅海、小西湖等湖泊湿地得到了保护性开发，湿地保护力度逐年加强，形成了江南水乡、塞上湖城亮丽的旅游风景线。

金凤区除清代的"满城"及丰登、丰乐、丰盈数堡外，政区及居民点类历史地名极少。2000年确立为城市的中心后，各项建设飞速发展，形成新时代的地名文化。城市主干道气势恢宏，如北京路、贺兰山路、宁安大街、正源街、亲水大街等，为八车道或十车道，两侧有宽广的绿化带，与全国一线城市相比毫不逊色。各类广场、园林点缀其间，高楼鳞次栉比。工业园区、商务中心堪比风景区。市民大厅、政务中心便民利民，是知名度最高的地名。各种场、馆全是新建，现代化水平高。经过不断发展，金凤区已成为银川市的行政中心、文化中心、商贸中心、高科技产业园集聚区、最佳环境居住区和塞上湖城自然景观区。同时，被列为国家中阿经贸合作示范区、国家内陆型经济试验区核心区。

5. 所属街道、镇

北京中路街道【Běijīng Zhōnglù Jiēdào】　上隶银川市金凤区，为区政府驻地。东至唐徕渠，南至黄河东路，西至满城南街，北至北京中路，辖锦绣苑、安居苑等6个社区。面积5.38平方千米，人口13936户34840人。前身为银川市高新技术开发区中苑、神州和西苑三个涉农办事处，2003年9月成立北京中路办事处，驻北京中路591号，因路而名。北京路是银川城市中轴线，东西向，全部为八车道，号称五十里长街，金凤区境内称北京中路。地处银川市核心地带，城市基础设施完善，自然环境优美。正源街、宁安大街、亲水大街、满城南街等城市主干道从东到西依次排列，北京路、黄河路横贯东西。唐徕公园和森林公园分别位于辖区东西两头。银川经济技术开发区居于辖区最中心，高新技术产业、房地产业、现代服务业发展迅速。辖区内还分布有中国电信宁夏分公司、宁夏广电集团、神华宁煤集团总部及自治区多家行政事业单位等。

满城北街街道【Mǎnchéng Běijiē Jiēdào】　上隶银川市金凤区，位于金凤区中部，东邻上海西路街道，南邻黄河东路街道，西邻西夏区，北邻丰登镇。辖中强巷、满春园等7个社区及平伏桥村。办事处驻地居安南巷139号。面积56.26平方千米，人口7.2万，大型园林有金凤区市民休闲森林公园、兴州街游园、满春园、通达北街游园等。"满城"之名，源于清乾隆五年（1740年）新筑军营，系八旗兵驻防之地。为与旧满城（在今兴庆区老城东北，毁于乾隆三年大地震）相区别，称"新满城"，简称新城。1982年成立新城区东街街道，2008年更名为满城北街街道至今。

黄河东路街道【Huánghé Dōnglù Jiēdào】　上隶银川市金凤区，居区境西部，2006年成立，黄河东路横贯其中，故名。东至亲水大街，西邻包兰铁路与西夏区相接，北至北京中路，南至绕城高速公路，面积 33.6 平方千米，人口 13.23 万，辖湖畔嘉苑、银啤巷、化工厂等 10 个居委会，砖渠、魏家桥等 4 个行政村。黄河东路原名银新南路，长约 8 公里，1990 年以前是连接银川市老城和新城唯一的公路，1964 年才由砾石路改建为沥青路。当时路两侧，都属城乡接合部，湖沼与农田杂错。1980 年后，企事业单位沿路入驻，其西段民户较集中，遂于 1986 年成立铁东街道办事处，因在包兰铁路之东而得名，2002 年划归金凤区管辖。此后，黄河路两侧被规划在城市发展中心区内，数年间，周边湖沼、农田变成主城区，城市道路纵横交错，高楼鳞次栉比，遂于 2006 年更名黄河东路街道，面积、人口增加数倍。辖境内有艾依河景观水道、森林公园、双渠口公园、气象台游园等大型园林景观，居民小区 50 多个，最大的盈南嘉苑、湖畔嘉苑，入住居民数万户。

长城中路街道【Chángchéng Zhōnglù Jiēdào】　上隶银川市金凤区，居区境东南部，2003 年 8 月成立，因路而名。东起唐徕渠，西至亲水南大街，北至黄河东路，南至绕城高速公路，辖 11 个社区、3 个行政村。面积 27.5 平方千米，人口 8.3 万。长城路是由长城房地产公司采取"贷款修路，收费还贷"的办法兴建，故名。1994 年 5 月 30 日动工，1995 年 6 月 28 日竣工通车。当时东起唐徕渠，西至包兰铁路，长约 9 公里，按一级公路标准修建，行车道宽 24 米，两侧非机动车道各宽 3～5 米，人行道各宽 4～5 米，全部在今金凤区境内。此后历经多次改建，停止收取通行费，成为东西向城市主干道，向东延伸至兴庆区称长城东路，向西延伸至西夏区称长城西路，金凤区段则称长城中路。

上海西路街道【Shànghǎi Xīlù Jiēdào】　上隶银川市金凤区，居区境北部，东至唐徕渠，南至北京中路，西至满城北街，北至大连路。辖 7 个社区，2 个自然村。面积 22 平方千米，人口 5.9 万。办事处驻银新苑北社区。原为市郊农村，设银新乡，乡境多稻田、湖沼。2000 年后城市扩张，变为城区，故于 2003 年设上海西路街道。上海路现为城市主干道，2002 年建成，名海泽路，2003 年更名上海路，以唐徕渠为界，渠东的兴庆区境内段称上海东路，渠西的金凤区境内段称上海西路。街道辖区内湿地、园林众多，有四二干沟、大西湖、小西湖、唐徕渠、景观水道、凤凰公园、唐徕公园、德馨公园等。公共场馆有宁夏档案馆、图书馆、地质博物馆、科技馆、大剧院、银川国际会展中心、文化城等；商贸中心有金凤万达商圈、建发大阅城、悦海新天地等。

良田镇【Liángtián Zhèn】　上隶银川市金凤区，居区境西南部，地理位置可以概括为"东渠、西铁、南闽、北高"，即东接征沙渠，西至包兰铁路，南邻闽宁镇，北靠绕城高速公路。辖园子、金星、光明、兴源、泾龙、园林、植物园、顺新村 8 个行政村和银川林场居委会，53 个村民小组。面积 93.3 平方千米，人口 9395 户 34353 人，其中回族 29730 人，占 86.5%。良田镇原为银川市郊区的良田乡，因唐徕渠的支渠"良田渠"

而名。1983年，宁夏实行吊庄扶贫移民政策，将南部山区泾源县的贫困乡村整体搬迁至此，设芦草洼吊庄铁东乡和植物园乡，先由泾源县政府芦草洼吊庄管委会管理，2000年9月移交银川市郊区，实行属地管理，成立银川市郊区兴源乡。2003年"撤乡并镇"，将兴源乡并入成立良田镇。经30多年发展，移民皆已脱贫实现温饱。

丰登镇【Fēngdēng Zhèn】　上隶银川市金凤区，居区境北部，东以唐徕渠与贺兰县德胜工业园区为界，西邻西湖农场和满城北街平伏桥村，南至大连路，北以唐徕渠与贺兰县常信乡相邻。辖西湖、西新、新联、新丰、联丰、永丰6个行政村。镇政府驻万寿路，南至银川市行政中心3.8公里。面积48.46平方千米，人口17873。明洪武末筑堡，由一名叫雷福的低级军官领兵屯垦，故名雷福堡，为宁夏右屯卫所辖十八堡之一。明万历年间（1573—1620年）连年丰收，改名丰登堡。清初属宁朔县，1937年划属宁夏县。1941年4月1日，宁夏县改名为贺兰县，丰登属其第九乡。1955年设丰登乡。1956年并入解放乡。1958年改属红旗人民公社（后改名习岗公社）。1961年从习岗公社析出成立丰登人民公社。1983年10月改社为乡。2002年11月，划归银川市金凤区管辖，2003年8月撤乡设镇。丰登镇湿地文化浓郁，据《元和郡县图志》《乾隆宁夏府志》等古籍记载，唐代属五十里长湖"千金陂"北端，清代有七十二连湖中的陈家湖、西湖、锅底湖、新生湖、金麦湖、路家湖、池子湖在丰登堡。其中的西湖，在1936年实测面积仍有18万亩。1951年后，修建多条排水沟，多数湿地变为农田，存留者仍占全镇总面积的1/5，今已被世人当作珍贵遗产，严加保护。最大的西湖面积缩减至28980亩，更名为阅海公园，为国家级湿地公园。渠道有烈马渠、北渠、南渠、小达子渠、大达子渠等，均在唐徕渠开口。排水沟主要有三一支沟、丰庆沟、红旗沟等。全镇人居环境极佳，经济发展依托湖泊湿地，水产养殖面积6090亩，水产品年产量1600吨左右。种植芦竹、莲藕等水生植物2100亩，养殖鸭、鹅、欧洲雁等水禽10.3万只。围绕湖上景观，有休闲娱乐、垂钓及"农家乐"20家。

（二）兴庆区【Xīngqìng Qū】

银川市辖区，居市境东部，区政府驻北京东路与中山北街交会处西北角。驻地位于东经106°17′、北纬38°28′，西至银川市政府驻地5公里。西以唐徕渠与金凤区为界，东跨黄河与内蒙古鄂托克前旗接壤，南北分别与灵武市、永宁县和贺兰县、平罗县接壤。地形单纯，除黄河以东月牙湖乡的东部属鄂尔多斯台地边缘外，其余皆为黄河冲积平原。辖街道办事处11个、乡镇4个。2016年面积828.39平方千米；人口74.01万，其中汉族573381人，回族147342人，余为其他少数民族；地区生产总值475.5亿元，人均64489元。西部老城为商业、文化区，东部城乡交会，滨河地带为工业园区。交通便利，也是宁夏的交通中心。京藏高速公路、109 国道穿境而过，又是银昆高速公路及 2 条国道的起（止）点。已建成 4 座跨黄河的特大桥，将河东河西连成一片。银川河东国际机场紧靠兴庆区，有通往全国各大城市的国内航班及若干国际航班。银川汽车站是全国 40 个客运枢纽之一。有全国重点文物保护单位 3 处，即海宝塔、玉皇阁、承天寺塔；自治区文物保护单位唐徕渠、汉延渠、惠农渠、银川鼓楼、南门城楼、兵沟汉墓、民国省政府旧址、岳飞送张紫巖北伐诗碑 8 处。另有明长城一段，亦属全国重点文物保护单位。还有国家级非物质文化遗产回族服饰、回族汤瓶八诊疗法、宁夏小曲 3 项，省级非物质文化遗产宁夏民间说唱、回族武术鱼尾剑、魔术仙人摘豆、杂技飞叉、贺兰砚制作技艺等 5 项。

1. 地名来历及含义

南北朝至唐代为怀远县。1001 年被西夏攻占。天禧四年（1020 年），李继迁之子李德明大兴土木，期望西夏由此兴盛，故升怀远镇为兴州，以之为临时首都。北宋明道二年（1033 年），又升兴州为兴庆府，寓意兴盛之庆。1038 年，元昊建立西夏国，定都兴庆府。明代至民国，长期以"宁夏"为名。1947 年定名银川市，即今兴庆区老城。1961年始设城区。2002 年 10 月 19 日更名为兴庆区，得名于西夏故都兴庆府。

2. 地名现状

第二次全国地名普查，兴庆区共登记地名词条 10025 条。其中行政区域 16 个，群众自治组织 133 个，非行政区域名 17 个，居民点 1594 个，交通运输设施 714 个，水利电力通信设施 1369 个，纪念地旅游景点 102 个，建筑物 99 个，单位 6186 个，陆地水系 29个，陆地地形 45 个。由于人口众多，经济繁荣，居民点及企事业单位两类地名数量最大。交通类地名含 705 个公交车站，邮电通信地名含 573 座通信基站，它们的专名都与所在处的地名相同。

3. 地名沿革

秦初，为匈奴白羊王、楼烦王牧地。公元前 214 年，蒙恬北逐匈奴，取"河南地"，筑塞外浑怀障（今月牙湖乡），属富平县，是兴庆区历史上第一个地名。障，城障，即军事要塞；浑怀，驻守都尉之名；塞外，长城之外。汉惠帝四年（前 191 年），改属灵州县。东汉后期，爆发大规模羌族起义，朝廷无力治理，亦无行政建置。十六国时期，匈奴族人赫连勃勃于 407 年建大夏国后，将饮汗城（今兴庆区掌政镇）改建为皇家园林，称"丽子园"。北魏孝昌二年（526 年），从内地移民于饮汗城，置怀远县，是为银川市历史上第一个县级建置。县名含义为内地移民志怀远方。北周建德三年（574 年），又移民 2 万户于此，升置怀远郡，领怀远县，郡县同治饮汗城。隋代撤郡存怀远县，上隶灵州。唐仪凤二年（677 年），县城被黄河冲毁，次年于其西即今兴庆区老城更筑新城。五代时期，因战乱人口锐减，降为怀远城。北宋初，沿袭唐制，恢复怀远县，后降镇，为灵州"河外六镇"之一。

1038 年，李元昊建立西夏国，定都兴庆府。西夏天庆十二年（1205 年）改为中兴府，直至 1227 年西夏灭亡。忽必烈中统二年（1261 年），在西夏旧地设西夏中兴路行省，以中兴府为首府，后与甘肃行省几经分合，元至元二十五年（1288 年）撤中兴路行省，设宁夏府路，"宁夏"之名肇始于此。

明初，宁夏平原地处军事前沿，先设宁夏府，洪武九年（1376 年）改为具有军事性质的宁夏卫。建文四年（1402 年）八月以后，又设宁夏镇，属北方"九边重镇"之一。宁夏镇下辖七卫，其中宁夏卫、宁夏左屯卫、宁夏右屯卫、宁夏中屯卫、宁夏前卫均治宁夏镇城，即今兴庆区老城。康熙九年（1670 年）划宁夏归甘肃巡抚管辖。雍正二年（1724 年）十月，清廷吏部以宁夏"生齿繁庶，不减内地"为由，请改宁夏卫置宁夏府，同时在宁夏府城置宁夏县署、宁朔县署。此时，宁夏府城已发展成为"西陲一大都会"。

民国建元，实行省、道、县三级建置。1913 年 2 月 7 日，改宁夏府为朔方道。同年 12 月，北京政府又决定改为宁夏道。1929 年 1 月 1 日，宁夏成为独立行省，同月 9 日，宁夏省政府宣告成立，以宁夏城为省会。1935 年 5 月，宁夏县（后改为贺兰县）治由省城迁往谢刚堡。1945 年 1 月，公布《银川市筹备处组织章程》。1947 年 4 月 18 日，银川市政府成立，其行政区划范围为：以原宁夏省城为主，东至红花渠，西至唐徕渠，南至南关强家水渠，北至盈水渠、教场湖南岸，基本在今兴庆区老城内，面积约 7.7 平方千米，人口 2.6 万。"银川市"地名，由此沿用至今。

1949 年 9 月 23 日，银川市和平解放，中国人民解放军银川市军管会随之成立。29 日，银川市人民政府成立。同年 12 月 23 日，宁夏省人民政府成立。1954 年 9 月，甘宁并省，成立甘肃省银川专区，驻银川市。1958 年 10 月，宁夏回族自治区成立，以银川市为首府。1961 年，始设城区，区政府原驻解放西街 11 号，1998 年 8 月迁至北环东路（今北京东路）15 号。2002 年 10 月 19 日，更名兴庆区。

4. 地名文化

兴庆区地名最大的特点，是承载了银川市厚重的历史文化。"兴庆"之名，源于 1038 年李元昊所建西夏政权的都城"兴庆府"。1986 年 12 月 8 日，银川市被国务院批准为全国历史名城，其中决定性的因素是"西夏故都"。这个都城的范围，就是今人所称兴庆区"老城"。银川市古代县以上行政建置，全部在兴庆区。1947 年 4 月 18 日，银川市正式成立，为宁夏省会，当时银川市的范围，还局限于今兴庆区的"老城"。

兴庆区的地名，蕴含多种地域文化。

一是反映中华文明的历史文化。秦代所筑塞外浑怀障、匈奴人所筑饮汗城，北魏至隋唐的怀远郡、怀远县，西夏的兴庆府，元代的宁夏行省，直到作为宁夏回族自治区首府的银川市区，系统记录了兴庆区两千多年的历史。遗存的一批古建筑，如海宝塔、承天寺塔、横城、鼓楼、南门城楼、玉皇阁，以实物反映了璀璨的文明史和建筑艺术。

二是以"塞北江南"为代表的移民文化。北魏统一黄河流域后，于526年"给百姓"，即从内地移民来此，设立怀远县，是银川市第一个县级地名，寓意移民志怀远方。北魏太和初年（477年）平三齐（今山东省，即项羽所分三齐），徙历下县（山东省济南市）民户到今月牙湖乡，因名历城，形成"地名搬家"。北周建德三年（574年），又移民二万户近10万口于怀远县，故增设怀远郡。[宋] 曾公亮《武经总要》怀远县下："有水田、果园……置堰分河水溉田，号为塞北江南即此也。"掌政镇的司家桥，原名思家桥，反映了惠农渠修通后招徕垦殖移民的"乡愁"。兴庆区老城的上海新村，是1958年为上海支宁人员专建。月牙湖乡的海陶村、塘南村、大塘村等地名，则是因海原县移民吊庄在旧陶乐县而得名。

三是以秦汉古渠为代表的黄河文化。黄河是中华民族的摇篮，泽被兴庆区全境。兴庆区的很多政区名、居民点，如滨河新区、镇河堡、河滩村、滨河家园等，都源于黄河。黄河的游荡、改道，形成了上百个湖泊，而很多地名，又源于湖泊。桑钦所著《水经》记述，秦汉时，这里的黄河"枝分东出，以溉田圃"。唐徕渠、汉延渠及清雍正年间修建的惠农渠穿境而过，还有配套的支渠、斗渠、毛渠、闸坝，数十条排水沟，以及跨河、跨渠、跨沟的桥梁。数百个与此相关的地名，书写着源远流长的黄河文化。

四是以军事设施为代表的边塞文化。秦蒙恬北逐匈奴后，筑塞外浑怀障，属于军事要塞，也是银川筑城之始。到明代，宁夏地处边防前线，兴庆区出现了一大批军事设施地名，如明长城中的河东墙，沿黄河东岸修建的长堤，五里一设的烽墩（即烽火台），以及军事屯堡之名，大多沿用至今。

五是以大型基础设施为代表的中国特色社会主义地名文化。实行改革开放40多年来，兴庆区从一个"一条大街两座楼、一个警察把两头"的闭塞小城，变成高楼林立、基础设施宏伟壮观的新型城区，随之产生了一批新地名。有号称五十里长街的北京路，有集防洪、景观、交通多种功能于一体的黄河金岸、滨河大道，有10多处广场、园林，有4条高速公路、4座黄河特大桥。至于星级酒店、各类市场、环境优美的居民小区、城市园林景观、文化场馆、教育设施，更是不胜枚举。近年新出现的政务中心、审批中心，极大地方便了群众，成为家喻户晓的新地名。这些新地名，在命名过程中，经过了地名专家论证和推荐、公示征求意见、政府审定，代表了兴庆区具有中国特色社会主义的地名文化。

最后是地名文化的利用。兴庆区的历史地名，有很多长期废弃不用。近20年来，已大量选其精华，用于新的地名中，如清和街、丽景街等。有的地名，已成为商品、旅游区、名校的品牌，如长城轮胎、北塔奶粉、黄沙古渡景区、唐徕中学。有的地名，因有厚重传统文化，已被确定为爱国主义教育基地，如鼓楼、银川黄河军事文化博览园、中山公园等。

5. 所属街道、乡镇

文化街街道【Wénhuàjiē Jiēdào】　上隶银川市兴庆区，为区政府驻地。东至中山北街，西至民族北街，南至解放东街，北至上海东路，办事处设在银湖巷西端紧靠玉皇阁北街，即明、清之帅府、总兵府旧址，康熙来宁夏，以之为行宫，驻跸长达 18 天。辖信义、山河湾、丰收、幸福、游乐、天成 6 个社区，居民小区 36 个。2016 年面积 4.1 平方千米，有居民 20113 户 51728 人，其中 80 岁以上老人 526 人。1955 年属民生街街道办事处，1969 年属公园街街道办事处。1982 年置文化街街道办事处，辖民族北街东部、玉皇阁北街西部，东至玉皇阁北街西部，南至解放东街，北至北二环（今丽景街）东路。2015 年将玉皇阁北街的信义社区、天成社区划属文化街街道办事处，辖区范围扩大。文化底蕴厚重，明清时的揆文书院、银川书院、文昌阁，清末建成的宁夏府中学堂，民国时期的甘肃五中八师、宁夏省国立第一中学，中华人民共和国成立后的银川二中（2005年迁出），都在文化街。1958 年宁夏回族自治区成立后，组建宁夏京剧团（原中国京剧四团）、宁夏歌舞团、宁夏话剧团，皆驻文化街东段，时称文化大院。今街两侧仍有自治区文化厅、自治区文联、银川十五中等文化单位，又是销售乐器、文化用品店铺集中的街市。辖区内有自治区政协、中共银川市兴庆区委员会、兴庆区政府、银川市第三人民医院、银川市口腔医院等行政事业性单位 64 家、个体工商户 1021 家、各种企业和法人单位 519 个。

新华街街道【Xīnhuájiē Jiēdào】　上隶银川市兴庆区，居老城中心地带。东起中山街、胜利街，西至民族南街，南至宝湖路，北至解放东街。辖富华、正丰、永安、鼓楼、裕民、双城门、宝庆、长信 8 个社区，居民小区 54 个。办事处驻新宁巷 12 号原幼儿园内。2016 年面积 5.28 平方千米；有居民 31130 户 59473 人。1959 年底由中山南街和民族街两街道分出成立新华街街道办事处，以辖区内的新华街而得名。1961 年将和平南街（今玉皇阁南街）街道办事处并入。1982 年将南环路东段路南北片区划入。2015 年将胜利街街道办事处双城门、宝庆 2 个社区和中山南街街道办事处新宁社区划入，重新命名为裕民社区。为银川市"新华商业圈"核心区，有新华百货、王府井百货等上市商业公司及大型购物商城、商厦、商业步行街和多个综合性商场。

中山南街街道【Zhōngshān Nánjiē Jiēdào】　上隶银川市兴庆区，居老城中心地带东部。东起丽景南街，西至中山南街、胜利街，南至宝湖东路，北至解放东街。辖富强、新宁、安和、康华、金南、清和、民乐 7 个社区，居民小区 54 个。办事处驻育才巷 1 号。2016 年面积 3.94 平方千米；有居民 27989 户 66421 人。1955 年成立中山南街街道办事处。1957 年将解放东街街道办事处并入。1964 年底，从中山南街办事处分出南薰门外红花渠以南至今苗木场的 3 个居委会，组建南郊街道办事处。1969 年，南郊街道办事处撤销，并入中山南街办事处。1982 年，自中山南街办事处划出南薰门以南至今苗木场，成立胜利街街道办事处。同时，将新华街街道办事处所辖玉皇阁南街路东一个居民委员会划入中山南街办事处。2015 年进行区划调整，将胜利街街道办事处清和社区、银古路街道办事处金南社区划入，将金南社区分为金南、民乐 2 个社区，共新增区域面积 1.3 平方千米。辖区有自治区重点文物保护单位南薰门楼。地处门楼前的南门广场为银川市举行重大庆典场所。广场地下是大型购物超市，东侧为银川汽车站（老站）。驻地企事业单位有宁夏商都、中国建设银行宁夏分行、银川市证券交易所、银川市图书馆、宁夏日报社、银川晚报社、银川三中、银川五中、银川十七小、银川三小等。

解放西街街道【Jiěfàng Xījiē Jiēdào】　上隶银川市兴庆区，居老城西北部。东起民族北街，西邻凤凰北街，南至解放西街，北至上海东路。辖文艺、银湖、健康、北苑、海宝、华新 6 个社区、32 个居民小区。办事处驻文化西街 59 号。2016 年面积 4.1 平方千米，有居民 19571 户 46776 人。1955 年始设解放西街街道办事处，以东西主干道解放西街而名。1957 年撤销，辖地划入民生街街道办事处。1961 年，民生街街道办事处撤销，辖地分属公园街街道、中山北街（今玉皇阁北街）街道办事处。20 世纪 80—90 年代，先后分属公园街街道办事处、文化街街道办事处、凤凰北街街道办事处。2002 年 7 月恢复解放西街街道办事处。境内有北京东路、解放西街等多条城市主干道，有民族团结碑（凤凰碑）、宁夏人民会堂、银川体育馆、老百货大楼、邮政大楼、光明广场等标志性建筑，以及宁夏最大的城市公园中山公园。驻地单位有阳光假日酒店、黄河出版集团、银川市中医院、银川十五中、银川二十一小等 65 家。

前进街街道【Qiánjìnjiē Jiēdào】　上隶银川市兴庆区，居老城南部偏西。东至民族南街延伸至唐徕渠，西至利民街接书香苑西巷至凤凰街以东，南至凤凰街延伸段与民族街交会处，北起解放街。辖华林、陶瓷、星光华、银华、西塔 5 个社区，居民小区 35 个。办事处驻教育巷 17 号。2016 年面积 2.28 平方千米，有居民 17793 户 39414 人。1955—1981 年先后分属民族南街、中心巷、居安巷、利民街街道办事处。1982 年，前进街街道办事处成立。2015 年，将前进街街道办事处所属华林、陶瓷、星光华、银华 4 个社区调整为 5 个，新增西塔社区，辖区范围扩大。有全国重点文物保护单位承天寺塔（西塔），始建于西夏天祐垂圣元年（1050 年）。塔身 11 级，高 64.5 米，为银川老城标志性古建筑。始建于西夏早期。民国时期，宁夏最大的会馆——陕西会馆及宁夏省立实验小学（今银川市实验小学前身）驻此街道。驻地单位有银川市第一幼儿园、银川市实验小学、银川市第一人民医院、虹桥大酒店等 28 家。

富宁街街道【Fùníngjiē Jiēdào】 上隶银川市兴庆区，居老城西南部，1982 年成立。东至利民街，西至唐徕渠，南到修业路，北至解放西街。辖西关、自强、利群、大庙、中寺、南苑 6 个社区，47 个居民小区。办事处驻黄河路西桥南巷 70 号。2016 年面积 5.29 平方千米，有居民 21124 户 45700 人。明代为空地，清代修建一座大型寺庙，名曰"福宁寺"（祈求赐福宁夏的寺庙），俗称大庙，渐渐便呼此地为福宁寺街。当代以谐音名富宁街。街道辖区内驻地单位有自治区财政厅、自治区水利厅、自治区农牧厅、宁夏群艺馆、银川十中等。

丽景街街道【Lìjǐngjiē Jiēdào】 上隶银川市兴庆区，居城区东部。东至友爱路，西至凤凰街，南至上海路，北至贺兰山路，因位于丽景街旁得名。辖双庄、满春、八里桥、景墨、景太、庆春、银虹、雅苑、观湖、泰和、春城、兰溪 12 个社区，居民小区 68 个。办事处驻国际汽车城。2016 年面积 17.6 平方千米，有居民 55267 户 104911 人。原为银川市东北郊区农村。清初筑城，调八旗兵驻防，俗称"满城"。乾隆三年毁于大地震，随后在宁夏府城之西十五里另建"新满城"，旧址留下"旧满城"地名。1958 年人民公社化时期，取满城谐音，组建满春大队，寓意"满园春色"。1978 年 12 月，由红花公社、大新公社各划出 3 个大队，组建满春公社。1983 年 4 月改满春乡。世纪之交城市东扩，建成主干道，以明代庆王府园林"丽景园"为名，称丽景街。2003 年 7 月改满春乡为丽景街街道办事处。10 多年间，已形成丽景街商贸物流带，新建商贸城、商业小区众多。有全国重点文物保护单位海宝塔，相传于十六国时期由赫连勃勃始建，故旧称"赫连宝塔"，音转为海宝塔，俗称北塔。共 11 级，通高 54 米，塔身呈正方形，四面中间又各突出一脊梁，呈"亚"字形，是我国十六座名塔之一。21 世纪初，依托北塔及周边的教场湖、塔湖，建成海宝公园，总面积约 216 公顷，其中绿化面积近 120 公顷、水域面积近 97 公顷，成为市民休闲之所。八里桥有银川市烈士陵园。境内主要单位有银川二中、银川二十中、满春中学、田家炳高级中学、回民二小、银川十八小、八里桥小学及 4 家民营医院。

凤凰北街街道【Fènghuáng Běijiē Jiēdào】 上隶银川市兴庆区，居区境西北部。东至凤凰北街（因大型雕塑凤凰碑而名），西以唐徕渠与金凤区为界，南至解放西街，北至贺兰山路。辖安秀、兴隆、北安、崇安、阳澄、北塔、民运 7 个社区 37 个居民小区。2016 年面积 5.2 平方千米，有居民 26218 户 72965 人。1997 年 1 月始置，办事处驻解放西街西桥巷 33 号。其东侧为宁夏回族自治区人民政府驻地，西南有唐徕回民中学，西面为唐徕公园。

银古路街道【Yíngǔlù Jiēdào】　上隶银川市兴庆区，居城区东南部。2003 年成立银古路街道，驻今长城东路 829 号美德亨家居博览中心五楼，因地处银古一级公路（即 1994 年所建银川至灵武古窑子公路，后划属青银高速公路）起点得名。东至友爱中心路，西至丽景街，南至迎宾广场，北至上海东路。2016 年面积 9.65 平方千米；人口 37989 户 104081 人。原为银川市东郊红花乡，因元、明种植贡品红花得名。2003 年 8 月撤乡，更名为银古路街道办事处。2015 年进行区划调整，将金南、民乐社区划属中山南街街道办事处，共计减少区域面积 3.3 平方千米。又将迎宾社区划分为迎宾、友爱 2 个社区，将丽水社区划分为丽水、云和 2 个社区，将福园、春园 2 个社区合并重新划分为福园、春园、康园 3 个社区，并新设置宝南社区，共新增友爱、云和、康园、宝南 4 个社区。2016 年，银古路街道辖宝南、迎宾、友爱、丽水、云和、丽景、景湖、福园、春园、康园 10 个社区，有居民小区（新村）33 个。

胜利街街道【Shènglìjiē Jiēdào】　上隶银川市兴庆区，居城区南部。东至清和街，西至民族街、凤凰南街延伸至南环路口，北至宝湖路，辖清苑、康馨、祥和、南华、家园、上前、景园、紫金、天盛 9 个社区，36 个居民小区。2016 年面积 9.15 平方千米，人口 31989 户 59468 人。旧名南关街，1945 年 8 月庆祝抗日战争胜利更名胜利街。1959 年成立胜利街街道办事处，驻林华南巷 1 号。1961 年，并入中山南街街道办事处。1964 年底复置，1969 年再度撤销，1982 年复置胜利街街道办事处。2015 年进行区划调整，将双城门、宝庆 2 个社区划属新华街街道，将清和社区划属中山南街街道，共计减少区域面积 1.58 平方千米。又因新建住宅区域的扩大及住户的增加，在新建区域新增紫金、清苑、上前 3 个社区。辖区内有银川汽车站、宁夏医科大学、宁夏医科大学附属医院、解放军第五医院、宁夏盲聋哑学校等。

玉皇阁北街街道【Yùhuánggé Běijiē Jiēdào】　上隶银川市兴庆区，居老城核心区。1982 年成立，驻今中山北街 328 号，因辖区内有古建筑玉皇阁得名。东起丽景北街，西至中山北街，南至解放东街，北至上海东路。辖八一、北关、东方、高台寺、永康、青山 6 个社区，33 个居民小区。2016 年面积 5.8 平方千米，人口 21052 户 53386 人。1955 年设中山北街街道。1982 年随着城市发展，增设文化街街道办事处，将中山北街街道办事处辖区内的玉皇阁北街西部划归新设的文化街街道办事处，同时改中山北街街道办事处为玉皇阁北街街道办事处。2015 年进行区划调整，将银古路街道八一、高台 2 个社区划入，新增区域面积 2.5 平方千米。将玉皇阁北街天成、信义 2 个社区划属文化街街道，减少区域面积 1.3 平方千米。有全国重点文物保护单位 1 处：银川玉皇阁。驻地单位有宁夏报业集团、宁夏妇幼保健院、银川人民广播电台、银川电视台等。

掌政镇【Zhǎngzhèng Zhèn】　属银川市兴庆区，居区境东部，地跨黄河两岸，为自治区重点建设的 12 个沿黄特色小城镇之一。辖掌政、杨家寨、镇河、五渡桥、茂盛、春林、孔雀、永南、洼路、强家庙、碱富桥 11 个行政村、89 个村民小组，镇政府驻掌政村，西至兴庆区政府驻地 9.7 千米。地形单一，绝大多数为黄河冲积平原。2016 年底，面积 118 平方千米，人口 26661。社会生产总值 13.62 亿元，农民人均纯收入 1.3 万元，先后获"国家生态乡镇""国家科技示范镇""宁夏民间艺术之乡""全国第三批特色景观旅游名镇""全国一村一品示范村镇""中国美丽休闲乡村"等称号。交通便利，境内有京藏高速、青银高速、银西高速及 307 国道、203 省道等干线公路穿越，有 4 座黄河特大桥，有公路客运枢纽银川汽车站。距银川河东国际机场 8 公里。

掌政镇之名，源于明洪武二十五年（1392 年）宁夏左屯卫所筑军事屯堡，以百户（低级军官）张政为屯长，故名张政堡，沿袭至 1958 年建立人民公社，以谐音更名"掌政"。

掌政镇历史悠久，东晋十六国时期，匈奴族在此筑饮汗城（匈奴语音，含义不详）。407 年，匈奴人赫连勃勃建大夏国，定都统万城（今陕西靖边县红墩界镇），将饮汗城改建为皇家园林，命名"丽子园"，是为宁夏园林之始。北魏孝昌二年（526 年）"给百姓，置为县，名怀远"（《元和郡县图志》卷四），是银川市最早的县级建置。北周建德三年（574 年）由内地移民二万户于此，增设怀远郡治此（《太平寰宇记》卷三十六）。隋撤郡存县。唐仪凤二年（677 年），县城被黄河水冲毁，次年在其西（今兴庆区老城）更筑新城（《元和郡县图志》卷四）。西夏在本镇洼路村置怀州，因旧怀远县而名，元代废。明筑张政堡，上隶宁夏左屯卫。清属宁夏县。1941 年后属永宁县。1972 年属银川市郊区。2002 年 11 月划属兴庆区。有西夏怀州城、高台寺、明长城、横城古渡、镇河堡、赵良栋墓等历史文化遗址。鸣翠湖国家湿地公园总面积 8840 亩，其中北湖开放为旅游景区，面积 4995 亩，年接待游客近 30 万人次。还有供市民休闲的典农公园、赵家湖湿地公园等生态旅游景区，建成农家乐、渔家乐 48 家，年接待游客近 8 万人次。

大新镇【Dàxīn Zhèn】　上隶银川市兴庆区，居城区东北。东接掌政镇，西至丽景街与兴庆区主城区相邻，南连永宁县望远镇，北靠贺兰县习岗镇，南北长 15 公里，东西宽 2.2 公里。辖大新、塔桥、上前城、新渠梢、新水桥、燕鸽 6 个行政村，聚丰苑、东城人家 2 个社区，1 个燕庆公司，70 个村民小组，9 个小区。镇政府驻兴庆区银横路 155 号，即银横路与燕庆街交叉口处，西至兴庆区政府驻地 4.5 公里。2016 年面积 33 平方千米；人口 29223，其中回族 8683 人；社会生产总值 15.41 亿元，农民人均可支配收入 14385元。全镇城镇化率 54.71%。曾获全国特色景观名镇和全国文明村镇称号。中华人民共和国成立初属永宁县，1951 年划归银川市，1958 年属东风公社（后改名红花公社）。1961年析红花、掌政公社及永宁县望远公社部分地域设大新公社，以境内有大新渠而得名。

1972 年划归银川市郊区，1983 年改为大新乡，2003 年撤乡建镇。1996 年 1 月，注册成立银川市燕庆实业发展公司，系原银川市郊区十大农转非公司之一，由燕鸽村六队、七队、八队、九队组成。

通贵乡【Tōngguì Xiāng】　上隶银川市兴庆区，居区境东北、黄河以西。东与月牙湖乡隔黄河相望，南邻掌政镇，西、北与贺兰县金贵镇相邻，南北长 13.8 公里，东西宽 7.8 公里。辖通贵、司家桥、河滩、通南、通北、通西等 6 个行政村、62 个村民小组（队），乡政府驻通贵村永通路与平安街交叉向东 300 米，西至兴庆区政府驻地 10 公里。2016 年面积 94.5 平方千米，耕地面积 5.08 万亩（不包括河滩地）；人口 4617 户 18663 人，其中回族 16828 人，是兴庆区回族聚居最多的农业乡；社会总产值 2.18 亿元，农村居民人均可支配收入 12469 元。曾获 2016 亚洲都市景观奖中的美丽乡村营建优胜奖。通贵村农民艺术团获第二届中阿国际茶博会贡献突出殊荣。河滩村在全国农民健身秧歌大赛中获二等奖和体育道德风尚奖。通贵之名源于通贵堡。清雍正初年，工部侍郎通智到宁夏主持开渠事务。惠农渠竣工后，在沿渠两岸招民垦殖，建立堡寨。为颂通智之功，当时的宁夏县境及平罗县南境的多个堡名，均以"通"为首字，号称"通八堡"，通贵堡为其中之一。当地民间传说（与《清史稿·通智传》相悖），有佞臣参奏通智"贪天之功为己有"，被斩首于龙门桥。中华人民共和国成立初，属永宁县第五区，1955 年始建通贵乡，1958 年并入掌政公社，1960 年析建通贵农场，1965 年改设通贵公社，划入贺兰县，1972 年划归银川市郊区，1983 年改设为乡。2003 年，撤销永固乡（1980 年由掌政公社划出成立永固公社，社改乡时称永固乡，因永固村得名），将原永固乡司家桥村、河滩村并入。2016 年，全乡形成了以种植业、畜禽养殖、劳务产业为主的产业格局。水稻种植面积 3.23 万亩，水稻良种普及率达 98.3%。有各类养殖户 1930 户，奶牛存栏 1910 头，黄牛存栏 1760 头，羊存栏 29187 只。通贵乡通西村二队有大小豆腐作坊 10 余家，在这里利用地下水生产的"通贵老豆腐"，比一般豆腐手感硬，密度高。烹饪时，不会破碎变形。相比其他豆腐，"通贵老豆腐"颜色略青，豆香浓郁。制作豆腐的黄豆多来自安徽、甘肃等地，豆质坚硬。其制作方法沿袭传统手工工艺，一般经过原料清洗—浸泡—磨浆—煮浆—过滤—点浆—蹲脑—摊布—浇制—整理—压榨—成品环节，浆水"点"豆腐是制作"通贵老豆腐"中最关键的环节。

月牙湖乡【Yuèyáhú Xiāng】　属银川市兴庆区，居区境东北部，因境内月牙湖而得名，属扶贫移民乡。地处毛乌素沙漠与黄河之间，南北长 42.5 公里，东西宽 9.3 公里。2016 年辖月牙湖、大塘南、大塘北、海陶南、海陶北、小塘、塘南及滨河一至五村共 12 个行政村，83 个村民小组（队）。乡政府驻小塘村，西南至兴庆区政府驻地 49 公里。面积 333 平方千米，人口 2.95 万，大多数为贫困山区移民，其中回族人口占 55%。社会生产总值 8.1 亿元，农民人均可支配收入 8530 元，其中新移民村人均可支配收入 7280 元，为移来时的 10 倍以上。

秦蒙恬北逐匈奴，置塞外浑怀障，为军事要塞。按《元和郡县图志》记载，其位置在怀远县东北隔河百里，即月牙湖乡境西北。《水经注》又载："北魏太和初（477 年）三齐平，徙历下民居此，遂有历城之名矣。"历下，古县名，原在今山东省济南市。此为月牙湖乡首次大移民，朝廷因此而设历城郡、建安县（后改广润县）。隋炀帝杨广登基后，为避其名讳，更名灵武县，并迁往黄河以西。此后，长期无行政建置。清属绥远省。民国时期属宁夏省陶乐县。中华人民共和国成立后，仍属陶乐县，虽临黄河而无灌溉之利，遍地黄沙，人烟稀少。1956 年 8 月 22 日，陕西黄河三门峡库区朝邑县（今属渭南市）严庄乡、平民乡首批移民 785 户 800 人落户月牙湖地区。同年 11 月 9 日，在月牙湖地区增设新星乡，时称陕西移民乡。1957 年 5 月，严庄、平民两乡又有 190 户 563 人迁到月牙湖周边。同年 10 月，改新星乡为月牙湖乡。1961 年 5 月改月牙湖公社。1962 年 4 月，因陕西移民多数返回原籍，9 月 21 日撤销月牙湖公社，只保留月牙湖大庆点（移民队）。1985 年，自治区人民政府在月牙湖地区规划建设海原县移民吊庄。1986 年成立海原县月牙湖吊庄指挥部，先后从郑旗乡、罗川乡搬迁移民到此定居，隶属海原县管理。吊庄范围南北长 10 公里，东西宽 5 公里。1990 年末，已落户移民 853 户 4500 人。1991 年成立海原县月牙湖吊庄工作委员会，1993 年成立海原县月牙湖区公所。1999 年 12 月 5 日，月牙湖吊庄移交陶乐县管辖，同时成立陶乐县月牙湖吊庄临时工作领导小组。吊庄管理区设 5 个村民委员会、35 个村民小组（队），有居民 1250 户 8062 人。2000 年 12 月，月牙湖乡正式成立。2004 年 1 月 30 日，自治区人民政府根据国务院批复，撤销陶乐县，月牙湖乡划属银川市兴庆区。"十二五"期间（2011—2015 年），为减轻六盘山区人口承载压力，退耕还林，恢复生态环境，又在月牙湖乡规划生态移民安置区，将彭阳县7 个乡镇 39 个村 3979 户 1.68 万人迁入。其中，月牙湖村为老移民村，辖二道墩队（林场家属队）、月牙湖队（牧场家属队）、园艺队（林场园艺队）。其他各村为 2011 年后的生态移民新村。

经过近 20 年的建设，全乡自然环境大为改观，修建了扬水灌溉工程，已成为银川市的花卉、蔬菜、林果种植基地，还建成了独具特色的黄沙古渡旅游风景区、兵沟旅游区，以及胡杨林和沙枣林保护区，休闲观光农业初具规模。移民都已实现脱贫，乐居新地。

（三）西夏区【Xīxià Qū】

银川市辖区，居市境西部、贺兰山东麓。位于东经 105°49′~106°18′，北纬 38°08′~38°52′。西至贺兰山分水岭与内蒙古阿拉善左旗接壤，东以包兰铁路与金凤区相邻，南北分别与永宁县和贺兰县相连。区政府驻贺兰山西路 481 号。2016 年，面积 1129.27 平方千米。人口 35.6 万，其中汉族 27.92 万人，占 79.97%；回族 6.35 万人，占 17.84%；余为其他民族。地区生产总值 302.4 亿元。有全国重点文物保护单位西夏陵 1 处，自治区文物保护单位滚钟口西夏遗址、镇北古堡、山嘴沟石窟等 5 处。另有明长城一段，亦属全国重点文物保护单位。

1. 地名来历及现状

西夏区地处贺兰山东麓，地域皆为山地和山前洪积平原，60 年前为一片荒滩，有少数牧民以牧羊为业。1958 年宁夏回族自治区成立后，规划建设成工业及文化新区，1964 年后长期属新城区，政区地名沿革简单。2002 年 10 月 19 日，国务院以国函〔2002〕95 号文批复：撤销银川市新城区，划包兰铁路以西至贺兰山宁蒙边界设立西夏区。"西夏"一名，源于 1038 年党项族所建西夏政权。

第二次全国地名普查，基本掌握了西夏区的地名现状。普查汇总统计，共有地名 5148 个。其中行政区域 9 个，群众自治组织 78 个，非行政区域名 55 个，居民点 451 个，交通运输设施 553 个，水利电力通信设施 383 个，纪念地旅游景点 98 个，建筑物 41 个，单位 3395 个，陆地水系 4 个，陆地地形 81 个。

2. 地名文化

西夏区的地名文化，以三个方面最为突出：

一是以贺兰山脉为本源的民族融合文化。在古代，贺兰山是游牧文化与农耕文化的交会地带，曾有数十个游牧民族在山谷、东麓生息繁衍。自然地理实体类地名，都打上了民族烙印。贺兰山的得名，源于 5 世纪的鲜卑族贺兰部。它的北端又名乞伏山，源自鲜卑族乞伏部。清代蒙古族厄鲁特部进入此山以西的高原，以"贺兰山"的谐音，命名其王府，形成阿拉善左旗、右旗及阿拉善盟等政区名。贺兰山主峰今名敖包圪垯峰，海拔 3556 米。敖包在蒙古语中为"堆子"之意，而这里的汉族人往往把圆秃的山头叫"圪垯"。所以，"敖包圪垯"实际是两个民族语音的融合。在明代，贺兰山之西属蒙古族的瓦剌部、鞑靼部，山之东属汉族统治者控制。农耕文化与游牧文化碰撞，出现长城、赤木关、平羌堡、镇北堡之类的军事设施地名。到清代化干戈为玉帛，带有明显敌意的平羌堡，也改为平吉堡。

二是众多古迹所反映的历史文化。西夏区最早的古城是唐代的千金堡。《元和郡县图志》卷第四："怀远县……新堡，在县西北四十里，永昌元年置。堡内安置防御军二千五百人，粮五万石，旧名千金堡，今名新堡。"千金堡筑于何时不详，得名于其东面的"千金大陂"，一个长五十里、宽十里的长湖，689 年更名新堡。从驻军、储粮数看，应是一座很大的军城。怀远县，在今银川市兴庆区老城。按里程、方位推断，这座唐城在今西夏区南梁农牧场附近。另一古堡是明代始建的镇北堡,清代又在其北侧另建,现已成为西部电影城,拍摄过100多部影视作品。西夏王陵是中国现存规模最大、地面遗址最完整的帝王陵园之一,占地面积58平方千米,核心区20.9平方千米,分布有历代帝王陵墓9座及270多座王侯勋戚的陪葬墓。

三是银川"新市区"的开发建设史。1958年宁夏回族自治区成立后,在一片荒滩上规划建设工业区及文化区,称"新市区"。到1960年,已建成宁夏大学及50多个厂矿企业。"三线建设"时,又有电子、机械、化工企业从内地迁来。目前,已成为银川市以机械、化工、建材为主的大型工业区和科技文教区,聚集长城铸造厂、大化肥、赛马水泥等40多家大中型企业,近20多所大中专院校和科研单位。这些企事业单位因占地面积大、人数多而知名度很高,反映了民族自治政策促成的地域文化。

3. 所属街道、镇

西花园路街道【Xīhuāyuánlù Jiēdào】 上隶银川市西夏区,为区政府驻地。位于西夏区最东部,东起包兰铁路,南至绕城高速公路与兴泾镇接壤,西至金波街与北京西路、朔方路2个街道办事处相靠,北至贺兰山西路与贺兰山西路街道办事处相接。街道办事处驻丽子园南街燕葆西区花半里北门。辖西花园社区、兴州南路社区、燕宝社区等13个社区,面积10.6平方千米。2015年人口61025。街道之名,源于清代园林。雍正元年(1723年),为屯驻八旗兵,在宁夏府城东北五里筑城,任命满营将军管理,民众称"满城"。乾隆三年十一月二十四日(1739年1月3日)大地震城毁,五年在宁夏府城西十五里平伏桥东南另筑新满城,置府邸,供历任满营将军使用。其西侧有花园,与老城东花园相对应,故称"西花园"。其遗址在西夏区怀远东路与西花园路交叉路口的西北隅,占地面积10余亩,四周有黄土夯筑成的土围墙。园中筑一高台,台上建有砖木结构平房数间,原名为"一览楼",俗称"将军楼"。因古建筑已腐朽不堪,地势狭窄,无法原地改造,故于2014年整体拆迁至他处。1962年成立街道办事处,时名为新城区第三街道办事处。因在包兰铁路西侧,1971年10月更名为铁西街道办事处。1975年改称西花园路街道办事处。1978年12月,更名第二街道办事处,上隶新城区。1981年12月,又改称铁西西花园街道办事处,管辖良田渠以西,新开渠以东地界。1997年10月,更名为西花园路街道办事处。2002年11月,银川市行政区划调整。辖区内有银川火车站、银川汽车西站、宁夏轻纺技工职业学校、银川二十四中、西夏区四小、佳通轮胎公司等31家大中型企事业单位,地名延伸有西花园百货商店、西花园路。影响最大的为西花园机场,始建于1937年春,作为银川市唯一的民航空港,一直使用到1997年9月,后因地域狭窄而择地另建银川河东机场。

朔方路街道【Shuòfānglù Jiēdào】 上隶银川市西夏区,居区境中部,因辖区有朔方路得名。东至金波南街与西花园路街道办事处为邻，南到怀远西路与北京西路、文昌街街道办事处相接，西至 110 国道与镇北堡街道接壤，北至贺兰山西路（东部）及新小线军区至高家闸段（西部），辖正茂、宁大、梧桐、同心苑、玫瑰园、文怀、宁安等 10 个社区。街道办事处驻西夏区中部朔方路 19 号。2015 年底面积 13.6 平方千米，人口 24054 户 87230 人。街道前身为 1962 年成立的新城区第四街道办事处，1971 年 9 月更名为新市区街道办事处，1981 年 11 月 23 日更名为贺兰山西路街道办事处，1983 年改名为朔方路街道办事处，2002 年 11 月后改隶西夏区。街道因"朔方路"而名。"朔方"，始见于《诗经·小雅·出车》中，"天子命我，城彼朔方"，是指西周的北方。宁夏在唐代置朔方节度使，民国初年为朔方道。辖区内有多所高等院校，构成银川市高等教育中心区，在校大中专院校学生 2 万多人，有宁夏回族自治区党校、宁夏社会科学院、宁夏大学、宁夏人民警察学校、宁夏财经技术学院、宁夏建筑职业技术学院等单位。

北京西路街道【Běijīng Xīlù Jiēdào】 上隶银川市西夏区，居区境中心地带，辖境西至同心街，北至怀远路，东至金波街，南至南环高速公路。辖星光巷、金波路、纺苑、地矿局、幸福巷、育林巷、机床厂、建设巷、文萃南街等 9 个社区居民委员会，办事处在丰盈巷与星光巷交叉口西 100 米。2015 年面积 8.6 平方千米，人口 18256 户 48674 人。前身为 1962 年所建新城区第四街道办事处，1971 年改隶新市区，1978 年改为第三街道办事处，1981 年更名为长城街道办事处，1997 年更名为北京西路街道办事处，2002 年 11 月改隶西夏区至今。北京路为银川市东西向主干道，号称五十里长街，西夏区境内为北京西路。路南多大型工业企业，路北为其家属区和商业网点。有新瑞长城机床有限公司、宁夏长城须崎铸造有限公司、西北轴承有限公司及多家化工企业；有宁夏回族自治区人民医院西夏分院、宁夏回族自治区中医研究院、宁夏地质矿产勘探局、宁夏医学院西校区等 23 家事业单位；有怀远市场、南华市场、新百连锁超市、新百西夏店、浙江商城等 6 家大型商业企业。

文昌路街道【Wénchānglù Jiēdào】 上隶银川市西夏区，居区境西部，东起同心路，西至宏图街，南起黄河路，北至怀远西路。辖区内有主干道，在北方民族大学（原西北第二民族学院）校门前，因名文昌路，寓意"文化昌盛"。辖宁朔北路、长城须崎、瞿靖巷、文昌北路、艺术巷、荷花苑、文昌南路等 8 个居民委员会。2015 年面积 17.5 平方千米，人口 2.9 万。前身为 1981 年成立的西夏街道办事处，上隶新城区。1997 年 9 月更名为文昌路街道办事处，2002 年 11 月改隶西夏区。街道被评为全国街道百强工会、自治区党建示范街道、银川市级文明单位。辖区内有西北轴承股份有限公司、宁夏建筑三公司、宁夏国飞电器股份有限公司、长城须崎铸造股份有限公司、宁夏瀛海建材集团、同心路市场等 24 家企事业单位。

宁华路街道【Nínghuálù Jiēdào】　上隶银川市西夏区，处区境西南部，东至宏图街与文昌路街道办事处相连，南与永宁县交界，西至贺兰山分水岭与内蒙古阿拉善左旗为邻，北到套门沟。辖园林场、宁华园、农垦建、兴磷、平吉堡、宁朔南路6个社区。办事处驻宁朔南街西侧峡口巷1号。2015年辖区面积35平方千米，人口3.1万。1984年，成立由国务院直属的西北首家化工企业中国石油宁夏石化公司（宁夏化工厂），当时年产尿素30万吨。厂前道路以"宁夏化工"谐音而名"宁华路"。1987年7月始设宁华路街道，上隶新城区，2002年11月改隶西夏区。辖区内有企事业单位45个，规模以上企业7家。

贺兰山西路街道【Hèlánshān Xīlù Jiēdào】　上隶银川市西夏区，处区境西北部。东至新南公路，西至沿山公路（110国道），南至贺兰山西路与朔方路街道办事处相连，北接贺兰县洪广镇。辖八一、赛马、伊地、学院、农牧场、金阳6个社区，街道办事处驻贺兰山西路129号。2015年面积25.4平方千米，人口11688户95451人。2003年成立贺兰山西路街道办事处，因路而名。辖区内有宁夏军区、宁夏大学、宁夏赛马水泥（集团）有限责任公司、西夏贡酒业实业有限公司等企业，有9所大中专院校。

镇北堡镇【Zhènběipǔ Zhèn】　隶属银川市西夏区，位于市区西北郊，东至包兰铁路，西至贺兰山与内蒙古阿拉善左旗接壤。辖华西、德林、镇北堡、团结、昊苑5个行政村和华西1个社区。镇政府驻镇北堡村，东南至西夏区政府22公里。面积210平方千米，2015年，居民3.25万人，其中回族2730人，农民人均可支配收入9203元。2016年10月14日，镇北堡镇成为住建部公布的全国首批127个特色小镇之一。镇北堡之名，源于明弘治十三年（1500年）所筑城堡，系长城沿线驻军营堡，属宁夏右屯卫。遗址残垣尚在，呈正方形，见方150米左右。清乾隆三年十一月二十四日（1739年1月3日）地震毁城，五年在其北约200米另筑城堡，今保存基本完好，东西长170米，南北宽150米，城墙高8.5～9.5米，并筑有1.5米高的女墙。东墙正中设有青砖砌筑的拱形门洞，上建敌楼。门外设瓮城，城门面南。1985年，被公布为银川市文物保护单位。清代基本为散牧之地。1960年西干渠建成后，镇东部受益，辟垦荒地，成立芦花台人民公社、军马场、南梁农场。古堡内有羊圈10余个。堡以西为银川市的建筑用砂、石料基地，因采砂破坏环境，坑洼密布。实行改革开放后，国家致力于改善生态环境，于1984年组建镇北堡林草试验场，又鼓励私人承包荒地种植林草。1993年9月21日，著名作家张贤亮"下海"从商，自称为"出售荒凉"，以两座古堡为基地，成立宁夏华夏西部影视城有限公司，俗称"镇北堡西部影城"。多年来，这里已拍摄获得国内外大奖的《牧马人》《红高粱》《黄河谣》以及《大话西游》《新龙门客栈》《乔家大院》等百余部影视剧，古朴、原始、粗犷、荒凉和反映民俗是其特色。摄制影片之多，涌现明星之多，获奖之多，皆为中国各地影视城之冠，有"中国电影从这里走向世界"之说。张贤亮利用边塞古堡、摄制影片留下的场景，辅之以休闲场所、历史文化遗物，吸引国内外游客，使之成为5A级旅游景区。1996年，江苏省江阴市华西村党支部书记吴仁宝在镇北堡成立宁夏华西村，帮助南部山区吊庄移民点迅速实现脱贫。2003年，芦花乡与镇北堡镇合并成立芦花镇。2005年8月16日，更名为镇北堡镇。近10多年，不断有商家入驻，成为贺兰山东麓葡萄产业带的核心区，有葡萄酒博物馆及多个葡萄酒庄。

　　兴泾镇【Xīngjīng Zhèn】　上隶西夏区，居区境东南端。辖区东起包兰铁路，西至东一支渠，南至西干渠，北邻银川市泄洪区。镇政府驻兴业路，辖西干渠、泾河、兴盛、泾华、黄花、十里铺6个行政村及民生、泾华园、兴顺苑3个社区。面积28.8平方千米，人口26998，回族占总人口数的98%。其中城镇户口1012户3891人。2016年全镇社会生产总值2.95亿元，人均可支配收入9500元。原为地势较低、芦苇杂生的洼地，故名"芦草洼"。1982年，国务院决定将宁夏的西海固地区列为国家"三西"农业专项建设计划，其中的泾源县被列为"八七扶贫攻坚计划"重点县。1983年，宁夏实行"吊庄扶贫"工程，将泾源县部分极贫乡、村整体搬迁至芦草洼，设置芦草洼开发区管委会，由泾源县政府管理，下辖3个乡级管区，39个行政村、90个自然村。2000年9月15日，移交银川市郊区按属地管理。2002年11月银川行政区划调整，划归西夏区管辖。经过30多年的发展，农民年人均收入从200多元提高到9500元，实现了全镇整体脱贫、民众安居乐业。因此，兴泾镇的地名，具有浓郁的扶贫移民色彩：兴泾镇、兴盛村，寓意泾源兴盛；泾河村、黄花村、十里村，都是移民原居地的乡、村名，属于地名搬家；6个行政村中，只有西干渠村的地名源于移民安置地的灌溉渠道。辖区设有完全中学1所，完全小学5所，职业技能培训学校、幼儿园、卫生院各1所。已建成179栋占地共107亩的肉牛养殖园区，配套发展畜草种植业。培育珍珠鸡、乌鸡、野鸡等特禽养殖，养殖业收入5518.35万元。近几年，又有自治区、银川市的多个重点项目落地兴泾镇，先后完成了铁路货场，中石油500万吨炼油大气防护带，中石化4580项目，公铁物流园，文昌南路拓宽改造，银川市第九污水处理厂，二手车交易市场，泾华园安置区一、二、三期，富祥园及泾华街棚户区改造等项目。2015年4月，泾华园一期二期34栋1608套住宅楼竣工分配到户，泾华园三期A区36栋楼、B区43栋2936套及富祥园安置区42栋1558套楼房已进入收尾阶段，兴泾镇正大踏步向新型城镇化和小康社会迈进。

（四）永宁县【Yǒngníng Xiàn】

　　银川市辖县，在市区南部，东临黄河，西依贺兰山，南接青铜峡市。县政府驻杨和南街，驻地位于东经106°14′55.61″、北纬38°16′37.27″。北至银川市20公里。辖1个街道、5镇、1乡。2016年面积1193.95平方千米。人口23.99万。其中回族5.2万人,占21.68%。国内生产总值125.49亿元,人均5.23万元。有全国重点文物保护单位纳家户清真寺1处,自治区文物保护单位李俊镇多宝塔等4处。

1. 地名来历及现状

永宁县成立于1941年4月1日。县政府驻地杨和堡,1038—1227年为西夏之永州;县域系从宁夏县、宁朔县析出;故名永宁,寓意永远安宁。

第二次全国地名普查汇总统计,全县共有地名4213个。其中乡镇、街道10个,群众自治组织88个,非行政区域名23个,居民点1078个,交通运输设施380个,水利电力通信设施740个,纪念地旅游景点63个,建筑物6个,单位1739个,陆地水系54个,陆地地形32个。

2. 地名沿革

秦属北地郡富平县。西汉分属灵州、灵武两县。东汉后期至西晋,为羌、鲜卑、匈奴等族驻牧地。东晋、十六国后期,为赫连夏属地。北魏属薄骨律镇。《魏书·刁雍传》载:太平真君五年(444年),镇将刁雍疏浚艾山旧渠后,连年丰稔,民皆平地积谷,故于太平真君九年(448年)上表求于河外三里(今望洪镇)造城储谷。诏准。次年城就,赐名为刁公城,亦称薄骨律仓城。又徙关东汉人至此屯田,立弘静镇,俗称汉城。此为永宁县首个政区类地名,蕴含农耕文化。《元和郡县图志》卷四载:隋开皇十一年(591年)升弘静县,唐初因之,神龙元年(705年)改安静县,至德元年(756年)七月十三日改保静县并升为上县。县域与今永宁县相近,有良田数千顷,引河水溉田,足以供军需。《宋史·夏国传》载,西夏分置静州(治今望洪镇附近)、永州(治今杨和镇)。元属中兴府路、宁夏府路。明初徙民于关陕,后分属于陕西都指挥使司之宁夏卫、宁夏前卫、宁夏左屯卫、宁夏右屯卫。境内各地立军事屯堡,皆以"百户"一员为堡长,各堡之间以其姓名相称。1941年4月1日始置永宁县,划宁夏县、宁朔县局部属之,县政府驻杨和堡。此后县级建制稳定至今,属地时有增减。

3. 地名文化

永宁县的地名文化,有两个方面最为突出。

第一,以黄河为本源的农业、水利、湿地文化。永宁县地处塞北江南的核心区,自古水利事业发达,粮食高产而且旱涝保收,湖泊沼泽密布,这一切都来自黄河之惠。所以,有很多地名与此有关。唐朝的五十里长湖千金大陂,主要在永宁县境内。清代的七十二连湖留下湖名共31个,永宁县境内占多半。现在使用的行政村名中,上河、武河、中滩、西滩、玉海等与黄河关联;前渠、北渠、八渠、五渠、永清及10多座桥名均与水利设施有关;长湖村、鹤泉湖、海子湖、珍珠湖等20多个湖名,多数是黄河故道形成。

第二，以明代为主的军屯文化。明代出于军事防御需要，洪武初徙民于关陕，形成真空地带。后来为解决驻军粮食供应问题，又置屯卫，在永宁县全境遍筑屯堡，每堡驻军丁百余人事农垦，派一名"百户"管理。由于老住户都迁走了，军丁都不晓旧地名，邻堡之间就以"百户"的姓名相称。如杨和堡、曾刚堡、李俊堡、宋澄堡、李祥堡、王佺堡、魏信堡、刘亮堡之类。在这种情况下，连北魏时已经闻名于世、唐朝升为上县的弘静镇、保静县等地名也从此废弃不用。今天的乡村及居民点地名，大多源于明代，有的已按谐音更改，如任春改仁存、王铉改望洪、王泰改王太。

4. 所属街道、乡镇

杨和镇【Yánghé Zhèn】　永宁县政府驻地。东经106°21′48.19″，北纬38°18′57.31″。东临黄河，南邻望洪镇，西接胜利乡，北连望远镇。辖杨和、红星、旺全、北全、王太、纳家户、观桥、永红、惠丰、东全10个行政村，106个村民小组。镇政府位于县城团结路与109国道交叉路口，距银川市兴庆区南门广场20公里。2016年面积73.29平方千米；人口33007，其中回族人口占18%；农民年人均可支配收入12117元。西夏于此置永州，元废。明洪武五年（1372年）徙民于关陕，空其地。洪武九年属宁夏卫。后在此筑堡开展军事屯垦，以堡官姓名为堡名，称杨和堡，上隶宁夏卫。筑堡具体时间不详，疑在明洪武二十五年（1392年）置宁夏左屯、右屯、中屯三卫开展军事屯垦之时。清代仍名杨和堡。1941年8月下旬改名为养和堡，寓意休养平和。1949年10月设养和区。1955年撤区分为4个乡。1958年9月成立养和人民公社，1982年地名普查，恢复原名杨和。1983年5月改公社为乡，2003年7月撤乡设杨和镇至今。渠道纵横，农业发达，主要种植小麦、水稻、玉米、蔬菜、水果、胡麻。主要交通干道有京藏高速、109国道、快速通道、滨河大道、迎宾大道。镇东有黄河公路大桥。主要非物质文化遗产有滩羊二毛皮制作技术、回族服饰、回族花儿、口弦、武术等。名胜古迹和旅游景点有鹤泉湖、永宁文化园、纳家户清真寺、丝路文旅国际度假区和显圣寺等。观桥村的"官桥柳色"，在明代被列为宁夏八景之一。纳家户清真寺始建于明嘉靖三年（1524年），为典型的中国传统建筑，系自治区重点文物保护单位、永宁县爱国主义教育基地。

杨和街道【Yánghé Jiēdào】　上隶永宁县，在杨和镇境内，实为永宁县城。1962年成立杨和街道居民委员会，1975年成立杨和街道办事处，1984年6月杨和街道办事处更名为杨和镇。2003年7月乡镇行政区划调整撤乡并镇，原杨和乡更名为杨和镇，原杨和镇改为杨和街道办事处。位于县城杨和大街团结西路16号。辖10个社区居委会，面积12平方千米。人口7.25万。城镇居民年人均可支配收入26948元。明代有玉皇阁遗址、纳家户清真寺等，2016年县城党政机关单位32个，机关事业单位29个，教育单位20个，医疗卫生单位7个，金融单位16个，街路巷36条，广场、公园8个，有永宁古街、永宁人民公园、永宁文化园、银川大学、永宁中学及小学、幼儿园等。

望远镇【Wàngyuǎn Zhèn】   永宁县辖镇，居县境北部。东临黄河，西与闽宁镇接壤，南邻杨和镇，北连银川城区。辖望远、永清、上河、政权、政台、立强、通桥、长湖、板桥9个行政村和银子湖、西魏、望远、蓝山、红旗、新银、丰盈、立业春城、唐湾9个社区。镇政府驻望远村，南至县城11公里，北至银川市兴庆区南门广场9公里。2016年面积116.49平方千米；人口90273；农民年人均可支配收入12272元。望远镇自古位于南北交通大道上，建有跨汉延渠的桥梁，清代称"王元桥"，源自人名（待考）。1941年8月下旬，省政府认为"系用私人之名相称""鄙俚不堪"，令按谐音改名望远桥。至1949年，望远桥只是一个自然村，1958年胜利公社成立后设望远大队，1961年成立望远人民公社，1983年改为望远乡，1993年改为望远镇。2003年，通桥乡并入。境内有唐徕渠、汉延渠、惠农渠三大古渠穿过，故以桥为村名者较多，如望远村、通桥村、板桥村等。20世纪60年代以前，境内湿地众多，据《乾隆宁夏府志》记载，仅镇西的丰盈堡就有11个大湖，分别叫驾马湖、鹰食湖、段子湖、瓦一湖、官湖、化牙湖……东北有黄河改道形成的带状湖，今长湖村即得名于此。

望远镇紧连银川市城区，随着城市扩张，渐至高楼林立、城乡难分。1997年，设立望远乡镇工业小区。2002年9月，为落实国家西部大开发战略，自治区人民政府批准建设望远工业园，一批高新技术、电子产品、生物制药企业入驻。2006年，国家发改委批准命名为宁夏永宁工业园区。2008年8月8日，《银川市人民政府关于望远镇总体规划（2007—2020年）的批复》下达，将园区规划区范围调整为：北起银川南环高速，南至永清沟，东起京藏高速公路，西至良田渠，总规划面积由20平方千米拓展至32.1平方千米（2013年增至52平方千米）。至2014年，已入园企业216家（规模以上企业37家），有从业人员约1.6万。已形成以生物发酵产业为龙头，以电气及机械制造业为支柱，农副产品加工、新型建材、清真食品加工为优势的产业结构。是年1—11月，完成工业总产值73.56亿元。

望洪镇【Wànghóng Zhèn】   永宁县辖镇，居县境南部。东临黄河与灵武市隔河相望，西至贺兰山东麓，南接李俊镇，北邻杨和镇、胜利乡。辖望洪、南方、西玉、农丰、农声、西和、东和、增岗、高渠、北渠、史庄、前渠、靖益、金星、宋澄、新华16个行政村，146个村民小组。镇政府驻望洪村，北至县城13公里。2016年面积112.73平方千米；人口31583；农民年人均可支配收入12190元。望洪镇属历史名镇。北魏刁雍任薄骨律镇将，修复艾山旧渠以溉田，大稔，平地积谷，故于太平真君九年（448年）上表求于河外三里造城储谷。诏准。次年城就，赐名为刁公城，亦称薄骨律仓城。随后徙关东汉人至此屯垦，立宏静镇（一作"弘静镇"），俗称汉城。（《魏书·刁雍传》）隋代设弘静县。唐代为安静县，后改保静县，为上等县。五代降为镇。《元和郡县图志》卷第四："灵州……保静县，上。西南至州六十里。本汉富平县地，后魏立弘静镇，徙关东汉人以充屯田，俗谓之汉城。隋改置弘静县，神龙元年改为安静，至德元年改为保静……贺兰山，在县西九十三里……山之东，河之西，有平田数千顷，可引水灌溉，足以赡给军储也。"根据上述记载的里程方位，北魏的弘静镇，隋唐的弘静县、安静县、保静县，与今望洪镇驻地完全吻合。五代降为弘静镇。西夏升静州。元代州废。明代筑堡，屯兵垦殖，以首任堡官"百户"姓名为堡名，称王铉堡。民国时期一度为宁朔县、永宁县政府驻地，称王洪堡。1941 年 8 月下旬，省政府认为"系用私人之名相称""鄙俚不堪"，令改望鸿堡。1949 年后按谐音改为望洪堡。1958 年成立红旗人民公社，1960 年改望洪公社，1961 年望洪公社分为望洪、增岗两个人民公社。1983 年 6 月改为望洪乡，2003 年 7 月望洪乡、增岗乡合并成立望洪镇。境内有宁夏最大的干渠唐徕渠、惠农渠，渠沟纵横，田连阡陌，自古为农业大县，盛产小麦、玉米、水稻及供港蔬菜。主要交通干道有京藏高速、109 国道、太中银铁路。镇东有东和汉墓群、西有新桥汉墓群、吴王渠遗址等。著名名胜古迹和旅游景点有贺兰山岩画、海子湖、宁夏党工委旧址等。

胜利乡【Shènglì Xiāng】 永宁县辖镇，居县境中部。东连杨和镇，西至闽宁镇、兴泾镇，南接望洪镇，北邻望远镇。辖烽火、胜利、许旺、八渠、杨显、陆坊、五渠、先锋、园林 9 个行政村，镇政府驻唐徕渠杨显桥，东至县城 8 公里。2016 年面积 112.53 平方千米；人口 19735；农民人均可支配收入 10832 元。民国时期，镇东有宁（夏）兰（州）公路通过。建有古桥，明清称官桥，民国初称大观桥，后又改为达观桥。1945 年 9 月 3 日，为庆祝抗战胜利，在达观桥头建牌坊，上书"胜利桥"大字，由此演变为地名。1961 年从望远公社划出胜利、杨显两个大队，成立胜利人民公社。1983 年 6 月改为胜利乡。2003 年 7 月金沙乡并入。乡境渠道纵横交错，有唐徕渠、汉延渠、西干渠三大干渠，故农业发达，以种植小麦、玉米、水稻、瓜果为主。

李俊镇【Lǐjùn Zhèn】 永宁县辖镇，居县境西南部。东临黄河与灵武市梧桐树乡隔河相望，南接青铜峡市，北连永宁县望洪镇，西邻闽宁镇，辖李俊社区及金塔、西部、宁化、李庄、古光、李俊、魏团、侯寨、友爱、王团、团结、许桥、丰登、东方、雷台 15 个行政村。镇政府驻金塔村，北至县城 20 公里。2016 年面积 99.30 平方千米；人口 26271；农民年人均可支配收入 10959 元。明洪武五年（1372 年）徙民于关陕。二十五年（1392 年）二月置宁夏左屯卫，后废。建文四年（1402 年）十二月复置，筑屯堡十四，开展军事屯垦，各以"百户"一员领之，以其姓名相称，"李俊堡"为其一。此后地名基本稳定。1959 年为宁朔县李俊人民公社。1960 年 8 月，原宁朔县小坝公社的五坊、东风和李俊公社的宁化、古正、宋澄、李俊、友爱、团结共 8 个大队划归永宁县，成立李俊公社。1983 年 9 月，改公社为乡，1984 年改为镇。2003 年仁存乡和李俊镇合并成立李俊镇。镇内地势平坦、土壤肥沃，尽得黄河之利，粮食高产。小麦套种玉米，亩产超过 1000 公斤，号称"吨粮田"。乡镇企业有味精、玛钢、柳编、食品、粮食加工、磷肥等厂。镇内有李俊塔，始建于明万历二十四年（1596 年），为自治区重点文物保护单位。镇北 4 棵白杨为清雍正年间所植，距今已有 300 多年历史。

闽宁镇【Mǐnníng Zhèn】 隶属于永宁县，在县境西部、贺兰山东麓洪积平原。属扶贫移民吊庄村，辖福宁、原隆、玉海、武河、木兰、园艺 6 个行政村。镇政府驻福宁村，东至永宁县城 40 公里。2016 年面积 50.14 平方千米；人口 56409。2014 年，闽宁镇成功进入全国重点乡镇行列，并获得"全国社会扶贫先进集体""全国民族团结先进集体"等荣誉称号。原为无人居住、黄羊出没的荒滩，故名黄羊滩。1990 年，从极贫的西吉县 25 个乡镇迁来 8000 多人，开荒造田、挖渠修路。到 1996 年，移民虽解决了吃粮问题，但人均纯收入仍然只有 500 多元。1996 年 10 月，福建省成立了由省委副书记习近平任组长的福建对口帮扶宁夏领导小组。11 月 5 日至 6 日，宁夏、福建第一次对口扶贫协作联席会议在福州市举行并达成协议。次年 4 月 15 日，习近平率党政代表团到达银川，开始为期 6 天的对口扶贫考察，提出建设"闽宁村"的设想。1997 年 7 月，这个地方被命名为"闽宁村"。2002 年 2 月 21 日，升格为闽宁镇。2008 年 4 月，习近平再次来到宁夏，调研对口帮扶。至 2016 年，两省区共召开对口扶贫协作联席会议 20 次，福建省从资金投入、产业建设、文化建设、科技文教、干部交流等方面给予宁夏大力支持，也使闽宁镇步入高速发展轨道。至 2012 年 5 月，闽宁镇又陆续搬迁安置固原市原州区、隆德县 13 个乡镇的移民，全镇人口规模达到 5.6 万。20 多年过去，这里已成为全国扶贫的典型，农民年人均可支配收入达到 10732 元，镇内高楼林立，道路、学校、医院、文体设施齐全，民居焕然一新，俨然一小城市。注册各类农产品商标 48 个，培育宁夏著名商标 2 个，入驻自治区农业产业化龙头企业 5 家，使 3000 多名移民群众变为产业工人。全镇生产总值达到 5.7 亿元。特产有葡萄酒、红提葡萄、枸杞、中药材。2016 年 7 月 19 日，习近平总书记第三次来到闽宁镇原隆村考察，对这里的扶贫工作给予了充分肯定："闽宁镇从当年的'干沙滩'变成了今天的'金沙滩'，探索出了一条康庄大道，我们要把这个宝贵经验向全国推广。"

（五）贺兰县【Hèlán Xiàn】

银川市辖县。在市境北部，位于东经 105°53′~106°36′，北纬 38°26′~38°48′。东临黄河，与石嘴山市平罗县高仁镇隔河相望，西倚贺兰山与内蒙古自治区阿拉善左旗为邻，南接银川市区，北与平罗县接壤。东西宽 49.75 公里，南北长 31.34 公里，辖 4 镇、1

乡、4 个农牧场（区属 2 个）。县政府驻习岗镇，西南至银川市政府 18 公里。2016 年，面积 1530.78 平方千米；人口 25.6 万，其中回族 6.2 万人，占人口总数的 24.2%；地区生产总值 134.23 亿元，人均 5.27 万元。有全国重点文物保护单位 3 处，即贺兰口岩画、弘佛塔、拜寺口双塔；自治区文物保护单位 7 处，即吴王渠、暖泉汉墓、拜寺口方塔、贺兰口西夏遗址和唐徕渠、汉延渠、惠农渠遗址。

1. 地名现状

第二次全国地名普查汇总统计，全县共有地名 4921 个。其中行政区域 6 个，群众自治组织 106 个，非行政区域名 102 个，居民点 1362 个，交通运输设施 752 个，水利电力通信设施 320 个，纪念地旅游景点 285 个，建筑物 27 个，单位 1781 个，陆地水系 50 个，陆地地形 130 个。

2. 地名沿革

贺兰县设立较晚，元代以前地名沿革与银川市兴庆区相同。明为宁夏卫地，新筑军事屯堡 10 多个，每堡有军丁百余人事农垦，大多以"百户"（管理屯堡的低级军官）姓名为堡名，如潘昶堡、金贵堡、王澄堡、桂文堡、常信堡、洪广堡、谢保堡、张亮堡、李纲堡。少数以"平胡""靖虏"之类的字眼命名，代表统治者对少数民族的歧视心态。清雍正二年（1724 年）置宁夏县，县治位于宁夏府城内，为甘肃省宁夏府之首县。民国初期（1912—1927 年）属宁夏道。1928 年，建宁夏省，为宁夏省属县。1935 年，县驻地由省城迁至谢刚堡（即明代的谢保堡，今习岗镇）。1941 年，因宁夏县与宁夏省重名，更名为贺兰县。

3. 地名文化

贺兰县的地名，反映了多种文化内涵，包括源自黄河的湿地文化，以唐徕、汉延、惠农渠等干渠为代表的水利文化，有 1500 多年历史的农耕文化，明代形成的军屯文化，但最具特色的是贺兰山所独有的地名文化。

贺兰山之名始见于隋初，源于北魏兴起时鲜卑族中强大的贺兰部。他们崇尚马色青白相间的"驳马"，鲜卑语把这种马叫作"贺兰"。贺兰山主峰就在贺兰县境内，今名敖包圪垯峰，海拔 3556 米。敖包在蒙古语中为"堆子"，而这里的汉族人往往把圆秃的山头叫"圪垯"。所以，"敖包圪垯"实际是两个民族语音的融合。

贺兰山在贺兰县境内有四道大的沟谷，分别叫插旗口、贺兰口、拜寺口、苏峪口，都有厚重的文化沉积。贺兰口有数千幅个体图形的岩画，分布在沟谷两侧绵延 600 多米的山岩石壁上，形成岩画长廊。画面艺术造型粗犷浑厚，构图朴实，姿态自然，写实性较强。以人首像为主的占总数的一半以上，其次为牛、马、驴、鹿、鸟、狼等动物图形。岩画的时间跨度，多数学者认为是春秋战国到西夏时期。10 多年前，在沟口建成岩画博物馆，与沟谷形成著名旅游景区。

拜寺口在贺兰口南侧，是佛教文化的长廊。宋初赞宁的《高僧传》中，就列有唐、五代在谷中结草为庐修行的四名高僧。其中的金无漏，本是朝鲜半岛古新罗国王子，他不愿做王储，偷渡来华，欲假道前往天竺修行，沿丝绸之路走到葱岭受阻，返回在贺兰山"白草谷"修行成为高僧。756年唐肃宗在灵武郡登基后，将其迎至禁宫供养，月余圆寂。另一位高僧史无迹，灵州本地人，13岁"决志舍家"，投白草院法空大师为弟子，后学识渐深，经朔方节度使唐弘夫推荐至长安西明寺，任京城两街功德使，成为佛教界领袖。咸通十三年（872年）正月，唐懿宗于凤翔法门寺迎佛骨真身，以无迹充任"赞导"，即在队伍前面任先导。唐代另一位高僧史增忍，31岁"游塞垣访古贺兰山"，寻得净地白草谷，挂儒冠而剃度皈依佛教，著有《三教毁伤论》及《大悲论》六卷。还有后晋高僧管道舟，也在白草谷隐身修行成果。白草谷因多白草而名。由于有这4位高僧修行，白草谷寺远近闻名，民众简称为"白寺"。明代称"拜寺口"。在西夏时期，这里佛教香火更为旺盛，现存有多处西夏寺庙遗址。保存完好的西夏拜寺口双塔，是全国重点文物保护单位。在一座被毁的方塔遗址还出土了一部西夏文佛经，是迄今为止发现的最早使用木活字的印刷品。

4. 所属乡镇

习岗镇【Xígǎng Zhèn】　贺兰县政府驻地，居县境中部偏南。东邻金贵镇，南接银川市兴庆区满春乡，西连银川市金凤区丰登镇，北靠立岗镇。辖习岗、和平、新平、五星、黎明、经济桥、红旗、桃林、沙渠、德胜、新胜11个行政村，居民委员会8个，村民小组89个。2016年面积108平方千米，全部为黄河冲积平原；人口36070户85639人，其中汉族72961人，占85.20%；农民人均可支配收入13140.9元。《朔方道志》载，明洪武十七年（1384年）置宁夏前卫，辖军事屯堡九，谢保堡为其中之一，以"百户"谢保主其事，故称"谢保堡"。1929年1月宁夏建省，谢保堡属宁夏县管辖。1935年3月15日，将宁夏县政府由省城银川迁至谢保堡，后演变为谢刚堡。1941年4月1日，宁夏县改名为贺兰县。1941年8月下旬，省政府认为"系用私人之名相称""鄙俚不堪"，令改为习刚堡。1949年9月设贺兰县一区，区委会驻地又改称习岗堡。1955年10月改为习岗乡，1958年改公社。1980年11月，从公社析出县城置习岗镇至今。

金贵镇【Jīnguì Zhèn】　贺兰县辖镇，居县境东南部。东临黄河，南邻银川市兴庆区通贵乡，西南接银川市兴庆区大新乡，西至西北与习岗镇接壤，北接立岗镇。辖联星、银光、金贵、保南、银河、汉佐、雄英、潘昶、红星、江南、关渠、通昌12个行政村，158个村民小组。镇政府驻联星村，西北距县城9.1公里。2016年面积127.24平方千米，全部为黄河冲积平原；人口14328户37541人，其中汉族19809人，占52.77%，其余主要为回族；农民人均可支配收入 12570.6 元。明洪武九年（1376 年）置宁夏卫，辖屯堡十一，金贵堡为其中之一。此后开展军事屯垦，以"百户"一员领之，以其姓名称金贵堡。清属宁夏县，1941 年为贺兰县第二乡。1956 年 6 月成立金贵回族乡。1958 年 9 月 7 日，成立宁夏回族自治区第一个人民公社——前锋人民公社。1959 年 2 月，易名金贵公社。1983 年 10 月改社为乡。1985 年 8 月，撤乡设镇至今。

立岗镇【Lìgǎng Zhèn】 贺兰县辖镇，居县境东北部。东邻京星农牧场，南接习岗镇，西连常信乡，北与平罗县姚伏镇、通伏乡接壤。辖立岗、金星、银星、兰星、兰光、兰丰、清水、先进、通伏、幸福、星光、通义、永华、民乐、永兴 15 个行政村，174 个村民小组。镇政府驻立岗村四社，西南至县城 13 公里。2016 年面积 162.13 平方千米，全部为黄河冲积平原；人口 12858 户 32517 人，其中汉族 18018 人，占 55.41%，其余主要为回族；农民人均可支配收入 12162.8 元。明洪武十七年（1384 年），置宁夏前卫，辖屯堡九，李纲堡为其中之一，以"百户"李纲领兵屯垦，故称"李纲堡"。清代属平罗县辖。民国初演变为李刚堡。1931 年划归宁夏县，始设李刚乡。1941 年属贺兰县第五乡。1941 年 8 月下旬，省政府认为"系用私人之名相称""鄙俚不堪"，令改为立岗堡。1950 年后行政区划多有变更，曾名立岗乡、星火公社、立岗公社。1983 年 10 月，撤社改乡，1985 年 8 月改乡为镇。全镇地处黄河冲积平原，土壤肥沃，又得灌溉之利，自古农业发达。

洪广镇【Hóngguǎng Zhèn】 在贺兰县西部，贺兰山东麓，银川市区之北。辖洪西、北庙、金山、金鑫、高荣、洪广、金沙、欣荣、广荣 9 个行政村，102 个村民小组。镇政府驻洪西村暖泉火车站旁，南至银川市区 41 公里，东南至贺兰县政府驻地 31 公里。2016 年面积 914 平方千米，山地、平原大约各占一半；人口 35575；农民人均可支配收入 11468.7 元。近年经济发展较快，有规模以上工业企业 36 家。有全国重点文物保护单位 2 处：贺兰山岩画、拜寺口双塔；自治区文物保护单位 1 处：拜寺口方塔；国家级非物质文化遗产 1 项：二毛皮制作技艺。据《平罗记略》记载，明代在此筑洪广堡驻军屯垦，始建年代不详，以"百户"军官姓名洪广为堡名，为宁夏右屯卫所领十八屯堡之一。万历三十三年（1605 年）筑城驻军，设把总、操守，故名洪广营。民谚曰"铁打的洪广营，纸糊的宁夏城"，谓其城池坚固。遗址在洪广村内，平面呈方形，边长 270 米，但破坏严重。清雍正三年（1725 年）属平罗县。1931 年，洪广营划属宁夏县。1941 年至今属贺兰县。1961 年 4 月，从常信人民公社析出，成立洪广人民公社。1983 年 10 月改公社为乡，1985 年 8 月撤乡改镇。2003 年 7 月 23 日金山乡并入。洪广镇地处富庶的银川平原，西靠贺兰山，曾为著名的宁夏滩羊皮（二毛裘皮）产地和集散地。有厚重的地名文化。贺兰山主峰海拔高 3556 米，名敖包圪垯峰。由于自清初以来就是蒙古族与汉族的界山，山名也具两个民族色彩：敖包，在蒙古语中意为"堆子"；"圪垯"，是宁夏民众对山头、山峰的惯称。在洪广镇境内的贺兰山段，有：苏裕口国家森林公园，西夏党项族称"宿嵬口"，是贺兰山自然保护区的核心区。双塔所在的拜寺口，唐代称"白草谷"，是唐、五代、西夏的佛教圣地，因沟内多白草（芨芨草），有多座寺庙，民众俗称"白寺谷"，明代后叫拜寺口。宋初赞宁著《高僧传》，为四位在贺兰山白草谷钻研佛学的高僧单独立传。其中的金无漏，是朝鲜半岛古新罗国王子，于唐开元间放弃王储，偷渡来华，沿丝绸之路去天竺受阻，返回在贺兰山隐居成为高僧。还有唐懿宗时的佛教界领袖史无迹，著有经书的史增忍、管道舟。拜寺口的西夏群塔遗址，依山分 11 层布局，各层残存塔数最多的有 11 座塔，最少的顶层为 1 塔。沟内 1990 年被不法分子炸毁的方塔，清理出一部用木活字印刷的西夏文佛经，将木活字印刷术的使用时间，从学术界原来认定的元朝，提前到西夏。洪广镇又是宁夏机器工业首创之地。林鹏侠（中国第一位女飞行员）在《西北行》写道，她 1932 年春来宁夏考察，记"宁夏四特产"，其中之一为甘草，"盛产于洪广营、花马池一带，年产约二百万斤，出口约四十万斤"。1926年 12 月，芬兰商人维利俄斯在洪广营开办甘草膏公司，为宁夏第一家外资企业，亦为宁夏机器工业之始，以机械设备提炼甘草药膏，产品全部由外商"运销海外，获利甚丰。后缘税重，停业他去"。1933 年，马鸿逵主政宁夏，省政府建设厅厅长魏鸿发派员接办该公司，添设磨面、榨油等生产项目，定名为宁夏裕宁甘草公司。3 年后魏鸿发离开宁夏，公司停办。

常信乡【Chángxìn Xiāng】 贺兰县辖乡，居县境中部偏西北。东至四十里店，南邻习岗镇，西连南梁农场，北接洪广镇，东北与平罗县姚伏镇接壤。辖王田、于祥、谭渠、五渠、桂南、桂文、新华、新民、团结、张亮、四十里店、旭光、丁义、丁北 14 个行政村，167 个村民小组。乡政府驻新民村三社（常信街），东南至县城 17 公里，南至银川市 28 公里。2016 年面积 166.6 平方千米；人口 13879 户 40097 人，其中汉族 30950 人，占 77.19%，其余主要为回族；农民年人均可支配收入 12810.1 元。明永乐二十二年（1424 年）设宁夏右屯卫，管屯堡十八，其中常信、桂文、十祥、杨信四堡在今常信乡内，皆以堡官"百户"之姓名为堡名。境内有张亮广湖（今张亮村内），波光浩渺，为明代"宁夏八景"之一，称"月湖夕照"。清代属平罗县。1929 年宁夏建省后改属宁夏县（1941 年改贺兰县）。1949 年 9 月为贺兰县第七区，次年又更名五区、三区。1955 年10 月设常信乡，1958 年 9 月中旬成立跃进公社。1959 年 2 月，易名常信公社。1983 年10 月改社为乡。

（六）灵武市【Língwǔ Shì】

银川市代管的县级市。地处宁夏平原腹部的黄河以东，位于东经 106°11′～106°53′，北纬 37°29′～38°23′，东与盐池县接壤，南与吴忠市利通区毗邻，西与永宁县隔河相望，北以明长城与内蒙古鄂托克前旗为界。市人民政府驻东塔镇，西北至银川 50 公里。2014 年列"中国百强县"第 81 位，是迄今宁夏回族自治区唯一的"千年古县"。2016 年辖 1 街道、6 镇、2 乡，面积 3846.27 平方千米；人口 29.11 万，其中回族 15.44 万人，占 53.04%；地区生产总值 384.62 亿元，人均 13.21 万元。

1. 地名来历及含义

灵武县始设于公元前 114 年，距今已有 2000 多年历史。元朔二年至元狩二年（前 127—前 121 年），汉武帝派卫青、霍去病多次出击匈奴，收复"河南地"（今河套黄河以南地区），并迁移内地居民到此畜牧、屯垦，使人口大增，冠盖相望。原来的建置已不适应，汉武帝元鼎三年（前 114 年）从北地郡析置安定郡，两郡之下各增设数县。灵武是所设新县之一，治地在今青铜峡市邵岗镇西，其西贺兰山有灵武谷。"灵武"之名，寓意"灵威尚武"，显然与汉武帝"尚武"击败匈奴有关。

2. 地名现状

第二次全国地名普查汇总统计，全市共有地名 6114 个。其中行政区域 10 个，群众自治组织 85 个，非行政区域 313 个，居民点 840 个，交通运输设施 740 个，水利电力通信设施 1180 个，纪念地、旅游景点 289 个，建筑物 39 个，单位 2526 个，陆地水系 19 个，陆地地形 73 个。

3. 地名沿革

《史记》载，战国秦惠文王时，灵武市属昫衍县，"王游昫衍，至北河"，即今灵武市境内段黄河。秦朝属北地郡富平县。灵武市的地名沿革，与以下三个古地名密切相关。

一是古灵州。汉惠帝四年（前 191 年）新置灵州〔洲〕县。《汉书·地理志》注："水中可居者曰洲。此地在河之洲，随水高下，未尝沦没，故号灵州，又曰河奇也。"东汉中期，因羌族起义大爆发，郡县不存，变为羌、匈奴、鲜卑牧地。北魏初在旧灵州县置薄骨律镇，孝昌二年（526 年）更名灵州。此后，灵州长期是宁夏平原的政治、军事中心，亦辖今灵武市全境。尤其是唐代，灵州是朔方节度使驻地，极盛时统雄兵 10 余万，发生过唐太宗会见北方游牧民族首领数千人、唐肃宗登基等重大历史事件。1002 年，西夏攻占灵州，又设西平府。元代仍为灵州。灵州城池坚固，从北魏到元末，一直固定在吴忠市利通区古城湾，距今灵武市城区仅 18 公里。明洪武十六年（1383 年）至宣德三年（1428 年），因黄河局部改道，曾三徙其城。第一次北移七里（一说为十余里);第二次无确切记载;第三次东移五里,即今灵武市老城。1913年2月,北京政府下令裁府存道,改灵州为灵武县,隶属朔方道(治今宁夏银川市)。

二是灵武郡。隋大业三年(607年),改灵州为灵武郡,唐武德元年(618年)复为灵州。天宝元年(742年)又改为灵武郡,乾元元年(758年)复为灵州。两次改州为郡共27年,其行政级别不变。1038年西夏立国后,在灵州之下设灵武郡,为二级政权,与州同在一地,即今吴忠市利通区古城湾,使用189年。

三是灵武县。汉武帝元鼎三年(前114年)始设灵武县,治地在今青铜峡市邵岗镇西,东汉废。隋仁寿元年(601年),隋炀帝杨广登基,为避其名讳,将设置在秦浑怀障故址(今银川市兴庆区月牙湖乡西北)之广润县(即大润县)改名灵武县,随后迁至黄河西之汉灵武县故址,五代撤废。1913年2月,北京政府下令裁府存道,改灵州为灵武县,隶属朔方道。中华人民共和国成立后,仍置灵武县。1996年5月,经国务院批准,灵武撤县设市至今。2017年1月,批准入全国"千年古县"之列。

4. 地名文化

灵武市有丰富的史前文化。南磁湾恐龙化石遗址,时间断代为侏罗纪,距今1.6亿年,出土有完整的蜥脚类恐龙化石5具,是中国发现面积较大、分布集中、个体最大、保存完整的恐龙化石群。灵武市濒临黄河,其历史充分彰显中华民族的"黄河文明"。20世纪20年代发现的水洞沟古人类文化遗址,就在黄河东岸,是中国最早发现的旧石器时代遗址,出土有石器上万件,以实物记录了3万多年前华夏先民的生产生活场景,被誉为"中国史前考古的发祥地",已列入全国重点文物保护单位。

灵武市有厚重的历史文化。《汉书·地理志》列全国共5个牧马苑,其中灵州岛上就占2个,即河奇苑、号非苑,其苑名亦源出"灵"字。古灵州因地处西汉、隋、唐的京畿之北,为"国之北门",因而在中国历史上具有举足轻重的地位。汉武帝数次到此巡视。唐太宗曾"勒石灵州"。唐肃宗"灵武登基"后,以朔方军为中坚,收复两京,平定安史之乱。唐末五代至宋初,灵州西域道成为丝绸之路东段主线。明长城的"大边"跨越市境北部,有东边墙、河东墙、清水营、红山堡及50多个烽火台留存至今。今天的临河镇,其专名即源自明代的"宁河台",是专为保护渡口而修筑的戍台,当时为"朔方一胜景"。磁窑镇、古窑子两个地名,留下了西夏陶瓷官窑的记忆。石沟驿,则是古驿站、递运所的代表。

灵武市有源远流长的黄河文化。灵州,是黄河出青山峡(今青铜峡)后水流变缓、泥沙沉积而形成的洲岛,"随水高下,未尝沦没,故号灵州"。市境的西部濒临黄河,有许多以湖沼、滩涂命名的村名,如西湖、沈家湖、吴家湖、水滩、上滩、下滩之类。境内有秦渠、汉渠两大干渠,以及众多的支渠、毛渠、闸坝、桥梁,形成一大批反映水利灌溉史的地名。

灵武的历史文物丰富，其中属于全国重点文物保护单位的有三处：水洞沟文化遗址、明长城灵武段、灵武西夏瓷窑。自治区重点文物保护单位四处：灵武镇河塔、南磁湾恐龙化石遗址、秦渠灵武段、汉渠灵武段。还有市级重点文物保护单位 10 处。

自改革开放以来，灵武市各项建设事业飞速发展，形成具有时代特色的地名文化。灵武市探明煤炭储量 273 亿吨。2003 年新设的灵东镇，是国家重点开发的能源化工基地核心区，名列全国能源化工基地"三十强"的第六位，分为煤炭、火电、煤化工 3 个基地。已建成年产 400 万吨的煤制油示范工程、装机容量 1695 万千瓦的坑口电站。1996 年新建的银川河东机场，就在灵武市的临河镇，为 4E 级国际机场，2016 年航班起降 5.39 万架次、旅客吞吐量 634.15 万人次。青银、银昆、古青高速公路贯穿市境，一批市政基础设施、场馆、园林应运而生，成为人人知晓的新地名。灵武羊绒、灵武长枣，则成为知名品牌。

5. 所属街道、乡镇

城区街道【Chéngqū Jiēdào】　上隶灵武市，居城市中心区，故名。办事处驻南薰路 492 号。辖区范围东至灵武园艺场，西至西二环路，南至羊绒产业园区，北至 307 国道以北的北沙窝林场，辖西湖、谢家井、西苑、鼓楼、人民街、朔方路、东盛街、水木灵州、西昌路、育才街、兴业路、西平路、镇河塔、农场共 14 个社区居民委员会。面积 19.1 平方千米，人口 50923 户 151430 人，其中 80 岁以上老人 1828 人。

原为明清灵州城、民国灵武县城，周七里。20 世纪 70 年代后，城区逐渐扩展，城镇人口逐年增加，故于 2003 年设街道办事处。所辖社区，多以城市街巷为名。其中的谢家井居民委员会，源于清朝的"龙见井"民间传说：谢家巷内所用古井，忽有黑龙盘踞，民众不敢汲水。王母娘娘感知，下凡为民除害，将黑龙变幻为鱼。灵武才子赵尚仁写有《龙见井中歌》，载于民国《朔方道志》卷二十八，疑是因此有感而发。至 2014 年，已完成南薰街、灵州大道、朔方街、嘉源路、东环路等及灵武新区的建设，城区扩大至 18 平方千米。内有行政事业单位 66 个、中小学 10 所、居民小区 191 个。名胜古迹有灵武高庙、灵武城隍庙（明初所建）、火神庙、兴唐园（原西湖公园）、灵武博物馆、仿唐清真大寺、灵武体育馆、世界枣树博览园、灵武烈士陵园等。

辖区内的龙头企业——灵武羊绒产业园区，自 2003 年建设以来，已发展为"银川高新技术产业开发区"，科学技术含量不断加大，产品质量不断提升。宁夏荣昌绒业集团有限公司所产"灵州雪"羊绒衫，已成为知名品牌，销往全国各地，并在美国、阿富汗、哈萨克斯坦等国成立分销店。2014 年，城区 6 纵 4 横的主要道路已经形成，设有 10 路公共汽车，建有（太中银铁路）火车站、长途汽车站。

东塔镇【Dōngtǎ Zhèn】 上隶灵武市，境域为市区及市郊。东与临河镇接壤，西与国营灵武农场、梧桐树乡临界，南与崇兴镇为邻，北与临河镇接界，辖东塔、城一、城二、园艺、新园、果园、黎明、宋桥、安家湖、北沙窝林场、园艺实验场 11 个村民委员会、71 个村民小组。镇政府驻市区东部东塔村，西北至市政府驻地 3 千米。面积 108.7 平方千米，2016 年人口 21624，其中回族 6175 人，占 28.5%；2016 年社会生产总值 2.3 亿元，农民人均可支配收入 11440 元。有自治区重点文物保护单位 3 处：镇河塔、灵州城墙遗址、秦渠灵武段；自治区级非物质文化遗产 3 项：灵州唐氏羊羔酒，传承人唐世俊；灵武道教音乐，传承人顾证明；灵武城隍出府民俗活动。

东塔镇因镇河塔（俗称"东塔"）而得名。《中国文物地图集·宁夏分册》灵武市文物单位：镇河塔，在"东塔镇东塔村南 1 公里，自治区文物保护单位，为八角形楼阁式空心砖塔……高 43.6 米，砖砌十一级……据现存碑文记载，此塔始建于康熙十七年（1678 年），康熙二十八年（1689 年）和五十七年两次经地震破坏倾圮，康熙五十八年起开始重修，至乾隆三年（1738 年）正式竣工，历时 20 年"。

东塔镇在元代以前为灵州属地。明宣德三年（1428 年），将灵州城迁此，以后一直是灵州、灵武县的治所。中华人民共和国成立后，为灵武县一区，辖三乡：城镇、东门、东一。1958 年 9 月，成立星火人民公社。1961 年，分为城关、城镇人民公社。1975 年 5 月，城关人民公社更名为东塔人民公社，1983 年 6 月复名东塔乡。城镇，则为灵武县（市）治所。2003 年 7 月乡镇调整，将东塔乡和城镇合并为东塔镇，仍为灵武市治所。

近年经济迅猛发展，镇内有银川高新技术园区、纺织工业园区、再生资源循环经济园区，规模以上工业企业 30 家。种植业、养殖业现代化水平大幅提高，以长枣、玉皇李子、口外杏子、大青葡萄等名优水果名扬区内外，其中灵武长枣的园林面积达 12600 亩。镇中心即灵武市主城区，高楼林立，街道整洁，实现了亮化、绿化、美化。有兴唐园、世界枣树博览园、灵州高庙、城隍庙、东塔镇河塔寺、仿唐建筑清真寺等旅游景区。

马家滩镇【Mǎjiātān Zhèn】 上隶灵武市，处市域东南部，东与盐池县接壤，西、北与宁东镇接界，南与白土岗乡为邻，辖马家滩、大羊其、西三村、杨圈湾 4 个行政村，15 个村民小组。镇政府驻马家滩村，北至市政府驻地 82 公里。2016 年面积 591.8 平方千米，人口 3832，其中回族 2605 人，占总人数的 68%；农民人均可支配收入 13289 元。马家滩地处灵盐台地，属荒漠半荒漠草原。清嘉庆十一年（1806 年），马氏族人迁此，草场平坦（又称"草滩"），先以放牧羊只为主，称该地为"马家滩"，沿用至今。民国年间，马家滩属 15 乡 6 保。1950 年为五区三乡。1952 年后，改为六区三乡。1958 年 9 月，属燎原人民公社；1958 年 4 月，成立马家墙框子管理区，驻马家墙框子。1961 年 9 月，成立马家滩人民公社，驻马家滩村。1983 年 6 月，改社为乡。1985 年 12 月，撤乡改镇至今。

马家滩镇曾为宁夏滩羊、二毛裘皮和甘草产地，但人烟稀少，以牧业为主。其经济开发，与石油开采不可分。1966年7月，玉门石油管理局银川石油勘探指挥部成立马家滩试采指挥所。1970年9月18日，改称长庆油田会战指挥部第24团，后又改称长庆油田三分部，在马家滩建成生活基地，修建了与外界连接的公路及输油管道、输水管道。经过24年的建设，至1990年，马家滩已成为一个集石油生产、科研、医疗、教育、商业服务于一体的小型石油城，有第三钻井公司、马家滩炼油厂、马家滩电厂、宁夏石油技工学校等多家石油单位入驻。1996年，银川燕鸽湖石油城建成，马家滩石油生活基地迁走。所存房屋、基础设施，交马家滩镇管理，经修缮，成为对新一代石油工人进行艰苦奋斗、艰难创业精神的教育基地。在石油工业带动下，马家滩经济发展迅速，天然气、煤炭及风力发电、太阳能光伏电等资源，相继开发。生态型林草业、特色型养殖业、致富型畜牧业，成为特色产业。有规模以上工业企业14家，其中有4座大型现代化煤矿、2座火力发电厂、5座太阳能发电厂和1座风能发电厂。横贯镇境的公路有4条：磁马公路、石马公路、鸳冯公路、狼南公路。

临河镇【Línhé Zhèn】 上隶灵武市，处市境西北部的黄河东岸，鄂尔多斯台地西缘。东与宁东镇接壤，西濒黄河与银川市掌政镇隔河相望，南与梧桐树乡相连，北与银川市兴庆区横城村为邻。辖临河、红柳湾、上桥、二道沟、横山、甜水河、张家窑7个村民委员会、27个村民小组。镇政府驻临河村，西枕黄河，东南至市政府驻地41公里，西至银川市南门广场15.5公里。面积14.26平方千米。2016年人口8420，社会生产总值38.98亿元，农民人均可支配收入13757元。

临河镇之名，源于明代为保卫黄河渡口而修建的戍台，时称"宁河台"。明万历年间任东阁大学士、内阁首辅的王家屏（1535—1603年），在《中路宁河台记》（载于《朔方道志·艺文志·记序》）中有详细记载：万历元年（1573年）四月，罗凤翔（？—1580年）赴任宁夏巡抚。罗在巡视中，见横城渡口"渡者蚁集而无亭以守之"，遂征调士卒"筑台河上"。台高五丈五尺，台上构建三座守望亭，四面建厢房供士兵居住。台下四周又建城墙，高二丈四尺，有"重门"，"设津吏及堠卒守焉"。台加建筑物，总高约22米，故王家屏叹曰："伟哉，诚朔方一壮观矣！"至明末，地方文献已不见宁河台之名（疑毁于洪水），却将此处称"临河堡"。考其故址，在今临河镇政府驻地与黄河之间。中华人民共和国成立之初，属灵武县五区一乡。1958年9月后，属灵武县横山人民公社临河生产大队第一生产队。1980年5月，横山人民公社搬迁至此，遂更名为临河人民公社。1983年6月，改社为乡。2001年9月，撤乡设临河镇至今。

临河镇境内有全国重点文物保护单位2处：水洞沟文化遗址、明长城灵武段；自治区文物保护单位 1 处：红山堡城址；自治区级非物质文化遗产 1 项：马鞍山甘露寺佛教音乐。水洞沟遗址在镇政府东北约 9 公里，发现于 1926 年，因是中国境内首次发现的旧石器遗址而闻名于世，先后有多个中外考古团队到此发掘考察，出土旧石器时代晚期的石器、动物化石 3 万余件，印证了中华民族的"黄河文明"。以遗址为依托，已建成 5A 级旅游景区，年接待游客过百万人次。

临河镇交通便利。镇政府东侧即银川河东国际机场，北侧有银川黄河大桥，青（岛）银（川）高速、银（川）昆（明）高速、银川机场高速公路跨越境内并设出入口。近年经济迅速发展，农工并重，农业以长枣产业为主，现已种植长枣 5022 亩。银川综合保税区、宝丰能源化工基地、银川苏银产业园、临港工业园区坐落于此，有规模以上工业企业多家入驻。

宁东镇【Níngdōng Zhèn】 位于灵武市东北部，地处鄂尔多斯台地向黄土高原过渡区，属毛乌素沙漠边缘台地。东与盐池县接壤，南与灵武市马家滩镇相连，西与灵武市临河镇毗邻，北以明长城与内蒙古自治区鄂托克前旗为界。南北长 40 公里，东西宽 20 公里，辖中心区、灵新矿、梅苑、建安 4 个社区及永利、马跑泉、回民巷、东湾、清水营 5 个行政村。面积约 800 平方千米，人口 3.4 万。2011 年由灵武市移交宁东能源化工基地管理委员会（自治区政府直属机构，级别相当于地级市）代管。镇政府在宁东镇中心区长城路企业总部 A 座 5～6 层，与上级主管部门（宁东能源化工基地管理委员会）在同一地址办公。宁东镇煤炭资源丰富，探明储量 273 亿吨，是国家重要的大型煤炭生产基地，分为煤炭、火电、煤化工三个基地。建设总规模为年产原煤 8030 万吨，火电装机容量 1920 万千瓦，年产煤炭间接液化产品 1000 万吨，年产煤基二甲醚 200 万吨和甲醇 170 万吨。已有上百家大中型企业入驻，建成年产 400 万吨的煤制油示范工程、装机容量 1695 万千瓦的坑口电站，名列全国能源化工基地"三十强"的第六位。地区生产总值 268.25 亿元，居民人均可支配收入 27000 元。

宁东镇原名磁窑堡镇，因西夏陶瓷产地而得名。明弘治十四年（1501 年）建磁窑堡城，隶属灵州守御千户所。民国时期隶属灵武县十五乡。中华人民共和国成立后隶属八区，1958 年磁窑堡公社成立，1984 年 4 月改为磁窑堡乡，1985 年 12 月改为磁窑堡镇。2004 年 10 月，为适应宁夏回族自治区关于加快宁东能源重化工基地建设的新形势，带动磁窑堡沉陷区单位和居民搬迁，彻底解决了因常年煤炭开采致使地面沉降的问题，磁窑堡政府搬迁至中心区，2005 年 8 月，经自治区人民政府批准原磁窑堡镇更名为宁东镇。

镇内有全国重点文物保护单位 2 处。一为明长城，西起横城村黄河岸边，东经水洞沟、红山堡、清水营等地到宁东镇东湾村杨家庄东北 4 公里处，出灵武境内向盐池县延伸，镇内长约 45 公里。保存较完整的墙残高 8.5 米、底宽 12 米、顶宽 4.2 米。长城上每隔 150 米有一座凸出墙体的方形墩台（敌台），底宽 12 米 × 12 米、顶宽 5 米 × 5 米，高约 12 米。长城上的垛墙依稀可见。二为灵武瓷窑遗址，位于灵新矿东荒漠之中。1984 年全区文物普查时，发现在南北长 1000 米，东西宽 500 米的地表上，散布着大量瓷器残片和窑具。1984—1986 年，中国社会科学院组队在此进行发掘，出土大量瓷器、窑具和建筑材料等。镇内还有自治区文物保护单位 3 处。一为南磁湾恐龙化石遗址，位于宁东镇永利村。2005 年 4 月至 2006 年 11 月，中国科学院古脊椎动物与古人类研究所联合灵武市文管所先后进行 4 次发掘，清理 3 个发掘面，时间断代为侏罗纪，距今 1.6 亿年，出土有完整的蜥脚类恐龙化石 5 具，是中国发现面积较大、分布集中、个体最大、保存完整的恐龙化石群。它为研究西北地区远古时期的地理、气候、恐龙种属的繁衍、迁徙、灭亡及地球陆地板块漂移学说等，提供了珍贵的实物资料和科学信息。二为回民巷瓷窑址，位于宁东镇回民巷白梁沟西侧。南北长 1000 米，东西宽 800 米，在沟坡山梁上散布着许多瓷器残片，局部堆积层厚达 3 米，当地人称为瓦碴梁。1997 年宁夏文物考古研究所在此进行发掘，出土大量各种釉色瓷器，其中有碗、盘、盆、壶、罐、缸、瓮、杯、盒等生活器皿；还有脊瓦、滴水、瓦当、筒瓦等建筑材料及各种窑具。通过对窑址的器物分析鉴定，大部属宋、元、明时期器物，瓷窑最早建于西夏时期。三为清水营古城遗址（后详）。另有鸳鸯湖新石器时代遗址，属灵武市文物保护单位，位于永利新村北侧，距今 5000 年至 1 万年。龙骨梁古生物化石遗址（灵武市级），位于宁东镇清水营古城以西 3.5 公里。

清水营村【Qīngshuǐyíng Cūn】 灵武市宁东镇辖村，南至镇核心区约 15 公里，属半荒漠草原地带。东靠盐池县高沙窝乡宝塔村，南接本镇东湾和回民巷村，西与马跑泉村相连，北以长城与内蒙古鄂托克前旗为界。面积 93 平方千米，煤炭储量丰富，80% 为含煤区，以无烟煤为主，均未开采。

清水营原为明长城军事防御系统中的屯兵营堡。明成化年间，巡抚余子俊、王越等人率 4 万士卒由此向东修筑长城，并在沿线修建城堡 10 座，清水营为其中之一。因有清泉流水，故名。弘治十三年（1500 年），都御史王珣将城池拓展，并以砖石包砌，驻军 120 名。嘉靖八年（1529 年），巡抚都御史翟鹏上奏迁来旗军 510 名，置操守 1 名、管队官 5 名、守堡官 1 名。今遗址尚存，城墙大体完整，顶部均已坍塌，南北长 300 米、东西宽 280 米、墙残高 9 米，北城门长方形瓮城墙包砖不存，仅余门洞。城内地表散布残砖碎瓦，有龙头飞脊、牡丹花纹砖、马形脊兽等建筑残件。原为半农半牧区，村民收入低下。自 2003 年以来，积极推动产业转型，依托宁东能源化工基地建设，成立劳务输出及运输专业合作社，实现了由传统种植业、养殖业向现代服务业的转型。2010 年后，利用独特的地理优势和文化优势，探索"旅游 + 文化"经济增长模式，依托古城开发影视拍摄基地，已建成车马市、碉堡、营帐、屯兵营、马厩等大型拍摄场景，有《画皮》《锦衣卫》《剑雨》《霍去病》等数十部影视剧在此取景拍摄，旅游接待、餐饮服务业随之兴起。

郝家桥镇【Hǎojiāqiáo Zhèn】 上隶灵武市，处市区西南的平原地区。东与马家滩镇相接界，西与吴忠市利通区东塔镇为邻，南以秦渠与吴忠市利通区郭家桥村为界，北与崇兴镇接壤。辖郝家桥、胡家堡等21个行政村、150个村民小组。镇政府驻郝家桥村灵吴公路东侧，东北至市政府驻地10公里。2016年面积204平方千米；人口45066，其中回族32448人，占71.6%；社会生产总值16.2亿元，农民人均可支配收入10735元。1935年清查户口、编组保甲时，灵武至吴忠堡镇大车道9公里处的桥边，住有郝姓人家，以其姓氏命名地名，称“郝家桥”。1950年初，分属灵武县二区三乡海子、四乡冯渠、五乡郝桥及三区一乡胡汉堡、二乡胡家堡、三乡沈家湖。1958年9月，属跃进人民公社郝家桥大队、独木桥大队等。1959年4月，成立郝家桥管理区、胡家堡管理区、杜木桥管理区。1961年9月，从跃进公社析出成立郝家桥人民公社、杜木桥人民公社。1983年6月，改社为乡。2003年7月，由原郝家桥乡的9个村、原大泉乡的6个村、原狼皮子梁乡的6个村合并成立郝家桥镇。有自治区级文物保护单位2处：秦渠灵武段、汉渠灵武段，皆以始浚朝代为名。有国家级非物质文化遗产1项：马氏口弦，传承人为郝家桥镇崔渠口村第四村民小组马兰花。有自治区级非物质文化遗产1项：口弦制作技艺，传承人为崔渠口村第四村民小组马义珍。近年农村经济发展较快，种植业、养殖业现代化水平大幅提高。王家嘴、西渠等村，为草编业生产基地。上滩、十里墩等村，为韭菜生产基地。郝家桥、关渠等村，为废旧金属收购集散地。胡家堡湖，为垂钓中心。镇内有中学（初中）1所，小学8所。

崇兴镇【Chóngxīng Zhèn】 上隶灵武市，处市境西南部的平原地区。东与宁东镇接壤，西临黄河与青铜峡市的陈袁滩隔河相望，南与郝家桥镇接界，北与东塔镇为邻。辖崇兴、韩渠、台子、中渠、中北、海子、榆木桥、杜木桥、杜家滩、碱滩、华一、龙三12个行政村、132个村民小组。镇政府驻崇兴村灵吴公路东侧，东北至市政府驻地6.5公里。2016年面积121平方千米；人口47284，其中回族40754人，占86%；社会生产总值14.1亿元，农民人均可支配收入12750元。有规模以上工业企业57家。有自治区级文物保护单位2处：秦渠灵武段、汉渠灵武段。崇兴镇原名“大寨子”。清光绪初年（1875年），将领石怀玉、李双良、张俊等，于此筑1平方千米规模的寨子，内建私宅，因名“大寨子”。民国年间属灵武县“右营区”，因处于南通吴忠堡的大道上，商号、店铺林立，商业兴旺。中华人民共和国成立后，改名为“崇兴寨”。1950年初，于崇兴设二区，辖5个乡，崇兴寨为一乡。1955年10月，成立崇兴寨乡。1958年9月，成立跃进人民公社，辖崇兴以南引黄灌区。1959 年 4 月，改设崇兴管理区。1961 年 9 月，成立崇兴人民公社。1983 年 10 月，改社为乡。1985 年 12 月，撤乡设镇。2003 年 7 月政区调整，将原杜木桥乡并入。

镇辖内有中小学 8 所，卫生院 1 所、村级卫生室 12 所。其中，灵武市回民中学设在崇兴镇；台子清真大寺，1982 年被自治区列为对外开放的重点清真寺之一。交通便利，大（坝）古（窑子）铁路、银（川）西（安）高速、古（窑子）青（铜峡）高速贯穿境内。

白土岗乡【Báitǔgǎng Xiāng】 上隶灵武市，居市境东南部。东、南与马家滩镇接壤，西与吴忠市扁担沟镇邻界，北与郝家桥镇、吴忠市金银滩乡毗邻。辖 9 个村民委员会、31 个村民小组。乡政府驻长流水村，东北至市政府驻地 50 公里。面积 637 平方千米。2016 年人口 11833，其中回族 10362 人，占 87.6%。社会生产总值 21.29 亿元，农民年人均纯收入 12110 元。有规模以上工业 16 家，高标准养殖园区 39 个。

白土岗乡原名石沟驿公社，得名于明代石沟驿。今遗址尚在，但坍塌严重，为正方形，边长约 50 米。1950 年，为灵武县六区一乡，1956 年建立石沟驿乡高级农业生产合作社，1958 年 9 月成立燎原人民公社，1959 年 4 月成立石沟驿管理区，1961 年 9 月成立石沟驿人民公社。1980 年，迁往白土岗，改名为白土岗人民公社，因地形略高而土质尽显白色，故名"白土岗"。1983 年 6 月，改公社为乡至今。

乡内有自治区文物保护单位 2 处：一为石沟驿城，明代地方志均称"石沟城"，北、东南、西北三条石质山洪沟汇于城西南角，故名。地处古灵州通关中交通大道上，始筑时间不详，明弘治十三年（1500 年）都御史王珣展筑，设石沟递运所，由军卒充役，编制军丁二百一十二人。递运所为军需物资转运机构，人员、车马较多，故城池规模比驿站大得多。今遗址尚存，在石沟驿煤矿之南 3 公里。呈长方形，东西长 460 米，南北宽约 300 米。城墙以黄土夯筑，南有城门。另有瓮城、城楼，毁坏严重，仅有台基可辨。明庆靖王朱栴《石沟诗》："山围城郭野烟中，亭馆萧然对晚风。山下红尘是非路，星轺日夜自西东。"二为石沟驿窑址，位于石沟驿煤矿之南山水沟西岸，面积约 5000 平方米，断崖上堆积残瓷文化层 2—3 米，亦有部分瓷窑炉暴露。地面有大量褐釉、黑釉缸、盆、瓮瓷片，亦有青花碗、盘瓷片。文物部门鉴定为明清时代瓷窑。清代时，有工商业者在石沟驿开采煤炭。中华人民共和国成立后，组建灵武石沟驿煤矿，1991 年前属灵武矿务局辖，1992 年改属宁东煤化工基地。

梧桐树乡【Wútóngshù Xiāng】 上隶灵武市，处市境西北部平原地区。东与东塔镇为邻，西临黄河与永宁县隔河相望，南与崇兴镇、仁存渡护岸林场接界，北与临河镇接壤。辖 8 个村民委员会、88 个村民小组，乡政府驻地东南至市政府驻地 10 公里。面积

158 平方千米，耕地面积约 54 平方千米，2016 年居民 6845 户 28166 人，其中回族 6921 人，社会生产总值 17.9 亿元，农民人均可支配收入 12747 元。"梧桐树"地名，始见于明代。《嘉靖宁夏志·祥异》载："星陨河中：洪武间（1368—1398 年），指挥徐呆厮出兵河套，地名梧桐树。一日午间，有大星坠于河中。火发，延及岸上，营中军人有被烧伤者。"梧桐树喜酸性或中性及钙质土壤，在积水洼地、盐碱地不能存活。故宁夏平原没有这种树。在古代，凤凰是人们心目中的吉祥鸟，性格高洁，"非梧桐不止"。人们将居地命名为梧桐树，是期望引凤来栖。1950 年，属灵武县 4 区；1953 年、1955 年，梧桐树乡两次与国营灵武农场合并、分设。1956 年，成立梧桐树高级合作社。1958 年 9 月，隶属"星火人民公社"。1959 年 4 月，成立梧桐树管理区。1961 年 9 月，成立"梧桐树人民公社"。1983 年 9 月，改社为乡。2003 年行政区划调整，将撤销的新华桥镇原河忠村划归梧桐树乡辖。交通便利，有银灵高速公路、滨河大道纵贯南北。近年主要以粮食种植加工、畜牧养殖、适水产品为主导产业。有规模 2000 万元以上粮食加工企业 7 家，2000 万元以下粮食加工企业 15 家，各类（瓜果、蔬菜、粮食、农机等）合作社 195 个，家庭农场 43 个，规模化养殖场 24 个，牛和生猪年饲养量 2.7 万头（口）。

第二节 石嘴山市

石嘴山市【Shízuǐshān Shì】 宁夏回族自治区所辖地级市，地处自治区北端，位于东经 105°58′~106°59′，北纬 38°22′~39°23′。市政府驻大武口镇，南距银川市 80 公里。东、北、西三面分别与内蒙古自治区的鄂尔多斯市、乌海市、阿拉善盟相邻，南与贺兰县和银川市兴庆区月牙湖乡接壤。辖大武口区、惠农区和平罗县。除西部为贺兰山山地、东部有 3 个乡属鄂尔多斯台地边缘外，其余都属银川平原，灌排有序，农业发达，人口密集。2016 年面积 5207.98 平方千米；人口 79.51 万，其中回族 17.41 万人，占 21.9%；地区生产总值 513.58 亿元，人均 64880 元。是 1958 年宁夏回族自治区成立后新兴的工业城市，被誉为"塞上煤城"。著名的贺兰山煤田，基本都在市境内。煤炭累计探明储量 23.61 亿吨，保有储量 20.66 亿吨，煤种齐全（有焦煤、肥煤、瘦煤、气煤、贫煤和无烟煤六种）。有全国重点文物保护单位平罗玉皇阁、田州塔及省嵬城址 3 处，自治区文物保护单位有北武当庙、大水沟西夏遗址等 15 处；国家级非物质文化遗产项目 1 项——北武当庙寺庙音乐；自治区级非物质文化遗产项目 3 项：黄渠桥羊羔肉制作技术、平罗民间绘画、石嘴山宣卷（一种宣传"佛教宝卷"的文艺表演形式）。

一、地名来历及含义

石嘴山市的专名,属于"地名搬家"。石嘴山原在今石嘴山市区以北 50 多公里,西枕贺兰山北隆,东临黄河,因河岸"山石突出如嘴"而名,俗称"石嘴子"。清雍正七年(1729 年),工部侍郎通智主修惠农渠竣工后,在碑记中写道:"黄河发源于昆仑……经银川、石嘴子而北……"清光绪六年(1880 年),英、德商人得知中国西北的羊毛都被白白扔掉,遂在此设洋行收购,统称石嘴子洋行。属英商的有高林、仁记等 8 家商号,属德商的有瑞记、兴隆 2 家,其名称都含中华传统文化意义。10 家洋行在甘肃、青海、陕北及阿拉善各地广设外庄,以极低的价格收购皮毛,集中到石嘴子梳洗打包,再经包头、天津转口运回西欧。此后 50 年间,石嘴子车驼云集、舟楫如林,成为外商集中的商埠和水旱码头。1926 年冯玉祥率部入主西北经此,宣布将西北交通运输收归"国有",外商全部撤走,这里仍为宁夏北部商户较多的小镇,称"石嘴山"。1960 年 1 月,国务院批准撤销惠农县(驻平罗县黄渠桥),设立石嘴山市(县级),市政府驻石嘴山。1972 年 2 月,在大武口成立银北地区。1975 年 11 月撤销银北地区,成立地级石嘴山市,市政府驻大武口。大武口之名,源于明代贺兰山谷的"打硙口",意为打制磨盘的山口。而原来的县级石嘴山市,则改为石嘴山区。包兰铁路的石嘴山火车站、109 国道上的石嘴山汽车站,乃至石嘴山矿务局等大型企业,都不在石嘴山市,而在石嘴山区。这种"地名搬家",给民众出行带来诸多不便。买车票,乘火车、汽车,买错票、下错站的现象常有发生。

二、地名现状

第二次全国地名普查汇总统计,全市共登记地名 16213 个。其中乡镇级及以上行政区域地名 47 个,群众自治组织 328 个,非行政区域名 173 个,居民点 3082 个,交通运输设施 1752 个,水利电力通信设施 2071 个,纪念地旅游景点 660 个,建筑物 185 个,单位7345 个,陆地水系 24 个,陆地地形 546 个。

地名的命名、含义,大多数符合国务院颁定的《地名管理条例》要求,弘扬正气,体现真善美,继承传统文化,尊重当地群众的愿望,有利于民族团结和社会主义现代化建设。行政区划、街道及公共活动场所地名,都规范妥帖,便于使用,叫之朗朗上口。但在近 30 年新建的一些居民小区、新成立的一些民营企业,多由房地产开发商或企业法人自行命名,出现了一批不规范的洋、大、怪、重地名。以外国名人、城市命名的;以国际、世界、欧亚、天下冠名的;汉字与英文、阿拉伯数混用的,屡见不鲜。有的居民小区,小区名称很长,前面再加上开发商名,长达 10 多个字,群众使用起来极不方便。

三、地名沿革

秦始皇统一六国后，市境尚未纳入中原王朝版图，为匈奴牧地。西汉武帝时遣卫青北逐匈奴，于元鼎三年（前114年）在今平罗县崇岗镇暖泉村置廉县，上隶北地郡。东汉后期被羌族攻占，县废。北魏为灵州怀远郡属地。北周在境内置临河郡、临河县，治地不详，隋代撤废。唐先天二年（713年），朔方军大总管郭元振在今平罗县姚伏镇筑定远军城，为关内道九军府之一，开元九年（721年）后为朔方节度使所辖河外六军城之一，管兵七千人，马三千匹。有军屯四十屯，每屯五千亩（唐亩，每亩合今0.5434亩）。随后又置定远县，属灵州。景福二年（893年）升为警州。五代降为定远镇。西夏置定州辖定远一县。元代因之，属宁夏府路。洪武五年（1372年），徙军民于关陕。九年（1376年）属宁夏卫，建文间属宁夏镇。永乐初，在今惠农区贺兰山北陲至黄河筑长城并立哨马营御边。正德年间弃而不守，嘉靖十年（1531年），于平虏城北十五里另筑长城。嘉靖三十年（1551年），在今平罗县设平虏守御千户所。清代将"平虏"改称"平罗"，于雍正二年（1724年）置平罗县。雍正四年（1726年）置新渠县，治今平罗县姚伏镇东。雍正六年置宝丰县，治今平罗县宝丰镇。乾隆三年十一月二十四日（1739年1月3日）大地震，城堡、渠闸俱毁，遂于次年三月壬子撤销新渠、宝丰具制，以其地划归平罗县管辖。民国初，属甘肃省宁夏道；1929年宁夏建省，直辖平罗县。1941年，于市境河西析置惠农县，河东增设陶乐县。中华人民共和国成立后，平罗、惠农、陶乐三县先后建立人民政权。1954年宁夏撤省与甘肃省合并，3县为甘肃银川专区辖属。1958年10月宁夏回族自治区成立，3县皆为自治区直管。1972年2月23日，国务院批准成立银北地区，驻大武口，辖石嘴山市及平罗、贺兰（后划属银川市）、陶乐3县。1975年11月23日撤销银北地区，成立地级石嘴山市，市政府仍驻大武口，辖一区（驻大武口）、二区（驻石嘴山）、三区（驻石炭井）。1981年，将以上三区分别更名为郊区、石嘴山区、石炭井区，还辖平罗、陶乐2县。1987年增辖惠农县。2002年10月23日，撤销石炭井区。2004年2月11日，撤销石嘴山区和惠农县，设立惠农区，区政府驻原石嘴山。同时撤销陶乐县，将所辖红崖子乡、高仁乡、马太沟镇划归石嘴山市平罗县管辖。至此，石嘴山市共辖大武口区、惠农区及平罗县。

四、地名文化

石嘴山市的地名文化，有4个鲜明特色。

一是地理特色。石嘴山市西枕贺兰山，东临黄河，重要地名多依当地地理环境特色而名之。石嘴山，因山石突出如嘴而名。市政府驻地大武口，系贺兰山"打硇口"的谐音，即打制磨盘的山口。列入全国王牌景点的沙湖旅游景区，苇湖与沙漠相依，独具特色。街道办事处、乡镇以山川命名的较多，如黄河路、青山街，以及大峰、东山、暖泉、崇岗、红崖子、灵沙、沿河、西河、星海之类的专名。园艺、红果子、红柳岗、大柳树、甘草坑、白芨芨沟、石炭井等地名，则与当地物产相关。

二是新兴工业城市特色。石嘴山市成立较晚，初按煤炭工业基地规划，宁夏第一座火力发电厂、钢厂也在其中。建县级市后，适逢国家实施"三线"建设方针，一大批对国民经济、国防影响较大的内地工厂，实施靠山、分散、隐蔽策略，迁入石嘴山市的贺兰山区。这些厂矿因规模较大，都有独立的生活区。所以，石嘴山市早期的居民区，以厂矿企业命名的较多，如机修厂、电厂、九零五厂、电机厂、煤机二厂、太西、石炭井、洗煤厂等。

三是水利特色。宁夏平原两条最长的古渠唐徕渠、惠农渠，自南而北纵贯市境，通过水闸，又分出数百条支渠、毛渠、斗渠。因此，自清代以来，产生了一批以水利设施命名的地名。如市辖的惠农区，就直接用惠农渠之名。当时新设的另一县，取名新渠县。民众将惠农渠俗称"皇渠"，音转为"黄渠"，故有黄渠桥镇。乡镇一级的地名，还有尾闸镇、头闸镇、渠口乡。行政村、自然村名，以水利设施为名的就更多，如关渠、正闸、分水闸、双渠等。惠农渠是由工部侍郎通智修建，并招民垦殖，一些新堡之名，也冠以"通"字，如通伏、通济、通润。

四是时代特色。明代，石嘴山市建过两道长城，为军事前沿。朝廷出于军事防御需要，迁民于关陕，调来军队驻防。前朝旧地名大多不用，产生一批带有军事防御特色的新地名，如长城乡、燕子墩、小兴墩、上营子、下营子、镇朔、长胜。其中有的带有明显的民族歧视色彩，已经按谐音将其更名，如平虏县已改为平罗县，"套虏湖滩"改为陶乐，镇远关改为正谊关。清代兴修水利，然后招民屯垦，出现一大批新的居民点，多以水利设施为名。中华人民共和国成立后，解放、人民、红旗、和平、团结、五星、前进之类的专名多用于街道、广场。红光、朝阳、光明、文明、红卫、东风、跃进等地名，也都具有鲜明的时代特色。

石嘴山市被誉为"塞上煤城"。著名的贺兰山煤田，基本都在市境内。煤炭累计探明储量 23.61 亿吨，保有储量 20.66 亿吨，煤种齐全（有焦煤、肥煤、瘦煤、气煤、贫煤和无烟煤六种）。其中汝箕沟矿区生产的优质无烟煤——"太西煤"，以"三低六高"（低灰分、低硫、低磷；高发热量、高比电阻、高精煤回收率、高块煤回收率、高化学活性、高机械强度）而驰名中外，广泛应用于冶金、化工等方面的高炉喷吹、合成氨、活性炭、载体化学炭、代替石油焦制作石墨制品、碳化硅等，在国内外享有盛誉。"太西"之名，也在一些居民点、饭店使用。

名列全国 35 个王牌景区之一的沙湖，西面由沙丘组成小沙漠，东面为湖泊，湖中芦苇呈丛状分布，也是候鸟的天堂。沙湖名扬全国，而以沙湖命名的沙湖酒、银川沙湖宾馆，也都小有名气。以鳙鱼头为原料的沙湖鱼头，也成为一道名菜。

黄渠桥之名，源于清朝修建的惠农渠，民众俗称为"皇渠"，音转为"黄渠"。先延展使用为桥名，因地处南北交通孔道，曾为惠农县政府驻地，今为黄渠桥镇。改革开放后，镇上居民创"黄渠桥羊羔肉"品牌，风靡一时，在宁夏多地设有分店。2000 年前后，从石嘴山市到包头、呼和浩特公路两侧的小饭馆，多数店名都直接使用"黄渠桥羊羔肉"。"大武口凉皮"是一种特色小吃，色香味俱佳，以此注册并在网上销售的商户已有 120 多家，不但在宁夏及周边广受欢迎，而且将分店开到了美国旧金山华人区。

隆湖经济开发区，其地名含义，是在原来潮湖农场的基础上，接收了隆德县贫困山区的移民，发展成颇具规模的工业区。

市境现存明长城遗址 4 处，其中的红果子北长城遗址，有一段竟然出现横向错断，位移 1.45 米。它是乾隆三年（1739 年）宁夏大地震的真实记录，成为国内外地质、地震学界的考察热点。

五、辖属政区

（一）大武口区【Dàwǔkǒu Qū】

大武口区为石嘴山市辖区，市政府驻地。位于东经 106°05′30″~106°18′20″，北纬 38°08′40″~38°24′30″，南以西汝公路与平罗县为界，北与惠农区接壤，东以三二支沟为界和惠农区为邻，西以贺兰山和内蒙古阿拉善左旗接壤。辖街道办事处 10 个、镇 1 个，2016 年面积 1214.84 平方千米，常住人口 30.57 万，其中汉族 27 万人，占 88.32%，回族 2.9 万人，占 10.74%，余为其他少数民族。地区生产总值 212.46 亿元，人均 6.97 万元。

1. 地名来历及含义

大武口区得名于"打碙口"，是贺兰山东面的一个谷口，始见于明弘治《宁夏新志》，意为"打制石磨的山口"。在清代的文献资料中，"打碙口""达武口"与"大碙口"等名称混用。1943 年，宁夏省建设厅厅长李翰园赴贺兰山清水沟光华陶瓷厂视察，途经"大碙口学堂"，令将其更名为大武口学堂。从此，"大武口"这个名称被作为正式的地名使用。

2. 地名现状

第二次全国地名普查，全区共登记 11 大类地名词条 2547 条。陆地水系 3 条，陆地地形 230 条，行政区域 12 条，群众自治组织 61 条，非行政区域 61 条，居民点 219 条，交通运输设施 399 条，水利设施 113 条，纪念地、旅游景点 74 条，建筑物 72 条，单位 994 条，历史地名 309 条。

3. 地名沿革

大武口在今市区之北约 4 公里，自古有谷道西渡贺兰山通阿拉善草原。明初，为防御蒙古族骑兵东进，在打硙口贺兰山谷修筑三道关隘。至正德五年（1510 年），关隘颓圮。嘉靖十年（1531 年）重修关隘"以扼虏道"，并向东经平虏城北至黄河岸修筑长城一道，此后为军事防御要地，属平虏守御千户所。清雍正起，属宁夏府平罗县。道光九年（1829 年）前，平罗县在贺兰山东麓沿山地区增设四堡，其中有"打硙口堡"。1950 年 5 月，为平罗县第五区（今平罗县崇岗乡）一乡。1956 年 2 月，五区一乡成立新联（今大武口乡）、潮湖、简泉三个高级农业生产合作社，同年 7 月平罗县进行撤区并乡工作，将五区一乡改设为大武口乡。1958 年 9 月，划归平罗县崇岗人民公社。1960 年 7 月，自治区人民委员会在石炭井设镇时，曾借用"大武口"这个名称，称"大武口镇"。1961 年 5 月 30 日，成立大武口人民公社。1963 年 6 月 11 日，由平罗县划归石嘴山市（县级）。此时，今大武口区（市区）尚为沙丘起伏之地，俗称"明沙梁子"。

20 世纪 60 年代中期，在"加快大三线建设"战略方针的指导下，煤炭部将石炭井、汝箕沟、呼鲁斯太矿区列为"三五""四五"期间西北大三线建设重点矿区。为加强领导，1965 年成立贺兰山煤炭工业公司，驻地大武口区，一批企业先后内迁来大武口，又建了一些新企业，被群众称为"工区"。

1966 年 5 月，石嘴山市设"大武口办事处"，为派出机构。同年，贺兰山煤炭工业公司由石炭井迁入大武口。1968 年 7 月 28 日，成立大武口地区革命委员会，直属石嘴山市革委会。同年 9 月 19 日，市革委会决定将地区革委会改为大武口镇革命委员会。1972 年 2 月 23 日，国务院决定设立银北地区（辖石嘴山市、平罗县、贺兰县、陶乐县），1973 年 7 月 1 日，召开成立大会，地区机关驻大武口。1973 年 6 月 18 日，自治区革委会决定将大武口镇升格为区。1975 年 11 月 23 日，银北地区撤销，成立石嘴山市（辖平罗县、陶乐县），市政府驻大武口区。1975 年 12 月 5 日至 1981 年 3 月 26 日，大武口区曾改称"石嘴山市一区"，为县级建制，第一次地名普查结束，恢复"大武口区"至今。

4. 地名文化

大武口区原为贺兰山东麓的荒地，1965 年随煤炭工业兴起、三线建设而开发为工业城市。因此，历史地名较少，地名文化主要表现在：

一是反映贺兰山及明代的军事防御设施。如贺兰山路、沟口街道办、白芨沟街道办。贺兰山的沟谷隘口打硙口、归德口、枣儿沟，在明代都筑有三道关，山麓还根据地形分段修筑长城，筑有临山堡，这些军事设施都演变为地名。

二是反映工业及城市建设。如石炭井、白芨沟、大峰，都因有大型煤矿而成为街道办、居委会名；总机修厂、电厂、九〇五厂、洗煤厂、电机厂、煤机厂等工厂企业之名，直接用于居委会；煤山路因靠近煤机厂而得名；冶炼巷因旁边有金属冶炼厂而得名。2005年，大型人工湿地星海湖建成，改变了人居环境，一批以"星海"为名的街道办、居委会、居民点、城市道路相继出现。

三是反映当代各时期时代气息。如人民路、新华街、光明街、红旗街、文明街、朝阳街、红星街、工人街、工农兵桥等。由于大武口所在之地是蒙古族与汉族交往的走廊，有些地名虽用汉字，实际却是蒙古语，如乌兰、燕德尔亭（大磴沟）、阿勒尕、哈不梁沟、才其正沟。

5. 所属街道、镇

朝阳街道【Cháoyáng Jiēdào】　上隶石嘴山市大武口区，区政府所在地。1984年成立办事处，驻今解放东街69号。东至二农场渠，南至星光大道，西至贺兰山南路，北至贺兰山南路至世纪大道段以朝阳东街为界。辖万盛、东胜、怡心、长胜、永康、长庆、仁和、阳光、景苑9个社区，58个居民小组。面积26平方千米，有居民22019户63748人。辖区有企事业单位28家，个体商业网点1064家，中学3所、小学3所、幼儿园1所，医疗机构3所；有人民公园、中华奇石山、枫情水岸广场、火炬广场等公共活动场所。

星海镇【Xīnghǎi Zhèn】　上隶石嘴山市大武口区，居市区东南侧，东至包兰铁路，南与沙湖旅游景区接壤，西北临星海湖。辖星海、枣香、祥河、隆惠、临湖、星光、富民、果园8个行政村及铁东、古香、东湖3个社区，镇政府位于学院路与山水大道交叉口东南方向约330米处。面积140平方千米，人口38465。星海镇前身为潮湖农场，1983年设隆德县移民吊庄，1992年成立宁夏隆湖经济开发区，由隆德县政府管理，故名。2003年实行属地管理，移交大武口区。2009年，因临近新建的人工湿地星海湖，更名星海镇。又经8年建设，已由一个经济欠发达、交通不方便、贫困面大、生态严重恶化、土地高度盐碱化、村庄面貌脏乱差的移民吊庄点，发展成为设施农业特色鲜明、工业企业规模化的经济开发区，群众生产生活质量显著提高，被国务院扶贫开发领导小组誉为我国"扶贫开发史上的一大创举"，先后被评为"全国民族团结进步模范集体""中国民间文化艺术之乡"。按照"集中大庄点，建设大社区"的思路，实施了星海家园、康居花园、隆祥苑等工程，完成1500余户旧居改造、1万多平方米文化体育广场建设，辖区居民生活条件明显改善。按照城市规划标准建设农村基础设施，累计投资10亿元，建成沙湖大道、星光大道、隆湖大道、浴山潭大街等10条城市道路，总长120公里。星海镇的隆湖一站，有"文化大革命"中的国务院"五七"干校遗址，成立于1968年10月，撤销于 1972 年 4 月。国务院机关的 1881 名干部、家属，包括 40 多名省部级领导干部，被下放到这里"劳动改造"，开荒种地、养猪、拉车什么都干。2008 年 8 月，依托干校遗址，建成石嘴山市"五七"干校历史博物馆，占地面积 8520 平方米。馆内陈列各种实物 1200 多件，再现了干校学员当年的劳动、生活场景。

长兴街道【Chángxīng Jiēdào】　上隶石嘴山市大武口区，前身是大武口乡，2005 年 3 月 8 日成立长兴街道办事处，因希望街道能够长期兴旺而得名。东至第二农场渠，南至平汝铁路、武当路，西至贺兰山山脚，北至大武口沟北侧。辖兴民村和电厂、铁路 2 个社区，面积 34.92 平方千米。人口 2165 户 5419 人。1949 年 9 月 25 日大武口解放后，平罗县于 1950 年 5 月将原第四乡（大武口乡）改设为县五区一乡。1956 年 7 月改为大武口乡。1961 年 5 月 30 日，成立大武口人民公社。1983 年 6 月 13 日，改社为乡。1987 年 6 月，将该乡划归大武口区管辖。境内地势较平坦，属贺兰山东麓洪积平原。有明代宁夏镇北长城，又称边防北关门墙，建于嘉靖十年（1531 年），西起贺兰山枣儿沟，东到黄河岸，长约五十里，今明水湖农场东至铁路一带尚有遗迹。辖区内有大武口电厂、石嘴山市英华中学、蓝天幼儿园、博文幼儿园、大武口火车站。

长胜街道【Chángshèng Jiēdào】　上隶石嘴山市大武口区，东至二农场渠，南与平罗县崇岗镇接壤，西至贺兰山东麓，北依大武口区主城区。辖长胜、潮湖、龙泉村 3 个行政村，金驼、骏马、总机修厂、奔牛、九竹、龙泉等 6 个社区。面积 86.5 平方千米，人口 11704 户 25827 人。街道因明代烽墩长胜墩而得名，原属平罗县崇岗乡，1971 年 12 月 15 日成立崇岗公社长胜大队，1977 年 2 月划属大武口区。地处贺兰山东麓，到 20 世纪 50 年代仍很荒凉。1964 年国家实行"三线建设"方针，决定将国防及重工业大型厂矿布局到西部，实行"靠山、分散、隐蔽"。1966 年，国家将安徽淮南等内地煤矿机械设备及技术力量迁来，在贺兰山下成立西北煤矿机械总厂及一厂、二厂、三厂，形成南北约 15 公里的工矿区，建成贺兰山沿山公路，在其家属区分设居委会、居民小组。辖区内企事业单位除 4 个煤矿机械厂外，还有天地奔牛实业有限公司、宁夏西北骏马机电制造股份有限公司、天地西北煤机公司、中色东方等大型企业，以及石嘴山市奔牛学校、石嘴山市实验小学。

人民路街道【Rénmínlù Jiēdào】　上隶石嘴山市大武口区，1974 年成立人民路街道办事处，驻今胜利东街 25 号，即人民路与胜利东街交叉口西北方向约 60 米处。东至二农场渠，南至山水大道、朝阳东街，西至贺兰山北路、青山北路、长虹路，北至银汝铁路。辖建设、工人街、文明、红星、游艺东街、东方等 7 个社区，114 个居民组。面积 12 平方千米，人口 39792。1966 年 5 月，成立大武口办事处。1970 年 7 月 9 日，改为大武口街道办事处。1974 年 2 月 18 日，易名人民路街道办事处。1984 年 3 月 20 日，分出部分辖境设朝阳、长城 2 个街道。2000 年 8 月，又分设青山街道。今辖区内有中学 2 所、小学 3 所，还有新现代医院、大武口汽车站。

长城街道【Chángchéng Jiēdào】 上隶石嘴山市大武口区，东至贺兰山北路、青山北路、长虹路，南至归德沟，西至贺兰山山脚，北至银汝铁路。办事处驻育才路与裕民北路交叉口向西 100 米处。辖鸣沙、健民、九〇五、金山、荣景 5 个居委会。面积 6.6 平方千米，人口 15877 户 40530 人。1984 年成立长城街道办事处，因靠近明长城而得名。西南有北武当庙，位于贺兰山下，原为小庙，始建于明代。康熙四十八年（1709 年）第一次扩建，后又多次扩建，形成依山布局的大型建筑群，占地 12000 平方米，建筑面积 4300 平方米。沿中轴线由外至里布列山门楼、灵官殿、观音殿、无量殿、多宝塔和大佛殿。现为自治区文物保护单位，香火盛，游客多。北武当庙寺庙音乐，已列入国家级非物质文化遗产名录。所辖九〇五居委会，有大型企业宁夏有色金属冶炼厂，即上市公司"东方钽业"。

青山街道【Qīngshān Jiēdào】 上隶石嘴山市大武口区，2000 年 8 月成立青山街道办事处。东至贺兰山南路，南至星光大道，西至铁路专用线，北至朝阳西街，辖 7 个社区，面积 15 平方千米，人口 52368，其中汉族 48701 人，回族 3143 人，满族 370 人，余为其他民族。辖区内有中学 1 所（市七中），小学 2 所（市十五小、市二十小），幼儿园 1 所（大风车幼儿园），医院 1 所（宁夏第五人民医院），公园 3 处（绿园、雅园、汇泽公园）。

石炭井街道【Shítànjǐng Jiēdào】 上隶石嘴山市大武口区，居区境西北部贺兰山腹地山谷中，东至贺兰山山脚，南至韭菜沟沟口，西跨贺兰山与内蒙古阿拉善左旗为邻，北与惠农区接壤。辖 4 个社区，办事处驻文化街与 301 省道交叉口北侧约 90 米处，东南至大武口区政府约 32 公里。面积 365 平方千米，全为山地、谷地，居民区仅 7.6 平方千米，有居民 292 户 461 人。清末至民国初期有蒙古族居住，蒙古语名"上选里口"，后演变为汉语"石炭沟"。1942 年《十来年宁夏省政述要》载，此地旧有民间煤窑，"产烟煤，质坚有光，故名石炭"。此后长期属平罗县，有丰富的煤炭资源。1960 年成立石炭井矿务局，大规模开采，以矿务局及所属各矿、矿工及其家属区形成街道。1963 年划属石嘴山市，1973 年设石炭井区，为县级政区。1975 年更名石嘴山市第三区，1981 年复名石炭井区。至 1995 年底，辖 4 个街道办事处，区政府驻新华北街，人口 74409。此时，石炭井因煤炭开采而发展至顶峰：石炭井矿务局辖有一、二、三、四矿和乌兰矿、大峰矿、白芨芨沟矿，原煤产量突破 600 万吨；中学、小学、医院、百货商场、影院、矿工俱乐部等配套设施齐全，街道楼房林立，盛极一时。至 1999 年，因煤炭资源枯竭，一、三、四矿和乌兰矿相继关闭，人口逐年递减。2002 年 10 月底，国务院批准撤销石炭井区，降为大武口区的一个街道办事处。2012 年，将白芨沟社区和麻黄沟社区划出成立白芨沟街道办事处，石炭井街道的辖境减少四成。此后，煤矿采掘停止，人口大幅减少，各种建筑物已是人去楼空。（编后记：到 2019 年本志撰稿时，全镇居民仅余 157 户 237 人，皆为留守看房老人。）

白芨沟街道【Báijīgōu Jiēdào】 上隶石嘴山市大武口区，位于区境贺兰山腹地山谷内。东至贺兰山山脚与长胜街道相邻，南以姚（伏）汝（箕沟）公路与平罗县崇岗镇为界，西至宁蒙省界，北接石炭井街道。辖白芨沟、大峰 2 个居委会，街道办驻白芨沟，距大武口区 65 公里。面积约 230 平方千米，人口 2972 户 5986 人。街道因煤炭开采而设。分大峰沟、白芨芨沟两个采区，皆处贺兰山深处。矿井始建于 1966 年，1972 年局部投产，分别叫大峰沟煤矿、白芨芨沟矿，隶属于石炭井矿务局。2012 年改属神华宁夏煤业集团有限责任公司。生产能力稳定在 160 万吨以上，成为宁夏乃至西北地区最大的无烟煤生产基地。煤层埋藏浅，初为露天剥离，后改为爆破剥离。所产优质"太西"无烟煤，以"三低六高"特性而享誉中外，被誉为"煤中之王"，是冶金、化工等工业的最佳原料和环保精品。因矿工及家属增多，于 1982 年成立白芨沟街道办事处，属石炭井区。1990 年，划分为挺进路、育新、南街、北街、麻黄沟、大峰、站前 7 个居委会。2002 年石炭井撤区后划入大武口区管辖。2008 年后，矿工家属逐步迁至石嘴山市区，加上采矿机械化压缩大量矿工，人口迅速下降。2012 年，保留大峰社区，将白芨沟社区和麻黄沟社区合并成立新白芨沟社区。

沟口街道【Gōukǒu Jiēdào】 上隶石嘴山市大武口区，地处贺兰山东麓。东至包兰铁路，南与简泉农场相邻，西至沟口检查站，北至沙河桥。辖 2 个社区，街道办事处驻平汝铁路支线与省道 301 交会处西南方向约 170 米处。面积 45 平方千米。2014 年人口 7456。沟口街道成立于 1983 年 9 月，因位于原石炭井区东部沟谷之口而得名。1985 年，辖 5 个居委会。1994 年划分为白杨、绿洲、槐荫、青屏、银杏、旭辉、翠柳 7 个社区。2012 年，合并为翠柳、绿洲两个社区。

锦林街道【Jǐnlín Jiēdào】 上隶石嘴山市大武口区，居区境北部贺兰山东麓。东至二农场渠，南至工业园区向阳街，西至 110 国道，北至大风沟中线。辖锦林、安康、丽日、府佑水乡 4 个社区，办事处驻今团结路与锦林街交叉路口东北（锦林花园五区内）。面积 25.11 平方千米，人口 9907 户 3.2 万人。街道所在地原名"大武沟口"，即贺兰山口，明朝称"打砘口"，意为"打制石磨的山口"。1943 年，民国宁夏省建设厅长李翰园至此，看到"打砘口学堂"，认为用字生僻，遂改名为大武口。1943 年属平罗县第四乡。1955 年设大武口乡。1958 年改大武口公社。1962 年 9 月，属平罗县大武口镇（驻石炭井）。1968 年，大武口镇驻地迁到今大武口区。2008 年 1 月成立星海街道，2009 年更名为锦林街道办事处。有丽日中学、丽日小学、锦林小学，2015 年获自治区美丽乡村创建工程示范村荣誉称号。

（二）惠农区【Huìnóng Qū】

惠农区是石嘴山市辖区，地处宁夏最北端，东临黄河与内蒙古鄂托克前旗隔河相望，西以贺兰山与内蒙古阿拉善左旗为界，南与大武口区、平罗县为邻，北至麻黄沟与内蒙古乌海市接壤。位于东经 106°70′~106°80′，北纬 39°20′~39°30′。辖 3 镇、3 乡、6 个街道办事处、39 个行政村、43 个居委会。政府驻惠农区北大街，南至银川市 100 公里，距石嘴山市大武口区 50 公里。2016 年面积 1361.05 平方千米；人口 20.19 万，其中汉族 16.44 万人，占 81.4%，回族 3.57 万人，占 17.68%，余为其他少数民族；地区生产总值 150.99 亿元，人均 95031 元。

1. 地名来历及含义

1941 年 4 月 1 日，经国民政府行政院批准，析平罗县北部置惠农县，治宝丰镇。县名取自清雍正七年（1729 年）竣工的惠农渠，寓意惠济于农。

2. 地名现状

第二次全国地名普查汇总统计，全市共有地名 4907 个。其中行政区域地名 16 个，群众自治组织 96 个，非行政区域名 38 个，居民点 718 个（新增海燕村 2 个），交通运输设施 620 个，水利电力通信设施 593 个，纪念地旅游景点 170 个，建筑物 28 个，单位 2483 个，陆地水系 8 个，陆地地形 137 个。

3. 地名沿革

唐代以前，因灌溉尚未惠及，惠农区全境属牧地，无居民点及郡县地名。西汉时，所处贺兰山北段称卑移山，疑为匈奴语音；唐代称乞伏山，因鲜卑乞伏部驻牧而得名。西夏时，在今庙台乡筑有省（xǐng）嵬城，因党项族省嵬部而名。清初，今惠农区城区被称作"石嘴子"，"因山石突出如嘴"而名。此后的石嘴山、石嘴山市等地名皆源于此。清雍正六年（1728 年），兵部左侍郎通智主修的惠农渠即将竣工通水，故招民屯垦，新置宝丰县，辖今惠农区全境及平罗县东北，治今平罗县宝丰镇。乾隆三年十一月二十四日（1739 年 1 月 3 日）大地震，河水倒灌，县内一片汪洋，城堡、渠闸俱毁，宝丰县随之裁废。清光绪六年（1880 年），英、德商人得知中国西北的羊毛都被白白扔掉，遂在此设洋行，统称石嘴子洋行。属英商的有高林、仁记等 8 家商号，属德商的有瑞记、兴隆 2 家，其名称皆彰显中国传统文化及道德观念。10 家洋行在甘肃、青海、陕北及阿拉善各地广设外庄，以极低的价格收购皮毛，集中到石嘴子梳洗打包，水运至包头，再经天津转口运回西欧。此后 50 年间，石嘴子车驼云集、舟楫如林，成为外商集中的商埠和水旱码头。1926 年冯玉祥入主西北，宣布将西北交通运输收归"国有"，外商全部撤走，但这里仍为宁夏北部商户较多的小镇，称"石嘴山"。

1941 年设惠农县驻宝丰镇，1950 年移驻黄渠桥。1960 年 3 月，撤惠农县，设石嘴山市（县级），驻石嘴山。1972 年 2 月设银北地区，驻石嘴山市。1975 年 11 月，银北地区撤销，成立地级石嘴山市，市机关移驻大武口。同年 12 月，原县级石嘴山市改为石嘴山市二区。1976 年 12 月成立石嘴山市郊区。1981 年 4 月，石嘴山市二区更名为石嘴山区。1987 年 6 月，石嘴山市郊区撤销恢复惠农县建置，县驻马家湾。2004 年 4 月，石嘴山区和惠农县撤销，合并成立惠农区至今。

4. 地名文化

惠农区的地名文化特点有三：

一是黄河水利文化。惠农区东临黄河。石嘴子就是因黄河边巍然挺立着如嘴巨石而得名。黄河古渡、黄河大桥、河滨街道以及行政村中的西河桥、外西河、银河、沿河等很多地名都与黄河有关。引黄自流灌溉，产生很多以水利设施命名的地名。清雍正七年（1729 年），兵部左侍郎通智主修干渠，从青铜跨越数县而至石嘴子，命名惠农渠。此后，"惠农"作为县级政区的专名，一直存在。惠农渠即将竣工通水，招民屯垦，新置有宝丰县。今之尾闸镇，是因地处惠农渠梢的最后一道水闸而名。还有一些行政村、居民点，如上宝闸、中渠、五渠、西渠……也直接以水利设施命名。清光绪年间英、德商人在此设 10 家洋行，是看中了这里所具备的黄河水运优势。

二是贺兰山边塞文化。在古代，贺兰山是农耕文化与游牧文化结合部，一些少数民族部落长期在此驻牧，因而以族名山。贺兰山一名，源自鲜卑族的贺兰部。惠农区所处属贺兰山北陲，在西汉名卑移山，唐代称乞伏山，分别来自匈奴族及鲜卑族的乞伏部。两种文化的交融中，也有碰撞，到明代，贺兰山就成为军事屏障，修筑了长城、关隘、兵营、烽墩（即烽火台）。红果子段长城，以其多红果（酸枣）而名，有一处出现 1.45 米的横向错位奇观，被地质学界鉴定为地震的板块移动所致。贺兰山腰的正谊关，为明代宁夏镇北端雄关，初名"镇远关"。关南屯驻重兵，名黑山营。下营子、上营子等，也属明代屯兵之所。今燕子墩乡，得名烽火台。

三是社会主义建设形成的新时代地名文化。1957 年宁夏回族自治区开始筹建，将石嘴山规划为工业城市，石嘴山矿务局及石嘴山电厂、钢厂等大中型工矿企业相继建成投产，以其驻地形成一批新型地名。一号井社区成立于 1970 年，因处于石嘴山矿务局一号井地段而得名；电厂社区是因辖区内居民大多数为发电厂职工而得名；钢花社区是因位于石嘴山钢厂的花园路而得名；火车站街道是因 1958 年建成的包兰铁路石嘴山火车站而得名；矿务局社区、矿中社区源于 1958 年建成的矿务局家属院；北农场位于最北端，是

1960 年石嘴山矿务局建立的农副业生产基地。

5. 所属街道、乡镇

中街街道【Zhōngjiē Jiēdào】 石嘴山市惠农区政府驻地，居城区主干道中部，故名。东至惠安大街，西与火车站街道相接，北至公园巷政府巷与北街办事处相邻，南以煤炭路与南街办事处为界，辖金融、中街、陶瓷、星火、一号井 5 个社区。2016 年面积 5.4 平方千米；人口 6162 户 15135 人；城镇居民人均可支配收入 23110 元。地处交通咽喉之地，古代即有关中通漠北的大道经此。清朝为一小镇，因山石突出如嘴，故名石嘴子。光绪六年（1880 年），英、德商人得知中国西北的羊毛都被白白扔掉，遂在此设 10 家洋行，以极低的价格收购皮毛，然后转运至西欧。此后 50 年间，随着京张铁路、平绥铁路的修通，皮毛运输更加方便，石嘴子车驼云集、舟楫如林，成为兴旺的商埠和水旱码头。1918 年 11 月林竞出版的《西北丛编》写到此，说有常住居民七百余家，多来自秦晋，有粤人、鄂人各三四家。多事商业、畜牧，或在洋行洗羊毛，日得工价三钱余。石嘴子码头，每天停靠木帆船七百余只，每船有船工五至七人。还有驮户、车户，仅从事运输的流动人口达五千多。1926 年冯玉祥入主西北，修建宁包汽车路，是为宁夏第一条公路。公路自北而南穿过石嘴子，形成街道。冯宣布将西北交通"收归国有"，10 家洋行闻讯全部撤走，水运萧条，但仍为宁夏北部市口。1932 年冬，中国第一位女飞行员林鹏侠赴西北考察，于 1953 年返北平经石嘴子。她在《西北行·宁夏至北平》中写道，有"居民五六百家，回汉各半，商店占二十分之一。地产煤，有遍地皆煤之说……闻当地每银一元得八九百斤，或自行采掘。闻河东二百余里，地有碱湖，面积约八十余里。本地巨商郑海峰雇人采掘，年出二十余万斤……"1958 年宁夏回族自治区成立后，建设煤炭及钢铁生产基地，人口猛增，变成城区主干道，1959 年分设北街办事处、南街办事处。2000 年 8 月，中街街道从北街分置出来，成为惠农区的行政、金融、商贸、文化中心，有党政机关、事业单位 50 多家。主要企业有石嘴山市人民商场、德俊商厦、阳光商厦、石金商村、石嘴山银行及全国金融、通信企业的分支机构。主要历史建筑有石嘴子文至阁、经堂庙、石嘴子财神庙、石嘴子姑姑堂等，均在城市建设中拆除。

尾闸镇【Wěizhá Zhèn】 石嘴山市惠农区辖镇，居区境中东部，东靠惠农农场、农林牧场、良种繁殖场，南与庙台乡接壤，西接红果子镇，北连园艺镇。辖尾闸、团结、和平、下庄子、西河桥、聚宝 6 个行政村及佳苑、水城民生 2 个社区，46 个村民小组。镇政府驻尾闸村，北至惠农城区 5 公里。面积 24 平方千米；人口 5145 户 11400 人；农民人均可支配收入 10744 元。清雍正年间新修惠农渠行水三百余里至此，设最后一道水闸，故称其地为尾闸。此闸在镇政府之西 200 米，属退水闸，将渠中富余之水泄入黄河。原为砖木结构，1965 年 11 月改建为钢筋混凝土闸，宽 12 米（其中闸门宽 6.5 米），建筑物厚 6 米。近 20 多年，因实行计划用水，无余水可退，故实际不再使用，但保存完好。镇内有文物保护单位（均为市级）3 处，集中在西河桥村：动物化石群遗址，出土有更新期的犀牛、大象、大角鹿、鸵鸟等 20 多种动物化石，尤以犀牛化石为最多，埋藏面积达 60 万平方米；西夏墓；明代烽火台遗址。另有龙泉寺，位于西河桥村，始建于清朝，1990 年重建，是惠农区佛教的五大寺院之一。

1941 年为惠农县的第七乡（乐土岭乡）；1950 年 4 月分属惠农县第一区乐土岭乡和尾闸乡；1958 年 8 月与下营子乡和石嘴山镇合并为灯塔人民公社，同年 11 月改名为尾闸公社；1970 年 7 月为石嘴山市郊区革命委员会驻地；1983 年 6 月改社为乡；2003 年 7 月 18 日成立尾闸镇至今。境内有中学 1 所、小学 2 所、幼儿园 1 所。109 国道、201 省道纵贯全境。全镇以园区建设为载体，重点发展畜牧养殖园，兼顾粮食、蔬菜种植及劳务输出。

园艺镇【Yuányì Zhèn】　石嘴山市惠农区辖镇，居城区东南郊，呈狭长直角三角形状，斜边东临黄河；两个直角边西邻惠农区城区、南与尾闸镇及惠农农场接壤。辖园艺、底埂、安乐桥 3 个行政村、6 个社区。镇政府设在 109 国道东侧，北距老安乐桥约 1 公里。地势平坦，2016 年面积 7.74 平方千米；人口 8231 户 23127，回族人口 5780 人；城镇居民人均可支配收入 23110 元。主要种植小麦、玉米、油葵、胡麻等农作物和优质饲草，靠扬水泵站从黄河提水灌溉。近城的地理优势，传统的回族群众经商、养殖习惯，以及人多地少的耕地现状，使养殖业和二三产业成为园艺镇农民增收和经济发展的主导产业。社会总产值和农民人均纯收入均位居惠农区各乡镇前列。1959 年属尾闸公社灯塔大队，1960 年更名为国营园艺场，"园艺"之名由此传承至今。1963 年 6 月设园艺人民公社，属石嘴山市管辖；1979 年 1 月划归石嘴山市郊区；1983 年 6 月改社为乡；1987 年 6 月属惠农县；1994 年 8 月改为园艺镇至今。镇东黄河主流与岔河之间有南北长 5 公里、面积 5 万亩的梭状洲岛，岛上红柳密布，形成独具特色的黄河红柳生态湿地。在红柳林中心地带，有宽阔的草地，为游人提供了休闲娱乐的良好空间。镇北有石嘴山公园。109 国道贯穿全境，在镇北建有石嘴山黄河公路大桥。另有安乐桥，相传始建于西夏。辖区有中学、小学各 1 所，幼儿园 4 所。

庙台乡【Miàotái Xiāng】　石嘴山市惠农区辖乡，居区境东南部，东靠礼和乡，南与平罗县宝丰镇、黄渠桥镇相邻，西接红果子镇、燕子墩乡，北连尾闸镇。辖乐土岭、寇家桥、省嵬、李岗、东永固、静安、通丰 7 个行政村、45 个村民小组，乡政府驻马家湾村，北至惠农区城区 13 公里。面积 53 平方千米，2016 年居民 4996 户 11057 人，农民人均可支配收入 12400 元。109 国道贯穿全境，是一个以现代农业为主导的乡，现已在东永固村、李岗村建成 2 万亩国家级露地瓜菜现代农业示范园区；全乡有 3 家脱水蔬菜加工企业，建成供港蔬菜基地 5000 亩。"庙台"一名，源于礼和乡永平村的桑家大庙台子，简称庙台。1949 年属惠农县；1950 年 2 月为二区庙台乡；1953 年为二区六乡；1954 年 2 月为宝丰回族自治区庙台乡；1956 年 2 月省嵬乡并入；1958 年属惠农县宝丰公社；1961 年成立石嘴山市庙台公社；1976 年 12 月属石嘴山市郊区；1983 年 6 月恢复庙台乡；1987 年 6 月属惠农县管辖；2004 年划属惠农区，乡政府迁到马家湾。有全国重点文物保护单位一处，即西夏省嵬（xǐngwéi）城（后详）。

省嵬村【Xǐngwéi Cūn】　隶属于石嘴山市惠农区庙台乡，村委会驻庙台小学旁边，在乡政府驻地东南 3.19 公里，东距黄河 10 公里。面积约 10 平方千米，其中耕地占六成。辖 7 个村民小组，有村民 451 户 1653 人，主要种植粮食作物和蔬菜。1983 年 6 月，郊区农村人民公社全部实行政社分开后，为石嘴山市郊区庙台乡省嵬村，1987 年 6 月改属惠农县庙台乡，2004 年后改属惠农区庙台乡。省嵬村因古省嵬城而得名。城为西夏所建，据吴广成《西夏书事》卷十载：北宋仁宗天圣二年（1024 年）春二月，党项族李元昊之父德明于定州（今平罗县姚伏镇）北营建省嵬城。它同克夷门、娄博贝呈夹角之势，并在"贺兰山屯兵 5 万"，"以拱卫京畿""驭番汉"。乾隆三年十一月二十四日（1739 年 1 月 3 日）宁夏大地震，省嵬城被毁，今遗迹尚存，为正方形，边长 600 米，占地 540 亩。城墙用黄土夯筑，每层约 15 厘米，每 50 米有正方形城台 1 个，见方 15 米。今遗址城墙底宽 13 米，残高最高 4.7 米，城中开一水渠贯穿南北。1964—1965 年，宁夏考古研究所曾两次对省嵬城进行保护性挖掘，出土西夏钱币 197 枚，还有门钉、铁片、瓷器、兽骨、人头骨和铁器等文物。1988 年 1 月 30 日，自治区人民政府将省嵬城列为自治区重点文物保护单位。2013 年 5 月 25 日，被国务院公布为全国重点文物保护单位（第七批）。

礼和乡【Lǐhé Xiāng】　石嘴山市惠农区辖乡，居区境东南部，东临黄河，南与平罗县宝丰镇、灵沙乡毗邻，西接平罗县黄渠桥镇，北连惠农农场。辖永平、礼和、星火、红柴梁、红柳岗、银河、沿河 7 个行政村、49 个村民小组。乡政府驻永平村，北至惠农区城区 15 公里。面积 72.3 平方千米，2016 年全乡有 5166 户 12428 人，其中回族 10054 人，占总人口的 80.9%，农村居民可支配收入 11531 元。

礼和乡是自治区的特色小城镇试点之一，滨河大道贯穿全境。种植粮食作物、蔬菜和油葵，大力发展以优质肉羊、肉牛为主的养殖业，促进了民族地区的经济社会发展。《平罗记略》卷五"厂租篇"在乾隆四十一年（1776 年）至五十一年三次出现"犁花尖堡"之名。"犁花尖"疑是"犁铧尖"；"礼和"当是"犁花"的转音。民间又一说：晚清以前，这里属黄河岸边的沼泽、滩涂地带，人烟稀少，藜蒿遍地，人称"藜蒿塘"，后以崇礼尚和改称礼和塘。民国初始有民户居此垦荒，多为回族。1949 年前地属惠农县四乡，1949 年后属惠农县二区四乡，乡政府在今红柴梁六队。1953 年分为四乡、五乡。1956 年并为礼和乡。1958 年划属宝丰人民公社为礼和大队。1961 年成立礼和公社，驻永平五队。1968 年公社驻地迁至永平九队的永平上寺，1972 年又迁现址。1983 年改社为乡至今。乡内有惠农区回民学校，属九年一贯制学校；礼和乡中心小学，属纯回民学校。主要历史遗迹有：桑家大庙，位于永平村 3 队，已有 100 多年历史，同治年间毁于战火，仅存庙台，即乡名之源。永平清真寺（又称上寺），始建于清朝乾隆五十六年（1791年）。1916 年由本地回族集资重建。"文化大革命"中被拆除，1986 年在原址重建。六羊渠，始建于雍正四年（1726 年），由工部侍郎通智奉旨将黄河的支流"六羊河"扩建成一条长 110 余里的"六羊渠"，实际是惠农渠的一条支渠。后因水源不足，于乾隆三十年（1765 年）在通吉堡流山子从黄河开口，至永屏堡复入黄河，长 136 里，更名为昌润渠。1950 年以来，昌润渠历经多次扩建、改造，今起点为阮桥闸，止点为梢闸。滂渠，始建于 1729 年，因在昌润渠旁，故名滂渠，长 6760 米。

燕子墩乡【Yànzidūn Xiāng】 属石嘴山市惠农区，居区境西南端，东靠庙台乡、平罗县黄渠桥镇，南邻高庄乡，西依贺兰山，北接红果子镇，辖燕子墩村、汪家庄村、外西河村、路家营村、上宝闸、简泉、西永固、蛟龙口、雁窝池、黄渠拐子 10 个行政村，74 个村民小组。乡政府驻燕子墩村，北至惠农区城区 25 公里。2016 年面积 92 平方千米；人口 4996 户 11057 人；农民人均可支配收入 12400 元。燕子墩之名，源于明代所筑烽火台。高 10 多米，以黄土夯筑，呈方形墩状，故明代文献皆称"烽墩"。墩下建围墙及数间小屋，供戍守士兵生活起居。清代无烽火之警，烽墩及房屋成为燕子筑巢栖息之地，故周边民众称其为燕子墩。一说因墩前有房舍院落，俗称"院子墩"，音转为燕子墩。1950 年 2 月始置燕子墩乡，属惠农县；1953 年为惠农县三区七乡；1957 年 11 月复为燕子墩乡；1958 年 8 月划入五星人民公社（11 月更名为黄渠桥人民公社）。1961 年 5月，从黄渠桥公社分出成立燕子墩公社；1983 年 6 月改社为乡；2003 年 7 月 18 日，西永固乡并入。主要地名文化遗产有：昊王渠遗址，在任家沟之西 3 公里，为自治区文物保护单位。现存遗址一段，始于燕子墩乡沙树渠，止于西永固乡任家渠，长约 1000 米，渠底宽 20 米，堤岸残高 1.4 米。《嘉靖宁夏新志》载，此渠始修于西夏，南北长三百余里，俗称李王（指李元昊）渠。弘治十三年（1500 年）重修，改名靖虏渠，因"石坚不可凿"未果。简泉，位于简泉村巴家沟最低处，日出水量 88 立方米，涌水高度 20 厘米，属山泉，因最早有简姓人居此而得名。王泉沟西夏墓群，已发现有 1、2、3、4、5 号墓，均位于燕子墩乡汪家庄村。罗家园子烽火台，筑于明代，位于雁窝池村西侧、贺兰山苦水沟西南侧的低矮山顶上，用石块垒砌而成。王泉沟花石墙"小高炉"遗址，是 1958 年民间"大炼钢铁"的设备，分布有 3 座"小高炉"，呈三角形排列，残高 1.5~2 米，直径 4~6 米。

育才路街道【Yùcáilù Jiēdào】 上隶石嘴山市惠农区，位于惠农区南街街道以南、园艺镇以西，东至惠安大街，西至火车站街道，南至银善路，北至康乐路，辖育才、桥西、水厂、新建路、庆安、银河苑等 6 个社区，面积 15.7 平方千米，2016 年辖区居民6731 户 17752 人，城镇居民人均可支配收入 23110 元。辖区内共有企事业单位 30 余家、中小学校 6 所、幼儿园 2 所。2000 年 8 月，由南街办事处析置，因境内有历史悠久（1918 年成立）的石嘴山市第一小学，故名育才路街道办事处。辖区内还有石嘴山市第五小学、石嘴山市第一人民医院等单位。

南街街道【Nánjiē Jiēdào】 属石嘴山市惠农区，位于中街街道与育才路街道之间，东至惠安大街，西至火车站街道，南至康乐路，北至东大街、西大街为界，面积 5.2 平方千米，辖春晖、矿务局、广西、憩园、乐新、矿中、新村 7 个社区。2014 年辖区居民9781 户 26689 人，是惠农区人口最多的街道，城镇居民人均可支配收入 19914 元。2016年辖区居民 9516 户 25215 人，城镇居民人均可支配收入 23110 元。

20 世纪初，今惠农区的城区叫石嘴山，为一小镇，只有南北一条街。1958 年宁夏回族自治区成立后，建设煤炭及钢铁生产基地，人口猛增，形成主干道。1959 年成立街道办事处，将其北段称北街办事处，南段称南街办事处。1960 年 4 月在此成立石嘴市（县级市）后，改称南街人民公社。1964 年 12 月并入新村办事处。1970 年 3 月，与北街办事处合并为市区办事处。1977 年 12 月 15 日，分置南街办事处至今。街道设有综合服务楼文化站（石嘴山市原市四中大院内），建筑面积 1300 平方米，开展各类技能培训。辖区有石嘴山市第二小学、石嘴山市第二十四小学、石嘴山市第二十六小学、宁夏第五人民医院石嘴山中心医院等事业单位，还有神华宁煤集团、供电分局、盐业公司、春晖市场、各大银行和酒店以及燃气热力公司等 30 多家企业。

北街街道【Běijiē Jiēdào】 属石嘴山市惠农区，地处城区北部，东临黄河与内蒙古自治区乌海市海南区隔黄河相望，西邻火车站街道，南至园艺路与中街街道相接，北至河滨街道。面积 6.5 平方千米，辖公园、渡口、朝阳 3 个居委会。2016 年辖区居民 2508户 5696 人，城镇居民人均可支配收入 23110 元。北街街道因地处原石嘴山市（县级市）市区主干道北段而得名，1959 年 12 月成立。1970 年 3 月，与南街办事处合并为市区办事处。1971 年 12 月 15 日，分置北街办事处至今。其中，于 2000 年 8 月析置中街办事处。辖区自古为交通咽喉之地，有古道南起关中，北及漠北，东跨黄河入套内。石嘴山黄河大桥北侧有古渡。北魏太平真君七年（446 年），魏太武帝拓跋焘诏令刁雍从薄骨律镇（今吴忠市）的河西，往沃野镇（今内蒙古自治区五原县）以牛车五千辆运军粮五十万斛，刁雍在奏疏中称需两次越渡大河，证实此处已有渡口。明代弃而不守，渡口撤废。

清雍正十二年（1734 年），在石嘴子设置"市口"，为蒙汉民族贸易市场，渡口恢复。光绪年间，英、德商人在石嘴子开设 10 家洋行，将收购的皮毛在此梳洗打包，然后以船筏运至包头，经天津转口运回西欧。1940 年，宁夏省政府将石嘴山渡定为甲等渡口。1950 年设国营石嘴山渡口管理所。1980 年后，为 109 国道所必经，渡口更加繁忙。1988 年 10 月 25 日石嘴山黄河公路大桥竣工通车，渡口撤销。

河滨街街道【Hébīnjiē Jiēdào】 属石嘴山市惠农区，位于宁夏最北端，东与内蒙古自治区乌海市海南区的拉僧庙隔黄河相望，西与火车站街道及北街街道毗邻，南至石喇叭与北街街道为邻，北至麻黄沟与内蒙古乌海市乌达区接壤。辖红旗、荷花、电厂、滨园、钢花、兴旺 6 个社区。面积 47.5 平方千米，2016 年辖区居民 6472 户 15298 人，城镇居民人均可支配收入 23110 元。辖区内建有石嘴山经济技术开发区（自治区级），现有工业企业 80 多家，分为重化工产业区、原材料产业区、生态旅游区、综合服务区，形成以煤炭、电力、冶金、化工、建材、陶瓷为支柱的工业体系。其中：1958 年筹建的宁夏石嘴山钢铁厂，一直是宁夏的大型骨干企业，1996 年改组为宁夏恒力钢铁集团有限公司，是冶金部 33 家重点钢铁企业之一。石嘴山电厂，是宁夏第一座坑口火力发电厂，1957 年开始筹建，自 1959 年 11 月第一台机组发电以来，先后经过五期扩建，总装机容量最高至 28.6 万千瓦。这两个大型企业，对地名影响亦大。如，居民点有钢花、电厂社区；道路有钢电路、石钢线；学校有石嘴山市第十六中学（原石嘴山钢铁厂中学）、石嘴山市第八小学（原石嘴山发电厂子弟学校）。河滨街街道位于宁夏和内蒙古的交界处，原为一片荒漠，1958 年因建设钢厂、电厂而繁荣。1962 年 12 月石嘴市政府决定成立街道办事处，因居黄河之滨而名"河滨区街道办事处"。1981 年 4 月 11 日，改为河滨街街道办事处至今。主要历史遗迹有：镇远关，今写作正谊关、正义关。踞贺兰山东麓，扼山河之交，故明嘉靖《宁夏新志》卷一列在关隘之首："镇远关……在宁夏北境极要之地。关南仅五里，是为黑山营，仓场皆备。弘治以前拨官军更番哨守，为平虏［城］之遮。正德初，因各处征调轮拨不敷，遂弃之，至虏出没无忌……"落石滩明代烽火台，在贺兰山东侧的山前冲积扇台地上，平面呈方台形，底部东西长 25.2 米，南北宽 18.9 米。破坏严重，残高仅 7.3 米。北农场，是石嘴山矿务局为度过三年经济困难时期，于 1960 年 11 月垦荒开辟的农副业生产基地。原来寸草不生的戈壁荒滩，已改造为良田、果园、林地、菜地，计 342 公顷，解决 3578 人的就业问题。近年又开发红色文化景点、体育竞技运动、垂钓、农家乐等项目，成为市民休闲娱乐之所。

火车站街道【Huǒchēzhàn Jiēdào】 属石嘴山市惠农区，位于宁夏惠农陆港经济区的核心区，北至矿务局铁路专用线与河滨街街道为邻，西至矿务局化工厂，东与南街、中街和育才街道相接，南与红果子镇长城社区接壤。辖矿安路、花园、道东、火车站 4

个社区。面积 48 平方千米，2016 年辖区居民 3048 户 6525 人，城镇居民人均可支配收入
23110 元。

1958 年 8 月 1 日，包兰铁路通车，设石嘴山火车站。1962 年 5 月 17 日，成立石嘴山
市城区，同时成立火车站办事处。1970 年 3 月，改称站区办事处。1971 年 12 月 15 日，
复名火车站街道办事处至今。

辖区内有宁夏石嘴山经济技术开发区、宁夏惠农陆路口岸、银川海关驻惠农监管组、
宁夏出入境检验检疫局惠农办事处、石嘴山矿务局技工学校等 14 家行政事业单位；有宁
夏富海物流基地等各类企业 114 家，其中规模以上企业 29 家。火车站西侧 3 公里贺兰山
东麓，有明代黑山营遗址。明嘉靖《宁夏新志》在《北路平虏城》中有载："宁夏迤北，
旧有镇远关，关之东为黄河，关之西贺兰山尽头，山水相交，最为要地，以故设关防守，
城振古之见也。关之南五里，旧有黑山营，设有官军备御。"

红果子镇【Hóngguǒzi Zhèn】 属石嘴山市惠农区，西枕贺兰山，北距惠农主城区
8.5 千米。面积 80 平方千米，辖 5 个行政村，4 个居委会、42 个村民小组，人口 3.2 万。
2015 年，实现国内生产总值 8.3 亿元，城镇居民人均可支配收入 22572 元，农民人均纯
收入 11197 元。得名于贺兰山北陲沟谷，走向由西向东，出山麓而止，长 16030 米，宽
约 2200 米，沟内多野生枸杞，故名"红果了沟"。

明代以前属北方游牧民族牧地。明初，为防御蒙古族鞑靼部，在贺兰山东坡红果子
沟北侧向东至黄河筑长城，俗称"红果子"长城。至当代，人们发现这段长城遗址上，
有奇怪的断裂错位现象：除了垂直错位 1.5 米，还有水平位移 1.45 米。1965 年中国科学
院西北地震考察队认定，系 1739 年平罗—银川大地震形成，并命名为"红果子沟明代长
城错动"。清雍正年间，耕垦民户渐多，出现下营子地名，即今下营子村。1891 年，天
主教比利时传教士闵玉清、桑桂仁在下营子村购地 1000 亩，建立教堂，迁来教民，开展
传教活动。光绪十八年至二十七年（1892—1901 年），黄河后套（今内蒙古磴口至五原
一带）连年旱灾，大批灾民（其中有不少已皈依天主教）逃往宁夏。后套的三圣宫天主
教堂与官府勾结，强迫这些已定居数年的灾民"归籍奉教"，引起民怨。1901 年 12 月，
以龙占海（山东籍，义和团运动失败后逃至宁夏）为首的 19 名民众，持刀枪进入下营子
教堂，杀死 2 名西方传教士及几个信徒。比利时、荷兰政府闻讯，要求清政府严办，龙
占海等 30 余人被捕斩首，还赔偿下营子教堂白银三万二千两，此即震惊一时的"下营子
教案"（见《宁夏通史》）。1958 年 8 月 1 日包兰铁路通车后，设红果子火车站。1995 年
2 月设立红果子镇，属惠农县管辖，因地处贺兰山红果子沟取名"红果子"。2003 年 7 月
22 日，全县乡镇区划调整，原马家湾镇、红果子镇和下营子乡进行合并，组成新的红果
子镇至今。自实行改革开放以来，红果子镇工商业发展迅速，已形成红果子、兰山园、

长城园 3 个工业园区及惠农农产品加工园，有马家湾、红果子农贸市场。全镇有大中型骨干企业 5 家，中外合资企业 1 家，私营企业 177 家，个体工商户 627 户。近年来红果子镇已经发展成为自治区的特色小镇，产业特色鲜明，脱水蔬菜、黑枸杞花青素提取等已经进入标准化生产。环境宜居，文化浓郁，有飞流直下蔚为壮观的贺兰山红果子瀑布，有始建于 1881 年并经历"下营子教案"的天主教堂，还有清康熙皇帝亲征噶尔丹时夜宿过的哨马营遗址。

（三）平罗县【Pingluó Xiàn】

系石嘴山市属县，地处银川平原北部，青铜峡引黄灌区下游，位于东经 105°57′42″～106°58′2″，北纬 38°36′18″～39°5′13″。东与内蒙古自治区鄂托克前旗相邻，西以贺兰山与内蒙古自治区阿拉善左旗为界，南与银川市贺兰县毗邻，北与石嘴山市惠农区接壤。县人民政府驻城关镇玉皇阁大道，南至宁夏回族自治区首府银川市 59 公里，西距石嘴山市人民政府驻地大武口区 19 公里。2016 年，面积 2634.23 平方千米；人口 28.75 万，其中汉族 177388 人，占 61.7%；回族 109372 人，占 38.04%；余为其他少数民族。地区生产总值 150.11 亿元，人均 52547 元。

1. 地名来历及含义

明弘治六年（1493 年），筑城，城墙周长三里。因系防御鞑靼、瓦剌部侵扰的军事要地，故名平虏城。清顺治二年（1645 年），改平虏守御千户所为平罗所。原地名中的"虏"，含有明朝统治者对少数民族的歧视之意，而清朝统治者为满族，故以谐音改为"罗"。雍正二年（1724 年）设平罗县。

2. 地名现状

第二次全国地名普查汇总统计，全县共有地名 7615 个。其中乡镇级及以上行政区域地名 14 个，群众自治组织 170 个，非行政区域名 52 个，居民点 2025 个，交通运输设施 601 个，水利电力通信设施 982 个，纪念地旅游景点 410 个，建筑物 43 个，单位 3140 个，陆地水系 13 个，陆地地形 165 个。

3. 地名沿革

平罗县最早的县级地名，是西汉元鼎三年（前 114 年）所置廉县，沿袭至东汉，在今崇岗镇暖泉村，遗址尚存。新莽曾更名西河亭，使用时间虽短，但以地名证实当时的黄河干流（时名西河）就在其东面不远，与今天的黄河相距近 30 公里。西汉至唐初，县域为北方游牧民族牧地。所处贺兰山北段，西汉名卑移山，皆源于游牧民族的部族之名。唐先天二年（713 年），朔方大总管郭元振在今平罗县南姚伏镇筑定远城，屯驻重兵，属关内道九军府之一。开元九年（721 年）为朔方节度使七军府之一，管兵七千人，马三千四。有军屯四十屯，每屯五千亩（唐亩，每亩合今 0.5434 亩）。后升为县，属灵州。景福元年（892 年）改警州，沿用至五代。

北宋至道二年（996 年）改定远镇为威远军。1001 年被西夏攻占，1038 年升为定州，辖定远一县。元代仍为定州。明永乐初，在今平罗县城置兵马哨备。景泰六年（1455 年），拨宁夏前卫的后千户所军余（未取得军籍的军人）居之。弘治六年（1493 年），居人繁庶，展筑新城，城墙周长三里。因系防御鞑靼、瓦剌部侵扰的军事要地，故名平虏城。设北路守备、平虏仓，驻有宁夏卫后千户所的十个百户所兵员。嘉靖三十年（1551 年）改为平虏守御千户所。清顺治二年（1645 年），改平虏守御千户所为平罗所。雍正二年（1724 年）设平罗县，一直沿用至今。

4. 地名文化

平罗县的地名，反映了多种地名文化。

一是黄河水利文化。西汉所置廉县，新莽曾更名西河亭，使用时间虽短，但以地名证实当时的黄河干流（时名西河）就在其东面不远，与今天的黄河相距 30 公里。今之沿河堡、西河堡，皆因黄河而得名。沿堤堡因靠黄河防洪堤而得名。县境内有唐徕渠、惠农渠两大干渠及许多支渠，成为当地标志，因此，一些傍渠之地便以水利设施命名，如交济、六中、宝闸、南长渠、北长渠、东永惠、西永惠、正闸、二闸、双渠等。头闸建于清咸丰年间，是昌润渠上的第一座水闸，今头闸镇之名即源于此。渠中堡是因地处惠农渠与官泗渠中间而得名。渠阳堡是因地处昌润渠之北而得名。渠口镇是因地处昌润渠畔，而东官渠、西官渠、永惠渠、永润渠皆在此处开口而得名。潮湖堡是以地下水位高，每逢春潮秋潮来临，四面积水如湖而得名。清雍正六年（1728 年），兵部左侍郎通智主修的惠农渠即将竣工通水，招民屯垦，新置宝丰县治今宝丰镇、新渠县治姚伏镇东。民众将惠农渠俗称"皇渠"，音转而为"黄渠"，今黄渠桥镇一名即源于此。为了纪念通智，通伏堡、通平桥等在惠农渠、昌润渠流域的堡、寨、桥梁，均以"通"字命名。

二是边塞文化。平罗县古代地处北边，历史地名多反映边塞文化。唐朝所筑定远军城，是朔方节度使所辖河外六城之一，屯驻重兵，随后又设定远县，唐末改为警州，北宋改威远军，西夏设定州，其含义都带边塞军事性质。平罗县初为平虏城，也是明代屯兵之所。城北十五里筑有长城的"北关门"，所控之长城东尽贺兰山枣儿沟，西至黄河岸。在贺兰山谷的各个谷口，又都筑有关隘，如大水口、小水口、汝箕沟口等。各地的烽火台，在明代称"墩"，留存至今的有大兴墩、小兴墩、张家墩等村名。

三是湿地文化。平罗县为黄河冲积平原，有很多湖泊、滩涂、排水沟，形成湿地文化。闻名全国的 5A 级景区沙湖，湖泊与沙漠共生，水域面积 45 平方千米，沙漠面积 22.52 平方千米，沙、水、苇、鸟、山五大景源有机结合，构成了独具特色的秀丽景观，是一处融江南秀色与塞外壮景为一体的"塞上明珠"。第二大湖为镇朔湖，面积 1200 公顷。还有西沙湖、饮马湖、明月湖、瀚泉海、翰苑湖、明水湖、威镇湖、先锋湖等。黄河西岸，有连绵不断的滩涂、沼泽，多数各自有名。有些历史上著名的湿地，如西大滩、姚伏大滩，经当代修建排水系统，多已变成农田，但地名长存，留下湿地文化的记忆。

四是农垦文化。早在唐代，定远军就开展军事屯垦，设 50 屯，每屯垦荒营田 5000 余亩，总计 20 余万亩，不但解决了驻军的粮草供应问题，还给后代的农业开发奠定了基础。明代筑堡开展军事屯垦，多以低级军官"百户"为堡长，以其姓名为堡名，如高荣、姚福（今姚伏）、周澄（今周城）、丁义之类，今仍作乡镇或村名使用。前进农场、潮湖农场，则是当代所设，最初也属军垦农场，经 60 多年发展，已将大片荒滩改造为良田、果园。

平罗县地名文化的使用，在近年已受到高度重视。新建的城市主干道，多源自历史地名，个别源自历史名人，如唐徕大街、怀远大街、定远街、田州路、玉皇阁大道、怀通街、翰林大街、玉龚路、萧公大街等。依托沙湖旅游景区的知名度，衍生出沙湖牌白酒、沙湖宾馆。黄渠桥的周氏兄弟，研制成"黄渠桥羊羔肉"特色菜肴，名扬四方。从平罗经乌海市至包头公路沿线多数饭馆，都打"黄渠桥羊羔肉"品牌。汝箕沟煤矿所产无烟"太西煤"因品质优良，知名度极高。

5. 所属乡镇

城关镇【Chéngguān Zhèn】 上隶平罗县，县政府驻地。东以惠农渠与渠口乡为界，西至包兰铁路与大武口毗邻，南连姚伏镇，北接高庄乡，镇政府驻县城南大街。辖 16 个行政村，120 个村民小组，17 个社区，215 个居民小组。2016 年面积 144.09 平方千米；人口 78047，其中回族 10628 人，占人口总数的 13.2%；农林牧渔业总产值 2.89 亿元，占全县的 7.81%；粮食产量 0.82 万吨，蔬菜产量 10.08 万吨，畜牧业产值 0.41 亿元，分别居全县第 13 位、第 1 位、第 7 位。

自明洪武九年（1376 年）设宁夏前卫后千户所，永乐初置兵马哨备。弘治六年展筑新城，周回三里。嘉靖三十年（1551 年），改设平虏守御千户所；顺治二年（1645 年），改平虏守御千户所为平罗所，今城关镇均为其所在地。清雍正二年（1724 年），改为平罗县，其后一直为县府所在地。1949 年 10 月，为平罗县一区驻在地，1954 年 9 月，一区东楼乡、西寺乡合并为城关镇。1958 年 11 月属前进公社。1961 年 5 月，成立城关人民公社，1962 年 4 月改名为城关镇。

城关镇地处黄河冲积（洪积）平原，境内地势平坦，唐徕渠从镇区中部流过，土壤肥沃，无水旱之虞，是全县粮食作物、经济作物及蔬菜主产区。境内有国家重点文物保护单位玉皇阁、自治区重点文物保护单位钟鼓楼；有平罗玉皇阁公园、钟鼓楼、瀚泉海生态园、饮马湖湿地生态公园、明月湖休闲度假村等旅游景点。有职业技术学校 2 所，高级中学 2 所，初级中学 5 所，完全小学 8 所，公办幼儿园 5 所，民办幼儿园 13 所；交通便利，包兰铁路、京藏高速公路、109 国道、301 省道从境内穿过，平西公路、城滨大道等 29 条县、乡、村公路，37 条城市道路、街、巷和 16 条工业园区公路遍布全镇。

城关镇西侧的省级工业园区——石嘴山市生态经济开发区，为宁夏回族自治区循环经济十大特色园区之一。园区总规划面积 150 平方千米，以培育新兴产业为主，重点发展装备制造、新能源（太阳能和风能设备制造）、农副产品加工三大产业集群；以传统产业提升改造为主，重点发展特种合金、精细化工、现代物流、生物科技四大产业集群，入驻规模以上企业 64 家，工业总产值 210 亿元。

黄渠桥镇【Huángqúqiáo Zhèn】　上隶平罗县，居县境中北部。东连宝丰镇，南邻高庄乡，西、北与惠农区交界。辖红光、黄渠桥、渠中、通润、四渠、前光、侯家梁子、万家营子、王家园子等 14 个行政村、1 个社区，115 个村民小组。镇政府驻红光村，南至县城 15 公里。面积 81.83 平方千米；人口 2.3 万，其中回族 8402 人，占 38.2%。

黄渠桥镇因桥而得名。清雍正四年（1726 年）朝廷拨银修惠农渠，民间称"皇渠"，后音转为"黄渠"。渠上建桥，为南北通衢大道所经，初名通润桥，后随渠改称为黄渠桥。原属平罗县，雍正七年（1729 年）惠农渠竣工通水，划属新置之宝丰县。乾隆三年十一月二十四日（1739 年 1 月 3 日）大地震宝丰城毁，四年复归平罗县。1941 年 4 月，划属新成立的惠农县。1945 年 3 月，宁夏划分为 3 个行政督察专员区，第三行政区（辖平罗、惠农、磴口、陶乐 4 县）督察专员公署驻黄渠桥。1954 年 10 月至 1959 年 1 月为黄渠桥乡，系惠农县人民政府驻地。1958 年改为黄渠桥人民公社，1963 年复属平罗县辖。

黄渠桥镇是宁夏北部文化、商业重镇。民国年间，设有国立绥宁师范、惠农中学、黄一完小、黄二完小和傅作义将军创建的奋斗小学。1938—1941 年，为中共地下党宁北第一党支部所在地。支部组织的少年抗日战地后方服务团，简称"少战团"，开展轰轰烈烈的抗日宣传活动，黄渠桥镇因此被自治区党委组织部确定为党史宣传教育基地，又被评为"宁夏回族自治区美丽乡村文明创建工程示范镇"。2007 年，已有 100 多年历史的黄渠桥爆炒羊羔肉及其制作方法被列入宁夏非物质文化遗产名录；羊羔肉传承人马忠明制作的羊羔肉，被评为"宁夏十大金牌旅游小吃"之一。黄渠桥糖麻丫以色相光亮、香甜绵软、酥脆耐食、老少皆喜而享有美誉，现已通过网络、手机微信平台等渠道，销售到广东、浙江、云南等地。黄渠桥镇地处黄河冲积平原，地势平坦，土壤肥沃，渠道纵横，是全县粮食作物、经济作物和蔬菜主产区及畜牧业养殖基地，农林牧渔业总产值 3.3 亿元。

黄渠桥村【Huángqúqiáo Cūn】 属平罗县黄渠桥镇，南至县城 15 公里，东距镇政府约 1 公里。设 10 个村民小组。面积 4.55 平方千米。耕地面积 191.4 公顷。有农户 497 户 1648 人。黄渠桥的得名，与惠农渠的修建密不可分。雍正四年（1726 年）五月，朝廷拨纹银十六万两，命工部侍郎通智在宁夏府黄河以西修建一条干渠，南起青铜峡叶盛堡，北至石嘴子，长三百余里。该渠自雍正四年（1726 年）动工，雍正七年（1729 年）五月竣工，"钦定"名"惠农渠"。沿渠架桥 22 座，在今黄渠桥村的原名通润桥。开闸放水后，地方官以"皇恩浩荡"，将其称之为"皇渠"，民众音讹为黄渠，进而将通润桥称为黄渠桥。此桥为三孔石拱桥，采用中国传统建桥工艺，历经 300 多年仍完好无损，现为平罗县重点文物保护单位。今天的黄渠桥村，就坐落在黄渠古桥的东西两侧。

黄渠桥因渠而建、因桥而名、因路而兴。300 多年来，由于地处宁夏至内蒙古的交通要道上，逐步形成商贸市口。清乾隆年间后成为集市，农历三、六、九为赶集日，东西两街商贾云集，人声鼎沸。1926 年在清代官道的基础上建成宁包公路后，这里驻有乡公所、稽查处、警察所、邮政局、军粮局，抗日战争期间又建成多所中小学，人口猛增，集市贸易更加繁荣，入市贸易者少则数千、多则上万人。许多蒙古族牧民也从鄂尔多斯草原、阿拉善左旗前来出售牛、羊、骆驼、马匹及其他畜产品，使黄渠桥成为宁夏北部最大的民族集贸市场。民国时期的黄渠桥街，回汉民族各占一半，汉族多为"坐商"，而回族则多"行商"。其中包兰公路（今 109 国道）贯通的西大街长 500 多米，沿街为立木出叉式平房，是坐商分布的主街，多为外来商户，经营布匹、百货、日杂、烟酒、糖茶，比较著名的有久盛恒、德润昌、复兴茂、复兴德、义和恒、汇源恒等商号。加上药铺、饭馆、医馆、旅店、邮局、照相、理发等店铺，可谓店铺林立。东大街长约 300 米，多为餐饮、屠宰、贩运商户。有许多作坊，如磨坊、醋坊、水烟坊、染坊、豆腐坊和油坊等，还设有米粮市、牲畜市，餐饮业摊点几乎占了半条街。第三条商街为堤埂街，汇集铸匠、铁匠、铜匠、锡匠、壶匠、木匠、铁皮匠、毡匠、口袋匠以及一些芦席、口袋、擀毡、制绳、皮货、柳编、铁木器等手工业作坊和匠人。

民国时期的黄渠桥村，又是宁夏教育第一村，设有国立绥宁师范（绥远省、宁夏省合办）、惠农中学、黄一完小、黄二完小和傅作义将军创建的奋斗小学。这在当时的大西北，实属罕见。中华人民共和国成立后，将绥宁师范并入惠农中学。1962 年，更名为黄渠桥中学。这些学校，培养了数万学生，其中不乏省部级、厅处级干部，还有大量的专家、学者、企业家和教育工作者。

黄渠桥村又是特色餐饮名村。民国时期，地方小吃有炒烩肉、酸浆老豆腐、扁豆凉粉、糖麻丫和羊杂碎、昆馍、饸饹面、黄米热黏糕、炒糊馎、炒油茶等。金保国的中兴饭馆，周干臣的益顺居饭馆已十分有名。以羊羔肉为主的特色餐饮，更是声名远播。

1958 年人民公社化以后，经营者全部停业。1980 年后，酸浆老豆腐、糖麻丫、扁豆凉粉等为代表的特色餐饮逐渐恢复，回族师傅马绍章独创的黄渠桥爆炒羊羔肉更是声名鹊起，成为闻名遐迩的西北名菜，享有多种荣誉。2005 年，"黄渠桥羊羔肉制作技术"被列入自治区级非物质文化遗产名录。2016 年 2 月，在首届宁夏金牌旅游小吃评选暨中国金牌旅游小吃宁夏区评选活动中脱颖而出，马绍章之子马忠明先生主厨制作的黄渠桥爆炒羊羔肉，被评为宁夏十大金牌旅游小吃之一，又被推荐为中国金牌旅游小吃参评菜肴之一。如今黄渠桥羊羔肉已经成为著名的农产品地理标志。在黄渠桥有周姓五兄弟各开分店，银川市、石嘴山市亦有多家分店。

黄渠桥有着光荣的革命历史，早在辛亥革命时期，以杨生武为代表的黄渠桥革命民众就积极参加了平罗的"顺南"反清起义，虽然起义被镇压，但他在宁夏革命史上写下了浓浓的一笔。抗日战争时期，中共宁夏工委书记杨一木来到黄渠桥北校（又称黄渠桥第二完小，坐落在黄渠桥村境的地埂街上），建立了以杨一木（时名杨寿亭）为书记的中共宁北第一党支部——黄渠桥党支部，为陕甘宁边区输送了一批进步青年。在党的领导下，黄渠桥北校组织了少年抗日战地后方服务团，简称"少战团"，发动民众开展轰轰烈烈的抗日宣传活动，影响巨大。在中国革命历史博物馆里，还保存着抗战时期黄渠桥回族群众参加抗日游行集会的珍贵照片。

姚伏镇【Yáofú Zhèn】 上隶平罗县，居县境中南部。地势平坦，有唐徕渠、惠农渠过境。东接通伏乡，南邻银川市贺兰县常信乡，西连崇岗镇，北靠城关镇。辖灯塔、姚伏、曙光、高荣、沙渠等 18 个行政村，1 个社区，131 个村民小组。镇政府驻灯塔村，北至县城 20 公里。2016 年面积 290 平方千米；人口 3.2 万。已建成沿 109 国道、唐徕渠两侧的蔬菜产业带；沿姚通路两侧的优质水稻产业带；京藏高速公路两侧的渔业产业带。有全国重点文物保护单位姚伏田州古塔。姚伏为历史古镇。《元和郡县图志》载，唐先天二年（713 年），朔方军大总管郭元振在今姚伏镇 109 国道东侧筑定远军城，为关内道九军府之一。开元九年（721 年）后，定远军属朔方节度使所辖河外六军城之一，管兵七千人，马三千匹，设军屯四十屯，每屯五千亩（唐亩，每亩合今 0.5434 亩）。随后又置定远县，属灵州。景福二年（893 年）升为警州。五代降为定远镇。西夏置定州辖定远一县。元代因之，属宁夏府路。洪武五年（1372 年），徙民于关陕。后又筑堡开展军事屯垦，以百户之姓名"姚福"名堡，属宁夏卫。嘉靖三十年（1551 年）改属平虏守御千户所。《亲征平定朔漠方略》载，康熙三十六年第三次亲征噶尔丹，自宁夏城往白塔（包头），于闰三月乙未（1697 年 5 月 5 日），"驻跸尧甫堡"。清雍正四年（1726 年）于姚福堡东侧置新渠县。城周长三里，墙高二丈六尺，护城沟宽七尺，深六尺。城设南北两道门，南门名曰"锡福门"，北门名曰"纳秀门"。城内建中心古楼一座，分设东、南、西、北四个古楼洞，东曰"就日"，西曰"瞻云"，南曰"呈祥"，北曰"览胜"。北门外有西河一条，河上坐落一桥，名曰"纳秀桥"。乾隆三年十一月二十四日（1739年1月3日）大地震城毁。班第《请裁新、宝二县疏》："新渠县城南门陷下数尺，北城门仅如半月形，县府堂屋及仓库粮库等陷入地中。自新渠起，二三十里以外，越宝丰而至石嘴子，东连黄河，西达贺兰山，周围一二百里，竟成一片水海。"故撤裁新渠县，以其地属平罗县。民国因之。1941年8月下旬，省政府认为"系用私人之名相称""鄙俚不堪"，令改为"邀福堡"，但民众、公务人员仍用旧名，更名不果。1955年更名为姚伏乡。1985年3月改乡为镇，沿袭至今。镇内有田州古塔，始建年代不详，重修于乾隆四十八年（1783年），为自治区重点文物保护单位。镇西18公里有5A级旅游景区沙湖，沙漠与湖泊共生，是全国35个王牌景点之一。景区总面积80.1平方千米，其中水域面积45平方千米，沙漠面积22.5平方千米。湖面宽阔，春、夏、秋近百万只鸟类翔集，有中华秋水鸭、天鹅、凤头鸡等国家重点保护候鸟。金沙绿水，苇丛点缀，景色宜人，使人产生一种"落霞与孤鹜齐飞，秋水共长天一色"的美妙联想。

宝丰镇【Bǎofēng Zhèn】 平罗县辖镇，居县境东北部。东北与惠农区礼和乡、庙台乡接壤，南与灵沙乡相连，西与黄渠桥镇毗邻。辖镇关、宝丰、陆渠、兴胜、渠羊、中方、吴家湾、马家桥、新渠、罗家湾10个行政村、1个社区，65个村民小组，镇政府驻镇关村1队，西南至县城25公里。2016年面积36.45平方千米；人口16030，其中回族13915人，占86%；农林牧渔业总产值1.71亿元，占全县的4.61%；粮食产量0.97万吨，蔬菜产量4.15万吨，畜牧业产值0.51亿元，分别居全县第12位、第5位、第6位。清雍正六年（1728年），银川平原第二大干渠惠农渠即将通水，招民垦殖，在平罗县东北境筑城置宝丰县，寓意五谷丰登宝地。乾隆三年十一月二十四日（1739年1月3日）大地震城毁，乾隆四年（1739年）划属平罗县。1941年4月，划归新成立的惠农县，为县政府所在地。中华人民共和国成立后至1954年10月，为惠农县人民政府驻地。1954年2月，设惠农县宝丰回民自治区；1956年，改为宝丰回族乡；1958年10月，改为宝丰人民公社。1963年7月，复归平罗县；1982年，改为宝丰乡；1985年3月改乡为镇。

地处黄河冲积平原带，地势平坦，土壤肥沃，沟渠纵横，灌排有序，适宜种植农作物，是全县粮食作物、经济作物等主产区和畜牧业养殖基地。龙头企业金福来羊产业有限公司，年加工牛羊肉能力1.5万吨，带动养殖业快速发展。全镇有养羊大户百余家，收购、屠宰、加工业户200多户，年屠宰加工羊近10万只。每逢二、五、八为传统的赶集日，人头攒动，贸易兴隆。农民体育运动开展较好，自1987年以来，先后被农业部、国家体育运动委员会、中国农民体育协会授予"亿万农民健身活动先进乡镇""体育之乡"等称号。

头闸镇【Tóuzhá Zhèn】　平罗县辖镇，居县境东北部。东临黄河，南接渠口乡，西连高庄乡，北邻灵沙乡。辖头闸、裕民、永惠、红岗、红星、立新、东通平、东永惠、西永惠、正闸、邵家桥、外红岗12个行政村及头闸社区，87个村民小组。镇政府驻头闸村，西南至县城13公里。2016年面积9.01平方千米；人口1.8万，其中回族2493人，占13.8%。镇因水闸而名。清咸丰年间，为提高昌润渠水位，解决农田灌溉问题，在今头闸镇街道昌润渠桥下游150米处建水闸一座，为昌润渠的首座闸，故名头闸，演变为农村聚落之名。清乾隆四十五年（1780年），今头闸镇的东通平、红岗、东永惠、西永惠村均为平罗县所辖屯堡。1941年属平罗县第三乡。1950年为平罗县第二区驻地，辖7个乡。1955年撤区为头闸乡，1958年9月，为黄河人民公社头闸大队，1961年5月改头闸人民公社。1984年1月改社为乡，1985年3月改乡为镇至今。

头闸镇地处黄河冲积平原，地势平坦，土壤肥沃，灌排有序，适宜种植农作物，是全县粮食作物、经济作物和蔬菜主产区及畜牧业养殖基地。镇南1000米处，有清代翰林俞德渊的"翰林墓"和俞家祠堂。俞为嘉庆二十二年进士，入翰林院，后升至两淮盐政使和盐运使，被林则徐称赞为"体用兼胲，表里如一"。头闸镇也是全国农民画之乡，涌现出一批农民绘画队伍。代表人物、农民画家王洪喜，作品多次获得国际、国内大奖。

崇岗镇【Chónggǎng Zhèn】　平罗县辖镇，居县境西南部。东连姚伏镇国营前进农场，南与银川市贺兰县暖泉乡相邻，西与内蒙古自治区阿拉善左旗接界，北以姚汝公路为界与大武口区接壤，辖1个工业园区（平罗县煤炭集中区服务中心），崇岗、崇富、崇胜、兰丰、跃进、镇朔、下庙、长青、暖泉9个行政村，1个社区，61个村民小组。镇政府驻崇岗村二队，东北至县城32公里。面积436.55平方千米；人口22186，其中回族2924人，占人口总数的13.2%。

崇岗镇原名冲口堡，又名冲厚堡（因贺兰山大水沟、小水沟、汝箕沟山洪直冲其地而得名）。汉武帝元鼎三年（前114年）置廉县，上隶北郡，今崇岗镇暖泉村有遗址。新莽更名西河亭。东汉复名廉县，中期被羌族占领，县废。此后长期无行政建置。清代属平罗县。道光九年（1829年）设冲口堡。1931年春为冲口乡，属四区管辖。1941年为平罗县第八乡。1945年，改名为崇岗堡。1950—1956年，为平罗县第五区驻地。1958年9月，为平罗县大武口人民公社的一个生产大队，1961年5月设崇岗人民公社。1984年3月改社为乡，2003年2月改为崇岗镇至今。

崇岗镇地处贺兰山山地和山前洪积扇地。山地面积3.21万公顷，占全县土地总面积的15.59%。境内贺兰山最高峰3476米，一般海拔1250～2800米。境内地势西高东低，有丰富的煤炭资源，以煤炭为原料的加工企业星罗棋布。境内有明长城，时名宁夏镇西边墙，在大水沟、汝箕沟口内有遗址，还有烽火台遗址多处。大水沟西夏离宫遗址、大西峰沟岩画为自治区文物保护单位，大水沟题记、干沟题记、大西峰沟遗址、花石洞摩崖造像等为县级文物保护单位。闻名世界的太西煤产于镇域内的汝箕沟。1992年以来，煤炭贩运户在贺兰山东麓自发形成煤炭加工销售市场，年煤炭交易量最高达1000多万吨，连续5年被中国商业联合会、国家统计局评为"全国百强煤炭交易市场第五名"。2003年3月，经平罗县人民政府批准，成立平罗县崇岗工业园区。2016年，完成工业总产值19.23亿元，实现工业增加值10.5亿元，实现税收1.2亿元。

陶乐镇【Táolè Zhèn】 平罗县辖镇，居县境东南部黄河东岸、鄂尔多斯台地边缘，西临黄河与渠口乡隔河相望，东与内蒙古鄂托克旗接壤，北邻红崖子乡，南连高仁乡。辖家庄、东园、马太沟、施家台子、庙庙湖5个行政村、2个社区，34个村民小组。镇政府驻振兴西街，西跨河至县城18公里。面积11.58平方千米，人口10157，其中回族4858人，占47.8%。明为蒙古族牧地，在河套之内，故官书侮称"套房"。清代称套房湖滩，而蒙古语称"查汗托护"，意即"白色的湾子"，也称"托护（勒）滩"。民国初统称为陶乐湖滩。1937年，宁夏省在高仁镇设陶乐设治局，而今陶乐镇政府驻地称马太沟。1940年3月至1949年10月，马太沟属陶乐设治局二区一乡。1949年10月陶乐县人民政府成立，于1950年5月更名为陶乐县二区二乡，10月更名为马太沟乡。1953年初，陶乐县人民政府驻地由高仁镇乡迁往马太沟乡。1957年6月，改为马太沟镇。1958年9月，与六顷地乡合并成立灯塔人民公社。1959年6月，更名为马太沟人民公社。1967年1月更名为东方红公社。1984年1月，复名马太沟乡。1985年4月，设立城关镇，管辖城镇居民，马太沟乡管辖农村居民。2003年8月，撤城关镇，马太沟改乡为镇，为县政府驻地。2003年12月31日陶乐县撤销，其地划归平罗县，为保留陶乐之名，将原陶乐县人民政府所在地马太沟镇更名为陶乐镇。

陶乐镇地域由黄河冲积平原、鄂尔多斯台地组成，南北狭长、东西窄。黄河自南向北由镇域西侧流过，依靠黄河扬水灌溉，渠道纵横。境内有黄土梁汉墓群、马太沟新石器时代遗址、明长城中的陶乐长堤遗址。占地133.3公顷的拉巴湖旅游区，2000年、2008年分别被自治区人民政府命名为自治区级生态示范区和中国宁夏治沙博览园。陶乐影视城，则依托黄河、沙漠而建，形成大漠长河景观。

高庄乡【Gāozhuāng Xiāng】 上隶平罗县，位于县城东北部，东靠黄渠桥镇，西邻简泉农场，南接城关镇，北连黄渠桥镇。辖金星、高庄、幸福、同进、远景、北长渠、银光、东风、东胜、广华、惠威、威镇、新村13个行政村，112个村民小组，乡政府驻金星村七队，南至县城10公里。2016年面积6.84平方千米；人口2.2万，其中回族14617人，占66.4%；农林牧渔业总产值2.72亿元，占全县的7.34%；粮食产量2.27

万吨，蔬菜产量 3.05 万吨，畜牧业产值 0.66 亿元，分别居全县第 7 位、第 6 位、第 3 位。

明朝末年，金积县（现吴忠市）汉北堡马家高庄回族马姓农民十余户迁入平罗县，在丁家庄台子西三华里处筑寨子一座，名为"马家高庄"。清乾隆四十五年（1780 年），今高庄乡的南长渠、北长渠、惠北、惠威等村均为平罗县所辖屯堡。1931 年属平罗县二区辖。1941 年 4 月，划归惠农县辖。1959 年 2 月，由惠农县复归平罗县，属前进公社。1961 年 5 月，成立高庄人民公社。1984 年 1 月改社为乡。地处黄河冲积平原，有唐徕、惠农两大古渠流润，自古农业发达，近年已成为蔬菜主产区及畜牧业养殖基地。明代的宁夏镇北长城自西而东横贯乡境。高庄被誉为"体育之乡"。1987 年，高庄乡农民体育协会成立，坚持开展农民体育运动。2001 年，被国家体育总局授予"1996—2000 年度全国群众体育先进单位"；2002 年，被国家体育总局等 4 部委授予"全国亿万农民健身先进乡镇"。

灵沙乡【Língshā Xiāng】 上隶平罗县，位于县城东北部，东临黄河，南与头闸镇相邻，西与宝丰镇交界，北与惠农区礼和乡接壤。辖灵沙、何家、先锋、西灵、光明、胜利、田家、东润、统一、东灵、富贵 11 个行政村，78 个村民小组，乡政府驻灵沙村一队，西南至县城 25 公里。面积 76.24 平方千米，人口 1.9 万，其中回族 17694 人，占 93.1%。农林牧渔业总产值 2.06 亿元，占全县的 5.56%；粮食产量 3.6 万吨，蔬菜产量 0.69 万吨，畜牧业产值 0.26 亿元，分别居全县第 3 位、第 12 位、第 11 位。

灵沙乡因其区域东北有约 6 平方千米沙窝而得名，故称灵沙。清雍正七年（1729 年），将原平罗县北部地区划出，置宝丰县，设灵沙堡。乾隆三年十一月二十四日（1739 年 1 月 3 日）大地震，县城震毁被撤销，灵沙堡复归平罗县辖。1941 年 4 月，划属新成立的惠农县。1949 年 10 月，为惠农县五区驻地。1954 年 2 月，改建为惠农县灵沙回族自治区。1956 年，改为灵沙回族乡。1958 年 10 月，撤销乡建制，划属惠农县红旗人民公社。1959 年 2 月，为平罗县红旗人民公社（1959 年 4 月改为黄河公社）的一个生产大队。1961 年 5 月，成立灵沙人民公社。1984 年 1 月，改为灵沙乡至今。

灵沙乡为回族聚居乡，注重少数民族特色村镇建设。灵沙农贸市场，是平罗县五大农贸市场之一。1992 年以来，先后获全国少数民族计划生育工作先进集体、全国民族团结进步先进集体、自治区文明村镇荣誉称号；所辖西灵村，被中央文明委授予第四届全国文明村镇称号；胜利村被评为全国民主法治示范村。

渠口乡【Qúkǒu Xiāng】 上隶平罗县，居县境中东部，东临黄河，西自惠农渠与城关镇接壤，北与头闸镇为邻，南连通伏乡。辖渠口、六羊、红阳、永光、金桥、红旗、银星、新桥、六中、分水闸、宏潮、阮桥、交济 13 个行政村，109 个村民小组。乡政府驻渠口村四队，西至县城 7 公里。面积 132.54 平方千米，人口 22357，其中回族 6009 人，占 26.9%。农林牧渔业总产值 3.26 亿元，占全县的 8.79%；粮食产量 3.9 万吨，蔬菜产量 1.21 万吨，畜牧业产值 0.77 亿元。

清雍正年间置渠口堡，其名称由永惠渠、西关渠、东官渠等在该地从昌润渠开口而得名。民国二十年（1931 年）春，以堡为乡。1941 年，为平罗县第三乡。1950 年为平罗县二区的七乡，1955 年为渠口乡。1958 年 9 月，为黄河人民公社所辖生产大队。1961 年 5 月成立渠口人民公社。1984 年 4 月改为渠口乡至今。

渠口乡地处黄河冲积平原，土壤肥沃，沟渠纵横，自古农业发达。实行改革开放后，发挥濒临黄河的优势，大面积整理、开发黄河滩地，建设水稻旱育稀植和旱播稀植园区、无公害地膜马铃薯规范化栽培种植园区，发展蔬菜制种业，建设油葵、水稻、冬小麦等农业标准化园区和优质粮食高产园区；发展畜牧养殖业，增加农民收入；粮食产量及畜牧业产值分别居全县第 2 位、第 1 位。203 省道、滨河大道从境内穿过，平罗黄河大桥连通东西两岸。2007 年 9 月，渠口村被列为国家级非物质文化遗产（回族音乐）项目传承保护点。

通伏乡【Tōngfú Xiāng】　上隶平罗县，居县境南部，西以惠农渠与姚伏镇为界，东临黄河，北与渠口乡毗邻，南接贺兰县。辖通伏、金堂、集中、永兴、团结、马场、永华、五香、新潮、通城、新丰、罗庄、兴林 13 个村民委员会，117 个村民小组。乡政府驻通伏村一队，西北至县城 27 公里。面积 120.37 平方千米，人口 2.1 万，其中回族 5110 人，占 24.3%。农林牧渔业总产值 2.49 亿元，占全县的 6.71%。粮食产量 5.23 万吨，居全县第 1 位。

清雍正四年（1726 年），朝廷命工部侍郎通智主修惠农渠。竣工后筑堡招民垦殖。为纪念通智，当时惠农渠、昌润渠二干渠的堡、寨、桥梁均以通字命名，通福堡为其一。中华人民共和国成立后，为书写简便，将"福"写为"伏"。清雍正六年（1728 年），通福堡属新渠县（现平罗县姚伏镇）辖，乾隆四年（1739 年）改属平罗县辖。1931 年春设通福乡，1941 年为平罗县第六乡，1950 年属平罗县第三区，1955 年为通伏乡。1958 年 9 月，为姚伏人民公社所辖生产大队。1961 年 5 月，成立通伏人民公社。1984 年 4 月改为通伏乡至今。

通伏乡地处平原，土壤肥沃，沟渠纵横，自古农业发达。近 30 多年来，发挥地域优势，大面积整理、开发黄河滩地，建设水稻旱育稀植和旱播稀植园区，水稻种植面积 6601 公顷，占全县的 48.49%，产量 4.63 万吨，占全县的 46.31%。通伏乡产的御前贡品珍珠米，有"粒圆、色洁、油润、味香"四大特点，颗粒饱满，光泽晶莹，蛋白质、脂肪含量尤高，食之味美，被誉为"珍珠米"。

高仁乡【Gāorén Xiāng】　上隶平罗县，居县境东南部，西临黄河，东与内蒙古鄂托克旗接壤，北邻陶乐镇，南连银川市兴庆区月牙湖乡。辖高仁、八顷地、六顷地、东沙4个行政村，28个村民小组。乡政府驻地高仁村，西北经平罗黄河大桥至县城30公里。面积142.64平方千米，人口7435，其中回族1185人，占15.9%。农林牧渔业总产值1.47亿元。

1929年，在此设宁夏省陶乐设治局。1930年，绥远省在此置绥远省沃野设治局。1937年，宁夏省复设陶乐设治局。1940年3月，陶乐设治局设2区2乡，第一区署设在高仁镇。1941年4月置陶乐县，高仁镇为陶乐县一乡。自1949年10月至1956年为陶乐县人民政府驻地。1958年为红星人民公社高仁镇生产大队，1961年为高仁镇人民公社，1967年1月改名为红旗人民公社，1981年更名为高仁镇人民公社，1984年改为高仁镇乡。2003年12月撤陶乐县，划归平罗县辖后，改名高仁乡至今。

高仁乡南北狭长，西部为黄河冲积平原，东部属鄂尔多斯台地。台地自然环境较差，属荒漠、半荒漠草原，旧时人烟稀少。20世纪80年代后，修建黄河扬水灌溉工程，人居环境大幅改善。由于夏季炎热、少雨，昼夜温差大，日照时间长，宜于西瓜生长，种植面积165公顷，占全县种植面积的31.01%，已创"乐海山"牌西瓜，驰名区内外。种植甘草、苦豆子等中药材813公顷，中药材产量0.77万吨，占全县总产量的18.68%。境内泉子湾新石器时代晚期的"细石器文化"遗址，1988年1月被列为自治区文物保护单位。明代沿黄河筑有长城，称"河东长堤"，已基本坍塌，仅存烽火台遗迹。

红崖子乡【Hóng'áizi Xiāng】　上隶平罗县，居县境东北部，西临黄河，东、北与内蒙古鄂托克旗接壤，南邻陶乐镇。辖红崖子、王家沟、五堆子、龙泉子、三棵柳、红翔新村等7个行政村，39个村民小组，乡政府驻红崖子村三队，西南经平罗黄河大桥至县城57公里。面积257.26平方千米，人口17721，其中回族14492人，占81.8%。农林牧渔业总产值1.53亿元。

红崖子乡位于鄂尔多斯台地边缘地带，比黄河高出10米左右，呈山崖状，属酱红色泥岩、棕红色砂岩，故名红崖子。1950年为原陶乐县2区2乡的一个村。1954年成立红崖子乡，1958年与其他2个乡合并成立红旗人民公社。1961年5月成立红崖子人民公社。"文化大革命"时期更名为永红人民公社，1978年8月复为红崖子人民公社。1983年，复名红崖子乡至今。

红崖子乡境域南北狭长，除黄河沿岸外，大多属鄂尔多斯高原边缘台地的荒漠草原，旧时人烟稀少。2009年后，新建红翔村、红瑞村，安置生态移民2357户11569人。修建黄河扬水灌溉工程，人居环境大幅改善。乡境有明长城中的河东长堤，今存石墩子段遗址和石桥梁蛋墩子烽火台、红墩子烽火台、石土墩子烽火台、石墩子烽火台遗址。

第三节　吴忠市

吴忠市【Wúzhōng Shì】　是宁夏回族自治区所辖地级市，位于东经 105°17′~107°47′，北纬 36°34′~38°15′。北邻永宁县，西接中宁县，南界海原县，东部与陕西省定边县毗邻，东北、西北分别与内蒙古自治区的鄂尔多斯市鄂托克前旗和阿拉善盟阿拉善左旗相连，东南与甘肃省庆阳市环县接壤，总面积 21420 平方千米。辖利通区、红寺堡区、青铜峡市、盐池县、同心县。市人民政府驻利通区，北至银川市 58 公里。2016 年底，总人口 138.86 万，其中回族 73.35 万人，占 52.83%。地区生产总值 442.43 亿元，人均 32089 元。

一、"吴忠"一名的来历

吴忠市区原为古灵州城。灵州之名，从西汉使用到明初，长达 1500 多年。明洪武十六年（1383 年），灵州城西南角为河水浸毁，于故城北十余里处筑新城，随后又二次因黄河东移而迁其城，最后于宣德三年（1428 年）固定在今灵武市城关。因此，西汉至元代的灵州城已沉埋在黄河故道中，只留下"古城"这个地名，即今利通区所属古城镇、古城村。灵州迁走后，朝廷在宁夏开展军事屯垦，在宜耕之地筑堡驻军，初由一位叫吴忠的百户管理，故称之为"吴忠堡"，一直沿袭到 1950 年。此后设市建县，皆以"吴忠"而名之。

二、地名现状

全市共有地名 30546 个。其中乡镇级及以上行政区域地名 46 个，群众自治组织 575 个，非行政区域名 333 个，居民点 5386 个，交通运输设施 2067 个，水利电力通信设施 3969 个，纪念地、旅游景点 1629 个，建筑物 272 个，单位 14371 个，陆地水系 568 个，陆地地形 1330 个。由于地名普查中对地名归类、选录口径掌握不一，除政区地名准确无误外，其他统计数据差异较大。如利通区的陆地地形是"0"；红寺堡区纪念地、旅游景点极少，但普查数却达 341 个（把清真寺统计进去了）。地名的命名、含义，大多数符合国务院颁定的《地名管理条例》要求，弘扬正气，体现真善美，继承传统文化，尊重当地群众的愿望，有利于民族团结和社会主义现代化建设。行政区划、街道及公共活动场所地名，都规范妥帖，便于使用，叫之朗朗上口。吴忠市有厚重的历史文化。其城区在明代以前为灵州城，是宁夏平原的政治经济中心。唐太宗"勒石灵州"，会见北方游牧民族首领数千人，实为民族团结盛会。唐肃宗在灵州登基，以此为根据地，平定"安史之乱"，被称为"中兴之主"。设在灵州的朔方节度使，是盛唐十大军镇之一，被称作"国之北门"，存在250多年。灵州人杰地灵，有无数文臣猛将名垂青史，仅唐代就有21种土特产列入贡品。不少历史地名，包括灵州、普乐郡、回乐县等数十个州名、县名、城名，至今尘封未用。因此，如何保护和传承地名历史文化，是今后地名工作的长期任务。

三、地名沿革

夏、商至春秋战国时期，为戎狄部落牧地，尧时称薰鬻（一作荤粥），夏时称淳维，商代名鬼方，西周名猃狁，都是匈奴族之先。战国时先有昫衍戎，秦惠文王时，在今盐池县张家场置昫衍县，并于公元前320年游昫衍、观北河（宁夏段黄河），此为全市最早的县名。其后匈奴兴起并占据今河套地区。

秦始皇三十二年（前215年），蒙恬将兵三十万北逐匈奴，取河南地。次年，筑四十四县城（一作三十四）临河，其中的富平县，按《水经注》的记述，在金积镇附近，因富饶的平原而名。至此，全市境域归入中原王朝版图。富平县上隶北地郡（治甘肃宁县），辖有当时的黄河以东各地。

汉惠帝四年（前191年），增置灵洲（亦作州）县，上隶北地郡（治甘肃庆阳马岭），治所在今利通区古城镇古城村。《汉书·地理志》记载：县在黄河洲岛上，随水高下，未尝沦没，故号灵洲。新莽改令周。辖黄河主流（在西，时称西河）与支流（在东，时称东枝或枝津）所围洲岛，其面积很大，约当今吴忠市利通区的沿河各地及青铜峡市、永宁县、银川市、贺兰县东部。西汉在全国共设牧马苑五个，其中在洲岛上有二，名河奇苑、号非苑，与灵洲之名同出一辙。县城在洲岛最南端。

东汉永初元年（107年），将北地郡从今甘肃庆阳马岭北移到富平县，辖六县，其中富平、灵洲县的治所在利通区境内。永初五年（111年）三月因羌族起义，北地郡南迁关中，寄理池阳（今陕西省泾阳县西北）。《后汉书·西羌传》："百姓恋土，不乐去旧，遂乃刈其禾稼，发彻室屋，夷营壁，破积聚。时连旱蝗饥荒，而驱蹙劫略，流离分散，随道死亡，或弃捐老弱，或为人仆妾，丧其大半。"永建四年（129年）九月，朝廷对西羌作战取得胜利，北地郡归治旧地，"使谒者郭璜督促徙者，各归旧县，缮城廓，置侯驿。既而激河浚渠为屯田，省内郡费岁一亿计。"永和六年（141年）十月癸丑，因羌族起义再度爆发，北地郡复徙冯翊（今陕西省高陵区），富平县南徙关中，灵洲县裁废，但留下灵州地名传承后世。

407年，匈奴人赫连勃勃建大夏国，都统万城，控制吴忠市全境，在原灵洲县城辟果园，是宁夏最早的果园。郦道元《水经注》称"赫连果城"，"桑果余林，仍列洲上"。

延至唐代，"桃李千余株，郁然犹在"（《元和郡县图志》）。

424 年，北魏政权建立，于 426 年出兵攻赫连夏，占领吴忠市全境。太延二年（436年）置薄骨律镇，治所即赫连勃勃所置果园，不领郡县，辖今宁夏平原及周边地区。太平真君五年（444 年），刁雍任薄骨律镇将，修艾山渠，长一百二十里，溉田四万顷。此后镇之河西粮食年年丰稔，平地积谷。七年，一冬造船二百艘，于次年运军粮五十万斛至沃野镇，开创河套地区长途水运。《魏书·郦道元传》载，北魏孝昌二年（526 年），撤薄骨律镇，改置灵州，又置普乐郡，领回乐、鸣沙二县，州、郡、县同治一地。诏郦道元持节兼黄门侍郎前往主其事，"其郡县戍名令准古城邑"。据此，新灵州所辖郡、县，当是郦道元经实地调查后命名。郦道元遍访耆旧、故老，终于考清薄骨律一名的来历，并写入《水经注》中："薄骨律镇城，在河渚上。赫连果城也，桑果余林，仍列洲上，但语出戎方，不究城名。访诸耆旧，咸言故老宿彦云：赫连之世有骏马死此，取马色以为邑号，故曰城为白口骝韵之谬，遂仍今称。"这些记载，是宁夏地名史上的一段佳话。北周存郡，仅领回乐一县。北周宣政元年（578 年）十二月，大将王轨破陈将吴明彻，次年三月迁其被俘士兵近三万人于灵州，"其江东之人尚礼好学，习俗相化，故谓之塞北江南"。或曰有水田果园，引河水溉田，因风貌相似而称塞北江南。又有唐代诗人韦蟾诗句："贺兰山下果园城，塞北江南旧有名。"今宁夏平原别号"塞上江南"，盖源于此。

隋改北周的州、郡、县三级建置为州县两级，置灵州，治回乐县，仍设总管府。大业三年（607 年）改灵州为灵武郡，仍治回乐县。统县六：回乐、弘静、怀远、灵武、鸣沙、丰安。辖今宁夏平原各地。

唐武德元年（618 年）改灵武郡为灵州，并置总管府，七年（624 年），改都督府。贞观二十年（646 年），唐太宗李世民幸灵州，招抚归顺的北方游牧民族。铁勒十一部的俟斤、酋长同至灵州，尊唐太宗为"天至尊可汗"。唐太宗张饮高会，盛情款待，勒石立碑于灵州，上书"除凶报千古，雪耻酬百王（姓）"。为安置内附诸部，唐太宗又下令设民族羁縻州、府，以各部首领为州刺史，内部自行管理，保留其习俗，实现了民族和解。各种史籍记载，北方游牧民族的首领，多达"数千人"赴会，是中国历史上最大的民族团结盛会。

唐开元九年（721 年）十月六日，在灵州置朔方节度使，系开元间所置十节度之一，为统管长安以北直到漠北边疆的军事机构，故冠名"朔方"，郭子仪称之为"国之北门"，又称军镇、方镇。朔方节度使极盛时，防区东至晋、陕间黄河，西至甘肃靖远、景泰，南至陕西黄陵、彬县，北跨今蒙古国至贝加尔湖。包括今天的内蒙古中部、西部，整个河套地区，陕北及陇东地区。天宝元年，朔方军镇总编制兵力 64700 人，战马 24300匹。下管七军，其中经略军驻灵州城内，管兵 27000 人，战马 3000 匹。其他六军分布于河套地区黄河外侧。

天宝元年（742 年），改灵州为灵武郡。至德元载（756 年）七月九日，太子李亨避安史之乱逃至灵武郡，十二日在郡城南门举行登基大典，是为唐肃宗。次日发诏，升灵州都督府为大都督府。乾元元年（758 年），改灵武郡为灵州。贞元年间，吐蕃军动辄数万至十万围攻灵州，但终因城池坚固而退兵。灵州物产丰富，土特产品质优良，仅贡品就多达 21 种，按《新唐书·地理志》所列，在全国各府、州中居第二位，仅次于扬州。

唐末五代，灵州西域道成为丝绸主路东段主线。为确保丝绸之路通畅，朔方节度使又兼领河西走廊的凉州、甘州、肃州。凡有使团、商队来往，必派兵送迎。

宋初，灵州治所回乐县为大县，辖十二乡（邻县只辖三四乡），太平兴国年间辖十乡。蕃汉杂处，城下即有媚家族、傍家外生族、越邦族，均系吐蕃部族，由本族人担任巡检使。咸平五年（1002 年），李继迁集中兵力攻克灵州，因朝廷曾封李继迁为西平王，故在灵州置西平府，以为临时首都。

1038 年西夏建都兴庆府立国后，仍在灵州设西平府，下设灵武郡。又置翔庆军，统兵五万，驻灵州城东 30 里东关镇。天盛年间置大都督府，以任得敬为大都督。天盛十七年（1165 年），西夏外戚任得敬专权经营西平府，役民夫十万，展筑灵州城。

南宋宝庆二年（1226 年）十一月，成吉思汗率蒙古大军攻克灵州。元仍设灵州，辖县不详。

明朝开展军事屯垦，在灵州千户所宜耕之地筑堡驻军，以百户一员领之。其中在吴忠市区有枣园堡、吴忠堡、汉伯堡、金积堡、中营堡、秦坝关。

清同治十一年（1872 年）六月丁巳，马化龙领导的金积堡回民反清抗暴斗争被镇压，为加强对灵州一带回民聚居地区的控制，改宁夏水利同知为宁灵抚民同知，驻金积堡，划辖七堡城，直属宁夏府。辖境约当今吴忠市利通区南部和同心县北部地区。

1949 年 9 月 23 日，吴忠全境解放，成立吴忠堡市，由宁夏省直辖，11 月缩编为吴忠镇，归灵武县管辖。同年 9 月，同心县成立。1950 年 10 月，吴忠镇正式改为吴忠市，宁夏省直辖。1954 年 4 月，宁夏省河东回族自治区成立，辖金积、灵武、吴忠、同心四县市（1955 年 4 月代管盐池县，12 月正式管辖），并与吴忠市人民政府合署办公。9 月，宁夏省撤销，河东回族自治区隶属甘肃省。1955 年 4 月 28 日，更名为吴忠回族自治州。1958 年 10 月 25 日，宁夏回族自治区成立，自治州撤销，以吴忠市直属宁夏回族自治区。1960 年，撤销金积县，撤宁朔县改名为青铜峡市。1963 年撤销吴忠市、青铜峡市设立吴忠县和青铜峡县。1972 年 2 月 23 日，国务院批准设立银南地区，1973 年 4 月设立银南行政公署，为自治区政府派出机构。1998 年 5 月，撤销银南地区，设立地级吴忠市，9 月 8 日吴忠市正式挂牌成立，辖利通区、青铜峡市、灵武市、中卫县、中宁县、盐池县、同心县。2002 年 10 月灵武市划归银川市代管。2003 年 12 月，中卫县、中宁县划归新设立的地级中卫市。

四、地名文化

吴忠市的地名文化有五个特点。

一是源流早。宁夏中部、北部第一个县级建制，是战国秦惠文王所置昫衍县，因戎族部落而名。存留至今的秦渠，是宁夏最早的灌溉渠道。距今 1600 多年的"赫连果城"，是宁夏最早的官办果园。元狩二年（前 121 年）所置"三水属国"，是最早带有民族自治性质的建制，徙匈奴降者居之，内部管理"因其故俗"，在今同心县下马关红城水村。盐池县惠安堡盐湖，是中国第一批由官方开采的盐湖之一，在汉武帝时由朝廷设"盐官"管理，大规模开采到清晚期。

二是历史地名多。古代仅州、县、城名有数十个之多。如，西汉有灵州县、灵武县、典农城、上河城；南北朝有薄骨律镇、普乐郡、回乐县、刁公城、仓城、胡城、汉城；唐朝仅少数民族羁縻州就达 20 多个，安置的民族有突厥、回纥、特勒、党项、吐谷浑、沙陀乃至中亚的昭武九姓。涌现了一大批少数民族的名臣猛将。

三是影响大。隋唐在灵州设总管府、大都督府，是京畿北面捍蔽。隋朝杨素、汉王杨谅乃至晋王杨广（隋炀帝），都曾出灵州道击突厥。唐太宗巡北边曾亲幸灵州，安置归附的北方游牧民族，实现民族团结。开元九年（721 年）置朔方节度使，管理北边军事防御。唐肃宗在灵州登基，以朔方军为主力，收复两京，平定了安史之乱。张说、王晙、郭元振、王忠嗣、郭子仪、李光弼、浑瑊等名臣猛将都曾担任朔方节度使。唐大中年间，因传统丝路被吐蕃攻占交通断绝，新的"灵州西域道"辟通，并作为主线使用 150 多年，灵州成为丝路重镇。

四是地名含义深厚丰富。灵州之名，源于西汉时黄河干流（西河）与支流（东枝）所围洲岛，反映了地理环境的历史变迁。当时的洲岛面积过 2000 平方千米，《汉书·地理志》载，"随水高下，未尝沦没，故号灵洲"。西汉在全国共设五个牧马苑，其中在洲岛上有二，即河奇苑、号非苑，其苑名都源于"灵"。今之青铜峡，民间传说为大禹治水时，以青铜神斧劈山导河而得名，还留下大禹住过的"禹王洞"、后人修建的禹王庙等古迹。今天的大罗山，是唐咸亨三年内迁吐谷浑王国残部置安乐州后，因已实现安居乐业，故名"达乐山"。后世以谐音称"大罗山"，在正史、古代地理名著中都有大量记载，成为民族融合佳话。

五是地名文化多样化。反映农耕文化的，有青铜峡灌区、青铜峡水利枢纽、秦渠、汉渠、唐徕渠、东干渠及数百条支渠、斗渠，上百个种植园区、农场、林场。反映畜牧业文化的，有草原、牧场、养殖场。反映边塞文化的，有多道长城及驻军营、堡，关隘，烽墩，如头道边、二道边、兴武营、长城关、下马关等。反映移民文化的，古代有塞北江南及20多个民族羁縻州，近代有上百个回族聚居村落，当代有红寺堡移民开发区及所属乡、村。利通区、青铜峡市因地处黄河冲积平原，反映湿地文化的湖、滩类地名较多。同心县、盐池县、红寺堡区因干旱少雨，以泉、水为通名的较多。仅红寺堡的沙泉乡，就有柳泉、中泉、沙泉、甘泉、新泉、永泉、东泉、西泉、水套9个行政村名与水有关。

五、辖属政区

（一）利通区【Lìtōng Qū】

隶属吴忠市，为市政府驻地，地处宁夏回族自治区中部，西临黄河与青铜峡市相望，南与红寺堡开发区相连，东、北与灵武市接壤。位于东经106°03′~106°22′，北纬37°28′~38°04′，辖8镇4乡。区政府驻金星镇朝阳东路131号，北至银川58公里。2016年面积1414.58平方千米；人口41.04万，其中回族253682人，占61.81%，汉族154883人，占37.74%；余为其他民族。地区生产总值163.9亿元，人均40214元。

1. 地名来历及含义

中华人民共和国成立至1997年，利通区一直使用"吴忠"之名，先后设县级吴忠市和吴忠县。"吴忠"之名，源于明代管理军事屯堡的下级军官姓名，称吴忠堡。1998年5月，撤销银南地区和县级吴忠市，设立地级吴忠市，县级吴忠市改为利通区。"利通"之名，源于一条商业街，原系包兰公路南北贯通吴忠堡的一段，1958年后成为城市街道，因商铺林立，交通便利，故取名利通街。

2. 地名现状

第二次全国地名普查汇总统计，利通区共登地名6162个。其中乡镇级及以上行政区域地名20个，群众自治组织130个，非行政区域名15个，居民点1354个，交通运输设施483个，水利电力通信设施1230个，纪念地旅游景点381个，建筑物44个，单位2479个，陆地水系26个。由于全境属银川平原的一部分，地形单一，故无陆地地形地名。通信设施地名多为通信基站；将清真寺计入纪念地；单位地名中包括各类商业小店铺。

3. 地名沿革

秦始皇三十二年（前215年），蒙恬将兵三十万北逐匈奴，取河南地。次年，筑四十四县城（一作三十四）临河，其中的富平县，按《水经注》的记述，在金积镇附近。至此，利通区归入中原王朝版图。汉惠帝四年（前191年），增置灵洲（亦作州）县，上隶北地郡（治甘肃庆阳马岭），治所在今利通区古城街道办的古城湾。东汉永初元年（107 年），将北地郡从今甘肃庆阳马岭北移到富平县，辖六县，其中富平、灵洲县的治所在利通区境内。

永初五年（111 年）三月因羌族起义，北地郡南迁关中，寄理池阳（今陕西省泾阳县西北）。永建四年（129 年）九月，朝廷对西羌作战取得胜利，北地郡归治旧地，"使谒者郭璜督促徙者，各归旧县，缮城廓，置侯驿。既而激河浚渠为屯田，省内郡费岁一亿计"。永和六年（141 年）十月癸丑，因羌族起义再度爆发，北地郡复徙冯翊（今陕西省高陵区），富平县南徙关中，灵洲县裁废，但留下灵州地名传承后世。

407 年，匈奴人赫连勃勃建大夏国，都统万城，控制吴忠市全境，在原灵洲县城辟果园，是宁夏最早的果园。延至唐代，"桃李千余株，郁然犹在"（《元和郡县图志》）。

424 年，北魏政权建立，于 426 年出兵攻赫连夏，占领利通区全境。太延二年（436 年）置薄骨律镇，治所即赫连勃勃所置果园，不领郡县，辖今宁夏平原及周边地区。北魏孝昌二年（526 年），撤薄骨律镇，改置灵州，下设郡、县，其中普乐郡、回乐县同治灵州城，即今利通区古城镇古城村。此后至宋初的回乐县，皆在利通区。

隋改北周的州、郡、县三级建置为州县两级，置灵州，治回乐县。大业三年（607 年）改灵州为灵武郡。

唐武德元年（618 年）改灵武郡为灵州，并置总管府，七年（624 年），改都督府。贞观二十年（646 年），唐太宗李世民幸灵州，招抚归顺的北方游牧民族。唐开元九年（721 年）十月六日，在灵州置朔方节度使，系开元间所置十节度之一，为统管长安以北直到漠北边疆的军事机构，下管七军，其中经略军驻灵州城内，管兵 27000 人，战马 3000 匹。天宝元年（742 年），改灵州为灵武郡。至德元载（756 年）七月九日，太子李亨避安史之乱逃至灵武郡，十二日在郡城南门举行登基大典，是为唐肃宗。唐末五代，灵州西域道成为丝绸主路东段主线。

宋初，回乐县为大县，辖十二乡（邻县只辖三四乡），太平兴国年间辖十乡。蕃汉杂处，城下即有媚家族、傍家外生族、越邦族，均系吐蕃部族，由本族人担任巡检使。咸平五年（1002 年），李继迁集中兵力攻克灵州，因朝廷曾封李继迁为西平王，故在灵州置西平府，以为临时首都。

1038 年西夏建都兴庆府立国后，仍在灵州设西平府，下设灵武郡。又置翔庆军，统兵五万，驻灵州城东 30 里东关镇。天盛年间置大都督府，以任得敬为大都督。天盛十七年（1165 年），西夏外戚任得敬专权，役民夫十万，大规模展筑灵州城。

1226 年末，成吉思汗率蒙古大军攻克灵州。元仍设灵州，辖县不详。

到明代，黄河局部改道，灵州被毁，这个有一千多年的历史名城三迁其城，最后落脚于今灵武市。明朝开展军事屯垦，在灵州千户所宜耕之地筑堡，以百户一员领之。其中在利通区有吴忠堡、枣园堡、汉伯堡、金积堡、中营堡、秦坝关。

清同治十一年（1872年）六月，马化龙领导的金积堡回民反清抗暴斗争被镇压，为加强对灵州一带回民聚居地区的控制，改宁夏水利同知为宁灵抚民同知，驻金积堡。

1949年9月23日，吴忠全境解放，成立吴忠堡市，由宁夏省直辖，11月缩编为吴忠镇，归灵武县管辖。1950年10月，吴忠镇正式改为吴忠市（县级），为宁夏省直辖。1954年4月，宁夏省河东回族自治区成立，辖金积、灵武、吴忠、同心四县市，并与吴忠市人民政府合署办公。9月，宁夏省撤销，河东回族自治区隶属甘肃省。1955年4月28日，更名为吴忠回族自治州。1958年10月25日，宁夏回族自治区成立，自治州撤销，以吴忠市（县级）直属宁夏回族自治区。1960年，撤销金积县。1963年撤销吴忠市设立吴忠县。1972年2月23日，国务院批准设立银南地区，1973年4月设立银南行政公署，属自治区派出机构。1998年5月，撤销银南地区，设立地级吴忠市，原吴忠县更名利通区，为市政府驻地。

4. 地名文化

利通区的地名，蕴含丰富的地名文化。

历史悠久的古城文化。宁夏平原的第一个县级建制，是秦代的富平县，在今利通区西南，因地处富庶的黄河冲积平原，故名富平。到东汉时，富平县为北地郡治所，其地位更加重要。从北魏到宋初，灵州成为宁夏中部、北部的政治、经济中心，演绎过唐太宗勒石灵州、唐肃宗登基等重大历史事件。西夏在灵州设西平府，其地位仅次于都城兴庆府（银川市）。这一时期的灵州治回乐县，就在今利通区的核心区。到明代毁于黄河洪水，迫使灵州东迁至今灵武市，只留下"古城"这个地名，即今利通区古城镇。

润泽全境的黄河水利文化。灵州之名，源于黄河中的一个面积很大的"洲岛"。《汉书·地理志》载，汉惠帝四年（前191年）置灵州县，"此地在河之州［洲］，随水高下，未尝沦没，故号灵州［洲］"。西汉在全国共设五个牧马苑，其中在洲岛上有二，即河奇苑、号非苑，其苑名都源于"灵"。黄河的局部改道、洪汛，形成湖泊、滩涂，产生巴浪湖、关马湖、马家湖、杨马湖、金银滩、白寺滩等湿地类地名。自秦汉以来，进行大规模水利建设，建成秦渠、汉渠、东干渠及数百条支渠、斗渠，覆盖全境。其中的古渠及水利设施，又大量用作乡镇村名，如高闸镇、马莲渠乡、秦渠乡。至于村名，使用"渠""闸""坝"为名的达30多个，如朱渠村、郝渠村、周闸村、二闸村、秦坝关之类。渠上多桥，以桥为名的村落多达数十个。

军事重镇孕育的边塞文化。古灵州自古为北边军事重镇。秦始皇派蒙恬北逐匈奴后，在富平县筑要塞，名神泉障。北魏设薄骨律镇，隋唐在灵州设总管府、大都督府，是京畿北面捍蔽。隋朝杨素、汉王杨谅乃至晋王杨广（隋炀帝），都曾出灵州道击突厥。开元九年（721 年）置朔方节度使，管理北边军事防御，其防区最大时南至陕西富县、彬县，北至贝加尔湖，辖二十多个府、州，兵力最多时有雄兵十几万。唐肃宗灵州登基，以朔方军为主力，收复两京，平定安史之乱。张说、王晙、郭元振、王忠嗣、郭子仪、李光弼、浑瑊等名臣猛将都曾担任朔方节度使。西夏时，驻有翔庆军，统兵五万。这些军事活动，产生一大批古地名。如作为方面军的朔方道、灵州道行军大总管，在史籍中数十次出现。由此，又催生了一大批反映灵州军旅文化的诗篇，将地名联系在一起。利通区在唐代叫回乐县。县内有个著名的烽火台，也叫回乐烽。唐太宗在《饮马长城窟》诗中称"回戍"。诗人李益有两首诗写回乐烽，其中一首题为《暮过回乐烽》："烽火高飞百尺台，黄昏遥自碛西来。昔时征战回应乐，今日从军乐未回。"诗中的大意是：原本很苦的戍边将士，喜欢上了回乐县这个地方。1081 年，宋五路大军征西夏，张舜民作为随军主簿来到灵州城下，吟诗曰："灵州城下千株柳，总被官军砍作薪。他日玉关归去路，将何攀折赠行人。"明代为解决军粮供应问题，筑屯堡开展军事屯垦，形成汉伯堡、金积堡、中营堡、枣园堡、吴忠堡等地名。

　　地名文化多样化。反映农耕文化的，有宁夏最早的官办果园——赫连勃勃所建果城，当代上百个种植园区、农场、林场。反映游牧文化的，有西汉的河奇苑、号非苑，源自"白口骝"骏马的薄骨律城，以及草原、牧场、养殖场。反映饮食文化的，有吴忠羊杂碎、老毛手抓（羊肉）。唐大中年间，因传统丝路被吐蕃攻占交通断绝，新的"灵州西域道"辟通，并作为主线使用 150 多年，灵州成为丝路重镇。

　　5. 所属乡镇

金星镇【Jīnxīng Zhèn】　为吴忠市利通区政府驻地，居城区中心。辖区为吴忠城区裕民路以北，西至同心街，东至利红街，北至朔方路。辖金星花园、金花园、开元、裕西、金塔、材机厂、明珠、利宁、阳光骄子、富平 10 个社区，121 个住宅小区。镇政府驻金星花园中心广场北侧。面积 12.5 平方千米。人口 10.16 万，其中回族人口占 48%。城市居民人均可支配收入 2.36 万元。1958 年公社化，成立金星大队，先隶红旗公社，后属古城公社，当时为城之北郊。后城区扩展至此，于 2003 年 2 月改属古城街道办事处，名金星村。2006 年 6 月，始设金星街道办事处，2007 年 7 月，改为金星镇，2012 年 9 月增设居委会。2003 年，绿地园社区一建筑工地，出土"大唐吕氏夫人墓志铭"，铭文说墓主葬于"灵州东原"，以实物证实唐灵州城就在其西，即今古城镇古城村。

古城镇【Gǔchéng Zhèn】　隶属于吴忠市利通区，在市区西北部，东连东塔寺乡，西临黄河，北至山水沟，南靠秦渠。辖古城、红星、左营、五星、党家河湾、新华桥、黎明、金星、朝阳、新生、秦桥 11 个行政村和怡园、清宁河 2 个社区。镇政府驻古城村，距利通区政府不足 3 公里。面积 39.39 平方千米，人口 3.74 万，其中回族人口占 49.3%。2016 年底，社会生产总值 28.64 亿元，农民人均纯收入 1.29 万元。镇西南有吴忠（陈袁滩）黄河特大桥，长 1255.4 米，宽 34.5 米，设 6 车道，是京藏高速公路的控制工程。1955 年 10 月成立古城湾乡。1962 年改古城公社。1984 年改社为乡。1998 年更名为古城街道办事处。2007 年，成立古城镇。20 世纪 60 年代，所辖古城大队是西北农业战线的一面红旗。

"古城"之名，源于古灵州。汉惠帝四年（前 191 年），始置灵州（亦作洲）县，上隶北地郡，治所在今古城镇的古城村。《汉书·地理志》记载："县在黄河洲岛上，随水高下，未尝沦没，故号灵洲。新莽曰令周。"东汉永和六年（141 年）十月，因羌族起义，灵州县裁废，但地名传承后世。407 年，匈奴人赫连勃勃建大夏国，都统万城，在原灵州县城辟果园。延至唐代，"桃李千余株，郁然犹在"（《元和郡县图志》）。北魏太延二年（436 年）置薄骨律镇，治所即"赫连果城"，不领郡县，辖今宁夏平原及周边地区。《魏书·郦道元传》载，北魏孝昌二年（526 年），魏孝明帝诏郦道元持节为黄门侍郎，撤薄骨律镇，改置灵州，下设普乐郡，领回乐县，州、郡、县同治一地。郦道元到后，对原有地名进行调查，并写入《水经注》中："薄骨律镇，城在河渚上。赫连果城也，桑果余林，仍列洲上，但语出戎方，不究城名。访诸耆旧，咸言故老宿彦云：赫连之世有骏马死此，取马色以为邑号，故目 [曰] 城为白口骝韵之谬，遂仍今称。"隋仍置灵州，治回乐县。大业三年（607 年）改灵州为灵武郡，仍治回乐县。唐武德元年（618 年）改回灵州，七年（624 年）设灵州都督府。贞观二十年（646 年），唐太宗李世民幸灵州，招抚归顺的北方游牧民族。唐开元九年（721 年）十月六日，在灵州置朔方节度使，系开元间所置十节度之一，下管七军，其中经略军驻灵州城内，管兵 27000 人，战马 3000 匹。天宝元年（742 年），改灵州为灵武郡。至德元载（756 年）七月九日，太子李亨避安史之乱逃至灵武郡，十二日在郡城南门举行登基大典，是为唐肃宗。次日发诏，升灵州都督府为大都督府。乾元元年（758 年），复改灵武郡为灵州。贞元年间，吐蕃多次兴兵数万至十万围攻灵州，但终因城池坚固而退兵。五代至宋初仍为灵州、回乐县治地。回乐县为大县，原辖十二乡（邻县只辖三四乡）。北宋太平兴国年间辖十乡，蕃汉杂处，城下即有媚家族、傍家外生族、越邦族，均系吐蕃部族，由族人担任巡检使。咸平五年（1002 年），兴起的党项族在李继迁率领下攻克灵州，因朝廷曾封李继迁为西平王，故在灵州置西平府，以为临时首都。

1038 年西夏建都兴庆府立国后，仍在灵州设西平府，下设灵武郡。又置翔庆军，统兵五万，驻灵州城东 30 里东关镇。天盛十七年（1165 年），西夏外戚任得敬专权，役民夫十万，大规模展筑灵州城，置大都督府。

　　南宋宝庆二年（1226 年）十一月，成吉思汗率蒙古大军攻克灵州。明洪武十六年（1383 年），灵州城西南角为河水浸毁，于故城北十余里另筑新城，随后又二次因黄河东移而迁其城，最后于宣德三年（1428 年）落脚在今灵武市城关。因此，西汉至元代的灵州城已沉埋在黄河故道中，只留下"古城湾"这个地名，当代先后有古城乡、古城公社、古城大队等行政建制及古城渡。2003 年城市扩建，在红星村发现汉、唐大型墓群，面积达 15 万平方米，文物部门清理尚存唐墓 100 余座，出土大量随葬品，为自治区文物保护单位。镇南马路巷有兴教寺，古名弥陀寺，始建时间不详，明洪武年间重修，永乐年间更名兴教寺，光绪九年（1883 年）重建，有大殿、配殿、斋房、十三级砖塔。1958 年拆毁。1989 年在原地重建，为市级文物保护单位。

　　2003 年 5 月 8 日，吴忠市在城市建设中，从城区的古城街道办事处绿地园工地地表下约 6 米深出土唐代《吕氏夫人墓志》石碑，铭文证实，唐灵州城就在古城湾。

胜利镇【Shènglì Zhèn】　　上隶吴忠市利通区。原为城郊，因城区扩张，于 2006 年 6 月成立胜利街道办事处，因胜利路而名，辖中华、朝阳、上桥、新华、秦渠、永昌、民生 7 个居委会。2007 年 7 月改为胜利镇，镇政府驻胜利路南，妇幼保健所对面。辖区为裕民路以南，西至同心街，东至利红街，南至金积大道。2012 年 6 月，增设富荣社区居委会。至 2016 年底，辖 8 个居委会，169 个住宅小区，面积 8.2 平方千米，人口 3.71 万，其中回族人口占 43.7%。城市居民人均可支配收入 2.36 万元。

上桥镇【Shàngqiáo Zhèn】　　上隶吴忠市利通区，居城区东南部，东与郭家桥乡相连，南与金银滩镇为邻，西与板桥乡相接，北以秦渠与胜利镇为邻。镇以跨秦渠之桥梁而名，辖上桥、瓜儿渠、花寺、涝河桥、牛家坊、罗渠、中华、解放 8 个行政村。镇政府驻上桥村。2016 年底，面积 10.43 平方千米；人口 3.77 万，其中回族人占 83.2%；社会总产值 22 亿元，农民人均纯收入 1.28 万元。1913 年，上桥地区隶属灵武县。1926 年建立区、乡制，以吴南乡隶灵武县第三区。1950 年 1 月吴忠市正式成立后，上桥为四区区公所驻地，下辖瓜儿渠、上桥、王国稍、牛家坊、罗渠 5 个乡。1955 年 2 月撤区并乡，境内设上桥乡和罗渠乡。1958 年 10 月公社化，分别为上桥管理区、罗渠管理区。1960 年 10 月，合并成立东风公社（驻新渠大队）。1983 年 7 月，更名为东风乡。1987 年 5 月，更名为上桥乡。2003 年 2 月，改设上桥街道办事处。2007 年 7 月，改为上桥镇至今。镇南的涝河桥村，建有涝河桥烈士陵园。1949 年 9 月，中国人民解放军进军宁夏，十九兵团六十五军一九五师五八四团在此与国民党守军激战，54 名解放军战士壮烈牺牲。1951 年，吴忠市人民政府在此建烈士公墓以示纪念，1960 年命名涝河桥烈士陵园，建烈士纪念塔。1985 年建烈士纪念馆，展陈烈士遗物，成为吴忠市革命纪念地和爱国主义教育基地。

金积镇【Jīnjī Zhèn】　吴忠市利通区辖镇。位于利通区城区西南 8 公里。西与青铜峡市峡口镇、青铜峡镇为邻，西北与青铜峡市大坝镇隔河相望，北与板桥乡毗邻，东与马莲渠乡相接，南与高闸镇、关马湖农场接壤。辖东门、西门、北门、梨花桥、马家桥、芦沟闸等 17 个行政村和 1 个城市社区。面积 49.47 平方千米，全部为平原。人口 4.56 万，其中回族 2.2 万人，占 40%，城镇人口 2.5 万。秦统一六国后，遣蒙恬北逐匈奴，于此置富平县，因地处富庶的平原地区而名。东汉初期，以富平县为北地郡治。东汉中后期，羌族起义爆发，朝廷无力治理，遂将郡县内迁关中。两晋至十六国为匈奴、羌等游牧民族牧地。北魏至元代属灵州。明代名金积堡，驻军屯垦，上隶灵州千户所。其名以所依金积山（今牛首山）而得，一说以其境黄河积沙孕金而名"金积"。清同治元年（1862 年），马化龙领导的回民反清斗争，以金积堡为中心，与官军浴血抗争达 10 年。同治九年底（1871 年 1 月），钦差大臣、陕甘总督左宗棠指挥清军攻克金积堡，马化龙投降，同治十年正月与其家人、余部被处死。随后疫病流行，堡内"白骨累累"。同治十一年改宁夏水利同知为宁灵抚民同知，简称宁灵厅，驻金积堡。1886 年，当地绅商、僧道组成慈善团体，在金积堡西门外埋藏尸骨，又建二级空心砖塔，称万人塔，俗称"白骨塔"（国家文物局主编《中国文物地图集·宁夏分册·文物单位简介》，2010 年文物出版社）。1913 年改金积县。1960 年 9 月撤县，以金积公社划属吴忠市。1964 年 3 月，设金积镇。1984 年，乡镇分设。1986 年，撤销金积乡，并入金积镇。金积镇是全国乡镇企业东西部合作示范区之一。改革开放以来，以乡镇企业为"龙头"的农村经济突飞猛进，引进美国、欧洲一些国家和东部大型企业的资金技术，先后建成益木集团公司、夏进乳品饮料有限公司、吴忠塑料工业股份有限公司、吴忠轧钢厂等"高、大、新"的外向型"龙头"骨干企业，从而带动全镇农业、商业的快速发展。又以发展现代农业为目标，大力发展设施农业、观光农业、特色农业。2014 年底，全镇共有企业 210 家，个体工商户 1865 户，社会生产总值 60.07 亿元，粮食总产值 3736.45 万元，农民人均纯收入1.08 万元。金积镇先后被建设部列为全国 500 个小城镇建设试点镇，被农业部确定为 50个工业小区之一。

高闸镇【Gāozhá Zhèn】　上隶吴忠市利通区，位于城区之南，东与金银滩镇为邻，南依东干渠与扁担沟镇相望，西与金积镇相连，北与马莲渠乡接壤。辖高闸、朱渠、周闸、郭桥、韩桥、李桥、马家湖 7 个行政村。镇政府驻高闸村，北至利通区城区 12 公里。面积 54.63 平方千米，耕地面积 2.98 万亩，人口 2.32 万，其中回族人口占26.02%。境内自古引黄河水自流灌溉，汉渠流经其地，建有高闸，因闸而名地。民国时期属金积县七乡。1949 年 10 月为金积县七区。1950 年改为二区，下辖 6 个乡，其中一乡为高闸。1955 年 10 月，撤区并乡成立高闸乡。1958 年，并入马莲渠公社，设高闸大队。1962 年 5 月，成立高闸公社。1966 年 9 月，更名为星火公社，1975 年恢复原名。1984 年改社为乡。2000 年 9 月，撤乡设镇。近 20 年农工并重，有昊盛纸业、泰丰镁业、金牛集团、天天乳业、锦绣印业等 10 多家大中型企业。2012 年，荣获自治区"文明乡镇"称号。2016 年底，全镇社会生产总值 13 亿元，粮食总产量 2.1 万吨，农民人均纯收入 1.09 万元。镇西南 5 公里有自治区文物保护单位关马湖墓群，为西汉遗址，面积约 7000 平方米，出土有五铢钱及陶器等文物。镇内还有韩桥村莫茨墩墓群、小梁墓群及李桥村等地的 4 个墓群，都属汉代遗址。据此考证，秦汉时的富平县城，当在这些墓群之北。李桥村有甘露寺，始建时间不详，明代重建，由千手观音殿、阎王殿、瘟神殿、虫神殿、牛神殿等组成建筑群，均为土木结构。

金银滩镇【Jīnyíntān Zhèn】　上隶吴忠市利通区，位于城区东南，东与灵武市为邻，南与扁担沟镇相连，西与高闸镇、马莲渠乡毗邻，北与上桥镇相连。辖 9 个行政村、2 个办事处，镇政府设在长庆石油物探处西侧，西北至利通区城区 9 公里。面积 83.85 平方千米，耕地 7.13 万亩，人口 4.59 万，其中回族人口占 85.43%。交通便利，银昆高速、古青高速、吴惠公路贯通境内。金银滩原名沙江滩，1958 年在建立农场时，命名为金银滩农场，取谚语"金滩、银滩、米粮川"之意。1960 年，长庆石油勘探局在此建成生活基地，常住人口猛增，群众习惯以当时的吴（忠）环（甘肃环县）公路里程碑"九公里"而称之。1984 年设置九公里镇。1987 年更名为金银滩镇。2003 年 2 月，将杨马湖乡的 4 个行政村、汉渠乡的团庄村、黄沙窝乡的西滩村划入。长庆石油地球物理勘探公司及其下属 9 个单位是镇内的主要企事业单位，建有百货大楼、外宾楼、招待所、影剧院、工人文化宫、灯光球场、旱冰场、万人会场等设施。在镇西建有 3 万多平方米的农贸市场。2013 年，荣获吴忠市"文明乡镇"称号。2016 年底，全镇社会生产总值 22.89 亿元，农民人均纯收入 1.09 万元。

扁担沟镇【Biǎndāngōu Zhèn】　上隶吴忠市利通区，居区境南端。东以苦水河与灵武市为界，南至新双吉沟，西与青铜峡市峡口镇为邻，北与高闸镇、金银滩镇相连。辖扁担沟、高糜子湾、南渠、西沟沿、海井子、五里坡等 11 个行政村，镇政府驻扁担沟村，北至利通区城区 20 余公里。2016 年面积 414.25 平方千米；人口 2.86 万，其中回族人口占 82.2%；社会生产总值 5.6 亿元，农民人均纯收入 9519 元。20 世纪 70 年代前，为天然牧区，东干渠开通后得以开发。1990 年始设扁担沟乡，西南有一山水沟，形似扁担，人们称其为扁担沟，故以之为乡名。2003 年 2 月改为扁担沟镇。近年来经济作物发展较快，以苹果种植为大宗。镇政府西 4.5 公里，有东汉北地郡治富平县城址，面积约 20000 平方米（《中国文物地图集·宁夏卷》）。按《后汉书》记载，此城在东汉后期即已废弃。1975 年新修东干渠从城址通过，因而破坏严重，汉代残砖碎瓦遍地皆是。

东塔寺乡【Dōngtǎsì Xiāng】 上隶吴忠市利通区，居城区东部，东以山水沟与郭桥乡相望，南以秦渠与上桥镇为界，西与金星镇、古城镇相连，北和灵武市新华桥镇为邻。辖李园、柴园、石佛寺、刘碱滩、洼路沟、二道桥、东塔寺、干饭渠、新接堡、白寺滩10个行政村。乡政府驻李园村，西至区政府驻地4公里。面积23.43平方千米，耕地面积1.67万亩，人口2.95万，其中回族人口占44.8%。境内有兴隆寺，寺内有塔，与市区内的西塔相对应而取名东塔，乡因塔而得名。明为灵州千户所属地。清光绪六年（1880年）属灵州吴忠堡，设吴东等4个乡。1926年建立区、乡制，灵武县第三区公所驻吴忠堡三官庙内，辖吴东和其他3个乡。1950年1月，吴忠市成立，设4个区，二区驻东塔寺，辖6个乡。1955年2月，撤区并乡时，原石佛寺、东塔寺、四旗良子3个乡合并成立东塔寺乡。1958年10月改设东塔寺管理区，1960年10月并入东风公社。1962年5月成立东塔公社，1966年更名为向阳公社。1972年6月，复名东塔公社名称。1984年，改社为乡。1987年5月，改东塔乡为东塔寺乡。乡境为利通区精华之地、五强乡镇之一，也是最先实现小康目标的乡镇。乡镇企业发展迅速，农业基础设施完善。2015年，荣获全国"文明乡镇"称号。2016年底，全乡社会生产总值37.97亿元，农民人均纯收入1.28万元。东塔寺乡地处古灵州（元代以前）东郊，所辖石佛寺村，有唐代灵州寺庙遗址，面积6600平方米。石佛寺唐宋墓群，在清水沟两侧，面积5000多平方米。以上两处遗址，均为市级文物保护单位。石佛寺村东侧又有北魏、唐、宋墓葬群，为自治区文物保护单位，占地4万多平方米，文物部门于2005年清理尚存古墓百余座，获陶罐、镇墓兽陶俑、铜镜等文物。塔寺村有马月波寨子，为清代众多寨子中唯一幸存者，又是回族民居的代表，故列入自治区文物保护单位。寨墙范围内面积7200平方米，墙高9.5米，女墙高1.5米，黄土夯筑；寨内建筑物分前后两院；后院又分东、中、西院，有房屋100余间；房屋前墙均为砖雕墙，刻梅、兰、竹等图案；房檐雕"八仙祝寿"图，檐下饰木刻云板。

板桥乡【Bǎnqiáo Xiāng】 上隶吴忠市利通区，位于城区西南，东与马莲渠乡相连，南接金积镇，西以黄河与青铜峡市大坝镇、陈袁滩镇为界，北与古城镇毗邻。辖板桥、蔡桥、李闸渠、罗家湖、洼渠、早元、任桥、波浪渠、高家湖、巷道、梁湾11个行政村，乡政府驻板桥村，东北至城区5公里。面积29.48平方千米，人口3.18万，其中回族人口占79.7%。板桥名称最早出现在明初，据弘治《宁夏新志》载，明初灵州城被黄河水毁，在旧城之北另筑新城时，编集原遗土民及他郡工役民夫之忘归者为瓦渠、枣园、苜蓿、板桥四里，属宁夏卫，后改属灵州千户所。清同治十一年（1872年）属宁灵厅。1913年属金积县。1950年5月，分属金积县一区三乡（板桥）、四乡（波浪渠）。1955年2月，成立板桥乡。1958年9月，划入金积县马莲渠公社。1960年，金积县撤销，属吴忠市马莲渠公社板桥大队和波浪渠大队。1962 年 5 月，成立板桥公社。1969 年 10 月，更名为东方红公社。1972 年 6 月，恢复板桥公社。1984 年 4 月，改公社为乡。2003 年 2 月，将早元乡李闸渠、罗家湖、洼渠、早元 4 个行政村划属板桥乡。该乡为利通区主要商品粮生产基地。2011 年，荣获全国"文明乡镇"称号。2016 年底，全乡社会生产总值 22.5 亿元，农民人均纯收入 1.24 万元。镇西有吴忠（早元）黄河特大桥，在吴忠市利通区早元路、青铜峡市南环路之间跨河，桥长 1819.4 米，宽 35 米，设 8 车道。板桥村有板桥道堂，为自治区文物保护单位，建于光绪年间，2006 年重建，采用中国传统建筑结构，占地面积 1 万多平方米，是伊斯兰教哲合忍耶派教主庄园和宗教活动场所。早元村有太子寺，相传始建于唐代，明代重建，"文化大革命"中被毁。20 世纪 80 年代重建，占地 6000 平方米，有大雄宝殿、观音殿、地藏殿等建筑物。

马莲渠乡【Mǎliánqú Xiāng】　上隶吴忠市利通区，位于城区之南，东与国营巴浪湖农场、金银滩镇为邻，南与金积镇、高闸镇接壤，西与金积镇相连，北与板桥乡、上桥镇毗邻。辖马莲渠、杨渠、柴桥、岔渠桥、汉北堡、巴浪湖、陈木闸、廖桥 8 个行政村，乡政府驻马莲渠村，北至城区 7.5 公里。2016 年面积 28.91 平方千米，人口 2.52 万，其中回族人口占 74.9%；社会生产总值 12.1 亿元，农民人均纯收入 1.21 万元。马莲渠两岸多马兰花，当地民众口音称马兰为"马莲"。乡境有汉伯堡，系明代灵州千户所辖十三屯堡之一。民国时属金积县。1955 年 10 月，金积县撤区并乡时，将杨渠、岔渠桥、汉伯堡 3 个高级农业合作社合并成立马莲渠乡。1958 年 9 月，成立马莲渠公社（驻岔渠桥）。1960 年 9 月，金积县撤销，马莲渠公社划归吴忠市。1968 年，更名为永红公社。1975 年，复名马莲渠公社。1984 年 3 月，改社为乡。2003 年 2 月，将原汉渠乡陈木闸、廖桥 2 个行政村划入。当地民户擅长草编，有草编户 1400 余户，制品种类繁多。2016 年底，全乡社会生产总值 12.1 亿元，农民人均纯收入 1.21 万元。

郭家桥乡【Guōjiāqiáo Xiāng】　上隶吴忠市利通区，位于区境东部，东、北与灵武市为邻，南与金银滩镇相连，西与上桥镇、东塔寺乡相接。辖郭家桥、杨家岔、吴家桥、马家大湾、山水沟、清水沟、苏家滩、刘家湾 8 个行政村，乡政府驻郭家桥村，西至城区 9 公里。2016 年面积 23.71 平方千米；人口 2.2 万，其中回族人口占 98.7%；社会生产总值 9.54 亿元，农民人均纯收入 9884 元。清光绪六年（1880 年），居住在秦渠以北的郭姓家族，为方便耕种，建木桥一座，命名为郭家桥，后以桥名地。民国时期，为灵武县第三区第七乡。1955 年，成立郭家桥乡。1959 年 12 月，成立郭家桥公社。1983 年改社为乡。2003 年 5 月，划属利通区。

（二）红寺堡区【Hóngsìpǔ Qū】

隶属吴忠市，地处宁夏回族自治区中部，大罗山和牛首山之间的平原上，东与同心县接界，西与中宁县接壤，南邻同心县，北连利通区，东西长约80公里，南北宽约40公里。辖1街道、2镇、3乡。2016年，面积3523.09平方千米；人口20.03万，回族123710人，占61.77%；汉族76323人，占38.11%；余为其他民族。地区生产总值17.29亿元，人均8696元。

1. 地名来历

明初有佛寺，用当地红土夯筑而成，故俗称红寺。明正德二年（1507年）在其地建堡，命名红寺堡，为内边（第二道长城）屯兵之所，故址在今新庄集乡旧寺堡子。嘉靖十六年（1537年），三边总制尚书刘天和弃内边不守，沿红柳沟至鸣沙另筑长城（实为堑墙）一百零八里五分，同时在今红寺堡镇团结村筑新红寺堡。嘉靖四十年（1561年）毁于地震，但红寺堡地名留存至当代。1999年1月成立红寺堡开发区，迁移同心、海原、原州、彭阳、西吉、隆德、泾源7县（区）生态环境脆弱地带的贫困户于境内，成为全国最大的生态移民扶贫开发区。2009年9月，经国务院批复设立吴忠市红寺堡区。

2. 地名现状

第二次全国地名普查汇总统计，共有地名5855个。其中乡镇级及以上行政区域地名7个，群众自治组织71个，非行政区域名525个，居民点242个，交通运输设施216个，水利电力通信设施295个，纪念地旅游景点341个，建筑物23个，单位3515个，陆地水系476个，陆地地形144个。

3. 地名文化

红寺堡区地名沿革简明，只有明代的红寺堡沿袭至今。其地名文化主要是反映生态环境变迁的水泉文化。红寺堡地区，在明代以前是优良的牧场，草木繁茂，泉水众多。如小罗山的辛庄集一带，在明代除了旧红寺堡，还有两个地名见诸史籍，即梁家泉、徐斌水。嘉靖二十四年（1545年）成书的《皇明九边考》卷八记载，旧红寺堡以南，"周顿阻旷，水泉四十五处，草木繁茂"。这只是西南部。在东南部太阳山镇，有水质较好的甜水河流过。太阳山东侧的巴庄，有郦道元笔下的温泉。1992年，宁夏史学家鲁人勇根据《水经注》记载的方位，找到了这处温泉，仍有20多个泉眼涌水，先汇成10多亩大的湖泊，然后溢出，成为甜水河之一源（注：此温泉已于2002年被炸石烧石灰者破坏）。但到民国以后，整个红寺堡地区生态环境急剧恶化，土壤沙化严重，很多地方寸草不生，水泉枯竭。但是，历史上的水泉却被当作珍贵的地名保存下来。2003年撤乡并镇结束后的政区统计表中，仅一个沙泉乡（后又更名太阳山镇），20个行政村，就有11个与水泉有关，如柳泉、中泉、甘泉、新泉、永泉、水套……还有豹子滩、黄羊滩 2 个地名，也记录了良好的生态环境。1998 年，自治区党委、政府为改变这里的生态环境，将红寺堡作为宁夏扶贫扬黄灌溉工程（"1236"工程）的主战场。经 5 年建设，形成宁夏最大的扬黄灌区，泵站从西北向东南梯级分布，彩虹飞渡、气势雄浑：扬灌面积达到 50 万亩；扬水干、支、斗、农四级渠道长 498 公里；扬程高达 187 米；安置贫困群众 20 万人。昔日遍地黄沙、飞鸿过断的荒漠，变成了生机勃勃的绿洲。水利设施的泵站、渠、闸、渡槽，组成了新的地名文化。

4. 所属街道、乡镇

新民街道【Xīnmín Jiēdào】　2011 年设街道办事处，因居民多为新迁移民，故名新民街道。东至太阳山路，西至康济路，南靠盐兴公路，北接民族街。辖罗山、鹏胜、东方、创业、振兴 5 个社区。2016 年面积 20.8 平方千米；人口 36800，其中回族 20240 人，占 55%。是红寺堡区成立以后，在荒滩上规划、建设的新型城镇，街巷等基础设施完善，布局合理，绿地比例高，建筑物及居民小区新颖美观。建有宁夏移民博物馆，集中展示宁夏移民历史及当代生态扶贫移民的成就，是青少年爱国主义教育基地。位于城区东南 26 公里处的国家级自然保护区——罗山，群峰叠翠，风光秀丽，为宁夏第三座大山和中部干旱带最大的水源涵养地，素有"荒漠翡翠""瀚海明珠"之誉。罗山自然保护区始建于 1982 年 7 月 1 日，2002 年 7 月升格为国家自然保护区，面积 33710 公顷。区内有高等植物资源 65 科 170 属 275 种，主要保护以青海云杉、油松为建群种的典型的森林生态系统及金雕等珍稀野生动植物和其栖息地。茂林深处的云青寺，始建于宋初，称"三圣殿"，距今已有 1100 多年历史。据明代碑文记载，庆王朱栴游罗山，因寺庙"雨阳祷之辄有应"，将其更名为"云青寺"。

红寺堡镇【Hóngsìpǔ Zhèn】　2001 年 12 月设立，红寺堡区政府驻地，东起鸭爪子沟，西至红柳沟，南北长约 25 公里，东西宽 10 公里。辖梨花、兴旺、团结、红关、红海、光彩、玉池、和兴、同原、弘德、朝阳、上源、东源、中圈塘、河水 15 个行政村。面积 567 平方千米，人口 22818 户 10.13 万，其中回族 5.25 万人，占 52%，农业人口14114 户 6.53 万人，占总人口的 64%。明代时，这里多水泉，牧草茂盛。民国年间，生态环境恶化，水源枯竭，人烟稀少。20 世纪 60 年代，迁走民户，辟为国防要地。80 年代，军事单位撤销，成空旷荒滩。1998 年，自治区政府将其规划为扬黄扶贫工程核心区。经 15 年发展，红寺堡镇由荒滩变绿洲，引进了富阳集团、永进健康产业、汇达酒庄等知名企业，形成中圈塘、上源葡萄种植基地、鲁家窑、绿科新村高效节水设施农业示范基地、光彩村枸杞种植基地，朝阳、玉池、东源黄牛养殖示范村，团结、红关、红海甘草种植示范村等一村一品的产业格局。红寺堡始筑于明代，有两处遗址：一为正德二年（1507 年）三边总制杨一清委指挥使郑廉筑之，驻军 417 名，在今新庄集乡小罗山西麓，明代张雨《皇明九边考》图上标作"旧红寺堡"，今当地民众称"旧寺堡子"，为内边（第二道长城）屯兵之所；二为嘉靖十六年（1537 年）三边总制尚书刘天和弃内边不守，沿红柳沟至鸣沙另筑长城（实为堑墙）一百零八里五分，同时在今红寺堡镇团结村筑"新红寺堡"，嘉靖四十年（1561 年）毁于地震。"红寺"一名，源于筑堡之前就已存在的佛寺，但有两说：一为寺墙用当地红土夯筑而成，故俗称红寺；二为唐代在其地安置铁勒九姓中的"浑部"，本名"浑寺"，音转为"红寺"。相传，红寺始建于隋唐时期，在新红寺堡遗址之北，近年重新建设，改名为"弘佛寺"，占地三百亩，坐北面南，佛道分列：佛刹居西，楼宇两层，供奉全堂佛像，五百罗汉灿烂辉煌，恍若西天；道观居东，并峙两层，供奉三清四御、三百诸神，乾坤清气，势若凌霄。又有三霄殿、药王殿、财神殿、龙王殿、土地殿等各具灵光。

太阳山镇【Tàiyángshān Zhèn】 上隶红寺堡区，居区境东部，镇政府驻太阳山开发区，西至红寺堡城区 55 公里。辖买河、田原、红星、周圈、周新、巴庄、小泉、塘坊梁、潘河、兴民、白塔水 11 个行政村 39 个村民小组，面积 1080 平方千米，人口 4669 户 16220 人，其中回族 11640 人，占 71%，全镇农民年人均可支配收入 8962.7 元。其地原属同心县韦州乡巴庄村，其西有山，产煤，民国年间即有民间小煤窑，故名"炭窑山"，音转为"太阳山"。1958 年后建太阳山煤矿。太阳山镇境，有水质较好的甜水河流过，明清两代泉水众多，但到民国以后，生态环境急剧恶化，土壤沙化严重，很多地方寸草不生，水泉枯竭。但是，历史上的水泉却被当作珍贵的地名保存下来。2003 年撤乡并镇结束后的政区统计表中，仅一个沙泉乡（后又更名太阳山镇），20 个行政村，就有 11 个与水泉有关，如柳泉、中泉、甘泉、新泉、永泉、水套……还有豹子滩、黄羊滩 2 个地名，也记录了良好的生态环境。太阳山东侧的巴庄，有郦道元笔下的温泉。1992 年，鲁人勇等 3 人著《宁夏历史地理考》作实地考察，根据郦道元《水经注》记载的方位，找到了这处温泉，仍有 20 多个泉眼涌水，先汇成 10 多亩大的湖泊，然后溢出，成为甜水河之一源（注：此温泉已于 2002 年被炸石烧石灰者破坏）。

太阳山镇属生态扶贫移民开发区，设立较晚，中间经历了买河乡、沙泉乡的设置与撤并，柳泉乡、太阳山镇的撤并与重新设置，搬迁移民时间跨度较大，从 1999 年移民安置开始，到 2007 年仍有移民搬迁安置。移民主要来自生态环境脆弱的宁夏南部 7 个贫困县。2001 年自治区政府批准成立沙泉乡管理委员会，同年 7 月，设立沙泉乡，是太阳山镇的前身。2003 年 9 月行政区划调整，买河乡并入沙泉乡。2005 年 1 月，自治区人民政府批复撤销沙泉乡，成立太阳山镇，镇政府驻地为柳泉村。2012 年，从太阳山镇析置柳泉乡，但仍以太阳山镇名义管辖全境。为便于管理和方便群众就近办事，2014 年 3 月 7

日，太阳山镇政府迁至现址。镇内煤炭资源丰富，储量约 142 亿吨，已纳入吴忠市太阳山开发区管理。近年来，太阳山镇紧紧围绕"中国富硒黄花菜明星产区"这一金字招牌，完成了有机食品认证，注册"塞上阳光"品牌，种植黄花菜 2.5 万亩，人均 1 亩，年销售收入约 7000 万元，农民人均 4300 元。

新庄集乡【Xīnzhuāngjí Xiāng】 上隶红寺堡区，居区境南部，北与红寺堡相连，南与同心县下马关镇接壤，东西分别与太阳山镇、大河乡为邻。辖东川、杨柳、白墩、康庄、马渠、白墩、南源、洪沟滩、西源、沙草墩、菊花台等 16 个行政村，乡政府驻地白墩村，北至红寺堡城区 5 公里。面积 663 平方千米，人口 14628 户 64280 人，多数为 2000 年后安置的海原、西吉、隆德、泾源、彭阳、同心县及原州区的贫困移民。2016 年，社会生产总值 4.4 亿元；农业产值 1.55 亿元；农民人均纯收入 5290 元。

新庄集乡坐落于罗山脚下，原属同心县，1999 年划属红寺堡移民开发区，2001 年更名白墩乡，辖 8 个村民委员会，乡人民政府驻白墩村；2005 年计划搬迁至南川村，更名南川乡；2011 年自治区人民政府《关于吴忠市红寺堡区增设乡镇及街道办事处的批复》（民政函〔2011〕186 号）文件，更名为新庄集乡。2014 年 1 月 23 日正式挂牌。移民迁入后，依托扬黄灌溉工程，在政府扶持引导下，发展特色农业和畜牧养殖业，种植酿酒葡萄、枸杞、瓜果、蔬菜、药材，种草养畜，建设羊棚、牛棚各数百座，完成 70 座养殖大户棚圈建设，使多数移民实现温饱。

大河乡【Dàhé Xiāng】 上隶红寺堡区，居区境西部。西北与中宁县毗邻，东与红寺堡镇接壤，南靠同心县河西乡。辖大河、开元、麻黄沟、香园、龙源、河西、龙泉、红崖、石炭沟、平岭子、石坡子、乌沙塘、龙兴 13 个行政村，面积 560.6 平方千米；人口 32960，其中回族 2.4 万人，占 75%；2015 年人均收入 6630 元。原为荒漠，自 1998 年"1236"扬黄引水工程建设以来，首先迁入宁夏南部山区贫困户，在大河乡迈出第一步。1999 年 2 月，开发区管委会由双井乡迁入大河乡办公。2000 年 5 月 13 日，大河乡开发区工委、管委会挂牌成立。2003 年 9 月，大河乡与红崖乡合并，2004 年接管原新圈、白路两个村。2005 年 12 月，接管原石炭沟三个村，合并成现在的大河乡。15 年来，各项事业发生巨变，现有大中型企业 11 家，主要以风电、石料加工、煤炭、机砖厂等为主；有中心学校 1 所，小学 15 所；有设施农业 11000 亩，黄牛存栏 16600 头。

柳泉乡【Liǔquán Xiāng】 上隶红寺堡区，居城区之东。东邻太阳山镇，南靠大罗山，西连红寺堡镇，北接吴忠市利通区，辖甜水河、柳泉、沙泉、永新、红塔、豹子滩、黄羊滩、水套、羊坊滩、利同、利原等 11 个行政村。面积约 600 平方千米；人口 7273 户 33666 人，其中回族 17576 人，占 52.2%。原为荒漠，民户极少。现有民户，主要为 2000 年后安置宁夏南部山区 6 县及中部同心县贫困地区移民。1999 年"1236"扬黄灌溉工程实施，取名为沙泉一村，后更名为柳泉村。2005 年将柳泉村和中泉村合并，村部设在中泉，归太阳山镇管辖。2011 年将太阳山镇西部地域划出，设立柳泉乡，乡政府驻柳泉村。15 年来，在国家扶贫政策支持下，柳泉乡重点发展特色农业，种植枸杞、酿酒葡萄、牧草、中药材、苗木、瓜菜、黄花菜等，建成多个专业种植基地，促进农民增收。同时，突出畜牧养殖产业，引资建设鸿泰 5000 头标准化肉牛养殖场、祥庆肉牛养殖场，推动养殖集约化、规模化、现代化。2014 年，全乡社会生产总值 3.7 亿元，农民人均可支配收入 8346 元，已基本实现温饱。

（三） 盐池县【Yánchí Xiàn】

吴忠市辖县，地处宁夏回族自治区东部，位于东经 106°33′~107°40′，北纬 37°05′~38°10′。地处陕、甘、宁、蒙四省（区）交界地带，东与陕西省定边县接壤，南邻甘肃省环县，西连灵武市、同心县，北接内蒙古鄂托克前旗。自古就有"灵夏肘腋，环庆襟喉"之称。辖 4 乡、4 镇，县政府驻花马池镇，西距自治区首府银川市 131 公里。2016 年面积 8377.29 平方千米；人口 15.57 万，其中回族 3354 人，余为其他民族；地区生产总值 72.2 亿元，人均 46636 元。有全国重点文物保护单位 4 处：明长城、张家场古城、兴武营古城、窨子梁唐墓。自治区文物保护单位 13 处。

1. 地名来历

境内盐池众多，自古盛产食盐，故从南北朝至元代皆置盐州。明朝正统八年（1443年）在今盐池县城置花马池营，为长城沿线屯兵之所。成化年间再筑花马池城（今盐池县城），弘治十五年（1502 年）又设花马池守御千户所。清雍正三年（1725 年），改称灵州花马池分州。"花马池"为盐湖名，即县城东 13 公里之盐场堡（今属陕西省定边县），传说因湖中现花马，盐产顿丰，故名。1913 年置为盐池县至今。

2. 地名现状

第二次全国地名普查汇总统计，共有地名 5945 个。其中乡镇级及以上行政区域地名16 个，群众自治组织 112 个，非行政区域名 46 个，居民点 1304 个，交通运输设施 240个，水利电力通信设施 422 个，纪念地旅游景点 422 个，建筑物 177 个，单位 2858 个，陆地水系 29 个，陆地地形 319 个。

3. 地名沿革

战国时秦在今盐池县置昫衍县，是宁夏最早的县级建制之一，今县北张家场存遗址，《史记》"秦惠文王游"即此。秦汉因之，属北地郡。北魏统一北方后，置西安州，盐池全境属其管辖。534 年，北魏分裂为东魏和西魏，西魏在西安州下置五原郡，后改为大兴郡。西魏恭帝元年（554 年）改西安州为盐州直至西夏。其间，唐盐州下置白池县，在今北大池盐湖南侧。唐神龙年间（705—707年）在今惠安堡老盐池村置温池县，得名于"温泉盐池"，上隶灵州。明代，盐池为边防重地，境内先后修筑河东墙（二道边）、深沟高垒（头道边），以防备蒙古族入侵。正统二年（1437年），称哨马营，在头道边外。弘治七年（1494年）改筑于头道边内，称花马池营，即今盐池县城。弘治十五年（1502年）又置为花马池守御千户所，正德元年（1506年）又改守御千户所为宁夏后卫，治花马池城。嘉靖九年（1530年），三边总制尚书王琼又在花马池城之北六十步修筑长城及东关门，关门上建楼，高耸雄壮，命名为长城关。清雍正三年（1725年），废宁夏后卫，改称花马池分州，属灵州。

1913年，民国政府改花马池分州为盐池县，属宁夏府。此后，县名沿用至今，只是上隶关系有变。1936年6月21日，中国工农红军西征部队解放盐池县大部，建立盐池县苏维埃政府，后改为抗日民主政权，属陕甘宁边区三边分区。随之，宁夏省国民政府将盐池县政府迁到惠安堡，形成一县有红、白两个政权的局面，直至1949年9月宁夏全境解放。

4. 地名文化

受自然地理和历史的影响，盐池县地名文化最具特色的有：

一是以食盐开采为代表的地域文化。盐池县及古盐州，是中国海盐大规模开采以前，食盐开采最早、产量最高的地方。惠安堡镇的老盐池村，得名于惠安堡盐湖，早在西汉就由朝廷管理，设有"盐官"。因其东南有温泉，到唐代称"温泉盐池"，由朝廷设榷税使、推官、巡官、胥吏，负责收取盐税。其侧还设有温池县。唐白池县，也得名于盐湖，所产之盐色白味甘，故名"白池"，即今之北大池。今盐池县城驻地花马池镇，得名于明代的花马池盐湖。旧地方志载："因池中现花马，盐产顿丰，故名。"《新唐书·地理志》载，盐州的贡品有"盐山"，近现代民众俗称"盐根"，是盐湖中自然凝结而成，晶莹剔透，形如山峦，富贵人家用作客厅、书房中的摆设。另一种贡品叫"印盐"，列在灵州名下，实际是温泉盐池（唐朝属灵州）所产，为长方形块状结晶体，因形似印章而名。但至当代，花马池、北大池等盐湖已划属邻省、自治区，惠安堡盐湖食盐枯竭，已是"盐池无盐"。

二是游牧文化。盐池县自古为草原牧区，是北方游牧民族驻牧之地。有文字记载的，战国时有昫衍戎，先秦置有昫衍县。秦汉时匈奴白羊王、楼烦王进入，后被卫青逐至阴山外。北周至隋代突厥南下为患，唐贞观初被平定。盛唐时期，在境内置有很多游牧民族羁縻州，安置内附的铁勒九姓、党项族及中亚昭武九姓。盐池县苏步井出土的何氏墓葬，即六胡州的鲁州人，原籍为中亚的何国人，两扇墓道门上，雕刻有从中亚沿丝绸之路传入的胡旋舞舞伎图案。白居易的《城盐州》诗，有"昼牧牛羊夜捉生，长去新城百里外"之句，是对盐州居民生活的真实写照。李益《盐州过胡儿饮马泉》："绿杨著水草如烟，旧是胡儿饮马泉"，则描述了牧场中美丽如画的小湖。今天仍使用的王乐井、铁柱泉、牛毛井等地名，都各有一篇史话。在盐池县，留存至今带有畜牧业印记的聚落地名，达56处之多，如牛家圈、高家圈、张家圈、杜记圈、下圈、北圈、东圈、北王家圈、南王家圈、梁禾场、张家禾场、东场、石记禾场等。

三是长城文化。盐池县号称"长城博物馆"，境内的明长城"大边"，有头道边、二道边两道，东起陕西定边，西抵黄河岸，沿线五里一墩（烽墩，即烽火台），关门、战台、屯兵营堡密布，形成一道军事防御体系。其中烽墩达171座，皆各有墩名。花马池城、柳杨堡、安定堡、兴武营、萌城等，皆为屯兵之所。今盐池县城的长城关，是万里长城上百个关隘中，唯一以"长城"命名的雄关。

四是红色文化。1936年6月21日，中国工农红军西征部队红十五军团（军团长徐海东、政委程子华）第七十八师（师长韩先楚）攻克盐池城，解放盐池县大部分区域，建立了中共盐池县委和盐池县苏维埃政府（亦称工农政权），后改为抗日民主政权，所以在中国革命史上有了"陕甘宁边区"的地名。陕甘宁边区政府时期，中华苏维埃经济部长毛泽民曾来盐池县，创建了消费合作社和税务机构。盐池县的食盐购销及盐税收入，是边区财政收入的重要支柱。1941年大生产运动中，三五九旅四支队千余人来到盐池县打盐，至今留存有他们挖的百余孔窑洞。著名诗人李季来盐池县体验生活，于1945年冬，创作长篇叙事诗《王贵与李香香》。今盐池县博物馆、革命烈士陵园，真实记录了本地的红色文化。

五是移民文化。清代以后，大量汉民移入县境从事农牧业生产，同姓宗族往往在一起安营扎寨，产生大量有姓氏标志的村庄聚落，以及相关的祖庙、祠堂、坟地等地名。如雷记沟、李塬畔、曾记畔、唐平庄张家场、刘记沟、陈家圈、蔡记塘、侯记坑、赵记梁、官记山、李华台、陈记壕等。其中，以姓氏加"记"字的村庄地名，成为盐池县地名的特殊标记。

盐池县除食盐外，最著名的地方特产是滩羊、甘草和二毛皮，因而形成反映地名文化的商标品牌。作为国家地理标志进行商标注册的有"盐池甘草""盐池滩羊"，均于2005年获得宁夏著名商标和农业部农产品地理标志。2010年，国家工商总局商标局又认定"盐池滩羊"为著名商标，成为盐池县走向全国的一张闪亮名片。盐池县属宁夏8个国家级贫困县之一，依托滩羊养殖，人均收入大大高于其他7县，接近整体脱贫标准。

5. 所属乡镇

花马池镇【Huāmǎchí Zhèn】　盐池县政府驻地，地处宁、蒙、陕交界处，东邻陕西定边县，北接内蒙古鄂托克前旗，西与高沙窝镇、王乐井乡接壤，南与青山乡相邻。属鄂尔多斯台地向黄土高原过渡地带，地势开阔平缓，南北长约 52 公里，东西宽约 54 公里，面积 1531 平方千米，辖长城、沟沿、佟记圈、四墩子、田记掌、八岔梁、郭记沟、柳杨堡、皖记沟、沙边子、东塘、冒寨子、李记沟、红沟梁、高利乌苏、苏步井、李华台、茇茇沟、硝池子 19 个行政村，146 个村民小组。人口 35241。镇政府驻花马池西街和振兴南路交会处，东距吴忠市 82 公里，距银川市 133 公里。太中银铁路、青银高速公路、定武高速公路、307 国道、304 省道连接内外。明代筑花马池城（即今盐池县城），得名于盐湖。旧《盐池县志》载：相传池中现花马，盐产顿丰，故名花马池；一说为明代中期改盐税制度为"纳马中盐"，即以盐换马，称换马池，音转为"花马池"。弘治十五年（1502 年）又置为花马池守御千户所，正德元年（1506 年）升宁夏后卫，均治花马池城。清雍正三年（1725 年），废宁夏后卫，改称花马池分州，属灵州。1913 年至今，为盐池县城所在。境内有全国重点文物保护单位四处：一为西汉昫衍县城，在张家场村西 500 米。据《史记·六国年表》载，战国初为昫衍戎居地，秦惠文王扩疆置县，以"昫衍"名之，并曾到此巡游。西汉因之，属北地郡。东汉县废。遗址东西长约 1200 米，南北宽约 800 米，城墙为黄土夯筑。出土有大量汉代文物，专建张家场博物馆展陈，散落民间者不计其数。张家场村南有汉墓群遗址，占地 5 平方千米。二为窨子梁唐墓，在硝池子村南，出土的何氏墓志铭，以实物揭开唐调露元年（679 年）所置六胡州具体位置之谜，证实其中的鲁州和如鲁县就在其侧，墓主即西突厥"昭武九姓"中的何国人。两扇墓道门上，还雕刻有流行于中亚、唐代传入中国的"胡旋舞"图案。三为明长城，明成化十年（1474 年），修长城一道，东西横贯全镇，俗称头道边。嘉靖九年（1530 年），三边总制尚书王琼又在花马池城之北六十步修筑长城及东关门，俗称二道边，关门上建楼，高耸雄壮，命名为长城关。四为花马池城。始建于正统二年（1437 年），称哨马营，在头道边外。弘治七年（1494 年），改筑于今盐池县城，称花马池营，城墙遗址南北长约 1400 米，东西宽约 1100 米。另：镇北王圈村有唐代、西夏白池县城遗址，位于北大池盐湖（古名白池）南岸；明长城沿线有 10 多座烽火台遗存。

柳杨堡村【Liǔyángpǔ Cūn】 隶属花马池镇。1984 年乡镇体制改革时成立。村委会位于柳杨堡，故名。位于盐池县城北 11 公里，面积 96.47 平方千米，人口 2390。10 个居民点。有明长城两道。成化十年（1474 年），宁夏巡抚徐廷章和总兵官范瑾筑河东墙。弘治七年（1494 年），在长城内侧筑柳杨堡城，为屯兵之所。今柳杨堡村西侧有遗址，呈方形，东西宽约 479 米、南北长约 487 米，墙以黄土夯筑，高 5 米、墙基宽 8 米，夯土层厚 30 厘米，东墙辟门。四隅设角台，存南、西两道城墙，高 5 米，墙顶已被风雨侵蚀，宽 1 米、不均匀。嘉靖十年（1531 年），因旧长城颓圮不堪保障，遂废弃其东段，于其南侧另筑"深沟高垒"长城，柳杨堡城由长城内变为长城外，遂废弃。村西北约 4

公里有张家场古城，为战国秦至西汉昫衍县城遗址。原为昫衍戎居地，故名。《史记》所载秦惠文王更元五年（前 320 年）游昫衍即此。县城遗址东西长 1200 米，南北宽 800 米，呈长方形。城墙基宽 8 米，残高 1~6 米，顶宽 1~3 米，黄土夯筑。主街道为东西向，城中部有台式建筑遗迹。地面散布大量秦砖汉瓦残片。城内外出土秦汉时期的货币总量达千余斤，有新莽、货泉、布泉、小泉值一、大泉五十、金错刀、契刀、西汉象牙钱等货币。近年来，还出土汉代钢印章 200 余枚，箭镞、编钟、铺首、盖弓帽、铜镜若干，都具有明显的汉代特征。遗址保存较好，现为全国重点文物保护单位。

高沙窝镇【Gāoshāwō Zhèn】　上隶盐池县，居县境西北部，属鄂尔多斯台地与黄土高原过渡区，东、南与花马池镇、王乐井乡毗邻，西与灵武市宁东镇相连，北与内蒙古鄂托克前旗接壤。辖高沙窝、南梁、长流墩、施记圈、营西、宝塔、二步坑、大圪垯、李庄子 9 个行政村，43 个村民小组。镇政府驻高沙窝村，东距县城 42 公里。2016 年面积 873.5 平方千米；人口 1.2 万；社会生产总值 6.15 亿元，农民人均纯收入 8175 元。1936 年，中国工农红军解放盐池并成立盐池县苏维埃政府，设二区，区公所先设在柳杨堡，后迁余庄子。1958 年在余庄子成立国庆公社，1960 年更名高沙窝公社，迁驻高沙窝村，以地势较高、中间有低洼沙地而名。1984 年改社为乡。2003 年苏步井乡并入，成立高沙窝镇。

高沙窝镇地势平缓，属荒漠半荒漠草原，旧时以畜牧业为主，但草原沙化严重，载畜量低。2000 年实行禁牧后，将牛羊野放改为园养、圈养，建成贺庄子、万军、鑫让等 16 个养殖园区，施记圈等 8 个养殖示范村，"盐池滩羊"存栏达 18.5 万只，年出栏 12.5 万只；生猪 1.2 万头，年出栏 7500 头；肉牛年出栏 280 头；养殖滩鸡 18 万羽。全镇草原植被覆盖率迅速提高，生态环境大为改善。县政府在高沙窝镇建立盐池县工业园高沙窝功能区和宁夏盐池高沙窝工业集中区，依托宁东能源化工基地和鄂托克前旗上海庙工业开发区，重点发展煤炭、电力、煤化工、煤炭洗选及矿用材料、新型建材等上下游配套产业，已引进企业 55 家，工业总产值达 3.6 亿元。

镇内有新石器时代遗址 2 处，即宝塔村遗址、范记圈薄荷井遗址。明代长城中的"头道边""二道边"横贯全境。兴武营村之南 300 米，有兴武营古城遗址，2013 年 5 月 25 日，被国务院公布为全国重点文物保护单位，始建年代不详，明正统九年（1444 年）重筑，为守御长城屯兵之所，城墙东西长约 480 米，南北宽 440 米，黄土夯筑，外瓷砖石。设城门二，外筑瓮城。兴武营村东 300 米，有唐代古城遗址，城名不详，其多半严重颓毁，故俗称"半个城"。徐庄子村、宝塔村、顾家圈村、大圪垯村，亦有明代城堡遗址，皆属长城沿线屯兵营堡。

大水坑镇【Dàshuǐkēng Zhèn】　上隶盐池县，居县境中南部。东与陕西省定边县红柳沟镇接壤，南靠麻黄山乡，西邻惠安堡镇，北连青山乡、冯记沟乡。辖大水坑、新泉井、宋堡子、柳条井、新建、沙草湾、摆晏井、向阳、红井子、马坊、二道沟、新桥、东风、李伏渠、王新庄 15 个行政村 4 个社区，镇政府驻大水坑村，北距县城 60 公里。2016 年面积 1458 平方千米，人口 2.5 万；社会生产总值 9.45 亿元，农民人均纯收入 11645.1 元。唐《元和郡县图志》载，盐州治五原县，因境内有横槽原、青岭原、岢岚贞原等五原而名。又据《旧唐书·吐蕃传》载，横槽原有烽火台，名"横槽烽"，东至盐州、西至安乐州均为九十里，与今大水坑村位置完全吻合。所记"横槽"，即今村东南的自然洼槽，雨水从四周流积坑槽内，常年积水，故近代名"大水坑"。1936 年 6 月，中国工农红军解放大水坑全境，属陕甘宁边区西部门户。1958 年设星火公社，1976 年改大水坑公社；1985 年分建大水坑乡、镇，1986 年撤乡留镇；2003 年，红井子乡并入大水坑镇。境内石油资源丰富，1959 年长庆油田进入勘探，探明地质储量 3668 万吨。1979 年建成投产，有大水坑、摆宴井、红井子、马坊、新桥和王新庄 6 个采区，油井 466 口，年产原油 50 万吨。1999 年以来，先后有中国石油长庆油田分公司采油五厂、六厂、中石化华北分公司盐池采油三队进入开采。2010 年，宁夏发电集团、哈纳斯能源集团进行风电场建设，2013 年总装机容量 198 兆瓦，年发电量 4 亿多千瓦时。镇内有新石器时代遗址 2 处，即麻家畔遗址、牛寨遗址；还有明代烽火台遗址 8 座、明清小堡遗址 4 处。

惠安堡镇【Huì'ānpǔ Zhèn】　上隶盐池县，居县境西南部。辖惠安堡、杨儿庄、隰宁堡、大坝、杜记沟、狼布掌、萌城、四股泉、麦草掌、林记口子、杏树梁、老盐池 12 个村委会，99 个村民小组。镇政府驻惠安堡村，东北至盐池县城 87 公里。2016 年面积 1392.8 平方千米；人口 25305，其中汉族 22825 人，占 90.7%，回族 2480 人，占 9.3%；社会生产总值 8.8 亿元，人均纯收入 9122 元。镇内白云岩、石灰石、煤炭、石油等矿产资源丰富。惠安堡功能区是盐池县"一园五区"的重要组成部分，主要产业有水泥、石灰石露天开采加工、煤炭、化工等，从业企业 64 家，总投资额达 89 亿元。惠安堡始筑于明初，境内有北破城、盐池堡、惠安堡、萌城堡、隰宁堡等古城遗址。镇政府西北有盐湖，自古为池盐重要产地。汉武帝时收归朝廷管理，属三水县，王莽以"盐"的谐音改广延亭县，《汉书·地理志》所记三水县"有盐官"即此。筑有盐官城，在今镇政府西侧、盐湖最南端。《水经注》卷三高平川水："水东有山。山东有三水县故城，本属国都尉治，王莽之广延亭也；西南去安定郡三百四十里；议郎张奂为安定属国都尉治此……县东有温泉，温泉东有盐池，故《地理志》曰县有盐官。今于城之东北有故城，城北有三泉，疑即县之盐官也。"此处盐湖分南北中三池，湖西有温泉（注：1993 年宁夏史学家鲁人勇先生考察找到温泉，在今太阳山开发区，著有文章，存有照片。2000 年被炸石烧石灰者破坏），故唐、五代正史的《食货志》称温泉盐池，简称"温池"，周围 31

里，朝廷置温池榷税使，设榷税使 1 员，推官 2 员，巡官 2 员，胥吏（收税官）39 员，防池官健及池户 165 户。唐神龙元年（705 年）置温池县，今镇北老盐池村有遗址可考。县内又有燕山州、烛龙州，系唐太宗安置铁勒九姓之羁縻州。明代惠安堡盐湖产盐量最高达 1781 万公斤。为查禁私盐及偷漏税，在镇南萌城设批验盐引所。盐税收入用于购军马、修长城和军饷开支。清代更名"花马小池"，继续大规模开采，道光九年（1829 年）达到顶峰，盐税收入增至 72688 引，每引可购盐 100 斤。其运销地为：宁夏府全境，甘肃陇东的庆阳、平凉、固原等府、道、州及陕西的关中各地。经两千多年开采，到民国年间，惠安堡盐湖的食盐渐至枯竭，采盐方法由原来的自然凝结不假人力，变为井汲卤水"种盐田"，且程序复杂。1958 年后不再产盐。惠安堡自秦汉以来即为长安至宁夏的交通要冲。唐末五代至宋初，因吐蕃攻占陇右数十州，传统丝路断绝，经过惠安堡的灵州西域道成为丝路主线。到明代，又成为三边四镇的军事给养线。惠安堡镇所属老盐池村、萌城堡、隰宁堡，都设有驿站和递运所，驿、递各编制军丁 120 人左右，要驻停车辆马匹，负责过客食宿，因此都建有规模不小的城池。为了维护交通安全，沿路设烽墩，多数屹立至今。

1936 年 6 月，中国工农红军西征部队解放盐池县大部分区域，建立盐池县苏维埃政府（亦称工农政权）。随之，国民党宁夏省政府将盐池县政府迁到惠安堡，形成一县有两个政府的局面。此后，这里成为交通的十字路口，逐渐兴旺。1949 年后，为区、乡政府及公社驻地。2003 年撤乡并镇时，将萌城乡并入，设立惠安堡镇。

青山乡【Qīngshān Xiāng】 上隶盐池县，居县境中部，东与陕西定边县接壤，南与大水坑镇连接，西邻冯记沟乡，北与王乐井乡、花马池镇毗邻。辖青山、猫头梁、郝记台、方山、营盘台、月儿泉、古峰庄、汪四滩 8 个行政村。乡政府驻青山村，北距盐池县城 34 公里。面积 706 平方千米，人口 1.2 万，社会生产总值 6.1 亿元，农民人均纯收入 7900 元。以畜牧养殖为主，仅"盐池滩羊"饲养量达 39.5 万只。原名侯家河，因侯姓人居多而名。1968 年后因大圪垯山横插其间，早年植被茂盛牧草丰美，故更名为青山。青山乡有丰富的石膏资源，已探明储量达到 7 亿吨，潜在储量约 30 亿吨，已建成青山石膏工业园区，引进石膏采矿企业 15 家、加工企业 22 家，总投资 3 亿元。产品主要以建筑石膏粉、高强石膏粉、石膏砌块、石膏线条为主，年产值达 10 亿元。定武高速公路、盐惠公路横穿而过。境内有灵应山石窟寺，为自治区级文物保护单位，距县城 35 公里，是周边地区最具影响力的宗教旅游景点之一，始建于唐代。寺院坐西朝东，凿有石窟 15 孔，自南向北呈半弧形排列，分别是娘娘庙、药王庙、三皇庙、财神庙、吕祖洞等，各个石窟内塑像栩栩如生，壁画精美细腻。每年农历三月初三至初六是灵应山庙会，善男信女聚集于此，虔诚伏拜，祈祷祝愿，热闹非凡。

王乐井乡【Wánglèjǐng Xiāng】 上隶盐池县，居县境中北部，东与花马池镇接壤，南邻青山乡、冯记沟乡，西连灵武市马家滩镇，北靠高沙窝镇。辖王乐井、边家洼、石山子、曾家畔、牛记圈村、刘四渠、郑家堡、鸦儿沟、官滩、王吾岔、孙家楼、狼洞沟、双圪垯 13 个行政村，乡政府驻王乐井村，东距县城 23 公里。面积 1045 平方千米，人口 2.3 万，是盐池县农村人口密度最大的乡。2016 年社会生产总值 3.61 亿元，农民人均可支配纯收入 9960.8 元。2002 年，国家投资建成王乐井扬黄灌区，开辟水浇地 1.59 万亩，建成以鸦儿沟为中心的旱作马铃薯、以曾记畔为中心的 2 个万亩荞麦小杂粮种植基地，郑记堡的"十里瓜廊"，以及孙家楼的改良枣树 1000 余亩。建设养殖温棚 2600 座，全乡"盐池滩羊"饲养量达 38 万只。有新石器时代遗址两处，都在官滩村内。境内明长城沿线有多座烽火台及军事营堡：安定堡村有安定堡遗址，城墙长 440 米，宽 300 米，南墙辟门，门外筑瓮城；野狐井故城，面积略小，万历三十五年（1607 年）筑，因其地多狐狸而名；还有明长城的"八步战台"遗址、何家墩遗址、狼子沟遗址等。王乐井乡地处毛乌素沙漠南缘，但沙地中井泉众多，还偶有湿地。哈巴湖生态旅游区，是国家级自然保护区，宁夏首个国际自驾车营地，占地面积 16 万公顷，包括天然湖泊一处，草原、森林等植被覆盖率达到 85% 以上，有"天然氧吧"之称，同时蕴含有多种珍稀动植物资源，被誉为"西部荒漠的植物基因库"。

冯记沟乡【Féngjìgōu Xiāng】 上隶盐池县，居县境西部，东与青山乡接壤，南与惠安堡镇、大水坑镇相连，西与灵武市马家滩为邻，北与王乐井乡接界，辖冯记沟、丁记掌、暴记春、回六庄、马儿庄、汪水塘、平台、强雨村 8 个行政村，乡政府驻冯记沟村，东距县城 53 公里。面积 903 平方千米，人口 1.1 万。2016 年国民生产总值 19365 万元，农民人均纯收入 8400 元。地处鄂尔多斯台地南缘，明代以前除铁桩泉外，无地名可考，清末有冯姓人居此，成为一方大姓，故名冯记沟。1936 年属陕甘宁边区盐池县苏维埃政府。1958 年公社化时隶属侯家河公社，1961 年划归马儿庄公社，1976 年分立冯记沟公社，辖冯记沟、回六庄、暴记春、丁记掌 4 个大队。1984 年改社为乡，2003 年马儿庄乡并入，仍名冯记沟乡。冯记沟乡名产"盐池滩羊""盐池甘草"，均已列入国家农产品地理标志名录。当代因载畜量过大，加之周边各地及邻省群众涌入滥挖甘草，每挖一棵，深及一二米，将植被破坏殆尽，草原沙化严重。2000 年后禁挖甘草、禁止放牧，植被逐渐恢复，形成以盐兴公路、冯青公路为轴线的"盐池滩羊"规模化养殖示范带，饲养量达到 40 万只。乡境煤炭探明储量 28 亿吨，现有 6 座中型煤矿。2012 年开始石油开采，已打油井 26 眼。岔岱村有新石器时代遗址，其侧有近代干涸的湖泊，面积 20 万平方米。暴记春村有名胜曰铁柱泉，明嘉靖《宁夏新志》卷三有《铁柱泉碑记》《铁柱泉颂》两篇长文，碑记曰："去花池之西南，兴武营之东南，小盐池之东北，均九十里交会之处，水涌甘洌,是为铁柱泉。日饮数万骑弗之涸。幅员数百里又皆沃壤可耕之地。"顾名思义,因泉眼水涌如柱、其色如铁而名"铁柱泉"。当地为鞑靼大队骑兵南下侵扰所必经,为了使"虏骑不得饮",嘉靖十五年(1536 年),三边总制尚书刘天和主持筑铁柱泉城,屯驻旗军 333 名。城墙原为黄土夯筑,万历年间甃以砖石。今遗址尚存,属自治区文物保护单位。城平面略呈方形,南北 385 米,东西 360 米。东墙辟门,门外筑瓮城。铁柱泉南北一线,明代筑有许多烽火台,当时所绘地图都各标其名。今冯记沟境内,存有 19 处遗址,但都未使用古名。

麻黄山乡【Máhuángshān Xiāng】　上隶盐池县,居县境东南部,系陕甘宁三省区交界地区,东与陕西定边县冯地坑乡、姬塬镇隔河相望,南与甘肃环县秦团庄乡、山城乡毗邻,西部与惠安堡镇相连,北与大水坑镇接壤,呈三角状。辖麻黄山、松记水、井滩子、下高窑、黄羊岭、何新庄、管记掌、后洼、包塬、李塬畔、胶泥湾、平庄、沙崾岘 13 个行政村,乡政府驻麻黄山村,北距县城约 100 公里。2016 年面积 768.7 平方千米;人口 1.1 万;社会生产总值 1.6 亿元,农民人均纯收入 6500 元。麻黄山因盛产麻黄草而得名,地处黄土高原丘陵区,沟壑纵横,梁、峁、沟相间。原名枸子山,民国《盐池县志》载:"枸子山,在三山南,涧溪险恶,豺狼所居,人迹罕至。"主峰蒋记山海拔1951.5 米,是盐池县最高峰。乡境有两大特产:一为小杂粮。盐池县于 2006 年被农业部确定为"绿色食品原料标准化生产基地",2010 年 5 月又被农业部批准为国家级"小杂粮良种繁殖基地",麻黄山乡的 11.68 万亩种植基地起了主导作用。二是山羊,因常食麻黄草,为"盐池滩羊"(一般为绵羊)中的极品,售价要高出 1/2,在宁夏都很难买到。已将地名文化利用,注册"麻黄山羊"商标,建成羊棚 278 座,山羊饲养量达 27.6 万只。麻黄山乡有红色地名文化传承。1936 年,红军西征解放麻黄山,使之成为陕甘宁边区的一部分。今高崾崄村之东 500 米,保存有 1936 年红军在道路两侧修筑的碉堡和战壕,战壕长 1500 余米,用地道与碉堡连属。食盐运销是陕甘宁边区的财政支柱,这条道路东北连接各大盐湖,向南可达陇东各地,所以又是边区食盐内销的主要通道,运输工具为毛驴。1947 年马鸿逵部占领盐池大部后,这里成为游击区。是年 8 月,中共宁夏工委、中共盐池县委及县政府,均迁至麻黄山。今李塬畔村之东所存窑洞 3 孔,即为当时办公之地。麻黄山乡有较为丰富的石油、风电资源,2010 年,宁夏哈纳斯新能源集团与宁夏马斯特集团共同投资建设麻黄山 60 万千瓦风电项目;2011 年国家电力宁夏风电开发有限公司开发麻黄山一期 49.5 兆瓦工程,当年 10 月底并网。

(四) 同心县【Tóngxīn Xiàn】

吴忠市辖县,地处宁夏回族自治区中部干旱带,位于东经 105°17′~106°41′,北纬

36°34′~37°32′。东北接盐池县，东南邻甘肃环县，西、南连中卫市海原县，北靠中宁县、红寺堡区。辖7镇4乡，5个居委会，154个村委会，县人民政府驻豫海镇新区罗山路，北距吴忠市区165公里，距银川市219公里。2016年面积5666.85平方千米；人口32.79万，其中回族282635人，占86.17%；地区生产总值54.73亿元，人均16750元。

1. 地名来历

旧有城，始筑年代不详，因被清水河冲毁一角，俗名"半个城"。清初名同心城，寓意"同心同德"。1938年，宁夏省国民政府决定将豫旺县政府由下马关迁至同心城，更名为同心县，沿袭至今。

2. 地名现状

第二次全国地名普查汇总统计，同心县共有地名6437个，按普查规定的十一类分：行政区域12个；非行政区域名45个；群众自治组织200个；居民点1572个；交通运输设施552个；水利、电力、通信设施346个；纪念地旅游景点494个；建筑物2个；单位2968个；陆地水系3个；陆地地形243个。

3. 地名沿革

秦属北地郡。西汉置在今大罗山东麓三水县，乃本县有行政建制之始。元狩二年（前121年）末，徙匈奴降者居沿边五郡，因其故俗设五个属国。其在北地郡者，称北地属国，治三水县，是中国历史上最早带有民族自治性质的政区，内部由其自行管理，保留本族风俗习惯，朝廷设都尉护之。元鼎三年（前114年），三水县改隶安定郡，故《汉书·地理志》称安定属国。都尉为军事长官，有部属上千人。东汉时，仍设三水属国都尉。《后汉书·张奂传》载，前有八都尉皆贪财货，民为所苦。后张奂上任，送良马、金货皆却之不受，曰："使马如羊，不以入厩；使金如粟，不以入怀。"张奂正身洁己，威化大行，地方安定，为著名清官。曹魏废三水县设西川都尉，后又改为西川县，属安定郡。两晋至南北朝无州县建置。《旧唐书·吐谷浑传》载，咸亨三年（672年），居青海省的吐谷浑王国被吐蕃打败，其国王诺曷钵率部众内迁灵州之地，朝廷置安乐州，以诺曷钵为刺史，"欲其安且乐也"。迁来后，得到安乐，又改州名为"长乐"。广德元年（763年）被吐蕃攻占，大中三年（849年）收复，更名威州，领鸣沙、温池两县。其州城即今红城水古城遗址，因城墙以红土筑，而城之南侧有泉水流淌（当代流量仍有每秒3立方米左右），可直接饮用，故民众称其地为"红城水"。2003年前为下马关乡红城水村，今属下马关镇上垣村、下垣村。1038年西夏政权建立后，在红城水唐安乐州城之东8公里设韦州，并置韦州静塞军司，为西夏十二监军司之一。韦州康济寺塔，即建于西夏时期，全国重点文物保护单位，为八角形密檐式十三层空心砖塔，高度42.70米，展现了我国早期密檐式佛塔的风格。

明初，朱元璋将第十六子朱栴封为庆王，封地本在庆州（甘肃庆阳），但在朱栴恳请后，改在水草丰盛的韦州并建王府。朱薨后，也葬在罗山东麓。成化五年（1469年），在豫旺城（今预旺镇）设平虏所，亦名平远所。弘治十四年（1501年）设平虏守御千户所，隶属固原卫。嘉靖五年（1526年）置下马关，隶固原卫。清同治十三年（1874年）设平远县，治下马关，于同心城分设巡检司。1913年易名镇戎县，由固原直隶州改隶朔方道。1928年3月，镇戎县又易名豫旺县，县治仍在下马关。

4. 地名文化

民族文化。同心在古代是多民族繁衍生息之地，历史地名都有很深的民族烙印。西汉将降附的匈奴族左谷蠡（lu6）王部迁到罗山以东，将山名称蠡山，明代曾一度沿用。唐咸亨三年（672年）将吐谷浑部众内迁设安乐州"欲其安且乐也"。后实现了安乐，又改州名为"长乐"，改山名为"长乐山""达乐山"，即今同心县大罗山。所在的韦州原，也叫作安乐川。明代以后，大量回族迁入，成为回族聚居县，清真寺增多。同心清真大寺始建于明初，采用中国传统的阁楼式建筑风格，最大特色是全为青砖砌筑，以砖雕为饰。大殿内中空采用四悬柱套榫卯成四角，四檐角又运用斜梁搭建。系国家级重点文物保护单位，中国现存十大古清真寺之一。

红色文化。1936年6月27日，西征红军攻克豫旺县城下马关。陕甘宁省委随即成立豫旺县工作委员会，7月底建立豫旺县苏维埃政府。斯诺《西行漫记》一书的照片"小号手"，就是在豫旺城墙上拍摄的。在红军的大力协助下，又于10月20日至22日在同心城清真大寺召开成立大会，宣告陕甘宁省豫海县回民自治政府成立，县政府设在王家团庄，是为中国第一个县级回族自治政权。至此，县境内已有两个陕甘宁省领导的革命政府。1936年11月12日，红军西征，一、二、四方面军三大主力会聚同心城，在清真大寺西南河滩召开万人联欢大会，豫海县回民自治政府主席马和福致欢迎词，朱德、彭德怀、张国焘、贺龙都发表了讲话。1937年3月，豫旺县苏维埃政府遵照陕甘宁省委放弃豫旺县，成立定环县的指示，组建了定环县党政机构，豫旺县苏维埃政府就此终结。豫海县回民自治政府由于红军东撤，于1937年4月终止革命活动。

此外，还有反映长城文化的地名下马关。经过下马关的长城，属于第二道防线，故称内边。驻在固原的三边四镇总制尚书每年"防秋"，都要在此下马休息，故名"下马房"。明嘉靖五年（1526年）设关筑城，城墙黄土夯筑外包砖，高厚皆三丈五尺，周五里七分，命名下马关，南、北设门，今南关门及瓮城基本完好。瓮城为方形，边长43.5米，包砖砌法为丁字形。其北门洞上方刻有"重门御暴"四字，落款为"万历十年二月吉旦"。瓮城正东门洞上方的砖墙内嵌有长方形石板，上刻"橐钥全秦"四字，右下落款"万历九年二月三日"。

县内现有地名中，以姓氏为专名，以庄、堡及塬、沟、湾、梁、洼、坪、岔、塘等为通名者最多，反映了本地的地形地貌，无更深的文化内涵。地域多数属黄土高原，干旱少雨，降雨量集中在 7—8 月，一遇大雨，河沟（季节河）水土流失严重，冲成立岸深沟，两岸随时会塌方，人畜千万不可靠近。故产生一些骇人听闻的沟名，如马断（近改作段）头、折死沟、黑风沟之类。

5. 所属乡镇

豫海镇【Yùhǎi Zhèn】 上隶同心县，为县政府驻地，因 1936 年这里诞生了中国第一个县级少数民族自治政权——陕甘宁省豫海县回民自治政府而得名。东接田老庄乡，南靠王团镇和海原县高崖乡，西连兴隆乡，西北与丁塘镇毗邻。辖富兴、豫园、豫西、新华、永春 5 个社区，园艺、城北、城二、兴隆、城一、庙儿岭、沙沿、沙嘴城、砚台、麻圪塔、边桥、余家梁、满春、黑家套子、黄石、惠安 16 个村委会。2016 年面积 119.63 平方千米；人口 76639，其中回族 73202 人，占 95.5%；汉族 3353 人，其他少数民族 84 人；农民人均可支配收入 8495.5 元。工业总产值 359323 万元，工业单位数 278 个。地处清水河谷冲积平原，地势平坦，又得黄河扬水工程灌溉之利。镇内同心农贸市场交易活跃，按传统以农历一四七为集日。有中国同心国际山羊绒集散城交易市场、粮油专业市场、建材专业市场、清水湾综合市场。交通便利，有中宝铁路、福银高速、109 国道、101 省道、海同高速公路交会。豫海镇所在地原有城堡，镇南 1 公里有遗址，长 557 米，宽 320 米，破坏严重，始筑时间不详，明弘治年间重修，置操守，属灵州千户所。后被清水河冲毁，故俗称"半个城"。清名同心城，曾设巡检司，属平远县，寓意"同心同德"。1938 年豫旺县治迁此，并改县名为"同心"。1949 年设一区，1952 年称城关区，1958 年改跃进公社，1961 年改城关公社，1982 年由城关公社析置同心镇。2003 年更名为豫海镇。镇内有全国重点文物保护单位 1 处，即同心清真大寺，位于老城之北，明代在前朝喇嘛庙基础上改建而成，明万历、清乾隆、光绪三次修缮，占地 5400 平方米，有建筑群，包括照壁、礼拜大殿、拜克楼、厢房等，均采用中国传统砖木结构，砖雕精美，是中国现存十大古清真寺之一。1936 年红军西征，一、二、四方面军在此会师，又召开陕甘宁省豫海县回民自治政府成立大会，以马和福为县政府主席，故又将同心清真大寺定为红军西征纪念地、豫海县苏维埃政府成立大会旧址，为爱国教育基地。有自治区文物保护单位 2 处：沙嘴城城址，位于同心县城南 5 公里的沙嘴城村东，始筑于西夏，保存较好；金国正墓，位于县城南约 1.5 公里，墓主为回族，清初良将，官至太原总兵，陵园规模较大，占地 8900 平方米，有陵台、各种石生像，以及雍正帝为金国正墓特颁的祭文碑。

丁塘镇【Dīngtáng Zhèn】 上隶同心县，居县城西北。东靠田老庄乡，南与县城、豫海镇、兴隆乡毗邻，西依中宁县喊叫水乡，北与河西镇接壤。辖湾段头、小山、杨家河湾、吴家河湾、张滩、新庄子、丁家塘、杨家塘、新华、长乐、窑岗子、南阳、李岗子、干湾沟、金家井、团结、河草沟、八方、长沟19个行政村，镇政府驻丁家塘村，东南至县城10公里。面积166.69平方千米，南北宽12.6公里，东西长26公里。2016年人口41761，其中回族41674人，占99.8%；汉族79人，其他民族8人。农民人均可支配收入8398.2元。工业总产值52416万元，工业单位数41个。

丁塘镇原名丁家塙，其专名"塙"，在宁夏中部海原、同心等县，意指山间平地，读作（Dīngtáng）。后因太生僻，按谐音改作丁家塘，沿用至今。政府所在地丁家塘村，1985年为河西乡的一个行政村。1992年成立丁家塘乡，2003年改为镇。位于杨家塘村西山的金鸡儿古城，是宋时与西夏对峙的驻兵地，现遗址尚存，主城占地7.46万平方米，城墙东西辟门，门外筑瓮城，环周有护城河，2010年由同心县人民政府公布为县级文物保护单位。镇内还有明代烽火台遗址4座。

王团镇【Wángtuán Zhèn】 上隶同心县，位于县城之南，东与预旺镇交界，南与张家塬乡、海原县李旺镇相连，西以清水河与海原县高崖乡为界，北与豫海镇、田老庄乡接壤。辖北村、沟南、新堡、羊路、张家湾、吊堡子、马套子、东滩、虎红湾、前红、红阳洼、大湾、罗河湾、堡子掌、倒墩子、黄草岭、南村、蔡家滩、联合、虎湾子、罗台、刘家川、李家庄、大沟沿、园枣村25个行政村。镇政府驻王团北村，北至县城15公里，因居民以王姓居多，故名。2016年面积491.72平方千米；人口44737，其中回族44700人，占99.9%；汉族31人，其他民族6人；农民人均可支配收入7128.8元。工业总产值10047万元，工业单位数44个。

今镇政府所在地，自古为宁夏南北交通所必经，清代宁夏府南路驿道经此，民居夹道而建，故名夹道堡，属平远县所编十里之一。《平远县志》"里甲"篇有载："城野之地今有十里（编者注：古代在县下实行乡、里、甲制度），曰在城，曰豫旺……曰夹道堡，曰同心城，曰韦州。"城在今王团镇南边清水河东岸约百米，同治年间毁于战乱。清末形成回族聚落。1933年将古道改建成宁（夏）平（凉）公路，1943年5月27日建成宁夏第一座钢筋混凝土公路桥梁，共10孔，长51.4米，跨清水河，当时为宁夏、甘肃两省界河，民众称"响水河"，第七区公路管理处（后更名西北公路局）定桥名为"香水河桥"。1950年2月设同心县第七区，1956年改王团庄区，1958年改宏伟公社，1961年改王团公社，1984年改社为乡，1992年改乡为镇。镇政府之侧有北堡子，是典型的清末寨堡。1936年6月，西征红军攻占同心城及王家团庄。8月，在中共陕甘宁省委书记李富春的指导下，成立豫海县回民自治政府筹备委员会。10月22日，豫海县回民自治政府在同心清真大寺召开成立大会，与会代表300余人，选举产生以马和福为主席的政府领导成员。随后，马和福率政府机关入驻北堡子。1937 年 2 月，马和福被国民党军队逮捕，4 月在同心县西门就义。1954 年，于今豫海镇北建马和福烈士陵园，现为爱国主义教育基地。前红村西有短西梁新石器时代遗址。张二水村东南 500 米、倒墩子村西 2 公里，有西夏堡寨遗址。王团镇有省级非物质文化遗产 1 项，即回族体育运动项目"方棋"，老少皆宜，参与者众多。

河西镇【Héxī Zhèn】　上隶同心县，居县城之西。东与红寺堡区接壤，东南靠田老庄乡，南与丁塘镇连接，西南与中宁县喊叫水乡毗邻。因位于清水河以西而得名。辖石坝、杨河套子、大洪沟、刺鸦嘴子、建新、下河湾、朝阳、艾家湾、桃山、红旗、马家河湾、塘坊、农场、李沿子、上河湾、菊花台、旱天岭、同德、同富 19 个行政村，镇政府驻石坝村，南至县城 20 公里。2016 年面积 476.97 平方千米；人口 56446，其中回族 54911 人，占 97.3%，汉族 1523 人，余为其他民族；农民人均可支配收入 8238.8 元。工业总产值 53082 万元，工业单位数 23 个。河西镇干旱少雨，原为土壤沙化严重的极贫地区。受惠于 1977 年修建的同心扬水工程，近 40 年成为绿洲。1984 年组织移民开发，划出城关乡的西部及喊叫水乡的桃山以东地区另建一乡，因在清水河之西，故名河西乡。1992 年建镇，2003 年将纪家乡并入。交通便利，有中宝铁路及福银高速、京藏高速、109 国道、101 省道公路穿越镇境。

兴隆乡【Xīnglóng Xiāng】　上隶同心县，居县城西南。东与豫海镇接壤，西与海原县关桥乡相连，南与海原高崖乡相邻，北与丁塘镇接界。辖李堡、王团、王大套、黄谷、冯川、新生 6 个行政村。乡政府驻地李堡村，东北至县城 2 公里。2016 年面积 176.4 平方千米；人口 15447，其中回族 13761 人，占 89.1%，汉族 1678 人，余为其他民族；农村居民人均可支配收入 7408.3 元。工业总产值 13 万元，工业单位数 11 个。因辖区内原有兴隆堡而名，寓意兴旺隆丰。原属海原县兴隆乡，2008 年 5 月成建制划属同心县。境内有兴隆堡、李堡、干掌子遗址，均为西夏所筑堡寨。兴隆乡境内的西河，发源于海原县，从海原县红谷村进入同心县境内，于县城入清水河，在同心县境内河道长为 3 公里，是同心县唯一的湿地。旧时乡境水资源极为匮乏，十年九旱。20 世纪 80 年代固海扬水工程通水后，旱地变成水浇地，年种年收。有石膏矿资源，地质储量 5 亿吨。

韦州镇【Wéizhōu Zhèn】　上隶同心县，位于县城东北部。东与盐池县接壤，南与下马关镇相连，西靠罗山自然保护区，北与红寺堡区毗邻。辖韦一、河湾、南门、青龙山、马庄子、阎圈、石峡、韦二、旧庄、甘沟、庆华 11 个行政村，镇政府驻韦一村，西南至县城 90 公里。2016 年面积 554.17 平方千米；人口 25504，其中回族 19389 人，占 76.0%，汉族 6113 人，其他少数民族 2 人。2016 年农村居民人均可支配收入 8695.7 元。工业总产值 94138 万元，工业单位数 42 个。

西汉属安定郡三水县。元狩二年（前 121 年）末，徙匈奴降者居三水县，朝廷设三水属国都尉护之。东汉因之，又有大量羌族进入驻牧。唐咸亨三年（672 年），后属安乐州、长乐州、威州。1038 年西夏政权建立后，在今镇政府驻地置韦州，又设韦州静塞军司，为西夏十二监军司之一。韦州之名，即源于此。韦州康济寺塔，建于西夏时期，省级文物保护单位，为八角形密檐式十三层空心砖塔，高 42.70 米，展现了我国早期密檐式佛塔的风格，2003 年 5 月 3 日，被国务院公布为全国重点文物保护单位。明初，朱元璋将第十六子朱㮵封为庆王，封地本在庆州（甘肃庆阳），但在朱㮵恳请后，改封水草丰盛的韦州，并于洪武二十五年（1392 年）建庆王府（旧志称"宫殿"）。此前韦州城周有护城河，宽二丈，深七尺。庆王在南门上建拥翠楼。居之九年后，将王府迁建于宁夏镇城，但因韦州宜于畜牧，故置韦州群牧千户所，留官兵管理。朱㮵亡后，其王陵也在罗山东麓，还有十四位被封为王的后裔及妃子墓地，共三十四处，现已成为自治区文物保护单位。弘治十三年（1500 年），都御史王珣在韦州城筑东关，设关门一、城门二。今韦州城古遗址分两部分：西城是西夏时筑，东西长 570 米，南北宽 540 米，四面辟门，建筑气势壮观；东城即明代王珣所筑东关，与西城相连，南北长 572 米，东西宽 294 米。在明代，城内设有韦州驿、韦州仓。明嘉靖《宁夏新志》载有韦州的四大景致，即蠡山叠翠、东湖春涨、西岭秋容、石关积雪，还附有吟诵韦州风景名胜的 10 多首诗，证明当时的韦州，仍是青山绿水、环境优美。但到清末民初，这里就变成了"川大口子小、风大雨水少""十种九不收"的地方。当地回族民众，只得以拉骆驼维持生计。所以，民国年间宁夏搞长途运输的驼户，很多都来自韦州。

韦州至下马关一带有煤炭矿产资源，地质储量 27 亿吨。还有丰富的白云岩、石灰岩矿资源，地质储量 16 亿吨。2016 年有工业企业 42 个，总产值 94138 万元。集市贸易习俗留存至今，以农历二五八为集日。

下马关镇【Xiàmǎguān Zhèn】 上隶同心县，居县境东部。东与甘肃环县接壤，南与马高庄乡相连，西与田老庄乡、红寺堡区为邻，北与韦州镇毗邻，因位于下马关古城而得名。辖五里墩、西沟、刘家滩、下垣、上垣、南关、窑坑子、王古窑、申家滩、郑儿庄、白家滩、赵家庙、池家㟽、北关、陈儿庄、三山井、平远、南安、张家树、新园、田园 21 个行政村。镇政府驻北关村，西至县城 80 公里。2016 年面积 615.6 平方千米；人口 62513，其中回族 32172 人，占 51.5%，汉族 30312 人，其他少数民族 29 人；农村居民人均可支配收入 7114.4 元，工业总产值 1146 万元，工业单位数 68 个。原为明长城内边上的交通孔道，驻固原的三边总制尚书每年防秋，都要在此下马休息，故名下马房。嘉靖九年（1530 年）筑关城及城楼，城墙外砖内土，周长五里七分，初名长城关，题款"重门御暴"。后称下马关。万历五年（1577 年）重修，南门两块石匾额书"重门设险"

"橐钥全秦"，今城门及瓮城保存完好，2014 年公布为自治区文物保护单位。镇内有明代烽火台 13 座。其中 203 省道东侧的烽墩，分列于古道东侧，每五里一墩，间隔一墩筑院墙、房舍，为戍守士兵生活起居之所，有的保存完好，为研究明代烽燧制度提供了实物根据。所辖上垣村，原名红城水，有新石器时代遗址及古城一座。古城从西汉至西夏历朝文物叠加，为西汉三水县，属国都尉治，唐代安乐州城（详见下文上垣村），为自治区文物保护单位。清同治十三年十月己丑（1874 年 11 月 28 日）设平远县，治下马关。1936 年红军西征至此，在下马关、红城水村娘娘庙墙上留下"打倒日本帝國主義""紅軍是抗日先鋒"等 60 多幅宣传标语，留存至今。1949 年设五区，1956 年改为下马关区，1958 年设下马关公社，1984 年 1 月改为乡，1986 年 3 月改乡为镇。

上垣村【Shàngyuán Cūn】　在同心县大罗山东麓，属下马关镇，南至镇 12 公里。原名红城水，有古城，城墙用当地红土夯筑，其南侧又有泉水流淌（当代流量仍有每秒 3 立方米左右），故名红城水，又名红城子。1958 年下马关人民公社成立，红城水被分为上垣、下垣大队。上垣村西靠罗山分水岭，东临韦州平原，地势较为平坦，又有泉水源源不断（罗山地下水），故生存环境较好。面积 83.69 平方千米，人口 3198。辖 8 个村民小组。

村南有新石器时代遗址，距今 4500 年左右。西汉初置三水县。卫青、霍去病击败匈奴后，于元狩二年（前 121 年）徙匈奴降众居三水县，内部治理保留其故俗，朝廷设都尉驻军管理，先隶北地郡，元鼎三年（前 114 年）改隶安定郡，故称"安定属国都尉"。王莽末年，安定郡三水县人卢芳假称是汉武帝的曾孙，与三水属国的匈奴共同起兵。公元 25 年，卢芳自称上将军、西平王，后兵败，逃入匈奴。东汉仍设三水属国都尉，前八任都尉皆贪财货，民为所苦。议郎张奂上任，送良马、金货皆却之不受，曰："使马如羊，不以入厩；使金如粟，不以入怀。"张奂正身洁己，威化大行，地方安定，为东汉著名清官。《旧唐书·吐谷浑传》载：咸亨三年（672 年），据有青海省全境的吐谷浑王国被吐蕃打败，其国王慕容诺曷钵率部众内迁灵州之地，朝廷置安乐州，以诺曷钵为刺史，"欲其安且乐也"。迁来后，得到安乐，又改州名为"长乐"。大中三年（849 年），更名威州，领鸣沙、温池两县。其州城即今红城水古城遗址，在村委会北 1 公里，平面呈长方形，东西 530 米，南北 560 米，东西南北四面辟门。坍塌的城墙中发现石杵，城内挖探沟发现少量汉代陶片、灰砖及唐代的大量陶片、莲花纹瓦当、瓷碗、大陶瓮和"开元通宝"等。吐谷浑王国在唐初十分强大，唐太宗以弘化公主下嫁和亲，后同迁至安乐州，生活了 28 年，有弘化公主墓志铭存世。吐谷浑迁此，慕容氏世袭"青海国王"，历五代，还娶过唐宗室的 3 位郡主、县主及武则天的侄孙女，最后完全融入中华民族大家庭中。其第五代慕容威死后葬于红城水村之南约 4 公里的赵家庙，出土的墓志铭，记录了这段民族融合史。吐谷浑迁来后，对这里的地名产生深远影响：实现了安居乐业，又改州名为长乐州；命所居牧地为"安乐川"，即今韦州平原；称西侧之山为达乐山，今音转为大罗山。村内有娘娘庙，不知始建于何年，于清同治年间被烧毁，清光绪十四年（1888年）重建，今保存良好。1936 年中国工农红军西征时，曾利用娘娘庙向广大群众宣传党的各项方针政策和抗日主张，并在庙中墙上写有多幅革命标语，保存至今。1963 年，自治区人民政府公布红城水娘娘庙为宁夏第一批省级文物保护单位。

预旺镇【Yùwàng Zhèn】 上隶同心县，居县境东部，属黄土丘陵沟壑区，干旱少雨，生态环境脆弱。东与马高庄乡接壤，南与张家塬相连，西与王团镇为邻，北与田老庄乡毗邻。因位于豫旺古城而得名。辖南关、土峰、南塬、北关、胡堡子、陈石塘、贺塬、沙土坡、白崖子、孙石庄、郭阳洼、青羊泉、龚家湾、李洼子、柳树堡 15 个行政村，镇政府驻南关村，西至县城 70 公里。面积 352.97 平方千米；人口 26541，其中回族24453 人，占 95.7%；汉族 2083 人，其他民族 5 人。农村居民年人均可支配收入 6033.3元。工业总产值 190 万元，工业单位数 45 个。预旺镇本名豫王城，《嘉靖固原州志》卷一载："古有是城，莫考所创，相传为豫王城。"又据光绪《平远县志》载，宝庆元年（1225 年），豫王筑城于此，故名豫王城。查《元史》，封豫王者仅一人，为阿剌忒纳失里，系元世祖第七子西平王奥鲁赤之孙云南王老的长子，初封西安王，在今陕西省境内，为金印螭纽王。至正十三年（1353 年）十二月癸丑，以西安王阿剌忒纳失里为豫王，至正十八年（1358 年）十月徙居白海，寻迁于六盘山，卒。此段记载的时间与《平远县志》所记相差 132 年，故存疑。明成化十二年（1476 年）设平虏守御千户所于此，弘治十四年（1501 年）修筑城池及东关、西关。今仍存遗迹，南北长 758 米，东西宽 638米，城墙残高 9 米。城中心建有鼓楼。1928 年 10 月 17 日，国民政府行政院决议，将原属甘肃省的镇戎县划归新建的宁夏，更名豫旺县，治下马关，但辖地仍叫"豫王堡"。至当代，书写随意，有改写预旺城者，甚至有写作"予旺"者，皆常见于报端、地图。1992 年建镇时规范为"预旺"。1936 年，红军西征进入豫旺，并建立西征指挥部，留存有红军西征纪念碑等红色文化纪念地。美国记者斯诺随军采访，写成《西行漫记》，封面的"小号手"，即在豫旺城墙上拍摄，墙侧广场，已命名为"小号手广场"。预旺堡红军西征纪念园位于预旺镇北，建于 2001 年 5 月，占地面积 1 公顷。南塬村东南 500 米，有汉代古城遗址，面积达 10 万平方米，疑为东汉参峦县城。境内还有明代烽火台遗址8 座。

马高庄乡【Mǎgāozhuāng Xiāng】 上隶同心县，地处县境东部，东与甘肃环县接界，西南与张家塬乡接壤，西与预旺镇相连，西北与田老庄乡为邻，北与下马关镇接壤。因地势较高，马姓人居多，故名。辖赵家树、何渠、沟滩、邱家渠、乔家湾、白阳洼、马高庄 7 个行政村，乡政府驻马高庄村，西至县城 84 公里。面积 480.58 平方千米；2016 年人口 11271，其中回族 9586 人，占 85.1%；汉族 1676 人，其他少数民族 9 人。属黄土丘陵沟壑区，土地以坡地为主，植被稀疏，水土流失严重，干旱少雨。农业以种植业为主，靠天吃饭，长期属贫困之乡，劳务输出是农民增收的主渠道。2016 年农民人均可支配收入 6368.6 元。工业总产值 18296 万元，工业单位数 24 个。1950 年成立马家南湾乡，1958 年属预旺公社，1961 年 9 月成立马高庄人民公社，1984 年改马高庄乡。沟滩村有杨家堡，堡宅建于民国初期，平面呈正方形，1936 年是西征红军后勤部驻地。所住民房墙壁上，有红军所办墙报保存至今，其中有埃德加·斯诺对红军的《讲演词》摘要、指战员的《支部工作栏》《宣传大纲》等。乡内有明代烽火台遗址 10 处。郭岔村有韩家堡子，建于清乾隆年间，清嘉庆年间曾出文武举人各一名。中将韩练成（1909—1984 年）是韩门后裔。原国民党军高级将领，是中国共产党深入龙潭虎穴的四大传奇将军之一，被蒋经国称为在"总统身边隐藏时间最长的隐形将军"。1948 年脱离国民党部队，参加中国人民解放军。1950 年加入中国共产党。1955 年被授予中将军衔，获一级解放勋章。曾任兰州军区第一副司令员，甘肃省副省长。

张家塬乡【Zhāngjiāyuán Xiāng】　　上隶同心县，地处县境东南部。东与甘肃环县接壤，南与海原相连，西与王团镇为邻，北与预旺镇毗邻。辖汪家塬、张家塬、范堡子、折腰沟、犁铧嘴、苏家岭、驼骆崾岘、海棠湖 8 个行政村，乡政府驻张家塬村，西至县城 92 公里。2016 年面积 481.31 平方千米；人口 10974，其中回族 5978 人，占 54.5%；汉族 4993 人，其他少数民族 3 人。地方偏僻，初有张姓入住；地处黄土高原因冲刷形成的高地，呈台状，四边陡，顶上平，故名"张家塬"。常有报刊甚至公开发行的地图误作"张家垣"。乡境内山大沟深，马家大山海拔 2014 米，沟壑面积占总面积的 17.1%。干旱少雨，水土流失严重，农业生产受掣于天时，长期属贫困之乡，农民收入以劳务输出为主。农村经济发展步伐缓慢。2016 年农村居民人均可支配收入 6546.6 元。工业总产值 23 万元，工业单位数 12 个。乡内有明代烽火台 7 座。

张家塬乡 1961 年 9 月从预旺公社划出，成立张家塬人民公社。后改为张家塬乡。境内有山峰峦层叠，浑圆巍峨，远观如莲花盛开，以悠久的历史和兴盛的民俗文化活动——青苗水会而声名远播，清幽钟秀，故称莲花山。

田老庄乡【Tiánlǎozhuāng Xiāng】　　上隶同心县，地处县城东南。东与下马关镇、马高庄乡接壤，南与预旺镇、王团镇相连，西与豫海镇、河西镇、丁塘镇为邻，北与红寺堡区毗邻。辖李家山、五道岭子、石塘岭、套塘、深沟、石羊圈、窑山 7 个行政村，乡政府驻李家山村，西北至县城 30 公里。面积 517.3 平方千米；2016 年人口 9390，其中回族 9383 人，占 99.9%；其他民族 7 人。属黄土丘陵沟壑区，水土流失形成大沟 36 条，峁梁 39 座，植被稀疏，干旱缺水，资源匮乏，农民长期处于贫困状态，主要收入来源为劳务输出和国家扶贫资金。2016 年农村居民人均可支配收入 5631.7 元（含扶贫转移性收入）。工业总产值 23 万元，工业单位数 5 个。有窑山煤矿，规模较小，其侧有 2 座明代烽火台遗址。

（五）青铜峡市【Qīngtóngxiá Shì】

上隶吴忠市，居市境西北部、贺兰山与黄河之间。东与利通区隔河相望，南与中宁县接壤，西以贺兰山与内蒙古自治区阿拉善左旗为邻，北与永宁县接界。市政府驻裕民街道办事处古峡西街 51 号，位于东经 106°04′27.10″，北纬 38°01′15.15″。辖 8 镇、1 个街道办事处。东至吴忠市 6 公里，北至银川市 54 公里。2016 年面积 2438.2 平方千米。人口 29.41 万，其中汉族 222334 人，占 75.58%；回族 70142 人，占 23.84%；余为其他民族。地区生产总值 134.3 亿元，人均 45842 元。交通便利，包兰（包头至兰州）铁路、大古（大坝火车站至古窑子）铁路，京藏高速公路（北京至拉萨）、乌玛高速公路（乌海至玛沁）、古青高速公路（古窑子至青铜峡）、109 国道（北京至拉萨）、201 省道（石嘴山至青铜峡）纵横交错。

1. 地名来历及含义

1960 年 8 月 15 日，撤销宁朔县，成立青铜峡市。青铜峡本为黄河上游最后一道峡谷，位于牛首山西北端，汉代称青山峡。《水经注》卷三：“河侧有两山相对，水出其间，即上河峡也。世谓之青山峡。”“青铜峡”得名有三种说法。一为 1993 年出版的《宁夏百科全书》，说“因峭壁凝晖时呈青铜色而得名”，无古籍稽考。二为明嘉靖《宁夏新志》，说得名于宋代张舜民的诗句“青铜峡里韦州路”。此后，各种地方志不加考证，均沿用此说。实误。张舜民之诗收在《东坡志林》《甘肃通志》等书中，原文均为：“青刚峡里韦州路，十去从军九不回。白骨如山山似雪，凭君莫上望乡台。”诗中写的不是“青铜峡”，而是灵州道上著名的“青刚峡”，唐末五代至北宋史籍中大量出现，在今甘肃环县北境。1081 年张舜民随军征西夏路过，写成此诗。三为民间传说，因大禹治水到此，以青铜神斧劈山导水而名。旧地方志记载，峡内有禹王庙、禹王洞等古迹（1960 年黄河大坝合龙，均被淹没）。

2. 地名现状

第二次全国地名普查汇总统计，青铜峡市共有地名 6456 个。其中乡镇级及以上行政区域地名 19 个，群众自治组织 139 个，非行政区域名 22 个，居民点 1392 个，交通运输设施 592 个，水利电力通信设施 1687 个，纪念地旅游景点 194 个，建筑物 26 个，单位 2318 个，陆地水系 38 个，陆地地形 29 个。

3. 地名沿革

青铜峡市历史悠久，远在 1 万年前的中石器时期，境内鸽子山就有人类生息繁衍。秦代黄河东岸属富平县，有蒙恬所筑神泉障，为防御匈奴之要塞，是最早有文字记载的地名。西汉元朔二年（前 127 年），汉武帝派大将军卫青收复河南地（今河套地区）后，迁移内地居民到此屯垦，使人口大增。西汉元鼎三年（前 114 年），在今青铜峡市邵岗镇西增设灵武县，以县西贺兰山灵武谷名命名，治南典农城，今青铜峡市大部属之。东汉建武二十一年（公元 45 年），因人口锐减，灵武县裁减。此后至东晋，皆属少数民族驻牧之地，无州县设置。隋仁寿元年（601 年），为避隋炀帝杨广名讳，将设在浑怀障（银川市兴庆区月牙湖乡）之广润县更名为灵武县，迁至黄河以西的汉灵武县旧址，辖今青铜峡市黄河以西大部。唐初改隶灵州，至德元载（756 年）升为上县，治所在当时的汉渠口之北 50 里，即今邵岗镇西。北宋开宝年间（968—976 年），废灵武县为镇，为灵州河外七镇之一。北宋咸平五年（1002 年）入西夏，1038 年升为顺州。元至元十二年（1275 年）复置灵武县，明初撤裁。明洪武二十五年（1392 年）置宁夏右屯卫治宁夏镇城内，辖今青铜峡市大部。清雍正二年（1724 年），改宁夏右屯卫为宁朔县，寓意安宁的朔方，县政府驻新满城（今银川市金凤区北京中路西端）。1941 年，县署迁至瞿靖堡。1943 年春，县署又迁至汉坝堡（今小坝镇）。1949 年 9 月 24 日，宁朔县解放，宁朔县人民政府成立。1958 年 10 月 25 日，宁夏回族自治区成立，宁朔县属之，县治小坝（以汉坝堡改名）。1960 年 8 月 15 日，撤销宁朔县，成立青铜峡市，市政府驻青铜峡镇。1963 年 6 月 29 日，撤销青铜峡市，改为青铜峡县，县治移回小坝。1984 年 12 月 17 日，撤县改市。

4. 地名文化

青铜峡市的地名，有厚重的文化底蕴。最为突出的有：

一是以宁夏十大干渠、青铜峡水利枢纽为代表的水利灌溉文化。2017 年 10 月，国际灌排委员会第六十八届国际执行理事会一致通过：宁夏引黄古灌区入选第四批世界灌溉工程遗产名录。宁夏引黄古灌区的"龙头"在青铜峡，从秦汉以来，人们就利用黄河水在青铜峡的落差，先后开凿秦渠、汉渠、汉延渠、唐徕渠、惠农渠、大清渠等古渠，引黄河之水自流灌溉。1960—1967 年，又建成青铜峡水利枢纽，结束两千多年无坝引水的历史，在河东、河西各建总干渠，以大坝闸门控制引水流量，衍生出"青铜峡灌区"新地名，可浇灌农田 650 多万亩。河东、河西总干渠都在青铜峡市境内，然后分流，又派生出银川平原的十大干渠、近百道支渠、上万道毛渠、斗渠等渠名及闸、坝、桥等地名，形成一部水利地名史。在青铜峡市境内，这种水利设施演变为乡镇、村、居民点地名的比比皆是。市政府驻地小坝，初名汉坝，是汉延渠之首；今大坝镇，原名唐坝，是唐徕渠的咽喉工程；今峡口镇、青铜峡镇，直接取名于青铜峡。很多村名，如龙门村、高渠村、巴闸村、中沟村等，都得名于水利设施。

二是湿地文化。在历史长河中，境内的黄河经常改道，民谚曰"三十年河东、三十年河西"。改道后，故道便成为湖泊。在青铜峡市境内，就有许多这样的湖泊。唐《元和郡县图志》在灵武县下所记"千金大陂"，长五十里，宽十里，就属汉代的黄河故道。到清代，这个长湖的南段在今青铜峡市邵岗镇与永宁县李俊镇间，"周数十里"，名叫老鹳湖，又名连湖，是七十二连湖之首。清《乾隆宁夏府志》列为"改定宁夏八景"之一，称"连湖渔歌"。今连湖农场即得名于此。黄河泥沙含量大，出青铜峡后，河水流速变缓，泥沙沉积，形成洲岛、滩涂、沼泽。日久之后，有的洲岛、滩涂变成可垦之地，形成聚落甚至城镇。如西汉时的灵州县，其县域就设在约2000平方千米的洲岛上，"随水高下，未尝沦没，故号灵洲"。延至当代，最大的滩是陈袁滩，2003年前设有陈袁滩乡。很多滩名已弃之不用，如陈袁滩、唐滩；仍在行政村中沿用的有万粮滩、营门滩、王老滩、刘滩、中滩、上滩、东滩、西滩。黄河鸟岛位于青铜峡库区内，是青铜峡大坝建成后淤积而成，南北长6.5公里，东西宽3公里，总面积8万余亩。其中林区面积2.3万亩，芦苇3000多亩，其余为湖沼滩地。岛内有植物49科125属210种，脊椎动物5纲29目59科316种和亚种。栖息各种鸟类约百万只，是西北仅次于青海湖的鸟岛。以上均属天然湿地。人工湿地中，当首推近年新建的黄河金岸工程，是在原来的防洪堤基础上，融入交通、景观功能，两侧全为湖沼。青铜峡盛产水稻，稻田也属人工湿地。叶盛（镇）大米，已创出"珍珠米"品牌享誉全国。

三是边塞文化。在古代，青铜峡市地处边塞，烽火不息。东汉在上河城、灵武谷，唐朝在峡石（今青铜峡口）、灵武县（邵岗镇），都曾爆发官兵与羌族、吐蕃的大战。尤其是明代，以长城、烽火墩、兵营为代表的军事防御地名众多，并留存至今。成化年间至嘉靖十年（1465—1531年），在贺兰山东麓大兴长城、烽墩，构筑了完整的军事防御体系。青铜峡市境内修筑的长城称宁夏"城西南墙"和"边防西关门墙"。经过多年风雨剥蚀，长城的许多段落已成残垣，只有位于邵岗镇的北岔口长城保存完好，多数烽墩仍然屹立。明代建筑的屯兵之地玉泉营、干城子营、大坝营、广武营等地名大多沿用至今，成为青铜峡边塞文化的象征。明初，为了形成军事防御真空地带，"徙民于关陕"，旧的地名消失。后来为了解决军粮供给问题，又大筑军事屯堡，拨军丁耕垦，每个堡以"百户"一员领之，各堡之间以百户的姓名相称，于是新的地名产生，如叶升堡、邵刚堡、蒋鼎堡、瞿靖堡、陈俊堡等，皆沿用至今。

此外，市境内地名还反映了古人类遗址文化、岩画、宗教文化、农耕文化、移民文化。

很多地名文化，已得到广泛应用。青铜峡之名延伸使用的，有青铜峡灌区、青铜峡水利枢纽、青铜峡镇、峡口镇、青铜峡水力发电站、青铜峡铝厂、青铜峡水泥厂。近年在黄河西岸建成中华黄河楼，总建筑面积 2.2 万平方米，主楼高 108 米，金碧辉煌，直上云霄，楼内设博物馆展示黄河文化。地名文化也广泛运用于旅游。青铜峡内的十里长峡，已成为重要旅游景区，汇集了青铜峡铁桥、青铜峡大坝、青铜峡库区鸟岛、一百零八塔、大禹文化园、中华黄河坛等古迹和新建景观。

5. 所属街道、镇

裕民街道【Yùmín Jiēdào】 青铜峡市政府驻地。东至宁朔大道，南到唐源街，西至万安路，北至 109 国道，辖紫薇、怡苑、唐源、惠源、汉延等 9 个社区。面积 8.81 平方千米，人口 5.4 万，有 256 个行政事业单位，5300 多个商业网点，83 个居民小区，其中创建自治区五星级社区 4 个。辖区原属小坝镇。1979 年 11 月因县城扩大、城镇人口增加，从小坝公社划出小坝大队作为城镇范围，成立小坝镇人民政府，治小坝市区永丰南路。2000 年，将大坝电厂、青铜峡糖厂社区划入。2003 年 7 月乡（镇）区划调整，成立裕民街道办事处。

青铜峡镇【Qīngtóngxiá Zhèn】 上隶青铜峡市，地处市境南部、青铜峡水利枢纽周边，跨黄河两岸。全镇山川相济，广武地区以西及镇南的牛首山、峡口山，多为山地丘陵；青铜峡大坝以下为黄河冲积平原。辖沃沙、草河、余桥、旋风槽、园林、三趟墩 6 个行政村（包括 2 个移民村）及峡石、新民、利民、艾山、峡西、铝厂 6 个社区。镇政府驻解放路南，北距市政府驻地小坝镇 20 公里。2016 年面积 613 平方千米，人口 5.8 万，其中回族人口占 42%。1958 年前属金积县，1960 年 8 月划属青铜峡市，为青铜峡市政府驻地。1963 年市政府迁驻小坝，1964 年 5 月成立青铜峡镇至今。青铜峡是黄河上游最后一峡，汉代至北魏称青山峡，又名上河峡（《水经注》卷三）。唐代称硖石，北宋初名峡口（《宋史·郑文宝传》）。青铜峡一名，始见于明嘉靖《宁夏新志》，说得名于宋代张舜民的诗句"青铜峡里韦州路"。此后，各种地方志不加考证，均沿用此说，实误。经查多种古籍，张舜民之诗原文均为"青刚峡里韦州路"，写的是灵州道上著名的"青刚（一作冈）峡"，在今甘肃环县洪德乡北 10 公里，唐末、五代、北宋史籍有大量记载。1993 年出版的《宁夏百科全书》，说"因峭壁凝晖时呈青铜色而得名"，但无古籍可资稽考。另有民间传说：因大禹治水到此，以青铜神斧劈山导水而名。旧地方志记载，峡内有禹王庙、禹王洞等古迹，1960 年黄河大坝合龙被淹没。青铜峡镇地名文化丰富，其特点有三：一是水利设施历史悠久且高度集中。宁夏引黄古灌区，已入选第四批世界灌溉工程遗产名录。而这个古灌区的"龙头"，即在青铜峡镇。从秦汉之际，就开渠引水，留存的古渠，至今仍是宁夏最大的干渠，共浇灌农田 500 多万亩。引入河东各地的，有秦渠、汉渠、东干渠；泽润河西各市县的，有唐徕渠、汉延渠、惠农渠、西干渠。二是地名文化的延伸广博。1958年青铜峡水利枢纽工程开工，至1967年最后一台发电机组安装完毕，产生20多个以"青铜峡"命名、颇具影响的新地名：青铜峡灌区，其范围包含11个市、县（区）的平原地带；青铜峡大坝，1960年合龙，总长693.8米，最大坝高42.7米，使宁夏结束了无坝引水的历史；青铜峡水电厂，1967年全部竣工，装机总容量30.2万千瓦，是我国自行设计建设的全国唯一的闸墩式水电站；青铜峡库区、青铜峡鸟岛，成为新的风景名胜；河西总干渠、河东总干渠均在青铜峡镇内；青铜峡铝厂，属宁夏大型骨干企业。1957年为水利枢纽工程施工运输而修建的青铜峡黄河铁桥，是自治区境内的第一座黄河大桥，现为自治区文物保护单位。三是以青铜峡大峡谷形成的旅游文化资源。10公里黄河长峡，两岸山势嵯峨，怪石奇峰杂错，形成观音神像、天书雄阁、镇山睡佛等自然景观。在青铜峡库区中淤积而成的黄河鸟岛，南北长6.5公里，东西宽3公里，是国家级湿地生态保护区，其中林区面积2.3万亩，水域面积近万亩，成为野生动植物的繁衍之地，每年有迁徙候鸟几十万只，栖息鸟类约百万只，是西北仅次于青海湖的第二鸟岛。鸟岛北面的一百零八塔，为罕见的群塔，始建于西夏，分13层，以1、3、3、5、5、7、9、11、13之数分层依山排列，组成等腰三角形，遥望阵势入云。依托大禹治水传说及禹王洞、禹王庙等古迹而建成的大禹文化园，建筑面积13190平方米，有大禹雕像及钟楼、鼓楼、明堂、大殿、河图书、九州苑等展区。中华黄河坛坐落在上游长峡入口处北岸，建筑面积65000平方米，以各种坛、场、楼、阁、碑、雕和青铜器、石器，集中展示中华黄河文明。建筑布局分三区（思恩区、礼恩区、感恩区），主要建筑物有一坛（中华黄河坛）、一院（黄河文化研究院）、一广场（黄河广场）、三大殿（中华人文始祖殿、慈孝懿范殿、百家姓祠堂）、五牌楼（中华黄河坛大牌楼、思恩牌楼、礼恩牌楼、感恩牌楼、文渊牌楼）。此外，青铜峡拦河大坝、黄河铁桥、黄河水利博物馆也在这条旅游线上，联袂形成黄河水利地名文化长廊。

叶盛镇【Yèshèng Zhèn】 上隶青铜峡市，地处市境东北部。东濒黄河与利通区、灵武市隔河相望，南与小坝镇接壤，西与连湖农场、瞿靖镇毗邻，北界永宁县，因地处青铜峡市、永宁县、灵武市、利通区四市乡交会处，有"雄鸡一鸣听四县"之说。辖叶升、蒋滩、盛庄、联丰、五星、正闸、张庄、光明、龙门、地三10个行政村和1个社区。镇政府驻叶升村，南距市区14公里，北距自治区首府银川43公里。2016年，全镇面积55.6平方千米，人口2.36万。地处宁夏交通要道，京藏高速公路、109国道、211省道在此交会。宁夏黄河第一座公路大桥——叶盛黄河大桥坐落境内，连通两岸交通，成为河东地区通往银川的必经之路。地形单一，为黄河冲积平原，土壤肥沃，自西汉起即进行农业开发，引黄河水自流灌溉，有汉延渠、惠农渠两大干渠泽被全境。被列为宁夏优质粮食主产区、国家级水稻万亩高产示范园区。蒋滩村被列为自治区级玉米全程机械化示范区。地三村被列为自治区级有机水稻生产基地，所产"叶盛大米"，晶莹圆润，口感极佳，已创品牌，被誉为"珍珠米"。叶盛在西汉时属灵洲［州］县，南北朝至五代，属灵州腹地，与州城仅一河之隔。西夏改属静州。明洪武初为防御鞑靼、瓦剌，在宁夏建立真空防御地带，"徙民于关陕"。后又筑堡开展军事屯垦，各堡委"百户"一员领之，以其姓名相称，叶升堡为其一，属宁夏卫，今叶升村遗址尚存，正方形，城墙每边长约200米，东西各有城门，已全部颓圮。清雍正二年（1724年）属宁夏县。1932年属宁朔县二区，1941年为叶升乡。1941年8月下旬，省政府认为"系用私人之名相称""鄙俚不堪"，令改为叶盛堡。1949年10月为宁朔县二区人民政府驻地。1955年设叶盛乡，1958年9月划归小坝公社。1961年4月从原小坝公社划出叶盛、光明、地三、联丰、红星等大队组建叶盛公社。1966年10月更名为东方红公社。1972年2月复名叶盛公社。1984年3月改社为乡。1985年9月改为叶盛镇。20世纪70年代后，常将"叶升"和"叶盛"地名混用，后以"叶盛"地名报民政部备案。2012年，青铜峡市人民政府下发通知规范为"叶盛"。清雍正七年（1729年），通智主修惠农渠竣工，长三百余里，为宁夏第二大干渠。其渠首即在叶盛镇正闸村，建有龙王庙。有据可考的是：通水之年，为彰通智之功，乡绅在此修建龙王庙，塑像3尊，分别代表通智和助修水渠的岳钟琪（清康乾名将）、单畴书（时为宁夏道尹）。而宁夏广为流传的民间传说却与此大相径庭：渠道通水，沿线各地念通智之功，把10多个民堡都以"通"字命名，如通伏、通润……（都沿用至今）；3年后，朝廷得知，认为通智是"贪天之功为己有"，将其斩首于正闸；民众哀思，遂建龙王庙祠之。"文化大革命"中，龙王庙被毁，1985年重建。每年农历二月初二、七月十五日，镇政府都要在龙王庙举行盛大的祭祀活动，民众则在惠农渠中放河灯，以慰通智亡灵。

邵岗镇【Shàogǎng Zhèn】 上隶青铜峡市，位于市区西北20公里。地处银川平原灌区，西邻贺兰山东麓以明长城与内蒙古阿拉善左旗为界。辖邵岗、高渠、邵南、永涵、玉泉、营桥、东方红、五道渠、二旗、邵西、下桥、星火、邵北、沙湖、大沟、甘城子、玉西、同富、同乐19个行政村，81个村民小组。镇政府驻邵岗村，东南至市区（小坝）20公里。2016年面积411.4平方千米，人口30897；地区生产总值8.34亿元，人均26993元。渠道纵横，田连阡陌，无旱涝之虑。粮食以种植小麦、水稻、玉米为主；经济作物以酿酒葡萄种植最多，达4.8万亩，建酒庄、酒堡10家，年产葡萄酒4500吨；种植供港蔬菜2500亩。包（头）兰（州）铁路及乌玛高速（乌海至玛沁）、110国道、201省道公路穿境而过。

邵岗镇本系汉代、隋唐五代之灵武县及西夏之顺州。明初徙民于关陕，后又筑堡调外籍军丁屯垦，灵武、顺州等旧地名无人知晓，故以屯长（级别为"百户"的低级军官）姓名命名为邵刚堡。20世纪70年代后，常将"邵刚"和"邵岗"混用。2012年，青铜峡市人民政府统一规范为"邵岗"。邵岗镇历史悠久。西汉元鼎三年（前114年）于此置灵武县，因贺兰山有灵武谷而名。东汉中后期羌族起义爆发，灵武县撤废，此后近300年为羌、匈奴、鲜卑牧地。北魏初期属薄骨律镇。隋炀帝杨广登基后，为避其名讳，将设在今银川市月牙湖乡的"广润县"更名灵武县，并迁回西汉灵武县旧址。五代降为灵武镇。北宋初一度恢复灵武县，后复降为镇。1001年被西夏攻占。1038年西夏立国，升之为顺州。1227年被蒙古大军攻占，州废。明初因处军事前沿，故徙民于关陕，空其地。后又筑堡开展军事屯垦，以"百户"姓名命名"邵刚堡"，沿用至当代。1961年改公社。2003年7月，将甘城子乡和邵刚乡合并，改制为邵岗镇。邵岗镇地名文化特色有四：一是水利文化。汉代"激河浚渠"，后世称汉渠。《水经注》载，西汉阳朔年间（公元前24—前21年），朝廷以冯参为农都尉，在灵武县筑典农城，主管农田水利。东汉后300年间，游牧民族进入，渠道荒废。太平真君五年（444年），刁雍任薄骨律镇将，见"古高渠"已无法引水，重修艾山渠，长一百二十里，自南而北经过邵岗镇。此后至唐末，史籍皆称其为汉渠。唐《元和郡县图志》即将汉渠记在当时的灵武县境内，渠口位于县南五十里青铜峡黄河北岸，其左右又有胡渠、御史、百家等八渠，各溉田五百余顷。武则天时将其拓宽、延长，即今天仍在使用的唐徕渠。二是民族文化。唐贞观二十一年（647年）正月，为安置铁勒的浑部数千帐，在灵州回乐县界置皋兰州，为少数民族羁縻州，由浑氏家族世袭都督，有很大的自治权。由于地近农耕区，常与农户发生纠葛，后采纳灵州司马崔知温建议，徙于黄河以北。1991年在玉泉营农场发现唐代铁勒人墓志铭，铭文首句称"大唐左屯卫将军皋兰州都督浑公夫人契苾氏墓志铭并序"。据此，皋兰州应在邵岗镇西北的玉泉营。三是名人文化。唐灵武县名人辈出，有多人在《旧唐书》《新唐书》中立传。其中最著名的有：浑瑊（736—800年），皋兰州人，自幼随父在朔方军中征战，立无数战功，升至节度使。泾原兵变后，叛军攻进长安城，兵变首领朱泚自称皇帝，唐德宗出逃至奉天（陕西乾县）。浑瑊率家人子弟救驾，以少胜多，击败数万叛军，并乘胜收复长安。唐德宗感其救驾之功，任命浑瑊为检校尚书左仆射（正宰相）、同中书门下平章事、朔方行营元帅等高官，实封五百户。浑释之，浑瑊之父，有武略，在朔方军中积累战功甚多，先后授开府仪同三司、试太常卿、宁朔郡王。广德中与吐蕃作战阵亡。韩游瓌（？—798年），朔方名将，与浑瑊等收复长安，"论功与瑊等第一"，升检校尚书左仆射，实封四百户。《新唐书·孝友传》还将侯知道、程俱罗二人列入，称"灵武二孝"之灵武。唐代散文学家李华写《灵武二孝赞（并序）》之前，曾亲自前往灵武县探访二人事迹，但因黄河流凌无法过渡而未遂愿。由此可见，"灵武二孝"之灵武，并非指灵武郡，而是指当时的灵武县。四是以明长城为代表的边塞文化。永乐二年（1404年），在邵刚堡西南（今名甘城子）筑城驻军，因灵武口有泉水甚甘，注入玉泉池，故名玉泉营，近代称"甘城"。成化年间，巡抚都御史贾俊从贺兰山东麓的双山向南至广武，修筑长城70.4公里，时称"宁夏城西南墙"。这段长城，多数都已塌毁，唯邵岗镇境内的北岔口长城，保存最为完好。两段边墙长约10公里，黄土版筑，高6米，基宽1.7米，顶宽1.4米，多数女墙已坍塌。在长城外围，另有石砌短墙5段，皆因山势由山脚修至山丘上的烽火台。沿长城内侧修筑的烽墩，也基本完好。北岔口长城，也是宁夏境内长城保护最好的段落，已列入全国重点文物保护单位。正德五年（1510年），三边总制尚书杨一清在邵刚堡设守备，驻骑兵五百员，辖宁夏镇城以南各堡，故称"宁夏南路邵刚堡"。明万历十五年（1587年），将玉泉营东移，在今邵岗镇东方红村唐徕渠之西，新筑一座周回三里的城池，仍称玉泉营，今遗址尚存。

瞿靖镇【Qújìng Zhèn】 上隶青铜峡市，地处市境西北部，南以红旗沟与大坝镇为界，东依汉延渠与叶盛镇为邻，东南与小坝镇接壤，西到明长城，与树新林场相连，北连邵岗镇和连湖农场。地形西高东低，由贺兰山麓缓坡过渡到银川平原，地势总体开阔平坦，土地肥沃，灌排有序，唐徕渠、大清渠、西干渠三大干渠由南向北流经全境，是全市农业大镇。辖瞿靖、友好、友谊、尚桥、蒯桥、毛桥、时坊、蒋顶、蒋西、银光、新民、朝阳、光辉、玉南14个行政村和1个社区。镇政府驻瞿靖村，东南至市区7公里。2016年面积104.22平方千米，人口35217。包兰铁路、大古铁路及110国道通过境内。有全国重点文物保护单位1处，即鸽子山古人类文化遗址，在银辉村西南约10公里，属旧石器时代晚期至新石器时代早期遗址。以四眼井为中心，面积约15万平方米。1984年发现，1995年文物部门进行考古试掘，收集各类石器3000余件及少量陶器残片，界定为距今1.2万年至1万年。至西汉属灵洲[州]县，唐代属灵武县，西夏属顺州。明洪武初为防御鞑靼、瓦剌，在宁夏建立真空防御地带，"徙民于关陕"。后又筑堡开展军事屯垦，委"百户"一员领之，以其姓名相称，故名瞿靖堡，为宁夏左屯卫所辖十四堡之一。今镇内有遗址，南北长280米，东西宽220米，破坏严重，城墙残高4.8米，东西各有门，四角有角楼。瞿靖村西南500米有明代永寿塔遗址，原为六角形十三级密檐式砖塔，1951年塌毁，现存塔基。清代属宁朔县。1932年属宁朔县第4区瞿靖乡。1941年为宁朔县第1乡。1943年为宁朔县第4区区公所驻地，下辖8个乡。1955年10月，复设瞿靖乡，1958年9月，成立跃进人民公社。1966年改名为东风公社。1972年7月恢复瞿靖公社名称。1983年7月，改社为乡。1985年撤乡设镇。至2003年7月，青铜峡市合乡并镇时，蒋顶乡整建制合并到瞿靖镇。

小坝镇【Xiǎobà Zhèn】 上隶青铜峡市，地处市区北部。东与陈袁滩镇接壤，南至大坝镇中滩村，西至瞿靖镇，北界叶盛镇。辖小坝、张岗、红星、林东、先锋、林皋、新林、永丰、南庄 9 个行政村，56 个村民小组。镇政府在市区利民西街北，宁朔大道东。2016 年面积 82.46 平方千米，人口 6893 户 24379 人。地形单一，属黄河冲积平原。汉延、大清、惠农三大干渠由南向北流经全境，无旱涝之虞，是全市农业、商贸大镇。京（北京）藏（西藏）高速公路、109 国道和大古铁路通过境内。小坝得名与汉延渠历史相关。元代，董文用、郭守敬修筑汉延渠，在渠首筑坝引黄河水，立木闸，时名汉坝。明代在汉坝西筑堡，地名为汉坝堡。因其南为唐徕渠首，筑有唐坝，规模更大，民众俗称"大坝"，而将汉坝俗称"小坝"。汉坝地名沿用到 1955 年。是年 10 月 16 日，宁朔县撤区并乡，将原 1 区的 3 乡（林西乡）和 4 乡合并，组建小坝乡管理委员会，治汉坝堡。此后，小坝之名沿袭至今。

陈袁滩镇【Chényuántān Zhèn】 上隶青铜峡市，地处城区东郊，东临黄河与吴忠市利通区隔河相望，南与大坝镇中滩村接壤，西与小坝镇相接，北与叶盛镇毗邻。辖滨河、韵欣苑 2 个社区及陈滩、袁滩、唐滩、补号、沙坝湾 5 个行政村，镇政府驻陈滩村，西至市区 4 公里。2016 年面积 59 平方千米；人口 19015，其中回族等少数民族 7422 人，占 39.03%；社会生产总值 12.68 亿元。镇内交通便利，有大古铁路、京藏高速、101 省道公路过境，叶盛黄河大桥、大古铁路大桥、京藏高速公路黄河大桥、吴忠黄河大桥将全镇与吴忠市城区连城一片。全镇东枕黄河，形成"黄河金岸"湿地风光，有黄河生态园、黄河楼、黄河母亲雕像和黄土地度假村等知名景点。陈袁滩原为黄河中的滩渚，东面为主流，西面为岔河。清咸丰元年（1851 年），滩渚始有人短住开荒放牧。后分隔为三个洲岛，由陈、袁、唐三姓人耕种，形成陈滩、袁滩、唐滩 3 个地名。光绪六年（1880 年），将陈滩划属吴忠堡吴西乡，袁滩划属吴忠堡左营乡。1950 年，在陈袁滩成立第五乡，隶属吴忠市第三区。1958 年，改设为陈袁滩管理区。1962 年，陈袁滩人民公社成立，唐滩属东塔公社耕种。1966 年 4 月，陈袁滩人民公社划属青铜峡县管辖。是年 7 月，更名为永红人民公社。1968 年 1 月，改名为满江红人民公社，1968 年 12 月划属吴忠县。1972 年 6 月，恢复陈袁滩公社名称。1984 年，改社为乡。此后，黄河流量逐年渐少，西岔河断流，不但陈、袁、唐三滩互相连属，西面也与青铜市连成一片。2004 年 12 月 26 日，将陈袁滩乡改为镇，划属青铜峡市至今。

大坝镇【Dàbà Zhèn】 上隶青铜峡市，地处青铜峡市城区之南，东临黄河与吴忠市利通区、青铜峡市峡口镇相望，南与青铜峡镇相连，西与大坝电厂毗邻，北与小坝镇、瞿靖镇、陈袁滩镇接界。辖大坝、韦桥、沙庙、陈俊、蒋东、蒋南、利民、王老滩、上滩、中滩、中庄、立新、新桥、三棵树、滑石沟 15 个行政村和大坝电厂社区，镇政府驻大坝村。2016 年面积 204 平方千米；常住人口 32540，其中回族 1300 余人，占 4.3%；

社会生产总值 9.67 亿元。境内渠道纵横，交通发达，有唐徕渠、汉延渠、大清渠、西干渠过境，109 国道、201 省道、滨河大道纵贯其间。镇域知名企业有大坝电厂，景点有大坝营渠首风景区、水电部五七干校旧址。大坝镇得名，与唐徕渠有关。元代，董文用、郭守敬重修唐徕渠首引水坝，遂名唐坝。此后，唐徕渠是宁夏平原最大的渠道，引水坝规模最大，故名大坝。居第二位的汉渠引水坝次之，故名小坝。高桥村南 1 公里，有西夏李元昊时的"李王渠"遗址，明代称"靖虏渠"，现为市级文物保护单位。明洪武二十五年（1392 年），在唐坝筑堡，为宁夏右屯卫所辖十八堡之一，名为大坝堡。今韦桥村有明代大坝堡遗址，正方形，残存城墙边长各 400 米，残高 6.5 米。东面辟有城门，1945 年摄制的照片上，精美的城门楼仍完好无损，今已荡然无存。今韦桥村，实为水利博物馆。河西总干渠引水至此，以正闸分出唐徕渠，正闸东侧为汉延渠首，唐三闸又是惠农渠首。韦桥村西北 300 米有清代水利专家通智所撰《修唐徕渠碑记》，1967 年当作"四旧"被毁，1986 年制石重刻。碑文记述了唐徕渠首从元代到清雍正九年（1731 年）间，闸坝历次改建简况，是研究宁夏水利史的宝贵资料。1933 年，辖区内设陈俊乡、大坝乡，隶属宁朔县二区管辖。1941 年 4 月，撤区并乡，陈俊乡、大坝乡合并为大坝乡。中华人民共和国成立后，设为一区 5 乡、6 乡。1952 年，拆分为大坝、陈俊、陈墩、蒋东 4 乡。1956 年，仅存大坝乡，1958 年并入红旗人民公社（小坝乡）。1961 年，单独成立大坝人民公社。1984 年改社为乡。2003 年，组建大坝镇。

峡口镇【Xiákǒu Zhèn】　上隶青铜峡市，位于黄河东岸。东与利通区金积镇接壤，东南与红寺堡区为界；南至牛首山与中宁县为邻，北与利通区立新镇相接。辖西滩、谭桥、闫渠、任桥、郝渠、沈闸、草台子、巴闸、汉渠、赵渠、跃进、新田 12 个行政村及团结新村社区。镇政府驻任桥村，西北距市区（小坝）28 公里，东北距吴忠市 13 公里。2016 年面积 388 平方千米；人口 7687 户 31867 人，其中回族 25494 人，占 80%。秦汉属北地郡富平县。南北朝之后，长期为灵州属地。1913 年属金积县。1955 年成立金积县峡口乡。1958 年 10 月，改为上游公社。1959 年 2 月改双闸公社（驻地董府）。1960 年 8 月划属青铜峡市，成立峡口公社，以黄河峡谷之口而名。1966 年 10 月改称战斗公社。1972 年 7 月恢复峡口公社。1984 年 2 月改称乡。1994 年 4 月改乡为镇。

峡口镇位于黄河青铜峡之口，《水经注》称上河峡、青山峡，唐代称硖石，宋代起称峡口。银川平原河东灌区的秦渠、汉渠、东干渠三大干渠，渠首皆在镇内。镇内有青铜峡黄河公路大桥、古青高速黄河特大桥。俞桥村东 20 米，有俞家桥烈士陵园。1949 年 9 月 20 日，中国人民解放军十九兵团一九一师进军宁夏，在俞家桥突破国民党守军防线，但有 47 名指战员壮烈牺牲。23 日，新成立的金积县人民政府将烈士遗体就地安葬，10 月建烈士陵园，1978 年重建，占地面积 7600 平方米。1986 年，青铜峡市政府将其定为革命纪念地。董府位于任桥村，是清光绪年间的宅第。因董曾被加封为"太子少保"，故又名宫保府。董福祥（1839—1908 年），汉族，固原人。1864 年，组织民团反清，后被左宗棠部刘松山收编为董字三营，残酷镇压回民反清斗争，又随左宗棠参加收复新疆的战役，官至甘肃提督，授尚书衔，加封"太子少保"。1900 年入京抗击八国联军，所率甘军勇猛杀敌。签订《辛丑条约》时，八国联军要求杀掉董福祥，慈禧太后力保免死，赐银革职还乡隐居。董福祥回到金积堡，于 1902 年动工兴建府第，耗银数十万两，动用人工三百万个，1905 年竣工。整体建筑由内寨、外寨、护府河和主体建筑群落四部分组成。现仅存内寨和主体建筑，为我国传统砖木斗拱结构，运用彩、绘、雕、刻、塑等手法，又以匾、题、画点缀装饰，是具代表性的明、清四合院式建筑群，也是宁夏现存最大的堡寨。2006 年 5 月 25 日，董府作为清代古建筑，由国务院公布为第六批全国重点文物保护单位。现存建筑占地 34650 平方米，主体建筑院落共存 5 院、106 间房舍。峡口镇南 10 公里，有牛首山寺庙群，系自治区文物保护单位。山上现存明、清寺观 40 余座，多为佛寺，最著名的有大西天寺、小西天寺、滴水寺、青峰寺、普光寺、十王殿等。明代《牛首山寺碑记》称：寺庙"越千百年，始大盛于今"。任桥村南有洪乐府，市级文物保护单位，是伊斯兰教哲合忍耶门宦道堂，占地 13 万平方米，有 290 多间房屋，始建于乾隆五十年（1785 年）。20 世纪 80 年代重建，占地 6 万平方米，建筑面积 1540 平方米。

第四节　固原市

固原市【Gùyuán Shì】　是宁夏回族自治区所辖地级市，地处南部六盘山区，位于东经 105°20′~106°58′，北纬 35°14′~36°38′。东部、南部分别与甘肃省庆阳市、平凉市为邻，西部与甘肃省白银市相连，北部与中卫市、吴忠市接壤。总面积 13449 平方千米。辖原州区、西吉县、隆德县、泾源县、彭阳县，市政府驻原州区北京路，北（经福银高速）至银川 339 公里。2016 年底，共辖 21 个镇，41 个乡，3 个街道办事处，63 个居委会和 823 个村民委员会，总人口 122.04 万，其中回族 54.76 万人，占 44.87%。地区生产总值 239.81 亿元，人均 17920 元。固原市所辖 5 个县、区，都属全国重点贫困县，虽经多年扶贫，2016 年农村居民人均可支配收入仍然只有 7714 元（含国家扶贫转移性收入 1159 元）。有全国重点文物保护单位 8 处：固原古城遗址、开城遗址、大营城遗址、页河子遗址、须弥山石窟、北朝至隋唐墓地、战国秦长城、将台堡革命旧址。自治区文物保护单位 42 处。

一、地名现状

第二次全国地名普查汇总统计，全市共有地名 32309 个。其中乡镇级及以上行政区域地名 85 个，群众自治组织 924 个，非行政区域名 839 个，居民点 8890 个，交通运输设施 1911 个，水利电力通信设施 3819 个，纪念地、旅游景点 2524 个，建筑物 539 个，单位 10489 个，陆地水系 537 个，陆地地形 1752 个。上述普查数据，行政区域、群众自治组织、陆地水系、陆地地形四类较准。其他各类，由于普查中或因归类不当、或因入选标准不一致，各区、县数据差异较大。有的县，将宗教活动场所清真寺归入纪念地，显然不妥。又如单位地名，人口、面积都小的贫困县泾源县，多达 326 个，彭阳县只有 11 个，而人口最多、城镇化水平最高的原州区也只有 262 个。

二、"固原"一名的来历及含义

西周称大原。《史记·周本纪》卷四："宣王既亡南国之师，乃料民于大原。"原即"塬"，是黄土高原的一种地貌名词，指高出山谷的一片平地。西汉置高平县，北魏太延二年（436 年）置高平镇，因"地势既高且平，故名"。正光五年（524 年）改高平镇置原州。唐末陷于吐蕃后，原州治所先后侨治于甘肃的平凉、镇原，因此，固原这一带被称作"故原州"。明朝更名固原州和固原卫，更名原因有两说：一为讳"故"改固；二为"以其地险固因名之"。

三、地名沿革

西周称大原，属区域性地名。因在周都镐京的北面，故又名朔方。《诗经·小雅·出车》："天子命我，城彼朔方。"战国秦惠文王时（前 337～前 311 年），在今彭阳县古城镇设朝那县。秦昭襄王三十五年（前 272 年）筑长城，横贯市境，今原州区北郊遗址尚存。汉武帝元鼎三年（前 114 年）析北地郡置安定郡，辖 21 县，治高平城（今固原市原州区城关）。汉武帝曾数次巡视安定郡，并下令修筑回中道。东汉郡治南迁，存高平县，汉光武帝刘秀亲征隗嚣至此，称其为"高平第一城"。三国至两晋，境内置有高平、朝那、乌氏、都卢 4 县。北魏太延二年（436 年）置高平镇，属军政合一机构，不领郡县。正光五年（524 年）改置原州，下设郡县，治高平郡高平县。北周置原州总管府，仍领两郡四县。隋大业三年（607 年）改原州为平凉郡，领平高（高平改）、百泉、默亭、他楼县，治平高县。唐武德元年（618 年）复名原州，天宝元年（742 年）又改为平凉郡。广德元年（763 年）没于吐蕃，直到五代无行政建制。北宋为与西夏抗衡，先后在今原州区置镇戎军、隆德县置德顺军、原州区黄铎堡镇置怀德军，级别与下等州等同。1130

年，金攻占上述各地，升军为州。元朝安西王在今原州区开城镇设王府，并设开成路、开成州、广安州。成化十年（1474 年），新置陕西三边总制府驻此。弘治十五年（1502年）设固原州，又设固原镇。清朝为固原州，划属甘肃省，而泾源县、隆德县划属平凉府。同治十二年（1873 年）改为固原直隶州，领海城（今海原）、平远（今同心）二县及硝河州判、打拉县丞。1913 年废州改固原县，属甘肃省泾源道，后又改属甘肃省平凉专区。1936 年 10 月，中国工农红军自陕北西征进入固原县境，以庙儿掌为中心，成立固北县苏维埃政府，1938 年 4 月撤销。1942 年 10 月，划固原、海原、隆德、静宁、会宁五县边界地区设西吉县。1949 年 8 月，固原解放。10 月，固原县、隆德县、海原县、泾源县（原化平县）划属甘肃平凉专区、西吉县划属定西专区。1953 年 11 月，甘肃省西海固回族自治区成立，州首府为固原县，辖西吉、海原、固原 3 县。此后，"西海固"之名，常为宁夏南部之代称。1955 年 11 月，国务院批准，改名为固原回族自治州。1958年 10 月，宁夏回族自治区成立，成立固原专区。1958 年 11 月，甘肃省泾源县划入。1970 年 11 月，改固原专区为固原地区行政公署，辖固原、海原、西吉、隆德、泾源 5县。1983 年 7 月 29 日国务院批复，从固原县东南境析出 15 个人民公社，成立彭阳县。2002 年 7 月 6 日，撤固原地区改固原市，固原县改称原州区，仍辖海原县、西吉县、隆德县、泾源县、彭阳县。2003 年 3 月，实施"撤乡并镇"，全市共减少行政村 148 个，村民小组 31 个。2004 年 2 月 11 日，海原县划出归中卫市管辖。

四、地名文化

固原市的地名文化有以下四个特点。

一是源于地理环境的地名最多。固原市地处黄土高原，六盘山脉纵贯全境，山河壮丽，地势险要。州郡县名，从西周的大原，演变到汉唐的高平、原州、平高，直到今天的固原，都源于"地势既高且平"，三千多年一脉相承。最大河流清水河，也使用"高平川水"达千年之久。延至当代，乡镇、行政村、农村居民点，反映山川及地形地貌的地名约占四成，都带山、河、川、梁、峡、崖、沟、口、洼、坪、台、岔、湾之类的字眼。有的村名，其含义、读音很独特。如带"塥"的行政村，仅原州区寨科乡就有东塥、西塥、北塥。这里的"塥"字，读音不是 shǎng，而是 tǎng；其含义也不是土地面积计算单位，而是专指一种地形，即山间平坦之地。六盘山原名陇山，中国工农红军二万五千里长征经此，毛泽东主席写下不朽诗篇《清平乐·六盘山》，给地名文化增添了无限光彩。六盘山这个地名，也随之名扬四海，延伸到街道、乡镇、学校等各类地名及文艺作品、商标的命名中。

二是地名的历史文化沉积厚重。固原市的南部，在西周时已有朔方、大原之名。《诗经·小雅·六月》："猃狁匪茹，整居焦获。侵镐及方，至于泾阳……薄伐猃狁，至于大原。"猃狁是当时的北方少数民族，南侵至泾阳（在今泾源县泾水之北），所以派军队至大原将其逐走。《诗经·小雅·出车》："王命南仲，往城于方。出车彭彭，旂旐央央。天子命我，城彼朔方。"战国秦在今彭阳古城镇所置朝那（zhūnúo）县，原为朝那戎族居地。当地有湖名"湫渊"，后代称"朝那湫"。秦惠文王伐楚，出兵前到这里祭祀龙王，作《诅楚文》刻石投湖，宋代出土，其拓片传至当代，今存河南安阳中国文字博物馆。秦始皇统一六国后，将湫渊定为全国唯一由朝廷祭祀的湖泊，汉文帝时更是扩大坛场。湫渊的祭祀文化，在宋、元的碑刻中仍有记载。朝那县还出土过有铭文的"乌氏朝那鼎"，涌现了针灸鼻祖皇甫谧、教育家皇甫规等一批名人。这只是彭阳县一个镇的地名文化精要。其他如原州区、隆德县，更是不胜枚举。

地名的边塞文化特色鲜明。战国秦在市境筑长城，秦统一六国后，将秦赵燕长城连贯为一，后人称"秦长城"。唐太宗于贞观二十年（646年）北巡至此，写有《饮马长城窟》诗。今原州区、彭阳县，仍有多个以长城命名的行政村、居民点。西汉又筑萧关（在今泾源县六盘山镇瓦亭村），是关中北面要塞。后来，文人骚客将长城或萧关之南称为"塞下"，其北叫"塞上"。唐代著名诗人中，李白、王昌龄、朱庆余等都作有《塞上曲》《塞下曲》。其他诗人以《塞上》《出塞》为标题的诗篇，其内容也是写固原地区的边塞风情。在《全唐诗》中，写萧关的诗就有40多篇。王维的《使至塞上》，写出"大漠孤烟直，长河落日圆"的雄浑景象，更是脍炙人口。北宋与西夏的边界，在固原市境的北面。双方兵戎相见，新筑军寨、城、堡近百个，都由朝廷"赐名"，有的作为地名留存至今。如隆德县的好水乡，源于宋夏之间的"好水川之战"，被作为典型战例辑入《军事百科全书》。泾源县的瓦亭村，则是宋朝的牧马军寨。从固原市区沿101省道向北，今沿途有头营、三营、七营、八营等地名，原本都是古代驻军营垒。

三是畜牧文化对地名影响大。固原市无霜期短，干旱少雨，无农耕优势，但自古畜牧业发达。《史记·货殖列传》载：乌氏县（今泾源县及甘肃省平凉市北部）有位叫"倮"的畜牧业主，将牛马斥卖，求购不同花色品种的珍奇之物，去献给戎王。戎王以10倍的价值偿之以畜，多到难以计数，只好以山谷"量马牛"，成为巨富。"秦始皇帝令倮比封君，以时与列臣朝请"。隋朝设陇右监牧、原州皮毛监。唐朝置陇右监牧使驻原州，辖50监，马牛存栏数达到60多万头，其中马31万多匹，为历代官牧之最。北宋设有10多个牧马军寨。一千多年的畜牧发展史，对地名影响深远。据统计，全市带"马""羊""牛""驼"字的行政村名，就有46个之多。马园、马庄、马湾之类的地名，各有四五个。隆德县的"马社火"，更是独树一帜。

四是地名的丝路文化特色。固原市境是丝绸之路主线所经。西汉至唐代，有长安—

凉州北道穿越泾源县、原州区、海原县进入河西走廊，《洛阳伽蓝记》形容为"百国千城，莫不款附。胡商贩客，日奔塞下"。元代以后，丝路改道翻越六盘山至兰州、新疆。除留存玻斯镓金银壶、古罗马金币等众多丝路文物外，很多地名也留下丝路文化印记。如丝路上的关，西汉有萧关，东汉更名瓦亭，即今泾源县六盘山镇瓦亭村。唐代更名陇山关，职能是"限中外，隔华夷"，对进出境商品只检查有无违禁品，不征关税，所以相当于今天的海关。为了控扼丝路，唐代还在原州另设七关，分别命名石门关、六盘关、木峡关、石峡关、制胜关、驿藏关、木崝关。又如驿站，丝路驿站之名，至今仍在使用的有瓦亭驿、神林驿、石门驿、西安州驿。还有丝路文化遗址，被列为全国重点文物保护单位的须弥山石窟，是丝路沿线的十大石窟之一，今存132窟，有大小造像315尊，始凿于北魏，继兴于北周，而多数凿于唐代。其中第5窟的弥勒大坐佛，仪态端庄，面部丰满敦厚，是典型的唐代风格。其气势宏伟，高达20.6米，超过龙门石窟的卢舍那大佛。尤为珍贵的是，大佛下方，至今仍有一段古道遗迹，保存完好。从这段丝路故道向西进入西吉县，又有扫帚岭石窟、石寺山石窟、禅佛寺石窟、白庄石窟。今原州区的开城镇，源于唐代的"开远堡"，其得名就与中西陆路交通线有关。这里发掘的6座史氏家族墓，墓主皆来自中亚，皆系隋唐之际沿丝绸之路到此定居。在他们的墓志铭中，还留下了原州城中的"劝善里""万福里"等地名。

五、辖属政区

(一) 原州区【Yuánzhōu Qū】

系固原市辖区，市政府所在地。地处宁夏回族自治区南部、六盘山东北部，位于东经105°57′23″~106°32′29.45″，北纬35°45′37.44″~36°31′04.12″。东与甘肃环县、固原市彭阳县相接，南与泾源、隆德县为邻，西与西吉县相连，北与海原县接壤。辖7镇、4乡、3个街道办事处，区政府驻原州区南关政府街，北至银川市339公里。2016年面积3501.11平方千米；人口42.12万，其中汉族215842人，占51.23%；回族204662人，占48.58%；余为其他民族。地区生产总值103.3亿元，人均24685元。

1. 地名来历及含义

因地势既高且平，西汉至北魏初称高平城，曾置高平县、高平镇。北魏正光五年（524年），改高平镇为原州，治平高县，史籍称"以高平曰原"。唐广德元年（763年）被吐蕃攻占，后曾侨治甘肃平凉市境。大中三年（849年）一度收复，广明元年（880年）复失，正式迁至临泾，称旧治为"故原州"。专名，其含义有两说：一为"讳故改固"；二为"因城池险固而名"。2002年固原撤地设市，改固原县为原州区至今。

2. 地名现状

第二次全国地名普查汇总统计，共有地名 6430 个。其中乡镇级行政区域地名 15 个，群众自治组织 188 个，非行政区域名 369 个，居民点 1441 个，交通运输设施 592 个，水利电力通信设施 1108 个，纪念地、旅游景点 641 个，建筑物 180 个，单位 1518 个，陆地水系 116 个，陆地地形 262 个。

3. 地名沿革

西周称大原，属区域性地名。因在周都镐京的北面，故又名朔方。《诗经·小雅·出车》："天子命我，城彼朔方。"战国秦昭襄王三十五年（前 272 年）筑长城，今原州区北郊遗址尚存。汉武帝元鼎三年（前 114 年）置高平县，为安定郡治，辖 21 县，治高平城（今固原市原州区城关）。东汉郡治南迁，存高平县，汉光武帝刘秀亲征隗嚣至此，称其为"高平第一城"。三国至两晋仍为高平县。北魏太延二年（436 年）置高平镇，属军政合一机构，不领郡县。正光五年（524 年）改置原州，下设郡县，治高平郡高平县。北周置原州总管府，仍领两郡四县。隋大业三年（607 年）改原州为平凉郡，领平高县（高平县改）。唐武德元年（618 年）复名原州，天宝元年（742 年）又改为平凉郡。乾元元年（758 年）复为原州。广德元年（763 年）没于吐蕃，大中三年（849 年）一度收复，广明元年（880 年）再失，直到五代无行政建制。北宋为与西夏抗衡，先在今原州区置镇戎军，后又在今三营镇黄铎堡置怀德军，级别同下等州。1130 年被金攻占，改镇戎军为镇戎州。元朝安西王在今原州区开城镇设王府，并设开成路、开成州、广安州。成化十年（1474 年），新置陕西三边总制府驻固原。弘治十五年（1502 年）设固原州，又设固原镇。清朝为固原州，划属甘肃省。同治十二年（1873 年）改为固原直隶州。1913 年废州改固原县，属甘肃省泾源道（后改平凉专区）。1949 年 8 月，固原县解放，10 月划属甘肃平凉专区。1953 年 11 月属甘肃省西海固回族自治区（后改名固原回族自治州）。1958 年 10 月，宁夏回族自治区成立，成立固原专区，专员公署驻固原县。1970 年 11 月，改固原专区为固原地区行政公署。1983 年 7 月 29 日国务院批复，从固原县东南境析出 15 个人民公社，成立彭阳县。2002 年 7 月 6 日，撤固原地区改固原市，固原县改称原州区。

4. 地名文化

原州区的地名文化，有以下特点。

一是源于地理环境的地名最多。原州区地处黄土高原，六盘山脉纵贯全境，山河壮丽，地势险要。州郡县名，从西周的大原，演变到汉唐的高平、原州、平高，直到今天的原州区，都源于"地势既高且平"，三千多年一脉相承。最大河流清水河，也使用"高平川水"达千年之久。延至当代，乡镇、行政村、农村居民点，反映山川及地形地貌的专名最多，如山、河、川、梁、峡、崖、沟、口、洼、坪、台、垴、岔、湾之类。有的村名，其含义、读音很独特。如带"垧"的行政村，仅原州区寨科乡就有东垧、西垧、北垧。这里的"垧"字，读音不是 shǎng，而是 tǎng；其含义也不是土地面积计算单位，而是专指一种地形，即山间平坦之地。

二是历史文化厚重。《诗经·小雅·六月》："玁狁匪茹，整居焦获。侵镐及方，至于泾阳……薄伐玁狁，至于大原。"大原，是原州区地名的本源，因位于西周镐京的北方，故又称朔方。《诗经·小雅·出车》："王命南仲，往城于方。出车彭彭，旂旐央央。天子命我，城彼朔方。"今开城镇马园村的西海子水库，秦汉时称"湫渊"，战国秦就是祭祀场所，秦统一六国后，被定为全国唯一由朝廷主祭的湖泊，与黄河、长江、沔水、济水、泗水同列为必祭的"六水"。这里的祭祀文化，一直沿袭到元朝。原州区之北十五里，秦昭襄王所筑长城清晰可见，今称"长城梁"。原州之名，从北魏沿袭到唐后期，演绎过无数重大历史事件。

三是畜牧业在中国畜牧史上有举足轻重的地位。《隋书·百官志》载，隋置陇右牧，专事牧马，地跨宁夏的隆德、西吉、海原、固原等县。原州的羊牧，置大都督管理，规格之高，彰显地位重要；原州还有驼牛牧，因为畜产品种类多，所以又设原州皮毛监，是全国唯一的皮毛监。又据《元和郡县图志》记载，唐太宗登基伊始（627 年），就将赤岸泽的牧马监迁移至陇右，设陇右监牧，初为太仆寺卿直接管理，后来由原州刺史兼领其职，共设四使五十监，牧地东西约六百里，南北约四百里。天宝十二载（753 年），共有马 319387 匹，其中应交朝廷的"课马"133598 匹。最高的开元十三年（725 年），牧马达到 43 万匹，还有羊 28.6 万只，牛 5 万头，其数量之多，创历代官牧之最。原州监牧还在管理、围限、养殖、牧草种植、多种经营方面，创造了一套独特的办法。北宋在原州区各地设牧马军寨，明代设黑水苑，将牧马业延续下来。牧马业也形成了一批以"马"字命名的地名。明清时，固原城内有马神庙。今仍作为村名使用的，有马堡、马路、马园、马店、马庄、马场、大马庄、小马庄等。马园、马庄之类的居民点，各乡镇多有重复。

四是地名的丝路文化特色。原州是丝路重镇。西汉至唐代，有长安—凉州北道穿越原州区进入河西走廊，《洛阳伽蓝记》形容为"百国千城，莫不款附。胡商贩客，日奔塞下"。原州区南郊北周李贤墓出土的鎏金银壶，是波斯萨珊王朝的一件工艺品，距今已有 1500 年的历史，工艺精妙绝伦，在世界现存的萨珊文物中亦属罕见。墓中还出土了波斯产玻璃碗、青金石戒指、金银币等文物，是丝路经过原州区的铁证。被列为全国重点文物保护单位的须弥山石窟，是丝路沿线的十大石窟之一，今存 132 窟，有大小造像 315 尊，始凿于北魏，继兴于北周，而多数凿于唐代。其中第 5 窟的弥勒大坐佛，仪态端庄，面部丰满敦厚，是典型的唐代风格。其气势宏伟，高达 20.6 米，超过龙门石窟的卢舍那大佛。尤为珍贵的是，大佛下方，至今仍有一段丝路古道遗迹，保存完好。今原州区的开城镇，源于唐代的"开远堡"，其得名就与中西陆路交通线有关。这里发掘的 6 座史氏家族墓，墓主皆来自中亚的"昭武九姓"，其祖上皆系沿丝绸之路入华定居者。在他们的墓志铭中，还留下了原州城中的"劝善里""万福里"等地名。

五是地名的军事文化特色。北魏在原州区置高平镇，为军政合一机构。北宋为与西夏作战，在今城区筑镇戎军城，在黄铎堡筑怀德军城，屯驻重兵。元代在六盘山地区屯驻重兵，开展军事屯垦。明代设固原镇，为三边四镇总制府驻地，管理东起榆林、西至嘉峪关长城沿线的军事防御。这些军事活动，也留下一地名。如大营、头营、二营、三营、七营、八营等。

5. 所属街道、乡镇

南关街道【Nánguān Jiēdào】　　上隶原州区，地处城区南部，固原老城中心，东至东岳山，西至西关路，南临田洼林场，北至文化街。辖南寺巷、中心路、峡口、工农巷、中山南街、军民路、清河路、宋家巷、政府巷、西湖路、羊坊、东红 12 个社区。街道办事处驻政府东路。2016 年面积 25.39 平方千米；人口 25295 户 62815 人，其中回族 16997 人。辖境为明清以来的固原城，1953 年 1 月 31 日设城关区；1956 年改城关镇；1958 年改为公社，同年更名城郊公社。1962 年复设城关镇；2003 年撤销镇成立中山街道；2009 年 7 月，设南关街道至今。有全国重点文物保护单位 1 处：原州故城，即固原老城，汉代为安定郡治高平城，北魏太延二年置高平镇，后改原州。569 年展筑原州城。隋唐仍为原州，系丝路重镇，广德元年（763 年）后被吐蕃攻陷毁城，"弃而不居"。北宋筑镇戎军城。金改镇戎州，1219 年毁于地震，次年修复。明初改固原州，设固原镇，为三边四镇总制驻地。1452 年重修固原城，1469 年展筑，嘉靖《固原州志》载："周围二十里，设关门四，外为沟池。"后又经两次扩建、修缮，增筑外关城，共设 10 道城门。至 20 世纪中叶，城池基本完整，雄伟壮观，是宁夏规模最大、保存最完整的古城。"文化大革命"中城墙被拆毁。今有残墙 5 段，总长 1350 米。有自治区文物保护单位 2 处：城隍庙，在政府街，始建于明景泰二年（1451 年），清代重修，现存前、中、后三殿；财神楼，在过店街南，始建年代不详，清光绪四年重修。另有西湖公园，俗名小西湖，位于原州区南关街道政府西路与西关街交会处，系民国间园林，当代辟为公园，融山水园林、文化娱乐、休闲旅游为一体。

北塬街道【Běiyuán Jiēdào】　　上隶原州区，地处城区北部，东至东岳山，西至西关街，南到文化路，北止北海子。辖中山北街社区、北关路社区、东关北路社区、火车站社区、北环路社区、文化巷社区、和平门社区、北海社区、什里社区、郭庄社区 10 个社区。2016 年面积 25 平方千米；人口 17211 户 41623 人，其中回族 8064 人。办事处驻中山北街。在城区北部，地势较为平坦，故名。1953 年 1 月 31 日属城关区，1956 年改为城关镇，1958 年更名城郊公社，1962 年复属城关镇，2003 年属中山街道。2009 年 7 月成立北塬街道。革命烈士纪念碑，1991 年建于西湖公园，碑名由国防部原部长张爱萍题写，2013 年迁至长城梁林业生态示范园。长城梁，实为战国秦长城，属全国重点文物保护单位，今郭庄社区有遗址，全部倾圮成一道土梁，故名"长城梁"。建有长城梁林业生态示范园，为固原市爱国主义教育基地。什里社区东关北街有"北十里城障"遗址，面积 65000 平方米，属战国秦长城沿线所筑城障之一，为屯兵场所。清代地方志称之为"临洮营"，但对其地名来历无考。

古雁街道【Gǔyàn Jiēdào】 上隶原州区，地处城区中部。位于东经 106°12′50.13″~106°16′42.14″，北纬 35°59′23.99″~36°03′16.86″。东至西关路，西至福银高速公路，北至长城梁，南至 109 国道。辖西城路、西环路、西塬、警民路、金城花园、东海园、靖朔门、饮河、明庄、海堡、小川子、祥和苑、祥瑞苑 13 个社区。2016 年面积 23.47 平方千米；人口 16891 户 40638 人，其中回族 12664 人。政府驻古雁民生路。因辖区内有古雁岭而名。前身为 1949 年 10 月设立的城关市；1953 年 1 月 31 日改为城关；1956 年改为城关镇；1958 年改为公社，同年更名城郊公社；1962 年复建城关镇；2003 年撤销城关镇，成立中山街道；2009 年 7 月，撤销中山街道，设立南关街道、北塬街道、新区街道；2014 年 11 月 21 日，更名为古雁街道。宝中铁路、银平公路、西兰公路过境。古雁岭森林公园，是集观赏、休闲、健身、娱乐于一体的城市森林公园。古迹有文澜阁，别名魁星楼，位于原州区第二小学院内、古城内城墙东南角，墙体呈圆形。主体高度 13.3 米。据史书记载：明弘治十四年（1501 年），开城县移至古原州（后改名固原县）后，户部尚书兼右副都御史秦纮任总制（后改总督），随即创建文庙，于弘治十六年（1503 年）落成。清光绪末年，因年久失修，濒临塌毁，时任固原知州王学伊，为"招东来紫气，起地方文脉，壮山城景色"而倡议地方乡绅并带头捐资重建。其风格为六边形三层檐亭式砖木结构古色建筑。至民国年间，大书法家于右任先生登楼览胜时曾题"翠接文澜阁，瑞应须弥山"之楹联，褒其壮美，由此，魁星楼又得名文澜阁。2005 年 9 月 16 日，自治区人民政府公布为区级重点文物保护单位。

三营镇【Sānyíng Zhèn】 原州区辖镇，地处区境正北。东依寨科乡，南接头营镇，西连黄铎堡镇，北邻海原县三河镇。辖华坪梁、东源、戴堡、唐湾、安和、广和、孙家河、甘沟、马路、鸦儿沟、新三营、老三营、赵寺、团结、金轮 15 个行政村和北街、南街 2 个社区，79 个村民小组。镇政府驻华坪梁村，南至原州区城区 38 公里。2016 年面积 162.02 平方千米；人口 10813 户 36825 人，其中回民 29714 人；人均收入 9044 元。明初，从固原城向北的交通大道沿线，有按数字排序为"营"的地名 8 个，从头营一直排到八营。嘉靖《固原州志》卷一的"苑马寺"有记载："开城苑，在头营内。圈长三员，领八营马房六百三十九间……二营内置有苑马行寺……"由此可以确定，"三营"之名，源于明初驻军营堡，后虽改苑马寺，但三营之名使用至今。今老三营村有遗址，面积 16.45 万平方米。1912 年始设镇。1949 年设三营区，1958 年设三营公社；1984 年改公社为乡；1986 年 1 月，三营撤乡建镇。境内有新石器时代遗址 2 处，分别在海堈村东、马家村东南大旱岇；青铜时代遗址 1 处，在张家山村东 5 公里；宋代堡寨遗址 4 处，最大的在白河村西南 2.5 公里，正方形，边长 320 米，城墙残高 7 米，今名王浩堡。自古为交通要冲，西汉至唐代系丝绸之路所必经，历代设驿站，清设三营驿。今有宝中铁路、福银高速公路、101 省道自南而北过境。

官厅镇【Guāntīng Zhèn】 上隶原州区，地处区境东北部，云雾山南麓、黄家河上游。东至彭阳县交岔乡，南邻开城镇，西至中河乡，北与头营镇毗邻。辖程儿山、大堡、东峡、高红、高庄、官厅、后川、刘店、庙台、乔洼、沙窝、石庄、薛庄、阳洼、长城 15 个村民委员会，55 个村民小组。镇政府驻北塬街道什里社区。2016 年面积 300.17 平方千米；人口 6405 户 20293 人，其中回族 8005 人；人均收入 7387 元。宋代境内设天圣寨。1949 年设乡，属固原县王洼区。1958 年 9 月为官厅公社，1983 年 10 月改乡。2011 年将原清河镇、官厅乡合并设立官厅镇。境内地名文化遗产丰富。有长腰洼、沙窝沟、李堡等新时代遗址。长城村，得名于战国秦昭王时所筑长城。李堡东 300 米，有北宋天圣元年所筑天圣寨遗址。地处黄土丘陵沟壑区，平均海拔 1750 米，沟壑纵横，植被稀疏，水资源缺乏，无霜期 145 天，有旱、雹、风、冻等灾害，故为贫困乡镇。

开城镇【Kāichéng Zhèn】 上隶固原市原州区，地处区境南端六盘山区，南北长 32 公里，东西宽 26 公里。辖开城、大马庄、二十里铺、冯庄、郭庙、和泉、黑刺沟、柯庄、彭庄、三十里铺、上青石、双泉、下青石、小马庄、寇庄、吴庄、深沟 17 个行政村。镇政府驻开城村，北距原州区 18 公里。2016 年面积 269.7 平方千米，人口 9450 户 29332 人，其中回族 13488 人，人均收入 7758 元。宝中铁路、福银高速公路穿境而过。境内山地多，林木葱郁，但耕地少，且无霜期短。有全国重点文物保护单位 2 处：开城遗址、隋唐墓地。自古为关中通达宁夏的交通咽喉之地。西汉元封四年（前 107 年），汉武帝下令开回中道，然后 6 次北出萧关巡视安定郡、北地郡。此后至唐广德元年（763年），丝绸之路的长安凉州—北道经此。镇境出土大量文物，反映丝绸之路盛况。深沟村的北周李贤墓，有波斯鎏金银壶，是西域各国工艺品中的奇葩，被习近平总书记称作丝绸之路经过宁夏的"铁证"。墓中还出土 6 世纪从西域传入的玻璃碗、青金石戒指、波斯萨珊王朝银币。小马庄及羊坊两村，分布有中亚"昭武九姓"的史氏墓葬七座，其中属隋朝的一座，余皆为唐墓。"昭武九姓"原为大月氏人，西汉时西迁至中亚，支庶分王九国，以姓氏为国名，史国为其中之一。北魏初年后，一些史国人陆续沿丝路进入中国，并定居下来。这七座墓葬的墓主，都家居原州城内，并已升任高官。因此，墓穴规模大，各占地数百平方米，有墓道、过洞、墓室及多个天井，出土有大量珍贵文物，以及波斯银币、东罗马金币、波斯萨珊王朝金币等外国货币。七墓都有墓志铭，记述其先祖来华后的经历，对研究丝绸之路学术价值很高，因而有 5 方墓志被定为国家一级文物。墓志还记录了唐代当地的一些地名，如原州城中有招远里、万福里、劝善里；今开城镇设有咸阳乡，辖有归具厅里。这些隋唐地名，是迄今为止，宁夏境内发现有确切记载最早的乡、村、街道地名。开城之名，源于北宋咸平元年（998 年）所筑开远堡，属镇戎军。系丝绸之路所必经，故名"开远"。近年，考古工作者在考察开城元代建筑遗址时，发现地表层还有裸露的黄、绿、白三种琉璃建筑构件碎片，尤以绿釉、黄釉琉璃瓦最多，还有黄釉龙纹圆瓦。龙是皇帝的象征，只有皇帝的宫殿才能用黄釉琉璃瓦并饰以龙的图形。据《元史·本纪》记载，蒙古汗国有三位帝王在"六盘山"经营：成吉思汗在六盘山指挥灭西夏的战事并疗伤达一年多；元宪宗蒙哥在这里屯兵并会见全国郡守县令，然后留辎重于六盘山南下灭金；忽必烈征大理在此结集兵力，得胜后又班师至六盘山避暑。据此综合分析，开城应是三帝驻跸"六盘山"的行宫所在，使这里成为一座城池，称"开城"，乃至元朝立国后，把管理宁夏南部的行政机关"开城府"不设在旧原州城内，而是设在开城。至元十年（1273 年），忽必烈皇子忙哥剌被封为安西王，以秦、蜀为封地，开成府为行都，视为上都，亦号上路。又设开成州、开成县。大德十年（1306 年）一场大地震，陵谷变迁，城池被毁。至明代，府、州皆回迁固原城内，开城县亦撤废，复称开城堡至当代。1949 年设立开城乡。1953 年 1 月设开城区。1958 年 10 月改公社。1983 年改乡。2003 年 7 月，与南郊乡合并，改名为开城镇。

张易镇【Zhāngyì Zhèn】 上隶原州区，地处区境西南部，六盘山脉西侧。辖张易、大店、上马泉、驼巷、南湾、宋洼、陈沟、马场、黎套、红庄、毛庄、贺套、田堡、阎关、盐泥、黄堡 16 个行政村。镇政府驻张易村，东北至原州区城区 30 余公里。2016 年面积 284.16 平方千米；人口 12041 户 42339 人，其中回族 11510 人；人均收入 8073 元（含国家扶贫转移性收入 1000 多元，下同）。得名于古堡，始筑时间不详。宋熙宁五年（1072 年）复筑，名"张义堡"，属镇戎军。元丰元年（1078 年）六月十二日，镇戎军知军张守约奏请，将旧堡修缮改作仓城，另筑新堡，仍名张义堡。建炎四年（1130 年）陷于金，后改属镇戎州三川县，并升为张义寨，近代写作"张易"。1958 年为张易公社；1983 年 10 月改为张易乡；2003 年与红庄乡合并为张易镇。气候阴湿高寒，水资源丰富，但无霜期短，约 120 天，宜发展林、牧业，属贫困乡。战国秦长城由樊西堡南侧入境，自西向东经阎关、红庄，穿叠叠沟出境，民众称其遗址为长城梁。大店村有木峡关遗址，南北朝至隋唐设雄关固锁。唐代为全国十三个中关之一，又系原州七关之一，有原州至临洮军六百二十里驿道经此。隋开皇三年（583 年），突厥可汗沙钵略纵兵四十万入木峡关、石门关，至关陇各州掳掠"六畜咸尽"。其地又有堆沙堡，安史之乱后，吐蕃攻占原州，南逼关中，以堆沙堡为囤积粮草之地。大店村有天然高山湖泊，面积 840 余亩，平均水深 5 米，水质优良，名西海子，为清代固原八景之一，称"西海春波"。

彭堡镇【Péngbǔ Zhèn】　上隶原州区，地处区境西北部。东、北与头营镇相连，南与中河乡为邻，西与西吉县沙沟乡为界。辖撒门、惠德、别庄、曹洼、河东、蒋口、彭堡、申庄、石碑、吴磨、硝沟、阎堡、杨忠堡、姚磨 14 个行政村，镇政府驻彭堡村，南至原州区城区约 20 公里。2016 年面积 173.08 平方千米；人口 9826 户 31843 人，其中回族 14979 人；人均收入 7843 元。西部为六盘山脉山地，东部为西坪梁，中部为大营川、冬至河谷地。境内建有蒋口、撒门、陕庄等水库，水资源丰富。有新石器时代遗址 9 处。北宋时与西夏交兵，为军事前沿，故筑多个堡寨，有遗址可考的有：三川寨，在阎堡村西南 2 公里，县级文物保护单位。天圣八年（1030 年）筑，属镇戎军，建炎四年（1130 年）后被金攻占，设三川县，属镇戎州。城墙东西宽 324 米，南北长 880 米。熙宁寨，熙宁元年（1068 年）筑，属镇戎军，建炎四年（1130 年）后被金攻占，属镇戎州三川县，今石堡村北 200 米有遗址，东西墙长 473 米，南墙长 413 米，北墙长 360 米。高平寨，在曹洼村隔城子古城，北宋庆历二年（1042 年）筑。庆历四年设置榷场，与西夏贸易。建炎四年（1130 年）被金攻占。以上 3 寨，均驻兵 3000 人左右，有保护所辖民堡之责。今彭堡村、撒门村、姚磨村、红寨子等地，还有明代民堡遗址，面积都小。清代有彭姓居民居住在旧堡内，故称彭家堡，简称彭堡。1949 年 9 月，设彭堡乡。1958 年成立彭堡人民公社，1983 年改为乡，2003 年 7 月撤乡设彭堡镇。

头营镇【Tóuyíng Zhèn】　上隶原州区，居区境中北部，清水河两岸。北接三营镇，南连彭堡镇，西邻黄铎堡镇，东至炭山乡。辖杨郎、马园、徐河、头营、南屯、胡大堡、二营、蒋河、南塬、杨庄、大圪垯、马庄、三和、大北山、马店、陶庄、冯洼、杨河、坪乐、张崖、石羊、利民、泉港、圆德 24 个行政村。镇政府驻杨郎新街，南至原州区城区 25 公里。2016 年面积 275.85 平方千米；人口 15997 户 52416 人，其中回族 26533 人；人均收入 9041 元。东部属黄土丘陵区，西部塬地较多，西北部属清水河谷平原。古代畜牧业兴旺，隋代为原州驼羊牧、陇右监牧地。唐代为陇右监牧北使牧地。地名中畜牧文化厚重，如今村名中就有马园、马庄、马店、石羊。"头营"，为明初驻军营垒（详见原州区三营镇），弘治十五年（1502 年）杨一清督理陕西马政，于头营置"开城苑"，管八〔个〕营。今头营村有遗址可考。嘉靖《固原州志》卷一的"苑马寺"记载："开城苑，在头营内。圈长三员，领八〔个〕营马房六百三十九间，草厂八所，草场、马圈一十三处……南北长一百二十六里，东西阔八十里。"今之二营村，则"置有苑马行寺，东至可可川天城山私盐路，南至古黑城……北至韩府群牧所……"此处"行寺"，即野放游牧管理机构。镇内新石器时代遗址多达 19 处，还有 2 座汉代，7 座宋代寨、堡遗址。其中杨郎村宋城遗址 4.5 万平方米，马园村宋城遗址面积 1.58 万平方米。1949 年设头营乡；1956 年 11 月，并入吴磨乡；1958 年 10 月设吴磨公社，12 月并入彭堡公社。1961 年 5 月从彭堡公社划出，始设头营公社。1983 年 10 月改社为乡。2003 年 7 月，与杨郎乡合并为头营镇。

黄铎堡镇【Huángduóbǔ Zhèn】　上隶原州区，地处区境西北部。东靠三营镇，南接头营镇、彭堡镇，西邻西吉县沙沟乡，西北邻海原县山河镇、九彩乡和李俊乡。辖黄铎堡、曹堡、和润、何家沟、老庄、穆滩、白河、三岔、金堡、南城、铁家沟、陈庄、黄湾、丰泽、北庄 15 个行政村。镇政府驻黄铎堡村，南至原州区城区 47 公里。2016 年面积 201.16 平方千米，人口 9064 户 33139 人，其中回族 27355 人；人均收入 8585 元。因明朝军人黄成的曾孙黄铎袭官固原卫，并在此镇守，故称为黄铎城。1958 年属三营公社，1963 年属黄铎堡公社，1983 年改乡，2003 年 7 月撤乡。2011 年 5 月 18 日设黄铎堡镇。北魏时设石门关，郦道元的《水经注》记载，此处有石门水，为高平川水支流，至此历峡涛注，两壁如门，故名石门。为丝绸之路所经，故设石门关，为唐原州七关之一。黄铎堡西 5 公里南湖村有须弥山石窟，是中国十大石窟之一，1982 年国务院公布为全国重点文物保护单位。须弥为梵文音译，意为宝山。始凿于北魏，兴盛于北周和唐代，分为 8 个区域，共存 132 窟，315 尊石雕像，分布在长 1800 米、宽 700 余米的山崖中。其中大佛楼第 5 窟弥勒佛坐像，高达 20.6 米，仪态端庄而安详，为唐代武则天时期开凿。黄铎堡村西 500 米有平夏城遗址，为自治区文物保护单位，咸平五年（1002 年）属西夏，元丰四年（1081 年）被宋攻取，取名平夏城。绍圣四年（1097 年）展筑，大观二年（1108 年）置怀德军，级别同下等州，领七寨、二城、四十余堡。遗址分内外城，外城东西宽约 750 米，南北长 875 米。内城平面呈长方形，东西长 240 米，南北宽 80 米。保存比较完整，出土文物中有著名的西夏文"首领"铜印。蝉塔山石窟位于张家山村三队西侧海拔 2500 米的蝉塔山顶端。占地面积 3000 平方米，共 5 个石窟。

中河乡【Zhōnghé Xiāng】　上隶原州区，居城郊西北。北接彭堡镇，南靠张易镇，东邻官厅镇，西与西吉县接壤。辖小沟、中河、庙湾、高坡、丰堡、黄沟、曹河、红崖、油坊、上店、硝口 11 个行政村。乡政府驻中河村，东至原州区城区 5 公里。2016 年面积 421.79 平方千米；人口 7769 户 28476 人，其中回族 23380 人；人均收入 7614 元。福银高速公路、兰宜公路、固西一级公路穿境而过。固原六盘山机场位于高坡村内，东至市区 8.5 公里，为国内支线机场。乡因中河而名。唐属原州，为陇右监牧地。宋属镇戎军。明洪武二十九年（1396 年），置甘州群牧千户所，其驻地后称大营城，今中河村东 3 公里有遗址，东西 500 余米，南北 300 余米，为自治区文物保护单位。清代设大营堡；同治十三年（1874 年）称厅川堡；民国设大营乡；1949 年 8 月设中河乡，属大营区；1953 年 1 月增设中河区；1956 年 11 月改大营区，原中河乡、上营乡、红崖乡合并为中河乡；1958 年成立中河公社；1983 年改社为乡至今。有黎家梁、阴洼梁、王家山等 14 处新石器时代遗址。孙家庄有战国秦长城及附属城障、烽燧。红崖村南 1 公里有定川寨遗址，即今黄嘴村古城，北宋庆历二年（1042 年）筑。新城筑就，宋、夏"定川寨之战"爆发，宋军大败，损失近万人，主将葛怀敏及以下 16 名将领阵亡，被史学界称为西夏立国后与宋朝的"三大战役"之一。寨址依山而建，有小河自南而北环绕，面积 14 万平方米。

河川乡【Héchuān Xiāng】　上隶原州区，地处区境东南部。辖明川、康沟、骆驼河、寨洼、上台、黄河、上黄、母家沟、上坪、海坪 10 个行政村，乡政府驻明川村，西北至原州区城区 24 公里。2016 年面积 205.89 平方千米；人口 3999 户 12479 人，其中回族 7048 人；人均收入 7154 元。地处黄家河小流域，故名河川。山大沟深，交通闭塞，1976 年因战备需要修建宜川至兰州 3 级公路（1981 年后更名 309 国道）横穿乡境中部，才解决交通出入问题。属黄土丘陵沟壑区，梁峁连绵，植被稀疏，水土流失严重，水资源匮乏，无霜期约 120 天，属贫困乡。1956 年 11 月设河川乡。1958 年 10 月设上店公社，12 月更名河川公社。1983 年 10 月改社为乡至今。有墩墩梁、木头湾等新石器时代遗址多达 18 处，战国秦长城蜿蜒过境。另有汉代小堡遗址 3 处、宋代小堡 1 处，说明汉代至明清人烟稀少，因而历史地名极少。

炭山乡【Tànshān Xiāng】　上隶原州区，地处区境东北部。东南与三营镇、西南与寨科乡接壤，西北与海原县甘城乡、东北与甘肃省环县毛井乡毗邻。辖炭山、石湾、新山、古湾、南坪、阳洼、张套 7 个行政村。乡政府驻炭山村，西南至原州区城区 75 公里。2016 年面积 231.56 平方千米；人口 3582 户 13211 人，其中回族 13123 人；人均收入 6472 元。因山中蕴藏煤炭资源得名。清末已置炭山区，宣统《固原州志》："固原东北乡，距城七十里，丁马堡有炭山一区。产煤不旺，悉用土法开采，不娄居民炊爨，每年纳课甚微。"1950 年设炭山乡。1953 年 1 月，设炭山区。1958 年 10 月，设炭山、砖窑两个公社，12 月合并为炭山公社。1983 年 10 月改社为乡至今。属黄土丘陵沟壑区，干旱少雨，地形支离破碎，自然条件恶劣，干旱、霜冻等自然灾害频繁，生活条件艰苦，农民收入主要以劳务输出、畜牧业为主，农业"靠天吃饭"。古迹 1 处，即阴洼石窟，开凿于北魏，存 20 余窟，已无造像，仅存少量壁画及 2 处明代碑记。

寨科乡【Zhàikē Xiāng】 上隶原州区，居区境东部。东与甘肃省毛井乡、卢湾乡相连，南与官厅镇、彭阳县交岔乡相接，西邻三营镇，北接炭山乡。辖东埫、北埫、新埫、蔡川、湾掌、李岔、大台、刘沟、中川、马渠10个行政村。乡政府驻东埫村，西南至原州区城区53公里。2016年面积323.02平方千米；人口4222户14642人，其中回族10644人；人均收入6843元。因境内阳洼村有一旧寨得名。1949年9月，始设白埫乡。1953年10月，在"白家埫"小胡川成立区政府，把第九乡改为寨科乡。1958年10月，设寨科公社。1983年10月改社为乡。属黄土丘陵沟壑区，干旱少雨，地形支离破碎，自然条件恶劣。农民收入主要以劳务输出、畜牧业为主，农业"靠天吃饭"，为极贫乡。乡内有云雾山国家级自然保护区，属黄土高原半干旱区的草原自然保护区，面积40平方千米，主峰海拔2148米，因山顶常有云雾缭绕而得名。

（二）西吉县【Xījí Xiàn】

固原市辖县。地处宁夏回族自治区南部、六盘山西麓，位于东经105°20′~106°04′，北纬35°35′~36°14′。东与固原市原州区接壤，南与隆德县、甘肃静宁县毗邻，西为甘肃会宁县，北接海原县。辖4镇、15乡。县政府驻吉强镇新民路，东南距固原市63公里，北至银川市391公里。县境东西长67公里，南北长74公里。2016年面积4000.12平方千米；人口34.66万，其中回族202248人，占58.35%；汉族144251人，占41.62%；地区生产总值55.43亿元，人均16052元。

西吉县于1942年10月建县，以境内席芨滩谐音而名。

1. 地名现状

第二次全国地名普查汇总统计，共有地名9784个。其中乡镇级行政区域地名20个，群众自治组织308个，非行政区域名346个，居民点2399个，交通运输设施299个，水利电力通信设施1734个，纪念地、旅游景点1193个，建筑物85个，单位2967个，陆地水系41个，陆地地形392个。

2. 地名沿革

战国秦昭襄王三十五年（前272年）筑长城，由甘肃省静宁县进入西吉县西南界，沿葫芦河东岸而北，至将台镇折向东，沿马莲河而东入原州境，今遗迹尚存。从先秦至唐、五代，境内无州县建置，多数时间东部、南部属原州，西部属会州。今将台镇，秦汉有西瓦亭，为守御长城屯兵之所。唐代为陇右监牧的牧地，唐太宗于贞观二十年（646年）越陇山至西瓦亭观牧马。北宋为防御西夏，在境内大筑城、堡、寨。包括：镇羌寨，今西吉县沙沟乡中口村；怀远城，今偏城乡；宁安寨，新营乡白城村上白城子遗址；得胜寨，今硝河乡；摘星堡，今吉强镇杨坊村遗址；开边堡，今吉强镇夏寨村遗址。其中，天禧元年（1017 年）在今将台乡火家集置羊牧隆城，庆历三年（1043 年）改为隆德寨，1130 年被金占领，金皇统二年（1142 年）升为隆德县，此为境内第一个县级建制。

元代今县境西南部属平凉府静宁州隆德县，东北部属开成路开成府。明代属陕西布政使司关西道平凉府，西北部分别属固原州西安、镇戎守御千户；东南部属静宁州隆德县；中部为静宁王沐英封地，今县城为司牧官员驻地，称沐家营；新营、旧营（今三合乡）一带为朱元璋第十四子朱楧牧地。成化四年（1468 年），"土达"（蒙古族）满四聚众四千人叛乱，占据火石寨石城堡，一月后众至二万，朝廷遣项忠、马文升率兵五万平定。清代，多数时间属陕西省平凉府。同治十三年（1874 年），置硝河城分州。民国初属泾原道，1927 年属陇东行政公署。1942 年 10 月，由海原、固原、隆德、静宁、庄浪 5 县交界地区析置西吉县，县政府驻沐家营，属甘肃省陇东行政公署。1949 年末，属甘肃省定西专区，1950 年 6 月改属平凉专区，1953 年 11 月划归西海固回族自治区，1955 年 11 月属甘肃省固原回族自治州。1958 年 10 月，改属宁夏回族自治区至今。

3. 地名文化

西吉县地名文化有四个亮点。一是红色文化。兴隆镇的单家集，主要以单姓为主。1935 年 8 月，红二十五军长征第一次途经此地。9 月 16 日，在单家集建立中共静宁县委员会、静宁县苏维埃政府及区、乡级苏维埃政权。同年 10 月 5 日，毛泽东率红一方面军至此，当夜在陕义堂清真寺边的小屋住宿。10 月中旬，红二方面军一部路过此地。单家集现为宁夏回族自治区重点文物保护单位和爱国主义教育基地。将台乡原名将台堡，1935 年 10 月 22 日，红一方面军、红二方面军经长征在此会师，参加会师的红军部队和当地群众近一万两千人。建有"中国工农红军长征将台堡会师纪念碑"，由江泽民题写碑名。2016 年 7 月 18 日，习近平总书记视察宁夏到此，向纪念碑敬献花篮。二是地质文化。火石寨乡，属于丹霞地貌，山崖尽显红色，故名火石寨，现已成为旅游景区。震湖乡，因 1920 年海原大地震形成数十个堰塞湖而得名。这次地震为 8.5 级，波及数十县，死亡人数达 20 多万，是全球破坏性最大的三大地震之一。最大的党家岔震湖，为自治区级湿地自然保护区、国家级典型地震遗址。三是战国秦长城，跨西吉县南部近 100 公里。四是宋夏堡寨，共 11 个，因北宋与西夏对垒而筑，多数遗址尚存。

4. 所属乡镇

吉强镇【Jíqiáng Zhèn】 西吉县人民政府驻地，地处县境中部、葫芦河上游。北靠火石寨、白崖乡；东与偏城、硝河乡毗邻，南与西滩、兴平乡相连，西与马建、新营乡接壤。辖 34 个村（居）委会，173 个村民小组。2016 年面积 254.8 平方千米；人口 29491 户 85674 人，其中回族 37095 人。2004 年撤乡并镇时，将原城关镇、城郊乡、夏寨乡合并，始设吉强镇，寓意西吉富强。明初，今葫芦河上游先后被赐为朱元璋第十四子朱樉、养子沐英之牧地，并于今西吉县城设置牧司。洪武三年（1370 年），沐英在今西吉县城始筑城，取名沐家营。清代乾隆年间，原城池倾圮，沐徽与陕西都司正千户赵嵩再次督修城垣。周围二里，高、厚各三丈五尺，并改营为堡。民国设穆营镇，1929 年设立集市，为土筑街道，长 250 米。1942 年 10 月，设西吉县治穆家营，筑县城，为正方形，占地 135 亩。城墙高 8.3 米，基宽 3 米，开南北两门，南曰中正门，北曰北辰门。1947 年在街道东西两端修建拱形砖栅门，东称光烈门，西称西月门。1949 年 10 月设城关区，辖大滩（一乡）、沐营（二乡）等 12 个乡；1956 年 9 月设穆营镇，仍属城关区。1958 年 10 月撤销穆营镇，设城关公社；1981 年 12 月分设城关镇、城郊乡。1983 年 12 月，分别设立城关镇、城郊乡、夏寨乡。2004 年，合并为吉强镇至今。309 国道和 202 省道穿境而过，全镇达到村村通公路。

兴隆镇【Xīnglóng Zhèn】 上隶西吉县，地处县境南端。北靠将台乡，东与隆德县杨河乡、张程乡接界，南与隆德县联财镇接壤，西与甘肃静宁县原安乡、灵芝乡毗邻。辖兴隆、罗家庄、川口、马家嘴、姚杜、杨茂、陈田玉、王家沟、单南、单北、王家河 11 个行政村，乡政府驻兴隆村，北至县城 45 公里。2016 年面积 220.07 平方千米；人口 14726 户 57207 人，其中回族 53392 人。兴隆镇原名高窑寺，因村东山上建有佛寺而得名，清朝同治年间，迁陕西回族来此定居，因多数村民从事商贸活动，希望生意兴隆，故名。1949 年属甘肃省隆德县，1953 年 12 月划归西吉县管辖，改设兴隆区（第九区）。1958 年 9 月划属宁夏回族自治区，设兴隆公社；1963 年 3 月至 1969 年，设立兴隆区，辖 7 个公社。1983 年 12 月改社为乡，1985 年 12 月撤乡建镇。2004 年，公易、玉桥两乡并入。1935 年 8 月，红二十五军长征第一次途经单家集，驻军三天。9 月至 10 月，红一军团主力在政委聂荣臻率领下，来到兴隆镇、将台堡一带发动群众，建立 10 个区级苏维埃政府和农会组织，35 个乡级苏维埃政府，组建 200 多人的游击队。9 月 16 日，在单家集建立中共静宁县委员会、静宁县苏维埃政府。10 月 5 日，毛泽东率中央红军领导机关至此，与张闻天、王稼祥、博古等参观了清真寺，并拜访阿訇，当夜在清真寺边的小屋住宿。该寺建于清光绪年间，有大殿等建筑物。10 月中旬，红二方面军一部路过此地。10 月 23 日，红二方面军六军团 1800 多名指战员与红一军团一师三团、中共静宁县委、县苏维埃政府负责人、当地群众 3000 多人在兴隆镇西北葫芦河滩胜利会合，举行了联欢会。单家集清真寺及毛泽东住过的民居，现为自治区文物保护单位和爱国主义教育基地。兴隆镇建有红军长征会师纪念碑。镇内有圪垯梁、张节村南湾等新石器时代遗址 17 处。战国秦长城沿葫芦河东岸穿过镇境，玉桥、下范等 4 村各有 1 处烽燧残址。另有 3 处汉代民堡遗址。

平峰镇【Píngfēng Zhèn】 上隶西吉县，地处县境西南部。东与王民乡接壤，西、南与甘肃省会宁县老君乡、静宁县原安乡为邻，北靠兴平乡，辖平峰、三合、中岔、葛岔、张武、西坡、金塘、高赵、民和、八岔、权岔、焦湾、沙洼、陈滩、王庆、下坪、张新堡、李营、李堡、王墕、庙坪、沿坪、李岔 23 个行政村，镇政府驻平峰村，西至县城 40 公里。2016 年面积 245.9 平方千米；人口 7552 户 26813 人，其中回族 706 人。地处葫芦河支流——滥泥河上游，属黄土丘陵沟壑区，水土流失严重，植被稀疏，地方贫瘠，山体滑坡、泥石流、冰雹等灾害亦多，人畜饮水靠地窖蓄积自然降水。村落地处山顶平缓地区，故名平峰镇。民国以前无行政建制。原属甘肃省隆德县，1942 年划属西吉县。1949 年设平峰乡上隶第四区，后划归兴平区；1963 年 3 月设置苏堡区，辖平峰、蒙宣等 6 个公社；1983 年 12 月改社为乡；2003 年，由原三合乡、平峰乡合并为平峰镇至今。境内除杏树坪、高山洼等 6 处新石器时代遗址外，其他古迹极少。1936 年 10 月 21 日，贺龙、任弼时、刘伯承、关向应等率领红二方面军长征，从甘肃省会宁县老君坡来到平峰镇，并在此地与红一方面军一军团首长左权、聂荣臻、邓小平等亲切会面，对将台堡、兴隆镇会师作了研究和部署。今乡政府驻地建有红军长征纪念亭，并勒石立碑，刻有碑文。

新营乡【Xīnyíng Xiāng】　上隶西吉县，地处县境西北部，葫芦河上游。东与火石寨乡接壤，南与吉强镇相连，西与红耀乡相接，西北与甘肃省会宁县新塬乡毗邻，北以月亮山与海原县红羊乡为界。辖新营、上岔、黑城河、陈阳川等 21 个行政村，乡政府驻新营村，南至县城 20 公里。2016 年面积 283.74 平方千米；人口 8948 户 31269 人，其中回族 5172 人。明朝为开国功臣沐英之牧地，于碾沟筑城名牧营；嘉靖二十五年（1546 年）秋，因城墙倾圮，改建新城，故名新营。城址周长 1.5 公里，遗迹尚存。1949 年 10 月设新营区，辖新营等 6 乡。1956 年夏，原设在葫芦河道上的集镇毁于山洪，1958 年迁今址——新营村上川。1958 年 10 月设新营公社；1981 年 6 月，划出北部白城子、石砚等 8 个生产大队增设白城乡；1983 年 12 月，分设白城乡、新营乡；2004 年合并为新营乡至今。南部属黄土丘陵沟壑区，北部为山地，海拔高度变化大，相对高差为 1268 米。最高峰为月亮山，海拔 2633 米。无霜期年均 120 天。葫芦河源出月亮山南麓胡家墕，向南流经甘肃静宁等地汇入渭河。从 20 世纪 90 年代开始，乡内段经常干涸断流，但一遇大雨，则水土流失严重。属贫困地区，农民收入以农牧业、劳务为主。有小型马铃薯淀粉加工企业 5 家，从业人员 256 人。年总产值 200 万元。境内有新石器时代遗址 3 处，其中三滴水村 2 处，白城村 1 处。宋代宁安寨遗址位于白城村，月亮山南麓，原为西夏境土，元丰四年（1081 年）被宋军攻占，崇宁五年（1106 年）为防御西夏筑城，朝廷赐名宁安寨，驻军 3000 余人，上隶西安州。后属金，改隶德顺州隆德县辖。元代废。古城依地形而建，遗址 4 道城墙长短不一，最长的 375 米，短的 225 米，面积 71850 平方米。

红耀乡【Hóngyào Xiāng】　上隶西吉县，地处县境西部偏北，属祖厉河流域。东与新营乡接壤，南与马建乡相连，西与田坪乡毗邻，北与新营乡、甘肃省会宁县新塬乡接界。辖红耀、前庄、张白湾、小庄、大堡、小堡、小岔沟、驼昌、关儿岔、井湾10个行政村，乡政府驻红耀村，南至县城35公里。2016年面积143.55平方千米；人口2842户10163人，其中回族1690人。地处黄土丘陵沟壑区，沟壑纵横，梁峁起伏，平均海拔2000米，最低海拔1807米，年均气温仅5.5℃，干旱少雨，植被稀疏，属贫困地区，农民收入以农牧业、劳务为主。古代交通不便，人烟稀少。红耀村于1985年发现钱币窖藏一处，出土钱币19934枚，上起西汉，下迄西夏，558个品种，历11个朝代、34个帝王。最晚为罕见的"大安宝钱"，系西夏惠宗年号（1074—1084年）。此地原为西夏荒僻之地，属"南牟会"管辖（西夏帝王离宫）。北宋崇宁五年（1106年）被宋攻占。因此，这批钱币，很可能是西夏官吏携官藏货币逃避战乱而埋。红耀，因民众在红土坡上挖窑洞居住，故名"红窑"，后演变为今名。民国时分属三合镇、新营镇。1949年10月至1958年设红耀乡，1958年10月，与田坪乡合并，属田坪公社；1962年5月从田坪、新营两公社划出7个生产大队增设红耀公社；1963年3月至1969年属苏堡区；1983年12月由公社改为乡。

田坪乡【Tiánpíng Xiāng】　上隶西吉县，地处县境西部，属祖厉河流域。东北靠红耀乡，东与马建乡接壤，东南与苏堡乡相连，西南与甘肃省会宁县马路乡毗邻，西与甘肃省会宁县掌里乡接界，西北与甘肃省会宁县新塬乡相接，辖田坪、赵坪、庙山、碱滩、黄家三岔、南岔、李沟、二岔、黄家岔、腰庄、燕李、赵岔12个行政村，乡政府驻田坪村，东至县城47公里。2016年面积170.5平方千米；人口3735户12815人，其中回族11人。地处黄土丘陵沟壑区，梁峁起伏，年均气温仅6.5℃，水资源匮乏，植被稀疏，属贫困地区，以种植马铃薯和杂粮为主，兼有牧业。农民年均收入仅4000多元。有腰庄村燕窝台、赵岔村、坟坪3处新石器时代遗址。驼昌村有北宋通安寨遗址，城墙东西长280米，南北宽230米。腰庄村有清代民堡遗址，长118米，宽65米，仅存北墙，民众俗称"塌城"，疑毁于1920年地震。另在赵家堡、乱庄堡各有清代民堡1座，规模更小。清同治年间，有田姓家族迁此避战乱，故名田坪。民国时，北部属新营镇，南部属蒙宣乡。1949年11月至1958年10月，境内设田坪、赵坪两乡；1958年10月，合并为田坪公社；1983年12月改社为乡至今。

马建乡【Mǎjiàn Xiāng】　上隶西吉县，地处县境中西部滥泥河上游。东邻吉强镇，南接震湖乡，北连红耀乡，西与田坪乡接壤。辖台子、大湾、陈家大坪、白台、杨路沟、刘垴、土窝、庞湾、张湾、白虎、马建、通化、周吴13个行政村。乡政府驻马建村，309国道公路穿境而过，沿公路东至县城32公里。2016年面积177.13平方千米；人口

5616 户 22147 人，其中回族 9310 人。古代以畜牧为主，隋唐属陇右监牧使牧地。清代称"马圈堡"，后演化为今名。1949 年 11 月境内设马建、羊路和大坪乡，隶属于蒙宣区；1958 年 10 月，合并成立大坪公社；1963 年 3 月至 1969 年隶属苏堡区；1983 年 6 月以驻地更名为马建公社，12 月改为乡，沿用至今。属黄土丘陵沟壑区，山峦起伏，沟谷交错，水土流失严重。以种植马铃薯、小麦、地膜玉米、胡麻为主，兼有林、牧业，属贫困乡。1920 年海原大地震时，境内部分山体崩塌移动，形成大量的烂塌山地貌；有的山体滑坡阻塞河谷，形成路家滩、白庄、地韭坪、同化川、锁儿岔等处堰塞湖。

震湖乡【Zhènhú Xiāng】 上隶西吉县，地处县境西南部。东邻王民乡，南接平峰镇，西南与甘肃省会宁县相邻，北连马建乡。辖苏堡、龙川、陈岔、和平、孟湾、毛坪、党家岔、河滩、张家大岔、张撇、立眉、红庄子、东岔、蒙集、李章、王坪、堡玉 17 个行政村。乡政府驻苏堡村，东北至县城 32 公里。2016 年面积 153.35 平方千米；人口 6400 户 21285 人，其中回族 581 人。属黄土丘陵沟壑区，植被稀疏，水土流失严重，资源匮乏，以种植马铃薯、小麦、地膜玉米、胡麻为主，兼有畜牧养殖，属贫困乡。有吊岔垴、蒙集 2 处新石器时代遗址。原名苏堡乡，1949 年 10 月设蒙宣区，驻地党家岔；1958 年 10 月设立蒙宣公社；1963 年 3 月至 1969 年隶属苏堡区；1966 年将社址由党家岔迁至苏堡（苏家堡子），1983 年 6 月更名为苏堡公社，12 月改为乡。因境内有地震形成的 10 多个堰塞湖，故于 2010 年 3 月 25 日改名为震湖乡。其中最大的堰塞湖原名党家岔堰，今名震湖，在今党家岔村，形成于 1920 年海原 8.5 级大地震。水域长 3.11 公里，均宽 0.6 公里，面积 1.87 平方千米。蓄水量 1120 万立方米，均深 12 米，最大水深 30 米。湖中多鱼，其中的彩鲫为世所罕见。2003 年，被自治区政府批准为湿地自然保护区；2006 年 12 月，国家地震局命名为"西吉县党家岔地震滑坡堰塞湖遗址"。

兴平乡【Xīngpíng Xiāng】 上隶西吉县，地处县境中南部滥泥河中游。北靠马建乡、吉强镇，东与西滩乡接壤，南与平峰、王民乡毗邻，西与震湖乡分界。辖兴平、友爱、高崖、王湾、王堡、堡湾、马沟、赵垴、韩垴、团结、杨岔、杨坪 12 个行政村。乡政府驻兴平村，北至县城 21 公里。2016 年面积 139.7 平方千米；人口 5976 户 24857 人，其中回族 21054 人。有杨坪新石器时代遗址及韩家垴、斜路等地震堰塞湖。清代兴平城遗址为正方形，城墙边长 200 米，因韩、葛二姓居多，故称为韩葛堡。民国时设兴平乡公所。1939 年设集市名兴平集，至西吉县建县时称兴平乡，地名沿用至今。1949 年 11 月设乡，隶属于平峰区；1952 年 7 月增设兴平区；1956 年 9 月为兴平区兴平乡；1958 年 10 月设兴平公社，1983 年 12 月改社为乡。属黄土高原丘陵沟壑区，山峦重叠，沟谷交错，植被稀疏，水土流失严重，平均海拔 1800 米，为贫困乡。乡驻地设有农贸集市，每月农历二、五、八日逢集。

西滩乡【Xītān Xiāng】　上隶西吉县，地处县境中南部偏东，东邻硝河镇，南邻王民乡，西邻震湖乡，北接吉强镇。辖西滩、王岔、张村堡、白家甘岔、庙湾、马家大岔、黑虎沟、林家沟、何家庄、吊嘴10个行政村。乡政府驻西滩村，北距县城20公里。2016年面积97.5平方千米；人口3692户15582人，其中回族15297人。原名席芨滩，以席芨草多而名，1942年西吉建县时雅称西吉滩，后简称西滩。有吊庄、西滩新石器时代遗址。西滩道堂，始建于清光绪年间，是伊斯兰教哲合忍耶门宦第七代宗师马元章传经布道场所，占地1.8万平方米，有礼拜堂、道堂等建筑。清代同治年间曾设张村堡，属硝河城分州。1949年11月设乡隶属于城关区，1952年7月至1958年10月属兴平区，1958年10月设立西滩公社，1983年12月改社为乡至今。境内山峦绵延，沟壑纵横，平均海拔2000米，属典型的黄土丘陵区，干旱少雨，水土流失严重。

王民乡【Wángmín Xiāng】　上隶西吉县，地处县境中南部滥泥河中游。东与将台乡接壤，南与公易乡、甘肃省静宁县原安乡分界，西与平峰乡毗邻，北靠西滩、兴平乡。辖王民、固康、小湾、学杨、三岔、二岔马、杨湾、下赵、二岔口、红太、小岔、窑坡12个行政村。乡政府驻王民村，北至县城29.8公里。2016年面积93.92平方千米；人口3436户13970人，其中回族10429人。原名王明堡，以姓氏得名。1949年11月设立王明乡，隶属于平峰区；1952年7月改属兴平区，1958年10月设立王民公社；1983年12月改社为乡至今。属黄土丘陵沟壑区，平均海拔1802米，植被稀疏，水土流失严重。属贫困乡，以马铃薯种植为主，种植面积约46万亩，有千亩示范点1个。人均种植3.5亩，人均马铃薯收入800元以上。乡农贸市场每三、六、九日逢集。有鞍桥掌、高山嘴2处新石器时代遗址，以及建于清道光年间的王明清真寺。

什字乡【Shízì Xiāng】　上隶西吉县，地处县境东南部。东与隆德县大庄乡、关庄乡接界，南与兴隆镇、隆德县杨河乡接壤，西与兴隆镇毗邻，北靠马莲乡。辖什字、唐庄、李庄、温唐、北台、李海、玉丰、新店、保卫、杨家庄、谢寨、马家沟、黄沟、南台、余堡、李家庄16个行政村，乡政府驻什字村，东北至县城62公里。2016年面积111.45平方千米；人口6375户26398人，其中回族22565人。地处古道十字路口，故名。1949年10月设什字乡，属张易区；1954年5月由固原划归西吉县，设区，辖什字、官堡、北台乡；1958年3月撤区，将三个乡划属西吉县兴隆区；1958年10月设立什字公社；1983年12月改社为乡。南部、北部为黄土丘陵沟壑区，山高沟深；中部为什字河谷地。干旱少雨，境内的什字路河，1992年后常年无水。以旱作农业为主，兼有林牧业，属贫困乡。有黄沟、杨家庄等12处新石器时代遗址。红城村有战国烽燧遗址，还有宋代中安堡遗址。城为正方形，城墙边长约380米，以当地红土夯筑，故俗称"红城子"。另有明代民堡2处，即金堡、牛营店遗址。

马莲乡【Mǎlián Xiāng】 东与原州区张易镇接壤，南与什字乡毗邻，西与将台乡相连，北靠偏城乡。辖马莲、南川、张堡塬、东岔、马其沟、陆家沟、巴都沟、罗曼沟、新堡、堡子山、后庄、八代沟、麻子湾、北坡、北山根 15 个行政村。乡政府驻马莲村，西北至县城 40 公里。2016 年面积 104.93 平方千米；人口 5844 户 22624 人，其中回族 18614 人。乡内有河，源出六盘山，两岸多马莲花（宁夏称呼，即马兰花），向西流注葫芦河，故名马莲；乡因河而名。有陆家沟、巴都沟、罗曼沟等 5 处新石器时代遗址。战国秦长城从将台折向东进入乡境，沿马莲河蜿蜒而东。北部、南部为黄土丘陵沟壑区，中部为马莲河河谷平原区。古代水草丰美，隋、唐为陇右监牧使牧地，有原州至临洮驿道沿川谷而西。明代有马莲川堡，属固原卫。清代仍为堡，属硝河城州判。民国属将台乡，1949 年 11 月设马莲乡，1958 年 10 月属将台公社，1961 年 5 月增设马莲公社，1963 年 3 月至 1969 年属兴隆区，1983 年 12 月改社为乡至今。当代环境恶化，水资源匮乏，农业以种植马铃薯、胡麻、莜麦、荞麦为主，兼牧牛羊。

将台堡镇【Jiāngtáibǔ Zhèn】 地处西吉县城东南葫芦河川，北距县城 27 公里。202 省道穿境而过，与县道固将公路和乡道西将公路在将台形成十字交会，交通条件好，土地肥沃，物产丰富，农业生产率高，是全县较富裕的乡镇。辖明台、包庄、牟荣、火家沟、韩塬、崔中、李家嘴头、东坡、西坪、火家集、保林、明荣、毛家沟、明星、深岔、甘岔 16 个行政村、92 个村民小组。2016 年面积 112.8 平方千米；人口 27432，其中回族 5915 人，占 21.56%；人均可支配收入 8144.0 元。秦昭襄王所筑秦长城自南而北穿越境内，又在镇政府驻地 202 省道西侧筑有西瓦亭城，为军事要塞，有遗址可考。将台之名，即源于此。此后，"瓦亭"一名，又曾用于河流。《水经注》卷十七渭水记载，有瓦亭川水源出陇山，东南流经瓦亭北，又汇多条河流，最后汇入渭水，今名葫芦河。唐代为陇右监牧使牧地，《资治通鉴·唐纪十四》卷一九八：贞观二十年（646 年）八月，唐太宗幸灵州，途中逾陇山至西瓦亭观牧马即此。位于将台堡镇南境的火家集村，有古城遗址一座，系北宋天禧元年（1017 年）所筑羊牧隆城，庆历三年（1043 年）展筑为隆德寨，为泾原路第十一将驻守之地。《金史·地理志》卷二十六载，皇统二年（1142 年）升置隆德县，辖宁安、得胜、静边三寨，隶德顺州。1227 年，成吉思汗率蒙古大军攻占隆德县，元至元二十年（1283 年）将县治迁至今隆德县城。1936 年 9 月至 10 月，红一方面军特别支队作为先行，在将台堡发动群众，建立苏维埃政府及农会，为红军会师做好了准备。10 月 22 日，贺龙、任弼时、刘伯承、聂荣臻、邓小平等率领中国工农红军第一、二方面军，在将台堡胜利会师。为纪念中国工农红军会师暨长征胜利 60 周年，中国工农红军长征将台堡会师纪念碑于 1996 年 10 月 9 日落成，成为爱国主义教育基地和红色旅游纪念地。2016 年 7 月 18 日，习近平总书记来到将台堡，冒雨向红军长征会师纪念碑敬献花篮，参观了会师纪念馆，表达了对革命烈士的深切缅怀和无限敬仰，并发表了"缅怀先烈、不忘初心、走好新的长征路"的重要讲话。

火家集村【Huǒjiājí Cūn】 地处将台堡镇驻地南 10 公里，202 省道西。面积约 3.2 平方千米。辖三个村民小组，居民 365 户 1341 人。耕地面积 3973 亩，其中水浇地面积 2203 亩。干旱少雨，属贫困村，经多年扶贫，2016 年仅有 5 户 18 人未脱贫。火家集村历史悠久。《武经总要》前集卷十八上：北宋天禧元年（1017 年），知渭州（今甘肃平凉）曹玮在邪没笼川（葫芦河）筑城，名"羊牧隆城"。"邪没笼"为"蕃语"（按：唐末五代至宋初，长期为吐蕃驻牧之地，"邪没笼"当是吐蕃语音，其含义失考）。庆历三年（1043 年）置隆德寨，系牧马军寨，属德顺军。《金史·地理志》卷二十六载，皇统二年（1142 年）升置隆德县，辖宁安、得胜、静边三寨，隶德顺州。宝庆三年（1227年）四月，成吉思汗率蒙古大军攻占隆德县城。元至元二十年（1283 年），撤废德顺州，在今甘肃静宁置静宁州，同时将隆德县迁至今隆德县城。近代有传统的集市，而且火姓人居多，故名火家集。今火家集村内，宋城遗址尚在，城墙已是断壁残垣，但轮廓清晰。

硝河乡【Xiāohé Xiāng】 上隶西吉县，地处县城东南。东靠偏城乡，南接将台乡，西邻西滩乡，北接县城。辖硝河、隆堡、郎岔、范湾、关庄、红泉、高塬、苏家沟、新庄、马昌、民联、坟湾 12 个行政村。乡政府驻硝河村，北至县城 20 公里。2016 年面积 135.27 平方千米；人口 5294 户 20718 人，其中回族 17830 人。有塌山窝子、铁家山等 4 处新石器时代遗址。老城村北有宋代得胜寨遗址，天圣六年（1028 年）为备御西夏而筑，由朝廷赐名，系镇戎军所领军寨，1043 年后由德顺军管辖，驻军约 3000 人。依山而建，呈不规则长方形，残墙南北长 570 米，东西长 270 米，南、北、西各设城门，城周有护城河。城在葫芦河西岸，河水含硝重，故明代后称硝河城。清同治十三年（1874年），设硝河城分州，上隶甘肃省固原州直隶州，辖吭园、马昌、马莲川、张春、在城 5 个堡。1942 年划归西吉县。1920 年海原大地震，硝河古城崩塌。1949 年 11 月设硝河乡；1952 年 7 月增设硝河区，1956 年 9 月撤销；1958 年 10 月设硝河公社，驻硝河城，后因交通不便，1969 年将社址迁建葫芦河东岸的半个堡；1983 年 12 月改社为乡至今。农作物以种植马铃薯、小麦、地膜玉米、胡麻为主，糜、谷、荞麦等小杂粮为辅。全乡拥有 10 吨马铃薯标准化贮藏窖 14 座，50 吨马铃薯标准化贮藏窖 113 座，土坯窖 2000 多座，年可贮藏鲜薯 4 万吨。

偏城乡【Piānchéng Xiāng】 上隶西吉县，地处县城以东，中河上游。东与原州区中河乡、张易镇交界，南与马莲乡接壤，西与吉强、硝河乡毗邻，北靠沙沟乡。辖偏城、杏树湾、马家湾、高崖、伏垴、曹洼、滥泥滩、柳林、双羊套、花儿岔、大庄、下堡、车路沟、榆木沟、上马泉、北庄、姚家庄 17 个行政村，乡政府驻偏城村，西至县城 26

公里。2016 年面积 200.33 平方千米；人口 7387 户 27857 人，其中回族 24279 人。有吊缯屲、大山村、沟儿壕等 11 处新石器时代遗址。乡政府驻地之北，有北宋古城遗址，原名赤蒿城，明道元年（1032 年）重筑，赐名怀远城，隶镇戎军。1043 年更名怀远寨，隶德顺军。明代俗称"山城堡"。其城依山而建，偏斜，故清代以后称偏城。今宋城遗址基本完整，为自治区文物保护单位。依山而筑，为不规则梯形，东墙长 850 米，西墙长 360 米，南墙长 447 米，北墙长 620 米。设南门。周城有护城河。北面又连一小城，呈三角形。1949 年设立乡隶属白崖区，1958 年成立团结人民公社，后改为偏城乡，1981 年由白崖、偏城、硝河、夏寨 4 个公社划拨 7 个大队成立下堡乡，以乡政府驻地下堡子村命名，2003 年由下堡乡和偏城乡合并而成现在的偏城乡。地处黄土丘陵沟壑区，平均海拔 2003 米，地方贫瘠。近年通过扶贫，形成马铃薯、胡麻两大特色产业。在车路村建马铃薯贮藏窖 119 座，形成了产供销一条龙的市场体系。2006 年 10 月，被农业部认定为全国绿色食品原料马铃薯标准化生产基地。

沙沟乡【Shāgōu Xiāng】　上隶西吉县，地处县境东北。东靠固原市原州区黄铎堡镇和彭堡镇，南接白崖乡，西邻火石寨乡，北连海原县李俊乡。辖沙沟、叶家河、中口、陶堡、顾家沟、大寨、东庄、东沟、桃包、满寺、阳庄 11 个行政村。乡政府驻沙沟村，东南至县城 42 公里。2016 年面积 192.8 平方千米；人口 4362 户 17470 人，其中回族 17429 人。有河堡湾、红土崾崄、阳屲边等 6 处新石器时代遗址。满四堡村有明代小堡遗址，系明成化年间反叛的"土达"满四所筑，故名。1949 年前属白崖乡公所。1949 年 10 月属白崖区，1958 年属白崖公社，1961 年由白崖公社划出八个大队成立沙沟公社。1983 年 12 月改社为乡至今。沙沟乡属土石山区，清水河支流——中河，从南向北流经乡境。中河两岸为河谷川道区，其余为土石山区，山高坡陡，沟谷深险，岩石裸露。东南为大寨山林场，西北为后塃农牧场，山岭中存有大片天然灌木和草场，植被覆盖率较高。海拔在 1708～2351 米。农民以旱作农业为主，兼有林、牧业生产。地方贫瘠，且干旱、冰雹、霜冻、暴雨等灾害较多。

白崖乡【Báiyá Xiāng】　上隶西吉县，地处县境东北部。东、北连沙沟乡，南靠吉强镇，西接火石寨乡，辖白崖、阳洼、旧堡等 12 个行政村。乡政府驻白崖村，西南至县城 23 公里。2016 年面积 199.8 平方千米；人口 4216 户 16391 人，其中回族 16351 人。山崖土石呈白色，故名白崖。1949 年设白崖区，1958 年 10 月建白崖公社，1983 年改社为乡至今。地处黄土高原，平均海拔 2000 米，为土石山区地貌，无霜期短，年均气温 5.2℃，无霜期平均 128 天，干旱少雨，属贫困乡。

火石寨乡【Huǒshízhài Xiāng】　上隶西吉县，地处县境北部。东邻白崖乡，南接吉强镇，西靠新营乡，北与海原县杨明乡为邻。辖石山、白庄、蝉窑、石洼、新开、沙岗、大红庄、小红庄、小川、元嘴、罗庄、扫竹林 12 个行政村。乡政府驻石山村，南至县城 35 公里。2016 年面积 163 平方千米；人口 3795 户 14269 人，其中回族 11078 人。清属海原县，1942 年划入西吉县。1949 年 11 月，境内设小川、新克乡；1958 年，成立五星人民公社；1965 年 5 月属白崖区；1983 年改为火石寨乡至今。火石寨为丹霞地貌，因山石呈火红色而得名。属六盘山脉，主峰黄圈山海拔 2494.8 米，群峰林立，山势陡峭，造型各异，因而被国土资源部和国家林业局分别批准为国家地质公园和国家森林公园。已开发为 3A 级旅游景区。白庄村有 3 处汉代民堡遗址，面积 1000~2000 平方米。有南北朝至隋唐开凿的石窟 6 处：扫帚岭石窟，开凿在高 113 米的光秃石壁上，东西向分布，宽 330 米，现存大佛殿、菩萨殿、万寿宫等 30 窟；石寺山石窟，始凿于隋朝，俗称云台山石窟，也建在 120 米高的绝壁上，多数毁于清同治年间战乱，现存 8 窟及 4 座水窖；白庄石窟、禅佛寺石窟、白庄道教石窟、险石崖石窟规模稍小。这些石窟，多数分布在火石寨景区的中心区，成为游客必去景点。乡内发现有 2 处古代钱币窖藏，其中火石村黑窑窖出土钱币 700 公斤，上起唐"开元通宝"，下至明"宣德通宝"，疑是成化四年逃避战乱时埋藏。有石城堡遗址，万历《固原州志》记："在州西北一百五十里，古有是堡，莫知所创。四壁削立，中有石井五，各阔丈余以贮水。成化四年，土达满四等据之以叛，次年遂毁其险隘，以绝后患焉。今为废城焉。"旧志将石城列为固原八景之一，称"石城天险"。石城居石山绝顶，呈牛背形，东西长 338 米，南北宽 120 米，面积 40000 余平方米，仅有一径可通。成化四年（1468 年），"土达"（蒙古族）满四（又名满俊）聚众四千人叛乱，占石城堡据险称王，一月后众至二万。对平叛经过，《明史》及马文升《西征石城堡纪略》皆有详载。朝廷先遣项忠、后遣马文升率兵五万，经一年多平定。斩首 7600 人，俘虏 2600 人。生擒"招贤王"满俊及家眷 200 余口。

（三）隆德县【Lóngdé Xiàn】

固原市辖县，地处宁夏回族自治区南部、六盘山西麓，位于东经 105°48~106°16′，北纬 35°21~35°46′。北、东北与固原市原州区张易镇接壤，东、东南以六盘山与泾源县为界，西、西北与西吉县相接，西南与甘肃省静宁县为邻，南与甘肃省庄浪县相连。东西宽 41 公里，南北长 47 公里。辖 3 镇 10 乡，县政府驻城关镇，北至固原市 62 公里，至银川市 401 公里。2016 年面积 1266.7 平方千米；人口 15.52 万；其中汉族 13.53 万人，占 87.16%；回族 1.98 万人，占 12.78%；余为其他民族；地区生产总值 22.57 亿元，人均 14414 元。有全国重点文物保护单位 1 处：页河子新石器时代遗址。自治区级重点文物保护单位德顺军城址等 5 处。国家级非物质文化遗产 2 项：杨氏家族泥塑、高台马社火。自治区非物质文化遗产魏氏砖雕等 8 项。全国经典红色旅游景区 1 处：六盘山红军二万五千里长征纪念馆。

1. 地名来历及含义

西汉属安定郡月氏道。南北朝至唐中叶属原州。唐广德元年（763 年）至宋初的 250 年间，为吐蕃牧地，以部落散居，不相统属。北宋天禧元年（1017 年），在邪没笼川（疑为吐蕃语，含义不详）筑羊牧隆城（今宁夏西吉县火家集），庆历三年（1043 年）设隆德寨，由朝廷命名，系牧马军寨，上隶德顺军。"隆德"作为地名，自此出现。金皇统二年（1142 年）升为隆德县，上隶德顺州。元代废德顺州，在原址陇干城设隆德县，沿袭至今。"隆德"二字，就其历史渊源看，"德"字取于"德顺军"，"隆"字取于"羊牧隆城"。从词语含义看，有高尚其德，修身养德之意。"隆德"一词最早见于汉代典籍，如《汉书·谷永传》："隆德积善，惧不克济。"颜师古注："修德积善，尚恐不济，况不隆不积者乎。"

2. 地名现状

第二次全国地名普查汇总，共登记地名 5445 个。其中行政区域地名 23 个，群众自治组织 152 个，非行政区域名 22 个，居民点 851 个，交通运输设施 440 个，水利电力通信设施 405 个，纪念地、旅游景点 259 个，建筑物 162 个，单位 2516 个，陆地水系 43 个，陆地地形 572 个。

3. 地名沿革

汉武帝元鼎三年（前 114 年）置安定郡，辖县中有月氏道，治今隆德县境内。县之"主蛮夷"者为道。月氏，即内附的小月支。东汉至魏晋南北朝，隆德地区多数仍属安定郡，无州、县建置。隋时，改隶平凉郡。唐朝建立后，因水草丰美，被辟为陇右监牧使牧地。唐广德元年（763 年）后陷于吐蕃，分部族而不相统属，直至北宋。淳化初年（990 年），吐蕃归附，隆德一带归属渭州。大中祥符四年（1011 年），渭州钤辖曹玮建议在六盘山外筑城建堡，以备守御，宋真宗赵恒从之。大中祥符七年（1014 年），陇干（亦写作笼竿）城筑毕，此即今天的隆德县城。因地处陇山主干（主峰美高山）之下，故名"陇干"。庆历元年（1041 年），好水川之战爆发，西夏帝元昊以骑兵十万设伏于好水川口，全歼宋军三万，宋主将任福以下仅战死者一万零三百人。为抵御西夏，宋于庆历三年在笼竿城设德顺军，级别同下等州，辖一县一城六寨，即陇干县、水洛城和静边寨、隆德寨、得胜寨、通边寨、治平寨、怀远寨。其中隆德寨在今西吉县兴隆镇火家集。南宋建炎四年（1130 年），金兵进攻关陕，宋德顺军知军张中彦献城投降。金皇统二年（1142 年），升德顺军为德顺州，上隶熙秦路，下辖陇干、水洛、威戎、隆德、通边、治平六县。绍兴三十二年（1162 年）正月，宋将吴璘（原籍德顺军人）与金兵大战 48 天，终于在三月十二日收复德顺军。两个月后，金兵又调动十余万军队来攻。经半月坚守，金兵死伤大半，无奈退去。然而，当时的朝廷是秦桧等主和派占上风，宋高宗以手札诏令吴璘弃城，将士兵南撤汉中以保四川。撤退路途遥远，金兵沿路尾追攻袭，无数将士在途中阵亡。撤离时有正兵三万人，撤到汉中仅七千人，"将校所存无几，连营恸哭，声震原野。上闻而悔之"。金贞祐四年（1216 年）四月，升德顺州为防御州。十月，又升为节镇，设元帅府。1227 年，成吉思汗率大军攻占隆德。元初仍设德顺州。大德八年（1304 年），并陇干县入德顺州，不久又裁省德顺州设静宁州，近治今甘肃静宁县。而隆德县则从羊牧隆城迁入原德顺州治所陇干城。明朝建立后，大将徐达率军平定六盘山地区，于洪武二年（1369 年）四月占领隆德县，隶属陕西布政使司平凉府静宁州。明世宗嘉靖三十八年（1559 年），隆德县直隶平凉府。据康熙《隆德县志》记载，隆德县在明初洪武年间，全县编为"五里"，即里仁、辅德、曹务、宣化、弼隆，共七百二十六户，一万六千七百七十五人。顺治十七年（1660 年），知县常星景重修隆德县城。清同治年间，隆德县城又经不断修葺，至光绪二十年略为完备。1913 年，隆德县隶属甘肃省陇东道，此后又隶属甘肃省泾原道。1949 年 8 月 3 日，中国人民解放军十九兵团一九三师解放隆德。8 月 16 日，隆德县人民政府成立，隶属甘肃省平凉专区。1958 年 10 月 25 日，改属宁夏回族自治区至今。

4. 地名文化

隆德县的地名文化，有以下四个特色。

一是地理特色。六盘山在唐代以前称陇山。隆德县东部全部为六盘山的山地，境内的河流如渝河、好水、邸堡河，也都源出六盘山。六盘山主峰位于隆德县陈靳乡东南，海拔 2942 米，在《山海经》中称"高山"，明清称"美高山"，近代音转为"米缸山"。隆德县城的建城史，始于北宋大中祥符七年（1014 年）所筑陇干城。陇干，即陇山主干，显然得名于六盘山主峰。广义的六盘山脉南北长 200 余公里，狭义的六盘山是指六盘山的第二高峰，即隆德县城东枕之山峰。唐代的六盘关、今天的六盘山红军长征纪念馆、六盘山隧道，都得名于狭义的六盘山。当代以"山、河、沟、湾、台、坡、垴、岔"字命名的地名众多，都反映了当地的地理特色。如大岔、垴岔等地名是指山脉、道路分歧的地方；峰台、惠台、燕窝台因地形高而平坦得名；红崖、鸦儿崖则因大沟谷深切而形成的崖壁而名；塬、梁、岘广泛用于县境西部黄土高原地带。隆德地名中的通名中，有个独特的"凹"［wā］字，用于山梁之下，而将凹下称为坡。现在仍然叫"凹"的地，有 20 多个，如辽凹子、中梁凹、奚家阳凹、小阳凹、阳凹、白家凹、夏家凹、蒿地凹、大凹、阴凹等。

二是交通特色。据《永乐大典·站赤》转引元代《经世大典》，从 1264 年起，忽必烈下令将传统丝绸之路沿渭水而西的南线驿站撤裁，将驿马安置到六盘山以东的瓦亭驿及六盘山以西的德顺州、神林等驿。至此，丝绸之路从瓦亭改线，翻越六盘山，自东而西穿过隆德县境，然后经兰州、河西走廊、天山南北入中亚。这条新的交通大道，历经明、清、民国，皆为西北交通主轴。当代称 312 国道，东起上海，西至新疆霍尔果斯口岸。七百多年间，隆德县地处交通要冲，因而形成与交通相关的很多地名。如元代的德顺州驿、神林驿，每天动用铺马百余匹，仍不敷使用。到明、清，在隆德、神林各设驿站、递运所，站间十里一铺，有在城铺、贺贵铺、峡口铺、得胜铺、罗林铺等地名。今仍在使用的村名，有八里铺、十里铺、十八里铺、二十里铺、沙塘铺、神林铺、联财铺等。行旅需食宿，又产生三里店、七里店、杨家店、罗家店、马家店、邸店（奠安）等地名。数十本清代的《西行记》中，还记有更多的店名、铺名、烽墩名。林则徐被发配新疆写《荷戈纪程》，就记载有六盘山顶的驿亭和山脚的杨家店。道光二十九年董醇作《度陇记》从六盘山顶至甘肃静宁，每五里一记，把隆德县境驿道沿线的店、铺、墩（烽火台）名逐一记录。

三是军事特色。隆德县堡寨类地名多，源于古代军事建制和民间防御的堡、寨、营、关等地名有温家堡子、杜家堡子、杨家堡子、梁家堡子、黄家堡子、陈家堡子、寨子湾、红堡、解堡、谢家寨等。大营、前营、将台、军家塆、六盘关、得胜坡、旗杆梁、营盘梁、杀人沟等地名，也带有明显的军事色彩。今好水乡之名，源于北宋时的好水川。1041 年宋夏之间爆发好水川之战，西夏主李元昊率十万精骑设伏于川口，派老弱残兵诱敌沿川西进。又在距川口五里设封闭银盒，宋主将任福好奇，命令打开，数十只鸽子腾空而起，西夏骑兵见鸽急驰，一举全歼三万宋军。此战因"飞鸽报警""骑兵设伏"而被当作典型战例，载入《中国军事百科全书》。

四是传统文化特色。隆德县地名承传中华民族传统文化，讲究仁义道德。宋朝与西夏兵戎相见，但在地名命名中仍报之以德，如德顺军、隆德县，都出自宋代。明清之际，意含中华民族传统道德观念的地名占主导地位。康熙《隆德县志》记载，隆德县在明初洪武年间，全县共编"五里"，分别为里仁、辅德、曹务、宣化、弼隆。清朝初年沿袭明制，又设仁隆、德化二里。康熙三年（1664 年），增设效义里（今山河乡）。几乎都含仁义道德。民国时期的村名，有首善、乐善、孝义、许义、集义、聚义、公义、仁厚、集贤及孝村、义村、礼村、仁和、中和、纯仁、纯义。在传统文化熏陶下，今天的农村，文化氛围厚重，有闻名全国的农民书画院，保存民风民俗的"老巷子"，还有 10 多个艺术之乡。其中的民间绘画、民间剪纸、魏氏砖雕、泥塑、篆刻、高台马社火、社火脸谱、祭山已被列入非物质文化遗产保护名录。

5. 所属乡镇

城关镇【Chéngguān Zhèn】　隆德县人民政府驻地。东以六盘山与泾源县六盘山镇为界，南接陈靳乡，西连沙塘镇，北与好水乡为邻。辖隆泉、隆观、东关、西苑、南凤嘉园、峰台、红崖、南河、竹林、星火 10 个城市社区，杨店、嘴头、吴山、邓山、三合 5 个行政村，14 个村民小组。镇政府驻文昌街 126 号。面积 86.3 平方千米，人口 18363 户 5.9 万。明嘉靖三十八年（1559 年）至清末期属仁隆里。宣统元年（1909 年）属里仁里。民国初年设为龚太堡，1935 年名为盘山区；1941 年更名为盘山镇。中华人民共和国成立后，因居县城而更名城关区；1955 年 10 月撤区设乡，为城市乡；1958 年 10 月城市、峰台、陈靳三乡合并，名高峰人民公社；1959 年 4 月改城关公社；1961 年 11 月调整社队规模，又改设为城关、峰台、陈靳公社；1984 年 3 月恢复乡镇建置，设城关镇、城郊乡、峰台乡；2003 年 11 月，城郊乡、峰台乡并入城关镇。1999 年被命名为宁夏回族自治区"文明乡镇"，2009 年复查再次确认。北宋初期始筑城池。《宋史·真宗三》卷八："大中祥符四年（1011 年）曹玮募兵以居，七年（1014 年）筑城，因地在笼竿川，故名。"城在陇山主干之侧，故《宋史·地理志》记作"陇干城"。庆历三年（1043 年）正月二十三日于此置德顺军（《宋会要辑稿》方域五之四十三），级别与下等州同。金为德顺州、陇干县治。元代将德顺州移治今甘肃省静宁县并改名为静宁州，同时将设在西吉县将台镇南火家集的隆德县移治旧德顺军城。此后，这里一直为隆德县城。其城墙已拆毁，遗迹南北长 900 余米，东西宽 800 余米，东设 2 道城门，西、北各设 4 门。北宋德顺军名将辈出，抗金四大名将之一的刘锜，"吴家将"中的吴玠、吴璘、吴挺等皆为德顺军籍，战功显赫，在《宋史》中均单独立传，洋洋数千言。今东南郊的东山堡宋城遗址，即为"吴家将"在德顺军保卫战中所筑。明、清及近代、当代 1980 年以前的各种著述，包括民国《隆德县志》，都把德顺军误考在"甘肃省静宁县"。1982 年，宁夏史学家鲁人勇公开发表《北宋三军城故址考》，将宋德顺军城和金德顺州考定在今隆德县城关。随后，出土文物《德顺州安葬功德记》碑，以实物确证了他的观点。自蒙古汗国中统四年（1263 年）后，渝河沿岸的城关镇及沙塘、神林、联财镇为丝绸之路主线所必经，设驿站及递运所，有众多《西行记》记述在隆德城的见闻及地名文化，如林则徐的《荷戈纪程》、董醇的《度陇记》等。当代有 312 国道经过，东起上海，西至新疆霍尔果斯口岸，是新欧亚大陆桥的纽带。还有北象山宋神霄宫遗址、南凤山北魏石窟石窑寺、隆德老县衙、左公柳等历史遗迹。

　　红崖社区【Hóngyá Shèqū】 隆德县城郊社区名，属城关镇，居镇政府驻地东南 2.9 公里。因村境内有红土崖洼（Wā，山崖下之洼地）而得名。辖红崖、张士、新华 3 个村民小组。面积 7.5 平方千米，人口 4043。其中的老巷子，地处六盘山脚下，占地面积 0.25 平方千米，现有村民 98 户 410 人。村内因东西五条、南北一条共六条巷子而得名，主巷道约 520 米。依山傍水，绿树环绕，环境清幽。2011 年，隆德县政府为加强对古村落的保护，对老巷子进行了修缮和改造。重建了部分已倒塌的烽火台、东西村门、堡墙等设施，尽可能保留原有的建筑风格。老巷子现有书画、餐馆、民宿、旅游商品等经营业户 23 家。其中的书画、石匾一条街，有停云美术馆、廊亭书画、张氏书法藏馆、老巷子风情剪纸等文化艺术场所。隆德县号称"书法之乡"，县里的农民书画家，常在此展示其才艺。沿街的石磨、石盘、古井、古柳、老钟、戏台，呈现千年老巷沧桑；陈列的耙、犁、耱、叉等农具，展现农耕文化轨迹。1935 年秋，红二十五军长征途经隆德，其先遣部队宿营在红崖村，召开党委扩大会议，研究部署工作，为该村留下红色文化印记。如今的老巷子，已经成为宁夏著名的民俗文化村。

沙塘镇【Shātáng Zhèn】　上隶隆德县，地处县境中部。西与神林乡毗邻，东与城关镇相邻，北与张程乡、杨河乡接壤，南与凤岭乡相接。辖街道、十八里、光联、锦华、锦屏、马河、和平、许沟、清泉、新民、张树 11 个行政村，67 个村民小组。镇人民政府驻街道村，东至县城 15 公里。面积 97.7 平方千米，人口 4140 户 1.8 万。明洪武初年，地属隆德县弼隆里。嘉靖三十八年（1559 年）属仁隆里。清乾隆十九年（1754 年）用兵新疆，协办陕甘总督刘统勋沿陕甘驿道建塘汛，直达巴里坤军营，以传递军事情报（时称"塘报"）。此地多沙，故名沙塘。清同治四年（1865 年），邓全忠筑沙塘营盘，占地 6670 平方米，以为驻兵之所。1930 年，被蒋介石收编的"甘肃讨逆军第一路司令"陈圭璋派旅长谢绍安驻防隆德。谢将沙塘营盘重新整修，入驻兵力 2 个团。1935 年始设沙塘区。1941 年设沙塘乡。中华人民共和国成立后改为沙塘区；1958 年 5 月撤沙塘区，改为沙塘乡；1958 年 10 月成立先锋人民公社；1959 年 4 月改名为沙塘公社；1961 年 5 月划分为沙塘、联财两个公社；1963 年又从沙塘公社中析出神林公社；1984 年 3 月恢复乡镇建置，改名为沙塘乡；1993 年 5 月撤乡设镇。位于渝河流域，属黄土丘陵沟壑区和河谷川道区，建有罗家峡、清泉、打食沟等多座水库。农业经济主要种植小麦、马铃薯、胡麻、玉米、豆类、药材、蔬菜等，是瘦肉型生猪和中药材生产基地，乡镇企业主要有淀粉加工厂、机砖厂、水泥预制厂、养猪场、饲料加工厂、面粉厂等。青兰高速公路、312 国道横贯乡境。沙塘川道在历史上是先民活动的主要地域，新石器时代至青铜时代遗址多达 26 处，其中的页河子遗址被北京大学考古系于 1986 年发现，面积 75 万平方米，发掘有房址、骨器作坊、排水沟，出土有各种石器、骨器和陶器，现为全国重点文物保护单位。每年农历五月十三日为沙塘镇文化艺术节，以秦腔表演、民俗展演为主，影响较大。

联财镇【Liáncái Zhèn】　上隶隆德县，地处县境西部。东接神林乡，南邻甘肃省静宁县古城乡，西靠甘肃省静宁县司桥乡，北连西吉县兴隆镇。辖联财、赵楼、张楼、联合、恒光、太联 6 个行政村，26 个村民小组。镇政府驻联财铺村，东至县城 30 公里。面积 52 平方千米，人口 2633 户 1.1 万。2001—2014 年，连续被评为自治区级"文明乡镇"。有金台、太联村等 11 处新石器时代遗址。因元、明时曾是柴薪交易市场，俗称"乱柴铺"，当地语音将"乱"念作"联"，加之地处交通大道，有多个供过往行旅打尖、食宿的店铺，故改称联财铺。明洪武初年隶属里仁里。嘉靖三十八年（1559 年）隶属仁隆里，清朝属中区里仁里。民国初年为乱柴堡，1928 年隶属隆德县第二区，1935 年隶属沙塘区，1941 年隶属沙塘乡，1949 年 8 月隶属神林乡。中华人民共和国成立后始设联财乡，隶属神林区。1958 年 5 月，撤销联财乡并入神林区，1958 年 10 月成立先锋人民公社，1959 年初属沙塘公社，1961 年 11 月从沙塘公社析出部分生产大队，成立联财公社。1984 年 3 月恢复联财乡，1997 年 6 月撤乡设镇。辖境北部、南部为丘陵沟壑区，中部为渝河川谷地。境内最高峰香炉山，海拔 2724 米。建有东光、剡坪、李太平等多座水库。主要种植小麦、豌豆、马铃薯、胡麻、玉米、葵花、西瓜、药材、蔬菜等作物，是县内农业高产区。有青兰高速公路过境，且在毛家沟村设有出入口；312 国道通过全境，与中（卫）静（宁）公路交会于镇境西部。

神林乡【Shénlín Xiāng】 上隶隆德县，地处县城之西。西与联财镇相邻，东与凤岭乡、沙塘镇相连，北与张程乡毗邻，南与甘肃省静宁县曹务乡接壤。辖神林、庞庄、观音、辛坪、岳村、双村、杨野河 7 个行政村，27 个村民小组。乡政府驻神林村街道，东至县城 20 公里。面积 58.9 平方千米，人口 2639 户 1.02 万。有双村、阎庄村等 8 处新石器时代至青铜时代遗址，2 座宋代烽火台遗址。神林之名，始于北宋初期。《武经总要》前集卷十八上："德顺军……西至神林寨四十里。"《武经总要》完成于庆历四年（1044 年），故神林寨的设置时间必在此前。金代称神林堡。今遗址东西长 700 余米，南北宽 550 米，仅西北角有残垣。明洪武初隶属隆德县弥隆里，设有神林递运所，转运军需物资。嘉靖三十八年（1559 年）隶属隆德县仁隆里。清代因地处陕西新疆交通大道，有多个供过往行旅打尖、食宿的店铺，故改称神林铺。1928 年隶属第二区。1941 年始设神林乡。中华人民共和国成立后改神林乡为神林区，1955 年 10 月撤区设乡，隶属沙塘区。1958 年 10 月撤乡后隶属先锋人民公社。此后分别隶属联财、凤岭、张程三个公社。1963 年成立神林公社。1984 年 3 月恢复神林乡。北部、南部为黄土丘陵沟壑区，中部为渝河川谷地。农业生产主要种植小麦、玉米、马铃薯、豆类，经济作物有胡麻、葵花、药材、西瓜、蔬菜等，畜牧业养殖猪、牛、鸡等。312 国道横贯乡境。有关帝庙，农历五月初五庙会。

观庄乡【Guānzhuāng Xiāng】 上隶隆德县，地处县境北部。东依六盘山脉，南与好水乡相连，西与西吉县什字乡相邻，北与原州区张易镇接壤。辖大庄、后庄、前庄、林沟、倪套、石庙、阳洼、观堡、姚套、红堡、中梁、田滩 12 个行政村，77 个村民小组。乡政府驻大庄村街道，南至县城 21 公里。面积 105.7 平方千米，人口 4542 户 1.9 万。明嘉靖三十八年（1559 年）至清朝隶属德化里。1941 年 8 月划归西吉县，为观堡乡。中华人民共和国成立后设大庄乡，隶属屯树区。1958 年 10 月划归隆德县，并入大庄乡。1959 年 4 月成立观庄公社。1961 年 5 月，析分为观庄、大庄两个公社。1984 年 3 月改社为乡。2003 年 11 月将两乡合并，各取一字而名观庄乡。地形东部为六盘山脉，中西部为河谷阶地和丘陵地带。气候冬冷夏热，年温差大，全年平均气温为 6.5℃，降水较少。境内最高峰凤太山，海拔 2378 米。属贫困乡，农业经济主要种植小麦、马铃薯、豆类、胡麻、蔬菜、花卉等，畜牧业养殖猪、牛、羊、鸡等。风景名胜有北联池，原名"北乱池"，为高山湖泊，面积不足百亩，但水质佳，从未干涸，水位常年不变，故旧志称"灵湫"，列入"隆德八景"。湖北岸有古寺，按现存元代碑文记载，时为"黑水龙王庙"，供奉"惠泽大王"，"肇于春秋，盛于炎汉，享祀唐宋，时至于我盛元"。现每年农历六月初六举办庙会，信众云集，人数逾万。常有善男信女，携龟鳖鱼类到此放生。李家嘴村宋墓，1962 年出土有铁猪、铁牛、瓷器、鎏金刻花剑鞘及剑，还有一面鎏金人物楼阁铜镜，现存宁夏博物馆。大庄村北 1.5 公里有清代堡子山堡遗址，面积 12000 平方米。另有 5 座宋代民堡遗址，皆不详其名。

好水乡【Hǎoshuǐ Xiāng】　上隶隆德县，地处县境北部。东与六盘山相连，南与城关镇相邻，西与杨河乡相接，北与观庄乡接壤。辖红星、水磨、后海、张银、三星、永丰、中台、庙湾 8 个行政村，40 个村民小组。乡政府驻红星村街道，南至县城 7 公里。面积 79.4 平方千米，人口 1995 户 7326 人。境内有河，源出六盘山，自东而西流经全境，长约 25 公里，水质佳，故名好水，其谷地在宋代称好水川。宋仁宗康定二年（1041 年），宋、夏好水川之战爆发。西夏帝元昊率骑兵 10 万以据险设伏、飞鸽报警之计，在好水川口东五里全歼宋军 3 万余，大将任福等 30 余将校、10300 余士兵战死，被《中国军事百科全书》列入典型战例，《宋史》等史籍亦有大量记载。主战场遗址在今红星村南 50 米，出土有各种残朽兵器，人马骸骨随处可见。另有新石器时代至青铜时代遗址 5 处、宋代烽火台 1 座。三星村北 1.5 公里有明代城堡遗址，依山而筑，平面呈圆形，面积 6600 平方米。明洪武初年隶属辅德里，嘉靖三十八年（1559 年）至清朝中期隶属德化里。光绪年间隶属北区辅德里。民国初年设丹树堡，1935 年隶属平峰区，1942 年设屯民乡、丹树乡。中华人民共和国成立后合为屯树区。1956 年 3 月设好水乡，隶属屯树区。1958 年 10 月与庙湾乡合并，成立北峰公社。1959 年 4 月更名为好水公社。1984 年 3 月改社为乡。地形分为东部土石山区带，中部河谷川道区，北部黄土丘陵区。最高峰位于水磨村六盘山大水沟处，海拔 2900 米。东部阴湿，西部干旱，春季干旱少雨，冬季寒冷。属贫困乡，主要农作物以小麦、马铃薯、豆类、胡麻等为主。草畜产业、马铃薯良种繁育、劳务输出为全乡三大支柱产业，有地膜玉米旱作节水示范区、菊芋产业基地等。

杨河乡【Yánghé Xiāng】　上隶隆德县，地处县境西北部。东与好水乡接壤，南与张程乡、沙塘镇相接，西与西吉县兴隆镇、隆德县张程乡相连，北与西吉县什字乡毗邻。辖杨河、玉皇岔、串河、穆沟、红旗5个行政村，20个村民小组。乡政府驻杨河村，东南至县城约20公里。面积71平方千米，人口2637户约1.1万，回族占97.1%。因早期有杨姓人在小河边居住而得名杨家河。乡境有新石器时代至青铜时代遗址5处、宋代烽火台1座。牛河村南1.5公里，有明代南湾堡遗址，依山而筑，呈圆形，面积6000多平方米。明洪武初年隶属里仁里，嘉靖三十八年（1559年）隶属德化里。民国初年设屯民堡；1935年隶属兴隆区；1941年设屯民乡。同年8月划归西吉县。中华人民共和国成立后设杨河乡、牛河乡，隶属隆德县屯树区。1953年12月，两乡划属西吉县；1958年10月宁夏回族自治区成立时，复属隆德县并成立前进公社，1959年4月更名为杨河公社。1984年3月恢复杨河乡。中部为好水川河谷川道，南北为黄土丘陵沟壑区。春季低温少雨，夏季短暂多雹，冬季严寒绵长。最高峰牡丹山，海拔2712米。属贫困乡，主要种植小麦、莜麦、荞麦、豌豆、糜子、马铃薯、胡麻等农作物。畜牧业以养牛、羊为主。乡村多民间艺人，回族剪纸、刺绣等较为有名。

张程乡【Zhāngchéng Xiāng】　上隶隆德县，地处县境西北部。东与杨河乡接壤，南与神林乡、沙塘镇相连，西、北与西吉县兴隆镇毗邻。辖张程、五龙、桃园、马儿岔、杨袁、赵北孝、李哈拉、崔家塆8个行政村，46个村民小组。乡政府驻张程村，东南至县城32公里。面积84.4平方千米，人口2973户1.1万，回族占68.4%。因境内早期有张姓和程姓人居住而得名。明嘉靖三十八年（1559年）至清朝隶属德化里。1928年隶属神林堡；1935年隶属沙塘区；1941年隶属沙塘乡、神林乡。中华人民共和国成立后，始设张程乡属神林区、桃园乡隶属沙塘区。1953年12月张程乡划属西吉县，1958年10月回归并成立跃进公社。1959年4月改名桃园公社，1961年11月分为桃园、张程两个公社。1984年2月都改为乡。2003年11月两乡合并为张程乡。北部、南部为丘陵沟壑区，中部为筛子河谷地。属贫困乡，村民早年居住多为窑洞，许多村庄散布有晚清以后的窑洞遗迹。农业经济主要种植冬小麦、玉米、马铃薯、胡麻、蔬菜等，畜牧业以养殖牛、羊为主。

陈靳乡【Chénjìn Xiāng】　上隶隆德县，地处县境中东部。东与泾源县六盘山镇相接，南与山河乡相连，西与凤岭乡、沙塘镇相邻，北与城关镇接壤。辖陈靳、清凉、高阳、民联、新兴、新和、何槐7个行政村，31个村民小组。乡政府驻陈靳村，北至县城7公里。面积46.7平方千米，人口1389户4938人。最早居民有陈、靳两大姓，故名。明嘉靖三十八年（1559年）至清朝隶属仁隆里。1935年隶属盘山区。1941年隶属盘山镇。中华人民共和国成立后始设陈靳乡，隶属城关区，1955 年 10 月并入何槐乡。1958 年 5 月，清凉、何槐合并为陈靳乡。1958 年 10 月城市、峰台、陈靳三乡合并成立高峰公社，1959 年改名为城关公社。1961 年 11 月，成立陈靳公社。1984 年 2 月更名为陈靳乡。地处六盘山下，地形东部属山地，中、西部属低山丘陵区。乡东有六盘山脉的第一高峰米缸山，海拔 2942 米。属贫困乡，农业经济主要种植小麦、马铃薯、蚕豆、胡麻、药材、蔬菜等，畜牧业养殖猪、牛、鸡等。旅游景点有清凉寺，始建于明，兴盛于清，隆德县旧志称其"晴岚山寺"，为"隆德八景"之一。现已建成"清凉世界"境区。其东南有水库，水质甚佳，为隆德县城居民生活用水之源。

凤岭乡【Fènglǐng Xiāng】　上隶隆德县，地处县境西南部。东与陈靳乡、山河乡接壤，南与温堡乡、甘肃省静宁县曹务乡毗邻，西与神林乡相接，北与沙塘乡相连。辖冯碑、齐岔、巩龙、卜岔、于河、薛岔、齐兴、李士、新化、上梁、魏沟 11 个行政村，59 个村民小组。乡政府驻冯碑村，东北至县城 15 公里。2016 年面积 76.9 平方千米，人口 2440 户 1.02 万。因境内有凤凰岭而得名。省级非物质文化遗产"隆德魏氏砖雕"，即出自凤岭乡于河村的魏世祥一家，制作砖雕的历史已有一百多年。通过四代人的传承，逐渐形成独特的制作工艺，在隆德县独树一帜，其砖雕作品深得人们的喜爱。乡境有新石器时代至青铜时代遗址 11 处。明洪武初年属彌隆里。嘉靖三十八年（1559 年）至清朝隶属仁隆里，光绪年间隶属里仁里。1935 年隶属山河区；1941 年隶属山河镇；1942 年隶属沙塘乡。中华人民共和国成立后始设凤岭乡，隶属沙塘区。1953 年 2 月成立巩隆区，辖凤岭、巩隆两乡。1958 年 10 月成立红旗公社。1959 年 4 月改名为凤岭公社。1984 年 3 月改社为乡。2003 年 11 月与上梁乡合并为凤岭乡。地处黄土丘陵沟壑区和六盘山外围沙石山区。年平均气温 5.2℃。最高峰扎营墩，海拔 2552 米。属贫困乡，农作物主要种植小麦、玉米、马铃薯、豆类、胡麻等，畜牧业养殖猪、牛、鸡等。

山河乡【Shānhé Xiāng】　上隶隆德县，地处县境东南部。东与泾源县大庄乡分界，南与奠安乡相邻，西与温堡乡相连，北与陈靳乡接壤。辖山河、石碑、二滩、菜子川、王庄、边庄、崇安、大漫坡 8 个行政村，35 个村民小组。乡政府驻山河村，西北至县城 15 公里。面积 66 平方千米，人口 955 户 3483 人。地处六盘山下，因在山谷河道区，历史上是商贾云集的竹木山货集散贸易地，故称"山河镇"。乡境有新石器时代至青铜时代遗址 4 处。明洪武初年隶属曹务里。明嘉靖三十八年（1559 年）隶属仁隆里。康熙三年（1664 年）编废蕃租户为效义里。光绪年间为南区效义里。民国初年为孝义堡；1935 年设山河区；1941 年设山河镇。中华人民共和国成立后超农乡与山河镇合为农山区。1955 年 10 月设立山河乡。1958 年 10 月改为五星公社。1959 年 4 月改为山河公社。1961 年 11 月，分为山河、陈靳两个公社。1984 年 3 月复名山河乡。2003 年 11 月崇安乡并入。属黄土丘陵沟壑区和六盘山外围沙石山区。降水较多，日照不足，年平均气温仅3.3℃。最高峰月牙山，海拔 2897 米。属贫困乡，农业经济主要种植冬小麦、马铃薯、蚕豆等，畜牧业养殖牛、羊、猪、家禽等，东部为六盘山自然森林保护区，多林木，宜于种植中药材、耐寒苗木。旅游景点有盘龙山林区、范家峡森林公园等，建有休闲旅游度假区。

温堡乡【Wēnbǔ Xiāng】　上隶隆德县，地处县境南部。东面局部与本县山河乡接壤，南与甘肃省庄浪县岳堡乡相连，西与甘肃静宁县古城乡相邻，北与甘肃省静宁县曹务乡、本县凤岭乡镶嵌。四面基本为甘肃省辖地，故宁夏人称其为"飞地"。辖杜堡、新庄、夏坡、吕梁、前进、吴沟、田柳沙、温堡、张杜沟、杨堡、老庄、杜川、杨坡、大麦沟、大北山 15 个行政村，72 个村民小组。乡政府驻杜堡村，北至县城 45 公里。面积 87.3 平方千米，人口 4920 户 1.98 万。乡境有新石器时代至青铜时代遗址 23 处。"隆德杨氏家族泥塑"，已列入国家级非物质文化遗产名录。这种中国民俗工艺品，按记忆可溯源到清光绪年间，在选料、酿泥、造像程序及色彩处理等方面，都有独特工艺，一直以家族口、耳、手代代相传，健在的彩塑老艺人杨栖鹤是第四代传承人。温堡于民国年间始设乡，因驻地温姓人居多而名，隶属甘肃省庄浪县安东区。1956 年 8 月，划归隆德县，隶属农山区。1958 年 10 月成立建国公社，1959 年 4 月改名为温堡公社。1984 年 3 月复名温堡乡至今。地形有六盘山土石山区、甘渭河河谷川道区、黄土丘陵沟壑区。最高峰旋风顶，海拔 2931 米。属贫困乡，农业主要种植小麦、马铃薯、玉米、蚕豆、胡麻、中药材、冷凉蔬菜等农作物。畜牧业主要养殖猪、牛、羊、鸡等。

奠安乡【Diàn'ān Xiāng】　上隶隆德县，地处县境东南部。东与原崇安乡镶嵌，南与甘肃省庄浪县通边乡毗邻，西与甘肃省庄浪县岳堡乡相连，北与张程乡接壤。辖旧街、新街、马坪、景林、梁堡、雷王、张田、阎庙、海子、杨沟 10 个行政村，55 个村民小组。乡政府驻旧街村，北至县城 41 公里。面积 80.8 平方千米，人口 1412 户 5000 人。乡境有新石器时代至青铜时代遗址 15 处。景林村有明代景林寺遗址，残存的碑记，刻有"大明弘治捌年陆月""平凉府静宁州隆德县通化〔碑上损缺一字，应为乡〕曹务里""底店景家庄圣寿寺"等内容。碑文证实：明弘治年间，这里的地名叫底店，隶属于平凉府静宁州隆德县通化乡曹务里；今景林村时名景家庄；寺名则叫圣寿寺。清朝初年，更名仁隆里。光绪年间隶属南区效义里。景林村南 1.5 公里，有明代城堡遗址，俗称"塌堡子"，面积 3500 平方米。梁家堡村内有清代堡城遗址，正方形，面积 14400 平方米。民国时期先后属山河乡、超农乡及甘肃省静宁县。中华人民共和国成立后，曾分属隆德县梁堡乡和宋塬乡、静宁县奠安乡和景林乡、庄浪县通边乡。1952 年 7 月始设奠安乡，隶属于静宁县，是静宁县八大镇之一。1956 年 5 月，划属隆德县。1958 年 10 月由奠安、梁堡两乡合并成立前锋公社，1959 年 4 月更名为奠安公社。1984 年 3 月复名奠安乡。2003 年 11 月，原杨沟并入。地处六盘山下，地形中间为河谷川道区，南北为黄土丘陵沟壑区，东部有六盘山自然保护区及苏台林场。最高峰营盘梁，海拔 2434 米。属贫困乡，农业经济主要种植小麦、马铃薯、蚕豆、中药材等，畜牧业养殖牛、羊、猪、鸡等。

梁堡村【Liángbǔ Cūn】 上隶隆德县奠安乡，为宁夏 4 个"中国传统村落"之一。自 1949 年 10 月始置梁堡乡，1958 年后一直属奠安乡。面积 2.1 平方千米，人口 170 户 820 人。有新石器时代的齐家文化遗址、宋代古老城堡、明代古民居、上百年的古老核桃树，以及 200 多年历史的刘氏祖传接骨正骨医术等，传统文化丰富厚重。第三次文物普查中，在距梁堡村发现一座保存完整的古城堡，建于明朝。堡内有保存完整的明代古宅——世德堂。2012 年 12 月，经中国传统村落保护和发展专家委员会评议梁堡村被列入第一批中国传统村落名录；2018 年 1 月，首届全国名村论坛暨中国名村志丛书出版座谈会在北京举行，会上首次推出 27 部中国名村志，《梁堡村志》入选其中。共 19 万多字，记述了该村历史、现状及民俗民风。

（四）泾源县【Jīngyuán Xiàn】

固原市辖县，地处宁夏南端、六盘山脉东麓，位于东经 106°12′～106°29′，北纬 35°15′～35°38′。东与甘肃省平凉市相邻，南与甘肃省华亭县、庄浪县交界，西与隆德县接壤，北与原州区、彭阳县相连。辖 3 镇 4 乡，县政府驻香水街，北至固原市 75 公里，距自治区首府银川市 414 公里。2016 年面积 1442.71 平方千米；人口 10.06 万。其中回族 79152 人，占 78.68%；汉族 21422 人，占 21.29%；余为其他民族。地区生产总值 14.78 亿元，人均 14777 元。原名化平县。1950 年 9 月，因泾河发源地而改为泾源县。

1. 地名现状

第二次全国地名普查汇总统计，共有地名 5115 个。其中行政区域地名 8 个，群众自治组织 117 个，非行政区域名 85 个，居民点 720 个，交通运输设施 444 个，水利电力通信设施 195 个，纪念地、旅游景点 224 个，建筑物 96 个，单位 2628 个，陆地水系 326 个，陆地地形 272 个。

2. 地名沿革

《史记·五帝本纪》载，轩辕黄帝登崆峒，至鸡头。崆峒在平凉市西，鸡头即泾源境内的六盘山。秦始皇巡北地、过鸡头即此。秦置乌氏县。《史记·货殖列传》记，乌氏倮事畜牧，多到"以山谷量马牛"，成为巨富。汉代以后，全境地名沿革分为差异很大的两个带。

南部泾河正源地带，即 2003 年区划调整以前的泾源县全境。这里山大沟深，为高寒、阴湿地区，多原始森林，交通极为不便。故从汉代到隋朝人烟稀少，无州县建置。唐朝出现控扼"陇道"的制胜关，在今县城之北永丰村，20 多年前遗址尚存，俗名"官庄"。唐后期吐蕃族进入从事畜牧。北宋乾德二年（964 年）始置安化县，治安化峡（今新民乡）。太平兴国八年（983 年）移治制胜关。至道元年（995 年）复徙治安化镇。后筑定川寨，在今黄花乡西沟；赵林寨，在今香水镇惠台村。熙宁七年（1074 年）废制胜关，再徙县治于关地，以旧县治置安化镇。建炎四年（1130 年）入金，改称化平县，属平凉府，辖安化镇、白崖（亦作岊）河镇。以上安化、化平之名，皆有明显的民族歧视之意，针对的是吐蕃族。元代至清中期，再度成为人烟稀少之地，无居民点。清同治十年（1871 年），左宗棠平定西北回民反清运动后，迫迁陕西籍回民九千四百余口于化平川地，并筑城驻兵，置化平川直隶厅。上隶平庆泾固化道，下辖香水里、化临里、圣谕里、白面里（宋白岊河镇）。1913 年，改化平川厅为化平县。1949 年 9 月，东与平凉县接壤，西以六盘山与隆德为界，南至马夫峡与华亭县邻，北邻六盘山主峰米缸山，面积 750 平方千米，人口 2.69 万，均为回族。1950 年 9 月 18 日，更名泾源县。1953 年 5 月 11 日，更名泾源回族自治区（县级）。1955 年改自治县。1958 年 9 月划归宁夏回族自治区，更名泾源县至今。

北部颉河地带，原属固原县的蒿店乡、什字乡、大湾乡，2003 年划属泾源县合并为六盘山镇、大湾乡。这一线是关中的北面咽喉、交通孔道，从西汉之后，一直是丝绸之路所经，所以，不但历史地名多，而且知名度高。颉河，今泾河北源，古代长期误当作泾水正源。西汉的泾阳县，就在颉河北岸，今属甘肃省平凉市安国镇。六盘山镇瓦亭村，最早为驿亭。西汉王朝建立后，为防御匈奴，在此置萧关。关中之名，源于四关之中：东函谷，南武关，西散关，北萧关。东汉更名乌亭，置乌枝县。隋置默亭县。唐代置陇山关，为全国六个上等关之一，北宋、金筑瓦亭寨，常屯兵四五千人。元代到清代设瓦亭驿，为西去新疆、北至宁夏两条驿道的交会点。瓦亭沿颉河东行二十里，今名三关口，因控陇山关、六盘关、制胜关之口而名。郦道元在《水经注》中称弹筝峡："弹筝峡……泾水经都卢山，山路之内，常有如弹筝之声，行者闻之，歌舞而去。又云弦歌之山，峡口水流，风吹滴崖，响如弹筝之韵，故名之。"唐代又名金佛峡。三关口的峡道之险，纵贯两千多年历史，在数十本西行记中留有记载。其北面崖壁上，有很多摩崖石刻大字，保存至今有峭壁奔流、山容水韵、山水清音、泾汭分流；见于史籍的有萧关锁钥、控扼陇东、山明水秀等。还有《三关口峡道碑记》《重修三关车路记》等碑铭存世。

3. 地名文化

泾源县地名文化，最鲜明的是以下三种。

一为山水文化。泾源县，得名于泾水之源。从古到今的居民点、乡镇、村名，多源自泾河，如泾南、泾河源、白岂河、香水、弹筝峡、金佛峡、西峡、东峡、凉殿峡、野河谷等。有的衍生出民间传说，如取材于二龙河、老龙潭的《柳毅传书》、魏徵梦斩老龙王。山名中的六盘山、美高山、鸡头山，本身就蕴含一段历史文化，又派生出六盘山镇、六盘山自然保护区及旅游景区、交通设施之名。312 国道上的六盘山隧道，将"天下难行第一"的"六盘鸟道"变为通途。青岛至兰州高速公路上的六盘山隧道，长达9485 米，是 2000 米以上高海拔地区最长的隧道。1935 年，毛泽东率中国工农红军翻越六盘山，挥笔写下脍炙人口的《清平乐·六盘山》，更使六盘山名扬四海。今山顶，建有六盘山红军长征纪念馆，成为著名的红色旅游景区和爱国主义教育基地。

　　二为民族文化。泾源县是回族聚居区。2003 年区划调整以前，回族人口所占比例曾高达 97%。历史上最早的建置乌氏县，是乌氏戎牧地。《史记·货殖列传》记载，秦统一六国后，乌氏县有个名叫倮的畜牧业主，将牛马卖掉，买上各种珍奇之物献与戎王，戎王以十倍的价值偿还给他，送他牲畜，多得"以山谷量马牛"，成为巨富。秦始皇令"倮比封君"，列席朝会参与议政。唐广德年间后，吐蕃族进入县域从事畜牧。200 多年后，北宋在县内设安化县、化平县，县名带有明显的民族歧视色彩。清同治十年（1871年）镇压西北回民反清斗争后，将陕西籍回民近万人安插至此，置化平川直隶厅，屯兵镇守，将地名中的民族歧视推向顶峰。中华人民共和国成立后，于 1950 年改化平县为泾源县，1953 年成立泾源回族自治区（县级），1955 年改泾源回族自治县。以上地名的变化，充分证明了封建社会、民国时期民族政策的阴暗腐朽，展示了中国共产党各民族平等政策的英明伟大。

　　三为丝路文化。泾源北部六盘山镇境内，从苋麻湾宁甘省界经蒿店、三关口、瓦亭村、和尚铺，至六盘山顶 40 余公里，是丝绸之路所必经，积淀了丰富的丝路文化。今瓦亭村遗址，是西汉萧关、唐陇山关所在。汉武帝于元封四年（前 107 年）通回中道北出萧关，即从长安至此辟通新路，形成中西陆路交通中的长安至凉州北道。到唐代，陇山关成为控扼丝绸之路的海关，其职责为"限中外，隔华夷"；对各国入境商队"呵而不征"，即只检查行旅身份，对商品不征关税（见《大唐六典》）。三关口，古名弹筝峡，是中外行旅必经之地，"山路之内，常有如弹筝之声，行者闻之，歌舞而去"。由于位居丝路孔道，三关口又成为摩崖石刻、碑铭荟萃之地。其旁边的蒿店，是行旅打尖之地，以其地多艾蒿而名。萧关的"萧"字，正解亦为"艾蒿"，两地相距仅 10 公里，路边植物都以艾蒿为多。位于六盘山顶的六盘关，始筑于唐代，"因山路盘旋有六始达"而名。六盘山之名，即源于此。盘山之路险峻难行，故又有"六盘鸟道"之称。清代的 10 多部《西行记》，都重点记述了这段道路的历史及风土人情。如林则徐有《荷戈纪程》，谭嗣同有《六盘山转饷》。其中最详细的，当数董醇的《度陇记》。

4. 所属乡镇

香水镇【Xiāngshuǐ Zhèn】 上隶泾源县,地处县域中部,系县政府驻地。因辖区内有香水河而得名。曾名化临里、化临镇、泾北乡。西以六盘山脉与隆德县奠安乡接界,北邻六盘山镇、黄花乡,南接兴盛乡、泾河源镇。2016年,辖香水街、百泉街2个城市社区,惠台、米岗、暖水、太阳、下寺、卡子、白家、永丰、大庄、思源、城关、上桥、下桥、沙塬、杨家、车村、园子、新月、沙南19个行政村,82个自然村。镇政府驻香水街西段。面积56.8平方千米,人口11261户33746人,其中回族31737人,占78%。农业人口6335户23979人。2015年人均可支配收入6086.5元。西部为六盘山脉,主峰米缸山(古称美高山),海拔2942米;中、东部为低山河谷区,阴湿寒冷,降雨较多,适宜畜牧林业。除种植小麦、马铃薯、小杂粮外,农民收入主要靠劳务输出、牛羊养殖、林木育苗。其中劳务输出每年约5200人次,肉牛饲养量约2.9万头,育苗5112.9亩。福(州)银(川)高速、青(岛)兰(州)高速公路及101省道、泾(源)隆(德)公路在镇内交会。米岗村、卡子村各有新石器时代至青铜时代遗址一处,出土有陶器。秦汉时疑属乌氏县。今车丰村北2公里果家山有秦汉城池遗址,属自治区文物保护单位,占地面积30万平方米,发现大量秦砖汉瓦及铺地砖,还有陶质圆排水管。其中的秦代夔纹瓦当,只有皇宫才能使用。根据《史记》卷六记载,秦始皇二十七年(前220年)巡北地、陇西,出鸡头山,过回中宫,故文物部门判断"疑为秦汉回中宫遗址"。城郊永丰村南200米,唐代设制胜关,为《旧唐书·地理志》所列"原州七关"之一。北宋熙宁七年(1074年),将安化县治移至制胜关。今遗址呈正方形,城墙边长500余米,东西各设城门,外有瓮城。建炎四年(1130年)入金,属平凉府。大定七年(1167年)更名为化平县。元初县废,但"化平"这个地名,又使用了3个朝代:明朝为华亭县化平里;清同治十年(1871年),左宗棠平定回族反清斗争后,将陕西籍回民迁此设化平川直隶厅,清宣统元年(1909年)为化临里;1936年为化平县化临镇。1949年7月泾源解放,为泾北区。到1950年9月18日,才将"化平"这个含民族歧视之意的地名废除,改为泾源县。1958年人民公社化时,为泾北人民公社。1984年2月16日,改社为乡。1990年,将原泾北乡改为香水镇至今。

泾河源镇【Jīnghéyuán Zhèn】 上隶泾源县,地处县境东南部,东西长约38公里,南北宽约6公里,面积225.6平方千米。2016年,辖河北、白面、白吉、北营、底沟、东山、东峡、泾光、兰大庄、涝池、龙潭、马家、南庄、庞东、上秦、下秦、石底、王家、冶家、余家、高峰21个行政村,86个村民小组。镇政府驻河北村,西南至县城15公里。人口20782,均为回族。原属极贫乡镇,人均年收入不足千元。近20多年依托六盘山、泾河发展旅游业,已成功创建"全国重点镇"和国家级"生态乡镇",荣登"全国特色旅游景观名镇"名录。境内有六盘山国家森林公园,有老龙潭、二龙河、凉殿峡、鬼门关等著名景区。2016 年,全镇有"农家乐"120 余户,接待游客 50 万人次,地区生产总值 2.74 亿元,农村居民人均可支配收入 6658 元。全镇地处六盘山区,山大沟深,隋代以前人迹罕至。唐代出现安化峡地名。《资治通鉴》载,贞元三年(787 年)八月,吐蕃连营数十里,抢劫汧阳(陕西千阳)、吴山、华亭数县,将掳来的青壮年万余人押到安化峡,让其登高哭别家乡,跳崖而死、伤者千余人。唐末五代至宋初有吐蕃驻牧,称其地为白岊河。岊,即岩石;当地岩石尽显白色,故名。此后至宋代出现多个地名。《宋会要辑稿》兵二十七:庆历三年正月,泾原路按察使王尧臣言:"……制胜关西五里有流江口,东二十里至白癌河,南有细卷口,又有安化峡一带止隔陇山,并通水洛城生户八王等族……"《宋会要辑稿》《宋史·地理志》载:宋乾德二年(964 年)析华亭县地始置安化县,治安化峡,辖今泾河源镇全境。太平兴国八年(983 年),安化县移治制胜关(今泾源县城西北 1 公里永丰村)。至道元年(995 年)复徙治安化镇。熙宁七年(1074 年)废制胜关,再徙县治于关地,以旧县治置安化镇。按上述文献考证,泾河源镇在宋代属安化县。有安化峡,通水洛城(今甘肃庄浪),住有吐蕃族的八王等部,都属尚未"归化"朝廷的"生户",故取地名安化镇、安化县。建炎四年(1130 年)被金攻占,改称化平县,属平凉府。元代废县,至清中期无行政建制。近现代改称北面河、白面河。同治十一年,左宗棠平定西北回民反清斗争,将被捕的陕西关中籍回民安置于古化平县内,设"化平川厅",亦辖本镇,故本镇人口至今全系回族。

泾河源镇的地名文化,以山水文化居主导地位,并以此为依托,形成特色旅游名镇。镇之得名,即来自泾河发源地。《水经注》泾水部分文字已佚失,许多古籍如《元和郡县图志》《太平寰宇记》对泾水的正源都描述不清,到清代更是争论不休。为了查清真相,乾隆皇帝特派中卫知县胡纪漠前往实地考察,写成《泾水真源记》,认为出老龙潭之水为正源。后来曾麟的《泾源记》则认为,出凉田(天)峡之水为正源。上述二文,均载于《甘肃通志》。当代地理学界经实测长度、流量,确定泾河源镇西南的二龙河之水应为正源;二龙河再汇凉田峡、桃水山之水,即至老龙潭。这些峡、河、潭名,都已演变成地名文化。其中,成语有泾清渭浊、泾渭分明;民间传说有魏徵梦斩老龙王、二龙河鬼门关和泾源版《柳毅传书》;老龙潭是宁夏最早开发的旅游景区,因有 4 个清澈见底的深潭而闻名,建有中华龙文化宫,展陈以龙为主题的各种艺术品及文物古籍;凉田(天)峡改为"凉殿峡",被当作成吉思汗避暑的行宫;小南川以其青山秀水受到游客青睐。六盘山脉古称陇山。其中泾河源镇境内的山峰,秦代以前名鸡头山,因山峰排列如鸡冠而得名。《史记·五帝本纪》:黄帝登崆峒,西至鸡头。六盘山国家级自然保护区地跨 3 县,其核心区在泾河源镇境内,现已成为著名旅游景区,将二龙河、凉殿峡、小南川景点总揽于内。保护区森林覆盖率超过 70%，是重要的水源涵养林，生态多样化，有国家一级保护动物金钱豹，二类保护动物林麝、红腹锦鸡、勺鸡和金雕等。

六盘山镇【Liùpánshān Zhèn】　上隶泾源县，地处县境北部，六盘山东麓，因山而名。东与甘肃省平凉市崆峒区安国镇接壤，南与香水镇、黄花乡相连，西与隆德县毗邻，北接大湾乡，并与彭阳县新集乡交界。辖什字、和尚铺、张堡、五里、杨庄、大庄、半个山、太阳洼、蒿店、农林、花果、板沟、塔湾、牡丹、杏合、双河、双沟、周沟、刘沟、马西坡、东山坡、李庄 22 个行政村，76 个村民小组。镇政府驻什字村，南至县城 23 公里。面积 229 平方千米。2016 年居民 3852 户 16272 人，其中回族 1258 人，占 7.4%。地处六盘山区、颉河上游。西部山地平均海拔 2200 米，六盘山峰海拔 2928 米。中部为低山丘陵川地。东部为颉河峡谷地带，险山清流，环境优美，自古为关中北出的交通走廊：古道在险峡中蜿蜒；宝中铁路、福银高速公路、312 国道、101 省道、固隆公路、固泾公路、固隆公路平行交错。农民收入主要来源于草畜、劳务输出、苗木种植等。2016 年，全镇地区生产总值 1.12 亿元，农民人均可支配收入 7128 元（含国家扶贫转移性收入，下同）。肉牛饲养 25240 头，苗木累计面积 18000 亩，全年劳务输出 5249 人次，创收 2939 万元。镇内石灰岩矿丰富，主要企业有水泥厂、石料厂、建材厂等，对环境影响大。2012 年以来，以生态文化旅游定位，这些企业多已关闭。六盘山镇的地名沿革，与交通和丝绸之路关系密切。《汉书·武帝纪》卷六："［元封］四年冬十月，行幸雍，祠五畤，通回中道，遂北出萧关。"萧关为西汉北面雄关；汉武帝辟通的回中道，南起长安，北出萧关，此后成为丝绸之主线，即长安—凉州北道。古道经甘肃省平凉市安国镇进入六盘山镇的蒿店村，然后沿颉河至大湾乡瓦亭村（即萧关）。今六盘山镇政府驻地，古代无人居住。1936 年西兰公路（今 312 国道）建成通车，将线路从蒿店向西放弃颉河旧线，而是经小六盘、和尚铺越六盘山，与固原通泾源的大车道（后改建为公路）形成十字交叉，引来商户经营饭馆、车马店，形成沿路小街，故名什字路。民国后期编为什字路保。1949 年 7 月解放后始设乡，属蒿店区。1958 年 10 月，为什字公社。1982 年，更名为什字路公社。1983 年 10 月改为乡。1994 年 9 月撤乡建镇。原属固原县管辖，2003 年 3 月划属泾源县。同年 5 月，将蒿店乡并入更名为六盘山镇。境内很多地名，都具丝路文化色彩：蒿店、和尚铺，因系丝路过客食宿打尖之地而名；唐六盘关、汉萧关，皆属据险而设的交通咽喉；三关口，《水经注》称"弹筝峡"，控六盘关、陇山关、制胜关之口，故名。历代的《西行记》，都对蒿店经三关口、瓦亭、和尚铺至六盘山顶的道路、风物、民情有大段描述。郦道元在《水经注》中记"弹筝峡"的一段文字，更是脍炙人口："山路之内，常有如弹筝之声，行者闻之，歌舞而去。一名弦歌之山。峡口水流，风吹滴崖，响如弹筝之韵。"境内古迹众多，蒿店、杨庄、赵庄等村有汉代至宋代古城遗址，面积都在 3 万平方米以上。三关口峭壁上，为摩崖石刻、碑铭荟萃之地，"萧关锁钥""控扼陇东"等石刻已随岁月磨洗而消失，今仍存"峭壁奔流""山容水韵"等 5 方大字石刻。留存的《三关口峡道碑》等碑刻，均被博物馆收藏。六盘山顶，建有红军二万五千里长征纪念馆。1935 年 10 月 7 日，毛泽东率领中央红军翻越六盘山，挥师东去，后写成脍炙人口的《清平乐·六盘山》，其中的名句"不到长城非好汉"，已被确立为"宁夏精神"。纪念馆前的广场位置，即唐六盘关及宋六盘关寨遗址，清代变作驿亭。驿亭廊柱上，近代题有一副名联：峰高华岳三千丈，险据秦关二百（一为"百二"）重。另有一副楹联：陇关最险无双地，天下难行第一山。

大湾乡【Dàwān Xiāng】　上隶泾源县，地处县境最北部，因地形而名。西至六盘山脉与隆德县交界，北连原州区，东邻彭阳县，南接六盘山镇。辖大湾、四沟、牛营、武坪、杨岭、董庄、绿塬、苏堡、尚坪、中庄、何堡、六盘、瓦亭 13 个行政村，65 个村民小组。乡政府驻大湾村，南至县城 41 公里。面积 124.63 平方千米。2016 年人口 2996 户 13791 人，其中回族 4479 人，占 32%。地处六盘山与瓦亭梁之间，四面为山地，中部为低山丘陵区，气候阴湿寒冷，雨量充沛，无霜期 90～110 天，不利于农作物生长，故属贫困乡。为改善生态环境，近年退耕还林草面积达 48296 亩，占总耕地面积的 65%。山区有野生贝母、党参、白芍等中药材。农业以冬小麦为主，次为洋麦、莜麦、荞麦、洋芋、豌豆、胡麻。农民收入以劳务输出为主，草畜牧业、苗木繁育次之。所辖瓦亭村，地名文化最为厚重，汉武帝通回中道北出萧关即此。《汉书·武帝纪》卷六："［元封］四年冬十月，行幸雍，祠五畤，通回中道，遂北出萧关。"按徐广之说，关中者，四关之中也：东函谷，南武关，西散关，北萧关。汉武帝辟通的回中道，南起长安，北出萧关，此后成为丝绸之主线，即长安—凉州北道。因驿道经此，东汉更名瓦亭，此后一直设瓦亭驿，沿用到现代邮政兴起。《后汉书·隗嚣传》卷四十三："（建武八年春），乃使王元拒陇坻行巡守番须口，王孟塞鸡头道，牛邯军瓦亭。"今瓦亭之北，仍存有"牛营"地名。唐代在瓦亭设陇山关，职能为"限中外、隔华夷"，被《中国海关史》列为丝路上最大的海关。宋筑瓦亭寨，今遗址犹存，依山临水，有内外两重。外城呈不规则圆形，北墙最长，达 920 米；南墙最短，为 120 米；东、西墙均为 500 余米。城外设护城河。内城周长 1500 米。原有驿道从长安经此北抵古原州。蒙古汗国中统四年（1263 年），忽必烈诏令从这里向西越六盘山开通至兰州驿道，瓦亭驿分外繁忙，铺马一百多匹仍不敷使用。明清又增设递运所，配车辆及运夫二百人左右，以接力方式向河西走廊、新疆转运军需物资。乡境有宋代瓷窑遗址 2 处，即大湾村东的水滩窑、姚家庄村北的姚家窑，生产青瓷和灰陶罐。1913 年设大湾乡，属固原县。1949 年 8 月固原县解放，设大湾区，辖 6 乡。1956 年 11 月，属蒿店区大湾乡。1958 年 10 月，改为大湾公社。同年 12 月，并入什字公社。1961 年 5 月，恢复大湾公社。1983 年 10 月，改社为乡。2003 年 3 月，划归泾源县管辖。

瓦亭村【Wǎtíng Cūn】　古名瓦亭驿、瓦亭城。上隶泾源县大湾乡，地处乡政府驻地南侧 4.5 公里。下设 3 个村民小组，2 个自然村，2016 年人口 268 户 931 人，其中回族 288 人。土地面积 1724 公顷，其中耕地 4785 亩。苗木繁育、劳务输出为主要产业，外地客商和村民育苗总面积 640 余亩。2016 年农民人均纯收入 7890 元。瓦亭，是宁夏历史上最古老的村名。西汉初期筑萧关，为关中北面雄关。《史记·匈奴传》"孝文帝十四年，匈奴单于十四万骑入朝那萧关"即此。古时将艾蒿称作"萧"，以其地多艾蒿而名。今其南仍有"蒿店"地名。元封四年（前 107 年），汉武帝"通回中道，北出萧关"。出土的居延汉简证明，汉宣帝之后，这里是丝绸之路上的驿站，叫平林置（置，即驿）。《后汉书·隗嚣传》载，东汉建武八年（公元 32 年）春，汉光武帝亲征隗嚣至此，隗嚣使"牛邯军瓦亭"。今瓦亭村北的牛营，即源于此。《后汉书·郡国志》："乌枝，有瓦亭，出薄落谷。"这两条记载表明，东汉初，已在萧关设驿站，取名瓦亭，在乌枝县境内。此后，瓦亭驿作为丝绸之路和西北交通主干道的重要驿站，一直沿用到清末现代邮政兴起之时。盛唐时，丝绸之路进入极盛时期，"百国千城，莫不款附。胡商贩客，日奔塞下"。朝廷在此设陇山关，为全国六个上等关之一，其职能是"限中外，隔华夷"，检查商旅身份及货物是否有违禁品，但不征税，叫"呵而不征"。因此，《中国海关史》将陇山关列为唐代最重要的海关。北宋初，筑瓦亭寨，屯重兵以御西夏，驻军最多时达 5000 人。今瓦亭城池遗址，即宋瓦亭寨残存之瓮城。《永乐大典·站赤》转引元代官书《经世大典》：元代将长安通往西域的驿道（即丝绸之路）改越六盘山经隆德至兰州，瓦亭驿因位于两条驿道交会处，成为最大的驿站，每日动用铺马过百，还要保证往来官员及行旅的食宿。到清代，是陕、甘、青、新大道所必经，在数十部古《西行记》中，作者都在瓦亭食宿过夜，第二天再翻越"六盘鸟道"，然后留下大段文字记载，如林则徐有《荷戈纪程》，董醇有《度陇记》。

黄花乡【Huánghuā Xiāng】　上隶泾源县，地处县城东北。因羊槽河上游黄花川而得名，曾名胭脂川。东与甘肃平凉市崆峒区接壤，西、南与香水镇相邻，北与六盘山镇相连。辖庙湾、华兴、店堡、平凉庄、上胭、下胭、胜利、羊槽、向阳、沙塘、土窑、黄洼 12 个行政村，45 个自然村。乡政府驻平凉庄村，西南至县城 5 公里。面积 154.2 平方千米，人口 2650 户 10904 人，其中回族 10891 人，占 99.88%。清朝同治十年（1871 年），为安置回族反清斗争失败后被俘的陕西籍回民，左宗棠奏请朝廷，设置化平川直隶厅，其中在今黄花乡的称香水里，1913 年改为化平县崇义乡、黄花乡。1936 年并为黄花乡，后又改为黄花区。1949 年 7 月 29 日，化平县（泾源县）解放。8 月，仍设黄花区，辖5个乡。1956年11月，撤区存黄花乡。1958年10月为跃进公社。同年12月1日改为黄花公社。1984年2月16日，改社为乡至今。乡境北部群山连绵，为六盘山天然次生林区，宜畜牧。西部和中部为河谷地区，地势较平坦，是主要农耕区。境内山泉河流众多，森林资源丰富。年平均气温6℃，无霜期132天。属贫困乡，农民年人均纯收入仅3000多元，主要经济来源为农作物、苗木种植及牛羊养殖、劳务输出。

兴盛乡【Xīngshèng Xiāng】　上隶泾源县，县城东南。北依香水镇，东南接泾河源镇，西至六盘山脉与隆德县、甘肃庄浪县接壤，辖兴盛、红旗、新旗、上黄、下黄、上金、下金、红星、兴明9个行政村，24个自然村。乡政府驻兴盛村，北至县城5公里。面积64.4平方千米，人口2301户9533人，其中回族9523人，占99.89%。清同治十年（1871年），为安置回族反清斗争失败后的陕西籍回民，设置化平川直隶厅圣谕里。因系左宗棠奏请同治皇帝御批，故名，又曾名圣女川。1936年属泾源乡圣谕里。1942年为泾北乡。1949年8月，改名为兴盛乡，取兴旺强盛之意。1955年11月，撤区并乡，兴盛、红峡、金家三乡合并为兴盛乡。1958年10月成立红旗公社，12月1日改为泾北公社。1961年4月，从泾北公社分出，设兴盛人民公社。1984年2月16日改社为乡至今。西部为六盘山天然次生林区，最高峰大平梁，海拔2771米。中、东部为低山河谷区，形成兴盛川、红旗塬，为主要农耕区。气候阴湿高寒，降雨较多，适宜畜牧林业。农民收入以农业为主，林业育苗、牛羊养殖、劳务输出为辅。饲养肉牛18600头，新建300头以上肉牛养殖公司2家，扶持示范户326户，新建暖棚牛舍205座。

新民乡【Xīnmín Xiāng】　上隶泾源县，地处县境南端。1950年人民政府命名为新民乡。东、南与甘肃省华亭县接壤，西与甘肃省庄浪县交界，北与泾河源镇相邻，面积176平方千米。辖杨堡、先锋、照明、高家沟、石嘴、张家台、马河滩、西贤、南庄、王家沟、先进（上湾、燕家山、花崖沟3村撤销建置）11个行政村，47个自然村，乡政府驻杨堡村，北距县城30公里。人口3507户15212人，其中回族14582人，占99.92%。北宋属安化县，金改化平县。元代后民户极少，地属华亭县。清同治十年（1871年），安置反清失败的关中籍回民于此，设安良镇（今新民乡）。1949年7月华亭县解放，更名为新民、石嘴2乡。1956年11月，划归泾源县管辖。1958年10月，两乡并入泾河源公社。1961年4月，分设新民公社。1984年2月16日改社为乡至今。西部为六盘山地，林木葱郁，阴湿寒冷；中部多为河谷谷地，为农耕区，因无霜期短，产量不高；东部为低山丘陵，宜于牧业。属贫困乡，农民收入主要靠农作物及苗木种植、牛羊养殖、劳务输出。全乡饲养肉牛20080头，有养殖、贩运户83户，300头以上养殖园区1处，新建暖棚牛舍77座。

（五）彭阳县【Péngyáng Xiàn】

固原市辖县，地处宁夏南部，东与甘肃省镇原县为邻，南与甘肃省平凉市、宁夏泾源县相接，东、北与固原市原州区接壤。辖 4 镇 8 乡，县政府驻悦龙新区，驻地位于东经 106°37′35.82″，北纬 35°51′8.74″，西北至固原市 60 公里，北至银川 399 公里。2016年，面积 3238.4 平方千米；常住人口 19.55 万。其中汉族 136081 人，占 69.21%；回族60434 人，占 30.74%；余为其他少数民族。地区生产总值 43.7 亿元，人均 22348 元。

1. 地名来历及含义

北宋咸平六年（1003 年）在今彭阳县城修筑彭阳城，一直沿用至当代。1983 年析固原县东部建县，定名"彭阳县"。"彭阳"之名，最早可追溯到商周时期，生活在彭水（今茹河）流域有彭戎。战国秦设彭阳县，因在彭水之北，故名彭阳。

2. 地名现状

第二次全国地名普查汇总统计，共有地名 5535 个。其中行政区域 19 个，群众自治组织 159 个，非行政区域名 17 个，居民点 3479 个，交通运输设施 136 个，水利电力通信设施 377 个，纪念地、旅游景点 207 个，建筑物 16 个，单位 860 个，陆地水系 11 个，陆地地形 254 个。

3. 地名沿革

西周属大原、朔方。近年，在新集乡姚河塬 60 余万平方米商周遗址，发现墙体、道路、储水池、水渠、铸铜作坊区、制陶作坊区、车马坑、祭祀坑等遗迹，以及甲骨文卜骨，证明彭阳县境已有西周早期封国。在其他地方，还出土大量战国前的玉器。秦昭襄王三十五年（前 272 年），灭义渠，在县内筑长城以拒胡。随后有戎族居地朝那邑，秦置朝那县。汉武帝元鼎三年（前 114 年）析北地郡置安定郡，治高平，辖有朝那县，今古城镇有遗址，并出土有朝那鼎，为朝廷颁发的标准量具。东汉后期，西北地区爆发大规模的羌族起义，朝那县一度内迁，曹魏复设。西晋及十六国时期，朝那县先后属前赵、后赵、前秦、后秦、夏五个少数民族政权。北魏正光五年（524 年）改高平镇置原州，州下又置长城郡治黄石固（今彭阳县东南红河流域），领黄石、白池、朝那三县。西魏大统元年（535 年），将朝那县徙至今甘肃省灵台县东朝那市。废帝二年（553 年）改黄石县为长城县。隋撤郡，以长城县直属原州。隋炀帝大业二年（606 年）改长城县为百泉县。武德八年（625 年），百泉县城由阳晋川迁至茹河川。广德元年（763 年）后，彭阳全境陷于吐蕃。大中三年（849 年）一度收复，30 年后复失，直至北宋初。为防御西夏南侵，北宋在宁夏南部遍筑军寨城堡。咸平六年（1003 年），在今彭阳县城修筑彭阳城，又筑东山寨（今古城镇）、平安寨（今城阳乡城阳城址）、天圣寨（交岔乡官堡口村）、乾兴寨（王洼镇石岔村马岗堡）、飞泉寨（在县北境，详址待考），各屯兵三千人左右。金灭北宋，占有彭阳县全境。金大定二十二年（1182 年），在东山寨置东山县，领周边各军寨、城堡。元初改东山县为广安县（今古城镇），"募民居止，未几户口繁夥"。至元十五年（1278 年）升广安县为州。明太祖洪武二年（1369 年），撤销广安州并入开成县，隶平凉府。弘治十五年（1502 年）改属固原州，境内有彭阳里（今白阳镇）、东山里（今古城镇政府驻地）、榆树里（今小岔乡榆树村）三里。同治十二年（1873 年），固原州升为甘肃省直隶州。固原州下设十里、十八堡。今彭阳境有东昌里、永丰里（部分）、清平里、万安里等。中华民国初年，改固原直隶州为固原县，彭阳全境属之。1983 年 7 月 29 日，国务院（83）国函字 149 号文件批复，划固原县东部 15 个人民公社设立彭阳县，县政府驻彭阳城。

　　4. 地名文化

　　一是以军事设施为代表的边塞文化。战国时期秦灭义渠后，筑长城以拒胡。在彭阳境内，战国秦长城横亘东西，长 60 多公里，沿线遍布烽燧、城障。一些地方直接以长城为名，如南北朝的长城郡、长城县，沿用至今的长城塬、长城村等。到宋代，彭阳地处北宋防御西夏的沿边地带，彭阳境内出现了一大批宋代城堡寨及大量传递信息的烽燧。如彭阳城、耳朵城等，沿用至今。

　　二是以古城为代表的历史文化。彭阳的古城镇，得名于战国秦的朝那县，直到西魏大统元年（535 年）才迁到甘肃灵台，时间跨度达八百多年。其间，形成了反映彭阳历史的多种文化。反映度量衡变化的，有著名的朝那青铜鼎，1979 年在古城乡遗址出土，有阴文铭刻三段，反映了三个时期的不同容量标准。据文物部门考证：此鼎先为乌氏县标准计量容器，后移至朝那县使用。反映祭祀文化的，有"朝那湫"。今彭阳县古城镇北约 7 公里的东海子水库，现属原州区。但其东侧的山阜古代祭坛遗址，属彭阳县古城镇。东海子在先秦，名"湫渊"，因在朝那县内，又名"朝那湫"。战国秦惠文王伐楚出兵前，就到这里祭祀龙王，刻《诅楚文》石碑投之于湖，北宋时出土，其拓片反映了战国石的金文，今存中国文字博物馆。秦始皇统一六国后，将全国常祭的"名川"统一为六个，包括黄河、长江、沔水、济水、淮河。湫渊是唯一的湖泊，设有坛场、湫渊祠，由朝廷派祠官主祭，每年祭三次：秋末封冻、冬季年末、初春解冻之时。祭品包括牛、犊各一，羊、圭若干，俎豆等。汉代沿袭。汉文帝十四年（前 166 年）因全国大丰收，扩大坛场，增加祭品。湖水经历代耗减，至唐代周回仅有七里，有"胡巫祝"。北宋崇宁三年（1104 年）建龙神庙，金宋边臣常祀于祠。金末兵燹，祠毁。元初地方官划荒芟秽，建庙设像，神曰盖国大王。1306 年地震，陵谷变迁，殿宇湮灭。1314 年重建，构堂屋，塑神像，立"重修朝那湫龙神庙碑"。朝那古城，名人辈出，有东汉的教育家皇甫规、中郎将皇甫嵩及魏晋间的针灸鼻祖皇甫谧。皇甫规之妻，则被《后汉书》收入《列女传》。

三是唐明两代的马政文化。唐朝为陇右监牧使的牧地，属东使管辖。明代清平苑的管理机构就设在彭阳城内。白马庙就是当时祭祀马神的产物，王大户、打石沟这些地方常作为各监苑的分界点。

四是当代的中国特色社会主义地名文化。彭阳建县 30 多年来，封闭、落后的小城，变成了今天横跨茹河高楼林立，公园绿地贯穿其间的新型城镇，随之产生了一批新地名。有横贯东西的兴彭大街，有新建的悦龙新区，有集防洪、景观的茹河生态园，有将彭阳融入固原半小时经济圈的彭青高速公路。至于各类环境优美的居民小区、文化场馆、教育设施，更是不胜枚举。这些新地名，在命名过程中，经过了县民政局地名专家论证和推荐、公示征求意见、政府审定，代表了彭阳县具有中国特色社会主义的地名文化。

最后是地名文化的延伸使用。彭阳县的历史地名，有很多长期废弃不用。近 30 年来，已大量选其精华，用于新的地名中，如皇甫谧广场、大原路、朝那桥、朝那路等，这些地名因依托厚重的传统文化，命名以来被社会各界充分肯定。近 30 年打造的"彭阳山杏"品牌、彭阳杏花节，已在宁夏及陇东具有知名度。

5. 所属乡镇

白阳镇【Báiyáng Zhèn】 上隶彭阳县，地处县境中部。东邻城阳乡，南接沟口乡、新集乡，西连古城镇，北接草庙乡、王洼镇。辖姚河、任湾、南山、刘台、袁老庄、姜洼、余沟、周沟、双磨、姬山、罗堡、陡坡、庞阳洼、中庄、玉洼、嵝岘、白岔 17 个行政村、3 个社区。镇政府驻兴彭大街，北至县政府驻地 1.5 公里。面积 266.96 平方千米，人口 5.14 万。近年经济发展较快，2016 年人均可支配收入 7858.8 元。有全国重点文物保护单位 1 处：战国秦长城（彭阳段）。镇名源于北宋咸平六年（1003 年）所筑彭阳城。元、明、清沿用，或称彭阳堡，近代以谐音改称白杨城。1935 年 10 月 7 日，毛泽东率领中央红军夜宿小岔沟时，曾指示第二天的行军路线："白杨城如有敌时，须从其西端绕道向环县进。"8 日中午，红军到达白杨城。1949 年 8 月解放后至 1983 年 10 月，境内隶属于固原县。1987 年 1 月，将彭阳乡的彭阳、海巴两个村改为姚河村和城关镇的两个居民委员会合并，将白杨城的"杨"改为彭阳县的"阳"，定名白阳镇。2003 年 12 月撤乡并镇，将原彭阳乡、嵝岘乡及原白阳镇合并为现白阳镇。白阳镇有厚重的地名文化。有小河、梁沟等旧石器时代遗址 4 处，峁头梁、阳沟洼等新石器时代遗址 9 处，西周至东周遗址 1 处、战国秦长城沿线城障 1 处、烽燧 4 处。姚河村有彭阳城遗址，《元丰九域志》卷三记载："镇戎军，城一，咸平六年置彭阳，军东八十五里。"建炎四年（1130 年）陷于金，按《全史·地理志》卷二十六记载，已改称彭阳堡，属镇戎州东山县。城址依山傍水，地当交通要冲。东西长 657 米，南北宽 420 米，现存残墙高 11～15 米。1992 年在城内出土《新修石路碑记》，共 490 字，记载了北宋早期彭阳城盛况和庆历二年（1042 年）新修石路、植树情形，碑文作者为"彭阳寨主胡安戎"，说明当时已将彭阳城改为"彭阳寨"（当时与西夏交战，故设军寨，一般驻军 3000 余人）。古城遗址内有兴善寺，占地面积 788 平方米，始建于明代，嘉庆二十年重修。原有文昌观音阁，钟楼、山门等，曾出土《重修彭阳西山兴善寺碑记》。白阳镇有自治区（省）级非物质文化遗产项目 2 项：剪纸项目，传承人张金霞，12 岁便开始学习剪纸；草编项目，传承人吴丽霞。

近年来，白阳镇以产业升级为主线，以农民增收为目标，建设宜居宜业中心镇，全力打造经济强镇、文化大镇，建成 4 个养殖示范村，牛、羊、猪饲养量分别达到 2.9 万头、6.3 万只、1.6 万头，建设数百个温室、水泥拱架棚，农民外出务工收入年均在 1 万元以上。

王洼镇【Wángwā Zhèn】 上隶彭阳县，地处县境中北部。辖王洼、石岔、深沟、北洼、李寨、路寨、山庄、陡沟、孙阳、花芦滩、邓岔、李洼、李岔、尚台、崖堡、马掌、团庄、杨寨、姚岔、赵沟、梁壕 21 个行政村、1 个社区，78 个村民小组。镇政府驻王洼村，南至县城 42 公里。面积 341.56 平方千米，人口 25501。近年经济发展较快，有煤炭、石灰岩等矿藏，2016 年人均可支配收入 7733.8 元。地处黄土丘陵间，明嘉靖年间在今上洼里有王姓大户，故得名王洼。1949 年 10 月设固原县第七区王洼乡，1953 年分为王洼、石岔、深沟、北洼四乡，1958 年 10 月宁夏回族自治区成立后，设王洼、石岔、深沟三个人民公社，年底合并为王洼公社。1983 年 11 月改社为乡，1984 年 12 月设王洼镇。2003 年 12 月，将原石岔乡、王洼乡并入王洼镇。处黄土丘陵沟壑区，干旱少雨，制约农牧业发展。近 20 年植被恢复，已建成千头肉牛养殖示范村 5 个，存肉牛 1 万头，肉羊 5000 多只。1990 年 12 月建成王洼煤矿，年产煤 150 万吨。2007 年王洼二矿投产，年产煤 300 万吨。有贺渠洼、驮水沟等新石器时代遗址 8 处。今石岔村北马岗堡有宋代乾兴寨遗址。《武经总要》前集卷十八上："彭阳城……北至乾兴寨五十里……乾兴寨，天禧中筑，明年赐名乾兴，东至原州界黑寨沟三十里，西南至军七十里，西天圣寨，北至边壕七十里，南彭阳城。"据此，该寨为天禧五年（1021 年）筑，次年（乾兴元年）设为军寨，赐名乾兴。建炎四年（1130 年）入金，降为堡，属镇戎州之三川县。遗址东西长 150 米，南北宽 80 米。明成化四年（1468 年）更名马岗堡寨。山城顶端东侧就地势筑一圆形积水涝坝，面积 2000 平方米，疑为当时饮用水池。

红河镇【Hónghé Zhèn】 上隶彭阳县，地处县境东南部。东北与城阳乡、白阳镇临界，南与平凉市寨河乡毗邻，西邻新集乡，辖韩堡、宽平、什字、上王、何塬、黑牛沟、友联、红河、常沟、文沟、徐塬、夏塬 12 个行政村，61 个村民小组。镇政府驻韩堡村小湾,北至县城 17 公里。面积 166.5 平方千米,人口 2.4 万。属黄土高原,原为贫困地区,近年植被恢复,经济发展较快,有辣椒、红梅杏种植基地,形成"红河辣椒"品牌。2016 年农民人均可支配收入 8438.3 元,已实现温饱。因境内有红河而得名,古称阳晋川。历史上因河水洪漫被称作"洪河"或"横河",后演变为"红河"。1949 年境内设野王乡、上王乡,隶属固原县城阳区;1953 年增设韩堡乡,野王乡更名为红河乡,仍属城阳区;1956 年将韩堡乡并入红河乡;1958 年撤销乡建制,境内设上王公社,同年 12 月并入城阳公社。1961 年增设红河公社,隶属于彭阳区。1983 年划属彭阳县,同年 11 月改为乡,2014 年 10 月撤乡设镇。有文沟、上王等 11 处新石器时代遗址,秦沟、夏塬等 4 座宋代烽火台遗址。《魏书·地形志》卷一○六、《元和郡县图志》卷三记载,北魏正光五年(524 年)置黄石县,因地在阳晋川(今红河流域)黄石固,故名。隶长城郡。辖今彭阳县南部及平凉市东北部。西魏废帝二年(553 年)改长城县,隋改百泉县。1939 年 7 月,中共固原县委在抗敌后援会基础上,成立红河地下党支部,以王兆璜任支部书记,下设 3 个党小组,开展对敌斗争。支部旧址在今红河村大洼组杨武魁旧宅,有窑洞 9 孔。经过十年艰苦奋斗,支部由成立时的 15 名党员,发展到 1949 年的 5 个党小组 52 名党员,遍及红河十几个村庄。此处遗址现为爱国主义教育基地、县级文物保护单位。

古城镇【Gǔchéng Zhèn】 上隶彭阳县,地处县境西部,南北长 15 公里,东西宽 23 公里。东邻白阳镇,南接新集乡,西连原州区开城镇,北靠河川乡。辖古城、刘高庄、温沟村、店洼、中川、任河、乃河、小岔沟、海口、羊坊坪、挂马沟、罗山、甘海子、王大户、丁岗堡、刘沟门、川口、田庄、郑庄、田壕 20 个行政村,乡政府驻古城村,东至县城 17 公里,西至固原市 48 公里。2016 年,面积 332.5 平方千米;人口 3.2 万。其中回族 2.06 万人,占 64.5%;汉族 1.14 万人,占 35.5%。人均收入 7805 元。古城之名,源于这里悠久的建城史。战国初,是朝那(zhūnuó)戎驻牧之地,称"朝那邑"。秦惠文王时,已设朝那县,是宁夏最早的 3 个县级建制之一。秦汉至两晋,仍为朝那县城。东汉文学家班彪北游至此,曾"吊尉印于朝那",写入《北征赋》中。此处的"印",是指北地郡都尉孙卬,于汉文帝十四年(前 166 年)抵御匈奴骑兵,在朝那县萧关战死。《太平寰宇记》载,西魏大统元年(535 年),朝那县南迁至今甘肃平凉市灵台县。北宋筑东山寨。金设东山县。元置广安州。1979 年,文物部门现场发掘确定:古城乡政府四周即秦汉朝那县城遗址。平面呈长方形,东西长 682 米,南北宽 480 米,城墙残高 1~15 米,基宽 14 米。秦砖汉瓦残片随处可见,还出土一批珍贵文物。1300 多年的建城史,给古城镇积淀了丰富的地名文化。其中最知名的有三。一是"朝那鼎",1979 年出土,为宁夏现存唯一有铭文的青铜鼎。阴文铭刻三段:"今二斗一升乌氏";"今二斗二升十一斤十五两";"第廿九,五年,朝那容二斗重十二斤四两"。此鼎先为乌氏县标准计量容器,后移至朝那县。"廿九"为鼎的编号;只铭刻"五年"而不刻年号,说明此鼎铸于汉武帝建元之前。朝那鼎的发现,对古代度量衡制度、彭阳县的历史研究,都具重要意义。二是祭祀文化。在战国时代,各国对名山大川的祭祀各有定规。朝那县境内有湖名湫渊,又称"朝那湫",郭沫若在《诅楚文考释》中认为,秦惠文王更元十三年(前312年)举兵伐楚前,作《诅楚文》刻石于碑,投湫渊祭"大沈厥"龙王,乞求保佑战争取得胜利。《诅楚文·湫渊》石碑于宋代在湖边出土,铭文在赵明诚《金石录》中有拓片,今存安阳国家文字博物馆。《史记·封禅书》《汉书·郊祀志》记载,秦始皇统一六国后,将纷乱的祭祀制度予以统一,其中规定由朝廷主祭的"大川"有6个,为黄河、长江、沔水、济水、淮水、湫渊。湫渊是唯一的湖泊,史称"湫渊祀朝那",每年祭三次,即秋末封冻、冬季年末、初春解冻之时。祭品包括牛、犊、羊、圭、俎豆等。汉文帝十四年(前166年)因全国大丰收,扩大坛场,增加祭品。秦汉时周四十里,冬夏水不增减,湖畔不生草木,世人奉作神灵。湖水经历代耗减,至唐代周回仅七里(《元和郡县图志》)。北宋崇宁三年(1104年)建龙神庙,金宋边臣常祀于祠。金末兵燹,祠毁无人居。元初地方官划荒芟秽,建庙设像,神曰盖国大王。大德十年(1306年)地震,陵谷变迁,殿宇湮灭。延祐元年(1314年),当地土人佛玉保出资重建,构堂屋,塑神像,并于元统三年(1335年)五月十五日建"重修朝那湫龙神庙碑"。湫渊在明清时称东海子,1958年建成大厂水库(俗称东海子水库),今属原州区开城镇小马庄村。而祭坛遗址属古城镇,在川口村西北山阜上。分两层,秦汉至元明各朝代的残砖瓦、残瓷片散落四处。顶层基本呈圆形,面积约5亩,是构建庙宇的场所。底层为环形,是祭祀典仪场地。三是名人文化。东汉至两晋,朝那县皇甫家族名人辈出,在正史单独立传的有:皇甫规(104—174年),字威明,朝那县人。东汉名将、学者、教育家,历任中郎将、度辽将军等职,后弃官还籍从事教育十四年,教授学生三百多人,其中多人成为西晋名臣。著有文集五卷。皇甫规去世后,董卓闻其妻年轻貌美,强娶入府。规妻大骂不从,吊悬于车轭鞭挞致死,《后汉书》将其收入《列女传》。皇甫嵩(?—195年),字义真,朝那县人。东汉末期授中郎将,镇压黄巾军农民起义立首功,"威震天下"。皇甫谧(215—282年),朝那县人,字士安,自号玄晏先生。魏晋间学者、医学家,一生以著述为业,后得风痹疾,犹手不释卷。著有《历代帝王世纪》《高士传》《逸士传》《列女传》《元晏先生集》等书,被誉为"针灸鼻祖",所著《针灸甲乙经》是中国第一部针灸学专著。

新集乡【Xīnjí Xiāng】 上隶彭阳县,地处县境西南部。辖新集、谢寨、峁堡、大伙、马旺堡、周家庄、阳洼、白林、谢寨、上蔡、单湾、张化等20个行政村,108个村民小组。乡政府驻新集村，东北至县政府驻地 30 公里。面积 221.91 平方千米，人口 38337，其中回族人口占 74.1%。近年大力发展家庭牛羊养殖，经济发展较快，2016 年人均可支配收入 7876.4 元。清代曾在峁家堡子设立集市，民国年间将集市移至今乡政府驻地，故名新集。1949 年 8 月设立新集乡，隶属于固原县第五区；1959 年 10 月设新集公社。1983 年划属归彭阳县，同年 11 月改社为乡，2003 年 10 月将原沟口乡整体并入。有张化、上蔡、马旺堡等 15 处新石器文化遗址。位于姚河村红河支流李儿河和小河交汇处的姚河塬西周文化遗址，是西周考古分布范围最西北的一处诸侯居葬合一遗址，由墓葬区、作坊区、城墙、宫殿区、生活区组成，总面积约 62 万平方米。经发掘确定为商晚期到西周中期，说明这里已属西周封国，其意义重大，故被列为 2017 年度全国十大考古新发现之一。新集村北有 2 座北魏墓葬，1985 年发掘，出土各种陶俑及生活用具 150 多件。乡内还有宋代烽火台遗址 5 座。1932 年 10 月，国民党军队发生蒿店兵变后，兵变队伍进入新集乡境内，组建了宁夏境内第一支红军队伍，即陕甘游击队第七支队，行进至石家沟口时召开群众大会，宣传党和红军的主张。峁堡村还有中共党组织建立的地下交通站遗址，始建于 1939 年，利用一杂货铺，坚持工作达 10 年之久，直到当地解放。

城阳乡【Chéngyáng Xiāng】 上隶彭阳县，地处县城之东。辖城阳、刘河、长城、涝池、陈沟、韩寨、杨坪、沟圈、北塬、杨塬 10 个行政村，69 个村民小组。乡政府驻城阳村，西至县城 13 公里。面积 186.69 平方千米，人口 2.23 万。近年经济发展较快，2016 年人均可支配收入 8327 元。有全国重点文物保护单位 1 处：战国秦长城（彭阳段）。因在茹河北岸，长城之南，故称"城阳"。有沟圈、北塬等 6 处新石器时代遗址。战国秦长城经本乡白马庙、长城塬、涝池村，有城障 1 处。还有宋代烽火台遗址 4 处。宋代置平安寨，《武经总要》前集卷十八上原州："平安寨……西至彭阳城二十里，南至铁原寨三十里，北至绥宁寨八十里。"城址在今彭阳中学，分南北两座，山城依山而建，呈梯形；相距 40 米为川城，外设护城河，东、西辟城门。总面积 6.4 万平方米。明代设巡检司，清代为兴下里，民国时设城阳乡。1949 年 8 月，设固原县第六区（城阳区），辖 6 乡；1958 年 10 月撤销区、乡建制，设上洼公社，同年 12 月上洼、上王两社合并，设立城阳人民公社；1983 年 10 月划入彭阳县管辖，同年 11 月改社为乡。杨坪村有茹河瀑布，宽 26 米，落差 9 米。有红色文化纪念地 1 处，即毛泽东长征时住所，在今长城村乔家渠乔生魁旧宅，现存窑洞 3 孔及床等遗物。1935 年 10 月 8 日，毛泽东率一方面军从小岔沟出发，沿茹河东进，在古城川击败敌三十五师马鸿宾部两个营，到彭阳城后遭敌机轰炸。毛泽东遂改变行军线路，向东北方前进，于当晚夜宿乔生魁家。

草庙乡【Cǎomiào Xiāng】 上隶彭阳县，地处县境中部。辖草庙、包山、祁崾岘、赵洼、新洼、张街、曹川、丑畔、周庄、王岔、牛湾、刘塬、米塬、和沟 14 个行政村，

41 个村民小组。乡政府驻草庙村，南至县城 26 公里。面积 180.77 平方千米，人口 1.64 万。地处黄土高原，属贫困地区，在国家扶持下，近年经济发展较快，2016 年人均可支配收入 7900 元。草庙，因供奉火神的庙宇而得名，又称曹庙。春秋战国时期，这里是义渠戎牧地。张街村发现多处春秋战国墓地，最大的面积约 1 万平方米，1998 年发掘墓葬 6 座，清理出随葬品 86 件（组），包括一批青铜器，殉牲 72 具，还有骨器、铁器、串珠等物。清属固原直隶州清平监（牧马监），民国时属固原县王洼镇。1936 年红军西征后，建立中共草庙区委，先属固北县、固原县委（草庙区委）。1946—1949 年，先后属中共镇固工委、海固工委领导。旧址设在今草庙乡街道虎荣廷、阎梅英夫妇旧宅，今作革命遗址予以保护。1949 年 8 月固原县解放后，设草庙乡，隶属王洼区；1953 年属孟塬区，1956 年改为草庙区；1958 年设团结、米塬公社，同年合并为草庙公社；1983 年划属彭阳县，同年 11 月改社为乡。属黄土高原干旱区，土地贫瘠，水资源匮乏，农业生产以种植玉米、马铃薯、小杂粮为主。畜牧业以养羊为主。近年发展以红梅杏、曹杏为主的经果林 2500 多亩。境内煤炭资源丰富，储量达 20 亿吨以上，尚未开采。

孟塬乡【Mèngyuán Xiāng】　上隶彭阳县，地处县境东北部。辖孟塬、椿树岔、高岔、何岘、玉塬、牛耳塬、双树、草滩、小石沟、白杨庄、赵山庄 11 个行政村，62 个村民小组。乡政府驻孟塬村三个窑，西南至县城 40 公里。面积 211.88 平方千米，人口 1.81 万。2016 年人均可支配收入 7616.1 元。以姓氏和黄土塬地貌而得名"孟塬"。有王岔新石器时代遗址。战国秦长城（彭阳段）经草滩村后，入甘肃镇原县马湾，复经孟塬乡王塬村后入镇原县境。小石沟村有宋代绥宁寨遗址。《元丰九域志》卷三原州："庆历四年置绥宁寨，州西北一百三十里。"《宋史·地理志》卷八十七原州绥宁寨下注："领羌城、南山、颠倒三堡。"系军寨，驻军 788 人。宋原州在今甘肃镇原县，按里程和方位，与小石沟宋城遗址吻合。1949 年 8 月，境内设何岘乡，隶属于固原县王洼区。1953 年 5 月设孟塬区。1958 年 12 月设孟塬公社，隶属王洼区，驻孟家塬，1964 年迁至三个窑。1983 年 10 月划属彭阳县，同年 11 月改为孟塬乡。属黄土高原干旱区，土地贫瘠，水资源匮乏，农业生产以种植玉米、马铃薯、小杂粮为主。畜牧业以养羊为主。近年种植万寿菊，打造中药材基地，大规模养殖中华蜂、土鸡，农民脱贫进程加快。

冯庄乡【Féngzhuāng Xiāng】　上隶彭阳县，地处县境东北部。辖冯庄、雅石沟、小寺、小湾、茨湾、高庄、虎崾岘、羊草湾、上湾、崖湾、小园子 11 个行政村，51 个村民小组。乡政府驻冯庄村芦草壕，西南至县城 60 公里。面积 177 平方千米，人口 1.11 万。2016 年人均可支配收入 7397 元。有下岔、小寺等 5 处新石器时代遗址。春秋战国时期，这里是义渠戎牧地，境内发现多座春秋战国墓地。秦汉至元代，皆为牧区。疑在清末因有冯姓入居，出现冯庄之名。位于小园子村的古城遗址，按《元丰九域志》卷三、

《宋会要辑稿》方域二十的记载，系宋庆历五年（1045 年）所筑靖安寨，上隶原州临泾县（今甘肃省镇原具），下管中郭普、吃啰岔、中岭、张㟂、常理、新勒、鸡川、杀獐川、立马城共九堡。这些记载，给地名历史提供了宝贵资料。城址依山势而筑，坐北面南，东西长 530 米，南北宽 310 米，呈不规则长方形。建炎四年（1130 年）陷金，仍属临泾县。民国时属固原县王洼区，1949 年 8 月设草庙乡；1953 年 5 月，以民乐、永和、新民乡隶属于孟塬区，1956 年 11 月改草庙区；1958 年 10 月，设民乐、永和、新民公社，同年 12 月，三社合并为冯庄公社；1983 年 10 月划属归彭阳县，11 月改社为乡至今。属黄土高原干旱区，土地贫瘠，水资源匮乏，属贫困乡。近年以发展草畜、林果业为主，种植紫花苜蓿、红梅杏、中药材，形成种、养、加工于一体的产业链。小湾村有璎珞宝塔，自治区文物保护单位，是宁夏南部山区唯一有纪年的明代古塔，始建于嘉靖三十年（1551 年）。通高 20 米，为仿木结构七层八角楼阁式空心砖塔，背壁上嵌有一长方形石匾，镌刻横书"璎珞宝塔"四字，右竖刻"发心功德主张侃高氏"，左竖刻"嘉靖三十年二月初一日立"。下有券门，内设一佛龛，顶部八面雕琢乾、坤、震、巽、坎、离、艮、兑八卦图。村内还有明代始建的乌云寺，占地 1800 米。1936 年红军西征时，曾在小园子建立宁夏南部第一个乡级苏维埃政权——安家川乡苏维埃政府和宁夏南部第一个农村地下党支部——中共小园子地下支部。

　　小岔乡【Xiǎochà Xiāng】　上隶彭阳县，地处县境东北部。辖小岔、米沟、榆树、李渠、卷曹、柳湾、耳城、吊岔 8 个行政村，28 个村民小组。乡政府驻小岔村，西南至县城 56 公里。面积 151.59 平方千米，人口 7700。地处黄土高原干旱区，土地贫瘠，水资源匮乏，属贫困乡。近 20 年植被恢复较快，脱贫攻坚立足乡情，依托生态优势和饲草资源优势，促进牛羊养殖，引进发展月子鸡特色养殖项目，2016 年人均可支配收入 7437.5 元。境内多黄土冲沟，其地有大沟分出小沟，故名小岔。清代属固原直隶州万安监，民国时属固原县万安乡。1949 年成立罗洼乡，1953 年 5 月，境内设有榆树、东洼 2 乡，1958 年 10 月合并到罗洼乡。1961 年 5 月，由罗洼公社分设小岔人民公社。1983 年 10 月划属彭阳县，同年 12 月改为小岔乡至今。有罐罐梁、豹子洼等 6 个新石器时代遗址，多座春秋战国墓地。有自治区文物保护单位"耳朵城址"，又名细腰城、细腰葫芦城，今小岔乡东北耳城村之名，即源于此。《续资治通鉴长编》卷六十九记为大中祥符元年（1008 年）始筑，当时就叫耳朵城。其他宋代文献说系"古城"，庆历五年（1045 年）范仲淹重修。《武经总要》前集卷十八上原州："耳朵城，古城也。庆历重修，与绥宁、靖安二寨相应援。"《宋会要辑稿》方域二十："陕西环庆路原州立马城堡、耳朵城堡，并庆历五年置。"《西夏纪事本末》卷首《西夏堡寨》："细腰城，公（范公，指范仲淹）令蒋偕等所筑……至环州定边寨三十七里，西至镇戎军乾兴寨八十里，南至原州柳原镇七十里。"城址依山而筑，城墙总长 4000 米，占地面积 196 万平方米，平面形似葫芦，保存较完整。曾出土带釉三足香炉鼎，灰色陶器 12 件。该城在宋代属原州（治地在今甘肃镇原县），在州北一百八十里。明清地方志均称"细腰葫芦城"，但却将位置按唐原州（今固原市区）误考在今海原李旺镇。

罗洼乡【Luówā Xiāng】 上隶彭阳县，地处县境北部。辖罗洼、寨科、马涝坝、张湾、薛套村、石沟、嵝岘 7 个行政村 29 个村民小组。乡政府驻罗洼村，南至县城 62 公里。面积 156.21 平方千米，人口 7700。地处黄土丘陵沟壑区，土地贫瘠，水资源匮乏。旧因交通不便、生态环境恶劣而长期处于贫困状态。近 20 年实现村村通公路，植被恢复较快，在国家扶贫政策支持下，饲养牛羊猪禽。2016 年人均可支配收入 7370 元。有银洞沟煤矿，1958 年前为私人小煤窑，后为集体经营。1967 年建为煤矿，1989 年改建，现年产原煤 300 万吨。古代人烟稀少，历史地名少，有明代烽火台 1 座、清代小庙 2 座。乡境内有"大涝坝"，东侧居住着罗姓人家，故名罗家洼，后称罗洼。明代属白马城堡，清代属固原直隶州万安监，民国时属固原县万安乡。1949 年 8 月设立罗洼乡，1958 年 10 月改为罗洼公社，1983 年 10 月划属彭阳县，11 月改社为乡至今。

交岔乡【Jiāochà Xiāng】 上隶彭阳县，地处县境北部。辖交岔、庙庄、关口、东洼、关堡台、保阳、大坪 7 个行政村，17 个村民小组。乡政府驻交岔村，南至县城 63 公里。面积 145.73 平方千米，人口 7600，其中回族 95.8%。近年经济发展较快，2016 年人均可支配收入 7445 元。因姓氏和地形地貌而得名，原名焦岔，后改名交岔。清代属固原直隶州清平监，民国时属固原县王洼镇。1949 年 8 月，隶属于官厅乡；1951 年设交岔乡，隶属于固原县王洼区；1958 年设交岔公社，隶属于王洼区；1983 年 10 月划属彭阳县，同年 11 月改社为乡至今。春秋战国时期，这里是戎族牧地，境内发现多座春秋战国墓地。宋代为防御西夏，在境内修筑了多座烽火台。今关堡台村有古城遗址，宋天圣元年（1023 年）筑，故名天圣寨，属镇戎军。建炎四年（1130 年）陷于金，属镇戎州东山县。按《元丰九域志》卷三、《武经总要》前集卷十八上记载，天圣寨在镇戎军（今固原市市区老城）东北六十里，南至东山寨（今彭阳县古城镇古城村）六十里。这个方位，与关堡台村宋城遗址完全吻合。遗址东西长 150 米，南北宽 80 米。

第五节　中卫市

中卫市【Zhōngwèi Shì】 是宁夏 5 个地级市之一。地处宁夏回族自治区中西部，东与吴忠市接壤，南与固原市为邻，西与甘肃省白银市交界，北与内蒙古自治区阿拉善盟毗邻。位于东经 104°17′03″～106°27′40″，北纬 36°07′16″～37°47′42″。市人民政府驻沙坡头区，东北至自治区首府银川市 178 公里。市境东西最宽 158 公里，南北最长 186 公里。总面积 17447.6 平方千米。2016 年常住人口 115.38 万，其中回族 40.38 万人，占 35.0%。地区生产总值 339.01 亿元，城镇居民人均可支配收入 23277 元，农村居民人均可支配收入 8626 元。中卫地处我国陆地几何中心，区位交通优势明显。包兰、甘武、宝中、中太银铁路在中卫交会，也是西气东输管线的咽喉。京藏、福银、定武等 5 条高速公路和 109、338 国道公路穿境而过。沙坡头机场先后开通北京、上海、重庆、西安、杭州、海口、乌鲁木齐等地的航班。

"中卫"一名，元代设应理州、鸣沙州。明洪武三年（1370 年）州废，以宁夏左屯卫军余屯种于此。后增设宁夏中卫，治今中卫市沙坡头区滨河镇，属陕西都司，辖屯堡十一及鸣沙洲城，略当今沙坡区、中宁县大部。对宁夏中卫设置时间，史籍有两说：一为明嘉靖《宁夏新志》，记在建文元年（1399 年），迁在京、在外官军六千余员名来此屯垦，置宁夏中卫指挥使司，给"宁夏中卫指挥使司"印。二为《明史·地理三》和《明实录》，记为永乐元年正月丙申由宁夏右护卫改置。《宁夏历史地理考》考证，应以后者为准，即 1403 年 2 月 9 日。此为"中卫"地名之始，一直沿用至今。明宁夏中卫为边陲要路，前有大河之险，后接贺兰之固，领五千户所、五十个百户。原额旗军 6280 名，军马 1004 匹。嘉靖年间有民户 1923 户，4069 口，军多于民。境内有明长城 210 里及烽火台 75 座。卫治即元代应理州城，周回四里八分。正统二年（1437 年），都指挥仇廉增筑为五里八分。天顺四年（1460 年），参将朱荣再次拓展为七里三分，城墙外濬护城河，阔七丈八尺。设城门二，东曰"振武"，西曰"镇远"，后又开南门，皆有城楼。城中除官署外，又有应理州仓、杂造局、神机库、兵车厂、中卫儒学及文庙等建筑。

一、地名现状

第二次全国地名普查中，除去一些地名意义不太明显的词条外，中卫市共登记地名词条 19650 个。其中沙坡头区 5755 个，中宁县 6130 个，海原县 7690 个。按照全国地名普查的分类方法，各种类型地名词条的数量及分布情况如下。

第一类，行政区域名称（乡镇、街道）48 个。其中沙坡头区 13 个，中宁县 17 个，海原县 18 个。第二类，非行政区域名称（矿区、农、林场，工业区、开发区）353 个。其中沙坡头区 62 个，中宁县 42 个，海原县 249 个。第三类，群众自治组织名称（村委会、居委会、社区）518 个。其中沙坡头区 197 个，中宁县 141 个，海原县 180 个。第四类，居民点名称（城镇、农村）4441 个。其中沙坡头区 1451 个，中宁县 1692 个，海原县 1298 个。第五类，交通运输设施名称（公路、街巷、汽车站、停车场、桥梁、隧道、渡口）2443 个。其中沙坡头区 1137 个，中宁县 688 个，海原县 618 个。第六类，水利、电力设施名称（井、水库、水渠、堤坝、发电站）2198 个。其中沙坡头区 1234 个，中宁县 551 个，海原县 413 个。第七类，纪念地与风景点名称（自然保护区、纪念馆、烈士陵园、古迹、寺、庙、公园、风景区、名人故居）2013 个。其中沙坡头区 467 个，中宁县 328 个，海原县 1218 个。第八类，建筑物名称（有地名意义的大型建筑物、建筑群和 10 层以上高层建筑物，亭、台、碑、塔，广场、体育场等）408 个。其中沙坡头区 104 个，中宁县 100 个，海原县 204 个。第九类，单位名称（党政机关、民间组织、事业单位、企业单位）5842 个。其中沙坡头区 557 个，中宁县 2272 个，海原县 3013 个。第十类，陆地水系名称（河流、湖泊、泉）947 个。其中沙坡头区 427 个，中宁县 180 个，海原县 340 个。第十一类，陆地地形名称（山峰、丘陵、森林、洞穴）439 个。其中沙坡头区 106 个，中宁县 194 个，海原县 139 个。

二、地名沿革

秦属北地郡。西汉元鼎三年（前 114 年），在今中宁县宁安镇古城村置眴卷县，属安定郡。此为中卫市境内第一个县级建制。东汉永初五年（111 年）发生羌族起义，郡县内迁，成为羌族游牧地。北魏置鸣沙县，属灵州。人马行经此地之沙，随路有声，异于余沙，故名。北周保定二年（562 年）于此置会州。建德六年（577 年）废州存鸣沙镇（今中宁县鸣沙镇）。隋复置鸣沙县；在黄河北岸新置丰安县，后废。唐武德四年（621 年）复置丰安县。万岁通天初年（696 年）置丰安军，属朔方节度使七军府之一。在灵州西黄河外一百八十余里，约今中宁县余丁乡石空村附近。管兵八千人，马三千匹，屯田二十七屯，每屯五千亩（唐亩）。后升丰安为雄州，乾符三年（876 年）六月乙丑至七月大地震，州城庐舍尽毁，地陷水涌，死伤甚众。故于中和元年（881 年）徙治承天堡，在今中卫沙坡头区。五代因之。1001 年入西夏，在旧雄州城置应理州，在隋唐鸣沙县置鸣沙郡。元代设应理州、鸣沙州。明代设宁夏中卫。清雍正二年（1724 年）改中卫县。1933 年析置中宁县。2004 年设立地级中卫市，辖沙坡头区（原中卫县改设）、中宁县、海原县。

三、地名文化

中卫市地名文化，最重要的是以下三种。

一是边塞文化。中卫地处黄河冲积平原，北靠腾格里沙漠边缘，自古为游牧文化和农垦文化的交融地区。两种文化的碰撞，产生许多具有边塞文化内涵的地名。唐万岁通天初年（696 年），就设有丰安军，管兵八千人，马三千匹，开展军事屯田，设二十七屯，每屯五千亩（唐亩）。唐末五代的雄州，西夏的萧关、应吉里寨，北宋与西夏长期对垒修筑的数十座堡寨（主要在今海原县内），都处于军事前沿。明初，宁夏位于防御蒙古族鞑靼、瓦剌部入侵的前沿阵地，故"徙民于关陕"以构建真空防御带。其后，修长城，建烽墩，筑营垒，兴军屯，取消前朝的州、县制度，代之以军事性的镇、卫、所制度：上设宁夏镇、固原镇，为长城沿线"九边重镇"之二；宁夏镇下设七卫，每个卫领五个千户所；每个千户所管十个百户，领兵5600人。其中的"宁夏中卫"治今中卫市沙坡头区滨河镇，属陕西都司，辖屯堡十一及鸣沙洲城，略当今沙坡区、中宁县大部；今海原县全境则分属固原镇的镇戎守御千户所、西安州守御千户所。这些措施，使地名中的边塞文化更加浓郁。现存地名中的柔远、镇罗、宣和、永康、常乐、石空、枣园、宁安等镇的专名，都沿于军事屯堡。今天的余丁乡，源于明代对编余（未正式取得军籍）军人的称谓。现今地名中有大量带有营、堡、关、墩等字的通名，也都来自驻军营堡或军事设施。

二是黄河水利文化。中卫市境内的黄河冲积平原，称卫宁平原，人口密集，大量地名含有"滩""套""渠""桥""湖"等字的地名，深受黄河文化影响。如南长滩、北长滩、康滩、倪滩、马路滩、杨滩、申滩、永丰滩、沙滩、马滩、姚滩、新滩、谢滩、胜金滩、双营子滩、城门滩、白马滩等，都属黄河淤积的滩涂。人们在滩上一边挖沟排水，一边筑渠引水（修筑滩渠），烧荒种地，很快就把滩涂变为良田，世代耕种，形成聚落。原来的荒滩，随之成为居民点地名。渠道如美利渠、七星渠、跃进渠、沙渠、八字渠、夹渠、北干渠、羚羊夹渠、羚羊角渠等，含有"桥"的地名如迎水桥、沙渠桥、邵桥、冯桥、白桥、赵桥、沈桥、王桥等，含有"湖"的地名如马场湖、晓湖、北湖、雍家湖、九塘湖等，以及设市以来命名的腾格里湖、香山湖、应理湖等，反映了水利与农业开发的历史。而在干旱缺水的山区和沙漠边缘，以"井""水""泉"而名的居民点特别多，如营盘水、一碗泉、陈麻子井、甘塘之类，反映了人们对水的渴望与珍惜。

三是新时代特色的文化。改革开放以来，特别是中卫建市后，城市基础设施建设力度加大，建成了八纵九横的路网体系、机关办公楼、住宅小区等，相关地名随之出现，如迎宾大道、滨河南北路、机场路、宁钢大道、五馆一中心、黄河宫、黄河公园、行政中心、政务大厅、信访大厅、就业服务中心等。中卫是首批国家全域旅游城市创建示范单位，伴随着旅游产业的快速发展，全市共建成旅游景区景点22家，旅行社28家，各类住宿酒店宾馆514家，这些景区景点、旅行社、酒店宾馆的名称逐步演变成了地名。中卫工业园区、中宁工业园区、海原工业物流园区的开发建设，使园区道路、企业地名大量增加。中卫云基地、军民融合产业、新能源产业的集聚发展，又产生了一批以云计算相关联的地名。

改革开放以来，重视地名文化的传承和延伸。中卫市的历史地名，有很多长期废弃不用，建市后，大量历史地名选其精华，用于新地名中，如应理街、应理湖、应理社区、应理家苑、应理书院、丰安路、文昌街、沙坡头大道等。有的地名已成为商品的品牌，如中宁枸杞、香山硒砂瓜、香山酒、香山雪面粉、香山羊羔肉、南长滩大枣、南长滩软梨、宣和鸡蛋、常乐瓷砖、常乐豆腐、胜金水泥、西安乡小茴香、兴仁西甜瓜等。有的地名因有厚重的历史文化，被用于广场、公园、宾馆酒店、旅游区、机场的命名，如高庙公园、文化广场、美利广场、香山宾馆等。沙坡头旅游景区因自然风光独具特色而名扬四海，故在新地名命名中广为延展使用。中卫建市后，首先将市区定名为"沙坡头区"，随后又涌现沙都酒店、沙坡宾馆、沙坡头机场等。

四、辖属政区

（一）沙坡头区【Shāpōtóu Qū】

沙坡头区是中卫市政府驻地，地处宁夏回族自治区中西部，东邻中宁县，南与同心县、海原县及甘肃省靖远县为邻，西接甘肃省景泰县，北邻内蒙古自治区阿拉善左旗。位于东经104°17′~106°10′，北纬36°06′~37°50′，辖10镇1乡，区人民政府驻滨河镇，北至银川市178公里。2016年，面积6877.4平方千米；人口40.61万，其中汉族377917人，占93.04%；回族27004人，占6.65%；余为其他民族。地区生产总值155.7亿元，人均38480元。沙坡头区是宁夏仅次于银川的交通枢纽，也是欧亚大通道"东进西出"的必经之地、陆上丝绸之路的节点。包兰、宝中、太中银、干武4条铁路及青银高速公路连接线在此交会。迎水桥站，是全国40个列车编组站之一。三期西气东输工程，都经过沙坡头。沙坡头机场先后开通了北京、上海、重庆、西安、杭州、海口、乌鲁木齐等地的航班。

1. 地名来历及含义

明代设宁夏中卫。清雍正二年（1724年）裁卫置县，改称中卫县，沿用280年。至2004年设中卫（地级）市。2016年8月19日，撤中卫县，中卫市沙坡头区正式挂牌成立。沙坡头，本为著名旅游景区，位于腾格里沙漠边缘与黄河交汇之处，因沙丘密布且向河岸倾斜，故名。宋元之际名沙陀。《元史》载，1226年成吉思汗从河西走廊率大军东进灭西夏，"逾沙陀"。"陀"之正解为"倾斜不平"，与"沙坡"同出一辙。

2. 地名沿革

南北朝以前史籍无政区地名记载。《水经注》记有麦田山、西谷川、黑城，皆在黄河南岸。隋唐属灵州丰安县（治今中宁县余丁乡）。万岁通天初（696年）置丰安军，开元九年（721年）后属朔方节度使，有屯田二十七屯，分布在今沙坡头区及中宁县的黄河以北平原地带。唐代宗之后，撤丰安军，升丰安县为雄州。乾符三年（876 年）六月乙丑至七月大地震，州城庐舍尽毁，地陷水涌，死伤甚众。故于中和元年（881 年）徙治承天堡，即今沙坡头区城区。五代因之，为丝绸之路灵州西域道上重镇。后晋改昌化军，北宋存昌化镇，1038 年入西夏，复置雄州。其侧有郭家渡。元置应理州，中统四年（1263 年）七月一日，开通应理州至东胜州（今内蒙古托克托县）黄河水驿。明永乐元年（1403 年）正月置宁夏中卫，辖屯堡十一。其中在沙坡头区境内的有八，即柔元堡、镇靖堡、永康堡、宣和堡、常乐堡、镇虏堡、控夷堡、古水井堡。清雍正二年（1724 年）裁卫置县，改称中卫县。2004 年 2 月 11 日，宁夏回族自治区人民政府根据国务院 2003 年 12 月 31 日的批复，行文通知设立中卫（地级）市，辖原中卫县，划入中宁县、海原县；撤销中卫县，设沙坡头区，以著名景区沙坡头而名。

　　3. 地名文化

　　沙坡区地处宁夏平原西南部、腾格里沙漠南缘，是改革开放后形成的新兴城市，地名文化主要反映在三个方面。

　　一是大漠边塞文化。沙坡头区的北部，属腾格里沙漠边缘。五代的《高居诲使于阗行记》，记录沿途地名都有"沙"字，如三公沙、神点沙、黑堡沙、沙岭……成吉思汗征西夏，要逾越沙陀。清代从宁夏去往河西走廊的运粮车，无法通过，必须在中卫县城之西四十里用船逆水上溯，绕过沙坡头在冰沟上岸。从中卫向西至宁甘省界，水泉珍贵，凡有水泉之处，人们就给取个地名，如今之营盘水，元代叫野马泉，是驿站和关会之地（海关）。甘塘，因水质甘甜而名，在清代是驿站和军塘。还有一碗泉、长流水等地名，也使用至今。在西北风作用下，流沙不断侵蚀农耕区。1958 年宁夏回族自治区成立以来，人们与风沙抗争，实现了人进沙退。沙坡头就是治沙的典型，60 年的坚持，不但保护了包兰铁路的通畅，还形成了一个人造绿洲、5A 级旅游景区。他们创造的"草方格沙障"治沙技术，也使沙坡头这个地名扬名全球。沙坡头区也是古代中原王朝的边塞地带。明代的长城，自东而西绵延于沙坡头区。沙坡头区的地名中，出现较多的营、卫、墩、堡、柔、武、校、寨、堆、靖、胜、尉等字，以及镇罗（虏）、胜金（关）、镇靖、校尉川、柔远等词，就是边塞文化的遗留。这一现象在沙坡头区北部长城沿线尤为明显。

　　二是黄河与水利文化。沙坡头区的核心区属宁夏平原，系黄河冲积平原。在黄河两岸，形成很多滩涂、湖沼，有的演变为聚落。由此产生一批因河、滩、湖为名的镇、村及居民点地名，如滨河、河沿、上游、南长滩、史湖、渡口、码头之类。其中叫"滩"的地名最多，有 30 多个。西夏有郭家渡，元代有黄河九渡，现代的莫家楼渡曾盛极一时。沙坡头区自古引黄河水自流灌溉，有多条古渠，如蜘蛛渠、美利渠、太平渠、羚羊寿渠、羚羊角渠。渠上有闸、坝、桥，也都成为地名。其中以桥作为居民点地名的最多，如迎水桥、蔡桥、双桥……

三是反映改革开放特色的新时代地名文化。改革开放后，特别是中卫建市以来，伴随着经济社会的发展，产生了大量新的地名。如 2002 年 9 月，中卫县人民政府对城区 4 个广场、4 条街路、4 条巷道名称予以命名，对 3 条路进行更名。2006 年 7 月，中卫市人民政府决定将城区城市道路确定为街、路、巷三个层次，将东西走向的道路称为路，南北走向的道路称为街，不够街路标准的称为巷，并对城区 7 条街、路予以更名，对 8 条街、路予以命名。2011 年 5 月，对新区 9 条道路进行命名。2014 年 8 月，对中卫工业园区 7 条道路进行命名。同年 12 月，对市区东西走向的 6 条道路、南北走向的 3 条道路、13 条巷道进行命名。沙坡头区的香山硒砂瓜（硒砂瓜过去叫压砂瓜，20 世纪 80 年代就有种植，建市后大面积发展，形成规模，叫硒砂瓜），荣获全国"一村一品"十大知名品牌。富硒功能农业不断壮大，荣获"中国塞上硒谷"称号。以"前店后厂"创新模式建设的中卫中关村科技园西部云基地，引进全球云计算产业巨头美国亚马逊 AWS、奇虎 360 等一批云计算龙头企业驻沙坡头区。

4. 所属乡镇

滨河镇【Bīnhé Zhèn】 上隶沙坡头区，沙坡头区人民政府驻地。东至市区鼓楼南、北大街，西至迎水桥镇，南至黄河，北至美利工业园区。辖南元、南关、南街、炭场子、新墩、沙桥、官桥、高庙、前锋、西关、大板、涝池、城北 13 个行政村和 6 个社区，镇政府驻南元村，距区人民政府驻地 1.1 公里。2016 年面积 45.1 平方千米；人口 20190 户 64410 人；社会生产总值 16.72 亿元，农民人均可支配收入 10935 元。1965 年置城郊公社，1983 年为城郊乡，2003 年改为滨河镇，因濒临黄河而名。有全国重点文物保护单位 1 处：中卫高庙。始建于明永乐年间（1403—1424 年），清代康熙、乾隆间二次地震毁后重修、扩建，至咸丰时已形成现在规模，时称玉皇阁。1942 年农历二月十五日火灾，南天门以上建筑全部焚毁。翌年再度兴工重建，并扩大殿宇，增加高度，历时 4 年，于 1946 年竣工，文化内涵为佛、儒、道三教合一，名曰"高庙"。占地 4100 平方米，由南向北分三部分，以魁星楼、大雄宝殿、南北门为中轴线，依次增高，东西对称，形成错落有致、气势恢宏的古建筑群。1963 年被批准开放为佛教活动场所，僧众常住，供奉铜铸、玉刻、木雕、泥塑、圣像 600 余尊，入选《中华佛教二千年》宝典名录。

文昌镇【Wénchāng Zhèn】 上隶沙坡头区，地处中卫城市核心区，东至柔远砖塔村，西至鼓楼南北街，南至滨河大道，北至中沟路，为中卫市政治、经济、文化中心。辖 8 个行政村 79 个村民小组、6 个社区，镇政府驻东关村，西北至区政府驻地 4 公里。2016 年面积 27 平方千米；人口 27506 户 88694 人；社会生产总值 20.9 亿元，农民人均可支配收入 11568 元。有工业企业 24 个，其中规模以上工业企业 3 个。唐末五代为雄州治所。西夏至元代设应理州。道光《续修中卫县志·城池》卷二："旧址狭隘,明正统二年,都指挥仇廉奏增为五里八分。天顺四年,参将朱荣复请增修……城门二:东曰振威,西曰振远。嘉靖二年,参将周尚文始开南门一,为永宁门。门皆有楼。万历二年,参将张梦登始奏请砖甃,遂为西路坚城……"乾隆三年十一月二十四日(1739年1月3日)大地震,城垣、公廨、民房尽毁。灾后在旧址重建中卫县城,城墙周长五里七分,设城门三,上建城楼,外护月城。又设角楼三,敌楼八,炮台十四。立东、西二市,便民交易。至当代,中卫县城仍为乾隆旧址,名城关镇。2003年7月更名文昌镇,因城内古建筑"文昌阁"而名。阁在老城中心,始建于崇祯四年(1631年),时称鼓楼,清初更名文昌阁,通高23米,重楼3层。底基呈长方形,南北长为22.4米,东西宽为16.65米。基座正中为"十"字形门洞,分别通四面街道。门洞高3.75米,中心为穹隆顶,正中有八卦藻井,八卦图周围悬木雕八仙像,4个角嵌有石雕龙首,昂然相对。基座四面门楼上有匾额,按方位反映中卫地理形胜,其东曰"锁扼青铜",南曰"对峙香岩",西曰"爽挹沙山",北为"控制边夷"。现存建筑为清代重修,系自治区文物保护单位。

迎水桥镇【Yíngshuǐqiáo Zhèn】 地处沙坡头区城区西部,东邻滨河镇,西接甘肃省景泰县,南靠黄河,北连内蒙古腾格里沙漠。辖迎水、黑林、码头、鸣钟、沙坡头、孟家湾、长流水、上滩、下滩、营盘水、夹道、杨渠、何滩、姚滩、南长滩、鸣沙16个行政村、2个社区、81个村民小组。镇政府驻牛滩曾家桥,东北至区政府驻地4公里。2016年,面积1380平方千米;人口32483;社会总产值20.142亿元,农村居民人均可支配收入10789.5元。2003年撤乡并镇时,以西园乡、甘塘镇、迎水桥镇合并成立迎水桥镇至今,因美利渠上第一座桥梁迎水桥而名,有迎接河水之意。迎水桥镇地名有三个显著特征。一是交通地名多且历史久远。唐末五代,丝绸之路的主线灵州—凉州道自东而西穿过镇境。《新五代史·于阗传》所引《高居诲使于阗行记》中,留下三公沙、神点沙、沙岭等地名。西夏、元代继续作为中西交通线使用。据元代官书《经世大典》记载,在今迎水桥镇西境营盘水设驿站,称"野马泉站",为脱脱禾孙(蒙古语,职官名,正五品,行使查验之责,此处意为关会之地,即今之海关)马站。至清代,有北京至新疆的军塘线、宁夏府至兰州的西路驿道经过,均在甘塘、营盘水设驿站。1958年宁夏回族自治区成立后,迎水桥镇交通地位日渐提高,现已成为铁路、公路、民航、管道、水运五种运输方式俱全的交通枢纽。包兰、宝中、太中银、干武铁路在迎水桥交会,镇境内分布有营盘水、小红山、干塘、翠柳沟、一碗泉、红卫、长流水、孟家湾、沙坡头、迎水桥10个火车站。位于迎水桥镇姚滩村的沙坡头机场,是4C级支线机场,2008年建成通航,先后开通至北京、上海、西安等6条航线,2016年旅客吞吐量突破10万人次。定武高速公路过境,在孟家湾、甘塘、营盘水各建有出口。中国西气东输工程,将新疆及中亚的天然气用管道输往内地。迎水桥镇是西气东输一、二、三线及多条联络线和支线的交会点，在沙坡头设压气站。镇内段黄河，水上旅游运输方兴未艾。迎水桥铁路列车编组站，是全国 49 个大型列车编组站之一，4 条铁路的货物列车在此重新编列，经两次扩建，分到达场、编组场、出发场和直通场，有编组线 16 股，解编能力 4450 辆。二是与水相关的地名多。沙坡头以西，因地处腾格里沙漠边缘，水源可贵，因而留存有多个以水、泉命名的古地名。今营盘水村，元代名野马泉，清代筑营盘设军塘和驿站，故名营盘水。甘塘村，因泉水甘甜而名，也设驿站和军塘。长流水村有沙漠中的山涧，长15 公里，因泉水汇集常流不竭而得名。一碗泉亦在瀚海之中，水盈以一碗为界，舀掉后才能再渗出一碗。黄河流经迎水桥镇，最早的灌渠为蜘蛛渠（今美利渠），始建年代一说为西汉，一说为唐代丰安军开展军事屯垦之时。渠口在今迎水桥镇，其筑堤引水与四川都江堰工程有着异曲同工之妙，引水堤坝在 2000 年仍在，后被水利枢纽工程淹没。集灌溉和发电于一体的沙坡头水利枢纽工程，是黄河干流龙羊峡—青铜峡河段规划开发的25 个梯级枢纽之一，于 2000 年 12 月开工建设，2007 年 9 月整体工程通过验收。控制灌溉面积 134 万亩，库容量 2600 万立方米，装机容量 12.03 万千瓦，每年发电量 6 亿千瓦时。黄河流经迎水桥镇 70 余公里，形成一批带"滩"字的地名，如南长滩、北长滩、上滩、下滩等。三是旅游资源富集独特。沙坡头景区位于中卫市区之西 16 公里，是国家5A 级旅游景区。沙坡头在元代被称为"沙陀"。《元史·本纪》成吉思汗灭西夏率蒙古大军"逾沙陀"即此。陀，本义为倾斜不平，与"坡"的含义相同。旧志记载的中卫"八景"中，有"沙坡鸣钟"。中卫新"八景"中又有"沙海日出""铁龙越沙"景观。沙坡头集沙、河、山、园于一体，既具西北风光之雄浑，又兼江南景色之秀美。这里的百米沙山——沙坡鸣钟，悬若飞瀑，人滑沙流，声如钟鸣，是中国四大鸣沙之一。主要特色旅游项目有皮筏漂流、大漠乘驼、激情滑沙、沙海冲浪、飞黄腾达等。沙坡头先后荣获"全球环保 500 佳单位""中国全民健身二十大景观""中国十大最好玩的地方""中国最值得外国人去的 50 个地方""中国最美的五大沙漠""首批生态旅游示范景区""旅游标准化示范景区"等殊荣。沙坡头首创的"草方格沙障"治沙技术，使沙漠变绿洲，实现了人进沙退，已推广到世界各地。腾格里沙漠湿地·金沙岛旅游景区为 4A 级旅游区，距城区 8 公里，占地面积 22 平方千米，形成水域面积 10000 亩。是一个集生态景观、花卉观赏、特色度假、水产养殖、运动休闲、康体养生于一体的旅游景区。除以上景区外，还有历史文化传统村落南长滩、北长滩，乡村旅游示范点沙坡头村、鸣沙村。

南长滩村【Nánchángtān Cūn】 2008 年 10 月 30 日住建部公布为第四批"中国历史文化名村"。上隶中卫市沙坡头区迎水桥镇，地处中卫市最西端的黄河峡谷中，距市区82 公里。黄河从甘肃入黑山峡进入宁夏后，在这里向北转了个大弯，在南岸形成一个月牙形的长滩，滩连山地，在空中看就是一个半岛，人们叫其为南长滩。黄河臂弯中的这块绿洲，面积 195.4 平方千米，耕地 1962 亩，设有 4 个村民小组，常住 256 户 1012 人。这里的人都姓拓，据老人讲，他们的祖先都姓拓跋，是统治西夏的党项族大姓，因躲避战乱逃到这里，过着与世隔绝的世外桃源生活。考诸史籍，这种说法有一定的根据。统治西夏的党项族，最大的部落是"党项八部"，其中就有拓跋部。1227 年成吉思汗灭西夏，大肆杀戮，史书记为"屠其城"。党项人四处逃散，隐姓埋名，不知所终。一个立国 189 年、有 200 多万人口、有独立文字的西夏，其主体民族一下消失得无影无踪，让史学界感到迷惑不解。20 多年前，有的学者到此考察，认为南长滩因为大山、黄河阻隔，难进难出，党项人逃到这里，当不足为怪。

南长滩背靠崇山峻岭，面对奔腾大河。所处黑山峡，有著名的阎王匾、煮人锅、一窝猪、老两口等险滩、礁石、旋涡。能渡河逃到这里的，只是个别幸运儿。他们世代耕种，与世无争，形成淳朴、善良的民风，保存了原始的民俗。大家和睦相处，无盗无欺，路不拾遗，夜不闭户。当地有三大特产：黄河鸽子鱼、软梨和大枣。鸽子鱼形态似鲤鱼，但头小腹大，眼小而带红圈，体窄嘴尖，胸腹侧各有一根对称的硬鳍，形同"十"字，背部褐色，离水后乱叫，如同鸽子叫声。鸽子鱼肉质细嫩，只生存在黑山峡的黄河激流中，属稀有名贵鱼，今已基本绝迹。软梨在深秋采摘后要冷藏，变软后再食用，梨肉黑褐如泥，其貌不扬，但味甜而香，有清热解毒的作用。大枣则房前屋后，家家皆有。每到摘梨收枣季节，邻里之间，只摘面临自家一面的果实，并且要帮助邻里采摘。这里与外界的交通往来，全仗羊皮筏，因此，很多老人都掌握复杂的皮筏制作工艺，今已列入省级非物质文化遗产名录。

近十年，南长滩旅游业快速兴起。依托"中国历史文化名村"殊荣，以"远古村落、党项后裔、世外梨园、漂流起点"定位，以党项拓跋族为主线，将原生态旅游与西夏文化探秘结合，建成了拓跋寨、拓跋民俗村、黄河渡口广场、观光梨园等。上千棵古老的梨树，布满河滩，树龄最长的已有 400 多年，张开的树冠，能形成 300 平方米的荫凉地。每年 4 月上旬的梨花节，千树万树梨花开，如同朵朵白云，与滔滔黄水相映成趣。秋天，枣子红了，香水梨软了，采摘鲜果又成为吸引游客的旅游项目。

北长滩村【Běichángtān Cūn】 宁夏四个"中国传统村落"之一。上隶沙坡头区迎水桥镇，地处镇政府驻地东南、黑山峡黄河岸，距沙坡头景区 30 公里。全村 144 户 498 人，土地面积 1148 亩。因黄河峡谷冲刷淤积形成狭长河滩地而得名。有石器时代古文化遗址，面积约 8000 平方米，地表散落着大量磨制石器、各种彩陶残片。还有 10 多处岩画及两处烽火台。标志性景致，是体形巨大、伫立于黄河岸边的水车，已有近千年车水灌溉历史。其中下滩水车规模较大：分水堤长 220 米；水车直径 16 米，宽 1.5 米；共 48

个舀水斗，每个舀水斗可容水 15 千克，灌溉农田 200 亩。古村落集中坐落在北山，依山而建，因势不同，房屋高低错落，富有立体感和浓郁的西北农村特色。每户院落布局和房屋结构，仍保留了明清时代当地传统的建筑风格——"四梁八柱式"土木结构建筑，而院墙则是用石块堆砌而成。走进村子，依然可以看到许多墙体、门窗、木柜上清晰的毛主席语录、图像以及"文化大革命"时期的各类标语等。最引人注目的是那些粗壮高大的古梨树，树龄达二三百年的有 50 余棵，100 年以上的 130 余棵。

东园镇【Dōngyuán Zhèn】 上隶沙坡头区，居中卫市区北面，美利工业园区以南，东邻柔远镇，西接迎水桥镇。面积 271 平方千米，耕地 5 万亩，辖双渠、史湖、曹闸、瑞应、美利、冯桥、北湖、赵桥、谢滩、新滩、八字渠、韩闸、红武、柔新、黑山、新星、郭滩、金沙、郑口和白桥 20 个行政村 135 个村民小组，镇政府驻曹闸村，西南至区政府驻地 4 公里。2016 年面积 271 平方千米；人口 9319 户 34677 人；社会生产总值 16.27 亿元，农民人均可支配收入 10715 元。地势平坦，土壤肥沃，适宜种植水稻、玉米、蔬菜及瓜果。是典型的近郊型农业大镇，设施蔬菜优势明显。1956 年始置东园乡，乡政府驻五里墩（明代称烽火台为烽墩），1958 年并入先声公社，1962 年析出为东园公社，1972 年乡政府移至曹闸，2003 年撤乡设镇，并将原新北乡整建置划入。境内有明长城及 9 座烽火台遗址。

柔远镇【Róuyuǎn Zhèn】 上隶沙坡头区，地处中卫市城区以东，黄河以北，东邻镇罗镇，北靠腾格里沙漠。辖渡口、范庙、冯庄、高营、夹渠、莫家楼、柔远、沙渠、施庙、雍湖、镇靖和砖塔 12 个行政村 121 个村民小组，镇政府驻柔远村，西至区政府驻地 8 公里。2016 年面积 46.45 平方千米；人口 11271 户 29088 人；社会生产总值 7.59 亿元，农民人均可支配收入 11457 元。明初兴军屯筑堡名"柔远"，属宁夏中卫，俗称"中所营"。清仍名柔远堡。民国后期为一区柔远乡，1949 年 10 月属中卫县三区，1958 年并入先声公社，1962 年改名为柔远公社，1983 年恢复柔远乡，2003 年改乡为镇。全镇地处黄河冲积平原，得引黄河自流灌溉之利，农业发达，地方富庶。盛产麦、稻、玉米及蔬菜瓜果。以小麦套种玉米，亩产超过 1000 公斤，号称"吨粮田"。

镇罗镇【Zhènluó Zhèn】 上隶沙坡头区，地处区境东部。东至胜金关与中宁县余丁乡为邻，南至黄河，西接柔远镇，西北靠东园镇，北至腾格里沙漠边缘。辖镇北、沈桥、观音、镇西、李嘴、河沟、凯歌、胜金等 12 个行政村，116 个村民小组，镇政府驻镇北村，西至区政府驻地 16 公里。2016 年面积 220.8 平方千米；人口 8475 户 32989 人；社会生产总值 54.31 亿元，农民人均可支配收入 12087 元。镇南部为黄河冲积平原，土地肥沃，粮食高产；北部为干旱荒漠性草原和石质山，农户极少，建有金鑫工业园，冶炼企业较多。包兰铁路、宝中铁路、太中银铁路穿越境内并在刘庄并轨，设有镇罗堡车站、柳庄车站。按万历《朔方新志》卷一、乾隆《中卫县志》卷二记载,明宣德元年(1426年)筑镇房堡,置操守,俗称前所营,清改名镇罗堡,属中卫县。民国年间为二区,1949年10月置人民政权为三区,1952年6月15日改三区为四区公所,1955年11月撤销四区公所,1956年为镇罗乡,1958年11月并入先声人民公社,1966年10月改为东风公社,1980年改镇罗公社,1983年复为乡,1992年建镇。镇内有照壁山铜矿遗址,在照壁山主峰西南约200米,属全国重点文物保护单位。南北2公里、东西4公里范围内,分布有20多个采矿洞口遗址,洞口内坑道分竖井和斜井两种,最深达40米。采区遗址西南,有铜矿冶炼遗址和矿工居址,占地1600平方米。按出土文物考证,其采炼时间为东周至元代。镇内还有大麦地岩画、明长城遗址及其附属设施胜金关、7座烽火台遗址。

宣和镇【Xuānhé Zhèn】 上隶沙坡头区,地处区境东南。东至中宁、同心县界,西至永康镇,南邻香山乡,北枕黄河。辖曹山、草台、丹阳、东月、福堂、福兴、海和、何营、宏爱、华和、敬农、旧营、羚和、羚羊、马滩、三营、汪园、喜沟、兴海、宣和、永和、张洪、赵滩和林昌24个行政村和1个农场,镇政府驻宣和村,距区人民政府驻地24公里。2016年面积490平方千米,人口18150户54212人;社会生产总值28.7亿元,农民人均可支配收入9336元。境内有寺口子旅游景区,宝中铁路、中营高速公路过境。明建文元年(1399年)戍边屯垦,始置七百户所。正统元年(1436年)建堡城,名曰"宣和"。民国年间为四区、五区地。1949年10月置人民政权为五区,1956年置宣和乡。1958年与永康乡合建为灯塔公社,1962年析出为宣和公社,1983年恢复乡,1992年8月撤乡建镇。

永康镇【Yǒngkāng Zhèn】 上隶沙坡头区,地处城区黄河南(对)岸。东至宣和镇,西至常乐镇,南至中宁县下流水乡,北枕黄河。辖艾湾、北滩、彩达、城农、达茂、丰台、景台、乐台、刘湾、南滩、沙滩、上滩、徐庄、阳沟、杨滩、永丰、永康、永乐、永新、永南、党家水、双达、校育川23个行政村,镇政府驻永康村,西北至城区16公里。2016年面积514.8平方千米;人口11876户34056人;社会生产总值7.26亿元,农民人均可支配收入9606元。明初置百户所,为军屯。永乐二十二年(1424年)合5个百户所修筑城堡,名"永康",俗称五百户。清为永康堡,民国为四区、六区地。1949年10月建立人民政权为六区,1958年并入灯塔公社,1962年为永康公社,1983年恢复永康乡,2003年撤乡建镇。

常乐镇【Chánglè Zhèn】 上隶沙坡头区,地处市区西南部,东至永康镇,西与甘肃省景泰县接壤,南至香山,北至黄河。镇政府驻大路街村,辖倪滩、马路滩、枣林、大路街、常乐、刘营、高滩、李营、水车、河沿、康乐、罗全、熊水、上石棚、黄套、思乐和海乐17个行政村1个居民委员会,镇政府驻大路街村,东北至城区8公里。2016

年面积 918 平方千米；人口 11876 户 34056 人；社会生产总值 11.9 亿元，农民人均可支配收入 10441 元。明代筑古水营、常乐二堡城，清末为常乐堡。1949 年属中卫县第六区辖，1958 年改名卫星公社，1962 年名常乐公社。1983 年恢复乡，1992 年 8 月建镇。常乐镇有沙塘新石器时代遗址、上游村大湾瓦窑遗址、四眼井西夏民居窑洞遗址、下河沿磁窑遗址及明长城、烽火台等历史遗址。

兴仁镇【Xīngrén Zhèn】 上隶沙坡头区，地处宁夏中部干旱带。东北与中宁县徐套乡、喊叫水乡及同心县王团镇为邻，南邻海原县蒿川乡，西至甘肃省白银市靖远县五合乡。辖兴仁、郝集、西里、高庄、王团、东滩、拓寨、团结、泰和、兴盛和川裕 11 个行政村，镇政府驻兴仁村，北至沙坡头区 82 公里。2016 年面积 318.7 平方千米；人口 7550 户 30810 人。1940 年始设兴仁乡，属海原县。1949 年后为兴仁区。1958 年 10 月成立兴仁公社。1984 年 1 月改为乡。1994 年撤乡建镇，2008 年划属沙坡头区，是西瓜品牌"中卫硒砂瓜"主产区，畅销全国各大城市。

香山乡【Xiāngshān Xiāng】 上隶沙坡头区，地处区境南部山区，东至兴仁镇，西至甘肃省景泰县，南至甘肃省靖远县，北至常乐镇。辖新水、梁水、红圈、深井、黄泉、三眼井、景庄 7 个行政村，镇政府驻三眼井村，北至区政府驻地 51 公里。2016 年面积 960 平方千米；人口 2608 户 10685 人；社会生产总值 2.52 亿元，农民人均可支配收入 11858 元。乡境属山地、丘陵区，干旱少雨，是"中卫硒砂瓜"主产地。香山之名，源于清代所建香岩寺。后以山名乡，1958 年改为香山公社，1962 年分为景庄公社、三眼井公社，1983 年复称乡。2003 年，两乡合并成立香山乡。古迹香岩寺，建在香山主峰上，占地 4290 平方米，由多个大殿组成建筑群，为市级文物保护单位。始建年代不详，最早的题款为"康熙癸未"，即 1703 年。

（二）中宁县【Zhōngníng Xiàn】

中卫市辖县。地处宁夏回族自治区中部，宁夏平原南端，中卫市东南部，位于东经 105°26′~106°7′，北纬 37°9′~37°50′。东邻吴忠市利通区及青铜峡市，南连同心县，西接沙坡头区，北靠内蒙古阿拉善左旗。辖 6 镇 5 乡，县政府驻宁安镇，西距中卫市 48 公里，北至银川市 135 公里。面积 4192.83 平方千米。2016 年人口 34.51 万，其中汉族 254167 人，占 73.65%；回族 90308 人，占 26.17%。国内生产总值 134.49 亿元，人均 39172 元。

1. 县名来历

清代属中卫县。1933 年 9 月 5 日，宁夏省政府第 45 次委员会议，民政厅长提议，分中卫县之东部置新县，县政府驻宁安堡，取名"宁安县"。因宁安与黑龙江省宁安县重名，故会议决定：同意分设新县，取中卫、宁安之首字，命名中宁县。会议还划定两县以黄河为界，公布后，中卫籍绅士认为不便管理，且贫富悬殊，宁夏省政府遂令改为黄河北岸以胜金关为界、南岸以山河桥为界，并上报南京政府，年底批准。1934 年 1 月 1 日，中宁县正式成立，县名沿用至今。

2. 地名现状

第二次全国地名普查汇总统计，共有地名 6130 个。其中行政区域 17 个，群众自治组织 139 个，非行政区域 42 个，居民点 1690 个，交通运输设施 686 个，水利电力通信设施 548 个，纪念地、旅游景点 328 个，建筑物 100 个，单位 2203 个，陆地水系 183 个，陆地地形 194 个。

3. 地名沿革

西周至战国为北方游牧民族猃狁、西戎牧地。秦北逐匈奴取河南地（河套地区黄河以南），移民实之，中宁地区属于富平县。西汉元鼎三年（前 114 年），划富平县南境置眴卷（xúnjùn）县，归安定郡管辖，即今宁安镇古城村。眴，光芒耀眼；卷，滚动。《水经注》记，县城在高平川水汇入黄河的河口东侧、黄河南岸。因此，"眴卷"为河水滚动、使人目眩之意。东汉永初五年（111 年）羌族起义，安定郡内迁，眴卷县废，此后三百余年为羌、匈奴、鲜卑族牧地，无郡县建置。

《隋书·地理志》《元和郡县图志》载：北魏在今中宁县鸣沙镇置鸣沙县，西枕黄河，人马行经此沙，随路有声，异于余沙，故号"鸣沙"。北周保定二年（562 年）设会州，治鸣沙县，为境内第一个州级行政建制。建德六年（577 年）改会州为鸣沙镇。隋开皇十年（590 年）在黄河以北今余丁乡旧石空堡置丰安县，属灵武郡。开皇十九年（599 年）在鸣沙设环州，同时，设鸣沙县隶之。隋大业三年（607 年）废环州，以鸣沙县隶于灵武郡。唐万岁通天初（696 年）筑丰安军城，属关内道九军府之一，开元九年（721 年）后为朔方节度使七军府之一。在灵州之西黄河外一百八十余里，管兵八千人，马三千匹。屯田二十七屯，每屯五千亩（唐亩）。唐后期废丰安军，改置雄州。乾符三年（876 年）六月乙丑至七月大地震，州城庐舍尽毁，地陷水涌，死伤甚众。故于中和元年（881 年）徙治承天堡，即今中卫市城区。

北宋咸平五年（1002 年）党项族李继迁攻占灵州。1038 年，党项族建立西夏政权，置鸣沙郡、鸣沙县，建鸣沙御仓，储粮百万石。元代改鸣沙州。明初徙民于关陕，后又筑宁安堡、威武堡、石空寺堡、枣园堡、宁安新堡开展军事屯垦。清代属中卫县。

民国二十二年（1933 年），宁夏省政府报国民政府批准，从中卫县划出胜金关、山河桥以东地区设置中宁县。民国二十三年（1934 年）1 月 1 日，中宁县政府正式成立，县城设在宁安堡（今宁安镇），一直沿袭至今。

4. 地名文化

中宁县地名文化遗产丰富，最为突出的有以下三个方面。

黄河水利文化。中宁县地跨黄河南北。古代人们临水而居，依水而作，城镇、聚落都在黄河两岸，西汉有朐卷县，隋唐有丰安县、丰安军、鸣沙州、鸣沙县，明代有 10 多个城堡，都属宝贵的地名文化遗产。黄河出黑山峡后，流速变缓，泥沙沉积，形成富饶的平原。因地跨原中卫、中宁两县，故名"卫宁平原"。《水经注》记载，黄河流经西汉的朐卷县，"河水别出为沟"，形成很大的滩渚。此后历代，黄河行洪，也不断形成滩涂、湖沼。经世代耕垦，滩涂变沃土，粮食亩产高达 1000 公斤，号称"吨粮田"；荒野变成无数居民点，产生很多以"滩"字命名的地名，仍在使用的有 40 多个。如舟塔一个乡，就有康滩、田滩、大滩、孔滩等行政村名。鸣沙一个镇，就有长滩、李滩、红滩、上滩、中滩、下滩等地名。这里自古水利事业发达，渠道密布，河南、河北皆引黄河水自流灌溉。位于黄河之南的七星渠，于泉眼山开口，因其地有泉七眼，列如七星，故名。地方志载，相传此渠开凿时受阻，有牛首山下白马寺中所祀白马显灵相助，故民间有"白马拉缰"传说。七星渠的末段惠及白马乡，当地原为黄河滩涂白马滩，都与黄河、水利有关。黄河的一级支流清水河，发源于六盘山，经中宁县汇入黄河。1958 年，在长山头修建中型水库。因清水河泥沙含量大，库区很快被淤平，失去蓄水功能，但因祸得福，却造就了 8 万亩良田。

边塞军屯文化。在汉武帝时，曾向河套地区"斥塞卒六十万"开展军事屯垦，也包括中宁县。到隋唐，主要威胁来自北方的突厥等游牧民族，鸣沙是突厥南下关中的必经之地，所以战事不断。最大的一次为神龙二年（706 年）十二月，突厥可汗默啜率兵南下至鸣沙县（今鸣沙镇），灵武行军大总管沙吒忠义领兵阻击。见形势不利，沙吒忠义先逃，唐军大败，《旧唐书·中宗纪》记载，仅战死者三万余人。永泰元年（765 年）九月，仆固怀恩反唐，引回纥、吐蕃数十万众入寇关中，中途遇暴病折返死于鸣沙。唐贞元年间，吐蕃的大相尚结赞甚至以鸣沙县为大本营，指挥吐蕃兵四面出击。由于军事地位的重要性，唐朝依托黄河天堑，在今余丁乡旧石空堡筑丰安军城，屯兵八千人，垦荒屯田十三万五千亩（唐亩）。明代的宁夏是中央王朝与北方鞑靼、瓦剌对峙的边防前线，属于宁夏中卫管辖的中宁一带，就筑有宁安堡、威武堡、石空寺堡、枣园堡、宁安新堡。其中，只有威武堡在清乾隆十一年（1746 年），中卫知县姚恪以"其民多尚武抗粮"而更名恩和堡，其余沿用至今。今之余丁乡，则得名于未入军籍的军人及退役军人。广武营、刘营、朱营等 10 多个村名，都源于明清屯兵之所。

枸杞文化。中宁枸杞，以其品质优良、入药性能好、滋补效益强而驰名中外，古代被列入贡品，近现代被誉为"宁夏五宝"之首，已被农业部列入国家地理产品标志保护名录。全国各地出产的枸杞，大都冒用"中宁枸杞"或"宁夏枸杞"品牌。中宁建有枸杞博物馆，展陈枸杞文化。枸杞批发市场，吸引各地商户纷至沓来。枸杞全身都是宝。根为中药材，称"地骨皮"。叶可制茶，也可做菜。其果实用途更为广泛。利用枸杞鲜果榨汁精酿并以独特的工艺配方制成的"宁夏红"枸杞保健酒，曾创一次签约 5 亿元的销售纪录。目前，利用其果实深加工的产品有枸杞籽油、枸杞多糖、枸杞全粉、枸杞浓缩原汁、枸杞营养口服液等 50 多种。

5. 所属乡镇

宁安镇【Níng'ān Zhèn】　上隶中宁县，为县人民政府驻地，地处县境中部。东至鸣沙镇，南至新堡镇，西至舟塔乡，北与石空镇隔河相望。辖新胜、白桥、郭庄、朱营、石桥、殷庄、洼路、莫嘴、东华、南桥、营盘滩、古城、黄滨 13 个行政村、8 个社区。2016 年面积 162.83 平方千米；人口 21937 户 72152 人；社会生产总值 23.5 亿元，农民人均可支配收入 10365 元。枸杞文化独具特色，有闻名全国的枸杞博物馆，展陈枸杞历史文化、种植技术和产品开发。2014 年西汉元鼎三年（前 114 年），为安定郡眴卷县治所，今古城村得名于此。南北朝至元代时期，地属鸣沙县、鸣沙郡（或州）。明成化二十年（1484 年）筑堡，因属宁夏中卫，取名"宁安"。1933 年为中宁县治，并沿袭至今。2003 年将原城关镇、宁安乡、古城子乡合并，设宁安镇。

石空镇【Shíkōng Zhèn】　上隶中宁县，地处县城以北。东邻渠口农场，南枕黄河，西接余丁乡，北靠内蒙古阿拉善左旗。辖 2 个居民委员会、15 个村民委员会，即丰安社区、金岸社区、关帝村、黄庄村、立新村、史营村、童庄村、王营村、新桥村、枣二村、枣一村、张台村、太平村、倪丁村、新渠稍村、白马湖村、高山寺村。镇政府驻丰安社区，南经黄河大桥至县城 8 公里。2016 年，面积 347.26 平方千米；人口 9358 户 28130 人；社会生产总值 229 亿元，农民人均可支配收入 12920 元。隋开皇十年（590 年）置为丰安县，属灵武郡；唐朝设丰安军，管兵八千人，有战马三千匹。地名来源：唐末丝绸之路改线经此，建大佛寺石窟，在今余丁乡石空村，形成聚落，称"石窟堡"，明代音转为石空寺堡，清代称石空堡。1955 年为余丁、石空两乡。1983 年公社改为石空乡。乡政府仍驻于石空堡，1986 年中宁黄河公路大桥通车后，乡政府驻地迁今址。2003 年撤乡建镇。有明长城过境，今存烽火台遗址 18 座。

新堡镇【Xīnpǔ Zhèn】　上隶中宁县，地处县城东南。东邻恩和镇，南连中宁县工业（物流）园区，西接宁安镇，北靠南河子。辖安定社区及创业、盖湾、刘庙、刘营、刘庄、毛营、南湾、宋营、吴桥、肖闸、新堡 11 个行政村。镇政府驻新堡南街，东至县政府驻地 2 公里。2016 年，面积 209.97 平方千米；人口 8592 户 24031 人；社会生产总值 53.6 亿元，农民人均可支配收入 10015 元。境内道路四通八达，109 国道、S101 省道、石中高速公路及中太铁路穿境而过，宁新工业园区、物流园区、新水农产品加工厂聚在其中。有驻军、国家机关、学校及加油站、医院等区、县属企事业单位 57 家。新堡是新宁安堡的简称，建于明嘉靖九年（1530 年），因当时黄河河道南移，威胁旧宁安堡城，巡抚崔鹏在东南四华里另筑新宁安堡；后黄河回归，简称新堡。1955 年为新堡乡，2001 年改乡为镇。

恩和镇【Ēnhé Zhèn】　上隶中宁县，地处县城之东。东邻鸣沙镇，南、西接新堡镇，北靠 101 省道。辖恩和、曹桥、河滩、华寺、刘桥、秦庄、沙滩、上庄、朱台村 9 个行政村和红梧山地区管理委员会。镇政府驻恩和村，西至县城 7.5 公里。2016 年面积 173.70 平方千米；人口 6764 户 21436 人；社会生产总值 8.63 亿元，农民人均可支配收入 13767 元。原名威武堡，俗称四百户，始见于明弘治《宁夏新志》。清乾隆十一年（1746 年），堡民以武抗交公粮，中卫知县姚恪认为抗粮与威武堡名有关，下令改威武堡为恩和堡。1955 年设恩和乡，2004 年改为恩和镇。

鸣沙镇【Míngshā Zhèn】　上隶中宁县，地处县境东部，东邻白马乡，南连红寺堡，西接恩和镇，北靠黄河，辖鸣雁社区及黄营、李滩、鸣沙、薛营、长鸣、长滩、二道渠、五道渠 8 个行政村。镇政府驻鸣雁社区，西至县城 18 公里。2016 年面积 400.8 平方千米；人口 2.6 万；社会生产总值 12.6 亿元，农民人均可支配收入 12519 元。水利发达，盛产稻、麦、玉米、枸杞，以种植业为主，养殖业为辅。交通便利，京藏高速公路过境并设出入口、生活服务区，又有 101 省道经过。"鸣沙"作为地名，始于北魏孝昌二年（526 年）所置鸣沙县，已使用 1490 年，且从未中断。《元和郡县图志》卷四对地名来历有载："鸣沙县……西［北］枕黄河，人马行经此沙，随路有声，异于余沙，故号鸣沙。"北周保定二年（562 年）设会州，治鸣沙县。建德六年（577 年）降为鸣沙镇。隋开皇十九年（599 年）设环州治鸣沙县，"以大河环曲为名"。隋大业三年（607 年）废环州，以鸣沙县隶于灵武郡。唐初改隶灵州。至德元年（756 年）七月十三日升为上县。唐鸣沙县辖境很大，除今中宁县、中卫市沙坡头区的黄河以南各地外，东至今同心县下马关、韦州，南至同心县的中部。贞观二十一年（647 年），安置回纥部落之东皋兰州曾寄治县境。咸亨三年（672 年），又于东境析置安乐州（治今同心县下马关乡红城水），安置吐谷浑部族数千帐，领鸣沙县。隋唐之际，朝廷主要威胁来自北方的突厥等游牧民族，鸣沙县是其南下关中的必经之地，所以战事不断。最大的一次为神龙二年（706 年）十二月，［后］突厥可汗默啜率兵南下至鸣沙县，灵武行军大总管沙吒忠义领兵阻击。见形势不利，总管先逃，唐军大败。《旧唐书·中宗纪》记载，仅战死者三万余人。永泰元年（765 年）九月，平定安史之乱的功臣仆固怀恩反唐，引回纥、吐蕃数十万众入寇关中，中途遇暴病折返死于鸣沙。唐贞元年间，吐蕃大相尚结赞常以鸣沙县为大本营，指挥吐蕃兵四面出击，向东攻克盐州、银州，至晋、陕间黄河，后因粮尽才退兵至鸣沙县。1038 年西夏政权建立后，设鸣沙郡治鸣沙县，建有御仓，可储粮百万石。元代置鸣沙州，设鸣沙驿。明代其地位显著下降。乾隆《续修中卫县志》记载："元置鸣沙州。明初州废，徙其民于长安，惟空城耳。正统中，巡抚金濂奏葺故城，调官军守之，隶中卫。土城周围三里七分，城之西北，大半已塌于河。至今州人倚东城筑垣以居。"此后，再无州县设置，"鸣沙"作为乡镇之名，使用至今。

大战场镇【Dàzhànchǎng Zhèn】 上隶中宁县，地处县城西南。东邻石炭沟，南接天湖，西接米钵山，北靠清水河。辖东盛、红宝、清河、唐圈、兴业、元丰、宁原、杞海、长山头、大战场、花豹湾、马莲梁、沙枣湾、石喇叭 14 个行政村和大战场镇街道。东北至县城 15 公里。2016 年面积 210.12 平方千米；人口 103370，其中回族 63159 人，占人口总数的 61.1%；社会生产总值 16.5 亿元，农民人均可支配收入 10065 元。元丰四年（1081 年）宋以五路大军征西夏，其中刘昌祚率兵五万沿今清水河北上，相传在此与西夏军激战，故名大战场。原为荒滩，1983 年以"吊庄移民"方式迁固原县贫困山区民户于此。1987 年成立大战场乡；2003 年并入长山头乡、马家梁乡；2011 年 11 月改乡为镇。

舟塔乡【Zhōutǎ Xiāng】 上隶中宁县，地处县城之西，黄河以南。东邻宁安镇，南至清水河，西接泉眼山，北枕黄河。辖舟塔、长桥、黄桥、靳崖、康滩、孔滩、潘营、上桥、田滩、铁渠 10 个行政村。其乡政府驻舟塔村，东至县城 5.5 公里。2016 年面积 118.88 平方千米；人口 9273 户 30074 人；社会生产总值 8.59 亿元，农民人均可支配收入 12031 元。以枸杞、红枣、畜牧为支柱产业。清代在舟塔村西北 300 米有七级塔，高 32 米，每遇黄河洪水，必半立于水中，故名"宁舟宝塔"，后以塔名地。始建时间不详，清康熙四十八年（1709 年）毁于地震，雍正四年（1726 年）重修。"文化大革命"中被拆毁，1990 年于原址重建。1955 年 11 月设舟塔乡。1958 年改为公社，1984 年 2 月复舟塔乡。

白马乡【Báimǎ Xiāng】 上隶中宁县，地处县境东北部，黄河以南。东邻青铜峡市，南接红寺堡区，西南接鸣沙镇，北靠黄河。辖白马、白路、彰恩、朱路、三道湖 5 个行政村。乡政府驻白马村，西至县城 32 公里。2016 年面积 100.89 平方千米；人口 3171 户 9718 人；社会生产总值达 3.29 亿元，农民年人均收入 12075 元。古代建有白马寺（1963 年被拆毁），寺北有黄河滩涂，后开垦为农田，故名白马滩。寺中塑有白马雕像，民众香火不断。后开七星渠受阻，白马显灵协助，有"白马拉缰，渠开七星"之传说。1955 年设白马乡和彰恩乡。1964 年青铜峡水库建成后，白马公社东部的三个大队被淹没。1984 年 2 月复名白马乡。

余丁乡【Yúdīng Xiāng】 上隶中宁县，地处县境西北部，黄河以北。东邻石空镇，南枕黄河，西接中卫市沙坡头区镇罗镇，北靠山地。辖黄羊、金沙、石空、时庄、永兴、余丁6个行政村。乡政府驻余丁村，东南至县城11公里。2016年面积306.14平方千米；人口5404户15840人；社会生产总值4.89亿元，农民年人均收入10004元。石空村在明、清称石空寺堡，"文化大革命"寺被拆毁，十多年后重建。余丁之名源于明代，组织军事建制编余士兵开展军事屯垦，故名"余丁"。1955年设余丁乡。1984年改属石空乡。1988年10月复设余丁乡。金沙村有大佛寺石窟，为自治区文物保护单位，始建于唐末，兴盛于元、明，是唐末五代丝绸之路改经此地后开凿。现存13个洞窟，多数仍被黄沙淤埋。1983年局部进行抢救性维修，出土彩塑佛像数十尊，唐、明、清壁画、地砖、铜镜、铜像等文物100多件，已作为旅游景点对外开放。有明长城过境，今存烽火台17座。

喊叫水乡【Hǎnjiàoshuǐ Xiāng】 上隶中宁县，地处县境西南部干旱区。东邻同心县河西镇与丁塘镇，南连同心县兴隆乡，西接徐套乡，北靠沙坡头区香山乡。辖喊叫水、高岭、周沟、石泉、北沿口、碱台子、马家塘、康湾新、上庄子、田套子、下庄子、周段头、大台子、北沟沿、车路新、红湾新、麦垛新、五丰台、贺家口子、周马庄子20个行政村。其中有4个为扶贫移民新村。乡政府驻喊叫水村，东北至县城65公里。2016年面积581.94平方千米；人口6873户23860人，其中回族22667人，占95%；社会生产总值2.17亿元，农民年人均收入5624元，属贫困乡。水资源极缺，相传古有军队行军经此，人马喊叫，地涌泉水，故名喊叫水。1983年设喊叫水乡，1985年改公社，上隶吴忠市同心县。2004年划属归中卫市中宁县。

徐套乡【Xútào Xiāng】 上隶中宁县，地处县境西南部。辖白套、红柳、李士、小湾、徐套、原套、白圈子、大滩川、上流水、田家滩、下流水、新庄子12个行政村。乡政府距县城42公里。面积682.5平方千米；人口7018户24507人，其中回族23404人，占95.55%。1955年4月成立徐套区，同年8月撤区成立徐套乡；1958年10月改乡为公社；1984年1月复名徐套乡。原属同心县，2003年12月31日划属海原县，2008年2月划属中宁县。地处宁夏中部干旱带，属贫困乡。

（三）海原县【Hǎiyuán Xiàn】

中卫市辖县，地处宁夏回族自治区西南部。位于东经105°09′~106°10′，北纬36°06′~37°04′。东邻同心县、固原市原州区，南以月亮山与西吉县为界，西与甘肃省靖远、会宁县为邻，北与沙坡头区、中宁县接壤。辖5镇12乡，县政府驻海城镇，北距中卫市157公里，距自治区首府银川280公里。2016年，面积6377.82平方千米。人口40.24

万，其中回族 286441 人，占 71.17%；汉族 115061 人，占 28.59%；余为其他民族。国内生产总值 48.93 亿元，人均 12240 元。有全国重点文物保护单位 3 处：菜园新石器时期遗址、柳州古城遗址、七营北嘴古城遗址。自治区文物保护单位西安州古城等 9 处。

1. 县名来历

明洪武二年（1369 年），赐为楚王朱桢牧地。明初，当地有土著蒙古族，官方称"土达"，形成聚落，称"海喇都堡"。成化四年（1468 年），蒙古族人满四聚众叛乱，朝廷派右副都御史马文升率兵镇压，重修海喇都城。七年（1471 年）兵备金事杨勉扩筑。后改为平虏（远）守御千户所海喇都堡。清代简称"海喇都城"为海城。乾隆十四年（1749 年），平凉府盐茶厅同知奉文移驻海城。同治十三年（1874 年），左宗棠裁厅设海城县。1914 年 2 月 24 日，北京政府内务部统一改定全国各省重复县名时，因与奉天省海城县重名，遂改为海原县，沿用至今。

2. 地名现状

第二次全国地名普查汇总统计，共登记地名 7690 个。其中行政区域 18 个，群众自治组织 180 个，非行政区域名 249 个，居民点 1298 个，交通运输设施 618 个，水利电力通信设施 413 个，纪念地、旅游景点 1218 个，建筑物 204 个，单位 3013 个，陆地水系 340 个，陆地地形 139 个。

3. 地名沿革

新石器时代，海原县境内就有先民居住。位于西安镇菜园村的古人类文化遗址，被定为新石器时代，系全国重点文物保护单位。秦汉以后，县境的六盘山以西，长期处于封闭状态，无郡县设置，而东部清水河流域为交通走廊，历史文化厚重。东晋十六国时间，在今李旺镇筑他楼城，隋大业元年置他楼县，唐贞观六年（632 年）置缘州安置突厥降户。唐高宗时（650—683 年），复置他楼县。神龙年间（705—707 年）废他楼县，以其地置萧关县，治故白草军城。至德（756—758 年）后没于吐蕃。大中五年收复（851 年）置武州，领萧关县，属关内道采访使。中和四年（884 年）再陷吐蕃，武州侨治泾州之潘原（今甘肃平凉东），萧关县废。县治在原州（治平高，今固原县）北一百八十里，蔚茹水（今清水河）之西，今海原县李旺镇。丝绸之路跨县境，在唐诗中称萧关道。如王昌龄《塞下曲》有"八月萧关道，处处黄芦草"；岑参《胡笳歌送颜真卿使河陇》有"凉秋八月萧关道，北风吹断天山草"。至五代，全境为吐蕃族牧地。1001 年，党项族势力进入。1038 年，党项族首领元昊称帝建西夏政权，纳妃没藏氏，于天都山下筑城居之，名南牟会城，有宫殿府库，即今西安镇古城遗址。元丰四年（1081 年）宋五路征西夏，西路李宪遣将焚毁其城。次年，西夏皇太后梁氏遣乙埋修复。元符元年

（1098 年），又被宋军攻取，次年复筑其城，并于此建西安州，设南牟驿。建都仓曰"裕边"，可储粮五百万斤。1081 年后的 20 年间，海原县大部被宋军收复，并大肆建筑城、寨、堡。其中最重要的是萧关城，今海原县高崖乡草场村有古城遗址。原为西夏境土，元丰四年（1081 年）十一月被宋军收复，泾原路转运判官张大宁奏筑为萧关城，为军事前沿储存、转运粮草之所，辖三堡，在城北筑宋夏界壕。此城筑就后，西夏边界向北退缩 165 里，所谓西夏"北控大漠，东尽黄河，西界玉门，南接萧关"即此。新筑寨九：荡羌寨，郑旗乡东苋麻河谷西口；通峡寨，苋麻河谷东口；九羊寨，李俊乡瓦房沟遗址；通远寨，七营镇海端村；胜羌寨，李旺镇 101 省道路西；临羌寨，贾埫乡东；天都寨，县城南郊耙子湾村；绥戎寨，关桥乡政府北；定戎寨，西安镇干盐池村。寨为军事机构，每寨驻军二千至三千人，除边防外，还负责所辖民堡安全。从干盐池定戎寨遗址看，寨的建筑规模较大，基本呈方形，城墙每边超过 1000 米。东西均有城门及瓮城。堡的数量及堡名，史籍记载不完整，应在 40 个以上。以上州、城、寨、堡，都由朝廷"赐名"。

明洪武二年（1369 年），赐为楚王牧地，二十三年（1390 年）置海喇都营。明成化五年（1469 年），满四叛乱被平息，左副都御史马文升奏设西安州守御千户所。隶固原卫，下辖堡寨。清代简称"海喇都城"为海城。乾隆十四年（1749 年），平凉府盐茶厅同知奉文移驻海城。同治十三年（1874 年），左宗棠奏请裁厅设海城县。1914 年 2 月 24 日，北京政府内务部统一改定全国各省重复县名时，因与辽宁海城县重名，遂改为海原县，属甘肃省平凉专区。1920 年，海原县发生 8.5 级特大地震，县城被夷为平地，1923 年重修。

1949 年 8 月，海原县解放，上隶甘肃省，1958 年 9 月划属宁夏回族自治区。2001 年，属固原市管辖。2004 年 2 月 10 日，划属新成立的中卫市至今。

4. 地名文化

宋夏边塞文化。海原县六盘山以西各地，经济开发始于西夏时期。北宋与西夏兵戎相见，海原县全境成为军事要地。西夏立国后，元昊以天都山为军事指挥中心，每次南犯，必在天都山点集军队，然后议其所向。宋夏"三大战役"中的好水川之战、定川寨之战，元昊都用这种办法全歼宋军。1081 年，宋发动"元丰五路征西夏"战役。西路李宪攻克天都山地区，南路刘昌祚收复清水河流域，在海原县境新筑西安州城、萧关城，确立西夏"南极萧关"边界。又筑军寨九个，各辖民堡若干，形成历史上最完整的地名网络。其名称都由朝廷"赐名"，一部分使用荡羌、胜羌、临羌、绥戎、定戎、克戎之类，属地名中的糟粕。一部分反映了良好的意愿或地名的变迁，如西安、惠民、萧关、南牟、秋苇、洒水坪。还有一些地名依山、峡、路、谷取名，如天都寨、横岭堡、通峡寨、没烟峡、通远寨、临川堡、通关堡、九羊寨。在宋朝的典籍中，对这些城、寨、堡的来由、位置、修筑时间、赐名,大都有详细记载,去其糟粕后,是海原县的地名文化遗产。

民族文化。在历史上,海原县是多民族融合之地。东部的清水河流域,在东晋十六国时有鲜卑的佑邻部、乞伏部及匈奴族驻牧。唐贞观六年,在李旺镇置缘州,安置内附的突厥族。1001 年后西夏党项族进入,形成南牟会、洒水坪、东冷牟会、天都山等地名。明初,残留的蒙古族成为土著,史籍称“土达”,形成“海喇都”地名。以满四为首的“土达”叛聚石城,朝廷派兵镇压,筑城设“海喇都营”。明长城中的固原内边自东而西穿越海原县,城墙已坍塌,但留 61 处烽火台,在明代史籍中各有专名,通名叫“墩”。七营镇、李俊乡、郑旗乡、四营村、八营村等地名,都源于驻军营堡。清同治年间,西北回族反清斗争波及全县,被镇压之后,左宗棠上奏朝廷,始设海城县,即源于“海喇都城”。此后至当代,海原县人口以回族居多数,形成许多回庄,皆建清真寺,是伊斯兰教信众宗教活动场所。按第二次全国地名普查的规定,将 800 多座清真寺,都列入“纪念地”之中。

海原县地名,以反映自然地理和地形地貌的最多,如山、河、川、塬、梁、崖、沟、台、套、坪、湾、滩等,广泛用于乡镇及行政村地名。还有一些写法和读音都很特殊的专名。如贾塂、后塂、浪塂等地名中的“塂”,读音不是 shǎng,而是 tǎng;其含义也不是土地面积计算单位,而是专指一种地形,即山间平坦之地。又如李圸、水圸等地名中的“圸”字,读作〔wā〕,用于山梁之下,而将圸下称为坡。

1920 年发生的“海原大地震”,使这个才更名 6 年的新县为全球所瞩目。是年 12 月 16 日 20 时 06 分,发生里氏 8.5 级特大地震,震中位于县城以西的哨马营和大沟门之间,震源深度仅 17 公里,故震中烈度达 12 度,破坏性极大,北京、上海、福建震感明显。当时海原及周边各县人烟稀少,却造成 28.82 万人死亡,约 30 万人受伤,毁城 4 座,数十座县城遭受破坏。海原县城被夷为平地,山体滑移,堵塞河道,形成数十个堰塞湖,尚存 30 多个,最大的为海原县李俊乡海子、西吉县党家岔震湖。地表形成的断裂带跨 4 县,全长 220 公里,部分段落留存至今。海原地震也是近代世界最大的地震之一,当时有 96 个地震台监测到并作记录,被称之为“环球大震”,余震持续三年。

5. 所属乡镇

海城镇【Hǎichéng Zhèn】 上隶海原县,县政府驻地,地处县境中部、南华山北麓。东邻史店乡,西接西安镇,南连树台乡、南华山涵养林总场,北靠关桥乡。辖城关山门、武塬、高台、王井、段塬、堡子、水洼 7 个行政村。镇政府驻南关村,西北至县政府驻地 0.7 公里。2016 年面积 170.28 平方千米;人口 22044 户 66816 人,其中回族等少数民族 22361 人,占 33.47%;社会生产总值 3.6 亿元,农民人均可支配收入 7075 元。

农业种植马铃薯 7.4 万亩，玉米 1.5 万亩，红葱 9200 亩，油料 5450 亩。有全国重点文物保护单位 1 处：柳州古城遗址，即宋代天都寨，在今镇南 2.5 公里耙子洼村。1038 年属西夏，称"东牟会"。元符元年（1098 年）被宋攻占，次年筑寨，赐名天都寨。元代，蒙古人称今海原县城一带为海喇都，意为"美丽的高原"。明洪武二十三年（1390 年），楚府屯牧于今县城中心区，置海喇都营。天顺三年（1459 年）始筑小城。成化七年（1471 年）兵备金事杨勉展筑，周长 2200 米（旧志载：四里三分）。城墙残高 10 米，底宽 12 米，顶宽 3 米，用黄土夯筑。清代简称"海城"，乾隆十四年（1749 年）徙盐茶同知驻此。同治十三年（1874 年）设海城县。民国时设海城镇、海城区公所、复兴镇等。1949 年后设区、乡、镇、公社，皆以"城关"为名。1985 年 12 月设立海城镇至今。

西安镇【Xī'ān Zhèn】　上隶海原县，地处县境西部，西华山东北麓。东至海城镇，西至甘肃省靖远县，南至树台乡，北至蒿川乡。辖西安园河、西安、白吉、薛套、范台、付套、胡湾、菜园、小河 9 个行政村。镇政府驻西安村老城，东至县城 18 公里。2016 年面积 421.0 平方千米；人口 9911 户 33099 人，其中回族 14849 人，约占 44.86%；社会生产总值 6.84 亿元，农民人均可支配收入 6789 元。种植茴香为特色产业。有全国重点文物保护单位 1 处：菜园新石器时代遗址；自治区文物保护单位 2 处：西安州城、天都山石窟；还有胡湾汉墓群、明长城及烽火台、城堡等多处历史遗址。镇西北哨马营有五棵古柳，经 1920 年海原大地震摧残，有的树干开裂，有的拦腰折断，但仍存活至今，被喻为"地震活化石"。西安镇因宋代设西安州而名。《宋史·夏国传》等载，1038 年李元昊建立西夏政权后，在此修建天都山行宫，常与宠妃居此，府库皆备，并以之为军事指挥中心，名南牟会。元丰四年（1081 年）宋五路大军征西夏，西路李宪遣将焚毁。次年，西夏皇太后梁氏遣乙埋修复。元符元年（1098 年）被宋军攻取，二年复筑其城，置西安州，辖今海原县西部、西吉县北部及甘肃靖远县东部。设南牟驿，建都仓曰"裕边"，可储粮五百万石。宋靖康元年（1126 年），再被西夏攻占。城墙呈正方形，边长 982 米。明成化五年（1469 年）设西安州守御千户所。1949 年 8 月设立西安区，1952 年 10 月设西安乡；1958 年 10 月改公社，1984 年改乡。2004 年撤乡设镇。今盐池村西北 1 公里有盐湖，《新唐书·地理志》卷三十七、《元和郡县图志》卷第四均有记载，其地"春夏因雨水生盐，雨多盐少，雨少盐多，远望似河，故名河池"。近现代因常年干涸，故称"干盐池"。镇内还有多处宋代城堡及烽火台遗址。规模最大的在今盐池村（2003 年前为干盐池乡），原名碱隈川，元符二年（1099 年）筑，地处与西夏交战拉锯地带，故赐名定戎寨。现城墙残留约半人高，呈正方形，边长近千米。

李旺镇【Lǐwàng Zhèn】　上隶海原县，地处县境东部，清水河西岸。东至清水河与同心县相邻，西至贾塘乡，南至郑旗乡和七营镇相连，北至高崖乡。辖团庄、李旺、李果园、杨堡、杨山、七百户、马莲、红圈、韩府、二道、罗泉、罗塘、上川、中川、九牛、九道、北梁、黑岭、新塬 19 个行政村，其中居清水河谷平原的川道村 10 个，自然条件较好，又有扬黄灌溉工程惠及；山区干旱带行政村 8 个，地方贫穷；另有移民安置村 1 个。镇政府驻团庄村，西至县城 60 公里。2016 年面积 359 平方千米；人口 12861 户 43649 人，其中回族 41533 人；社会生产总值 9.84 亿元，农民人均可支配收入 6508 元。因清代李旺堡而名。民国至当代多次在李旺乡、区、镇间更名，1958 年 10 月设李旺公社，1984 年 1 月改为乡，1994 年 7 月建镇。晋有他楼城，隋置他楼县，后废。唐贞观六年（632 年）置缘州，安置突厥降户，寄治于他楼城，唐属原州。高宗时（650—683年），置他楼县。神龙年间（705—707 年）废他楼县，以其地置萧关县，治故白草军城。至德（756—758 年）后没于吐蕃，后收复。大中五年（851 年）置武州，领萧关县，属关内道采访使。中和四年（884 年），萧关县废。以上建置，沿革清晰，按《元和郡县图志》所记，萧关县治在原州（今固原市城区）北一百八十里，蔚茹水之西，即今李旺镇清水河西岸。古丝绸之路经此，唐代称"萧关道"。唐诗中有王昌龄、贾岛等吟诵萧关道的诗篇数十首。王维脍炙人口的《使至塞上》，其后面四句为："大漠孤烟直，长河落日圆。萧关逢候骑，都护在燕然。"今李旺村 101 省道路西 10 米有宋代军寨遗址，原为西夏境土，元丰四年（1081 年）被宋刘昌祚攻占，随后筑城，因地处军事前沿，赐名胜羌寨，属怀德军。

三河镇【Sānhé Zhèn】 上隶海原县，地处县境东部，东邻原州区炭山乡，西靠郑旗乡，南接原州区三营镇，北连七营镇。辖唐堡、黑城、红城、团庄、坪路、小河、六窑、四营、苋麻、辽坡、代店、学梁、丘陵 13 个行政村。镇政府驻唐堡村，西至县城 60 公里。2016 年面积 253.6 平方千米；人口 14208 户 46730 人，其中少数民族 13505 人，占 28.9%；社会生产总值达 7.03 亿元，农民年人均收入 6750 元。原名黑城镇，属固原市原州区。明成化十三年（1477 年）设黑水苑，内有苑马行寺，俗称黑城，即今黑城村古遗址，面积 41.6 万平方米。清代至民国设黑城镇。当地仍用黑城之名，先后设区、乡、公社；1994 年 9 月撤乡建黑城镇。2008 年 2 月 18 日划归海原县，在镇西荒凉之地选址大兴土木，拟将海原县城迁此。后民众反对，迁治未果，改设海原县新区工业物流园区，占地 30.6 平方千米。2009 年 2 月 16 日，遂将黑城镇更名为三河镇。

七营镇【Qīyíng Zhèn】 上隶海原县，地处海原县东南，东至甘城乡，西至郑旗乡，南至三河镇，北至李旺镇。辖张堡、南堡、马堡、杨堡、下套、北嘴、五营、马莲、七营、八营、柴梁、盘河、高崖、砖窑 14 个行政村，镇政府驻七营村，西至县城 64 公里。2016 年面积 257.3 平方千米；人口 9571 户 34685 人，其中回族 18322 人，占 52.8%；社会生产总值达 4.72 亿元，农民年人均收入 5954 元。明初从固原镇沿交通大道向北筑驻军营垒八处，依数字编营，此处为第七营，后演变为地名。民国至今，先后设镇、区、乡、公社，皆以"七营"为名。最后于1994年设镇至今。原属固原市原州区，2008年划属海原县。北嘴村有明代城堡，地名八营。遗址在101省道东侧100余米，2013年5月25日国务院公布为自治区文物保护单位，始筑时间不详。明弘治十五年（1502年），杨一清在头营设开城苑发展马牧，八营为所辖马房之一。嘉靖三年（1524年）将镇戎守御千户所移驻于此，展筑其城。残存城墙东西600米，南北650米。城外有护城壕。

史店乡【Shǐdiàn Xiāng】　上隶海原县，地处海原县城区东南部。东邻贾塂乡，南连曹洼乡，西接海城镇，北靠关桥乡。辖史店、苍湾、徐坪、田拐、米湾、大川、前川7个行政村。乡政府驻史店村，西北至县城7.5公里。2016年面积259平方千米；人口6632户23129人，其中回族20742人，占89.68%；社会生产总值2.9亿元，农民人均可支配收入4380元（含财政扶贫转移性收入1000多元，下同）。地处宁夏中部干旱带，属贫困乡，经济发展以农牧业、劳务输出和交通运输业为主。原有古道经过，史姓人设店铺经营，故名。1949年8月始设史店乡，其后多有撤、改、分、合，1984年6月复设史店乡至今。

贾塂乡【Jiǎtǎng Xiāng】　上隶海原县，地处县境东南部。东至郑旗乡，西至史店乡，南至曹洼乡，北至关桥乡。辖贾塂、南河、黄坪、马营、王塘、后塘、堡台、贺川、双河9个行政村。乡政府驻贾塘村，东至县城25公里。2016年面积334平方千米；人口9230户30892人，其中回族27063人，占87.61%；社会生产总值4.13亿元，农民人均可支配收入6830元。地处宁夏中部干旱带，属贫困乡，以粮食种植、草畜产业、劳务输出为支柱产业。原名贾塂。贾为姓氏；塂指山间平地，宁夏南部山区皆念作（tǎng）。因生僻难认，近年写作"塘"。1949年8月设立贾塂乡，此后隶属关系、辖地多有变化，但乡名未变。马营村西有宋代临羌寨遗址，《宋史·地理志》卷八十七、《宋会要辑稿》方域十记载，原为西夏境土，地名秋苇坪。北宋元丰四年（1081年）被宋攻占，元符二年（1099年）筑寨，属牧马军寨，赐名临羌。七月二十七日设秋苇驿，通西安州、镇戎军。遗址内曾出土部分宋、西夏文物，还有牛马骸骨数千公斤，与史籍所记牧马军寨、驿站吻合。

郑旗乡【Zhèngqí Xiāng】　上隶海原县，地处县境东南部。东邻三河镇、七营镇，南接曹洼乡、九彩乡，西、北连贾塂乡。辖郑旗、西沿、吴湾、撒台、后山、南山、中坪、何庄、老鸦、撒堡10个行政村。乡政府驻郑旗村，西至县城36公里。2016年面积402平方千米；人口6712户25113人，其中回族22193人，占88.37%；社会生产总值2.45亿元，农民人均可支配收入4820元。干旱少雨，环境恶劣，属贫困乡。所处觅麻河谷，古代为交通要道。撒台村东有荡羌寨遗址，按《宋会要辑稿》方域二十记载，原为西夏境土，名没烟后峡，宋元丰四年（1081 年）被宋将刘昌祚攻占，元符元年（1098年）筑寨毕工，赐名荡羌寨。遗址城墙周长约 1 公里，破坏严重。明代设郑旗营，后演变为地名。1949 年 8 月设郑旗乡，此后隶属关系、辖地多有变化，但乡名使用至今。

曹洼乡【Cáowā Xiāng】　上隶海原县，地处县境东南部，南华山东麓。东至九彩乡，西至南华山，南至红羊乡，北至史店、贾塘乡。辖曹洼、脱烈、白崖、硝沟、南川、老虎、冶套 7 个行政村。乡政府驻地曹洼村，西北至县城 23 公里。2016 年面积 209 平方千米；人口 2848 户 9156 人，其中回族 5861 人，占 64.01%；社会生产总值 1.55 亿元，农民人均可支配收入 5432 元。地处宁夏中部干旱带，属贫困乡。其地为黄土丘陵间洼地，以大户曹姓名地。1949 年 8 月设曹洼乡，隶属于城关区。此后有分合撤升，1985 年12 月重设曹洼乡至今。

九彩乡【Jiǔcǎi Xiāng】　上隶海原县，地处县境东南部。东邻原州区黄铎堡乡，南接李俊乡，西连曹洼乡，北靠郑旗乡。辖九彩、黑林、马圈、新庄、马湾、元套、马套7 个行政村，乡政府驻九彩坪村，西北至县城 39 公里。2016 年面积 202 平方千米；人口2427 户 9261 人，属纯回族乡；社会生产总值 1.56 亿元，农民人均可支配收入 5941 元。全部为黄土丘陵山地，是全县唯一没有水浇地的乡镇，且干旱少雨，地方贫瘠。原名韭菜坪，因多野韭菜而名，后雅化为九彩坪。1949 年 8 月设九彩乡，1958 年 10 月改公社，1959 年 5 月划归李俊公社。1981 年 5 月恢复九彩公社，1984 年 1 月改社为乡。

李俊乡【Lǐjùn Xiāng】　上隶海原县，地处县境东南部，位于西吉县、海原县、原州区交界地带。东至固原县黄铎堡乡，西至杨明乡，南至火石寨乡，北至九彩乡。辖李俊、红星、联合、蔡祥、团结、永丰、蒿滩、李洼、上窑 9 个行政村，乡政府驻李俊村，西北至县城 76 公里。2016 年面积 180 平方千米；人口 2908 户 10612 人，其中回族 10205人，占 96.16%；社会生产总值 1.32 亿元，农民人均可支配收入 5091 元。属黄土丘陵沟壑区，贫困乡。明代为李俊堡。民国时设李俊乡公所。1949 年 8 月后，设区、乡、公社，皆以李俊为名。1984 年 1 月改社为乡至今。属黄土丘陵沟壑区，贫困乡。瓦房村南有宋代九羊寨遗址。据《宋史·地理志》卷八十七、《宋会要辑稿》方域十八载，九羊寨，旧名九羊谷，元符元年（1098 年）筑牧马军寨，二年三月十七日工毕，赐名九羊寨。遗址东西 300 余米，南北 200 余米。

关桥乡【Guānqiáo Xiāng】　上隶海原县，地处县境东北部。东邻高崖乡，南接史店乡，西连蒿川乡，北至兴隆乡。辖贺堡、方堡、马湾、张湾、关桥、八斗、脱场、王湾、冯湾、罗山、麻春 11 个行政村，乡政府驻关桥村，西南至县城 27 公里。2016 年面积615 平方千米；人口 9308 户 31895 人，其中回族 20518 人，占 64.33%；社会生产总值5.9 亿元，农民人均可支配收入 5759 元。地处宁夏中部干旱带，水资源匮乏，属贫困乡。

清代出现关桥堡地名。1949 年 8 月设立关桥乡，此后多有撤并、辖地减增，1984 年 1 月公社改为关桥乡至今。

树台乡【Shùtái Xiāng】 上隶海原县，地处县境西南部，南华山西麓。东至南华山涵养林、红羊乡，西界甘肃省会宁县，南邻关庄乡，北接西安镇。辖树台、二百户、浪塘、红井、大嘴、相桐、新庄、袭湾、韩庄 9 个行政村。乡政府驻树台村，东北至县城32 公里。2016 年面积 454.2 平方千米；人口 8059 户 29559 人，其中回族 23132 人，占78.26%；社会生产总值 2.7 亿元，农民人均可支配收入 4762 元。属黄土丘陵沟壑区，贫困乡。因地处台地且多树木而名。1953 年 4 月始设树台乡，其后多有撤分改并。1958年 10 月设公社，1984 年 1 月改为树台乡至今。

高崖乡【Gāo'ai Xiāng】 上隶海原县，地处县境东北部，清水河西岸。东至清水河与同心县王团乡分界，南邻李旺镇，西连兴隆乡，北接中宁县喊叫水乡。辖高崖、高湾、红岸、三分湾、新民、联合、红古、香水、草场 9 个行政村。乡政府驻高崖村，因地形而名，西南至县城 75 公里。2016 年面积 187 平方千米；人口 7690 户 27317 人，其中回族 20665 人，占 75.65%；社会生产总值 5.03 亿元，农民人均可支配收入 1.04 万元。乡境东部属清水河河谷平原，得扬黄灌溉工程之利，又近宁夏南北交通大通道，运输业、商贸兴旺，因而属全县最富之乡。草场村西 3 公里石峡口，为唐代石峡关所在，系"原州七关"之一，遗址犹存。今草场村西 650 米，有宋代萧关城遗址，现为自治区文物保护单位。1038 年为西夏境土，所谓西夏"北控大漠，东尽黄河，西界玉门，南接萧关"即此。《宋史·食货三》卷一七五、《宋会要辑稿》方域八记载，元丰四年（1081 年）被宋军攻克，十一月九日由泾原路转运判官张大宁奏筑为萧关城，系军事前沿存储、派送粮草之所。粮食存仓中看不见，而饲草堆积如山，故民众俗称草场。萧关城又辖三堡。其中的临川堡即今红古城遗址。民国时设红古区、镇公所，后改设高崖镇。1949 年后，或设区、乡、公社，或撤并，最后于 1984 年 1 月由高崖公社改为高崖乡。

红羊乡【Hóngyáng Xiāng】 上隶海原县，地处县境南部，月亮山北麓，南华山南缘。东至杨明乡，西至树台乡、关庄乡，南至月亮山，北至南华山牧场、曹洼乡。辖红羊、前进、安堡、石塘、红堡、张元、刘套、谢套、杨明、术川、建国 11 个行政村 47个自然村。乡政府驻红羊村，北至县城 52 公里。2016 年面积 412 平方千米；人口 4684户 16246 人，其中回族人口占 56.9%；社会生产总值 3.11 亿元，农民人均可支配收入5543 元。属黄土丘陵沟壑区，山大沟深，地势高寒，属贫困乡。土壤多呈红色，古为牧羊之地，故名。1949 年 8 月设红羊乡，此后设区、改公社，辖地有增有减，最后于 1984年 1 月改红羊公社为红羊乡。

关庄乡【Guānzhuāng Xiāng】 上隶海原县，地处县境西南部。东邻红羊乡，西界甘肃省会宁县刘寨乡，南靠西吉县白城乡，北接树台乡和甘肃省靖远县种田乡。辖关庄、窑儿、高台、宋庄、庙湾 5 个行政村。乡政府驻窑儿村，东北至县城 65 公里。2016 年面积 127 平方千米；人口 2535 户 9313 人，均为汉族；社会生产总值 2.3 亿元，农民人均可支配收入 5680 元，其中种植马铃薯收入约占一半。地处黄土丘陵沟壑区，平均海拔 2200 米，干旱少雨，原为牧地，人烟稀少，民国时期周边灾民涌入，生态环境恶化，故属贫困乡。1949 年 8 月设关庄乡；1958 年至 1963 年隶属红羊公社；1963 年改公社；1981 年复设关庄乡。

甘城乡【Gānchéng Xiāng】 上隶海原县，地处县境东端。东邻甘肃环县毛井乡，西接七营镇，南连原州区炭山乡，北靠同心县张家塬乡。辖甘城、双井、乔畔、吴渠、严湾、周掌、久坪、石景、三台、武堖 10 个行政村，乡政府驻甘城村，西至县城 110 公里。2016 年面积 241 平方千米；人口 2697 户 9115 人，其中回族 5887 人，占 64.59%；社会生产总值 1.08 亿元，农民人均可支配收入 5764 元。地处黄土丘陵沟壑区，植被稀疏，干旱尤为严重，属贫困乡。因乡政府驻地甘城村而命名。原属固原县，1953 年 5 月成立甘城乡。1958 年 10 月，改为双井公社。1983 年 1 月，更名为甘城公社。1983 年 11 月，改设甘城乡。2003 年 7 月，将高台乡、甘城乡整建制合并为甘城乡。2008 年 5 月区划调整，将甘城乡划归海原县管辖。

第二章　自然地理实体

第一节　山　地

贺兰山【Hèlán Shān】　中国主要南北向山地和西北地区地理界线之一。温带荒漠草原与荒漠及内外流域的分界。位于宁夏西北部与内蒙古交界地带，东邻银川平原，西接阿拉善高原，自北而南跨石嘴山市惠农区、大武口区、平罗县，银川市贺兰县、西夏区、永宁县及青铜峡市。形成于晚期燕山运动和喜马拉雅运动。山地走向北北东，绵延200余公里，宽15~60公里，北宽南窄，东陡西缓。主峰敖包圪垯海拔3556米，为宁夏最高峰。与银川平原最大高差2400余米。其北段《汉书·地理志》称卑移山；隋唐称其抵河之处为乞伏山，因鲜卑乞伏部驻牧而得名。贺兰山之名，从隋初沿用至今，始见于《隋书·赵仲卿传》："开皇三年（583年），突厥犯塞，以行军总管从河间王［杨］弘出贺兰山。"对贺兰山一名的来历及含义，唐《元和郡县图志》卷四灵州保静县后有详载："贺兰山，在县西九十三里。山有树木青白，望如驳马，北人呼驳为贺兰。其山与河东望云山形势相接，迤逦向北经灵武县，又西北经保静县西，又北经怀远县西，又北经定远城西，又东北抵河。其抵河之处亦名乞伏山。在黄河西，从首至尾，有像月形。南北长五百余里，真边城之巨防。"据此：贺兰的含义，就是山上林木茂盛，远望如毛色青白相间的驳马。"贺兰"的来历，则源自"北人"，即北方游牧民族。具体是哪个民族，今学术界有三说：一说源自《晋书·载记·匈奴传》中的匈奴族贺赖部和黑难部、黑狼部，但这3个部族名出现在同时、同一条史料，到底是哪一个，很难定夺；一说源自唐杜佑《通典》中的突厥曷拉部，"突厥谓驳马为曷拉"，但曷拉这个部族很小，在其他史籍中并无记载；第三种说法认为，贺兰山形似骏马，蒙古语称骏马为"阿拉善"，音转为贺兰山。第三种说法在近现代的各种著述中被广为使用，包括各类工具书，如商务印书馆1984年版《辞源》就说："贺兰，山名。山丘多白草，遥望如骏马。蒙古语称骏马为贺兰，古名。"这种说法有明显错误：一是根据有误，把"驳马"错写作"骏马"；二是时间不对，贺兰山在隋初已经定名，而此时蒙古族尚未形成，更不可能有"蒙古语"；三是语音不对，在蒙古语中，"骏马"的发音不是"阿拉善"。而事实刚好相反，先有"贺兰山"之名，到清代才以谐音有了"阿拉善"这个地名。查《魏书》卷一《序纪》、卷二《帝纪》，有十多处描述强大的鲜卑贺兰部，其实力与后来建立北魏政权的拓跋部相当，他们甚至两废两立魏帝。贺兰山的得名，当与这个部落有直接关系：他们本来就崇拜驳马，又居住在像驳马一样的山下，所以就把部落名、山名都叫"贺兰"。贺兰山年平均降水量421.9毫米，是宁夏北部低温多雨中心及冰雹发源地。山势巍峨险峻，3000米以上山峰连绵不断，森林以针叶林为主，植被和土壤呈现垂直分带，1988年定为国家级自然保护区。动植物资源丰富。蕴藏煤、石灰岩、白云岩、石英砂岩及磷矿、黏土等矿产。汝箕沟矿区的无烟煤——"太西煤"享誉国内外，石炭井矿区是西北地区重要炼焦煤基地。贺兰石为优质工艺石料，色泽灰中泛蓝，被誉为宁夏五宝中之"蓝宝"。贺兰山地名文化厚重，近现代广泛延伸使用：政区有贺兰县；道路有沿山公路、贺兰山路；特产有贺兰石、贺兰砚、贺兰山东麓葡萄酒产业带；名胜古迹有贺兰山岩画、贺兰晴雪、西夏陵、滚钟口、拜寺口双塔、三关口古长城；地形地貌有贺兰山东麓、贺兰山口、贺兰山前洪积扇及洪积平原，以及太古界贺兰山群等众多地方性地层单位名。

敖包圪垯峰【Áobāogēda Fēng】　贺兰山主峰，海拔3556米，相对高差2400余米，在贺兰县洪广镇西界。由于自清初以来就是蒙古族与汉族的界山，山名也具两个民族色彩：敖包，在蒙古语中意为"堆子"；"圪垯"，是宁夏汉民对山头、山峰的惯称。

灵武东山【Língwǔ Dōngshān】　灵盐台地西缘马鞍山、猪头岭、面子山和杨家窑山的统称。位于灵武市东部，西邻银川平原。自北而南，有马鞍山孤立于北，猪头岭、面子山、杨家窑山断续于南，马鞍山与猪头岭间被大河子沟分隔。总体走向北北西，南北长55公里，东西宽10~14公里，海拔1436~1652米，比高100~300米。植被为荒漠、草原带沙生植被和荒漠草原。面子山是"三北"地区林草种子基地之一，种植柠条、沙冬青。诸峰之中，以马鞍山最负盛名。《灵州志迹》载："马鞍山，灵州山名，在州东北50里，因形似马鞍，故名。"甘露寺院墙依马鞍山而建，占地面积约3万平方米，有庞大的佛教建筑群，始建年代无考，今香火仍盛，传有甘露寺佛教音乐31曲。

盐池山地【Yánchí Shāndì】　盐池县南北向分水岭，位于盐池县中部。南起黄土高原，北入毛乌素沙地。长70公里，宽2~14公里。海拔1600米左右，南高北低，主峰大马鞍山1681米。东麓分布北大池、苟池、盐场堡、莲花池、滥泥池、红崖池等盐湖。盐池县花马池镇西红山沟以南为长芒草草原，以北为草原带沙生植被。

牛首山【Niúshǒu Shān】　北魏称艾山，在《魏书·刁雍传》中有载。唐《元和郡县图志》称作望云山，"其山（贺兰山）与河东望云山形势相接"，为贺兰山余脉。清代起称牛首山，俗作"牛头山"，民间传为"小西天"，亦名金积山、紫金山。山岭有金牛池，最高的武英、文华二峰如牛角对峙，因山形似牛首而名。清乾隆中卫知县黄恩锡《登牛首山》诗曰："英华文武翠相连……禅宗名擅小西天。"位于银川平原与卫宁平原之间，地跨吴忠市利通区、青铜峡市、中宁县。西临黄河青铜峡水库区。走向北北西，长32公里，最宽约11公里。一般海拔1500～1700米，主峰武英山（大西天）1781米。西陡东缓。西坡比高约500米。黄河傍西麓北流，切过山体西北端，形成青铜峡。青铜峡口西岸有百八塔。牛首山有东西两个寺庙群：东寺庙群，庙宇分布在山谷之中，以金宝塔寺为中心，从东向西，有保安寺、舍身崖、睡佛洞等19座庙宇；西寺庙群，枕山面河，依山势而建，由万佛阁、净土寺、观音殿等26座庙宇组成。每年农历三月十五庙会，大小庙宇，香烟缭绕，众僧云集，游人香客，熙熙攘攘。

卫宁北山【Wèiníng Běishān】　宁南弧形地貌结构型的北缘界山。横亘在卫宁平原之北。山体为东西走向，长50公里，宽20～30公里。山势低缓，海拔1500～1600米，比高200～350米，最高峰土窑海拔1687米。西接腾格里沙漠，南北两侧亦多沙丘、沙地。东侧渠口、枣园一带分布黄河5级阶地。蕴藏铁、金、银、煤等矿产，是宁夏金属矿产种类最多的地区。植被为草原化荒漠。

罗山【Luó Shān】　宁夏中部最高山。在同心县东北部。东邻韦州平原，西邻红寺堡平原，是红柳沟与甜水河的分水岭。山麓洪积扇发育，明清时泉水较多，近现代衰减。近南北向延伸50公里，宽2～5公里。分南北两段。北段称大罗山，主峰好汉圪垯海拔2624.5米，年平均降水量400毫米，分布针叶林和阔叶林，植被具垂直分带。南段称小罗山，海拔2000米左右，红柳沟源出西麓，东麓洪积扇前缘红城水洼地为淡水富集区。唐代先称达乐山，后名长乐山，山下水草丰美。唐咸亨三年（672年），辖有今青海全境的吐谷浑王国被吐蕃打败，其国王慕容诺曷钵退居于大通河流域，不安其居，请求内迁。唐高宗下令将其部众迁于灵州鸣沙县西境，置安乐州，"欲其安且乐也"。今大罗山东麓红城水村有州城遗址。吐谷浑迁此，实现安且乐，故名其山为"达乐山"。后又改州名为长乐州，山亦称"长乐山"。《元和郡县图志》卷四灵州："长乐山，旧名达乐山，亦曰铎落山，以山下有铎落泉水，故名。旧吐谷浑部落所居……"吐谷浑慕容氏世袭安乐州刺史、青海国王，娶唐宗室女弘化公主及另四位郡主、县主，至慕容威而止，后完全融入中华民族大家庭，只留下他们的姓氏。今小罗山东麓赵家庙村有慕容威夫妇墓，墓志铭将其迁移、定居、世袭等情况记载甚详，与《旧唐书》《新唐书》的《吐谷浑传》吻合。罗山在明代称蠡（Luó）山。明嘉靖《宁夏新志》卷三韦州："蠡山，在城西二十余里……旧不知何名。洪武中，庆府长史刘昉以其形似名之。"此处"蠡"即"螺"，读音与"罗"同。

好汉圪垯【Hǎohàn Gēda】　罗山主峰，海拔2624.5米，是宁夏中部的最高峰。圪垯，宁夏方言对山头的通称。好汉圪垯，寓意只有好汉才能登至峰顶。

青龙山【Qīnglóng Shān】 在同心县东北部。韦州平原东界。南北延伸近 40 公里，宽约 4 公里，最高峰海拔 1705 米。植被为冷蒿、短花针茅、长芒草草原。

泉眼山【Quányǎn Shān】 因有泉而名，又音讹名渠羊山，在中宁县宁安镇西 15 公里，清水河与黄河交汇处东侧，海拔 1263 米。相传山下有泉七眼，列如七星，明代于此开渠口引水，取名七星渠。北坡发育两级黄河基座阶地。较高一级阶地高出河床 29 米。冲积层之上覆盖黄土。七星渠绕北麓流过。设有清水河水文观测站。

烟筒山【Yāntǒng Shān】 位于同心县北部，清水河东侧。是清水河河谷平原与红寺堡平原的界山，远望如烟筒，故名。北西—南东走向，长 25 公里，宽 10 公里左右。山峰多而凌乱，一般海拔 1500～1700 米，主峰烟筒子海拔 1715 米。植被为荒漠草原。西南坡有小型煤田（土坡煤田）。

窑山【Yáo Shān】 在同心县中部，田老庄乡窑山村之南，因有煤窑而名。走向北北西，长 37 公里，宽 2～3 公里，海拔 2000 米左右，主峰 2169 米。山体多被黄土覆盖，干旱少雨。植被为短花针茅、长芒草干草原。西侧丁家二沟—顾家庄子一带是中国第三纪中新世哺乳动物化石主要产地之一。

香山【Xiāng Shān】 在中卫市沙坡头区南部香山乡，北邻中卫平原，南邻兴仁平原，东邻清水河河谷平原，西延入甘肃省靖远县。弧形，走向东西—北西西，长 85 公里，宽 20～40 公里。主峰香岩寺山海拔 2361 米。香山即主峰之简称。香岩寺山北麓断崖以南海拔 2000 米以上；以北海拔 1700～1900 米，山脊平坦，沟谷深切。北坡沟谷呈放射状分布。植被以荒漠草原为主体，较高山峰的阴坡 2000～2200 米为干草原，2200 米以上为中生落叶灌丛。是中国特有的裘皮山羊——中卫山羊的中心产区。

天景山【Tiānjǐng Shān】 一作天井山。香山东端。在中卫市沙坡头区东南部和中宁县交界处。北西—南东走向，长 10 公里，宽 2 公里。海拔 2000 米以上，主峰 2160 米。北东坡陡直。植被以荒漠草原为主，阴坡散布灌丛。石灰岩丰富。

米钵山【Mǐbō Shān】 香山东端，与天景山南北对峙。在中卫市沙坡头区、中宁县、同心县交界处，因形似米钵而名。北西—南东走向，长 6 公里，宽 2 公里。海拔 2000 米以上，主峰 2220 米。植被以荒漠草原为主，阴坡散布灌丛。

清水河西侧山地【Qīngshuǐhé Xīcè Shāndì】 泛指绵延于清水河西侧、由香山东南缘延至六盘山北端的山地，主要包括桃山、墩山、庙山、风台山、陈耳山、凤凰山、须弥山、马东山等。形成于第三纪末喜马拉雅运动Ⅲ幕，由第三系砂岩、泥岩、砂砾岩和下白垩统六盘山群泥岩、泥灰岩等构成。东界为活动断裂控制。自北而南，走向由北北西渐变为南北，长 140 公里，宽 10 公里左右。海拔 1600～2300 米，由北向南升高，主峰马东山海拔 2368 米。东坡短而陡，直下清水河河谷平原；西坡长而缓，逐渐过渡为黄土丘陵。清水河左岸主要支流穿过山地，形成峡谷，建有石峡口、寺口子等水库。西河阶地在山地中发生拱曲变形，在东麓发生错断。自南而北，植被由灌丛草原渐变为干草原及荒漠草原。西侧黄土丘陵第三系中石膏蕴藏量巨大。

西华山【Xīhuá Shān】　旧不知何名，北宋、西夏名天都山。清代后名西华山，又名西山。天都之名，疑与西夏开国皇帝元昊在此经营有关。《宋史·张叔夜传》："有地曰天都者，介五路间。羌人入寇，必先至彼点集，然后议所向。每一至则五路皆竦。"《西夏纪》卷九庆历二年："夏五月，纳妃没藏氏……元昊因天都与泾原路接，山川平易，劲骑疾走渭州，旦暮可至，特营宫室居之，日与没藏氏宴乐其中。"在海原县西部。北隔干盐池、南隔园河分别与黄家洼山、南华山对峙，西与甘肃省崛山吴山并列。长 10 公里，宽 5 公里。主峰天都山海拔 2703 米。古时曾有"苍崖翠壁，林峦奇拔……清流可把"的景观。北麓方家河—大沟门一带保存 1920 年海原 8.5 级地震遗迹。山下有西夏宫殿遗址。

南华山【Nánhuá Shān】　古名莲花山，音转为南华山。在海原县西南部。走向北西，长 20 公里，宽 6 公里。主峰马万山海拔 2954 米，是宁夏南部最高峰。主峰北侧五桥沟内五泉环列，众水汇流，出山门后分为两股，一入南沙河，一经黎庄流向县城，是海城镇主要水源。北麓古洪积扇多被马兰黄土覆盖。植被以杂类草草甸和长芒草草原为主，灵光寺、五桥沟、水冲寺等处分布天然次生林。北麓菜园至野狐坡一带保存 1920 年海原 8.5 级地震遗迹。水冲寺和菜园附近发现新石器时代人类文化遗址。

月亮山【Yuèliàng Shān】　宋、西夏时称崄朱龙山，又名七里宝山。宁夏南部南西列弧形山地组成部分，在海原县与西吉县交界处。东南经西峰岭与六盘山相连，葫芦河与清水河支流西河发源地及葫芦河与清水河支流中河分水岭。北西—南东走向。长约 40 公里，宽近 10 公里。山脊线紧靠山体西缘，海拔 2500 米以上，主峰 2632 米，向北东逐渐降到 2100 米。西南坡短而陡，比高 400 米，东北坡长而缓，前缘比高 100 米。扫竹林以北发育丹霞地貌。植被以山地中生草甸和草甸草原为主，生长无芒雀麦草等优质饲草。火石寨一带分布白桦、山杨天然次生林 330 余公顷。东北麓海子堰为 1920 年海原 8.5 级地震滑坡阻塞河道形成的堰塞湖。

六盘山【Liùpán Shān】　古名陇山。中国主要南北向山地之一。广义的六盘山即六盘山脉，古名陇山，屹立在宁夏南端及宁、陕、甘交界地带，南至陕西宝鸡市北，北至宁夏海原县，南北长 200 余公里。主峰海拔 2942 米，《禹贡》《山海经》称高山，明清称美高山，今音转为米缸山。其北侧的山峰海拔 2928 米，为狭义的六盘山。对六盘山一名的来源，《重修隆德县志》认为即《汉书·地理志》所载络盘［畔］道。但是，络畔道为少数民族聚居县，在今甘肃庆阳之南，属北地郡。而狭义的六盘山属安定郡，二者相去甚远。"六盘"之名，最早用于关，即《新唐书·地理志》所列原州七关之一的"六盘关"。而用于山名，始见于宋庆历年间成书的《武经总要》前集卷十八："德顺军……旧笼竿城也，在六盘山外。"此后的各种史籍，才广泛使用。《读史方舆纪要》卷五十八固原州下载："六盘山……山路曲折险峻，盘旋有六。"六盘关得名在前，六盘山之名出现在后。山因关而得名，而通往关的山路，六盘始达，故名六盘。唐六盘关遗址即今红军二万五千里长征纪念馆广场，元代将丝绸之路改线经此，控扼由西安去兰州、新疆的交通大道。宋代筑六盘关寨。明清设驿亭，亭柱有著名楹联曰：峯高太华三千丈，险据秦关二百重。又曰：天下难行第一，陇甘最险无双。有20多种古《西行记》记述山路之险峻难行。如因禁烟失败被发配新疆的林则徐著有《荷戈纪程》，西北史地学奠基人祁韵士有《万里行程记》；戊戌变法六君子之一的谭嗣同有《六盘山转饷谣》……1935 年，毛泽东率中国工农红军长征经此，写下光辉诗篇《清平乐·六盘山》，今建有红军长征纪念馆，展示红色文化。广义的六盘山宁夏段，走向近南北，长 110 公里，宽 20 余公里，包括两列平行的山脉。西列称大关山，海拔 2500 米以上。东列称小关山，海拔 2100 ~ 2400 米，最高峰 2466 米。大、小关山之间是宽约 5 公里的新生代断陷谷地。据海拔 2840 米的高山气象站资料，年太阳总辐射 5264 兆焦耳/平方米，年日照时数 2389 小时，年均温 0.9℃，年平均降水量 680.3 毫米，大关山东坡西峡水文站 1961 年降水量达 1174 毫米，高寒阴湿，有"春去秋来无盛夏"之说和黄土高原上的"湿岛"之称。植被以落叶阔叶林为主，土壤以山地灰褐土为基本特征，并具垂直分带。动植物资源丰富。有老龙潭、凉殿峡、秋千架、荷花苑、二龙河等景点（区），旅游开发价值大。

美高山【Měigāo Shān】 六盘山主峰，在隆德县陈靳乡东南、泾源县惠家台乡西北，即今隆德、泾源县交界之米缸山。海拔 2942 米。泾水源头出自山西麓，疑即《山海经》"泾水出焉"之高山。《太平寰宇记》卷三十三引《水经注》云："《山海经》曰，高山，泾水出焉，东流注于渭。"明清史籍均称美高山，康熙《隆德县志》山川："东南二十里曰美高山，产松竹药草。"今音转称米缸（冈）山。

须弥山【Xūmí Shān】 六盘山北段，固原市原州区三营镇黄铎堡村之西 5 公里，主峰海拔 2108 米。古时松柏青翠，有"红柳松涛"之誉。现仍散生油松。郦道元《水经注》卷三记载，有石门水经此山之南，两岸石壁如门，故称石门口。近代称须弥都河，今名中河。唐代在山之东麓设石门关，为丝绸之路长安—凉州北道所经。须弥，梵文"苏迷卢"（Sumeru）的讹音，意译为"妙高"，是古印度传说中的山名，以它为人们所住世界的中心。北魏时，在此山修建石窟，成为佛教圣地，故名须弥山。北周至隋唐继续在山中修建石窟，今称须弥山石窟，为全国十大石窟之一，现存 132 窟，315 尊造像，寺庙一座，1982 年被列为全国重点文物保护单位。5 号窟的唐代弥勒大坐佛，高 20.6

米，是丝路沿线最高的石刻造像，至今保存完好。

黄峁山【Huángmǎo Shān】　在固原市城区东南 8 公里，南郊乡境内。南北长 2150 米，东西宽 1150 米，主峰海拔 2165 米，相对高程 503 米。属黄土高原，各山头多为黄土覆盖，浑圆状，故名黄峁山。阳面多灌木，阳面植被稀疏。水土流失严重。

香炉山【Xiānglú Shān】　在固原市城区西南，张易镇境内。属六盘山北段，东西长 3150 米，南北宽 1750 米。主峰海拔 2825 米，相对高程 883 米。山顶有一凹坑，常年云雾缭绕，形似香炉，故名。气候湿润，多雨雪，草灌茂密。

九龙山【Jiǔlóng Shān】　在固原市城区东南 1 公里，开城镇境内。南北长 2150 米，东西宽 1150 米，主峰海拔 2165 米，相对高程 503 米。是香炉山伸向东北的九条支脉，故名九龙山。东西有清水河、羊坊河环绕，风景秀丽。

第二节　平　原

银川平原【Yínchuān Píngyuán】　中国西北地区的重要商品粮基地，宁夏最大的平原。位于宁夏北部贺兰山与鄂尔多斯高原之间，黄河河套的西部，故又名西套。南起青铜峡，北至石嘴山，北北东向延展，长 170 公里，宽 10～50 公里，面积约 7615 平方千米。由黄河冲积平原、贺兰山山前洪积平原及西南部的花布山—庙山湖台地组成。冲积平原南高北低，海拔 1100～1200 米，地势平坦，湖沼众多，沟渠纵横。洪积平原宽 10 公里左右，地面坡度 1°～7°，由分带明显的块砾、砂砾、砂、黏土等组成。洪积平原与冲积平原过渡地带散布沙丘、沙地，近 30 年多已开发为农田或葡萄种植园。属中温带干旱区，年平均气温 8～9℃，年平均气温日较差 13～14℃，年日照时数 3000 小时左右，年太阳总辐射 5876～6101 兆焦耳/平方米，年降水量 200 毫米左右。光能丰富，热量适中，黄河年平均过境水量 300 多亿立方米，便于引灌。光、热、水、土等农业自然资源配合较好。自汉代开始引黄河水开渠灌田，经营农牧，成为中国大西北最早开发的灌区之一。著名古渠有唐徕渠、汉延渠、惠农渠、秦渠、汉渠等。1949 年后不断进行大规模水利建设，开挖新渠，整治旧渠，灌排系统日臻完善。1967 年建成青铜峡水利枢纽，结束了平原无坝引水的历史，提高了灌溉保证率，扩大了灌溉面积。平原灌排条件较好，盛产稻麦，是宁夏粮食高产稳产区。平原北部主要作物为小麦、杂粮、甜菜、大豆等，尚有未改造的盐渍化土壤，后备土地资源较多。银川平原耕地仅占全区的1/5，粮食产量却占1/2 以上。

卫宁平原【Wèiníng Píngyuán】　位于宁夏中西部，黄河黑山峡与青铜峡之间，原跨中卫、中宁两县，故名。沙坡头—泉眼山段呈东西向展布，泉眼山—白马段为北东东向，白马—青铜峡段为北东向。长105公里，宽10～20公里。面积1730平方千米。由黄河冲积平原和香山北麓洪积台地（南山台子）组成。冲积平原面积976平方千米，海拔1200米左右，堆积物主要为砂和砂砾石，坡降1/3000～1/1000，潜水埋深一般2米以下。南山台子面积754平方千米，海拔1230～1600米，前缘陡坎高数十米。台地被众多冲沟切割，崾岘子沟以西十分破碎，以东较为完整。台地多被流沙覆盖。属中温带干旱区。黄河平均过境水量325亿立方米，利于引灌。美利渠、跃进渠、羚羊角渠、羚羊寿渠、七星渠分列黄河两岸，灌溉农业发达，盛产稻麦。中宁枸杞享誉中外。1978年建成南山台子灌溉工程，发展灌溉面积0.6万公顷。

宁夏平原【Níngxià Píngyuán】　宁夏境内黄河冲积平原的泛称，包括银川平原和卫宁平原。北周时，皆为灵州境域，别号"塞北江南"。《太平寰宇记》卷三十六灵州："风俗。本杂羌戎之俗。后周宣政二年破陈将吴明彻，迁其人于灵州，其江左之人尚礼好学，习俗相化，因谓之塞北江南。"《武经总要》前集卷十八灵州怀远镇："有水田、果园……置堰分河水溉田，号为塞北江南即此也。"

清水河河谷平原【Qīngshuǐhé Hégǔ Píngyuán】　位于宁夏中南部。南起六盘山，北接卫宁平原。清水河，即《水经注》卷三所记高平川水，流域既高且平，故名。为冲积平原，沿清水河两岸带状分布，长175公里，宽5～12公里，面积1594平方千米。海拔1260～1400米。由清水河Ⅳ级阶地组成，Ⅲ级阶地为平原主体。堆积物主要为黄土状黏砂土和砂黏土，土层深厚。北部属中温带干旱气候，南部属中温带半干旱气候。年平均气温6.2～8.6℃，年降水量278～468毫米。农作物主要有小麦、糜子、胡麻、向日葵等。固原北川有较丰富的地下淡水。1986年建成固海扬水灌区，发展灌溉面积2.8万公顷，平原中北部已成为新的扬黄灌区。1995年建成的宝中铁路、2004年建成的福银高速公路纵贯平原。

红寺堡平原【Hóngsìpǔ Píngyuán】　位于宁夏中部牛首山、烟筒山、罗山之间。红柳沟由南东向北西穿过平原。面积768平方千米。西部为红柳沟冲积平原，海拔1300～1400米，组成物质主要为黄土状黏砂土，西北被流沙覆盖。东部为罗山西麓洪积平原，海拔1400～1900米，由砂砾石组成，地面坡度2°～7°。明代，红寺堡附近有诸多泉水出露，植被尚好。近现代泉水枯竭，气候干旱，土壤沙化严重，成为荒漠草原，植被稀疏。2001年后，实施宁夏扶贫扬黄灌溉工程，设红寺堡移民开发区，将宁夏中部、南部生态环境脆弱地带的贫困乡村农民10万人迁于此，引水耕垦，生态环境大有改善。

韦州平原【Wéizhōu Píngyuán】　位于宁夏中部罗山与青龙山之间。面积1103平方千米。唐代名安乐川，水草丰美，咸亨三年（672年）迁吐谷浑王国余部于此，置安乐州，故名。宋代干旱少雨，土壤沙化严重，属"七百里旱海"范围。明初为朱元璋十六子庆王朱栴封地，在韦州建庆王府（后迁出），又设群牧千户所。甜水河由南而北穿过平原东部，形成冲积平原，海拔 1325～1600 米，第四系厚 75 米，以黄土状黏砂土为主。西部为罗山东麓洪积平原，海拔 1500～1900 米，第四系厚 200 米，以砂砾石为主。中温带干旱气候。年平均气温 8.7℃，年降水量 253 毫米。荒漠草原。煤山之北有红城水泉群，涌水量 2540～3420 吨/日，矿化度 0.69 克/升。农作物主要有糜子、荞麦、春小麦。特产发菜、甘草和滩羊裘皮。属建设中的盐环定扬黄灌区的一部分。

兴仁平原【Xīngrén Píngyuán】　位于宁夏中西部甘宁交界处，香山与黄家洼山、水泉尖山之间，今属中卫市沙坡头区兴仁镇。第四纪洪积物最大厚度约 439 米。北西—南东向延展。面积 1260 平方千米，宁夏境内 431 平方千米。海拔 1609～1800 米。西北低，分布盐湖、碱滩。气候干旱少雨，宁夏冬季低温区之一。农作物主要有小麦、胡麻。近 20 年发展压砂地，地表铺砂砾减少水分蒸发，成为硒砂瓜种植基地，远销全国各大城市。

西安州平原【Xī'ānzhōu Píngyuán】　在海原县南华山和西华山北侧，1038 年为西夏境土，1081 年北宋收复后，期望西部安定，置西安州，在平原中心。面积 87 平方千米。海拔 1700～1800 米。园河穿流其间。有东、西干渠引园河水灌溉，有效灌溉面积 774 公顷。是海原县主要农业基地，农作物有小麦、玉米、胡麻、马铃薯、茴香等。

宁中山地与山间平原【Níngzhōng Shāndì Yǔ Shānjiān Píngyuán】　宁夏中部山地与平原的总称。宁夏地貌分区之一。自治区中部地区，既是宁南弧形地貌结构型北缘界山与东缘界山的交会处，又是三列弧形山地的最大撇开段。弧形山地之间、外围界山之间以及弧形山地与外围界山之间发育一系列新生代盆地，山、盆交错现象极为明显，形成断块山地与断陷平原相间分布的地貌景观，自东而西依次为：青龙山、韦州平原、罗山、红寺堡平原、牛首山、中宁平原、卫宁北山、泉眼山和烟筒山、中卫平原与清水河河谷平原北段、香山、兴仁平原。

第三节　水　域

一、河流

宁夏境内的河流，除中卫市沙坡头区甘塘一带为腾格里沙漠内流区、盐池县东部为鄂尔多斯内流区外，其余地区皆属黄河流域。就流域而言，南部的彭阳县、泾源县、隆德县，以及西吉县大部，其河流都向南汇入渭河，属于黄河流域的中游；而这些地方以北的河流，都向北流，属于黄河流域的上游。就境内 397 公里黄河干流而言，则属于黄河上游。区内黄河水系中,流域面积 > 100 平方千米的河流 102 条, > 500 平方千米的河流 28 条, > 1000 平方千米的河流 15 条, > 1 万平方千米的河流只有黄河与清水河 2 条。黄河在中卫县南长滩(黑山峡内)入境,流经宁夏平原的 4 个地级市、10 个县级政区,流程 397 公里,平均年过境径流量 325 亿立方米。黄河支流主要有祖厉河、清水河、苦水河、葫芦河、泾河等,分布于黄河右岸,多以六盘山地区为中心呈放射状分布,流域面积以清水河最大,径流量以泾河最多。这些河流的水文特征既具有中国北方河流的一般特点,又存在一定差异。北流入黄河的祖厉河、清水河、苦水河及黄河两岸诸沟流经干旱半干旱区,水量小、矿化度高、泥沙多、径流量变化大。南流入渭河的泾河与葫芦河流经半干旱半湿润区,水量较大、矿化度较低、泥沙较少、径流量变化较小。宁夏河流水力资源理论蕴藏量 207 万千瓦,可开发量 197 万千瓦,二者的 98% 以上都集中在黄河。支流中泾河水力资源较多。黄河可分段通行小型机动船和木帆船,支流均无通航能力。

黄河【Huáng Hé】　中国第二大河。自中卫市沙坡头区南长滩入境,流经中卫市的沙坡头区、中宁县,吴忠市的利通区、青铜峡市,银川市的永宁县、兴庆区、贺兰县,石嘴山市的平罗县、惠农区,接纳清水河、红柳沟、苦水河、都思兔河等支流,在惠农区头道坎北出境,流程 397 千米。宁夏段干流属黄河上游,流域面积 34823 平方千米(不包括泾河与葫芦河流域及盐池闭流区)。过境平均年径流量 325 亿立方米。青铜峡水文站实测最大洪峰流量 6230 立方米/秒(1946 年 9 月),调查最大洪峰流量 8010 立方米/秒(1904 年)。1981 年后未发生过洪水,日径流量大幅减少,无 3200 立方米/秒以上记录。含沙量 3.85 公斤/立方米(青铜峡水库建成前为 6.28 公斤/立方米),矿化度 0.4 克/升。已检出酚、氰、砷、汞、六价铬等有害毒物,综合水质评价为 Ⅱ 类。12 月下旬至翌年 3 月上旬封冻。解冻时上游先于下游,青铜峡库区与石嘴山河段易形成冰坝。区内河道总落差 201 米,水能理论蕴藏量 203 万千瓦,有青铜峡、大柳树、沙坡头、红毛牛等坝址。1967 年青铜峡水利枢纽竣工。历史上水运发达,1960 年青铜峡大坝合龙、三圣公水利枢纽建成,均无过船设施,航道被堵死。有沙坡头、中卫、中宁、青铜峡、金积、早元、吴忠、叶盛、新叶盛、永宁、银川、银川辅道、滨河、兵沟、平罗、石嘴山 16 座公路桥,中卫、灵武、永宁铁路桥。产黄河鲤鱼、鲇鱼,最名贵的为鸽子鱼,今已绝迹。两岸平原得黄河灌溉之利,是宁夏农业精华之地和国家重要商品粮基地之一,素有"塞北江南"之称。沿河有沙坡头、百八塔、青铜峡、黄河楼、水洞沟等旅游景点。

黑山峡【Hēishān Xiá】　黄河上游主要峡谷之一。位于宁夏西端及甘、宁交界地带。因峡谷深处岩石阴暗发黑得名。北东—南西走向。起于甘肃省靖远县大庙村,止于宁夏中卫县小湾村,长 71 公里,宽 100 ~ 300 米,谷深 200 ~ 400 米。其中宁夏境内从南长滩至小湾村 19 公里，峡谷深切于中寒武统香山群绿色岩系中，曲折回转，航道险窄，有老两口、一窝猪、武威漩、阎王匾等险要，是黄河上游可建高坝大库的河段。大柳树坝址可开发水力资源 200 万千瓦，库容达 110 亿立方米。

青铜峡【Qīngtóng Xiá】 黄河上游最后一峡。位于牛首山西北。一说因峭壁凝晖时呈青铜色而得名。另一为民间传说，因大禹治水到此，以青铜神斧劈山导水而名。旧地方志记，峡内有禹王庙、禹王洞等古迹，1960 年黄河大坝合龙，均被淹没。青铜峡一名，首见于明嘉靖《宁夏新志》，认为得名于宋代张舜民的诗句"青铜峡里韦州路"。此后，各种地方志不加考证，均沿用此说。实误。张舜民之诗收在《东坡志林》《甘肃通志》等书中，原文均为："青刚峡里韦州路，十去从军九不回。白骨如山山似雪，凭君莫上望乡台。"诗中写的不是"青铜峡"，而是灵州道上著名的"青刚峡"，在今甘肃环县北境，1081 年张舜民随军征西夏灵州路过，写成此诗。青铜峡以北为银川平原，南为卫宁平原。峡长 8.6 公里，宽 300～600 米，谷深 200 米左右。峡口内西岸有一百零八塔。1967 年建成大型水利枢纽工程。1984 年，库区被列为青铜峡市自然保护区。近年又建成黄河圣坛、大禹文化园，成为旅游景区。

祖厉河【Zǔlì Hé】 黄河一级支流。在甘肃省靖远县入黄河。上游右岸少数支流流经西吉、海原县境，流域面积 597 平方千米。流域平均年降水量 410 毫米，年径流量 1070 万立方米，输沙模数 5160 吨/年·平方千米，平均矿化度 4.5 克/升。1920 年海原地震造成堰塞湖 5 处。

高崖沟【Gāo'ái Gōu】 又名孙家沟、米粮川。黄河右岸较大支沟。发源于甘肃省靖远县黄家洼山，在中卫市沙坡头区北长滩入黄河。长 76 公里，流域面积 2580 平方千米（区内 1050 平方千米），流域平均年降水量 230 毫米，年径流量 1030 万立方米。沟口调查最大洪峰流量 2280 立方米/秒（1850 年）。输沙模数 700 吨/年·平方千米。

大河子沟【Dàhézi Gōu】 黄河右岸诸沟之一。发源于灵武市马家滩镇杨家窑，在临河乡入黄河。长 56 公里，流域面积 874 平方千米。流域平均年降水量 220 毫米，年径流量 437 万立方米。沟口调查最大洪峰流量 413 立方米/秒（1964 年）。输沙模数 500 吨/年·平方千米。平均矿化度 5 克/升。建有旗眼山调洪水库及沟口导洪工程。流域内有宁东能源化工基地、磁窑堡煤矿、南磁湾恐龙化石遗址。

水洞沟【Shuǐdòng Gōu】 黄河右岸诸沟之一。发源于灵武市东北境高立墩山，中段先经明长城南侧，再沿长城北侧西流，在银川市兴庆区横城之北约 4 公里汇入黄河。长 40 公里，流域面积 505 平方千米。沟口调查最大洪峰流量 138 立方米/秒（1949 年）。输沙模数 500 吨/年·平方千米。有旧石器时代晚期文化遗址、明长城遗址。

都思兔河【Dōusītù Hé】 黄河一级支流。在平罗县红崖子乡王家沟入黄河。长 166

公里，流域面积 8326 平方千米，绝大部分在内蒙古自治区鄂托克旗境内，仅河口段 13 公里在宁夏界。年径流量 1390 万立方米。春汛明显，3—5 月径流量占年径流量的 38%。河口实测最大洪峰流量 234 立方米/秒（1961 年 8 月），调查最大洪峰流量 290 立方米/秒（1978 年）。平均含沙量 10 公斤/立方米，输沙模数 16 吨/年·平方千米。平均矿化度 2.8 克/升。

大武口沟【Dàwǔkǒu Gōu】 贺兰山东坡最大沟。发源于内蒙古自治区阿拉善左旗毕力格其乌拉，入银川平原第二农场渠，纵贯石嘴山市大武口区。长 53 公里，流域面积 574 平方千米。流域平均年降水量 200 毫米，年径流量 1350 万立方米。沟口实测最大洪峰流量 1330 立方米/秒（1975 年 8 月），调查最大洪峰流量 2250 立方米/秒（1905 年）。平均含沙量 53.1 公斤/立方米，输沙模数 1250 吨/年·平方千米。建有山洪导引工程。

清水河【Qīngshuǐ Hé】 宁夏最大的黄河一级支流。源出六盘山，正源在固原市原州区开城镇黑刺塃沟。流经原州区及海原、同心、中宁县及沙坡头区宣和镇，在中宁县泉眼山入黄河。长 320 公里，流域面积 14481 平方千米（宁夏境内 13511 平方千米）。流域平均年降水量 349 毫米，年径流量 2.16 亿立方米（宁夏境内 2.02 亿立方米）。泉眼山站实测最大洪峰流量 1070 立方米/秒（1955 年 9 月），调查最大洪峰流量 2270 立方米/秒（1933 年）。平均含沙量 229 公斤/立方米，输沙模数 3410 吨/年·平方千米，行洪时含沙量尤重。上游矿化度小于 2 克/升，中下游矿化度 2~8 克/升。流域建有大中小型水库 91 座。其中长山头水库规模最大，1958 年建成，泥沙很快将库区淤平。

冬至河【Dōngzhì Hé】 又名东至河。清水河左岸支流。发源于六盘山，在原州区杨郎乡入清水河。长 45 公里，流域面积 500 平方千米。流域平均年降水量 530 毫米，年径流量 2200 万立方米。河口实测最大洪峰流量 492 立方米/秒（1959 年 8 月），调查最大洪峰流量 1430 立方米/秒（1928 年）。平均含沙量 56.3 公斤/立方米，输沙模数 2480 吨/年·平方千米。平均矿化度 2.3 克/升。有中小型水库 7 座。海子峡水库为固原市城区供水水源地之一。

中河【Zhōng Hé】 清水河左岸支流。发源于六盘山，流经西吉县、原州区、海原县，在七营华家嘴入清水河。长 85 公里，流域面积 1190 平方千米。流域平均年降水量 450 毫米，年径流量 2700 万立方米。河口实测最大洪峰流量 1090 立方米/秒（1964 年 8 月），调查最大洪峰流量 2190 立方米/秒（1914 年）。平均含沙量 146 公斤/立方米，输沙模数 3310 吨/年·平方千米。平均矿化度 3.5 克/升。西吉县沙沟乡河右岸出露臭水河泉，矿化度达 58 克/升，严重污染河水。有中小型水库 13 座。1920 年海原地震造成的黄土滑坡堵塞河道，形成李俊海子堰。

苋麻河【Xiànmá Hé】 清水河左岸支流。发源于南华山，流经海原县南部，在七营镇华家嘴村入清水河。长 80 公里，流域面积 763 平方千米。流域平均年降水量 380 毫米，年径流量 1070 万立方米。河口实测最大洪峰流量 1570 立方米/秒（1964 年 8 月）。平均含沙量 542 公斤/立方米，输沙模数 7600 吨/年·平方千米。平均矿化度 5.5 克/升。有中小型水库 7 座。

双井子沟【Shuāngjǐngzi Gōu】　清水河右岸支流。发源于甘肃省环县毛井乡杨新庄，流经原州区东北部，在七营镇入清水河。长 62 公里，流域面积 945 平方千米（区内 752 平方千米）。流域平均年降水量 390 毫米，年径流量 1440 万立方米。沟口调查最大洪峰流量 775 立方米/秒（1933 年）。输沙模数 6000 吨/年·平方千米。平均矿化度 8 克/升。有小型水库 2 座。

折死沟【Zhésǐ Gōu】　清水河右岸支流。发源于甘肃省环县毛井乡墩墩梁，流经同心县东南部，在羊路乡蔡家滩入清水河。水土流失严重，夏秋洪水切割成立崖深沟，随时都会崩塌，人畜绝不能靠近，故名折死沟。长 102 公里，流域面积 1860 平方千米（区内 1433 平方千米）。流域平均年降水量 330 毫米，年径流量 2230 万立方米。沟口实测最大洪峰流量 1170 立方米/秒（1964 年 9 月），调查最大洪峰流量 1890 立方米/秒（1933 年）。平均含沙量 632 公斤/立方米，最大 1580 公斤/立方米，输沙模数 7570 吨/年·平方千米。平均矿化度 7.7 克/升，最高 49.4 克/升。最大含沙量与最高矿化度为宁夏河流之最。

西河【Xī Hé】　又名园河，清水河最大支流。发源于月亮山西北端中嘴梁，流经甘肃省靖远、会宁 2 县和宁夏海原县北部，在海原县兴隆乡马家湾汇入清水河。长 123 公里，流域面积 3048 平方千米（区内 2745 平方千米）。流域平均年降水量 350 毫米，年径流量 3090 万立方米。河口实测最大洪峰流量 2050 立方米/秒（1964 年 8 月）。平均含沙量 411 公斤/立方米，输沙模数 4170 吨/年·平方千米。平均矿化度 5.2 克/升。有大中小型水库 24 座。

马营河【Mǎyíng Hé】　清水河二级支流，西河一级支流。发源于南华山，流经海原县东北部，在双河乡下坪入西河石峡口水库。长 63 公里，流域面积 722 平方千米。流域平均年降水量 350 毫米，年径流量 939 万立方米。河口调查最大洪峰流量 528 立方米/秒（1940 年）。输沙模数 5000 吨/年·平方千米。有小型水库 5 座。

金鸡儿沟【Jīnjī'ér Gōu】　清水河左岸支流。发源于甘肃省靖远县黄家洼山，流经海原、同心 2 县，在同心县河西镇张家堡子入清水河。长 93 公里，流域面积 1069 平方千米（区内 1022 平方千米）。流域平均年降水量 270 毫米，年径流量 718 万立方米。沟口调查最大洪峰流量 1670 立方米/秒（1976 年）。平均含沙量 368 公斤/立方米，输沙模数 2470 吨/年·平方千米。平均矿化度 8.6 克/升。

长沙河【Chángshā Hé】　又名大红沟。清水河左岸支流。发源于中卫市沙坡头区香山乡香岩寺山，在同心县河西镇大红沟入清水河。长 71 公里，流域面积 574 平方千米。流域平均年降水量 230 毫米，年径流量 230 万立方米。河口调查最大洪峰流量 849 立方米/秒（1902 年）。输沙模数 1500 吨/年·平方千米。平均矿化度 7 克/升。

红柳沟【Hóngliǔ Gōu】　黄河一级支流，因沿岸多红柳，故名。区内径流年际变化最大的河流。发源于同心县小罗山西侧，经辛庄集、红寺堡，在中宁县鸣沙镇石家湾入黄河。长 107 公里，流域面积 1064 平方千米。流域平均年降水量 265 毫米，年径流量 620 万立方米，最大年径流量是最小年径流量的 41 倍。沟口实测最大洪峰流量 289 立方米/秒（1982 年 8 月），调查最大洪峰流量 326 立方米/秒（1953 年）。平均含沙量 385 公斤/立方米，输沙模数 2250 吨/年·平方千米。平均矿化度 4 克/升。下游入卫宁灌区，成为天然排水沟道。

苦水河【Kǔshuǐ Hé】　水质咸苦，故名苦水河，又名山水沟。黄河一级支流。发源于甘肃省环县沙坡子沟，流经盐池、同心、利通区、灵武市，在灵武市新华桥镇入黄河。长 224 公里，流域面积 5218 平方千米（宁夏境内 4942 平方千米）。流域平均年降水量 268 毫米，年径流量 1550 万立方米（区内 1250 万立方米）。河口实测最大洪峰流量 487 立方米/秒（1968 年 8 月），调查最大洪峰流量 499 立方米/秒（1936 年）。平均含沙量 352 公斤/立方米，输沙模数 1040 吨/年·平方千米。平均矿化度 4.5 克/升。有中小型水库 5 座。下游是银川平原河东灌区天然排水沟道。

小河【Xiǎo Hé】　苦水河支流，原名硝河，是宁夏平均矿化度最高的河流。在盐池县西南部。发源于大水坑镇贺坊村，在惠安堡镇小泉村入苦水河。长 55 公里，流域面积 603 平方千米。流域平均年降水量 270 毫米，年径流量 60.3 万立方米。河口实测最大洪峰流量 44.6 立方米/秒（1986 年 6 月），调查最大洪峰流量 380 立方米/秒（1947 年）。平均含沙量 60 公斤/立方米，输沙模数 60 吨/年·平方千米。平均矿化度 19 克/升。

甜水河【Tiánshuǐ Hé】　苦水河支流，在同心县东北部。水源多为罗山渗出地下水，水质较好，故名甜水河。发源于下马关镇黑山墩，在韦州镇红沟窑入苦水河。长 65 公里，流域面积 1193 平方千米。流域平均年降水量 290 毫米，年径流量 597 万立方米。河口实测最大洪峰流量 112 立方米/秒（1977 年 8 月），调查最大洪峰流量 624 立方米/秒（1968 年）。平均含沙量 199 公斤/立方米，输沙模数 1000 吨/年·平方千米。平均矿化度 4.2 克/升。有小型水库 1 座。

沙沟【Shā Gōu】　苦水河支流，间歇性河流。明代设石沟驿，故又名石沟驿沟。发源于盐池县西部烟墩山，在灵武市白土岗乡入苦水河。长 50 公里，流域面积 706 平方千米。流域平均年降水量 230 毫米，年径流量 141 万立方米。沟口调查最大洪峰流量 35.7

立方米/秒（1972年）。输沙模数500吨/年·平方千米。流域内有石沟驿煤矿。

葫芦河【Húlu Hé】 黄河二级支流，渭河一级支流。发源于月亮山。流经西吉县，后入甘肃省静宁县。区内河长120公里，流域面积3281平方千米。流域平均年降水量491毫米，年径流量1.69亿立方米。调查最大洪峰流量1270立方米/秒（1959年，西吉县兴隆镇）。平均含沙量87公斤/立方米，输沙模数4480吨/年·平方千米。左岸支流发源于六盘山西坡，水量较大，水质较好；右岸支流水量小、水质差、泥沙多。有中小型水库68座。现存1920年海原地震形成的堰塞湖35处。流域内曾出现宁夏最大暴雨，日降水量达255毫米（1977年7月5日，隆德县凤岭乡李士村）。

滥泥河【Lànní Hé】 葫芦河左岸支流。发源于甘肃省会宁县老君乡大山川，在西吉县兴隆镇火家集入葫芦河。长58公里，流域面积879平方千米（区内732平方千米）。流域平均年降水量420毫米，年径流量2110万立方米。河口实测最大洪峰流量329立方米/秒（1959年8月），调查最大洪峰流量1130立方米/秒（1992年）。平均含沙量312公斤/立方米，输沙模数7500吨/年·平方千米。平均矿化度3.9克/升。流域内有党家岔震湖，为宁夏最大堰塞湖。

渝河【Yú Hé】 葫芦河左岸支流。发源于六盘山西坡，流经隆德县城、神林、联财，在甘肃省静宁县入葫芦河。区内长47公里，流域面积443平方千米。流域平均年降水量550毫米，年径流量5590万立方米。调查最大洪峰流量962立方米/秒（1975年，联财乡）。输沙模数3500吨/年·平方千米。平均矿化度0.6克/升。有小型水库12座。

泾河【Jīng Hé】 黄河二级支流，渭河一级支流。是宁夏水资源最多、水质最好的河流。发源于泾源县六盘山二龙河源，在泾源县境长39公里。流域平均年降水量510毫米，年径流量3.49亿立方米（干流2.19亿立方米）。干流调查最大洪峰流量380立方米/秒（1921年，泾河源乡）。平均含沙量62.2公斤/立方米，输沙模数4380吨/年·平方千米。矿化度一般小于2克/升。水能资源2.7万千瓦，已建龙潭、西峡等中小型水库47座。

香水河【Xiāngshuǐ Hé】 泾河支流。发源于六盘山牛角尖，流经泾源县城，在园子乡沙南村入泾河。长28公里，流域面积154平方千米。有野荷谷景区。流域平均年降水量约700毫米，西峡水文站降水量达1174毫米（1961年）。年径流量3850万立方米，常流水占44.2%。河口调查最大洪峰流量363立方米/秒（1973年）。平均含沙量2公斤/立方米，输沙模数500吨/年·平方千米。平均矿化度0.45克/升。低碘水。

颉河【Jié Hé】 泾河支流。发源于六盘山，流经泾源县大湾乡的瓦亭村，六盘山镇的蒿店村，在苋麻湾入甘肃平凉境，又经安国镇，平凉市八里桥入泾河。蒿店西侧有著名险峡三关口，《水经注》称弹筝峡，当时被误作泾水正源。唐代名金佛峡。瓦亭在西汉时筑有萧关，唐代设陇山关，为全国闻名的上等关。区内河长 30 公里，流域面积 286 平方千米。流域平均年降水量 650 毫米；年径流量 4290 万立方米，常流水占 59.8%。实测最大洪峰流量 696 立方米/秒（1990 年 6 月）。平均含沙量 15.1 公斤/立方米，输沙模数 1540 吨/年·平方千米。平均矿化度 0.6 克/升。

洪河【Hóng Hé】　又名红河、洪川河。泾河支流。发源于原州区南部小关山北端，流经彭阳县南部，在甘肃省泾川县入泾河。区内河长 63 公里，流域面积 359 平方千米。流域平均年降水量 540 毫米，年径流量 1800 万立方米。调查最大洪峰流量 1370 立方米/秒（1926 年，红河乡）。输沙模数 3500 吨/年·平方千米。平均矿化度 0.6 克/升。有小型水库 8 座。

茹河【Rú Hé】　泾河二级支流。发源于泾源县大湾乡，流经彭阳县，在甘肃省镇原县入蒲河，再入泾河。区内河长 91 公里，流域面积 2011 平方千米。流域平均年降水量 530 毫米，年径流量 8040 万立方米。彭阳水文站实测最大洪峰流量 692 立方米/秒（1992 年 9 月），调查最大洪峰流量 1580 立方米/秒（1926 年）。平均含沙量 128 公斤/立方米，输沙模数 5100 吨/年·平方千米。平均矿化度 1.2 克/升。有中小型水库 20 座。流域内有云雾山自然保护区和王洼煤矿。

安家川河【Ānˊjiāchuān Hé】　即蒲河上游。泾河支流。发源于甘肃省环县庙儿掌，流经彭阳县东北部，在甘肃省宁县入泾河。区内河长 56 公里，流域面积 803 平方千米。流域平均年降水量 450 毫米，年径流量 2250 万立方米。调查最大洪峰流量 1110 立方米/秒（1992 年）。输沙模数 8000 吨/年·平方千米。有小型水库 3 座。

二、湖泊

宁夏的湖泊数量较多，但面积都不大，超过 1 平方千米的天然湖泊只有 15 个，最大的淡水湖是沙湖，面积 80.1 平方千米。最大的盐湖惠安堡盐湖面积 16.8 平方千米。主要分布在银川平原、灵盐台地和黄土丘陵区，沙漠中零星见及。银川平原上，湖泊多为黄河故道，多以湖群呈串珠状分布，如"七十二连湖"、长湖；少数为贺兰山东麓洪积扇前缘的洼地湖泊。灵盐台地上之湖泊因长期蒸发浓缩而多为盐湖。黄土丘陵区的湖泊集中分布在西吉县和海原县南部，多因 1920 年海原 8.5 级地震山体滑坡阻塞河道，形成堰塞湖。淡水湖有鱼类、芦苇等生物资源，盐湖蕴藏食盐、芒硝等矿产资源。现将水域面积大于 2000 亩的湖泊记述于后。南部山区的湖泊，凡已建成水库者，均收入水利设施。

沙湖【Shā Hú】　原属前进农场之鱼湖，又名红旗洼、前进湖。在平罗县西大滩南 3 公里。水域面积 3.38 万亩。平均水深 1.3 米，最大水深 1.8 米。水色淡蓝，透明度 0.3

~0.6 米。矿化度 2.2 克/升。pH 值 7.5。氯化物类钠组 Ⅱ 型水。东部浅水区芦苇、蒲草茂盛。产鱼 16 种。南岸为沙丘地。因湖之西侧有多个流动沙丘，与湖水相依成趣，故于 1989 年开发为旅游景区，命名沙湖。此后，将周边沼泽地陆续开挖，现水域面积已增至 80.1 平方千米。

星海湖【Xīnghǎi Hú】 位于石嘴山市大武口城区东部，山水大道、星光大道穿湖而过，水面 20 平方千米。原为城市边缘的一片沼泽湿地，城市污水及洗煤厂废水排入，形成污水横流、垃圾成堆的城市疮疤。为实施"蓝天碧水"工程，石嘴山市委、市政府按照"显山，露水，透绿，通畅"的要求，决定对其进行抢救性保护和治理。2003 年，实施湿地修复工程，拓宽湖面数倍，清挖淤泥堆砌成岛，岸上种植林木花草、构建景点，将污水滩改造为城市景观湖，并命名为星海湖。2008 年批准为国家湿地公园。

镇朔湖【Zhènshuò Hú】 在平罗县西南部崇岗镇下庙村境内，系贺兰山洪积扇前缘湖泊。清代因其侧有观音庙，故名观音湖。当代因在镇朔堡，更名镇朔湖，有拦蓄贺兰山汝箕沟、大水沟山洪的作用。20 世纪 70 年代中期，水利部门建成拦洪库，承接贺兰山东麓中段大西伏沟以北、汝箕沟以南区域的山洪，最大蓄水能力 584 万立方米。1993 年，水面长 3.9 公里，平均宽 1.2 公里，最宽 2.2 公里，面积 4.7 平方千米。平均水深 0.9 米。正常蓄水量 423 万立方米。1999 年在水库泄洪沟道南、北两侧扩建成库容为 100 万立方米和 500 万立方米的 Ⅰ、Ⅱ 号库区，新建开敞式分洪闸 2 座、退水库 1 座。随后，又在 2009 年完成水库除险加固工程，主库及 3 个分洪库总库容达到 1985 万立方米。2013 年 12 月 25 日批准为国家湿地公园（试点）。

七子连湖【Qīzǐlián Hú】 在银川市金凤区唐徕渠西、六盘山路南，原系七十二连湖的组成部分，当代水域逐步缩减，演变为 7 个互相通连的小湖，故名七子连湖。现存面积 7200 余亩，芦苇密布，已作为湿地严加保护。

高庙湖【Gāomiào Hú】 又名雁窝池。在包兰铁路惠农站北 1 公里。略呈半圆形。长 2.05 公里，平均宽 1.18 公里，最宽 1.35 公里，面积 2.41 平方千米。平均水深 1 米。蓄水量 241 万立方米。矿化度 3.5 克/升。pH 值 7.8。硫酸盐类钠组 Ⅱ 型水。

明水湖【Míngshuǐ Hú】 在平罗火车站东北 2 公里。分东西二湖。西湖椭圆形，长 1.95 公里，平均宽 0.98 公里，最宽 1.63 公里，面积 1.92 平方千米，平均水深 1 米，蓄水量 192 万立方米。东湖花生状，长 1.8 公里，平均宽 0.46 公里，最宽 0.9 公里，面积 0.82 平方千米。矿化度 2 克/升，pH 值 7.8。氯化物类钠组 Ⅲ 型水。

阅海【Yuè Hǎi】 位于银川市金凤区北部丰登镇境内，因在银川老城之西，旧名西湖。俗称大西湖，与其东侧小西湖相对应。西汉为黄河干流所经，后黄河改道东移，故道成为五十里长湖，唐《元和郡县图志》称"千金大陂"，西湖是其北端。清代为七十二连湖组成部分。民国年间称西湖，一度称池子湖，水域面积达 18 万亩。20 世纪 50 年代开挖排水沟将湖水排入黄河，多数水域变成为西湖农场耕地，至 2003 年仅存水域 28980 亩，并更名为阅海公园，开展水上旅游。2006 年 6 月，国家林业局批准建立银川国家湿地公园试点，包括阅海公园和鸣翠湖两个园区。有自然植物 114 种，以芦苇居多；鸟类 107 种，其中有国家一级保护动物黑鹳、中华秋沙鸭、大鸨、小鸨、白尾海雕，国家二级保护动物大天鹅、小天鹅、鸳鸯、白鹤、草原雕、红隼、猎隼、灰鹤等 19 种。

鸣翠湖【Míngcuì Hú】　在银川市兴庆区掌政镇政府东侧，黄河之西 3 公里。原名岛嘴湖，系黄河故道，后河道东移，成为牛轭湖，看陆地形如岛，故名。民国年间产权归陆姓人家，故又名陆家湖。原南北长 3 公里，东西均宽 0.55 公里。1993 年建银古一级公路（后改为青银高速公路），将湖泊截为南北两半。2003 年后开发水上旅游，取唐诗"两个黄鹂鸣翠柳"之句，更名为鸣翠湖。2006 年 6 月，国家林业局批准建立银川国家湿地公园试点，包括鸣翠湖和阅海两个园区。园内建有湿地保护科普中心。2011 年 12 月，鸣翠湖湿地公园获"中国生态保护最佳湿地奖"。2016 年，鸣翠湖湿地公园总占地面积 1 万亩，水域面积 8840 亩，分南北两区：南湖水域面积 3845 亩，平均水深约 1 米，为封闭式保护，禁止开发利用；北湖水域 4995 亩，水深 1～2.5 米，为水上旅游景区，4A 级。现有中型游船 7 艘，客座 216 位；小型游船及水上自行车 71 条，客座 214 位。年接待游客 30.5 万人。

岛嘴湖【Dǎozuǐ Hú】　曾名老祖湖，又名陆家湖，永宁县境部分曾叫孙家大湖。在银川市东南部和永宁县东北部交界处。水面呈牛轭形。但从陆地看，形如岛嘴，故名。南北长 3 公里，东西平均宽 0.55 公里，最宽 1 公里，面积 1.65 平方千米。平均水深 1 米。蓄水量 165 万立方米。矿化度 1.8 克/升。pH 值 7.8。详见鸣翠湖条。

大湖【Dà Hú】　在永宁县通桥乡境内。扇形。长 2 公里，平均宽 0.75 公里，最宽 1.05 公里，面积 1.5 平方千米。平均水深 0.5 米。蓄水量 75 万立方米。矿化度 2.6 克/升。pH 值 7.6。

清水湖【Qīngshuǐ Hú】　在贺兰县金贵镇南，系黄河改道形成，因水质清澈，故名。2016 年水域面积 4260 亩。

三丁湖【Sāndīng Hú】　在贺兰县常信乡境，周边有丁义、丁南、丁北三村，故名。2016 年，面积约 7500 亩。

梧桐湖【Wútóng Hú】　在灵武市梧桐树乡，民国时称"水滩"，面积约 5 万亩。当代衰减，2016 年，水域面积 3390 亩。

海子湖【Hǎizi Hú】　永宁县望洪镇靖益村，清代已有，为七十二连湖组成部分，面积 2 万余亩。因水深，故名海子湖。水质优，相传可治多种疾病。民国年间，仍不断有阿拉善左旗蒙古族人到此，或取水饮用，或挖芦根泡水饮用。当代水域锐减，今存 2010 亩，水质尚佳。

月牙湖【Yuèyá Hú】 在银川市兴庆区月牙湖乡，西濒黄河。属牛轭湖。形似弯月。面积 0.14 平方千米。平均水深 1.3 米。蓄水量 18.2 万立方米。矿化度 2 克/升。

东湾湖【Dōngwān Hú】 在灵武市磁窑堡镇东湾村。泉水聚成。面积 1.2 平方千米。平均水深 2.5 米。蓄水量 300 万立方米。矿化度 3 克/升。

中营堡湖【Zhōngyíngbǔ Hú】 在吴忠市利通区金积镇油粮桥村，面积约 16 公顷，湖内主要生长水生植物芦苇，是目前利通区境内最大的芦苇湖。2000 年被打造成旅游景区。

杨家湖【Yángjiā Hú】 在吴忠市利通区马莲渠乡杨渠村，原牛毛湖西北部，总面积约 10 公顷，湖内主要生长水生植物芦苇。

乃光湖【Nǎiguāng Hú】 在吴忠市利通区板桥乡梁湾村境内，面积约 16 公顷，原主要生长芦苇，1959 年建吴忠市（当时为县级市）属国有渔场。2008 年改制为私营，2013 年以湖为中心逐步改造建成乃光湖公园。

庙山湖【Miàoshān Hú】 在青铜峡市区西约 22 公里，鸽子山南侧，有公路可以直达。因明清时期在湖畔建有数座古寺庙得名。面积 750 亩，属淡水湖。有山泉 20 多眼为水源，泉水清洌，日涌水约 4000 立方米，水溢出可灌溉东边农田、树木。经过 10 余家测试单位进行综合化验测定，泉水中含有氯化物、硫酸盐、重碳酸盐、钠、镁、钙、钾、偏硅酸、偏硼酸及微量元素锶、溴、碘、钾、锌、氟等多种对人体有益的化学成分和丰富的矿物盐，都在国家颁布的可以对天然饮用矿泉水命名的 6 种微量元素中，锶、溴均达到了国家颁布的命名标准。1995 年，庙山湖泉水被邵岗矿泉水公司开发利用，冠以"贺兰雪"商标向社会公开销售。

朱家湖【Zhūjiā Hú】 在青铜峡市良种繁殖场内，1949 年水面约 1000 亩，属淡水湖。因湖畔临近朱家庙，湖边筑有朱家寨而得名。1971 年反帝沟开挖后，湖泊水位降低，部分改造成农田。2004 年，青铜峡市良种繁殖场将朱家湖 6 公顷湖区确定为垂钓观光景点。

青龙潜【Qīnglóng Pū】 在青铜峡市区小坝利民西街北，惠农渠东。2003 年在沼泽基础上建成，占地面积 10245 亩，属淡水湖，水源为惠农渠水和地下水，由青铜峡市人民政府批准命名。

青逸湖【Qīngyì Hú】 在青铜峡市区小坝汉坝东街，2011 年开挖，占地 5200 亩，属淡水湖，由青铜峡市人民政府批准命名。

沙湖【Shā Hú】 在青铜峡市邵岗镇沙湖村境内，因湖边有沙地，故名。沙湖属淡水湖，湖水面积约1200亩，产芦苇，是该村经济收入的来源之一。

惠安堡盐湖【Huì'ānpǔ Yánhú】　宁夏最大盐湖。在盐池县惠安堡镇。分南、中、北3池。长7公里，平均宽2.4公里，最宽4公里，面积16.8平方千米。矿化度大于5克/升。当代食盐逐步枯竭，1965年后停止开采，但底部仍有盐根。

小盐池【Xiǎoyán Chí】　在盐池县惠安堡盐池村，现已沼泽化。略呈矩形，东西长5公里，南北宽3公里，面积15平方千米。矿化度大于5克/升。采盐历史悠久，至明代最为繁盛，后渐衰落。

高墩湖【Gāodūn Hú】　在中卫县西园乡，东南距城关镇7公里，泉水聚成。椭圆形，面积0.866平方千米。平均水深0.7米，最大水深1.3米。蓄水量60.6万立方米。矿化度2克/升。pH值8。

腾格里湖【Ténggélǐ Hú】　位于腾格里沙漠的东南边缘，中卫市城区西北6公里，距国家5A级景区沙坡头14公里；西北又与沙漠草原通湖、水稍子旅游区相连。水域面积近10000亩。系由沙漠中的洼地和地下水形成。

干盐池【Gānyán Chí】　在海原县盐池乡，位于西华山与黄家洼山之间。盐湖。长1.1公里，平均宽0.54公里，最宽0.8公里，面积0.6平方千米。水深0.32米。含盐量8.76~14.1克/升。有小型盐场，产食盐和芒硝。

海子堰【Hǎizi Yàn】　在海原县李俊乡海子村。堰塞湖。长1.8公里，平均宽0.2公里，最宽0.3公里，面积0.367平方千米。平均水深4米，最大水深8米。蓄水量147万立方米。矿化度1.3克/升。pH值9.4。氯化物类镁组Ⅱ型水。1954年后5次加高扩建成水库，库容500万立方米。

西吉震湖【Xījí Zhèn Hú】　原名党家岔堰，宁夏最大的地震堰塞湖，形成于1920年海原8.5级大地震。在西吉县苏堡乡党家岔村。长3.11公里，平均宽0.6公里，面积1.87平方千米。平均水深12米，最大水深30米。蓄水量1120万立方米。透明度0.75米。矿化度9.4克/升。pH值9.2。氯化物类镁组Ⅲ型水。湖中多鱼，其中的彩鲫为世所罕见。1978年建成防震、防洪及排水渠道工程。2006年12月，国家地震局命名为"西吉县党家岔地震滑坡堰塞湖遗址"。其周边尚有10多个堰塞湖，皆因同年地震形成。

三、泉井

泉水为地下水天然露头。按补给来源和成因分为上升泉和下降泉，按矿化度分为淡水泉、咸水泉和高矿化泉，按水温分为冷泉和温泉。含特殊化学成分时，可成为饮用或医疗矿泉。宁夏泉水多沿断裂分布。矿化度与地层含盐量有关。淡水泉多分布于贺兰山东麓。咸水泉和高矿化泉见于膏盐地层广布的南部和中部地区，出露于下白垩统六盘山群中的固原县硝口泉和西吉县沙沟乡臭水河泉矿化度分别达 134 克/升和 58 克/升，是宁夏矿化度最高的泉。全区已发现小口子泉、庙山湖泉等含锶饮用天然矿泉 10 余处。温泉不多，主要分布在六盘山区与贺兰山东麓，皆属低温泉。泉水流量一般较小，＞1000 吨/日者仅 9 处。

暖泉【Nuǎn Quán】　在平罗县崇岗镇下庙村。山前洪积扇前缘溢出泉。100 米内 3 个泉眼呈三角形分布。单泉涌水量 161 吨/日。水温 13.5℃。矿化度 0.3 克/升。pH 值 8。重碳酸盐类钙组 Ⅱ 型水。经国家鉴定其中一眼泉为含锶饮用天然矿泉，并含锂、锌、溴、偏硅酸、硒等微量元素和组分。

小口子泉【Xiǎokǒuzi Quán】　在银川市西夏区贺兰山滚钟口沟内。基岩裂隙下降泉。50 平方米内出露 3 个泉眼。单泉涌水量 25 吨/日。水温 9～12℃。矿化度 0.34 克/升。pH 值 7.8。重碳酸盐类钙组 Ⅲ 型水。经国家鉴定为含锶饮用天然矿泉，并含铁、锌、锂、溴、偏硅酸、硒等微量元素和组分。1992 年银川清真糖果厂开发，取名"滚钟牌"矿泉水。

金塔泉【Jīntǎ Quán】　又名井子泉。在永宁县西部贺兰山东麓榆树沟口。断裂带中人工揭露泉。涌水量 1250 吨/日。水温 9～10℃。矿化度 0.51 克/升。pH 值 7.6。重碳酸盐类镁组 Ⅲ 型水。含氟量 0.4 毫克/升。含锌、偏硅酸等元素和组分。

卧牛泉【Wòniú Quán】　又名鸽子山泉。在青铜峡市西部鸽子山。断层上升泉。100 米内出露 11 个泉眼，总涌水量 1460 吨/日，单泉最大涌水量 432 吨/日。水温 19℃。矿化度 1.2 克/升。pH 值 7.9。硫酸盐类钠组 Ⅱ 型水。含溴、碘、锌、氟等元素。

庙山湖泉【Miàoshānhú Quán】　在青铜峡市西部庙山湖。断层上升泉。50 米内出露 8 个泉眼，总涌水量 2760 吨/日。水温 16～17℃。矿化度 1.2 克/升。pH 值 7.8。重碳酸盐类钠组 Ⅱ 型水。经国家鉴定其中一个泉为含锶饮用天然矿泉，并含锂、锌、溴、碘、偏硅酸、硒、游离二氧化碳等微量元素和组分。1992 年青铜峡市矿泉水公司开发，取名"清源牌"矿泉水。

马踩泉【Mǎcǎi Quán】　在盐池县高沙窝乡兴武营南长城边。下降泉。涌水量 300 吨/日，水量不稳定，1987 年曾干枯。水温 9℃，矿化度 4.7 克/升。pH 值 7.7，氯化物类钠组 Ⅲ 型水。

铁柱泉【Tiězhù Quán】　在盐池县冯记沟乡。上升泉。明代时"水涌甘洌"，"套虏每至，必饮马驻牧"，"日饮数万骑弗之涸"，"四周空闲肥沃地土又广"。1994 年涌水量仅 89.8 吨/日，水温 10℃。矿化度 2.79 克/升。pH 值 7.3。硫酸盐类钙组 Ⅲ 型水。含氟量 1.4 毫克/升。含铁、锌等元素。此后涌水量逐年减少，现已枯竭。

红泉【Hóng Quán】　在中卫县红泉乡香山主峰香岩寺之北。断层上升泉。涌水量

20 吨/日。水温 11～13℃。矿化度 2.2 克/升。pH 值 7.6。氯化物类镁组Ⅲ型水。含氟量 1.6 毫克/升。含铁、锌、铬等元素。

滚泉【Gǔn Quán】　在吴忠市扁担沟乡牛首山南麓。构造上升泉。1994 年涌水量 85.1 吨/日，水温 16.5℃，矿化度 1.34 克/升。pH 值 7.9。重碳酸盐类钠组Ⅱ型水。含氟量 2 毫克/升。含铁、锌等元素。此后涌水量逐年减少，现已枯竭。

太阳泉【Tàiyáng Quán】　又名暖泉。宁夏最大苦水泉。在同心县韦州镇青龙山北端太阳山。断层上升泉。20 米内出露 4 个泉眼，总涌水量 6000 吨/日。水温 18～21℃。矿化度 4.21 克/升。pH 值 7.7。氯化物类钠组Ⅱ型水。

红城水泉【Hóngchéngshuǐ Quán】　在同心县下马关镇，地名红城水，罗山东麓，唐《元和郡县图志》称"有铎乐泉水甚甘"。断层下降泉。100 米内出露 10 余个泉眼，总涌水量 2540～3420 吨/日，水温 11℃。水质优，矿化度 0.69 克/升，pH 值 8.1，硫酸盐类镁组Ⅱ型水，含氟量 1.8 毫克/升。含铁、锌、铬、砷等元素。

鸭儿涧【Yā'ér Jiàn】　宁夏最大淡水泉。位于海原县南华山北坡。侵蚀泉群。沿山涧分布约 100 米。总涌水量 12000 吨/日，单泉流量 1050 吨/日。水温 10℃。矿化度 1.23 克/升。pH 值 8。硫酸盐类镁组Ⅱ型水。含铁、铬、氟等元素。

臭水河泉【Chòushuǐhé Quán】　在西吉县沙沟乡，中河支流臭水河右岸。断层上升泉。出露于下白垩统六盘山群马东山组。有多个泉眼，分布面积数百平方米。总涌水量 4580 吨/日，水量稳定。水温 14～15℃。矿化度 58 克/升。具浓烈硫化氢味和黄白色粉末状硫化物沉淀。严重污染河水及下游寺口子水库。

硝口泉【Xiāokǒu Quán】　宁夏矿化度最高的泉。在固原县中河乡硝口村，位于六盘山北端、清水河支流冬至河上游。断层上升泉。出露于下白垩统六盘山群马东山组。有多个泉眼，分布面积约 900 平方米。总涌水量 1920 吨/日。水温 25℃。矿化度 134 克/升。pH 值 9.1。硫酸盐类钠组Ⅱ型水。具浓烈硫化氢味和黄白色硫华、硅灰华、朱砂、硫酸钙及其他黑色硫化物沉淀。产芒硝。

西海子【Xīhǎizi】　在固原市原州区红庄，水面约 2 公顷。明正德十年，由总兵官赵文开凿导水入城中洴池。民国《固原县志》载："即西朝那湫……在县西四十里，广三里，阔一里，深邃莫测，流波为海子河。"

龙王泉【Lóngwáng Quán】　又名龙王池。在隆德县城东莲花塬下。向斜构造自流泉。涌水量 500 吨/日。水温 8.5℃。矿化度 0.6 克/升。pH 值 7.7。味甘甜。隆德县城关镇居民主要生活水源和原县酒厂酿造用水。

北联池【Běilián Chí】　在隆德县北观庄乡前庄东山顶，水面约 20 亩。康熙《隆德县志》称灵湫。明清称北联池，当地口音叫作"北乱池"。水源为六盘山岩层渗水。三面环山，形如火山口。传说深不见底。北岸有元代所建寺庙。

楼房沟泉【Lóufánggōu Quán】　在泾源县黄花乡楼房沟村。出露于六盘山群李洼峡组构成的向斜核部。含硫化氢硫酸钠型低温医疗矿泉。涌水量 163.4 吨/日。水温23.7℃。硫化物总量（以气体含量计）4.01 毫克/升。含锂、锶、溴、碘、硼等 17 种微量元素。矿化度 1.9 克/升左右。总硬度 14.51～15.01 毫克/升。pH 值 9.2。

第四节　台地、沙地

陶乐台地【Táolè Táidì】　鄂尔多斯高原西缘部分。位于旧陶乐县东部，故名，今大部属平罗县，南段属银川市兴庆区月牙湖乡。西临黄河，南接灵盐台地。中生代时台地是鄂尔多斯盆地的一部分，新生代隆起。南北长 93 公里，东西宽 5 公里，面积 442.6 平方千米。海拔 1200 米左右。高出银川平原百余米。多被流沙覆盖，环境恶劣，以新月形沙丘和链状沙丘为主的流动沙丘面积占 38%。沙丘高度 4～10 米，偶有丘间洼地集水成湖，水质较好。草原带沙生植被为主。台地南部月牙湖乡近 20 年安置海原、彭阳县贫困乡村吊庄移民，修建扬水工程，整理水浇地，人进沙退。

灵盐台地【Língyán Táidì】　又称灵盐缓坡丘陵。鄂尔多斯高原西南一隅。位于灵武市东部和盐池县中北部，故名。西邻银川平原，北接毛乌素沙地和陶乐台地，南连黄土丘陵。面积 8700 平方千米。海拔 1300～1700 米。盐池山地与灵武东山之间地势较低，并被东西向王乐井黄土分水岭分为南北两部分。平岗与宽谷相间。宽谷中散布小湖、盐池。惠安堡盐湖是宁夏最大盐湖。沙丘、沙地广布，且多集中成沙带，如横城—大处湖沙带、灵武—磁窑堡沙带。年降水量 300 毫米以下，地表径流和地下水源稀少，且含氟量高。植被为荒漠草原和草原带沙生植被。是宁夏甘草和滩羊主要产地。矿产有煤、石油、天然气和食盐、芒硝等。煤炭储量丰富，宁东含煤区是全国特大型煤田之一。长城蜿蜒于北缘。有水洞沟旧石器时代晚期文化遗址和鸳鸯湖、哈巴湖、张家场等细石器文化遗址。

灵盐陶台地【Língyántáo Táidì】　灵盐台地与陶乐台地的合称。宁夏地貌的一个分区。见灵盐台地、陶乐台地。

宁南黄土丘陵【Níngnán Huángtǔ Qiūlíng】　黄土高原的一部分。位于宁夏南部，属黄土高原，其间丘陵间布，故名。分布于麻黄山北缘—青龙山、罗山、烟筒山、香山等山地南缘一线以南的广大地区。面积 16081 平方千米，占宁夏国土面积的 1/4。海拔1700～2100 米。沟壑纵横，切割剧烈，水土流失严重，生态环境脆弱，生产力水平很低，是中国极贫困地区之一。其西部的葫芦河流域属"陇中山地与黄土丘陵区"，黄土堆积在第三系红岩丘陵之上，滑坡极为发育。滑坡体阻塞河道而成的堰塞湖较多。葫芦河西以梁峁丘陵为主。葫芦河东以梁状丘陵为主。六盘山脉以东的清水河流域与泾河流域属"陕北黄土高原与丘陵"的西缘，黄土堆积始于中更新世。黄土堆积前之古地形一为丘陵，如清水河以西地区；一为山地，如清水河以东地区；一为台地或准平原，如彭阳县境的泾河流域。现今黄土地貌继承了古地形的基本特征。彭阳县是宁夏黄土塬最多的地区。属中温带半干旱或半湿润区。自南而北植被为草甸草原、干草原和荒漠草原，干草原面积最大。同心、海原一带蕴藏丰富石膏。

中卫沙区【Zhōngwèi Shāqū】　腾格里沙漠东南缘部分。宁夏最大的沙区。位于旧中卫县北部，故名。西起孤山子，东至胜金关，南界黄河与北干渠，北界卫宁北山，面积 695 平方千米。除上茶房庙、孤山子地区有部分固定、半固定沙丘外，其余地区均为流动沙丘，并以新月形沙丘、新月形沙丘链、格状沙丘为主。沙丘高度一般 10～20 米，最高 30 米。沙丘平均以每年 2～5 米的速度向东南移动。沙漠前缘丘间洼地和湖泊较多，地下水埋深一般 1 米左右。沙坡头以东沙丘覆盖在黄河 I、II 级阶地上。20 世纪 50 年代以后，沙坡头地区经过历年造林、种草等综合措施的治理，流沙侵袭得到控制，生态环境显著改善，成为闻名中外的治沙典型和科研、教学基地，经 1983 年 6 月 5 日宁夏回族自治区人民政府二十三次常务会议批准，被列为自治区级自然保护区，1994 年成为国家级自然保护区。

平原沙区【Píngyuán Shāqū】　分布于银川平原西部、贺兰山山前洪积平原与黄河冲积平原之间的过渡地带。由平吉堡沙地、金山沙地、鱼湖沙地、镇朔湖—高庙湖沙地及灵沙沙地等组成。自南而北，沙地规模逐渐减小。沙丘链的垂线方向和新月形沙丘弧顶的法线方向与贺兰山主要山谷或风口对应。以新月形沙丘和沙丘链为主，高 1 米至数米。位于插旗口洪积扇前缘的金山沙地，覆盖在 5910±95 年的湖积层之上。近 30 年来，以上沙地面积大幅缩减，多数已变为耕地或葡萄种植园区。

平吉堡沙地【Píngjípǔ Shādì】　又称芦草洼沙窝。属平原沙区。位于永宁县中部，向北延入银川市郊区。被新开渠、唐徕渠、西干渠、东支渠包围。平原沙区中最大的沙地，面积 123 平方千米，流动沙丘占 60%，平铺沙地占 40%。以新月形沙丘和链状沙丘为主，高 3～5 米，最高 7 米。丘间洼地地下水埋深一般 2 米左右。草原带沙生植被，主要植物有沙蒿、苦豆子、甘草等。有两个林场。20 世纪 90 年代后，实行吊庄扶贫，将泾源县贫困乡村民户整体搬迁至此，平田整地，开渠引水，沙地多已变成良田。

河东沙区【Hédōng Shāqū】　分布在灵盐陶台地及银川平原黄河东岸地区。面积 275 平方千米以上。包括红崖子—月牙湖沙带、横城—大处湖沙带和灵武—磁窑堡沙带。沙区中固定、半固定沙丘面积是流动沙丘面积的 3 倍左右。流动沙丘类型有新月形沙丘、链状沙丘和蜂窝状沙丘等。就地起沙型，沙源有基岩风化沙、沟谷沉积沙及黄河冲积沙等。形成时代各地不一，西部较早，出现于晚更新世末期，逐渐向东南扩展。

红崖子—月牙湖沙带【Hóng'áizi – Yuèyáhú Shādài】　属河东沙区。在平罗县红崖子、兴庆区月牙湖乡东部，沿黄河冲积平原东缘和陶乐台地呈南北向分布，向东与鄂尔多斯高原面上的毛乌素沙地相连。南北长60余公里，红崖子—陶乐镇一带东西宽20~25公里，面积超过125平方千米。以链状沙丘和新月形沙丘为主，台地上分布有蜂窝状沙丘。沙丘高度3~15米，丘间洼地分布较多湖泊，水质较好。草原带沙生植被。近30年来，通过移民开发，沙地面积大幅缩减。

横城—大处湖沙带【Héngchéng – Dàchǔhú Shādài】　属河东沙区。分布于灵盐台地北缘，沿长城作北西—南东向延伸75公里。面积90平方千米以上。长城北侧流动沙丘连片分布，边缘以新月形沙丘为主，高1~3米；中心地带新月形沙丘链增多，高4~5米。长城南侧沙丘沿拗谷、洼地散状分布，新月形沙丘为主，高1.5~5米。在水洞沟，沙丘覆盖于晚更新世湖积层之上。

灵武—磁窑堡沙带【Língwǔ – Cíyáobǔ Shādài】　属河东沙区。分布于灵盐台地北部，沿叶军公路南侧东西向延伸50余公里，面积60平方千米以上。猪头岭以西称柳毛子沙窝，蜂窝状、链状沙丘为主，连绵起伏，高大密集，沙丘最高达60余米。猪头岭以东称白芨滩沙带，以新月形沙丘和链状沙丘为主，高2~7米。丘间洼地多湖沼草滩。地下水埋深1~2米，淡水。白芨滩是灵盐台地上少有的地下淡水水源地，建有白芨芨滩林场，以人造林改造沙地效果明显。

第五节　自然保护区

贺兰山自然保护区【Hèlánshān Zìránbǎohùqū】　地处西北边缘贺兰山的中段，跨石嘴山市惠农区、大武口区、平罗县及银川市的西夏区、贺兰县、永宁县。西坡属于内蒙古自治区，东坡属于宁夏回族自治区。位于东经105°49′~106°41′，北纬38°19′~39°22′。南北长170公里，东西宽20~40公里。1980年国务院规定贺兰山为重点水源涵养林区。1982年宁夏回族自治区四届人大四次会议批准其为区级自然保护区，1988年国务院批准为国家级自然保护区，面积20.63万公顷。2011年，国务院批复将保护区面积调整为19.35万公顷。植被以常绿针叶林为主，有野生维管植物约690种，其中，国家级保护植物有沙冬青、野大豆、蒙古扁桃、羽叶丁香、裸果木5种；特有种和特有变种17种。野生动物180余种，其中国家级保护动物有林麝、马鹿、盘羊、蓝马鸡、松雀鹰、胡兀鹫、白尾鹞、游隼、大鸨等15种。

六盘山自然保护区【Liùpánshān Zìránbǎohùqū】　地处 312 国道公路以南之大关山南段，位于东经 106°09′～106°30′、北纬 35°15′～35°41′，横跨泾源县、隆德县及原州区。1980 年国务院确定六盘山为黄土高原重要水源涵养地。1982 年宁夏回族自治区四届人大四次会议决定建立六盘山自然保护区，1988 年国务院批准其为国家级自然保护区。保护对象为：黄土高原水源涵养林生态系统与珍稀物种。总面积 6.78 万公顷，植被以落叶阔叶林为基本特征，森林覆盖率达到 70%。物种资源丰富。有高等植物 113 科、382 属、788 种，其中，国家保护植物 4 种（胡桃、黄芪、桃儿七、水曲柳），特有种 3 种（紫穗鹅冠草、四花早熟禾、六盘山棘豆）。脊椎动物 213 种，其中，国家一、二类保护动物有金钱豹、林麝、红腹锦鸡、勺鸡、金雕等 14 种，在"中日候鸟协定"中受到保护的鸟类有草鹭、绿翅鸭、青头潜鸭、白尾鹞、燕隼、林鹬、大杜鹃、长耳鸮、白腰雨燕、角百灵、金腰燕等 34 种。

罗山自然保护区【Luóshān Zìránbǎohùqū】　地处宁夏中部同心县大罗山，长约 50 公里，宽约 25 公里。位于北纬 37°11′～37°25′，东经 106°04′～106°24′。总面积约 3.37 万公顷，其中核心区 9645 公顷，缓冲区 8787 公顷，实验区 15278 公顷。1982 年宁夏回族自治区四届人大四次会议批准为区级自然保护区，保护对象：山地森林生态系统及其自然综合体。植被以针叶林为主，有林地面积 0.121 万公顷，灌木林面积 0.081 万公顷，森林覆盖率 28.1%。有植物 274 种，野生动物 65 种。1987 年成立"宁夏回族自治区罗山自然保护区管理所"。但因多种原因，保护效果不明显，植被逆向演替的潜在危险很大。2002 年升为国家级自然保护区。此后，实行生态移民，将山麓农民迁走，生态系统明显好转。

沙坡头自然保护区【Shāpōtóu Zìránbǎohùqū】　第一个国家级沙漠生态类型自然保护区，闻名中外的治沙典型和科研教学基地。地处中卫市区西南 15 公里黄河左岸，腾格里沙漠边缘。保护区东起二道沙沟南护林房，西至头道墩，北接腾格里沙漠，南临黄河，长约 38 公里，宽约 5 公里，位于东经 104°17′～105°37′，北纬 36°59′～37°43′。1983 年经宁夏回族自治区人民政府二十三次常务会议批准为自治区自然保护区，1994 年 4 月国务院批准为国家级自然保护区。保护对象：铁路人工固沙工程与沙漠植被。年降水量 202 毫米，年平均风速 2.9 米/秒，最大风速 34 米/秒。有沙生和湿生两种自然植被类型。沙生植被主要植物有白芨柴、柠条、油蒿、猫头刺、沙枣、木蓼、花棒、臭蒿、棉蓬等，湿生植被主要植物有芦苇、马蒲、狼尾草等。人工林主要树种有小叶杨、箭杆杨、合作杨、刺槐、沙枣、柠条、沙拐枣、紫穗槐、梭梭、怪柳。1958 年包兰铁路建成后，在铁路两旁沙地用麦草、稻草铺设草方格沙障，造林种草，控制流沙侵袭，保证了铁路畅通，并逐渐形成一个较完整的沙漠生态系统。保护区治沙经验在全国沙漠化地区及全球 56 个国家和地区推广，并被联合国环境规划署授予全球环境保护 500 强单位称号。

云雾山自然保护区【Yúnwùshān Zìránbǎohùqū】　地处固原市原州区东北部 45 公里，位于东经 106°21′~106°27′，北纬 36°10′~36°17′。保护区范围全部在原州区境内，绝大部分属寨科乡。北起寨科乡吾尔朵，南至官厅乡的老虎嘴和前洼，东邻寨科乡庄洼梁，西至寨科乡沙河子。南北长 13.18 公里，东西宽 8.4 公里，总面积 6660 公顷。其中核心区面积 1700 公顷；缓冲区面积 1400 公顷；实验区面积 3560 公顷。1982 年固原县定为县级自然保护区，1985 年，经宁夏回族自治区人民政府批准为省级保护区。2013 年 6 月 4 日，经国务院批准，升为国家级自然保护区。是我国长芒草群系保留较完整的干草原草场。主要优势和建群植物有：长芒草、百里香、铁秆蒿、星毛委陵菜、艾蒿、香茅草等。经过多年保护，植被覆盖度和生物产量明显提高，保护区已呈现牧草丰茂、山峦起伏、一片翠绿的景色。

灵武白芨滩自然保护区【Língwǔ Báijītān Zìránbǎohùqū】　地处灵武市东北境，北与宁夏河东机场相毗邻，西距黄河 5~10 公里，位于东经 106°20′22″~106°37′19″，北纬 37°49′05″~38°20′54″。1953 年建灵武县白芨滩林场，1985 年灵武县人民政府将其定为自然保护区。1986 年批准为自治区级自然保护区，2000 年 4 月升为国家级自然保护区。保护区面积 6600 公顷，保护对象为天然柠条林及其种子基地，被林业部列入全国林木种子基地。

哈巴湖自然保护区【Hābāhú Zìránbǎohùqū】　地处盐池县中北部，黄土高原向鄂尔多斯台地过渡地带内。2006 年 2 月经批准为国家级自然保护区。保护区面积 8.4 万平方米，其中核心区 3.07 万平方米，缓冲区 2.23 万平方米，实验区 3.1 万平方米。主要保护对象是荒漠—湿地自然生态系统。地域上由三块组成，即南部湿地及珍稀动物分布区；东北部小叶锦鸡儿灌丛、麻黄、甘草群落和湿地及珍稀动物分布区；西北部天然沙柳灌丛，沙芦草、甘草群落和湿地及珍稀动物分布区。

宁夏南华山自然保护区【Níngxià Nánhuáshān Zìránbǎohùqū】　地处中卫市海原县，分布于县域中心部位，位于东经 105°31′~105°44′，北纬 36°20′~36°33′，南北宽 19.2 公里，东西长 26.4 公里，总面积 2.01 万公顷。其中核心区 6182 公顷，缓冲区 5235 公顷，实验区 8683 公顷。自 20 世纪 80 年代中期，南华山腹地的海原县已有水冲寺、五桥沟、灵光寺等林场。1993 年 10 月，海原县在南华山成立 10 万亩水源涵养林基地建设指挥部。1997 年，合并原南华山牧场，成立南华山水源涵养林总场。2004 年底，宁夏回族自治区人民政府批准成立海原县南华山区级自然保护区。2014 年 12 月 5 日，经国务院批准，晋升为国家级自然保护区。

火石寨丹霞地貌自然保护区【Huǒshízhài Dānxiádìmào Zìránbǎohùqū】　地处西吉县

北部的火石寨乡境内，位于东经 105°40′~105°50′，北纬 36°04′~36°11′，北邻南华山，东、南与六盘山相连。平均海拔 2200 米左右，最高峰黄圈山 2494.8 米，最低处海拔 1800 米，沟谷相对高差一般在 300 米左右。2002 年，宁夏回族自治区人民政府批准建立自然保护区。2009 年，国土资源部批准为国土资源科普基地。2013 年 12 月 25 日，国务院批准为国家级自然保护区。范围：南北长 17 公里，东西宽 10 公里，总面积 9795 公顷，其中核心区 2638 公顷，缓冲区 2086.9 公顷，实验区 5070.1 公顷。保护区以典型的丹霞地貌著称，是我国迄今发现海拔最高、北方规模最大的丹霞地貌群，具有"大、多、长、密、厚"的特征。

青铜峡库区湿地自然保护区【Qīngtóngxiá Kùqū Shīdì Zìránbǎohùqū】　总面积为 190 平方千米，区域构成为：中宁县 27.3 平方千米，占总面积的 14.4%，其中白马乡 3.9 平方千米、石空镇 4.5 平方千米、鸣沙镇 16.3 平方千米、宁安镇 2.6 平方千米；国营渠口农场 6.4 平方千米，占总面积的 3.3%；青铜峡市涉及青铜峡镇及峡口镇共 156.3 平方千米，占总面积的 82.3%。核心区 76.7 平方千米，占 40.4%；缓冲区 36.0 平方千米，占 19.0%；实验区 77.3 平方千米，占 40.6%。保护区北边界以青铜峡水利枢纽工程为界，向东西两边山脊延伸。西边界以现有围栏为界进行了勘界，没有围栏的区域以原边界附近的道路、沟渠进行勘界校准。南边界基本维持原有边界，即以华夏特钢 330 千伏线路为界。东边界以现有长鸣干渠为主的农灌渠、南河、白新路等为界。

第三章 交通运输设施

第一节 公 路

一、国道

（一）国家高速公路

京藏高速【Jīngzàng Gāosù】 即北京—拉萨高速公路，编号 G6，简称京藏高速，系国家高速公路网中首都北京的 7 条放射线之一，经北京、河北、内蒙古、宁夏、甘肃、青海、西藏 7 省区市，全长 3724 公里。其中宁夏段 353 公里，走向从北至西南，由宁蒙省界麻黄沟入境，经惠农、平罗、贺兰、银川、永宁、吴忠、中宁、桃山口、兴仁堡，在郝家集入甘肃境，其中银川至吴忠市滚泉段与 G70 福银高速公路共线。G6 宁夏段建设历时 7 年，主线由姚叶高速、麻姚高速、叶中高速、中郝高速等工程项目构成。首先建设的是姚（伏）叶（盛）高速公路工程，1997 年 4 月 28 日开工，全长 84.26 公里，2000 年 6 月 30 日通车。最后完成的是中宁至郝家集段，2003 年 11 月 28 日实现全线通车。整个线路，设计车速 100 公里/小时，桥涵车辆荷载为汽车 20 吨、挂车 120 吨，按地震烈度 8 度设防；路基宽 25 米左右；设中央隔离带，双向 4 车道；全封闭；路面采用沥青混凝土结构。全线有特大桥 1 座，大桥 10 座，中小桥 52 座，设互通式立交桥 6 座，分离式立交桥 9 座。此路是银川北达京、冀、蒙，西南通甘、青、藏的快速通道，缩短行车时间一半，在宁夏交通网络构架中起高屋建瓴的作用，对发展经济、加快人流物流速度有重大意义。银川段又是宁夏第一段高速公路，故有"塞上江南第一路"之誉。京藏高速原来全部为 4 车道。使用十多年后，交通量逐步上升，故从 2016 年开始拓宽改建：从宁蒙省界至吴忠市滚泉 170.9 公里，改建为 8 车道高速公路，路基拓宽至 41 米；滚泉互通立交桥至桃山岔口互通立交桥段 72.1 公里，改建为 6 车道，路基宽度 33.5 米。改建工程计划于 2020 年完成。

青银高速【Qīngyín Gāosù】　即青岛—银川高速公路，编号 G20，简称青银高速，系国家高速公路网中的横干线之一，途经山东、河北、山西、陕西、宁夏 5 个省区，全长 1610 公里。其中宁夏段 141 公里，起于盐池县东与陕西定边县交界地王圈梁，向西经盐池县城、高沙窝、宁东镇、河东机场，西跨黄河，止于银川市兴庆区清和街之东 900 米，分两段建设：西段原为银古一级公路，西起银川市东环路之东 900 米，东止灵武市古窑子，长 48.4 公里，采用平面交叉，局部封闭。设计车速 100 公里/小时，4 个车道，设中央分隔带。路基宽 23 米。沿线有跨黄河大桥 1 座长 1219.9 米，中桥 11 座共长 721.33 米，小桥 13 座共长 263.66 米，涵洞 138 道总长 4224 米。1991 年 6 月 10 日开工，1994 年 7 月 1 日竣工通车。2002 年 6 月 22 日（开工日期），在原一级路的基础上改建高速公路，于 2003 年 8 月 23 日建成通车。改建后的银川东郊至黄河大桥 14 公里为双向 6 车道高速公路；其余为双向 4 车道；设计车速 100 公里/小时。东段起于灵武市古窑子，止于宁陕交界的王圈梁，长 92.6 公里，是宁夏首次利用世界银行贷款的公路建设项目。1999 年 3 月 8 日开工建设，2001 年 9 月 28 日通车，全部为双向 4 车道。工程的招标、施工管理、质量监理，执行国际通行的"菲迪克条款"，对宁夏公路工程与国际标准接轨具有示范作用。高速公路通车后，形成宁夏首府银川市的东向出海快速通道，也是银川市至河东机场的唯一通道，连接京藏高速及国道 110 线、109 线、211 线、307 线，充分发挥主骨架公路的作用，对于加强西北内陆和东部沿海之间的资源互通，促进沿线地区的经济发展发挥着巨大作用。

银川绕城高速【Yínchuān Ràochéng Gāosù】　由已建成的京藏高速公路银川段（东环）、银古高速公路银川过境段（南环）及银川绕城高速公路西北段组成，全长 78.81 公里，国家高速路网编号 G0601。其中：东环 18.4 公里，利用京藏高速公路，于 2000 年 6 月 30 日通车；南环 22.7 公里，是青银高速公路的延伸段，从望远镇白鸽村向西延伸至平吉堡，2003 年 8 月 23 日建成通车；西北环 37.69 公里，南起西夏区平吉堡，经园艺场、农牧场，折向东经西湖农场止于贺兰县接京藏高速公路，2008 年 8 月底建成通车。为双向 4 车道高速公路，路基宽 26 米，设计行车时速 100 公里。设置阅海特大桥 1 座，出入口 15 个。银川绕城高速公路的建成，对银川经济社会发展意义重大：形成出入市区的免费快速通道，从任何一个地方，可以就近出入高速公路；环内面积 400 余平方千米，与大银川主城区远景规划相适应；连接京藏、青银、乌玛 3 条国家高速公路及多条国道、省道，形成高速公路枢纽及向四面八方辐射的路网。

福银高速【Fúyín Gāosù】　原称银川至武汉高速公路。2007 年 7 月 3 日，纳入国家高速公路网，全称福州—银川高速公路，简称福银高速，编号 G70。路线起自福州，经福建、江西、湖北、陕西、甘肃、宁夏，止于银川，全长 2485 公里。福银高速公路宁夏境内全长 393 公里。中宁至银川段与京藏高速公路共线 180 公里。新建桃山口至沿川子段长 213 公里，途经同心县城、海原县东部、原州区、泾源县，至沿川子入甘肃省平凉市，于 2011 年底建成通车。全线为双向 4 车道，设计时速 100 公里。其中固原市原州区、泾源县境内段属六盘山区，山大沟深，桥隧密接，有三十里铺、牛营子、大湾、什字、刘家沟、堡子山 6 座隧道，特大桥 1 座，大桥 56 座。在 2015 年交通运输部批复京藏高速公路 G6 改扩建工程初步设计中，从滚泉互通立交经红寺堡至桃山口立交段为改线新建路段，原来共线的桃山口立交至滚泉立交段计入福银高速公路。据此，福银高速宁夏段实际里程变为 289 公里，形成至东南沿海的快速通道。

定武高速【Dìngwǔ Gāosù】 即定边至武威高速公路，是国家高速公路网青银高速公路（G20）的重要联络线，编号为 G2012，全长 481 公里。其中宁夏境起自青银高速盐池县互通式立交桥，经马儿庄、红寺堡、中宁、中卫、沙坡头、孟家湾，在中卫市沙坡头区营盘水出境，境内长 300.3 公里，分三段分期建成。第一段起自盐池县城，经青山、惠安堡、红寺堡，止于中宁县恩和镇，与已建成的京藏高速公路相连，长 160.3 公里，2008 年 8 月底建成通车。大部分路段穿行在地广人稀的荒漠或草原，生态环境极为脆弱。在设计上采用分离式路基，取消中央分隔带及两侧护栏，尽量减少挖方、填方，使路面与草原融为一体，保护、改善了沿线生态环境，被评为"2011 中国建筑业最具创新示范工程"。第二段中宁至孟家湾，长 62.88 公里，2006 年 10 月 14 日建成通车，控制性工程为沙坡头黄河特大桥，全长 1341.5 米。第三段孟家湾至营盘水宁甘省界，长 60.29 公里，2010 年 11 月 23 日建成通车。全线采用双向 4 车道高速公路标准，设计时速 100 公里。这条联络线的建成，使新疆、甘肃河西走廊与华北、陕北的交通更为捷近，不再绕道兰州、西安，减少行程近 300 公里。

银昆高速【Yínkūn Gāosù】 北起银川，南止昆明，国家高速公路编号 G85，是国家高速公路网南北纵线中的一条，原规划为重庆至昆明，后将起点北延至银川。途经甘肃、陕西、四川、重庆、云南，全长 2322 公里。银昆高速公路宁夏段全长 360 公里，起点银川，途经河东机场、灵武市、太阳山、彭阳县，在高寨塬入甘肃境。其中：银川至石坝段与青银高速公路共线 22.6 公里、石坝至太阳山段 100.4 公里已建成通车；太阳山至彭阳段 237 公里（宁甘交界）尚在设计中。银昆高速是宁夏"三环八射九联"公路网的重要组成部分，连接 S202 线、G327 线、S70 线。

青兰高速【Qīnglán Gāosù】 即青岛—兰州高速公路，属国家高速公路网中 18 条横线的第 6 条，编号 G22，途经山东、河北、山西、陕西、甘肃、宁夏，全长 1795 公里。宁夏境内长 67 公里，由两段组成，其中泾源县沿川子至东山坡段与福银高速公路共线 17 公里；东山坡至隆德县毛家沟段长 50.29 公里为新建路段。由于六盘山南北向横亘于路线中间，为穿越六盘山，在海拔 2200 米处设六盘山特长隧道一座，长 9485 米。2016 年 7 月 3 日建成通车。

乌玛高速【Wūmǎ Gāosù】　即乌海至玛沁公路，是国家公路网规划中横线荣成到乌海高速公路（G18）的一条联络线，编号 G1816，北起内蒙古乌海市，经银川、兰州至青海省东南部的玛沁县，简称乌玛高速公路。其中宁夏段 370 公里，是自治区"三纵九横"干线公路网规划中"西纵"的组成部分，由五段构成：第一段是宁蒙省界麻黄沟至石嘴山市大武口区 96 公里，正在做前期工作；第二段是大武口区至银川高速公路，起自石嘴山市世纪大道，终点接银川绕城西北环上的文昌枢纽互通立交，2009 年 3 月开工建设，2010 年 11 月建成通车，长 41.88 公里。按全封闭、全立交的 4 车道高速公路标准设计，设计时速每小时 100 公里。第三段是银川至青铜峡高速公路 60 公里，起自银巴高速黄羊滩枢纽互通立交南 1.17 公里，与银巴高速相接，终点位于青铜峡铝厂互通立交南侧 2.5 公里。4 车道，设计时速每小时 100 公里。2013 年 9 月开工建设，2015 年 10 月建成通车。第四段是青铜峡铝厂至中卫市红卫 122 公里，正在做前期工作。第五段是中卫市红卫至宁甘省界营盘水 50 公里，使用已建成的 G2012 定武高速公路。宁夏段已通车的共 152 公里，其余待建。

乌银高速【Wūyín Gāosù】　是国家公路网规划中横线荣成到乌海高速公路（G18）的一条联络线，编号为 G1817。北起内蒙古乌海市，向南至阿拉善左旗，再折东越贺兰山入银川市，止于河东机场。全长约 220 公里，其中宁夏境内 56 公里，分为两段：宁蒙交界的贺兰山头关至银川平吉堡立交 32 公里，于 2010 年 7 月 1 日开工，2011 年 11 月 28 日建成通车。平吉堡立交至河东机场 24 公里，尚在规划中。

（二）普通国道

北京—拉萨公路【Běijīng–Lāsà Gōnglù】　编号 G109，又名 109 国道。银川至惠农区段，属 1926 年冯玉祥入主西北所修宁（夏）包（头）汽车路，是宁夏公路之始。1932 年以银川市南门城楼为起点，向北称宁包公路，向南称宁兰公路。1954 年合称兰包公路。1981 年 11 月交通部规划公路网，确定为 109 国道，起自北京，经河北省涿鹿、蔚县，山西省大同，内蒙古东胜、鄂托克旗，然后由石嘴山黄河大桥进入宁夏，再经银川、兰州、西宁，止于拉萨市，全长 3848.547 公里。宁夏段共长 340.581 公里，北起石嘴山黄河大桥，经当时的石嘴山区、惠农县城、平罗县城、贺兰县岔口，过银川市东郊、永宁县城、青铜峡市、石空，由中宁黄河大桥过黄河，再向南经桃山岔口、兴仁堡，在郝家集入甘肃省。

109 国道过境段历经多次改建、拓宽。目前，全线多数为二级沥青路，银川市的贺兰至永宁段及平罗县城、青铜峡市区、中宁县城过境段为一级沥青路。109 国道对宁夏经济社会发展意义重大,穿过富庶的宁夏平原,沿线人口密集,城镇众多,经济繁荣,虽有京藏高速分流大量车辆,但日交通量始终居高不下,繁忙地段每昼夜在 7000 车次左右。

北京—青铜峡公路 【 Běijīng – Qīngtóngxiá Gōnglù 】 原名北京—银川公路,编号 G110,又名 110 国道。起自北京,出居庸关,经河北省宣化、张家口,内蒙古的呼和浩特、包头、乌海市,在麻黄沟入宁夏境,又经惠农区、大武口区,平罗县崇岗镇,沿贺兰山东麓,南止于银川市西夏区平吉堡,全长 1252.3 公里,其中宁夏境内 141.4 公里,全部为二级沥青路。2015 年 5 月 20 日,按全国路网规划,将其止点由平吉堡向南,利用沿山公路,延至青铜峡卡子庙接 109 国道,并更名为北京—青铜峡公路,境内共 201 公里,多数为二级沥青路,城市过境段皆为一级路。所过之地,工矿企业密布,有沙湖、西部影视城、西夏王陵、青铜峡黄河峡谷等 10 多个著名景区,既是旅游长廊,又是建筑材料运输线,因而每日车流量近万,以大型客货车居多。

银川—西安公路 【 Yínchuān – Xī'ān Gōnglù 】 编号 G211,又名 211 国道。起自兴庆区南门广场旗杆,1981 年规划线路为:向南经吴忠市,至灵武县石沟驿及盐池县的惠安堡、萌城入甘肃境,再经环县、庆阳、西峰入陕西,止于西安市,全程 644.4 公里。2000 年将起始段改为:先向东经青银高速,过银川黄河大桥,折向南至灵武市,至白土岗子与旧线合。其中宁夏境内 171.5 公里。全线多数为二级沥青路,银川市至灵武段为一级沥青路。

黄骅—银川公路 【 Huánghuá – Yínchuān Gōnglù 】 编号 G307,又名 307 国道。宁夏段前身为 1970 年修建的叶军公路,西起青铜峡市叶盛镇,过叶盛黄河大桥后东折,经灵武、盐池入陕北,又经绥德、吴堡,止于山西省军渡,故名叶军公路。1981 年定为 307 国道,东延至河北省黄骅市岐口镇,所以又曾简称岐银公路。2000 年改为东起河北黄骅港,西止银川市,全程 1346.5 公里。宁夏境内段从盐池县入境,经灵武市折向北至银川黄河大桥,西止银川市兴庆区南门广场,境内 175.6 公里。2015 年 5 月 20 日,自治区人民政府印发《省道网布局规划》,按全国路网规划 307 国道西段止点延至甘肃省山丹县的决定,将宁夏境内段走向改为:从陕宁省界王圈梁入境,向西经盐池县城、宁东镇、灵武市、叶盛、永宁县城、银巴路口、头关宁蒙省界,境内长 210 公里。

荣成—兰州公路 【 Róngchéng – Lánzhōu Gōnglù 】 国道编号 G309,东起山东省荣成市,经济南、河北邯郸、山西长治、陕西宜川、甘肃庆阳、宁夏固原,西止兰州市,全长 2280.1 公里。其中宁夏境内东起彭阳县马成河桥宁甘省界,经草庙、河川、固原市、中河、偏城、西吉县城,在郭家沟复入甘肃境,境内长 212.6 公里。309 国道的前身为"文化大革命"后期修建的"战备公路",东起陕西宜川,西止兰州,长981.53公里,线路不偏离北纬36°线5公里,只经过固原、西吉两座城市,在地图上宛如一条直线。宁夏段于1972年6月7日开工,1979年10月全线通车,当时为三级路,路面为渣油表面处治。进入2000年,固原市以东136公里路面已全部损坏,2009年后全线改建为二级沥青路。该县横贯宁夏南部,自建成以来,对贫困山区经济社会发展、商品及人员流通起到重要作用。

上海—霍尔果斯公路【Shànghǎi – Huò'erguǒsī Gōnglù】　国道编号G312,东起上海市,西止新疆霍尔果斯口岸,跨苏、皖、鄂、豫、陕、甘、宁等省、自治区,全长4672.3公里,是国道中最长的横干线,也是新丝路经济带、"新欧亚大陆桥"的组成部分。经甘肃平凉市在苋麻湾进入宁夏境,过三关口、瓦亭,越六盘山,再经隆德县、毛家沟出境,长67公里,全部为二级沥青路。建有六盘山隧道。

二、省道

(一) 省级高速公路

《宁夏省道规划》规划省级高速公路11条,共800公里。至2016年底,已建成或部分建成9条,共344.7公里,包括:盐池—红井子、李家庄—泾河源、石嘴山—平罗、古窑子—青铜峡、同心—海原、黑城—海原、固原—西吉、彭阳—青石嘴、滚泉—红寺堡项目。另有在建项目2个:泾河源—双圪垯梁、西吉—会宁,共60.2公里。

盐池—红井子高速公路【Yánchí – Hóngjǐngzi Gāosùgōnglù】　编号S15,南起盐池县城,北至鄂托克前旗红井子接内蒙古省道S216线(察汗淖尔至敖勒召其镇公路),长20.21公里,路基宽26米,设双向4车道,设计行车时速100公里。简称盐红高速。2012年3月8日开工,2014年1月11日建成通车。

泾源—华亭高速公路【Jīngyuán – Huátíng Gāosùgōnglù】　编号S25,长40公里。分两个项目实施:李家庄至泾河源27.85公里于2015年3月开工,2016年12月8日通车;泾河源至双圪垯梁段12.15公里,于2016年12月开工。全线有大桥20座,中小桥27座。路基宽24.5米,设双向4车道,设计行车时速80公里。建成后与甘肃省规划的S11省级高速公路相连接,成为宁夏最为便捷的南出口,对六盘山集中连片特困地区的旅游、扶贫开发有重要意义。

石嘴山—平罗高速公路【Shízuǐshān – Píngluó Gāosùgōnglù】　编号为S10,西起石嘴山市大武口区接乌玛高速,东至平罗县接京藏高速,长18公里,按全封闭、全立交、控制出入的4车道高速公路标准建设,设计行车时速100公里。2016年4月29日开工,计划工期 2 年。

古窑子—青铜峡高速公路【Gǔyáozi – Qīngtóngxiá Gāosùgōnglù】 东起灵武市古窑子，西经吴忠市金积镇，跨黄河至青铜峡市小坝镇，省级高速公路，编号 S12，是国道211 线的联络线，长 79.28 公里，路基宽 26 米，设双向 4 车道，设计行车时速 100 公里。修建于 2012 年。将灵武市的宁东能源化工基地与青铜峡新材料基地、牛首山工业园区、金积工业园区紧密连接，并与青银高速公路（G20）、京藏高速公路（G6）、定武高速公路（G2012）互通。

萌城—海原高速公路【Méngchéng – Hǎiyuán Gāosùgōnglù】 规划中的宁夏省级高速公路，编号 S40，长 150 公里。已建成同心至海原段高速公路 55.70 公里。东起同心县城新区，国道 344 线（原省道 101 线）与省道 103 线（海同公路）平面交叉处，西止海原县城，其中新建 48.34 公里，与福银高速共线 7.36 公里。采用双向 4 车道高速公路标准，设计行车时速 80 公里。沿线设大桥 33 座，中小桥 11 座，互通式立交桥 2 座。2015年 10 月 15 日开工，计划建设工期 27 个月。

寨科—海原高速公路【Zhàikē – Hǎiyuán Gāosùgōnglù】 是规划中的宁夏省级高速公路，编号 S50，长 150 公里。其中已建成海原新区至海原县城段，东起黑城接福银高速，西止海原县老城，长 52.4 公里。按双向 4 车道高速公路标准设计，行车时速 80 公里。2013 年 7 月 1 日开工建设，2015 年 12 月 30 日建成通车。其控制工程为赵家山隧道，长 1230 米。沿线有大桥 25 座，中小桥 7 座，互通式立交桥 3 座。

固原—西吉高速公路【Gùyuán – Xījí Gāosùgōnglù】 编号 S60，全长 94.55 公里。由两个项目组成，即固原至西吉高速公路，长 46.53 公里；西吉至会宁（宁甘界）高速公路，长 48.02 公里。前者已实施，东起固原市原州区六盘山机场南侧，西止西吉县城迎宾大道与原 S202 线平交处。全线按双向 4 车道高速公路标准设计，行车时速 80 公里。设特大桥 1 座长 1368 米，大桥 21 座，中小桥 15 座，互通式立交桥 2 座，长隧道 2 座共长 3643 米。2013 年 11 月开工，2016 年 12 月建成通车。

固原—彭阳高速公路【Gùyuán – Péngyáng Gāosùgōnglù】 宁夏省级高速公路，编号为 S70，长 60 公里。其中已建成彭阳至青石嘴高速公路 34.34 公里，其余青石嘴至固原段利用福银高速。路线起自彭阳县城西北的朝那桥头，终点接福银高速青石嘴立交。按 4 车道高速公路标准设计，行车时速 80 公里。2012 年 12 月开工建设，2015 年 9 月建成通车。

滚泉—红寺堡高速公路【Gǔnquán – Hóngsìpǔ Gāosùgōnglù】 西起京藏高速公路滚泉互通立交，东止盐中高速公路红寺堡互通立交，长 19.11 公里，按 4 车道高速公路标准建设，设计行车时速 80 公里。2008 年 11 月 25 日开工建设，2009 年 10 月建成通车。

（二）普通省道

1981 年，宁夏确定省道 7 条并长期执行。2015 年，将原有省道的线路、编号全部作废，重新颁定《宁夏省道规划》，计有普通省道 22 条，规划期为 2015—2030 年。现将此前的 7 条省道分述于后，新规划省道见表 3 - 2。

银华公路【Yínhuá Gōnglù】　省道编号 S101，北起银川市南门广场旗杆，经永宁县、叶盛黄河大桥、灵武市新华桥至吴忠市利通区，再经中宁县城、同心县、海原县李旺镇、固原市原州区、和尚堡、什字、泾源县城、泾河湾至双坨垯梁宁甘省界，南止于甘肃省平凉市华亭县。1932 年规划为宁（夏）平（凉）公路。1981 年 10 月交通部定为宁夏 101 省道，更名银（川）平（凉）公路。1997 年 5 月改今名，止点由甘肃省平凉市改为华亭县，总长 471 公里。

银巴公路【Yínbā Gōnglù】　省道编号 S102，起自银川市南门广场旗杆，向西经西夏区、平吉堡、头关出境，西越贺兰山，止于内蒙古阿拉善盟驻地巴彦浩特。全长 108 公里。宁夏境内 50 公里，多数已成为银川市城市道路。

石营公路【Shíyíng Gōnglù】　省道编号 S201。北起石嘴山市惠农区安乐桥，沿贺兰山东麓向南，经大武口区、银川市西夏区、永宁县闽宁镇、青铜峡市大坝镇、青铜峡火车站、中宁县石空镇、中卫市沙坡头及营盘水，止于甘肃省景泰县，全长 426 公里，其中宁夏境内 319.4 公里。全线多数为二级沥青路，有少量一级沥青路。

中静公路【Zhōngjìng Gōnglù】　省道编号 S201。北起中卫市，南经中卫黄河大桥、香山、兴仁堡，再南经海原县城、史店、沙沟、西吉县城、将台，至隆德县毛家沟出境，止于甘肃省静宁县，全长 346.4 公里，其中宁夏境内 335.4 公里，多数为三级沥青路，少数二级沥青路。

石平公路【Shípíng Gōnglù】　省道编号 S203。1997 年 5 月规划为石平公路，北起石嘴山市惠农区，跨石嘴山黄河大桥，沿黄河东岸向南经陶乐镇、兴庆区横城、灵武市及所属之白土岗子、盐池县惠安堡，同心县的韦州、下马关、豫旺、张家塬，固原县的甘城，彭阳县的王洼、草庙、彭阳县城，在高寨塬入甘肃境，止于平凉市，全长 550 公里，其中宁夏境内 520.207 公里。银川市、灵武市区过境段为一级沥青路，灵武市至太阳山开发区为二级沥青路，其余为三级沥青路。

陶左公路【Táozuǒ Gōnglù】　省道编号 S301。东起原陶乐县马太沟，西跨黄河，经平罗县城、平罗火车站、大武沟口入贺兰山，再经石炭井、宁蒙省界、宗别立至阿拉善左旗，全长 181 公里。宁夏境内 72.78 公里。

盐兴公路【Yánxīng Gōnglù】　省道编号 S302。东起盐池县与内蒙古鄂托克前旗交界地红井子，向南经盐池县城，折向西经王乐井、冯记沟、惠安堡，再经红寺堡、桃山岔口，止于兴仁堡，长 216.1 公里。是为当时的移民扶贫项目专修的一条扶贫公路，1999 年 2 月 2 日开工，2000 年 12 月 28 日竣工通车，全线为二级沥青路，设计行车时速 80 公里。新路建成，为以后的红寺堡移民开发区建设起到了交通先行作用。

表 3 - 1　2015 年宁夏普通国道规划方案

序号	编号	路线名称	宁夏境内主要控制点	里程（公里）
1	G109	北京—拉萨	蒙宁界（石嘴山黄河公路大桥）、惠农、平罗、贺兰、银川、永宁、青铜峡、中宁、桃山口、宁甘界（郝家集）	345
2	G110	北京—青铜峡	蒙宁界（麻黄沟）、石嘴山、银川、青铜峡（卡子庙）	201
3	G211	银川—贵州榕江	银川、河东机场、灵武、惠安堡、宁甘界（甜水堡）	170
4	G307	河北黄骅—甘肃山丹	陕宁界（王圈梁）、盐池、宁东、灵武、叶盛、永宁、银巴路口、宁蒙界（头关）	210
5	G309	山东青岛—甘肃兰州	甘宁界（马成河桥）、草庙、固原、西吉、宁甘界（郭家沟）	213
6	G312	上海—新疆霍尔果斯	甘宁界（苋麻湾）、六盘山镇、隆德、宁甘界（毛家沟）	69
7	G327	江苏连云港—固原	甘宁界（沟圈）、彭阳、古城、青石嘴、固原	80
8	G244	内蒙古乌海—重庆江津	蒙宁界（苦水沟门）、陶乐、滨河新区、宁东、冯记沟、青山、宁陕界（红柳沟）	235
9	G338	河北海兴—甘肃天峻	蒙宁界（红井）、盐池、红寺堡、中宁、中卫、宁甘界（营盘水）	345
10	G341	山东胶南—青海海晏	甘宁界（毛井）、寨科、黑城、海原、宁甘界（辖辖坝）	165
11	G344	江苏东台—灵武	甘宁界（双坨垯梁）、泾源、固原、海原新区、同心、红寺堡、滚泉、吴忠、灵武	400
12	G566	西吉—甘肃天水	西吉、将台、兴隆、宁甘界（下范村）	54
宁夏境内普通国道规划里程约 2410 公里（不含共线里程）				

表 3 - 2　2015 年宁夏普通省道规划方案

序号	编号	路线名称	主要控制点	里程（公里）
一、放射线				
1	S101	银川—石嘴山	北环高速正源街立交、黎明、暖泉工业园区、沙湖、西大滩、石嘴山	50
2	S102	银川—红墩子	京藏高速贺兰山立交、金贵、通贵、兵沟黄河大桥、宁蒙界	30
3	S103	银川—西吉	银川、胜利、李俊、青铜峡、利通区、高闸、扁担沟、红寺堡、南川、同心、兴隆、关桥、海城、红羊、新营、西吉、苏堡、宁甘界	385
4	S104	银川—苏峪口	高家闸、镇北堡西部影城、苏峪口、宁蒙界	43

续表

序号	编号	路线名称	主要控制点	里程（公里）
二、纵线				
1	S201	盐池—麻黄山	盐池、青山、大水坑、麻黄山、宁甘界	105
2	S202	高沙窝—彭阳	蒙宁界、高沙窝、冯记沟、惠安堡、韦州、下马关、预旺、张家垣、甘城、罗洼、王洼、草庙、彭阳、红河、宁甘界	370
3	S203	寨科—隆德	寨科、官厅、原州区、张易、观庄、隆德、陈靳、山河、唐山梁（宁甘界）	145
4	S204	预旺—西吉	甘宁界、预旺、李旺、史店、曹洼、李俊、火石寨、西吉	230
5	S205	中卫—关庄	蒙宁界、照壁山、镇罗、中卫、兴仁、蒿川、西安、树台、关庄	230
三、横线				
1	S301	红崖子—仓库滩	红崖子、宝丰、燕子墩、红果子、仓库滩、宁蒙界	70
2	S302	陶乐—石炭井	蒙宁界（查布）、陶乐、平罗、大武口、石炭井、宁蒙界（左旗）	78
3	S303	高仁—汝箕沟	高仁、通伏、姚伏、沙湖、崇岗、汝箕沟、宁蒙界（古拉本）	73
4	S304	月牙湖—贺兰山岩画	蒙宁界、月牙湖、京星农场、立岗、常信、洪广、暖泉、陈家沟、插旗口、贺兰山岩画	75
5	S305	宁东—平吉堡	宁东镇、银川综合保税区、永宁、平吉堡农场	85
6	S306	叶盛—甘城子	叶盛、瞿靖、甘城子、宁蒙界（柳木皋）	37
7	S307	高沙窝—青铜峡	高沙窝、金银滩、金积、青铜峡镇、大坝、宁蒙界（井沟）	140
8	S308	盐池—中卫	王乐井、马家滩、石沟驿、滚泉、白马、鸣沙、恩和、新堡、宣和、永康、常乐、沙坡头、宁蒙界	225
9	S309	惠安堡—红柳沟	宁陕界（红柳沟）、大水坑、惠安堡	60
10	S310	萌城—喊叫水	萌城、下马关、同心、喊叫水	130
11	S311	寨科—红羊	寨科、三营、李俊、红羊、关庄、宁甘界（黑窑洞）	127
12	S312	张易—平峰	张易、马莲、将台、王民、平峰、李堡	90
13	S313	沿川子—古城	沿川子、黄花、泾源、山河、温堡、古城	75
普通省道规划里程约2750公里（不含共线里程）				

注：此表为自治区人民政府宁政发〔2015〕45号文的附件（规划期为2015—2030年）。

第二节　铁　路

包兰铁路【Bāolán Tiělù】　北起包头东站，西南止于兰州站，全长991.78千米。1954年10月开工，1958年8月1日通车，10月交付运营。为华北通往西北的主要干线。线路基本沿着黄河两岸、乌拉山南麓、卓资山西麓、贺兰山脉东麓向西南行，在三盛公、三道坎和东岗镇三跨黄河。中经河套平原和银川平原，并在中卫和甘塘之间经过边缘。

由宁蒙省界麻黄沟入宁夏境，沿贺兰山东麓经石嘴山市惠农区及大武口区、平罗县西、贺兰县西、银川市西夏区、永宁县西、青铜峡市西，沿黄河外侧经中宁县的石空镇、中卫市的沙坡头区，过腾格里沙漠边缘至营盘水入甘肃境，境内长352.8公里。设有惠农、石嘴山、西大滩、银川、青铜峡、中卫、甘塘等42个车站。沿线矿藏丰富，农业发达，文物古迹众多，自然风光绮丽，有沙湖、镇北堡西部影视城、西夏王陵、沙坡头等著名旅游景区。位于中卫市的沙坡头铁路治沙防护体系，以草方格沙障治沙技术保护铁路畅通60年，实现林进沙退，因"保护世界环境成果卓著"，被联合国环保署授予"全球环境保护5000佳先进单位"称号。

宝中铁路【Bǎozhōng Tiělù】 南起陕西省宝鸡市的东站，向西北经过甘肃平凉市，止于宁夏中卫市的迎水桥站，全长498.19公里。重要车站有宝鸡、千阳、华亭、平凉、固原、同心等车站。宁夏段在苋麻湾宁甘省界入境，经泾源县东部、原州区、海原县东部、同心县、中宁县南部、中卫市沙坡头区，境内长286.69公里。1990年10月开工建设，1996年6月8日在迎水桥站举行通车典礼，7月正式营运，为一级电气化铁路。它的建成对缓解中国西北地区铁路运输紧张的状况，加强西北与东部的经济联系，推动陕甘宁沿线经济的发展，促进陇海—兰新线的发展，加强民族团结和巩固国防等，都具有十分重要的意义。

太中银铁路【Tàizhōngyín Tiělù】 主线东起太原市，西止包兰线迎水桥编组站，跨越山西省中西部、陕西省北部、宁夏回族自治区中北部地区，横穿23个县市区，设计时速160公里/小时，预留提速200公里/小时条件。线路全长944公里，其中太（原）中（卫）正线752公里，定（边）银（川）支线192公里。沿线设车站65个，于2011年1月11日正式通车运营。该铁路的建设，填补了包兰线、陇海线、宝中线、包西线等铁路范围内的路网空白，打通了华北至西北的新通道，对西部能源外运意义重大。

大古铁路【Dàgǔ Tiělù】 属地方铁路，为大坝电厂电煤运输而建，多数线路在吴忠市境内。1991年12月2日开工，1995年10月20日全线贯通临时运营，2006年6月23日正式交付使用。线路西起青铜峡市大坝电厂，并与包兰铁路接轨，向东经蒋顶村，在杨滩东跨黄河，止于灵武市古窑子煤炭矿区。正线长70.35公里，建有特大桥1座、大桥8座、中桥15座、车站4个。设计年运输能力1000万吨，由大古铁路公司经营。

平汝铁路支线【Píngrǔ Tiělùzhīxiàn】 东起包兰铁路的平罗站，向西入贺兰山石炭井大磴沟至阿拉善左旗呼鲁斯太，折向南止于平罗县汝箕沟，长81.467公里。其中平罗站至大磴沟35.5公里于1965年10月建成通车；大磴沟至汝箕沟43.08公里于1971年建成通车。线路所经，有众多煤矿，是贺兰山煤炭的外运线路。

银新铁路支线【Yínxīn Tiělùzhīxiàn】 属废弃地方铁路。1960年初动工，西起新城银川火车站接包兰铁路，东止银川市小南门，故名，长 10.8 公里。因设计考虑不周采用窄轨，不能与包兰铁路接轨，故于 1961 年改建为宽轨，并建小南门火车站，1964 年 5 月通车运营，由宁夏交通局设地方铁路处管理，主要承运市民生活用煤及日用工业品。1979 年停用，现路基、钢轨尚在，2007 年 11 月 6 日已被列入宁夏历史建筑保护名录。

第三节　机　场

东昌机场【Dōngchāng Jīchǎng】　是宁夏最早的飞机场，位于金贵乡通昌村，距银川市中心 20 公里，地名通昌堡，系清雍正七年通智开浚惠农渠之后，招民屯垦新置诸堡之一，堡名皆冠"通"字。1933 年，宁夏省主席马鸿逵制订发展航空业计划。次年，组织兵工、民工在通昌堡的黄河岸边平整碾压沙滩，修建机场，各种报刊写作"东昌机场"。1934 年 6 月 20 日，欧亚航空公司（由国民政府与德国汉莎航空公司联合组建）开辟兰宁航线（支线），首架容克式班机在通昌机场降落。对于降落的时间，民国年间各种著述皆误记为 7 月。经查档案及当时宁夏邮局接运航空邮件的呈文，准确时间为 6 月 20 日。通昌机场草草修建，地势低洼，常有积水。加之地方偏僻，交通不便，机组人员及乘客只能乘牛车、毛驴车奔波。航班运行几趟之后，机组人员即提出另建要求，省政府遂于次年 10 月另建满城机场。

满城机场【Mǎnchéng Jīchǎng】　在民国时的满城，即今银川市金凤区北京中路西端满城旧址。1935 年 10 月，将城墙内几百户居民迁出，修建为机场，系土质跑道。机场地势高，距市区 7 公里，交通便利，但因城墙之间距离仅 800 余米，外面又有渠道限制，跑道无法延长，只能起降小型军用飞机，至 1939 年停止使用。

西花园机场【Xīhuāyuán Jīchǎng】　在满城机场之西 3 公里，省城之西 9.5 公里。1937 年始建，因其地建有宁夏省城的西花园，故名。为土质跑道，设备简陋，有加油站、收发报机、电话总机等。民国时期曾开通至西安、兰州、包头、北平航班，但因抗日战争爆发，多数时期实为军用。1949 年 9 月至 1957 年，机场荒废。1958 年 3 月至 6 月突击抢修，建成长 1415 米的跑道，于 10 月 20 日开通北京—银川—兰州往返航班。此后虽经多次改扩建，加长跑道，新建停机坪、站房、空管设施，飞行区等级达到 3C 级，能起降 50 吨以下飞机，但因地势低洼、常遭山洪淹漫而断航。又因周边城市建筑物林立，无法延展跑道，不得不另外选址。1997 年 9 月，银川河东机场通航，有 60 年历史的西花园机场关闭停用。

银川河东机场【Yínchuān Hédōng Jīchǎng】　位于银川市兴庆区老城之东 19 公里，黄河东岸，灵武市临河乡，因名为银川河东机场，属国内 4D 级干线机场。2013 年 7 月

17 日，国家民航局批复更名为银川河东国际机场。1991 年开始选址。1993 年 10 月 29 日，国家计委下达《关于银川河东机场工程可行性研究报告的批复》，确定银川河东机场建设规模为：征用土地 444.4 公顷，飞行区按 4D 级标准建设，跑道长 2800 米、宽 45 米，满足波音 757、波音 767、空客 A310 机型全重起飞要求，航站楼建筑面积 14300 平方米，满足 2005 年旅客吞吐量 60 万人次、高峰小时 550 人次要求。总投资 4.28 亿元。1997 年 9 月 6 日，新机场投入运营，从根本上改善了宁夏的航空运输条件。2004 年 4 月，银川河东机场移交自治区人民政府管理。2006 年，银川河东机场年旅客吞吐量首次突破 100 万人次，航班密度加大，航班频次增加，对于机场基础设施和保障能力提出了新的要求，银川河东机场二期扩建工程很快被提上议事日程。经过 3 年的建设周期，2008 年 6 月 5 日，机场 2 号航站楼启用，银川河东机场进入双航站楼运营时代，容量设计以 2020 年为设计目标年，年吞吐量 300 万人次。然而，随着宁夏经济社会和民航业的快速发展，银川机场旅客吞吐量持续快速增长，2012 年达到 381 万人次，趋于饱和状态，机场三期扩建工程应时而动。2015 年 8 月 20 日，三期扩建工程 3600 米跑道投入使用，机场飞行区等级由 4D 提升为 4E 级，2016 年运输起降 5.39 万架次、旅客吞吐量 634.15 万人次。机场所开航班，除抵达国内各省会城市外，还可直飞曼谷、大阪、名古屋、普吉岛、吉隆坡、新加坡以及中国台北等国家和地区，其中至阿联酋每周开 5 班。

固原六盘山机场【Gùyuán Liùpánshān Jīchǎng】 位于固原市原州区彭堡镇石碑湾村，距固原市区 13 公里，属 4C 级国内支线机场。隶属于西部机场集团宁夏机场有限公司。2007 年 9 月 29 日开工建设，2010 年 6 月 26 日正式通航。可满足波音 737、空客 A320 及以下机型飞机起降。机场占地面积 2253 亩，海拔 1745 米，跑道长 2800 米、宽 45 米，航站楼总面积 3500 平方米。至 2016 年，开通有固原至北京、重庆、天津、上海航线，年旅客吞吐量 10 万人次。

中卫沙坡头机场【Zhōngwèi Shāpōtóu Jīchǎng】 为国内 4C 级支线机场，位于沙坡头区迎水桥姚滩村，距市区直线距离 9 公里，2008 年 3 月开工建设，12 月 26 日正式通航。跑道长 2800 米，宽 45 米，可满足波音 737、空客 A320 系列及以下机型的起降。机坪面积 3.9 万平方米，有 1 条联络道和 5 个停机位，航站楼面积 3300 平方米，可保障年旅客吞吐量 15 万人次。建成时名叫中卫香山机场，2012 年 8 月 10 日更名为中卫沙坡头机场。至 2017 年底，中卫沙坡头机场年旅客吞吐量实现 15.97 万人，货邮吞吐量 126.7 吨，开通北京、重庆、银川、榆林、阿拉善左旗、西安、合肥、上海等 9 个城市航线。

第四节　桥　梁

一、黄河公路桥

桥梁按建设规模分特大桥（长度≥500米、最大单孔跨径≥100米）、大桥（长度100~500米、最大单孔跨径40~100米）、中桥和小桥。因桥梁众多，本节只选录跨黄河桥梁及其他地方的特大桥。

叶盛黄河大桥【Yèshèng Huánghé Dàqiáo】　宁夏第一座黄河公路桥，位于当时最繁忙的渡口仁存渡上游5公里、灵武市新华桥西北、青铜峡市叶盛镇东北。桥名源自明代军事屯堡"叶昇"，本是军屯堡官姓名，当代改作叶盛堡。1969年10月，大桥开工建设，1970年12月26日竣工通车。桥长452.7米，桥面宽10米。共10孔，每孔跨径40米，桥下净空未考虑通航标准。设计荷载汽车—18吨、挂车—80吨。下部结构为钻孔灌注桩柔性墩，其特点是一孔坍塌不会波及其他孔。上部采用中国古代传统的双曲拱结构，造型美观，增加过水断面且大大减少桥梁自重。此桥为宁夏第一座永久式黄河公路桥，依靠宁夏交通部门自己设计、自行施工，在没有大型架桥机械设备的条件下，克服重重困难，土法上马，一年零两个月竣工，且工程质量甚佳，使用近50年而未大修。大桥通车后，沟通三条国道、一条省道，化解了宁夏南北交通长期受掣于黄河的问题。

中宁黄河大桥【Zhōngníng Huánghé Dàqiáo】　属特大桥，位于中宁县原石空渡口处，故名。1983年12月22日开工，1986年7月15日竣工通车。桥长926.98米，宽12米，23孔。下部结构为钢筋混凝土钻孔灌注桩墩，上部为钢筋混凝土T形梁。桥下净空为六级航道标准。设计荷载汽车—20吨、挂车—100吨。整个工程由宁夏交通部门自行设计、自行施工，自己制造架桥机等大型设备，被评为优质工程，节约投资100余万元，自治区人民政府特予通令嘉奖。此桥建成后，使109国道不再绕行牛首山，缩短运距19公里，还将中宁县的河南、河北连成一片，经济效益、社会效益俱佳。通车典礼时，中宁县城万人空巷。典礼结束，两万多民众拥上十里引道和桥上庆贺，甚至有耄耋老人喜极而泣，其场面感人。使用26年后，因只有2个行车道，远不能适应交通量增长需求，故进行改扩建，按一级公路标准设计，桥长1128米，宽32米，双向6车道，另建两岸引道2.5公里，总投资4.7亿元。2012年11月开工，2014年11月竣工。

石嘴山黄河大桥【Shízuǐshān Huánghé Dàqiáo】　位于原石嘴山渡口处（今属惠农区），河东岸为内蒙古地界，是109国道的控制工程。桥长551.82米，宽12米，主孔跨径90米，桥下净空为六级航道标准。1987年3月15日开工，1988年10月25日竣工通车，使内蒙古、宁夏两个自治区往来更加便利，也解决了 109 国道长期存在的交通梗阻现象。

青铜峡黄河大桥【Qīngtóngxiá Huánghé Dàqiáo】　位于青铜峡大坝下游 2970 米，长 672.9 米，宽 13 米，共 17 孔。其中 3 个主孔跨径 90 米，桥下净空为六级航道标准。1989 年 7 月 14 日开工，1991 年 10 月 1 日竣工通车。此桥建成后，使吴忠市、青铜峡市连成一片，方便了青铜峡火车站的来往旅客，实现公路、铁路运输的对接。

银川黄河大桥【Yínchuān Huánghé Dàqiáo】　属特大桥，位于银川市东偏南 14 公里，横城渡上游，地名石坝。1994 年 7 月 1 日竣工通车，由江泽民题写桥名。横城自古以来就是蒙陕甘宁毗邻地区的货物集散地和宁夏境内最繁忙的渡口。桥位选在此处的优点是：东岸的石坝是一个天然节点，对洪水起约束作用；西岸黄河漫滩生长着茂密的人工林带，有固岸作用；桥头接线里程短，路线顺直；基本不占耕地；施工场地平坦开阔、作业方便等。桥长 1219.9 米，宽 23 米，共 35 孔。主孔跨径 90 米，下部结构为钢筋混凝土钻孔灌注桩墩，上部为钢筋混凝土 T 形梁，桥下净空为五级航道标准。桥头引道长 2 公里，分上下各 2 个车道。设计荷载汽车—超 20 吨、挂车—120 吨。洪水频率取 300 年一遇，按地震烈度 8 度设防。银川黄河大桥建成通车后，银川东大门打开，先为银古一级公路所经，后为青银高速公路使用，对于促进我国东西部地区的优势互补、加快西部地区开发的步伐、灵武煤田的开发及宁东能源化工基地的建设，都具有十分重要的意义。银川新机场选址，历时多年难以确定。银川黄河大桥工程立项后，选址难题立刻化解，确定在东桥头之南约 2 公里，即今之银川河东桥场。大桥未建之前，银川的黄河东岸一片荒凉，现已成为滨河新区的中心，形成一条旅游走廊。

银川黄河辅道桥【Yínchuān Huánghé Fǔdàoqiáo】　属特大桥，位于银川市东 14 公里、银川黄河大桥下游约 2 公里，连接银川至横城公路。2002 年，因原来的银川黄河大桥纳入青银高速公路，需全封闭，故另建辅道桥以通行人和非机动车、低速车。桥长 1254 米，双车道，上部结构为预应力混凝土连续箱梁，下部基础为混凝土灌注桩，主孔跨径 90 米，桥下净空按五级航道设计，2003 年 10 月建成通车。

中卫黄河大桥【Zhōngwèi Huánghé Dàqiáo】　属特大桥，位于中卫市南 4 公里倪家滩，长 1116.63 米，共 31 孔，其中 2 个主孔跨径 90 米，下部结构为钢筋混凝土钻孔灌注桩墩，上部为钢筋混凝土 T 形梁，桥下净空为五级航道标准。桥面宽 13 米。由宁夏公路勘察设计院设计，宁夏公路工程局施工。1994 年 9 月 1 日开工，1997 年 6 月 18 日竣工通车。此桥是省道 202 线（即中卫至静宁公路）的控制工程，大桥未建前，南北交通全仗渡口，夜间停渡，遇洪水、流凌、大风皆不能渡，两岸往来经常受阻。大桥建成后，将中卫的河南、河北地区连成一片，对经济发展意义重大。使用 15 年后，因只有 2 个行车道，远不能适应交通量增长需求，故进行改扩建，按一级公路行车时速 80 公里设计，实际是紧贴旧桥另建一座新桥，于 2012 年 6 月 1 日开工，2014 年 10 月竣工，桥面宽增至 24.5 米，设双向 4 车道，中间增设隔离带，通过能力增加 2 倍以上。

吴忠（陈袁滩）黄河特大桥【Wúzhōng（chényuántān）Huánghé Tèdàqiáo】　东岸为吴忠市利通区古城乡（今改镇），西岸为青铜峡市陈袁滩（当时属利通区），1999 年 12 月 25 日开工，2002 年 10 月竣工，11 月 5 日通车。此桥为青藏高速的控制工程，长 1255.4 米，共 32 孔。其中：引桥 26 孔；主桥 6 孔，中间 4 孔跨径 90 米，桥下净空按 5 级航道标准设计。宽 34.5 米，是宁夏当时最宽的桥梁。设双向 6 车道，中间 4 个车道供高速车通过，两边各 1 个慢车道，供低速车和非机动车、行人使用。设计荷载汽车—20 吨、挂车—100 吨。此桥建成，对吴忠市经济社会发展乃至宁夏南北交通具有重要意义。

平罗黄河大桥【Píngluó Huánghé Dàqiáo】　属特大桥，位于平罗陶乐镇之西，2004 年 2 月 21 日开工，2006 年 7 月 24 日竣工通车，长 1776 米，宽 14 米，主跨 90 米。此桥为当时宁夏最长的桥梁，化解了河东 3 万多民众的出行问题。

沙坡头黄河大桥【Shāpōtóu Huánghé Dàqiáo】　属特大桥，位于中卫市沙坡头景区西南，2005 年 12 月 15 日开工，2008 年 8 月 28 日竣工通车。是定武高速（G2012）的控制工程。桥分 6 联跨，全长 1341.5 米，桥面宽 26 米，为双向 4 车道。两个主孔跨径各 120 米，净高 60 米，是宁夏境内单孔跨径最大、最高的黄河大桥。

吴忠（早元）黄河大桥【Wúzhōng（Zǎoyuán）Huánghé Dàqiáo】　属特大桥，在吴忠市利通区早元路与青铜峡市南环路之间跨河，居吴忠（陈袁滩）黄河特大桥上游 3.02 公里，是连接吴忠市所辖利通区、青铜峡市一级公路的枢纽工程。两岸引道长 6.513 公里，其中东岸利通区境内段 2.95 公里连接线，在金滨路至石中高速公路桥墩处 1.8 公里，设 8 车道，主车道宽 32 米，两侧人行道各 3 米。桥长 1819.4 米，在宁夏已建黄河大桥中居首位。宽 21.5 米，设 4 车道，设计荷载汽车—20 吨、挂车—100 吨。主孔跨径 92 米，净高 8 米。2008 年 11 月 18 日开工，2010 年 11 月 23 日竣工通车。总投资 4.47 亿元。桥之南北经济发达，人口密集。此桥建成，使利通区与青铜峡市之间以一级公路贯通，给两岸往来提供方便，实现了吴忠市"依托黄河，西移东扩，一带两翼，相向发展，功能互补，突出特色"的总体规划构想，也是打造沿黄城市带和滨河生态水韵城市的标志性工程。

青铜峡（古青高速）黄河大桥【Qīngtóngxiá（Gǔqīng Gāosù）Huánghé Dàqiáo】　属特大桥，位于青铜峡市与利通区金积镇之间，在原青铜峡黄河大桥下游 4.03 公里，是古窑子至青铜峡高速的控制工程。桥长 1778 米，宽 26 米，设双向 4 车道，设计行车时速 100 公里。共 32 孔，其中主孔跨径 110 米，净空为五级航道标准。下部为钢筋混凝土薄壁实体墩及柱式桥墩、肋板式桥台，钻孔灌注桩基础。上部结构为预应力混凝土连续箱梁。2012 年 11 月 5 日竣工通车。它的建成，使宁东能源化工基地到青铜峡市的行车时间减少一半。青铜峡特大桥于 2010 年 3 月 15 日开工，2012 年 11 月 5 日竣工通车。

银川滨河黄河公路大桥【Yínchuān Bīnhé Huánghé Gōnglù Dàqiáo】 属特大桥，在兴庆区东部跨黄河，南距上游银川黄河辅道桥 8.8 公里，西起河滩村连接北京东路，东止于滨河新区经一路，分别在孔司路、滨河大道设置上下桥匝道。桥长 6587 米，桥面宽41.5 米，是宁夏境内最大的黄河大桥。因连接滨河新区两岸，故名。采用一级公路兼城市快速路标准，设计车速每小时 80 公里，双向 8 车道，收费站设 19 个通道。引桥西端延伸 13.7 公里与银川城市主干道北京路顺接，东端设互通立交桥与 S203 省道相连，另在永通路、滨河新区长河大街设互通式立交。主跨两孔，跨径均为 218 米，桥下净空满足五级航道标准。主桥上部结构采用三塔四跨双索面钢混叠合梁自锚式悬索桥，是目前世界上最大跨度的多塔连跨钢混折叠合梁自锚式悬索桥。主塔采用矩形截面，矩形承台，钻孔灌注桩基础，桩长 80 米。施工采用国内外各种先进技术、先进工艺，工期仅用 28个月，总投资 48.6 亿元，2014 年 1 月开工，2016 年 4 月 28 日举行通车典礼。大桥气势恢宏，造型美观，为银川打造了一处亮丽的风景线。尤其是夜间，桥线灯光闪烁，穿河连岸；悬索如琴弦，潮水似清音。远观近听，美不胜收。大桥的通车，给城市空间发展、滨河新区建设、沿黄旅游带的发展，奠定了坚实的基础。

银川兵沟黄河公路大桥【Yínchuān Bīnggōu Huánghé Gōnglù Dàqiáo】 属特大桥，位于兴庆区东北部，距上游银川滨河黄河大桥 12.5 公里，跨黄河连接通贵、月牙湖两乡。月牙湖乡境内有一峡谷，因其东北有秦蒙恬所筑塞外浑怀障（参见历史地名一章），驻兵戍守，故名兵沟。大桥全长 4053 千米，宽 31.5 米，双向 6 车道。其中主桥分左右幅设置，上部采用预应力混凝土连续箱梁结构，下部为混凝土灌注桩基础，桥下净空满足五级航道标准。大桥引道为一级公路，长 24.765 公里，向西延伸接贺兰山路，跨京藏高速处另设互通式立交桥一座，在汉延渠、第二排水干沟和惠农渠建中桥 3 座；向东至内蒙古鄂托克前旗上海庙五道梁，跨 203 省道和滨河大道各建互通式立交 1 座。于 2014年 5 月开工，投资 19.98 亿元，2016 年 6 月 27 日通车。此桥不仅将银川市和鄂尔多斯草原连成一线，还将宁东能源化工基地、滨河新区和鄂尔多斯能源化工基地紧密地连接起来，使之形成世界级的煤化工能源产业聚集区。

永宁黄河公路大桥【Yǒngníng Huánghé Gōnglù Dàqiáo】 属特大桥，西桥头位于永宁县县城东北的鹤泉湖与河西滨河大道之间，向东跨越黄河接河东滨河大道，长 3753米，按一级公路设计，双向 6 车道，设计行车时速 80 公里。主桥 3 孔（110 米 + 260 米 +110 米）采用钻石形双塔斜拉索桥，塔高 102.15 米，桥下净空满足五级航道标准；副桥采用 90 米跨径悬灌梁；引桥采用 50 米跨径预应力 T 形梁。2013 年 10 月开工，2016 年 9 月 28 日建成通车。大桥建成后，化解了因黄河阻隔而形成的永宁县与灵武市、河东国际机场、宁东能源化工基地的绕道问题，分担银川黄河大桥即青银高速的通行压力，并沟通了银川市南绕城高速与河东的交通，经济效益显著。

黄家河桥【Huángjiāhé Qiáo】　因单孔跨径已超过 100 米，故属特大桥。位于固原市区之东 28 公里，309 国道跨黄家河处。1973 年 4 月筹建，1978 年 10 月竣工通车。桥长 110 米，单孔，采用双曲拱结构，时为西北地区拱桥跨径之首。桥面宽 7 米，设计荷载汽车—13 吨、挂车—60 吨。

阅海大桥【Yuèhǎi Dàqiáo】　属特大桥，在银川绕城高速西北段，跨阅海公园北部。2005 年 9 月 28 日开工，2008 年 8 月 2 日竣工通车。桥长 1146.08 米，33 孔，其中 5 个主孔上部采用中承式带悬臂钢管混凝土系杆拱，下部结构为钻孔灌注桩基础。桥面宽 26 米，4 车道，中央设分隔带。

马西坡特大桥【Mǎxīpō Tèdàqiáo】　属特大桥，在福银高速公路泾源县段，地名沿川子马西坡，系跨越软土地基之旱桥。所处路段土体为含低液限黏土，覆盖厚度大，裂隙水丰富，局部沟槽常年有水，低洼地带土质由于常年积水，苔藓类草甸发育，有机质含量高，表层黏土呈黑色。从地形看，该段地面横坡较陡，填土较高，若填筑路基，其稳定性难以保证，所以采用桥梁跨越。桥长 1299.749 米，共 65 孔，每孔跨径 20 米。桥上设双向 4 车道及分隔带。2009 年 8 月 20 日开工，2011 年 8 月完工。

二、铁路桥梁

宝中铁路中卫黄河大桥【Bǎozhōng Tiělù Zhōngwèi Huánghé Dàqiáo】　属特大桥，在中卫市沙坡头区宣和镇跨越黄河，长 1315.04 米，1993 年 4 月竣工通车。在设计、施工中，创造了"多点顶推法成套技术"，荣获铁道部优质工程一等奖、科技成果二等奖、优秀设计二等奖。

大古铁路灵武黄河大桥【Dàgǔ Tiělù Língwǔ Huánghé Dàqiáo】　属特大桥，青铜峡市大坝至灵武市古窑子地方铁路控制工程，在灵武市杨家滩跨越黄河。桥长 1576.3 米，下部为沉井基础，上部为箱形预应力简支梁。1994 年 11 月建成，曾获国家建筑工程鲁班奖。

太中银铁路中宁黄河大桥【Tàizhōngyín Tiělù Zhōngníng Huánghé Dàqiáo】　位于中宁县泉眼山东北方约 1.5 公里田滩村，是太中银铁路重点控制工程，2011 年 1 月 13 日通车运营。桥址所在河段属冲积性平原河道，河道两岸开阔，河面宽 700~800 米，主槽平均宽 600 米。桥长 4422.8 米，其中 390 米处于黄河左滩，536 米处于黄河主槽，50 米长度范围处于黄河右滩。主槽桥高（轨底至河床面）约 20 米，桥梁与河道基本正交。满足双向通航，通航净高为设计最高通航水位以上 8 米，净宽不小于 80 米，净空按 5 级航道标准设计。

三、立交桥

全称为"立体交叉桥"，是指在两条以上道路交叉处建立的上下分层、多方向互不相扰的现代化桥梁。公路立交桥分两种：一为互通式立交桥，路与路不但跨越，还能实现上下用匝道互通；二为分离式，又称跨线桥，不能实现两路互通。宁夏仅高速公路有立交桥数十座，现选录交通量大的 9 座记述于后。

京藏高速银川立交桥【Jīngzàng Gāosù Yínchuān Lìjiāoqiáo】　互通式立交桥，位于银川市兴庆区南郊京藏高速公路上，与进出银川的城市道路、青银高速立交互通并控制出入，故名。设计荷载为汽车—超 20 吨、挂车—120 吨，按地震烈度 8 度设防。建成时间同京藏高速公路。其规模在宁夏立交桥中居首，占地 300 余亩，原有进出高速公路的两条匝道，呈双喇叭形，共长 13 公里。后将青银高速出入口及收费站并入，增加匝道两条。

青银高速石坝立交桥【Qīngyín Gāosù Shíbà Lìjiāoqiáo】　互通式立交桥，位于银川市兴庆区银川黄河大桥东侧青银高速公路上，与 203 省道、河东机场高速公路立交、互通，以所在位置石坝而名。采用喇叭、苜蓿叶形，设计荷载汽车—超 20 吨、挂车—120 吨，按地震烈度 8 度设防。

银横路立交桥【Yínhénglù Lìjiāoqiáo】　分离式立交桥，位于银横公路西段。桥位中心桩号：银横路 3k＋874；京藏高速 1183k＋784。上跨京藏高速公路，桥长 67.5 米，桥面宽 9 米，桥下净高 6.2 米。共 4 孔，其中主孔跨径 18 米。桥两端引道长 524.8 米，路面宽 7.5 米。设计荷载汽车 20—吨、挂车—100 吨。1998 年 12 月竣工通车。

银通路立交桥【Yíntōnglù Lìjiāoqiáo】　分离式立交桥，位于银川市兴庆区大新镇燕鸽村南侧京藏高速公路上，跨越银通公路，桥长 45.7 米，桥面宽 24.5 米，行车道宽 21.5 米，设双向 4 车道。下部为桩式墩台，上部为空心版梁，桥下净高 4.5 米。1999 年 7 月建成通车。

银左路立交桥【Yínzuǒlù Lìjiāoqiáo】　分离式立交桥，位于银川市兴庆区大新镇之北，以京藏高速公路跨越银左公路，桥长 61.7 米，桥面宽 24.5 米，行车道宽 21.5 米，设双向 4 车道。上部为空心版梁，下部为桩式墩台，桥下净高 5.5 米。1999 年 7 月建成通车。

孔司路立交桥【Kǒngsīlù Lìjiāoqiáo】　分离式立交桥，位于银川市兴庆区掌政镇孔雀村东，孔（雀村）司（家桥）公路上，跨越京藏高速公路，桥长 67.4 米，桥面宽 9 米，行车道宽 7 米。下部为桩式墩台，上部为空心版梁，桥下净高 5 米。1998 年 12 月建成通车。

石坝立交桥【Shíbà Lìjiāoqiáo】　分离式立交桥，位于银川黄河大桥东桥头青银高速路上，跨越 203 省道，与青银高速石坝（互通式）立交桥有别。桥长 58.9 米，桥面宽 26.1 米，行车道宽 24.6 米。下部为桩式墩台，上部为实心版梁，桥下净高 5 米。1994 年 6 月建成通车。

永通路立交桥【Yǒngtōnglù Lìjiāoqiáo】　位于永通公路南段。桥位中心桩号：银横路 3k + 221。上跨青银高速公路，为分离式立交桥。桥长 104 米，桥面宽 7 米，桥下净高 5.8 米。共 6 孔，其中主孔跨径 20 米。桥两端引道长 610 米，路面宽 7.5 米。设计荷载汽车—20 吨、挂车—100 吨。2003 年 10 月竣工。

银古公路跨线桥【Yíngǔ Gōnglù Kuàxiànqiáo】　位于银古公路与青藏高速交叉处，青藏高速从上面跨越，不能互通，故名。桥长 96.1 米，桥面宽 24.5 米，行车道宽 21.5 米。上部为空心版梁，下部为桩式墩台，净高 2.9 米。1999 年 7 月建成通车。

四、隧道

六盘山隧道【Liùpánshān Suìdào】　在泾源县六盘山镇和尚铺与隆德县杨家店之间穿越六盘山，312 国道所经。1991 年 8 月 30 日开工，1997 年 3 月 18 日竣工通车。修凿引道 9981 米。开隧洞长 2385 米，拱顶高 7 米，净宽 9 米，另有 2 条宽 0.75 米的检修道。东面洞口海拔 2335.3 米，西面洞口海拔 2392.5 米。设计昼夜交通量 5000 车次。312 国道东起上海，西止新疆霍尔果斯口岸，是我国东西向最长的干线公路，属"新欧亚大陆桥"的组成部分。在隧道未通时，旧路翻越六盘山，有 16 公里越岭线、28 个回头弯，最大纵坡达 16%。夏秋有山洪塌方，冬春雪盖冰封，路面光滑如镜，司乘人员及旅客不寒而栗，公路养护则更为艰险。隧道建成后，缩短行车时间约 1 小时，行车安全有保证，消除了欧亚大陆桥的一个梗阻点，对新丝路经济带建设有重要意义。

三十里铺隧道【Sānshílǐpù Suìdào】　属福银高速公路上的中等隧道，在固原市原州区开城镇三十里铺。分左右两洞，各设 2 车道：左洞长 645 米；右洞长 785 米；进口为削竹式，出口为端墙式。

牛营子隧道【Niúyíngzi Suìdào】　属福银高速公路上的中型隧道，在泾源县大湾乡牛营村，穿越山梁。分左右两洞，皆长 270 米，各设 2 车道。进口为端墙式，出口为削竹式。

大湾隧道【Dàwān Suìdào】　属福银高速公路上的中型隧道，在泾源县大湾乡，穿越山梁。分左右两洞，各设 2 车道：左洞长 570 米，右洞长 670 米。

什字隧道【Shénzì Suìdào】 属福银高速公路上的中型隧道，在泾源县六盘山镇，分左右 2 洞，均长 808 米，各设 2 车道。削竹式 5 中隧道。

刘家沟隧道【Liújiāgōu Suìdào】 属福银高速公路上的中型隧道，在泾源县刘家沟，穿六盘山余脉，分左右 2 洞，各设 2 车道。左洞长 690 米，右洞长 700 米。进口为削竹式，出口为端墙式。

堡子山隧道【Bùzǐshān Suìdào】 属福银高速公路上的中型隧道，穿越泾源县城东北堡子山。分左右 2 洞，各设 2 车道。左洞长 614.5 米，右洞长 610 米。

青兰高速六盘山隧道【Qīnglán Gāosù Liùpánshān Suìdào】 属特长隧道，在泾源县与隆德县之间穿越六盘山，海拔在 2070 ~ 2230 米，长 9485 米，是全国海拔 2000 米以上高原地区最长的高速公路隧道。进口位于宁夏泾源县东山坡，出口位于隆德县东侧，按照双向 4 车道高速公路标准设计，设计时速 80 公里。为单洞分离式隧道，左右线间隔 31 ~ 48 米。分左右 2 洞，各设 2 车道。左洞长 9490 米，右洞长 9480 米。设紧急停车带 28 处，车行横洞 14 处，人行横洞 14 处。2012 年 10 月 10 日开工，2015 年 5 月 27 日隧道掘进全线贯通，2016 年 7 月 3 日竣工通车。隧道内照明系统灯具全部采用节能、环保、显色性好的 LED 灯。为减轻驾乘人员疲劳，缓解紧张情绪，左右洞在中间位置处各设了一个特殊灯光段，利用国内外最新图案投影技术，使图案视觉效果具有冲击力和感染力。左洞采用"蓝天白云"图案，右洞采用"海底世界"图案。隧道中上部采用蓝色洗墙灯，灯具染上底色，再用投光灯投射"蓝天白云""海底世界"图案；两侧排水沟上设置植物景观带，利用绿色草皮及形态各异的花草树木做装饰，并使用点光源、线条灯提供两侧洞壁中下部背景颜色。驾车驶入洞内，只觉流光溢彩，美不胜收。

偏城隧道【Piānchéng Suìdào】 属固原至西吉高速公路上的长隧道，按照双向 4 车道一级公路标准设计，设计时速为 80 公里。进口位于固原市原州区中河乡庙湾村，出口位于西吉县偏城乡偏城村，为单洞分离式隧道。左洞长 2469 米，右洞长 2922 米，各设 2 车道。进口均为端墙式。共设紧急停车带 6 处，车行横洞 3 处，人行横洞 4 处。

田家梁隧道【Tiánjiāliáng Suìdào】 属固原至西吉高速公路上的中型隧道，穿越田家梁。左洞长 920 米，右洞长 974 米，各设 2 车道，进口均为端墙式。

赵家山隧道【Zhàojiāshān Suìdào】 黑城至海原高速公路上的长隧道。左洞长 1217 米，右洞长 1250 米，进口均为端墙式。

宝中铁路六盘山隧道【Bǎozhōng Tiělù Liùpánshān Suìdào】 位于六盘山脉大关山以东、小关山腹背，所穿山岭为颉河、茹河的分水岭。1990 年 12 月开工建设，1994 年 2 月竣工。隧洞长 5420 米，是宝中铁路最长的隧道。洞身最大埋深 215 米。线路走向南北，坡度 9% ~ 10%。因地处高寒地区，在两头距洞口 300 米处，各设双层盖板式水沟，以疏导洞中排水。

第五节　站场设施

一、汽车站

宁夏所辖市、县皆有汽车站，县级政区的汽车站规模均小，现将地市级内的汽车站排列至后。

银川汽车站【Yínchuān Qìchēzhàn】　是宁夏最大的汽车站，位于银川市兴庆区清和南街 1382 号，因地处银川市兴庆区之南，又名银川市汽车南站，隶属于宁夏天豹汽车运输有限责任公司，是宁夏公路客运的中心站，全国 40 个公路客运枢纽之一。银川汽车站已有 77 年历史，站址多次搬迁。1941 年 1 月，交通部西北公路运输管理局平宁运输段因开办平（平凉）宁（银川）公路营运业务，在宁夏省城（今银川市）设汽车站，临时租用银川饭店（利群东街，旧银川一中北校区）客房办公、售票。之后又在银川市三道巷（今利群东街）租用一套四合院民房为车站。中华人民共和国成立后，在今南门广场西侧建站，候车室、售票房均为平房。1958 年宁夏回族自治区成立后，又迁至南门广场东侧，俗名南门汽车站，建站房 12 间。使用多年，远远不能适应旅客运输增长要求，自治区交通厅于 1984 年初决定予以拆除，在原处另建新站房。主体建筑长 94.52 米，宽 48 米，高 17.85 米，下层为候车大厅、售票厅、行包房、问讯处，上层为办公室。总建筑面积 5531 平方米。候车厅面积 1696 平方米。新站房落成后，仍名银川汽车站，民众惯称南门汽车站，此后客运量继续增长，加之地处城市闹区，班车进出拥堵，遂服从城市总体规划，择址另建新站。2009 年 5 月 4 日，新站投入使用，占地 230 亩，规划总面积 58376 平方米，主站房建筑面积 16100 平方米，时为西北地区最大的公路客运枢纽，是国家交通运输部"十一五"重点项目，总投资 2 亿元。底层共享大厅 3467 平方米，南北两侧候车大厅各 1380 平方米。二楼快客候车厅 1440 平方米。上下两层候车大厅以扶手电梯连接，有序疏导旅客。设售票窗口 27 个，发车位 43 个，检票口 12 个。停车场面积 30000 平方米，可停放营运车辆 400 辆。设计日均发送旅客 4 万人次，实现人流、车流严格分离。现有营运线路 150 条（区内 48 条，区外 102 条），日均始发班次 480 班，日均客流万余人次。新站经营 6 年，先后获银川市"文明单位"、交通运输部"巾帼文明岗"、交通系统"优质文明服务示范窗口"、全国道路运输百强诚信站场等荣誉称号。

银川南门汽车站【Yínchuān Nánmén Qìchēzhàn】　银川汽车站使用时间最长的旧

址，位于兴庆区南门广场东侧，故俗称南门汽车站。1941年1月，交通部西北运输管理局在宁夏省城设汽车站，长期租用民房营业，后称银川汽车站。1954年4月5日，银川专署批准在南门城楼西南侧（今宁夏建设银行主楼）划拨洼地一块建设银川汽车站。1959年，自治区运输公司在其对面另建新站房，占地24000平方米，建筑面积1104平方米，为砖木结构平房，其中候车室304平方米。使用25年后，旅客运量猛增，遂于1984年初原地改建，建筑面积5531平方米，设计日发送旅客量15000人次，1986年9月25日投入运营。因其位置距南门城楼仅数十米，出于文物保护需要，新站建筑物限高17.85米，设计人员在内部装修上独具匠心，将候车大厅的两面大墙，用专门烧制的唐三彩瓷砖贴面，构成《民族团结》《塞上江南》大型壁画。2009年5月，银川汽车站新站房投入使用，南门汽车站改作商业用房，其候车大厅已于2007年11月6日被宁夏住房建设厅列入历史建筑保护名录。

银川旅游汽车站【Yínchuān Lǚyóu Qìchēzhàn】 是银川市第二大公路客运枢纽，位于银川市兴庆区清和北街570号，系一级站，现隶属于宁夏天豹汽车运输有限责任公司。1999年10月22日开工建设，2000年12月投入营运。占地面积26250平方米。主体建筑面积5252平方米，下层为候车大厅、售票厅、行包房、问讯处等，上层为办公室。候车厅面积1950平方米。停车场面积13200平方米。设计发送旅客能力13000人/日。车站主要经营宁夏各地及内蒙古部分地市的客运班线，并承发部分旅游班线的班车和发往全国著名旅游景区的包租车，对经营范围内的社会车辆实行统一管理。2014年底，银川旅游汽车站经营自治区内外营运线路41条，日平均发放班次256个，日平均发送旅客约5000人次。

吴忠汽车站【Wúzhōng Qìchēzhàn】 始设于1940年3月，隶属于交通部西北运输局，站址在小北门剧场，即20世纪70年代裕民西街市招待所北院。1947年迁往南大街，距中华桥约300米。此后上级单位多有变动。1956年扩建站房，建筑面积355.43平方米。1958年，隶属于宁夏回族自治区汽车运输公司。1967年在吴忠市北门去东塔的三岔路口内征地6736.9平方米，新建站房3000平方米。1985年在北门外征地13.6亩，按二级站设计建新站，1989年竣工，1992年才交付使用。2000年7月扩建，占地12856平方米，建筑面积3292.4平方米，停车场9996平方米，设计旅客日发送能力6000人次。是年底，全站有职工69人，经营客运线路20条，平均日发班车300车次，发送旅客5000人次。被宁夏交通厅定为一级站。2002年11月8日后，吴忠站隶属于新改制的宁夏天豹汽车运输有限责任公司。2007年5月，根据市政府规划要求，在吴忠市利通区明珠路与黎明街西北角建设新吴忠汽车站，占地面积150亩，规划总建筑面积30479平方米，投资8000余万元，于2008年10月正式投入使用。主营客运经营线路89条，其中自治区内

64 条，区外 25 条，覆盖全市及周边地区，辐射北京、浙江、甘肃、青海、陕西、内蒙古等省（自治区、直辖市）和宁夏区内其他地市（县）。进站参营车辆 410 辆，日发班次 850 个，日旅客发送量 8000 余人次。

固原汽车站【Gùyuán Qìchēzhàn】　1941 年 3 月，交通部西北公路运输管理局平宁运输段始设固原汽车站，站址三里铺。1952 年 4 月，国营宁夏省运输公司设固原汽车站，租用民房办理业务。1955 年，县政府划拨土地 6.8 亩，由银川运输公司在南河滩清水河东侧建站，候车室面积 104 平方米。1971 年，在文化街另建新站，占地 16 万平方米，建筑面积 4056 平方米，1973 年 10 月 1 日交付使用。此后几经扩建，至 2000 年，占地 16200 平方米，站房建筑面积增至 9500 平方米，日发送旅客能力 8000 人。2008 年 10 月，又在原州区古雁街道高速路出入口西侧新建固原汽车站，占地面积 151 亩，建筑面积 3 万平方米，2010 年 1 月 12 日正式运营，年客运量 80 万人。

中卫汽车客运总站【Zhōngwèi Qìchē Kèyùnzǒngzhàn】　位于文昌镇，距鼓楼 2.5 公里，东邻中浩建材城，西至迎宾大道，南靠污水处理厂，北连鼓楼东街。2007 年 10 月建成，运营宁夏区内外 57 条线路 157 个班次，另有 30 个旅游班次，年发送旅客近 300 万人次。占地面积 5.54 万平方米，建筑面积 1.67 万平方米，建成时是西北五省地级市中规模最大、标准最高、功能最全的汽车客运站。设有多个功能分区，包括主体客运站、管理中心、综合服务中心、站前广场、候车广场。站房主体是通高一体化的候车大厅，内设售票厅、候车厅、检票口、出站口。站前休闲广场 7800 平方米。候车广场由旅客出站区和客车候班区组成，共有 36 个停车泊位、93 个班次的发车泊位，日发送旅客达 1.5 万人次。

石嘴山汽车站【Shízuǐshān Qìchēzhàn】　原名大武口汽车站，而石嘴山汽车站在今惠农区。始建于 1969 年 9 月，站址位于大武口区胜利街、贺兰山路交叉口西南角。此后十多年间，站址游移不定，甚至在广场搭临时铁皮房出售车票、旅客露天站立候车。1986 年 7 月 25 日，在游艺东街清真寺南侧另建新站，占地 11472 平方米，站房建筑面积 3353 平方米，设计日发送旅客 8000 人。现用新站位于大武口区大汝路以西，园区 4 号路以北，舍予三产 C 区内。2012 年 3 月开工，2014 年 10 月竣工。10 月 31 日起正式运营。站房建筑面积 8565 平方米，其中一楼候车大厅建筑面积 4020 平方米。总投资 2.03 亿元，按照国家一级站标准设计，候车大厅、售票大厅、站前广场、发车站台、安检区等功能区和各项配套设施齐全，每日可发送旅客 1.2 万人次。由于石嘴山市所在地名叫大武口，而民众长期使用的地名石嘴山却在其北约 50 公里，早就设有石嘴山汽车站，因而常有人买错票、搭错车。

二、火车站

宁夏共有火车站 80 多个，现将规模较大者排列至后。

银川火车站【Yínchuān Huǒchēzhàn】　位于银川市金凤区上海西路 710 号，隶属中国铁路兰州局集团有限公司，为客货一等站。始建于 1958 年 7 月，位于当时的新城西北、铁路线东侧，8 月 1 日正式运营，为客货混合三等站。只有 5 股到发线、4.5 股编组线。站房简陋，客运站售票、候车室合用，面积约 100 平方米。1975 年升二等站。1986 年 9 月，银川火车站调向扩建工程竣工，客运站改建到路西，站房占地面积 8296 平方米，停车广场 3.69 万平方米，候车大厅、售票厅、站台等设施完善，1988 年 8 月 1 日竣工，日均旅客流量达到 9000 人次。货场仍在路东，日均装车 600 余辆。2009 年，银川站再次升级改造，客运站房再次调向回到路东，于 2011 年 12 月 15 日投入运营。新站房面积 3 万多平方米，一次最高接纳旅客 5000 人，每天办理旅客列车由 2009 年的 11 对增加到 30 对，年发送旅客由 218 万人上升到 500 万人。远景旅客列车对数每天将达到 70 对。货物运输量由 2009 年的 3519 万吨增至 6200 万吨。新站投入使用后，位于线路西侧的旧站更名为银川西站，停止客运业务。

迎水桥列车编组站【Yíngshuǐqiáo Lièchē Biānzǔzhàn】　是全国 40 个列车编组站之一，位于中卫市沙坡头区迎水桥，包兰、宝中、太中、干武铁路在此交会，故设列车编组站，集中办理兰州、武威、宝鸡、包头、榆次 5 个方向货运列车到达、解体、编组、出发、直通和其他列车作业，设有完善的调车作业系统。1958 年包兰铁路通车后，因有干武铁路交会，始设迎水桥编组站，但规模较小。1995 年 6 月，与宝中铁路同步建成一级编组站，1997 年货运量达到 2948 万吨，已超过设计能力，故从 1999 年 1 月进行扩建，年底竣工，增建驼峰到达场及到达线 6 股，列车编组线增至 18 股，增加列车到达能力 65 对，每日列车解编能力达到 4450 辆。2011 年太中银铁路在此接轨后，列车编组能力进一步扩大。2016 年底，编组站占地面积 2378 亩，共有股道 42 股，其中一场到发线 7 股，二场到发线 8 股，三场调车线 19 股，四场接车线 8 股。配置调车机 4 台，在册职工 525 人。

石嘴山火车站【Shízuǐshān Huǒchēzhàn】　地名青草圈，距石嘴山市中心 5 千米，为包兰铁路进入宁夏之后第二个大站。站场占地面积 1.67 万平方米。站房分上下两层，建筑面积 1.2 万平方米。候车厅分上下两层，设电梯连接。有站台三个。站外有第 11 路公共汽车至市区。石嘴山站曾经三次迁址。1958 年 8 月 1 日包兰铁路通车后，始设石嘴山站，在今惠农区政府驻地石嘴山镇，因黄河岸"山石突出如嘴"而名，民众俗称石嘴子。当时的石嘴山市也设在石嘴子。20 世纪 80 年代，在其南约 50 公里的大武口设地级石嘴山市，造成到石嘴市的乘客经常下错车。2005年7月1日，为避免误会，将邻近大武口的平罗站更名为"石嘴山站"。现今使用的石嘴山火车站，是在原来的五等站青草圈站重建而成，2013年7月28日批准设站，12月28日新站房正式启用。同时恢复平罗站。

中卫火车站【Zhōngwèi Huǒchēzhàn】　位于中卫市沙坡头区鼓楼北街，距鼓楼800米。是包兰铁路中间站，太中（银）铁路、宝中铁路、干武铁路起始车站和终到车站。系客货二等站，隶属兰州铁路局银川车务段管辖。建筑面积2055平方米。1958年建站，1995年改建。年旅客吞吐量120多万人次，高峰期日旅客吞吐量达6000多人次。设施老旧，站房已不敷使用。

固原火车站【Gùyuán Huǒchēzhàn】　1995年建成宝中铁路后投入运营至今。位于固原市原州区北塬街道，隶属兰州铁路局固原车务段管辖，为三等区段站，站区长2.3公里，占地55公顷，房屋建筑面积4.39万平方米。站坪长1550米，有站线5股。站房面积1068平方米，办理客货运输服务。候车厅可容纳旅客400余人，采取微机联网售票体系，快捷、准确。年客运量130.8万人，年货运量113万吨。

三、高速公路收费站

银川东收费站【Yínchuāndōng Shōufèizhàn】　位于银川市城区之东、京藏高速与青银高速交会处，故名。1999年建成使用，是宁夏规模最大的收费站。控制京藏高速、青银高速出入口，设出口收费通道12个（含ETC车道2个），入口通道6个（含ETC车道2个），停车广场宽61米。按照自治区政府制定的标准，收取道路通行费，以偿还公路建设贷款。采用收费信息管理系统，避免人为因素的差错。自实现收费一卡通后，业务十分繁忙。

贺兰山东路收费站【Hèlánshān Dōnglù Shōufèizhàn】　位于银川市兴庆区大新镇新渠梢村，贺兰山东路南侧，故名。是银川市区东北方向出入京藏高速的控制点，设有出口收费通道8个、进口控制通道6个及收费广场。

四、高速公路服务区

按国际惯例，连续驾车不能超过2小时。因此，线路长的高速公路，沿线都设有生活服务区，具有较强的地名功能。每个服务区，都分成两部分，在路的两侧各设一区。其功能是供司机、乘客小憩以消除疲劳，进饮进食，对汽车安全性能进行检查，给汽车加油。每个服务区都有停车场、加油站、餐厅、超市、厕所，有的甚至可提供住宿。宁夏现有高速公路服务区17对，服务功能、设施种类大体相同，只是面积和数量有差异，故只介绍一个服务区，其余详见表 3 - 3。

青银高速银川滨河服务区【Qīngyín Gāosù Yínchuān Bīnhé Fúwùqū】 位于青（岛）银（川）高速公路里程桩号 K1503，银川黄河大桥西侧约 3 公里，濒临黄河，故名。服务区分路南、路北两个分区，占地面积各 45333 平方米，停车广场各 20000 平方米，建筑面积共 4740 平方米，内设餐饮、购物超市、加油站、厕所，为司机和乘客小憩、解除疲劳提供各种服务，也是车辆加油之所。滨河服务区因设施齐备、环境优雅、服务周全，经交通部 2015 年实地考察，获"全国高速公路百佳服务区"荣誉称号。

表 3 - 3 宁夏高速公路服务区一览表

所在路名	服务区名称	里程桩号	占地面积（平方米）	其中：（平方米）			卫生间蹲位（个）
				建筑面积	停车场	餐厅	
京藏高速	惠农	K1084	25554	5213	6700	500	48
	沙湖	K1146	86580	8031	52649	1188	50
	贺兰	K1174	24000	2500	12000	200	72
	白鸽	K1190	5560	2562	1500	—	12
	永宁	K1204	135333	4500	53333	840	26
	关马湖	K1257	106000	6289	59480	818	71
	鸣沙	K1299	40000	7040	20000	704	72
	小洪沟	K1358	34684	5000	29684	1500	58
	兴仁	K1413	55000	3798	32120	650	48
青银高速	滨河区	K1503	90666	4740	40000	970	64
	宁东	K1472	161333	2900	4100	897	62
	蔡家梁	K1436	26827	3407	24000	360	18
	盐池	K1380	89244	4500	76504	1050	55
绕城	镇北堡服务区	K23	140136	4488	131992	1120	60
福银高速	同心	K2180	133200	5850	42300	380	26
	海原	K2114	40666	2331	4800	400	60
	固原	K2084	54828	4193	41230	460	60

注：每个服务区均在路两侧分成两区，都有加油站、超市，表中未列。

第四章　城市公共设施

第一节　城区主干道

一、银川市

（一）银川市区

1. 横向主干道

北京路【Běijīng Lù】　银川城市主干道东西向中轴线，东起兴庆区友爱街，横跨金凤区，西至西夏区110国道公路，全长近25千米，号称"五十里长街"。历史上分三段形成：东段于1958年在古城北城墙至护城河之间整修成土路，时名北环城路。1984年改建为沥青路，1986年改称北环路，全长仅3千米。2000年，中共中央政治局委员、上海市委书记黄菊一行来宁考察，决定由上海市政府出资，将沿路房顶"平改坡"覆彩色瓦，两侧建筑物饰灯亮化，故当年7月4日更名上海路。中段的西端原为新城大街，以旧满城街道改造而成，其余部分于20世纪90年代初始建为路，时名银新北路。西段于1959年形成雏形，称纬六路，为砂砾路，1982年命名西夏路，1986年扩建为4车道沥青路。2002年初，自治区党委书记陈建国提出将3段统一按8车道改扩建。工程于2002年7月16日在原银新北路建设试验段，当年11月完工。2003年4月16日，全线开工建设，2003年8月18日竣工通车，总投资5.89亿元。建成后更名北京路，全长24.48千米，均为机动8车道，机动车道宽32米。分三段命名：北京东路，东起友爱街，西止唐徕渠，长6.66千米，全部在兴庆区境内。机动车道两侧各设1.5~3米宽绿化隔离带及宽5米的非机动车道。路两侧各设5米宽人行道。人行道外绿化带因地而设，宽10~20米。沿路有兴庆区政府综合楼、宁夏高级法院、黄河出版集团、太阳神宾馆等单位及新月广场、中山公园。北京中路，东起唐徕渠，西止包兰铁路立交桥，长5.73千米，全部在金凤区境内，设绿化隔离带各宽4米，非机动车道2条，各宽5米；两侧人行道各宽5米。

路外绿化带宽度因地制宜，多数在 15 米左右。沿路有人民广场、宁夏科技馆、宁夏博物馆、宁夏图书馆、银川国际会展中心等公共设施及银川市行政中心、宁夏广播电视总台、凯宾斯基饭店、宁夏交通运输厅、宁夏公安厅等单位。北京西路，东起包兰铁路立交桥，西止 110 国道，长 12.09 千米，道路建筑红线宽 60 米。机动车道两侧绿化隔离带各宽 4 米；非机动车道，各宽 5 米。路外绿化带较宽，在 20 米以上，有的段落甚至超过 100 米。沿线有银川佳通轮胎公司、宁夏中医研究院、新市区百货大楼、西北轴承厂、长城须崎铸造、宁夏石化有限公司等单位及西夏风情园、西夏广场。

2014 年 1 月，北京东路延伸工程及滨河黄河大桥工程开工建设，2016 年 4 月 28 日建成通车，起点顺接原北京东路，向东跨越京藏高速、汉延渠、惠农渠及黄河，终点接滨河新区京河大道，长 20.29 千米，为机动车道双向 8 车道，设永通路、滨河大道、滨河新区长河大街三处互通匝道及滨河黄河大桥收费站一处。至此，北京路实际长度已达 44.77 千米。

黄河路【Huánghé Lù】 银川市东西向主干道，平行于北京路之南。东起唐徕渠桥接兴庆区解放西街，横跨金凤区，西至西夏区文昌南街，全长 12.48 千米。民国年间为连接银川老城至新城间的唯一通道，土路面，可通行汽车。1958 年整修为砾石路，西延至银川火车站。1963 年，宁夏交通局公路处将老城西门桥至新城段 5.87 千米纳入银川至巴音浩特公路（省道），按城市二级公路标准建设，沥青路面宽 15 米，两侧绿化带各宽 40 米，命名银新路，是为银川第一条沥青路。因设计标准超前，1965 年被当作"脱离政治、脱离实际、脱离群众"的反面典型"设计案件"立案查处。后因银新北路建成，更名为银新南路。1976 年，将新市区（今西夏区）内东起包兰铁路、西至丽子园南街 800 米土路改造成沥青路面。1981 年，将东起丽子园南路，西至文昌南路的原纬八路长 4 千米拓宽改造，取名黄河路。1997 年，使用长达 30 年的银新南路已不适应城市发展形势，遂拓宽改造为双向 4 车道，并延展到包兰铁路，计长 7.68 千米。2003 年，将银新南路西门桥至满城街段向西与西夏区内的原黄河路连通，统一命名为黄河路。其中：西门桥到包兰铁路 7.68 千米在金凤区境内，称黄河东路。路面拓宽至 37.8 米，设机动车双向 6 车道，路中心设 BRT 公交车站；两侧设非机动车道，各宽 4.5 米。路面外侧设人行道，各宽 3.5 米。人行道两侧绿化带各宽 5～20 米。沿路有眼科医院、金凤区政府、宁夏电力科技馆、宁夏大学南校区等单位及森林公园，有上万户的区民小区湖畔嘉苑。其余 4.8 千米在西夏区境内，称黄河西路。东起包兰铁路，西至宏图街接 S102 省道，道路红线宽 31 米，设机动车 4 车道，宽 15 米；两侧非机动车道各宽 3 米，人行道各宽 5 米。沿途有万宝博物馆、西夏建材城、银川开发区中小企业创业基地、中铝宁夏能源集团研发基地等单位。

上海路【Shànghǎi Lù】 银川市东西向主干道，平行于北京路之北。东起兴庆区丽景街，横跨金凤区，西至西夏区通达北街，长 11.1 千米。分东西两段。丽景街至唐徕渠 5.5 千米称上海东路，在兴庆区境内，2000 年竣工通车，原名海泽路，2003 年更名上海路。多数为机动车 4 车道，中央设隔离防护栏，两侧非机动车道各宽 5 米，人行道各宽 3 ~ 5 米。沿街主要有宁夏人力资源和社会保障厅、银川市中级人民法院、兴庆区人民法院、银川军大皮肤病医院、功达酒店等。西段 2005 年竣工通车，东起唐徕渠，西止通达北街，长 6.60 千米，多数在金凤区境内。路宽 44 米，中央设隔离带，设机动车 6 车道，两侧各设非机动车道、人行道。路两侧设绿化带，各宽 20 ~ 30 米。沿途有唐徕公园、银川市检察院、银川万达中心、银川火车站。

长城路【Chángchéng Lù】 银川市东西向主干道，在黄河路南并与之平行。东起兴庆区友爱路，跨越金凤区，西至西夏区宏图街，长 16.08 千米。系银川市首条商品路，由长城房地产公司采取"贷款修路，收费还贷"的办法兴建，故名长城路。1994 年 5 月 30 日动工，1995 年 6 月 28 日竣工通车。现分三段：兴庆区境内称长城东路，西起唐徕渠，东止友爱路，原名南环路，长 4.59 千米。机动车双向 4 车道，宽 24 米，两侧非机动车道各宽 3 ~ 5 米，人行道宽各 4 ~ 5 米。1992 年由长城房地产公司进行拓宽。金凤区境内称长城中路，东起唐徕渠，西止包兰铁路，长 5.06 千米，1995 年由长城房地产公司新修，行车道宽 36 米，为双向 6 车道，设有非机动车道和人行道，各宽 5 米。沿途有盈华购物中心、丽园南三期、六盘山高级中学、金凤区法院和检察院。西夏区境内为长城西路，东起包兰铁路立交桥段，西至宏图街，长 6.34 千米，建筑红线宽 37 米，机动车道宽 22 米，为双向 4 车道；两侧非机动车道各宽 2.5 米，两侧人行道各宽 5 米，无绿化隔离带。沿途有西夏区卫生大楼、宁夏大学葡萄酒学院、文昌公园等。

贺兰山路【Hèlánshān Lù】 银川市东西向主干道，在上海路北并与之平行。东起兴庆区京藏高速，横贯金凤区，西至西夏区文昌北街，长 17.45 千米。始建于 2004 年，为银川市城区主干道中的北三环，2007 年更名贺兰山路。全线为机动车 8 车道，设绿化隔离带；两侧各设 5 米宽的非机动车道、人行道，路外绿化带均宽 50 米。共分三段：东段在兴庆区境内，东接京藏高速公路，西至唐徕渠，长 4.5 千米，称贺兰山东路。路北多为湿地，与艾依河及多个湖泊相通。沿街有绿地 21 城、众一物流园区、新渠稍小学、银川国际鲜花港等单位。中段在金凤区境内，东起唐徕渠，西至包兰铁路，长 8.12 千米，称贺兰山中路。路北全为湿地。沿线有自治区党委、人大及悦海宾馆、银川九中、市公安局、自治区人民医院等单位，国家湿地公园悦海公园，以及阅海万家居民小区。西段在西夏区境内，包兰铁路以西，长 4.83 千米，称贺兰山西路。沿线有铁路斜拉立交桥、西夏区人民政府、宁夏大学、八一公园、兴庆公园等。

　　宝湖路【Bǎohú Lù】　银川市东西向主干道，在长城路南并与之平行。东起兴庆区友爱中心路，横跨金凤区，西止于宏图南街，全长 15.93 千米。道路红线宽度 52 米，基本为机动车 6 车道，两侧绿化隔离带各宽 3 米，非机动车道各宽 5 米，人行道各宽 7 米。原为郊区农村，20 世纪 90 年代中间，修建一条约 4 千米的城郊公路，因路北有宝湖，故名宝湖路。2005—2016 年，分段扩建为城市主干道，分三段：兴庆区境内段称宝湖东路，东起兴庆区友爱中心路，西至唐徕渠，长 3.74 千米；金凤区境内称宝湖中路，长 4.39千米，东起唐徕渠，西至包兰铁路，沿线有宝湖公园、华雁湖公园；西夏区境内称宝湖西路，东起包兰铁路，西至宏图南街，长 7.8 千米，沿途有宁夏苏宁文化产业园、银川起重机器股份有限公司、张裕摩塞尔十五世酒庄等。

　　大连路【Dàlián Lù】　银川市东西向城市主干道，在贺兰山路北并与之平行。东起兴庆区友爱街，西至西夏区同心路，长 11.1 千米。分两段：友爱街向西过唐徕渠入金凤区，再西至阅海湾，长 8 千米，称大连东路，路面宽 39.6 米，设机动车 6 车道；两侧绿化隔离带各宽 4 米，非机动车道各宽 5 米，人行道各宽 5 米。路外绿化带 20～45 米。2008 年始建金凤区正源街以西段，因银川市与大连市结为友好城市，故名大连路。随着城市的扩张，道路不断向东延伸入兴庆区，2015 年 6 月贯通。沿街多为新建居民区。在西夏区境内的为大连西路，东起丽子园北街，西至同心街，长 3.1 千米，2003 年建成并命名，宽约 8 米。大连西路规划长约 7.8 千米，道路红线宽度 50 米，其中机动车道宽 22米，设 6 车道。两侧绿化隔离带各宽 4 米，非机动车道各宽 5 米，人行道各宽 5 米。沿途有廉政警示教育中心、宁夏职业技术学院、宁夏工商职业技术学院、银川职业技术学院等。

　　六盘山路【Liùpánshān Lù】　银川东西向城市主干道，位于城区最南部，近南绕城高速并与之平行。东起兴庆区友爱街，横跨金凤区，西至西夏区过宏图南街，长 15.35千米，以宁夏南部的六盘山命名。其中东段、中段长共 9.4 千米，路面宽 56～58 米：设机动车双向 10 车道；两侧绿化隔离带、非机动车道各宽 5 米。人行道各宽 3～5 米。2011 年 4 月开始修建，2012 年 6 月 5 日竣工通车。兴庆区境内段为六盘山东路，东起友爱街，西止凤凰街，长 2.2 千米；金凤区境内称六盘山中路，东起唐徕渠，西止包兰铁路，长 5.95 千米。西夏区境内为六盘山西路，东起西夏热电厂东侧，西过宏图南街，止于顶津食品有限公司西侧，长 4.96 千米，建筑红线宽 60 米，其中机动车道宽 32 米，设双向 8 车道；两侧绿化隔离带各宽 4 米；非机动车道各宽 5 米；人行道各宽 5 米。沿途有宁夏银星能源有限公司、银川凯沃重工机械公司、张裕宁夏葡萄酿酒公司、张裕摩塞尔十五世酒庄、银川经济技术开发区（西区）、西夏热电厂等单位。

　　沈阳路【Shěnyáng Lù】　银川东西向城市主干道，位于城区最北部，近北绕城高速并与之平行。东起兴庆区京藏高速公路贺兰服务区，横跨金凤区北部，西至新（城）小（口子）公路，长 21.85 千米，穿越唐徕渠、阅海公园、包兰铁路。其中：京藏高速至亲水大街段，机动车道宽 30 米，设双向 8 车道；非机动车道、人行道各宽 5 米，辅道宽 7 米。已规划为银川市快速通道，设计为 10 车道，有多座立交桥、跨线桥，正在施工中。

2. 纵向主干道

宁安大街【Níng'ān Dàjiē】　规划中的银川市南北向主干道中轴线，在金凤区中部，寓意宁夏平安。现仅建成南段，北起北京中路，正对人民广场和银川市行政中心，南至六盘山路，长 5.84 千米，全部在金凤区境内。路面宽 36 米，设机动车双向 8 车道，两侧设非机动车道、人行道，各宽 5 米。始建于 1994 年，原为银川市高新技术开发区中央大道。2004 年按银川市新区规划进行扩建。沿线有国贸新天地、宝塔石化大厦、宁夏广播电视大学南校区、丽园小区等。

正源街【Zhèngyuán Jiē】　银川市南北向主干道，在规划的宁安大街东面并与之平行，南起绕城高速南段，北至绕城高速北段，全部在金凤区境内。最早为 1986 年 9 月建成的银川城郊西二环路，2001 年始成雏形，因位于明清宁夏城镇远门（西门）西，取其谐音命名为"正源街"，寓意正本清源。后向南北延展至绕城高速，2014 年全部贯通，长 19.5 千米，北接贺兰县广源大道；南接银川至永宁快速通道。路面宽 32 ~ 54 米：多数为机动车 10 车道（北京路口至黄河路口为 8 车道）；两侧设非机动车道各宽 5 米，人行道各宽 5 米。在繁忙的北京路口至上海路口、北京路口至黄河路口，宝湖路至南端止点，还各设有辅道 1 条，宽 6 ~ 9 米，专供公交车行驶。多数段落在机动车道与非机动车道之间设绿化隔离带，宽 5 米左右。路外绿化带宽 20 ~ 40 米。北京路口到黄河路口一段，既无绿化隔离带，也无路外绿化带。以北京路为界分南北两段：南至绕城高速称正源南街；北至绕城高速北段，称正源北街。途经银川金凤万达广场、枕水花园小区、宁夏区人民医院、阅海万家小区。

亲水大街【Qīnshuǐ Dàjiē】　银川市南北向主干道，在规划的宁安大街西面并与之平行，南起绕城高速南段，北至绕城高速北段，长 18 千米，全部在金凤区境内。多数地段设机动车 10 车道（每条车道宽 3.6 米，两侧靠绿化隔离带的车道各宽 4.4 米），六盘山路交叉口以南约 2 千米为 7 车道；两侧绿化隔离带各宽 3 米，非机动车道各宽 5 米；合计路面宽 41.4 米。路面外人行道各宽 2.8 米。全线在艾依河东岸布设，故名亲水大街。路西为绿化带，宽 36 米左右。2005 年与艾依河同步建成。以北京路为界，分亲水南大街、亲水北大街。沿途有宁夏国际会堂、银川国际交流中心、宁夏亲水体育中心、亲水人家小区、御景湖城小区等。

凤凰街【Fènghuáng Jiē】　南北向城市主干道，在兴庆区境内。南起永二干沟，北止贺兰山东路，以民族团结碑为界，分为凤凰南街、凤凰北街，全长 12.04 千米。多数路面宽 28 米，设机动车 6 车道；老城区约 2 千米原为西环路，在古城墙与护城河之间，地方狭窄，故设 4 车道，宽 18 米。两侧非机动车道各宽 2~7 米，人行道各宽 3~9 米。绿化为一板两带式，行道树种植国槐。凤凰街的历史，系分段形成。1958 年沿西城墙外围修筑成土路，长约 1.8 千米，名西环路。1986 年改建为沥青路，以街中段民族团结碑上的凤凰雕塑命名凤凰街。同时，将路西的排污明沟封闭，上建林荫道，林荫道两边种植乔灌木，辅以草坪。北京路至上海路段建于 2001 年，为一板两带式，行道树种植国槐。上海路至贺兰山路段建于 2004 年，绿化为三板四带式。沿街有宁夏回族自治区税务干部学校、自治区民政厅、银川市总工会、中山公园、宁夏烟草专卖局、宁夏食品检测中心等。

民族街【Mínzú Jiē】 城市主干道，兴庆区老城的南北向中轴线，明、清、民国时期宁夏城南北向主街道。以旧三民主义的"民族"命名。清初称王元街。对王元街的来历，各种著述多有附会。经查证，王元籍贯为明代宁夏卫，万历五年（1577 年）中进士（《朔方道志·人物志三·进士》卷之十六），曾任知县，因其府第在今民族南街，故后人称此段街为王元街。民国前期以今解放西街为界，分别叫王元南街、王元北街。1941 年 8 月下旬，宁夏省政府以依人名命名"鄙俚不堪"，分别改名民族街、民权街。1956 年统一更名民族街。今民族街南起治平路，北至贺兰山东路，以解放街为界，分南、北街。全长 7.7 千米，机动车双向 6 车道，两侧非机动车道各宽 2~5 米，人行道各宽 5~6 米。沿街有海宝公园、银川邮区中心局、宁夏监狱管理局、银川市质量技术监督局兴庆分局、宁夏建工集团有限公司、银川二十一小学、新华百货（老大楼）、宁夏展览馆、银川一中、兴庆区第二小学等。

中山街【Zhōngshān Jiē】 城市主干道。宋、元、明清以来银川古城内南北向主街。旧名南门大街（南薰门大街、东南大街）和北门大街（德胜门大街、帅府街、马府街），为驿道所经。民国时期为包兰公路省城过境段。1933 年《西北行》作者林鹏侠到宁夏考察，在 4 月 28 日的日记中，已记有中山街，为省城街道之首。1935 年，为迎接蒋介石视察，将新华街口以南的南门大街、羊肉街口以北的北门大街分别更名为中正南街、中正北街。1947 年，中正南街并入中山街，中正北街改为大同街。1956 年统一改为中山街至今。中华人民共和国成立后，中共银川市委、银川市人大常委会、银川市人民政府、银川市人民政协等党政机关都分布在中山街，2007 年才全部搬迁走。今中山街南起南门城楼前之南薰路，北至北塔路，以解放东街为界分南、北街，全长 3.38 千米，机动车双向 4 车道，两侧非机动车道各宽 3~4 米，人行道各宽 4 米不等。绿化为一板两带式，行道树以国槐、刺槐为主 727 株。沿街有西部汽车城、宁夏机械工业设计研究院、银川电视台、银川广电集团、兴庆区第六小学、银川市老干部活动中心、宁夏日报报业集团等。

胜利街【Shènglì Jiē】 城市主干道。民国时期以南门红花渠桥为界分南、北街，其中北街大部在原南关内，旧名南关街，1947 年更名胜利街，取抗战胜利之意。一说民国时期马鸿逵曾在南关修双城门，取名胜利门。南街旧名"南郊"，1981 年后称胜利南街。在此之前，胜利街一直是包兰公路的城区过境段，后几经拓展。今南起迎宾广场，北至南门城楼前之南薰路，全长 5.62 千米，设机动车道为双向 6 车道，两侧非机动车道各宽 3～4 米，人行道各宽 5～7 米。沿街主要有宁夏回族自治区国土资源调查监测院、宁夏疾病预防控制中心、宁夏医科大学（双怡校区）、宁夏医科大学总医院、宁夏回族自治区银川苗木实验场、银川市人力资源市场、宁夏医科大学雁湖校区、迎宾广场等。

清和街【Qīnghé Jiē】 城市主干道。原无路，1958 年"大跃进"中，拆毁东城墙，填平墙基外侧，修成简易土路。20 世纪 60 年代铺以砂砾，路基很窄，时称东环路，路东全系农田。1978 年宁夏回族自治区成立 20 周年庆典前夕，由自治区交通局征地拓宽，建成沥青路，成为包兰公路过境段，但民众仍惯称东环路。2001 年改建，因原东城墙建有清和门（又称东城门，约在今解放东街和清和街的交会处，东门桥附近），故更名为清和街。今清和街南起迎宾广场，北至贺兰山东路，以解放东街为界，分南、北街，全长 10.57 千米，机动车双向 6 车道，两侧非机动车道各宽 2.5 米，人行道宽度不等。沿街有银川市城市客运交通管理处、宁夏张氏回医正骨医院、银川旅游汽车站、宁夏地球物理地球化学勘查院、兴庆区司法局、东环批发市场、宁夏大自然宾馆、军宏中等职业技术学校、宁夏武警总队医院、银川客运总站和银川汽车站等。

丽景街【Lìjǐng Jiē】 城市主干道，今 109 国道过境段。原为东二环路，2002 年改造拓宽，2007 年正式命名。"丽景"源自明庆王朱栴王府名园"丽景园"（位置约为今丽景湖公园附近），是一个规模宏大的园林，内有芳林宫等楼台亭馆景观二十余处。朱栴著《宣德宁夏志》写道："丽景园，居城东北，予之果园也。"乾隆三年十一月二十四日（1739 年 1 月 3 日）大地震，园毁不存。丽景街南起绕城高速，北至贺兰山东路，以解放街为界，分南、北街，北连仙徕、南接迎宾两大广场，途经丽景湖、大团结广场，全长 12.6 千米，总宽在 65 米以上。设机动车双向 8 车道，两侧非机动车道各宽 3～5 米，人行道各宽 5 米。街中心有 10 米宽分车带，长 10653 米，以紫叶李、油松、白皮松等组成乔木树阵，树阵间种植"S"形蜀桧绿篱，绿篱两边配置丁香、月季、红叶小檗色块，地被种植草坪，整体构成 10.12 万平方米的绿化带。机动车道两侧与非机动车道之间，设 2.5 米宽绿化带，仅花灌木过 81213 墩。沿街有银川市运管局、兴庆区农机监理站、宝丰集团（办公楼）等。

友爱街【Yǒu'ài Jiē】 城市主干道。南起迎宾广场，北至沈阳东路，机动车道双向 6

车道，全长 14.73 千米，两侧非机动车道各宽 5 米，人行道各宽 3~5 米。街东侧于 1958 年成立友爱大队，后来改为友爱村，故名。市民俗称友爱中心路。沿街有兴庆区城管环卫综合执法北局、银川市实验小学（永泰校区）、宁夏交通物流园、塞上花都花鸟鱼虫市场等。

满城街【Mǎnchéng Jiē】 银川市南北向主干道，在金凤区境内，因其中段位于"新满城"东侧，故名。清乾隆三年十一月二十四日（1739 年 1 月 3 日）大地震，旧满城震毁，改在宁夏府城西十五里另筑新满城，屯驻八旗兵，清亡后俗称"新城"。此街在原新城东环路基础上，向南北延伸，长 5 千米。设机动车 6 车道，宽 22 米；两侧绿化带隔离各宽 4.2 米；非机动车道各宽 4.5 米；人行道各宽 4 米。以北京路为界，分南北两街：满城北街北至沈阳路，长 2.2 千米，沿街有新新大厦、新新家园、银川电线厂、永青小区、颐海苑小区、满春园小区等；满城南街止于长城中路，长 2.8 千米。沿街有中石化、中石油、湖畔嘉苑等。

丽子园街【Lìzǐyuán Jiē】 银川市西夏区南北向主干道，1974 年始建，时名经一路。1978 年北延，以十六国时赫连勃勃在今兴庆区掌政镇所建丽子园改名丽子园路。其后不断扩展，更名丽子园街。北起大连西路，南至长城路，全长约 6 千米。道路建筑红线宽度 22~60 米。其中贺兰山西路—长城西路段 3.35 千米较宽，建筑红线为 60 米，设机动车 8 车道，宽 32 米；两侧绿化隔离带各 4 米，非机动车道各 5 米，人行道各宽 5 米。大连西路—贺兰山西路段 2.2 千米较窄，设机动车 4 车道，宽 17 米；两侧非机动车道各 2.5 米宽。沿途有中国矿业大学银川学院、宁夏育才中学、银川佳通长城轮胎有限公司、丽子公园、西夏建材城等。

金波街【Jīnbō Jiē】 银川市西夏区南北向主干道，原名经二路，1981 年改以明代宁夏城东门外湖泊命名，1983 年建成通车，2001 年拓宽改建。以北京西路为界分金波南街和金波北街。北起大连西路南 160 米处，南至黄河路，长约 5.7 千米。建筑红线宽度 33~60 米，其中大连西路—贺兰山西路段 3.37 千米，红线宽度 33 米，设机动车 6 车道，宽 24~27 米；两侧非机动车道宽 3~4.5 米；贺兰山西路至黄河西路段，设机动车 8 车道至 4 车道，宽 32~22 米，两侧非机动车道各 5 米，人行道各宽 5 米，绿化隔离带各 3 米。沿街有宁夏育才中学、宁夏职业警官学校、宁夏大学贺兰山路校区、银川市贺兰山体育场、银川体育馆、万达广场、流芳园、宁夏解放纪念碑、解放公园等。

文萃街【Wéncuì Jiē】 原为 1959 年所筑苏新公路一段，北段为贺兰山农牧场公路；1965 年修筑南段，原名经三路，1981 年命名为文萃北街。北起北绕城高速公路，南至光明东路吊庄 5 村。以北京西路为界分为文萃北街和文萃南街，南北两街目前尚未贯通。道路全长 5.8 千米，建筑红线宽度 46~64 米，其中机动车道 17~36 米，江南路—经天路段 1.24 千米，建筑红线宽度 64 米，设机动车 9 车道，宽 36 米；两侧绿化隔离带各宽 4 米；非机动车道各宽 5 米，人行道各宽 5 米。经天路—光明东路吊庄 5 村段 2.2 千米，建筑红线宽度 44 米，设机动车 4 车道，路面宽 17 米，两侧非机动车道各 3 米，人行道各宽 5.5 米。沿途有宁夏工商职业技术学院、宁夏职业技术学院新校区、银川职业技术学院、宁夏大学贺兰山校区、文萃校区、怀远校区、天地宁夏支护装备有限公司等。

文昌街【Wénchāng Jiē】　文昌街以北京西路分为北街和南街，北街始筑于 1959 年，南街始筑于 1980 年，原名经五路。1981 年命名文昌路，后改文昌街。北起新（城）小（口子）公路（即宁夏军区后门），南至经天路，长 3.9 千米，建筑红线宽度 44～50 米，设机动车 4 车道，宽 22～24 米；两侧绿化隔离带各宽 3 米，非机动车道各宽 5 米，人行道各宽 3～6 米。沿途有八一公园、宁夏旅游学校、北方民族大学、共享家园、文昌公园、张裕摩塞尔十五世酒庄等。

同心街【Tóngxīn Jiē】　1977 年后逐步形成，原名经四路，1981 年命名为同心路，后更名为同心街。以北京西路为界分为同心北街、同心南街。北起学院路，南至经天路，长约 3.7 千米（另经天路—西夏热电厂段 3 千米，尚未移交给西夏区管理），道路红线宽度 43 米，机动车道为双向 4 车道，宽 22 米，两侧非机动车道各 5 米，人行道宽 7 米，绿化隔离带各 2 米。沿途重要地理实体有宁夏工商职业技术学院、银川职业技术学院、宁夏艺术职业学校、宁夏财经职业技术学院、西夏公园、哈纳斯天然气公司等。

3. 老街道

解放街【Jiěfàng Jiē】　银川市旧城区东西向中轴线，宁夏回族自治区人民政府驻地，旧时限于城池的东门、西门之间，有"宁夏第一街"之称。今东起丽景街，西至唐徕渠，以民族街为界分东、西街，共长 5.04 千米。多数为机动车 4 车道，两侧非机动车道、人行道宽度不足 3 米。东门外、西门外共 1.5 千米路幅稍宽。民国前期，东门至鼓楼段称东大街，鼓楼至珠市巷称西大街，珠市巷至西门称邢府街。1941 年 8 月下旬，宁夏省政府下令，将东大街更名中山大街，西大街及邢府街合并命名为中正大街。"解放街"之名，始于 1949 年 10 月，为纪念宁夏解放、人民获得新生之意。沿街商户林立，有宁夏医疗急救中心、宁夏财政厅、宁夏回族自治区人民政府、宁夏回族自治区司法厅、银川市中医医院、宁夏工会大厦、邮政大厦、新华百货（老大楼）、建发现代城、农业银行宁夏分行、银川新闻大厦等单位及古建筑玉皇阁、鼓楼。旧时银川城市基础建设落后，民间曾流传一句顺口溜"一条街上两幢楼，一个警察看两头……"其中一条街就是指解放街。1951 年，将解放街原来的土路修成石子路。1958 年又铺筑碎石路面，1960 年改为沥青路面，1974 年完成人行道铺装工程，1984 年将街道拓宽改造为 38 米宽的三块板路面。解放街的建设和改造，是银川市旧城改造的一个缩影。

鼓楼街【Gǔlóu Jiē】 因鼓楼（钟鼓楼）居街中段而得名。南起利群东街，北至文化东街，全长804米。鼓楼正南方，旧称柳树巷，因此处原有几座古墓，墓间种有老柳树，故名。明朝时期该巷为交易"番货"的市集，巷南端为青果市。鼓楼正南方，称糠市，是牲畜、家禽饲料的销售市场。1945年改鼓楼南、北街为复兴南、北街，1947年更名进德街，1959年复名复兴街，1970年改为向阳街，1981年更名鼓楼街，仍以鼓楼为界分南、北街。鼓楼是银川旧城的中心点，四周是商业黄金地段，"市肆稠密，百货俱集"。旧时市民笼统称此处为四方大街、四牌楼大街、什字大街和鼓楼大街。民国时期宁夏城内的"八大商号"大多集于此街区。中华人民共和国成立后，仍然是银川市最繁华的街区。1998年8月，鼓楼南街打造成为银川第一条商业步行街，不许车辆（包括自行车）通行，宽24米，长523米。2012年7月，步行街在建成15年后，首次大修改造，改造内容包括美化临街建筑、平整路面、增加无障碍设施等。沿街有宁夏华联商厦、新华购物中心、丽华副食连锁总公司等12家大型商场，又有各地特色小商品批发零售，满足各类人群需求。

玉皇阁街【Yùhuánggé Jiē】 元、明古街，因有古建筑玉皇阁而得名。南起南桥西巷，北至北京东路，全长2.62千米，以玉皇阁为分界，分南、北街。明朝时曾在街上设骡马市、猪市、柴市等。清代，玉皇阁北街称为北柴市街，南街名为南柴市街，街东南为骡马市，街西为磣子市。1942年，北柴市街改名和平街，南柴市街改名博爱街。1956年合并为和平街，以玉皇阁为界分南、北街。1981年更现名。沿街多为商户铺面，有宁夏秦腔剧院、世纪广场、银川宾馆、银川市第三人民医院、兴庆区教育局等单位。

新华街【Xīnhuá Jiē】 银川最为繁华的商业街，市区的商业中心。新华街原名新街，前身可追溯至明朝，明庆靖王朱栴就藩宁夏，于永乐五年（1407年）在宁夏镇城建造王府（故址在今新华街与中山南街至鼓楼南街一段），并在王府门前平整出一条通道，称为"新街"。1936年的《宁夏省会图》中已标注"新华街"一名。新华街以民族街为界分东、西街，东街由原仓巷子、新华街、财神街（财神庙街）组成；西街由原后哈吧巷、小南门三道巷（东端一段属养志巷）组成。1970年合并更现名，其长度限于东城墙至西城墙间，不足3千米。1979年后逐渐延伸，今新华街东起燕庆路，西至凤凰南街，长6.03千米，其中老街近3千米因改造困难，路面宽不足20米。向东延伸段宽40米，设机动车6车道。友爱街至丽景街段1千米为三板四带式，设分车带、绿化隔离带、非机动车道、人行道。2013年向西打通至唐徕渠，延长1165米，路面宽度30米，设机动车道双向6车道。沿街有新华百货购物中心、王府井百货、国芳百盛百货商场等大型购物商场、西府井饭店、同福饭店、新华饭店、金凤凰电影城、宁夏审计厅、银川市市政管理处、银川市市场监督管理局、兴庆区第十六小学、兴庆区第四小学、承天寺塔等。

湖滨街【Húbīn Jiē】　因街北原有一大片芦苇湖水面，故名。西夏时期，此街西段北侧是皇宫和御花园所在地。明朝时，西端北侧为宁夏镇驻军的军马场，称"马营"，也是陕西备御东边墙（长城）值班军的指挥机构（都司衙门）与营房区，故民间又泛称其为"西马营"。明朝后期，宁夏最高军政长官、巡抚宁夏都察院移建于东段北侧，故称察院街，又因北侧有城隍庙，也称为城隍庙街。明末清初时期，路北侧靠近北城墙，多为空旷废地和湖沼湿地，后陆续建有副总兵署、宁夏前卫署、宁夏水利都司署、宁朔县衙和神机库以及火神庙等。清同治末期因兵乱日渐萧条。东段在1929年宁夏建省后曾名财政厅巷。1936年财政厅迁入省府，此巷因驻军较多，更名为尚勇巷。1949年后不断填湖建房，向西延伸，仍名尚勇巷。1981年更现名。2008年，东段打通延伸至丽景北街，2013年，西段打通至唐徕渠，沥青路面，全长3.59千米，以民族街为界，分东、西街。沿途沿街有中山公园、光明广场、银川市青少年宫等。

文化街【Wénhuà Jiē】　银川市兴庆东西向古街道，西起文滨巷，东至清河北街，全长2.24千米，以民族街为界分东、西街。文化街一名，已查到的史籍可追溯到明朝。嘉靖《宁夏新志》卷前的宁夏城图中，已标出文化街，其走向及长度与今大体相同。沿街自东而西，标注地名23个：真宁王府、熙春坊、按察司、前卫宅、游击府、养贤坊、书院、黑虎庙、监承宅、晏公庙、文庙、儒学、育才坊、都察院、后乐园、阴阳学、安塞王府、巩昌府、凝和园、永春园、弘农王府、寓乐园、元昊宫遗址。其中有园林4处，文化教育场所6座，是宁夏镇城中文化气息最浓郁的街道，故名文化街。到民国初年，部分段落或因铜铁器商品集中，或因铁匠铺较为集中，或因是宁夏省高等法院的监狱驻地，分别叫铜铁市街、监狱街。1935年，文庙和旧考棚在此被划为文化区，故定名文化路。其东段因为十五路军司令部所在，取名国防路。1947年又将国防路并入。文化街文化底蕴深厚。明朝时，其中中段（民族街以东、鼓楼北街以西）就是镇城文化教育机构的集中地区。时以文庙为中心（原银川二中校园内东部），东西分别有东奎星阁、西奎星阁，儒学、书院和试院，还有著名的养贤坊、育才坊。明朝初期宁夏镇第一所儒学——宁夏卫儒学的校址位于这条古街的东端，校南门外街上有著名的效忠坊。明清以后陆续创办养正书院、揆文书院和银川书院（后移建），均邻文庙而建。科举制度废除以后，宁夏第一所近代教育机构——宁夏府中学堂、民国所建宁夏第一所现代教育机构——甘肃省第八师范学校和第五中学（联合办学，简称"五中八师"）均在此地。1929年，宁夏建省以后，省会的几所著名中学，如宁夏中学、宁夏师范等学校都建在这条街上。今沿街有宁夏人民会堂、宁夏体育馆、政协宁夏回族自治区委员会、新华通讯社宁夏分社、宁夏回族自治区住房和城乡建设厅、沙湖宾馆、宁夏煤炭质量检测中心、银川市粮食局、宁夏文联、宁夏回族自治区文化厅、银川十五中、银川市地理信息中心等。

（二）永宁县

宁朔街【Níngshuò Jiē】 始建于 1998 年，自建成使用至今。位于县城北部，以宁夏县、宁朔县各取一个字命名。北起观湖路，南至永黄公路，三级沥青混凝土道路。长 2.15 千米，宽 16 米，沿途经过杨和镇政府、玻璃厂旧址。

宁和街【Nínghé Jiē】 始建于 2003 年，自建成使用至今，位于永宁县城。寓意人民永远安宁、和平，故命名为宁和街。起点观湖路，止点南桥，三级沥青混凝土道路，长 3.5 千米，宽 16 米，沿途经过宁和家园、宁和广场、供电局、信用联社、体育中心等单位。

迎宾大道【Yíngbīn Dàdào】 始建于 2012 年，自建成使用至今。东起滨河大道，西至高速公路收费站处。长 4.7 千米，宽 36 米，属于主干道，沥青路面。

（三）贺兰县

丰庆路【Fēngqìng Lù】 东西向主干道，始建于 2002 年 3 月，是年，铺设南环路，东起银新干沟，西至 109 国道，长 5.45 千米，宽 24 米，沥青路面。2003 年 8 月 28 日，命名为丰庆路。后随城市发展，逐渐形成以富兴街为界，分为东、西路。富兴街向东至习岗南街为丰庆东路，长 1.7 千米，依次与朔方南街、建设街等街道交会，沿途有中国石油宁夏销售公司员工培训中心、一品尚都 C 区、太阳城 A 区、望都郡府等单位及居民区。富兴街西至原高新能源装备制造有限公司段为丰庆西路，长 3.75 千米，依次与桃林南街、恒安南街、109 国道、虹桥北街、兴旺路、兴发路、贺丰公路等街道、公路交会。沿途有颐和苑小区、望都郡府、长城慧兰园、金福苑等居民区。

银河路【Yínhé Lù】 贺兰县城东西向次干道，平行于居安路之北，东起习岗南街，西至西旺街，1977 年始建，是县城"十"字交叉路的横线。1989 年命名为贺兰东街、贺兰西街。2002 年 3 月改扩建，是年 7 月底竣工，长 3.36 千米，行车道宽 24 米，沥青路面，两侧设人行道，各宽 5 米。2003 年 8 月 28 日命名，以"十"字交叉中心（现为朔方街与银河路十字路口）为界，其东 1.69 千米称银河东路，沿路有贺兰县人民政府、贺兰县人民医院及多个居民小区；其西 1.67 千米称银河西路，沿路有贺兰县逸挥基金回民中学、贺兰县回民小学、贺兰广场及多个居民小区。

居安路【Jū'ān Lù】 贺兰县城东西向次干道，平行于银河路之南，东起习岗南街，西至西旺街。始建于 1985 年，名为居安街，东起南街，西至四清沟，长 3.17 千米，路面宽 24 米，两侧人行道各宽 5 米。2003 年 8 月 28 日，以富兴南街为界分别命名：其东 1.69 千米为居安东路，沿路有水木兰亭、贺兰县林业局、新百联超市、宁夏有色金属地质勘查院等单位及多个居民小区；其西 1.48 千米为居安西路，沿路多居民小区。

富兴街【Fùxīng Jiē】　贺兰县城南北向主干道，平行于朔方街之西，始建于 2000 年，原名四清沟，2003 年 8 月命名为富兴街，南起丰庆路，北至水产路，长 5.5 千米，行车道宽 21 米，沥青路面，外侧设人行道，各宽 5 米。以银河为界：其北段 4.1 千米称富兴北街，沿街有桃林新村、富兴花园、贺兰县体育馆、宁夏贺兰县气象局、兰山公园等单位及多个居民小区；其南段 1.4 千米称富兴南街，沿街多居民小区。

朔方街【Shuòfāng Jiē】　贺兰县城南北向次干道，平行于居安路之北，是贺兰县城最古老的一条街。明、清、民国初年为宁包大道（宁夏城至包头）过境段。1977 年，贺兰县城建成"十"字交叉街道框架，此为纵线。1989 年以十字交叉点为界，分别命名为贺兰南街、贺兰北街。2003 年改扩建，南起丰庆路，北至意湖东路，长 2.6 千米，路面宽 22 米，两侧设人行道各宽 5 米。是年 8 月 28 日，仍以十字交叉点为界：南段 1.2 千米命名为朔方南街，沿街有贺兰县疾病预防控制中心、贺兰县植物检疫站、习岗清真寺及多个居民小区；北段 1.4 千米命名为朔方北街，沿街有贺兰县妇幼保健院及多个居民区。

（四）灵武市

大河路【Dàhé Lù】　灵武市区次干道，位于市区北部，东西走向。东起大河子沟西侧东任路，西至西平街，长 2795 米，路面宽 18 米，设机动车 4 车道。2012 年，灵武市政府以灵政发〔2012〕93 号文发布《关于城区街路巷名称命（更）名的通告》，命名为"大河路"，因其东端起点大河子沟而名。

灵州大道【Língzhōu Dàdào】　灵武市区主干道，位于市区北部，朔方路之南。东起东盛路加油站北侧路口，西至怀远街，长 1946.3 米，设机动车 4 车道。路面宽 32 米，有中间宽 10 米、长 1900 米的枣树林绿化带，路两边各有 2 米宽的人行道，是目前市区最宽的大道。其与中兴路交会处，为灵武鼓楼。灵武市在明代初期之后，即为灵州城所在，故于 2012 年由灵武市政府命名"灵州大道"（文号见大河路条）。

朔方路【Shuòfāng Lù】　灵武市区主干道，位于市区北部大河路之南。东起 307 国道与下白路交会处，西至 307 国道南侧灵武市职业中学南转弯处，长 4403 米，路面宽 12 米，设机动车 4 车道。唐代开元九年（721 年），于灵州置朔方军节度使，为玄宗时边防十节度使之一，此后灵州又有"朔方"之称，故于 2012 年由灵武市政府命名"灵州大道"（文号见大河路条）。

西平路【Xīpíng Lù】　灵武市区主干道，位于市区中心，由明、清灵州城、民国灵武县城的东大街、西大街拓宽改建而成，东起东盛街，西至滨河大道，横穿灵武老城区，长 2840 米，路面宽 12 米，设机动车 4 车道。其专名"西平"，源自北宋咸平五年（1002

年）党项族首领李继迁攻下灵州后所置西平府。2012 年，灵武市政府命名为"西平路"（文号见大河路条）。2017 年，由东盛路向东延伸至灵武沿山公路，延伸段长 2 千米，两侧各设置 1 米宽的人行道。

中兴街【Zhōngxīng Jiē】 灵武市区主干道，原为灵武老城区西部南北向街道，俗称"后街"，由灵武北门入城，南至今唐城北侧拐向东，接南大街再由南大街向南出南城门。1992 年进行改建，自今朔方路向南纵贯西竖街，向南打通接灵吴路。新线北起朔方路，经灵武市区中心广场西侧，南止黄河路（原南二环路），长 2870 米，路面宽 12 米，双向 4 车道，路两侧各设置 2 米宽的非机动车道。改建工程竣工后，定名中兴路，取灵武"中兴"之意。2012 年灵武市政府发布《关于城区街路巷名称命（更）名的通告》，更名为"中兴街"。

复兴街【Fùxīng Jiē】 为灵武老城区南大街改造而来，原街道由市街心小广场（今西平路和庙前街交叉口偏东处向南，到达原仓弯子（今谢家井巷和复兴路交叉口北侧）向东拐约 10 米再向南直达灵武南城门。20 世纪 80 年代在修建"街心公园"时，将公园东侧南大街仓弯子取直，南街直达今西平街，取灵武复兴之意命名为"复兴街"，通过西平街北接"枣园路"，南至"中兴路"，南北长 684 米，路面宽 15 米，双向 4 车道，沥青路面，为次干道。

东盛街【Dōngshèng Jiē】 位于市区东部，原名东盛路，北起朔方路水泥厂南十字路口，南至农贸市场北侧与南薰路交会处。2012 年向南延伸至农贸市场南侧与黄河路（原南二环）交会处，长 2000 米。路面宽 12 米，设机动车双向 4 车道，沥青路面。2012 年灵武市政府更名为"东盛街"。

嘉源街【Jiāyuán Jiē】 灵武市区次干道，位于灵武市区西部。北起朔方路水木灵州四期"绿洲苑"东侧路口，南至黄河路（原南二环），长 3300 米，路面宽 12 米，双向 4 车道。2012 年灵武市人民政府命名为"嘉源路"。

怀恩巷【Huái'ēn Xiàng】 位于灵武老城区西部，东西走向。东起复兴街，西至中兴街怀恩清真寺对面路口。东西长 250 米，宽 17 米，沥青路面。2012 年灵武市人民政府《关于城区街路巷名称命（更）名的通告》（灵政发〔2012〕93 号），命名为"怀恩巷"。

二、石嘴山市

（一）大武口区

贺兰山路【Hèlánshān Lù】 石嘴山市区南北向主干道，北起工人街，南至 110 国道，全长 4255.6 米，路宽 36 米，设机动车 6 车道，两侧绿化隔离带各宽 7.9 米，非机动车各宽 2.8 米，人行道各宽 4.5 米。始建于 1969 年 5 月，1973 年 6 月命名为"贺兰山路"，1973 年 11 月扩建。1981 年 8 月以朝阳街为界，北至工人街 1759.8 米命名为贺兰山北路；南至星光大道 2495.8 米命名为贺兰山南路。沿路有工人街社区、人民街道办事处、大武口区供电局、市道路运输管理局、市粮食局、和平广场、青山公园等单位。

　　裕民路【Yùmín Lù】　石嘴山市区南北向次干道，北起有才路，南至星光大道，长 3219.5 米，宽 29 米，设机动车 2 车道，两侧非机动车各宽 1.8 米，人行道各宽 3 米。以朝阳街为界分为南北两段；南至星光大道 2039.6 米命名为裕民南路；北至 1179.9 米为裕民南路。依次与建设西街、游艺西街相交，至朝阳西街。

　　青山北路【Qīngshān Běilù】　南北走向。北起工人西街，南至长庆西街，长 3738.2 米，宽 38 米，设机动车 4 车道，两侧非机动车各宽 24 米，人行道各宽 3 米。至以朝阳西街为界分两段命名：南至长庆西街 2003.6 米为青山南路；北至工人西街 1734.6 米为青山北路。

　　青山南路【Qīngshān Nánlù】　南北走向。北起朝阳西街，与长胜路等街相交，至长庆西街止。全长约 2100 米，宽 38 米。

　　文明北路【Wénmíng Běilù】　北起工人东街，南至星光大道，长 4310.4 米，宽 38 米，设机动车 2 车道，两侧非机动车各宽 2.4 米，人行道各宽 5 米。1980 年修建，1981 年 8 月命名为"文明路"。1989 年拓宽延伸，并以朝阳东街为界分两段命名：南至星光大道 2552 米为文明南路；北至工人东街 1758.4 米为文明北路。沿路有民生社区、建设社区、文明社区、红星社区等。

　　朝阳街【Cháoyáng Jiē】　东西走向。东起世纪大道，西至 110 国道，长 4600 米，设机动车 4 车道，两侧非机动车道各宽 5 米，人行道宽 5 米，绿化隔离带 8.2 米。沿路有大武口区人民政府、市疾控中心、市教育体育局、东方广场等单位。

　　星光大道【Xīngguāng Dàdào】　机动车 8 车道，两侧绿化隔离带、非机动车道、人行道各宽 4 米。

　　黄河街【Huánghé Jiē】　石嘴山市区东西向次干道，西起台湾南路，东至星海湖环湖路，长 5965.8 米，宽 22 米。以贺兰山南路为界分别命名：东至环湖路 3307.1 米为黄河东街；西至台湾南路 2658.7 米为黄河西街。

（二）惠农区

　　中央大道【Zhōngyāng Dàdào】　石嘴山市惠农区南北向主干道，故名。南起于惠丰加油站，北止于河滨加油站，长 4990 米，道路宽 24 米，4 车道。1998 年建成通车。道路两侧主要建筑物有河滨有线电视台、石嘴山市第二十三小学、石嘴山市金玺电力设备厂、西部花园等。道路始建于 1998 年，同年完工，因该地理实体所在区域地理位置而命名。20 世纪 80 年代以前为河滩地，1998 年建成，名称沿用至今。

恒力大道【Hénglì Dàdào】　石嘴山市惠农区东西向主干道，东起于石嘴山钢厂，西至包兰铁路，长 3893.6 米，路宽 15 米，4 车道。原为平漫沙滩，1958 年建钢铁厂、水泥厂，往来汽车碾压成路，名河滨街。2008 年建为城市道路，更名恒力大道，因恒力钢丝绳股份有限公司而得名。沿路有中国银行、中国农业银行、河滨市场、河滨工业园区、润昌五金建材等单位。

惠安大街【Huì'ān Dàjiē】　石嘴山市惠农区南北向次干道，原名经一路。2006 年，惠农区第三排水沟改道，将原第三排水沟填平改建为城市道路，取"惠农安宁"之意，命名惠安大街。北起滨河大道，南至银善路，长 4700 米，宽 80.5 米，其中快车道宽 20 米。街两侧设绿化带，完善休闲座椅和汽车停靠点等配套设施。沿街有中西医结合医院、中国银行、中国工商银行、惠农区商贸信息交流市场等单位。

静宁街【Jìngníng Jiē】　石嘴山市惠农区南北向次干道。曾用名：经六路，位于惠农区园艺镇，南起银善路，北至巴塞名典小区，长 3036.8 米，机动车道宽 24 米，两侧人行道各宽 5.3 米。沿街有石嘴山兴慧医院、惠农人民法院、万宇商业广场、国通快递惠农公司等单位及多个居民小区。2012 年命名静宁街，平静安宁。

（三）平罗县

玉皇阁大道【Yùhuánggé Dàdào】　平罗县城东西向主干道，以玉皇阁为起点，故名。起于玉皇阁西侧翰林大街，西至京藏高速公路，长 4032.7 米。2005 年，建设翰林大街至萧公大街段 950 米，道路红线宽 100 米，中间景观绿化带 50 米，两侧机动车道各宽 16 米，其余为绿化带。路两侧有金顺花园、祥云都市花园、金地花园、金湖大酒店、县行政中心、社会事业服务中心、文化展览中心、平罗人民会堂、宏泰商业广场、丽都家园住宅小区等。

翰林大街【Hànlín Dàjiē】　平罗县城区街道南北中轴线，古代为驿道，1926 年后公路穿城而过，先后称宁包公路、包兰公路、109 国道，后国道东移，成为街道。2005 年改名为"富民大街"。为纪念平罗县历史名人俞德渊（清代翰林），2007 年更名为翰林大街。南北走向，南起城滨大道与 109 国道交会处，北至丰荣良种繁殖场复接 109 国道，长 5300 米，路宽 16 米，路面材质沥青混凝土。路两侧有康熙饮马湖市民休闲公园、金水湖畔小区东区、国海大饭店、城关镇回民小学、平罗县人民医院、平罗协和医院、玉皇阁市场、平罗县第五中学等。

怀远大街【Huáiyuǎn Dàjiē】　平罗县南北向次干道。因北魏至隋朝属怀远县地，故名。南起城滨路，北至贺兰山路，长 4740 米，道路红线宽 100 米，机动车道宽 32 米，其余为非机动车道、人行道和绿化带。2006 年建设 2960 米，2010 年延伸建设 1780 米。路两侧有县行政中心、人民会堂、武装部、县体育健身中心、平罗中学等。

民族大街【Mínzú Dàjiē】　平罗县南北向次干道之一。南起城滨路，北至头石公路，长 8300 米，道路红线宽 90 米，机动车道宽 32 米，其余为非机动车道、人行道和绿化带。2006 年建设 2928 米，2012 年延伸建设 5472 米。两侧有平罗县中医院、平罗县国家税务局、平罗县农村商业银行、县行政中心、县文化展览中心、县委党校、县法院、平罗县职业教育中心等。

萧公大街【Xiāogōng Dàjiē】　平罗县南北向次干道位于县社会事业服务中心东侧，金湖大酒店西侧。明朝平罗参将萧如熏抗敌救民，明崇祯皇帝钦赐"抗逆孤忠"匾，从此有"铁打的平罗城"之说，故将该路命名为萧公大街。南北走向，南起康家花园，北至贺兰山路，长 4100 米，宽 16 米。2011 年建成。路两侧有康熙饮马湖、金湖大酒店及多个居民小区等。

贺兰山路【Hèlánshān Lù】　平罗县城东西向次干道，东起平罗县城北门转盘，西至包兰铁路立交桥进入大武口地界。1959 年建成砂石路面公路，1975—1978 年改建成沥青路面公路，名为平（罗）大（武口）公路。1996 年进行拓宽，长 9500 米，宽 24 米，路面材质沥青混凝土。2004—2005 年，在路两侧实施绿化工程，新增绿化面积 12.33 公顷。2005 年 8 月，更名为山水大道。2008 年 1 月，更名为贺兰山路。两侧有平罗县回民高级中学、平罗县地方税务局、宁夏星海房地产开发有限公司、四角花园、平罗中心敬老院。

玉龚路【Yùgōng Lù】　平罗县城东西向次干道，1998 年建设，以玉皇阁为起点，西至翰林大街，长 1400 米，宽 32 米。路两侧有平罗九洲医院、玉皇阁市场、新世纪家园小区、城关四小等。

定远街【Dìngyuǎn Jiē】　原县城西环路，南北走向，南起城滨路，北至贺兰山路，长 9539 米，宽 8 米。2010 年进行建设，原名西环路。史载，唐玄宗先天二年（713 年）于今姚伏镇筑定远军城，又置定远县，故于 2014 年更名为定远街。

三、吴忠市

（一）利通区

利通街【Lìtōng Jiē】　吴忠市南北向城市路网中轴线。北起朔方路，南至子仪路，长约 5700 米。其中：河奇路至朔方路段，机动车道宽 30 米，为双向 8 车道；两侧各设 2

米宽绿化隔离带、4米宽慢车道、4米宽人行道；世纪大道至河奇路段、胜利路至裕民路段，机动车道宽26米，为双向6车道，两侧各5米宽人行道，无慢车道及隔离带；裕民路至世纪大道段，机动车道宽16米，设双向4车道，两侧各设2米宽绿化隔离带、4米宽慢车道、4米宽人行道；金积大道至友谊路段，行车道宽26米，为双向6车道，两侧各设置4米宽绿化隔离带、4米宽慢车道、5米宽人行道。此街始于明代吴忠堡的一条街。1936年，宁兰、宁平公路改线经过吴忠堡，改建成公路，一直使用到20世纪80年代初。1951年后，吴忠堡沿公路发展，形成城市主街道，取交通通畅之意命名利通街。1985年公路改建到城外，利通街经多次拓宽、改建，始成通衢大道。沿街商户林立，有国贸大厦、新华百货吴忠店、购物中心等，还有市人大、政协、公安局、卫生局、商业局、吴忠镇人民政府等机关企事业单位。2003年以裕民路为界分南北两段：南至子仪路称利通南街；北至朔方路称利通北街。2006年由开元大道修至世纪大道。

开元大道【Kāiyuán Dàdào】　吴忠市利通区主干道，东起利红街，穿越老城区，西至滨河新区，转南经金积工业园区，止于吴青公路，长约12千米。建筑红线宽51米，机动车道宽27米，设双向6车道，两侧绿化隔离带、慢车道、人行道各宽4米。始建于2001年。利通区为古灵州，唐开元九年（721年）置朔方节度使后进入极盛时期，故于2003年命名开元大道，2006年由黄河路延修至秦渠。2007年由同心街修建至黄河路。2013年由利华街修建至利红街。2014年由秦渠修建至金廖公路。途经明珠公园、盛元广场、吴忠市图书馆、万达广场、吴忠市水务局、吴忠市人力资源和社会保障局、新月广场及"两馆一中心"。

世纪大道【Shìjì Dàdào】　吴忠市利通区东西向主干道，快速路，东起利红街东侧360米处，西至黄河岸边（滨河大道），长约5780米，宽66米。其中：利红街至同心街段主车道宽38米，设机动车双向10车道，两侧绿化隔离带、慢车道、人行道各宽4米。路外绿化带各宽40米；同心街至滨河大道段行车道长约180米，宽10米，为双向4车道，中央隔离绿化带宽8米，无慢车道及人行道。该路始建于2009年，原名灵州路，2010年扩建为10车道，2012年竣工完成并更名为世纪大道，寓意吴忠跨越新世纪，经济社会大发展。途经吴忠市交通管理局、利通区人民法院、吴忠市公安局等单位。

金积大道【Jīnjī Dàdào】　吴忠市利通区南环路东西向主干道，位于吴忠东南部商贸经济发展区中，为快速路，东起铁西路，西至友谊西路，长6800米，宽63米。其中机动车道宽30米，设双向8车道，两侧各5米宽慢车道、3.5米宽人行道，在主车道与两侧慢车道之间各设置8米宽隔离带，道路外绿化带宽20~40米。该路于2019年扩建竣工完成。2010年建设完成利红街至友谊路段，长约5200米。2015—2019年完成铁西路至利红街段，长约为1600米。原名南环路，因通往金积镇，2013年命名为金积大道。该路自东向西与利华街、文卫街、新村街、利通街、利宁街相交。

朔方路【Shuòfāng Lù】 吴忠市利通区东西向主干道，东起东环路，西至滨河大道，长约5300米。路面行车道宽22米，为双向6车道，两侧各4米宽人行道，无慢车道及隔离带，路外侧绿化带宽30米。2012年竣工，原名为古城五号路，2013年命名为朔方路，因唐代，灵州（今吴忠）曾是朔方军、朔方节度使驻地，故名。道路途经吴忠市第十六小学、吴忠市气象局。

利红街【Lìhóng Jiē】 吴忠市利通区南北向主干道，贯通市区东南部。北起朔方路，南至金积大道，与世纪大道、开元大道、吴灵路、友谊路相交，全长约5400米。路面行车道宽31米，设机动车双向8车道，两侧各设有4米宽人行道和30米宽绿化带。其中金积大道至世纪大道段原名东兴街，2010年开始修建，2012年建成，2013年更名为利红街，以"利"字系列命名，该街位于老城区东部，是利通区通往红寺堡区的主干道路，故更名为"利红街"。道路途经吴忠市人民医院、吴忠市第八中学。

胜利路【Shènglì Lù】 吴忠市利通区东西向主干道，正在扩建中，计划于2019年竣工。该路东起文卫街，西至清宁街，长约3700米。其宽度按旧有建筑物及街道而定，设机动车双向4车道至6车道不等。两侧绿化带、慢车道、人行道亦因地而异。道路途经吴忠市妇幼保健院、吴忠市开元小学，下穿京藏高速。

同心街【Tóngxīn Jiē】 吴忠市利通区南北走向次干道，贯通老城区、新城区。北起滨河大道，南至友谊路，全长约6600米。机动车道宽32米，双向8车道，两侧绿化隔离带、非机动车道、人行道各宽4米，路外绿化带各宽40米。该路原名西盛街，2008年始建，2009年更名为同心街，取"同心同德"之意，2013年建成。沿途经过母子公园、吴忠市第三中学、吴忠市高速收费站。

富平街【Fùpíng Jiē】 吴忠市利通区南北向次干道，贯通老城区、新城区。北起世纪大道，南至友谊东路，长约4100米，世纪大道至开元大道一段路面宽40米，其余宽34米。其中：世纪大道至秦渠路段，设机动车双向4车道；秦渠路至友谊路段，为双向6车道；两侧绿化隔离带各宽2米；慢车道各宽4米；人行道各宽4~5米。路外绿化带宽20~40米。旧名西一环，为三级简易公路。2003年，因市境最早的行政建制为秦汉所设富平县（东汉后期迁关中），故冠名富平街。2005年按城市道拓展，2013年建成通车。2018年"城市双修"道路工程项目对世纪大道—秦渠段进行罩面工程。现以裕民路为界，北至世纪大道2100米为富平北街；南至友谊东路2000米为富平南街。道路途经乃光湖公园、古城镇政府、吴忠汽车站。

明珠路【Míngzhū Lù】 吴忠市区东西向次干道，始建于2014年，东起利红街，西至滨河大道，长约6200米，机动车道宽16米，为双向4车道，两侧各设2米宽绿化隔离带、4 米宽慢车道、2 米宽人行道。

（二）红寺堡区

燕然路【Yànrán Lù】　红寺堡城区道路南北向中轴线，始建于 2012 年，南起盐兴路，北至兴盛街，长 4100 米，宽 30 米，4 车道。燕然之名，源于唐代内迁铁勒诸部所置燕然州。沿线有政务中心、综合服务楼、图书馆、移民博物馆等单位。

罗山路【Luóshān Lù】　红寺堡城区东部南北向主干道，于 2014 年建成，南起清水河街，北至葡萄文化园，长 6300 米，宽 35 米，4 车道。沿线有综合市场、汽车站、罗山商城、博大购物中心等单位。

六盘山路【Liùpánshān Lù】　红寺堡城区西部南北向主干道，始建于 2012 年，南起南环路，北至人民街，长 4700 米，宽 26 米，4 车道。沿途有民康医院、电信公司、幼教中心、鼎盛花园等单位。

金水街【Jīnshuǐ Jiē】　红寺堡城区东西向中轴线，2011 年建成，长 2600 米，宽 35～41 米，设 4 车道、6 车道。沿途有区政府、国税局、罗山宾馆、一中、二中等单位。

团结街【Tuánjié Jiē】　始建于 2011 年，红寺堡城区中部东西主干道，长约 3000 米，分 3 段：康济路至丹霞路长约 500 米，宽 21 米，4 车道；丹霞路至六盘山路长 400 米，宽 13 米，2 车道；六盘山路至太阳山路长 2100 米，宽 30 米，6 车道。沿途有气象站、御泉明珠、金翠园、红联超市、建兴创业小区、圣丰花园、建材市场等单位。

（三）盐池县

兴武南路【Xīngwǔ Nánlù】　盐池县城主干道，原名经一路。因明代时曾在境内设兴武营守御千户所，政府规划将其南半段命名为兴武南路。2012 年修建，2013 年命名。南北走向，起点为翠云街，止点为花马池西街，长 4110 米，宽 45 米，为沥青混凝土路面，沿街绿化优美，两侧设有人行道。

盐州北路【Yánzhōu Běilù】　盐池县城主干道。因古盐州而名。始建于 1936 年，时名北街，2008 年更现名。南北走向，起自花马池东街，止于红军东街，长 2310 米，宽 37 米，沥青混凝土路面，两侧设人行道。途经盐池宾馆、盐池商城、民生市场、盐池劳务派遣总公司、盐池县交通局、北关社区。

平安大道【Píng'ān Dàdào】　盐池县城主干道，原名西环路，2013 年规划命名平安大道。1986 年建成长 1690 米、宽 14 米的砾石路面，2000 年改建沥青混凝土路面，长 3.43 千米，宽度分别为 307 国道以南 28 米，以北 15 米。南北走向，起自盐池火车站，止于长城关立交桥，长 8630 米，沿街绿化优美，两侧设有人行道。

防秋东街【Fángqiū Dōngjiē】　盐池县主干道，原名北环路，由政府规划将东段命名为防秋东街。因明代花马池边关的第一要务是防秋，阻止蒙古铁骑秋季入侵，故名"防秋路"。2012 年修建，2013 年命名。南北走向，起自盐川大道，止于盐州北路，长2720 米，宽 40 米，沥青混凝土路面，沿街绿化优美。

盐林南路【Yánlín Nánlù】　南北向主干道，本段属于南半段，且直通盐池城南林场，故名。2012 年修建，2013 年命名。起点为平安大道，止点为花马池西街，长 5000米，宽 44 米，沥青混凝土路面，沿街绿化优美，两侧设有人行道。途经中国移动盐池分公司、盐池汇发村镇银行、盐池县交通运输管理所、振远广场、盐池高级中学、盐池革命烈士纪念园。

广惠西街【Guǎnghuì Xījiē】　盐池县城主干道，由政府规划命名。东西走向，2012年修建，2013 年命名。起自盐州南路，止于太中银铁路四墩子立交桥，长 10640 米，宽40 米，沥青混凝土路面，沿街绿化优美。

盐川大道【Yánchuān Dàdào】　盐池县城主干道，原名工业园区中央大道，因隋设盐川郡，故于 2013 年更名盐川大道，南北走向，起点为银太街，终点为民族东街，长7220 米，宽 50 米，沥青混凝土路面。沿街绿化优美，两侧设有人行道。

后卫南路【Hòuwèi Nánlù】　原名经四路。因明时曾在盐池设宁夏后卫，故 2013 年更名后卫南路。南北走向，起点为凝翠西街，止点为花马池西街，长 2960 米，宽 45 米，沥青混凝土路面，沿街绿化优美，两侧设有人行道。

民族东街【Mínzú Dōngjiē】　由政府规划命名。因县城内大部分的回民都在此街附近居住，寓意着各民族都是一家人，且本街是东西走向的东半段，故得名。1982 年建有北关东街，2008 年更名为民族东街。东西走向，起点为盐定立交桥，止点为盐州北路，长 8920 米，宽 40 米，主干道路面质地为沥青混凝土，沿街绿化优美，两侧设有人行道。途经青年公寓、威腾园、福源小区、红军七十八师攻克盐池县城遗址、宁夏盐业管理局、盐池盐业局、吴忠养路段。

五原南路【Wǔyuán Nánlù】　盐池县地名总体规划中命名。因隋唐时盐池一带属五原县，故名。2012 年修建，2013 年命名。南北走向，起点为火车站，止点为花马池西街，长 7900 米，宽 30 米，主干道，路面质地为沥青混凝土，沿街绿化优美，两侧设有人行道。

民族西街【Mínzú Xījiē】　由政府规划命名。为回族聚居区，故名。1982 年建有北关西街，2008 年更名为民族西街。东西走向，起点为盐州北路，止点为三阳路，长 11370米，宽 40 米，主干道，路面质地为沥青混凝土，沿街绿化优美，两侧设有人行道。途经盐池县北关清真寺、花马池市场、盐池汽车站。

花马池东街【Huāmǎchí Dōngjiē】 由政府规划命名。因明正统八年在盐池附近设立花马池营，弘治十五年又置花马池守御千户所，故名。1950年建有东街，2008年更名为花马池东街。东西走向，起点为盐兴路，止点为盐州北路，长2640米，宽30米，主干道，路面质地为沥青混凝土，沿街绿化优美。途经盐池宾馆、盐池第一幼儿园、盐池一小、盐池城管局、盐池供热公司。

（四）同心县

庆王街【Qìngwáng Jiē】 主干路，起于清水街，止于平远路，南北走向。北接清水街，南连平远路。朱栴是明朝朱元璋第十六位皇子，被册封为庆王。1393年时到封地就藩，住同心韦州，封地为现在的甘肃庆阳、延安和宁夏北部至中部。庆王及其子孙葬在罗山东麓，这片陵区被称作"明庆王陵"，清水河至平远路，因此取名为"庆王街"。上隶豫海镇。长1100米，宽20米，双向4车道，设计速度采用40公里/小时，沥青混凝土路面。

长征街【Chángzhēng Jiē】 主干路，西起西环路，东至东环路，东西走向。由城建局命名。因当年红军长征在同心会师而命名。上隶豫海镇。2005年重修，分两段命名，长3670米，宽37米。以生海十字路为界，西为长征西街，1400米；东为长征东街，2270米。双向4车道，设计速度采用40公里/小时，沥青混凝土路面。

豫海街【Yùhǎi Jiē】 主干路，北起固海中心所十字路口，南至清水街和罗山路交叉路口，南北走向。由同心县城建局命名，为纪念陕甘宁豫海回民自治政府成立而命名。上隶豫海镇。豫海南街至宝中铁路，银平路至利民街。长5200米，宽34米。分两段命名，以长征东街生海大厦为界，北为豫海北街，长2300米；南为豫海南街，长2900米。双向4车道，设计速度采用40公里/小时，沥青混凝土路面。

永安路【Yǒng'ān Lù】 主干路，西起G344国道，东至东环路，东西走向。取平安之意而得名。自1990年建立至今，同石公路至火车站。上隶豫海镇。长4122米，宽44米。分两段命名，以豫海北街为界，西为永安西路，长2822米；东为永安东路，长1300米。双向4车道，设计速度采用40公里/小时，沥青混凝土路面。经过德海公司、消防队。

罗山路【Luóshān Lù】 主干路，位于新区行政中心南侧，西起同海公路，东至豫海南街路口，东西走向。因罗山在境内而取名"罗山路"；上隶豫海镇。长2665米，宽35米。双向4车道，设计速度采用40公里/小时，沥青混凝土路面。途经豫海回民中学、同心县人民法院。

迎宾大道【Yíngbīn Dàdào】 快速路，西起高速公路出口G344国道十字路口，向东穿越原西环路至豫海南街，东西走向。喜迎八方宾客，寓意同心县人民友善、好客，故取名"迎宾大道"。上隶豫海镇。全长2600米，宽44米。双向4车道，两侧设非机动车道，沥青混凝土路面。途经清水河、兴俊宾馆等。

同心大道【Tóngxīn Dàdào】　主干路，北起永安西路（清水湾南侧），南至平远路，南北走向。寓意着全县人民同心同德、同建同心，迈上幸福和谐的康庄大道。上隶豫海镇。长4800米，宽44米。双向6车道，两侧设非机动车道，沥青混凝土路面。途经同心县人民检察院、同心县医疗保险事务管理中心。

团结街【Tuánjié Jiē】　主干路，北起祥和路，南至豫海南街，南北走向。1987年建成。上隶豫海镇。长2540米，宽25米。分两段命名，以长征路为界，北为团结北街，长1100米；南为团结南街，长1440米。双向2车道，沥青混凝土路面。

（五）青铜峡市

汉坝街【Hànbà Jiē】　西起于小（坝）大（坝火车站）线张岗路口，东到京藏高速公路青铜峡市入口收费站，西东走向，途经商城、青秀园。1959年后为砂石路。1973年109国道小坝段改线至此路后，对部分路段加宽，提高路基，建成沥青路面。1989年按一级公路标准翻修、拓宽，建成长1300米、宽12米的道路，铺设沥青路面，命名为北街。1998年，109国道再次移出，旧路变为城市街道。2004年10月，青铜峡市人民政府批准命名为汉坝街，以小坝古名汉坝得名。2010年后实施城市东扩，将北街向东延伸到滨河大道，沥青混凝土路面，长3600米，宽20米，以宁朔路为界，分别称汉坝街东街、汉坝街西街。

古峡街【Gǔxiá Jiē】　西起西环路（109国道），东到滨河大道，沥青混凝土路面。民国时期，为宁（夏）兰（州）公路汉坝过境段，砾石路面。1973年109国道改线后，街道铺设为水泥路面，长1220米，宽15米。名西大街，因位于汉延渠以西到永庆街，即老109国道，故名。2004年10月，将西大街重新命名为古峡街，意为古老的青铜峡。2010年，延修到滨河大道，全长6495米，宽21米。以宁朔路为界，分别称古峡街东街、古峡街西街。

惠源街【Huìyuán Jiē】　西起宁朔路，过惠农渠，东至亲水北路，长3000米、宽15米，沥青混凝土路面。2012年由青铜峡市人民政府批准命名，因地近惠农渠之渠首而名。

四、固原市

(一) 原州区

北京路【Běijīng Lù】 固原市东西向主干道。西起福银高速路口环岛,东至东关北街,长 6500 米,宽 28 米,沥青路面。2004 年建成通车,因固原既高且平,在汉代称高平城、隋唐设高平县,故名高平路。2010 年更名为高平街,2014 年更名为北京路。沿途有固原市行政中心、宁夏师范学院、固原新一中、回中、新天地商业中心、西港航空饭店、固原中医院、西北农耕博物馆。

东关南街【Dōngguān Nánjiē】 固原市城市主干道。南起南城路,北至文化东路,长 1140 米,宽 30 米,沥青路面。因位于东关路的南段而得名。系民国老街道,当代名为东风路,1981 年更名东关路,2010 年更名东关南街。2003 年拓宽改建。沿街有固原市第一小学、原州区第二幼儿园等。

中山南街【Zhōngshān Nánjiē】 固原市南北向主干道。起点为文化东路,终点为上海路,长 2160 米,宽 20 米,沥青路面。民国时已成街道,中华人民共和国成立后,名为革命路,1981 年更名为中山街,后改为中山路。1999 年扩宽改建。2010 年正名为中山南街。沿街有六盘山宾馆、憩园广场、电信大楼、原州区第六小学、固原市第二中学等。

中山北街【Zhōngshān Běijiē】 固原市南北向城市主干道。起点为长城街,终点为文化东路,长 4440 米,宽 20 米,沥青路面。路名沿革同前。沿途有固原市第七中学、圆明寺、太白祠、固原市原州区劳动就业和社会保障服务中心、疾控中心、原州区人民武装部、邮政局、城区供电局、万和大酒店、红宝宾馆等。

六盘山路 (西)【Liùpánshān Lù (Xī)】 固原市南北向主干道。南起上海路,北至雁岭北路,长 2300 米,宽 24 米,沥青路面。因在古西城墙外,原名西环路。2002 年拓宽改建。2010 年更名六盘山路 (西)。沿路有哇呀哈儿童游乐场、丝路广场、原州区第一幼儿园等。

雁岭北路【Yànlǐng Běilù】 固原市南北向主干道。南起六盘山路 (东),北至长城街,长 2170 米,宽 22 米,沥青路面。2008 年建成通车,2010 年因古雁岭而名。沿途有固原市第六中学、固原市消防支队、古雁岭大饭店、固原市第一中学、景园盛世华都、新天地商业广场、固原市原州区第十小学等。

南城路【Nánchéng Lù】 固原市东西向城市主干道。起自上海路,止于南河滩清水河大桥,长 2900 米,宽 17 米,沥青路面。在古城南城墙外,1950 年后称南环路。1981年更名为长城路,2003 年拓宽改建,2010 年更名为南城路。沿途有地标广场、大原广场、原州区福利医院、中山医院、南河滩市场等。

上海路【Shànghǎi Lù】　固原市东西向城市主干道。西起高速路口转盘，东至清河南街，长 5600 米，宽 50 米，沥青路面。2003 年建成通车，命名银平路。2010 年以西汉雄关名为萧关路。2014 年更名为上海路。沿途有固原市第四中学、九龙山、水上公园、固原市南塬集中供热热源厂、武警防爆大队、固原市民族职业技术学院、大原广场、地表广场、固原协和医院等。

文化西路【Wénhuà Xīlù】　固原市东西向城市主干道。起自中山北街，止于上海路，长 3300 米，宽 35 米，沥青路面。民国时为文化街，"文化大革命"中名红卫路，1981 年复名为文化街。2004 年拓宽改建。2010 年正名为文化西路。沿途有儿童公园、原州区政务大厅、北塬街道办事处、原州区老年活动中心、原州区妇女儿童活动中心、金城花园、帝豪商务广场、固原市人民医院、新时代购物中心、固原贸易中心、新华百货、人民会堂等。

文化东路【Wénhuà Dōnglù】　固原市东西向城市主干道。起点为中山街，终点为东环路，长 1850 米，宽 35 米，沥青路面。路名沿革同前。沿途有人民广场、固原市第三中学、固原市原州区第十一小学、固原市原州区人民医院。

东关北街【Dōngguān Běijiē】　曾用名：东风路、东关路。南起文化东路，北至北京路，长 4700 米，宽 30 米，沥青路面。民国年间始建，2003 年因位于东关路的北段而命名。沿途有六盘山热电厂、饮马河、北海子、固原市污水处理厂等。

过店街【Guòdiàn Jiē】　老街巷。历史上繁华商圈——南河滩，因多有行旅住宿而得名。建成时间不详，2013 年由宁夏东海房地产开发有限公司重修。位于原州区南关街道宋家巷社区。北起于南城路，南至安安桥。全长约 150 米，宽约 5 米。沿途重要地理实体有：财神楼、照相馆。始建时间：2012 年。建成时间：2012 年。所在行政区域：南关街道。

（二）西吉县

迎宾大道【Yíngbīn Dàdào】　西吉县东西向主干道。东起夏寨三岔口，西至党校，长 4140 米，路面宽 46 米；设机动车双向 6 车道，宽 24 米；两侧绿化隔离带各宽 2.5 米；两侧人行道各宽 4.5 米；无路外绿化带。2015 年通车命名，取迎接外来宾客之意。

吉强东路【Jíqiáng DōngLù】　西吉县城主干道。2001 年吉强中街改建扩宽；道路起点为党校，止点为农民街口。道路全长 3100 米，路面宽度 40 米，路面全为沥青覆盖，是西吉县城境内的主要道路。沿途经过西吉县党校、西吉县第三小学、西吉县马铃薯研究中心。

吉强中路【Jíqiáng Zhōnglù】 西吉县主干道。道路起点为农民街口，止点为西关粮库。道路全长 2060 米，路面宽度 30 米，路面全为沥青覆盖，是西吉县城境内的道路。沿途经过西吉县第三中学、西吉县第一小学、西吉购物中心。

吉强西路【Jíqiáng Xīlù】 西吉县城主干道。2002 年吉强西路拓宽改建；道路起点为西岔路口，止点为南环路立交桥。全长 3100 米，路面宽度 40 米，沥青覆盖。沿途经过西吉县回族中学、西吉县实验中学。

闽宁大道【Mǐnníng Dàdào】 西吉县东西向主干道。东起园区东路，西至袁河十字路口。长 4200 米，路面宽 46 米，设机动车双向 6 车道，宽 23 米；两侧绿化隔离带各宽 2.5 米；人行道各宽 4 米，无路外绿化带。2015 年建成。沿途经过新安康医院、西吉县政务服务大厅、国圣食品、西吉工业园区、勇兴薯业等地。

滨河路【Bīnhé Lù】 西吉县东西向主干道。东起迎宾大道中路，西至闽宁大道，长 15 千米，路面宽 28 米，双向 4 车道，无绿化带，无人行道。2015 年命名。沿途经过西吉县人民法院、鑫祥世城、农贸市场、西吉人家、西吉县四幼、西吉大饭店等地。

（三）隆德县

人民路【Rénmín Lù】 隆德县城东西向主干道，始建于 1967 年，原名文革路。1984 年改名人民路，1990 年更名人民街，2011 年 2 月更名人民路。东起东环路北段，西至西环路中段，长 3400 米，宽 28 米，沥青混凝土路面。沿途有百货大楼、电信大楼、新兴广场、多元广场、华天广场、隆德宾馆、六盘山国际饭店、龙泉苑广场、隆德中学、隆德体育馆等建筑。

六盘山路【Liùpánshān Lù】 隆德县城东西向主干道，始建于 2012 年。东起县城南公租房小区东侧，西至隆秦公路入口，长 1780 米，宽 40 米，沥青混凝土路面。沿途有县客运汽车站、红崖社区、老巷子、第三小学、第四中学等。

宁安路【Níng'ān Lù】 隆德县城东西向主干道。位于县城南部，东北起自古柳公园，西至文博街，长 1400 米，宽 24 米。始建于 1936 年，是西（安）兰（州）公路的过境段。在古城南城墙外，1971 年命名南环路。2000 年扩建为城市道路。2011 年 2 月更名六盘山路，2012 年 11 月更名宁安路。沿途有县疾病预防控制中心、闽宁医院、博物馆、图书馆、二中等建筑。

文化街【Wénhuà Jiē】 隆德县城南北向主干道，位于县城中部，南起宁安路，北至 312 国道，长 2020 米，宽 21 米，沥青混凝土路面。沿途有六盘山国际饭店、隆德县文化旅游广播电视局、隆德县一小、隆德县博物馆、隆德县图书馆等建筑。建成于 1978 年，初名文化路，因沿途多文化设施而得名。1993 年改为文化街。

解放街【Jiěfàng Jiē】　隆德县城南北向主干道，南起六盘山路，北至 312 国道，长 2280 米，机动车主道宽 10 米，两侧人行道各宽 3 米，绿化带各宽 1.2 米，沥青混凝土路面。始建于 1976 年，初名解放路。1993 年改为解放街。沿途有水务局、卫计局、中国农业银行隆德县支行、中国建设银行隆德县支行、新华书店、万客隆宾馆、县第一幼儿园等建筑。

骆驼巷【Luòtuó Xiàng】　老巷名。位于隆德县城中部，南北走向，北起宁安路中段，南至笼竿城丝路文化公园。东侧有隆德县第二中学、西侧有龙城世家小区、笼竿城古城墙等。全长 160 米，宽 8 米，沥青混凝土路面。1993 年正式命名，取意丝路驼队云集。

（四）彭阳县

栖凤街【Qīfèng Jiē】　县城东西向主干道，起自栖凤山，止于郑沟口，因山而命名。长 1346 米，宽 18 米，沥青混凝土路面，沿途有南苑小区。

茹河街【Rúhé Jiē】　县城东西走向主干道，起自东门桥，止于朝那路，俗称"北环路"。因茹河穿城而过及茹河一号大桥，故 2009 年命名为茹河街。东西走向，长 2440 米，宽 12 米，沥青混凝土路面。沿途有茹河宾馆、彭阳供热点、彭阳汽车站等。沿街绿化优美，两侧设有人行道。

兴彭大街【Xīngpéng Dàjiē】　县城东西向主干道，起自茹河二号大桥，止于彭固公路。2012 年命名为兴彭大街，寓意振兴彭阳。长 3240 米，宽 28 米，沥青混凝土路面，沿途有国税局、民政局、财政局、彭阳商城等。沿街绿化优美，两侧设有人行道。

（五）泾源县

香水街【Xiāngshuǐ Jiē】　位于泾源县城，东至城关村，南至白泉街，西至大庄村，北至北环路。2003 年由泾源县道路建设局命名。

百泉街【Bǎiquán Jiē】　位于泾源县城，东至卧龙山公园，南至城关二队，西至劳务周转房，北至北环路。因唐代属白泉县，2005 年由泾源县道路建设局命名。

北环路【Běihuán Lù】　位于泾源县北侧，东至城关村，南至泾源县城，西至思源村，北至北山公园。因在老县城之北，2005 年由泾源县道路建设局命名北环路。根据"北"的意思是北侧、北面；"环"的意思是围绕，寓意为这条路在县城的北侧，而命名为北环路。2015 年翻修。

五、中卫市

（一）沙坡头区

鼓楼东街【Gǔlóu Dōngjiē】　中卫市区东西向主干道，以鼓楼为起点，向东通往宁钢大道，故名。长 3.4 千米。路面宽 50 米，设机动车双向 4 车道；两侧各设 1.6 米绿化隔离带、4.5 米宽非机动车道及 3.5 米宽人行道。1972 年始建，多次改扩建。途经全民创业城、妇幼保健院、长途汽车站和柔远镇。

鼓楼西街【Gǔlóu Xījiē】　中卫市区东西向主干道，以鼓楼为起点，向西通往机场大道，故名。长 2.74 千米，途经中卫市人民医院和沙坡头区政府。

鼓楼南街【Gǔlóu Nánjiē】　中卫市区南北向主干道，长 3.42 千米，北起鼓楼，南至滨河路。途经中卫市第五小学和香山湖。

鼓楼北街【Gǔlóu Běijiē】　中卫市区南北向主干道，1957 年挖开北城墙，拆迁开辟新鼓楼至火车站为北大街，1960 年延长，1972 年整修。长 497 米，南起鼓楼，北至火车站。途经人民广场。

中央东大道【Zhōngyāng Dōngdàdào】　中卫市区东西向主干道，东起鼓楼南街，西至广申大道，长 9.9 千米。路面宽 60 米，设机动车双向 8 车道；两侧各设 5 米宽绿化隔离带、6 米宽非机动车道、3 米宽人行道。原名南环路，2006 年扩建后改今名。途经文化广场、水木兰亭、砖塔村、中卫一中和正丰香格里。

中央西大道【Zhōngyāng Xīdàdào】　中卫市沙坡头区东西向主干道，东起鼓楼南街，西至常迎大道，长 3.29 千米。路名变更、路面宽及车道布置同前，绿化隔离带宽 4.7 米。

新墩南街【Xīndūn Nánjiē】　中卫市沙坡头区南北向主干道，位于滨河镇，原名新墩路，于 2006 年更为现名。南起滨河北路，北至中央西大道，长 2.2 千米，路面宽 30 米，设机动车双向 4 车道；两侧设非机动车道各宽 2.5 米，机动车道两侧与非机动车道之间各设 1.3 米绿化隔离带；路面两侧设人行道，各宽 1.4 米。此路通往新墩村，且位于新墩村南侧，故以此命名，原名为新墩路，新墩路与姚滩路连通后，以中央大道为界，2006 年更名为新墩南街，地名沿用至今。2016 年修建完成。路面性质为柏油路，途经观光渠和宁夏大学中卫校区。

新墩北街【Xīndūn Běijiē】　中卫市区南北向主干道，南起滨河西路，北至鼓楼西街。长 2.4 千米，路面宽 30 米，设机动车双向 4 车道；无绿化隔离带；两侧各设宽 2 米非机动车道、宽 2 米人行道。此路通往新墩村，且位于新墩村北侧，故名。原名为新墩路、姚滩路。2016 年将两路连通后，以中央大道为界，北段更名为新墩北街，长 1.4 千米；南段为新墩南路，长 1 千米。途经包兰铁路、观光渠和宁夏大学中卫校区。

应理南街【Yīnglǐ Nánjiē】　中卫市沙坡头区南北向主干道，2005 年建成通车。南起滨河西路，北至鼓楼西街，长 2.2 千米，路面宽 90 米，设机动车双向 8 车道；两侧各设 12.5 米宽绿化隔离带、6 米宽非机动车道、5 米宽人行道。西夏至元代在今中卫市设应理州，以此为路名。途经中卫市第四小学、中卫市博物馆、中卫市体育馆、中卫市第八小学和中卫市第六中学。

应理北街【Yīnglǐ Běijiē】　中卫市区南北向主干道，南起观光渠，北至西立交，长 1.9 千米，路名来源、路面车道设置同前。途经包兰铁路、中卫第二小学和中卫市气象局。

机场大道【Jīchǎng Dàdào】　中卫市区南北向主干道，南起滨河西路，北至沙坡头机场，长 9.66 千米。路面宽 23 米，设机动车双向 6 车道；两侧绿化隔离带、非机动车道各宽 5 米，人行道各宽 4 米。

怀远南路【Huáiyuǎn Nánlù】　为主干道，位于沙坡头区文昌镇，原名卫谢路，2006 年更为现名，长 3.27 千米，起点鼓楼东街，终点滨河东路，路面性质为柏油路。途经全民创业城、中卫市农牧局、中卫市供电局、香山湖，此路惠及民生花园、黄湾新村和黄河花园等小区。

怀远北路【Huáiyuǎn Běilù】　为主干道，位于沙坡头区文昌镇，原名卫谢路，2006 年更为现名，长 7 千米，起点鼓楼东街，终点中沟。路面性质为柏油路。

怀远南街【Huáiyuǎn Nánjiē】　中卫市区南北向主干道，南起滨河北路，北至鼓楼东街，长 3.2 千米。路面宽 90 米，设机动车双向 8 车道，两侧设绿化隔离带各宽 6.1 米、非机动车道各宽 6 米、人行道各宽 4.6 米。2002 年始建，原名卫谢路，2006 年更为现名。途经全民创业城、黄河花园、香山湖等。

怀远北街【Huáiyuǎn Běijiē】　中卫市区南北向主干道，南起鼓楼东街，北至包兰线，长 0.48 千米。地名变更、车道布置同前，机动车道与非机动车道之间设 12.5 米绿化隔离带。途经中卫市第十小学、赵桥村村委会和谢滩村村委会。

滨河东大道【Bīnhé Dōngdàdào】　中卫市区东西向主干道，位于黄河北岸的防洪堤北，东起鼓楼南街，西至西云大道，长 10.3 千米，路面宽 15 米，设机动车双向 4 车道；两侧各设 2.5 米宽绿化隔离带、1.9 米宽非机动车道，3.4 米宽人行道。原名滨河路，后以鼓楼南街和滨河路的交会处为分界点，通往东侧的道路为滨河东大道。途经滨河首府、香山公园、红宝宾馆。

滨河西大道【Bīnhé Xīdàdào】　东起鼓楼南街，西至常迎大道，长 2.8 千米。途经中共中卫市委党校。其余同前。

宁钢北大道【Nínggāng Běidàdào】 中卫市区南北向主干道，2005 年修建，南起鼓楼东街，北至宁夏钢铁公司，故名。长 10.3 千米，路面宽 60 米，设机动车双向 6 车道；两侧各设 5 米宽绿化隔离带、5.5 米宽非机动车道、7 米宽人行道。

宁钢南大道【Nínggāng Nándàdào】 中卫市区南北向主干道，南起滨河东路，北至鼓楼东街，长 3.02 千米，路面宽 60 米，设机动车双向 8 车道；两侧各设宽 12.5 米绿化隔离带、宽 5.5 米非机动车道、宽 7 米人行道。

（二）中宁县

宁安东街【Níng'ān Dōngjiē】 位于中宁县宁安镇，主干道。西起十字街口，东至中央大道。长 1580 米，三幅路，机动车道宽 16 米，绿化带两边各 2 米宽，非机动车道两边各 4 米，人行道各 4 米。1986 年建成通车，1998 年由东环路向东延伸，现与 109 复线横连。

宁安南街【Níng'ān Nánjiē】 位于中宁县宁安镇，主干道。北起十字街口，南至滨河路，与迎宾大道南北贯通。全长 1000 米，道路红线宽 40 米，三幅路，机动车道宽 15 米。绿化带两边各 2.5 米，非机动车道两边各 5 米，人行道各 5 米。2001 年 5 月开工，9 月建成通车。

宁安西街【Níng'ān Xījiē】 位于中宁县宁安镇，主干道。东起十字街口，西至宁丰路（原西环路），与 109 国道垂直相连，1986 年拓宽并改造为柏油路面。全长 680 米，三幅路，机动车道宽 15 米，绿化带两边各 2 米，非机动车道两边各 4.5 米，人行道各 3 米。绿化带内种植草坪和国槐，架设钢杆双臂高压钠灯。

宁安北街【Níng'ān Běijiē】 位于中宁县宁安镇，主干道。南起十字路口，北至西环路，与宁安南街南北贯通。全长 1000 米，三幅路，1985 年改造铺设为柏油路面，1987 年由 24 米拓宽为 30 米，机动车道宽 15 米，道路红线宽 36 米，机动车道宽 16 米，绿化带两边各 2 米，非机动车道两边各 4 米，人行道各 4 米。1987 年建成通车。

鸣雁路【Míngyàn Lù】 位于中宁县宁安镇，主干道。起于宁安北街，止于中央大道，古有"鸣沙过雁"，故名。沥青混凝土路面，全长 1.3 千米，道路红线宽度 40 米，机动车道宽 15 米，两侧分隔带各 2.5 米，非机动车道各 5 米。

滨河路【Bīnhé Lù】 位于中宁县宁安镇南河子沟以南，主干道。西起老南路，东至 G109。二级公路，全长 3609 米，道路红线 40 米，机动车道宽 15 米，两侧非机动车道各 5 米，道路两旁各有 5 米宽人行道，沥青混凝土路面。路基宽 12 米，2 车道。1986 年建成通车，2006 年改建。

迎宾大道【Yíngbīn Dàdào】　位于中宁县新堡镇，主干道。东起南环路，西至高速公路转盘。一级公路，全长3643米，道路红线宽16.5米，沥青混凝土路面。设计时速70千米/小时，路基宽度20米，4车道。2003年9月建成通车。

（三）海原县

政府街【Zhèngfǔ Jiē】　海原县城老街道，东起海原县人民医院，西至华山路，其间与东海路、建设路、东城路、康平路、中靖路相交，总长3080米，以县委旁十字路为界，分政府西街和政府东街。1982年因居于政府四周而命名，2000—2002年进行升级改造。全路红线宽32米，行车道宽18米，两侧人行道各4米，绿化带各3米。沿街有海原县委、县政府、县人大、县政协、海原县第一小学、县公安局、县发改委、县医院、中医院等单位和商业网点，是城区人流量最大的街道。

建设路【Jiànshè Lù】　海原县城区南部南北向主干道，南起牌路山转盘路口，北至北坪加油站，其间与政府街、黎明路、东城路、康平路相交，长3508米；全路红线宽26米，行车道宽16米，两侧人行道各宽3米，两侧绿化带各宽2米。1982年命名，1995—1999年进行升级改造，以街心十字路为界，分建设南路和建设北路，建设南路海喇都广场对面为城区主要的商业街之一。沿路有海原三中、县建设局、县国环局、民乐商城、县交通局、中国农业银行海原县支行营业部、黄河商业银行、县教育局等单位和商业网点，是城区人流量较大的道路。

文联路【Wénlián Lù】　海原县城区南部南北向主干道，南起文昌路，北至海喇都广场，1982年命名，2003年8月至2004年6月进行升级改造；长2380米；全路红线宽26米，行车道宽16米，两侧人行道各宽3米，绿化道各宽2米。道路两旁商住楼形式的商业铺面7万平方米，是海原县城区商业街之一，沿街有县文化局、县市场监管局、县地震局等单位以及金城商城等大型卖场。

黎明路【Límíng Lù】　海原县城区西南部商业主干道，西南至东北走向，北起海喇都广场，南至海原党校。长1984米。红线宽度26米；行车道宽16米；两侧人行道各3米；两侧绿化带各2米。属旧街道，多次拓宽，2001—2003年进行升级改造，两旁商铺林立，沿街有国华机械厂、林业局、水务局、农牧局、电业局、县委党校、二小等单位。

第二节　政务场所

一、自治区党政机关及其服务中心

中国共产党宁夏回族自治区委员会【Zhōngguó Gòngchǎndǎng Níngxià Huízú Zìzhìqū Wěiyuánhuì】　位于银川市金凤区康平路1号，独立大院，无高层建筑。党委机关及办公厅、组织部、宣传部、统战部等直属机构在院内办公。

宁夏回族自治区人大常委会【Níngxià Huízú Zìzhìqū Réndà Chángwěihuì】　位于银川市金凤区贺兰山中路266号。

宁夏回族自治区人民政府【Níngxià Huízú Zìzhìqū Rénmín Zhèngfǔ】　位于银川市兴庆区解放西街361号。原在其东约800米宁夏省国民政府旧址，1978年迁至原银川农业机械化学校即今址办公。1998年新建办公大楼，2000年投入使用，建筑面积36269平方米。至2016年底，有自治区人民政府办公厅、自治区发改委、自治区贸委等9家单位入驻办公。

政协宁夏区委会【Zhèngxié Níngxià Qūwěihuì】　位于银川市兴庆区文化西街50号。原在西夏区，1995年在现址另建。

宁夏回族自治区政务服务中心【Níngxià Huízú Zìzhìqū Zhèngwù Fúwù Zhōngxīn】位于兴庆区文化西街108号，国贸大厦东侧。2008年5月12日投入运行，集审批与收费、信息与咨询、管理与协调、投诉与监督于一体。建筑面积6000平方米，共分三层，其中一、二层为行政审批服务大厅，设置服务窗口73个，三层为中心综合办公区。进驻中心窗口部门32个，人员130人，委托中心代（受）理部门11个，延伸服务窗口8个，受理审批服务事项843项。自治区监察厅、政府法制办在政务服务中心分别设立行政效能投诉中心、行政监督办公室。

二、地市行政中心及服务中心

银川市行政中心【Yínchuānshì Xíngzhèng Zhōngxīn】　位于银川市金凤区北京中路人民广场北侧，上海路之南。2003年4月开工，2006年12月18日建成交付使用。占地13.84万平方米，主体建筑占地面积2.27万平方米，总建筑面积9.43万平方米，以办公用房为主，配套会议中心、食堂餐厅、武警信访楼、地下停车场、门前广场等。中共银川市委、银川市人民政府、银川市人大常委会、政协银川市委四大机关及60家市属党政部门入驻办公。

银川市民大厅【Yínchuān Shìmín Dàtīng】　宁夏最大的政务服务综合体，在金凤区阅海湾中央商务区东侧，西邻万寿路、南邻中阿之轴（编者按：2018年已分别更名宁安北街、团结路）、东濒规划路、北依沈阳路，占地面积260亩，建筑面积12.6万平方米，是银川市地标性建筑。地下设有636个停车位，地上生态停车场有1638个停车泊位。ABCD四个外分内连的异形建筑，构成"凤凰"身躯，连廊为"凤凰"的颈部，东侧的建筑造型和明珠构成"凤凰"的头部，ABCD各又分出3层。服务大厅共由五个部分组成，分为12个办事大厅，每个大厅设办事窗口60多个、等候座椅400席左右。2014年12月22日投入运行，700多个窗口为市民和企业提供整套的项目投资、企业注册、房产交易、护照和身份证补办等400余项审批和公共服务事项的办理，小到个人的各种证件、缴费办理，大到房地产权属办理。至此，银川市民"行政审批多头跑路"的历史宣告终结，实现了"推开一扇门办成一揽子事"的新服务格局。运行3年，每天人头攒动，极大地方便了人民群众，市民无不交口称赞。

石嘴山市行政中心【Shízuǐshānshì Xíngzhèng Zhōngxīn】　位于环湖路以西，五岳路以东。2007年5月17日开工建设，2009年10月9日交付使用。总占地面积30万平方米，总建筑面积8.8万平方米。以办公用房为主，配套会议中心、职工文体活动中心、机关餐厅、地下停车场、下沉广场等。中共石嘴山市委、石嘴山市人大常委会、石嘴山市人民政府、石嘴山市政协四大机关及42家市直部门（单位）入驻办公。

石嘴山市政务服务中心【Shízuǐshānshì Zhèngwù Fúwù Zhōngxīn】　位于石嘴山市大武口区长庆东街28号。2014年11月成立，挂石嘴山市公共资源交易中心牌子。共6层，建筑面积11500平方米，负1层至2层为政务服务区域，3层以上为公共资源交易区域。目前进驻有审批职能的政府机构、事业单位66个，设服务窗口199个，经办审批、服务事项463项，进厅工作人员247人，日均接待量2500人次；公共资源交易区共设置6个开标厅、8个评标室及抽评室、候标厅、监控室、代理机构工作室各1个，2015年以来累计进场交易1279宗，交易总额40.67亿元。

吴忠市行政中心【Wúzhōngshì Xíngzhèng Zhōngxīn】　吴忠市党政机关办公楼，位于利通区金星镇西北，东邻盛元东街，西至盛元西街，南靠盛元广场，北至明珠西路。占地面积44.4亩，由办公楼、吴忠会堂和机关食堂组成，总建筑面积24600平方米。办公楼主楼10层，于2002年6月开工建设，2004年10月投入使用。其中有中共吴忠市委、市人大常委会、市政府、政协吴忠市委四套班子及其办事机构，市纪委监委，以及团市委、妇联、市发改委、工信局等共21个部门（单位）500多人办公。

吴忠市政务服务中心【Wúzhōngshì Zhèngwù Fúwù Zhōngxīn】　即公共资源交易中心，位于利通区利华街。2012年12月由原宁夏民族职业技术学院办公教学大楼改造而成，总建筑面积 1.6681 万平方米。政务大厅现进驻部门 52 个、审批服务事项 1368 项，分 7 个区（民生服务区、营商服务区、项目服务区、社会事务服务区、不动产服务区、公安服务区、公共服务区），设置窗口 151 个，窗口工作人员 211 名。其中一至三楼为政务服务办事大厅、便民服务中心，四楼为吴忠市审批服务管理局、吴忠市政务服务中心（即公共资源交易中心）综合办公区，五楼、六楼为公共资源交易开、评标区，七楼和八楼为保障性住房服务中心、不动产登记中心、图审中心办公区。2019 年办理各类审批服务事项 98.5 万件。

吴忠会堂【Wúzhōng Huìtáng】　位于市行政中心院内西侧，建筑面积 1500 平方米，分为上下两层。其中一层设办公室 12 间，候会室 3 个，小型会议室 1 个。二层为综合会议室，可容纳 560 人，灯光、音响等配套设施齐全，满足各类会议需求。

固原市行政中心【Gùyuánshì Xíngzhèng Zhōngxīn】　固原市人民政府驻地，2006 年 8 月 9 日正式启用。位于原州区古雁街道北京路，占地面积 233333 平方米，为五边形建筑。主体层数 6 层，主体高度 25 米。

民生大厦【Mínshēng Dàshà】　位于固原市原州区古雁街道学院路南侧，2014 年投入使用，占地面积约 20 亩，19 层，高 80 米，为固原市各部门的办公地点。

人民会堂【Rénmín Huìtáng】　位于固原市原州区南关街道文化西路。原为六盘山影剧院，1987 年建成。2002 年改建为固原市人民会堂。占地面积约 2600 平方米，建筑面积 3433 平方米。可容纳 722 人。主要用于政府会议、文艺演出等活动。

中卫市行政中心【Zhōngwèishì Xíngzhèn Zhōngxīn】　位于沙坡头区文昌镇西南，东邻利民街，西至秀水街，南靠政通东路，北连鸣沙路。占地面积 450 亩，由建筑物和生态公园、府前广场、府后广场组成。建筑面积 35399 平方米，由主楼和裙楼两部分构成，主楼 10 层、裙楼 3 层。2005 年 9 月开工建设，2008 年 10 月投入使用。中共中卫市委、市人大常委会、市政府、市政协四套班子及其办事机构，以及民主党派、工商联、团市委、妇联、总工会，市发改委、工信局、科技局、云计算和大数据发展服务局等 36 个部门（单位）800 多人在楼内办公。

中卫市政务服务中心【Zhōngwèishì Zhèngwù Fúwù Zhōngxīn】　实为中卫市行政审批中心，位于沙坡头区利民街和丰安东路交叉的东北角。2008 年 9 月建成并投入运行，2014 年迁入新址。建筑面积 8360 平方米，其中一楼及二楼大厅面积 1600 平方米。将原政务大厅、工商注册大厅、出入境管理大厅、房产交易大厅、公积金管理大厅、社保大厅、医保大厅的行政审批及服务事项全部纳入，实行联合办公，集中服务。本着"一人多岗、一岗多责、集中办事"的原则，共进驻 33 个部门（单位）。设置 19 个窗口，56 个岗位，92 名工作人员。还设有咨询引导、商务窗口、投诉受理，并配备 LED 大屏幕、电子触摸屏等便民设施，最大限度地方便企业和群众办事。2014 年受理办结行政审批服务事项 12.8 万件。

三、县（市、区）行政中心及服务中心

银川市金凤区政务中心【Yínchuānshì Jīnfèngqū Zhèngwù Zhōngxīn】　位于金凤区黄河东路 721 号。原为市党校校址。现为金凤区党政机关综合办公楼，中共金凤区委、金凤区人大常委会、金凤区政府、政协金凤区委及其办事机构入驻。

银川市金凤区人民政府政务服务中心【Yínchuānshì Jīnfèngqū Rénmín Zhèngfǔ Zhèngwù Fú wù Zhōngxīn】　2002 年成立，位于金凤区黄河东路 759 号。

兴庆区综合办公楼【Xīngqìngqū Zōnghé Bàngōnglóu】　即兴庆区政务中心，位于北京东路 471 号。原在解放西街 11 号，1999 年 8 月 1 日在现址新建办公大楼，占地面积 6250 平方米，建筑面积 9187 平方米，楼高 38 米，地上 12 层，地下 1 层，为兴庆区党政机关综合办公楼，中共兴庆区委、兴庆区人大常委会、兴庆区政府、政协兴庆区委及其办事机构 17 个部门入驻。

兴庆区政务服务中心【Xīngqìngqū Zhèngwù Fúwù Zhōngxīn】　位于玉皇阁北街银河巷 25 号（银川市第三医院对面）。2016 年 4 月 27 日迁入现址投入使用，建筑面积 3763.67 平方米，进驻大厅的部门有 20 个，可办理行政审批和公共便民服务事项共 93 项，设置 42 个窗口，管理人员和窗口人员 70 余人。中心配备银行 ATM 自动柜员机、售电机等便民服务设施，开设图书阅览角等便民服务点。

西夏区行政大楼【Xīxiàqū Xíngzhèng Dàlóu】　即西夏区行政中心，位于贺兰山西路与丽子园北街交岔口的东北侧。为西夏区党政机关综合办公楼，中共西夏区委、西夏区人大常委会、西夏区政府、政协西夏区委及其办事机构入驻。

西夏区行政服务中心【Xīxiàqū Xíngzhèng Fúwù Zhōngxīn】　政务及行政审批综合楼，2014 年建成并交付使用，在贺兰山西路与丽子园北街交叉口东北，占地面积 36 亩，建筑面积 45700 万平方米，包括 11 层综合楼一栋，3 层附属楼两栋，以及配套设施会议中心、餐厅及地下停车场。西夏区党委、人大、政府、政协及区直机关、部门入驻办公。行政服务中心南侧为西夏区市民服务大厅，于 2014 年 9 月建成并投入使用。大厅总建筑面积 2400 平方米，共三层，划分为业务窗口区、自助服务区、金融服务区、休息等候区和行政办公区五个功能区，公安、工商、婚姻登记三个相关科室整建制入驻大厅，实现"窗口受理、大厅协调、网上运行、信息转换"的办件模式。目前受理审批事项 106 项，实行"一个窗口受理、一站式办结"运作，提高了办事效率，方便了群众。

永宁县党政机关综合楼【Yǒngníngxiàn Dǎngzhèng Jīguān Zōnghélóu】　永宁县行

政中心，位于杨和大街 20 号。永宁县人民政府从 1953 年即在此办公。现为党政机关综合办公楼，中共永宁县委、县人大常委会、县政府、县政协及其办事机构入驻办公。

永宁县行政审批服务中心【Yǒngníngxiàn Xíngzhèng Shěnpī Fúwù Zhōngxīn】 2007 年成立永宁县人民政府行政服务中心，2010 年更名为政务服务中心，2015 年更名为永宁县行政审批服务中心，位于永康路与宁丰北街交叉路口。

贺兰县政务服务中心【Hèlánxiàn Zhèngwù Fúwù Zhōngxīn】 在贺兰县创业东路 5 号。曾用名贺兰县事业单位登记管理中心。主要职责：协调进驻大厅单位办理有关业务工作及提供咨询服务，负责全县主要技改、建设项目的储备和推介，对受理的行政审批事项进行监督和规范管理。属公共管理和社会组织。

贺兰县行政审批服务局【Hèlánxiàn Xíngzhèngshěnpī Fúwùjú】 在富兴北街创业东路 5 号。曾用名贺兰县人民政府行政服务中心。2003 年 10 月设立。后改名为贺兰县行政审批服务局至今。负责全县的行政审批，属公共管理和社会组织。

灵武市党政机关办公楼【Língwǔshì Dǎngzhèng Jīguān Bàngōnglóu】 位于鼓楼东北方、灵州大道北侧，为 10 层办公楼。2005 年竣工交付使用，占地面积 39200 平方米，建筑面积 9882 平方米。入驻办公单位：中共灵武市委；市委办公室、组织部、宣传部、统战部及妇联、团委；灵武市人民政府；政府办公室、发改委、保密局、审计局、工商联、文联、编办等共 15 个单位。

灵武市人大政协办公楼【Língwǔshì Réndà Zhèngxié Bàngōnglóu】 位于灵州大道东端，坐北向南，2015 年 10 月竣工，灵武市人大常委会、政协入驻办公。为 4 层办公楼，占地面积约 5000 平方米，建筑面积 2546 平方米。

灵武市政务服务中心【Língwǔshì Zhèngwù Fúwù Zhōngxīn】 位于西昌路与南苑巷交叉路口，核定编制 17 名，加上入驻单位人员，实有工作人员超过 40 名，是全市规范审批服务行为、方便群众和企业办事、促进政府职能转变、统筹信息化建设、优化发展环境的综合性服务机构。2003 年始设，有发展计划局（含物价局）、国土资源局、建设局、公安局等 20 个行政审批单位常设服务窗口。

大武口区政务服务中心【Dàwǔkǒuqū Zhèngwù Fúwù Zhōngxīn】 位于石嘴山市大武口区朝阳西街与青山北路交会处，于 2010 年 3 月 15 日正式投入运行。现入驻 13 个单位，设有 8 个服务窗口（其中 6 个独立窗口和 2 个综合窗口），窗口工作人员 20 名，管理人员 2 名，行政事项 79 项，其中行政许可（审批）事项 51 项，公开办事事项 28 项。

惠农区政务服务中心【Huìnóngqū Zhèngwù Fúwù Zhōngxīn】 位于石嘴山市惠农区惠安大街与延安路交叉口西 50 米处，建筑面积 1000 平方米。中心计划入驻单位 35 个，现已入驻窗口单位 22 个，区直属部门 10 个（包括商务中心）；街道民生服务中心 4

个；驻惠单位 8 个；代办综合窗口单位 8 个。窗口工作人员 44 名，办理审批事项 186 项，其中：行政许可事项 88 项，非行政许可事项 30 项，便民服务事项 16 项，驻惠单位审批事项共计 26 项，街道民生服务中心办理事项 26 项。

平罗县行政中心【Píngluóxiàn Xíngzhèng Zhōngxīn】　在新区玉皇阁大道北侧 218 号建设行政中心大楼，2005 年 10 月开工建设，2007 年 8 月竣工。占地面积 4.84 万平方米，9 层框架结构，建筑面积 1.8 万平方米。中共平罗县委、县人民政府办事机构、直属部门及县总工会、团县委、县妇联、县工商联等机构入驻办公。

平罗县社会事业服务中心【Píngluóxiàn Shèhuì Shìyè Fúwù Zhōngxīn】　在新区玉皇阁大道北侧 216 号。占地面积 4.8 万平方米，9 层框架结构，建筑面积 1.8 万平方米，2008 年 11 月竣工。平罗县人大常委会、平罗县政协及交通运输局、民政局等部门入驻办公。

平罗县政务服务中心【Píngluóxiàn Zhèngwù Fúwù Zhōngxīn】　2009 年 10 月成立，位于县城宝丰路北侧，县财政局办公楼东侧（2017 年迁至新建成的公共服务中心）。将全县 27 个具有行政审批权力的部门和单位纳入大厅，构建受理一站式、审批一条龙、收费一窗口、监管一体化、评价一系统的政务服务体系。承办行政审批事项 215 项。（后记：2017 年迁新址，设服务窗口 140 余个，工作人员 174 人。）

大武口区政府办公楼【Dàwǔkǒuqū Zhèngfǔ Bàngōnglóu】　位于石嘴山市大武口区朝阳西街 99 号，即朝阳西街与鸣沙路交叉路口东南方向约 130 米处。1975 年设立，原址位于现首座龙庭，2008 年搬迁至区法院，2010 年搬至今址。位于大武口区朝阳东街 67 号，即裕民北路与游艺西街交叉路口南偏西约 120 米处。内设 10 个部室。

惠农区人民政府办公楼【Huìnóngqū Rénmín Zhèngfǔ Bàngōnglóu】　位于石嘴山市北大街 394 号，占地面积 7400 平方米，惠农区政府机关及所属审计局等部门入驻办公。

中共利通区委员会【Zhōngòng Lìtōngqū Wěiyuánhuì】　位于吴忠市利通区朝阳东街 131 号，平房办公。

利通区人民代表大会常务委员会【Lìtōngqū Rénmín Dàibiǎo Dàhuì Chángwù Wěiyuánhuì】　位于吴忠市利通区朝阳东街 131 号，平房，建筑面积 322 平方米。

利通区人民政府【Lìtōngqū Rénmín Zhèngfǔ】　位于吴忠市利通区朝阳东街 111 号。

中国人民政治协商会议吴忠市利通区委员会【Zhōngguó Rénmín Zhèngzhì Xiéshāng Huìyì Wúzhōngshì Lìtōngqū Wěiyuánhuì】　位于吴忠市利通区朝阳东街 111 号，平房，建筑面积 256 平方米。

红寺堡区政府综合楼【Hóngsìpǔqū Zhèngfǔ Zōnghélóu】　综合办公大楼，在吴忠市燕然路中段，东靠红寺堡一中，南靠金水街，与一二三六广场相望，西邻罗山宾馆。中共红寺堡区委、红寺堡区政府、人大常委会、政协四套班子在一个大楼内办公。

红寺堡区政务服务中心【Hóngsìpǔqū Zhèngwù Fúwù Zhōngxīn】 位于吴忠市民族街北侧，燕然路西侧。集中政府各职能部门及有审批、办证、收费职责的单位，为群众提供快捷、便利的服务。

青铜峡市政府办公楼【Qīngtóngxiáshì Zhèngfǔ Bàngōnglóu】 位于古峡西街 168 号，1995 年建，占地面积 16350 平方米，建筑面积 9238 平方米，主体层数为 10 层。入驻办公单位：中共青铜峡市委机关及纪律检查委员会、监察局、组织部、统战部、宣传部、政法委、政策研究室，县妇联、团委、发改局等。

青铜峡市人大政协办公楼【Qīngtóngxiáshì Réndà Zhèngxié Bàngōnglóu】 位于汉坝西街 49 号，西邻永丰路。2008 年建成使用，建筑面积 6106.32 平方米，为地上四层，内驻有青铜峡市人民代表大会常务委员会和中国人民政治协商会议政协青铜峡市委员会。

青铜峡市政务服务中心【Qīngtóngxiáshì Zhèngwù Fúwù Zhōngxīn】 2009 年 6 月 26 日设立，原在小坝市区汉坝街中心地段，2015 年 2 月，迁至古峡东街嘉宝工业园区内，占地 10 亩，建筑面积 47000 平方米。分设公安办证、工商注册登记、运政业务、房产办证大厅、医保社保办证、不动产登记中心等共 7 个服务大厅，进驻窗口部门 22 个，设置办事窗口 85 个，进驻工作人员 96 名，审批事项 212 项。另在各镇（街、场）设民生服务中心 11 个，村（社区）代办点 107 个。

盐池县政务服务中心【Yánchíxiàn Zhèngwù Fúwù Zhōngxīn】 位于盐池县盐州南路 14 号；成立于 2006 年 5 月，办公面积 530 平方米，进驻部门、单位 16 个；办理事项 95 项，其中行政许可事项 70 项，非行政许可事项 22 项，服务事项 3 项。中心按审批职能分 A、B 两个区域：A 区为投资项目金通道，B 区为全民创业金通道；共开设窗口 25 个（审批窗口 21 个，综合代办窗口 1 个，服务窗口 3 个）。

同心县行政中心【Tóngxīnxiàn Xíngzhèng Zhōngxīn】 位于同心县新区罗山路北侧，占地 30 亩，建筑面积 19124.56 平方米，地上 4 层，地下 1 层。由主楼 4 层、裙楼 2 层、行政中心广场、会议中心等构成。2012 年 6 月竣工，2013 年投入使用。中共同心县委、县人大常委会、县政府、政协同心县委及其办事机构，以及工信局、发改局等 30 多个部门在楼内办公。

同心县政务服务中心【Tóngxīnxiàn Zhèngwù Fúwù Zhōngxīn】 地址在长城街 14 号，2017 年 3 月建成并投入使用。办事大厅面积 4200 平方米。进驻单位 34 个（包括 7 家企业），开设办事窗口 82 个，后台审核审批岗位 60 个。共受理公共服务和行政许可事项 254 项，其中行政许可 169 项。有自助取款机 4 台，设置 3 个以上窗口的单位分别是公安局、市监局、自然资源局、住建局、人社局、国税局、民政局和农业农村局，进驻窗口工作人员及后台审核人员共 140 多名，负责承办 34 个窗口单位的政务服务事项。

原州区政务服务中心【Yuánzhōuqū Zhèngwù Fúwù Zhōngxīn】　位于固原市原州区古雁街道文化西路 313 号，2010 年 8 月竣工开放，占地面积约 1000 平方米。主体 4 层，高 20 米。按照公开、公平、公正的原则，组织各类行政许可、非许可事项、新闻发布、工程建设项目招投标和电子档案管理等业务进入中心，采取"一门受理，并联审批，统一收费，限时办结"的模式，实行"一站式"集中办理和服务。

西吉县政务服务中心【Xījíxiàn Zhèngwù Fúwù Zhōngxīn】　为行政审批中心，位于西吉县吉强镇闽宁大道吉德慈善园区，承担审批事项的集中办理、一条龙服务。

隆德县行政中心【Lóngdéxiàn Xíngzhèng Zhōngxīn】　位于城关镇，在隆德县城西北部 312 国道北，北靠北象山，东接县职业中学，西邻县公安消防大队。占地面积 100000 平方米，建筑面积 15000 平方米。2011 年建成，中共隆德县委、县人民政府、县人大常委会、县政协，以及党委、政府所属约 30 个职能部门入驻办公。

隆德县政务服务中心【Lóngdéxiàn Zhèngwù Fúwù Zhōngxīn】　位于城关镇，在隆德县城西北部 312 国道北，北靠北象山，东接行政中心，西邻县人民武装部，南接 312 国道及三山公园。占地面积 2000 平方米，建筑面积 1200 平方米。大厅内有公安局、民政局、社保局、文化局等 26 家政府部门及社会服务单位开设办事服务窗口，为群众办理各种证件及审批业务。

隆德县城市公共服务中心【Lóngdéxiàn Chéngshì Gōnggòng Fúwù Zhōngxīn】　位于城关镇，在隆德县城观泉路南，东邻县农业银行，西邻中国人寿保险公司隆德分公司。占地面积 900 平方米，建筑面积 390 平方米。主要职能：宣传、贯彻、执行国家、自治区、市（县）有关城市公共事业管理的法律、法规和规定；负责起草县人民政府关于城市公共服务规范性文件，并组织实施；负责县城规划区道路清扫、除尘及垃圾清运、公园、广场、建筑垃圾填埋、道路下水道疏通、积雪、积冰清除工作；负责县城规划区绿地规划、管理，树木、草坪管理、县城亮化，维修等工作。

泾源县政务服务中心【Jīngyuánxiàn Zhèngwù Fúwù Zhōngxīn】　2009 年 7 月 30 日对公众开放。为县人民政府常设派出机构。内设 29 个办事窗口，涉及 32 个单位的 234 项审批项目，其中派驻首席代表的单位 18 个，由主管局代办单位 7 个，委托政务服务中心代办的单位 7 个，各单位共派出常驻首席代表 19 名（包括信用联社派驻代表 2 名），严格按照"一门受理、内部运作、限时办结、统一收费"的运行模式，做到了规范管理、阳光操作。具体位置为泾源县香水镇富强路，南邻建环局，北邻南环路，东至富强路。

泾源县人民会堂【Jīngyuánxiàn Rénmín Huìtáng】　在泾源县行政中心西侧，内设大会堂和以乡镇命名的分会议室。于 2007 年 5 月 16 日开工建设，2008 年底交付使用，总投资 341.34 万元，占地面积 3.28 亩，建筑面积 2309.87 平方米。

彭阳县行政中心【Péngyángxiàn Xíngzhèng Zhōngxīn】　位于彭阳县悦龙山新区。北靠悦龙山，西至社保大楼，南邻人民路。占地面积 124 亩，建筑面积 20571.64 平方米，主楼 6 层。2013 年 3 月开工建设，2016 年 1 月投入使用。中共彭阳县委、县人大常委会、县政府、政协彭阳县委四套班子及其办事机构，以及各民主党派、工商联、团县委、妇联等共 29 个部门（单位）636 人在楼内办公。

彭阳县政务服务中心【Péngyángxiàn Zhèngwù Fúwù Zhōngxīn】　2008 年政务服务中心开始筹建，11 月正式运行。内设综合办公室和窗口管理办公室。2016 年由彭阳县城兴彭大街搬迁至悦龙新区。主要负责：组织政府各部门进驻政务服务中心，集中一站式办理各类行政审批、公共服务、收费事项、政府信息公开等业务，实行便民服务；同时承办县委、政府和上级业务部门交办的其他事项。

沙坡头区行政中心【Shāpōtóuqū Xíngzhèng Zhōngxīn】　位于中卫市沙坡头区鼓楼西街 387 号，2003 年 3 月开工建设，2003 年 11 月竣工。办公楼总面积 6265 平方米，办公用房面积 2438.6 平方米，6 层框架结构。中共沙坡头区委、区委组织部、区委宣传部、区人民政府等单位入驻办公。

中宁县行政中心【Zhōngníngxiàn Xíngzhèng Zhōngxīn】　中宁县党政机关综合办公楼，东邻雅泰城市花园、南连人民广场、西接中宁县教育体育局、北靠中宁县信访局。大楼共八层，中共中宁县委、县人大常委会、县政府、县政协及其办事机构，以及县纪委、总工会、审计局、统计局、发改委等多个部门入驻办公。

中宁县政务中心【Zhōngníngxiàn Zhèngwù Zhōngxīn】　实为中宁县行政审批中心，成立于 2008 年 12 月，是县人民政府负责组织、指导、协调本级政府行政许可、行政审批、行政服务等政务服务的工作机构。办公面积 780 平方米，共设置办事窗口 34 个，进驻发改、公安、住房和城乡建设、国土资源、农牧、林业、水务、监察、法制等县属部门 29 个，质检、气象、工商等区属单位 3 个，受理行政审批服务事项 260 项。

第三节　广场园林

旧时宁夏广场园林不多。进入 21 世纪后，为改善人居环境，拓展休闲娱乐空间，广场园林激增，很多乡镇也开始修建，一些街道、社区也有小广场、小微公园。限于篇幅，本书仅收录面积在 2 万平方米以上知名度高者，社区内的园林一律不收。

一、银川市

（一）广场

人民广场【Rénmín Guǎngchǎng】　位于金凤区北京中路北侧、银川市行政中心之南，东西宽551米，南北长696米，占地面积37100平方米，2003年9月28日竣工，总投资6150万元。广场包括人民广场、行政中心周边绿地及交通环岛，绿化面积85163平方米，水渠面积13913平方米，绿化率61%。总体空间布局为"一水、二轴、五分区"；一水：黄河，塑造亲水空间；二轴：南北礼仪轴，东西文化轴；五分区：中心广场、下沉观演区（民间艺术表演场地）、新月广场、西夏文明园区（以雕塑、壁画、建筑小品体现西夏文明）、宁夏风情园；广场集旱喷、雕塑、亲水平台、花坛及绿地、座椅、微型活动场地、廊、架、亭等于一体，为市行政中心楼前广场。

南门广场【Nánmén Guǎngchǎng】　银川市最早、人气最旺的广场，20世纪80年代以前的大型集会、庆典活动，均在此举行。因坐落于广场北面的古建筑南门城楼而得名。广场南通胜利街，北对中山南街，南薰路东西贯穿广场北部。"南门"为银川古城南薰门，有城门楼，是银川市的标志性古建筑之一，俗称南门楼，相传始建于西夏，明正统年间重修。后屡遭兵燹，多次重建而形制犹存，清初有"南楼秋色"一景。1952年，银川市人民政府辟为南门广场。1978年扩建，在城楼两侧增建观礼台，并向东辟通南薰路，以庆祝宁夏回族自治区成立二十周年。广场正对南门城楼的中心，矗立旗杆，在重大节日举行升旗仪式，也是银川至全国各省会城市、区内各市县公路交通的"0"公里起点。进入21世纪，时代更迭，古城巨变。政府遂斥资将其改造为集休闲、娱乐、购物于一体的开放式广场，于地下建设大型人防工程，辟为商场。2000年6月改造工程开工，2001年9月告竣。改造后广场占地3.38万平方米（南北阔220米×东西广160米）。广场下方建有1.6万平方米的地下超市。广场中央设有直径约30米的圆形旱式音控喷泉，随着音符的起伏，奏出五彩缤纷的乐章。广场南面，矗立大型电子显示屏，长6米，宽4.7米，面积28.2平方米。广场北侧，是融西夏历史与现代绘画、书法为一体的艺术画廊，可供游人休憩、散步，了解西夏古都历史，欣赏名家艺术作品。广场原无绿地，2001年改造后，地上部分辟为绿地，面积6148平方米。每逢节日庆典，在广场展摆花卉、布置园林小品，把南门广场装扮得花团锦簇、绿意盎然。

光明广场【Guāngmíng Guǎngchǎng】　兴庆区中心广场，人气较旺。原为中山公园的组成部分，建有牌楼、入口通道、大门。自治区成立四十周年前夕建成广场。"光明"意为塞上明珠之光、民族团结之光、城市文明之光。广场东仰宁夏人民会堂，西邻宁夏体育馆，南通解放街，北依中山公园，湖滨街、文化街从其南北两侧东西而贯。占地约3 万平方米。其中，绿地面积 1 万平方米，硬化面积 2 万平方米。1997 年 11 月 1 日动工，1998 年 8 月 31 日建竣，移交中山公园管理。湖滨西街打通（中山公园南大门至凤凰北街）后，以中山公园南大门对公园街为中轴线，形成东西宽 50 米、南北长 170 米的硬化场地，供各种活动使用。会堂和体育馆之间设长 40 米、宽 24 米椭圆形叠水灯光喷水池，喷水池场地南端及东西两侧设五组花坛与小品供群众休息。大型雕塑"西部之光"周围作硬地供集体活动。广场共设 7 个出入口，北入口正对中山公园，大门处设广场碑，作为广场建设的纪念。夜间照明是广场建设的重点，周围建筑物外立面照明为广场造成光照大环境。场地东西两侧设 24 根 6 米高柱灯，柱灯可分节闪亮，按程序控制，既有动感又有气势。主题标志和喷水池以其特殊的照明手段，起到画龙点睛的效果。光明广场是银川市的一个窗口广场。2002 年第七届全国少数民族传统体育运动会，2004 年"金鸡百花奖"电影节，各省、市领导、代表团、国际友人、海外华侨的到访接待、文艺团体演出、商品交易、体育赛事以及自治区、银川市的一些大型会议、政治活动等均在此举行。

大团结广场【**Dàtuánjié Guǎngchǎng**】　兴庆区生态、休闲性综合广场，寓意民族大团结。位于 109 国道东侧，西邻丽景街，北靠银横公路。通往银川河东机场的银古公路东西向贯穿，将广场一分为二，形成相对独立的南北两个场区。2003 年 6 月 16 日开工，当年 9 月 6 日竣工，由世纪钻塔、黄河喷泉、民族花坛、时代风帆、莱州园五大景点组成，面积 23.67 万平方米，绿地面积 14.7 万平方米。2006 年 11 月对广场绿地进行改造，种各类树木 46 种 15899 株，地被植物 2.06 公顷及早熟禾、高羊茅、百脉根等草坪植物共 10.17 公顷。

仙徕广场【**Xiānlái Guǎngchǎng**】　兴庆区生态、休闲性综合广场。寓意是神仙到过的地方。位于兴庆区丽景街与清和街交叉口。2003 年 7 月 14 日开工，9 月 3 日建成，占地面积为 16.67 万平方米。其中，道路面积 4765 平方米，绿化面积 16.19 万平方米。

四季广场【**Sìjì Guǎngchǎng**】　西夏区绿色休闲主题广场，设计利用植物变换突出"春、夏、秋、冬"四季之景，因此命名四季广场。2002 年建成，东起银川市金凤区康复巷，西至西夏区兴州街，东西长 650 米，南北宽为 80 米，面积 9.6 万平方米，其中绿化面积占 85.6%。

西夏广场【**Xīxià Guǎngchǎng**】　是 2003 年建成的银川市七大广场之一。位于西夏区北京西路与 110 国道交会处的东南侧，是一个以体现西夏文化主题的景观广场。占地面积 8.1 万平方米，广场内设有扇形花池、十二生肖雕塑、18 根仿制西夏盘龙残柱等景观设施，巨石、枯木、果园点缀其间，体现出粗犷、豪放的西夏风情。是周边居民晨练、休闲漫步，以及西夏区举行重大庆祝活动的主要场所。

宁夏解放纪念碑广场【Níngxià Jiěfàng Jìniànbēi Guǎngchǎng】　位于西夏区金波南街与北京西路交会处东南角，占地面积6000平方米。1998年宁夏回族自治区成立四十周年大庆时竣工并对公众开放，主体建筑为银川市人民政府2002年9月23日所立"宁夏解放纪念碑"，高16.2米，宽6米，中镂空雕刻着宁夏回族自治区版图，由金属镶嵌的3组年月日期，代表着进行宁夏战役的三大事件。碑基正面刻有"宁夏解放纪念碑"大字，背面铭文记述了1949年9月23日银川获解放的历史事件。

欣兰广场【Xīnlán Guǎngchǎng】　贺兰县最大的广场，东到水源街（贺兰回民中学），南邻银河西路，西至友爱街，北连广场路。2002年4月开工建设，占地总面积8万平方米，其中绿地面积4.8万平方米。

朝阳广场【Zhāoyáng Guǎngchǎng】　位于贺兰县城朝阳南街之西，北连百荣苑住宅区。始建于2004年3月，占地面积2.09万平方米，其中道路硬化面积3800平方米，绿化面积1.12万平方米。是县城东南区一处集休闲、娱乐、群众文化活动于一体的公共场所。

灵州广场【Língzhōu Guǎngchǎng】　位于灵武市城区中心。2001年4月建成，由灵武市政府命名为"灵州广场"。广场东至福兴路，西接中心路，南达柳树巷，北连西平街。面积35340平方米，其中绿地面积18552平方米，地面硬化面积16788平方米。所处位置原为灵武老城商业中心，1972年灵武老城改造时拆迁建成"中心公园"。1997年4月，将中心公园迁走，建成中心广场，为群众文化娱乐场所。2001年4月改建，取名灵州广场，设有音乐喷泉，南有清真大寺，北通高庙公园，东西两侧为商业街。

（二）园林

中山公园【Zhōngshān Gōngyuán】　国家重点公园，宁夏历史最悠久的综合性公园，银川市地标性地名，位于兴庆区老城的西北角。1929年，宁夏省主席门致中为纪念孙中山而建，故名。公园所在区域，西夏时期曾建有皇城，后世称"元昊宫"。元灭西夏时毁于战火。明朝成为宁夏镇军马圈养场所，清朝改作绿营兵的军马场，故民众又叫"西马营"。1992年辟出光明广场后，占地面积缩至48.16万平方米，其中水面面积7.17万平方米，绿化面积27.75万平方米，园内建筑物面积5.62万平方米，其他面积7.61万平方米。有各种树木2万多株，木本花卉92个品种。有古树名木101株，其百年家桑仍然枝繁叶茂。1936年种植的一棵桧柏，俗称"宁夏第一柏"，是公园历史的见证。公园设风景旅游区、游艺活动区、儿童游乐区、花卉观赏区、动物展览区、文化活动区及供游人休闲的安静休闲区等分区功能。园中有一山两岛、三湖一榭、六桥八亭共18个景点，另有古建筑文昌阁和宁夏谯橹禁钟（俗称鸣钟）、镇河铁牛、岳飞诗碑等文物。中山公园不仅是民众娱乐、游憩、集会的首选场地，同时还是宁夏历史上军事、政治活动的重要场所。民国时期辟为公园后，蒋介石、张学良、宋美龄等都曾到过中山公园。中华人民共和国成立庆典、自治区的成立及各种大型庆祝活动都在中山公园举行，中央人民政府委派杨得志、林伯渠、乌兰夫、王震、乔石等代表均先后在中山公园参加过庆典活动，不少国际友人在中山公园种下了友谊之树。

海宝公园【Hǎibǎo Gōngyuán】 兴庆区最大的综合性公园，因园内古建筑海宝塔而名。塔之南北，民国时为湖泊：其西北为塔湖，水域面积2000余亩；其南为教场湖，南邻古城墙，西至北门，面积约8000亩；湖区内碧水连天，芦荡丛生，鱼虾成群，鸟翔蓝天。1949—1960年，湖泊略有萎缩。此后，教场湖一部分改建为宁夏水产研究所的养殖基地，其余衰减为沼泽。"文化大革命"中，农业学大寨，大搞农田基本建设，银川城北修建第四排水沟，湖水被排入黄河，湖面逐年缩小。2000年前后，从今北京东路到上海路以北，已是民宅成片，塔湖仅存100余亩，教场湖仅剩几方鱼塘。2001年，银川市政府制定并实施《银川市湿地保护和利用规划》，决定修复北塔湖湿地，列入城市生态建设工程，并依托湿地建设海宝公园。经过艰苦的拆迁工作，于2007年3月开工，2010年8月竣工。公园以海宝塔为中心，东邻民族北街，南到上海路，西邻北塔临湖路，北接贺兰山路，占地面积226.67万平方米。其中，南、北湖水域面积80万平方米，与艾依河水系连通。绿地面积146.67万平方米，共种植各类树木18万株，绿地种植面积86.67万平方米，建设园路总长10.18千米，主、次入口广场面积3.2万平方米，万象广场、运动广场、棋艺广场及零星运动场地1.26万平方米。同时，建方亭、观景阁、思远亭等仿古建筑385平方米，建设各类桥梁6座，总面积2260平方米。分为南湖动水区、北湖静水区、佛教文化区、商业文化区、生态文化区、休闲文化区6个主要功能区域。各条游览道路两侧，分布宁夏历史名人雕像、成语故事雕塑，使历史文化与生态环境相映成趣。海宝公园开放后，成为市民重要的休闲、晨练场所和氧吧，每天有上万人进入。

阅海公园【Yuèhǎi Gōngyuán】 位于银川市金凤区北部丰登镇境内，因在银川老城之西，旧名西湖。西汉为黄河干流所经，后黄河改道东移，故道成为五十里长湖，唐《元和郡县图志》称"千金大陂"，西湖是其北端。清代为七十连湖组成部分。民国年间称西湖，一度称池子湖，水域面积达18万亩。20世纪50年代开挖排水沟将湖水排入黄河，多数水域变成为西湖农场耕地，至2003年仅存水域28980亩，并更名为阅海公园，开展水上旅游。2006年6月，国家林业局批准建立银川国家湿地公园试点，包括阅海公园和鸣翠湖两个园区。有自然植物114种，以芦苇居多；鸟类107种，其中有国家一级保护动物黑鹤、中华秋沙鸭、大鸨、小鸨、白尾海雕；国家二级保护动物大天鹅、小天鹅、鸳鸯、白鹤、草原雕、红隼、猎隼、灰鹤等 19 种。

银川阅海湾文化旅游区【Yínchuān Yuèhǎiwān Wénhuà Lǚyóuqū】　2012 年经宁夏回族自治区政府审批立项；2012 年 2 月 28 日投资兴建，2014 年 6 月建成至今；占地6.67 平方千米；位于银川市金凤区上海西路街道万寿路与大连路交叉口西北处；主要的景点有：水上公园、金凤园，以及景观置石、区位雕塑、绿植花卉、休闲广场、遮棚凉亭等。

阅海湾中央商务区团结路【Yuèhǎiwān Zhōngyāng Shāngwùqū Tuánjiélù】　原名阅海湾中央商务区中阿之轴，建于 2012 年，位于金凤区上海西路街道，东到万寿路，南邻阅海湖，西起亲水街，北靠沈阳路；占地面积 0.99 平方千米；类别为综合公园，命名中阿之轴（编后记：2018 年 3 月更名为团结路）。

阅海湾中央商务区水上公园【Yuèhǎiwān Zhōngyāng Shāngwùqū Shuǐshàng Gōngyuán】　位于银川阅海湾中央商务区，东起万寿路，南至小西湖，西至亲水大街，北至南海路，占地面积 499.8 亩，其中硬化面积 137.3 亩，水域面积 120 亩，绿化面积242.5 亩，主要建设一带（小西湖滨水景观步行带）、两园（运动公园、文化公园）、一广场（动感广场），建成楼台亭阁、小品雕塑、栈桥流水、沙滩戏水、田径运动等设施，打造具有生态风景、户外运动、文化展示、商务经济功能的综合型城市景观休闲公园。管理单位为银川阅海湾中央商务区服务中心。

宝湖公园【Bǎohú Gōngyuán】　因形似元宝和湖中有金马驹的传说，是七十二连湖中最小最金贵的一个，故而得名；2003 年，正式开发建设宝湖，2004 年开园后，已成为市民运动休闲健身和科普教育等活动的好去处；2015 年投资 400 万元对公园道路、水面、植物、建筑、绿地等要素进行景观提升，铺设环岛环湖路，完善基础设施；该湖位于银川市金凤区长城中路街道东南部，东靠唐徕渠，西邻正源南街，北依银新专用铁路，南邻宝湖中路；呈椭圆形；公园总面积 0.826 平方千米，其中水域面积 0.392 平方千米，绿地面积 0.365 平方千米。

森林公园【Sēnlín Gōngyuán】　由建设单位拉普斯集团上报银川市政府审批命名；参照英国海德公园和美国中央公园的设计理念而设计，人造景观新颖，建筑风格独特，森林绿化面积达 70%，枝繁叶茂，植被丰富，故而得名森林公园；森林公园建于 2006年，位于银川市金凤区北京中路 380 号，东起亲水大街，南靠黄河东路，西至满城南街，北至北京中路；占地面积 1.83 平方千米，绿地面积 0.48 平方千米，水域面积 0.28 平方千米，道路广场及建筑物 0.158 平方千米，停车场 1000 平方米。

阅海湾中央商务区容水公园【Yuèhǎiwān Zhōngyāng Shāngwùqū Róngshuǐ Gōngyuán】　位于银川阅海湾中央商务区阅海路与新思路之间，占地面积 407 亩，其中水域面积 177 亩，绿化面积 180 亩，园路广场面积 50 亩，主要以"黄河之水源远，CBD 之水流长"为理念，依托丰富的阅海水资源，通过 U 形景观水系，与小西湖、阅海连通，凸显了"塞上湖城"特色，沿水系制作了亲水看台、景观浮雕、假山瀑布、广场小桥，形成了水系、人工、自然三种景观，可满足游客观赏、游乐和休憩多种需要。

银川绿博园【Yínchuān Lǜbóyuán】 该园是银川市为承办中国绿化博览会等国际国内大型展会，加快建设绿色生态城市的步伐，为市民搭建人性化休闲娱乐平台而建，故名。2013 年 7 月，银川市政府与上海世茂集团签订绿博园建设的战略合作协议，世茂集团银川分公司委托市园林局代建；2014 年建成开放，位于银川市金凤区上海西路街道览山公园北部，东依亲水大街，南至沈阳路，西接阅海公园东岸，北延生态文化产业园，占地 3.53 平方千米。

览山公园【Lǎnshān Gōngyuán】 始建于 2008 年，地处银川市行政区北部的金凤区上海西路街道界内，东邻亲水大街，西、南与阅海公园相依，北与绿博园相邻，占地 4.6 平方千米，距市行政中心 3 千米，距艾依河码头 5 千米。因山体为人工堆积形成，可登高临远赏湖光山色，故名。绿化面积 0.47 平方千米，绿化覆盖率达 57%，植物种类 40 余种，各类树木 15 万株，是集园林景观、娱乐休闲、运动健身于一体的景点。

唐徕公园【Tánglái Gōngyuán】 开放式带状滨水公园，依唐徕渠堤而建，故名。东岸属兴庆区，西岸属金凤区。始建于 1983 年初，占地 6.7 万平方米，当年 9 月 1 日竣工向市民开放。20 世纪 80 年代末至 90 年代中后期，随着城市和农村建设的发展，唐徕渠两岸规划、建设和管理上的滞后状况日益凸显，环境治理问题严重。2001 年 8 月，唐徕渠综合整治项目正式立项，并在原唐徕公园的基础上将市区段唐徕渠扩建成开放式的带状滨水公园。至 2005 年 8 月，先后完成前三期改建工程，总投资 1.74 亿元，总长度 6.1 千米，总占地面积 62.68 万平方米。种植各类树木 4 万多株、低矮植物 3 万多株（墩）、栽植草坪 20 万平方米、露地花卉 1.2 万平方米，渠体改造 4.7 千米，铺设沿渠滨湖路 12.2 千米，安装汉白玉栏杆 13800 米，建设广场 25 处、喷泉水景 8 处，修建亭、廊、苑、雕塑等园林建筑、小品，堆置沙滩，安装路灯、河灯、草坪灯、庭院灯及座椅、健身器材等服务设施，还铺设各式各样的园路和小型广场。2006 年 3 月，建设部授予该项目 2005 年度"中国人居环境范例奖"。2010 年、2011 年又进行四、五期改造。公园按渠水流向，由南至北分为三个景区，充分显示塞上江南、回族之乡、西夏古都多姿多彩的文化形态。沿渠还建有形式多样、主题各异的休闲广场，包括露珠广场、来凤广场、清韵广场、水韵广场、集散广场、阳光广场、沙滩广场和体育广场，已成为周边市民休闲、晨练之所。园区内尚有宁夏文史馆、唐徕渠管理处、外文书店办公区。

丽景公园【Lìjǐng Gōngyuán】 综合性公园，又称丽景湖公园，其专名源自明庆王朱栴所建"丽景园"。位于丽景街东侧，2003年在原3.33万平方米小沙湖休闲中心的基础上扩建而成，占地面积22万平方米，其中水域面积13.33万平方米，绿地面积8.67万平方米。园内建有小桥2座，小型花坛6处及码头、垂钓中心等设施，湖中建有激光喷泉。主要种植乔木2989株。其中，国槐517株、垂柳482株、桧柏454株、新疆杨1536株；种植花灌木10680墩，品种有醉鱼木、丁香、金银木等；种植露地花卉31572株，品种有金叶莸、月季、黑心菊、地被菊、大丽花、美人蕉、石竹等。2006年加密栽植阔叶树，新增乔木715株。其中：国槐405株、新疆杨220株、桧柏90株，并种植大量苜蓿，新增绿化面积5000平方米。园内设有足球场、篮球场、羽毛球场和乒乓球场等休闲运动场地以及大型灯光演艺舞台。

西夏公园【Xīxià Gōngyuán】　1985年建成至今，以宁夏区域内的西夏国命名，故取名西夏公园。位于宁夏银川市西夏区怀远西路350号，主题为古西夏文化，主要以凉亭、古建筑物反映西夏公园的文化底蕴，故名。1983年投资兴建，1985年建成。位于宁夏银川市西夏区怀远西路350号，东邻同心路，西靠银川十四中，南邻东塔巷，北靠怀远路，绿化面积134亩，占地面积180亩，主要景点有游乐场、湖泊、绿地及亭、台、廊、榭。

八一公园【Bāyī Gōngyuán】　1988年建立，地近宁夏军区，主要以军事特色为主题，故名。位于西夏区境内，东起宁安巷，西至文昌北街，南邻贺兰山路，北靠学院路，占地200亩。标志性建筑为高12.81米的"钢铁长城主题雕塑"，有井冈山、宝塔山等代表不同历史阶段的名山山体雕塑和"八一南昌起义""飞夺泸定桥""七七事变"等反映重大历史事件和具有重要纪念意义的军事事件大型组雕，还有"董存瑞""黄继光""雷锋"等反映不同时期人民军队英雄烈士的人物雕塑。

人民公园【Rénmín Gōngyuán】　始建于2014年10月，位于永宁县城区宁丰街东侧，2015年主要工程完工对外开放。占地786亩，宁丰街、南环路、团结路与公园相连。结合宁夏地图为原型勾绘出公园主环线道路，分为运动功能区、休闲娱乐区、文化主题区，规模宏大，气势宏伟。位于公园东侧的惠农渠玻璃桥、钢索桥两座大桥是公园的最美景观。公园与南环路、团结路相连接。

阅海国家湿地公园【Yuèhǎi Guójiā Shīdì Gōngyuán】　国家湿地公园，位于金凤区西北部，多数水面在丰登镇境内。按《水经注》记载，汉代为黄河干流"西河"所经，后黄河东移，其故道成为长湖。唐《元和郡县图志》称为"千金大陂"，宽十里，长五十里，今阅海公园是其北端。清乾隆年间，成为"七十二连湖"中丰登堡所辖诸湖。民国年间称西湖，曾名池子湖，在1935年实测后按比例尺绘制的地图上，估算水域面积约18万亩。当代称大西湖、小西湖。20世纪50年代开挖四二干沟后，将多数湖沼洼地蓄水疏干而垦为耕地，设西湖农场经营管理，湖泊水面大幅缩减。至 2003 年，仅存水域 28980 亩。是年，更名为阅海公园，开展水上旅游。2006 年 6 月，国家林业局批准建立银川国家湿地公园试点，包括阅海公园和鸣翠湖两个园区。此后，湿地受到社会各界爱护，环境改善，有自然植物 114 种，以芦苇居多；鸟类 107 种，其中有国家一级保护动物黑鹳、中华秋沙鸭、大鸨、小鸨、白尾海雕；国家二级保护动物大天鹅、小天鹅、鸳鸯、白鹤、草原雕、红隼、猎隼、灰鹤等 19 种。

鸣翠湖国家湿地公园【Míngcuìhú Guójiā Shīdì Gōngyuán】　国家湿地公园，位于兴庆区掌政镇青银高速公路北侧，西距市区 9 千米，东至黄河 3 千米，总面积 667 公顷，2006 年 3 月被自治区人民政府批准为自治区级湿地公园，同年 6 月被国家林业局批准为国家湿地公园，集河流、湖泊、沼泽、灌渠等景观于一体，自然生态体系完整，是黄河流域、西部地区第一家国家湿地公园，也是银川市东部面积最大的自然湿地保护区。公园分南北两部分，北部多为人工景点和娱乐项目，南部为自然生态保护区。有 97 种鸟类在此栖息，其中黑鹳、中华秋沙鸭、白尾海雕、大鸨为国家一级保护动物。鸣翠湖文化底蕴深厚、自然景观优美，有道祖庙、百年老树、古代灌渠、黄河水车等历史遗迹，有百鸟鸣翠、碧水浮莲、车水排云、千步廊桥、绿帐问茶、迷宫寻鹭、青纱漏月、芦花追日、东堤夕照、白沙落雁十大景点。2000 年以来，为加强湿地保护，采取湖泊清淤、调控水位、恢复植被等措施。为宣传湿地保护的重要意义，建成湿地文化科普中心，面向青少年免费开放。先后被评为"全国青少年户外体育活动营地""全国休闲农业示范点""国家水利风景区""自治区级科普教育基地""自治区文明风景旅游景区"，2012 年被评为国家 4A 级旅游景区。2016 年接待游客 19.95 万人次，旅游收入 765.54 万元。

黄沙古渡国家湿地公园【Huángshā Gǔdù Guójiā Shīdì Gōngyuán】　国家湿地公园，位于兴庆区东北部月牙湖乡，紧邻黄河东岸，西南至银川市南门广场 56 千米，南距河东机场 20 千米。公园由黄河河流、洪泛平原湿地、水稻田及沙灌林、宜林沙地等地貌组成，面积 3243 公顷，其中湿地面积 2131 公顷，占 65.7%，栖息着 40 余种候鸟，是东亚－澳大利亚鸟类迁徙路线和中亚鸟类迁徙路线的重要途经停留地和繁衍地，2003 年，陶乐县人民政府批准在月牙湖设立黄沙古渡生态建设公司，建设月牙湖生态保护区。2004 年初，黄沙古渡公司组织对月牙湖进行生态治理，开展湿地保护等工作。2005 年 11 月，宁夏林业局和银川市湿地保护办公室批准成立银川市月牙湖湿地保护管理站。2006 年 3 月，经宁夏回族自治区政府批准成立月牙湖自治区级湿地保护小区。2006 年 12 月，宁夏林业局批准建立"宁夏黄沙古渡湿地公园"。2007 年 12 月 27 日，被批准为国家 3A 级旅游景区。2013 年 12 月被国家林业局批准为国家湿地公园。

银川黄河湿地公园【Yínchuān Huánghé Shīdì Gōngyuán】　自治区级湿地公园。位

于兴庆区掌政镇黄河边，东西宽 1～1.5 千米，南北长 7.5 千米。东到黄河岸边，南至永南村，西北至永红村，面积 1320.1 万平方米，其中湿地面积 124.27 万平方米。湿地公园划分 A、B、C 三个区，A 区总面积 62.8 公顷，B 区总面积 37.9 公顷，C 区总面积 49.3 公顷。包括黄河湿地公园、黄河历史文化园、黄河农耕文化园、运动休闲园、青少年生态环境教育保护基地、黄河古渡园、森林生态园、滨河休闲娱乐区 8 个项目区。2009 年 4 月，银川市林业（园林）局与兴庆区政府启动银川黄河湿地公园项目建设一期工程。2012 年批准为自治区级湿地公园。2016 年 4 月，启动项目建设二期工程，主要对 B、C 区开展清淤、水系连通、植被恢复、水生植物种植等，提升银川市东大门景观。

鹤泉湖国家湿地公园【Hèquánhú Guójiā Shīdì Gōngyuán】　国家湿地公园，位于永宁县城东北 2 千米。原名黑渠湖、黑泉湖，20 世纪 90 年代初更名为鹤泉湖公园。2006 年由宁夏宝塔石化集团公司接管，开发建设为旅游景点。2012 年被宁夏林业局批准为自治区级湿地公园。2013 年 1 月被国家林业局批准为鹤泉湖国家湿地公园。湖区面积 3000 余亩，其中水域面积 400 余亩。（编后记：2018 年湿地修复，水域面积拓展为 2714 亩。）

兰山公园【Lánshān Gōngyuán】　属贺兰县，东连新贸市场，南邻光明东路，西至富兴北街，北到桃源东路。2002 年 9 月 21 日建成开放，占地面积 11.87 公顷，其中水域 2 公顷，绿化 7.87 公顷，建成休闲亭 5 座。公园用传统的建园方式，充分利用植物、山石、水体建筑等造园要素，以植物造园为主，景观建筑小品、雕塑、置石等为辅。2005 年实施二期改造，加大对兰山公园的绿化、美化水平，使公园绿化面积达到 85%。

星光公园【Xīngguāng Gōngyuán】　属贺兰县，东到银新干沟，南邻丰庆东路，西至朔方南街，北靠民族路。建于 2004 年 4 月，占地面积 10.67 万平方米，建筑物面积 10 万平方米，道路硬化 5800 平方米，绿化 4.42 万平方米，绿化覆盖率达 88%。建成长 75 米的彩绘长廊，设置"母与子""下棋""晨练""和谐""自得其乐"五组雕塑，通过形象各异的小品雕塑与自然和谐相依。

灵武市世界枣树博览园【Língwǔshì Shìjiè Zǎoshù Bólǎnyuán】　（以下简称"枣博园"）位于灵武市城区西北端。灵武是长枣之乡，枣文化历史源远流长，2009 年于此将一片枣林改建为"枣博园"。园区东西长 1200 米，南北宽 600 米，总占地面积 1000 亩。2009 年开发建设，打造以自然景观为主，集旅游观光、种树资源收集、科学研究于一体，建设成开放式自然景观公园。在原有老枣树 16549 棵基础上，从全国各地陆续引进龙枣、冬枣、婆枣、面枣等 326 个品种。2009 年 9 月 26 日，被中国经济林协会命名为"世界枣树博览园"，并决定在灵武市建立"中国枣种质资源库"。世界枣树看中国，中国枣树看灵武。灵武已注册"长枣"商标，到 2014 年，灵武市枣树种植已达到 14 万亩，总产 14 万千克。

灵武西湖公园【Língwǔ Xīhú Gōngyuán】 位于灵武旧城西门外城墙下，原名"灵武西湖""西湖公园"。民国二十五年（1936 年）实测按比例尺绘制的地图上（收在民国三十六年《宁夏水利专刊》中），灵武县城东、南、西三面皆为湖泊环抱，估算水面在 4000 亩以上。至 1966 年，因排水沟不断排水，东湖不存，南湖尚有部分沼泽，西湖仅剩公路以南的一半，并已变作渔场。1983 年，灵武县将原街心公园迁于西湖，建成"西湖公园"。2007 年，对西湖公园进行脱胎换骨的大改造，自治区领导题额为"灵武兴唐园"。现公园占地面积 780 亩，其中水域面积 391 亩，绿化面积 98 亩，道路占地面积 37 亩，景点建筑面积 24 亩，楼台亭榭，皆显唐代风格，为群众晨练和休闲的园林。

二、石嘴山市

（一）广场

大武口广场【Dàwǔkǒu Guǎngchǎng】 位于大武口区贺兰山路北路，南邻大武口电影院、北靠荣达园、西邻青山公园，贺兰山北路从中穿越，形成东西两片。总面积 3 万平方米，象征性建筑为"翔之声"，高 12.5 米。自建成以来，已成为市、区两级人民政府爱国主义教育基地，成为"七一""十一"等重大节日、广场文艺演出、晨练和消夏的重要活动场所。

文景广场【Wénjǐng Guǎngchǎng】 位于惠农区南大街与广东路交叉口，占地面积 3.3 万平方米。2004 年，由惠农区政府命名"文景广场"，意为文化体育、景色融一体的综合广场，同年经过第四次维修改造，拆除观礼台和体育跑道，增设草坪，栽植树木，安置喷灌和喷泉、灯光、舞台等，使广场成为名副其实的休闲、健身、娱乐大型广场。2009 年以来，通过绿化提升改造，现已是城区人气最旺的休闲娱乐广场。

滨河广场【Bīnhé Guǎngchǎng】 位于惠农区静安街，南至郑州路，西至静安街，北至惠农区法院和检察院。因位于黄河之滨而得名。1958 年以前为耕地。1960 年建市后设园艺大队。2011 年建成，占地面积 13.8 万平方米，定位为公园式广场，绿化率 60%，绿化面积 11 万平方米。分三个区：广场中心区贯通南北，将公园对称分东西两个景区。

黄金水岸广场【Huángjīnshuǐ'àn Guǎngchǎng】 位于惠农区黄金水岸谦园小区北门和惠农区第一幼儿园（分园）交界处（沈阳路和静宁南街交会处），占地面积 1.3 万平方米，是周边居民跳广场舞以及健身娱乐的重要阵地。

人民广场【Rénmín Guǎngchǎng】 位于平罗县行政服务中心大楼（县人民政府大楼）南侧。2007 年建成。广场东、西为景观花园，广场南、玉皇阁大道北建有景观渠，东西长 205 米，南北宽 168 米。是群众休闲与政治活动的中心广场，全县大型会议、集会及文艺演出均在此举行。

(二) 园林

大武口区新区人民公园【Dàwǔkǒuqū Xīnqū Rénmín Gōngyuán】　位于大武口区长庆东街与五岳路交叉路口西南方向约 200 米处。2007 年 9 月 30 日建成开放,占地面积 37.34 公顷,其中绿地占 70%,湖面占 20%,道路及广场硬化占 10%,建设湖岸 4000 米,铺设供水管道 18 千米,硬化道路 2.5 万平方米。植树 1 万余株,种花卉 15 万余株,植草坪 25 万平方米,并在环湖四周建设岩画群、假山瀑布、彩石园、奇石林、景观桥亭。

森林公园【Sēnlín Gōngyuán】　位于大武口区西环路与武当路交叉路口西北方向约 710 米处,昔日是一片"风吹石头跑,不见树和草"的茫茫戈壁荒滩。1997 年 11 月 16 日开工建设,占地面积 3 平方千米。有树木 120 余万株,80 个树种,草坪 3.53 万平方米,有名人纪念林、中日友好林、青年志愿林、防风林等,故名"大武口区森林公园"。

石嘴子公园【Shízuǐzi Gōngyuán】　位于惠农区黄河西岸,呈带状,南起煤业桥,北至石嘴子,南北长 7000 米,东西宽 50~200 米,占地面积 225 万平方米,绿化面积 30 万平方米。利用黄河湿地景观和万亩天然红柳林,围绕"水、林、路、亭、石、码头"进行造景,形成一个集湿地景观与历史文化、自然风光与人文景观于一体的多功能景区,围绕"三条主线、三个广场、三个船形码头、六处水面、六个出口"进行设计,以长廊、景观桥、文化墙、花草带联络,亭阁、楼台、石刻、橱窗及雕塑小品点缀其间,形成黄河西岸的一道亮丽风景线。

玉皇阁公园【Yùhuánggé Gōngyuán】　位于平罗县鼓楼北街。此处有国家重点文物保护单位玉皇阁,始建于明永乐年间。1985 年,以玉皇阁为主题,建设成平罗县第一个公园,占地面积 3.6 万平方米。公园小巧,有人工小湖、九曲回廊、喷泉、雕塑、假山等,有苏州园林之美。

镇朔湖湿地公园【Zhènshuòhú Shīdì Gōngyuán】　2013 年 12 月 25 日批准为国家湿地公园。详见第二章第三节第二目镇朔湖。

星海湖湿地公园【Xīnghǎihú Shīdì Gōngyuán】　2008 年批准为国家湿地公园,详见第二章第三节第二目星海湖。

简泉湖湿地公园【Jiǎnquánhú Shīdì Gōngyuán】　在石嘴山市简泉农场内,2013 年 12 月 25 日批准为国家湿地公园。原有简泉湖,水源为贺兰山山洪,20 世纪 80 年代后水利部门规划为滞洪区,水域面积扩大至 9348 亩。

天河湾湿地公园【Tiānhéwān Shīdì Gōngyuán】　位于平罗黄河大桥西桥头两侧,

2014 年 12 月 16 日批准为国家湿地公园，全系黄河，滩涂、湖沼相间，水域面积 34755 亩。

三、吴忠市

（一）广场

吴忠盛元广场【Wúzhōng Shèngyuán Guǎngchǎng】 位于吴忠市新区中心地段，东起盛元东街，南至开元大道，西至盛元西街，北邻吴忠市人民政府，占地 85376 平方米，2003 年 9 月竣工对公众开放。绿化面积 38278 平方米，占广场总面积的 43.2%，有两个休闲娱乐区和两个文化活动区。设大型水幕电影、一大两小 3 座音乐喷泉、12 根浮雕柱，配跌水体系、记事碑、背景音乐及形状各异的美丽灯饰。广场地面大面积采用天然花岗石。

吴忠市科技广场【Wúzhōngshì Kējì Guǎngchǎng】 是吴忠市打造沿黄城市带上最具魅力、最富活力、最有特色滨河生态水韵城市的地标性建筑。广场南邻开元大道，与科技馆隔路相望，北依滨河大道与黄河交相掩映，占地 151677 平方米，其中绿化面积 99451 平方米，铺装面积 37752 平方米，建筑面积 2974 平方米，水域面积 11500 平方米。2009 年 8 月底建成，内设管理中心、塔楼、旅游咨询中心、书法中心、文化活动中心、老年活动中心、青年活动中心，点缀古亭、建筑小品。建筑风格别致经典，植物景观层次丰富，水体形式灵活多样，既是黄河文化、人文景观的完美融合，又注重休闲、娱乐功能。

秦韵广场【Qínyùn Guǎngchǎng】 吴忠市拥军文化科普宣传基地，位于胜利东路与文卫南街交叉口西北，占地 3.6 万平方米。其侧有秦渠流淌成韵，润泽吴忠大地 2000 多年，故命名为"秦韵广场"。2009 年 8 月竣工，以自然式游园为轮廓，以乡土树种绿化为背景，集健身、休闲、文艺会演等功能于一体，是市民和谐娱乐休闲的公共绿地。园内栽植各类树木 1000 余株、宿根花卉 8 万余株、种植地被植物 2 万多平方米，安装微喷面积 1 万多平方米，建成文化长廊 99 米，建有各类功能的硬化场地 1 万平方米。

柳溪湖广场【Liǔxīhú Guǎngchǎng】 是吴忠市在沿黄城市带上的窗口性工程之一。位于滨河大道西侧、黄河东侧，南至罗家湖，北至清静街，占地面积 29 万平方米。始建于 2009 年，2012 年 3 月扩建，对原有植被进行更新、清理，修剪原有树木，使新建绿地与原有绿地融为一体，成为亲水、旅游、赏景的生态休闲绿地。

新月广场【Xīnyuè Guǎngchǎng】 位于吴忠市利通区滨河路东侧，经过滨河大道和开元大道。2009 年建成，占地面积 17.34 万平方米，主要设施有月亮湖镀锌钢管雕塑，为市民休闲娱乐的场所。

一二三六广场【Yī'èrsānliù Guǎngchǎng】　位于红寺堡区金水街与前进街交叉路口，南靠前进街，北靠金水大街，与红寺堡区政府相望，西靠六盘山路，占地面积6.93万平方米，为民众休闲娱乐、晨练和举办大型活动的场所。地名来历及含义：1995年，宁夏回族自治区党委、政府规划宁夏扶贫扬黄灌溉工程，计划用6年时间，投资30亿元，开发200万亩水浇地、扶助100万人脱贫实现温饱，简称"1236工程"。1998年，又决定建立红寺堡移民开发区，作为1236第一期工程的主战场。为记此盛世壮举，2009年建成广场，命名为一二三六广场。

银河广场【Yínhé Guǎngchǎng】　坐落于青铜峡市小坝北区，东接文化路，南依银河街，西靠永丰北路，北邻朔方街，是一处集绿化美化、休闲健身、娱乐于一体的生态型休闲娱乐场所。2004年建成，占地5.2万平方米。绿化面积2.93万平方米。由入口广场、中央广场、休闲广场、健身广场、景观广场五部分组成。10月20日，市人民政府命名为"银河广场"。

豫海南街砖雕广场【Yùhǎi Nánjiē Zhuāndiāo Guǎngchǎng】　同心县城广场，位于豫海南街东侧，故名。其专名豫海，源自1936年红军西征时成立的陕甘宁省豫海县回民自治政府。广场占地面积2.5万平方米。中心建六角亭，高21.55米，分四层。广场两侧是双面砖雕文化长廊，反映回族民情风俗，介绍中国十大清真寺。其图案以山川草木、良禽珍兽、博古奇珍为主，将书法、绘画和雕刻艺术融为一体，表现出浓郁的民族特色。

同心县行政中心广场【Tóngxīnxiàn Xíngzhèng Zhōngxīn Guǎngchǎng】　位于行政中心南侧，罗山路以北，建筑面积73600平方米，于2011年建成。

（二）园林

吴忠黄河国家湿地公园【Wúzhōng Huánghé Guójiā Shīdì Gōngyuán】　吴忠市最大的生态湿地公园，在黄河东岸。北起清水沟，南至利通区与青铜峡市分界线，东西以黄河两侧滨河大道外侧100米绿化带为界，长20多公里，占地面积2876万平方米。2003年，在黄河古城湾周围沿滨河大道，兴建利通情韵、古峡青塔、宁安红果、沙坡鸣钟、鑫山秀色、花马边墙、灵州丰蕴、红寺新景等13处湿地景点，形成最初的滨河湿地公园；2005年成立吴忠市滨河生态管理中心，开始专业化的湿地保护与恢复工作；2007年底，开挖清宁河；2008年沿清宁河两岸，兴建占地66.67公顷的景观绿地；2009年底，国家林业局批准设立吴忠黄河国家湿地公园，2013年10月通过国家林业局专家评审。分5个功能区，分别为湿地保育区、湿地生态功能展示区、湿地体验区、服务管理区、合理利用区。园中有鸟类栖息岛、梅家湾稻田飘香园、罗家湖民俗园、湿地植物园、运动娱乐园、怡养园。

青铜峡鸟岛湿地公园【Qīngtóngxiá Niǎodǎo Shīdì Gōngyuán】　原为青铜峡水库，经多年泥沙沉积，淤积成岛，岛长 10 余公里，宽约 3 公里。岔河、湖沼、苇丛、林木分布其间。其中水域面积 22390 亩，林木面积 7500 亩，有 100 多种鸟类栖息于此。

明珠公园【Míngzhū Gōngyuán】　吴忠市区首座综合性公园，因近邻明珠路而得名。东起利华街，南至开元大道，西邻文卫街明珠花园小区，北至明珠路，占地面积 21.3 万平方米。2006 年 12 月建成，2018 年提升改造。规划建设文化活动区、安静休息区、休闲健身区、儿童娱乐区 4 个景区。已建有管理房、90 亩人工湖、假山、广场、园路、各种园林小品等，有各类乔木 15.20 万株，地被植物 6.5 万平方米，广场 1.9 万平方米，驳岸砌筑 5000 平方米，铺设节灌管道 1.55 万米。

秦渠公园【Qínqú Gōngyán】　吴忠市区秦渠两侧保护地改造绿化后形成的亲水带状综合公园，因依古老的秦渠而名，是撤地设市后吴忠市委、政府确定的市区绿化重点工程。占地 73.4 万平方米，东起利红街，西至同心街，长 8200 米，南北侧宽约 160 米。1999 年 6 月始建，2013 年改造提升，已成为秦渠两岸市民休闲娱乐的主要场所。

吴忠市乃光湖湿地公园【Wúzhōngshì Nǎiguānghú Shīdì Gōngyuán】　前身是吴忠市民族团结主题公园，位于友谊路以北、富平街以西，占地 500 亩。其中：开挖、恢复水域 300 亩；广场、园路铺装 50 亩；绿化种植 150 亩，共栽植各类绿化植物 100 余万株。

兴隆公园【Xīnglóng Gōngyuán】　在利通区兴隆寺东侧，因寺而名。占地 65366 平方米，以乡土树种绿化，配以广场、停车场、园路及园林小品等，是一处集健身休闲、科普教育于一体的城市公共绿地。绿化覆盖率 78%。铺设园路、广场 16800 平方米。

清丽园、庆华园【Qīnglìyuán、Qìnghuáyuán】　吴忠市首座健康主题公园，位于同心街西侧，北至开元大道，南至黄河路，占地 400 亩，其中水域面积 83 亩。始建于 2009 年，当时定位为生态林地，绿化配置以乔木林片植为主，铺设有简单的巡护道路。（编后记：2017 年已进行改扩建。）

吴忠文化园【Wúzhōng Wénhuàyuán】　吴忠市第一座展示历史人物的公园，是吴忠文化片区的补充和重要的组成部分，2012 年开始建设，2013 年完成。属开放型城市公园，位于文华街、滨河大道、开元大道、科技广场北路之间，以明珠路为界，分为南、北两园，占地面积 213 亩，其中绿地面积 140 亩。园中以雕塑形式展现了 30 位我国历史上涌现出的古今英雄人物和对社会作出重大贡献的历史人物。主要景点有入口广场、英雄浮雕广场、涟漪广场和多个历史人物景观节点。

滨河体育运动公园【Bīnhé Tǐyù Yùndòng Gōngyuán】　根据所在地理位置及广场类

型命名，位于吴忠市利通区滨河大道与吴忠黄河大桥交会处，地处古城镇，是一座集市民体育锻炼、休闲娱乐于一体的新型体育主题公园。滨河体育运动公园于2012年建成，占地面积为29.68万平方米，主要设施有足球场、篮球场、沙滩排球场、网球场等。

清云湖体育公园【Qīngyúnhú Tǐyù Gōngyuán】　属红寺堡区，位于人民街以北、弘德街以南，黄河路以东、吴忠路以西，总面积700亩。其中，水域面积81亩，建筑面积34亩，绿化面积585亩。2014年建成开放，初名为生态公园，2014年11月改名为清云湖，寓水清云淡之意，是红寺堡十余年来荒漠变绿洲的见证。有容量10万立方米的蓄水池，栽植苗木40余种共计53万株，楼台亭榭之间有草坪，又建塑胶跑道，供人们休闲健身之用，故又称清云湖体育公园。

青秀园【Qīngxiùyuán】　位于青铜峡市区小坝，东靠东环路，南邻汉坝西街，西滨汉延渠，北到北环路，是一个集游览、休闲、文化娱乐、健身运动、科普宣传于一体的城市公园。全园采用"占边让心"式的布局，以树木园、大片疏林花草地、水湖等形成绿色空间为中心的功能空间，命名为青秀园，意谓青色、秀丽。原为市林业局园艺场果园，2002年10月完成文化广场区、林草区、园路、人工湖、专类植物观赏区和园内部分绿化及附属设施建设。2009年、2012年两次扩建，分9个功能区和16个观赏园，占地1200亩，是全自治区各市县中面积最大的公园。

中华黄河楼主体公园【Zhōnghuá Huánghélóu Zhǔtǐ Gōngyuán】　位于青铜峡市区小坝镇东，黄河西岸，青铜峡滨河大道东侧，是宁夏沿黄城市带标志性建筑，也是黄河金岸景观工程的点睛之笔。2009年7月9日开工建设，2014年5月11日竣工。占地面积109.12万平方米，建筑面积2.36万平方米。公园建有黄河牌楼、公园引桥、龟山、十二生肖图腾柱、镇河铁牛、正面通道和盘山道、门廊、连廊、角楼、停车场等附属建筑。主体建筑为中华黄河楼，高108米，共十一层，地上九层（包括两层夹层），地下二层，代表天地之数，即36天罡、72地煞之和，寓意着黄河楼顶天立地，世代永存。建筑风格为明清仿古建筑，混凝土框架结构，外挑檐为钢结构，斗拱全部采用铝镁合金制作并用"和玺彩绘"装饰，顶部设计为地方风格的重檐十字屋脊，屋面铺装金黄色琉璃瓦，整体风格恢宏大气，庄严肃穆。

黄河文化展示园【Huánghé Wénhuà Zhǎnshìyuán】　亦称黄河湿地公园，位于青铜峡市黄河西岸，中华黄河楼东侧黄河滩地，面积22215平方米。是黄河楼的附属工程，建有黄河母亲区、中华文字园、忠义园、孝道园、百子园、史学园、家道园、文学区、艺术区、黄河奇石区10个主体园区和一个停车场，建筑面积47.9万平方米。2012年建成，项目主要包括水系工程、园区桥梁工程、广场工程、雕塑工程及园区亮化、绿化工程及6座桥梁。布置展示中华文化内涵的石雕423件、铜雕10件。

四、固原市

(一) 广场

人民广场【Rénmín Guǎngchǎng】 曾用名：固原体育馆。位于原州区南关街道中心路、文化东路、中山街南和人民街交会处。2010 年 10 月 19 日建成，占地面积约 4 万平方米。其中集会广场面积约 7000 平方米，绿化面积 1.6 万平方米，为市民休闲娱乐及大型集会场所。

大原广场【Dàyuán Guǎngchǎng】 位于原州区古雁街道，北靠南城路，南至上海路，2004 年建成，广场占地面积约 1.3 万平方米，因广场中央有一主要景观"大原宝鼎"而得名，是固原首座集人文、景观、休闲于一体的综合性、标志性建筑。"大原"，西周时对固原地区的称谓；园内的"大原宝鼎""思乡""柳毅传书"等仿古雕塑，彰显了固原丰富的历史文化。

龙泉苑广场【Lóngquányuàn Guǎngchǎng】 位于隆德县城文化街东，人民路南。东靠阳光花园小区，南至龙泉苑小区。始建于 2006 年。占地面积 2.7 万平方米。整体建筑由小广场和公园两大部分组成，小广场与原有的开放式舞台相连而成，占地 9000 平方米，是群众集会、文艺演出、商品交易、文化娱乐的主要场所；公园占地 18000 平方米，建有人工湖、叠石、茶室、曲廊、水榭、水轩等。园内小桥流水、亭台轩榭、喷泉跌宕、鱼莲嬉戏，园林特色浓郁。

隆堡村安崇文休闲广场【Lóngbǔcūn Anchóngwén Xiūxián Guǎngchǎng】 位于隆德县隆堡村安崇文组，建于 2015 年，占地 53360 平方米，建设了篮球场、儿童游乐场、观景亭、中心花园等公共设施，堆建景观山 3 处，实施了道路硬化、广场铺砖、亮化、绿化等配套设施。

怡园广场【Yíyuán Guǎngchǎng】 彭阳县文化活动的中心，民众休憩、游玩的场所。占地 1.67 万平方米（南北 103.48 米，东西 138.57 米）。广场南对兴彭大街，北邻县文化旅游广电局和县幼儿园，西为彭阳宾馆。因坐落于怡园路旁，取愉快、欢乐之意，名怡园广场。2002 年投资兴建，广场为花岗岩地面，地上部分辟为绿地，绿化面积 5576.8 平方米。南侧入口建有牌楼，上书"怡园"二字，旁有 4 根大型龙柱和汉白玉石狮。

泾源人民广场【Jīngyuán Rénmín Guǎngchǎng】 2002 年 6 月 18 日动工兴建，2003 年 11 月竣工并通过验收。占地面积 21 亩，投资 956 万元，群众自愿捐款总额达 130 多万元。广场由主席台、内部设施、草坪、文化墙、护栏等组成。主席台设在南边，呈层式环形结构，其上装有各色夜光灯；广场内设大型音乐喷泉 1 个、汉白玉旗台和旗杆 1 个、景观灯 32 个、健身器材等设施；东西两边各设置两块草坪，占地约 4 亩，种植牡丹等各种花草树木 10 余种，草坪上装有地灯 10 余盏，4 个汉白玉石柱分立 4 块草坪中，十分壮观；南、北两边安装防护栏，企业可设置广告；北边文化墙上刻写《关于将县城泾河路更名冠为荣盛路的决定》，毛泽东主席的壮伟诗篇《清平乐·六盘山》，修建广场的《功德碑》《泾源史话》，以及荷花苑、老龙潭、胭脂峡、胭脂仙女、柳毅传书、魏徵梦斩老龙、回族婚礼、回族口弦、回族踏脚九幅图画。人民广场的建设，填补了泾源县广场的历史空白，对增强城市功能、提升城市品位、树立旅游县城形象有重要意义。

（二）园林

原州西湖公园【Yuánzhōu Xīhú Gōngyuán】　位于原州区南关街道政府西路与西关街交会处。始建于 1944 年，由国民党陆军中将高桂滋驻防固原时修建，面积不到 10 亩，取名中山公园，后以在古城所居方位而名小西湖。延至 20 世纪 60 年代，有洼地而无湖水。1988 年扩建至 6.5 万平方米，其中湖水面积近 1 万平方米，并命名为西湖公园。园内树木成荫，百花争艳，湖光山色，清波映带。

古雁岭城市森林公园【Gǔyànlǐng Chéngshì Sēnlín Gōngyuán】　宁夏最大的城市中心花园，是一座集休闲、娱乐、健身、科普、民俗等功能于一体的复合型森林公园，位于固原市区古雁岭，西至古雁街，南至萧关路，北至雁岭北路，东至规划路，面积5595.64 亩。2013 年在原有 4000 亩林区的基础上修建。首期建设绿地景观 2325 亩，实现"四季常青、三季有花、乔灌结合、错落有致"；建设主轴景观道及登山台阶；设置游园广场、假山叠水、主题雕塑 11 组，点缀风景石及木质四角亭 3 个；实现景观亮化、节水灌溉。有标志性建筑古雁塔。

东岳山森林公园【Dōngyuèshān Sēnlín Gōngyuán】　依托原州区境内东岳山的人工林及天然林而建，故名。2016 年下半年竣工开放。公园整体划分为休闲娱乐区、游览观赏区、森林生态区三个功能区，工程总投资 1.05 亿元。广场硬化工程、景观绿化工程、牌楼工程，游园步道工程，亭、庙、宇修缮工程，亮化工程等。现为一个集观赏、休闲、娱乐于一体的开放式景观森林公园。

西吉县永清湖公园【Xījíxiàn Yǒngqīnghú Gōngyuán】　是集休闲、娱乐、科普、集会、水上活动于一体的游园，位于西吉县城公园西路东侧。2007 年 10 月建成。占地面积316800 平方米，其中水域面积 25900 平方米，以人工湖为中心，建成了主次入口广场、花架、亭子、假山、晨练场等景点，完成公园绿化面积 200 余亩，共栽植各类树木及花灌木 89 种、30000 余棵（株），配套了公园道路、景观灯、休闲凳椅、健身器材、节水灌溉等设施。建成后，成为群众休闲娱乐的主要场所。

火石寨国家地质森林公园【Huǒshízhài Guójiādìzhì Sēnlín Gōngyuán】 见第七章第四节旅游景区。

象山园【Xiàngshān Yuán】 位于隆德县城北面的北象山上。因其所在北象山陡峭挺拔，巍然耸立，形似大象，故名象山园。始建于1996年，占地面积约30万平方米。园门为四柱三门九檐牌楼式结构。园内石条铺阶，拾级而上，回转至巅。道旁筑亭两座，雕梁画栋，以供游人休息观景。山腰有弘法寺。园内遍植松柏、山桃，桃花盛开时满山粉白。山顶建有一楼阁，门联题曰："日观千家户，夜赏万盏灯"。游人登临象山园，凭栏远眺，四野绿树掩映，县城尽收眼底。

笼竿城遗址公园【Lǒnggānchéng Yízhǐ Gōngyuán】 位于隆德县城南部。公园主体于2016年底建成。总面积8.9万平方米，其中水域面积11433平方米，绿化面积46406平方米。今隆德县城，源于北宋曹玮开六盘山外，筑陇干城，乃《宋史·地理志》所记德顺军治所。因居陇山（六盘山）主峰之侧，故名"陇干"，其他史籍亦写作"笼竿"。公园依笼竿城城墙遗址而建，园内设"六园"，有以德顺军名将刘锜、吴玠、吴璘等本籍人物雕塑为题材，追忆历史名流的明秀园；以隆德历代文人墨客诗赋为主，文化氛围浓郁的文芳园；以感受古城韵味的静思园；体味"春和景明"绿色景观的春和园、景明园；有寓意为心旷神怡的畅怡园。此外还建有展示隆德悠久历史，集人文、山水于一体的绿色文化休闲廊道，是城南一处以健身、运动、休闲、文化展示、旅游观光为一体的生态公园。

三山公园【Sānshān Gōngyuán】 位于隆德县城西郊，312国道南。占地1300亩。其中水域面积900亩。公园绿化面积达26万平方米，绿地率达到80%。以隆湖水景为基础，依托凤山、象山、龟山及清凉河、渝河等自然景观，建成了集灌溉、防洪、生态旅游与文化娱乐于一体的多功能生态公园，故名三山公园。

茹河生态园【Rúhé Shēngtàiyuán】 彭阳县最大的综合性公园，因位于茹河边而名。东起茹河4号桥，南至兴彭大街北侧，西至周沟村李寨沟口，北至赵洼组。占地面积137.6万平方米（其中：绿地面积98.2万平方米，水域面积39.4万平方米）。2018年12月竣工，由南岸建筑群、北岸绿化走廊、河道中心"同心岛"、观光农业示范区四部分组成，共栽植绿化树木7.2万株，绿化河道220亩，绿化北岸山体440亩，建成日潭、月潭广场，对茹河北岸拆迁地段进行了硬化，使河道68公顷滩涂变为城市建设用地，新增绿地面积61.72公顷。各条步行道路两侧，分布中国古代历史名人雕像、成语故事雕塑，使历史文化与生态环境相映成趣。茹河生态园开放后，成为市民群众重要的休闲、晨练场所和氧吧，每天有数千人进入。

泾源景观水道【Jīngyuán Jǐngguān Shuǐdào】　位于西峡水库下游的大庄村至县行政中心之间，2007 年 6 月竣工，由龙潭路、景观水道、园林绿化带组成，是一项集湿地、园林、道路于一体的景观工程，又是连接县行政中心与区会议中心的一条景观带。全长 3.04 千米，占地面积 393.9 亩，其中龙潭路 156.6 亩、景观水道 96.3 亩、园林绿化带 141 亩。水道最大引水流量 0.75 立方米/秒，分为自然段、郊野段、城市段，设香水千尺、荷花潭水、泾水幽帘、胭脂碧湖、二龙盘延 5 个景点，沿途设有 25 座大小不一的景观瀑布、13 处湖泊水面（湖面最大 2903 平方米，最小 320 平方米）、2 座公路桥、7 座凉亭、1 座浮桥、2 座汉白玉贴面拱桥。

五、中卫市

（一）广场

红太阳广场【Hóngtàiyáng Guǎngchǎng】　位于沙坡头区鼓楼西街中心地段，与高庙公园相连，东西长 78 米，南北宽 145 米，占地面积 11310 平方米。1968 年修建，2003 年 8 月扩建，2004 年 10 月建成，是集旅游观光、健身、休闲于一体的纪念性广场。整体设计以"文化大革命"中所塑毛泽东主席雕像为中心，以南北为轴线对称布局；围绕毛主席像增设了诗词廊、叠水槽等景观建筑。喷泉、景灯相映成趣，鲜花、绿树交相辉映。每天休闲、晨练者达数千人，为市内人气最旺的广场。

中卫人民广场【Zhōngwèi Rénmín Guǎngchǎng】　又名铁路广场，位于沙坡头区鼓楼北街顶端，中卫火车站南，以鼓楼北街为轴线，南北长 235 米，东西宽 180 米，占地面积 42300 平方米，由站前广场、停车场、休闲广场 3 部分组成。休闲广场面积占广场总面积的 2/3，停车场可停放 200 辆小车。2000 年建成。中心的圆形音乐喷泉是整个广场的焦点，它不仅会在五彩的灯光下不断变换颜色，还能在优美的音乐声中随着节拍舞动。围绕喷泉铺展开来的草坪是广场主体，它采用整体对称结构，分东、西、南、北四大块，广场的四周是小亭子和花坛，白色的街灯和礼花灯点缀其间，将广场夜景装饰点缀得美不胜收，为方便市民休闲锻炼身体而建。

文化广场【Wénhuà Guǎngchǎng】　位于沙坡头区文昌镇，东邻文昌南街，西接鼓楼南街，南靠沙坡头大道，北连中卫市第五小学。占地面积 67 万平方米。2003 年 9 月建成。广场地面采用蓝、白、黄、粉、绿、灰色相间的大理石铺筑，装有光芒四射的星星地灯。广场西区建有风亭、红色支柱、白色拉膜顶的膜走廊；300 多平方米的弧形大型演出舞台，舞台前是水幕喷泉，舞台后侧立有 12 根花岗岩的罗马柱，观鱼台东侧有叠泉，池内有青蛙、天鹅雕塑共 13 件；舞台前是可进行大型体操等表演场地的观演台。东区有 1 个 21 米高的象征 21 世纪的喷泉、6 个变幻多姿的长条形喷泉和 1 个涌泉。有花坛、草坪、各式雕塑等。

中宁人民广场【Zhōngníng Rénmín Guǎngchǎng】 位于中宁县行政中心办公大楼正南方，占地面积 48 万平方米，绿地面积 2 万平方米。广场中心雕塑"世纪之星"，象征全县人民继往开来，与时俱进，奔向新时代。中心水景工程以农业二十四节气、十二生肖为浮雕。整个广场在高空中俯瞰为椭圆"枸杞果"形，中间配有音乐喷泉，凸现了"枸杞之乡"特色。绿化以植物造景为主，用色块分割，丰富的层次体现了现代城市美景。是中宁县地标之一，也是文化、旅游中心和集会的地方。2004 年建成使用。

海喇都广场【Hǎiládū Guǎngchǎng】 位于海原县海城镇，原名南门广场，其北靠中静公路，南接黎明路，东西两侧均邻居民点。2002 年 10 月竣工投入使用，总建筑面积15000 平方米，广场面积 28000 平方米，建设有广场硬地、画廊、喷泉、雕塑、绿化工程等。海原在元代被称为"海喇都"，属蒙古语，意为"最美丽的高原"，为传承历史，遂将南门广场更名海喇都广场。

（二）园林

香山公园【Xiāngshān Gōngyuán】 位于沙坡头区鼓楼南街与滨河东路东北交会处，以市内最大的山地香山命名。东邻怀远南街，西接鼓楼南街，南靠滨河东路，北连平安东路。2008 年建设，占地面积 1948 亩，其中水域面积 1000 亩，建景观桥 6 座，安装水车 1 架，有湖心岛等 40 多个景点及公共设施。园内树影婆娑，绿地延绵，生态景观效果显现。香山公园与黄河公园、行政生态广场、滨河路景观带融为一体，为广大市民提供了一个多种休憩、体育娱乐、文化科普教育的多功能公共空间。

天湖湿地公园【Tiānhú Shīdì Gōngyuán】 位于中宁县长山头农场东境，2011 年 6月批准为国家湿地公园。系清水河形成的湿地，面积 24750 亩。主要为水域，有少量芦苇等水生植物，水质咸苦。

高庙公园【Gāomiào Gōngyuán】 见第六章第一节全国重点文物保护单位中卫高庙。

行政生态公园【Xíngzhèng Shēngtài Gōngyuán】 位于市行政中心办公楼前后，东邻利民街，西接秀水街，南靠鸣沙路，北连中央东大道。2008 年 9 月竣工，占地面积452 亩（府前广场 275 亩，府后广场 177 亩），绿化面积 270 亩。府前主要广场由市民休闲广场、中心广场、中心旱喷、百草园、绿洲园、民俗园、江南园及民族特色花坛等组成，府后广场主要由微地形、假山、绿地及水系等组成，与香山湖、黄河公园、景观水系连成一体。

腾格里湿地公园【Ténggélǐ Shīdì Gōngyuán】　位于腾格里沙漠东南缘，距沙坡头景区5千米。2011年建成，占地面积22平方千米，水域面积10000亩。是集生态建设、休闲度假、水产养殖于一体，融入边塞文化、大漠文化、军屯文化的旅游度假景区。2011年荣获"全国水利风景区"称号。

沙坡头大道景观水道【Shāpōtóu Dàdào Jǐngguān Shuǐdào】　位于沙坡头大道市区段，是连接老城区和新城区的纽带，北依文化广场，南靠行政生态公园，景观渠长5200米，平均宽100米。在景观渠中部和迎宾大道东侧各建1个橡胶坝，使水位提高2.2米，并在核心段建造6座步行景观桥，对景观渠两侧进行绿化、亮化，随水系设置人行道。绿化面积达20万平方米；亮化以景观灯为主，星星点点，在水中形成倒影，水波荡漾，突出动静交错的景观效果；人行小道，曲径通幽；岸边设置亲水平台，供人赏水戏水。水上设有雕塑、水喷、景观树，两侧绿化以草坪、荷兰菊、香蒲为主，种植荷花11万株、香蒲87万株、荷兰菊89万株，形成渠曲、水清、岸绿、通透的自然景致。2002年始建，2007年8月实施改造扩建工程，2008年6月完工。

海原县牌路山森林公园【Hǎiyuánxiàn Páilùshān Sēnlín Gōngyuán】　位于海原县城的东南部，自南向东北倾斜，县城段自杨家沟延伸至殷家山，全长6.25千米。以牌路山口为界分为两段，北段至殷家山，长2.6千米，纵深平均0.84千米，总面积219.68公顷。南段至杨家沟，长3.65千米，纵深平均0.84千米，总面积305.72公顷。公园占地面积为524.9公顷。属现代园林及仿古式建筑相结合的现代公园，是目前海原境内唯一的森林公园，每天游人如织。森林公园的建成，极大地提高了牌路山绿化覆盖度。

第四节　文体场馆

一、文化馆（园）

宁夏文化馆【Níngxià Wénhuàguǎn】　自治区文化厅所属省级公益性事业单位。位于银川市兴庆区民族南街85号，馆舍面积8800平方米，室外建筑面积2000平方米。有干部职工120名。设九部室、一校、两团、一个期刊编辑部。内设宁夏业余艺术学校、少儿艺术团、老年艺术团、《公益文化》编辑部。拥有正、副研究馆员19人、馆员23人、助理馆员38人，研究生2人、本科学历39人、专科42人、中专20人。

永宁文化园【Yǒngníng Wénhuàyuán】　位于永宁县城西北侧，2002年5月始建，2006年回族博物馆建立，2008年整个园区建成。因主体建筑展示回族文化，因此命名中华回乡文华园（编后记：2018年改名为永宁文化园）。占地面积3万平方米，平面呈现

"回"字形布局，展示回族礼俗文化、饮食文化、宗教文化、农耕与商贸文化。分为入口服务区、典型景观区、文化展示区、风情体验区、特色饮食区、民俗商贸区。主要景点有中国回族博物馆、回族礼仪大殿、演艺中心、民俗村。

灵武市文化馆【Língwǔshì Wénhuàguǎn】 位于灵武市中兴街东侧。1952 年始设灵武县文化馆。1974 年 4 月，在县城西街北侧兴建三层文化馆楼，面积 1366 平方米。1985 年，又在其楼西侧增建一座两层活动大楼。1996 年 6 月，更名为"灵武市文化馆"。2004 年，灵武市文化中心落成，文化馆迁至其中，占地面积 1000 平方米，有排练厅、展厅，且有公共演出舞台及演出大厅等。有工作人员 16 名。

石嘴山市文化馆【Shízuǐshānshì Wénhuàguǎn】 位于长庆东街与世纪大道交叉路口北偏东约 340 米处。面积 1.9 万平方米，内设大剧院、音乐厅、化妆间、大排练厅、市民文化艺术培训学校、电子阅览室等活动场所。2010 年被文化部评为"国家一级馆"。2012 年被中国舞蹈家协会授予"舞蹈培训基地"，也是石嘴山市非物质文化遗产保护中心。研究、辅导并组织、开展群众文艺创作，搜集整理、保护民间文化艺术遗产，建立健全群众文化艺术档案。

石嘴山市群众艺术馆【Shízuǐshānshì Qúnzhòng Yìshùguǎn】 位于朝阳西街与青山南路交叉路口北偏西约 60 米处。在大武口区青山南路北段西侧东风院内，隶属石嘴山市文化局。1978 年建成，1980 年文化馆与图书馆分家，1983 年新文化馆落成，占地面积 8000 平方米，建筑面积 3200 平方米，职工 25 人，内设办公室、文艺部、美影部、文学部等。可订阅各种报纸、杂志，馆内主要活动内容是：图书阅览、橱窗展览、棋类、游艺、美术、摄影、文学、声乐、乐器等各类学习班，自 1978 年来共接待读者 28.8 万人次，办各种学习班 96 个，培养文艺骨干 360 多人。市群艺馆由市政府批准命名。因所在区域及其性质命名。于 1977 年，市文化馆成立。1984 年，经市政府批准，市文化馆更名为石嘴山市群众艺术馆。

惠农区文化馆【Huìnóngqū Wénhuàguǎn】 位于石嘴山市天津路与静宁街交叉路口东北方向约 150 米处（惠农区体育馆二楼），主要从事播放电视、录像，开展小型棋类、球类艺术和图书借阅等活动。馆内设图书组、音乐组、文学创作组、美术组。1975 年 12 月成立石嘴山市二区文化馆。1981 年 4 月，更名石嘴山区文化馆。1988 年 9 月，兴建石嘴山区文化图书馆四层楼竣工，并投入使用。占地 3000 平方米，建筑面积 3887 平方米。2004 年行政区划调整，原惠农县文化馆与石嘴山区文化馆合并成立惠农区文化馆。

惠农区文化体育活动中心【Huìnóngqū Wénhuà Tǐyù Huódòng Zhōngxīn】 位于石嘴山市静安街和天津路交会处，2011 年建成，建筑面积 1.8 万平方米，建筑结构三层。综合文化馆、图书馆、体育馆、会堂四部门为一体。文化馆、图书馆免费开放图书室、电子阅览室、展览室、多功能厅、排练室、培训室。体育馆有 2000 平方米，分羽毛球场、乒乓球室、台球室、健身房；会堂提供开会、放映、演出等使用。

平罗县文化馆【Píngluóxiàn Wénhuàguǎn】　位于县城西区团结西路 100 号平罗县文化体育中心内。1950 年 8 月，成立平罗县人民教育文化馆；1952 年，改名为平罗县文化馆；1958 年，迁至鼓楼北街 16 间平房内。1979 年后，馆舍逐步改善，各类文化活动日渐增加。除原办的舞蹈班外，增加声乐、美术、器乐等 24 个艺术培训班。主办、承办、协办各类文化活动，开展社火展演、元宵节焰火晚会等活动。2013 年，被评为国家二级文化馆。2013 年 11 月，因旧城改造，迁至县城西区平罗县文体健身中心，其中文化馆使用面积达 6000 平方米。占 5 层楼：一楼设 13 个培训教室，用于各类艺术培训活动；二楼为多功能大厅，用于各类大型展览展示活动以及各类演出活动的排练；三楼设 10 个部室，主要为办公场地和会议室、服装道具室；四楼设大小 8 个活动室，设置非遗展馆、多功能厅、舞蹈功能厅、排练厅、电子阅览室、图书阅览室、音乐制作室；五楼为百姓小剧场，主要用于大型艺术、科普等培训、讲座和演出，向民间演艺社团、社区、企业、机关等提供小型演出活动场地服务。先后荣获全国"以文补文"先进单位、全国文化科技卫生"三下乡"先进集体、全区文化工作先进单位等殊荣。

吴忠市文化馆【Wúzhōngshì Wénhuàguǎn】　国家一级文化馆，馆址文华街 61 号，占地约 8.8 万平方米，建筑面积 1.8 万平方米。1950 年成立吴忠市民众教育馆，20 世纪六七十年代曾两次与图书馆合并为文化图书馆；1979 年恢复为文化馆；1984 年建成吴忠市（利通区）文化馆，位于朝阳东街街口，占地 20 亩；2013 年迁入现有新馆。文化馆现有人员 24 名，大专以上学历 21 名，其中群文研究员 1 名、副研究员 5 名，群文馆员 7 名，助理馆员 6 名。内设美术馆（2018 年 6 月在原市志办展厅改造装修建设，位于吴忠市文化馆二楼，总面积约 0.4318 万平方米，11 月投入使用）、公共文化活动部、培训工作部、群文辅导部、美影书部、馆办公室、非物质文化遗产保护中心办公室。馆内各艺术辅导培训班门类齐全，组建了吴忠市群星合唱团、阳光艺术团、民族乐团、夕阳红中老年艺术团、少儿艺术团等群众性业余文艺团队，常年向广大市民提供各类免费文化服务。

吴忠市文化艺术馆【Wúzhōngshì Wénhuà Yìshùguǎn】　位于吴忠市利通区文化街与开元大道交接口西南方向，是"两馆一中心"之一，主要用于展示吴忠市当地的文化、艺术类物品。

回族历史人物园【Huízú Lìshǐ Rénwùyuán】　根据其建筑类型命名，位于吴忠市利通区滨河大道附近、新月广场东侧。回族历史人物园集中展现了我国回族历史上涌现出来的古今英雄人物和对社会作出巨大贡献的历史人物。2012 年建成，占地面积 14.21 万平方米，是回族历史人物雕塑主题公园及市民休闲场所。

红寺堡文化馆【Hóngsìpǔ Wénhuàguǎn】　成立于 2012 年，系国家二级文化馆，位于吴忠市人民街与康济路交叉口东南侧，四小西侧，占地面积 20017 平方米，建筑面积 6689 平方米，局部地下 1 层，地上 3 层。

同心县文化馆【Tóngxīnxiàn Wénhuàguǎn】　位于同心县豫海镇豫海北街建设路 1 号，1956 年成立，负责全县群众文化工作，承担广场演出、基层文化辅导、培训工作，同心县"非遗"传承与保护工作，职工 18 人。建筑面积 2701 平方米。组织群众文化活动，繁荣群众文化事业；组织举办各种展览，开展群众文化辅导、非物质文化遗产的收集保护与整理等活动，下设办公室、文艺组、宣传组、"非物质文化遗产"保护办公室。

青铜峡市文化馆【Qīngtóngxiáshì Wénhuàguǎn】　位于文化南街 35 号。主要负责全市公共文化服务事业。内设办公室、创研部、辅导培训部、非遗部、后勤部、策划部，职工人数 59 人。1950 年 2 月，成立宁朔县民众教育馆，馆址在今古峡西街。1955 年，文化馆搬迁至县政府大院。1963 年 6 月，迁回古峡西街原印刷厂厂址。1966 年，新建展览馆，馆舍增至 30 余间。1969 年，文化馆、邮电局、电影院等单位合并成立青铜峡县毛泽东思想宣传站。1971 年底恢复文化馆。

盐池县文化馆【Yánchíxiàn Wénhuàguǎn】　位于县城新区纬三路东、文化西街以南，周边环境优美。建筑面积 8300 平方米，为三层框架结构，2015 年修建。主要负责县内文化艺术宣传以及文化活动策划等工作。

固原市原州区文化馆【Gùyuánshì Yuánzhōuqū Wénhuàguǎn】　2014 年批准成立，位于原州区北塬街道六盘山东路固原市原州区文化体育活动中心东侧楼内。隶属于原州区文体局。事业编制 25 人，实有在职人员 18 人，退休人员 28 人。业务范围：组织群众文化活动、繁荣群众文化。

西吉县文化馆【Xījíxiàn Wénhuàguǎn】　1950 年 8 月成立县人民阅览室，建于县城中街；1953 年 3 月改称县文化馆，1972 年在原址扩建。

隆德县文化馆【Lóngdéxiàn Wénhuàguǎn】　位于城关镇，在宁安路与文化街交会处。北邻县城关一小，西接县图书馆。1949 年 8 月隆德解放，接收县民众教育馆，更名为甘肃省隆德县人民文化馆。1958 年更名为隆德县文化馆。建筑面积 5000 平方米。主要负责全县文化宣传的业务指导，开展各种群众文化活动，培训基层文化骨干；提供公共文化服务，组织开展公益性文化演出；培养文化艺术后备人才；组织和开展群众文化理论研究；负责全县非遗保护和管理工作。

中卫市文化馆【Zhōngwèishì Wénhuàguǎn】　位于滨河镇，东邻应理南街，西接宁夏大学分校区，南靠博物馆，北连中央大道。2011 年 10 月 10 日建成，占地 6800 平方米，建筑面积5394平方米。是一处集演艺、展览、培训等功能的文化设施。演艺区有一个剧场、三个影厅，500个座位，可以放映电影，举办音乐会和小型文艺表演；展览区有2个展厅，总面积1000平方米，用于展示中卫民间艺术和文艺作品。培训场地1200平方米，能开展舞蹈、乐器和美术培训排练活动。中心还配套咖啡厅等休闲场所，是广大群众进行文化艺术活动的场所。

海原县文化馆【Hǎiyuánxiàn Wénhuàguǎn】　始建于1952年。1956—1979年，多次改建、扩建，增设活动室。1987年，在南门广场旁新建文化馆楼，内设录像放映厅、文物展厅、美术书法摄影展厅、舞厅、文物室、书画室、摄影室、排练室、音乐室、资料室、阅览室、老干部活动中心、创作研究室等。2000年，因县城改造，文化馆大楼被拆除。2003年，迁入新建的宣传文化中心大楼，设群文创研室、音舞组、美术书法摄影组、戏剧曲艺组、少儿艺术培训部、农村文化办公室和非物质文化遗产保护中心7个部、室，有专门的舞蹈排练厅和多功能厅以及会议室、材料室、财会室、微机室等科室。

二、博物馆

宁夏博物馆【Níngxià Bówùguǎn】　国家一级博物馆，前身是1959年9月成立的宁夏地质博物馆，原在承天寺塔（西塔）院内，1973年更名为宁夏回族自治区博物馆。2006年11月新馆破土动工，2008年9月投入使用，位于银川市金凤区人民广场东街。占地面积22400平方米，建筑面积30258平方米。主体高21.2米。地下一层为文物库房、设备用房及办公区域；一层为中厅、贵宾接待室、临时展厅和观众服务厅；二、三层为各类展厅，免费开放。2016年，有馆藏文物近4万件，其中国家一级文物159件，三级以上珍贵文物4000余件，唐石刻胡旋舞墓门、西夏鎏金铜牛、西夏石雕力士志文支座等被鉴定确认为国宝级文物。

宁夏固原博物馆【Níngxià Gùyuán Bówùguǎn】　因藏品多，被定为国家一级博物馆。位于固原市原州区古雁街道西城街133号，1983年12月30日建成开馆，占地面积近4万平方米，建筑面积1万多平方米，是一座集历史文物征集收藏、科学研究、陈列、宣传、教育于一体的综合性省级博物馆，直属宁夏回族自治区文化厅，负责固原地区文物收藏、陈列、研究、保护及对外交流工作。馆藏文物近2万件，其中国家一级文物123件（组），国宝级文物3件，即鎏金银壶、玻璃碗、漆棺画。

灵武市博物馆【Língwǔshì Bówùguǎn】　位于市区西部兴唐苑（原西湖公园）西部，2007年建成，为仿唐式4层大楼，建筑面积5600平方米，南北长52米，东西宽60米，主体高度42米。1~3层为灵武出土的历史文物、图片及文字说明，大体贯穿了灵武的历史脉络。设有电子阅览器，通过电键操作，可系统地观看文物反映的灵武历史，又可对青少年进行家乡历史和革命传统教育。第 4 层楼内主要展示新民主主义时期特别是改革开放以来，灵武在社会建设、经济建设中所取得的重大成就。

石嘴山市博物馆【Shízuǐshānshì Bówùguǎn】　综合性市级博物馆，位于大武口区长庆街与世纪大道交会处东南方向约 180 米。建筑面积 16118 平方米，布展面积 8252 平方米。始建于 2009 年，2013 年 4 月 28 日开馆。

吴忠市博物馆【Wúzhōngshì Bówùguǎn】　综合性市级博物馆，位于吴忠市开元大道两馆一中心，占地面积 88671 平方米，总建筑面积 18158 平方米，展馆面积 7000 平方米。现有文物藏品 5247 件，其中二级文物 10 件，最重要的为"唐吕氏夫人墓志"，佐证了唐灵州就在今天吴忠古城镇一带的史实。免费开放，每年接待参观者 5 万余人次。

西北农耕博物馆【Xīběi Nónggēng Bówùguǎn】　位于固原市原州区古雁街道北京路，2012 年 4 月 20 日开馆。占地面积约 1.34 万平方米，建筑面积 3200 平方米。展馆分为序厅、尾厅和原始社会农耕文化厅、先秦时期农耕文化厅、秦汉至隋唐时期农耕文化厅、宋元明清时期农耕文化厅、近现代农耕文化厅 7 个部分，共陈展大型浮雕 3 幅，文物品具 3000 余件，农作物品种标本 60 种，涉农典籍和人物肖像 20 本（幅）。

中卫市博物馆【Zhōngwèishì Bówùguǎn】　位于滨河镇，东邻应里南街，南靠图书馆，北连文化馆。2009 年 6 月始建，2011 年 10 月建成，占地 6311 平方米，建筑面积 5159 平方米。第一层主要用于贵宾接待和观众服务、文物库房、变动性专题展厅各 1 个、学术讲演厅等工作室；第二层设置中卫历史展厅 2 个。可为市民提供图书报刊阅览、文化信息资源共享、文化遗存展示、文化艺术展览、文化专业辅导、文化娱乐演出等多项公共文化服务，是全市文化标志性的建筑。

宁夏地质博物馆【Níngxià Dìzhì Bówùguǎn】　宁夏地质博物馆筹建于 2008 年，建于 2011 年 10 月，2011 年 12 月开放至今。位于银川市金凤区人民广场东街 301 号，总建筑面积 6215.8 平方米，主体建筑四层。

宁夏移民博物馆【Níngxià Yímín Bówùguǎn】　银川市红寺堡区的标志性建筑，位于文化街 004 号，东靠燕然路，西靠红寺堡区体育馆，南靠文化街，北靠人民街，2009 年 4 月开工，2013 年 10 月建成开馆。占地 78000 平方米（117 亩），平面设计为正方形，边长 64 米，高 18 米，建筑面积 9436.88 平方米。布展厅设在二、三层（二层设有宣传陈列厅、贵宾接待厅、观众服务厅）。展陈面积约 3200 平方米，设置序厅、宁夏移民史厅、新时期移民厅。

中宁枸杞博物馆【Zhōngníng Gǒuqǐ Bówùguǎn】　位于黄河岸边，是中宁新区的地标性建筑之一，呈宝塔状，由上到下分为枸杞历史介绍、枸杞文化展示、枸杞加工流程、枸杞产品会展和枸杞全国销售分部等 5 个展示区。是国内首座以枸杞文化展示为主题的博物馆。高 45.9 米，为 8 层塔式建筑，集中展示了中宁县 50 年来枸杞种植的发展历程。
2011 年 7 月 18 日建成并投入使用。

海原地震博物馆【Hǎiyuán Dìzhèn Bówùguǎn】　位于海原县城东 3 千米处的牌路
山，距牌路山生态公园约 500 米，占地面积约 60 亩，建筑面积 2350 平方米。2010 年 12
月 15 日开馆，以 1920 年海原大地震为背景，以图片、文字、实物等形式向参观者展现
地震的危害，警示教育人们以科学的方法防灾减灾。内容主要包括海原地震模拟大厅、
世界地震博览厅、抗震救灾指挥大厅、学术研讨厅、海原大地震纪念碑、海原大地震纪
念墙等及附属设施。通过声、光、电等高科技手段，模拟海原大地震时的场景，沙盘模
拟展示 237 千米的海原活动断裂带及海原大地震遗迹、遗址和当时的震害惨状；地震科
普教育厅则负责普及有关地震的科学知识。

三、图书馆

宁夏图书馆【Níngxià Túshūguǎn】　1953 年由银川市人民图书馆改建为宁夏省级图
书馆，1959 年 10 月新成立宁夏回族自治区图书馆，1963 年将银川市图书馆并入，1979
年又分设为两馆，1982 年建成新馆并对外开放；坐落于银川市西夏区同心路；2008 年又
在银川市金凤区人民广场东街 8 号建成新馆，占地面积 6.62 万平方米，建筑宏伟，主体
5 层，建筑面积 3.32 万平方米。内设 14 个部室，编制 139 人，职工 188 人，研究馆员 6
人，副研究馆员 23 人，馆员和助理馆员 83 人。全馆拥有各类馆藏纸质文献 190 万册件，
读者使用面积 2.13 万平方米，座席 1500 席。设施现代化，阅读环境宁静优雅，365 天免
费开放。每天开馆时间 12 小时，人工服务 9 小时。年接待读者近 150 万人次，图书外借
85 万册次（含 53 个服务网点 30 万册次）。举办讲座、展览近 80 场次。在第四次、第五
次全国公共图书馆评估定级中获评国家一级图书馆。

银川市图书馆【Yínchuānshì Túshūguǎn】　国家地市级一级图书馆。位于解放东街
102 号，世纪广场东侧。建筑面积 6000 平方米。前身是 1934 年成立的宁夏省立图书馆，
馆址设于玉皇阁之上。后历经更名、合并、迁址，于 1988 年在今址建成新馆舍。2001 年
改扩建。2009 年 10 月 10 日实行 365 天免费开放，每周平均开放 60 个小时。至 2016 年
底，设 12 个部室，总藏书量 91.62 万册，有阅览座席 646 个，办理各类读者借书证近
3.78 万个，年流通 61 万人（次）。

贺兰县图书馆【Hèlánxiàn Túshūguǎn】　在习岗镇文昌路 3 号。1943 年 1 月成立图
书室，1947 年停办。1949 年后曾更名"民众教育馆"、文化馆，藏书曾达 1.1 万余册。
1981 年 2 月，成立贺兰县图书馆，藏书 1.47 万余册，期刊 39 种。1984 年 12 月，在原址
建 3 层大楼 1 栋，建筑面积 2100 平方米。2013 年 4 月，在现址建大楼 1 栋，建筑面积

4346 平方米。2013 年 4 月 8 日实行 365 天免费开放。至 2016 年底，共设 8 个部室，藏书量 17 万册，有阅览座席 480 个，办理各类读者借书证近 8000 个，年读者流通量 34.5 万人（次）。先后两次荣获国家县级一级图书馆称号。

灵武图书馆【Língwǔ Túshūguǎn】 1979 年 3 月成立灵武县图书馆。1982 年，藏书达到 5.8 万册。1983 年，在县城东大街东端路南建 3 层大楼。1984 年 9 月竣工，建筑面积 1120 平方米。1985 年藏书 88760 册，期刊 370 种，报纸 116 种，工作人员 19 人。1990 年藏书达 97079 册，期刊 300 余种、报纸近百种。2015 年，于灵武市新区新建图书馆大楼，2016 年新馆落成，正在搬迁。

石嘴山市图书馆【Shízuǐshānshì Túshūguǎn】 位于大武口区长庆东街与世纪大道交叉路口东南方向约 200 米处。系国家二级公共图书馆，2012 年 12 月免费开放，建筑面积约 12500 平方米，是一个集文化、教育、休闲等功能于一体的大型现代化公共数字图书馆。设有办公室、采编部、技术部、情报信息部、成人外接部、报刊阅览部、少儿借阅部、电子阅览室、老年人残疾人阅览室等。

惠农区图书馆【Huìnóngqū Túshūguǎn】 位于石嘴山市惠农区静安街与天津路交界处，占地面积 3000 平方米，建筑面积 3887 平方米。现有藏书 11 万余册。建有标准成人阅览室、综合阅览室、青少年阅览室、电子阅览室、幼儿亲子阅览室、报刊借阅大厅、残疾人阅览室、图书采编室和书库等。2015 年共接待读者 9 万余人，藏书年流通量 7 万余册。

平罗县图书馆【Píngluóxiàn Túshūguǎn】 位于县城玉皇阁大道与民族大街交叉口向南 100 米平罗县文博会展中心内。1980 年成立，设在县文化馆内。1985 年，在县城鼓楼西街建设图书馆大楼，建筑面积 1927 平方米。1993 年，被评定为全国三级图书馆。2011 年，迁入新建的县文化展览中心，使用面积 3052 平方米。其中一楼少儿阅览室 755 平方米，阅览座位 320 个；三楼面积 1304 平方米，设采编室、电子阅览室等；四楼综合阅览室，面积 1048 平方米，阅览座位 194 个。2013 年，被评定为全国县级一级图书馆。2016 年，馆藏图书 11.8 万册。

吴忠市图书馆【Wúzhōngshì Túshūguǎn】 国家地市级一级图书馆，位于利通区开元大道盛元广场西侧。前身是 1956 年成立的吴忠市图书馆（县级），经多次搬迁、改建，于 2005 年 3 月批准为吴忠市图书馆（地市级）。2007 年建成新馆，2009 年 4 月开馆接待读者。新馆总体五层，建筑面积 9024 平方米，设置部室 11 个，阅览座席 878 个。全年 365 天开放，每周开放时间 70 小时。现有纸质藏书 50 余万册，电子图书 40 万册，办理借书卡读者过 4 万人，年均读者流通量 40 万人次。

红寺堡区图书馆【Hóngsìpǔqū Túshūguǎn】 位于吴忠市燕然路和劳动街交叉路口

东南角，西北与青云湖公园相邻，东南与回中仅一墙之隔，视野开阔，满目苍翠，是宁夏唯一一座全开架免费开放、免证借阅的图书馆，下设有借书处、报刊阅览室、办公室等，建筑面积5362平方米，馆藏图书20万册，可同时容纳读者1236人。

同心县图书馆【Tóngxīnxiàn Túshūguǎn】　位于同心县文化南街004号，1985年11月1日成立至今。现有阅览座位120个，设有文化信息资源共享工程同心县支中心、资料室、报刊室、少儿室、采编室等服务窗口6个，每周开设56小时，举办讲座、培训、展览等活动。该馆现有藏书14.2万多册。

青铜峡市图书馆【Qīngtóngxiáshì Túshūguǎn】　位于文化南街66号。主要负责全市公共图书管理和借阅，内设图书室、阅览室。1951年，成立宁朔县文化馆，内设图书管理、借阅业务。1983年1月，成立青铜峡县图书馆。1985年5月，在文化街新建混凝土框架三层图书馆楼，建筑面积1593平方米。

盐池县图书馆【Yánchíxiàn Túshūguǎn】　位于县城花马池东街，2001年成立，占地1400平方米。有8个乡镇图书室的图书借阅业务；与消防队、县中队、看守所等建立了图书流动点，定期无偿配送图书。同时开办农家书屋，现有109个基层网点，馆外书刊流动总人数12万，书刊借阅15万册。

固原市原州区图书馆【Gùyuánshì Yuánzhōuqū Túshūguǎn】　位于原州区南关街道人民街224号。占地面积2194平方米，建筑面积1676平方米。1956年在图书室的基础上成立，命名为固原县图书馆。后历经分合撤销，于2002年定名为固原市原州区图书馆。总藏书量32.2万册，其中古籍线装图书4534册。设电子阅览室、资料查阅室、综合阅览室和图书借阅室。

隆德县图书馆【Lóngdéxiàn Túshūguǎn】　在隆德县城宁安路与文化街交会处东北。1984年12月成立。建筑面积3200平方米。

中卫市图书馆【Zhōngwèishì Túshūguǎn】　位于沙坡头区滨河镇，东邻应里街，西接农田，南靠水上娱乐中心，北连博物馆。2009年6月开工，2011年10月建成，占地5213平方米，建筑面积5101平方米。第一层是报刊阅览室和少儿阅览室、书库；第二层为多媒体阅览室、图书阅览区和学生自学区，公共阅览区北边为办公区。

中宁县图书馆【Zhōngníngxiàn Túshūguǎn】　位于县城新区宣传文化中心大楼2楼办公室。1986年6月成立，建筑面积3400平方米，设阅览座席150个，藏书6万余册。1992年，获自治区文化厅颁布的全区文明图书馆奖。1998年，在全国公共图书馆达标定级工作中被评定为二级图书馆。1998—2002年，连续四年被县委、县政府评为"文明单位"。2000年3月，在庆祝中华人民共和国成立50周年全区第二届"文明杯"读书征文活动中，获自治区文化厅颁发的组织奖。

四、体育场馆

宁夏体育场【Níngxià Tǐyùchǎng】 位于银川市兴庆区凤凰北街 55 号，光明广场之西、中山公园之北。占地面积 46000 平方米。1933 年为召开西北运动会，在今宁夏体育馆南侧空地上修建体育场，内设篮球场 2 个、排球场 2 个、400 米跑道田径场 1 个，还有足球场、网球场、团体操场和武术场各 1 个，四周筑有夯土墙。此后长期荒废。1958 年宁夏回族自治区成立后，新建成田径场，场中心为足球场，东侧有 2 个篮球场。1963 年，在田径场西侧建成标准冰场。"文化大革命"初期无人管理，1972 年改为建设用地。1981 年，在原址进行翻建，1984 年建成。1997 年、2003 年先后进行改造，现由贵宾楼、田径场、多功能健身示范广场三部分组成。场内曾举办全国第七届少数民族传统体育运动会开幕式、摩托车旅节开幕式、电影节开幕式、《同一首歌》演唱会等大型活动和演出。多功能健身示范广场（网球场）占地 1.2 万平方米，有七人制人工草坪足球场 2 块，五人制人工草坪足球场 2 块，标准篮球场 2 块，篮、排球训练场地 8 块，标准网球场 2 块，轮滑场地一块，周边安装占地 220 多米长、12 米宽的健身路径，健身器材 90 余件，年接待参加锻炼人数超过 40 万人次。

宁夏体育馆【Níngxià Tǐyùguǎn】 位于银川市兴庆区公园街 10 号，毗邻中山公园和光明广场，与宁夏人民会堂相对而立。建筑面积 17862 平方米，使用面积 12768 平方米，主体建筑高 24 米。前身为 1961 年底建成的银川体育馆，位于公园街原自治区体委大院东北侧。1997 年 6 月旧馆拆除，翻建新馆，1998 年 8 月竣工并更现名。馆内设观众座席 6200 个，属于中型体育馆，由比赛馆和练习馆组成。比赛馆以举办综合性运动会和羽毛球健身为主，辅以承接各类社会公益演出活动；练习馆一层为篮球馆，主要以篮球、排球健身为主，辅以小型运动会；四层为羽毛球馆。还设有乒乓球健身区、健美操培训教室、跆拳道培训室、散打馆、羽毛球等场地。

银川体育馆【Yínchuān Tǐyùguǎn】 位于西夏区贺兰山路与金波路交叉口，贺兰山西路 368 号。1997 年建成，占地面积 37.5 万平方米，建筑面积 14547 平方米，其中比赛馆设座位 5655 席，可举行篮球、羽毛球、乒乓球等各种比赛。对市民常年开放，承担全民健身职责，可开展多个锻炼、健身和训练项目。

贺兰山体育场【Hèlánshān Tǐyùchǎng】 位于银川市西夏区宁夏体育中心园区中部，2012 年竣工并投入使用。占地面积 35.25 万平方米，建筑面积 10.7 万平方米。体育场主体高度 46 米，共投资 7 亿元，能同时容纳 4 万人观看比赛。场内设有国际标准 400 米田径场，能够承办国际田径赛事。有 7800 平方米天然草坪足球场，先后举行过多次国内外足球赛事，是宁夏中乙球队山海屿足球队的主场。设施先进，具有承接国家单项赛事、洲际赛事、国内综合赛事的能力，还可举办大型群众聚会。

宁夏亲水体育中心【Níngxià Qīnshuǐ Tǐyù Zhōngxīn】 位于银川市金凤区亲水南大街东侧，东至丰农巷、南接六盘山中学、北邻自治区农科院；2009 年建成，因位于亲水大街而得名；占地面积 71333 平方米，总建筑面积 42000 平方米，健身中心呈"L"形布局。

湖滨体育馆【Húbīn Tǐyùguǎn】 位于银川市兴庆区湖滨西街 31 号。1999 年建成使用，占地面积 2500 平方米，建筑面积 5400 平方米，比赛场地 911 平方米，观众席位 1758 个，每年接待各类运动会 60 余次。2013 年 1 月 1 日起，每天早 6：00—8：30 免费对外开放，平均每年接待晨练市民约 1 万人次。馆内一层主馆为标准篮球场地，占地 1000 平方米，可根据赛事随时布置，在羽毛球馆、篮球馆、排球馆之间相互转变，是一个综合性场馆。

湖滨体育场【Húbīn Tǐyùchǎng】 位于银川市兴庆区湖滨西街 31 号，紧邻湖滨体育馆。建于 1983 年，占地面积 22000 平方米。共 4050 个座位，有标准 400 米塑胶跑道及人工草坪标准足球场。年接待中小学生运动会 50 余次，举办足球赛事 400 余场。承担银川市业余体校的日常训练及银川英才学校的体育课训练；年接待参加运动会人数约 8 万人次，接待健身爱好者约 16 万人次。

丽景湖多功能体育场【Lìjǐnghú Duōgōngnéng Tǐyùchǎng】 位于银川市兴庆区丽景湖社区。2014 年 10 月归入银川市体育运动场地管理所管理，面积 5000 平方米，有篮球场、足球场、门球场各两块，全年对外免费开放，接待健身爱好者约 4 万人次。

永宁县体育中心【Yǒngníngxiàn Tǐyù Zhōngxīn】 位于永宁县城宁和街西侧，2012 年 9 月竣工落成，2016 年改造扩建。占地面积 7.7 万平方米，建筑面积 6470 平方米，有办公楼、跆拳道、摔跤、举重训练房，运动场看台，小型健身广场，乒乓球场地，健身器械房，瑜伽健身房，动感单车房，6 个羽毛球场地、4 个篮球场、2 个网球场、1 个田径场，主要用于体育赛事、群众性体育活动及县城群众的日常体育锻炼。

灵武市体育馆【Língwǔshì Tǐyùguǎn】 位于灵武市区东塔镇新区中山路，2012 年破土动工，2016 年建成，占地面积 65000 平方米，建筑面积 27568 平方米，室内场地面积 22585 平方米，室外场地面积 7621 平方米。馆内设置篮球、羽毛球、排球等场地，四周为阶梯式看台，可容纳万人观看各种体育赛事和文艺演出。主要用于举办全国及全区各项体育赛事，以及开展全民健身运动，亦作为群众集会室内场地。

石嘴山市体育场【Shízuǐshānshì Tǐyùchǎng】 位于大武口游艺西街与裕民北路交叉路口西北，市第二人民医院对面。为举办全国民族运动会而建，2001 年竣工，占地面积 38000 平方米，建筑面积 15700 平方米，观众座位 20000 个。场内铺设 400 米标准塑胶跑道和草皮足球场。同时在场内建有石嘴山市体育馆，占地面积4457.96平方米；建筑面积7470平方来；场地面积1564平方米；观众座位2328个。2003年9月20日至27日，全国第七届少数民族传统体育运动会在银川市和石嘴山市举行。以上场、馆作为分会场，并承办了射弩项目、高脚竞速项目的赛事。此后作为公众体育运动、健身场所对社会开放。现设施陈旧，正在改建。

平罗县文体健身中心【Píngluóxiàn Wéntǐ Jiànshēn Zhōngxīn】　位于县城西区团结西路100号，2006年5月开工建设，2012年2月8日投入使用。占地面积2.3万平方米，建筑面积2.1万平方米。其中的室内体育馆建筑面积14800平方米，有观众座位2000个。室外场地有塑胶篮球场地两块共1500平方米、塑胶网球场地两块共1600平方米。可承接篮球、排球、羽毛球、乒乓球、摔跤、武术、跆拳道和举重比赛，无赛事时给市民提供健身场地，也可承办中等规模的演唱会和大型展销会。

吴忠市全民健身中心【Wúzhōngshì Quánmín Jiànshēn Zhōngxīn】　位于利通区同心街和吴灵路拐角处（吴忠第三中学西侧），占地1.3万平方米，总建筑面积4503平方米。2017年3月开工建设，2018年6月竣工并对外开放。其中：一层1800平方米，可开展篮球、足球、排球、羽毛球、乒乓球、毽球、桌球、摔跤、武术、健身等项目；二层为射击区、观摩区、枪弹库等；室外设有拼装游泳池。每年接待群众近20万人次。

吴忠市乃光湖多功能运动场【Wúzhōngshì Nǎiguānghú Duōgōngnéng Yùndòngchǎng】位于利通区利通南街第三小学东侧，占地面积7800平方米，使用面积5400平方米，其中篮球场地4块，五人制足球场地1块，网球场地1块，老年人门球场2块，羽毛球场2块。2014年开工建设，2015年建成并对外开放。每年接待群众近20万人次。

滨河体育运动公园【Bīnhé Tǐyù Yùndòng Gōngyuán】　位于吴忠市利通区滨河大道与吴忠黄河大桥交会处，地处古城镇，是一座集市民体育锻炼、休闲娱乐于一体的新型体育主题公园，建成于2012年，其占地面积为29.68万平方米。主要设施有：足球场、篮球场、沙滩排球场、网球场、健身器材等。

吴忠市黄河文化体育会展中心【Wúzhōngshì Huánghé Wénhuà Tǐyù Huìzhǎn Zhōngxīn】　位于青铜峡市陈袁滩镇，文体路东侧、利民街北侧，在建大型体育场馆，总用地面积426242平方米，建筑面积109390平方米。有体育馆、大型体育场、会展中心、室外全民健身场等，可承办省级综合赛事及国家级单项赛事；满足吴忠市及青铜峡市开办国家级和国际会展的要求。2013年开工建设。

红寺堡体育馆【Hóngsìpǔ Tǐyùguǎn】　坐落在吴忠市红寺堡区青云湖畔，占地16260平方米，总建筑面积9253平方米，观众座位2021个。设有篮球馆、羽毛球馆、健身房、国民体质监测室、运动员休息室等。以全民健身为主，可举办篮球、羽毛球比赛，承接各类社会公益文体活动。

固原体育馆【Gùyuán Tǐyùguǎn】　位于原州区古雁街道北京路，东面毗邻固原市政大楼和宁夏师范学院。占地230亩。2006年4月10日开工建设，2007年7月建成。主馆建筑面积12491平方米，观众座席5160个，容纳6000多人，可承办全国性的大型体育比赛、集会和文艺演出活动。

固原市原州区文化体育活动中心【Gùyuánshì Yuánzhōuqū Wénhuà Tǐyù Huódòng Zhōngxīn】　实为体育场，2013年建成，位于原州区北塬街道六盘山东路。占地面积约18000平方米，有楼房2座，建筑面积约3500平方米。设有篮球场3个，羽毛球场6个，小型体育场1座。

西吉县体育场【Xījíxiàn Tǐyùchǎng】　位于西吉县吉强镇政府街。2010年建成占地面积为12850平方米。

隆德县体育馆【Lóngdéxiàn Tǐyùguǎn】　位于隆德县城人民路北，西接隆德县中学。占地面积2668平方米，建筑面积1395平方米。2014年由福建企业援建。馆内设有篮球、排球、羽毛球、乒乓球、举重、拳击等活动室。是一座集体育比赛、健身娱乐、文艺演出的多功能型体育场馆。

隆德县体育场【Lóngdéxiàn Tǐyùchǎng】　位于隆德县城文博路南段，在南凤家园社区西南侧。始建于2016年，占地面积19800平方米，人工草坪面积7300平方米。场内建设有400米塑胶跑道的标准化田径场1座，篮球场、停车场各1个，建有2000个座位的露天观众看台，另设置多种全民健身体育器材，可满足县城各学校、单位及居民开展多种体育活动的需要。

泾源县体育馆【Jīngyuánxiàn Tǐyùguǎn】　位于泾源县香水镇政府东南。2012年建成，是一个以体育比赛为主兼文艺演出、健身娱乐、大型展览为一体的综合性多功能室内活动场所，可容观众500余人。常年免费开放，馆内有篮球、羽毛球、乒乓球运动场地。

中卫市体育馆【Zhōngwèishì Tǐyùguǎn】　位于滨河镇。2008年10月14日始建，2010年12月20日建成。占地面积232亩，建筑面积10500平方米，固定座位3500个，机动座位500个，为乙类中型体育馆。主要功能是进行竞技体育训练，举办大型体育运动会，开展全民健身活动，发展体育产业等。可进行篮球、排球、乒乓球、羽毛球、体操、武术等项目比赛。

中卫市体育广场【Zhōngwèishì Tǐyù Guǎngchǎng】　位于沙坡头区文昌镇，东邻黄河路，西接中卫市第四中学东，南靠鼓楼东街，北连长城东街。东西长174米，南北宽322米，占地面积57000平方米，绿化面积27000平方米。有五环建筑标识，故又称五环广场，2005 年建成对公众开放。建筑分七个区，每区各具特色，有篮球、网球、滑冰、门球场及太极广场，大面积的草坪和乔灌木，喷泉、花坛、亭廊点缀其间。

中宁县杞乡黄河体育中心【Zhōngníngxiàn Qǐxiāng Huánghé Tǐyù ZhōngXīn】 位于富康路，东邻卫生计划生育局，南连富康花园，西接中宁二中，北靠富民路。2014 年建成，占地面积 17 万多平方米，主要设施有体育馆、游泳馆、地下停车场，体育馆可容纳观众近 6000 人，游泳馆可容纳观众 1650 人。可满足群众健身、娱乐、休闲的需要。

海原县文体广场【Hǎiyuánxiàn Wéntǐ Guǎngchǎng】 位于海城街道办文联社区，东靠海原二中，南接体育馆，西邻城市主干道，广场停车场占地 4000 平方米，沥青混凝土道路 4600 平方米，石块硬化地 7000 平方米，混凝土硬化 19000 平方米，地被及草坪 15000 平方米，乔木及灌木 1500 棵，体育活动设施健全，有网球场、篮球场、羽毛球场、景观照明等设施，为群众休闲娱乐、文化健身的活动场所。

五、会展场馆

宁夏展览馆【Níngxià Zhǎnlǎnguǎn】 省（自治区）级综合性展览馆。位于银川市兴庆区新华街与民族南街交叉口，坐东面西，占地面积 8000 平方米。始建于 1958 年，1987 年 6 月改建，主体建筑平面呈矩形，总高 27 米，一层为大面积玻璃窗，二层为大面积实墙。建筑顶部外立面是混凝土浮雕，长 30.6 米、高 7.2 米。内设展厅 7 个，附设贵宾室、多功能会议厅等，集区内外政治、经济、科技、文化、信息交流、贸易洽谈、产品展销和群众文化娱乐等社会功能于一体。

银川国际会展中心【Yínchuān Guójì Huìzhǎn Zhōngxīn】 位于银川市金凤区北京中路 169 号，是集展览、会议、商贸洽谈、信息交流、旅游、餐饮娱乐等多功能于一体的现代智能化展馆，2008 年 7 月建成投入使用，占地面积 87333 平方米，总投资 4.3 亿元；总建筑面积 8.4 万平方米，其中地上建筑面积 7.4 万平方米，地下建筑面积 0.7 平方米。建成以来，已举办大型展会无数次。

吴忠市国际会展中心【Wúzhōngshì Guójì Huìzhǎn Zhōngxīn】 位于吴忠市文化街与民族路交叉处西北角，"两馆一中心"附近。吴忠市国际会展中心主要用于开展大型会展，举办各类室内大型活动。

第五章　科教医疗

第一节　科研设计

宁夏社会科学院【Níngxià Shèhuì Kēxuéyuàn】　1981 年 8 月 19 日成立，院址：银川市西夏区新风巷。是宁夏回族自治区唯一的综合性哲学社会科学研究基地，自治区党委、政府的重要智库。研究成果卓著，西夏学、回族史研究居全国领先水平；地方史志研究具有权威性。2015 年，全院共有科研人员和干部职工 122 人，其中，科研人员 89人。内设 14 个正处级机构，其中 5 个职能处室：办公室、科研组织处、机关党委（组织人事处）、宁夏少数民族古籍整理出版规划领导小组办公室、地方志编审委员会办公室；9 个科研及科研辅助机构：综合经济研究所、农村经济研究所、社会学法学研究所、文化研究所、中东伊斯兰国家研究所、西夏研究院、宁夏历史研究院、社科图书资料中心、期刊中心。主办有《宁夏社会科学》《回族研究》《西夏研究》三个国内外公开发行学术类期刊和《新智库》报、内刊《宁夏史志》。其中《宁夏社会科学》是中国人文社会科学核心期刊。

宁夏农林科学院【Níngxià Nónglín Kēxuéyuàn】　院址：银川市金凤区黄河东路 590号。前身为宁夏农业科学研究所，成立于 1958 年 10 月，原址在银川市西北郊芦花台。是宁夏回族自治区人民政府直属的农业科研机构，也是自治区唯一的综合性农业科研机构，担负着全区农业重大基础、应用研究和高新技术产业开发任务。现设有 11 个非营利科研机构：农作物研究所、荒漠化治理研究所、植物保护研究所、农业资源与环境研究所、农业经济与信息技术研究所、种质资源研究所、农业生物技术研究中心、宁夏农产品质量标准与检测技术研究所、枸杞工程技术研究所、动物科学研究所、宁夏农林科学院固原分院；下属 5 个国有独资企业和 3 个股份制公司。建院近 50 年来，在动植物育种及病虫害防治、耕作栽培、土壤改良及荒漠化治理、肉羊改良、生物技术、核辐射、农产品质量监督检测及枸杞研究开发等方面具有一定实力和优势。小麦、水稻新品种和麦套玉米、水稻旱育稀植、枸杞新品种及规范化栽培技术成果卓著。2016 年共核定全额预算事业编制 523 名，实有在职职工 871 人，其中高级职称 259 人。全院已构建起 12 大学科，建成 10 个自治区创新团队，组建了国家级研发平台 5 个，省部级平台 34 个，院地合作共建试验示范基地 5 个，覆盖了宁夏大部分特色优势产业。

宁夏农林科学院固原分院【Níngxià Nónglín Kēxuéyuàn Gùyuán Fēnyuàn】　位于固原市原州区南关街道大南寺巷 137 号，占地面积约 500 平方米。是 1959 年由农业部批准成立的全国第一批综合性地方农业科研机构，2014 年 6 月由固原市人民政府移交宁夏农林科学院管理。设旱作农业与节水、马铃薯、冷凉蔬菜与花卉、草畜资源开发与利用、林业与生态 5 个研究中心。目前在岗员工 92 名，其中专业技术人员 72 名。研究方向：培育以旱作、节水、生态为特色的马铃薯育种与栽培，油料作物育种与栽培，粮食作物育种与栽培，冷凉蔬菜育种与栽培，林业与生态环境保护，牧草生产与肉牛羊养殖，农业抗旱与节水工程等 8 个农业科技创新学科。

宁夏科技馆【Níngxià Kējìguǎn】　1988 年 10 月成立并对外开放，旧馆：银川市凤凰北街 172 号。占地面积 1.5 公顷，建筑面积 6240 平方米。2008 年迁建银川市人民广场西街，总投资近 2.5 亿元，占地 3.88 公顷，建筑面积 29664 平方米，由主展馆、穹幕影院和综合楼三部分组成。是第一批全国中小学生研学实践教育基地。主要功能有展览教育、培训教育。教育特点是寓教于乐，注重科学性、知识性、趣味性相结合，鼓励观众亲自参与，不仅传播知识，更重视科学思想、科学方法的培养。主要设施有常设展览厅、学术报告厅、培训教室、声像制作室、科技电影院。

宁夏工业设计院有限责任公司【Níngxià Gōngyè Shèjìyuàn Yǒuxiàn Zérèn Gōngsī】地址：银川市兴庆区凤凰北街 190 号。前身是宁夏工业设计院，1983 年 11 月由原宁夏化工设计研究院、宁夏轻工设计研究院和宁夏机械设计研究院合并成立。此后 20 年间，宁夏新建、扩建的工厂，多由该院规划设计。2003 年 7 月 22 日完成股份制改造，更为今名，是建设部认证的宁夏唯一拥有建筑行业建筑工程甲级、市政公用行业甲级、工程勘察专业类岩土工程甲级资质的单位。经营范围：轻工、化工、民用建筑设计；市政工程设计；工程测量、岩土工程勘察；工程监理、咨询；CAD 技术开发与培训；技术咨询、服务等；参与宁夏工业发展的中长期规划和建设项目的可行性研究工作。2010 年晋升为化工甲级设计院。现有职工 180 人，其中有 140 名技术人员。同时具有规划及测量乙级资质。

宁夏公路勘察设计院【Níngxià Gōnglù Kānchá Shèjìyuàn】　院址：银川市兴庆区北京东路 165 号。1958 年宁夏回族自治区成立，交通部将直属公路勘察设计院第五分院部分技术人员下放宁夏，组成测设队。1984 年，以此为基础，从公路工程处等单位调集技术人员，组建宁夏勘测设计院，承担公路布局规划及公路、桥梁的勘察设计。此后 20

年，包揽了宁夏的公路、桥梁项目的可行性研究及设计。2004 年 9 月 28 日完成股份制改革，注册成立宁夏公路勘察设计院有限责任公司。目前是宁夏唯一具有国家甲级资质的公路勘察设计单位，在职职工 270 名。具有公路设计、勘察（工程测量）、岩土工程、工程咨询（公路、市政公用工程）、特大桥（公路行业）、公路工程监理 6 项甲级资质。

银川市规划建筑设计研究院有限公司【Yínchuānshì Guīhuà Jiànzhù Shèjì Yánjiūyuàn Yǒuxiàn Gōngsī】　地址：银川市进宁北街 188 号。原名银川市规划建筑设计院，为事业单位，地址在银川解放西街 12 号。2000 年 6 月 14 日改制为企业并迁今址。

宁夏水利科学研究院【Níngxià Shuǐlì Kēxué Yánjiūyuàn】　成立于 1959 年，院址：银川市西夏区北京西路 161 号，系宁夏水利厅下属事业单位，主要承担节水灌溉、农田水利、盐碱地改良、水土保持、水资源利用、防洪抗灾减灾、大坝监测及重大水利工程项目前期研究与论证等公益性水利科研工作。

石嘴山市科技馆【Shízuǐshānshì Kējìguǎn】　位于世纪大道北路 700 号，即世纪大道与星光大道交叉路口北偏东约 400 米处。设计建筑面积 15719 平方米，展厅面积 8500 平方米，展区分两层。现有工作人员 20 人，后勤人员 10 人，干部人数 6 人，共计 36 人。石嘴山市科技馆立项于 2009 年，2011 年完成土建工程，2012 年开始布展装修。2013 年 10 月 10 日正式对外开放运营。

吴忠市科技馆【Wúzhōngshì Kējìguǎn】　吴忠科技馆是以展示教育为主要功能的公益性科普教育机构，是吴忠市科学技术协会所属公益性事业单位，主要通过参与、体验、互动性的展品及辅助性展示手段，激发公众对科学的兴趣，对公众进行科普教育，不断提高全民科学素质。位于利通区文华街与民族路交叉口西北角（原吴忠国际会展中心），建筑面积 5992.1 平方米，其中展厅面积 4988.5 平方米，D 座办公区面积 1003.6 平方米，内设序厅、临时展厅和常设展厅三大功能区。常设展厅采取古代科技展厅、探索发现展厅、智创未来展厅、梦幻剧场的"3＋1"展览模式，共设置展品约 200 件。2017 年吴忠市人民政府第 56 次专题会议决定将原吴忠国际会展中心改建为吴忠科技馆，2018 年 10 月开始施工改建，预计 2020 年完成改建并投入使用。

中卫市科技馆【Zhōngwèishì Kējìguǎn】　位于滨河镇，东邻应理南街，西接宁夏大学，南靠中卫市水上运动中心，北连博物馆。面积 220 平方米，2012 年 3 月成立，免费对外开放。馆内拥有各类科教展品 241 件，科普挂图 20 幅，3D 科普展板 48 块，科普实验包 3 箱，展示内容涉及物理、化学、数学、机械工程、信息技术等方面。开馆以来，充分发挥科技馆"弘扬科学精神，普及科学知识，传播科学思想"的主阵地作用，组织开展青少年科技创新大赛、机器人竞赛、科普剧展演等青少年科技活动，得到社会各界特别是青少年的喜爱。

第二节 高 校

宁夏大学【Níngxià Dàxué】 是自治区人民政府与教育部共建的综合性大学,国家"211 工程"重点建设高校。始建于 1958 年。前身是宁夏师范学院、宁夏农学院和宁夏医学院。1962 年三院合并成立了宁夏大学。校本部地址:银川市西夏区文昌北街;西校区在贺兰山西路;南校区在黄河东路。设有人文学院、政法学院、外国语学院、新闻传播学院、教育学院、阿拉伯学院、经济管理学院、数学统计学院、物理电子电气工程学院、信息工程学院、化学化工学院、生命科学学院、资源环境学院、葡萄酒学院、农学院、机械工程学院、土木与水利工程学院、体育学院、音乐学院、美术学院、国际教育学院、马克思主义学院、民族预科教育学院和高等职业技术学院 24 个二级学院和宁夏大学中卫校区,1 个独立学院宁夏大学新华学院,以及继续教育学院、创新创业学院和远程教育学院。有 77 个本科专业、1 个国家重点学科、1 个国家重点(培育)学科,18 个自治区重点学科。学校占地面积 2938 亩,教学实验农场 1890 亩。在校教职工 2657 人。面向 28 个省、自治区、直辖市招生,现有全日制普通本科在校生 17353 人,研究生 2742 人,少数民族预科生 2212 人,在校留学生 150 余人。公开出版学术期刊 4 种。拥有现代化的数字化图书馆和多功能体育馆。

北方民族大学【Běifāng Mínzú Dàxué】 1984 年建西北第二民族学院。2008 年更名为北方民族大学,属于国家民族事务委员会,是国家民委和教育部共建大学。校址:银川市西夏区文昌北街。占地面积 1624 亩,被银川市政府授予"花园式单位"。现有教职工 1190 人,来自全国各地 56 个民族的学生 2 万余人在读,少数民族学生比例为 60%。设有文学、理学、工学、法学、历史学、管理学、经济学、艺术学、教育学、医学 10 个学科门类,国际经济与贸易、信息工程、动画等 71 个本科专业,中国少数民族史等 16 个省部级重点学科,电路与系统等 3 个自治区优势特色学科,材料科学与工程等 4 个国家级特色专业,汉语言文学等 9 个省部级优势特色专业,法学等 4 个省部级重点建设专业,自动化等 7 个省部级"十三五"重点建设专业。

宁夏医科大学【Níngxià Yīkē Dàxué】 位于银川市兴庆区胜利街 1160 号。1958 年 9 月,宁夏医学院成立。1962 年 10 月,原宁夏医学院、农学院、师范学院合并成立宁夏大学,宁夏医学院改称宁夏大学医学系。1972 年 5 月,上海铁道医学院迁至银川,与宁夏大学医学系合并,重建宁夏医学院。1980 年 3 月,国务院批准宁夏医学院学生规模为 1200 人,包括研究生、本科生、进修生和预科生,宁夏医学院首次招收研究生。2002 年 11 月,宁夏医学院、宁夏卫生学校、宁夏护士学校合并成立新宁夏医学院。2006 年 10

月，学校顺利通过教育部本科教学水平评估。2007 年 9 月，学校新校区正式投入使用。2008 年 9 月，建校 50 周年之际，学校更名为宁夏医科大学。2010 年 2 月，宁夏医科大学获批成为博士学位授予立项建设单位。2010 年 4 月，学校荣获首批"全国50 所毕业生就业典型经验高校"荣誉称号。2011 年 3 月，教育部批准将学校纳入"对口支援西部地区高等学校计划"，建立"对口支援"合作伙伴关系。2014 年并入宁夏医科大学。2016 年，宁夏回族自治区人民政府、国家卫生计生委、教育部联合印发《关于共建宁夏医科大学的意见》，标志着成功获批为国家卫生计生委、教育部和自治区政府共建的地方医科大学，正式跻身"省委部共建"高校行列。至 2016 年 9 月，学校分为雁湖、双怡两个校区，占地面积共 1200 亩，建筑面积 29.32 万平方米。下设 13 个教学机构，12 个教辅科研机构。有专任教师 862 人，在校学生 2 万余人，开设 21 个本科专业。设有 13 所附属医院、16 所教学医院、90 余所实习医院和实践教学基地。教职员工及医护人员总数 7400 余人（含直属医院）。

中国矿业大学银川学院【Zhōngguó Kuàngyè Dàxué Yínchuān Xuéyuàn】　2008 年 5 月经教育部批准成立。位于银川市西夏区丽子园北街与培华路交会处。占地面积 1350 亩。设有 6 个教学系部，开设 24 个本科专业，面向全国招生。现有教师 556 人，在校学生 8000 人，与中国澳门、中国台湾、韩国、美国、加拿大等国际知名大学开展合作办学。

宁夏师范学院【Níngxià Shīfàn Xuéyuàn】　校本部位于固原市原州区文化街 161 号，有两个校区，总占地面积 92.8 万平方米，总校舍建筑面积 18.3 万平方米。1975 年在原固原县黑城乡成立"六盘山大学"。1978 年，在此基础上成立"宁夏固原师范专科学校"。1982 年迁建于固原市文化巷。1993 年更名为"固原师范高等专科学校"。2006 年 2 月 16 日专科升为本科，并更名为宁夏师范学院，面向全国招生。2016 年有教职工 523 人，全日制在校生 6294 人。另有成人高等学历教育在籍学生 2768 人。《宁夏师范学院学报》面向全国公开发行。

宁夏建设职业技术学院【Níngxià Jiànshè Zhíyè Jìshù Xuéyuàn】　1978 年建立宁夏建筑工程学校。1981 年成立宁夏建设工程局职工学校。1984 年改名为宁夏建筑职工中等专业学校。2002 年成立宁夏建设职业技术学院。学院新校区在银川市西夏区学院东路，占地面积 300 余亩，建筑面积 8 万余平方米。现有教职工 264 人，有全日制在校生 4860 人，成人学历教育 2200 人。

宁夏司法警官职业学院【Níngxià Sīfǎ Jǐngguān Zhíyè Xuéyuàn】　位于银川市西夏区学院东路高校园区，隶属宁夏公安厅。1980 年成立宁夏政法干部学校。1983 年更名宁夏司法学校。1987 年为宁夏法律学校。1999 年更名为宁夏司法警官学校。2002 年升格为宁夏司法警官职业学院。2003 年将宁夏法律人才培训中心、宁夏监狱警官培训中心并入。占地面积 346 亩，建筑面积 6.26 万平方米。现有在编教职工 180 人，全日制在校生 4200 人，函授教育及自考在册人数近 4000 多人。

宁夏财经职业技术学院【Níngxià Cáijīng Zhíyè Jìshù Xuéyuàn】 2003 年由宁夏财经学校与宁夏银行学校合并组建，隶属宁夏教育厅。位于银川市西夏区学院西路。占地面积 577 亩，校舍建筑面积 10.3 万平方米，在编教职工 252 人，在校生近 5000 人，开设 23 个专业。

宁夏职业技术学院【Níngxià Zhíyè Jìshù Xuéyuàn】 由宁夏广播电视大学、宁夏重工业职工大学、宁夏职工科技学院、宁夏机械技工学校、宁夏农业学校、宁夏农垦职工中等专业学校、宁夏轻工业学校 7 所院校合并组建而成。位于银川市西夏区职业教育园区，是自治区第一所国家示范性高等职业技术学院。校区占地 1583 亩，现有教职工 709 名，全日制在校学生 9244 名，电大在籍本专科学生 26736 人。

固原市民族职业技术学院【Gùyuánshì Mínzú Zhíyè Jìshù Xuéyuàn】 主校区位于固原市经济开发区六盘路。占地面积 395 亩，建筑面积 3.8 万余平方米，有教职工 211 人，在籍学生 6000 余人。

银川大学【Yínchuān Dàxué】 新校区在滨河新区。占地面积 80 万平方米，建筑面积 22.65 万平方米。1999 年筹建。2003 年迁入永宁王太堡校址。2004 年成立银川科技职业学院，保留银川大学的牌子。2008 年新校区实训基地一期工程在永宁县新区开工。2012 年教育部批准学校在银川科技职业学院基础上建立银川能源学院（银川大学），同时撤销银川科技职业学院的建制。2012 年银川能源学院揭牌。2014 年 3 月，银川市委、市政府决定与其共建银川能源学院。有教职工 569 人，各类学生 15000 余人，开设本专科专业 51 个。

宁夏教育学院【Níngxià Jiàoyù Xuéyuàn】 成立于 1978 年 5 月 9 日，名"宁夏教师进修学院"，1983 年 7 月 28 日，更名为"银川师范专科学校"。1988 年迁往银川市银新南路与庆安南路交叉西南夹角处，2000 年和宁夏大学合并，成为宁夏大学南校区。占地 400 亩。教职工人数 563 人，中高级职称的 48 人，开设中文、政史、教育、数学、物理、化学、外语、音乐、美术 9 个系 10 个专业。学制：普通专科 3 年，成人、专科分别为 2 年。在校学生 1732 人，历届毕业生人数 8409 人。

宁夏广播电视大学【Níngxià Guǎngbō Diànshì Dàxué】 成人高等学校，原名宁夏电视大学。1978 年 12 月成立，位于银川市金凤区黄河东路。占地面积 1.8 万平方米。学校设有电子、物理、化学和机械 4 个实验室，有试听教材制作系统、复制系统、试听学习中心和计算机系统等电教设备。志在培养中文、经济、管理、机械等行业的大专学生。

宁夏社会主义学院【Níngxià Shèhuìzhǔyì Xuéyuàn**】**　前身是宁夏政治学校，创建于1959 年，1966 年停办。1984 年 9 月复办，同年 11 月 16 日更现名。1999 年 1 月升格为自治区党委直属正厅级事业单位。现位于银川市金凤区长城中路 62 号；由自治区党委统战部代管。

宁夏艺术职业学院【Níngxià Yìshù Zhíyè Xuéyuàn**】**　1979 年，在原宁夏展览馆旧址的基础上成立宁夏艺术学校。2013 年 11 月，经自治区教育厅高职院校设置评估委员会专家组评审，同意在宁夏艺校基础上组建艺术职业学院。2014 年 2 月 20 日，自治区政府正式批准设立宁夏艺术职业学院，由教育厅管理。位于银川市西夏区朔方路，占地 220 亩，建筑面积 6 万多平方米，现有专任教师 160 多人，设音乐系、舞蹈系、美术系、文化管理系。

第三节　中　学

银川一中【Yínchuān Yīzhōng**】**　宁夏教育厅直属高级中学，宁夏首批重点中学，普通高中一级示范学校。宁夏历史最悠久、知名度最高的中学。位于兴庆区民族南街 656 号。始建于 1906 年，时称宁夏府中学堂，以文庙为校址（今银川市第十五中学校址），是为宁夏新式中等教育之始。1918 年，在朔方高等小学的基础上成立甘肃省立第五中学，与甘肃省立第八师范学校合并办学，时称"五中八师"。1929 年宁夏建省后，甘肃省立第五中学改为宁夏省立第一中学，甘肃省立第八师范学校改为宁夏省立第一师范，两校仍合并办学。1933 年 9 月，校名改为宁夏省立宁夏中学，并正式举办高中，学校与师范分开办学。1950 年与贺兰中学合并为宁夏中学，校址使用原来贺兰中学校址（南郊陈家寨）。1958 年更今名。1960 年，学校由陈家寨迁入银川城区利群东街。2002 年 11 月，迁入今址，占地 8 万平方米，建筑面积 5 万平方米。2016 年，有教职工 240 余名；48 个教学班，在校学生 3000 名。

表 5－1　宁夏 2016 年自治区属中学统计表

学校类型	序号	学校名称	办学类型	举办者名称	学校所在市	所在县区
初级中学	1	宁夏长庆初级中学	初级中学	省级教育部门	银川市	兴庆区
高级中学	1	宁夏银川一中	高级中学	省级教育部门	银川市	兴庆区
	2	宁夏长庆高级中学	高级中学	省级教育部门	银川市	兴庆区
	3	宁夏六盘山高级中学	高级中学	省级教育部门	银川市	金凤区
	4	宁夏大学附属中学	完全中学	省级教育部门	银川市	西夏区
	5	宁夏育才中学	高级中学	省级教育部门	银川市	西夏区

表 5 – 2　宁夏 2016 年市属中学统计表

学校类型	序号	学校名称	办学类型	举办者名称	学校所在市	所在县区
初级中学	1	银川市第二十六中学	初级中学	地级教育部门	银川市	金凤区
	2	银川市北塔中学	初级中学	地级教育部门	银川市	兴庆区
	3	银川市宝湖中学	初级中学	地级教育部门	银川市	金凤区
	4	银川阅海中学	初级中学	地级教育部门	银川市	金凤区
	5	银川滨河新区景城一中	初级中学	地级教育部门	银川市	兴庆区
	6	银川市第二十九中学	初级中学	地级教育部门	银川市	西夏区
	7	银川市阅海第二中学	初级中学	地级教育部门	银川市	金凤区
	8	银川市第二十五中学	初级中学	地级教育部门	银川市	西夏区
	9	石嘴山市星海中学	初级中学	地级教育部门	石嘴山市	大武口区
	10	石嘴山市实验中学	初级中学	地级教育部门	石嘴山市	大武口区
	11	吴忠市第二中学	初级中学	地级教育部门	吴忠市	利通区
	12	吴忠市第一中学	初级中学	地级教育部门	吴忠市	利通区
	13	吴忠市第五中学	初级中学	地级教育部门	吴忠市	利通区
初级中学	14	吴忠市第八中学	初级中学	地级教育部门	吴忠市	利通区
	15	吴忠市第三中学	初级中学	地级教育部门	吴忠市	利通区
	16	吴忠市第四中学	初级中学	地级教育部门	吴忠市	利通区
	17	中卫市第二中学	初级中学	地级教育部门	中卫市	沙坡头区
	18	中卫市第四中学	初级中学	地级教育部门	中卫市	沙坡头区
	19	中卫市第三中学	初级中学	地级教育部门	中卫市	沙坡头区
	20	中卫市第五中学	初级中学	地级教育部门	中卫市	沙坡头区
	21	中卫市第六中学	初级中学	地级教育部门	中卫市	沙坡头区
高级中学	1	银川市实验中学	高级中学	地级教育部门	银川市	兴庆区
	2	银川市第二中学	高级中学	地级教育部门	银川市	兴庆区
	3	银川高级中学	高级中学	地级教育部门	银川市	兴庆区
	4	银川市唐徕回民中学	完全中学	地级教育部门	银川市	兴庆区
	5	银川九中	完全中学	地级教育部门	银川市	金凤区
	6	银川市第六中学	完全中学	地级教育部门	银川市	金凤区
	7	银川市第二十四中学	完全中学	地级教育部门	银川市	西夏区
	8	北方民族大学附属中学	高级中学	地级教育部门	银川市	西夏区
	9	石嘴山市第十三中学	高级中学	地级教育部门	石嘴山市	惠农区
	10	石嘴山市光明中学	高级中学	地级教育部门	石嘴山市	大武口区
	11	石嘴山市第一中学	高级中学	地级教育部门	石嘴山市	惠农区
	12	石嘴山市第三中学	高级中学	地级教育部门	石嘴山市	大武口区
	13	吴忠市回民中学	高级中学	地级教育部门	吴忠市	利通区
	14	吴忠市吴忠高级中学	高级中学	地级教育部门	吴忠市	利通区

续表

学校类型	序号	学校名称	办学类型	举办者名称	学校所在市	所在县区
高级中学	15	吴忠市吴忠中学	高级中学	地级教育部门	吴忠市	利通区
	16	固原市第八中学	完全中学	地级教育部门	固原市	原州区
	17	固原市第一中学	高级中学	地级教育部门	固原市	原州区
	18	固原市第二中学	高级中学	地级教育部门	固原市	原州区
	19	固原市回民中学	完全中学	地级教育部门	固原市	原州区
	20	宁夏中卫中学	高级中学	地级教育部门	中卫市	沙坡头区
	21	中卫市第一中学	高级中学	地级教育部门	中卫市	沙坡头区

银川二中【Yínchuān Èrzhōng】　银川市第二中学的简称。银川市教育局直属公办高级中学，宁夏首批重点中学、宁夏首批自治区普通高中一级示范学校。原在老城文化街中段，清代为文庙和银川书院地址，1950 年建宁夏工农速成中学于此，1954 年改为银川市初级中学。1958 年更名银川二中至今。2005 年 11 月 27 日迁入今校址，即银川市兴庆区民族北街英才巷 151 号。占地面积 12 万平方米，建筑面积 6.9 万平方米。2014 年校本部教师 247 人，办学规模为 60 个教学班，在校学生 3000 名。2013 年成立银川二中学校发展共同体（教育集团），由二中高中部（公立）、银川景博中学（民办）、北塔中学（公立）、银川二十中（公立）和国际部（公立）组成。

银川六中【Yínchuān Liùzhōng】　银川市教育局直属公办完全中学，成立于 1963 年。2005 年 8 月 27 日迁入新校区银川市金凤区福州南街 366 号，占地面积 265 亩，建筑面积 5.06 万平方米。2016 年有 56 个教学班，教职工 182 人，在校学生 3140 人，其中高中 27 个教学班，学生 1498 人。

银川九中【Yínchuān Jiǔzhōng】　银川市教育局直属公办完全中学，宁夏首批重点中学、普通高中一级示范学校。位于银川市金凤区贺兰山中路 505 号。前身是 1928 年创办的"甘肃省女子师范学校"。1929 年更名为"宁夏省立第一女子师范"，校址在今兴庆区仁义巷第四小学。1934 年更名为"宁夏省立第一女子中学"。1940 年为"宁夏女子中学"。1949 年学校更名为"宁夏省立第一女子中学"。1954 年为银川女中。1970 年更名为"银川市第九中学"。2008 年搬迁到金凤区贺兰山中路 505 号。学校分三个校区：校本部为高中部，占地 320 亩，总建筑面积约 9.4 万平方米；阅海一校区（阅海中学）；阅海二校区（阅海二中）。2016 年，共有高初中教学班 51 个，教职工 205 人，学生 3000 余名。

银川唐徕回民中学【Yínchuān Tánglái Huímín Zhōngxué】　六年制回民完全中学，市属重点中学，位于银川市兴庆区凤凰北街街道办事处唐徕渠西侧，故名。始建于 1990 年，时称银川唐徕中学，1990 年 8 月 26 日，更名银川唐徕回民中学。由高中本部、西校区、南校区（原二十六中校址）、宝湖校区（原宝湖中学校址）四个分校组成。其中高中本部（唐徕校区）占地面积 3.81 万多平方米，建筑总面积 24958.92 平方米，2016 年教职工 130 人，教学班 35 个，在校学生 2200 多人。

宁夏六盘山高级中学【Níngxià Liùpánshān Gāojí Zhōngxué】　是为提高宁夏南部山区人口素质、加快贫困地区经济发展而创办的一所全日制、寄宿制重点示范高中，直属自治区教育厅。2003 年成立，位于银川市金凤区长城中路 423 号；占地面积 12 万平方米，建筑面积 9.5 万平方米。2016 年有教学班 120 个，教职工 408 人，在校学生 6000 名。

银川市第二十四中学【Yínchuānshì Dì – èrshísì Zhōngxué】　银川二十四中建于1958 年，位于西夏区，属银川市教育局直属完全中学。原名为银川铁路运输学校，为中等专科学校，附属两个初中班。1961 年，更名为银川铁路职工子弟中学，隶属兰州铁路局管辖。1973 年成为全日制完全中学。2003 年 9 月交银川市人民政府管辖，更名为银川市第二十四中学，直属银川市教育局。学校占地面积 44772 平方米，现有 50 个教学班，其中初中 26 个班，高中 24 个班，近 3000 名学生。

宁夏大学附属中学【Níngxià Dàxué Fùshǔ Zhōngxué】　始建于 1958 年，直属宁夏回族自治区教育厅。1980 年被自治区认定为全区首批重点中学之一。校址：银川市西夏区怀远西路 89 号，宁夏大学南门，占地面积 7.2 万平方米，建筑面积 3.72 万平方米，教师 188 名，在校生 3000 多人。

北方民族大学附属中学【Běifāng Mínzú Dàxué Fùshǔ Zhōngxué】　银川市政府与北方民族大学合作共建的一所公办普通高中学校。位于银川市西夏区北京西路 797 号，依托原银川二中西校区建设，占地 562 亩，建筑面积 12056 平方米。2013 年秋季挂牌招生。

银川高级中学【Yínchuān Gāojí Zhōngxué】　位于银川市兴庆区清和街育德巷。1999 年组建，原名银川市郊区高级中学。2002 年香港实业家田家炳先生捐款 250 万元建成主教学楼，学校冠名为"田家炳高级中学"。2003 年，命名为银川高级中学。占地 8万平方米，建筑面积 4.25 万平方米。教学班 63 个，在校学生 3000 余名。拥有包括天象馆、球幕影院、图书广场、音乐厅等 13 个科技艺术项目的科技艺术楼。

宁夏长庆高级中学【Níngxià Chángqìng Gāojí Zhōngxué】　自治区教育厅直属，自治区示范性普通高中。位于银川市兴庆区石油城燕乐园二区湖心区，燕鸽湖畔。始建于1999 年 8 月，属长庆油田。2004 年 9 月移交宁夏回族自治区人民政府，直属自治区教育厅管理。占地面积 7.4 万平方米，校园绿化面积 1.75 万平方米。有教职工 143 人，在校学生 1477 人。

宁夏长庆初级中学【Níngxià Chángqìng Chūjí Zhōngxué】　自治区教育厅直属。位

于银川市兴庆区石油城，东邻京藏高速，南邻青银高速。占地面积 2.78 万平方米，建筑面积 1.50 万平方米。前身是 1997 年 1 月由长庆油田创办的长庆银川第一子弟学校，其后几经变化，由长庆油田移交自治区政府。2010 年 8 月，成立宁夏长庆初级中学。学校有教职工 103 名，其中专任教师 90 名（其中专科以上学历 87 名，中高级职称 89 名）。设 26 个教学班，在校学生 1330 名。

宁夏育才中学【Níngxià Yùcái Zhōngxué】　是自治区党委、政府为加快宁南山区脱贫致富步伐，提高贫困地区人口素质而建设的一所大型扶贫高中。校址：银川市西夏区金波北路。2006 年 3 月动工建设，2008 年 8 月竣工招生。占地 860 亩，建筑面积 17.6 万平方米。学校直属自治区教育厅，是自治区普通高中一级示范学校，面向宁夏南部山区八县一区及生态移民区招生，学生全部免学费、住宿费，每人每年享受 1000 元的自治区政府生活补助，另有 40% 的学生享受生均 2000 元的国家助学金。现有教职工 532 人，教学班 144 个，在校生 7200 余人，其中回族学生比例为 56.84%。

石嘴山市第一中学【Shízuǐshānshì Dì－yī Zhōngxué】　自治区重点中学，校址在惠农区育才街道石大路与天津路交叉口西北角。始建于 1959 年 8 月，称石嘴山中学。1960 年 3 月成立石嘴山市，更名为石嘴山市第二中学。1963 年第一中学划归平罗县，第二中学恢复原名——石嘴山中学。1968 年 3 月改名红卫中学，1973 年 8 月更名石嘴山第一中学。1980 年列入自治区重点中学。2016 年占地面积 14 万平方米，有 4 栋教学楼、1 栋实验楼及科技图书中心、运动场所、就餐场所等，设 58 个高中教学班，在校生 3100 人，教职工 213 人。

石嘴山市第三中学【Shízuǐshānshì Dì－sān Zhōngxué】　位于大武口区台湾北路 199 号，占地面积 92600 平方米，建筑面积 52388 平方米，共有 10 栋建筑，用于教学工作。现有 223 名教职工，48 个教学班，在校生 3000 余名，是自治区首批一级示范高中学校。1978 年被市政府定为市重点中学（副处级学校），1993 年停止招收初中学生，改为高级中学。

平罗中学【Píngluó Zhōngxué】　自治区重点中学，始建于 1946 年，1960 年被自治区教育厅确定为自治区首批 4 所重点中学之一。学校占地 120 亩。2015 年有 270 余名教职工，62 个教学班，在校学生 3580 人，在编教职工 273 人。

吴忠中学【Wúzhōng Zhōngxué】　自治区重点中学，校址：吴忠市利通区明珠西路 439 号。创建于 1947 年，1980 年被评定为自治区重点中学。2005 年 9 月被自治区教育厅确定为全区首批八所一级示范学校之一。2004 年 8 月，高中部搬迁新址，占地面积 165 亩，设计建筑面积 6 万平方米，已建成 5.1 万平方米。设计规模为 60 个教学班，3600 名在校生；现已达到 58 个教学班。

吴忠市第一中学【Wúzhōngshì Dì - yī Zhōngxué】　位于吴忠市利通区友谊西路 145 号，始建于 1957 年 9 月，名为吴忠女子初级中学，后更名为向阳中学、红旗中学，1979 年 9 月更名为吴忠县第三中学，1984 年 9 月改为吴忠市第一中学，同年成立吴忠市职业高级中学。2005 年改制为初级中学。2009 年 8 月迁入新校区。占地面积 5.2 万平方米，建筑面积 1.76 万平方米。学校现有教职工 173 人，教学班 34 个，学生 1800 余名。

红寺堡中学【Hóngsìpǔ Zhōngxué】　又称红寺堡第一中学，红寺堡区唯一一所城镇完全中学。始建于 2002 年 9 月，占地面积 146 亩，规划建筑面积 3 万平方米，现有教学班 58 个（其中初中部 22 个班，高中部 36 个班），在校学生 3602 名（其中高中生 2070 名，初中生 1532 名），教职工 219 名。

青铜峡市第一中学【Qīngtóngxiáshì Dì - yī Zhōngxué】　青铜峡市属普通高中，始建于 1955 年 9 月，原名为宁朔县初级中学，校址原在文化南街。1960 年，改称为青铜峡市第一完全中学。1978 年被定为县重点中学，高初中分离办学，直属青铜峡市教育局管理，2011 年校址迁至城市东区利民东街北 50 米。占地面积 4.7 万平方米，建筑面积 1.42 万平方米，有专职教师 192 人，32 个教学班，在校学生 1885 人。

青铜峡市高级中学【Qīngtóngxiáshì Gāojí Zhōngxué】　青铜峡市普通高中，校址：小坝镇银河街 49 号。占地面积 5.25 万平方米，建筑面积 3.05 万平方米，有教职工 135 名，设 42 个教学班，在校学生 2225 人。

盐池县第一中学【Yánchíxiàn Dì - yī Zhōngxué】　隶属盐池县教育体育局管理。位于盐池县城永清南路 24 号。学校占地面积 6.33 公顷，建筑面积 21236 平方米。1955 年由盐池县人民政府批准成立，2010 年分离为初级中学，2014 年进行了改扩建。现有 41 个教学班，在校学生 2600 人，住校学生 1000 多人。

盐池高级中学【Yánchí Gāojí Zhōngxué】　隶属盐池县教育体育局管理。位于盐池县城西南侧、盐兴公路以南。占地面积 570 亩，建筑面积 67889 平方米。2009 年由盐池县人民政府批准将原盐池一中高中部、盐池二中和实验中学合并后新建盐池高级中学。学校位于盐池县城西南侧、盐兴公路以南，建设规模为 84 个教学班，可容纳学生 4000 人。

同心中学【Tóngxīn Zhōngxué】　位于同心县境内，始建于 1956 年，名为甘肃省同心初级中学。1958 年更名为同心第一初级中学。1959 年 9 月增设高中部，学校占地面积 49765 平方米，总建筑面积 26188 平方米，现有教职工 163 人，42 个教学班，在校生 2252 人。

同心县二中【Tóngxīnxiàn Èrzhōng】　初级中学，位于同心县豫海镇长征西街 49 号。始建于 1982 年，原址位于清水河畔，银平公路南，1984 年迁现址。学校占地面积 23593

平方米，建筑面积 10323 平方米，现有教职工 134 人，教学班 36 个，学生 2216 人。

固原市第一中学【Gùyuánshì Dì‑yī Zhōngxué】　自治区重点中学，位于原州区北塬街道雁岭北路，东至幸福路，西至雁岭北路，南至古雁街，北至北京路。始建于 1891 年，时称"五原书院"，在固原老城文化街。1941 年创设为初级中学，1956 年增设高中部，1958 年定名宁夏回族自治区固原中学。1963 年被确立为自治区重点中学。1980 年更名为宁夏回族自治区固原一中。学校于 2011 年迁建今址，占地 500 余亩，建筑面积 7 万多平方米，规划设 90 个教学班，可容纳 4500 名学生。2016 年有教职工 321 人，72 个教学班，在校学生 4300 人。

固原市第二中学【Gùyuánshì Dì‑èr Zhōngxué】　位于原州区南关街道中山南街二中梁 3 号。隶属固原市教育局，学校占地面积 56695 平方米。现有教学班 54 个，学生 3809 名，教职工 216 人，其中特级教师 2 人，高级教师 58 人，一级教师 83 人。国家级骨干教师 1 人，自治区级骨干教师 6 人，市级骨干教师 12 人，入选"313 人才工程"1 人。1973 年成立，2002 年更名为固原市第二中学，并将初中部分离出来建成了一所民办公助的初级中学（2004 年 2 月正式命名为弘文中学）；2007 年 6 月 30 日，因香港田家炳基金会捐献 200 万港元，得名固原田家炳高级中学。

固原市弘文中学【Gùyuánshì Hóngwén Zhōngxué】　位于原州区南关街道南城路。目前占地面积 60 余亩，建筑面积 13000 余平方米，学校现有教学班 40 个，学生 2700 多名，教职工 140 名。创建于 1973 年，2002 年将固原二中初中部分离出来建成一所民办公助的初级中学，2004 年 2 月正式命名为弘文中学。

固原市第四中学【Gùyuánshì Dì‑sì Zhōngxué】　全日制初级中学，位于原州区南关街道清河南街 499‑1 号。有教学班 48 个，学生 2200 余名，教职工 200 人。

西吉中学【Xījí Zhōngxué】　创办于 1945 年，位于西吉县吉强镇 309 国道河洼村附近，占地面积 213440 平方米，建筑面积 64425 平方米。现有教师 397 人，教学班 97 个，在校学生 6270 人。

隆德第一中学【Lóngdé Dì‑yī Zhōngxué】　前身是峰台书院，创建于 1893 年。1943 年开办初中，1958 年增设高中。2001 年逐步取消初中部。目前学校有 54 个教学班，在校学生 3568 人，教职工 220 人，占地面积 86710 平方米，建筑面积 29200 平方米。

泾源县第一中学【Jīngyuánxiàn Dì‑yī Zhōngxué】　1956 年 3 月建校，始称泾源中学。1982 年更名为泾源县一中。2014 年，由原址（今县中心敬老院）迁至香水镇龙潭西街，占地面积 9990 平方米，建筑面积 9030 平方米。

泾源县高级中学【Jīngyuánxiàn Gāojí Zhōngxué】　2008 年，由泾源县人民政府申请立项，泾源县教育体育局组织建设，设立宁夏泾源县高级中学，命名沿用至今。学校由惠台九年制中学初中部、兴盛九年制中学初中部、黄花乡红土中学、泾源第一中学高中部合并组建。有教职工 137 人，在校学生 1941 人，设 6 个年级 40 个教学班。位于泾源县香水西街，北邻北环路，东邻福强路。占地面积 87328 平方米，建筑面积 35808 平方米。

彭阳县第一中学【Péngyángxiàn Dì－yī Zhōngxué**】**　位于彭阳县城长城路 291 号。1958 年始建；1964 年将城阳中学初中部迁至白阳城内，命名为彭阳初级中学，后发展为完全中学。1983 年由自治区教育厅批准成立彭阳县第一中学。2000 年撤销初中部成为完全高中。现有教职工 226 人，教学班 59 个，学生 3700 多人。

宁夏中卫中学【Níngxià Zhōngwèi Zhōngxué**】**　自治区首批重点中学，位于沙坡头区新区平安大道北侧，占地 14.5 万平方米，建筑面积 5.59 万平方米。现有教职工 282 人，教学班 52 个，在校学生 3200 余人。1932 年名为宁夏省省立第二中学，1933 年易名中卫初中，1937 年改名为中卫简易师范，1939 年改名为宁夏联合中学，1955 年改名为中卫中学，1959 年部分初中划出成立中卫一中，1984 年校名改为宁夏中卫中学。有教职工 274 人，在校学生 5100 人。

中卫市第一中学【Zhōngwèishì Dì－yī Zhōngxué**】**　位于文昌镇文萃南路。成立于 1959 年，前身为中卫中学初中部。1959 年 8 月，中卫中学分设成为两所学校。1972 年 8 月，设高中部，更名为中卫县第一中学，校址位于中卫城区鼓楼东街。1980 年发展为中卫县一所重点中学。2002 年 8 月，初中停办，高中招生规模扩大，变为一所普通高级中学。2003 年，在沙坡头区新区择地新建。2004 年中卫撤县设市，更为现名。2006 年 5 月，学校迁入现校区，占地 10.27 万平方米，建筑面积 6.31 万平方米。有教职工 240 人，70 余个教学班，在校学生 4742 人。

中卫市第二中学【Zhōngwèishì Dì－èr Zhōngxué**】**　位于滨河镇中山南街。始兴于清光绪二十七年（1901 年）的劝学所，1982 年正式更名为中卫县第二中学，2004 年撤县设市后改为中卫市第二中学。占地 2.20 万平方米，建筑面积 1.45 万平方米，现有教职工 148 人，教学班 40 个，在校生 2183 人。

中宁中学【Zhōngníng Zhōngxué**】**　位于中宁县新堡镇北街。学校占地面积 153410 平方米，建筑面积 54320 平方米，有框架结构教学楼三栋，主体办公楼六层。1947 年 7 月设立，是中宁县成立的最早的一所中学。1949 年 9 月人民政府接管，时有学生 134 人，3 个教学班。1962 年，扩建校舍 80 余间，农场压缩为 60 亩，6 个高中班，12 个初中班，学生 800 余人。1978 年被定为宁夏重点中学，1984 年建成 3708 平方米的五层办公教学大楼。现有教职工 241 人，在校生 3898 人，设 3 个年级 67 个教学班。

中宁县第一高级中学【Zhōngníngxiàn Dì－yī Gāojí Zhōngxué**】**　位于县城团结路与

裕民街交叉口。1963 年成立，学校位于县城东北，裕民街东端，占地面积 27 万平方米，已建成教学楼 3 幢 60 个教室。现有教职工 140 人，在校生 3000 余人。

海原县第一中学【Hǎiyuánxiàn Dì-yī Zhōngxué】 校址：县协中靖南路与向阳巷交叉路口南侧。创建于 1945 年 8 月，名为海原县初级中学，1952 年 9 月，更名为甘肃省海原县初级师范学校。1957 年，恢复海原初级中学。1958 年 10 月，改名为海原县第一初级中学。1960 年 9 月，增设高中部，改校名为海原县第一中学。1981 年 7 月 8 日，教学大楼开工修建，该楼建筑面积 3096.54 平方米，投入资金 73.8699 万元。海原县一中和三中校址（在牌路山下）进行置换。2015 年有 56 个教学班，在校学生 3000 多人，教职工 187 人。

第四节　中等专业学校

宁夏水利电力工程学校【Níngxià Shuǐlì Diànlì Gōngchéng Xuéxiào】 公办全日制国家级重点中等职业学校，隶属自治区水利厅，业务受自治区教育厅、自治区人社厅指导。位于银川市兴庆区掌政镇德水路 1 号，将军街向南 200 米。设计在校生规模 5000 人，实有 3726 人。学校创办于 1976 年，2005 年组建宁夏水电职业教育集团，2006 年增挂宁夏水电技师学院牌子。2008 年迁入现校区，占地面积 440 亩，规划建筑面积 10 万平方米。有教师 208 人，其中专职教师 178 人，企业兼职教师及能工巧匠 30 人；高级职称 60 人，中级职称 61 人。开办有本科（函授）、大专（函授、脱产）、高职、普通中专、技工技师及各类培训教育、技能鉴定，设有水利水电工程、农业水利工程、电气设备安装与维修、电气自动化、计算机应用等 5 大类 17 个专业。建有 17 个实验实训室，10 个实习基地，6 个计算机室，5 个多媒体教室，6 万多册图书，总资产 1.5 亿元。

宁夏交通学校【Níngxià Jiāotōng Xuéxiào】 同时挂宁夏交通技师学院牌子，是宁夏培养交通运输与公路建设高技能人才的专门学校，隶属于自治区交通运输厅，是高技能人才培养示范基地。始建于 1958 年，"文化大革命"中一度停办。曾三迁校址，1964 年后在北京东路、中山北街西侧。2009 年 10 月迁入银川德胜工业园区新校址，占地 350 亩，建筑面积 5.5 万平方米，另有占地 200 亩的汽车驾驶训练场和专业教学实习基地。设 20 个专业，其中汽车运用与维修、道路桥梁工程施工为省级骨干专业。2010 年后在校生维持在 3000 人左右。由于社会上对交通技工人才需求一直呈上升态势，毕业生就业情况亦稳定。

宁夏体育学校【Níngxià Tǐyù Xuéxiào】 校址：银川市兴庆区公园街 10 号。成立于 1980 年，是宁夏唯一的中等体育专业学校。2012 年与宁夏师范学院联合办学，开设体育教育大专班。多年来为自治区专业运动队培养输送优秀运动员近 500 名。2013 年，在全国第十二届运动会上 2 名学生分别获得田径、射击项目铜牌。历届在校生参加全国各类比赛获得金牌 97 枚、银牌 107 枚、铜牌 93 枚。2011 年被国家体育总局授予"全国业余训练先进单位"，2013 年被国家体育总局授予"2009—2012 年全国群众体育先进单位"。

宁夏旅游学校【Níngxià Lǚyóu Xuéxiào】 成立于 1994 年，1999 年经自治区纪委和教委批准筹建宁夏旅游职业中专学校，2009 年更名为宁夏旅游学校，属自治区旅游局管理。位于银川市西夏区文昌北路 410 号，设旅游管理、导游服务、景区导游、外语导游、航空服务、酒店管理等专业；校园占地 300 亩；现有教职工 121 人，中专、大专在校生 1000 余名。

银川市高级技工学校【Yínchuānshì Gāojí Jìgōng Xuéxiào】 公办技工学校，隶属银川市人力资源和社会保障局。位于滨河新区，业勤街以东，元通路以北。前身为银川市技工学校。2016 年 3 月，宁夏回族自治区人力资源和社会保障厅批准同意筹建银川市高级技工学校（按技师学院标准筹建）。同年，启动银川技师学院暨银川公共实训基地项目，项目占地面积约 300 亩，一期建筑面积约 5 万平方米，建设银川公共实训基地，可满足机械制造、能源化工、电子商务、高铁乘务等 25 个职业（工种）的实训需求。学校教师有硕士学历教师 10 人，外聘教师 6 人，特级教师 12 人，优秀教师 20 人。

宁夏军宏中等职业技术学校【Níngxià Jūnhóng Zhōngděng Zhíyè Jìshù Xuéxiào】民办全日制中等职业技术学校。位于清和南街 906 号。2010 年自治区教育厅批准成立，由宁夏军宏教育集团举办。2015 年开设的专业有：工程机械应用与维修、电子技术应用（电子电工）、学前教育、护理、会计、计算机平面设计、高铁动车、地勤安检。其中，工程机械应用与维修为骨干专业。

第五节　医疗卫生机构

宁夏回族自治区人民医院【Níngxià Huízú Zìzhìqū Rénmín Yīyuàn】 前身是 1935 年由宁夏卫生实验处负责组建的宁夏省立医院，在银川市南郊陈家寨。1951 年更名为宁夏省人民医院。1954 年为甘肃省第二人民医院。1958 年更名宁夏回族自治区人民医院。1962 年为宁夏回族自治区第一人民医院。后成为宁夏医学院附属医院，故于 1971 年在今西夏区另建，仍称宁夏回族自治区人民医院。2007 年迁至金凤区正源北街 301 号，医院总占地面积 600 亩，建筑面积 28.9 万平方米。下设院本部、西夏分院、宁夏医疗急救中心、宁夏眼科医院和宁南医院 5 个院区，总床位数 2400 张，设有 33 个学科、99 个临床科室、19 个医技科室、22 个诊疗治疗中心、实验室、研究所、宁养院和健康管理中心。

现有职工 3288 人，其中专业技术人员 2800 余人，中级职称以上人员 1017 人；硕士研究生导师 76 人，硕士研究生及以上学历人员 560 余人，教授、副教授 158 人。住院部设开放床位 1200 张，年门诊、急诊近 60 万人次，住院病人 2.8 万余人次，完成手术 1.3 万多例。

宁夏人民医院西夏区分院【Níngxià Rénmín Yīyuàn Xīxiàqū Fēnyuàn】　历史沿革与前条同。2007 年在银川市金凤区正源北街另建宁夏回族自治区人民医院新院后，将老院更名为西夏分院，是一所集医疗、教学、科研、预防、保健、康复、急救于一体的三级甲等医院，又是西北民族大学第一附属医院暨第一临床医学院、宁夏医科大学附属自治区人民医院暨第三临床医学院、第四军医大学教学医院、北方民族大学教学合作医院。西夏分院为宁夏人民医院 1971 年建设的医院，也是规模最大的分院之一。东起轻纺巷，西至幸福巷，南至健美巷，北至怀远西路，职工人数 785 人，面积 71886.74 平方米。

宁夏回族自治区第三人民医院【Níngxià Huízú Zìzhìqū Dì - sān Rénmín Yīyuàn】　原为银川铁路医院，属银川铁路分局，始建于 1958 年。2004 年 4 月，整建制移交自治区卫生厅管理，更名为自治区第三人民医院。位于银川市西夏区怀远东路 499 号，是一所以医、教、研为一体的二级甲等综合性医院，日门诊量 400 余次，占地面积 18620 平方米，职工人数 270 人，医院现有正高职称 17 人，副高职称 101 人，年门诊量 20 多万人次，出院病人 1 万多人次，开放床位 340 张，开设有心内科、呼吸消化内科、神经内科、内分泌科、中西医结合科、骨科、疼痛科、普外科、妇科、产科、儿科、康复科、皮肤五官科、ICU、针推科、体检科等专业科室。

宁夏第四人民医院【Níngxià Dì - sì Rénmín Yīyuàn】　原为自治区结核病防治所，2003 年"非典"时期扩建，2005 年更名为自治区传染病医院，并挂宁夏回族自治区结核病防治所牌子，为自治区卫生厅直属医疗机构。2009 年 11 月 2 日，经自治区编办批准，更名为"宁夏回族自治区第四人民医院"。位于银川市西夏区北京西路 713 号，东起吉祥苑小区，西至嘉兴苑小区，南至北京西路，北至北民大附属中学。占地 93 亩，建筑面积 14100 平方米，编制床位 200 张，在职人员 293 人。

宁夏医科大学总医院【Níngxià Yīkē Dàxué Zǒngyīyuàn】　三级甲等医院。自治区直属医疗机构。位于银川市兴庆区胜利南街 804 号。占地面积 23.33 万平方米，建筑面积 36.75 万平方米。前身是 1935 年由宁夏卫生实验处负责组建的宁夏省立医院。1951 年更名为宁夏省人民医院。1954 年为甘肃省第二人民医院。1958 年更名宁夏回族自治区人民医院。1962 年为宁夏回族自治区第一人民医院。1973 年更名为宁夏医学院附属医院。2008 年更名为宁夏医科大学附属医院。2010 年更现名。医院设心脑血管病医院、肿瘤医院、口腔医院 3 家直属分支机构。2012 年成立宁夏医科大学总医院医院集团，下辖 29 家会员单位。实际开放床位 3684 张，设有 51 个临床科室，12 个医技科室。全年总诊疗 253.26 万人次，出院 12.48 万人次，住院手术 5.71 万人次。医院有职工 5767 人，卫生专业技术人员 4826 人，高级职称 1135 人，博士 125 人，硕士 1167 人，教师 940 人。"卫生部有突出贡献中青年专家" 2 人，自治区 "塞上英才" 5 人。中国青年科技奖 1 人，宁夏青年科技奖 4 人，自治区 "塞上名医" 10 人，自治区青年拔尖人才 12 人。享受国务院政府特殊津贴 12 人，自治区政府特殊津贴 19 人。入选国家 "百千万人才工程" 8 人，自治区 "313 人才工程" 20 人。

宁夏医疗急救中心【Níngxià Yīliáo Jíjiù Zhōngxīn】　三级甲等医院。自治区属医疗机构。位于银川市兴庆区解放西街 429 号。占地面积 9333 平方米，建筑面积 1.5 万平方米。前身是宁夏人民医院分院，始建于 2003 年 9 月，2012 年自治区卫生厅批准成立宁夏医疗急救中心，更现名。集急诊、门诊和住院部于一体，编制床位 300 张。设有急诊科、心血管内科、呼吸内科、消化内科、综合内科、神经内外科等 22 个临床医技科室，承担全区各地突发事件伤员和急危重症患者的医疗救治任务。拥有 16 排螺旋 CT、DR 机、日本产遥控 X 光机、奥林帕斯电子胃肠镜、全自动生化分析仪等大型医疗设备。

中国人民解放军第五医院【Zhōngguó Rénmín Jiěfàngjūn Dì-wǔ Yīyuàn】　三级甲等医院。位于银川市兴庆区胜利南街 893 号。占地面积 29.5 万平方米，建筑面积 5.9 万平方米。原为陕甘宁晋绥联防军新编十一旅后方医院。1946 年 10 月组建，驻陕西省定边县新安边赵家窑子。1947 年 3 月，更名为陕甘宁边区三边军分区后方医院。1949 年 9 月 23 日，进驻银川市，归属宁夏军区。1950 年与六十五军医院 2 个所和西北军区第五后方医院 2 个所组成中国人民解放军宁夏军区第六十五军医院。1952 年，改为西北军区第十三陆军医院。1954 年，改为中国人民解放军第五医院。2005 年底，床位 560 张，卫生技术人员 250 余人。临床科室 14 个，非临床科室 10 个。附设中国人民解放军银川血站 1 个。年门诊 15 万余人次，年住院 1 万余人次。医疗设备总价值 4000 余万元，其中万元以上 297 台件。

银川市第一人民医院【Yínchuānshì Dì-yī Rénmín Yīyuàn】　三级甲等医院，又是银川市急救中心、宁夏医科大学第二附属医院。位于兴庆区民族南街以西，南薰西街以北。占地面积 4.2 万平方米，建筑面积 10.5 万平方米。1957 年 7 月 1 日，在银川市卫生所基础上创建银川市人民医院。1964 年 6 月，与原自治区保健院合并。1969 年底，银川市结核病防治所及市妇幼保健所并入。1983 年，更现名。1996 年，急救医疗中心建成，开通 "120" 急救电话，1997 年 1 月 16 日正式开诊。1998 年 9 月 21 日，被卫生部评审批准为三级甲等医院。2001 年 6 月，医院原护理部主任吴景华荣获第 38 届南丁格尔奖章。2006 年 6 月 15 日，宁夏医学院第二临床学院挂牌成立。2013 年 11 月 24 日，成立银川卡瓦心脏中心，为国内首家依托公立医院而设立的中外合资心脏疾病诊疗中心和医学美容中心。至 2015 年，医院有职工 1700 人，其中，在编职工 1094 人。医疗人员 745 人，护理人员 694 人，其中高级职称 421 人，中级职称 258 人，初级职称 307 人。开放床位 1200 张，设有 31 个临床科室、14 个医技类科室、7 类门诊科室、16 个教研室。年门、急诊 75 万人次。拥有西门子双源 CT、美国 GE3.0 核磁共振系统等大型医疗设备 79 件，医疗设备总价值 2.82 亿元。

银川市中医医院【Yínchuānshì Zhōngyī Yīyuàn】　三级甲等中医医院。系宁夏医科大学附属中医医院、陕西中医药大学附属中医医院。位于解放西街 231 号（富宁街口对面）。占地面积 6194 平方米，建筑面积 1.66 万平方米。1958 年 11 月，在原银川市第一联合诊所的基础上更名成立。建院初址在解放街鼓楼东南角，即现在的"宁园"方位。1962 年 4 月搬迁现址（原银川市委党校）。2004 年 10 月，在原址扩建。开设有 34 个专业科室，设置床位 410 张。有职工 566 人，其中在编 277 人，专业技术人员 493 人，高级专业技术职称人员 110 多人，拥有全国老中医药专家学术经验继承工作指导老师 8 名，自治区老中医药专家学术经验继承工作指导老师 9 名，自治区名中医 6 名，"塞上名医" 1 名，银川市凤城名医 6 名，有国家名中医工作室 4 个，银川市名中医工作室 3 个。

银川市妇幼保健院【Yínchuānshì Fùyòu Bǎojiànyuàn】　银川市属医疗机构。三级甲等妇幼保健专科医院，自治区规模最大的妇幼保健机构。位于兴庆区文化西街 56 号，建发现代城北侧，沙湖宾馆对面。占地面积 1.04 万平方米，建筑面积 3.5 万平方米。前身为 1951 年初创建的宁夏少数民族妇幼保健站。1954 年扩建为宁夏省妇幼保健所。同年 9 月，更名银川市妇幼保健所。1985 年 3 月更现名。1993 年 9 月，被世界卫生组织、联合国儿童基金会、中华人民共和国卫生部评为全区首家"爱婴医院"。先后投资建成人类辅助生殖中心、产前筛查诊断中心、新生儿疾病筛查中心及妇科腔镜中心，配有进口实时三维彩超、进口全自动生化分析仪、800MA 数字胃肠机配数字减影仪、进口 CR 系统等实验设备。至 2016 年，医院设普儿科、新生儿科、康复科、产科、妇科、外科、生殖中心 7 个住院病区，22 个临床科室，紫园、嘉园、高台、居安、尚东帝景和新宁 6 个社区卫生服务站。开放床位 430 张。有职工 816 人（含聘用职工 457 人），卫技人员 704 人，博士研究生 1 名，硕士研究生 44 名。高级职称 133 人，中级职称 148 人。

银川市口腔医院【Yínchuānshì Kǒuqiāng Yīyuàn】　位于兴庆区解放东街 95 号。建筑面积 2759.03 平方米。1989 年 9 月成立，归银川市第三人民医院领导，一套班子，两块牌子。1993 年 6 月单设。2012 年 11 月，宁夏回族自治区口腔疾病防治中心挂靠成立。2013 年 7 月，成为宁夏医科大学附属口腔医院。同年，成立宁夏口腔健康教育疾病防治基地，挂靠银川市口腔医院。设立牙体科、儿童口腔科、特诊科等 14 个临床科室。有口腔 CT、牙种植系统、口腔显微系统、CAD/CAM、超声根管治疗系统等多种国际国内最先进诊疗设备。有职工 273 人，卫生专业技术人员 235 人。国际牙医师学院中国区院士 1 名，享受自治区政府特殊津贴 1 名，自治区"313 人才工程"2 名，银川市科技明星 2 名，银川市优秀专业技术拔尖人才 1 人。2014 年医院年门诊量 19 万余人次。2015 年位于正源北街的银川市口腔医院新院正式开业，旧院仍保留使用。

宁夏医科大学总医院心脑血管病医院【Níngxià Yīkē Dàxué Zǒngyīyuàn Xīnnǎoxuèguǎnbìng Yīyuàn】　成立于 2006 年，位于银川市金凤区富安东巷 99 号。是宁夏医科大学总医院的分支机构，是宁夏第一所集医疗、教学、科研、保健于一体，以治疗心脑血管疾病为特色并涵盖相关支撑学科的三级甲等专科医院。

宁夏回族自治区中医研究院【Níngxià Huízú Zìzhìqū Zhōngyī Yánjiūyuàn】　1958 年成立了回族医药研究所。1986 年成立宁夏回族自治区中医医院暨中医研究院，隶属于宁夏卫生和计划生育委员会，是一所集医疗、教学、科研、预防、保健、康复于一体的三级甲等中医医院。位于银川市西夏区北京西路 114 号，东邻运材巷，西邻育林巷，南邻西夏区第八小学，北邻北京西路。占地面积 36500 平方米，建筑面积 34000 平方米，编制床位 500 张，开放床位 550 张，现有国家级重点学科 2 个（中医肝胆病学、中医皮肤病学），国家中医药管理局重点专科 4 个（骨伤科、肾病科、中医妇科、针灸科），国家级临床重点专科 2 个（肾病科、骨伤科），国家级重点研究室 1 个（慢性肾衰中医升降理论及应用重点研究室），国家中医药管理局中医药科研实验室 1 个（中医骨伤实验室），国家名老中医药专家传承工作室 7 个。设有国医堂、传统治疗中心、血液透析中心、膏方门诊、回医病房、养生堂等。

武警宁夏总队医院【Wǔjǐng Níngxià Zǒngduì Yīyuàn】　二级甲等医院。位于银川市兴庆区清和南街 895 号。前身为自治区公安厅武装民警处卫生所。1983 年改隶武警后组建为武警宁夏总队医院。1987 年，成立宁夏回族自治区小儿麻痹矫治中心。1988 年，与宁夏回族自治区残疾人福利基金会、宁夏回族自治区卫生厅联合成立宁夏小儿麻痹联合治疗部。1995 年 3 月，与银川市交警支队联合成立银川市交通事故伤急救中心。年门诊量 10 万多人次，住院病人 1 万多人次，年手术量 4000 多台次。

银川市第二人民医院【Yínchuānshì Dì－èr Rénmín Yīyuàn】　1962 年成立，位于金凤区北京中路 684 号。占地 21.408 亩，建筑面积 19708 平方米。业务范围：全科医疗、计划免疫、妇女保健、儿童保健、慢性病管理、老年人管理、肺结核管理、传染病管理、健康教育。1996 年被卫生部评定为二级甲等医院。

银川市第三人民医院【Yínchuānshì Dì－sān Rénmín Yīyuàn】　二级甲等医院。位于兴庆区玉皇阁北街 128 号。占地面积 4374.3 平方米，建筑面积近 1.1 万平方米。前身是

1962 年成立的城区医院。1984 年 2 月 29 日更现名。1989 年在银川市解放东街（第一门诊部）建立市口腔医院，归银川市第三人民医院统一领导，为一套班子，两块牌子。1993 年 6 月，口腔医院从银川市第三人民医院分出另立。2005 年 8 月，医院在综合医院的基础上，逐步向社区卫生服务中心转型。2008 年 4 月，对外增挂兴庆区玉皇阁北街社区卫生服务中心的牌子，2011 年 5 月增挂兴庆区人民医院牌子，实行"一门三牌"运行模式。至 2013 年，医院有职工 330 人，有卫生技术人员 279 人。辖益康、宝清、北苑、东苑 4 个社区卫生服务站。2013 年医院门诊总诊疗 21.34 万人次，其中门、急诊 19.11 万人次，住院病人 9559 人次。

永宁县人民医院【Yǒngníngxiàn Rénmín Yīyuàn】　二级甲等医院，始建于 1992 年 3 月。地址：杨和北街 82 号。建筑面积 2.35 万平方米。在职职工 432 人，核准床位 300 张，实际开放床位 330 张。年门诊量 10 万人次，收治住院病人 2500 余人。

贺兰县人民医院【Hèlánxiàn Rénmín Yīyuàn】　二级甲等医院，地址：习岗镇银河东路 59 号，占地面积 40 亩，建筑面积 2.01 万平方米。职工 202 人，开放床位 200 张，年门诊量 15 万余人次，年住院病人近 8000 人次。

灵武市人民医院【Língwǔshì Rénmín Yīyuàn】　二级甲等医院，始建于 1950 年 10 月，地处 211 国道与育才路交会处，占地面积 52 亩，建筑面积 1.86 万平方米，编制床位 225 张，实际开放床位 400 张左右。编制人数 316 人，实际在职职工 456 人。2016 年累计诊疗 29.67 万人次，其中住院诊疗 15001 人次。

石嘴山市第一人民医院【Shízuǐshānshì Dì-yī Rénmín Yīyuàn】　综合性三级甲等医院。院址：惠农区康乐路 1 号。1952 年成立诊所，1958 年成立中心卫生所，1961 年在河滨院，称石嘴山市人民医院。1973 年迁建于安乐桥。1982 年更为现名。2016 年有职工 840 人，设门诊部、住院部，分 20 个临床科室、6 个医技科室。住院部床位 600 张，年住院治疗 1.1 万余人次，手术 3200 余例。年门诊量约 23 万人次。

宁夏第五人民医院【Níngxià Dì-wǔ Rénmín Yīyuàn】　二级甲等医院，始建于 1958 年，叫石嘴山矿务局医院。2006 年从 103 地区搬迁至石嘴山市惠农区南大街 25 号。医院占地面积 1.09 万平方米，建筑面积 1.57 万平方米，编制床位 300 张。在职职工 333 人。除院本部外，还开设 4 个卫生所。

平罗县人民医院【Pínglúoxiàn Rénmín Yīyuàn】　二级甲等医院，位于县城团结东路与鼓楼北街交会处向西 100 米处。1956 年 6 月成立。2009 年 7 月，加挂石嘴山市第三人民医院牌子。2014 年，占地面积 33131 平方米，建筑面积 36050 平方米，编制床位 400 张，职工总数 691 人，总诊疗人数 28.8 万人次，其中门诊 26.7 万人次，住院 1.88 万人次。

吴忠市人民医院【Wúzhōngshì Rénmín Yīyuàn】　三级乙等医院，始建于 1951 年 5 月，位置：利通区文卫南路 430 号。占地面积 7.67 万平方米，建筑面积 3.83 万平方米。现有职工 1262 人。全年接诊病人 60 万人次，住院病人 3.2 万人次。2012 年 3 月新院开始建设，各部门、科室正分批搬迁。新院位于东兴街与新民街交接口西北角，建筑用地 287 亩，建筑面积 22 万平方米。核定床位数 1200 张，按三甲医院标准建设，能够满足吴忠市及周边地区近 120 万群众的基本医疗需求。

宁夏医科大学附属回医中医医院【Níngxià Yīkē Dàxué Fùshǔ Huíyī Zhōngyī Yīyuàn】二级甲等民营中医医院，是国家中医药管理局重点建设的民族医院。1980 年 9 月在吴忠镇卫生院的基础上改建而成，地址：朝阳西路 272 号。2011 年 11 月 4 日整体移交宁夏医科大学，更为现名。2012 年 8 月，搬迁至利通区滨河新区民族路 1 号新院址。占地面积 1.17 万平方米，建筑面积 1.52 万平方米，职工 305 人。

吴忠新区医院【Wúzhōng Xīnqū Yīyuàn】　二级甲等民营医院，位于利通区胜利镇西北 2 千米，南距古城镇政府 1.5 千米。前身是吴忠镇医院，2006 年搬迁后，更名为吴忠新区医院，占地面积 10 万平方米。目前是宁夏医科大学总院直接托管医院。

红寺堡区人民医院【Hóngsìpǔqū Rénmín Yīyuàn】　位于吴忠市红寺堡区文化街 4 号，综合性二级甲等医院，始建于 1950 年，2012 年 10 月迁入现址永青路以西、南环路以南，占地面积 10 万平方米，建筑面积 2.82 万平方米，现有职工 421 人，编制床位 300 张。

青铜峡市人民医院【Qīngtóngxiáshì Rénmín Yīyuàn】　综合性"二级甲等"医院。是西北微创治疗中心，宁夏医科大学和宁夏师范学院的教学实习基地，宁夏医科大附属医院网络医院。占地面积 100665 平方米，建筑面积 51550 平方米，有床位 500 张，设有 15 个病区，共有临床、医技、药剂、职能、后勤科室 41 个。现有在职职工 548 人，聘用制人员 370 人，离退休人员 209 人。年门诊量 23 万多人次，年住院病人 18000 多人次。

盐池县人民医院【Yánchíxiàn Rénmín Yīyuàn】　位于县城南街，二级甲等综合性医院。始建于 1950 年，2012 年 10 月迁入现址。占地面积 10 万平方米，建筑面积 28200 平方米，现有职工 421 人，其中专业技术人员 378 人，共设置 13 个病区、8 个医技科室、8 个职能科室、1 个中心，编制床位 300 张，实际开放 300 张。

同心县人民医院【Tóngxīnxiàn Rénmín Yīyuàn】　综合性二级甲等医院。地址：豫海镇长征东街 13 号。1953 年建同心县卫生院，1958 年改称同心县人民医院。1979 年，建县医院大楼。1990 年底，县人民医院占地面积为 61873 平方米，医疗用房 8834 平方米，病床 180 张，职工 214 人。年门诊量 12 万余人次，急诊 5000 余人次，住院 6000 余人次，手术 3000 余人次。

固原市人民医院【Gùyuánshì Rénmín Yīyuàn】　又名宁夏回族自治区第二人民医院，三级乙等医院，位于原州区北塬街道文化西路 41 号，占地 130 亩，建筑面积 4.34 万平方米。前身为中国人民志愿军 531 医院，于 1958 年更名为宁夏第二人民医院。2002 年固原撤地设市，又更名为宁夏回族自治区固原市人民医院。现有在职职工 1189 名。2013 年在原州区九龙路开工建设新院，项目总投资 8.2 亿元，占地 207.5 亩，总建筑面积 12.97 万平方米。按照三级甲等综合医院设计，规划总床位 1000 张，日门诊量 3000 人次。2016 年底工程已竣工，正在搬迁中。

固原市原州区人民医院【Gùyuánshì Yuánzhōuqū Rénmín Yīyuàn】　二级甲等医院，位于原州区南关街道文化东路 218 号。占地面积约 30 亩，有门诊楼及办公楼 1 座，住院大楼 4 座。现有在职员工 602 人，编制床位 450 张。1940 年 7 月筹建固原县卫生院。1949 年 8 月改称固原县人民医院。1960 年迁建现址。2002 年撤县建市更今名。2016 年门诊接待 17 万人次，住院病人 2.3 万余人次。

西吉县人民医院【Xījíxiàn Rénmín Yīyuàn】　综合性二级甲等医院。位于吉强镇中街。病床数量 500 张，年门诊量 5 万人次。

泾源县人民医院【Jīngyuánxiàn Rénmín Yīyuàn】　二级甲等医院。1959 年成立人民卫生院，1991 年 1 月，更名为泾源县医院。原址龙潭街八方隆商务区。2008 年迁新址香水镇香水街，更名为泾源县人民医院。占地面积 48059.15 平方米，建筑面积 20344 平方米，有床位 200 张，职工 217 人。

隆德县人民医院【Lóngdéxiàn Rénmín Yīyuàn】　二级甲等医院。位于城关镇 312 国道北侧。成立于 1946 年，1964 年改建，1985 年扩建，2011 年迁址新建。占地面积 4.6 万多平方米，建筑面积 1.8 万多平方米，现有职工 360 人，编制床位 260 张，实际开放 300 张。年诊病人 10 万多人，住院病人达 14 万人次。

彭阳县人民医院【Péngyángxiàn Rénmín Yīyuàn】　二级甲等医院。位于兴彭大街 405 号。1958 年成立，1983 年更现名，占地 1.82 万平方米，建筑面积 1.33 平方米。现有职工 320 人，设病床 450 张。

中卫市人民医院【Zhōngwèishì Rénmín Yīyuàn】　二级甲等综合性医院，位于沙坡头区鼓楼西街，属中卫市卫生和计划生育局管辖。占地 83152 平方米，人员编制 431 人。1950 年 3 月 8 日成立卫生所，1952 年 4 月更名为中卫县卫生院，1954 年 3 月设立住院部。1956 年 5 月翻建门诊部，7 月更名为县人民医院。2012 年医院改扩建工程开工，2014 年竣工交付使用，总投资约 1.5 亿元，占地总面积 35835 平方米，建筑总面积 34006.32 平方米，设计床位 594 张。

中卫市第二人民医院【Zhōngwèishì Dì－er Rénmín Yīyuàn】　二级甲等综合性医院，

又称中卫市沙坡头区人民医院、中卫市眼科医院，位于沙坡头区火车站广场西侧200米。占地14600平方米，建筑面积15500平方米。现有职工312人，开设床位260张，设有内、外、骨、眼、儿、妇、中西医结合等18个临床科室。眼科、腹腔镜微创外科、哮喘病专科是医院的特色科室。

中宁县人民医院【Zhōngníngxiàn Rénmín Yīyuàn】　综合性二级甲等医院，位于县城南大街。1950年成立县卫生队，1951年2月改为中宁县卫生院。1958年成立中宁县人民医院。1986年8月新建的县人民医院投入使用。2004年9月，在新南街征地26亩新建门诊大楼，建筑面积4747平方米，2006年8月，在门诊大楼续建放射综合楼，建筑面积645平方米。编制373人，开设病床246张，年门诊量为10万余人次，住院病人7000人次。

中卫市中医医院【Zhōngwèishì Zhōngyī Yīyuàn】　位于沙坡头区鼓楼东街，为集医疗、教学、科研、预防保健于一体的三级乙等综合性中医医院。占地面积13740平方米，建筑面积18824平方米。设有17个临床科室和7个医技科室，住院病床400张。职工420人。1952年11月成立西医联合诊所；1959年6月更名为东方红公社卫生院；1960年6月更名为城关公社卫生院；1965年2月更名为城关镇卫生院；1984年7月更名为中卫县中医院；2004年7月更名为中卫市中医院。

中卫市第二人民医院【Zhōngwèishì Dì – èr Rénmín Yīyuàn】　又称中卫市沙坡头区人民医院、中卫市眼科医院，是一所集医疗、教学、科研、预防保健于一体的二级综合性医院。占地14600平方米，建筑面积15500平方米。现有职工312人，开设床位260张，设有内、外、骨、眼、儿、妇、中西医结合等18个临床医技科室。眼科、腹腔镜微创外科、哮喘病专科是医院的重点特色科室。中医针灸、放射介入、口腔、耳鼻喉科也颇具实力。

中卫市第三人民医院【Zhōngwèishì Dì – sān Rénmín Yīyuàn】　位于沙坡头区香山西路，占地3079平方米，建筑面积5300平方米，在职职工138人，设有办公室、公共卫生科、医教科、护理部、药械科等7个职能科室；分全科诊疗区、公共卫生服务区、中医理疗区、围产保健区、康复治疗区等5个基本服务区。

第六章　文化、古迹和旅游景区

第一节　全国重点文物保护单位

海宝塔【Hǎibǎo Tǎ】　曾名黑宝塔，因在银川市老城之北，俗称北塔。位于兴庆区海宝路与民族北街交叉处西侧海宝塔寺内。国务院于1961年3月4日公布其为第一批全国重点文物保护单位，属古建筑类。始建年代不详，明万历《朔方新志》载："黑宝塔，赫连勃勃重修。"赫连勃勃是东晋十六国时期大夏国国主，尊奉佛教。清代后以谐音改称海宝塔。塔身于清康熙四十八年（1709年）、乾隆三年两次被震毁。现存塔为乾隆四十三年（1778年）重建。下层为塔基，上层为塔身，共9层11级，总高54米。塔室内有木梯可至各层。塔顶四角攒尖上立四面拱圆琉璃塔刹。其线条明朗，结构严谨，造型美观，是中国现存的楼阁式砖塔建筑艺术中的瑰宝。"古塔凌霄""黑宝浮图"皆属清代宁夏府"八景"。有海宝塔寺，旧时每年农历七月十五日举办盂兰盆会，1986年恢复。海宝塔地名延伸使用的有海宝公园、海宝湖、塔湖、海宝路、北塔村、北塔商业步行街、北塔奶粉等。

承天寺塔【Chéngtiānsì Tǎ】　位于兴庆区进宁南街南端西侧，在银川老城西部，故俗称西塔。2006年5月25日被国务院公布为第六批全国重点文物保护单位，属古建筑类。西夏天祐垂圣元年（1050年）三月二十五日竣工。其修建经过，明嘉靖《宁夏新志》卷二寺观录有当时的建寺碑铭（文字较长）：西夏开国皇帝李元昊死后，其子谅祚才2岁。皇太后没藏氏将其册封为帝，是为夏毅宗。又因其子"幼登宸极""承天顺命"，为"保圣寿无疆"，故"役兵数万"建寺，名承天寺，"中立浮图"。明洪武初，一塔独存，庆靖王朱栴重修寺院，以"梵刹钟声"为宁夏八景之一。地方志又有"西塔倒影"传说。清乾隆三年十一月二十四日（1739年1月3日）大地震，塔、寺全部震毁，嘉庆二十五年（1820年）按原制重修，为八角形楼阁式砖塔，建于边长26米的方形塔基上，共11层，通高64.5米，有木旋梯通至各层。承天寺院内现为宁夏考古研究所办公地址。院外为西塔文物市场及文房四宝商铺。

银川玉皇阁【Yínchuān Yùhuánggé】　位于解放东街与玉皇阁北街交会处，2013 年 5 月 3 日被国务院公布为第七批全国重点文物保护单位。是一座建在长方形台基上的大屋顶木构架建筑群，由台基、大殿、西配殿及钟鼓楼组成，通高 22 米。台基长 37 米，宽 28.1 米，高 8 米，夯土筑成，外包青砖，有南北向拱形券洞，供车马通行。门额上方有石刻题字，南曰"帝鉴"，北曰"天烙"。1039 平方米的台面上，错落有致地分布着大殿、钟鼓楼、西配殿、东厢房。中央为坐北朝南的两层重檐歇山顶大殿，通高 14.1 米。大殿匾额高悬，书"河山一览"四字，四周飞檐翘起，直向蓝天。凭栏远眺，满城风光尽收眼底。大殿东西两侧建有对称的重檐十字脊亭式钟、鼓楼、厢房、配殿。始建年代不详，明嘉靖《宁夏新志》所绘镇城图标作"谯楼"。清乾隆三年十一月二十四日（1739 年 1 月 3 日），阁毁于地震，震后重建。清乾隆《银川小志》记载，其"极崇焕轩敞，上供真武帝"，此后被称为"玉皇阁"。清乾隆《宁夏府志》及民国《朔方道志》称其为"玉皇楼"。中华人民共和国成立后，对玉皇阁进行多次整修。

水洞沟遗址【Shuǐdònggōu Yízhǐ】　在灵武市临河乡东水洞沟，青岛至银川高速公路北侧，黄河之东 14 公里。旧石器时代遗址。1988 年 1 月 13 日，被国务院公布为第三批全国重点文物保护单位。因有小河水洞沟流经而得名。其发现经过实出偶然，1920 年，比利时神父 P. 绍特到宁夏府传教，返回第一晚住在水洞沟的张家小店中，发现一块很奇怪的石头。他琢磨一晚，断定是古人类使用的一件石器。第二天，他又到水洞沟的边缘塌岸处寻找，竟然找到一具披毛犀的头骨。他如获至宝，将这两件东西带回欧洲。法国生物学家德日进、桑志华得知后，于 1923 年来到水洞沟进行考古发掘，12 天共发掘 5 个点，获得近 300 公斤的石器和部分动物化石。这些文物带回法国后，交法国著名学者、考古专家步日耶进行系统研究。1925 年，德日进和桑志华发表初步研究报告。1928 年，步日耶与 2 人联合署名出版《中国的旧石器》一书，其中对水洞沟遗址的研究是重点。此书将水洞沟的石器定为旧石器时代，认为这些石器与欧洲、西亚、北非发现的石器极为相似。这次发掘，结束了中国没有旧石器遗址的局面。此后，水洞沟又经历了 4 次发掘，一次比一次深入，每次都发表了多篇学术论文。基本结论是：水洞沟是我国旧石器时代晚期人类活动遗址，距今 4 万—1.2 万年。多数文化层为旧石器时代的打制石器，也有的文化层出现了磨制石器。石器种类繁多，原料以白云岩为主，有石核、石片、石叶，按形状和用途分有：尖状器、端刮器、新月形刮削器、凹缺刮削器、单面直刃刮削器、矩形刮削器、雕刻具、钻具、"刀片"等。

鸽子山遗址【Gēzishān Yízhǐ】　位于青铜峡市瞿靖镇蒋西村西北鸽子山东麓的山前台地上，属旧石器时代晚期到新石器时代早期遗址。2006 年 5 月 25 日被国务院公布为第六批全国重点文物保护单位。1984 年文物普查时发现。1995—1996 年，宁夏文物考古研究所与美国内华达州山间研究所、加利福尼亚大学人类学系组成联合考察队，两次对遗址进行深入调查和发掘，获石器 2000 余件。其原料为细石英岩和细泥岩，取自 10 公里以外的贺兰山。既有大型打制粗石器，也有用间接法、软锤法、压剥法加工的细石器。石器用料比较考究，形制规范、对称，有圆锥形、楔形、船形，代表了本时期北方石器的最高水平。还出土不少陶片，其中的彩陶片具有仰韶文化的半坡型、庙底沟型特点。其上层年代距今 10060 年，下层距今 11620 年（误差正负 60 年）。2013 年，考古工作者再次对遗址进行系统考古调查，发现若干结构性火塘，临时建筑物遗址和用鸵鸟蛋壳加工的串珠，最终确定其年代为距今 1.27 万—0.8 万年。

页河子遗址【Yèhézi Yízhǐ】 位于隆德县沙塘镇页河子，2013 年 5 月 3 日被国务院公布为第七批全国重点文物保护单位。底层属仰韶文化，上层为齐家文化，分布面积 75 万平方米。1985 年北京大学考古系与宁夏文物考古研究所发掘 400 平方米，发现文物堆积厚 2~5 米。出土有石器、陶器、骨器，发现灰坑 150 个，房屋、骨器作坊、排水沟多处。用碳 14 测定，距今 5500—4900 年。

菜园遗址【Càiyuán Yízhǐ】 位于海原县西安镇菜园村，2006 年 5 月 25 日被国务院公布为第六批全国重点文物保护单位。此为 20 世纪 80 年代发现的一个独特的新石器时代晚期人类活动遗址，晚于马家窑文化而早于齐家文化，距今 4000 余年。有的学者认为，它是陕甘宁交界地区齐家文化的源头。1985—1987 年，宁夏文物考古研究所与中国历史博物馆考古部合作进行考古发掘，清理房屋 8 座，其中窑洞式、半地穴式房各 4 座，灰坑 18 个，陶窑址 1 处，墓葬 86 处。房屋都带场院、窖穴。出土文物 4000 余件，有石器类、玉器类、陶器类、餐具、骨针、纺轮，说明菜园人已有熟练的纺织技术。菜园人死后都实行土葬，其形制多样，无陪葬器物。从以上考古发掘可以推断菜园人的生活方式：他们农牧并重，除种植谷、麦外，还牧放猪、羊等家畜。有的家庭还用羊毛纺线制衣。部落中还有一个专制陶器的家庭，供应周围邻居所需的器具。菜园人已经很爱美，每个家庭都有骨梳，不分男女老少都要梳洗。有的头上还用骨簪将头发拢住，以免披头散发。青年妇女的颈部、手腕还要佩戴骨珠、骨臂钏。个别富裕的妇女甚至佩戴绿松石坠饰。他们的房屋，一般都利用面东的黄土坡依坡修建，或做成窑洞，或做成半地穴式。

须弥山石窟【Xūmíshān Shíkū】 位于固原市原州区三营镇黄铎堡村西北 10 公里的寺口子，丝绸之路在其侧蜿蜒而过，1982 年 2 月 13 日被国务院公布为第二批全国重点文物保护单位。须弥，是梵文"苏迷卢"（Sumeru）音译的讹略；意译为"妙高"，是古印度传说（佛教亦沿用）中的名山。据称：它是人们所处世界的中心，日月环绕此山回旋运转，三界诸天地亦依之层层建立。其四方为东胜身、南赡部、西牛货、北俱卢四大洲。众生所居属南赡部洲。此处须弥山即神妙的高山之意。这里重峦叠嶂，群山环抱，苍松挺拔，红岩陡峭。寺沟水由西向东，将山体劈为南北两半，犹如开启的两扇石门。因此，郦道元在《水经注》中称其为"石门水"。水夺门而出，古谓之石门口。因险而置关，南北朝时已有石门关。因关而名镇、堡，唐代称石门镇。在石门水北面赭红色夹杂翠松的陡峭崖壁上，布满了远眺如蜂窝般的洞穴。现存 132 窟，有大小造像 315 尊，始凿于北魏，继兴于北周，隋朝仅有 3 窟，而多数凿于唐代。其中第 5 窟的弥勒大坐佛，仪态端庄，面部丰满敦厚，是典型的唐代风格。其气势宏伟，高达 20.6 米，超过龙门石窟的卢舍那大佛。

窨子梁唐代墓群【Yìnzǐliáng Tángdài Mùqún】 位于盐池县花马池镇硝池村窨子梁，2013 年 5 月 3 日被国务院公布为第七批全国重点文物保护单位。面积 500 平方米。已发掘唐墓 6 座，均开凿于岩石中，由门、墓道、墓室、侧室、后龛组成。墓室呈方形，有棺床，壁上凿龛。出土有木质武士俑、马俑、玻璃球、石狮等文物。尤为珍贵的是，6 号墓的两扇石刻墓门，雕刻有跳胡旋舞的图案。每扇门高 88 厘米，宽 42.5 厘米，厚 5.4 厘米，各浅雕一男伎，虬髯鬈发，深目高鼻，身穿圆领紧身窄袖衫，脚蹬长筒乌靴，在一块小圆毯上回旋起舞。这件国宝级文物，反映了唐武则天时代，西域舞蹈已在宁夏流传。6 号墓还出土墓志一方，记墓主"殡于鲁州如鲁县"，可证其地为唐六胡州的鲁州。

大营古城【Dàyíng Gǔchéng】 位于固原市原州区中河乡硝河西北岸，俗名黄嘴古城，占地 14 万多平方米，是固原市保护最为完整的古城之一，2013 年 5 月 3 日，被公布为第七批全国重点文物保护单位。筑于北宋庆历二年（1042 年），命名定川寨，属镇戎军，在古长城及长城壕外。同年，宋、夏定川寨之战爆发，宋军大败，主将葛怀敏及以下十六位将领、九千四百余人战死，城毁于战火。

固原古城遗址【Gùyuán Gǔchéng Yízhǐ】 位于固原市原州区城区。固原古城始建于西汉，后多次被毁、重筑。最晚的遗址为明代建筑，1969 年内外城墙尚在，旋因"有碍战备"而将保存较为完好的城墙拆除，残留的主要遗存有：内城墙遗址，外城墙遗址，建筑遗迹如城隍庙、财神楼、文澜阁、钟楼大铁钟等。内城墙体遗址西南角一段：长 500 米，高 4～12 米，处于现西湖公园内，保存状况较完整。墙体顶部存有民国时的砖塔一座。西北角一段：长约 338 米，高 12 米，处于固原市内太平巷与市医院之间。南墙一段：长约 240 米，处于固原市内后壕与小南寺巷之间。东北角一段：长约 150 米，处于固原民族师范后院。还有处在固原二小院内属内城的一处城墙角台，顶部有清代修建的文澜阁。固原外城墙体遗址西北角一段，长约 1000 米，保存较完整，从新西院到看守所，再向东经和平门，北关路原州区林业局与武警教导队之间一段，长约 150 米，东关路原固原县针织厂西侧一段，长约 30 米；东城门一段，长约 40 米。2013 年 5 月 3 日，被国务院公布为第七批全国重点文物保护单位。

开城遗址【Kāichéng Yízhǐ】 位于固原市原州区开城镇，面积2.86平方千米，宋代为开远堡，主要遗存为元代。2001年6月25日，被国务院公布为第五批全国重点文物保护单位。出土大量黄琉璃龙纹瓦、圆形瓦当、雕龙石座等大型建筑构件，表明是一处与皇家相关联的遗址。史载，成吉思汗、元宪宗蒙哥、元世祖忽必烈曾驻跸六盘山，或避暑、或屯兵。至元十年，忽必烈皇子忙哥剌被封为安西王，分治秦、蜀，遂废原州，于州南开远堡地方展筑新城，设置开成府，为安西王之行都，视为上都，亦号上路。至治三年（1323年）降为州。明朝废。

省嵬城遗址【shěngwéichéng Yízhǐ】 位于石嘴山市惠农区庙台乡境内。2013年5月3日，被国务院公布为第七批全国重点文物保护单位。遗址为西夏中期17个监军司当中的北地中监军司遗址，负责保卫都城兴庆府（今宁夏银川）北部安全，前期为防御契丹，后期主要防备金和蒙古。现存城址略呈方形，城墙为黄土夯实，残墙高2~4米、基宽13米。北墙长588米、南墙长587米、东墙长593米、西墙长590米。省嵬城是宁夏唯一保存下来的西夏城池。

张家场城址【Zhāngjiāchǎng Chéngzhǐ】 位于盐池县城西北17公里的花马池镇张家场村。2006年5月25日，被国务院公布为全国第六批重点文物保护单位。城址平面呈长方形，东西长1200米，南北宽800米，面积0.96平方千米。春秋战国时为朐衍戎居地，秦惠文王时置朐衍县，上隶北地郡，辖今盐池及陕西省定边两县之大部。至西汉仍置朐衍县，东汉废。是宁夏乃至鄂尔多斯台地保存最为完好、存在时间最长的秦汉古城。遗址遍布汉代绳纹砖瓦、陶器残片和生铁块，出土大量汉代文物，包括汉"五铢"和新莽、"货布""货泉""大泉五十""小泉直一"等钱币及陶器、铜器、铁器铜印章、人字形铜齿轮，为此专门建有张家场博物馆。

兴武营城址【Xīngwǔyíng Chéngzhǐ】 位于盐池县高沙窝镇营西村境内，2013年5月3日，被国务院公布为第七批全国重点文物保护单位。明内外边墙交会处旧有古城，称半个城，不知何代所遗。明正统十年（1445年）于旧基重新筑城，并置兴武营。正德元年（1506年）改兴武营守御千户所，属陕西都司之宁夏卫，辖今盐池县西北部地区，主要戍守宁夏东边墙西段防务。城周回三里八分，高二丈五尺。护城壕深一丈三尺，阔二丈。西、南二门及四角皆有楼。略为矩形，东墙长610米，西墙长580米，南墙宽470米，北墙宽480米。曾甃有砖石，早年已被拆除。

灵武窑址【Língwǔ Yáozhǐ】 位于灵武市城区东30公里磁窑堡。2006年5月25日，被国务院公布为第六批全国重点文物保护单位。遗址面积32万平方米，遍布西夏和明清时期瓷片，并有窑址遗迹。窑址坐落在南北长800米、东西宽400米的小山上，文化层厚2~4米，所烧瓷器有白瓷、青瓷、褐釉瓷、茶叶末釉瓷、黑瓷和少量紫色釉器物。产品有碗、杯、盘、盆、钵、壶、瓶等。1984—1986 年，宁夏考古部门共发掘西夏窑 4 座、瓷器作坊 9 处，出土瓷器、制瓷工具、窑具等 3000 余件。

七营北嘴城址【Qīyíng Běizuǐ Chéngzhǐ】　位于海原县七营镇以北 5 公里的北嘴村，地名实为明代之八营，为镇戎守御千户所驻地。2013 年 5 月 3 日，被国务院公布为第七批全国重点文物保护单位。成化十二年（1476 年）设镇戎守御千户所于此，属固原卫。城东西宽 600 米，南北长 650 米，有内城。城内东北角有 100 米见方的小城堡，外有瓮城。城外有护城壕。

柳州城址【Liǔzhōu Chéngzhǐ】　位于海原县海城镇东南 2.5 公里耙子洼自然村，2013 年 5 月 3 日，被国务院公布为第七批全国重点文物保护单位。旧名洒水坪，1001 年被西夏攻占，称东冷牟会，与西安州所置南牟会相对应。元符元年（1098 年）宋收复，次年筑新寨，赐名天都寨，属西安州。《宋史·地理志》卷八十七西安州：天都寨，元符二年，洒水坪新寨赐名天都。东至临羌寨二十里，西至西安州二十六里，南至天都山一十里，北至绥戎堡六十五里。今耙子湾宋代遗址呈长方形，周围 2 里，有南门、北门及瓮城。城墙外有护城河，宽约 20 米。

照壁山铜矿遗址【Zhàobìshān Tóngkuàng Yízhǐ】　位于中卫市镇罗镇以北，照壁山主峰西南约 200 米，2006 年 5 月 25 日被国务院公布为第六批全国重点文物保护单位。遗址南北 2 公里、东西 4 公里，分布有 20 多个采矿洞口遗址，洞口内坑道分竖井和斜井两种，最深达 40 米。采区遗址西南有铜矿冶炼遗址和矿工居址，占地 1600 平方米。按出土文物考证，其采炼时间为东周至元代。

固原北朝、隋唐墓地【Gùyuán Běicháo SuíTáng Mùdì】　位于宁夏固原市原州区西南郊（现开城镇）的小马庄、羊坊、深沟、大堡、王涝坝 5 个自然村和南塬一带。2013 年 5 月 3 日，被国务院公布为第七批全国重点文物保护单位。入葬时间为 6~7 世纪，历经北周、隋、唐三个王朝。1982—2004 年考古发掘，共发现墓葬 50 余座，出土文物最多的为北周李贤墓，其中的古波斯鎏金银壶为国宝级文物，堪称世界工艺品之绝，与波斯玻璃碗、青金石戒指等，共同见证了宁夏段丝绸之路的繁荣昌盛；隋唐史氏墓 6 座，墓主人原籍均为居住在中亚的粟特人，其祖上沿丝绸之路进入中国，后代成为达官贵族，定居在固原。出土的墓志铭，见证了丝绸之路上的中西文化交流和民族融合，有 5 方被定为国家一级文物。铭文中，还记录了唐代原州有劝善里、招远里、咸阳乡等小地名。

西夏陵【Xīxià Líng】　是西夏历代帝王陵园，1988 年 1 月 13 日，被国务院公布为第三批全国重点文物保护单位。位于银川市西夏区西南，110 国道以西，贺兰山东麓。南北长 10 公里，东西宽 5 公里，占地面积约 50 平方千米，核心区 20.9 平方公里，分布 9 座帝王陵墓及 270 余座王侯勋戚的陪葬墓，规模宏伟，布局严整。初建时每个陵园均有地下陵寝、墓室、地面建筑和园林，独立占地都在 10 万平方米左右，形制与布局大体相同。每座帝陵都是坐北向南，呈纵长方形的独立建筑群体；地面建筑都有鹊台、碑亭、外城、神墙、献殿，其中最醒目的是墓穴上面的塔形封土建筑物，高耸的封土堆，内以原木为骨架，其外分层，覆之以琉璃瓦。

宁夏战国秦长城遗址【Níngxià Zhànguó Qínchángchéng Yízhǐ】 位于西吉县、固原县、彭阳县境内，2001 年 6 月 25 日，被国务院公布为第五批全国重点文物保护单位。战国秦昭襄王始筑，秦始皇时加以修缮后与燕赵长城连贯为一，故各种古籍均称"秦长城"。今遗迹尚存，由甘肃省静宁县进入宁夏西吉县西南界，沿葫芦河东岸而北，至将台镇折向东，沿马莲河，经固原市原州区张易镇、红庄村，出滴滴沟，于中河乡孙家庄折向东北，再经西郊明庄、沙窝村，过清水河后折向东南，又经黄家河村入彭阳县，继过城阳乡、孟塬乡出宁夏境入甘肃镇原县界。境内长约 200 公里，多坍塌成为土梁，沿线延展有长城梁、长城塬、长城村等地名。

田州塔【Tiánzhōu Tǎ】 亦称田州古塔，在平罗县姚伏镇。2013 年 5 月 3 日，被国务院公布为第七批全国重点文物保护单位。塔高 38 米，平面呈六角形，为八层阁式砖塔，底层南北各开一门，以供人出入。始建时间不详，其门楣刻"乾隆四十八年六月维秀和尚募捐重修"小字。考察姚伏镇历史，唐为定远军城，定远县治；北宋初为定远镇，西夏为定州；明清为姚伏堡。但塔底门楣石匾上刻有"田州古塔"四字，何以名"田州塔"，尚待考证。

平罗玉皇阁【Pínglúo Yùhuánggé】 位于平罗县城北，道教寺庙，2013 年 5 月 3 日，被国务院公布为第七批全国重点文物保护单位。南北长 105 米，东西宽 40 米，占地面积 4200 平方米。台基上以中轴线对称分为两个院落：前院有山门楼、城隍殿、观音殿、娘娘殿、三清殿、玉皇殿；后院为 2 个并列的三层楼阁，以及文昌阁、关帝阁、无量殿、三官殿、洞宾殿、三宝殿、三母殿、玉皇殿等。在前后院建筑物两侧，又有钟楼、鼓楼、回廊、飞桥、八角亭相配。最高建筑物 29 米。清光绪元年（1875 年）在明代白龙庙基础上修建，1939 年扩建。整个建筑群形式独特、规模宏大、结构严谨、工艺精美。

董府【Dǒng Fǔ】 在吴忠市西 17 公里，吴青公路北侧 500 米，系清末名将、甘肃提督董福祥的府邸，因董福祥官加太子少保衔，又称"宫保府"。2006 年 5 月 25 日，被国务院公布为第六批全国重点文物保护单位，属古建筑类。董福祥（1839—1908 年），汉族，固原人。曾组织民团反清。后兵败投降湘军刘松山部。1875 年，追随左宗棠参加收复新疆的战事，屡立战功，升至提督。1900 年八国联军攻打北京，董福祥率甘军英勇抵抗，杀死日本外交官和德国公使，围攻外国使馆，血战正阳门。北京沦陷后，董福祥保驾西太后、光绪皇帝出逃西安，又被封为"随扈大臣"，节制满汉兵权。签《辛丑条约》时，八国联军指董为"元凶"，坚持要杀掉。慈禧太后免其死，留太子少保衔，革职回宁夏，在金积堡购地建府，于光绪二十八年（1902 年）竣工，由护城河、府墙和府第组成。房舍按三进六院布局，均为砖木结构，共有房 106 间。装饰的砖雕、木雕，构图、工艺均佳。

一百零八塔【Yībǎilíngbā Tǎ】　位于青铜峡镇西南 3 公里的青铜峡水库西岸崖壁，塔群坐西面东，依山临水。1988 年 1 月 13 日，被国务院公布为第三批全国重点文物保护单位。佛塔依山势自上而下，按 1、3、3、5、5、7、9、11、13、15、17、19 的奇数排列成十二行，总计一百零八座，形成总体平面呈三角形的巨大塔群，因塔数而得名。塔基下曾出土西夏文题记的唐卡和佛经，可以认定始建于西夏。

同心清真寺【Tóngxīn Qīngzhēn Sì】　位于同心县豫海镇南，是宁夏现存历史最久、规模最大的清真寺，1988 年 1 月 13 日，被国务院公布为第三批全国重点文物保护单位。明初在一座喇嘛庙的基础上改建而成，明万历及清乾隆、光绪年间重修。占地面积 5400 平方米。为中国传统的砖木结构建筑，体现了域外宗教传入后的本主化。有照壁、大殿、邦克楼、厢房、沐浴室等。主体建筑礼拜殿坐西向东，是一座单檐歇山顶式建筑，由一个卷棚顶和两个九脊歇山顶前后勾连，用 20 多根巨大的圆木柱支撑梁架，殿内可容 800 人礼拜。1936 年中国工农红军西征时，曾以大寺为会场召开各界代表大会，并在这里成立陕甘宁省豫海县回民自治政府，为中国第一个民族自治政权。1996 年被国家教委等六部门命名为爱国主义教育基地，2004 年被确定为全国百个红色旅游经典景区之一。

康济寺塔【Kāngjìsì Tǎ】　位于宁夏同心县韦州镇的古城东南，2013 年 5 月 3 日，被公布为第七批全国重点文物保护单位。始建于西夏时期，初为九级，明嘉靖年间重修为十三级。塔高 42.07 米，外形呈八角形，为平地而起的密檐式空心砖塔。后经多次维修，1985 年加固维修时，从塔中清理出土了佛教、道教的铜质像二十七尊，以及佛、道教经卷、题记砖等文物。

拜寺口双塔【Bàisìkǒu Shuāngtǎ】　位于贺兰县洪广镇金山村西南 10 公里拜寺口，1988 年 1 月 13 日，被列为全国重点文物保护单位。拜寺沟，唐、五代名白草谷，有金无漏、史增忍、史无迹等结草为舍修行，成为闻名于世的高僧后，建有寺庙，名白草谷寺，简称白寺；西夏成为佛教圣地，有多座佛寺，在沟口建有姊妹塔；明代称为拜寺口，并沿袭至今。双塔建于西夏年间，东西相距 150 米，均为十三级八角形密檐式空心砖塔，东塔高 39.15 米，西塔高 41 米。清朝乾隆三年大地震，宁夏府城被夷为平地，其他各塔无幸存者，唯此双塔安然屹立。

宏佛塔【Hóngfó Tǎ】　位于贺兰县习岗镇王澄村，2013 年 5 月 3 日，被国务院公布为第七批全国重点文物保护单位。因年久失修，残损严重，残高仅 28.34 米，人称半截子塔。1987 年落架维修时，发现大批西夏文物，有彩绘绢质画 14 幅；彩绘泥塑佛教造像数十尊；西夏文木雕版 2000 余块及木简、瓷钵、瓷珠、建筑构建等，因此确定为西夏古塔。

纳家户清真寺【Nàjiāhù Qīngzhēn Sì】　位于永宁县杨和镇纳家户村，是一座传统的中式建筑寺院，2013 年 5 月 3 日，被国务院公布为第七批全国重点文物保护单位。建于明嘉靖三年（1524 年），所在地为回族纳姓"小集中"居地，故名。寺院呈长方形，由门楼、礼拜大殿、厢房、沐浴堂组成院落，形成典型的中国古代四合院建造布局。建筑面积 1100 平方米，大殿可供千人同时礼拜。

中卫高庙【Zhōngwèi Gāo Miào】　古建筑群，位于中卫市区旧城北部，建于北城墙中部高台上，故名高庙，2013 年 5 月 3 日，被国务院公布为第七批全国重点文物保护单位。明永乐至万历年间（1403—1620 年）已具雏形，时称新庙。清乾隆三年十一月二十四日（1739 年 1 月 3 日）大地震，台基上的大殿、楼阁均被震毁，后陆续重修、增建，至咸丰年间形成现在的规模，改称玉皇阁。1942 年发生火灾，南天门以上建筑物全被焚毁。次年重建，扩大建筑面积，增加台基高度，由此俗名"高庙"，是一座儒、释、道三教合一的寺庙。在 4100 平方米面积上，坐落 260 多座建筑物，最高处达 29 米。建筑群由南向北分三部分。以魁星楼、大雄宝殿、南天门、中楼为南北中轴，递次增高；东、西对称布局。前部称保安寺，山门上建魁星楼，门内建单檐歇山式大雄宝殿；殿后为二十四级砖砌台阶，阶上建碑楼一座，称南天门；天门之北为两层三重檐四面坡顶中楼；再北为五岳庙，居建筑群最高处，其两侧又有钟鼓楼和文武配殿。整个建筑群紧凑对称，雄伟壮观，采用中国传统建筑艺术，斗拱木梁，雕龙绘凤，琉璃覆瓦，彩绘塑像，故被定为建筑类重点文物保护单位。

鸣沙洲塔【Míngshāzhōu Tǎ】　位于中宁县鸣沙镇安庆寺，北临黄河故道边沿。原名永寿塔，是一座八角形 13 级楼阁式砖塔，建于安庆寺内。2013 年 5 月 3 日，被国务院公布为第七批全国重点文物保护单位。始建于西夏，隆庆三年（1569 年）至万历八年（1580 年）重修，康熙四十八年地震毁其六层以上。1985 年加固维修后，为 11 级，高 36.1 米。

将台堡革命旧址【Jiàngtáipǔ Gémìng Jiùzhǐ】　位于西吉县城南 30 公里将台镇明台村。1936 年 10 月 22 日，红一方面军、红二方面军在将台堡胜利会师。为纪念这一历史事件，1996 年 10 月修建"中国工农红军长征将台堡会师纪念碑"，碑高 26.36 米。正面大字由江泽民题写；背面是中共西吉县委、政府撰写的碑文。院内设纪念馆及展厅。2006 年 5 月 25 日，被国务院公布为第六批全国重点文物保护单位。现为爱国主义教育基地。

贺兰山岩画【Hèlánshān Yánhuà】 1996 年 11 月 20 日，被国务院公布为第四批全国重点文物保护单位。贺兰山在古代是匈奴、鲜卑、突厥、回纥、吐蕃、党项等北方少数民族驻牧游猎之地。他们把生产生活的场景，凿刻在贺兰山的岩石上，来表现对美好生活的向往与追求，再现了他们当时的审美观、社会习俗和生活情趣。在南北长 200 多公里的贺兰山腹地，就有 20 多处岩画遗存，总计单体石刻画过 1 万幅。其中最具有代表性的是贺兰口岩画，位于贺兰山中段的贺兰县洪广镇金山村境内，山势高峻，有 6000 余幅岩画分布在沟谷两侧绵延 600 多米的山岩石壁上。画面艺术造型粗犷浑厚，构图朴实，姿态自然，写实性较强。以人首像为主的占一半以上。其次为牛、马、驴、鹿、鸟、狼等动物图形。贺兰山岩画绝大多数为刻画。其形成时间，学术界分歧较大，有旧石器时代晚期至西夏、新石器时代晚期至明清、早铁器时代至西夏三种观点。

第二节 自治区文物保护单位

银川鼓楼【Yínchuān Gǔlóu】 银川市地标性古建筑，位于解放东西街和鼓楼南北街十字路交叉处，又称"十字鼓楼""四鼓楼"，俗称"鼓楼"。台基始建于清道光元年（1821 年），光绪三十四年（1908 年）又建了三层楼梁架，后因"款绌停辍"。1917 年由宁夏县知事余鼎铭续建。楼总高 36 米，占地 576 平方米。由台基、楼阁、角坊组成。台基呈正方形，边长 24 米，高 8.5 米，用砖石砌筑。台基四面辟有宽 5 米的券顶门洞，形成十字路，与解放东西街、鼓楼南北街相通。四面洞额有石刻题字，东曰"迎恩"，南曰"来薰"，西曰"挹爽"，北曰"拱极"。东面门洞两侧各辟一券门，南券门额上题为"坤阖"，内为一耳室；北券门额上题为"乾辟"。台基中心建有十字歇山顶重檐三层楼阁，每层楼阁四面围以环廊。钟鼓楼是一座具有革命纪念意义的古代建筑物。1926 年，国共合作时期，宁夏第一个中国共产党的组织——中共宁夏特别支部，以及国民党县党部的办公地址，就设在钟鼓楼上的东北角坊。

银川南薰门【Yínchuān Nánxūnmén】 银川市地标性古建筑，古城六大城门楼之首，俗称"南门楼"。坐落在银川南薰路与中山南街交叉口处，门楼坐北朝南，前面有开阔的广场，是银川市举行重大庆典集会的场所。南薰门通高 27.5 米。砖包台基高 7 米，长 88 米，宽 24.5 米。台基正中壁有一南北向拱形门洞。台基北面门洞两侧有对称式的台阶，可登临而上。在高大的台座中央，建有歇山顶重檐二层楼阁，高 20.5 米。整座建筑结构严谨，廊檐彩绘，红墙碧瓦，气势宏大，有"小天安门"之誉。南薰门相传为西夏时期始建，明洪武年间重修。清乾隆三年十一月二十四日（1739 年 1 月 3 日）毁于地震，五年重建。1953 年拆除南薰门东西两侧的城墙，开辟了南门广场。又有南薰路、南门外、南门汽车站、南门地下超市等，皆为南门地名延展。南门广场的旗杆，一直为银川至各地公路里程的起点（零公里）。

灵武恐龙化石遗址【Língwǔ Kǒnglóng Huàshí Yízhǐ】　位于灵武市宁东镇磁窑堡煤矿南1公里处。2005年4月至2006年11月，中国科学院古脊椎动物和古人类研究所与灵武市文物管理所先后联合进行4次发掘，共清理出3个发掘坑，挖掘出包括恐龙头骨、牙齿、肩胛骨化石在内的8只恐龙个体。灵武恐龙是中国已知蜥脚类恐龙中个体最大的属种之一，堪称"北半球第一龙"，属国宝级恐龙化石。遗址围栏保护面积9万平方米，建成彩钢结构保护大厅两座1000平方米。

西安州古城【Xī'ānzhōu Gǔchéng】　在海原县西安镇老城村，古城大体完好。西夏始筑南牟会城，北宋元丰四年（1081年）被宋将李宪焚毁。宋元符二年（1099年）建南牟会新城，置西安州，寓意西部安宁。辖境约当今海原县西部、西吉县北部及甘肃靖远县东部。有都仓曰"裕边"，可储粮五百万斤。有驿站，称南牟驿。皇统二年（1142年），金以其地赐夏国。明代成化初年（1468—1469年）设西安州守御千户所。城址为正方形，边长981米。

北武当庙【Běiwǔdāng Miào】　位于石嘴山市大武口区贺兰山东麓，距石嘴山市区3公里。北武当庙（寿佛寺）是一座儒、释、道三教合一，名扬宁、蒙周边的古寺。据《新建北武当庙碑》记载，清康熙四十八年（1709年）在一座小庙的基础上扩建而成，后经几次扩建，占地面积约12000平方米。依山势布局，从南向北，依次为前山门楼、灵宫殿、观音楼、无量殿、多宝塔和大佛殿。其中大佛殿前一座五层的多宝塔，高达20米，古朴壮观。每逢农历四月初八、七月十五、八月十五、九月九为庙会期，各地前来朝山拜佛者络绎不绝，香火旺盛。

石空寺石窟【Shíkōngsì Shíkū】　位于中宁县石空镇西北的双龙山南麓，又名大佛寺，始建于唐晚期灵州西域道开通后，盛于明代。双龙山古称石空山，山东侧石壁峭立，适宜开窟造像。原有3个寺院、13个洞窟，至清末，各窟均被流沙埋没。20世纪40年代末，仅存一个当地人称为"九间没梁洞"的石窟，洞前有寺院一座。洞宽为12.5米，进深7.3米，高20余米，窟室宽敞宏大，窟室前部门上方左右两侧各有一方形明窟。从20世纪80年代开始，组织人力清除淤沙，少数石窟及寺院遗址可供游人游览。

朝那古城【Zhūnuó Gǔchéng】　秦汉至北魏朝那县城故古址，在今彭阳县城西15公里古城镇。现存遗址，大约筑于汉代，东西长682米，南北宽480米，占地面积32.7万平方米，东西南北四门，至今轮廓清晰。出土有朝那鼎，为西汉初期朝廷颁发给乌氏县，后转颁朝那县标准计量容器，也是宁夏唯一出土带铭文的青铜鼎。朝那县名人辈出，仅皇甫家族就有东汉名臣皇甫嵩、皇甫规，魏晋间针灸鼻祖皇甫谧。

瓦亭古城遗址【Wǎtíng Gǔchéng Yízhǐ】 位于固原市泾源县大湾乡瓦亭村，六盘山东麓。为丝绸之路东段北道必经的关隘。西汉设萧关，为关中北面雄关；东汉始名瓦亭，为驿站；唐代设陇山关，为全国六个上等关之一。此后直到清末，一直为通疆大道上最繁忙的驿站。现存遗址为宋代所筑瓦亭寨的瓮城。

下马关城址【Xiàmǎguān Chéngzhǐ】 位于宁夏同心县下马关乡。原为明长城内边上的交通孔道，驻固原的三边总制尚书每年防秋，都要在此下马休息，故名下马房。嘉靖九年（1530年）筑关城及城楼，城墙外砖内土，周长五里七分，初名长城关，题款"重门御暴"。后称下马关。万历五年（1577年）重修，南门两块石匾额书"重门设险""橐钥全秦"。今关城遗址南北长570米，东西宽460米，城门及瓮城保存完好，2014年由国务院公布为全国重点文物保护单位。

花马池古城【Huāmǎchí Gǔchéng】 明正统二年（1437年），立哨马营并筑堡，在边墙外，成化年间移筑于长城内，称花马池营，即盐池县老城。花马池本为盐湖名，因"湖中现花马，盐产顿丰，故名"。城北约100米为明长城，设长城关。弘治七年（1494年），改置花马池守御千户所。正德元年（1506年），升为宁夏后卫。古城南北长1400米，东西宽1100米。城墙多已坍塌，护城壕全被风沙填平。

表6-1　宁夏回族自治区省级文物保护单位名录

序号	名　称	文物类型	所在市县	详细地点	坐标经度	纬度
1	果家山遗址	古遗址	固原市泾源县	泾源县城北瓦窑山	106°20′58.2″E	35°29′25.8″N
2	瓦亭古城（瓦亭城址）	古遗址	固原市泾源县	泾源县大湾乡瓦亭村	106°17′40.3″E	35°41′39.7″N
3	凉殿峡遗址	古遗址	固原市泾源县	泾源县凉殿峡村	106°16′35.0″E	35°25′13.5″N
4	周家嘴头新石器遗址	古遗址	固原市隆德县	隆德县神林乡双村周家嘴头	105°53′59.5″E	35°33′43.6″N
5	北塬遗址	古遗址	固原市隆德县	隆德县沙塘镇街道村	105°59′23.2″E	35°35′16.5″N
6	车路沟遗址	古遗址	固原市隆德县	隆德县沙塘镇清泉村	105°58′48.5″E	35°35′22.6″N
7	德顺军城址	古遗址	固原市隆德县	隆德县城关镇隆泉村	106°07′36.8″E	35°6′44.6″N
8	古城新石器遗址（打石沟新石器时代遗址）	古遗址	固原市彭阳县	彭阳县古城镇店洼村	106°32′15.5″E	35°51′52.0″N
9	城阳古城址（城阳城址）	古遗址	固原市彭阳县	彭阳县城阳镇中学	106°47′01.5″E	35°48′45.7″N

序号	名　称	文物类型	所在市县	详细地点	坐标	
					经度	纬度
10	彭阳古城址（彭阳城址）	古遗址	固原市彭阳县	彭阳县城内	106°38′42.9″E	35°50′44.5″N
11	耳朵古城址（耳朵城址）	古遗址	固原市彭阳县	彭阳县小岔乡耳城村耳城组	106°49′16.0″E	36°10′39.6″N
12	岭儿遗址	古遗址	固原市彭阳县	彭阳县白阳镇姚河村岭儿组	106°38′30.0″E	35°49′55.0″N
13	圪垯梁遗址	古遗址	固原市彭阳县	彭阳县古城镇罗山村天喜湾组	106°25′10.6″E	35°52′43.5″N
14	祁家梁遗址	古遗址	固原市彭阳县	彭阳县城阳乡杨坪村上河组	106°51′48.5″E	35°48′05.5″N
15	海子遗址	古遗址	固原市彭阳县	彭阳县新集乡姚河村海子组	106°29′59.1″E	35°47′35.9″N
16	小河湾遗址	古遗址	固原市彭阳县	彭阳县新集乡下马洼村下马洼组	106°31′55.1″E	35°48′10.5″N
17	硝河古城址（硝河城址）	古遗址	固原市西吉县	西吉县硝河乡老城村	105°50′38.8″E	35°53′04.2″N
18	偏城古城址（偏城城址）	古遗址	固原市西吉县	西吉县偏城乡偏城村	105°58′34.2″E	35°57′56.9″N
19	火家集古城址（火家集城址）	古遗址	固原市西吉县	西吉县将台乡火家集村	105°47′27.9″E	35°44′25.3″N
20	黄铎堡古城	古遗址	固原市原州区	原州区黄铎堡乡政府南约20米	106°03′35.4″E	36°18′15.8″N
21	胡大堡城址	古遗址	固原市原州区	原州区彭堡镇石堡村	106°12′14.4″E	36°09′41.0″N
22	高仁乡新石器遗址	古遗址	石嘴山市平罗县	平罗县高仁镇	106°38′06.1″E	38°41′50.2″N
23	大水沟西夏遗址（大水沟遗址）	古遗址	石嘴山市平罗县	平罗县崇岗镇西南7公里大水沟口	106°10′51.9″E	38°52′37.8″N
24	大西峰沟西夏遗址（大西峰沟遗址）	古遗址	石嘴山市平罗县	平罗县崇岗镇村西北20公里大西峰沟内	106°04′53.6″E	38°50′47.3″N
25	四眼井西夏遗址（青铜峡四眼井遗址）	古遗址	吴忠市青铜峡市	青铜峡市青铜峡镇三趟墩村七队西10公里处贺兰山山前台地上	105°12′51.5″E	37°11′30.7″N
26	甘城子古城址（甘城子城址）	古遗址	吴忠市青铜峡市	青铜峡市邵岗镇大沟村五队，东距沿山公路1.2公里，西距贺兰山脚下明夯土长城约8公里	105°53′33.3″E	38°06′00.7″N
27	韦州古城（韦州城址）	古遗址	吴忠市同心县	同心县韦州镇	106°28′44.2″E	37°16′48.3″N

序号	名　称	文物类型	所在市县	详细地点	坐　标	
					经　度	纬　度
28	红城水古城址（红城水城址）	古遗址	吴忠市同心县	同心县下马关乡红城水村下垣社	106°24′45.9″E	37°13′34.6″N
29	沙嘴古城址（沙嘴城址）	古遗址	吴忠市同心县	同心县石狮镇沙嘴城村	105°56′19.5″E	36°56′37.4″N
30	下马关城址	古遗址	吴忠市同心县	同心县下马关镇南	106°26′33.9″E	37°06′40.1″N
31	老盐池古城址（老盐池城址）	古遗址	吴忠市盐池县	盐池县老盐池村	105°17′19.3″E	36°38′55.7″N
32	北破城古城（北破城址）	古遗址	吴忠市盐池县	盐池县惠安堡乡	106°38′08.9″E	37°29′18.0″N
33	花马池古城址（花马池城址）	古遗址	吴忠市盐池县	盐池县花马池镇长城行政村	107°24′13.2″E	37°47′01.1″N
34	铁柱泉古城址（铁柱泉城址）	古遗址	吴忠市盐池县	盐池县冯记沟乡铁柱泉自然村西500米	106°58′11.7″E	37°41′42.0″N
35	安定堡城址	古遗址	吴忠市盐池县	盐池县王乐井乡安定堡村	107°13′47.4″E	37°56′15.0″N
36	高平堡城址	古遗址	吴忠市盐池县	盐池县花马池镇十六堡村	107°17′13.7″E	37°50′56.7″N
37	毛卜喇城址	古遗址	吴忠市盐池县	盐池县高沙窝镇徐庄子村	106°52′58.2″E	38°08′38.1″N
38	隰宁堡城址	古遗址	吴忠市盐池县	盐池县惠安堡镇隰宁堡村	106°41′23.8″E	37°21′38.9″N
39	拜寺口方塔遗址	古遗址	银川市贺兰县	贺兰县洪广镇金山村	105°54′19.9″E	38°42′27.7″N
40	南磁湾恐龙化石（南磁湾恐龙化石群遗址）	古遗址	银川市灵武市	灵武市宁东镇永利村南磁湾南侧	106°39′24.8″E	38°02′15.4″N
41	回民巷窑址	古遗址	银川市灵武市	灵武市宁东镇回民巷村	106°40′40.9″E	38°06′35.2″N
42	石沟驿古城址（石沟驿城址）	古遗址	银川市灵武市	灵武市石沟驿镇	106°27′26.2″E	37°42′19.7″N
43	红山堡城址	古遗址	银川市灵武市	灵武市区北35公里临河镇下桥村	106°31′13.5″E	38°16′33.1″N
44	灵州城墙遗址	古遗址	银川市灵武市	灵武市城区街道办西苑社区鑫祥花苑小区东侧	106°19′39.1″E	38°05′47.5″N
45	清水营城址	古遗址	银川市灵武市	灵武市宁东镇清水营村	106°42′10.9″E	38°12′10.9″N
46	石沟驿窑址	古遗址	银川市灵武市	灵武市白土岗乡新红村东南11公里	106°26′56.6″E	37°43′04.3″N

序号	名　称	文物类型	所在市县	详细地点	坐标	
					经　度	纬　度
47	贺兰口沟西夏遗址（贺兰口沟遗址）	古遗址	银川市贺兰县	贺兰县贺兰口沟内	105°59′10.3″E	38°47′27.2″N
48	滚钟口西夏遗址（滚钟口遗址）	古遗址	银川市西夏区	西夏区高家闸村西北小滚钟口内	105°55′25.4″E	38°33′18.7″N
49	镇北堡古城址（镇北堡城址）（明城）	古遗址	银川市西夏区	西夏区镇北堡镇东南	106°03′50.3″E	38°36′48.4″N
50	镇北堡城址（清城）	古遗址	银川市西夏区	西夏区镇北堡镇东南华西村	106°04′06.5″E	38°36′52.1″N
51	西安州古城（西安州城址）	古遗址	中卫市海原县	海原县西安乡	105°28′12.9″E	36°35′40.7″N
52	盐池古城址（盐池城址）	古遗址	中卫市海原县	海原县盐池乡	105°17′19.3″E	36°38′55.7″N
53	凤凰古城址（凤凰城址）	古遗址	中卫市海原县	海原县高崖乡草场村	105°55′59.9″E	36°50′24.8″N
54	关桥城址	古遗址	中卫市海原县	海原县关桥行政村关桥自然村	105°47′03.1″E	36°47′15.2″N
55	马营城址	古遗址	中卫市海原县	海原县贾塘乡马营行政村马营自然村	105°47′31.4″E	36°32′18.4″N
56	撒台城址	古遗址	中卫市海原县	海原县郑旗乡撒台行政村王家树沟自然村	105°59′49.5″E	36°25′01.7″N
57	下河沿窑址	古遗址	中卫市沙坡头区	沙坡头区常乐镇下河沿村、常乐镇大湾村	105°02′45.2″E	37°25′43.1″N
58	沙坡头四眼井遗址	古遗址	中卫市沙坡头区	常乐镇罗圈村四眼井村	105°12′51.5″E	37°11′30.7″N
59	昊王渠遗址（青铜峡段）	古遗址	吴忠市青铜峡市	青铜峡市瞿靖镇银光村西北3.6公里处，经过瞿靖镇、邵岗镇，西距贺兰山脉约30公里，东侧是银川平原南	105°57′59.0″E	38°05′28.9″N
60	昊王渠遗址（西夏区段）		银川市西夏区	西夏区平吉堡农场一队、三队	106°00′04.7″E	38°24′50.2″N
61	昊王渠遗址（贺兰段）		银川市贺兰县	贺兰县境内	106°10′24.6″E	38°46′37.8″N
62	昊王渠遗址（平罗段）		石嘴山市平罗县	平罗县境内	106°10′50.7″E	38°49′06.9″N
63	东海子遗址（原州区段）	古遗址	固原市原州区	原州区开城镇马场村	106°20′13.6″E	35°52′03.9″N
64	东海子遗址（彭阳段）		固原市彭阳县	彭阳县古城镇海口村马场组	106°34′08.33″E	35°86′74.21″N

序号	名　称	文物类型	所在市县	详细地点	坐　标	
					经　度	纬　度
65	关马湖汉墓	古墓葬	吴忠市利通区	利通区马家湖乡	106°08′30.3″E	37°51′06.5″N
66	东塔古墓群	古墓葬	吴忠市利通区	利通区东塔寺乡塔寺村	106°12′12.0″E	37°59′21.4″N
67	明王陵	古墓葬	吴忠市同心县	同心县韦州镇	106°25′23.3″E	37°18′57.5″N
68	金国正墓	古墓葬	吴忠市同心县	同心县豫海镇南回族公墓	105°55′00.0″E	36°58′14.7″N
69	暖泉汉墓	古墓葬	银川市贺兰县	贺兰县金山乡	106°09′52.6″E	38°46′43.2″N
70	兵沟汉墓群	古墓葬	银川市兴庆区	兴庆区月牙湖乡黄里岗村南1.5公里	106°32′20.1″E	38°27′57.6″N
71	余羊清真寺	古建筑	固原市泾源县	泾源县泾河源镇余家村	106°24′08.1″E	35°24′41.0″N
72	璎珞宝塔	古建筑	固原市彭阳县	彭阳县冯庄乡小湾村牛湾组	106°46′57.0″E	36°05′40.0″N
73	武当庙	古建筑	石嘴山市大武口区	大武口区长兴街道办事处西侧2公里处（北武当生态旅游区内）	106°21′51.0″E	39°03′34.1″N
74	平罗钟鼓楼	古建筑	石嘴山市平罗县	平罗县城中心	106°32′31.9″E	38°54′11.9″N
75	牛首山寺庙群	古建筑	吴忠市青铜峡市	青铜峡市峡口镇牛首山	106°03′19.7″E	37°48′03.6″N
76	镇海塔（镇河塔或东塔）	古建筑	银川市灵武市	灵武市东门东塔镇东塔村	106°20′46.3″E	38°04′31.3″N
77	银川鼓楼	古建筑	银川市兴庆区	兴庆区解放东街和鼓楼南北街十字路交叉处	106°16′37.1″E	38°27′53.2″N
78	南门楼	古建筑	银川市兴庆区	兴庆区南薰东街与中山南街交会处	106°16′58.8″E	38°27′40.9″N
79	多宝塔	古建筑	银川市永宁县	永宁县李俊镇金塔村	106°07′04.5″E	38°10′58.8″N
80	中卫鼓楼	古建筑	中卫市沙坡头区	沙坡头区文昌镇鼓楼四街中心	105°11′10.1″E	37°30′53.6″N
81	华严塔	古建筑	中卫市中宁县	中宁县恩和镇华寺村南	105°48′05.2″E	37°30′05.0″N
82	唐徕渠（青铜峡段）	古建筑	吴忠市青铜峡市	青铜峡市大坝镇立新村东南1.2公里（起点），流经大坝镇、瞿靖镇、邵岗镇	105°59′29.5″E	37°56′10.3″N

序号	名　称	文物类型	所在市县	详细地点	坐标	
					经　度	纬　度
83	唐徕渠（永宁段）	古建筑	银川市永宁县	永宁县境内	106°15′59.1″E	38°23′54.4″N
84	唐徕渠（兴庆区段）	古建筑	银川市兴庆区	兴庆区与金凤区交界处	106°15′36.6″E	38°25′40.5″N
85	唐徕渠（贺兰段）	古建筑	银川市贺兰县	贺兰县境内	106°17′45.0″E	38°33′02.3″N
86	唐徕渠（平罗段）	古建筑	石嘴山市平罗县	平罗县境内	106°24′16.2″E	38°43′11.5″N
87	秦渠（青铜峡段）	古建筑	吴忠市青铜峡市	青铜峡市青铜峡镇峡石居委会北500米处（起点），流经青铜峡镇、峡口镇	105°59′42.5″E	37°53′13.8″N
88	秦渠（利通区段）	古建筑	吴忠市利通区	利通区境内	106°11′37.0″E	37°58′32.8″N
89	秦渠（灵武段）	古建筑	银川市灵武市	灵武市赫家桥镇、崇兴镇	106°20′46.2″E	38°04′31.3″N
90	汉渠（青铜峡段）	古建筑	吴忠市青铜峡市	青铜峡市青铜峡镇峡石居委会北500米处（起点），流经青铜峡镇、峡口镇	105°59′42.9″E	37°53′13.7″N
91	汉渠（利通区段）	古建筑	吴忠市利通区	利通区境内	106°06′11.0″E	37°58′00.8″N
92	汉渠（灵武段）	古建筑	银川市灵武市	灵武市赫家桥镇、崇兴镇	106°20′45.3″E	38°04′33.2″N
93	小岔沟革命旧址	近现代重要史迹及代表性建筑	固原市彭阳县	彭阳县古城镇小岔沟村阳洼组	106°20′23.0″E	35°50′41.0″N
94	沙沟拱北	近现代重要史迹及代表性建筑	固原市西吉县	西吉县沙沟乡沙沟村	105°55′32.0″E	36°10′08.3″N
95	单南清真寺	近现代重要史迹及代表性建筑	固原市西吉县	西吉县兴隆镇单南村	105°49′50.5″E	35°41′05.6″N
96	城隍庙	近现代重要史迹及代表性建筑	固原市原州区	原州区政府街粮食局副食厂院内	106°17′05.0″E	36°00′13.8″N
97	财神楼	近现代重要史迹及代表性建筑	固原市原州区	原州区过店街南端	106°17′02.2″E	35°59′47.4″N

序号	名　称	文物类型	所在市县	详细地点	坐标	
					经　度	纬　度
98	文澜阁	近现代重要史迹及代表性建筑	固原市原州区	原州区人民街城关二小古城墙东南角上	106°17′11.2″E	36°00′04.2″N
99	二十里铺拱北	近现代重要史迹及代表性建筑	固原市原州区	原州区城南二十里铺	106°16′51.9″E	35°54′31.7″N
100	国务院直属口五七干校旧址	近现代重要史迹及代表性建筑	石嘴山市大武口区	大武口区星海镇星海村村北50米处	106°20′58.9″E	38°55′49.5″N
101	板桥道堂	近现代重要史迹及代表性建筑	吴忠市利通区	利通区板桥乡板桥村	106°09′04.0″E	37°57′30.6″N
102	马月坡寨子	近现代重要史迹及代表性建筑	吴忠市利通区	利通区东塔寺乡柴园村	106°12′34.0″E	37°59′18.5″N
103	青铜峡拦河大坝	近现代重要史迹及代表性建筑	吴忠市青铜峡市	青铜峡市青铜峡镇余桥村西南2公里处	105°59′37.6″E	37°53′00.3″N
104	青铜峡黄河铁桥	近现代重要史迹及代表性建筑	吴忠市青铜峡市	青铜峡市青铜峡镇余桥村西南1.5公里处，南距青铜峡水利枢纽工程下游1.3公里	105°59′46.6″E	37°53′37.5″N
105	青铜峡双曲砖拱形粮仓	近现代重要史迹及代表性建筑	吴忠市青铜峡市	青铜峡市青铜峡镇沃沙村西北1.8公里处	106°00′58.3″E	37°53′28.0″N
106	高庄滩红军长征遗迹（高庄滩红军西征遗址、红城水娘娘庙）	近现代重要史迹及代表性建筑	吴忠市同心县	同心县韦州镇高滩小庙	106°25′04.1″E	37°12′53.8″N
107	李塬畔革命旧址	近现代重要史迹及代表性建筑	吴忠市盐池县	盐池县麻黄山乡李塬畔村	107°10′10.7″E	37°16′18.5″N
108	雷记沟回汉支队驻地旧址	近现代重要史迹及代表性建筑	吴忠市盐池县	盐池县青山乡月儿泉行政村雷记沟自然村	107°10′43.7″E	37°36′21.3″N
109	民国宁夏政府旧址	近现代重要史迹及代表性建筑	银川市兴庆区	兴庆区文化街与进宁街交叉路口沙湖宾馆西南10米处	106°16′02.3″E	38°28′06.3″N
110	九彩坪拱北	近现代重要史迹及代表性建筑	中卫市海原县	海原县九彩乡九彩坪村	105°53′58.0″E	36°17′03.5″N

序号	名　称	文物类型	所在市县	详细地点	坐标	
					经　度	纬　度
111	中卫酿酒作坊	近现代重要史迹及代表性建筑	中卫市沙坡头区	沙坡头区滨河镇应理北街	105°10′35.7″E	37°31′07.3″N
112	洪岗子道堂	近现代重要史迹及代表性建筑	中卫市中宁县	中宁县喊叫水乡石泉村南侧	105°31′30.5″E	37°06′19.8″N
113	石窑湾石窟	石窟寺及石刻	固原市泾源县	泾源县新民乡张台村东800米北面山体半坡上	105°40′11.7″E	36°14′15.3″N
114	三关口摩崖石刻	石窟寺及石刻	固原市泾源县	泾源县六盘山镇蒿店村	106°22′31.7″E	35°40′42.6″N
115	石窑寺石窟（何家山石窑寺石窟）	石窟寺及石刻	固原市隆德县	隆德县城关镇竹林村西南500米处的龙凤山上	106°05′57.5″E	35°36′00.9″N
116	无量山石窟	石窟寺及石刻	固原市彭阳县	彭阳县古城镇田庄村北塬组	106°30′38.1″E	35°56′13.1″N
117	火石寨石窟	石窟寺及石刻	固原市西吉县	西吉县火石寨乡	105°25′43.0″E	36°05′16.3″N
118	石寺山石窟	石窟寺及石刻	固原市西吉县	西吉县火石寨乡北庄村	105°44′53.0″E	36°07′31.6″N
119	蝉塔山石窟	石窟寺及石刻	固原市原州区	原州区三营镇张家山村三队西侧2500米的蝉塔山	106°00′39.3″E	36°14′27.4″N
120	贺兰山石刻塔	石窟寺及石刻	石嘴山市大武口区	涝坝沟石刻塔位于大武口区沟口街道办事处绿洲社区西北侧3公里处涝坝沟口北侧山崖上；大枣沟石刻塔位于大武口区大武口乡大枣沟口西1.5公里处	涝坝沟石刻塔106°29′00.4″E，大枣沟石刻塔106°23′34.6″E	涝坝沟石刻塔39°04′51.0″N，大枣沟石刻塔39°03′43.3″N
121	白芨沟赭色岩画	石窟寺及石刻	石嘴山市大武口区	大武口区大武口乡杏花村	106°10′00.6″E	39°05′42.6″N
122	大西峰沟岩画	石窟寺及石刻	石嘴山市平罗县	平罗县大西峰沟内	106°07′51.4″E	38°49′03.6″N
123	大水沟题刻（大水沟题记）	石窟寺及石刻	石嘴山市平罗县	平罗县大水沟内	106°08′55.5″E	38°53′29.0″N
124	干沟题刻	石窟寺及石刻	石嘴山市平罗县	平罗县干沟内	106°15′28.1″E	38°57′33.5″N
125	四眼井岩画	石窟寺及石刻	吴忠市青铜峡市	青铜峡市青铜峡镇三趟墩村西11.2公里的广武四眼井西侧东西走向的山水沟内	105°45′18.9″E	37°45′33.7″N

序号	名　称	文物类型	所在市县	详细地点	坐　标	
					经　度	纬　度
126	灵应山石窟	石窟寺及石刻	吴忠市盐池县	盐池县青山乡营盘山行政村小水自然村	107°14′42.2″E	37°32′31.0″N
127	石灰窑石刻	石窟寺及石刻	银川市贺兰县	贺兰县洪广镇贺兰山苏峪口沟内	105°55′46.8″E	38°25′37.8″N
128	天都山石窟	石窟寺及石刻	中卫市海原县	海原县西安乡	105°23′05.0″E	36°35′32.4″N
129	凤岭龙山寺石窟	石窟寺及石刻	中卫市海原县	海原县红羊乡红羊行政村北河自然村	105°37′31.8″E	36°15′38.5″N
130	金佛沟石窟	石窟寺及石刻	中卫市海原县	海原县李俊乡团结行政村牛家堡子自然村	105°46′20.3″E	36°10′50.4″N
131	元龙山石窟	石窟寺及石刻	中卫市海原县	海原县红羊乡张元村	105°43′48.6″E	36°14′27.4″N
132	石空寺石窟	石窟寺及石刻	中卫市中宁县	中宁县双龙山南麓的金沙村界内石空寺西北	105°34′01.8″E	37°31′48.0″N
133	石马湾岩画	石窟寺及石刻	中卫市中宁县	中宁县石空镇枣园村北约15公里白马湖村北山中的芨芨沟	105°42′37.8″E	105°42′37.8″N
134	黄羊湾岩画	石窟寺及石刻	中卫市中宁县	中宁县余丁乡黄羊村约3公里的卫宁北山黄羊湾里	105°32′28.6″E	37°31′23.6″N
135	贺兰山岩画（广武口子段）	石窟寺及石刻	吴忠市青铜峡市	青铜峡市青铜峡镇三趟墩村西北11.5公里处的广武口子门沟大山中	105°44′55.7″E	37°47′53.8″N
136	贺兰山岩画（大武口区段）	石窟寺及石刻	石嘴山市大武口区	大武口区大武口乡西北侧7公里贺兰山北端的小枣沟内	黑石卯岩画：106°24′15.4″E，白芨沟杏花村岩画106°10′00.6″E	黑石卯岩画39°04′40.5″N，白芨沟杏花村岩画39°05′42.6″N
137	"岳飞送张紫岩北伐诗"碑	其他	银川市兴庆区	兴庆区中山公园园内	106°15′55.5″E	38°28′29.7″N

第三节　文广机构

一、广播电视

宁夏广播电视台【Níngxià Guǎngbō Diànshìtái】　　地址：银川市金凤区北京中路66号。2004年12月，由原宁夏人民广播电台、宁夏电视台、宁夏有线电视台等21家事业单位、宁夏广播电视网络有限公司等3家产业公司整合，成立宁夏广播电视总台，为自治区党委直属事业单位；2009年剥离经营性业务和资产，组建宁夏广电传媒集团公司和宁夏电影集团公司；2014年，宁夏广播电视总台更名为宁夏广播电视台，由党委管理的事业单位划转为政府直属事业单位，由自治区党委宣传部和新闻出版广电局共同管理。内设6个处级机构和13个业务机构，下属4家事业单位，2家集团公司。拥有广播、电视、报纸、网络、电影五大传播媒介。5套广播和5套电视节目覆盖宁夏全境及周边省区；拥有有线电视用户108万户；宁夏广电网是宁夏最大的新闻视频网站，日点击量达到5万人次左右；电影集团公司是宁夏唯一具有电影生产资质的单位，摄制的《画皮》《冯志远》等影视剧在国内外获奖。

银川市广播电视台【Yínchuānshì Guǎngbō Diànshìtái】　　地址：银川市兴庆区中山北街11号。旗下共有三个电视频道、三个电台频率，分别为银川电视台公共频道、生活频道、文体频道，银川人民广播电台新闻综合频率、交通音乐频率、都市经济频率以及银川市广播电视发射台，固定资产逾亿元，现有职工600多名。公共频道每天播出17小时，以新闻节目为主。生活频道每天播出19小时，注重服务性，以经济生活、社会服务为主要内容。文体频道每天播出19小时，突出动感时尚的特色，娱乐与体育相结合。银川人民广播电台有新闻综合频率、都市经济频率。旗下的广播电视发射台，承担着向银川市城市、农村的广大人民群众发射传输"银川人民广播电台新闻综合频率（801频率）""多路微波模拟信号电视节目（MMDS）""银川公共电视节目（18频道）""多媒体移动电视节目（CMMB）""地面数字电视双频覆盖"等无线广播电视节目的重要任务。

石嘴山市广播电视台【Shízuǐshānshì Guǎngbō Diànshìtái】　　地址：大武口区游艺西街363号，在原石嘴山电视转播台的基础上扩建而成。1990年12月25日正式开播，总发射功率32.3千瓦，除转播中央一套、宁夏电视台节目外，还自办一套节目。发射功率10千瓦，电视发射塔高183米，覆盖石嘴山市三县（平罗县、惠农县、陶乐县）、三区（大武口区、石嘴山区、石炭井区）、银川部分县区及内蒙古相邻地区，自办节目覆盖面积1万余平方公里，收视人口300万。

吴忠市广播电视台【Wúzhōngshì Guǎngbō Diānshìtái】　地址：吴忠市利通区裕民东路与新村街交会处东。承办广播中心、电视广告、微波网络、城乡网络四项工作，有各类数字及模拟采、编、发射等技术设备 40 余台（套、条）。开设公共和综合两个频道，发射功率 4.05 千瓦，除正常转发中央电视台、宁夏电视台节目外，自办节目有《吴忠新闻》《晚间新闻》《新闻第六日》三档新闻节目，《乡村万象》《周末休闲》《塞上视点》等八个栏目，每天播出节目 15 小时，节目覆盖吴忠四县（市、区）及周边地区。

（固原、中卫广播电视台属宁夏广电总台分支机构，故不列。）

二、报社、出版社

宁夏有公开发行报纸 7 种，其报社具地名意义。有各类期刊 18 种，期刊编辑部都不具地名意义，故不收录。

宁夏日报社【Níngxià Rìbàoshè】　地址：银川市中山南街 109 号，是宁夏回族自治区党委机关报，有独立办公大楼。曾两次创刊：1949 年 9 月 23 日，中国人民解放军解放宁夏省会银川市，11 月 11 日《宁夏日报》创刊，成为中共宁夏省委的机关报。12 月 21 日，《宁夏日报》开始启用毛泽东同志亲笔书写的《宁夏日报》报头，沿用至今。1954 年 8 月，宁夏省建制撤销，8 月 31 日《宁夏日报》停刊。1958 年，宁夏回族自治区成立，8 月 1 日《宁夏日报》复刊。2000 年，由宁夏日报社主办的《新消息报》创刊，属省级，日均 32 版，是宁夏日发行量大、零售量多的报纸。2006 年 7 月，宁夏日报报业集团挂牌成立，为自治区党委直属正厅级事业单位，旗下拥有七报两刊一网站一手机报。资产总额 3 亿元，年收入 1.5 亿元，报刊总发行量达到 40 万份。

黄河出版传媒集团【Huánghé Chūbǎn Chuánméi Jítuán】　地址：银川市兴庆区北京东路 139 号。前身为 1958 年成立的宁夏人民出版社，2009 年 12 月 21 日组建为现代综合性文化传媒企业，为有限公司，有宁夏画报社、宁夏人民教育出版社、地方新华书店等控股企业 10 家。下辖宁夏人民出版社、阳光出版社、宁夏人民教育出版社等 10 家全资子公司。

银川日报社、银川晚报社【Yínchuān Rìbàoshè Yínchuān Wǎnbàoshè】　地址：银川市兴庆区解放东街 147 号。《银川日报》是中共银川市委机关报，《银川晚报》是银川市人民政府的综合性都市类报纸，两家报纸在一栋楼内办公。

华兴时报社【Huáxīng Shíbàoshè】　地址：银川市兴庆区文化西街 50 号，是宁夏回族自治区政协办公厅主办的时政新闻类报纸。

石嘴山日报社【Shízuǐshān Rìbàoshè】　1988 年 1 月 1 日创刊，中共石嘴山市委机关报，地址：石嘴山市大武口区鸣沙路 51 号。

吴忠日报社【Wúzhōng Rìbàoshè】 1990 年 12 月 5 日创刊，中共宁夏吴忠市委的机关报，地址：吴忠市军分区原招待所。

中卫日报社【Zhōngwèi Rìbàoshè】 2005 年 4 月 28 日创刊，中共中卫市委机关报，地址：中卫市秀水街广电局旁。

三、影剧院

金凤凰电影城【Jīnfènghuáng Diànyǐngchéng】 位于银川市兴庆区新华东街 118 号。始建于 1948 年，利用"三晋会馆"场地放映。1949 年 10 月重建为人民电影院。1988 年 2 月由自治区电影公司重建，更名为"金凤凰电影文化中心"，得名于银川号称凤凰城。2012 年 4 月，按五星级影城标准兴建大型现代化品牌多厅影城，共设 6 个影厅，全数字化，800 多个座位，其中包含一个 DMAX（巨幕厅）及一个 VIP 厅。

宁夏人民会堂国际影城【Níngxià Rénmínhuìtáng Guójì Yǐngchéng】 位于银川市兴庆区公园街 5 号宁夏人民会堂 3 楼，按五星级影院标准设计，是宁夏人民会堂与广东电影公司、中影南方电影新干线合作的项目。设 6 个影厅，近 600 座席。

银川金凤万达影城【Yínchuān Jīnfèng Wàndá Yǐngchéng】 是西北首家 IMAX 影城。位于金凤区正源北街 22 号万达广场娱乐楼四层，占地面积 6300 余平方米，内设 10 个豪华影厅，计 1522 个座位。其中 IMAX 影厅是西北地区首块 IMAX 银幕，其高清晰的图像、功率强的放映设备、六声道多喇叭音响系统，给观众带来高规格影像品质。

宁夏人民剧院【Níngxià Rénmín Jùyuàn】 位于金凤区人民广场东侧，与宁夏博物馆、宁夏图书馆和银川市文化艺术中心围合成一个漂亮的广场，人民广场东侧被外地媒体称为宁夏文化的"大客厅"，剧院是这个"大客厅"的画龙点睛之作。占地 77.3 亩，主体是 1600 座的国家标准大型甲等剧院，总建筑面积 4.9 万平方米，可以接待和举办各级各类演出。

银川剧院【Yínchuān Jùyuàn】 位于银川市金凤区建发大阅城西南角，总建筑面积 2 万平方米，内设大、小两个剧场，采用目前最先进的全自动机械舞台，拥有 3 个大化妆间、1 个贵宾厅、4 个 VIP 室、停车库等完善的配套设施。

石嘴山潇湘国际影城【Shízuǐshān Xiāoxiāng Guójì Yǐngchéng】 隶属湖南潇湘电影集团，与石嘴山市贺兰山商业大楼共同投资兴建，是石嘴山市首家五星级高档多厅国际电影城。位于大武口区贺兰山路与石嘴山步行街交会处，贺兰山商业大楼 7 楼。

吴忠恒大影城【Wúzhōng Héngdà Yǐngchéng】 位于吴忠市利通区文化街恒大名都东侧。影城拥有 1049 个座位，7 个影厅。

固原剧院【Gùyuán Jùyuàn】 建于 1959 年，6 月正式投入使用，位于固原市原州区南关街道南关路 304 号。到 20 世纪末，成为危房而停止营业。2010 年 7 月 26 日改建工程竣工并恢复营业，建筑总面积达 1705 平方米。

固原横店电影城【Gùyuán Héngdiàn Diànyǐngchéng】 位于固原市政府街 51 号尚都购物 6 层，是固原市五星级影城。共设 4 个一流的专业影厅和一个豪华 VIP 厅，可同时容纳 500 多名观众。

中影巨幕国际影城【Zhōngyǐng Jùmù Guójì Yǐngchéng】 位于中卫市五馆一中心的文化馆中，实为中影集团在中卫市建设的一家分影院，故名。按照五星级影院标准建造，设有 4 个豪华影厅和 4 个点映厅，近 600 个座位，全部采用 SONY – 4K 放映机、全金属银幕。

海原县影剧院【Hǎiyuánxiàn Yǐngjùyuàn】 1963 年，将海原县县政府礼堂改为电影院。1982 年，海原县影剧院在县城南门广场落成，有大小放映厅两个，建筑面积 1800 平方米，可容纳观众 1130 人，是城市电影放映、接待外地和县内大型会议及文艺演出的综合性场所。2007 年 11 月，影剧院改建工程竣工，座椅由硬座改为软座，对舞台幕布、灯光等设施进行了更换和增设。其外形具有民族风格，已成为海原县的地标性建筑。

第四节　风景名胜

一、景　致

（一）明代宁夏八景

明代陈宗太有"宁夏旧八景"，即黑水故城、夏台秋草、黄沙古渡、长塔钟声、官桥柳色、贺兰晴雪、良田晚照、汉渠春涨。就藩宁夏的庆王朱栴在其主持编修的宣德《宁夏志》中，提出了自己总结的宁夏八景，具体如下。

贺兰晴雪【Hèlán – Qíngxuě】 宁夏八景之首。盛夏暑日，蓝天晴空，在宁夏镇城遥望贺兰山，却是白雪盖顶，文人骚客称此奇景为"贺兰晴雪"。贺兰山是银川平原的天然屏障，对于阻挡沙漠东移和寒流的侵袭起着巨大的作用。从内蒙古过境的寒流经过贺兰山时，与南下的暖流交汇便会形成降雪天气，降雪过后的几天时间里，虽然阳光明媚，但积雪仍然没有化，往往出现"忽如一夜东风来，千树万树梨花开"的景象。《贺兰晴雪赋》云："贺兰奇雪，塞上独绝，古今奇观。积雪在山，远人兴焉，日照不融，诗画逢缘。各处山头，银装素裹，耀眼争光，莽龙苍苍。可谓满眼但知银世界，举头都是玉江山。如诗如画，描绘天涯。密林深处，万籁俱寂，雪压枝头，树挂图景，幅幅难足。

山腰相看，绿荫葱葱；山巅不厌，白雪皑皑。"

汉渠春涨【Hànqú – Chūnzhǎng】　东汉时期在黄河以西的银川平原修凿了一条灌渠，唐代称汉渠，西夏至明代称汉延渠。"汉渠春涨"所描绘的，正是春季汉延渠开闸引灌时的景色。明庆王朱栴诗云：

> 神河浩浩来天际，别络分流号汉渠。
>
> 万顷腴田凭灌溉，千家禾黍足耕锄。
>
> 三春雪水桃花泛，二月和风柳眼舒。
>
> 追忆前人疏凿后，于今利泽福吾居。

月湖夕照【Yuèhú – Xīzhào】　月湖在今贺兰县常信乡张亮村，水域广阔，不生水草，远观如莹，照物无遗。湖形如月，湖面水平如镜，加上夕阳衬托，使这里的景色犹如江南水乡。朱栴诗云：

> 万顷清波映夕阳，晚风时骤漾晴光。
>
> 暝烟低接渔村近，远水高连碧汉长。
>
> 两两忘机鸥戏浴，双双照水鹭游翔。
>
> 北来南客添乡思，仿佛江南水国乡。

月湖后称张亮广湖，当代开挖银新沟、红旗沟后，张亮广湖被开发成良田，"月湖夕照"美景已成了历史追忆。

黄沙古渡【Huángshā – Gǔdù】　本指今银川市黄河东岸横城渡口。曾是西夏时期的顺化古渡，为古今东去中原的一大要津。沙漠、黄河、长城风光在此交会，渡口人声鼎沸，骡马嘶鸣的景象映入人们的眼帘。朱栴诗云：

> 黄沙漠漠浩无垠，古渡年来客问津。
>
> 万里边夷朝帝阙，一方冠盖接咸秦。
>
> 风生滩渚波光渺，雨过汀洲草色新。
>
> 西望河源天际阔，浊流滚滚自昆仑。

灵武秋风【Língwǔ – Qiūfēng】　古有灵武谷，今有灵武口，在今青铜峡市境西北境贺兰山林泉口。山上树木丛生，茂密成林，秋风乍起，万木萧萧。朱栴诗云：

> 翠辇曾经此地过，时移世变奈愁何？
>
> 秋风古道闻笳鼓，落日荒郊牧马驼。
>
> 远近军屯连戌垒，模糊碑刻锁烟萝。
>
> 兴亡千古只如此，何必登临感慨多。

黑水故城【Hēishuǐ – Gùchéng】　明嘉靖《宁夏新志》解释"即赫连所筑统万城"。赫连勃勃所筑统万城在今陕西省靖边县红墩涧乡，有遗址，明代不归宁夏镇管辖。西夏有黑水城，在今内蒙古额济纳旗黑河流域，也与明代宁夏镇无关系。此景指何处，尚待考证。

官桥柳色【Guānqiáo－Lǐusè】　明代官桥位于杨和堡北，民国年间称达观桥，当代改作大关桥，跨汉延渠，北接银川，南至永宁，为交通孔道。每逢春夏，渠畔千柳金丝，迎风摆动，娇莺鸣翠，乌鹊争枝，景色极好。王逊诗云：

> 官桥千树柳，一路照征袍。
>
> 色可黄金比，丝非绿茧缲。
>
> 春容知不愧，客意叹徒劳。
>
> 送别青青眼，何时见我曹？

梵刹钟声【Fánchà－Zhōngshēng】　梵刹指承天寺塔，俗称"西塔"，为西夏建筑。寺院规模宏大，备极壮丽，时有"东土名流""西天达士"往来，西夏王室也常去听经礼佛。一塔耸立入云，12层八角悬挂塔钟，风曳钟动，铃声悠扬，清脆入耳，使人为之动容。王逊诗云：

> 鸣钟长塔寺，不见昔年僧。
>
> 声寂三千界，音销十二层。
>
> 废基妻冢在，陈迹牧儿登。
>
> 有待庄严日，无常验智兴。

（二）清代宁夏八景

清初，宁夏巡抚黄图安续题"宁夏八景"，包括：藩府名园、承天倒影、南楼秋色、泮池巍阁、霜台清露、南塘雨雾、黑宝浮塔、土塔名刹。但这"八景"，一部分并未得到社会认可。乾隆年间，宁夏知府张金城在乾隆《宁夏府志》中对前人所称的旧宁夏"八景"进行修改，并改称为朔方"八景"，为山屏晚翠、河带晴光、古塔凌霄、长渠流润、西桥柳色、南麓果园、连湖渔歌、高台梵刹。张金城选择的"八景"，符合宁夏府的历史实际，确实是代表宁夏平原文化的景观。其中河带晴光、长渠流润、西桥柳色、连湖渔歌等为湿地景观。

山屏晚翠【Shānpíng－Wǎncuì】　与明代的雪景相比，傍晚时贺兰山的青翠山林在清人眼中更加美妙。当时的贺兰山松林苍葱，山涧泉水淙淙，青羊、麋鹿、蓝马鸡、锦鸡等珍禽异兽出没其间。青峰碧峦蜿蜒起伏，若逢阴晴朝夕，林峦云雾润湿蒙蒙。尤其傍晚夕阳返照，山体环抱如屏，山岗苍翠欲滴，风光更为迷人。王永祐"山屏晚翠"诗云：

　　　　万里风烟落照长，贺兰西峙色苍苍。

　　　　天从紫塞飞霞气，人在高楼望夕阳。

　　　　远树连村迷晚翠，片云孤鸟荡山光。

　　　　于喝樵唱归沙径，柏叶松花一市香。

　　王永祐，宁夏人，乾隆三十七年（1772 年）宁夏府宁朔县廪生。曾参加乾隆《宁夏府志》的编修工作。

河带晴光【Hédài – Qíngguāng】　古云"黄河如带"。乾隆《宁夏府志·名胜》云："河自西南来，出峡口，绕郡城，过平罗，复北折而西，紫澜浩瀚，晃日浮金，萦回数百里，望之若带。"万道阳光照耀下，两岸无尽绿色簇拥着黄河，如黄色缎带轻盈地蠕动，波澜壮阔，甚为可观。王永祐"河带晴光"诗云：

　　　　天际奔流到此平，日华摇浪色精莹。

　　　　金蛇倒掣鱼龙伏，素练横披水石明。

　　　　古岸青浮灵武嶂，烟墟绿暗典农城。

　　　　居人荷锸分膏润，沙塞时清正洗兵。

古塔凌霄【Gǔtǎ – Língxiāo】　清时，经过重修的海宝塔寺周围湖水环抱，亭台楼阁错落有致，景色秀丽。塔本身结构严谨，古朴壮观，造型独特，塔寺香火继绝而绵延，乾隆年间宁夏诗人王都赋"古塔凌霄"诗云：

　　　　物外抬提大野环，客来浑自敞心颜。

　　　　风铃几语兴亡事，宝塔遥传晋宋间。

　　　　极塞山河相拱揖，诸天云日总幽闲。

　　　　劫余正喜尖重合，努力凭高试一攀。

长渠流润【Chángqú – Líurùn】　长渠，指唐徕渠、汉延渠、惠农渠三大古渠，是说宁夏平原水域网络的塞上胜景，是"天下黄河富宁夏"的意象。三渠两岸，堤口上千，阡陌纵横，沃土连畦。宁夏引黄灌溉区的富饶和美丽，由三渠两岸的自然景观和丰收景象充分展现。王都赋"长渠流润"诗云：

　　　　长渠活活泻苍波，塞北风光果若何。

　　　　畎浍自分星汉水，人家齐饭玉山禾。

　　　　春村野甸鸣鸠唤，夏色凉畦浴鹭过。

　　　　漫道汉唐遗迹远，由来膏泽圣朝多。

西桥柳色【Xīqiáo – Lǐusè】　西桥即今银川西门桥，跨唐徕渠，为满城（今银川新城）和汉城（今银川老城）交通要道。古西桥浓荫蔽岸，垂柳婆娑。桥西路北为龙王庙，庙西平顶土屋，民居蚁集，塞上人烟。唐徕渠穿过宁夏府城西，为府城增添了秀色。乾隆年间宁夏诗人许德溥"西桥柳色"诗云：

> 渠畔龙宫枕大堤，春风夹岸柳梢齐。
>
> 羊肠白道穿云出，雁齿红桥亚水低。
>
> 沽酒清阴时系马，招凉短槛几留题。
>
> 更添蜡屐游山兴，为问平湖西复西。

南麓果园【Nánlù – Guǒyuán】　指汉渠东、官桥以南的大片果园，在今永宁县境。如果说唐代诗人韦蟾"贺兰山下果园成"的诗句是虚指的话，那么清代人许德溥的诗句就是写实，描绘了贺兰山下果园成熟、香飘四溢的情景。许德溥"南麓果园"诗云：

> 塞城秋早果园熟，古道官桥试重寻。
>
> 低树亭童时碍马，高云磊落总悬金。
>
> 荔枝漫说来巴峡，绿橘空烦赋上林。
>
> 几处短篱开板屋，檐前风露晚香沉。

连湖渔歌【Liánhú – Yúgē】　据载，古时银川平原多湖。唐徕渠以西，自南而北，湖泊似串珠，互相连属，号称七十二连湖。清乾隆《宁夏府志》中，就载有这一线的数十个湖名。民间，也把七十二连湖作为茶余饭后的话题。江南游子看到这般景色，不免引起乡愁。清代文人田霖作"连湖渔歌"，是七十二连湖最早的出处：

> 闲说连湖七十二，沧波深处聚鱼多。
>
> 不知罢钓何村宿，一棹青苹欸乃歌。

高台梵刹【Gāotái Fánchà】　高台即高台寺。银川市兴庆区有2个古高台寺，一在丽景街西侧，另一在掌政镇镇河村东南侧。此为后者，西夏李元昊在此建寺，清代虽已颓败，但仍有高台存在，凭栏远眺，数十里农田绿树、黄河景色尽收眼底。清代诗人任岳宗"高台梵刹"诗云：

> 花园细路指高台，闻说当年帝子来。
>
> 玉辇春蕪留仿佛，香楼阁道剩崔嵬。
>
> 上方钟声烟霞合，晴野川原日月开。
>
> 临眺不禁怀古思，聊凭象教恣徘徊。

（三）宁夏新十景

2014年10月至2015年6月，自治区党委宣传部组织开展"宁夏新十景"征集评选活动，通过群众网上投票、专家评议，于2015年7月28日晚在人民会堂发布"新十景"

评选结果。

艾依春晓【Aiyī – Chūnxiǎo】　2003 年，为了恢复银川"塞上湖城"风光，借鉴"七十二连湖"历史，从现有湿地资源实际出发，因地势疏导，开工建设了艾依河（编者注：2018 年 9 月更名为"典农河"），在改善沟道水质、调节地下水位、提高城市防洪排水标准、修复湿地、提高水资源利用率等方面发挥了巨大作用。沿河建设的景观，也成了市民休闲娱乐的好去处。八十公里湖光潋滟，人工河道穿珠成线。桥如虹，人如织。桨声曲水，柳暗花明。艾依最美是春晓，幸福生活入渔歌。

古堡新影【Gǔbǎo – Xīnyǐng】　坐落在银川市西夏区的镇北堡，遗存有古堡两座："老堡"始建于明代弘治年间，1739 年在宁夏大地震中被摧毁，仅存部分残墙；后在其北约 200 米重筑新堡，城墙基本完好，城中有数家羊圈。著名作家张贤亮先生在 20 世纪 80 年代初将镇北堡介绍给电影界，后以两座古堡为基础创办了镇北堡西部影城，以古朴、荒凉、原始、粗犷、民间化为特色，成为中国三大影视城之一，拍摄了 100 多部影视片，故名"故堡新影"。出售荒凉，文学妙手书写财富故事；点石成金，明清古堡演绎新影传奇。

贺兰晴雪【Hèlán – Qíngxuě】　"贺兰晴雪"继承了明代宁夏景观的名称，同时在内容上又赋予了时代的新意。

黄河金岸【Huánghé – Jīn'àn】　"黄河百害，唯富一套。"宁夏黄河自流引灌已有 2000 多年的历史，黄河流经宁夏 397 公里，由南到北，顺黄河而下，沿岸依次排布着沙坡头、黄河圣坛、一百零八塔、青铜峡大坝、黄河楼、黄河大桥、滨河新区、黄沙古渡、石嘴子等景观与工程。新的历史时期，宁夏立足实际，把握区情，不失时机地提出了打造"黄河金岸"、推进沿黄城市带建设的战略构想，赋予了"天下黄河富宁夏"新的时代内涵。其景观标志是沿黄两岸由南向北延伸的滨河大道。它建在原来的黄河堤上，宽阔平坦，路、堤合用。路两侧有数十米宽的绿化带；再两侧为黄河形成的湿地、滩涂。景观美不胜收，像两条金色的珠链，将银川和十余座城市连为一体。一条风景项链，恰似天上珠玑落人间。一张崭新蓝图，畅想今日宁夏新跨越。聚拢优势产业带，再造经济增长极，好一幅新时代的清明上河图。

回乡风情【Huíxiāng – Fēngqíng】　宁夏是全国唯一的回族自治区，漫漫历史长河形成了宁夏独特的回族民俗，也赋予了回族人独特的歌舞传统，无论是在盘山的羊肠小道，还是拔草的麦田，不时都能看到撩人心弦的花儿、听到美妙动听的口弦声。香辣扑鼻的羊杂碎、肉质鲜嫩的羊羔肉、沁人心脾的盖碗茶……漫步在中国最大的回族聚居区，各式各样的回族美食让人垂涎。正如王晓华所言，回族是一个历史悠久、文化积淀深厚的民族，回族的风情更是如同星辰般璀璨夺目。"塞上江南景色宜人，回乡风情绚丽多彩，华夏永宁集贤五湖四海，朔方安详纳福千家万户。"一座煌煌文化园区，一处百年古寺，神奇展现和浓缩了回族文化的源远流长。

六盘烟雨【Liùpán – Yānyǔ】　　六盘山国家森林公园是中国西部黄土高原上重要的水源涵养林基地和风景名胜区，良好的生态环境、富集的动植物与昆虫资源和积淀深厚的历史文化底蕴使之被称为黄土高原上的"绿色明珠"和清凉胜境。金钱豹、林麝、金雕、红腹锦鸡等 30 多种国家珍稀动物都在这儿。成片的森林，茂盛的植被，使山地降水量比周边黄土高原高出一倍以上。雨中的六盘山，景色更加迷人，山腰树木挺拔翠绿，山花烂漫；山上云雾弥漫，宛如仙境。昔日古战场，险居秦关二百重；红军策长缨，红旗漫卷两万里。烟雨蒙蒙，百媚千姿，黄土高原起绿岛；一日四季，巍峨雄奇，岿然不动云中山。

沙湖苇舟【Shāhú – Wěizhōu】　　沙湖位于平罗县西南，景区总面积 82 平方公里，其中水域面积 22 平方公里，沙漠面积 22.52 平方公里。是一处融江南水乡与大漠风光为一体的生态旅游胜地，为国家 5A 级旅游风景区。景区沙漠与湖泊友好共处，已是令人称奇；而万顷碧波中，苇丛成绿岛，泛舟其间，听鸟鸣，观鱼翔，心旷神怡；再登沙丘骑骆驼、滑沙坡，别有情趣。

沙坡鸣钟【Shāpō – Míngzhōng】　　沙坡头位于中卫市区西部腾格里沙漠的东南缘，集大漠、黄河、高山、绿洲于一处，具西北风光之雄奇，兼江南景色之秀美。有中国最大的天然滑沙场，有黄河文化的代表古老水车，有黄河上最古老的运输工具羊皮筏子，有沙漠中难得一见的海市蜃楼。可以骑骆驼穿越腾格里沙漠，可以乘坐越野车沙海冲浪，咫尺之间可以领略大漠孤烟、长河落日的奇观。令人称奇的是，高达近百米、直逼黄河左岸的大沙丘，人从陡坡滑下，沙子能发出一种奇妙的声音，宛如古刹钟声，由远及近，悠扬洪亮，古《中卫县志》称"沙坡鸣钟"。1959 年夏，著名地理学家竺可桢考察沙坡头时，以古稀之年，体验了"鸣沙"情趣，事后著文说："两千年以前，我国劳动人民早已通过实践道破了鸣沙的奥秘。由于坡陡、沙大，沙子里含有很多石英。经阳光照射发热，或风吹或人马走动，加压摩擦，就会发出声音。"滑沙声如钟，天晴鸣益盛。大漠沙暴狂，难侵沙坡头；黄河拦住去路，陡起大沙山。顺坡滑行，耳际钟鸣，沙海起伏，天地人和。

神秘西夏【Shénmì – Xīxià】　　西夏是党项族拓跋氏李元昊于 1038 年建立的王国，定都兴庆府，与宋、辽、金对峙 189 年。留存的西夏文化，如西夏文字、西夏王陵、西夏法典、木活字印刷术，是中华民族传统文化的重要组成部分。西夏于 1227 年为蒙古汗国的成吉思汗所灭，其主体民族党项人一夜之间神秘地消失了。灿烂的西夏文化，历经元明清三朝而无人传承，到近现代出现一批学者探索研究，正在揭开它神秘的面纱。因此，西夏留存的一批文化遗迹，如西夏王陵、西夏磁窑、众多的佛寺佛塔、州县城址，代表了"神秘西夏"的人文景观。

水洞兵沟【Shuǐdòng－Bīnggōu】　"水洞兵沟"顾名思义是一处"有水""有藏兵洞""有峡谷""有沟壑"的地方。这是水洞沟的外部表现形式，而内在的文化底蕴更为深厚。它是三万年前远古人类的繁衍生息之地，发现于20世纪30年代，打破了西方国家认为中国没有旧石器时代的错误论断，开启了中国旧石器时代研究的新篇章。这里今属灵武市临河镇，西至黄河9公里，名副其实，是中华民族的摇篮。水洞沟还是我国明代边塞重要的军事防御重地，在我国有长城的地方很多，但是长城、沟堑、城堡与险峻的大峡谷以及沿峡谷绝壁而凿的藏兵洞共同组成的立体军事防御体系，唯水洞沟有。遍布整个峡谷绝壁的藏兵洞，场面宏大，设计绝妙，洞内坑道、机关、暗器、瞭望台、兵器库、水井、将军休息室、议事厅、厨房等设施一应俱全。黄河摇篮留遗存，沟洞之下埋物证。峡谷暗掘藏兵洞，长城内布烽火墩。

二、旅游景区

西夏陵风景名胜区【Xīxiàlíng Fēngjǐngmíngshèngqū】　位于银川市西部贺兰山至110国道间，由滚钟口、西夏陵、拜寺口双塔和三关古长城四个景区组成。滚钟口，有花岗岩风蚀地貌景群，还有伊斯兰教、佛教、道教三教合一的建筑，是贺兰山腹地开发最早的景区。西夏陵又称西夏帝陵、西夏皇陵，是西夏历代帝王陵以及皇家陵墓，为全国重点文物保护单位（见本章第一节）。拜寺口双塔坐落在贺兰县西部的拜寺口（见本章第一节）。三关古长城位于西夏区平吉堡之西、贺兰山东麓，系宁夏通往内蒙古阿拉善左旗的孔道。明朝为防贺兰山以西的蒙古部族入侵，于嘉靖十九年（1540年）在三关口筑赤木关，顺沟由西向筑头关、二关及三关。头关规模最大，即赤木关，位于沟谷之口，故俗称三口关。关口石砌，长60米，高7.66米，顶部女墙高2.33米。关口之北利用山险，堑山代墙1990米；而关口向南先堑山253米，筑石基土墙162.5米，又南筑石基土墙长4617.5米；高6.67米，顶部女墙高1.66米；基宽7.33米，顶宽4米。今三关口所存，即这两段石基土墙，除女墙外，墙体保存完好。

沙湖旅游景区【Shāhú Lǚyóu Jǐngqū】　沙湖旅游区在平罗县姚伏镇西10余公里。原为前进农场鱼湖，1990年开发建设，因其独特优美的自然景观而被选为全国35个王牌景点之一。2007年5月8日，经国家旅游局批准为5A级旅游景区。（基本情况见本章第四节当代新十景。）有乘船游览、观鱼台观鸟、滑沙、驾车冲沙、骑驼、骑马、游泳、垂钓、滑翔、沙滩排球、沙滩足球、空中观光、水上摩托艇、冲浪、水上降落伞等旅游项目。

沙坡头旅游景区【Shāpōtóu Lǚyóu Jǐngqū】　位于中卫市城西 16 公里处，是国家 5A 级旅游景区。《元史·太祖纪》载，1226 年成吉思汗从河西走廊率大军东进灭西夏，"遂逾沙陀，至黄河九渡，取应里等县"。应理县即今中卫市区；沙陀就是沙坡头。"陀"字正解为"倾斜不平"，与"坡"同出一辙。此处因沙丘密布且向河岸倾斜，故名沙坡头。这里原来是沙丘连绵、人畜难越之地，只有骆驼可以畅行无阻。旅游业的出现，与治沙护路有直接关系。1958 年，包兰铁路建成，其线路经过这里。为了保护铁路不被风沙掩埋，成立了沙漠研究所和中卫治沙林场。研究人员和林场工人发明了草方格沙障，先将流沙固定，然后种草植树，坚持十多年后，即形成一条绿色长廊，实现人进沙退，保证了铁路畅通。这种行之有效的土办法治沙技术迅速传扬至世界各国，中卫固沙林场荣获联合国环境规划署颁发的"全球环境保护 500 佳先进单位"称号。20 世纪 80 年代后期，每年都有大批世界各国的专家、学者及游客来到沙坡头学习观摩。一些中外游客，也慕名前来，被这里的大漠和黄河风情吸引。经过 30 多年发展，沙坡头已成为宁夏对海外旅游市场的主打品牌，且在国内享有盛誉。至 2016 年，全年游客接待量已超过百万人次。这对以沙漠为对象、只有半年是旅游季的景点而言，是一个了不起的数字。

镇北堡西部影视城【Zhènběibǔ Xībù Yǐngshìchéng】　在西夏区镇北堡，利用两座古堡，保持古堡原有的奇特、雄浑、荒凉、悲壮、衰而不败的景象，突出了它的荒凉感、黄土味及原始化、民间化的审美内涵，增加了剧本要求的特殊场景，让电影艺术家们在这一片西部风光中尽兴地发挥他们的想象力和创造力。宁夏华夏西部影视城有限公司成立于 1993 年 9 月 21 日，系股份有限责任公司，由著名作家张贤亮任董事长。因以古时屯兵的镇北堡两座废堡为基地，俗称"镇北堡西部影城"。镇北堡西部影城是宁夏集观光、娱乐、休闲、餐饮、购物于一体的 5A 级旅游景区。它保留和复制了在此拍摄过的著名电影、电视的《牧马人》《黄河谣》《黄河绝恋》以及《新龙门客栈》《大话西游》场景 140 多处，供游客回味品鉴。这里摄制影片之多、升起明星之多、获得国内外影视大奖之多，皆为中国各影视城之冠，获得了"中国电影从这里走向世界"的美誉。

须弥山石窟风景名胜区【Xūmíshān Shíkū Fēngjǐngmíngshèngqū】　在固原市原州区黄铎堡乡西数公里，利用全国重点文物对游客开放，是丝绸之路旅游线路重要景区。详见本章第一节须弥山石窟条。

水洞沟旅游区【Shuǐdònggōu Lǚyóuqū】　位于灵武市临河镇，西距银川市 19 公里，南距灵武市 30 公里，距河东机场 11 公里，地处银川河东旅游带的核心部位，北与内蒙古鄂尔多斯市相接，是连接宁蒙旅游的纽带，占地面积 7.8 平方公里。水洞沟是中国最早发掘的旧石器时代文化遗址，被誉为"中国史前考古的发祥地""中西方文化交流的历史见证"。是全国重点文物保护单位，国家 5A 级旅游景区，国家地质公园。被国家列为全国文物保护的 100 处大遗址之一、"最具中华文明意义的百项考古发现"之一。荣获"中国最值得外国人去的 50 个地方"银奖。

宁夏贺兰山国家森林公园【Níngxià Hèlánshān Guójiā Sēnlín Gōngyuán】　地处银川市近郊，是国内离省会城市最近的国家森林公园。宁夏贺兰山国家森林公园地处中温带干旱气候区，植被按海拔从上到下依次有：高原灌木丛草甸带、山地针叶林带、山地疏林草原带和山地草原带，公园内最高海拔 3483 米，总面积为 9587 公顷。2000 年，经林业部批准成为国家级森林公园；2015 年，国家林业局审查决定准予苏峪口国家级森林公园将名称变更为贺兰山国家级森林公园，定名为宁夏贺兰山国家森林公园。景区内有贺兰山博物馆等主要景点。贺兰山博物馆建成于 2004 年，占地面积 3 万平方米，建筑面积 3 千平方米。它是贺兰山文化的一个缩影，由岩羊专题馆、贺兰山地貌沙盘、历史文化馆、矿产资源环境馆等 13 个馆组成，展品总数达到 467 件，是一座以贺兰山动植物资源、地质变迁、历史文化为主题的综合性现代化博物馆。三清观是苏峪口国家森林公园里的一座道教建筑。坐西面东，背靠山峰。据考证，早在西夏时就有了，后遭毁弃；明清时有重修，2003 年起，三清观开始重新修建，2005 年 7 月 15 日竣工。樱桃谷景区全长 2 公里，因其遍布了野生樱桃树而得名，属于峡谷景观，是苏峪口国家森林公园的核心景区之一。贺兰山阳光索道是建设在苏峪口国家森林公园内的宁夏第一条高山旅游观光索道。它全长 1200 米，高差近百米，往返运行约 20 分钟。

阅海公园【Yuèhǎi Gōngyuán】　见第四章第三节广场园林。

鸣翠湖国家湿地公园【Míngcuìhú Guójiā Shīdì Gōngyuán】　位于银川市兴庆区掌政镇青银高速公路北侧，西距市区 9 公里，东至黄河 3 公里，总面积 667 公顷，2003 年开展水上旅游。参见第四章第三节广场园林。

黄沙古渡原生态旅游景区【Huángshā Gǔdù Yuánshēngtài Lǚyóu Jǐngqū】　是国家 4A 级旅游景区、国家级湿地公园。面积 3586.7 公顷。其中：核心区面积为 866.7 公顷，缓冲区面积 1453.3 公顷，湿地面积 2131 公顷。参见第四章第三节广场园林。

鹤泉湖国家湿地公园【Hèquánhú Guójiā Shīdì Gōngyuán】　国家湿地公园，位于永宁县城东北 2 公里。原名黑渠湖、黑泉湖，20 世纪 90 年代初更命名为鹤泉湖公园。2006 年由宁夏宝塔石化集团公司接管，开发建设为旅游景点。参见第四章第三节广场园林。

青铜峡黄河大峡谷旅游区【Qīngtóngxiá Huánghé Dàxiágǔ Lǚyóuqū】　国家 4A 级景区，在青铜峡市青铜峡镇，是黄河上游最后一道峡谷。景区依托青铜峡水利枢纽及十里长峡自然风光，连接宁夏水利博览馆、一百零八塔、鸟岛、大禹文化园、牛首山西寺、中华黄河坛等众多景点，集中展现黄河文化、西夏文化、回族文化以及塞上江南风光。游客先参观青铜峡水利枢纽工程，领略秦、汉、唐等九大干渠引黄河水自流灌溉及塞北江南、"天下黄河富宁夏"的风采,再乘游船领略长峡自然风光,依次登岸游览各个景点,用一天时间,可实现青铜峡全域旅游。

火石寨国家地质公园【Huǒshízhài Guójiā Dìzhì Gōngyuán】 位于西吉县城以北 15 千米的火石寨乡。东距须弥山石窟景区 28 公里。景区总面积 97.95 平方公里。是中国北方面积最大的丹霞地貌分布区,也是中国迄今发现海拔最高的丹霞地貌群。由于山体岩石呈现暗红色,如同一团团燃烧的火焰,故而被人称为火石寨。丹霞地貌连片分布 6000 公顷,跨度达 33 千米,海拔 2100~2450 米。地貌造型景观主要以赤壁丹崖为特征,在构造运动间歇性抬升时,并辅以地震等内应力,使地层断块整体性抬升,加之重力崩塌、滑坡、侵蚀、溶蚀、风蚀等外力综合作用,形成了陡崖深谷以及方山、丹峰、赤壁、丹崖、奇洞、石柱等奇特景观,被定为国家 4A 级旅游景区、国家森林公园、国家级自然保护区。

黄河楼【Huánghé Lóu】 位于青铜峡市黄河西岸,主楼体高 108 米,可乘电梯直达楼顶。建筑由主楼、角楼、牌楼、十二生肖图腾柱、镇河铁牛等附属建筑和雕塑组成,总建筑面积 2.2 万平方米。设计风格为仿明清塔楼式古建筑,屋面为金黄色琉璃瓦,主楼为地上九层、地下两层。黄河楼主楼由地下、城台、楼阁三部分组成,建筑风格为明清仿古建筑,其主体建筑为混凝土框剪结构,外挑檐为钢结构,斗拱全部采用铝镁合金制作并用"和玺彩绘"装饰,顶部设计为地方风格的重檐十字屋脊,屋面铺装金黄色琉璃瓦,整体风格恢宏大气。宁夏黄河博物馆设置在黄河楼内,将在黄河文化、灌溉文化、农耕文化、回族文化、黄河新韵 5 个方面,面向全区乃至全国挖掘、整理文化内涵,反映黄河金岸灵魂。运用 LED-3D 技术、实物、场景等元素,再现数千年来从大禹治水到人民治黄、开发黄河造福人类的历史,充分展示"黄河大文化"。中华黄河楼是宁夏挖掘黄河文化打造的系列标志性建筑之一。宁夏以黄河文化为轴心,建设了中华黄河楼、中华黄河坛、青铜古镇等标志性建筑,努力打造一条黄河文化展示线。

北武当生态旅游景区【Běiwǔdāng Shēngtài Lǚyóu Jǐngqū】 位于石嘴山市大武口区贺兰山东麓山前洪积扇上,西、南、北三面紧靠贺兰山,东接原煤机总厂铁路专用支线。总占地面积 10 平方公里,包括森林公园、西山防护林、古长城遗址、古生物化石、贺兰山岩画、北武当庙、归德沟、古树化石等景点。年接待游客达 50 多万人次,生态效益、社会效益和经济效益日益凸显,现为 3A 级景区。

黄河横城旅游度假区【Huánghé Héngchéng Lǚyóu Dùjiàqū】 东临沙漠,西濒黄河,北靠长城。距宁夏首府银川市 13 公里,距银川河东机场仅 2 公里,交通便利,风景迷人。度假区以黄河文化为主题,以西夏文化为特色,打造集旅游观光、自驾娱乐、休闲度假于一体的复合型度假区,是国家 4A 级旅游景区,国家文化产业示范基地,宁夏首家自驾车营地。景区中心依托横城古堡，西夏时设顺化渡，有通辽都临潢府的直路（驿道）、通宋都汴梁的国信驿路经此。明朝正德五年（1510 年）筑横城堡，长城、黄河交锁于堡北，驿道、津渡通达于堡南，实为明宁夏八景之一的"黄沙古渡"旧址。清康熙三十六年（1697 年），康熙皇帝第三次亲征噶尔丹，曾在堡内驻跸。次日渡河，在西岸河崖子祭黄河；驻宁夏城坐镇指挥 18 天后，又在横城登船北上，船队规模达 101 艘，并留下"历尽边山再渡河，沙平岸阔水无波。汤汤南去劳疏筑，唯此分渠利赖多"的壮丽诗篇。

黄河军事文化博览园【Huánghé Jūnshì Wénhuà Bólǎnyuán】　国家 4A 级旅游景区，位于银川市兴庆区政府之东 16 公里，黄河东岸湿地中，南距银川河东国际机场约 6 公里。总占地面积近 4000 亩，主体建筑有"银川舰"纪念馆、陆海空三军武器装备展示馆、和平广场游览区等板块。"银川舰"是园区的最大亮点，系我国建造的第一代导弹驱逐舰，1976 年 8 月加入海军东海舰队战斗序列；1986 年 8 月 1 日命名为"银川舰"；2012 年 10 月退役移交银川市，亮相于黄河之滨。

张裕摩塞尔十五世酒庄【Zhāngyù Mósàiěr Shíwǔshì Jiǔzhuāng】　国家 4A 级旅游景区。位于银川市高新技术产业开发区，由烟台张裕公司投资 6 亿元兴建，是一个集葡萄种植、高档葡萄酒生产、葡萄酒文化展示、葡萄酒品鉴、会议接待和旅游观光于一体的高档综合型庄园。酒庄占地 1300 亩，其中葡萄园 1000 亩。主楼建筑面积 13000 平方米，年生产葡萄酒能力 1000 吨，产品已打入欧洲市场，并获多个国际金奖。酒庄与以葡萄种植见长的欧洲酿酒世家摩塞尔家族合作，聘请其第十五代传人罗斯·摩塞尔担任酒庄首席酿酒师，并依此为酒庄命名。

贺兰山岩画风景区【Hèlánshān Yánhuà Fēngjǐngqū】　国家 4A 级旅游景区，位于贺兰山东麓贺兰口，地属贺兰县洪广镇金山村。建有"银川世界岩画馆"，是目前世界上规模最大的岩画专题博物馆，馆藏世界 5 大洲 30 个国家 200 个岩画点的岩画精品。走进贺兰口峡谷，岩画就分布在沿溪道两侧绵延 800 多米的山岩崖壁上，总数多达 6000 余幅。参见本章第一节贺兰山岩画。

老龙潭景区【Lǎolóngtán Jǐngqū】　俗名"泾河垴"，宁夏最早开放的旅游景区，在今泾源县泾河镇，为泾河源头所经。对泾水的正源，历代多有争议。乾隆五十五年（1790 年），乾隆帝令中卫知县胡纪膜实地考察。胡写成《泾水真源记》，认为老龙潭是泾水真源，并记述：老龙潭旧有四道瀑布，泻水依次冲为四潭，清澈见底，因潭底崖石而显血色，传说为泾河老龙王之脑，故名。1958 年建成水库发电，三潭消失，但风景依然如画，流传"魏徵梦斩老龙王"等多种民间传说。2016 年底，在景区入口处建成中华龙文化宫，分序厅、龙的起源、龙的习俗、龙的象征、龙的艺术、龙的故乡与尾厅七个部分，展示了八千多年来中华龙文化的博大精深，成为中华儿女寻根、探奇之地。

第五节　纪念地

中共宁夏特别党支部旧址【Zhōnggòng Níngxià Tèbié Dǎngzhībù Jiùzhǐ】　在银川市鼓楼上，本为自治区文物保护单位（参见本章第二节）。1926 年 9 月，宁夏第一个中国共产党的组织——中共宁夏特别支部成立，共有 7 名党员，李临铭任书记，办公地址就设在鼓楼上的东北角。仅一年时间，党员发展到 18 人，共青团员有三四十人，多系五中、八师的学生；又在宁夏城建立了工会、农会、商会、学生联合会等群众团体，宣传马列主义，播下了革命火种。1927 年 9 月，迫于形势中止活动。

六盘山红军长征纪念馆【Liùpánshān Hóngjūn Chángzhēng Jìniànguǎn】　位于隆德县、泾源县交界处的六盘山上。唐代设关，山路曲折险峻，盘旋有六始达，故名六盘关。宋筑六盘关寨。元代后为丝绸之路所经。当代为 312 国道（上海至新疆霍尔果斯口岸）所经。1986 年建红军长征纪念亭，胡耀邦为纪念亭题词。2005 年 9 月 18 日六盘山长征纪念馆落成，占地面积 5 公顷，建筑面积 2 万平方米，整体建筑由纪念馆、纪念碑、纪念广场（迎壁墙三面红旗、铜铸红军群雕）、纪念亭、吟诗台五部分组成。纪念馆占地面积 2159 平方米，由展厅、纪念碑、红旗造型的影壁墙、青铜雕塑等部分组成，设四个展厅，展示红军长征中的遗物、图片资料，仿制了毛泽东住过的窑洞。纪念碑立于海拔 2832 米的纪念馆顶部，碑高 26.8 米，正面是江泽民题写的"六盘山红军长征纪念碑"碑名，东西两侧分别是毛泽东手书的著名诗词《七律·长征》和《清平乐·六盘山》。影壁墙高 12 米，长 60 米，由 3 面红军军旗构成，上面镌刻着江泽民题写的"长征精神永放光芒" 8 个大字。纪念广场占地 1 万平方米，门口两旁两组群雕再现了回汉人民欢迎红军和红军翻越六盘山的场面。纪念亭移建在路北山上，仍用胡耀邦手迹。毛泽东吟诗台青砖作墙、作台，一赭色山石立其上，上刻毛泽东手书《清平乐·六盘山》。纪念馆 2005 年 11 月被中共中央宣传部列为全国第三批爱国主义教育示范基地。2006 年被团中央命名为第四批全国青少年教育基地。

将台堡红军会师纪念馆【Jiàngtáibǔ Hóngjūn Huìshī Jìniànguǎn】　位于西吉县南部葫芦河与马莲川河交汇处，距县城 30 公里。两千年前的战国秦长城经此，民间传说为古代军事要塞的点将台，民国初年在此筑城堡，故名将台堡。继 1936 年 10 月 9 日红一、四方面军在甘肃会宁会师之后，10 月 22 日，红二方面军总指挥贺龙、政委任弼时、副政委关向应和随二方面军行动的红军参谋长刘伯承率领总部及二军团官兵同红一方面军一军团（时属西方野战军）代理军团长左权、政委聂荣臻、政治部副主任邓小平及所部二师（师长杨得志、政委萧华）官兵在将台堡胜利会师。会师部队在城堡东侧举行了规模盛大的联欢会。将台堡会师和会宁会师，是红军三大主力会师的两个重要组成部分。故中共中央办公厅〔1996〕13 号文件批示：经中央同意，将 10 月 22 日定为"红一、二、四方面军胜利会师纪念日"，即将台堡会师纪念日。会师 60 周年纪念日，在将台堡修建"中国工农红军长征将台堡会师纪念碑"。2006 年会师 70 周年，对将台堡纪念碑进行维修，增建红军纪念园，园内设有三军会师展厅、建设成就展厅、将军翰墨碑林等。此后，将台堡被列为全国红色旅游景区、全国爱国主义教育基地。

宁夏解放纪念碑广场【Níngxià Jiěfàng Jìniànbēi Guǎngchǎng】　见第四章第三节广场园林。

红军西征纪念园【Hóngjūn Xīzhēng Jìniànyuán】　在同心县城南郊，同心清真大寺西北侧，占地 323 亩，建成于 2006 年 10 月纪念红军长征胜利暨陕甘宁省豫海县回民自治政府成立七十周年之际。刘华清上将题写馆名。园内主体建筑有红军西征纪念馆；世界名著《西行漫记》和世界经典图片红军小号手的大型雕塑；正反两面镌刻萧克将军"红军长征陕甘宁，三军会聚同心城"和国际主义战士马海德"同心同德、同建同心"题词的高 7 米多、重达 84 吨的奇石；还有红军井、红军电台遗址、豫海县政府招待三军羊肉宴遗址及紧邻的民俗一条街、百名将军书法碑林、马和福英勇就义遗址和三军会师联欢大会遗址等景点。

同心烈士陵园【Tóngxīn Lièshì Língyuán】　人物纪念地，位于同心县豫海镇豫海北街 070 号，又称同心豫海公园。始建于 1953 年，原址在老城东门外，安葬中国革命史上第一个县级回民自治政府主席马和福，时称马和福烈士陵园。1978 年 6 月搬迁现址，增加 1936 年西征红军在韦州上甘沟战斗中牺牲的彭义隆团长等 35 位烈士遗骸。1986 年纪念红军长征胜利暨豫海县回民自治政府成立 50 周年之际，增建烈士纪念碑、豫海纪念亭、红军烈士纪念馆、革命烈士事迹陈列馆。2008 年 7 月又将解放初期剿匪牺牲的 21 位烈士遗骸迁入。2010 年重建烈士纪念馆，占地面积 31023 平方米，建筑面积 1400 平方米，共安葬烈士 58 位。

回汉支队驻地旧址【Huíhàn Zhīduì Zhùdì Jiùzhǐ】　在盐池县西南青山乡雷记沟村。1936 年为盐池县苏维埃政府四区政府驻地。1947 年 1 月，由宁夏籍回汉青年组成的革命武装回汉支队成立，亦常驻此地，直至 1950 年改编为宁夏军区独立团。遗存建筑物 3 孔窑洞及瞭望台。

中共宁夏工委旧址【Zhōnggòng Níngxià Gōngwěi Jiùzhǐ】　在盐池县麻黄山乡李塬畔村东。1947 年 8 月至 1949 年 8 月，中共宁夏工委、盐池县委及县政府驻此。现存窑洞 3 孔。

单家集革命遗址【Shànjiājí Gémìng Yízhǐ】　在西吉县南部兴隆镇单家集。1935 年

10月5日，中央红军主要领导人毛泽东、张闻天、王稼祥等人率领中央红军长征到达该村。单家集人热情接待，腾出房子，安排红军住宿，红军首长被安排在寺北拜文海家。毛泽东参观单南清真寺，并住宿寺北侧之民房。现保存完好，为土木结构。现存毛泽东使用过的桌椅等文物。红军第三次到达是1936年9月，中国工农红军一军团一师在西征中进驻单家集，驻守42天，组织成立了"单家集苏维埃政府"。1993年12月，在纪念毛泽东同志100周年诞辰之际，单家集群众在单南清真寺前立纪念碑，正面书"人民救星，一代天骄"，背面记述其详。

彭阳任山河烈士陵园【Péngyáng Rènshānhé Lièshì Língyuán】 位于彭阳县古城镇任山河村。1949年7月31日，中国人民解放军西北野战军第十九兵团六十四军经此北上解放宁夏，与盘踞在黄峁山一带的马鸿逵部激战，敌军败溃，但有364名解放军指战员壮烈牺牲。1955年4月1日，固原县委将分葬四周的烈士遗骸集中安葬，修建陵园，立烈士纪念碑，由十九兵团司令员杨得志题写碑名。1998年8月，中共彭阳县委、县人民政府对烈士陵园进行了大规模改扩建，2003年10月竣工。占地面积2.6万平方米，共安葬烈士390名，除任山河战斗中牺牲者外，还有红军长征、西征及解放后剿匪中牺牲的解放军战士、干部等26名。2009年再次扩建，占地面积4万平方米，设陵园、纪念碑、展览馆、陈列馆。1995年命名为自治区爱国主义教育基地。1996年3月31日，被国务院批准为"全国重点烈士纪念建筑物保护单位"。

盐池革命烈士纪念园【Yánchí Gémìng Lièshì Jìniànyuán】 是全国100个红色旅游经典景区之一，宁夏爱国主义教育基地，宁夏国防教育基地，国家3A级旅游景区，宁夏"十佳"诚信旅游景区。纪念园地处花马寺国家森林公园内，占地400余亩，总投资2229万元。于2005年9月开工建设，2006年9月竣工。建有革命烈士纪念馆和中国滩羊馆两大主体建筑以及解放广场、解放纪念碑、红军陵、王贵与李香香雕塑、大生产磨房、群羊雕塑等附属工程，建筑面积3380平方米，展出各类文物千余件，从政治、经济、军事、文化等方面再现了盐池13年辉煌而曲折的革命历程。解放广场用红砖铺成，取意"红场"，占地19.36亩，寓意1936年盐池解放。解放纪念碑为写意的三把刺刀，为不锈钢材质，总高27米。红军陵由丰碑、缅怀广场、祭台组成，共雕刻79位盐池籍烈士的英勇事迹，是纪念园内重要的缅怀场所。

豫海县回民自治政府成立大会旧址【Yùhǎixiàn Huímín Zìzhì Zhèngfǔ Chénglì Dàhuì Jiùzhǐ】 位于同心县城西南清真大寺。1936年6月，红军西征攻占豫旺、下马关、同心城、王家团庄等地。8月初，在中共陕甘宁省委书记李富春指导下，成立了以李富春、程子华、王首道等为成员的豫海县回民自治政府筹备委员会。10月20日，自治政府成立大会在同心清真大寺举行，各界人士共300多人出席，选举产生了以马和福为主席的政府领导成员。此为中国共产党领导建立的第一个县级回民自治政权。

吊堡子西征红军总指挥部旧址【Diàobǔzi Xīzhēng Hóngjūn Zǒngzhǐhuībù Jiùzhǐ】位于同心县王团镇吊堡子村，距同心县城南 42 公里，原有上下两个土堡。上堡是民国初年当地商人马如昌宅院，下堡原为李百祥所有，拆毁殆尽，遗址尚存，被用作积水场地。1936 年 9 月 3 日，西征红一军团司令部由豫旺转移至吊堡子，司令部驻堡内清真寺，为一座面阔三间、前连抱厦的砖木结构建筑。斯诺的《西行漫记》对红军在吊堡子的活动有记载：9 月 5 日，红一军团、红十五军团在吊堡子召开了团以上干部会议，传达了中央指示，彭德怀、杨尚昆、邓小平、徐海东、左权、聂荣臻、陆定一等出席。红军总部政治部主任杨尚昆专程从瓦窑堡赶来。

涝河桥烈士陵园【Làohéqiáo Lièshì Língyuán】 位于吴忠市，为了纪念解放吴忠堡及在涝河桥战斗中牺牲的 135 位革命烈士而修建。1949 年 9 月初，中国人民解放军十九兵团 10 万大军奉命挥戈北上，在司令员杨得志、政委李志民的率领下，分三路向宁夏挺进解放宁夏，其中六十四军一九二师奉命解放吴忠堡。9 月 20 日，步兵第五七五团在涝河桥遭敌保安三师七团阻击。1949 年 9 月 21 日 3 时许，吴忠堡守敌拒绝投降，谈判破裂，战斗随即展开。涝河桥战斗，经过两小时激战，于 21 日 6 时我军占领北岸，为全力歼灭吴忠堡之敌打开了进攻的大门。为了纪念解放吴忠堡及在涝河桥战斗中牺牲的 135 位革命烈士，1951 年，吴忠县人民政府在涝河桥附近修建了革命烈士陵园。1969 年、1986 年、1999 年、2009 年对陵园进行了整修扩建。陵园纪念馆内陈列着在抗美援朝、剿匪平叛和为了保卫国家和人民生命财产而光荣献身的利通区籍烈士遗像和生平简介。2005 年命名为自治区爱国主义教育基地。2009 年 3 月，国务院批准该陵园为第五批全国重点烈士纪念建筑物保护单位。

银川市烈士陵园管理所【Yínchuānshì Lièshì Língyuán Guǎnlǐsuǒ】 原名银川市八里桥革命公墓，始建于 1964 年，1971 年对八里桥革命公墓进行了改建和扩建。现公墓总面积 1.3 万平方米，建筑面积 8000 平方米，呈正方形。公墓大门上书"革命公墓"四个大字，四周建有围墙。墓院内松柏成行，杨柳成荫，庄严肃穆。墓院正中建有一座两层楼的烈士纪念堂，钢筋混凝土结构，外表由水磨石砌成。纪念堂由上下两个纪念厅组成，正中写有"烈士忠魂、永垂不朽"八个鲜红的大字。陵园内安葬着在解放战争中光荣牺牲的 11 位解放军烈士遗骸和社会主义革命及社会主义建设时期的 65 位烈士的骨灰。1991 年被银川市人民政府列为"银川市烈士建筑保护单位"，1995 年被宁夏回族自治区宣传思想工作领导小组命名为"宁夏爱国主义教育基地"，2011 年 7 月被银川市国防委员会命名为"银川市国防教育基地"，2012 年 9 月被宁夏回族自治区国防委员会命名为"自治区国防教育基地"。这里已成为瞻仰烈士，教育人民群众及青少年的革命教育基地。1991 年被银川市人民政府列为"银川市烈士建筑保护单位",1995 年被宁夏回族自治区宣传思想工作领导小组命名为"宁夏爱国主义教育基地",2011 年 7 月被银川市国防委员会命名为"银川市国防教育基地",2012 年 9 月被宁夏回族自治区国防委员会命名为"自治区国防教育基地"。这里已成为瞻仰烈士,教育人民群众及青少年的革命教育基地。

银川中山公园烈士纪念碑【Yínchuān Zhōngshān Gōngyuán Lièshì Jìniànbēi】 位于银川市兴庆区中山公园内。20 世纪 50 年代初,有关部门曾将公园内文昌阁(也称"三层楼")一楼辟为"烈士纪念堂",在面东墙正中挂刘志丹像,下面用楷体字书写刘志丹生平。刘志丹像左侧南墙上挂崔景岳、孟长有、马文良三烈士像,刘志丹像右侧北墙上有"烈士英名录",整个墙壁上用表格形式分列烈士姓名、籍贯、生卒年月日。在烈士像及"烈士英名录"下面,均设有倚墙长条桌,桌上摆放烈士生前用品,如手枪、背包、军用水壶、笔记本、钢笔之类,俨然是一个小型博物馆。此后,三层楼烈士纪念堂成为全市人民瞻仰革命烈士的地方。每逢清明节,共青团员、少先队员都会到三层楼给烈士敬献花圈,进行爱国主义教育。1954 年宁夏省建制撤销,成立甘肃省银川专区,驻城的解放军大部分撤出。中山公园纪念堂移交银川专署民政科。1955 年,考虑到纪念堂房屋狭小,供广大青少年开展纪念活动的场所受到限制,专署民政科组织广大市民义务劳动,在文昌阁以东银湖岸边,取附近西北城墙土填出一个小岛,架木质曲桥与湖岸相通,在岛上建八角亭,亭内立烈士纪念碑。纪念碑坐西面东,碑面上竖行镌刻着"烈士纪念碑"(公元一九五五年九月一日立),碑阴竖行镌刻着毛泽东同志的手书"为国牺牲永垂不朽"八个苍劲有力的大字。在碑亭四周植树以美化环境。烈士纪念碑建立后,三层楼烈士纪念堂遂撤去。50 多年来,中山公园纪念碑不仅是广大群众和青少年纪念、缅怀革命先烈的重要场所,而且也是解放宁夏的见证之一。2009 年命名为自治区爱国主义教育基地。

景岳小学烈士纪念碑【Jǐngyuè Xiǎoxué Lièshì Jìniànbēi】 在银川市兴庆区回春巷 73 号院内,1991 年 4 月 17 日,在崔景岳等 3 位革命烈士就义 50 周年之际,中共银川市委、市政府决定在烈士就义之地建立纪念碑,同时将所在的银川市第十三小学更名为景岳小学,作为银川市的爱国主义教育基地。三位烈士是:崔景岳,1927 年加入中国共产党,1940 年初受党派遣至银川任宁夏工委书记,建立和发展地下党组织。被叛徒出卖后,于 1941 年 4 月 17 日被军阀马鸿逵活埋。马文良,1937 年加入中国共产党,1941 年 2 月被捕,于 1941 年 4 月 17 日被军阀马鸿逵活埋。孟长有,中卫柔远堡人,1937 年入延安军政大学,次年入党。1940 年与崔景岳同来宁夏开展地下工作,也被叛徒出卖英勇就义。

　　牌路山烈士陵园【Páilùshān Lièshì Língyuán】　2007 年由自治区民政厅和海原县人民政府共同投资兴建的集休闲和爱国主义于一体的园林式陵园，占地 18 亩，设有雕塑、纪念碑、悼念广场、照壁绘画等。陵园内埋有 1936—1937 年西征红军在海原战斗牺牲的 12 位红军遗骸，1949 年在高崖剿匪牺牲的 23 位解放军忠骨，是海原最主要的爱国主义教育基地。

第七章　农林水利

第一节　农牧业

一、农牧场

贺兰山农牧场【Hèlánshān Nóngmùchǎng】　宁夏农垦局所辖国营农场，场因山名。位于银川市西夏区以北，贺兰山东麓。土地面积32万亩，其中耕地面积9万亩，林地面积1.43万亩。总人口近万人。场部驻场境东南部的沙城子（北沙城），得名于明代所设的烽堠北沙城墩。墩南原有北沙城堡，为西夏兴庆府外围军事要地。1939年始建为宁夏省畜牧总场，场部驻镇北堡，又在高家闸设分场。1942年改为军马场，1950年为宁夏省贺兰山牧场，1959年为宁夏农业科学研究所贺兰山畜牧实验场，1961年划属中国人民解放军总后勤部，称贺兰山军马场，1976年交宁夏农垦局，改今名。2009年6月15日改制为宁夏农垦贺兰山（农牧场）有限公司，从事粮食、油料作物、果蔬、花卉、苗木种植、淡水鱼养殖及农业机耕作业。

南梁农场【Nánliáng Nóngchǎng】　宁夏农垦局所辖国营农场，现为宁夏枸杞企业集团公司的核心企业和生产基地，在银川市金凤区北端，因周围地形俗称南梁台子而得名。人口0.8万，职工1500人。土地面积8万多亩。始建于1953年，为宁夏省农业厅园艺试验场。1954年9月，改为甘肃省芦花台园艺总场；1955年6月，改为国营芦花台农场，属甘肃省农场管理局；1958年9月，与当年5月建立的劳改局地方国营芦北农场合并为芦花台园林试验场；1962年分出，名南梁畜牧试验场。1965年划归兰州军区生产建设兵团，先后称农建十三师五团、农五师三十六团。1974年改属宁夏农垦局更今名。1992年10月，成立宁夏农垦南梁农场有限公司，有枸杞生产基地面积15000多亩。南梁枸杞已有50多年的栽培历史，所产枸杞以粒大、肉厚、籽少、味甜、药效高而享誉全国。南梁农场枸杞基地先后被国家、自治区确立为"万亩优质富硒枸杞生产基地""农业部无公害农产品示范基地农场""全国农业标准化示范基地""自治区农业产业化重点龙头企业"等称号。主导产品"碧宝牌"SOD 富硒枸杞获得国家专利和绿色食品证书，曾获中国农业博览会金奖、马来西亚国际金奖、两届中国专利新技术新产品博览会金奖。

西湖农场【Xīhú Nóngchǎng】　宁夏农垦局所辖国营农场。场南境有西湖，故名。位于银川市金凤区北境，包兰铁路西湖站东侧。场部在场境东部，紧靠达子渠。1956 年始建，为劳改农场。1971 年划归宁夏农垦局。地势低洼，原为湖沼，因在宁夏城西，故名西湖，或名大西湖。20 世纪 50 年代开挖四二干沟后，将西湖北部及周边湖沼积水抽尽而垦为耕地，以原有达子渠为基础，又开挖西湖农场渠，形成灌溉网。农作物以大麦、小麦、水稻为主。2003 年，将农场从农垦局划属银川市，成立银川市阅海湿地开发公司/银川国营西湖农场农业开发公司，一部分职工从事阅海公园旅游业，另一部分职工从事农业开发。现有湖泊水面 7200 亩，水上旅游船艇 420 艘，耕地近 2 万亩。

平吉堡奶牛场【Píngjípǔ Nǎiniúchǎng】　宁夏农垦局所辖国营农场，宁夏最早、规模最大的奶牛场。在银川市西夏区平吉堡 102 省道东侧，贺兰山东麓。土地面积 16.8 万亩，耕地 5.3 万亩，居民近万人，其中职工 2430 人，有 6 个大型现代化奶牛场，饲养奶牛过万头。明代为防御蒙古部族入侵掳掠，在此筑堡，常驻旗军二百名，取名平羌堡。清代更名平吉堡。场因堡而名。1963 年始建奶牛场，为银川市民唯一的鲜奶生产、供应基地。1965 年与平吉堡农场（1959 年 12 月成立）合并，划属兰州军区生产建设兵团，为农建十三师一团，1969 年更名农五师三十二团，1974 年改属宁夏农垦局，复分为平吉堡奶牛场与平吉堡农场。1978 年合并为平吉堡奶牛场。2009 年农垦改革，将奶牛场一分为三：奶牛产业剥离成立贺兰山奶业有限公司，种植业成立平吉堡农业公司，农场专门从事社会事业管理、服务。2015 年 3 月，又将三部分合并，成立平吉堡（农场）有限公司（保留平吉堡奶牛场牌子），下属 5 个农业生产区 13 个农业生产队，3 个奶牛分场，1 个奶牛原种场，5 个自营奶牛养殖区，1 个物业公司，1 个草业办，年产优质鲜奶 4.6 万吨。

暖泉农场【Nuǎnquán Nóngchǎng】　宁夏农垦局所辖国营农场，在贺兰县洪广镇境内，场部驻暖泉墩，包兰铁路西侧，东南至县城 30 公里。南北长 14 千米，东西宽 11 千米，总面积 162.6 平方千米，已开垦利用 6.25 万亩。人口 0.41 万，其中在职职工 1000 余人。其地原为湖泊，因有温泉为水源，故从明代起即称暖泉。乾隆《宁夏府志》卷三山川："暖泉，在府西北八十里。"1955 年修建排水沟，排干湖水为耕地，始建暖泉农场，隶属于自治区农垦局。2016 年 5 月 31 日改制，称宁夏农垦暖泉农场有限公司，下设 13 个管理队和 1 个鹿场。以种植业为主，畜牧养殖和水产品养殖为辅。

黄羊滩农场【Huángyángtān Nóngchǎng】　宁夏农垦局所属国营农场。位于永宁县中西部，包兰铁路西侧。场部距黄羊滩火车站 6 公里，东距永宁县城 37 公里，北距银川市 43 公里。1965 年建场，因昔日荒滩多黄羊而得名。面积 66.4 平方公里，耕地面积 4.26 万亩，职工 912 人，常住人口 0.54 万，年人均纯收入 1.02 万元。1965 年 10 月，农建十三师四团进入黄羊滩建场创业，1970 年 3 月，由兰州军区生产建设兵团接管。1974 年 8 月，交宁夏农垦局管辖。1984 年成立宁夏回族自治区国营黄羊滩农场。2007 年 9 月体制改革，改名为宁夏农垦国营黄羊滩（农场）有限公司。辖 12 个基层单位，分别是农场一队、农场二队、农场三队、农场五队、农场八队、农一分公司至农七分公司、园林分公司、供销公司、用水户协会、医院、社区服务站。

玉泉营农场【Yùquányíng Nóngchǎng】 宁夏农垦局所属国营农场。位于永宁县西南部，包兰铁路东侧。面积 47 平方公里，耕地面积 6.3 万余亩，人口 0.5 万。1978 年建场，以明万历年间所建屯兵营堡玉泉营为名。初期以粮食生产为主。至 1994 年，有葡萄园 300 余公顷，建有宁夏最大的葡萄酒厂。至 2016 年，葡萄生产已成为公司的支柱产业，种植 2.2 万亩优质葡萄，其中酿酒葡萄 1.7 万亩、鲜食葡萄 5000 亩，几乎囊括了世界名优鲜食和高档酿酒葡萄品种。公司葡萄酒厂成立于 1984 年，厂区建筑面积 13800 平方米，是宁夏最早的一家集科研、生产、营销于一体的花园式、专业化葡萄酒生产企业，年生产能力 8000 吨，目前已整合玉泉营地区大小酿酒厂 5 家，现拥有年加工能力 3 万吨。

灵武农场【Língwǔ Nóngchǎng】 宁夏农垦局所属国营农场，宁夏最早的国营机械化农场，位于灵武市区西北 4 公里处。面积 63.3 平方千米，其中耕地 62000 亩、果园 3500 亩、林地 320 亩。人口 1.12 万，其中职工 5282 人。1951 年 4 月 4 日成立，命名"宁夏国营灵武农场"。1954 年 12 月，甘肃省农林厅将其改名为"国营灵武机械化农场"。1958 年 11 月划属宁夏回族自治区农业厅管理。所辖范围在 1936 年成书的《宁夏水利专刊》地图上标名"水滩"，为滩涂、沼泽，经过 4 年的机械化开垦，累计开垦荒地 60836 亩，其中耕地面积达到 51550 亩，并建成以第一农场渠为核心的排灌系统，农业机械化程度达 79.7%。1960 年 2 月，宁夏农垦局成立，灵武农场属之。1978 年后不断深化改革，从单一的粮食生产向多种经营、市场竞争转变。至 2014 年，职工人均收入 24600 元。除种植业、渔业外，建有机械化养猪场、酿酒厂、食品厂、铸造厂、工艺柳编厂、造纸厂等，产品畅销。所产瘦肉型猪肉，已创"灵武农场"品牌，成为知名商标，其分销店遍布宁夏各地。

简泉农场【Jiǎnquán Nóngchǎng】 宁夏农垦局所辖国营农场。场因泉名。由山涧之水汇集而成的湖泊，清代称涧泉。乾隆《宁夏府志》卷三平罗县山川："涧泉，在县城北三十五里。"位于惠农县西南部，西倚贺兰山。场部在 110 国道东侧，南距石嘴山市政府所在地大武口区 11 公里，土地面积 13 万亩，其中耕地 2.6 万亩。辖 8 个居民区、6 个农业生产队，人口 0.35 万，其中非农业人口 2822，农业户人口 706；形成集农、林、牧、副、渔于一体，农工商贸综合经营的发展格局，2013 年人均收入 14822 元。1955 年3 月 25 日建场。1958 年划属宁夏公安厅劳改局，1972 年春划属石嘴山市，1973 年划归自治区农垦局领导。2015 年简泉农场和宁夏农垦沙湖实业有限公司简泉农业分公司合并，成立宁夏农垦简泉农场有限公司至今。

前进农场【Qiánjìn Nóngchǎng】 自治区农垦局辖属国营农场。位于平罗县城西南，姚伏镇西部。西与崇岗镇相连，南与平罗县崇岗镇、姚伏镇、贺兰县洪广镇毗邻，北与大武口区星海湖镇、平罗县城关镇接壤。场部在西大滩火车站东南 1000 米处，距县城 18公里。总面积 15771.36 公顷，其中耕地面积 3930.21 公顷；户籍人口 0.62 万。农林牧渔业总产值 1.91 亿元；粮食产量 3.84 万吨，其中水稻 2.37 万吨，玉米 1.44 万吨。始建于1953 年，将中国人民解放军西北独立第一师改编为中国人民解放军西北农建一师，入驻垦荒。1955 年，西北农建一师集体转业，组建国营前进农场。1965 年，改为中国人民解放军生产建设兵团农建十三师三团。1968 年，改为中国人民解放军兰州军区生产建设兵团五师三十四团。1974 年 7 月，军队干部调走，改建为宁夏国营前进农场。1989 年将境内渔湖、沙丘开发为沙湖旅游区，逐渐变成独立股份制企业，脱离前进农场。

巴浪湖农场【Bālànghú Nóngchǎng】 宁夏农垦局所辖国营农场。场因湖名。位于吴忠市利通区南 7 公里。面积 52.2 万亩，分山川两部分：川区在富庶的银川平原中，有旱涝保收的耕地 3.4 万亩；山地为半荒漠草原，面积 48.8 万亩。人口 0.91 万，回族占85%。巴浪湖原为银川平原河西最大的湖泊，1953 年修排水沟抽干湖水建场，故命名为巴浪湖机耕农场。1959 年 4 月 14 日，与吴忠羊场合并，改名巴浪湖牧场。1968 年 2 月16 日，恢复为巴浪湖农场名称，后改隶宁夏农垦局。此后长期亏损。2008 年后，以建设现代农业示范区为指导，实现华丽转身。至 2014 年，已建成设施园艺基地及万亩绿色蔬菜、优质良种繁育营销基地面积 17000 亩，其中供港蔬菜基地 10000 亩，航天辣椒基地5000 亩，设施鲜食葡萄基地 2000 亩，形成规模化、集约化、产业化、标准化特色高效农业基地，并取得了国家"出口植物源性食品原料基地检验检疫备案"，备案面积达 10000亩。在国家工商总局注册"巴浪湖"商标，产品实施农业部农产品质量追溯信息系统，通过推行生产、加工、包装、销售过程的全程质量监管，在宁夏率先实现了从"田头到餐桌"的全程质量可追溯，产品销往中国香港、中国澳门、东南亚及全国各地。

连湖农场【Liánhú Nóngchǎng】 宁夏农垦局所辖国营农场。位于青铜峡市城区之北 14 公里。2015 年，土地面积 8.5 万亩；常住人口 0.6 万，其中在职职工 2165 人；实现生产总值 9510 万元。又辖玉泉营分场，面积 1.2 万亩，其中耕地 6060 亩。1954 年 8月建场，属中国人民解放军农建一师。所辖地域原为湖泊，清乾隆《宁夏府志》称"老鹳湖"，又名连湖，是银川平原七十二连湖南端最大的湖泊，改定"宁夏八景"之一的"连湖渔歌"即此。到民国年间，湖泊水面仍有 20 万亩左右。1951 年修建第一排水沟，将湖水排干。后农建一师垦作耕地，故名连湖农场。经过建设者 48 年的辛勤劳动，挖沟开渠 132 条，平湖造田 2.9 万亩，使地下水位下降，形成土地肥沃、水源丰富、排灌畅通的鱼米之乡。2004 年，进行政企分开改革，成立连湖现代农业发展公司，下设连湖葡萄基地分公司。现农场辖 10 个生产队、3 个公司，另有粮油公司、酒厂、麦芽厂、奶牛公司、冶炼厂等场办企业，形成以农业种植、设施蔬菜、良种繁育、畜牧养殖、农副产品深加工为主的产业结构。玉泉营分场有 3 个生产队，1 个机电队。

渠口农场【Qúkǒu Nóngchǎng】　宁夏农垦局所辖国营农场。位于中宁县东北部，黄河北岸。明清时有灌渠在此开口引黄河水，故名渠口堡。全场占地总面积 52 万亩，其中有耕地 6.1 万余亩（含太阳梁 1.6 万亩），湿地 40780 亩，丘陵、荒漠草原约 40 万亩。2014 年辖农业队 10 个，有民户 7227 户 26571 人。2016 年 7 月 1 日成立宁夏农垦渠口农场有限公司，主营三大产业：以玉米为支柱的万亩良种繁育基地；以枸杞、苹果、红枣为主的林果业；万亩水产养殖基地。

长山头农场【Chángshāntóu Nóngchǎng】　宁夏农垦局所辖国营农场。因地处长山头得名。场部驻陈麻井，位于中宁县之南 32 公里，中宝铁路西侧。面积 10.2 万亩，其中耕地 3.8 万亩、林地 2 万亩、湖泊湿地 4.8 万多亩、枸杞园 5000 亩、苹果园 2000 亩。辖 9 个村民小组，人口 1 万。清代系沙地，有泉，设沙泉驿。民国间有陈麻子在此开店，是沿路难得的饮用水源之地，行旅称其地为陈麻子井。1958 年成立陈麻公社，1978 年 2 月在公社基础上组建农场，因地处长山头，故名。主要农作物为玉米、枸杞。境内有长山头天湖，面积 26865 亩，2011 年国家林业局命名为国家湿地公园。

南梁台子农牧场【Nánliángtáizi Nóngmùchǎng】　贺兰县辖农场。居县境西北部，距县城 19 公里。南距银川火车站 20 千米，东与贺兰县常信乡相邻，南以唐徕渠第二农场渠为界，与银川市金凤区丰登镇永丰村隔渠相望，西与国营南梁农场毗邻，北邻洪广镇。总面积 19.3 平方千米。1984 年 8 月 2 日，贺兰县南梁台子开发指挥部成立。1986 年 6 月，将地处黄河岸边的立岗镇、金贵镇的部分农户迁移到南梁台子铁路以东地区进行农业开发。1989 年，从海原县的蒿川乡、罗山乡、盐池乡迁入部分贫困农户，在铁路以西地区开发建设。1990 年，成立海原县南梁台子吊庄指挥部，辖铁东、铁西两个大队。1996 年 12 月，成立南台子大队、北台子大队，属贺兰县管辖。2000 年 4 月，实行属地管理，成立贺兰县南梁台子农牧场，将 4 个大队合并为 2 个，辖 16 个生产队。区划面积 21.3 平方千米。主要以种植小麦、玉米、水稻、大地西瓜，饲养牛、羊为主。

京星农牧场【Jīngxīng Nóngmùchǎng】　贺兰县辖农场，在县城东北 22 公里黄河西岸的狭长地带。面积 11.6 平方千米，下设 6 个队。东临黄河与平罗县陶乐镇园林场隔河相望，西与立岗镇星光村相连，南起通伏村洪水沟，北至永兴村。原为黄河滩涂，中华人民共和国成立初，中国人民解放军十九兵团的五八四团在此垦殖，后成为牧地。1955年 5 月，在通义乡黄河滩上设京、津、沪移民安置点，因北京移民居多（468 户 2025人），故名"贺兰县京星乡"。1958 年 9 月，撤销乡建制，划入星火公社。1959 年 5 月成立京星大队。1980 年 1 月，成立京星农牧场至今。现以种植水稻为主，年人均纯收入1.5 万元。修有《京星农牧场志》并公开出版。

大泉种畜场 【Dàquán Zhǒngchùchǎng】 灵武市辖属畜牧场，位于郝家桥大泉村北部。2014 年，占地面积 52 万亩，林业用地面积 50.9 万亩，农业用地 0.05 万亩。有职工224 人，退休职工 165 人。前身为大泉种畜场，建立于 1959 年，1964 年秋改建为灵武县马场。1973 年连同大泉机关农场更名为"灵武县大泉马场"，马匹存栏 304 匹。1976 年于场内建立灵武县"五七"大学。1978 年县马场与县种猪场合并，改称"大泉种猪场"，归县畜牧局管理。1983 年更名为"大泉种畜场"，以大家畜改良和农、林业生产为主。2001 年，将羊场及剩余羊只全部转让给职工经营。2003 年调整产业结构，将 2000 亩农田改为灵武长枣基地。

平罗县农牧场 【Píngluóxiàn Nóngmùchǎng】 平罗县辖农牧场，位于西大滩。1953年 8 月，国营潮湖农场在西大滩成立，下设 8 个作业站，土地面积 6333.33 公顷，可耕地 3333.33 公顷。1969 年 5 月，潮湖农场撤销，一、二站改建为国务院直属"五七"干校，1972 年撤销，由平罗县接管建立平罗县农场。1979 年，原平罗县万头猪场与县农场合并，更名为平罗县农牧场，有耕地约 1 万亩。1983 年，自治区人民政府为扶持南部贫困山区，决定在平罗县建设隆德吊庄生产基地，平罗县农牧场的全部耕地、房屋、机械设备等固定资产移交隆德吊庄。平罗县农牧场迁址于平罗县园艺场区域，进行开发性生产。1985 年，有精养鱼塘 33.33 公顷、树木 206.67 公顷、耕地 212.73 公顷。2011 年后，因工业园区建设，农牧场大部分土地被征用。2016 年，仅剩耕地 8 公顷、鱼塘 353 公顷、湖泊 1437 公顷，主要进行淡水养殖，水产品产量 6087 吨。

明水湖农场 【Míngshuǐhú Nóngchǎng】 平罗县属国营农场。因处明水湖附近得名。位于平罗县北部，石嘴山隆湖开发区六站北侧三公里包兰铁路西侧。1992 年由原潮湖农场七站改建。面积 24 平方千米，人口 0.1 万。有耕地 450 公顷，果园 20 公顷，枸杞园 5公顷，鱼塘水面 17 公顷。

南华山牧场 【Nánhuáshān Mùchǎng】 海原县辖属国营牧场，位于南华山山脚下，北距县城 16 公里。始建于 1958 年，原名海原县马场，1981 年改名为南华山牧场。面积约 60 平方公里，其中耕地 6700 亩，有职工 57 人，牧民 160 户 900 人，小学 1 所。以畜牧为主兼营农业，有大家畜 700 头，羊 1 万只，种植小麦、荞麦、胡麻等作物，种青草、燕麦供畜越冬。为保护和恢复环境涵养水源，海原县政府从 2008 年开始关停牧场、退牧还林，职工和牧民陆续搬离，于 2013 年将牧区移交给南华山自然保护区管理处。

鸦儿沟农场【Yā'érgōu Nóngchǎng】　固原市原州区辖属农场，位于三营镇鸦儿沟村西侧，故名。原为鸦儿沟园艺场，后改为鸦儿沟农场。占地面积约 2.4 平方公里，部分被鸦儿沟村民占用，现实际面积 82.67 公顷，可耕种面积 56.96 公顷，有职工 61 人。

惠台牧场【Huìtái Mùchǎng】　位于泾源县香水镇政府驻地北侧 6.8 千米。1972 年，由惠台人民公社建场。1977 年，从惠台大队（村）抽调村民来此定居，牧养牛羊。1983 年，改为惠台牧场。2003 年划属香水镇，但场名沿用至今，以饲养牛羊为主。

二、良种场

宁夏原种场【Níngxià Yuánzhǒngchǎng】　宁夏农牧厅直属良种场。在贺兰县习岗镇北 3 公里处，南北长 9 千米，面积 2000 多公顷，职工 800 多人。1953 年将"贺兰县良种试验组"由习岗镇桃林村迁此，并改名为"贺兰县示范繁殖场"。1956 年又改名为贺兰县农场。1959 年改为贺兰县园艺场。1978 年 2 月 16 日，移交宁夏回族自治区农业厅，更名为宁夏原种场至今。主要从事小麦、水稻、玉米等原种生产培育及国家和自治区农作物区域实验。下设 5 个站，即种子一站、种子二站、区域实验站、多种经营站、农机站。

永宁县良种繁殖场【Yǒngníngxiàn Liángzhǒng Fánzhíchǎng】　位于永宁县望远镇永清村三队，设立于 1971 年，属于事业单位，农业科研行业。有员工 18 人，负责全县小麦良种引进、试验、示范和推广工作。2013 年宁夏永宁县小麦育种繁殖所与永宁县良种繁殖场合并，更名为永宁县农作物种子育繁所，2014 年与永宁县小麦育种繁殖所分离，保留原宁夏永宁县良种繁殖场名称。

平罗县良繁场【Píngluóxiàn Liángfánchǎng】　平罗县粮食良种繁育基地，位于城关镇，事业单位。1953 年，平罗县示范繁殖农场成立，1958 年撤销。1970 年恢复。1994—2000 年，每个职工分给 1 公顷生产责任田，职工自由经营。1995 年，改为差额补贴事业单位。2002 年，以土地入股形式，与台商（投资 500 万元）合作成立宁夏德正牧业有限公司，进行畜牧养殖。

陶乐良繁场【Táolè Liángfánchǎng】　位于平罗县陶乐镇东南。1974 年 1 月始建，是原陶乐县优良种子繁殖基地。1999 年以前系事业单位，农工享受国家津贴，良种繁育以计划经济为主。1999 年进行改革，财产全部量化，土地包干到人，在职农工以地代资，符合退休条件的办理退休手续，退休金由县财政拨发。

惠农区良种繁殖场【Huìnóngqū Liángzhǒng Fánzhíchǎng】　石嘴山市惠农区农牧水务局下属事业单位，在尾闸镇和平村北，专事农业良种繁殖占地面积 395.8 亩，建筑面积 760 平方米，全场总人口 380 人，其中在职农工 23 人，退休职工 77 人。

青铜峡市良种繁殖场【Qīngtóngxiáshì Liángzhǒng Fánzhíchǎng】　繁育农作物原（良）种的市属农业事业单位。位于瞿靖镇毛桥村，距市区 8.5 公里，土地面积 3800 亩，职工 221 名。始建于 1953 年，时称宁朔县农场。1960 年改称青铜峡市农场。1963 年 12 月，更名青铜峡县国营良种示范繁殖场。主要承担自治区内农作物当家种植品种的提纯复壮、新品种引进、试验、示范，以及常规稻、麦原良种繁育工作。1980 年 4 月，改称青铜峡县国营良种繁殖场。1985 年 2 月，更名青铜峡市国营良种繁殖场，下设 4 个专业农队。1989 年又在唐西灌区设立分场。

盐池滩羊选育场【Yánchí Tānyáng Xuǎnyùchǎng】　全称宁夏回族自治区盐池滩羊选育场，为自治区农牧厅所属国营种羊场，1959 年 3 月建立，位于大水坑西侧 7 公里处，盐池—惠安堡公路北侧，场部占地面积 44669 平方米，建筑面积 4478 平方米，有职工 180 人，家属 370 人。盐池滩羊属国家地理标志产品，选育场主要任务是做好滩羊品种选育和保护，提高品质，防止退化，向社队作出示范，向全国、全区、本县提供优良种公羊。全场辖 10 个放牧点，分布在大水坑、惠安堡、马儿庄、冯记沟四个乡镇，现有羊5700 只，耕地 1000 亩，附设有砖厂、贸易公司。

同心县白绒山羊种羊场【Tóngxīnxiàn Báiróngshānyáng Zhǒngyángchǎng】　1958 年自治区人民政府批准设立，原名同心县黑羊场，位于同心县韦州镇塘坊梁村，主要负责全县白绒山羊繁殖选育、推广优良的白绒山羊、推进畜牧业发展。

中卫市良种繁殖场【Zhōngwèishì Liángzhǒng Fánzhíchǎng】　位于迎水桥镇姚滩村北，距镇政府驻地北 5 千米。占地 1500 亩。1953 年创建，1971 年定名为中卫县良种繁殖场，培育、繁殖、引进推广农作物优良品种。2004 年更名为现名。2014 年核定事业编制 8 名，隶属市农牧局管理。

后塆种牛场【Hòutǎng Zhǒngniúchǎng】　西吉县属种牛场，1961 年建场，1982 年迁场部于东沟村东南侧场，以地名后塆为场名，属国营牧场。建筑面积 20 亩，草场面积4000 亩。

三、农业种植基地

通贵乡通南村有机稻综合示范点【Tōngguìxiāng Tōngnáncūn Yǒujīdào Zōnghé Shìfàndiǎn】　在银川市兴庆区通贵乡通南村，2015 年占地 11000 亩，全部取得有机稻转换认证书，以所在地命名。其核心区示范面积 300 亩，主要展示优良品种，以及大棚工厂化育秧、旱育稀植、有机大米生产、有机肥施用、病虫害绿色综合防控技术，关键技术到位率100%。基地周边开挖鱼塘、蟹沟，搭建鸡鸭养殖棚舍等辅助设施，形成集工厂化大棚育秧、有机水稻种植、田间动植物套养等于一体，经济效益、社会效益、生态效益相统一的现代化农业综合示范园区。

昆仑现代设施观光农业示范园区【Kūnlún Xiàndài Shèshī Guānguāng Nóngyè Shìfàn Yuánqū】　又称昆仑瓜菜产业核心示范园区、昆仑高科技农业示范园。位于银川市兴庆区银古一级公路与京藏高速公路交会处东南侧。2000年由宁夏昆仑农业实业开发有限公司投资3600万元建设，占地500亩，建有二代日光温室223栋。2009年，园区以打造现代观光生态农业园区为宗旨，先后与中国农科院蔬菜花卉研究所、上海市农科院园艺研究所等科研单位合作，推广应用无土栽培、营养液配方施肥、生物农药防治、水培观赏蔬菜等10余项生产技术，引进百合、蝴蝶兰、红掌、番茄树、巨型南瓜、君子兰等30多个名特优蔬菜花卉新品种。依托交通、资源等优势，建设休闲观光采摘区、生态餐饮中心、科技培训中心、垂钓中心等观光农业配套设施，使园区由单纯的种植业园区发展为集科研开发、示范教育、生产流通、休闲娱乐于一体的现代生态观光农业示范园区，已成为国家蔬菜工程技术研究中心银川基地、国家蔬菜改良中心银川基地、银川市无公害蔬菜生产基地。2012年列入首批全国农业旅游示范点。

茂盛瓜菜科技示范园区【Màoshèng Guācài Kējì Shìfàn Yuánqū】　位于银川市兴庆区掌政镇茂盛村一队、二队、四队、九队。2005—2006年建成日光温室14507间，以土地入股形式加入农户1120户，全部投入蔬菜生产种植，年产蔬菜800万公斤。园区以银川市德远现代农业示范场为龙头，引进示范推广蔬菜新技术、新品种，初步形成"公司＋农户＋基地"的产业化运作模式和产、供、销一体化的服务体系。2012年扩大规模，增地2200亩，增建设施温棚2381栋。园区划分为设施生产区（温室、移动棚）、核心示范区（育苗中心、新技术、新品种示范展示）、露地菜生产区、市场交易区4个功能区。推广基质半基质栽培、新品种种植、秸秆生物反应堆技术，安排冬春茬温室蔬菜生产（辣椒、番茄、茭瓜、黄瓜）、春茬移动棚礼品西甜瓜生产及露地菜生产区生产，推广抗ty病毒番茄品种及高抗品种，引进彩椒、彩番茄、秋葵等13个特菜品种，建成市场交易区，建设冷库、电子商务平台。

官湖农业示范园区【Guānhú Nóngyè Shìfàn Yuánqū】　又称官湖蔬菜花卉园区、官湖蔬菜科技示范园。1936年出版的《宁夏水利专刊》所绘地图上，此处标有湖泊一处，名为"官湖"，后湖泊消失，留存为地名。今属银川市兴庆区掌政镇茂盛村五队、六队、七队，2008—2010年分期建成，占地2000亩，建设高标准二代温室、拱棚1360栋，完善科普展示中心、标准化操作间等配套基础设施。引进银川市周景世荣花卉有限责任公司、银川香石竹园花卉种植专业合作社、宁夏新科特功能性有机果蔬合作社等龙头企业，开展温棚热镀锌骨架、卷帘机、保温被、双层膜设施装备、秸秆生物反应堆等综合配套技术的引进示范与推广，并推广"龙头企业＋基地＋农户"模式，建成集高效设施园艺生产、观光休闲、科普教育于一体的现代都市农业园区。先后引进番茄、辣椒、黄瓜等新特优蔬菜品种 24 个，鲜切花新品种 10 余个、推广实用新技术 10 余项，设施装备程度高于全自治区同期园区平均水平，优良品种覆盖率 98% 以上。2016 年产新鲜无公害蔬菜1.1 万余吨。

新渠稍村蔬菜花卉园区【Xīnqúshāocūn Shūcài Huāhuì Yuánqū】 位于银川市兴庆区大新镇新渠稍村七队至十二队，因村而名。2012—2014 年分期建成，占地 2353 亩，有高标准日光温室 1612 栋。成立兴燕花卉合作社，主营鲜切花（康乃馨）销售，已形成兴庆康乃馨品牌。年产无公害蔬菜 1 万吨以上，鲜切花 500 万扎，创利润约 3000 万元。

银川国际鲜花港【Yínchuān Guójì Xiānhuāgǎng】 位于银川市兴庆区大新镇新渠稍村。由银川国际鲜花港投资管理有限公司投资建设，东临大新渠，南至新渠稍村温室园区，西至京藏高速公路，北至花卉基地与贺兰县接壤，占地约 440 亩，建筑总面积约 23万平方米，概算总投资 2.68 亿元。规划建设以产业融合为主体，整合鲜切花、盆栽植物及观赏苗木交易等市场功能，集花卉交易物流、展示展销、科普研发、休闲观光功能于一体，是银川花卉产业标志性建筑群。园区设化卉冷链物流批发中心，花卉及花艺产品仓库，花卉植物工厂，花卉、花艺产品资材超市，科普研发、网上交易信息中心，餐饮住宿 6 个功能区。

新渠兴燕花卉现代农业示范园区【Xīnqú Xīngyàn Huāhuì Xiàndài Nóngyè Shìfàn Yuánqū】 位于银川市兴庆区大新镇新渠稍村二队、三队、七队、八队、十队。2012 年规划建设，占地 2419 亩，设施面积 1954.4 亩。按照二代节能日光温室建设标准建造温室 615 栋 1.6544 万间、配套耳房 615 间。2012 年新建温室 215 栋 627 亩、育苗中心 5.2亩，种植鲜切花康乃馨 1100 亩，建设完善物流配送中心、科技中心等功能区，成立农民康乃馨种植夜校，年培训农民 2000 人次。注册"兴庆花卉""兴庆康乃馨"商标，在国内 12 个城市建立花卉销售窗口，与北京、郑州、成都、乌鲁木齐、兰州、西安、济南、沈阳、太原、哈尔滨花卉经销商建立长期业务合作关系，产销率达到 100%。

银川爱必达花卉示范园【Yínchuān Aibìdá Huāhuì Shìfànyuán】 位于银川市兴庆区大新镇新渠稍村七队、八队，东至排水沟，西至新燕路，南至贺兰山路绿化带，北至园区路，规划用地约 200 亩，建设现代园艺大棚约 10 万平方米。由北京花花草草科技有限公司投资建设，该公司是小米公司投资的生态链企业之一。2016 年，项目一期用地约130 亩，概算总投资 1 亿元，建设现代高端智能联栋温室及相应的服务配套设施约 7000

平方米。温室设施采用欧洲玻璃温室设计标准，引进欧洲5家育种公司的优质玫瑰种苗和技术，全程由计算机组控制气候、水肥、补光等系统，实现整个生产过程的绿色环保。

银川市花卉苗木繁育中心【Yínchuānshì Huāhuì Miáomù Fányù Zhōngxīn】 位于银川市兴庆区掌政镇洼路村，建设年产1000万株的康乃馨种苗繁育中心，含组织培养车间300平方米、10栋育苗温室、10栋智能化温室、连栋育苗温室5000平方米和花卉种苗包装储运中心1500平方米，建立康乃馨种苗繁育专家系统，选育适合本地栽培的康乃馨新品种10个左右。种苗经生产应用后，在6个康乃馨生产示范基地累计推广5000亩，实现节本增效经济效益1亿元。填补了宁夏康乃馨种苗繁育基地的空白，并逐步培育盆花、苗木种苗，促进宁夏花卉产业的健康发展。

万亩生态农业休闲观光示范园【Wànmǔ Shēngtài Nóngyè Xiūxián Guānguāng Shìfànyuán】 位于银川市兴庆区掌政镇洼路村，规划面积11718亩。含现代农业标准化生产示范区、现代农业生态观光区、经果林采摘及林下花卉区、生态农业休闲区、生态科普动物园及渔业养殖区等5个区域，是集花卉生产、展示、科普、观光、休闲、娱乐、民俗体验于一体的优美自然风光和人文风情的特色产业基地、乡村旅游休闲胜地和新农村综合体示范工程。

昆仑花卉现代农业示范园区【Kūnlún Huāhuì Xiàndài Nóngyè Shìfàn Yuánqū】 位于银川市兴庆区掌政镇春林村，2012年规划建设，占地1000亩，建集中连片高标准日光温室461栋、现代化智能温室10000平方米、冷藏保鲜库1000立方米、花卉包装配送中心500平方米、科研办公大楼3000平方米，同时建有名优花卉技术创新中心、技术与检测室。园区有试验示范区200亩、产业化生产区700亩、加工冷藏保鲜配送区50亩、科研办公区20亩、休闲观光生态餐饮区30亩。园区以名优花卉蝴蝶兰产业化生产为主导，培育优、新种苗100万株，生产优质成品花卉150万株，年销售收入5000余万元。

四、畜禽养殖基地

宁夏塞上阳光牧场养殖有限公司【Níngxià Sàishàng Yángguāng Mùchǎng Yǎngzhí Yǒuxiàn Gōngsī】 位于银川市兴庆区掌政镇春林村二队，2008年10月注册成立，是一家集奶牛、肉牛、奶山羊等家畜养殖及牧草种植的现代化私营养殖企业。占地13.2万平方米，可存栏奶牛2000头。存栏良种荷斯坦奶牛1600头，日处理鲜奶100吨，奶牛平均单产9800公斤/年。

银川湖城万头养殖有限公司【Yínchuān Húchéng Wàntóu Yǎngzhí Yǒuxiàn Gōngsī】 位于银川市兴庆区掌政镇茂盛村，以银川"塞上湖城"特色得名。2004年注册成立，总投资2800万元，占地35亩。2013年引进长白、大白、杜洛克母猪607头，公猪24头，

2016 年存栏生猪 4200 头。公司下辖一个屠宰场、一个合作社和一个连锁超市。宁夏九牧养殖专业合作社于 2014 年成立，为农户提供种猪、仔猪、技术培训服务及饲料、疫苗等，辐射带动区内及周边农户 3000 余户，解决农村剩余劳动力 500 余人。公司注册的"万头""湖城"牌猪肉，被银川市授予"放心食品定点生产企业"，被自治区农牧厅认定为"无公害产品产地"，被农业部认定为"无公害猪肉产品"。

月牙湖万亩奶牛养殖园区【Yuèyáhú Wànmǔ Nǎiniú Yǎngzhí Yuánqū】　又称月牙湖万亩奶牛生态养殖场，位于银川市兴庆区月牙湖乡。2010 年建成，园区占地 1.29 万亩，总投资 7 亿元，修建道路 25 公里，完成养殖园区防风绿化带 2030 亩，栽植各类乔灌木115.5 万株，铺设滴灌系统 28.6 万米。规划设计存栏奶牛 3.2 万头。园区有宁夏赛科星养殖有限公司、宁夏骏华月牙湖农牧科技股份有限公司等 10 家企业入驻，其中存栏奶牛5000 头、2000 头以上的养殖企业各 2 家。宁夏骏华月牙湖农牧科技股份有限公司于 2014年挂牌。

五、水产养殖基地

南美白对虾大棚健康养殖高效示范基地【Nánměi Báiduìxiā Dàpéng Jiànkāng Yǎngzhí Gāoxiào Shìfàn Jīdì】　位于银川市兴庆区掌政镇镇河村。2015 年，引进先进养殖技术和现代经营模式，建成 220 亩南美白对虾大棚健康养殖高效示范基地，一期建3.25 万平方米养殖大棚，后扩大至 4 万平方米，建成对虾苗种淡化车间 2000 平方米，蓄水池 15000 平方米，并配套水、电、路等基础设施。基地实现年淡化虾苗 5000 万尾，生产南美白对虾 2 茬，平均亩产 500 公斤，使西北地区虾苗淡化技术获得成功，并首创温棚两侧开窗通风保温技术。

"2814" 渔场【"2814" Yúchǎng】　原为联合国世界粮食计划署援建的"中国 2814项目"银川项目区，投资 1352 万元，利用低洼地修建鱼池发展渔业生产，1987 年 4 月 1日实施。1990 年通过最终评估，共在银川市兴庆区东部、贺兰县建成万亩鱼塘。现已分为 10 多家渔场。

石嘴山市大武口区鱼满仓水产养殖专业合作社【Shízuǐshānshì Dàwǔkǒuqū Yúmǎncāng Shuǐchǎn Yǎngzhí Zhuānyè Hézuòshè】　位于大武口区明水湖农场（石嘴山监狱星海湖东域平汝铁路以东），总面积 266.67 公顷。职工 5 人。经营鱼、虾、蟹、泥鳅、甲鱼养殖。企业，现今地名，含水产丰收之意。2011 年 2 月 2 日成立。

平罗县鱼种场【Píngluóxiàn Yúzhǒngchǎng】　位于平罗至西大滩公路南侧 100 米、距县城约 5000 米处，是平罗县主要的鱼种繁殖基地，始建于 1974 年。1998 年，县人民政府决定，原明水湖渔场职工及资产由鱼种场托管。1985 年面积扩大。1987 年 6 月，第二个鱼苗早繁中心在平罗县鱼种场建成。2006 年以后，平罗县为发展水产业，在高速公路以西，平大公路以南开挖鱼塘 546.67 公顷，现称瀚泉海和明月湖。2016 年，淡水养殖面积 224 公顷，水产品产量 2070 吨。

平罗县明水湖渔场【Píngluóxiàn Míngshuǐhú Yúchǎng】　位于平罗县城到石炭井公路 11 千米处，西北紧靠大武口区，东邻威镇村，南靠平罗县农牧场、关渠村。1980 年成立，占地面积 200 公顷，有自然湖泊水面 140 公顷，精养塘 34 个 17.67 公顷，其中成鱼精养塘 15.67 公顷，苗种塘 2 公顷，主要进行鱼种培育繁殖。1998 年，渔场租赁给宁夏星火集团饲料有限公司，职工由平罗县鱼种场托管，租赁期 25 年。1999 年合并到鱼种场后，陆续收回租赁鱼塘 146.67 公顷，现被星火集团租赁 53.33 公顷。2016 年，淡水养殖面积 112 公顷，水产品产量 420 吨。

贺兰县新明渔场【Hèlánxiàn Xīnmíng Yúchǎng】　民营企业，由王新明投资建设。位于贺兰县洪广镇高荣村 3 社，北邻立岗至暖泉公路。民国年间为沼泽地，是立岗大滩范围内的一片湖泊，以产权归属名叫黄家湖。当代为湖沼荒滩。1983 年，由王新明开发为鱼塘，占地面积 1600 余亩，净水面积 1000 余亩。鱼池规范，池间道路全部硬化，并有输水管网。建场前三年，致力于科学养殖，将宁夏鱼池亩产从 225 公斤提高到 650 斤，成为西北五省区养鱼带头人，观摩学习者络绎不绝。后转型以培育优良品种鱼苗供应宁夏及周边为主，有鲤、鲫、鲢、鳙、草等优良品种亲鱼 3 万公斤，年产鱼苗 2 亿尾左右。建有宁夏唯一的鱼池废水处理、循环利用系统，节水 40%。是国家大宗淡水鱼产业技术体系核心示范点、宁夏渔业协会副会长单位、宁夏农业产业化龙头企业。

青铜峡市农业局渔场【Qīngtóngxiáshì Nóngyéjú Yúchǎng】　位于瞿靖镇东 4 千米处，青铜峡市良繁场场部前。原名青铜峡县农业局渔场，宜渔水面 180 亩，其中鱼塘 12 亩，苇湖 55 亩，主要繁殖鱼苗。品种有草鱼、鲤鱼、鲫鱼等，供应本市和石嘴山市、渠口农场等。1978 年以前属良繁场管理。1978 年划出部分耕地开挖为鱼池，划归农业局管理。1985 年命名为青铜峡市农业局渔场。

第二节　林　场

一、自治区属林场

宁夏贺兰山国有林场【Níngxià Hèlánshān Guóyǒu Línchǎng】　自治区林业厅直属国有林场，场部位于银川市西夏区新城小至小口子公路 6 公里处，面积 1915 平方公里，森林面积 352 平方公里，其中有林地 165.6 平方公里，疏林地 94.2 平方公里，灌木林地

91.9 平方公里，未成林地 1.03 平方公里，无立木林地 61 平方公里，宜林地 1501 平方公里，林业辅助生产用地 0.13 平方公里。职工 257 人，主要职责为森林防火和森林资源管护。

哈巴湖自然保护区管理局【Hābāhú Zìrán Bǎohùqū Guǎnlǐjú】　自治区林业厅直属国有林场，场部位于盐池县广惠西街，面积 88836.66 公顷，森林面积 68597.79 公顷（其中人工林 52714.31 公顷，包括乔木林和灌木林），非林地面积 23655.47 公顷。职工 284 人（其中退休职工 171 人），前身是宁夏盐池机械化林场。1979 年 4 月，为适应"三北"防护林建设工程的需要，林业部批准在原盐池机械林场、高沙窝、哈巴湖、柳杨堡、二道湖、黑山墩、堡子台 7 个县办国营林场的基础上，组建宁夏盐池机械化林场，是"三北"风沙线上新建的 6 个大型国有机械化林场之一。至自然保护区建立之前，经过 30 年的艰苦奋斗，累计完成造林 26225.5 公顷，保存 24004.8 公顷，保存率 91.5%。在盐池县中北部的广大沙化地区初步建成了四个大的防护区域，使区域性的生态环境有了明显改善。

宁夏金沙国有林场【Níngxià Jīnshā Guóyǒu Línchǎng】　自治区林业厅直属国有林场，在银川市兴庆区西南角、唐徕渠东侧，场部位于胜利南街 1014 号。面积 1290 公顷，全部为国家级公益林地。其中银川市南一级水源保护地 930 公顷，青银高速水洞沟生态景观长廊 141 亩公顷，湖泊湿地 196 公顷，林地面积 1067 公顷（有林地面积 347 公顷）。职工 251 人。最早为 1958 年成立的银川苗木场，民众俗称"造林站"，后改为林业厅银川苗木实验场，2008 年 10 月 18 日更名宁夏金沙林场。至今，民众仍将其地称为"苗木场"。

宁夏罗山国有林场【Níngxià Luóshān Guóyǒu Línchǎng】　与国家级罗山自然保护区管理局一套机构两块牌子，场部驻吴忠市红寺堡区创业西街 006 号，林场和保护区在罗山，故名。保护区南北长 36 公里，东西宽 18 公里，总面积 33756.95 公顷。保护区内乔木林地面积 1929.54 公顷，疏林地面积 513.87 公顷，灌木林地面积 6312.69 公顷。为全额拨款事业单位，2016 年正式编制 82 名，控制编 2 名，合同制 50 名，主要职责为资源管护、森林防火、科研监测、宣传教育、林政资源管理，保护以青海云杉、油松等为建群种的森林生态系统、荒漠草原生态系统，以及金雕、鹅喉羚和蒙古扁桃、蒙古冰草等珍稀野生动植物资源。

宁夏仁存渡护岸林场【Níngxià Réncúndù Hù'àn Línchǎng】　隶属于宁夏林业厅，公益二类事业单位。位于灵武市区西南 12 公里的新华桥镇北面，黄河东岸，总面积 442.16 公顷，其中护岸林面积 50.46 公顷，经济防护林面积 123.47 公顷，苗圃地 101.4 公顷，林业辅助生产用地及非林地面积（建设用地、湿地、未利用地、林道、沟渠等）

81.57 公顷，灵武市修建滨河大道、扬水泵站占用及黄河冲蚀面积 85.26 公顷；森林覆盖率为 52.12%。2016 年在职职工 86 人，退休职工 141 人。经济防护林以苹果为主，是林场的主导产业，现已形成一套完整的栽培管理技术。在种苗培育方面，主要培育新疆杨、刺槐、国槐、白榆等生态绿化苗木和园林绿化苗木，引进了河北杨、桧柏、樟子松、云杉等多个园林绿化优良树种。在护岸林的营建和管护方面，形成以杨树为主的多树种生态防护林，发挥了护岸固堤、水源涵养等功能。科研方面，主要开展杨树新品种（系）的选育研究，取得 4 项成果，其中 1 项获国家科技进步奖、3 项获得自治区科技进步奖。其地自 1936 年起，即为宁夏最繁忙的公路渡口，以黄河西岸的仁春堡为渡口名，称"仁春渡"，1951 年后演变为仁存渡。为使渡口航道稳定，从 1939 年开始，就在东岸设小型林场，植树护岸。1950 年，始设宁夏省护岸林场。1954 年一度撤销。1963 年 3 月 9 日恢复，为自治区林业局直管林场，同年底更名新华桥种苗场。2008 年，复名宁夏仁存渡护岸林场。2015 年 11 月 15 日，中国林场协会主办的"全国十佳林场"评选活动揭晓，宁夏仁存渡护岸林场荣获 2015 年度"全国十佳林场"称号。

银川林场【Yínchuān Línchǎng】　宁夏农垦局辖属林场，东南与金凤区良田镇交接，西邻银川火车南站，北与银川植物园相连，北距金凤区市区 15 公里。2016 年末在职职工 59 人，离退休人员 97 人。土地总面积 3.5 万亩，其中公益林面积 0.8 万亩，宜林地面积 1.6 万亩，耕地 1 万亩，建设用地 0.1 万亩。2011 年被自治区环保厅批准确立为银川市后备水源地。始建于 1974 年，隶属于宁夏林业厅。建场时的方针是："种草种树、防风固沙，以确保银川市的南大门和永宁县不受风沙的侵害。"1984 年 12 月 14 日移交农垦局管理，同时更名为银川林场。建场 42 年来，银川林场的广大干部职工在一望无际的沙漠荒滩上建设了一条条绿色林网和大面积的公益林，森林覆盖率增加到 35% 以上，有效地改变了银川市的生态环境。

二、固原市六盘山林业局所属林场

固原市六盘山林业局（挂六盘山国家级自然保护区管理局、六盘山国家森林公园管理局牌子），为固原市政府直属正处级公益一类事业单位。共辖 15 个国有林场。

东山坡国有林场【Dōngshānpō Guóyǒu Línchǎng】　固原市六盘山林业局辖属林场，位于泾源县六盘山镇东山坡村，故名。东北距六盘山镇政府驻地 10.3 公里，现有职工 30 人。1982 年，由固原县林业工作站在什字路镇设立东山坡林场。2003 年 5 月划归泾源县。2016 年被自治区编委批准为事业单位编制。2017 年 2 月 21 日改属固原市六盘山林业局，主要任务是管理、保护森林资源，改善生态环境。管辖林区面积 4.90 万亩，其中林地面积 3.47 万亩，灌木林面积 0.86 万亩，未成林造林地面积 0.27 万亩，宜林地面积

0.26 亩，苗圃地面积 0.02 万亩，辅助生产用地面积 0.02 万亩，森林覆盖率 70.8%。

二龙河国有林场【Èr'lónghé Guóyǒu Línchǎng】　固原市六盘山林业局直属国有林场，位于六盘山自然保护区中心区，泾源县泾河源镇政府驻地西南侧 10 公里，有泾河正源二龙河，故称二龙河林场。1958 年建场，场部在泾河源镇西南侧鬼门关。1966 年至 1973 年为西北林业建设兵团第三师一团九连驻地，1974 年隶属六盘山林业管理所。1983 年，隶属六盘山国营林业局至今。林场生态环境优越，森林覆盖率高达 93.2%，物种资源丰富，是宁夏保护最好的林区。现有职工 47 人，负责森林的管理、保护、防火，森林资源管理及封山禁牧。建场 60 年来，累计造林 4.96 万亩，其中郁闭成林 2.93 万亩，每年出圃苗木 300 余万株，是著名的华北松良种基地，年均产种子 1300 千克。

峰台国有林场【Fēngtái Guóyǒu Línchǎng】　固原市六盘山林业局辖属林场，位于六盘山西麓隆德县境。始建于 1958 年，因场部驻地峰台乡而名。312 国道及六盘山公路隧道穿越场区，交通便捷。林场管辖范围：东至六盘山顶红军长征纪念馆、六盘山气象站、迷魂阵梁一线，南至隆德县山河乡菜子川，西至隆张公路、隆庄公路沿线，北至隆德县观庄乡后庄村。林区总面积 6240 公顷，有林地 28963 亩（针叶林 22076 亩，阔叶林 6500 亩，混交林 387 亩）、疏林地 167 亩，杂灌林地 19818 亩、未成林造林地 6150 亩、宜林荒山荒地 11324 亩，林木绿化率 72.4%，森林覆盖率 43.0%。在编在岗职工 41 人，设 7 个护林点，主要从事林区绿化、管护与森林防火等工作。

挂马沟林场【Guàmǎgōu Línchǎng】　固原市六盘山林业局辖属林场，场部驻彭阳县古城镇街道，现有职工 77 人。1984 年建场，因所处沟谷而名。2016 年划归固原市六盘山林业局管理。林场地处六盘山脉东麓、彭阳县西南边隅的土石质山区，是一个以保护生态环境为主的生态公益型国有林场。南北长 26.5 公里，东西宽 15.1 公里，面积 123434 亩，林区总面积 19313 亩，其中林地 14264.81 亩，天然林 2315.82 亩，未成林地 563.23 亩，荒地 144.48 亩。林区森林覆盖率 58.24%。林区土壤以灰褐土为主，植被保护完整，树种有云杉、落叶松、桦木、侧柏、刺槐、柳树、沙棘、山杏。

卧羊川林场【Wòyángchuān Línchǎng】　固原市六盘山林业局辖属林场，位于泾源县六盘山镇什字村（原卧羊川村），西南距六盘山镇政府驻地 1.1 公里，现有职工 40 人。始建于 1958 年，原为县属林场，因辖区大部在卧羊川境内而得名。2016 年被自治区编委批准为事业单位编制，负责林区公益林建设、森林培育、森林资源管护、森林防火及林业科技成果推广（编者按：2017 年 2 月 21 日改属固原市六盘山林业局），管辖林区面积 15.83 万亩，其中林地面积 4.12 万亩，疏林地面积 0.03 万亩，灌木林地面积 3.46 万亩，未成造林地面积 2.44 万亩，宜林地面积 1.84 万亩，无立木林地面积 0.01 万亩，森林覆盖率 26%。

和尚铺林场【Héshàngpù Línchǎng】　位于泾源县六盘山镇和尚铺村龙王庙沟沟口，东北距六盘山镇政府驻地 5.2 公里。始建于 1966 年，因辖区地处和尚铺村而得名，为县属林场。2016 年被自治区编委批准为事业单位编制，现有职工 31 人（编者按：2017 年 2 月 21 日改属固原市六盘山林业局）。管辖林区面积 3.13 万亩，其中林地面积 1.12 万亩，疏林地面积 0.03 万亩，灌木林地面积 0.76 万亩，未成造林地面积 0.97 万亩，宜林地面积 0.13 万亩，辅助生产用地面积 0.0011 万亩，非林地面积 0.12 万亩，森林覆盖率 35.9%。有林区道路 12.5 公里。

红峡国有林场【Hóngxiá Guóyǒu Línchǎng】　固原市六盘山林业局辖属林场，位于泾源县兴盛乡政府驻地西侧 4.5 千米。1958 年始设林场，因所在峡谷红峡而得名，隶属关山森林经营所。1966 年至 1973 年，为西北林业建设兵团第三师一团五连驻地。1974 年，恢复林场原名称，隶属六盘山林业管理所。1983 年，隶属固原地区六盘山林业局至今。场部在兴盛乡红旗村西南。

龙潭国有林场【Lóngtán Guóyǒu Línchǎng】　固原市六盘山林业局辖属林场，位于泾源县泾河源镇政府驻地西南侧 5.2 千米，地名老龙潭，俗名"泾河垴"，传说为泾河龙王所居龙宫。1958 年，由泾源县林业局设立新民林场，隶属关山森林经营所。因辖区大部在新民乡境内而得名。1966—1973 年，为西北林业建设兵团第三师一团七连驻地。1974 年，恢复林场原名，隶属六盘山林业管理所。1982 年更名为龙潭林场。1983 年改隶六盘山林业局至今。场部在泾河源镇东南侧老龙潭附近。

绿塬国有林场【Lǜyuán Guóyǒu Línchǎng】　固原市六盘山林业局辖属林场，场部位于泾源县大湾乡政府驻地西侧 4.5 公里。2013 年，由泾源县林业局设立并建绿塬林场。因驻地邻近绿塬村而得名。场区在大湾乡绿塬村北侧。主要用于森林防火、改变森林分布、改善自然生态面貌、林产品消费等。

青石嘴国有林场【Qīngshízuǐ Guóyǒu Línchǎng】　固原市六盘山林业局辖属林场，位于今泾源县大湾乡东，1958 年建场，地名在下青石嘴，故名青石林场。林区面积 33.99 平方千米，主要木本植物有油松、云杉、樟子松、落叶松、小巧玲珑花、枸子、胡枝子、山桃、山杏、沙棘、海棠等，常见野生动物有豹猫、雉鸡、苍鹰、猎隼、猫头鹰、刺猬、野猪、黄鼠狼、啄木鸟、黄鹂等。

秋千架国有林场【Qiūqiānjià Guóyǒu Línchǎng】　固原市六盘山林业局辖属林场，场部位于泾源县黄花乡政府驻地北侧 5 公里。1958 年，由泾源县林业局设立秋千架林场，隶属关山森林经营所。因驻地近处有秋千架风景区而得名。1966—1973 年，为西北林业建设兵团第三师一团六连驻地。1974 年，恢复林场原名，隶属六盘山林业管理所。1983 年改隶六盘山林业局至今。

苏台国有林场【Sūtái Guóyǒu Línchǎng】　固原市六盘山林业局辖属林场，位于六盘山西麓，隶属于六盘山林业局，属国有林场。始建于1958年，因场部地处隆德县奠安乡原苏台村而得名。隆（德）泾（源）公路、唐（山梁）通（边）公路穿越场区。林场管辖范围为：东至六盘山顶隆德、泾源两县交界，南至甘肃省庄浪县通边乡界，西至奠安乡农耕区，北至山河乡菜子川峰台林场边界。林区面积4137公顷，其中林业用地52050亩，非林用地10005亩。有林地26475亩，灌木林地540亩，林木绿化率82.3%，森林覆盖率73.6%。职工28人，设3个护林点，主要从事林区绿化、管护与森林防火等工作。

大雪山国有林场【Dàxuěshān Guóyǒu Línchǎng】　固原市六盘山林业局辖属林场，位于泾源县新民乡政府驻地西南侧12公里，因邻近大雪山而得名。东部、北部与龙潭林场相接，南部、西部与二龙河林场毗邻。总面积2.5万亩，森林覆盖率85.4%，是六盘山林业局森林资源最丰富的林场。有高等植物1224种，脊椎动物226种，无脊椎动物3554种，有金钱豹、林麝、豹猫等国家重点保护动物，还有红腹锦鸡、草鹭、绿翅鸭、白尾鹞、金腰燕等珍奇动物。赤鹿随处可见。建场60多年来，累计造林5.06万亩，其中已郁闭成林2.93万亩。

西峡国有林场【Xīxiá Guóyǒu Línchǎng】　固原市六盘山林业局辖属林场，位于泾源县香水镇政府驻地西侧2公里西峡中。1958年，由泾源县林业局始建，隶属关山森林经营所。1966—1973年，为西北林业建设兵团第三师六连驻地。1974年，恢复林场原名，隶属六盘山林业管理所。1983年，隶属六盘山林业局至今。今场部在泾源县城百泉街西。

水沟国有林场【Shuǐgōu Guóyǒu Línchǎng】　固原市六盘山林业局辖属林场，位于原州区开城镇郭庙村，距固原市区约20公里。1983年建场，因场部位于水沟东侧而得名。现有职工15人，经管总面积31527.4亩。其中：有林地面积5020.1亩，疏林地面积1799.6亩，灌木林地面积1920.6亩，未成林地面积1181.6亩，苗圃68亩，无立木林地面积521.3亩，宜林地面积19664.1亩，其他林地面积1352.1亩。森林覆盖率22%。林场主要建群树种有华北落叶松、油松、山桃、沙棘、华北紫丁香、榛子、胡枝子、绣线菊、枸子等。野生动物有狍子、豹猫、雉鸡、苍鹰、猎隼、猫头鹰、刺猬、啄木鸟、黄鹂等。

三、其他市县林场

银川园林场【Yínchuān Yuánlínchǎng】　银川市属国有林场，位于西夏区西部贺兰山东麓洪积区，北京西路西端，110国道东侧。主营生态防护林和果品生产。1958年银川市园林场在此建立银川市造林分站，1959 年改为桑果场，1960 年改为园艺场。1963 年正式成立银川市园林场。经过全场职工 50 余年的辛勤建设，将原来荒芜的戈壁滩建成沟渠纵横、道路畅通、灌溉便利，果林、生态林枝繁叶茂的国有林场，现有林地面积 13800 余亩，森林覆盖率达 90％以上，形成银川市西部重要的绿色屏障。2009 年，银川市推行园林事业单位改制，园林场由事业单位改制为国有独资企业，成立宁夏林欣绿化工程有限公司，取得了园林绿化二级资质，主要承揽园林绿化综合性工程设计与施工等，同时从事园林绿化苗木、花卉、盆景、草坪的培育、生产和经营，园林绿化技术咨询和信息服务，生态防护林建设。

银川植物园【Yínchuān Zhíwùyuán】　宁夏农林科学院林业研究所试验基地。地处银川市金凤区西南，距市中心约 7 公里。现有土地 280 公顷，引种乔灌植物 588 种，建成园中园、百沙园、百草园、百药园、松柏园、珍稀濒危植物区等展览区 8 个，引种繁育苗圃 6.7 公顷，优良桑园示范区 20 公顷，名优品种经济林示范区 20 公顷，林木良种选育区 66.7 公顷。

月牙湖治沙林场【Yuèyáhú Zhìshā Línchǎng】　位于银川市兴庆区月牙湖乡南，鄂尔多斯东沿的流沙地带。原名陶乐县林场，始建于 1959 年，以人工建造防护林。2004 年划属兴庆区后，更名为月牙湖治沙林场，为兴庆区林业局下属的副科级事业单位，2016 年在编职工 51 人。林场西临黄河，北与平罗县高仁乡相连。2015 年建设完成月牙湖治沙林场渠道砌护项目，总投资 290 万元，砌护斗渠 6.7 公里，配套建筑物 121 座。2012 年完成治沙造林 7756 亩，围栏封育保护面积 5000 亩，农田林网及绿色通道造林 24 亩，抚育中幼林 2000 亩，实施天然林保护工程 1.6 万亩，示范推广沙地梭梭栽植 1000 亩，育苗 479.2 亩。林场总面积 46363 亩，其中林地 8507 亩（果园 460 亩）、灌木林地 9789 亩、未成林地 14990 亩、宜林地 8077 亩、耕地 5000 亩。林木覆盖率为 31％。林场有宁夏唯一的连片天然胡杨林，保护面积 0.24 万亩。

月牙湖经果林基地【Yuèyáhú Jīngguǒlín Jīdì】　位于银川市兴庆区月牙湖乡境内。2016 年建设 1000 亩红树莓基地。投资 101 万元，在月牙湖乡海陶南村建设红富士间作套种中药材 1000 亩。

白芨滩林场【Báijītān Línchǎng】　灵武市属国有林场，在毛乌素沙漠南缘灵东镇境内。曾名灵盐防沙林场、灵武防沙综合试验站、灵武防沙林场，宗旨为防沙治沙。2015 年，林场总面积 98689 公顷，其中自然保护区面积 70921 公顷、林地面积 27768 公顷。全场完成农林业生产总值 5080.77 万元，职工人均收入达到 5 万元以上。1953 年 3 月建场，场部驻白芨滩，在市区东 35 公里处，为土壤沙化只生白芨芨草的荒滩，故名"白芨滩"。1986 年，自治区人民政府决定将白芨滩防沙林场所管辖的羊肠湾—猪头岭区，列

为自治区级自然保护区，成立管理委员会，管委会与白芨滩防沙林场合署办公。1991 年
10 月，新建大泉分场。1993 年 11 月，场部迁到临河镇甜水河地区。1996 年 6 月，更名
为"灵武市白芨芨滩防沙林场"。1998 年，场部再由甜水河迁至市区福林小区。从 1953
年建场至今，三代治沙人艰苦创业，治沙造林 63 万亩，控制流沙面积近 100 万亩，在毛
乌素沙漠西南边缘营造了一条绿色屏障，有效阻止了毛乌素沙漠南移和西扩。因此，白
芨芨滩林场被树为全国治理沙漠的典型，曾获"全国十佳林场"称号，涌现了全国劳模
王有德等一批治沙模范。国内外到此考察、学习治沙经验者，络绎不绝。

大泉林场【Dàquán Línchǎng】　灵武市属林场，位于市区东南部 10 公里处的郝家
桥大泉村北部，因名之。至 2014 年，面积 52.005 万亩，其中林业用地面积 50.9 万亩，
有职工 224 人。其前身为"灵武县园林场"，1992 年 5 月建立。1996 年 5 月灵武撤县设
市后，更名为"灵武市园林场"，与大泉种畜场合署办公，由灵武市畜牧局管理。2002
年 3 月，灵武市园林场与大泉种畜场合并，新成立"大泉林场"，划归灵武市林业局
管理。

灵武园艺实验场【Língwǔ Yuányì Shíyànchǎng】　宁夏农牧厅所辖园艺场，位于灵
武市区东郊 3 公里处，其前身为 1938 年宁夏省建设厅所设 7 个农业试验场之一，1945 年
更名为"灵武园艺试验场"，从事果树、花卉试种与推广。1951 年 3 月，宁夏建设厅重
修批准成立灵武园艺试验场，此后隶属关系因行政区划调整而变。1958 年 10 月隶属自治
区农业厅农业科学研究所，1966 年划归灵武县管辖，1972 年划归自治区农业厅林业工作
站辖。1983 年改属自治区林业局，1985 年复归自治区农业厅。曾是宁夏最大的水果生产
基地，1979—1988 年，仅出口水果（以苹果为主）达 4760 吨，职工增至 524 人。20 世
纪 90 年代，受果树老化等因素制约，水果产量急剧下降。2002 年开始实施果树品种结构
调整方案，以种灵武长枣为主，至 2014 年，栽种面积 3000 多亩，经济效益逐年增长。

北沙窝林场【Běishāwō Línchǎng】　灵武市辖林场，位于市区朔方路北侧，原有沙
窝，从 1957 年起，不断组织机关干部、中小学学生植树治沙，形成茂盛的沙枣林，被称
作"沙枣树林场"。1968 年，灵武县革命委员会在北沙窝创办"104"干校，经全面规
划，北沙窝以栽培乔木为主，建设乔灌结合的等距离林带 450 亩，植树 8.75 万株，栽植
苹果树 175 亩。1971 年 12 月，由灵武县农业局接管原"北沙窝林场"。1980 年，由自治
区林业厅批准，成立"灵武县北沙窝林场"，隶属县林业局，约有土地 5000 亩。至 2014
年，林地面积达到 6.35 万亩，其中经济林 0.3 万亩（果园 0.25 万亩，设施园艺基地
0.05 万亩），生态林防护面积 6.05 万亩。林场共 460 户 1900 人。

平罗县林场【Píngluóxiàn Línchǎng】　位于平罗县城西侧平西公路 7 千米处，太沙
工业园区园林路东侧。1954 年，成立甘肃省地方国营潮湖农场东分场，1958 年撤销；成

立平罗县红星农场，1963 年撤销；成立地方国营平罗县园林场。1966 年，自治区林业局将平罗县园林场列为自治区重点林场之一，1967 年将隶属关系调整为自治区、平罗县双重领导。1970 年，调整为平罗县领导。1983 年，更名为平罗县园艺场。2003 年，更名为平罗县园林场。2005 年，更名为平罗县林场。自 2006 年，使用平罗县苗木繁育中心和平罗县林场两个名称，一套人马，两块牌子。2011 年后，因工业园区建设，平罗县林场大部分土地被征用。2016 年，平罗县林场林业总产值 33.5 万元。

平罗县黄河湿地保护林场【Píngluóxiàn Huánghé Shīdì Bǎohù Línchǎng】 位于平罗县通伏乡黄河滩地，成立于 2005 年。主要从事黄河护岸林生态建设、林木管护、森林防火、湿地资源保护与恢复、野生动物监测与保护、有害生物防治、黄河防汛和防凌、生态林营造及林业新技术推广等工作。

吴忠林场【Wúzhōng Línchǎng】 吴忠市利通区辖属国有林场，场部驻廖家桥，北距城区 13 公里。下设 2 个分场 4 个生产队，担负着全区的造林苗木和经济林苗木的繁育任务，是一家集园艺、林业生产和生态建设的国有林场。全场土地总面积 1.27 万亩，其中成龄果园 1300 亩、苹果幼园 3700 亩、天然林 1200 亩、苗圃地 1800 亩，森林覆盖率为68%。全场 1450 人，职工总数 524 人，其中在职职工 258 名。于 2000 年进行经营管理体制改革，全部果树资产无偿转让给职工，土地实行承包经营，职工全员参加社会养老保险和新型农村医疗保险。职工经济收入主要来源于以苹果为主的林果业，人均果园发展到 7 亩，育苗达到 2 亩。1960 年成立，称廖桥林场。1975 年后，曾更名为"吴忠园林场""吴忠市园艺场"。2000 年经吴忠市政府批准成立"吴忠林场"，2010 年经自治区编办批准，正式更名为吴忠林场，隶属吴忠市利通区政府，是差额拨款事业单位。

树新林场【Shùxīn Línchǎng】 青铜峡市辖国有林场。位于瞿靖镇蒋西村，东至市区 10 公里。2014 年，全场土地面积 25.8 万亩，林地 10.5 万亩，其中经济林 3.3 万亩、防护林 7.2 万亩。有固定职工 826 名，退休职工 399 名。清光绪二十七年（1901 年），宁夏府将白涝泊划给董福祥养马、种植，百姓称此地为"皇家地"。1960 年建场，称青铜峡市农牧场。1963 年以"皇家地"谐音改名黄甲地林场。1966 年 10 月"文化大革命"开展"破四旧"，更名为树新林场，寓意破旧立新。1978 年后发展较快，至 1993 年已扩建成树新、库区、园艺、甘城子、鸽子山 5 个分场。现已成为宁夏用材林基地之一，林果业、养殖业、葡萄种植业全面发展，由单纯造林防沙发展为"林、农、工、商一体化，种、养、销一条龙"的新型国有林场，职工年均收入 4.5 万元。

中卫市林场【Zhōngwèishì Línchǎng】 位于腾格里沙漠东南边缘，东邻镇照路，西接营盘水，南靠甘宁边界，北连宁蒙边界。隶属中卫市林业生态建设局。主要从事营造林木和森林管护。1958 年设立，1959 年为卫宁防沙林场，1960 年设为龙宫湖林场，1967

年更名为县林场，2004年4月中卫撤县设市后更为现名。

中卫市种苗试验场【Zhōngwèishì Zhǒngmiáo Shìyànchǎng】 位于镇罗镇观音村。占地200亩。隶属县林业局。1950年设立中卫县观音苗圃，1978年更名为中卫县林业科学研究所，2000年8月更为中卫县种苗试验场，2004年更为现名。现有职工41人。

美利治沙造林示范区【Měilì Zhìshā Zàolín Shìfànqū】 位于中卫市沙坡头区，居中卫美利工业园区之西100米。2000年始建。为解决造纸原料来源难题，美利纸业公司在风沙危害极为严重的西风口区域实施林纸一体化工程，通过在沙漠边缘地带建大型扬水泵站，修建引水干渠等方式，利用现代化机械平沙造田，大力营造以速生杨树为主的造纸原料林。故名。

中卫市西郊林场【Zhōngwèishì Xījiāo Línchǎng】 位于迎水桥镇牛滩村，1959年成立，原名中卫县园艺场，1961年与县林场合并，1965年从林场析出分设，2004年更名为中卫市西郊林场。隶属中卫市林业生态建设局。主要承担沙坡头区西部沙区天然次生灌木林、生态公益林的管护和植被恢复及沙区重点生态林业工程建设等工作。分两个辖区，即西部甘塘封沙育林区和镇罗塞金塘林区，总面积402089亩，其中林地面积281783亩，宜林荒地12万亩，其他用地面积306亩。2013年，经营管护森林生态效益补偿项目国家级生态公益林16.5万亩，天保工程森林管护项目面积11.4万亩。

中宁县林场【Zhōngníngxiàn Línchǎng】 位于县城东郊3000米的黄河南岸，北靠黄河，南连中鸣公路，西接109国道，总面积3210亩。1951年由宁夏省建设厅筹建卫宁防沙林场；1953年在此成立宁夏省卫宁防沙林场中宁林业工作站；1959年改为中宁县林场；1963年实行场、站合一改为中宁县林业工作站；1979年场、站分开，改为中宁县种苗场；2002年改回原名中宁县林场。

清水河林场【Qīngshuǐhé Línchǎng】 位于中宁县南部的山川结合部，109国道东西两侧，清水河北岸，又名中宁县园艺场。土地面积12507亩，其中生态防护林面积3781.5亩，果林面积2350.5亩，苗圃面积349.5亩，农作物面积2301亩，宜山荒山荒地3901.5亩。成立于1950年2月，于1999年5月更名为清水河林场。

轿子山林场【Jiàozishān Línchǎng】 中宁县辖属农场，始建于1979年，位于清水河下游与黄河的交汇处，距县城14公里。土地总面积18445亩，目前森林资源状况为：林地7100亩，灌木林地1400亩，疏林地800亩，苗圃地960亩，林业辅助用地532亩。尚有宜林地3939亩。森林蓄积量为1.9万立方米，森林覆盖率为51%。在职职工117人，退休职工42人。

牌路山林场【Páilùshān Línchǎng】 位于海原县城东南郊，海城镇境内。林场始建于1953年，规划面积1万亩，属城关乡。1960年，全山基本绿化，林场移交给县林业站管理。1964 年 8 月下放给原城关乡政府管理，致使一部分林地被当地群众垦荒蚕食。1969 年，又交县林业局管理至今。20 世纪 90 年代，林场林地与树木不断遭到破坏。1999 年，重新整地 1250 亩。2003 年秋，县委、县政府将县城机关干部义务植树造林与退耕还林建设项目结合，在牌路山开始实施"绿色家园"行动，进行植树造林，使林地面积有所恢复。至 2008 年，林场总面积达到 7243 亩，其中有林地面积 2613 亩，灌木林地 1884 亩，未成林地 837 亩，宜林荒山荒地 1396 亩，其他 516 亩，活立木蓄积量 2551 立方米。林场现有职工 12 人。

拐洼林场【Guǎiwā Línchǎng】 位于海原县东南部的李俊乡境内，与西吉县火石寨乡接壤，属六盘山西北麓，黄土丘陵水源涵养林区。1961 年，宁夏林业厅在此建立了黄家庄林场，隶属于六盘山林管局。1973 年，黄家庄林场的一部分交由海原县李俊林场代管。1979 年冬，六盘山林管局收回管护，以后移交给西吉县林业局。1985 年 10 月，海原县林业局在该地设立拐洼林场，增加人员，进行封山育林。20 世纪 90 年代，经过多年封育，林场局部白桦、椴树、辽东栎已成林。以麻条子、沙棘、枸子为主的天然灌木林有了很大的扩展。1991—2000 年，营造落叶松、油松等用材林 1246 亩。原来的荒山出现了灌丛，林缘、溪边出现了白桦幼苗。据 2008 年统计，林场土地总面积 4.1 万亩，其中林业用地 3.8 万亩，活立木总蓄积 5584 立方米，天然灌木林 2.1 万亩，宜林荒山荒地 1.5 万亩，非林业用地 0.2 万亩，森林覆盖率 69.7%。林业用地中有林地 2185 亩，其中白桦 813 亩，山杨 105 亩，人工杨树 195 亩，落叶松、油松 1246 亩。全场有职工 35 人。

西华山林场【Xīhuáshān Línchǎng】 海原县辖属林场，在县城西 30 公里处，西安镇境内。属黄土丘陵水源涵养林区。20 世纪 50 年代初，西华山尚有少量天然油松、桦木等乔木分布。1958 年"大炼钢铁"，将天然林木砍伐殆尽，退化为团状灌木丛。1981 年，成立西华山林场，划定封山育林区，植被有所恢复。1985 年以后，由于放弃管理，超载放牧，西华山天然林和植被遭严重破坏。据 1995 年森林资源调查，西华山林木保存面积仅剩 0.4 万亩。1999 年 2 月，海原县政府恢复西华山林场，实施封山造林工程，当年完成荒山造林 1.5 万亩。2000 年，完成封山育林 4 万亩，整地造林 2 万亩。至 2008 年，林场经营总面积 28.4 亩，其中天然灌木林 2 万亩，人工林 3.5 万亩，宜林荒山荒地 22.9 万亩。

月亮山林场【Yuèliàngshān Línchǎng】 位于海原、西吉两县交界地带的红羊乡境，南距海原县城 58 公里，属水源涵养林。林场东南连接六盘山主脉西峰岭，西北与南华山相接，山体呈窄鱼脊状。地势高寒，海拔高度在 1850～2633 米，南坡山势陡峭，岩石裸露，植被稀疏；北坡山势一般较缓，植被茂密，覆盖度在 60%～95%。1999 年成立海原县月亮山林场，当时规划建设面积 2.8 万亩。2000 年，封山育林 1 万亩，整地造林 0.5

万亩，修封育公路 3 公里，建场房 150 平方米，护林点 1 处 50 平方米。由于加强管护措施，自然条件较好，封育效果明显，造林成活率在 85% 以上。至 2008 年，林场管护面积 18.3 万亩，人工造林 3.5 万亩，有林地 0.7 万亩，灌木林地 0.6 万亩，未成林造林地 2.2 万亩，宜林荒山荒地 14.8 万亩；主要树种有沙棘、桦树、柠条、落叶松、云杉等。林场现有职工 30 人。

马东山林场【Mǎdōngshān Línchǎng】　固原市原州区辖属林场，系六盘山外围水源涵养林区，1966 年在彭堡镇马东山建场，以山而名。目前，林场有职工 14 人，管护面积 70227.5 亩。其中：林地面积 609.5 亩，灌木林地面积 19236.9 亩，未成林地面积 3507.9 亩，无立木林地面积 8419.5 亩，宜林地面积 37935.3 亩，其他林地面积 518.4 亩，森林覆盖率 28.3%。林场主要建群树种有油松、山桃、沙棘、榛子、蔷薇、枸子等。

长城梁林场【Chángchéngliáng Línchǎng】　位于固原市原州区北 7.5 千米处。长城梁生态农业科技示范园项目是固原市委、市人民政府确定的 2010 年经济社会建设的 15 件大事之一。有战国秦长城遗址，俗称长城梁，故名长城梁林场。2009 年开始建设，总面积 1.5 万亩，已建生态景观林 1.2 万亩，栽植各类苗木 258 万株，建成高标准日光温室 13 栋 8000 平方米，智能温室 2 栋 6300 平方米。有杨、柳、槐、杏、李、桃等 50 余种乡土树种，桦树、山楂、宝马丁香、刺梅、忍冬、卫矛等 30 余种引进树种。道路通畅，林木茂盛，初步形成"三季有花、四季常青"，集科教、试验、示范、旅游于一体的生态休闲观光区。

赵千户林场【Zhàoqiānhù Línchǎng】　原州区辖属林场。原在中河乡窦套村，为林建三师连部驻地，后搬迁到红沟村赵千户队。林建三师撤销后交地方管理，更名为赵千户林场，位于原州区中河乡硝口村，在固原市区以西 25 公里。林场占地面积约 10 万亩，森林资源较为丰富，有油松、云杉、樟子松、落叶松等，是重要的水源涵养林区。常见野生动物有狍子、豹猫、雉鸡、苍鹰、猎隼、猫头鹰、刺猬、野猪、啄木鸟、黄鹂等。

贺家湾林场【Hèjiāwān Línchǎng】　原州区辖属林场，位于开城镇贺家湾水库上游，距离固原市区 15 公里，原为固原县林业局开城林木管护站，2010 年建立林场，命名为贺家湾林场。经过多年的建设，贺家湾林场森林资源总量不断增加，森林覆盖率稳步提高。林场面积 16500 亩，其中林地面积 3000 亩、灌木林地 2200 亩、未成林地 100 亩、宜林地 1300 亩、其他 9900 亩。主要树种有云杉、油松、漳河柳、山桃、山杏、丁香、连翘、苹果、梨、红梅杏等。

西海子林场【Xīhǎizi Línchǎng】　固原市原州区辖属林场，位于张易镇大店村西海子。2011 年，为保护林区生态环境，将全村民户迁出易地安置，原州区政府申请自治区林业局国有林场扶贫资金，建成西海子林场，主要任务是管护原有森林。林区面积 37.89

平方千米，主要木本植物有油松、云杉、樟子松、落叶松、小巧玲珑花、枸子、胡枝子、栓翅卫矛、山桃、山杏、沙棘、稠李、虎榛子、忍冬、海棠等，常见野生动物有狍子、豹猫、雉鸡、苍鹰、猎隼、猫头鹰、刺猬、野猪、黄鼠狼、啄木鸟、黄鹂等。

红庄林场【Hóngzhuāng Línchǎng】　固原市原州区辖属林场，位于张易镇红庄村，距固原市区25公里。1965年为林建三师六连驻地，移交地方后称马场林场，后以所在地更名为红庄林场，管护面积55.27平方千米，主要木本植物有云杉、樟子松、油松、山桃等，林区常见野生动物有狍子、豹猫、雉鸡、苍鹰、猎隼、猫头鹰、刺猬、野猪、黄鼠狼、啄木鸟、黄鹂等。

东岳山林场【Dōngyuèshān Línchǎng】　原州区辖属林场，在固原市区以东2公里东岳山上，故名东岳山林场。东岳山作为固原市佛道教重要的活动场所，林区内庙宇耸立，香火萦绕，小道四通八达，游人纷至沓来，已逐步发展成为城市居民及周边群众休闲、娱乐的重要场所。目前，林场有职工22名，总面积37.11平方公里。其中：有林地面积5166.5亩，疏林地面积169.4亩，灌木林地面积20478.8亩，未成林地面积13350.8亩，无立木林地面积302.1亩，宜林地面积13409.4亩，其他林地面积1041.5亩，森林覆盖率47.6%。林场主要建群树种有油松、山桃、臭椿、沙棘、丁香、杏树、蔷薇等。近年来，随着森林资源的不断增加，林区游人增多，加之坟茔镶嵌于林区，给林场的护林防火工作带来极大的隐患。多年来，林场将防火工作作为重中之重，不断强化管护措施，明确防火责任，并在防火重要期间采取严防死守的方式，确保了林区安全。

固原天海万亩中药材基地【Gùyuán Tiānhǎi Wànmǔ Zhōngyàocái Jīdì】　因基地由固原天海中药材种植有限公司建设，面积近万亩，以种植中药材为主，故名固原天海万亩中药材基地。2015年由固原天海中药材种植有限公司在骆驼河村设立，位于固原市原州区河川乡骆驼河村境内，2015年，原州区实施"强村带弱村"计划，明川村与骆驼河村结成帮扶对子，天海公司流转骆驼河村土地建成万亩芍药园。骆驼河村500名村民在芍药园务工创收300万元。

蝉塔山林场【Chántǎshān Línchǎng】　机构名称注册时更名为蝉塔山林场。原名张家山林场，后林场搬迁至须弥山对面，故林场更名为禅塔山林场，在办理机构名称时误写为蝉塔山林场。位于固原市原州区西北部，与海原县、西吉县接壤。林区主要山峰有须弥山和禅塔山，林区主要河流及湖泊有寺口子水库，林区主要木本植物有油松、杜松、紫丁香、枸子、柠条、山桃、山杏、沙冬青、小叶朴、旱榆、沙棘、少脉椴、虎榛子、忍冬等，林区常见野生动物有雉鸡、苍鹰、猎隼、猫头鹰、刺猬、野猪、黄鼠狼、啄木鸟、黄鹂等，林区名胜古迹有须弥山石窟、石窑子、迷魂沟。

石岘子林场【Shíxiànzi Línchǎng】　位于固原市原州区炭山乡之西。此地地貌为黄土高原，周围有独特的石灰岩地形，地势陡峭，是通往炭山乡的必经之路。因此地为一段狭窄的石岩路段得名石岘子林场。林场成立于 1956 年，原为林建三师连部驻地，1965 年更名为石岘子林场，林区主要山峰有石岘子，林区主要木本植物有云杉、樟子松、油松、山桃、柠条等，林区常见野生动物有雉鸡、苍鹰、猎隼、猫头鹰、刺猬、沙狐、喜鹊、乌鸦等。

扫竹岭林场【Sǎozhúlǐng Línchǎng】　西吉县属林场，处于县境东北部。1958 年建场，名黄家庄林场。2000 年 5 场部迁至火石寨乡扫竹岭村，依山更名，东南距县城 28 公里。现编制 25 人，经营总面积 53131.6 亩，大部分属火石寨乡，小部分在海原县李俊乡境内。

吉强林场【Jíqiáng Línchǎng】　西吉县属林场，在吉强镇境内，场部驻县城秀山路。2005 年与何店子园艺场合并，现林区经营面积 36902 亩。其中新增周边生态移民迁出后林地 34880 亩。核定编制 17 人，设管理维护站 4 个。

大寨山林场【Dàzhàishān Línchǎng】　西吉县属林场，在县境东北部沙沟乡大寨村境内，故名，东南距县城 32 公里。林场总面积 8.7 万亩。场界内无河流，林场外围有小型河流，均属清水河系。

偏城林场【Piānchéng Línchǎng】　西吉县属林场，在县境东部偏城乡境内，地跨高崖、伏墒、偏城三个行政村，面积 10057 亩，其中林地 3820 亩（"2605"项目保存林地 1985.5 亩、荒山林地 1834.5 亩），移民退耕还林 5627 亩（移民区承包地 5189 亩，非移民区承包地 438 亩），耕地（移民区承包地）299 亩，建设用地 311 亩。

马建林场【Mǎjiàn Línchǎng】　西吉县属林场，在县境西部马建乡境内，场部东距县城 20 公里。始建于 1978 年 8 月，名为马建万亩林场；1982 年改为乡办林场；1999 年交县林业局管理。属滥泥河流域，经营总面积 297.7 公顷。其中林地 155.3 公顷，灌木林地 4.13 公顷，未成林地 133.9 公顷，苗圃以及其他 5.3 公顷。是西吉县西部水土保持的典型之一。

田坪林场【Tiánpíng Línchǎng】　西吉县属林场，在县境西部田坪乡境内，场部东距县城 40 公里。2008 年成立，面积 8.48 平方公里，编制 18 人。

刘家山林场【Liújiāshān Línchǎng】　西吉县属林场，位于县境北部白崖乡境内，场部驻地刘家山，距县城约 13 公里。始建于 1960 年，称西吉县畜牧改良场，1976 年改为刘家山头农林场，属县农业局。1979 年改名刘家山林场。面积 2.11 万亩，以营造水土保持速生用材林为主并进行育苗。

王坪林场【Wángpíng Línchǎng】　西吉县属林场，位于县境西部震湖乡王坪村，距县城 52 公里。1958 年建场，2016 年扩建后，面积 2.3 万亩。

硝河林场【Xiāohé Línchǎng】 西吉县属林场，位于县境中南部硝河乡境内，跨隆堡、关庄、马昌、硝河、苏家沟、红泉、高原 7 个行政村。下设 1 个防火检查站、1 个护林点，有 20 米高防瞭望塔 1 座，一个苗圃。辖区林地大部分属于原"2605"项目保存集体林地，2008 年划归国有。是中国"2605"项目（世界粮食计划署退耕还林项目）保留林地最集中的区域。

神林南山林场【Shénlín Nánshān Línchǎng】 隆德县国有林场，场部位于神林乡人民政府东侧，东距县城 23 公里，北宋初称神林寨，因林木秀美而名。林场成立于 1979 年，管辖范围为神林乡神林村南山荒塬与坡地，总面积 76410 亩，主要树种为云杉、樟子松等。现有职工 4 人，日常从事林区绿化、管护与森林防火等工作。

堡子山林场【Bǔzishān Línchǎng】 隆德县国有林场，位于城关镇堡子山，场部在堡子山龙王祠下方，距县城 1 公里，故名。1951 年建场，面积 84990 亩，主要树种为云杉、桦树等。在岗职工 4 人，日常从事林区绿化、管护与森林防火等工作。

金华林场【Jínhuá Línchǎng】 金华林场位于隆德县陈靳乡金华村，隶属于隆德县林业局管理。因场部位于陈靳乡清凉水库西北 1 千米半山坡处，原属金华村辖地而得名。林场成立于 2003 年，距县城 9 千米。管辖范围主要为金华村与清凉村部分林地，总面积 45735 亩，主要树种为云杉、云松等，其中林地 2260 亩，灌木林 4710 亩，未成林造林地 26000 亩，苗圃地 230 亩。林木总蓄积 14 万立方米，森林覆盖率 56%。金华林场属县管国有林场，现有在岗职工 4 人，日常从事林区绿化、管护与森林防火等工作。

盘龙山林场【Pánlóngshān Línchǎng】 盘龙山林场位于隆德县山河乡山河村，隶属于隆德县林业局管理。因场部位于山河乡山河村街道南侧盘龙山下而得名。林场成立于 1979 年，距县城 16 千米。林场管辖范围主要为山河村盘龙山林地，总面积 97785 亩。林区主要树种为云杉、樟子松等。林场属县管国有林场，现有在岗职工 4 人，日常从事林区绿化、管护与森林防火等工作。

奠安林场【Diàn'ān Línchǎng】 奠安林场位于隆德县奠安乡杨沟村，隶属于隆德县林业局管理。因场部位于杨沟村原杨沟乡政府院内，现属奠安乡人民政府辖区而得名。林场成立于 2016 年，距县城 45 千米。林场管辖范围主要为杨沟村周边林地，总面积 79390 亩。林区主要树种为山桃、云杉、云松等。林场属县管国有林场，现有在岗职工 4 人，日常从事林区绿化、管护与森林防火等工作。

观庄林场【Guānzhuāng Línchǎng】 观庄林场位于隆德县观庄乡观堡村，隶属于隆德县林业局管理。因场部位于原观堡村民委员会西北侧 250 米处，现属观庄乡人民政府辖区而得名。林场成立于 2016 年，距县城 15 千米。林场管辖范围主要为观堡村南山周边林地，总面积 47895 亩。林区主要树种为杨柳、樟子松、云杉等。林场属县管国有林场，现有在岗职工4人，日常从事林区绿化、管护与森林防火等工作。

六盘山镇杨庄林场【Liùpánshānzhèn Yángzhuāng Línchǎng】　位于泾源县六盘山镇政府驻地东侧4千米。2015年10月，由泾源县林业局设立泾源县六盘山镇杨庄林场。场区在六盘山镇杨庄村。主要用于森林防火、改变森林分布、改造自然面貌、满足林产品消费等需要。

沙塘林场【Shātáng Línchǎng】　位于泾源县黄花乡政府驻地北侧10.5千米。1975年，由泾源县林业局设立沙塘林场，是集天然林保护、造林、育苗职能于一体的事业单位。因驻地在沙塘村附近，故名沙塘林场。场区覆盖黄花乡土窑村、黄洼村、沙塘村，场部设在土窑村东侧。2011年，投资扩建场部基础设施。林场土地总面积17850亩，共有林业用地面积16828亩，占总面积的94.2%。其中有林地8348亩，灌木林地1027亩，疏林地248亩，未成林4011亩，苗圃地1500亩（含不固定苗圃地），宜林地1694亩，森林覆盖率55.7%。交通便利，沙嵩公路穿境，距离福银高速公路服务区3千米。

第三节　水利设施

一、水利枢纽、灌区

青铜峡水利枢纽【Qīngtóngxiá Shuǐlì Shūniǔ】　位于青铜峡峡谷出口处，下距银川市约80公里，距包兰铁路青铜峡车站6公里。功能以灌溉、发电为主，结合防凌、防洪。最大坝高42.7米。总库容6.06亿立方米（正常高水位以下）。电站装机总容量27.2万千瓦，年平均发电量13.5亿千瓦时，过水流量178立方米/秒，尾水经过平行于21～29号坝段下游泄洪闸下涵洞入河东总干渠（秦汉总干渠）。2000年实灌面积480万亩。近年实行节水灌溉，至2016年已达到设计灌溉面积550万亩目标。工程于1958年8月开工，1960年截流，1967年底土建工程完成，1968年2月13日第一台机组（2号机组）正式发电，1978年8台机组安装完毕。共完成混凝土68万立方米，土石方692万立方米。工程总投资2.56亿元。

沙坡头水利枢纽【Shāpōtóu Shuǐlì Shūniǔ】　是一座以灌溉发电为主，兼顾其他效益的综合水利工程，位于黄河干流中卫市沙坡头区迎水桥镇境内。2001年底临时工程开工，2002年4月1日主体工程开工，2002年11月25日截流。2004年3月下闸蓄水，2005年5月主体工程全部完工。主要功能是灌溉和发电。总控制灌溉面积134万亩，总库容2600万立方米，发电装机容量12.03万千瓦，年平均发电量6亿千瓦时。最大坝高37.8米，坝顶长867.65米，坝顶高程1242.6米。建成后，卫宁灌区由无坝引水变为有坝引水，提高灌区的灌溉保证率。年减少引用黄河水5亿立方米。

宁夏引黄古灌区【Níngxià Yǐnhuáng Gǔguànqū】　南北长320公里，东西最宽40公里，面积达6600平方公里，是中国最古老的大型灌区之一。2017年10月10日，在墨西哥城召开的世界灌排委员会执行大会上，以"宁夏引黄古灌区"入选世界灌溉工程遗产，这也是黄河干流上的首个世界灌溉工程遗产。古灌区位于黄河上游下河沿——石嘴山两水文站之间，覆盖中卫市的沙坡头区、中宁县，吴忠市的利通区、青铜峡市，银川市的兴庆、金凤、西夏区及永宁县、贺兰县、灵武市，石嘴山市的大武口区、惠农区及平罗县，计13个县级政区和20多个国有农、林、牧场。灌区历史悠久，秦汉时已利用黄河东枝"以溉田圃"。北魏建有艾山渠、薄骨律渠。唐代朔方节度使开展大规模军事屯垦，以青铜峡为界形成南北两个灌区，建有唐徕渠、汉渠、胡渠、御史渠、百家渠、光禄渠、尚书渠、七级渠、特进渠等。清代又新修惠农渠。到1949年中华人民共和国成立前夕，全灌区直接从黄河引水的大小干渠共39条，总长1350公里，灌溉面积192万亩。

青铜峡河东灌区【Qīngtóngxiá Hédōng Guànqū】　南起牛首山，北至横城明长城，东靠鄂尔多斯台地，因在青铜峡下游黄河以东，故名。总面积874平方公里。受益政区：青铜峡的2个乡镇；利通区12个乡镇；灵武市10个乡镇；3个自治区国有农场，总人口60余万。灌溉干渠有河东总干渠、秦渠、汉渠、东干渠，引水能力169立方米/秒，灌溉农田89万亩。

青铜峡河西灌区【Qīngtóngxiá Héxī Guànqū】　南起青铜峡，北至惠农区，西至贺兰山麓，包括银川市所辖3区2县、石嘴山市所辖2区1县，以及青铜峡市大部，惠及人口298万，面积4197平方公里，均在黄河以西，故名。灌溉干渠除8公里河西总干渠外，有唐徕渠、惠农渠、汉延渠、西干渠四大干渠，皆自南而北，互相平行。灌溉总面积366.8万亩。其中最大者为唐徕渠，长154.6公里，灌溉面积121万亩。

卫宁灌区【Wèiníng Guànqū】　位于黄河沙坡头与青铜峡之间120公里长的狭长地带上，原系多渠系无坝引水。沙坡头水利枢纽建成后，部分渠道改为有坝引水，面积658平方公里，惠及中卫、中宁两县和青铜峡市的广武乡以及国营渠口农场，人口65万。主要渠道有美利渠、羚羊渠、七星渠、跃进渠，灌溉面积92.97万亩。

二、干渠

河西总干渠【Héxī Zǒnggànqú】　从青铜峡水利枢纽坝下到青铜峡市大坝镇韦桥村唐徕渠进水闸前，全长6公里，1962年建成。最大输水流量450立方米/秒。1.25公里处建有调节干渠水量的1号退水闸。3公里处建有为抬高水位向西干渠供水的潜坝。4.5

公里处建有唐三闸，原称汇昌闸，给惠农渠供水。5.85 公里处（原唐徕渠头闸，亦称边关闸）建有 3 号退水闸，给汉延渠供水。大清渠口（原贴渠口）及唐徕渠正闸并列于总干渠尾。

唐徕渠【Tánglái Qú】 宁夏最大的灌溉渠道。徕，通假字，即"来"，始建于唐。今渠首在青铜峡大坝之下 6 公里河西总干渠之尾，设正闸，设计引水能力 152 立方米/秒，向北经青铜峡市、永宁县、银川市区、贺兰县、平罗县、石嘴山市惠农区，尾水在尾闸镇注入西河，全长 154.6 公里，全部为自流灌溉，灌溉面积 121 万亩。始建时间疑为唐天授初年（690 年），娄师德任营田使，在河套地区广兴屯田，成绩卓著，武则天特致书慰劳："自卿受委北陲，总司军任，往还灵、夏，检校屯田……两军及北镇兵，数年咸得支给……"（《全唐文》卷九十三武后《劳娄师德书》）。而唐徕渠一名，则首见于西夏典籍。西夏法律专著《天盛改定律令》有关水利、桥梁的条款中，已频繁出现唐徕渠。其后至元代、清代，曾大规模整修、扩建。著名水利专家郭守敬、通智都曾任其事，其长度、灌溉面积亦有变化。清代至 1960 年，其渠首在青铜峡一百零八塔下方，在大坝上游 6.2 公里黄河左岸，20 世纪 60 年代青铜峡水利枢纽建成，唐徕渠结束无坝引水历史，渠首下移 12.2 公里至今地。银川市境内段渠堤，已将土堤全部砌护，建成唐徕公园，为市民休闲之所。"唐徕"之名延伸使用较多，如唐正闸、唐三闸、尾闸、唐徕公园、唐徕中学、唐徕小学、唐徕小区等，以及多座唐徕渠桥。

惠农渠【Huìnóng Qú】 宁夏第二大干渠，清雍正四年（1726 年）七月开工，七年五月竣工，由工部侍郎通智主其事，命名"惠农渠"。渠成后招民垦殖，俗称"皇渠"，讹作"黄渠"。渠首初设叶盛堡（今青铜市叶盛镇）俞家嘴，尾水在当时的平罗县西河堡（今石嘴山市惠农区尾闸镇西河桥村）注入西河，长约 200 里。其后 200 年，渠首长度多有变化。今由青铜峡河西总干渠 4.5 公里原唐三闸引水，北流 29 公里至叶盛镇龙门闸为进水口，设计最大引水量 125 立方米/秒，经青铜峡市、永宁县、银川市兴庆区、贺兰县、平罗县至惠农区尾闸镇，尾水注入第五排水沟，全长 139 公里，灌溉面积 110.6 万亩。惠农渠由通智主持修建，沿线民堡命名，多以"通"字打头，如通贵、通昌、通伏等。

汉延渠【Hànyán Qú】 宁夏第三大干渠，又名汉源渠，始浚于汉代，故名。唐《元和郡县图志》仍称汉渠，长 120 里。《西夏天盛律令》最早并大量出现"汉延渠"之名。历代渠首、长度皆有变化。今从河西总干渠 5.85 公里处引水，引水段长 13 公里，称惠民渠，引水至青铜峡市小坝镇，设泄洪闸及汉延渠进水闸，流经青铜峡市、永宁县、兴庆区、贺兰县，尾水注入第四排水沟，全长 101.5 公里，渠首最大引水量 80 立方米/秒，灌溉面积 57 万亩。明代地方志中所列"宁夏八景"，亦有此渠，称"汉渠春涨"。

西干渠【Xīgàn Qú】 位于贺兰山东麓洪积平原东缘，是河西灌区自流部位最高的一条新干渠。1959 年 11 月开工，1960 年 5 月 10 日通水。由河西总干渠 3 公里处潜坝设闸引水，沿贺兰山东麓洪积扇边缘北行，经青铜峡市、永宁县、银川市西夏区及贺兰县，尾水于平罗县下庙乡暖泉村入第二农场渠，长 112.7 公里。灌区有国有农场、牧场和机关农场 112 个，规划控制面积 87 万亩（包括扬水）。2000 年渠首限制引水流量 60 立方米/秒，实际灌溉面积 62.7 万亩。

大清渠【Dàqīng Qú】 初名贺兰渠，原在黄河青铜峡出口西河马关嵯之下 3 公里引水，为清初宁夏道管竭忠据民所请创开。康熙四十七年（1708 年），宁夏水利同知王全臣，鉴于唐徕、汉延两渠之间宜耕地尚多，乃于马关嵯附近新开渠口，将渠延伸到宋澄堡，长 35 公里，灌溉田地 6.57 万亩，命名大清渠。1953 年，在唐徕渠建闸引水。1977 年，将大清渠口上延，与贴渠合建进水闸，成为独立干渠，由河西总干渠止点引水，其进水闸并列在唐徕渠正闸右侧。今大清渠全长 25 公里，灌溉面积 10 万亩。

泰民渠【Tàimín Qú】 是泰宁渠和民生渠合并后的名称。清光绪年间，有三十余户逃荒灾民到中滩开渠引水，垦荒种田，引西岔河水灌田，后又扩整渠道至今中滩第八生产队，取名泰宁渠。清末举人李登榜（灵武人）于 1918 年率人在柳条滩开渠引罗家河水灌田，渠长 7 公里，取名陈滩渠。1922 年又在其侧浚渠 3 公里，取名袁滩渠。后将两渠合并，挖深劈宽，改名为民生渠，灌地 2700 亩。此后逐步拓展，至 1961 年，渠长 28 公里。1963 年，灌溉面积扩大至 9000 亩。1966 年，将民生渠与泰宁渠合并，称泰民渠。1968 年，改由河西总干渠引水。今泰民渠全长 44 公里，引水量 19.5 立方米/秒。实灌面积 8.5 万亩。

河东总干渠【Hédōng Zǒnggànqú】 从青铜峡大坝 8 号机组引尾水至余家桥，全长 5.1 公里，1969 年建成。设计过水能力 115 立方米/秒。在余家桥建分水闸，其中秦渠进水闸 3 孔、汉渠 2 孔、马莲渠 1 孔，每孔净宽各 3 米，设计流量分别为 70 立方米/秒、41 立方米/秒、18 立方米/秒。

秦渠【Qín Qú】 又名秦家渠，是河东灌区最大最早的干渠。其创建年代相传始于秦。秦家渠之名，最早见于元大德七年（1303 年）虞集《翰林学士承旨董公行状》："开唐徕、汉延、秦家等渠。"乾隆《大清一统志》卷二〇四宁夏府记载："秦家渠，在灵州东，亦曰秦渠，古渠也。"1949 年，秦渠由峡口北流至灵武县北门外，尾水入涝河（山水沟），全长 71.5 公里。有大小支渠 220 条，灌地 14.5 万亩。当代多次大规模改造，现干渠全长 51.45 公里。渠首由河东总干渠余家桥分水闸引水，最大流量 73 立方米/秒，灌溉面积 40 万亩。

汉渠【Hàn Qú】 又名汉伯渠，始建于汉代。渠道所经地势高于秦渠。明洪武时经过疏浚，灌田 730 余顷。1949 年全长 50 公里，有大支渠 5 条，灌田 10 万亩。当代不断改造，1969 年后由河东总干渠余家桥分水闸引水，过峡口，经巴浪湖农场，跨越山水沟，过郭家桥、杜木桥乡达杜家滩通水，跨青铜峡市、吴忠市利通区、灵武市境，全长 41 公里。最大进水流量 42 立方米/秒，灌溉面积 20 万亩。

　　马莲渠【Mǎlián Qú】　原系汉渠五大支渠之一，部位较高。波浪渠是马莲渠的一个分支，从马莲渠进水闸下 5 公里的双闸引水。1949 年前，马莲渠、波浪渠渠梢湖泊多，所谓"河东七十二连湖"大部集中在此，盐碱、沼泽化严重，灌溉面积仅 2 万余亩。当代不断改扩建，1969 年后从河东总干渠余家桥分水闸引水，向东北行 250 米至郝渠口后，同吴青公路并行 4.5 公里至双闸，再向东行 11 公里，尾水入清水沟。干渠全长 27.2 公里，设计进水流量 20 立方米/秒，灌溉面积 7 万亩。

　　东干渠【Dōnggàn Qú】　青铜峡灌区部位最高的一条干渠，是当代宁夏新建的第一条全断面砼防渗砌护的大型渠道，1975 年 11 月 5 日竣工。自青铜峡大坝东端（右岸）坝上取水，渠首设计引水流量 54 立方米/秒。渠道跨胶泥沟，经牛首山北麓之洪积扇区，过磨子墩沟后，在沙沟口北跨过山水沟，在红坡坡处穿过吴忠—石沟驿公路，折北行至灵武县郭家碱滩，尾水入灵南干沟和汉渠。现全长 54.4 公里，实际引水流量 45 立方米/秒，灌溉面积 22 万亩，吴忠市利通区、灵武市受益。

　　美利渠【Měilì Qú】　原名蜘蛛渠，又名石渠，是中卫市黄河北面的主干渠。渠口原在城区西 15 公里处的沙坡头，河中离岸约 80 米砌石做迎水坝。坝之功能有二：一为分河水进渠首，使枯水、洪水时引水量大致相同；二为溢洪，使多余之水翻坝入河。其创修年代，据明王业《美利渠记》、清乾隆《中卫县志》记载，"相传"为元初董文用、郭守敬所开，名"蜘蛛渠"。后因渠岸不定，渠口淤塞，明嘉靖四十一年（1562 年），宁夏抚军毛鹏，调征中卫丁夫于旧口以西六里，开凿新口，引水入渠，易名美利渠。嘉庆年间，灌溉面积扩大到 5.65 万亩，至民国二十五年，渠道全长 77 公里，有支斗渠 137 条，灌溉面积 9.5 万亩。中华人民共和国成立后，多次整修、拓展。2002 年建黄河沙坡头水利枢纽，渠移至枢纽入坝之下，总干渠长 21.6 千米，渠宽 15～30 米。有支渠 39 条，共长 61 千米。2012 年 9 月，沙坡头水利枢纽南北干渠及灌区节水改造工程立项开工建设，将美利渠渠首及支干渠系扶农渠、北干渠合并为沙坡头北干渠，工程于 2016 年 4 月竣工，控制灌溉面积 22.14 万亩。

　　羚羊二渠【Língyáng Èrqú】　是指羚羊角渠、羚羊寿渠，均在中卫市沙坡头区黄河南（右）岸与黄河平行，次第开口，由上而下，均为明清古渠。羚羊角渠部位最高，在上河沿红毛牛开口，引水流量仅 1.5 立方米/秒，长 15.5 公里，灌地 1.05 万亩。羚羊寿渠渠口在常乐乡以西的狄家庄子，流经常乐、永康、宣和三个乡，全长 32.31 公里，引水流量 10 立方米/秒，灌溉面积 13 万亩。

七星渠【Qīxīng Qú】　是中宁县黄河南岸的主干渠。原渠口在泉眼山下，相传下有泉七眼，形若列星，故名。又说渠口居六渠之首（即柳青、贴渠、大滩、李滩、孔滩、田滩 6 渠），形若七星而得名。渠道创建年代无可稽考，明代改修。1949 年，渠道长 68 公里，灌地 6.7 万亩。当代历经多次整治、改扩建，现干渠西起泉眼山，经宁安镇、新堡镇、舟塔乡、鸣沙镇，东止白马乡，长 87.6 公里，进口最大流量 61 立方米/秒，灌溉面积 49.3 万亩。

跃进渠【Yuèjìn Qú】　是中宁县黄河北岸的主干渠。1958 年"大跃进"时修建，故名。该渠由中卫县镇罗孟家河沟开口，引黄河水傍河依山经中宁余丁、枣园、渠口农场至青铜峡广武乡碱沟汇入黄河。干渠长 88 公里，引水流量 28 立方米/秒，灌溉面积 13.4 万亩。

三、支渠选介

红花渠【Hónghuā Qú】　唐徕渠支渠。为元代以前的旧渠，始建年代不详，因两岸大面积种植红花贡品得名。渠首在今银川市苗木场西部的唐徕渠右岸，分唐徕渠水，环绕兴庆区东南，向北流至八里桥村作梢，全长 20 公里，引水能力不足 10 立方米/秒。据明嘉靖《宁夏新志》记载："红花渠，抱城南门、东门而流。"又分出 2 道小渠，引入镇城内浇灌园林。此渠既以"红花"命名，必在种植红花之时修浚。又据《新唐书·地理志》载，唐灵州共有贡品 21 种，首贡为"红蓝"，李时珍《本草纲目》解释即红花。唐代李吉甫著《元和郡县图志》也称灵州首贡为"红花"。弘治《宁夏新志》卷一田赋记载：明代在渠两岸有"红花田六顷七十二亩，每年种收红花进贡，太监、总兵领之"。至当代，灌溉面积 1.9 万亩，多为菜地、粮田。2000 年后，城市扩展，红花渠两岸农田全部建成居民小区或商业楼，今已停止输水，列为市级文物保护单位。地名延伸使用有红花乡。

良田渠【Liángtián Qú】　唐徕渠较大的支渠，在镇城西南，始建于明代，今未更名。在今永宁县胜利乡陆坊村唐徕渠西堤开口引水，经永宁县望远镇丰盈村入金凤区，又经盈南、烟囱墩、平胡桥入西夏区，止于芦花台良渠梢。至 1936 年，灌田 54768 亩。1986 年后引水能力 16 立方米/秒，灌溉面积 9 万余亩。渠名延伸使用有良田乡、良田镇。

大新渠【Dàxīn Qú】　唐徕渠支渠，明代称新渠，清末新浚，故名。由永宁县望远镇高庙桥南引水析出，南自银川市兴庆区大新镇潘家庄南入境，流经大新镇，梢入贺兰县境，呈东西向分叉入湖。境内长 22.6 公里，宽 11～20 米，1936 年灌田 4.26 万亩。1986 年后引水能力 9.5 立方米/秒，灌溉面积 6 万余亩。地名延伸使用有大新镇、新水桥等。

民生渠【Mínshēng Qú】　系惠农渠支渠。由中国"近代水利事业的元老"郑肇经派员设计，民国全国经济委员会委员长宋子文拨款 20 万银圆，于 1934 年 11 月兴工，1935 年 5 月竣工。此时马鸿逵主政宁夏，其父马福祥字云亭，故定名云亭渠。开口位于宁朔县王太堡（今属永宁县）惠农渠二渠桥东岸，东北向与惠农渠平行，至宁夏县通吉堡入黄河，渠长 60 公里，线路在黄河防洪堤西侧布设。灌溉农田 20 万亩。中华人民共和国成立后改为民生渠，灌溉今银川市属的永宁县、贺兰县及银川市兴庆区农田，多为河滩地、稻田。1964 年修建永清沟，将该渠截断，上段在永宁县境，为民生一渠。下段在今兴庆区境，为民生二渠。1970 年后，因惠农渠裁弯取直、增加支渠，民生二渠灌溉面积大幅减少为 7.5 万余亩。

第一农场渠【Dì-yī Nóngchǎng Qú】　当代灵武县所开支渠，在秦渠设闸引水，长 31.6 公里，1952 年专为灵武农场修建。有支渠 22 条 49.8 公里，斗渠 25 条 39 公里，灌溉面积 10.05 万亩。

第二农场渠【Dì-èr Nóngchǎng Qú】　当代所建唐徕渠支渠，在贺兰县满达桥建闸引水，设计引水量 23 立方米/秒，渠道沿贺兰山东麓洪积平原而北，经西湖农场、南梁农牧场、暖泉农场等 10 多个农场，尾水排入惠农区燕子墩乡境内的第三排水沟，全长 83 公里，1955 年 10 月竣工，灌溉面积 24 万亩。是为各农场开发荒滩而建，2016 年实灌面积已过 40 万亩。

四、水库

宁夏平原有大型水库 1 座：青铜峡水库。南部山区水库较多，每个县都有数十座，但无大型水库，多数为小型水库。现按《宁夏水利新志》将大型、中型水库收录于后。

青铜峡水库【Qīngtóngxiá Shuǐkù】　系青铜峡水利枢纽（见本节首目）的主体工程。混凝土重力坝，长 693.75 米，坝高 42.7 米，坝顶海拔高程 1160.2 米，设计最大洪水流量每秒 7300 立方米，设计库容 6.03 亿立方米。库区淹没耕地 6.7 万亩，迁移人口 1.9 万（主要在中宁县）。1958 年 8 月开工，1960 年 2 月截流。建成后，由于上游来水泥沙含量高，水库淤积严重，甚至形成库中洲岛，库容量大幅减少，1972 年为 0.97 亿立方米，1984 年仅剩 0.4 亿立方米，以后有微量减少。调节量消失，防洪功能大幅减退，发电效益不如预期，但水利灌溉效益显著，结束了银川平原无坝引水的历史。

李家大湾水库【Lǐjiādàwān Shuǐkù】　位于黄河一级支流苦水河上游李家大湾村而得名。是苦水河唯一的一座中型水库，在盐池县惠安堡镇东南约 15 公里处。水库最早建于 1960 年，坝高 25 米，库容 2150 万立方米，规划洪漫汪家河沿一带农田 5 万亩。1967 年坝后大滑坡形同泥流，危及坝体安全，1970 年溃坝。1971 年将坝址上移 1 公里在淤泥面上重建，坝高 9.5 米，总库容 1300 万立方米。后因淤积严重于 1974 年、1979 年和 1992 年先后分别加高主坝 4 米、1.5 米和 1 米。现坝高 16 米，坝顶长 1805 米，总库容 4000 万立方米，为均质土坝。枢纽工程由主坝、输泄水涵洞、非常溢洪道组成。

沈家河水库【Shěnjiāhé Shuǐkù】　位于清水河干流上游，在固原市原州区头营镇马园村内，地名沈家河，因名之。上游距固原市区约 12 公里。1958 年 10 月开工，1959 年建成，坝顶高 24 米，为均质土坝。1979 年从坝前加高 6 米。工程由主坝、输水涵洞、溢洪道三部分组成，控制流域面积 313 平方公里。现坝顶高程 1650 米，坝高 30 米，顶长 1550 米，顶宽 6.0 米，设计总库容 4640 万立方米，设计灌溉面积 4 万亩，实际灌溉不足 2 万亩。水质甘甜宜于饮用和灌溉，本是宁夏南部效益最好的水库。但进入 20 世纪以来，上游固原市城区工业废水、城市污水大量排入，淤积、污染严重，沿固胡公路乘车经过，臭气熏天，惨不忍睹，不但人畜不敢饮用，灌溉亦受影响。2016 年已将沈家河水库库区生态治理工程项目立项，治理面积 9 平方公里，预算投资 1.88 亿元，以建成环境优美、水质洁净的湿地公园为目标，2016 年已完成招投标工作。属原州区水务局管理，设水库管理所，有职工 12 人，其中固定职工 8 人。

冬至河水库【Dōngzhìhé Shuǐkù】　位于清水河一级支流冬至河下游，故名冬至河水库，在固原市原州区彭堡乡。1973 年冬开工，1974 年建成，坝高 17 米，为均质土坝。枢纽工程由主坝、输水涵洞、溢洪道组成，控制流域面积 279 平方公里，库区原为大片沼泽地，当地人称其为大湖滩，又名大湖滩水库。现坝顶高程 1622 米，顶长 3020 米，顶宽 5 米，主坝轴线左段顺直，右段折向东南，将大片碱湖滩汇流成人工水域，坝体迎水坡用混凝土板和块石砌护防浪。主要功能为滞洪蓄水，设计总库容 1625 万立方米，已淤积约 800 万立方米；设计灌溉面积 2.5 万亩，现有灌溉面积 0.6 万亩。设水库管理所，有职工 11 人，其中固定职工 6 人。

寺口子水库【Sìkǒuzi Shuǐkù】　位于清水河一级支流中河出口，在固原市原州区县黄铎堡乡寺口子，距下游宝中铁路、银平公路约 15 公里。水库于 1958 年 8 月开工，1959 年 10 月建成，坝高 44 米，黏土心墙坝。1970 年从坝前加高 4 米。枢纽工程由主坝、输水涵洞、单孔泄洪涵洞、三孔泄洪涵洞组成，控制流域面积 1022 平方公里。现坝顶高程 1684.5 米，坝高 48 米，顶长 320 米，顶宽 5 米。主要功能为滞洪蓄水，设计总库容 5550 万立方米，已淤积约 5 万立方米，现有效库容 500 万立方米，由于有苦水进入，水质较差。设计灌溉面积 4 万亩，现在已无灌溉效益。

夏寨水库【Xiàzhài Shuǐkù】　水库位于葫芦河干流中上游夏寨村而得名。行政区属西吉县夏寨乡，距上游西吉县城约 6 公里。水库于 1972 年秋动工，1973 年春建成，坝高 18 米，为均质土坝。1977 年主坝从坝后坡加高 3.5 米。枢纽工程由主坝，输、泄水涵洞组成，控制流域面积 492 平方公里。现坝顶高程 1894.8 米，坝高 22 米，顶长 910 米，顶宽 4 米，总库容 1935 万立方米，现在有效库容 1195 万立方米，已淤积 740 万立方米。清淤工程于 2001 年 5 月开工建设，同年底，水库主坝土方工程已完成，其他工程正在建设中。水库管理：西吉县水利水保局，下设夏寨水库管理站，现有管理人员 28 名，其中专业技术人员 5 名，灌区水费按亩征收，每亩每年交水费 10 元，用于水库管理和日常维修。

张家嘴头水库【Zhāngjiāzuǐtóu Shuǐkù】　位于葫芦河主河道上张家嘴头村，属西吉县将台乡。水库 1974 年 3 月开工，1975 年 5 月建成，坝高 25 米，为均质土坝。1983 年戴帽加高 1 米。枢纽工程由主坝，输、泄水涵洞组成，控制流域面积 375 平方公里（已扣除夏寨水库汇流面积）。坝顶高程 1836 米，坝高 26 米，顶长 900 米，顶宽 5 米，总库容 2850 万立方米。最大泄量 40 立方米/秒。水库设计洪水标准 50 年，校核洪水标准 500 年，主要功能为滞洪蓄水，设计灌溉面积 3 万亩，现有灌溉面积 1.7 万亩。现有库容 1230 万立方米，防洪标准不足 100 年。

马莲水库【Mǎlián Shuǐkù】　位于葫芦河一级支流马莲河主河道上，故名马莲水库。属西吉县马莲乡。1958 年建成，坝高 29 米，为均质土坝。1965—1966 年第一次加高 2 米（按：马莲水库第一次在坝前淤泥面上加高 2 米成功，省工可靠，为其他水库从坝前加高提供了经验），1970 年戴帽加高 0.5 米，1974—1976 年土坝又加高 3 米。枢纽工程由主坝、输水涵洞、泄洪涵洞组成，控制流域面积 241 平方公里。现坝顶高程 1942.5 米，坝高 34.5 米，顶长 1720 米，顶宽 4 米，总库容 1955 万立方米，已淤积 1655 万立方米，现有库容 300 万立方米。

下坪水库【Xiàpíng Shuǐkù】　位于西吉县沙沟乡叶家河沟口段的下坪村。在中河一级支流臭水河的上游，距沙沟乡政府以南约 8 公里。水库集流区内南北长约 27 公里，东西最大宽度 7.5 公里，主沟长约 40 公里，流域面积 136.55 平方公里，多年平均径流量 614 万立方米，属丘陵沟壑区地貌。总库容 1170 万立方米，水质（矿化度 1.31 克/升），水库于 1990 年 11 月开工，1996 年 11 月竣工。设计灌溉面积 1.05 万亩，目前实灌 0.7 万亩。

石头嵝岘水库【Shítouyǎoxiàn Shuǐkù】　位于彭阳县彭阳乡、茹河一级支流小河的出口段，距彭阳县城约 3 公里。流域形状狭长，主沟道总长约 75 公里，控制流域面积 1100 平方公里，属丘陵沟壑地貌，多年平均年径流量 2170 万立方米，总库容 1552 万立方米，死库容 608 万立方米，水质（矿化度 1.22 克/升）设计灌溉面积 4.6 万亩，解决 4 个乡、13 个行政村、131 个自然村、3.22 万人、0.17 万头畜、2.58 万只羊的饮水问题。水库工程于 1999 年 10 月开工，2000 年 10 月竣工。

店洼水库【Diànwā Shuǐkù】　位于泾河一级支流茹河干流中上游店洼村。在彭阳县古城镇境，距彭阳县城约 10 公里。1959 年 12 月动工，1960 年 8 月建成，坝高 25 米，1973—1974 年主坝加高 2 米，1979 年从背水坡进行抗震加固，主坝又加高 1 米。枢纽工程由主坝、输水涵洞、溢洪道、低孔拉沙涵洞组成，控制流域面积 359 平方公里。现坝顶高程 1562 米，坝高 28 米，为均质土坝。坝长 232 米，顶宽 7 米，总库容 2183 万立方米，水质好，宜于灌溉。

长山头水库【Chángshāntóu Shuǐkù】　位于清水河长山头峡谷入口处，故名。是清水河末段的一座中型水库，北距中宁县城 20 公里。1959 年 3 月开工，1960 年 8 月建成，坝高 23 米。主坝顶长 125 米，坝顶溢流段长 62.5 米，非溢流段左长 30 米，右长 32.5 米。因来水泥沙含量大，将库底逐步淤高，从 1965 年至 1982 年，共四次加高大坝共 7 米。后因失去水库功能，不再加高，当作大型淤地坝使用。现存溢流坝顶高程 1268 米，坝高 30 米，非溢流坝顶高程 1277.5 米，坝高 39.5 米。设计总库容 4 亿立方米，现已全部淤满，形成淤地 6 万亩，已开发为耕地 4.2 万亩，依赖固海扬水工程灌溉。兴建水库的初衷，一是发展灌溉，二是防止清水河洪水对中宁七星渠的危害。水库建成后因水质苦咸，矿化度高达 4.33～6.79 克/升，不宜灌溉。原设水库管理所，现已撤销，无人管理。

张湾水库【Zhāngwān Shuǐkù】　位于清水河一级支流西河干流园河流域上游张湾村。行政区属海原县西安乡。1973 年 10 月开工建设，1974 年完成，坝高 27 米，为均质土坝。1976 年大坝加高 4.9 米，1979 年又进行大坝抗震加固。控制流域面积 687 平方公里（扣除碱泉口水库流域面积）。坝顶海拔高程 1843 米，顶长 1003 米，高 31.9 米，顶宽 5 米，设计总库容 2304 万立方米，水库已淤积 1648 万立方米，现有库容仅 55.1 万立方米。

苋麻河水库【Xiànmáhé Shuǐkù】　位于清水河一级支流苋麻河下游，故名。在海原县黑城镇境，距下游宝中铁路 4 公里。1958 年 11 月开工，1959 年 8 月建成，坝高 36.3 米，顶长 640 米，为均质土坝，总库容 5570 万立方米，设计灌溉面积 2.5 万亩。1968 年规划加高 5 米。1972 年又组织劳力加高 3.7 米。由于淤积严重，至 1984 年已无灌溉效益，1996 年洪水将主要建筑冲毁。2011 年，实施苋麻河除险加固工程，现仍未竣工。

石峡口水库【Shíxiákǒu Shuǐkù】　位于海原县高崖乡清水河支流西河石峡口，距西河汇入清水河口约 13 公里。控制流域面积 3048 平方公里，年径流量 3350 万立方米。1958 年 7 月动工建库，开工后发现石质欠佳，改原设计心墙堆石为心墙土坝，坝高由设计 57 米降为 55 米，1959 年 5 月又降为 53 米。1959 年 10 月竣工，设计总库容 1.7 亿立方米。投入运行后，因库底逐步淤高，多次将坝顶加高：1965 年加高 2 米，1973 年加高

3 米，1976 年基本淤平，再次从坝前淤泥面上加高 8 米。2010 年，淤积库容已达 11430 立方米。灌溉面积 1 万亩左右。是年，除险加固工程竣工，又将土坝增厚，加高 6 米，顶长从 286 米增至 313 米。水质较差，尚可灌地。

碱泉口水库【Jiǎnquánkǒu Shuǐkù】　位于清水河一级支流西河上游的汉岔沟口，距下游张湾水库 6.5 公里，在海原县树台乡境内。1973 年冬开工，1975 年建成，坝高 35 米，为均质土坝。1978 年加高 3 米，枢纽工程由主坝、输泄水涵洞组成，控制流域面积 218 平方公里，现坝顶高程 1897 米，坝高 38 米，顶长 270 米，顶宽 5 米，总库容 1574 万立方米，水库已淤积 256 万立方米，有效库容 1318 万立方米。

五、扬黄灌溉工程

固海扬水工程【Gùhǎi Yángshuǐ Gōngchéng】　以电力抽取黄河水的大型扬水灌溉工程，北起中宁县七星渠羚羊寺，南经同心县、海原县，止于当时的固原县七营乡，故称"固海扬水工程"。1978 年 6 月 1 日动工兴建，分三期建设，即同心扬水工程、固海扬水主体工程和世行扩灌工程，1986 年底竣工。首站抽水流量 20 立方米/秒，沿途设泵站 24 座，总装机组 163 台（套），总装容量 99890 千瓦，运行容量 85680 千瓦，变电所 17 座，有大小容量变配电变压器 65 台，总容量 87995 千伏安。干渠长 152.97 公里，效益巨大，灌溉面积 40 余万亩，不但解决了干旱地带农牧业生产的水资源匮乏问题，还解决了沿线 20 万民众的饮水问题。设固海扬水管理处负责运营管理，人员编制 1065 名。世行扩灌工程 1988 年开工建设，1992 年 11 月竣工交付使用。扩灌工程分为固海扬水扩灌工程和同心扬水扩灌工程两部分。同心扬水世行扩灌工程设计流量 3.5 立方米/秒，从七星渠取水，扩灌大战场等地面积 7 万亩。固海扬水世行扩灌工程设计流量 2.4 立方米/秒，灌溉面积 5 万亩。

盐环定扬水工程【Yánhuándìng Yángshuǐ Gōngchéng】　是为解决宁夏盐池县、甘肃环县、陕西定边县人畜饮水，造福人民的一项电力扬水工程，故名。工程扬水流量 11 立方米/秒，分配给盐池 5 立方米/秒，同心、环县、定边各 2 立方米/秒。设梯级泵站 11 座，总装机容量 6.13 万千瓦，运行容量 5.18 万千瓦，累计总扬程（含专用工程）分别为：盐池灌区 452 米，同心灌区 311.3 米，定边灌区 526.4 米，环县灌区 651 米。输水干渠 11 条，总长 101 公里，各类渠道建筑物 131 座。工程总投资 30343 万元。工程建成后，除解决 36.2 万人和 127.13 万头牲畜的饮水问题外，还可满足 32.13 万亩农田的灌溉。对改善当地群众的生产、生活条件，提高生活和健康水平，改善生态环境起到巨大作用。

宁夏扶贫扬黄灌溉工程【Níngxià Fúpín Yánghuáng Guàngài Gōngchéng】　是从根本上改变宁南山区发展条件，实现百万人口脱贫致富的一项大型扬水工程。工程位于宁夏回族自治区中部，涉及中卫、吴忠、固原三市的九县（区）。主要建设内容包括：水利骨干工程、农业及田间配套工程、移民工程、水保和环保工程等。计划使 100 万贫困人口脱贫、开发水浇地 200 万亩、投资 30 亿元、用 6 年时间完成，故又称"1236 工程"。实际开发灌溉面积 80.6 万亩，搬迁安置移民 40.5 万人。其中水利骨干工程主要包括水源工程、红寺堡扬水工程、固海扩灌扬水工程，设计年引用黄河水量 5.17 亿立方米。工程总投资 25.96 亿元。红寺堡扬水工程供水能力达到 25 立方米/秒，固海扩灌扬水工程供水能力达到每秒 12.7 立方米/秒。工程于 1998 年 3 月开工，2005 年 11 月竣工，2008 年 8 月通过黄河水利委员会主持的竣工验收。

六、排水干沟

宁夏平原为降低地下水位、解决土壤盐渍化问题，以农田建设为中心，构建了排水网络，统称排水沟，支沟过千，还有无数小沟，现仅将干沟及重要支沟列载。

艾依河【Àiyī Hé】 青铜峡河西灌区排水总干沟，属人工湿地。南起永宁县李俊镇西邵村，跨永宁县、银川市金凤区、贺兰县和平罗县、石嘴山市惠农区，北至石嘴山市惠农区园艺镇石嘴子公园的滨河广场处流入黄河，全长 180.5 公里。其走向与唐代的千金大陂（黄河故道演变而成的长湖）、清代以来的七十二连湖相同。主河道 2003 年开工建设，2008 年沙湖以南 129 公里投入运行，控制排水面积 160 万亩。沿途汇入第二排水沟、平二支沟、方家圈沟、三二支沟、第三排水沟等 10 条沟道，承接银西防洪 6 个拦洪库 2 个滞洪区来水，沿途连接七子连湖、华雁湖、西湖、阅海、北塔湖、沙湖等湖泊湿地，形成水面近 7 万亩，是集农田排水、防洪泄洪、城市景观、生态建设于一体的重点水利工程。其中银川市段已建成艾依河公园，南起南环高速，北至阅海公园，长 32 公里，水域面积 318 公顷，绿地面积 188 公顷。

第一排水沟【Dì-yī Páishuǐgōu】 位于永宁县的西南部，是引黄灌区最早开挖的排水干沟。1951 年开工，1952 年建成。该沟系扩整疏浚旧西沟下段裁弯取顺，与新开沟段连接而成。沟头起自李俊镇西，流经增岗乡史庄村南东转，在魏团村八队处穿汉延渠在望洪堡北侧穿惠农渠入黄河，全长 15.8 公里，后又上延 10.6 公里。排水能力 35 立方米/秒。1954—1956 年，陆续开挖一一支沟、一二支沟及丰登等支沟。1995 年，银川市水利局针对一排塌岸问题比较严重，投资 14 万元，对一排望洪段进行 1.5 公里塌岸治理，修建码头 30 座。现有支斗沟 32 条，全长 69.6 公里，控制排水面积 26 万亩。

第二排水沟【Dì-èr Páishuǐgōu】 1952 年在自治区统一安排下开挖，1953 年建成，并统一命名，自南而北排序列第二，故名。沟头起自永宁县望远镇丰盈村西北面之旧西大沟，向东北方向依次穿永二干沟、银川南绕城高速公路、唐徕渠、京藏高速公路、汉延渠、惠农渠、滨河大道，最后汇入黄河，全长 32.5 公里。2000 年，将沟头向西延伸至芦草洼滞洪区退水闸，东经贺兰县汉佐村出境流入黄河，长度增至 37.2 公里。现有支斗沟 79 条，合计长 164 公里。主要承担银川市第五污水处理厂、沿线农田退水、村镇居民生活污水排放及芦草洼滞洪区泄洪流量。设计流量 17.48 立方米/秒，最大流量 22.48 立方米/秒，汇集银川市城市排水及周边农田排水面积 29.5 万亩，其中农田排水流量 8.85 立方米/秒，城市排水总流量 8.63 立方米/秒，承担泄洪流量 5 立方米/秒，是银川市境内的一条主要排水干沟。流域内有支沟、斗沟近百条。

第三排水沟【Dì－sān Páishuǐgōu】　干沟起自银川西湖北端，东北行穿第二农场渠，平行于包兰铁路，经常信堡西，过西大滩，到平罗威镇堡穿长城，沿燕窝池东边缘到石嘴山入黄河，全长 88.8 公里，控制排水面积 156 万亩，是宁夏引黄灌区沟线最长、排水面积最大、山洪问题最多的沟道。1954 年基本建成。1954—1958 年，先后开挖了三一、三二、三三、三四支沟及三一分沟。该沟兼泄贺兰山山洪，每遇山洪暴发，漫溢溃决，排不胜排。黄河大水时，顶托倒灌，出水不畅。山洪、风沙和渠道尾水造成干沟淤积严重，每隔几年就要清淤。

第四排水沟【Dì－sì Páishuǐgōu】　始建于 1935 年，时称北大沟，主要承担宁夏省城北面湖沼排水。年久失修，失去排水功能。1958 年重修，起自银川市原教场湖（今海宝公园南湖至北门的连片大湖），上段利用 1936 年所竣北大沟旧道，行于唐徕渠与汉延渠之间低洼地带，东北行，连通诸湖泊至贺兰县立岗堡穿南滩湖，绕汉延渠梢，穿泄水湖，过清水堡入平罗县姚伏镇小店子村哈家庄，在小店子村北渠口南 100 余米处穿惠农渠，入通伏乡东行入黄河。全长 43.73 公里，排水能力 54.3 立方米/秒，控制排水面积（包括四二干沟）101 万亩。流域内有支沟、斗沟近百条。沟头入兴庆区北塔巷接城市下水主干道，现为老城重要排污沟。四一支沟、四二支沟、四三支沟于 1957—1958 年先后建成。其中以四三支沟为最大，沟头起自方家圈的银巴公路涵洞，于李岗堡穿李姚公路至清水堡北，汇入四排，长 18.5 公里，连同利用的旧沟段，总长 53.75 公里。1961 年开工，1964 年建成，排水能力 35 立方米/秒，控制排水面积 60 万亩，是一条排水效益较好的沟道。

第五排水沟【Dì－wǔ Páishuǐgōu】　起于贺兰县李岗堡的北大湖，傍银石公路至平罗县城，南穿惠农渠行于惠农、昌润二渠之间，跨贺兰、平罗、惠农三县（区），在裴家庄穿官四渠于石嘴山附近入黄河。全长 66.9 公里。1957 年冬开工，1958 年建成。共完成土方 283.26 万立方米，建筑物 21 座。设计排水能力 20.2 立方米/秒，经过多次整治，排水能力已达 56.5 立方米/秒，控制排水面积 102 万亩。从 1958 年开始至 1974 年先后开挖了五一、五二、五三、五四、五五支沟及五一分沟。

反帝沟【Fǎndì Gōu】 始于青铜峡县蒋顶乡银辉村，穿唐徕渠过长湖，截断永涵洞穿大清渠截断——支沟，再穿汉延渠截断永昌沟，在惠农渠龙门闸上 500 米处穿惠农渠入西河。全长 17.2 公里，排水流量 14.64 立方米/秒，排水面积 8 万亩，建筑物 58 座，1971 年 5 月建成。建成后排水畅利，效益显著。1995 年草桩砌护沟道 4 公里。

罗家河排水沟【Luójiāhé Páishuǐgōu】 南起青铜峡市中滩乡上滩二队，北至陈袁滩乡唐滩六队，西穿泰宁渠、惠农渠入黄河，全长 24.6 公里，排水流量 6.02 立方米/秒，排水面积 8.1 万亩。1988 年 10 月开工，1990 年建成。1995 年列入自治区农业综合开发项目，对罗家河沟清淤 19.02 公里，沟堤整治 38.04 公里，并在干沟下段 7 公里段两侧开挖附设沟各 1 条，共长 14 公里，新建建筑物 7 座。

中沟【Zhōng Gōu】 又名中干沟，1964 年建成。沟头自树新林场向北行于西干渠与唐徕渠，经蒋顶乡的张家湖，穿大清渠与旧东大沟相接，穿汉延渠林皋洞入惠农渠转入西河，全长 20.4 公里，排水能力 14.5 立方米/秒，控制排水面积 7.79 万亩，建筑物 66 座。

永清沟【Yǒngqīng Gōu】 初名永干沟，位于中干沟之北，永二干沟之南。沟头起自永宁县望洪镇靖益堡岗子湖，流经杨显堡穿唐徕渠、胜利村过汉延渠下河村再穿惠农渠、民生渠入黄河，全长 22.57 公里。该沟系 1965 年 4 月开工，适逢宁夏"四清"运动试点在永宁全县展开，故取名"永清沟"。分三期施工，自下而上开挖建成，全部工程土方 59.69 万立方米，建筑物 23 座。永二干沟建成后，将原二一、二二、四三支沟上段截断，作为永一、永二、永三支沟。现有支、斗沟 33 条，全长 87.7 公里，控制排水面积 12 万亩，排水能力 18.5 立方米/秒。

永二干沟【Yǒng'èr Gān'gōu】 位于第二排水沟与永清沟之间，沟头起自永宁县胜利乡的苏家湖，穿良田渠、唐徕渠、包兰公路、大新渠到白鸽三队，扩整利用二二支沟 1.9 公里，穿汉延渠、民生渠至兴庆区掌政镇永固村河堤东入黄河夹河。全长 25.8 公里，排水能力 15.5 立方米/秒。1970 年开工，1971 年建成。共完成土方 108 万立方米，建筑物 25 座。1986 年银川市水利局组织永宁、银川郊区清淤干沟 30.8 公里。现有支、斗沟 42 条，全长 68 公里，排水面积 17.4 万亩。

银新沟【Yínxīn Gōu】 起于银川市郊区银新乡罗家庄村，截断四二干沟，在新桥南 350 米处穿唐徕渠，经八里桥入四排，至贺兰习岗镇的白雀寺与四排分支东下，穿汉延渠，截断四三支沟，流经通吉村南穿惠农渠，沿永昌闸退水沟入黄河，全长 33.79 公里，设计排水流量 46 立方米/秒。1973 年 4 月开工，1974 年 5 月建成。共完成土方 185 万立方米，建筑物 52 座。现有支、斗沟 46 条，全长 184 公里。控制排水面积 62 万亩。

中干沟【Zhōng Gān'gōu】 位于第一排水沟之北，永清沟之南，沟头起自永宁县增岗乡的新桥滩，沿永黄公路南侧东下，在史庄东北转至永宁县城西南穿汉延渠、包兰公路、惠农渠、民生渠入黄河。长 18.5 公里，排水流量 11 立方米/秒。1972 年秋开工，1974 年春竣工。完成土方 67.6 万立方米，建筑物 31 座。现有支、斗沟 27 条，合计长 74.4 公里，排水面积 11.48 万亩。

银东沟【Yíndōng Gōu】　位于第二排水沟与永二干沟之间，沟头起自银川市郊区大新镇燕鸽湖之西之大新渠东侧。由西向东流，穿二一支沟，在柯家弯子穿汉延渠，再东穿四三支沟、惠农渠、民生渠入黄河，长 16.5 公里。设计排水流量 7 立方米/秒，控制排水面积 12 万亩。1977 年 12 月开工，1978 年 5 月竣工。

灵南干沟【Língnán Gān′gōu】　在吴忠市利通区境内，沟头起自东干渠梢退水，经郭碱滩、韩渠、王家嘴子，穿汉渠、秦渠、农场渠入山水沟，全长 9 公里，排水面积 3 万亩，排水能力 7 立方米/秒。沟上有桥、涵、渡槽等建筑物 12 座。

清水沟【Qīngshuǐ Gōu】　是秦、汉渠间的主要排水沟，位于灵武市和吴忠市利通区交界处，干沟长 26.5 公里，排水能力 30 立方米/秒，汇入干沟的支沟有清二至清八及磨子墩沟、贡碑沟等 9 条支沟，控制排水面积 31.4 万亩。

灵武东排水沟【Língwǔdōng Páishuǐgōu】　位于秦渠和农场渠间，是将旧有沟道疏浚、裁弯、整修而成。1956 年扩整，1957 年春建成。沟头南起灵南沟边，向北经余家蒲滩子、安家湖、红柳湾，于下桥入黄河，全长 31.8 公里，主要排水范围是灵武市崇兴乡、东塔乡、梧桐树乡和临河乡，排水面积 8.5 万亩，排水能力 11.8 立方米/秒。汇入干沟的有：王家大湖沟，东起黑眼沟，穿地渠经王家大湖沟入东排水沟，全长 8.5 公里，排水能力 2 立方米/秒，排水面积 0.38 万亩，1962 年建成，1971 年扩整，沟上有桥、涵、渡槽等建筑物 10 座，汇入支沟的有榆木桥沟、纪家湖沟和胜利沟；环城沟，又名老黑眼沟，经灵武城西安家湖村北入东排水沟，沟长 3 公里，排水能力 1.0 立方米/秒，排水面积 1500 亩，并兼有灵武城三个厂区和城市废水、污水等排放作用。

灵武西排水沟【Língwǔxī Páishuǐgōu】　位于梧桐干渠和农场渠之间，南起柳毛子树，经杨洪桥、史家壕、灵武农场，于北滩入黄河。1956 年建成，1971 年后经过多次整修，现沟长 22 公里，排水能力 7 立方米/秒，控制排水面积 15 万亩。汇入该沟的支斗沟有 44 条，农沟 362 条，总长 179 公里。

山水沟【Shānshuǐ Gōu】　源于甘肃环县沙坡子沟，经盐池县、吴忠市利通区至灵武新华桥入黄河，长 224 公里。在灌区内流长 70 公里。主要排水区域为灵武县的五里坡、白土岗、大泉、郭家桥、郝家桥、崇兴、杜木桥、新华桥八个乡镇。20 世纪 50 年代起经过整修改造后，现有排水能力 70 立方米/秒，排水面积 6 万亩。

南干沟【Nán Gān′gōu】　1964 年秋由青铜峡市和吴忠市两市利用原吴忠市的青一支

沟扩建延长而成。1971 年又由峡口乡谭二队起,宽辟深挖干沟 10.8 公里,裁弯 1.8 公里,改建新建建筑物 24 座,新开南六支沟 2.75 公里。1976 年东干渠建成后,为防止对老灌区的浸渗,开挖了青吴档浸沟入南干沟。现南干沟长 17.8 公里,排水能力 16 立方米/秒,控制排水面积 15.8 万亩。

红卫沟【Hóngwèi Gōu】 起于青铜峡沃沙村,穿汉渠、青吴公路入秦渠,1973 年兴建,长 3.55 公里,主要退东干渠山洪,最大排水量 40 立方米/秒。

中卫第一排水沟【Zhōngwèi Dì–yī Páishuǐgōu】 即原北沙沟与粮油沟。1957—1958 年由下往上全面清淤扩整,并将沟头向上延伸 5 公里。此后多次清淤整修,现沟头起自马场湖,经高墩湖北沿腾格里沙漠南缘东北向过龙宫庙,转向东南,绕红武滩、新滩、瑞应、美利、白湖至观音,穿北滩、八塘湾到关庄东北,汇入第二排水沟,于李家园汇三干渠和第三排水沟,东流过九塘湖到钓鱼台,越雷家沙窝过胜金关穿包兰铁路、跃进渠后入河。沟全长 36.5 公里,排水能力 25 立方米/秒,排水面积 15.2 万亩。是中卫河北灌区最大的排水干沟。

一支干沟【Yīzhī Gān′gōu】 即原第二排水沟,是原扶农渠与美利渠中间的排水沟,经扩整延伸而成。沟头起于县林场,经姚滩、谢滩、瑞应,穿柔石公路,再经沈桥、观音、关庄,于李家园子汇入第一排水沟。沟长 19.44 公里,有支斗沟 220 条,排水面积 3.2 万亩。

二支干沟【Èrzhī Gān′gōu】 即原第三排水沟,由原清水沟扩建而成。沟头起自城西马场湖,埋管过沙漠高墩湖,东向北支干渠到原中卫县城,经双渠、史湖、瑞应、沈桥、观音、关庄,于李家园子汇入第一排水沟。沟长 24.8 公里,有支斗沟 171 条,排水面积 7.4 万亩。

中宁南河子沟【Zhōngníng Nánhézi Gōu】 沟头起自泉眼山东麓,流经舟塔、古城、新堡、宁安、东华、恩和、鸣沙、长滩等地,至长鸣公路入黄河,长 39 公里。历史上七星渠上中段各闸退水及下游单双阴洞沟的山洪均靠南河子沟排入黄河。1964 年提出沟渠分家方案,1965 年春施工,将新南渠并入七星渠,拆除在南河子沟上的堵沟土坝,畅利了排水。南河子沟现长 40 公里,流量 10~15 立方米/秒,排水面积 10 万亩。

中宁北河子沟【Zhōngníng Běihézi Gōu】 沟头起自泉眼山北,流经舟塔、康滩、宁安、东华、长滩等地,至鸣沙镇永丰村入黄河。1965 年建成,长 20 公里,流量 5~7 立方米/秒。排水面积 5 万亩。是中宁河南灌区主要排水沟之一。

黄河金岸【Huánghé Jīn′àn】 黄河宁夏平原段标准化防洪工程。2009 年 4 月开工,由沿黄 10 个市县分段承包建设,2010 年 7 月 6 日竣工,建成 402 公里标准化堤防,设计洪水频率为 50 年一遇。以堤防为核心,分为"三条线":一为防洪保障线,将原有堤防加高，顶宽从 4 米多增加 24.5 米，堤内至黄河岸两侧种植 30～50 米宽的防浪林，防止风浪对堤防的破坏。二为交通线，以堤防为路基，建成路面宽 24.5 米的滨河大道，长 208 公里，为一级公路标准；后两端延伸，实际长 431 公里，其中左岸：中卫市下河沿至中宁石空镇新渠 95 公里，青铜峡河西总干渠至石嘴山滨河工业园区 189 公里；右岸：中卫黄河大桥至中宁南河子沟口 76 公里；青铜峡铁桥至银川黄河大桥 71 公里。三为生态景观线，堤顶两侧种植行道林，堤肩种植灌木，堤坡植草，同时还在大堤边上种植林木，在坡脚以外 10 米宽的地块种植乔木，将滩涂沼泽改造为湖泊水域，使沿黄河大堤成为一道亮丽的风景线。

第八章 工业建筑业

第一节 工业园区

宁东能源化工基地【Níngdōng Néngyuán Huàgōng Jīdì】 位于宁夏中东部，规划区总面积 3484 平方公里，核心区面积 800 平方公里，是国务院批准的国家重点开发区，先后被确定为国家亿吨级大型煤炭基地、千万千瓦级煤电基地、现代煤化工产业示范区及循环经济示范区，也是国家产业转型升级、新型城镇化综合改革、增量配电业务改革等试点地区和国家能源"金三角"重要一极。2006 年 6 月，自治区政府批准《宁东能源化工基地规划与建设纲要》。经 11 年建设，已形成煤炭产能 9155 万吨、坑口火电站装机容量 1695 万千瓦、新能源装机容量 545 万千瓦，以及煤化工 2250 万吨、石油炼化 500 万吨、有色金属 100 万吨的生产能力，获评中国化工园区 30 强第 6 名，荣获全国石化行业绿色园区、全国智慧化工园区试点示范单位等荣誉称号。（参见第二章政区灵武市宁东镇条）

银川经济技术开发区【Yínchuān Jīngjì Jìshù Kāifāqū】 1992 年成立银川高新技术产业开发区。2001 年经国务院批准，在此基础上设立银川经济技术开发区，批准面积 7.5 平方公里，规划控制面积 110 平方公里，建成区面积近 30 平方公里，形成东区（兴庆区滨河地带）、南区（金凤区核心地段）、西区（西夏区南部）等三个区块。开发区共有高新技术企业 27 家，占全区的 51%。规模以上装备制造企业 40 家，主要产品数控机床、起重机械、特种铸钢、高端轴承等技术水平在国内领先。已被工信部认定为"装备制造国家新型工业化产业示范基地"。2016 年底，实现工业增加值 57.2 亿元，同比增长 11.1%；固定资产投资 69.4 亿元，同比增长 11%；完成财政一般预算收入 13.7 亿元，同比增长 8.5%；招商引资实际到位资金 40 亿元。在全国 219 个国家级经开区考核中排名第 63 位，体制创新指数与其他 29 家开发区并列第一。

石嘴山经济技术开发区【Shízuǐshān Jīngjì Jìshù Kāifāqū】 国家级经济技术开发区，以宁夏惠农陆路口岸为核心、石嘴山工业园区为基础整合组建而成。位于宁夏北端，规划面积 126.3 平方公里，实际占地面积 135 平方公里。始建于 1992 年。1997 年经自治区人民政府批准为自治区级工业园区，2010 年 4 月增挂"宁夏"的牌子。2011 年国务院正式批复为国家级经济技术开发区。分为产业、物流和生活三大区域。已入驻工业企业 327 家，其中规模以上工业企业 76 家，形成了能源化工、煤炭精细化工、冶金新材料、光伏新能源、口岸物流等为主的产业集群。2012 年实现工业总生产值 260 亿元，2009—2011 年连续三年位居自治区各工业园区、开发区之首。惠农陆路口岸已成为西部地区铁海联运货物进出的主要通道。

银川德胜工业园区【Yínchuān Déshèng Gōngyè Yuánqū】 位于银川市北郊贺兰县境内 109 国道两侧，因在明清宁夏古城德胜门（北门）外，故名。规划面积 16.32 平方公里，南接银川市兴庆区，东靠京藏高速公路，北至银川市北环高速公路，西与银川市金凤区相连。始建于 2002 年，已入园企业 392 家，其中规模以上工业企业 50 家，形成食品、农副产品加工、机电制造、物流、新型建材、生物制药产业群。

灵武羊绒产业园区【Língwǔ Yángróng Chǎnyè Yuánqū】 位于灵武市区南郊 1 公里，依托灵武原有 14 家羊绒企业和紧邻内蒙古、青海、新疆等优质羊绒主产区的优势，于 2003 年 4 月开工建设。占地面积 3600 亩。2007 年 4 月，组建宁夏中银国际绒业集团、宁夏嘉源绒业集团、宁夏荣昌绒业集团三大产业集团，9 月宁夏中银国际绒业集团重组圣雪绒成功上市，标志着灵武羊绒产业航母正式启动。目前，园区有中银、嘉源、荣昌三大羊绒集团公司，43 家羊绒企业。项目总投资 17.2 亿元，其中投资过亿元企业 5 家，自主经营出口企业 16 家。灵武市先后被国家有关部委授予"中国精品羊绒产业名城""中国灵武优质山羊绒分梳基地""国家火炬计划灵武羊绒产业基地""中国产业集群品牌50 强""中国灵武国际精品羊绒之都"等称号，并列入中国纺织产业集群试点地区。

永宁县望远工业园区【Yǒngníngxiàn Wàngyuǎn Gōngyè Yuánqū】 省级经济开发区，永宁县望远镇 109 国道以西，面积 52 平方公里，实为银川市区南郊。前身是 1997 年自治区政府批准设立的乡镇工业小区。2006 年经国家发改委批准命名为宁夏永宁工业园区。2014 年入园企业 216 家，其中规模以上企业 37 家，有从业人员约 1.6 万，完成工业总产值 79 亿元。

宁夏石嘴山经济开发区【Níngxià Shízuǐshān Jīngjì Kāifāqū】 省级经济开发区，成立于 2002 年。2011 年自治区政府命名为宁夏石嘴山高新技术产业园区。位于石嘴山市市区西南 5 公里处，规划面积 40 平方公里。2013 年入园企业 80 家，其中规模以上企业 30 家；上市公司 1 家；5 户企业入选宁夏百强企业；实现工业总产值 155.02 亿元，税收 6.67 亿元。

石嘴山高新技术产业开发区【Shízuǐshān Gāoxīn Jìshù Chǎnyè Kāifāqū】 原名为大

武口区工业园区，2005 年 9 月与宁夏新材料工业科技园整合为大武口区新材料工业科技园。2013 年 12 月命名为高新区产业园区，并成立管理委员会。位于大武口区世纪大道 566 号，即世纪大道与丽日街交叉路口西偏南约 190 米处。规划总面积 64 平方千米。

河滨工业园区【Hébīn Gōngyè Yuánqū】　1992 年成立，在石嘴山市惠农区北端黄河西岸，规划面积 28 平方公里，依托宁夏恒力集团、石嘴山发电厂等原有大中型企业。1997 年 5 月，经宁夏回族自治区人民政府批准为省级工业园区。现有工业企业 104 家，其中资产过亿元的企业 8 家；上市公司两家（宁夏恒力、英力特化工）。

红果子工业园区【Hóngguǒzi Gōngyè Yuánqū】　2011 年经自治区人民政府批准成立。位于石嘴山市惠农区红果子镇以西 6 千米处，总规划面积 2056 公顷。现已规划建设了振兴园、兰山园、长城园 3 个工业园区。已入驻 134 家企业，其中规模以上有 40 家。

吴忠金积工业园区【Wúzhōng Jīnjī Gōngyè Yuánqū】　成立于 2006 年 9 月，是宁夏回族自治区人民政府批准、国家发改委审核公告的省级工业园区。园区毗邻城市新区，规划面积 50 平方公里，控制面积 120 平方公里。自启动建设以来，先后投资 5.7 亿元，加强基础设施建设，水、电、路、气（天然气）等生产条件日臻完善，入园企业 30 家，规模以上 11 家，到 2016 年规模以上工业总产值 19.42 亿元。

青铜峡市嘉宝轻纺工业园区【Qīngtóngxiáshì Jiābǎo Qīngfǎng Gōngyè Yuánqū】自治区级工业园区，位于青铜峡市市区东部，汉坝东街北边，嘉宝路东西两边。园区从事农副产品深加工、清真食品、纺织服装、新材料、包装印刷及高新技术产业。占地 9.98 平方千米，2010 年首先建成中小企业创业园。到 2012 年底，嘉宝轻纺工业园已有入园企业 51 家，其中规模以上企业 15 家。2012 年 3 月，吴忠市人民政府批复改称为吴青工业园区，隶属吴忠市管理。7 月，自治区政府批准由青铜峡市政府管理。

青铜峡新材料产业基地【Qīngtóngxiá Xīncáiliào Chǎnyè Jīdì】　省级工业开发区，位于青铜峡市青铜峡镇河西地区，西距包兰铁路青铜峡火车站 1.5 千米。规划面积 21.4 平方千米，控制区面积 12.9 平方千米。园区内绿化面积达 3000 多亩，栽植各类树木 27.8 万余株。入园企业 30 多家，已投产 18 家，其中，冶炼企业 9 家，化工企业 4 家，建筑材料企业 2 家，电力企业 3 家。

第二节　采矿业

神华宁夏煤业集团【Shénhuá Níngxià Méiyè Jítuán】　是神华集团的控股子公司，也是宁夏回族自治区优势骨干企业。2002 年 12 月，宁夏回族自治区党委、政府将亘元、太西、灵州三大煤业集团和原宁煤集团公司深度重组，成立宁夏煤业集团有限责任公司。

2006年1月，自治区政府又与神华集团合作，通过增资扩股方式组建神华宁夏煤业集团有限责任公司，将宁夏原有大中型煤矿尽揽于旗下，又是宁东能源化工基地建设的主力军。总部地点在宁夏银川市北京中路168号，下属二级生产经营单位46个，员工5.6万人。2012年原煤产量达到7408万吨，煤炭生产及建设总规模突破1亿吨/年，资产总额超过800亿元。

灵煤集团【Língméi Jítuán】 宁东能源化工基地煤炭开采主力企业，总部驻灵武市磁窑堡黎家新庄。1985年成立灵武矿务局。1994年有矿处级单位18个，固定职工9522人。2000年2月，改组为宁夏灵州煤业集团有限责任公司，简称灵煤集团，辖磁窑堡煤矿、石沟驿煤矿等9个生产单位。2002年12月，与太西、亘元煤业集团整合，组建宁夏煤业集团有限责任公司。

汝箕沟煤矿【Rǔjīgōu Méikuàng】 宁夏最早的优质无烟煤矿，位于石嘴山市平罗县崇岗镇贺兰山腹地，地名汝箕沟，在包兰铁路西大滩火车站之西35公里。清道光年间已小规模开采，1958年建现代化矿井大规模生产，命名汝箕沟煤矿。其产品主要供外贸出口，所生产的太西煤以其"低灰、低磷、低硫、高发热量、高比电阻、高块煤率、高机械强度、高化学活性、高精煤回收率"的"三低六高"特性，被誉为"煤中之王"。2006年更名神华宁夏煤业集团汝箕沟煤矿，在职员工3714名。

白芨沟煤矿【Báijīgōu Méikuàng】 始建于1966年，1972年投产，位于石嘴山市大武口区贺兰山腹地，因其地多白芨芨草，故名。生产优质无烟太西煤，核定生产能力为180万吨/年。2006年更名神华宁夏煤业集团白芨沟煤矿，有职工3539人。

大峰沟露天煤矿【Dàfēnggōu Lùtiān Méikuàng】 位于石嘴山市大武口区贺兰山腹地大峰沟内，包兰铁路西大滩火车站之西40公里。优质无烟煤浅层埋藏，1965年已开始露天开采，故名。2006年更名神华宁夏煤业集团大峰沟露天煤矿。2007年12月20日，以5500吨炸药爆破剥离，堪称"世界大爆破"。

磁窑堡煤矿【Cíyáopǔ Méikuàng】 位于灵武市宁东镇马跑泉村，西距灵武市区32公里。西夏时已开采，在其侧建官窑，利用所采之煤烧制磁器，故名磁窑堡。1950年成立宁夏新华第二煤矿。1958年后为磁窑堡煤矿。2003年原煤产量达到130万吨。2000年2月，改属灵州煤业集团有限责任公司。2006年1月更名神华宁煤集团有限公司磁窑堡煤矿。现为宁东能源化工基地主力煤矿，原煤产量大幅提升。

石沟驿煤矿【Shígōuyì Méikuàng】 位于灵武市白土岗乡石沟驿，因明代驿站而名。清代已有民间小煤窑。1955年新建矿井，命名石沟驿煤矿。其后一度更名，1965年复名石沟驿煤矿。2000年2月，改属灵州煤业集团有限责任公司。2005年，原煤产量102.6吨。2006年6月更名为神华宁夏煤业集团石沟驿煤业有限责任公司。

宁夏金海永和泰煤化有限责任公司【Níngxià Jīnhǎi Yǒnghétài Méihuà Yǒuxiàn Zérèn Gōngsī】　位于平罗县境内的宁夏精细化工基地，占地面积 40 公顷，于 2006 年 8 月建设，2007 年投产，从业人员 1200 余人。是以煤炭深加工为主的煤化工企业，主要产品为半焦（兰炭），用于化工行业还原剂。年产半焦 255 万吨、白灰 30 万吨、片碱 10 万吨以及 240 万吨洗精煤。企业被自治区人民政府评为 50 户工业龙头企业之一，公司循环经济产业链被自治区发改委认定为国家奖励类项目。2016 年，完成工业总产值 13.03 亿元。

第三节　机械制造业

宁夏小巨人机床有限公司【Níngxià Xiǎojùrén Jīchuáng Yǒuxiàn Gōngsī】　中国现代化机床生产企业，总部驻银川市金凤区宁安大街 65 号。1998 年 11 月，宁夏共享集团（原宁夏长城机器集团有限公司）和日本山崎马扎克公司洽谈合作，建立中国现代化机床生产工厂，1999 年 3 月，小巨人机床有限公司注册成立，2000 年 5 月 28 日建成投产，占地面积 1.2 万平方米，经二期扩建，厂房建筑面积扩大至 6 万平方米，机床从最初月产 35 台，增至月产 270 台。以 MAZAK 最先进的生产装备和软件管理系统，建立起智能网络化的生产环境，被誉为"中国第一座智能网络化机床制造工厂"。2000 年 6 月，国家主席江泽民视察公司。之后，又有多位党和国家领导人视察。公司多次获得国内外奖励和荣誉，科技部授予"国家重点高新技术企业"称号，产品被评为国家重点新产品。

宁夏长城机床厂【Níngxià Chángchéng Jīchuángchǎng】　中国机床行业重点骨干企业，在银川市西夏区黄河西路 332 号，占地面积 45 万平方米。1965 年由大连机床厂搬迁部分人员和设备来银川建厂，1975 年试制成功国内第一台 CS 型数控机床，通过国家鉴定投入批量生产。以后相继设计制造多型全能数控机床，成为国内生产半自动液压仿型车床的最大厂家，产品精密度高、性能好、造型美观，畅销国内外市场，并代表国家参加国际博览会。CK7815 型数控机床荣获 1983 年国家优秀新产品金龙奖，1986 年成为国内第一台获得国家银质奖的数控机床，并获机电部和宁夏优质产品称号。2010 年在银川工商局注册成立宁夏长城数控机床有限公司，厂区及家属区范围大，民众赋予其地名为"长城机床厂"。

宁夏共享集团有限责任公司【Níngxià Gòngxiǎng Jítuán Yǒuxiàn Zérèn Gōngsī】　始建于 1966 年，由沈阳中捷友谊厂和大连机床铸造厂在银川援建，名为长城机床铸造厂，在银川市西夏区同心南街 199 号。占地面积 16 万平方米，建筑面积 8 万平方米。1986 年兼并宁夏柴油机厂。1998 年改制为长城机器集团有限公司，2003 年更名为共享集团有限责任公司。集团不断扩大，现有 10 家子公司。主导产业为铸造（铸铁、铸钢等）、化工（糠醛、糠醇、树脂、固化剂、涂料等）、机械制造（模具、精密加工、机床附件等）、钢结构等。生产管理数字化、自动化，产品质量上乘，在全球竞争中逐步占领国际市场，覆盖中国、亚洲、欧洲、美洲等国家和地区。铸件产品连续 10 届（18 年）获得行业评比和中国国际铸造、锻压及工业炉展览会金奖。集团 50% 以上产品出口，许多用户是世界 500 强和行业领先者：如美国通用电气、德国西门子等。

银川拖拉机配件厂【Yínchuān Tuōlājī Pèijiànchǎng】（又名银川纺织机械厂）位于银川市兴庆区湖滨东街 45 号。解放前是马鸿逵十五路军修械所，解放后收归人民政府，改名为宁夏军区后勤部修理部。1958 年属宁夏通用机械厂筹建处。1963 年改名为宁夏银川拖拉机配件厂。1981 年 12 月因产品改变，增挂宁夏纺织机械厂厂牌，主要生产纺织机械配件和拖拉机配件，有职工 680 人。1989 年，改组为银川森工机械实业有限公司，从生产厂家变为销售公司，经营纺织机械、专用配件、木工机械、包装制品，兼营拖拉机配件。

西北轴承集团有限公司【Xīběi Zhóuchéng Jítuán Yǒuxiàn Gōngsī】 前身为 1965 年组建的西北轴承厂，简称西轴，厂址在平罗县崇岗镇的贺兰山大水沟内，1987 年迁至银川市西夏区北京西路 630 号，1996 年组建为西北轴承集团有限公司，1996 年在深圳证券交易所上市。是国内轴承行业第一家上市公司。在产品设计企业管理和生产过程中，广泛应用电子计算机控制。1988—1989 年被银川市政府命名为"双文明单位"，1989 年，被宁夏区政府授予"先进企业"称号，1993 年，进入国家 100 家最大工业企业行列，成为我国最大的轴承生产企业。该公司在全国率先推行"废品零指标"的管理，使"NXZ"产品在全国同行产品质量评比中，连续七年名列前茅，20 多种产品被评为部级、省级优秀产品，30228/6300 轴承荣获国家质量金奖，NXZ 商标被认定为"宁夏著名商标"。

宁夏银川大河数控有限公司【Níngxià Yínchuān Dàhé Shùkòng Yǒuxiàn Gōngsī】2003 年，由银川高新技术产业开发区工商行政管理局审批命名。因业务范围得名。2003年成立，沿用至今无变化。该公司位于宁夏银川市西夏区济民东街 72 号，主要经营：立、卧式加工中心机床、数控组合专用机床、数控机床功能部件及其他机械产品的设计、开发、制造、销售及技术咨询、来料加工、设备维修、进出口业务、房屋租赁，数控研磨机床、数控钻铣中心机床。

宁夏新银河仪表有限公司【Níngxià Xīnyínhé Yíbiǎo Yǒuxiàn Gōngsī】 原名银河仪表厂，1965 年由大连仪表厂内迁 307 名职工和设备在银川市兴庆区永康巷北段建厂，2009 年底迁至银川德胜工业园区，厂区面积 2.67 万平方米，在原址留下银河巷地名。同年改制，成立新银河集团有限公司，从事压力、流量、物位三大类仪表的研发与生产。

宁夏天地奔牛实业集团有限公司【Níngxià Tiāndìbēnniú Shíyè Jítuán Yǒuxiàn Gōngsī】　是我国综采装备的制造基地，国内最大的刮板输送设备研发生产企业之一。公司总部设在石嘴山市大武口区金工路一号。公司前身为西北煤矿机械一厂，始建于 1966 年，1970 年建成投产，属国家大型企业。2004 年集团公司由原国有独资公司改制为具有多元产权性质的股份制企业，命名为西北奔牛集团公司。2006 年与北京天地科技股份有限公司实现联合，成立宁夏天地奔牛实业集团有限公司。下属 6 个控股、参股子公司、7 个生产分厂。公司现有总资产 52476 万元，占地面积 352 万平方米，工业生产区面积 67 万平方米；现有员工 2100 名、工程技术人员 205 名。主导产品有刮板输送机、转载机、破碎机等 7 大类、60 个系列、1000 余个品种。"奔牛"被评为国家煤机行业知名品牌。

吴忠仪表有限责任公司【Wúzhōng Yíbiǎo Yǒuxiàn Zérèn Gōngsī】　地址：同心县扶贫产业园。原名吴忠仪表厂，创建于 1959 年 6 月，生产拖拉机压力仪表、温度表、地质罗盘仪。1964 年，该厂成为生产调节阀产品的定点厂，隶属一机部仪表局。至 1979 年，该厂能生产 22 个系列、7 种附件、2100 个规格的自动仪表，成为全国行业中的龙头企业。1998 年 2 月，更名为吴忠仪表股份有限公司。2010 年 1 月，更名为吴忠仪表有限责任公司，2014 年，职工 895 人，工业总产值 14.15 亿元。

吴忠市材料试验机有限公司【Wúzhōngshì Cáiliào Shìyànjī Yǒuxiàn Gōngsī】　地址：吴忠市利通区吴灵东路 1 号。其前身是隶属于机械工业部的吴忠材料试验机厂，1958 年建厂，是我国生产材料试验机的重点骨干企业。2004 年 11 月 30 日改制注册为现名。厂区占地 150 亩，有 11 座标准厂房，300 多台精密机械加工设备以及其他附属设施。该厂生产硬度、冲击、杯突、蠕变及持久强度、电子万能及拉力材料试验机，先后为我国机械、冶金、能源化工及科研院所提供了各种试验装备 100 多个品种，10 余万台（套），并出口国外 25 个国家和地区。

宁夏银星能源股份有限公司【Níngxià Yínxīng Néngyuán Gǔfèn Yǒuxiàn Gōngsī】前身为吴忠仪表厂，始建于 1959 年。1997 年成立吴忠仪表集团公司。1998 年 6 月 28 日，进行股份制改造并上市，更名宁夏银星能源股份有限公司，注册地址：银川市西夏区六盘山西路 166 号。1999 年 4 月被科技部认定为国家高新技术企业，2000 年 1 月，公司技术中心被国家四部委联合认定为国家级企业技术中心。主营自动化仪表制造、风力发电、风电设备。

宁夏新瑞长城机床有限公司【Níngxià Xīnruì Chángchéng Jīchuáng Yǒuxiàn Gōngsī】2006 年，由银川市市场监督管理局审批命名。自 2006 年成立沿用至今。主要经营：机床及机电产品（不含小轿车）的制造、技术开发服务，宁夏新瑞长城机床有限公司位于银川市经济技术开发区宝湖西路 505 号，东起文昌南街，西至宁朔南街，南起宝湖西路，北至发祥西路，总占地面积 1000 余亩，公司总投资 20 亿元。

第四节 金属冶炼业

中色（宁夏）东方集团有限公司【Zhōngsè（Níngxià）Dōngfāng Jítuán Yǒuxiàn Gōngsī】 原名冶金部 905 厂，1965 年因"三线"建设需要从北京有色金属研究院搬迁到宁夏石嘴山市。2000 年在深圳证券交易所挂牌上市。2008 年，由中国有色矿业集团重组，下辖宁夏东方钽业股份有限公司、西北稀有金属材料研究院等 7 个子公司和 3 个分公司。中色东方主要从事稀有金属钽、铌、铍、钛等高新技术产品的研究、开发和生产，产品广泛应用于电子、冶金、化工、航空、航天等高科技领域，是国际钽铌研究中心（TIC）执行委员单位，世界钽冶炼与加工行业三强之一，国内最大的钽、铌产品生产企业和唯一的铍材科研生产基地，也是国家 863 成果产业化基地，国家重点高新技术企业，全国首批 18 家科技兴贸出口创新基地之一。现有员工 3200 多人，科技人员约占一半。目前公司已开发出有自主知识产权的 40 多个系列 300 多个品种的产品，申请专利 233 项，授权 88 项，获得 100 多项国家、省部级科技进步奖。主导产品钽粉、钽丝在技术、产品档次和质量等方面与世界同行同步，某些品种达到世界领先水平，产品 90% 以上销往美国、日本、韩国以及欧洲等。钽丝占世界市场份额的 60%。

青铜峡铝厂【Qīngtóngxiá Lǚchǎng】 中国有色金属冶炼骨干企业，宁夏特大型工业企业。在青铜峡市西南部，东临黄河，北靠青铜峡火车站，占地 20 多平方公里。青铜峡水电厂和宁夏大坝发电厂分别距该公司 4 公里和 10 公里，电源、水源充足，又系无人居住的荒滩，所以是建设电解铝工厂的最佳选择。始建于 1964 年 12 月 26 日，原名冶金部三〇四厂。1972 年更名青铜峡铝厂。因厂区及职工家属区范围皆大，形成"青铜峡铝厂"片区地名至今。2001 年，企业改制更名为青铜峡铝业集团有限公司。主产电解铝、铝合金及型材。总资产 60 多亿元，一直位列中国 500 强企业名录（1994 年排位最高为 282 位，在全国十大铝厂中列第 5 位）。2008 年 12 月 26 日，中电投宁夏能源公司与青铜峡铝业集团有限公司实施战略重组，改组后称中电投宁夏青铜峡能源铝业集团有限公司。2011 年，公司资产达到 260 亿元，电解铝产能达到 115 万吨，成为全国最大的电解铝生产企业。

宁夏恒力钢铁集团有限公司【Níngxià Hénglì Gāngtiě Jítuán Yǒuxiàn Gōngsī】 位于石嘴山市惠农区北部黄河西岸，始建于 1958 年，名宁夏石嘴山钢厂。1979 年更名为宁夏石嘴山钢铁厂，1992 年被国家经贸委、财政部等部委批准为国家大型一类企业，宁夏回族自治区大型一类企业。1997 年改制成为宁夏恒力集团有限公司。年产金属制品 5.1 万吨，自炼钢锭 7.4 万吨，钢材 6.5 万元，其中钢丝绳 21450 吨，产量居全国第三位，包括高难度特殊结构重要用途钢丝绳 5000 吨。

宁夏天马冶化（集团）股份有限公司【Níngxià Tiānmǎ Yěhuà（Jítuán）Gǔfèn Yǒuxiàn Gōngsī】 1989 年成立，地处灵武市北门工业园 26 号，民营高科技企业，是宁夏重点出口企业之一。集团下设 3 个分公司：北京天马鑫汇商贸有限公司、宁夏天马鑫河商贸有限公司和灵武天马鑫泽回收有限公司。设立甘肃天水、四川西昌原材料基地和天津、上海、深圳贸易商口，形成稳定的产供销一体化的产业经营链，享有外贸进出口经营权，生产工艺采用国际最先进的氧气低吹—还原熔炼和精铅电解技术。主导产品有：高纯铅、铅材、合金铅、铅钙合金、铅锑合金、铅材、高纯银、高纯黄金等。

宁夏吉元冶金集团有限公司【Níngxià Jíyuán Yějīn Jítuán Yǒuxiàn Gōngsī】 位于平罗县境内的石嘴山生态经济开发区。成立于 2003 年，是自治区重点转型升级标杆企业，也是石嘴山市和平罗县两级政府主抓的能源循环综合利用的示范企业。年产硅锰 36 万吨、矿棉 18 万吨，发电 2.5 亿千瓦时。下辖 3 家子公司，被自治区人民政府评为"节能先进企业""宁夏十大领军企业"、全区百强企业。

宁夏晟晏实业集团能源循环经济有限公司【Níngxià Chéngyàn Shíyè Jítuán Néngyuán Xúnhuán Jīngjì Yǒuxiàn Gōngsī】 全国硅锰合金行业的领军企业，位于平罗县境内的石嘴山生态经济开发区。2000 年成立，注册资金 26 亿元，总资产逾百亿元，现有员工 5000 余人。是一家以涵盖矿产资源开采、多金属循环生产制造、运营销售、物流运输、尾气发电、进出口贸易为一体的"投融资＋全产业链"的能源金融实业集团。集团旗下拥有多个实体公司。在全国同行业率先形成独具特色的"矿产资源—富锰渣—硅锰合金—中低微碳合金—粉矿除尘灰烧结—尾气发电—铁路专线运输—产融配套"为一体的循环经济产业体系，硅锰合金产能及流通规模等综合实力稳居国内第一。2015—2017 年连续三年蝉联铁合金企业综合实力十强企业第一名。2016 年，完成工业总产值 18.05 亿元。

第五节　石油化工

宁夏大元炼油化工有限责任公司【Níngxià Dàyuán Liànyóu Huàgōng Yǒuxiàn Zérèn Gōngsī】（简称大元公司）前身为 1991 年成立的宁夏炼油厂，1998 年改组为有限责任公司并更现名。位于银川市西夏区兴泾镇，是宁夏区内最大的集石油炼制、化工生产、氯碱加工于一体的现代化综合石油化工企业。1999 年组建上市公司——宁夏大元炼油化工股份有限公司，并收购银川氮肥厂。2002 年剥离上市公司，整体划归中国石油天然气集团公司，2005 年 4 月正式纳入中国石油天然气股份有限公司管理。公司有职工 3119 人，下设一个分厂（化肥分厂）、12 个直属单位和一个矿区服务事业部。年加工原油能力 225 万吨。主要产品有汽油、柴油、聚丙烯和液化气等。大元公司自投产后，一直是银川市的纳税大户，被评为宁夏回族自治区"经济效益十佳企业"。1995 年入围"中国国有企业 500 强"。1999 年 7 月已在上海证券交易所正式挂牌上市。

宁夏宝塔石化集团公司【Níngxià Bǎotǎ Shíhuà Jítuán Gōngsī】 宁夏最大的民营企业，1997 年组建。是一个以石油化工为主，向煤化工、气化工和产、学、研相结合方向发展的集团企业。集团总部位于银川市金凤区宁安大街 88 号宝塔石化大厦。设宁夏芦花、宁夏宁东、广东珠海和新疆 4 个生产基地，均以重油制烯烃为主，规模为宁夏 500 万吨，珠海 650 万吨（二期在建），新疆 800 万吨（一期在建）。现有员工 1.2 万，资产总量 200 亿元左右。创办的银川大学，设有石油化工、电力等 12 个院（系）、47 个专业，在校学生 8500 多名。直属的技术管理公司，已拥有国家级甲级设计院和国家级企业技术中心的应用技术研究院，并拥有两个国家级重点实验室和一大批专兼职专家，研发力量强大，科技支撑明显。

银川宝塔精细化工有限公司【Yínchuān Bǎotǎ Jīngxì Huàgōng Yǒuxiàn Gōngsī】 银川宝塔精细化工有限公司是宝塔石化集团下属独资子公司，成立于 1997 年 1 月 17 日，注册资本 8 亿元，位于银川火车站以北 15 千米原芦花乡与南梁农场交界处，占地 1500 余亩，在集团内部称为一厂，又称宝塔芦花生产基地。公司主要从事原油加工、成品油销售、油品仓储等业务。现有资产 37 亿元，每年为国家上缴税金 2000 多万元。企业先后被宁夏回族自治区、银川市评为"五一劳动奖状"获得单位、"小巨人企业""光彩事业示范点""平安单位""节水型企业""三十强纳税企业""A 级纳税人"等。

马家滩炼油厂【Mǎjiātān Liànyóu Chǎng】 位于灵武市马家滩镇石油基地。是长庆油田建成投产的第一个炼油厂，占地 53 万平方米，1970 年 4 月 9 日竣工投产。1988 年 9 月，命名为"长庆石油勘探局马家滩炼油厂"。年原油加工能力 10 万吨。

银川化肥厂【Yínchuān Huàféi Chǎng】 位于西夏区北京西路 750 号，1966 年由青海和宁夏两省、区达成协议，各投资 2500 万元共同兴建。生产规模由中国燃料化学工业部核定为年产合成氨 4 万吨、加工成尿素 6 万吨。此后，经 4 次技术改造和设备更新，年产合成氨达到 10 万吨、尿素达到 20 万吨。2000 年，该厂与上海化工研究所共同开发流化床降温技术，解决尿素包装后的板结问题，同年又开发波纹规整填料进行解吸塔加高改造，含氨废液达标排放。同年，银川化肥厂进行股份制改制，企业更名为宁夏丰友化工有限责任公司。

中石油宁夏石化公司【Zhōngshíyóu Níngxià Shíhuà Gōngsī】　宁夏最大的化肥生产企业，位于银川市西夏区北京西路 1338 号。比其东面的银川化肥厂大得多，民众将其厂区、家属区简称"大化肥"。原名宁夏化工厂，始建于 1985 年，1988 年投产，总建筑面积 34 万平方米，设计年产合成氨 30 万吨、尿素 52 万吨。1999 年 6 月，中国石油天然气集团公司将其收购改制，称"中国石油天然气股份有限公司宁夏石油分公司"。2005 年 12 月，重组整合为中石油宁夏石化公司，年产尿素 130 万吨，复合肥 40 万吨，加工原油 160 万吨，固定资产总值 70 亿元，年销售收入近百亿元，是全国最大的百万吨尿素生产企业之一。实现利税居宁夏工业企业前三名。

中铝宁夏能源集团有限公司【Zhōnglǚ Níngxià Néngyuán Jítuán Yǒuxiàn Gōngsī】位于宁夏银川市西夏区黄河西路 520 号，2003 年登记注册发电集团有限责任公司。2013 年 2 月 3 日，更名为中铝宁夏能源集团有限公司。主要从事火电、铝、风电、太阳能发电、供热及其相关产业的建设与运营管理。公司注册资金 50 亿元，现有资产总额 267 亿元，员工近 8000 人。

银川佳通轮胎有限公司【Yínchuān Jiātōng Lúntāi Yǒuxiàn Gōngsī】　位于银川经济技术开发区西夏区开元东路南侧 18 号，又名银川佳通长城轮胎有限公司。其前身为银川橡胶厂，1964 年由青岛橡胶三厂、沈阳第三橡胶厂部分设备及人员搬迁至银川合建而成。经营 30 年，企业蒸蒸日上，效益颇佳。1993 年 12 月，引入新加坡中策集团，成为中外合资企业，改名银川中策（长城）橡胶有限公司，但民众仍将厂区地名称作"橡胶厂"。1999 年，变为外方独资法人企业，冠以新加坡资方企业佳通集团之名，故名佳通轮胎有限公司。是我国三个航空轮胎生产企业之一，西北地区唯一的全钢子午线轮胎生产线。公司主要从事全钢、斜交、航空等轮胎产品的设计、生产、加工、销售、进出口及轮胎翻新业务；年产全钢胎、斜交胎、航空胎等各类轮胎 238 万余套，内胎、垫带 560 万套。其中载重系列和轻卡系列尼龙斜胶轮胎被国家有关部门评为"A"级产品。"长城""银轮"牌轮胎享誉国内外，销往全国和几十个国家和地区。

宁夏大地循环发展股份有限公司【Níngxià Dàdì Xúnhuán Fāzhǎn Gǔfèn Yǒuxiàn Gōngsī】　位于平罗县境内的石嘴山生态经济开发区。成立于 2002 年，西距石嘴山市 18 公里、东距平罗县城 10 公里，公司占地面积 533.3 公顷，总资产 100 亿元，员工 7000 余人。辖 6 个子公司，名列中国化工 500 强。年生产能力为：电石 70 万吨、硅锰合金 35 万吨、活性石灰 60 万吨、碳酸氢铵 20 万吨、液氨 10 万吨，以及其他 11 种化工产品数十万吨，蒸汽 1500 万吨，发电量 61 亿千瓦时。2016 年，完成工业总产值 58.07 亿元。

第六节 电力工业

宁夏电力公司【Níngxià Diànlì Gōngsī】 位于银川市兴庆区长城东路288号。1990年2月成立，为全民所有制企业，注册资金30.66亿元，是国家电网公司的全资子公司，是自治区内以输、配、售电为主营业务的特大型国有骨干企业，负责自治区境内主电网的规划、建设、运营和电力供应；担负着为自治区经济建设和人民生活提供基本能源的重任，是宁夏电网的经营主体和宁夏电力工业发展的主导力量。下辖16个单位，其中供电局6个（银川、石嘴山、吴忠、固原、宁东、中卫供电局），其他分公司4个、子公司3个、控股公司1个，另有多种经营公司2个。辖24个县级供电企业。

青铜峡水电站【Qīngtóngxiá Shuǐdiàn Zhàn】 中国最早的闸墩式水电站。位于黄河中游青铜峡谷口处。电站为水闸型式，机组布置在每个宽21米的闸墩内，厂房为半露天式，安装7台3.6万千瓦和1台2万千瓦水轮发电机组，总容量27.2万千瓦，年发电量10.4亿千瓦时。工程于1958年8月开工，1967年12月投入运行。

宁夏大坝电厂【Níngxià Dàbà Diànchǎng】 火力发电厂，位于青铜峡市大坝镇，东北至市区17公里，一期工程2台30万千瓦机组于1991年建成并网发电，时名宁夏大坝电厂，并成为片区地名。二期工程2台于1997年建成投产，6月22日注册宁夏大坝发电有限责任公司。2012年6月20日被华能集团收购，更名华能宁夏大坝发电有限责任公司。现有6台机组，装机总容量180万千瓦。使用灵武市磁窑堡煤矿产煤，建有大古铁路专线。

马莲台发电厂【Mǎliántái Fādiàn Chǎng】 位于灵武市宁东镇境内，是宁东能源化工基地第一个开工建设、第一个建成投产的重点工程和大型企业，也是宁夏发电集团有限责任公司独资建设的第一个进行煤炭资源转化为电力资源的火力发电厂。2004年4月6日开工建设，设计规模为2×330MW＋2×600MW＋2×1000MW。一期工程2×330MW，1号机组于2005年12月27日并网发电；2号机组于2006年5月25日并网发电。工程总投资25.6亿元。

灵州发电厂【Língzhōu Fādiàn Chǎng】 位于灵武宁东镇黄羊墩东北侧，电厂属电力资源综合利用型坑口电厂，发电机组总设计规模87万千瓦（2×135MW＋4×600MW）。2003年12月，一期项目正式立项，规划建设2×135MW煤矸石综合利用机组，总投资12.22亿元，由宁夏宁鲁煤电有限公司负责建设和运营，1号机组于2005年底投产发电。

华电宁夏灵武发电有限公司【Huádiàn Níngxià Língwǔ Fādiàn Yǒuxiàn Gōngsī】 位

于灵武市北郊 3 千米处，是典型的大型坑口电厂。规划和建设初期称"灵武电厂"，2006年 3 月组建为"华电宁夏灵武发电有限公司"。其一期工程设计安装 2 台当前国内最大的60 千瓦燃煤空冷发电机组，工程计划总投资约 51.5 亿元，由华电国际电力股份有限公司和宁夏发电集团公司，共同投资建设，华电国际电力股份有限公司控股 65%。该电厂于2005 年 8 月 8 日开工建设，2012 年联网发电。

石嘴山发电厂【Shízuǐshān Fādiàn Chǎng】 位于石嘴山河滨工业园区光华路。坑口火力发电厂，1958 年在一片荒滩上建成，时为宁夏主力发电厂，由于占地面积大、职工及家属多，形成"石嘴山电厂"片区地名。2006 年企业改制，更名国电石嘴山第一发电有限公司，注册资金 5 亿元，在岗员工 2281 人。

大武口发电厂【Dàwǔkǒu Fādiàn Chǎng】 位于石嘴山市大武口区，1982 年动工，1987 年并网发电，总装机容量 40 万千瓦，时为宁夏最大的火力发电厂，并形成"大武口电厂"片区地名及居民小区。

申能吴忠热电有限责任公司【Shēnnéng Wúzhōng Rèdiàn Yǒuxiàn Zérèn Gōngsī】火力发电厂，位于吴忠市利通区金积工业园区银平公路东侧，隶属于申能股份有限公司。2014 年 4 月开工建设，2016 年 11 月 26 日两台机组全部投入生产运营，年发电 38.5 亿千瓦时，承担供热面积 1435 万平方米。

国电宁夏太阳能有限公司【Guódiàn Níngxià Tàiyángnéng Yǒuxiàn Gōngsī】 位于石嘴山工业园区。注册资金 5.6 亿万元，经营太阳能产品、企业自营产品进出口业务及劳务派遣等。由石嘴山市工商行政管理局惠农分局批准，2008 年成立至今。

银川卧龙变压器有限公司【Yínchuān Wòlóng Biànyāqì Yǒuxiàn Gōngsī】 位于兴庆区兴源路 221 号。是在 1968 年银川变压器有限公司基础上改制重组的企业，是卧龙控股集团和下属的沪市上市公司、卧龙电气股份有限公司的全资子公司，银川市重点骨干企业。2005 年，银川卧龙变压器有限公司投资 1.5 亿元在兴庆科技园建成国内一流的变压器专业制造基地，厂区占地面积 1 万平方米，建筑面积 3.5 万平方米，形成了年产 600万 kVA 各类电力变压器、电气化铁路牵引变压器、特种变压器的生产能力。

第七节 制药工业

宁夏启元药业有限公司【Níngxià Qǐyuán Yàoyè Yǒuxiàn Gōngsī】 1963 年成立宁夏中药厂；1967 年成立宁夏制药厂；2000 年合并成立宁夏启元药业公司，在永宁县望远工业园区建设新厂房，占地面积 132 万平方米，有员工 3000 多人，固定资产 16 亿元，属国有大型企业，纳税大户、利润大户，是宁夏回族自治区 30 家重点骨干企业之一。该公司集原料药和各种中西药制剂于一体，主导产品有红霉素、盐酸四环素原料药，以其生产规模、领先技术、优良产品而享誉国内外，产品销售分别占据世界需求 60%、80% 的市场份额。公司各类中西药制剂有片剂、丸剂、颗粒剂、胶囊剂、粉针剂、注射剂、栓剂七大类 300 多个品种规格的药品。2001 年 2 月被商务部、科技部等五部委列为国家重点高新技术企业、科技兴贸全国百家重点出口企业。对周边环境、空气污染严重。

宁夏泰瑞制药股份有限公司【Níngxià Tàiruì Zhìyào Gǔfèn Yǒuxiàn Gōngsī】　成立于 2000 年，在永宁县望远工业园区，是国家高新技术企业，宁夏 30 家非公有制优势骨干企业之一，员工 3000 余人，资产总额 60 亿元。下设两家子公司、两家分公司。主要致力于动物原料药、预混剂和饲料添加剂的研发、生产和销售。2007 年进入兽用原料药生产企业十强。对周边环境、空气污染严重。

灵武制药厂【Língwǔ Zhìyào Chǎng】　位于宁夏灵武市北门，始建于 1970 年 10 月，系军办企业，1971 年投产，先后隶属于中国人民解放军陆军六十二师、兰州军区卫生部，代号为九七九四工厂。1991 年移交宁夏军区后勤部。1998 年 11 月，整体移交地方政府。2002 年改为股份合作制企业，成立宁夏金太阳药业有限公司。工厂占地 3.38 万平方米，主要生产中西药制剂及甘草酸系列产品、麻黄素系列产品。

宁夏多维药业有限公司【Níngxià Duōwéi Yàoyè Yǒuxiàn Gōngsī】　成立于 1997 年，位于永宁县望远工业园区，公司下设宁夏民族药物研究所、宁夏多维泰瑞制药有限公司、宁夏太平洋生物制药公司、北京营销总部及菲尼特设备安装制造、金色阳光房地产等 8 子家公司，占地面积 118 万平方米。公司生产胶囊剂、片剂、颗粒剂、丸剂四大类数十个品种，形成了以藏药为龙头，以国家级新药为代表，集功能保健于一体的制药格局，其中有国家级新药——藏药洁白胶囊、抗感胶囊，市场知名产品——洁白胶囊、抗感胶囊、五味麝香丸已被列为国家中药保护品种。泰乐菌素和维生素 B_{12} 的产量，都以占世界相关市场 30% 以上的份额，排名世界第一。

第八节　轻纺工业

宁夏圣雪绒国际企业集团有限公司【Níngxià Shèngxuěróng Guójì Qǐyè Jítuán Yǒuxiàn Gōngsī】　国有独资企业，简称圣雪绒集团，总部位于银川市金凤区新昌东路 187 号圣雪绒大厦。前身是宁夏进出口公司，成立于 1988 年，办公地址在银川市解放西街 363 号，当时以 20 万元贷款起家，员工仅 13 人。1993 年，创办上海圣雪绒羊绒制品有限公司和深圳日神羊绒纺织有限公司，开始生产和经营羊绒制品。1996 年 5 月，组建圣雪绒国际企业集团有限公司。1997 年 1 月 13 日进行股份制改造，成立宁夏圣雪绒股份有限公司，集团控股 90%，下辖上海圣雪绒羊绒制品有限公司等 25 家企业。以中高档羊绒制品的开发、生产、销售为主业，兼营房地产开发。至 2003 年，企业拥有资产 23 亿元，下属子公司 14 家，企业 25 家，进出口总额 7500 万美元，产品出口美国、日本和欧盟诸国，并在法国、德国、加拿大设立了圣雪绒品牌羊绒服饰连锁专卖店。

灵武圣雪绒羊绒制品有限公司【Língwǔ Shèngxuěróng Yángróng Zhìpǐn Yǒuxiàn Gōngsī】 地处银川灵武羊绒工业园区，占地面积 13.2 万平方米。由宁夏圣雪绒集团公司、宁夏嘉源绒业公司、山东胶南市嘉源纺织机械厂斥资组建，总投资 2.78 亿元。公司由针织厂、制呢厂、纺纱厂组成。2003 年筹建，2004 年 5 月建成投产。年产 50 万件羊绒衫、35 万米羊绒呢，产值 3.99 亿元，公司拥有德国制造的电脑横机、剑杆识机等 152 台（部），国产手摇横机、坯布检验机、绳状匹染机等 187 台。有员工 800 余名。

宁夏中冶美利纸业股份有限公司【Níngxià Zhōngyěměilì Zhǐyè Gǔfèn Yǒuxiàn Gōngsī】 位于中卫市沙坡头区柔远镇，成立于 1985 年，名中卫造纸厂。1998 年 5 月 28 日，依当地古渠"美利渠"之名，改为宁夏美利纸业集团有限责任公司，独资国有企业，并在深圳证券交易所上市。2006 年 4 月，无偿划转至中国冶金科工集团公司。2007 年 8 月 3 日，变更企业名称为中冶美利纸业股份有限公司。企业主营书写纸制造、销售，在腾格里沙漠建有速生林原料基地 50 万亩。

美洁纸业集团有限公司【Měijié Zhǐyè Jítuán Yǒuxiàn Gōngsī】 简称美洁集团，位于贺兰县银河东路 90 号，原为贺兰造纸厂，始建于 1958 年 10 月。历经 6 次技术改造，1995 年纸产量达 1.06 万吨。次年 10 月，实行股份制改造，命名为宁夏美洁纸业集团有限公司。现有员工 3800 余人。是西北地区大型的生活用纸专业生产企业之一和全国生活用纸行业十强。

紫荆花纸业有限公司【Zǐjīnghuā Zhǐyè Yǒuxiàn Gōngsī】 位于永宁县城红星桥南侧，前身为永宁造纸厂，始建于 1989 年，2003 年注册成立宁夏紫荆花实业有限公司。年产生活用纸、工业用纸、文化用纸 2.258 万吨。主导产品"紫荆花""吉丽""吉丽来"三大品牌先后获"中国专利新技术博览会"金奖及中国知名品牌、宁夏著名商标。

宁夏汇川服装有限公司【Níngxià Huìchuān Fúzhuāng Yǒuxiàn Gōngsī】 位于银川市金凤区宁安大街 137 号，是宁夏最大的综合性服装生产企业，拥有标准厂房 1.2 万平方米。成立于 1993 年 9 月，由银川第二毛纺厂与美国纽约佩克股份有限公司合资兴建，辖西服总厂、时装分厂、吴忠西服厂等 10 余家企业。年产 10 万套西服、15 万套标志服和西裤、衬衫等，年产值过 4 亿元。主导产品"汇川"牌西服在 1994 年中国（西安）首届服装服饰博览会上获金奖。于 2000 年 9 月通过了 ISO9001 国际质量体系认证，是国家"863"计划应用示范工程项目企业。

银川滨河如意服装有限公司【Yínchuān Bīnhé Rúyì Fúzhuāng Yǒuxiàn Gōngsī】　位于银川市滨河新区恒天如意科技产业城。2015 年 8 月成立，注册资金 20 亿元，占地 462 亩。总投资 20.32 亿元，年产 300 万套高档西装、3000 万件高档衬衣，年销售收入 44 亿元，用工 1.2 万人。主营服装设计、制作、生产、销售及羊毛制品购销。

第九节　建材工业

宁夏赛马水泥集团公司【Níngxià Sàimǎ Shuǐní Jítuán Gōngsī】　简称赛马集团，宁夏最大的水泥生产企业，位于银川市新城至小口子公路 2 公里处。原名宁夏水泥厂，建于 1988 年，1997 年 9 月企业改制后，命名宁夏赛马水泥（集团）公司。下设 6 个生产分厂、1 个销售公司、1 个控股公司、4 个全资子公司。2003 年，公司在上海证券交易所上市。主产水泥，生产能力 500 万吨/年。

宁夏瀛海集团银川建材有限公司【Níngxià Yínghǎi Jítuán Yínchuān Jiàncái Yǒuxiàn Gōngsī】　民营水泥企业，位于银川市西夏区经天西路，1998 年在银川市工商行政管理局登记注册，主营水泥及其制成品、加气混凝土砌块、石灰石矿山开采、钢材、铜材、铝材、木材、玻璃及其制品的销售。是中国熟料企业 50 强、中国水泥协会副会长单位、宁夏 60 户工业龙头企业之一。集团总资产近 40 亿元，员工 3000 余人。所产"瀛海"牌水泥是国家免检产品，中国驰名商标。

宁夏玻璃厂【Níngxià Bōlí Chǎng】　位于永宁县杨和镇。1972 年，在永宁鞋业社的基础上组建宁夏玻璃厂，此后多次改扩建，1995 年产能为 68.4 万重量箱。2005 年，生产玻璃 60 万重量箱，完成工业总产值 2800 万元，实现销售收入 2900 万元，利税 78 万元，资产总额 4000 万元。

第十节　建筑及房地产业

宁夏第一建筑公司【Níngxià Dì-yī Jiànzhù Gōngsī】　位于银川市民族北街 195 号，房屋建筑施工总承包一级企业。前身为建工部三局五公司、七局六公司、甘肃省第二建筑公司、银川第五建筑公司，最早的成立于 1950 年。1990 年 7 月 21 日，合并成立宁夏第一建筑公司，经营范围包括建筑工程、建筑装饰装修、机电工程、市政公用工程、钢结构工程（制作、安装）等 20 余项。2005 年后，旗下已有 22 个土建分公司、8 个专业分公司。年施工能力竣工面积 70 万平方米以上、完成工作量 8 亿元以上。

中房集团银川房地产开发有限责任公司【Zhōngfáng Jítuán Yínchuān Fángdìchǎn

Kāifā Yǒuxiàn Zérèn Gōngsī】 房屋建筑施工总承包一级企业，国家一级房地产开发企业，集团总部在银川市兴庆区北京东路 339 号。前身是中房集团银川房地产开发有限公司，成立于 1982 年，1994 年进行股份制改造并改现名，是宁夏唯——家两次获得国家行业最高奖项——广厦奖的房地产企业。经多年发展，房地产开发面积、投资规模、销售额、经营利润及缴税总额等主要经营指标连年位居宁夏行业排行榜前列。旗下有银川、西宁两个综合型开发公司及 10 多个子公司。

宁夏建工集团有限公司【Níngxià Jiàngōng Jítuán Yǒuxiàn Gōngsī】 房屋建筑施工总承包一级企业，位于银川市高新技术开发区科技创新园 19 号。2000 年 10 月 11 日由宁夏建设集团有限责任公司、宁夏第一建筑公司、宁夏二建集团有限责任公司、宁夏第五建筑公司四家具有一级施工资质的企业合并重组成立的国有独资企业，注册资本 2.8 亿元，具有 50 多年的发展历史。

宁夏建设集团有限责任公司【Níngxià Jiànshè Jítuán Yǒuxiàn Zérèn Gōngsī】 房屋建筑施工总承包一级企业，在银川市西夏区怀远东路 87 号。2000 年 10 月 11 日在银川工商局登记注册，主要经营工业与民用建筑及机场设施建筑、安装工程、公路桥梁、水利、电力工程施工、房地产开发、装饰工程、工程设计及监理。

银川建设发展集团股份有限公司【Yínchuān Jiànshè Fāzhǎn Jítuán Gǔfèn Yǒuxiàn Gōngsī】 国家房地产开发一级企业，简称银川建发，银川地区房地产开发十强企业之一，集团总部驻银川市金凤区万寿路 142 号西第 16 层。其前身为银川市建设发展公司，1993 年 2 月 11 日成立，事业单位企业管理。2001 年 7 月 24 日改制为现名，8 月 16 日挂牌。至 2005 年底，公司总资产已达 8.6 亿元。现辖两个项目开发公司、三个全资子公司、一个控股子公司，保有各类商品房 200 余万平方米。

宁夏正丰建筑工程有限责任公司【Níngxià Zhèngfēng Jiànzhù Gōngchéng Yǒuxiàn Zérèn Gōngsī】 房屋建筑施工总承包一级兼市政工程二级资质，位于银川市北京东路 219 号，1998 年 5 月 18 日注册成立。

银川众一集团房地产开发有限公司【Yínchuān Zhòngyī Jítuán Fángdìchǎn Kāifā Yǒuxiàn Gōngsī】 国家一级房地产开发企业，集团总部位于银川市兴庆区凤凰北街 566 号。前身为银川市房地产综合开发公司，成立于 1984 年，2001 年改制，迅速发展成为以房地产开发为主导，并拥有物业服务、供热管理、建材生产、建筑施工、智能化工程、幼儿教育等多家子公司的多元化现代企业。

银川市第一市政工程有限责任公司【Yínchuānshì Dì－yī Shìzhèng Gōngchéng Yǒuxiàn Zérèn Gōngsī】 市政公用工程施工总承包一级资质企业，位于银川市利群东街 76 号。1959 年 1 月 27 日成立银川市市政工程公司，1998 年 12 月 29 日更现名。主营市政工程、公路工程、给排水工程。

第十一节　供气、供热、供水

宁夏哈纳斯燃气集团有限公司【Níngxià Hānàsī Ránqì Jítuán Yǒuxiàn Gōngsī】　是一家专注于清洁能源与新能源产业的国际化企业，2003 年 7 月成立，位于银川市兴庆区北京东路 139 号宁夏出版大厦 B 段。公司经营范围包括天然气施工工程管理、天然气技术开发、应用、天然气批发、零售；天然气热电联产（发电、供电、供热、供冷）、燃气用具、仪表批发、零售、建筑材料、化工材料批发、零售等国家法律允许的经营活动、天然气输配等。

银川市热力公司【Yínchuānshì Rèlì Gōngsī】　位于兴庆区湖滨西街银湖巷 41 号。1987 年成立，系宁夏中房实业集团股份有限公司管属国有企业，2002 年 9 月拥有银川市供热行业一级资质。主营集中供热采暖、设备安装、更新改造、保温管加工等。

银川中铁水务集团有限公司【Yínchuān Zhōngtiě Shuǐwù Jítuán Yǒuxiàn Gōngsī】位于兴庆区玉皇阁北街 22 号。前身为 1958 年成立的银川市自来水有限公司。2011 年 5 月经改制合资，公司股东由银川通联资本投资运营有限公司和中铁一局集团有限公司组成。主营银川市自来水供应，兼营供水管道维修安装、地下管网检漏及房屋租赁。

中国石油西气东输管道公司银川管理处【Zhōngguó Shíyóu Xīqìdōngshū Guǎndào Gōngsī Yínchuān Guǎnlǐchù】　位于银川市兴庆区进宁北街 310 号，前身为宁夏长宁天然气有限责任公司，于 1997 年挂牌成立，由宁夏和长庆油田共同投资，故名"长宁"。始建时，建设并管理陕西靖边至银川输气管线，上隶自治区计委管理，后一度由宁夏交通厅管理。2017 年改为现名，是中国石油西气东输管道公司的派出机构之一，主要承担西气东输一线、二线、三线及长宁—兰银输气管道在宁夏、内蒙古境内的天然气生产、配送及运输管道的管理保护。辖区内管道总长 1395 公里，沿线设有盐池作业区、甘塘作业区、中卫压气站、海原压气站、彭阳压气站、银川压气站和中卫、银川两个维抢修队。

第九章　服务业

第一节　市　场

一、商务区及批发市场

银川阅海湾中央商务区【Yínchuān Yuèhǎiwān Zhōngyāng Shāngwùqū】　位于银川市金凤区阅海湖畔、览山脚下，范围东起万寿路，南依小西湖，西邻阅海公园，北接沈阳路。占地4320亩，建筑面积约520万平方米，投资近500亿元。定位为"一个基地、三个中心、三个平台"：建设知名企业总部或区域总部基地；打造服务中阿经贸交流、辐射陕甘宁蒙毗邻地区的金融中心、商贸中心、现代服务业中心；打造国际交流平台、低碳经济示范平台和现代化城市展示平台。已形成超大规模商务建筑集群，建成项目主要有中阿之轴（编后记：2018年更名团结路）、阅海湾城市花园、中阿经贸论坛永久会址、宁夏国际会议中心、宁夏国际会展中心。

紫荆花商务中心【Zǐjīnghuā Shāngwù Zhōngxīn】　建于2010年，紫荆花寓意亲情、和睦、事业兴旺，位于银川市金凤区新昌西路北侧，为商贸办公楼群，占地面积63000平方米，建筑面积186000平方米。

银川北环蔬菜果品综合批发市场【Yínchuān Běihuán Shūcài Guǒpǐn Zōnghé Pīfā Shìchǎng】　位于兴庆区上海东路1054号，是农业部在宁夏建立的首家定点综合性批发市场，因地处原北环路而名。改革开放初，城郊农民在北门外自发形成马路市场，车水马龙，摊点密集。1991年建成开放式市场。2002年改为蔬菜及其他农副产品批发市场，兼营餐饮、小百货等。今已成为以蔬菜批发为龙头，集鲜肉、水产、畜禽蛋、水果、豆制品、冷冻食品等农副产品批发、加工、仓储、配送于一体的综合性批发市场，占地280亩，建筑面积10万平方米，营业面积8.5万平方米。入驻批发、经销、代理商1000余户，从业人员7000余人。设有经营区21个，遮阳交易大棚11座，气调保鲜库2700吨，固定摊位1100个。旺季日交易量2000吨，成交额550万元，日客流量约5万人次。

银川东环综合批发市场【Yínchuān Dōnghuán Zōnghé Pīfā Shìchǎng】 大型综合批发市场，位于兴庆区清和南街 85 号，因地处东环路东侧，故名。1978 年，109 国道改线经东环路，将路面拓广改建为沥青路。次年，城郊区农民将自产蔬果运到路两旁荒地摆摊销售，形成马路市场，吸引周边县市及邻省、区的批发商，将各种蔬菜水果运来批发零售。至 1988 年，市场规模宏大，而基础设施却无一砖片瓦。1992 年改造为棚户、广场式市场，1995 年纳入城市范围之内，水果年成交量 8750 万吨，成交额 3.5 亿元，副食、百货、干鲜、调料等成交额达 6.3 亿元，成为全国知名的综合批发市场。2002 年，被命名为"全国百强市场"。市场占地 100 余亩，建筑面积 2.1 万平方米，建有库房 172 套800 余间。批发零售瓜果、副食、日用百货、五金交电、化工、家具等商品万余种。瓜果运销全国 20 多个省份，还批发多国进口水果。

宁夏日用百货副食品批发市场【Níngxià Rìyòng Bǎihuò Fùshípǐn Pīfā Shìchǎng】位于银川市兴庆区解放东街东门外红花渠桥头，是宁夏第一个按照"商业街区整体开发"理念开发的大型商业市场，集专业市场、超市、家电、主题商场、高级商务酒店、办公楼、商业街于一体的综合性商业项目，占地 9 万多平方米，建筑面积约 15 万平方米。由立达房地产开发公司投资，分 2 期进行：一期工程建筑面积 3.7 万平方米，投资2.3 亿元，主营日用百货、副食品批发，于 2005 年 6 月完工试营业；二期工程建筑面积 8.3万平方米，投资 2.2 亿元，主营商务酒楼和鞋业、百货批发，2006 年 10 月 1 日开业。

灵武长枣专业市场【Língwǔ Chángzǎo Zhuānyè Shìchǎng】 位于灵武市古城路的北边，东起枣园街，西至中兴街。灵武长枣生产历史悠久，品质优良。2003 年，被自治区列为重点推广的优质果品。2006 年 6 月 22 日，灵武市被国家林业局批准为"中国灵武长枣之乡"，被灵武市确定为"使用灵武长枣地理标志保护产品专用标志"。2003 年，灵武市政府按照《宁夏优势果品产业带建设实施方案》，规划到 2010 年，在沿山过渡带建设 13.5 万亩灵武长枣产业带和基地，实现农民人均 1 亩枣树的目标。实际上，到 2015年，灵武长枣栽培已达 14 万亩，总产 14 万千克，已超过了原定目标。每当 8 月，设施温棚长枣成熟，特别是到 9 月末至 11 月初，灵武长枣大量上市，大量汽车载运，在灵武市古城路、朔方路形成面向全国的批发、销售市场。

平罗富乐民蔬菜瓜果综合批发市场【Píngluó Fùlèmín Shūcài Guāguǒ Zōnghé Pīfā Shìchǎng】 位于平罗县城关镇前卫村，县城南出口，是农业部确定的全国重点市场之一。2008 年建成，主要经营蔬菜、瓜果、肉食品等农副产品，形成集批发、零售、配送于一体的大型蔬菜批发市场。占地 11.2 万平方米，内设交易大棚 4800 平方米、储藏库2000 平方米，可同时容纳 600 辆大型车辆进场交易。建有交易大棚、1 万吨蔬菜气调保鲜库、无公害蔬菜检测中心、无公害蔬菜配送中心、信息网络中心、废弃物处理中心。

涝河桥牛羊肉批发市场【Làohéqiáo Niúyángròu Pīfā Shìchǎng】　位于吴忠市利通区东南原 211 国道涝河桥。改革开放初期，因交通之便在公路两侧荒地自发形成，先以出售活羊为主，逐步转向牛羊零售、批发，1989 年政府投资建成清真牛羊肉批发市场，占地 80 余亩，常年屠宰加工，成为宁夏最大的牛羊肉专业批发市场，从业人员 500 人左右，年屠宰牛 15 万头、羊 100 万只。

吴忠东郊农产品批发市场【Wúzhōng Dōngjiāo Nóngchǎnpǐn Pīfā Shìchǎng】　根据所在地理位置命名。在东塔寺乡塔寺村内，主要经营：蔬菜、瓜果、粮食油料、土特产品、副食品、日用百货的批发、零售。

高崖瓜果蔬菜批发市场【Gāo'ái Guāguǒ Shūcài Pīfā Shìchǎng】　位于海原县高崖乡高崖行政村靠近福银高速路的空地上，主要用于各类农产品和硒砂瓜批发，2009 年由海原县人民政府批准建立。总占地 80 亩，建设营业性用房 3200 平方米，防晒遮阳大棚 1200 平方米，设有停车场、交易区、储藏区等区域，市场功能完善。

二、综合市场

信义市场【Xìnyì Shìchǎng】　东起银川市兴庆区中山北街 50 号，西至玉皇阁北街，长 200 余米。1912 年，宁夏护军使马福祥在街之东口建高大牌坊一座，上书"信义街"3 字，寓意"信义为先、取信于民"。1933 年后，宁夏省主席马鸿逵居此，故俗称"马府街"。中华人民共和国成立后，将马鸿逵"将军第"改作宁夏军区家属院，故名八一巷。1981 年更名信义巷，巷内为居民住宅，自发形成农贸市场。1988 年，银川市工商行政管理局纳入管理范畴，建成钢结构棚户市场，命名信义市场。现有摊位 400 多个，店铺门面 80 余户，主营肉禽蛋、蔬菜瓜果、海鲜水产等，方便周边居民，又解决了数百人生计问题，是银川"地摊经济"的代表。（编后记：该市场已于 2020 年拆除）

唐徕市场【Tánglái Shìchǎng】　地处银川市西桥巷唐徕小区西。2014 年建成，占地面积 4500 平方米，主营农副产品、水产等。

西塔农副产品市场【Xītǎ Nóngfùchǎnpǐn Shìchǎng】　位于银川市利群西街 130 号，主营厨具、五金、锅碗瓢盆等。

兴盈市场【Xīngyíng Shìchǎng】　1995 年成立，位于银川市西夏区怀远东路 529 号，占地 58 亩，建筑面积 6800 平方米。为综合性批零市场，有营业房 510 套，固定摊位近 1400 个，批发场地 5000 平方米。

新城农贸大厅【Xīnchéng Nóngmào Dàtīng】　1963 年在此设农贸集市，1984 年改称"新城农贸大厅"；位于银川市新城西街中部贸易巷内，隶属于银川市新城区工商分局管理；1984 年改建为钢筋混凝土结构棚式建筑；占地面积为 4000 平方米，容纳摊位

500 个，营业房 60 间。

新城北街轻工市场【Xīnchéng Běijiē Qīnggōng Shìchǎng】　成立于 1988 年，设在银川市新城大众巷，后搬至贸易巷，由于规模逐渐扩大，于 1989 年 12 月迁至新城北街南段，长 250 米，取名新城北街轻工市场，沿街两侧设摊位，是西夏区主要市场之一。

同心路市场【Tóngxīnlù Shìchǎng】　1997 年建成市场，位于银川市西夏区同心北路，占地 30 亩，建筑面积 24800 平方米，有营业房 405 套，固定摊位近 1200 个，批发场地 5000 平方米。主要经营日用百货、电子电气、杂货、工艺品、肉类等。

怀远市场【Huáiyuǎn Shìchǎng】　位于银川市西夏区怀远东路与文萃北街交叉口西南 100 米，北至文萃北街，南至宁阳大厦，西至宁夏回族自治区委党校，东至金波北街，占地面积 7200 平方米，场内有营业房 490 套，固定摊位近 1700 个，批发场地 4600 平方米。是宁夏大学周边最大的综合性市场，经营范围广，尤以夜市人流密集。

新贸市场【Xīnmào Shìchǎng】　贺兰县最大的综合市场，位于县城中心地带，南邻光明东路，北连桃源东路。1986 年建成，名为农贸市场。1988 年向西扩建，形成现在的规模。1992 年更名为新贸市场。经营蔬菜水果、肉类禽蛋、土特产、服装等。

金贵集贸市场【Jīnguì Jímào Shìchǎng】　在金贵镇联星路 124 号，是贺兰县东部最大的集贸市场，历史悠久，每月一、四、七为集日，高峰期赶集者达万人次。

常信市场【Chángxìn Shìchǎng】　位于贺兰县常信堡。民国十一年（1922 年）成为固定集市，以农历一、四、七为赶集日，吸引周边三十里内农民赶集交易，成为农副产品的集散中心。1990 年 6 月，命名为常信市场。此后两次投资，建有营业楼 1 栋，商品营业房 123 套，有固定营业网点 228 个。

东塔农贸批发市场【Dōngtǎ Nóngmào Pīfā Shìchǎng】　位于灵武市东盛路与南薰路东北角，2006 年 4 月，经灵武市人民政府批准建设"东塔农贸市场"，为灵武市最大的农贸批发、零售建材、瓜果蔬菜的市场，占地面积 105 亩，建成综合服务楼 150 套，有门面房 76 间 2200 平方米；棚顶式交易厅 8 座 2000 平方米；仓库 1000 平方米；公厕 100 平方米。硬化地面 2 万多平方米，配套供电、上下水、电脑服务等设施。市场拥有 1500 多个摊位，其中固定摊位 500 多个、临时摊位 1000 多个，从业人员 2000 多人，带动就业 5000 多人，带动种植瓜果蔬菜农户 8000 户。由城镇工商所管理。

百花市场【Bǎihuā Shìchǎng】　位于石嘴山市大武口区文明北路与游艺东街交叉口南侧约 180 米处，东至前进北路，南至朝阳东街，西至文明北路，北至游艺东街。1978 年 7 月，区政府决定将设在前进路的市场迁此址，俗称"大武口自由市场"。1984 年 6 月 1 日破土动工改造成一座永久性、功能齐全的室内商场和棚顶市场，同年 9 月 1 日竣工，取名"百花市场"。

星海镇农贸市场【Xīnghǎizhèn Nóngmào Shìchǎng】　位于石嘴山市大武口区古香路与潮湖路交叉路口北侧 100 米处，占地面积 2.34 万平方米，建筑面积 1.32 万平方米。主要经营百货、服装、肉食、蔬菜、水果等。

惠农区红果子镇集贸市场【Huìnóngqū Hóngguǒzizhèn Jímào Shìchǎng】　位于石嘴山市惠农区红果子镇，是一个综合性市场，筹建于 1992 年，2002 年由惠农县进行全面改造建设，总交易面积 23104 平方米。市场分两大区域。一是农贸市场，占地 23104 平方米，现有商店 130 家，规划摊位 350 个（3 米×4 米），常年有固定摊位 120 家左右，临时商户 30 家左右，主要从事农副产品、日用百货、服装鞋帽、餐饮、五金日杂、煤炭批发零售等，二是红礼东街建材、畜禽市场，占地 4700 平方米，以煤炭、建材、畜禽交易为主。

河滨市场【Hébīn Shìchǎng】　位于石嘴山市惠农区河滨街的中心地带，北对红旗小区，南靠兴旺小区楼房，西靠恒荣物业公司，东对滨源二小区营业房。占地面积 7000 平方米，商户 156 余家。

春晖市场【Chūnhuī Shìchǎng】　位于石嘴山市惠农区东大街，建筑面积 11136 平方米，设摊位 800 个，2000 年开始投入使用，商品主要有蔬果、肉食禽蛋、土产、粮油、百货、日用杂货等，年成交额达 1.65 亿元。

安乐桥市场【Ānlèqiáo Shìchǎng】　位于石嘴山市惠农区安乐桥东侧，1993 年动工，1955 年 8 月建成并交付使用，占地面积 30520 平方米，建筑面积 16000 平方米。市场设施完善，功能齐全。

玉皇阁市场【Yùhuánggé Shìchǎng】　位于平罗县城玉皇阁北侧，西靠翰林大街。1998 年 9 月，建成投入运营，为银北地区大型综合市场之一。占地面积 14.2 万平方米，分为建材、轻工百货、粮油、农资、畜禽 5 个交易区，可容纳固定客户 420 家、集市零星摊位 920 个。2008 年，引进外地客商，投资建成占地面积 1.4 万平方米的装饰材料城和占地面积 1.2 万平方米的仓储物流中心。

利民市场【Lìmín Shìchǎng】　位于平罗县城阳光路南侧，前身是城关蔬菜批发市场。2008 年 7 月，对基础设施进行全面改造，市场面积扩大到 5.5 万平方米，分为水果区、蔬菜、清真牛羊肉、鲜鱼、禽蛋区、百货 6 个交易区，设 224 个固定封闭式摊位。

老户惠民市场【Lǎohù Huìmín Shìchǎng】　位于平罗县城东北侧、109 国道与老户中心路交叉处，占地 17.3 万平方米。其中占地面积 6.67 万平方米，是集生资、农副产品交易、皮毛流通等于一体的农贸畜禽交易市场，分为生资、餐饮、百货、调味品、活禽、皮毛、牛市、羊市、猪市九大功能区；占地面积 2 万平方米的清真牛羊定点屠宰场；占地面积 1.67 万平方米的种子购销公司。

吴忠市鑫鲜农副产品市场【Wúzhōngshì Xīnxiān Nóngfùchǎnpǐn Shìchǎng】　位于吴

忠市利通区明珠路北侧、东兴街西侧。蔬菜、瓜果、干货、初级农产品、家禽、牛羊肉、海鲜、水产品销售，仓储保管，信息服务。

南河滩市场【Nánhétān Shìchǎng】　位于固原市原州区南关街道清水湾街，因老地名清水河南河滩而名。占地面积约 18 亩。总建筑面积 1828.58 平方米。原为露天市场，得名时间不可考。2009 年建成室内市场，2016 年建成公益性标准化蔬菜市场。主要以经营水果、蔬菜、小百货、五金电料等为主。

三营农贸市场【Sānyíng Nóngmào Shìchǎng】　别名：三营集贸中心。位于固原市原州区三营镇新三营村村委会东侧，东邻 101 省道。明清时即依托古道形成路边集市，1980 年划地建设常年固定市场，占地面积约 30 亩。现有农贸大棚 8 个，主要经营蔬菜、粮油、布匹。另在新三营村建有活禽交易市场，占地面积约 20 亩，主要交易活禽、牛、羊。

中卫四季鲜农产品批发市场【Zhōngwèi Sìjìxiān Nóngchǎnpǐn Pīfā Shìchǎng】　位于中卫市沙坡头区文昌镇宁钢大道与南苑东路交会处西南。占地 20.73 万平方米，营业面积 21 万平方米。经营果品、蔬菜及其他农副产品。2014 年运营，进驻营业商户 660 户，日交易量 300 吨。

柔远农贸市场【Róuyuǎn Nóngmào Shìchǎng】　位于中卫市沙坡头区柔远镇柔远街，2000 年始建。东邻莫楼路，西接 8 队村民住宅，南靠头渠，北连卫青公路，占地 1.87 万平方米，建筑面积 1.1 万平方米，为柔远及周边地区提供基础的农牧产品交易服务。

中宁农贸市场【Zhōngníng Nóngmào Shìchǎng】　位于县城鸣雁路，北靠郭庄村十队，南连新市街。是主要销售蔬菜、瓜果、水产品、禽蛋、肉类制品、粮油制品、土特产等各类农产品和食品经营为主的固定场所。主要是为便利广大群众进行自由买卖农副产品。

李旺农贸市场【Lǐwàng Nóngmào Shìchǎng】　位于海原县李旺镇李旺村，因有宁夏南北古道经过，旧为集市，形成时间不可考，逢农历三、六、九日开市。2009 年进行扩建和翻新，占地面积 73333 平方米，交易时间改为每日营业，交易商品为日用百货、农副产品、农资机械、电器杂货，应有尽有，日交易额近 200 万元。

三、专业市场

宁夏商都【Níngxià Shāngdū】　位于银川市兴庆区佑民巷 37 号，1994 年 10 月建成开业，占地 4 万平方米，建筑面积 9.64 万平方米，安排下岗人员就业 4000 人，形成摩托车、音像及电子出版物、针纺及布匹辅料、塑料日杂 4 个专业批发市场。年成交额 15 亿元。

银川长城装饰材料市场【Yínchuān Chángchéng Zhuāngshì Cáiliào Shìchǎng】　位

于银川市兴庆区长城东路844号，是2000年开业的西北首家"一站式"建筑装饰材料市场。占地136.6亩，建筑面积7.5万平方米，其中营业厅3.5万平方米、营业房4万平方米、交易棚3.6万平方米。目前有固定经营商家387户，已形成家具超市、油漆超市、门业超市、五金超市等13个分类经营区。

银川昆仑建材市场【Yínchuān Kūnlún Jiàncái Shìchǎng】 位于银川市兴庆区丽景南街788号，由宁夏昆仑市场发展有限公司于2002年投资1.8亿元兴建，2003年8月开业。是集市场开发、管理、仓储、场地租赁、搬运、装卸、建材、五金交电、化工、机电产品销售于一体的综合性建材市场。占地面积460亩，分南北两个区，建营业房3万平方米、货场12万平方米，入驻商户620多户，经销彩钢板、铁件加工、建筑机械、发泡管、不锈钢等。年货物吞吐量达到100万吨左右，年交易额近35亿元。

龙盘装饰材料市场【Lóngpán Zhuāngshì Cáiliào Shìchǎng】 位于银川市兴庆区清和南街1616号，由银川市龙盘房地产开发有限公司与浙江省宁波市多家私企联合建设，是集家私、装饰材料于一体的大型批发零售市场。占地面积220亩，设计建筑面积16万平方米。一期工程建设10万平方米的家私城，总投资2.2亿元，于2005年7月建成开业。分为家私区和装饰材料区两部分，已有400家商户签约入驻营业。经营民用家具、办公家具、儿童家具、家居、饰品、橱柜、卫浴、楼梯、门窗、石材、吊顶、地板、瓷砖、油漆、涂料、水暖、灯具、家纺、布艺、酒店家具。

银川四季青国际服装城【Yínchuān Sìjìqīng Guójì Fúzhuāngchéng】 位于银川市兴庆区丽景北街与穆商南路交会处西北角，是由银川众一集团、杭州四季青服装集团联手打造的专业服装批发中心，于2015年开业，总建筑面积166881平方米，总投资约12亿元。采用电子商务运营模式，线上、线下一站式交易。配套设施有商务酒店、公寓、餐饮、仓储等。

宁夏立达国际机电城【Níngxià Lìdá Guójì Jīdiànchéng】 位于银川市兴庆区清和南街，是西北地区最具规模的专业机电市场之一。占地14万平方米，集机电、五金产品的品牌展示、交易于一体，并配有大型商场、宾馆、公寓。容纳商家1000多户，年交易额达30多亿元。

西部宁夏机电批发市场【Xībù Níngxià Jīdiàn Pīfā Shìchǎng】 位于银川市兴庆区丽景南街1557号，占地面积60亩，总建筑面积4.4万平方米，容纳商户300多家，2003年6月建成开业。主营各种工矿专用电机设备、工程机械、重型汽车、推土机、挖掘机、农业机械及电器电料、电动设备等产品的批发零售，年交易额20多亿元。

银川红星美凯龙【Yínchuān Hóngxīngměikǎilóng】 位于银川市兴庆区丽景南街268号，是红星美凯龙国际家居连锁与宁夏长城发展集团共同打造的一座集家具、建材、家装、家饰于一体的大型家居商场。营业面积 12 万平方米，汇集 300 多家国际品牌、400 多家国内品牌入驻经营，于 2009 年 3 月开业。

银川康乐家具城【Yínchuān Kānglè Jiājùchéng】 位于银川市兴庆区民族南街 145 号，以银川最早的康乐木器厂为名，主营家具制作、销售、家居饰品、工艺品、装饰材料、办公用品等。

银川光耀家居城【Yínchuān Guāngyào Jiājūchéng】 位于银川市兴庆区民族南街与宝庆路交会处。由宁夏光耀房地产开发有限公司投资兴建，总建筑面积 12 万平方米，一期为 6 万平方米建筑面积的家居广场，二期为 6 万平方米建筑面积的建材装饰广场，总投资 3.6 亿元。

银川西北农资城【Yínchuān Xīběi Nóngzīchéng】 位于银川市兴庆区丽景北街 840 号，由四川新广集团投资、银川博源房地产开发有限公司建设，是中国农机流通协会"重点联系市场"、宁夏回族自治区农牧厅"定点农资市场"，也是宁夏唯一的农资专业物流市场。占地 100 亩，建筑面积 4.5 万平方米，展场面积约 2 万平方米，集市场商铺、展场、办公间、宾馆、会所于一体，入驻宁夏大多数及全国知名农资农机经销商 500 多家，年交易额 10 亿元。

银川友爱木材市场【Yínchuān Yǒuài Mùcái Shìchǎng】 位于银川市兴庆区友爱南路与金凤十六街交叉口，建于 2009 年，是宁夏最大、品种最全的木材销售市场，市场占地 210 亩，有库房 6000 平方米、商户办公区 2000 平方米。

立达国际建材五金家居博览城【Lìdá Guójì Jiàncái Wǔjīn Jiājū Bólǎnchéng】 位于银川市兴庆区丽景南街以东，燕庆南路以西，纬十四路以北，双医路以南，占地面积 994 亩，总投资 70 亿元。宁夏华尊立达房地产开发有限公司投资建设，是集大型品牌家具卖场、水暖、瓷砖、卫浴、铝合金、五金、装饰材料、灯具、布艺、洁具厨具、木门、地板展销、仓储、物流于一体的商业综合体，配套建设高端写字楼、星级酒店、公寓及高档住宅区等，容纳商家 1 万多户。

银川江宁国际酒店用品商贸城【Yínchuān Jiāngníng Guójì Jiǔdiàn Yòngpǐn Shāngmàochéng】 位于兴庆区北塔东路与丽景北街交会处。由宁夏江宁实业投资建设，2014 年开业，建筑面积约 13 万平方米，由商业、酒店、公寓、仓储系统四大主体组成，主营酒店用品、厨房设备、客房用品等。

宁夏国际汽车城【Níngxià Guójì Qìchēchéng】 位于银川市兴庆区清和北街 1039 号。2005 年建成，称宁夏义通汽车城，2014 年更名为宁夏国际汽车城。占地面积 28 万平方米，建筑面积近 37 万平方米，主营新车、二手车销售、汽车修理、汽车配件销售、"4S"店服务，分轿车、轻卡工程车两个区。

银川国际商贸城【Yínchuān Guójì Shāngmàochéng】　地处银川市兴庆区穆商南路69 号，立项时称中国穆斯林国际商贸城（编后记：2018 年更名为银川国际商贸城）。由宁夏宝丰集团汇丰祥商业控股有限公司斥资 36 亿元打造。涵盖 12 大业态、20 余种品类、30 余万种商品、8000 余个商铺，是集商品交易、产品展示、商务办公、企业总部、经营托管、区域管理、品牌孵化、商务洽谈、金融会展、仓储物流、餐饮酒店、休闲娱乐等多功能于一体的现代中央商务区。2016 年，兴庆区大众创新创业基地在商贸城揭牌，现入驻企业约 200 家。

银川美德亨国际家居博览中心【Yínchuān Měidéhēng Guójì Jiājū Bólǎn Zhōngxīn】位于银川市兴庆区长城东路 829 号，由三森集团公司投资 1800 万元兴建，2000 年 11 月28 日开业，是西北地区大型家具超市之一。占地面积 3 万多平方米，分东、西两个大型展厅和二期精品厅，内有经营商户 111 家。主营高中低档民用、办公系列家具。

北方农资农机城【Běifāng Nóngzī Nóngjī Chéng】　位于吴忠市利通区东塔寺乡洼路沟村，世纪大道和利红街西北侧，是利通区引进福建福州聚源贸易有限公司投资 3.3 亿元打造的大型农资交易中心，总建筑面积 11 万平方米，集化肥、农药、饲料、农膜、农机等 10 多个种类，分设仓储、保鲜库、农产品交易区、农副产品物流配送、餐饮服务区。

吴忠市国喜家私城【Wúzhōngshì Guóxǐ Jiāsīchéng】　由政区名称、经营范围及业主姓名命名。吴忠市国喜家私城位于利通区裕民西路 433 号，使用面积 9000 平方米，建筑面积 6800 平方米。

吴忠市木材建材市场【Wúzhōngshì Mùcái Jiàncái Shìchǎng】　位于利通区板桥乡梁湾村，主要经营场地租赁、房屋租赁、市场管理。

万博汽修汽配城【Wànbó Qìxiū Qìpèi Chéng】　位于石嘴山市大武口区规划四路，2014 年建成，占地面积 187 亩，建筑面积 9.9 万平方米，有 18 栋商铺楼，可容纳商户250 余家，年交易额 8 亿元，提供就业岗位 1500 个。经营项目以汽车快修、汽修定制、美容装饰、养护改装、检测服务及二手车、配件销售为主。

大武口区长胜建材交易创业园【Dàwǔkǒuqū Chángshèng Jiàncái Jiāoyì Chuàngyèyuán】位于石嘴山市大武口区大汝公路与闽江街交叉路口西北方向约 310 米处。占地面积 23.07公顷，建成 2 栋 9000 平方米三层商业楼，以及占地 6.67 公顷的钢材批发市场。已有 105家各类商户入驻，为当地农村提供就业岗位 600 个。

中宁枸杞市场【Zhōngníng Gǒuqǐ Shìchǎng】　位于县城宁安北街，2002 年建成开市。是宁夏枸杞产区的主要集散市场，占地面积 37.5 亩，设有门市和交易大厅，入驻固定商户近百家，每日成交量在百吨以上。既现场批发、零售，又为全国各超市、经销商、药材公司及药厂提供货源，还在全国 136 座城市设有中宁枸杞固定销售点。

惠安堡镇畜产品交易市场【Huìānpǔzhèn Xùchǎnpǐn Jiāoyì Shìchǎng】 由盐池县惠安堡政府建设并命名。位于镇区北 211 国道东侧，由惠安堡镇政府投资建设，占地面积 13125 平方米，用于牲畜交易。沿 211 国道建二层营业楼 2700 平方米，建皮毛绒交易厅 280 平方米，屠宰车间 100 平方米，成品肉交易厅 320 平方米，冷冻库 100 平方米；建钢架交易棚 2 座 1500 平方米，饲养圈舍 1000 平方米；硬化场地 10000 平方米，铺设供水管线 392.5 米，排水管 280 米。

甘盐池滩羊交易市场【Gānyánchí Tānyáng Jiāoyì Shìchǎng】 位于海原县西安镇盐池村西侧，海原县政府 2012 年批准建立交易市场，占地面积 180 亩，市场内设施齐全，功能完备，日交易滩羊 300 只以上。

西安镇小茴香市场【Xīānzhèn Xiǎohuíxiāng Shìchǎng】 位于海原县西安镇小河桥。西安镇为全国闻名的小茴香生产基地，种植面积 15 万亩左右，但销售困难。2006 年，县政府投资建成市场，占地面积 18 亩，其中晾晒场 12 亩，仓库容量 2000 吨，面向全国，年销售小茴香籽 7500 吨左右。

四、商业街

新华东街【Xīnhuá DōngJiē】 银川最为繁华的商业街，市区的商业中心。新华街原名新街，前身可追溯至明朝，明庆靖王朱栴就藩宁夏，于永乐五年（1407 年）在宁夏镇城建造王府（故址在今新华街与中山南街至鼓楼南街一段），并在王府门前平整出一条通道，称为"新街"。1936 年的《宁夏省会图》中已标注"新华街"一名。新华街以民族街为界分东、西街，东街由原仓巷子、新华街、财神街（财神庙街）组成，1970 年更现名。沿街有新华百货购物中心、王府井百货、国芳百盛百货商场等大型购物商场，还有银川商城、商业步行街相连。

银川商业步行街【Yínchuān Shāngyè Bùxíngjiē】 即兴庆区鼓楼南街，北起鼓楼，南至利群东街。最早叫柳树巷，源于明清，因居城市中心地带，民国时期已成为远近闻名的商业街，有银川钟表店、宝珍照相馆、同福居、京津春餐厅等老字号商店。但街道狭窄，宽七八米，有两米宽人行道。中华人民共和国成立后，改名"复兴南街"。实行改革开放后，街面人头攒动，更加繁华。1998 年 8 月，市政府决定打造成为银川第一条商业步行街，不许车辆（包括自行车）通行。宽 24 米，长 523 米。2012 年 7 月，进行大修改造，美化临街建筑、增添民族风情、平整路面、增加无障碍设施，设置高空连廊、过街天桥、环形大回廊，使各区之间往来实现零距离。沿街有新华百货商店、宁夏华联商厦、新华购物中心、丽华副食连锁总公司等 12 家大型商场，又有各地特色小商品批发零售，数百家个体商户入驻经营。

北塔巷商业步行街【Běitǎxiàng Shāngyè Bùxíngjiē】　即银川市兴庆区北塔巷，南起北京东路，路对面即中山公园；北至上海路，面对海宝公园，正对北塔，故名北塔巷。全长约 800 米，宽 14 米。原为银川老城排污主干沟的一段，因系明沟，臭气熏天，蚊蝇滋生。1995 年市政府动员附近企事业单位集资作为启动资金，将排污沟封闭，修建成北塔巷。采取商业运作模式，在两侧修建商业店铺出售以偿还工程款。次年竣工后，随即开设早市，吸引商贩摆摊经营。早市在街两侧划出地摊摊位 700 多号，从清晨经营到 9时 30 分。主要商品为蔬菜、副食品、水果，其他各种生活用品、低档服饰、杂货，无所不有。早市开市后，摊位一号难求，街中人头攒动，成为全市人气最旺的平民市场，冬季日均人流量约 6000 人，其余三季近万人。临街固定商铺全天经营，主营粮油肉蛋类，还有餐饮业商店 60 余家，仅茶楼（实为麻将馆）达 23 家。

贺兰县商业步行街【Hèlánxiàn Shāngyè Bùxíngjiē】　位于县城核心区茂源街。南起银河东路，北至桃源东路，长 710 米。沿街有百货厅、服装厅、蔬菜厅、副食厅、武汉商贸城、新贸市场等商铺 217 家。

恒达时代广场步行街【Héngdá Shídàiguǎngchǎng Bùxíngjiē】　中宁县宁安镇商业街，起于平安西街，止于柳青路，靠近恒达时代广场，故名。集逛街、休闲、吃饭于一体，全长 277 米，沥青混凝土路面。

第二节　商城商厦

新华百货【Xīnhuá Bǎihuò】　全称银川新华百货商业集团股份有限公司，位于银川市兴庆区新华东街 97 号。其前身为新华百货门市部，1972 年扩建为新华百货商店，1987年更名新华商场。1997 年 1 月 3 日，联合长城机器制造厂等 4 家企业，创立宁夏第一家上市公司，在股市中简称"新华百货"。同年 11 月 15 日营业大厅改扩建工程竣工，分 5层，建筑面积 3 万平方米，营业面积 2.4 万平方米。经营范围：百货，文化用品、体育用品及各类办公用品的批发与零售，化妆品及洗涤用品的批发与零售，服装鞋帽，针纺织品，五金交电、电脑耗材及各类办公耗材的批发与零售，烟的零售，酒、副食品的批发与零售，家具，金银首饰，钟表，工艺品的销售，各类劳保用品的批发与零售，加工业，冷饮，儿童游艺，场地租赁，自营和代理各类商品及技术的进出口业务。2012 年，新华百货已发展成为拥有 27.54 亿元资产，3 家子公司（银川新华百货连锁超市有限公司、银川新华百货东桥电器有限公司、青海新华百货商业有限公司），7 家百货店（新华店、东方红店、老大楼店、购物中心店、中卫店、西夏店、现代城）及 200 家连锁店的大型商业集团，员工达 20000 人，实现年销售额 60 亿元。在全国百货上市公司中排名第 21 名，全国连锁百强排名第 74 名。

新华百货购物中心【Xīnhuá Bǎihuò Gòuwù Zhōngxīn】　位于银川市兴庆区新华东街 12 号，1952 年成立银川新华街第一门市部。1972 年原地翻新改建为新华副食商场。1994 年扩建，成为新华商圈内的大众百货零售商场。占地面积 4366 平方米，建筑面积 28871 平方米。

新华购物中心旧址：20 世纪 60 年代为新华副食商场

新华百货老大楼店【Xīnhuá Bǎihuò Lǎodàlóudiàn】　位于银川市兴庆区民族南街 2 号，1965 年 9 月建成开业，营业面积 1800 平方米，定名"银川百货大楼"，是宁夏最早的百货大楼，故俗称"老大楼"。1994 年翻建，1996 年实现商品销售 9800 万元，1997 年商品销售突破 1 亿元。2001 年，老大楼进行改制，成为新华百货的子公司，改名为"新华百货老大楼有限公司"，营业面积 1.5 万平方米，引入"百货 + 超市"的经营业态。

丽景街商贸城【Lìjǐngjiē Shāngmàochéng】　位于银川市兴庆区友爱街与穆商北路交会处向西 100 米。2016 年由宁夏宝丰地产开发有限公司负责开发，汇丰祥商业控股有限公司运营。占地面积 18 万平方米，总建筑面积约 28 万平方米。规划布局"八城一心"，即副食日杂百货城、文体玩具城、针织城、床上用品及布匹城、汽配城、美博城、香港城、综合交易城及由美食街、国际连锁酒店、国际公馆组成的配套服务中心，打造聚合"商品展示、贸易、批发、零售、酒店、餐饮、办公、居住"等多种功能的商贸综合体。

银川商城【Yínchuān Shāngchéng】　位于银川市兴庆区南薰东街 115 号，新华街商业圈内，是宁夏龙头市场和西北大型封闭市场及全国超亿元的百强市场之一，辐射内蒙古、甘肃、陕西等周边省区。1992 年 1 月 15 日建成营业，称银川市工业品批发市场，集商贸、餐饮、金融、文化、娱乐于一体，是适合普通百姓消费的大型综合性封闭式批发和零售市场，使用传统的摊位制。2003 年投资 3000 万元进行改造，2005 年 12 月 28 日开业，更名为银川商城。占地面积 1.7 万平方米，总建筑面积 10 万余平方米。分东西两区，东西宽 120 米，南北长 163 米，中心位置建直径 40 米的下沉式景观广场，为地下 1 层，地上 6 层，局部 7 层，是封闭式批零市场。营业面积约 11 万平方米，设商铺 4000 余个，从业人员约 1 万人，主营百货、文化用品、玩具、箱包、工艺装饰品、针织品、床上用品、服装、鞋、童装、布料等商品。商城平时每日客流量为 5 万人次，周末日客流量 7 万人次以上，节假日客流量 20 万人次以上。网上购物兴起后，交易额显著下降，2012 年为 13.5 亿元，2013 年为 10.8 亿元，2014 年为 9.7 亿元。

东方商城【Dōngfāng Shāngchéng】 位于银川市兴庆区南薰东街市场巷 63 号，银川商城东侧。原为宁夏汽车运输公司材料库，1995 年改建为棚户摊位市场。1998 年 12 月由浙江温州 2 个商业联合会出资改建为全封闭式商贸批零中心，建筑面积 1.1 万平方米，设经营摊位 1020 个，从业人员 3000 人，日均客流量 3 万人。

温州商城【Wēnzhōu Shāngchéng】 位于银川市兴庆区南薰东街永安巷 4 号，与银川商城隔街相望，2003 年 11 月在浙江温州市政府鼎力支持下建成，故名。建筑面积 3.6 万平方米，设经营摊位 2300 个，从业人员 5000 人，主要经营日用百货、服饰、五金、家电。

华联商厦【Huálián Shāngshà】 位于银川市兴庆区鼓楼南街 99 号，商业步行街南端。由中盐宁夏商业集团有限公司于 1996 年投资兴建，总建筑面积 2 万平方米，营业面积 1.4 万平方米。有 10 个专业商品部、200 多个柜组，经营日用百货、鞋帽服装、文化用品、家用电器、针纺织品、副食品等 4 万余种商品。

国芳百货【Guófāng Bǎihuò】 位于银川市兴庆区新华东街 201 号，2007 年由国芳集团投资建设，主营服装百货，故得名。占地面积 1600 平方米，建筑面积 73063 平方米，使用面积为 65000 平方米，主体层数为 -1 层至 5 层，局部 6 层，主体高度为 27.6 米。

南方商城【Nánfāng Shāngchéng】 位于银川市兴庆区南薰东街 295 号，原名万国城，2002 年由银川南方商城有限公司投资建设，改称南方商城。总投资约 5000 万元，占地面积 3200 平方米，建筑面积 6600 平方米，营业面积 4300 平方米，商户数量约 400 户，主营批发大众化商品，如配饰物件、家庭日常用品、服装等，偏向中低消费水平人群。2012 年交易额 1.9 亿元，2013 年交易额 1.5 亿元，2014 年交易额 1.2 亿元。

宁港财富中国【Nínggǎng Cáifù Zhōngguó】 位于银川市兴庆区丽景北街以东,银川国际商贸城以南,规划 8 号路以西,规划 6 号路以北,占地面积 680 亩,总投资 90 亿元,是由宁港城市发展公司建设的集金融、特产、文化旅游、文化创意、葡萄酒五大产业于一体的宁夏新经济服务产业示范园。2014 年开工建设,吸纳商家、企业近万户。

银川东方红广场【Yínchuān Dōngfānghóng Guǎngchǎng】 位于兴庆区新华东街 199 号,是银川市新华商业圈标志性建筑,也是宁夏首座功能齐全的现代化综合购物中心,由银川建发集团投资近 6 亿元建设的,集购物、餐饮、娱乐、休闲、健身、康体、数码影院等多功能于一体的商业性广场。2006 年 1 月 22 日投入运营。广场占地 1.7 万平方米,总建筑面积 8.5 万平方米,主体地上八层,地下二层,有近万平方米的室外休闲广场和 300 个泊位的地下停车场。2016 年改制为北京王府井百货(集团)股份有限公司的子公司,并更名王府井百货大楼。

龙马鼓楼广场【Lóngmǎ Gǔlóu Guǎngchǎng】 位于银川市兴庆区解放东街 62 号,由银川龙马房地产开发有限公司于 2013 年开发建设,是集商业购物、娱乐、休闲、餐饮于一体的综合性商业广场。占地面积 17000 平方米,建筑面积约 75000 平方米,主体层数 8 层,主体高度 23 米。

银川市金凤万达广场【Yínchuānshì Jīnfèng Wàndá Guǎngchǎng】 建于 2011 年,位于金凤区上海中路与正源北街交会地带,是万达集团在银川开发的集购物、娱乐、餐饮、休闲、居住、办公于一体的大型城市综合体项目。占地面积 7.03 万平方米,建筑面积约 28.5 万平方米,其中地上部分 21.5 万平方米,地下部分 7 万平方米。

银川国贸新天地【Yínchuān Guómào Xīntiāndì】 2011 年建成,位于银川市金凤区北京中路与宁安大街交会处,占地面积 22000 平方米,建筑面积 90000 平方米。

悦海新天地商业广场【Yuèhǎi Xīntiāndì Shāngyè Guǎngchǎng】 成立于 2013 年,位于银川市金凤区康平路与尹家渠街交叉口东北角,东靠金凤区第四回民小学、南靠康平路、西近尹家渠北街,北靠枕水巷,占地面积 8.4 万平方米,建筑面积 50 万平方米,其中包括商业区 14 万平方米、公寓写字楼 29 万平方米、餐饮美食区 7 万半方米。

新市区百货大楼【Xīnshìqū Bǎihuò Dàlóu】 位于银川市西夏区北京西路 305 号,1998 年 3 月成立有限责任公司,北至同心路市场站,南至银川友人宾馆有限公司,西至银川卓越外语学院,东至中华名小吃;业务范围:食品类现场加工及制作、生鲜果蔬、日用百货、洗化用品、小家电、针织品等。

银川西夏万达广场【Yínchuān Xīxià Wàndá Guǎngchǎng】 2014 年由万达集团建成而命名。位于西夏区怀远东路与金波北街交会处,广场总建筑面积 62 万平方米,包含新品住宅、购物中心、公寓 SOHO 以及室外金街旺铺四大区域。其中,商业区部分面积 20

万平方米，含 14 万平方米购物中心及 6 万平方米室外步行街与裙楼商铺，解决了近万人的就业问题。

石嘴山市贺兰山商业大楼【Shízuǐshānshì Hèlánshān Shāngyè Dàlóu】 位于大武口区游艺东街 6 号，即贺兰山北路与游艺西街交叉路口东南侧，2000 年注册成立，逐渐发展成为拥有营业面积 36000 平方米，员工近 6900 人规模综合商贸体，主营百货、化妆品、服饰、电器、餐饮和副食超市，是石嘴山市经营规模最大，集购物、娱乐、休闲、餐饮、酒店、影院于一体的综合性商业企业。

石嘴山市华欣百货商厦有限公司【Shízuǐshānshì Huáxīn Bǎihuò Shāngshà Yǒuxiàn Gōngsī】 位于大武口中心商贸区步行街，即贺兰山北路与游艺西街交叉路口向东约 40 米处。占地面积 6600 平方米，建筑面积 27000 平方米。1993 年 12 月登记注册，前身为"石嘴山市华西购物中心"，1997 年更名为"石嘴山市华欣百货商贸有限公司"，2006 年扩建，2007 年更名为"石嘴山市华欣百货商厦有限公司"。

宁夏美佳铭城购物广场股份有限公司【Níngxià Měijiāmíngchéng Gòuwù guǎngchǎng Gǔfèn Yǒuxiàn Gōngsī】 位于石嘴山市大武口区步行街，即游艺东街与文明北路交叉路口西南方向约 50 米处。2006 年 4 月成立。经营面积 2 万平方米，人员（包括下岗职工）855 人。

佰德隆生活超市【Bǎidélóng Shēnghuó Chāoshì】 位于大武口区贺兰山北路世纪朝阳购物广场负一层，面积达 11000 平方米，是目前石嘴山市最大的综合超市乃至宁夏最大的综合超市。1981 年 8 月设立。现有员工 600 多名。

百润特超市【Bǎirùntè Chāoshì】 位于石嘴山市大武口区游艺西街，商业核心区，本区域最大的地下广场，建筑面积 25000 平方米，其中超市面积 8000 平方米。

河滨百货大楼【Hébīn Bǎihuò Dàlóu】 位于石嘴山市惠农区河滨东街与钢电路交会处，属于整个河滨街最中心和繁华的地段。大楼共计三层，建筑面积 12000 平方米。楼外营业房 20 间，院内平房 15 间。属河滨街地标性建筑。属有限责任公司（自然人投资或控股），为百货批发零售企业。

石嘴山市新明珠购物城【Shízuǐshānshì Xīnmíngzhū Gòuwùchéng】 位于惠农区东大街新明珠购物城三楼，占地面积 19644 平方米。有商户约 100 户，工作人员 200 余人。2009 年成立，为百货零售企业。

吴忠市百货大楼【Wúzhōngshì Bǎihuò Dàlóu】 位于利通区利通南街 102 号，建筑面积 8300 平方米，主体层数 5 层。原为国有企业，1998 年 4 月 2 日改制成立吴忠市百货大楼有限公司。

吴忠市国贸百货有限公司【Wúzhōngshì Guómàobǎihuò Yǒuxiàn Gōngsī】 2007 年

2月25日成立，位于利通区开元广场南侧，主体5层，建筑面积1.44万平方米，职工480人。业务范围为超市、百货等。

吴忠市新世纪商贸有限公司新世纪商厦【Wúzhōngshì Xīnshìjì Shāngmào Yǒuxiàn Gōngsī Xīnshìjì Shāngshà】　由政区名称、业务领域（或经营范围）、组织形式命名。位于吴忠市利通区朝阳路2号，使用面积约9000平方米，主体层数为4层，有职工103人。商厦主要业务范围为服装零售。

盐池县利惠商场【Yánchíxiàn Lìhuì Shāngchǎng】　2005年成立。位于县城盐林北路57号。主要从事预包装食品、散装食品、乳制品（含婴幼儿配方乳粉）、日用百货、蔬菜水果、酒类、服装鞋帽、针纺织品、五金交电、玩具、办公用品、体育用品、陶瓷制品、照明设备、电子产品、电脑耗材、厨房用具、卫生用品、洗涤用品、化妆品、烟草制品（凭许可证经营）零售，金银首饰加工、零售，柜台租赁服务。

新华百货固原店【Xīnhuá Bǎihuò Gùyuándiàn】　位于原州区南关街道文化西路。占地面积约10000平方米。是银川新华百货商业股份有限公司在固原市中心黄金位置设立的集购物、餐饮、娱乐、休闲于一体的大型购物中心，2014年1月25日正式营业，营业面积超过8万平方米，主楼9层，主体高50米。

万方购物中心【Wàntāng Gòuwù Zhōngxīn】　位于固原市原州区南关街道人民街247号。从业人数80人。1997年由万方糖酒有限公司建成。一楼卖百货、二楼卖床上用品、服装鞋帽，三楼是精品服装，四楼家具城。主体层数4层，主体高度20米。

新时代购物中心【Xīnshídài Gòuwù Zhōngxīn】　位于原州区北塬街道文化西路，占地面积约13500平方米，其中建筑面积约40000平方米。2005年建成。购物楼主体4层，高30米。门前有广场占地约3500平方米，是固原市重要的购物场所之一。

固原贸易中心【Gùyuán Màoyì Zhōngxīn】　位于原州区北塬街道文化巷与文化东路交界处西北。1996年建成，占地面积约11000平方米，建筑面积约35000平方米。主体4层，高25米。是固原市大型购物中心之一。

女人世界商场【Nǚrén Shìjiè Shāngchǎng】　位于固原市原州区北塬街道文化巷，占地6000多平方米，建筑面积2.8万平方米。2012年设立，经营商品主要面向女性。主体4层，高20米，地下1层。

中卫市鼓楼百货有限责任公司【Zhōngwèishì Gǔlóu Bǎihuò Yǒuxiàn Zérèn Gōngsī】位于城区鼓楼西南角，1998年12月由中卫县百货公司改制后成立，是集商业零售、物业租赁、生产加工、农业开发于一体的综合性企业。公司先后在城区主要路段购建经营网点进行租赁经营，在盐湖开发种植葡萄，形成农业开发基地。2003年投资800万元，购买原中卫县陶瓷厂，涉足工业。

金华家居生活广场【Jīnhuá Jiājū Shēnghuó Guǎngchǎng】　位于金华园小区的家居商品广场。2011 年建成，位于固原市原州区古雁街道上海路与民族街交会处，商场汇集了众多国内外知名品牌的家居建材商品，涵盖瓷砖卫浴、门业地板、橱柜衣柜、厨卫电器、集成吊顶、照明灯饰、墙饰壁纸、窗帘布艺、工艺礼品、装饰装修等。主体层数 3 层，主体高度 15 米。

金世纪商厦有限责任公司【Jīnshìjì Shāngshà Yǒuxiàn Zérèn Gōngsī】　位于中卫市鼓楼北街黄金地段，是集日用百货、副食超市、金银首饰、服装鞋帽等于一体的综合性购物大厦。有职工 200 多人，营业面积 8600 平方米。2001 年 1 月 1 日开业。

全民创业城【Quánmín Chuàngyèchéng】　中卫市大型商业综合体。位于城区鼓楼东街与怀远路交会处西南。占地 6.05 万平方米，建筑面积 16.5 万平方米，总投资 6.8 亿元，是集创业、旅游观光、休闲、购物于一体的全封闭步行商业城。分地下和地上两部分：地下为农贸市场，建筑面积 2.8 万平方米，主要用于蔬菜等农产品批发和零售；地下停车场建筑面积 2.3 万平方米，可同时停放 390 辆轿车；地上为独立式商铺，建筑面积 11.5 万平方米，设主街 2 条、次街 8 条；天桥 56 架，将二、三层走廊连为整体；设小型空中广场 12 个，大型空中广场 2 个，地面设大型中心广场 1 个。故名。2014 年 2 月运营，进驻商户 210 户。

中卫市商贸综合体【Zhōngwèishì Shāngmào Zōnghétǐ】　位于鼓楼东街以南、南苑路以北，规划占地 20.93 万平方米，建筑面积 39.3 万平方米，总投资 8.1 亿元。设有汽贸汽配区、小商品区、家居建材装饰区、机电五金区、商务酒店等五大功能区。2012 年始建，2014 年建成，主体建筑 47 栋。

中卫市人民商场有限责任公司【Zhōngwèishì Rénmín Shāngchǎng Yǒuxiàn Zérèn Gōngsī】　位于城区鼓楼西北角，建筑面积 7240 平方米，从业人员 400 多人。商场一楼、二楼主要经营烟酒糖茶、日用百货、针纺织品、服装鞋帽、五金工具、家用电器、文化体育用品、金银饰品等。三楼、四楼为出租摊位，主要经营服装鞋帽。1989 年由原副食品总公司投资建设，1996 年翻建成为 5 层大楼，1998 年 12 月改制为有限责任公司。

新华百货中卫商厦【Xīnhuá Bǎihuò Zhōngwèi Shāngshà】　位于鼓楼商贸区，隶属于银川新华百货购物中心有限公司。地下 1 层，地上 5 层，营业面积 16000 平方米，是沙坡头区大型综合性百货零售商厦之一，主要经营家电、黄金珠宝饰品、化妆品、家具、床上用品、文化用品、大型综合超市、服装等，经营品种 4 万余种。2007 年 5 月落户中卫，2011 年实现销售收入 4500 万元。被中卫市旅游和商务局授予"优质服务商场""旅游定点购物商场"。

荣盛超级市场有限责任公司【Róngshèng Chāojí Shìchǎng Yǒuxiàn Zérèn Gōngsī】

位于鼓楼商贸区开盛购物中心负一楼，是中卫市最大的"一站式"购物广场。营业面积4000平方米，主要经营生鲜、食品、非食品商品3万种。2005年5月进入沙坡头区，2007年11月成立配送中心。2011年完成销售总额12亿元。

中宁商城【Zhōngníng Shāngchéng】　位于县城南安西街8号新百大卖场，是为广大群众提供日常消费的场所。

恒辰世纪商业广场【Héngchén Shìjì Shāngyè Guǎngchǎng】　位于中宁县城平安西街，东邻新南家园，南连平安西街，西接恒辰世纪商业区，北靠柳青西路，是为广大群众提供优越消费环境的场所。

鑫华商业广场【Xīnhuá Shāngyè Guǎngchǎng】　位于中宁县城宁安南街，东邻解放街，南连平安东街，西接宁安南街，北靠恒达世纪广场，是为广大群众提供日常消费的场所。

第三节　现代物流业

中国邮政集团公司宁夏回族自治区分公司【Zhōngguó Yóuzhèng Jítuán Gōngsī Níngxià Huízú Zìzhìqū Fēngōngsī】　2006年由原宁夏邮政管理局分出营业部成立宁夏邮政总公司，2015年3月30日改为中国邮政集团公司下属分公司，主要经营范围为国内和国际邮件递送业务，属现代物流业。公司总部地址在银川市兴庆区解放西街9号，20世纪60年代为宁夏邮电管理局办公大楼，民众至今惯称"邮电大楼"。辖5个地市级分公司、23个县区分公司，在200多个乡镇设333处服务网点，服务人口600多万。

宁夏交通国际物流港【Níngxià Jiāotōng Guójì Wùliúgǎng】　宁夏最早的大型现代物流国有企业，宁夏交通运输厅直属，2005年底建成开业，名银古物流中心。总部位于银川市兴庆区银横路560号，京藏高速公路和青银高速公路银川立交桥西北角。占地360亩，总建筑枳近6万平方米，具备仓储、商品配送、车辆集散、货运信息服务、零担货物集散五大功能，创建了"银古物流"知名品牌。2007年，由银古物流中心、中卫腾格里大酒店、交通职业技能鉴定所、银川驾驶员培训中心等五家单位共同组建成立宁夏交通国际物流港，保留"银古物流"原创品牌。至2014年，银古物流中心已实现了"四个最大"，即全区最大的家电仓储配送中心、最大的零担货运集散中心、最大的货运车辆动态监控服务中心、最大的公路货运信息交易中心，也是宁夏现代物流协会副会长单位，2007年被人事部和中国物流与采购联合会授予"全国物流先进企业"称号，2009年以来，获交通运输部全国百强"优质服务货运站"等多项荣誉称号。

宁夏交通物流园【Níngxià Jiāotōng Wùliúyuán】　宁夏目前最大的物流园区，位于贺兰山东路之南、京藏高速之西、友爱街东侧、贺兰山公路收费站东南，地名纳家庄，隶属宁夏交通运输厅。占地1509亩，建筑面积63万平方米，总投资30亿元，2015年11月22日开园营业。园区定位为综合服务型，具有运输组织、区域及城市配送、货物中转分拨、仓储、装卸搬运、流通加工及包装、设计咨询等物流服务功能，可容纳各类物流企业及配套服务企业600家，年总产值可达30亿元，服务范围辐射周边500公里，每年可为全区提供800万吨运力，各类消费品年中转运量达300万吨，可满足每日1500辆大型载货汽车的停放需求。

宁夏交通物流股份有限公司【Níngxià Jiāotōng Wùliú Gǔfèn Yǒuxiàn Gōngsī】 位于银川市兴庆区清和南街639号。其前身为宁夏汽车贸易总公司，1978年前称宁夏汽车配件公司。1980年后，汽车配件市场开放，个体、集体配件销售企业大量涌现，公司的汽车配件销售收入大幅度下降，逐步转营汽车、摩托车销售。1999年更名为宁夏汽车贸易总公司。2003年与原交通物资公司合并，同时完成企业改制，于1月16日挂牌成立宁夏交通物流股份有限公司。

银川通航产业园【Yínchuān Tōngháng Chǎnyèyuán】 位于兴庆区月牙湖二道墩。2015年开工建设。规划总面积11500亩，机场建设用地1000亩，项目计划总投资200亿元，其中机场投资1.5亿元。该园以创建国内一流、国际知名的通用航空产业示范区为目标，着力打造"一基地一社区三中心"，即"航空器研发制造与维修基地、航空主题社区、通用航空运营中心、通用航空物流中心、通用航空服务中心"，与银川滨河新区、银川综合保税区相融相促，形成"三位一体"的发展格局，促进通用航空全产业链发展。2016年已完成产业园、机场土地、规划、飞机场初审、飞机校验试飞、无线电导航台甚高频备案、超短波申请等手续。

新世纪农产品冷链物流中心【Xīnshìjì Nóngchǎnpǐn Lěngliàn Wùliú Zhōngxīn】 位于银川市兴庆区丽景北街与贺兰山东路交会处东南300米，是浙商在宁夏投资创办的冷链物流民营股份制企业。2009年6月开业，是以大型冷库储藏为核心，农副产品加工、配送、交易为一体的多功能现代化冷链物流平台，主营海鲜肉类（冻品）、果蔬、粮油调味、副食四大经营业态。占地面积275亩，总投资5.3亿元，建筑面积17.38万平方米。海鲜（冻品）、水果交易量占银川市场总交易量的80%。市场定位以多功能大型冷库为核心，由冷藏中心、配送中心、服务中心、商务中心组成，形成农副产品储藏、加工、配送一条龙的冷链物流服务平台。

宁夏畅顺通综合物流中心【Níngxià Chàngshùntōng Zōnghé Wùliú Zhōngxīn】 位于银川市兴庆区北塔东路和友爱路相交西北侧，东至友爱路，南至北塔东路，西至空地，北至六号规划路。规划占地59015平方米，总建筑面积120998平方米。2011年由宁夏畅顺通物流置业有限公司投资建设。

宁夏众一物流有限公司【Níngxià Zhòngyī Wùliú Yǒuxiàn Gōngsī】　隶属于宁夏众一发展集团有限公司，成立于1999年，是集分拣包装、集疏中转、仓储配送、信息服务、货物配载、业务管理、流通加工等物流服务于一体的现代综合型物流园区。占地面积287.95亩，资产总额2.8亿元。园区有会员车辆10200辆，日均车流量1600辆以上，入驻客户419家，开通国内主要城市地区物流专线60余条，货物流通范围覆盖全国各大中城市，年货运吞吐总量760万吨。

宁夏中杰物流管理股份有限公司【Níngxià Zhōngjié Wùliú Guǎnlǐ Gǔfèn Yǒuxiàn Gōngsī】　位于中卫市沙坡头区文萃南路西侧世纪花园会所12号楼。2008年注册成立。主要经营货运代理、信息服务；货物仓储、分拣、包装、搬运、装卸、配送；物流方案设计；水果、蔬菜的冷藏、销售及配送。

第四节　宾馆饭店

至2016年底，宁夏共有五星级饭店1家，四星级饭店31家，三星级饭店47家。

一、五星级饭店

悦海宾馆【Yuèhǎi Bīnguǎn】　宁夏唯一的五星级宾馆，位于银川市金凤区贺兰山路甲1号，地处阅海公园东岸，故名。是一家集住宿、餐饮、会议、健身于一体的大型庭院式旅游涉外宾馆，也是自治区重要的政治、社会活动场所和主要的公务接待宾馆，承担着中央部委、国家机关、部队和兄弟省（自治区、直辖市）重要宾客的接待和自治区重要会议、重大公务、商务、外事活动的服务工作。2007年1月建成开业，建筑面积10万平方米，从东向西依次由会议中心、客房中心及综合服务中心3个主体建筑及7栋别墅、5栋特级别墅组成，共有客房总数430间（套），标间面积40平方米。宾馆建筑规模宏大，设计新颖，风格别致，功能齐全，设施完备，富有较高的文化气息和现代气息。其优雅的环境、智能化的配套设施，在西北地区屈指可数，在全国也是一流的。

二、四星级饭店

虹桥大酒店【Hóngqiáo Dàjiǔdiàn】　位于银川市兴庆区解放西街38号，为四星级饭店。是一家集住宿、餐饮、康乐、商务于一体的综合性涉外酒店，拥有客房214间（套）、餐饮雅间10间、会议室12间。

太阳神大酒店【Tàiyángshén Dàjiǔdiàn】　地处银川市兴庆区北京东路123号，是宁夏首家中外合资数字化四星级饭店，由香港东安集团、神华宁夏煤业集团有限公司、台湾金星投资有限公司等联合投资建设。建筑面积 2.2 万平方米，有各类客房 174 间（套），可容纳 300 人入住；餐饮设有中餐厅、自助餐厅、宴会厅，可容纳 800 人就餐。

西港航空酒店【Xīgǎng Hángkōng Jiǔdiàn】　位于银川市兴庆区胜利北街 87 号，由宁夏机场酒店管理有限公司管理，属四星级饭店，是一家集住宿、餐饮、会务接待、棋牌娱乐于一体的旅游饭店。

黄河明珠大酒店【Huánghé Míngzhū Dàjiǔdiàn】　位于银川市兴庆区新华东街 520 号，四星级饭店，占地 7 亩，建筑面积 2.6 万平方米，主楼层高 15 层，是一家集餐饮、住宿、娱乐、商务、会议、商品于一体的综合型高档酒店。

工会大厦【Gōnghuì Dàshà】　位于银川市兴庆区解放东街 1 号，是宁夏总工会所属的一家集住宿、餐饮、娱乐于一体的四星级涉外饭店。客房部共有 153 套客房，266 张床位。

同福大饭店【Tóngfú Dàfàndiàn】　位于银川市兴庆区新华东街 93 号，四星级饭店，银川知名老店，原名同福居。1931 年，由山西平遥人宋守福与其弟，在银川中山市场租 6 间门面房创办，经营餐饮。1952 年，迁至新华街七真观庙，租 10 间门面房营业。1954 年，成为宁夏第一家公私合营饭店。1958 年为迎接宁夏回族自治区成立，在同福大饭店原址创立同福居大酒家，并转为国营。主体三层，使用面积 3417 平方米。2002 年，同福居大酒家整体拆除，在原址兴建同福大饭店，2003 年建成，占地面积 3000 平方米，建筑面积 11258 平方米，使用面积 9900 平方米，主体 8 层，高 28 米。

海天大酒店【Hǎitiān Dàjiǔdiàn】　位于银川市兴庆区解放东街 333 号，是集餐饮、娱乐、商务、旅游、度假、休闲于一体的四星级综合性饭店。设有中餐雅座 31 间、豪华包房 33 间、中餐宴会厅 1 间，可同时容纳 700 人就餐，还提供西餐、商务活动等场所。

海悦建国饭店【Hǎiyuè Jiànguó Fàndiàn】　位于银川市兴庆区南薰东街 3 号，是集商务、旅游、会议于一体的四星级涉外饭店。2006 年 8 月开业。楼高 14 层，客房总数 147 间（套）。

盛世花园大酒店【Shèngshì Huāyuán Dàjiǔdiàn】　位于银川市兴庆区玉皇阁北街 46 号，是一家集住宿、餐饮、康乐、商务会议于一体的三星级旅游、涉外饭店。2003 年建成，占地面积 10000 多平方米，主楼高 52 米，现有客房 156 间、床位 256 张。提供住宿、餐饮、会务等服务。

柏森国际饭店【Bǎisēn Guójì Fàndiàn】　位于银川市兴庆区南薰西街 88 号，四星级饭店，占地面积 13000 多平方米，配有西餐厅、国际宴会厅、多功能会议室和 5000 平方米的露天花园。国际宴会厅及多功能会议室可容纳近 400 人。

森淼假日酒店【Sēnmiǎo Jiàrì Jiǔdiàn】 银川南绕城高速植物园出口南 300 米，四星级饭店，位于森淼生态旅游区内，拥有复式套房、观景标间、商务单间等。为消费者提供商务一体化的配套服务及自助餐、大型宴会、分餐宴会等。

昊王国际饭店【Hàowáng Guójì Fàndiàn】 位于银川市得胜工业园新胜西路北 3 号，四星级饭店。拥有共 5 层 1 万平方米空间的大型中餐服务区，可同时容纳 2000 人就餐，46 间包房及豪华雅座，两个大型宴会厅，100 余间客房。

贺兰国际饭店【Hèlán Guójì Fàndiàn】 位于贺兰县习岗镇友爱街 2 号，欣兰广场西侧，四星级饭店。建筑面积 2.7 万平方米，建筑物主体 10 层，是集餐饮、住宿、康体及会议接待于一体的多功能四星级饭店，拥有功能齐全的客房 288 间，餐厅包间 21 间，宴会厅可容纳 1200 余人。

中银大唐饭店【Zhōngyín Dàtáng Fàndiàn】 位于灵武市西湖公园内，四星级饭店，由宁夏羊绒企业中银绒业国际集团有限公司投资，委托美国戴斯酒店（中国）管理有限公司管理。由 8 栋楼组建而成，占地面积近 60 亩地，建筑面积 10000 多平方米，是灵武地区的商业文化标志。

以上是银川市四星级饭店 14 家。

石嘴山星海湖宾馆【Shízuǐshān Xīnghǎihú Bīnguǎn】 大武口区东方广场东侧，四星级饭店，位于星海湖畔，占地面积 315 亩，建筑面积 2.5 万平方米，隶属石嘴山市星瀚市政产业（集团）有限公司，是一家集政务、商务、休闲于一体的休闲型酒店。

海华国际饭店【Hǎihuá Guójì Fàndiàn】 位于石嘴山市大武口区朝阳东街 19 号，四星级饭店，拥有 192 间客房，设西餐厅、中餐厅，配备大小不等的会议室，提供住宿及商务服务。

沙海大酒店【Shāhǎi Dàjiǔdiàn】 位于石嘴山市大武口区世纪大道与自强路交会处 1 号，四星级饭店，位于星海湖畔，驱车距沙湖约 15 分钟路程。主楼为客房区域，有 70 余套豪华舒适的各类房型，配备大小不等的会议室，提供餐饮服务。

吴忠红宝宾馆【Wúzhōng Hóngbǎo Bīnguǎn】 位于利通区盛元广场西侧，四星级饭店，由宁夏红宝实业有限公司经营，有客房 350 间，设大中小型会议室，可以满足不同会议需求。可一次性接待 1800 位宾客同时就餐。

吴忠盛悦饭店【Wúzhōng Shèngyuè Fàndiàn】 位于利通区裕民东街 1 号，四星级饭店，建筑面积 28000 平方米，主楼 19 层。客房 127 套，设大型宴会厅及各种会议室，能接待各种大型会议；提供中餐、西餐及清真餐饮服务。

青铜峡龙海宾馆【Qīngtóngxiá Lónghǎi Bīnguǎn】 位于青铜峡市小坝镇古峡东街 188 号，四星级饭店，毗邻黄河金岸，是一家以生态园林为主，集餐饮、住宿、会议、健身、娱乐于一体的休闲度假宾馆。

盐池福海大酒店【Yánchí Fúhǎi Dàjiǔdiàn】　位于盐池县盐林路,四星级饭店,占地面积 18000 平方米,建筑面积 12440 平方米,有客房 108 套,设清真餐厅、汉民餐厅,可同时容纳 800 位客人就餐。

华祺饭店【Huáqí Fàndiàn】　位于固原市原州区政府街 7 号,四星级饭店,是一家集住宿、餐饮、娱乐、休闲、健身于一体的豪华商务型饭店,有客房 133 套。

万和大饭店【Wànhé Dàfàndiàn】　位于固原市原州区中山北街,四星级饭店,有各种客房 170 套,为宾客提供住宿、就餐、商务、会务、休闲、娱乐等需求。

固原西港航空饭店【Gùyuán Xīgǎng Hángkōng Fàndiàn】　位于原州区北京路,四星级饭店,隶属于西部机场集团旅业有限公司,是一家集住宿、餐饮、会务、娱乐于一体的综合性园林式高档饭店。

固原宾馆【Gùyuán Bīnguǎn】　别名:红宝宾馆。四星级饭店,位于固原市原州区政府街 118 号,占地面积 123000 多平方米,总建筑面积 60000 多平方米。由宁夏红宝集团投资建设。主体 19 层,由主楼、贵宾楼、南楼和职工公寓楼四部分组成。

西吉大饭店【Xījí Dàfàndiàn】　位于西吉县滨河路永清湖南侧,四星级饭店。

中卫逸兴大酒店【Zhōngwèi Yìxīng Dàjiǔdiàn】　位于沙坡头区鼓楼北街 2 号,四星级饭店。建筑面积 1.48 万平方米。外形按以鼓楼为中心形成"内方外圆"的鼓楼商业区的整体思路进行设计。酒店大楼分为东、北两个服务区,拥有豪华客房 114 间,可承办 120 人的会务。有清真餐厅、汉餐餐厅、小吃中心,拥有餐位 500 多个。

中卫红宝宾馆【Zhōngwèi Hóngbǎo Bīnguǎn】　位于中卫市新区鼓楼街最南端,四星级饭店。建筑面积 3.6 万平方米,有各类客房 465 套,会议室 12 个。设有清真餐厅和汉餐厅,宴会大厅和大小雅间,可同时容纳 2000 人用餐。新建宴会大厅建筑面积 1400 平方米,可容纳 600 人用餐、1000 人会议,适宜举办各类大型宴会、婚宴、会议、文艺活动。

中卫隆城酒店【Zhōngwèi Lóngchéng Jiǔdiàn】　位于沙坡头区鼓楼东街五环广场西侧,四星级饭店。建筑面积 11000 平方米,拥有各类客房 147 套,并设有粤、川、湘菜的特色中餐厅及豪华间包房,富有欧陆浪漫情调的咖啡厅、多功能厅、会见厅、各种中小型会议室,可供商务会议的各种需要。

中卫新华国际大饭店【Zhōngwèi Xīnhuá Guójì Dàfàndiàn】　位于沙坡头区迎宾大道西侧广场 1 号楼,四星级饭店。以住宿、餐饮为主,有各类客房 143 套,设中餐厅、宴会厅及会议设施。

中卫东方酒店【Zhōngwèi Dōngfāng Jiǔdiàn】　位于沙坡头区鼓楼东街文萃北路,

四星级饭店。是一家集住宿、餐饮、茶艺、会议、商务中心于一体的综合性酒店。

表9-1　2016年底宁夏四星级旅游饭店名录

序号	属地	店 名	地 址	评定时间
1	银川市	虹桥大酒店	兴庆区解放西街16号	2001年
2		太阳神大酒店	兴庆区北京东路123号	2004年9月10日
3		西港航空酒店	兴庆区胜利南北街87号	2010年
4		黄河明珠大酒店	兴庆区新华东街520号	2010年12月
5		中银大唐饭店	灵武市西湖公园内	2011年4月27日
6		工会大厦	兴庆区解放东街1号	2011年9月14日
7		昊王国际饭店	银川得胜工业园新胜西路北3号	2011年12月27日
8		贺兰国际饭店	贺兰县桃林北街	2012年5月16日
9		同福大饭店	兴庆区新华东街93号	2012年7月18日
10		海天大酒店	兴庆区解放东街333号	2012年7月18日
11		海悦建国饭店	兴庆区南薰东街3号	2012年7月18日
12		盛世花园大酒店	兴庆区玉皇阁北街46号	2012年11月29日
13		森淼假日酒店	银川南绕城高速植物园出口南300米	2014年1月24日
14		柏森国际饭店	兴庆区南薰西街88号三林巷口	2016年7月20日
1	石嘴山市	石嘴山星海湖宾馆	大武口区东方广场东侧	2009年
2		海华国际饭店	大武口区朝阳东街19号	2012年11月29日
3		沙海大酒店	大武口区世纪大道自强路交会处1号	2013年8月28日
1	吴忠市	吴忠红宝宾馆	利通区盛元广场西侧	2007年
2		青铜峡龙海宾馆	青铜峡市小坝镇古峡东街188号	2010年8月26日
3		盐池福海大酒店	盐池县盐林路	2011年12月27日
4		吴忠盛悦饭店	利通区裕民东街1号	2012年5月16日
1	固原市	华祺饭店	原州区政府街7号	2008年8月26日
2		西吉大饭店	西吉县滨河路永清湖南侧	2013年12月9日
3		万和大饭店	原州区中山北街	2014年10月27日
4		固原西港航空饭店	原州区北京路	2015年9月18日
5		固原宾馆	原州区政府街118号固原宾馆	2015年11月10日
1	中卫市	中卫逸兴大酒店	沙坡头区鼓楼北街2号	2008年12月5日
2		中卫红宝宾馆	中卫市新区鼓楼街最南端	2009年
3		中卫隆城酒店	沙坡头区鼓楼东街五环广场西侧	2013年3月15日
4		新华国际大饭店	沙坡头区迎宾大道西侧广场1号楼	2013年12月10日
5		东方酒店	沙坡头区鼓楼东街文萃北路	2015年9月18日

　　注：本表内容由自治区文化旅游厅提供。

三、三星级饭店

2016 年底，宁夏共有三星级饭店 47 家，见表 9 - 2。

表 9 - 2 2016 年宁夏三星级饭店名录

序号	属地	店　名	地　址	评定时间
1		长相忆宾馆	兴庆区玉皇阁北街 120 号	2000 年
2		沙湖宾馆	兴庆区文化西街 22 号	2001 年
3		宁夏世纪大饭店	兴庆区玉皇阁北街 24 号	2001 年
4		绿洲饭店	兴庆区解放西街 33 号	2004 年
5		祥元宾馆	兴庆区长城东路 280 号	2003 年
6		满春大酒店	丽景北街 488 号	2005 年 6 月 17 日
7		银泉宾馆	胜利北街 157 号	2006 年 4 月 29 日
8		昊源宾馆	中山南街裕民巷 1—11 号	2007 年 1 月 5 日
9		格林豪泰北京路酒店	兴庆区北京东路 792 号	2011 年 11 月 25 日
10		金汇大酒店	兴庆区清和南街 649 号	2013 年 7 月 18 日
11		智骏大酒店	丽景北街在水一方 A 区 151 号	2012 年 8 月 22 日
12	银川市	功达宾馆（金润恒通店）	兴庆区上海东路 841 号	2012 年 10 月 8 日
13		横城假日酒店	滨河新区黄河横城旅游度假区	2014 年 1 月 24 日
14		铁道宾馆	怀远东路 550 号	2002 年
15		宝塔宾馆	金凤区宁安大街 88 号	2009 年
16		宁夏龙华锦玥大饭店	金凤区正源南街 70 号	2013 年 12 月 3 日
17		东泰阳光商务酒店	永宁县宁和北街	2013 年 12 月 3 日
18		贺兰银大湖城饭店	贺兰县马家渠 109 国道金街 1 号	2013 年 12 月 31 日
19		民航蓝天宾馆	民族北街 34 号	2011 年 11 月 25 日
20		云来连锁酒店	金凤区长城中路 373 号	2014 年 7 月 21 日
21		旺元精品酒店	清和南街风机厂路口 639 号	2015 年 12 月 21 日
22		银川市诚利宾馆	金凤区长城中路 62 号	2016 年 11 月 25 日
23		银川市富源大酒店	上海东路 896 号	2016 年 11 月 25 日
24		银川市桃园酒店	兴庆区清和南街 1352 号	2016 年 11 月 25 日
1		青山宾馆	大武口区朝阳西街 81 号	2004 年
2		绿都花园大酒店	大武口区文明南路 128 号	2012 年 5 月 16 日
3	石嘴山市	万德隆酒店	惠农区北大街 3 号	2013 年 8 月 19 日
4		新惠通大酒店	惠农区惠安大街 325 号	2013 年 8 月 19 日
5		圣水长江大酒店	大武口区朝阳西街 346 号	2014 年 1 月 24 日

续表

序号	属地	店　名	地　址	评定时间
1	吴忠市	青铜峡宾馆	青铜峡市小坝中心广场南侧	2007 年 5 月 11 日
2		锦都饭店	黎明街南侧新汽车站对面	2012 年 11 月 29 日
3		银南宾馆	利通区朝阳东街 122 号	2014 年 1 月 24 日
4		盛源达宾馆	利通区利通南街 214 号	2014 年 11 月 5 日
5		汇达商务中心	红寺堡区文化西街	2015 年 10 月 23 日
6		鹏胜宾馆	红寺堡区金水街北侧	2016 年 9 月
1	固原市	固原古雁岭大饭店	北新街	2007 年 12 月 13 日
2		固原红宝宾馆	中山北街 231 号	2007 年 12 月 13 日
3		六盘山国际饭店	隆德县人民街中段	2012 年 11 月 29 日
4		固原市福苑饭庄	原州区东关北街	2016 年 1 月 11 日
1	中卫市	中宁恒达酒店	中宁县新南街	2006 年 4 月 27 日
2		中卫君悦大酒店	东大街五环广场对面	2007 年 7 月 17 日
3		中卫万瑞大酒店	东大街三森家具广场对面	2010 年 6 月 7 日
4		中卫宇丰大酒店	文昌北街与长城东街交会处东南	2010 年 6 月
5		中卫宏伟大饭店	东园工业园区	2010 年 6 月
6		中卫天马宾馆	沙坡头区鼓楼东街汽车站南侧	2011 年 4 月 12 日
7		沃尔德大酒店	中宁县宁安镇县城北街	2012 年 11 月 29 日
8		中宁宾馆	中宁县城中心广场东侧	2012 年 11 月 29 日

注：本表内容由自治区文化旅游厅提供。

第五节　老店名店

敬义泰【Jìngyìtài】　店址在今银川市玉皇阁西侧，为山西省万泉县阎景镇敬义泰商号的分号。分号首任经理王秉初，资本 1000 两白银。后宁夏分号生意日益兴隆，遂得总号诸股东全力投资，铺面扩为 5 间，在天津设有敬盛永货栈。宁夏店有店员和学徒 30 余人，年收入 20 万两白银。商号附设敬义酱园，生产酱油、醋、酱菜、酒、糕点以及闻名遐迩的黄酒和玫瑰露酒。抗日战争期间，在宁夏官僚垄断资本迫害下，敬义泰商号被迫改名为大同庆，每况愈下。2006 年，商务部公布全国首批"中华老字号"，敬义泰名列其中。同年 5 月，按现代企业改制为"宁夏敬义泰清真食品有限公司"，已形成糕点、速冻方便菜肴和放心早餐三大系列产品。传承和坚守了回族传统食品的生产技艺，注重发扬老"敬义泰"中华老字号品牌文化。先后获"中国质量万里行食品安全示范单位"、"宁夏特色品牌"、"全国民族特需商品定点生产企业"和"非物质文化遗产项目"等荣誉称号。

协力厚【Xiélìhòu】 中华老字号药店。清道光二十三年（1843 年），山西人李保忠在河南禹县创办，时名"唐洼药栈"。1900 年，李家药栈迁往西安大麦市街，名"同心裕药栈"。1911 年春，第二代掌门人李芝秀举家迁往银川。1914 年，李芝秀在羊肉街口建 3 层木质阁楼药庄，前店后厂共计 70 多间房。请时任宁夏护军使、陆军中将马福祥为药庄牌匾题写"协力厚药庄"五个大字。1949 年 9 月，李芝秀作为工商界代表赴黄河仁存渡口，迎接人民解放军解放银川，在新中国诞生初期，多次参加宁夏政协会议，并作为地方历史名人被载入史册。1989 年，第四代掌门人李逢春接承祖业，将百年老店发展成为医药、健康产品的专业营销公司。1994 年 12 月被国内贸易部、国家医药管理局认定为"中华老字号"，随后荣获"优秀药店""诚信单位""文明经营单位"等称号。2006 年再次被商务部认定为全国第一批"中华老字号"。现拥有连锁药店 8 家，其中银川市兴庆区有 3 家。

黄鹤楼清真饭庄【Huánghèlóu Qīngzhēn Fànzhuāng】 原名黄鹤楼，位于银川市兴庆区新华东街 93 号同福大饭店 3 楼。1946 年创建，店址在今新华街银川剧院西侧，为砖木结构平房，专门接待国民党军政要员和富人。名厨杨金山烹饪出的传统名菜糖醋鲤鱼、糖醋里脊、黄焖鸡、芙蓉鸡脯、手抓羊肉等家喻户晓。1956 年，实行公私合营，1958 年转为国营企业。1967 年改名"向阳饭馆"，经济收益下降。改革开放后又恢复原名，人气转旺。1998 年因在其地建设新华购物中心，店址迁入同福大饭店 3 楼。2011 年 10 月 18 日，进行重新装修，营业面积 1200 多平方米，可同时容纳 500 人就餐。饭庄挖掘本地特色清真菜，汇聚全国知名清真菜，并融入粤菜等各大菜系的精华，主营的风味火锅、传统涮羊肉，以及创新名菜芋麒麟鼎、松仁烤羊肋、粟米炒肉粒等受到消费者一致好评。

1995 年的黄鹤楼左侧为银川剧院，电影海报为《寡妇十日谈》

仙鹤楼饭店【Xiānhèlóu Fàndiàn】　位于银川市兴庆区新华东街 204 号，是银川"清真老牌"菜馆，以纯正的地方菜肴、独特的民族风味享誉四方。特色菜如蒸全羊、秘制凤爪、秘制烤卤兔、水饺、烧鹅、馋嘴鱼、烤全羊、红烧黄河鲇鱼等被评为"中华名小吃""宁夏名小吃"。

迎宾楼饭店【Yíngbīnlóu Fàndiàn】　位于银川市兴庆区解放西街 11 号，1982 年开业，属银川老字号饭店，盖碗茶、铜火锅、涮羊肉、手抓羊肉、羊肉泡馍、芝麻烧饼享誉宁夏。1984 年，开始制作冷饮，五仁大冰砖、酸梅汤至今仍受市场欢迎。

德隆楼【Délóng Lóu】　位于银川市兴庆区解放东街鼓楼东北角 91 号，银川知名老店，也是个体餐饮业户的代表。创始人刘德华，于 1986 年以经营清真涮火锅创立品牌，有"银川第一涮"之称。有自己的野放滩羊养殖生产基地，坚持使用铜质老火锅，现拥有五家分店，是宁夏首家荣获"中华餐饮名店""中华名小吃店"的火锅餐饮企业，先后获"全国绿色餐饮企业""特一级饭店""中国火锅名店""宁夏著名商标"等诸多荣誉称号。中央领导胡锦涛总书记、吴邦国委员长、钱其琛外长来宁夏视察时均来到德隆楼，对其涮羊肉赞不绝口。

老毛手抓宁夏总店【Lǎomáo Shǒuzhuā Níngxià Zǒngdiàn】　位于银川市兴庆区解放东街 93 号，是列入"宁夏非物质文化遗产"名录的百年老店。1915 年由毛姓人始创于吴忠堡，1956 年公私合营，1958 年转为国营饮食店，毛家人停止经营。1980 年，第三代传人在吴忠市开店经营，命名"老毛手抓"，采用祖传手抓羊肉制作工艺。随后，在银川今址开店。1993 年，第四代传人毛强接手店铺，将百年祖传秘方发扬光大。店内羊肉具有鲜、嫩、香三特色和油而不腻、香醇可口、常吃不厌三特点，羯羊肉、羯羊脖子、羯羊汤还是有益于身心健康的三大补品，深受顾客青睐，纷纷留下"天下黄河富宁夏，宁夏手抓数毛家""老毛手抓，味震天下""西域第一抓，闻香快下马"等赞叹之语，是宁夏民族特色餐饮之品牌和一道亮丽的民族风景线。现有分店多家。

银川清真美食文化城【Yínchuān Qīngzhēn Měishí Wénhuàchéng】　位于银川市兴庆区北京东路 760 号。由吉泰房地产开发有限公司开发建成，是银川市政府重点扶持项目和旅游定点单位，也是银川市政府 2007 年九大工程之一。该项目由文化餐饮区、旅游贸易区、特色夜市区和星级宾馆 4 个部分组成。文化餐饮区为两层建筑（局部一层），占地 20.34 亩，总建筑面积 7850 平方米；特色夜市区在项目与新月广场之间的景观步行街内；旅游贸易区即与文化餐饮区对应的吉泰·公园世家一、二层商铺，总建筑面积 5739 平方米。

同心春【Tóngxīnchūn】　位于银川市兴庆区富宁街 296 号，是一家具有浓郁的民族风情的餐饮名店，以极具地方特色的生氽面、同心包子、辣炒羊羔肉、碗蒸羊羔肉、馕坑烤肉、手抓羊脖、八宝茶、手抓羊肉、臊子面等享誉宁夏。凡进店消费顾客，禁烟禁酒，有违者，则委婉劝止。此两禁已坚持 20 年，为世人所称道。

秦味斋羊肉泡馍【Qínwèizhāi Yángròupàomó】　位于银川市兴庆区前进街 105 号，于 1978 年创建，是银川最早经营羊肉泡馍的老店，素有"宁夏第一泡，银川第一碗"之称。秦味斋继承了祖辈历史悠久的传统技术，经过精心改良，其加工工艺、形态、口感都与西安羊肉泡馍有别，备受宁夏人青睐。

国强手抓【Guóqiáng Shǒuzhuā】　位于银川市兴庆区解放西街 402 号，创建于 1982 年，宁夏地方清真小吃的代表之一。先后获得"中华餐饮名店""中华名小吃""宁夏餐饮名店""宁夏名小吃""宁夏著名商标"等殊荣。其手抓羊肉肉质鲜嫩、清香可口、回味无穷、老少皆宜。

纳家楼【Nàjiālóu】　位于贺兰县习岗镇富兴南街 60 号，以法人姓氏命名。2010 年开业，经营清真系列炒菜、炖肉；清真食品加工，店员 30 人。营业面积 760 平方米。

贾长俊（贾死狗）清真饭馆【Jiǎchángjùn（Jiǎsǐgǒu）Qīngzhēn Fànguǎn】　民国十五年（1926 年），由陕西回民贾长俊在吴忠街面创办的回族清真饭馆，因经营有方，童叟无欺，用料讲究，做工精细，很快成为吴忠城区有名的清真饭馆。1953 年公私合营，1985 年翻建为民族饭庄。

大武口区八大庄饭店【Dàwǔkǒuqū Bādàzhuāng Fàndiàn】　位于石嘴山市大武口区朝阳东街 222 号，即朝阳东街与永康南路交叉路口西南方向约 70 米处。占地面积 3800 平方米，建筑面积 2200 平方米，建筑结构为框架。现有职工 280 人，主要服务项目：餐饮、住宿。先后荣获"自治区食品卫生 A 级单位""自治区文明非公有制企业""中国质量万里行信得过企业""宁夏餐饮名店"等荣誉称号。由四川达州人刘碧芳经营，店名寓意：喜迎八方宾客，融合八大菜系，广聚八方精英，祈盼事业发达，难忘巴蜀达州。

黄渠桥羊羔肉【Huángqúqiáo Yánggāoròu】　民国年间始创于平罗县黄渠桥，1958 年"人民公社化"停业。1980 年后，传承人马绍章再创黄渠桥爆炒羊羔肉品牌，在黄渠桥由周姓五兄弟各开分店，成为闻名遐迩的西北名菜，银川市、石嘴山市亦有多家分店。从宁夏通往包头的公路两侧，有近百家饭馆打"黄渠桥羊羔肉"招牌。2005 年，"黄渠桥羊羔肉制作技术"被列入自治区级非物质文化遗产名录。2016 年 2 月，在首届宁夏金牌旅游小吃评选暨中国金牌旅游小吃宁夏区评选活动中脱颖而出，马绍章之子马忠明先生主厨制作的黄渠桥爆炒羊羔肉，被评为宁夏十大金牌旅游小吃之一，又被推荐为中国金牌旅游小吃参评菜肴之一。

第十章　历史地名

第一节　历史建置

一、跨省政权及军镇

西夏【Xīxià】　西夏是中国历史上一个以党项族为主体的割据政权，1038 年建立，定都兴庆府（今银川市），初期辖 22 州、12 监军司，史籍记其疆界为"东尽黄河，西界玉门，南接萧关，北控大漠，地方万余里"。今宁夏平原为其京畿地区，境域地跨陕西北部、内蒙古中部和西部、甘肃西部，1136 年后增辖今青海省大部。囚崇尚白色，自称大白尚（高）国。其发祥地在夏州（陕西靖边县红墩界白城子古城），本是 407 年赫连勃勃所建"大夏国"之都城，故《宋史》称其为"夏国"。又因位居中原朝廷西北部，故史籍皆称之为"西夏"。

原居四川松潘地区，唐朝时吐蕃东扩，故土尽失，故迁居灵、庆、盐、夏等州。唐僖宗时，其首领拓跋思恭平黄巢起义有功，被封为夏州节度使，赐姓李，成为藩镇割据势力，拥有夏、绥、宥、银、静 5 州，世代沿袭至北宋初年。9 世纪末，其首领李继迁不愿臣服北宋，率部西进，于 1001 年占领宁夏平原，次年攻克灵州，自称西平王，以灵州为西平府。李继迁去世，其子李德明一方面与北宋朝廷友好相处，另一方面向河西走廊发展，又于 1020 年选定怀远镇大兴土木，以为临时都城，改名兴州（今银川市）。宋宝元元年（1038 年），李德明之子称帝，定都兴庆府，西夏正式建国。此后，西夏又历经 7 帝，与宋、辽、金鼎足相立 189 年，至 1227 年被蒙古大军灭亡。如果从 1002 年李继迁攻克灵州算起，西夏政权实际存在 225 年。

西夏文化，是中华民族历史文化的组成部分。西夏对地名文化的影响，也很深远。元代忽必烈首创行省制度，于 1261 年划全国为 11 个行省，其中的西夏中兴等路行省辖属西夏故地，治西夏都城中兴府（今银川市）。1288 年，又取"安宁的西夏"之意，改设宁夏府路。从此之后，宁夏之名沿袭至今，包括明代的宁夏镇、宁夏五卫，清代的宁夏府，民国的宁夏道和宁夏省，全部与西夏有渊源。西夏之名，也在其他领域传承，如银川城市三大特色之一的"西夏古都"，商品中的西夏啤酒，史学领域的"西夏学"及多种著述，旅游景区中的西夏王陵、西夏博物馆，等等。

朔方节度使【Shuòfāng Jiédùshǐ】 盛唐十大军镇之一，始设于开元九年（721 年）十月六日，驻灵州（吴忠市利通区），统管关内道军事，因地处京畿之北，有防御北方边患之责，故冠名"朔方"。唐肃宗在灵武郡（以灵州更名）登基后，亦称灵武节度使，直至北宋开宝二年（969 年）撤废，共存在 248 年。朔方节度使初设时，编制兵力 64700 人，战马 24300 匹。唐玄宗晚年至唐肃宗时，朔方军镇进入极盛时期，有劲兵 15 万人，辖 22 州及单于大都护府，防区东至晋、陕间黄河，西至甘肃靖远、景泰，南至陕西黄陵、彬县，北至蒙古国。整个关内道，除京兆府和同、华、岐三州外，皆属朔方军镇辖区。朔方节度使为封疆大吏，任职者多为兵部尚书，许多人由此升任宰相。其权力很大，除管理防区军事外，还兼领关内道支度营田使、关内道盐池使、押诸蕃部落使、闲厩宫苑监牧使、关内道采访处置使、六城水运使、陇右兵马使，可罢免防区内的州刺史、县令，很多军政事务可自行处理，先行后奏。安史之乱爆发后，唐肃宗在灵武郡登基，然后以朔方军行营为主力，南下关中，收复两京，最后平定安史之乱。郭子仪、李光弼等朔方名将功高盖主，受到朝廷猜忌。唐德宗、代宗为削其实权，收回各种兼领职务，不断肢解朔方军镇，在其防区分设 8 个节度使。至唐末，朔方节度使防区十去其九，仅限于今宁夏的北部和中部。进入五代，中原王朝为保丝绸之路通畅，将河西走廊的西凉府、甘州、肃州划入朔方节度使防区。朔方作为区域性地名，是指古代都城的北方。如西周定都镐京，将其最北的境土（今宁夏固原）称朔方。《诗经·小雅·出车》就有"天子命我，城彼朔方"之句。汉武帝派卫青北逐匈奴后，疆土扩张至阴山一线，在今内蒙古河套地区设朔方郡、朔方州。唐代在灵州设朔方节度使后，"朔方"之名在宁夏经常使用，如民国年间的朔方道、宁朔县，当代有文学期刊《朔方》。

二、省级行政建置

西夏中兴等路行省【Xīxià Zhōngxīngděnglù Xíngshěng】 蒙古汗国中统二年（1261 年），忽必烈首创行省制，划全国为 11 个行省，其中的西夏中兴等路行省治西夏故都中兴府，辖原西夏大部境土，故名。其范围包括今宁夏北部和中部、内蒙古河套及以西地区、甘肃黄河以西及青海大部。此为宁夏设省之始。至元三年（1266 年）撤销。至元八年（1271 年），忽必烈改蒙古汗国为元朝，复立西夏中兴等路行尚书省，旋改行中书省，治地、辖境与西夏中兴等路行省同。至元十年再罢行省，十八年改立甘州行中书省，治甘州（甘肃张掖），辖境不变。至元二十二年撤甘州行中书省，改设西夏行中书省，移治中兴府。次年，改名甘肃行中书省，治所移回甘州，原中兴府降为中兴路，辖今宁夏平原各地。至元二十五年（1288 年），改中兴路为宁夏府路，宁夏这个地名由此产生。

西夏中兴路行尚书省【Xīxià Zhōngxīnglù Xíngshàngshūshěng】 沿革同前。

西夏中兴等路行中书省【Xīxià Zhōngxīngděnglù Xíngzhōngshūshěng】 沿革同前。

至元三十一年（1294 年），甘肃行省实行分治，分设甘肃、宁夏行中书省。次年，撤销宁夏行中书省，仍以宁夏府路隶属于甘肃行省。元末，宁夏又曾一度复置行省至元亡。分治之宁夏行省辖境仅包括今宁夏北部地区。领五州、三县，即中兴州、灵州、应里州、鸣沙州、定州和怀远、灵武、河渠县。

宁夏省【Níngxià Shěng】 1928 年 10 月 17 日，国民党中央政治会议第 159 次会议，通过将甘肃省宁夏道改为行省的提案，并作出决议：以旧宁夏护军使所辖阿拉善旗、额济纳旗及旧甘肃省宁夏道属 9 县为宁夏省管辖区域，面积 29.64 万平方千米，人口 72 万余；以宁夏为省治。11 月 1 日，南京国民政府发布《国民政府令》，任命门致中为省主席。1929 年 1 月 10 日，省政府成员在省城宣誓就职，宣告宁夏省正式成立。1949 年 9 月 26 日，中国人民解放军解放全宁夏，12 月 23 日，宁夏省人民政府成立，辖 1 市、2 旗、13 县。1954 年 9 月 1 日，宁夏省撤销，所辖市、县并入甘肃省。1929 年 1 月 14 日《大公报》报道：宁夏省政府主席门致中，委员邵遇芝、扈天魁、魏鸿发、李世军、白云梯、马福寿通电，1 月 10 日在宁夏宣誓就职。

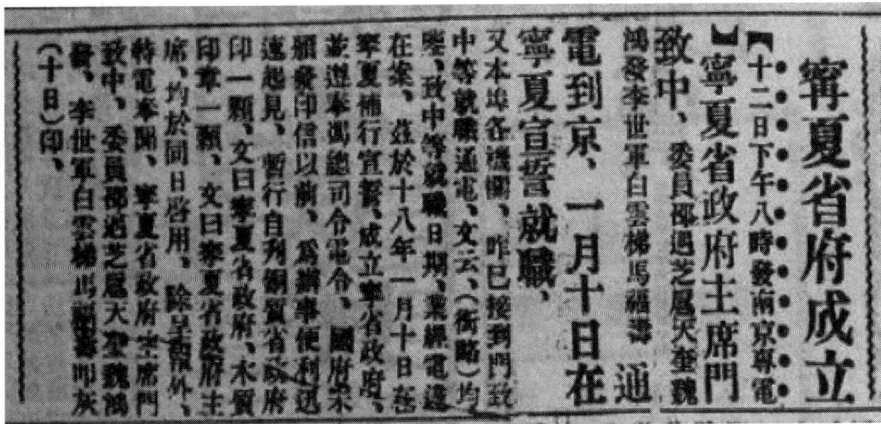

《大公报》专电稿《宁夏省府成立》

三、府州郡（含同级军事机构）

北地郡【Běidì Jùn】 战国至秦汉郡名，也是宁夏最早的州郡级建制。战国秦昭襄王三十五年（前 272 年）灭义渠，始置郡，治今甘肃省宁县，辖今甘肃陇东及宁夏南部，因在其国境北部，故名北地郡。秦始皇二十六年（前 221 年）分全国为三十六郡，北地郡为其一。秦始皇三十二年（前 215 年），遣蒙恬发兵三十万取河南地（今黄河河套以南地区），增辖今宁夏平原各地。秦北地郡属县在宁夏境内可考者有富平、昫衍、乌氏、泾阳、朝那。西汉初因之。汉武帝元鼎三年（前 114 年）析出其西南部另置安定郡后，北地郡移治马岭（甘肃庆阳马岭镇），辖境约当今宁夏中北部、甘肃庆阳地区及陕西部分县市。元封五年（前 106 年），汉武帝立十三州刺史部，北地郡属朔方刺史部。新莽更名为威戎。辖十九县（道），其中在宁夏境内（可考者）有灵武、富平、灵州、昫衍、廉县五县。东汉郡治北移富平县（今吴忠市利通区西南），属凉州刺史部，仅辖六县，其中富平、廉、参峦、灵州四县在今宁夏境内。永初五年（111 年）三月为避战乱，北地郡寄理池阳（今陕西省泾阳县西北）。永建四年（129 年）九月归治旧地。永和六年（141 年）十月癸丑，因羌族起义再度爆发，复徙冯翊（今陕西省高陵区），此后再未回归，其辖县亦废弃。

安定郡【Āndìng Jùn】 原属北地郡。汉武帝派卫青北逐匈奴后，在"河南地"大规模进行经济开发，人口增加，故于元鼎三年（前 114 年）析北地郡西南部置安定郡，治高平城（今固原市原州区城关），辖二十一县，在今宁夏境内可考者有高平、朝那、泾阳、乌氏、参𬗟、昫卷、三水七县。汉武帝曾六次巡视安定郡，并下令修筑从长安北出萧关至安定郡的"回中道"。东汉移治临泾（今甘肃省镇原县东南），辖县在宁夏境内者有高平、朝那、乌枝、三水四县。永初五年（111 年）三月因羌族起义，安定郡寄理美阳（今陕西省武功县境）。永建四年（129 年）九月，还治旧地。永和六年（141 年）十月癸丑，复徙扶风（今陕西省兴平市）。

北地属国【Běidì Shǔguó】 汉武帝遣卫青、霍去病击败匈奴后，于元狩二年（前 121 年）末徙匈奴降者居沿边五郡，因其故俗，朝廷派都尉管理，谓之属国。其在北地郡者，称北地属国，治三水县，朝廷设都尉护之。公元前 114 年，析北地郡分置安定郡，三水县随而属之，故改称安定属国。五凤二年（前 56 年）十一月，匈奴呼遫累单于率众来降。次年三月，再置北地属国（《汉书·宣帝纪》卷八），疑治神泉障（今吴忠市金积镇西）。

安定属国【Āndìng Shǔguó】 原称北地属国，治三水县，朝廷设都尉护之（详见北地属国条）。公元前 114 年，析北地郡分置安定郡，三水县随而属之，故改称安定属国。东汉因之。《后汉书·张奂传》载：张奂任安定属国都尉，羌族、匈奴首领以金、良马贿赂。张奂拒之曰："使金多如粟，不入我怀；马多如羊，不入我厩。"故张奂以为官清廉著称于史。

薄骨律镇【Bógǔlǜ Zhèn】 北魏初期在北方"鲜卑故地"所置军镇之一，为军政合一机构，不领郡县，太延二年（436 年）置，治今吴忠市利通区古城湾，辖今宁夏中部、北部。孝昌二年（526 年）改置灵州。《水经注》卷三载，城在赫连勃勃所置果园中。因骏马"白口骝"死此，以马名邑，韵转为"薄骨律"。太平真君五年（444 年），刁雍任薄骨律镇镇将，修艾山渠，长一百二十里，溉田四万顷。此后粮食连年丰稔，平地积谷。魏太武帝诏建薄骨律仓城。七年，刁雍一冬造船二百艘，于次年运军粮五十万斛至沃野镇，开创黄河上游长途水运。

灵州【Líng Zhōu】 最早为县名，汉惠帝四年（前 191 年）置。县在黄河洲岛上，"随水高下，未尝沦没，故号灵洲"，亦写作灵州（详见灵州县条）。洲岛在黄河干流（时称西河）与东枝之间，面积很大。《汉书·地理志》载，西汉在全国设有牧马苑五个，其中的河奇、号非二苑设在洲岛上，苑名皆源出"灵"字。北魏初设薄骨律镇，为军政合一机构，辖今宁夏中部和北部。《魏书·郦道元传》载，正光五年（524 年），魏孝明帝诏令改镇为州，增设郡县，以郦道元持节兼黄门侍郎前往主其事，"郡县戍名"，由其令准。郦道元"访诸耆旧"，考证地名来历，并记入《水经注》："河水又北，薄骨律镇城。在河堵上。赫连果城也，桑果余林，仍列洲上，但语出戎方，不究城名。访诸耆旧，咸言故老宿彦云：赫连之世有骏马死此，取马色以为邑号，故目〔曰〕城为白口骝韵之谬，遂仍今称。"最终，于 525 年决定改薄骨律镇为灵州。同时，选古城邑置普乐郡及回乐、怀远、鸣沙等县属之，辖今宁夏平原及其周边各地。西魏至北宋初因之。其中，北周、隋朝设灵州总管府；唐代设灵州大都督府；唐开元九年（721 年）至宋初为朔方节度使驻地。1002 年被西夏政权奠基人李继迁攻占，以之为西平府，自称西平王。1038 年元昊称帝建都兴庆府后，灵州仍为西平府驻地，辖境缩小至宁夏平原的黄河以南各地。元代仍设灵州。明洪武三年（1370 年），徙灵州官民和盘踞之残元蒙古人于陕西内地，一度空其城。此前，灵州城一直在今吴忠市利通区古城湾，濒临黄河。明代因黄河毁损曾三迁其城：洪武十六年（1383 年），城西南角为河水浸毁，于故城北十余里筑新城，置灵州河口守御千户所，属陕西都司；永乐末，河水又迫近城下，州城东迁，具体位置不详；宣德三年（1428 年），在新城东五里再建新城，改置灵州千户所，属宁夏卫，即今灵武市老城。弘治十三年（1500 年）九月，曾升置灵州，直隶陕西布政司。弘治十七年（1504 年）八月，革州，复为灵州千户所。正德元年（1506 年）九月，改为灵州守御千户所（军政合一县级机构），还属陕西都司。领堡十三，属城十。清代虽仍称灵州，系县级建置。灵州是宁夏历史上使用时间最长的州名，有厚重的历史文化。从北魏到宋初，一直是宁夏中部和北部的政治、军事中心。贞观二十年（646 年），唐太宗幸灵州，会见北方游牧民族首领数千人，推行怀柔、安抚政策，建立民族羁縻州制度，并推广至全国，实现各民族和睦相处。安史之乱爆发后，太子李亨在此登基，是为唐肃宗。唐开元九年在灵州设朔方节度使，为十大军镇之一，统兵 74600 人，极盛时有雄兵

15万，为收复两京、平定安史之乱立下丰功伟绩。唐灵州物产丰富，《新唐书·地理志》记录有贡品21种，在全国各州府中居第2位。

灵武郡【Língwǔ Jùn】　治回乐（今吴忠市利通区古城湾）。历史上曾三次设灵武郡：一为隋大业三年（607年）至隋末改灵州为灵武郡，统县六；二为唐天宝元年（742年）至乾元元年（758年）改灵州为灵武郡；三为西夏在灵州之下设灵武郡，州、郡同治一地。天宝十五载（756年）七月十二日，李亨在灵武郡城南楼登基，谥号唐肃宗，改年号为"至德"，史称"灵武登基"，参加大典的，有朝官和北军将士、西土耆老共一万五千人。

普乐郡【Pǔlè Jùn】　治回乐县（今吴忠市利通区古城湾）。北魏孝昌二年（526年），诏郦道元持节改置灵州时，"其郡县戍名令准古城邑"，始置普乐郡，为灵州属郡，领回乐、鸣沙二县。北周存郡，仅领回乐一县（参见灵州条）。

怀远郡【Huáiyuǎn Jùn】　北魏孝昌初年"给百姓"，即从内地移民于此，置怀远县，寓意志怀远方。北周建德三年（574年），因移民二万户于此，增置怀远郡，隶灵州，领一县。辖今银川市、永宁县、贺兰县及青铜峡市、石嘴山市部分地区。

历城郡【Lìchéng Jùn】　治建安县，在今银川市兴庆区月牙湖乡西北。北魏太和初年（477年）平三齐（今山东省，即项羽所分三齐），徙历下（山东济南市）之民居此，因名历城。北周又置历城郡，领建安县。《水经注》："河水又东北径浑怀障……《地理志》浑怀都尉治塞外者也。太和初三齐平，徙历下民居此，遂有历城之名矣。"据此，北周所建历城郡即秦汉浑怀障旧址。隋开皇三年（583年）撤郡存县。

临河郡【Línhé Jùn】　治临河县，西魏置，属灵州，详址待考。辖临河一县。因濒临黄河，故名。至隋朝撤废。《隋书·地理志》："又西魏置临河郡。开皇元年改临河郡为新昌。"唐初置新昌军，在平罗县东北境。

高平镇【Gāopíng Zhèn】　北魏初期在北方"鲜卑故地"所置军镇之一，为军政合一机构，不领郡县，治高平城（今固原市原州区城关），地势既高且平，故名。西周时为其北境，在镐京之北，故名朔方。《诗经·小雅·出车》："天子命我，城彼朔方。"地处原上，故又名太［大］原。《诗经·小雅·六月》："薄伐猃狁，至于太原。"秦属北地郡。西汉置安定郡、高平县。东晋十六国时，前赵于此置朔州（后赵废），前秦为北部都尉、牧官都尉治。北魏太延二年（436年）置高平镇，辖今固原地区大部，正光五年（524年）改为原州，并置郡县。高平镇为丝绸之路主线所经。北魏杨炫之《洛阳伽蓝记》："自葱岭以西，至于大秦，百国千城，莫不款附。胡商贩客，日奔塞下。"北魏正光五年（524年）六月，莫折念生在高平镇自称天子，置百官，改元天建。是年底，高平镇爆发由敕勒人胡琛领导的民族起义，声势浩大。528年，胡琛死，由匈奴族人万俟丑奴继之。会波斯国献狮子经此，丑奴留之，自称天子，置百官，改元"神兽"。两年多后，起义失败，波斯狮子槛送魏都洛阳华林苑。参见本朝原州条。

原州【Yuán Zhōu】　治高平城（今固原市原州区城关），北魏正光五年（524年）以高平镇改置，同时设郡县，盖取"高平"曰"原"为名。领郡二：高平郡、长城郡；县五：高平县、默亭县、朝那县、黄石县、白池县。辖境约当今固原、彭阳、隆德及海原、西吉、同心县大部。西魏改高平郡为"平高郡"。北周置原州总管府，天和四年（569年）六月，筑原州城。又在长城郡下置平凉县，增辖今泾源县及平凉市大部。隋大业三年（607年）改平凉郡。唐武德元年（618年）复名原州。贞观元年（627年）属关内道。贞观五年（631年）置都督府，管原、庆（治安化，今甘肃庆阳）、会（治会宁，今甘肃靖远）、宁（治定安，今甘肃宁县）、亭、达、要（此三州治所不详）七州，十年（636年）省亭、达、要，唯督四州。天宝元年（742年）改为平凉郡，乾元元年（758年）复改为原州，领县四：平高、平凉、百泉、萧关。广德元年（763年）大部没于吐蕃，州城被毁，吐蕃亦弃不居，故置行原州于泾州灵台之百里城（今甘肃灵台县西）。大历八年（773年），天下元帅行军司马元载言于代宗，请重筑原州城，一切准备就绪，帝因听信田神功谗言而疑不决。建中元年（780年），唐宰相杨炎欲城原州，因泾原兵变而未行。贞元三年（787年），吐蕃一改弃城不居的习惯，"城故原州而屯之"。贞元十九年（803年），唐原州徙治平凉（今甘肃省平凉市西）。元和三年（808年）又徙治泾州之临泾（今甘肃省镇原县），大中三年（849年）唐收复原州，归治平高，广明元年（880年）后再没于吐蕃，复侨治临泾。至此，原州治所迁出今宁夏境。原州地势险要，控东西交通孔道。陇山（今六盘山脉）纵贯全境，有木峡、石门、驿藏、制胜、石峡、木崲、六盘等关，史称原州七关。丝绸之路的"长安—凉州北道"自南而北跨过州境，有著名的陇山关"限中外、隔华夷"，是为唐代最大的海关。有众多的丝路文化遗存，包括须弥山石窟、波斯鎏金银壶、中亚昭武九姓中的史姓墓葬群。这里畜牧业发达，隋朝置有原州羊牧，设大都督并尉。又有原州驼牛牧、原州皮毛监，由朝廷直接管理。中国历史上最大的官牧机构——唐陇右监牧使亦设在原州，管理4使50监。《新唐书·兵志》载：陇右监牧存栏家畜最高达65600头（口），其中马32570匹。

高平郡【Gāopíng Jùn】　治高平城（今固原市原州区城关）。北魏正光五年（524年）以高平镇改原州，同时置郡县，均以高平为名，领高平、默亭二县，辖境约当今固原全县及隆德、西吉、海原，同心县的部分地区。西魏末改称平高郡。

平高郡【Pínggāo Jùn】　西魏末以高平郡更名，治平高县（今固原市原州区城关）。北周因之，仍隶原州，辖平高、默亭二县，辖境约当今固原县全境及隆德、西吉、同心县大部。

长城郡【Chángchéng Jùn】 治黄石固（今彭阳县东南红河附近）。北魏正光五年（524年）始置，隶原州。因郡内有秦长城蜿蜒而过，故名。今长城遗址仍在，自西而东绵延彭阳县全境。领黄石、朝那、白池三县，辖境约当今彭阳县大部、甘肃省平凉市东北境。北周建德元年（572年）又有平凉县来属。西魏大统元年（535年），徙朝那县于泾州良原县。西魏废帝二年（553年）改黄石县为长城县。

平凉郡【Píngliáng Jùn】 治高平县（今固原市原州区），因地势平坦气候凉爽，故名。历史上曾两次在此设平凉郡：隋大业三年（607年）至隋末改原州为平凉郡；天宝元年（742年）又改原州为平凉郡，乾元元年（758年）复名原州。

缘州【Yuán Zhōu】 晋有他楼城，隋置他楼县，后废。唐贞观六年（632年）置缘州，领突厥降户，寄治于他楼城，在今海原县李旺镇，属原州。后废州，高宗时（650—683年），置他楼县。

武州【Wǔ Zhōu】 原属原州萧关县，唐广德元年（763年）陷于吐蕃，大中五年（851年）收复置武州，领萧关县。中和四年（884年）复陷吐蕃，侨治泾州之潘原（今甘肃平凉东）。

安乐州【Ānlè Zhōu】 治今同心县下马关镇北红城水村，今遗址犹存。唐咸亨三年（672年），以灵州鸣沙县地置安乐州，安置吐谷浑，属灵州都督府。《旧唐书·西戎传》卷一九八："吐谷浑遂为吐蕃所并。诺曷钵以亲信数千帐来内属，诏左武卫大将军苏定方为安置大使，始徙其部众于灵州之地，置安乐州，以诺曷钵为刺史，欲其安且乐也。"亦名长乐州。开元二十二年（734年）改属原州都督府。至德年间（756—758年）后没于吐蕃，大中三年（849年）收复，更名威州，领鸣沙、温池两县。光启三年（887年）再陷吐蕃，徙凉州（今甘肃武威）为行威州，州治徙出宁夏境。安乐州存在85年，书写了一部民族融合史。贞观十三年（639年）十一月，唐太宗将淮南王李道明之女封为弘化公主，以"帝女"身份送去与吐谷浑国王慕容诺曷钵联姻。弘化公主18岁嫁到吐谷浑，50岁迁到安乐州，在宁夏生活了28年，圣历元年（698年）五月三日病死于灵州府第，享年76岁。弘化公主的子孙，还娶过4位唐公主：长子娶金城公主；次子娶金明公主；三子娶陇西郡王之女；曾孙慕容威娶武则天的侄孙女，其合葬的墓志，记录了这种血浓于水的关系。吐谷浑迁居至此，实现了安居乐业，对这一地区的地名影响亦深远：既已安乐，又盼长乐，故改州名为长乐州；所在牧区为川原，水草丰美，故名长乐川；州城所枕大山，唐代称之为"达乐山"，宋代音转为"铎落山"或简称"乐山"，今大罗山、罗山之名即源于此；今红城水村有一股水量很大的山泉，宋代史籍仍称"铎落泉"。

长乐州【Chánglè Zhōu】 安乐州的别名。吐谷浑迁安乐州后，已实现安且乐，又企盼"长乐"，故名之（详见安乐州条）。

威州【Wēi Zhōu】 唐代州名，原名安乐州，为安置吐谷浑所立，以慕容家族世袭刺史。大中三年（849 年）收复，更名威州，领鸣沙、温池两县。至德后被吐蕃攻占。州名取自安乐州最后一任刺史慕容威之名。光启三年（887 年）徙凉州为行州，即今甘肃武威。

新昌军【Xīnchāng Jūn】 唐初置，为关内道九军府之一。疑在今平罗县北。天宝（742—756 年）后废。其位置在定远军北。约当今平罗县北。

定远军【Dìngyuǎn Jūn】 唐朔方节度使所辖七军府之一，驻今平罗县姚伏镇，有遗址，东枕黄河。景龙中张仁愿置，管兵七千人，马三千匹。先天二年（713 年），朔方大总管郭元振筑其城，兵得保屯，又募健兵五千五百人。亦为河外六城之一。有军屯四十屯，每屯五千亩（唐亩，每亩合今 0.5434 亩）。后升为县，属灵州。在灵州（今吴忠市北）东北二百里，景福元年（892 年）改警州。

警州【Jǐng Zhōu】 治今平罗县姚伏镇，景福元年（892 年）以定远县升置。五代因之。后晋天福七年（942 年）废警州为威肃军。北宋初撤裁。

丰安军【Fēng'ān Jūn】 疑在今中宁县余丁乡石空村附近。唐万岁通天初（696 年）置，属关内道九军之一，后属朔方节度使所辖七军之一。先天二年（713 年），朔方大总管郭元振筑其城，兵得保屯，在灵州西黄河外一百八十余里，约今中宁县余丁乡石空村附近。管兵八千人，马三千匹。屯田二十七屯，每屯五千亩（唐亩）。

雄州【Xióng Zhōu】 唐中期置，原在灵州（今吴忠市北）西南一百八十里，约当今中宁县余丁乡石空村，控丝绸之路的灵州西域道，今存大佛寺石空。乾符三年（876 年）六月乙丑至七月大地震，州城庐舍尽毁，地陷水涌，死伤甚众。故于中和元年（881 年）徙治承天堡，在今中卫市城关附近。

回州【Huí Zhōu】 唐朝安置突厥之突利可汗降众的羁縻州，贞观四年（630 年）于回乐县境置，属灵州都督府，治地不详，疑在今中宁县境黄河以北。贞观十三年（639 年），突利之弟阿史那结社率为中郎将宿卫，谋刺唐太宗未遂，诏废突厥羁縻州，回州亦在其中，其地还入回乐县。

皋兰州【Gāolán Zhōu】 治今青铜峡市邵岗镇西北。唐羁縻州，贞观二十一年（647 年）正月置，安置铁勒的浑部数千帐，初在灵州回乐县界，地近农耕区，常与农户发生纠葛，后采纳灵州司马崔知温建议，与斛薛之高阙州共万帐皆徙黄河以北。1991 年在青铜峡市玉泉营农场发现唐代铁勒人墓志，铭文标题为"大唐左屯卫将军皋兰州都督浑公夫人契苾氏墓志铭并序"。据此，皋兰州应在唐灵州所辖之灵武县北界，即今青铜市邵岗镇西北。浑部是铁勒中的大姓，迁入皋兰州的有数千帐（唐代游牧民族每帐平均 4.1 人），名将辈出。"浑公夫人"契苾氏逝于神龙二年（706 年）十月二十六日，年方

24 岁，其夫为皋兰州都督浑大寿，其子为朔方节度副使浑释之。其孙即名将浑瑊，早年随父在朔方军征战。安史之乱爆发后，历数十战，战功显赫，出任朔方行营兵马副元帅，封郡王。后在平叛中因奉天救驾之功，官至检校司空、兼中书令，死后赠太师。

东皋兰州【Dōnggāolán Zhōu】　唐羁縻州，开元初又置东皋兰州，安置铁勒的浑部1342 户、5182 人。寄治鸣沙界。当时鸣沙县境东至大罗山，此州位置在皋兰州之东南，故名。

高阙州【Gāoquē Zhōu】　唐羁縻州，安置铁勒斛薛（亦作斛萨）部众数千帐，贞观二十一年（647 年）在灵州回乐县界设。斛薛原居阴山高阙，故名。后与浑部同徙黄河以北，疑在今永宁县西或银川市西夏区，贺兰山东麓。

燕然州【Yànrán Zhōu】　唐羁縻州，贞观二十一年（647 年）置燕然都护府，安置铁勒多览葛部，原在"故单于台"，即今阴山西北，属内蒙古乌拉特后旗。682 年，后突厥兴起，默啜自立为可汗，攻占其地。开元初（713 年）后突厥灭亡，在灵州回乐县界复置燕然州，安置多览葛部 190 户，978 人。

鸡鹿州【Jīlù Zhōu】　唐羁縻州，贞观二十一年（647 年）始置，安置特勒之奚结部，以原居地鸡鹿塞（内蒙古自治区西部磴口县西北）为州名，治地不详。开元初复置于灵州回乐县界，安置 132 户、556 人。

鸡田州【Jītián Zhōu】　唐羁縻州，贞观二十一年（647 年）始置，安置特勒之阿跌部，以原居地鸡田塞为州名，寄治唐回乐县界，后撤废。开元初在灵州回乐县界复置，安置 104 户、469 人。唐中后期名将李光进、李光颜皆为鸡田州阿跌部后裔，因功赐姓李，新旧《唐书》皆有传。

燕山州【Yànshān Zhōu】　唐羁縻州，贞观二十一年（647 年）始置，治地不详。开元初在灵州温池县（盐池县马儿庄老盐池村）界复置，详址待考，安置部族不详，计430 户、2167 人。

独龙州【Dúlóng Zhōu】　唐羁縻州，贞观二十二年（648 年）在灵州温池县（治今盐池县马儿庄老盐池村）界始置，详址待考。安置特勒之掘罗勿部 117 户、353 人。

祁连州【Qílián Zhōu】　唐羁縻州，贞观二十一年（647 年）在灵州界置，安置回纥阿史德俟斤部属，治地、户口皆不可考。"祁连"系匈奴语，称天为"祁连"。

高丽州【Gāolì Zhōu】　治地不详。贞观二十一年（647 年）在灵州界置，安置铁勒九姓部落。

六胡州【Liùhú Zhōu】　唐调露元年（679 年），居中亚的西突厥十姓可汗阿史那都支叛唐，裴行俭率唐军击之，可汗率众降。特置鲁、丽、塞、含、依、契州，总称六胡州。州下管县，人口过 10 万，安置在今宁夏盐池县及内蒙古、陕北交界地带。其众原居中亚，为粟特人，有康、何、史、曹、安、石、米等姓分王各国，故又称"昭武九姓"。各州驻地唯鲁州可考，在今盐池县西北 48 公里兴武营高沙窝镇苏步井村，出土有何姓墓志铭，上记墓主原为昭武九姓中的何国人，殡于鲁州如鲁县。铭文有多个武则天时代的自造字。墓道的两扇石门上，各雕刻一舞伎跳中亚胡旋舞的舞姿，是丝路文化交流的佳证。长安四年（704 年）并为匡、长二州。神龙三年（707 年）置兰池都督府，分六州为县。开元九年（721 年）四月，因失去民族自治权，康侍宾（昭武九姓康国人）率原六胡州数万民众反叛。次年（722 年）平定后，迁其人于河南及江、淮。

兴庆府【Xīngqìng Fǔ】　西夏都城，治怀远县（今银川市兴庆区老城）。北魏始置怀远县。北宋初仍为县，属灵州，开宝年间废县为镇，系当时灵州河外六镇之一。咸平四年（1001 年）入西夏。天禧四年（1020 年），李德明城之以居，号兴州，寓意西夏之兴。北宋明道二年（1033 年）升为兴庆府。西夏天寿礼法延祚元年（1038 年）元昊建立大夏国都此，史称"西夏"。今银川市兴庆区之名，盖源于此。后又改称中兴府，级别为次等司。

中兴府【Zhōngxīng Fǔ】　西夏都城，治怀远县。原名兴庆府，西夏惠宗嵬名秉常执政时（1067—1086 年），更名中兴府。据《西夏天盛律令》记载，辖兴州南北二县（可考者仅怀远一县）。1226 年底，成吉思汗派兵围攻中兴府，历时半年，至次年农历六年，又逢大地震，"宫室多坏，王城夜哭"（《西夏书事》），西夏末主李睍出降（后被杀），中兴府都城被毁于战火和地震，居民四处逃逸，西夏灭亡。

兴州【Xīng Zhōu】　原为唐仪凤二年（677 年）所建新怀远县城。五代废县为怀远城。《太平寰宇记》卷三十六：宋初复置怀远县仍隶灵州。开宝年间（968—976 年）撤县为怀远镇，管蕃部（党项族、吐蕃族）六，各置巡检使，以本族酋长主其事。另有汉户主客二百二十三户。宋咸平四年（1001 年）九月被党项族首领李继迁攻占。天禧四年（1020 年）其子李德明大兴土木筑城，以为临时首都，升兴州，时逢西夏兴起，故名。北宋明道二年（1033 年）升兴庆府。

贺兰军【Hèlán Jūn】　西夏都城外围军事机构，统兵五万，依贺兰山驻防，故名。《西夏地形图》标在西夏陵之南、贺兰山东麓三关口。

怀州【Huái Zhōu】　西夏中期所置，在今银川市兴庆区掌政镇东洼路村，东枕黄河，遗址尚存，因其地在唐仪凤二年前为怀远县城所在，故名怀州。文物部门试掘，发现砖砌下水道、墙基及建筑构件，确定为西夏城市遗址，其位置与《西夏记事本末》卷首《西夏地形图》所标怀州完全吻合。

定州【Dìng Zhōu】　西夏早期所置，治定远县（今平罗县姚伏镇）。唐置定远军城，后升为县。唐末改警州。后晋改置威肃军。北宋初为定远镇，属灵州，管"蕃部"四。

至道年间（995—997 年）建为威远军。咸平四年（1001 年）入西夏，后置定州，辖今石嘴山市大武口区、惠农区、平罗县。其北有省嵬城。

永州【Yǒng Zhōu】　原无建置可考。西夏后期置为州，在今永宁县城。

静州【Jìng Zhōu】　西夏早期置，治保静县（今永宁县南望洪镇附近）。北魏为弘（或作宏）静镇。隋唐升县。五代为镇。北宋初为保静县，开宝年间废县为镇，仍属灵州。咸平四年（1001 年）入西夏。

顺州【Shùn Zhōu】　西夏早期置，治今青铜峡市邵岗镇西。西汉于贺兰山灵武谷东始置灵武县。隋移治今兴庆区月牙湖乡西北，隋末归治旧址。五代废县。北宋初为灵武县，开宝年间废县为镇。咸平中入西夏，后升顺州，亦作"归顺州"。辖今青铜峡市河西地区及永宁县西部。

灵州西平府【Língzhōu Xīpíng Fǔ】　西夏所置三府之一，驻灵州（今吴忠市利通区古城湾）。宋开宝二年（969 年）废节度使存灵州。初领回乐、温池、鸣沙、灵武、弘静、怀远六县。至太平兴国年间（976—984 年）领县一：回乐（州治）；管八镇：清远、昌化、保安、保静、临河、怀远、定远、灵武。除清远镇外，其余七镇皆在河外。咸平五年（1002 年）入西夏，始置西平府，驻军五万称翔庆军，直到西夏灭亡。天盛年间置大都督府，以外戚、国相任得敬为大都督。《西夏纪》：天盛十七年（1165 年），任得敬"役民夫十万大筑灵州城，以翔庆军司所为宫殿"。

翔庆军【Xiángqìng Jūn】　西夏护卫西平府的军事机构，统兵五万，驻灵州城东关镇（今吴忠市利通区新华桥），其西侧为黄河渡口，控制通往西夏都城的孔道。

韦州【Wéi Zhōu】　西夏州名，治今同心县韦州镇。唐大中三年（849 年）始置威州，故址在今同心县下马关乡红城水。五代废。北宋初无建制。咸平中入西夏，于现址复置威州，亦称韦州，后又改南威州。西夏初置韦州静塞军司，斡都六年（1062 年）又改为祥祐军。

韦州监军司【Wéizhōu Jiānjūnsī】　西夏所立十二监军司之一，全称韦州静塞军司，后改韦州祥祐军，驻今同心县韦州镇，防御宋之清远军、环州、镇戎军一线。

西寿监军司【Xīshòu Jiānjūnsī】　今中宁县喊叫水乡境内。西夏所立十二监军司之一。斡都六年（1062 年）改保泰军，亦作西寿保泰军，驻今中宁县喊叫水乡境内，防御宋之会州、西安州、萧关城一线。

鸣沙郡【Míngshā Jùn】　原为鸣沙县，治今中宁县鸣沙镇。"人马行经，随路有声，异于余沙，故名。"西夏升为郡，上隶灵州。西夏粮食产区之一，设有皇家御仓，名曰天丰仓。元丰四年（1081 年）宋五路征西夏，刘昌祚至鸣沙取西夏窖米百万石即此。

应理州【Yīnglǐ Zhōu】　唐末置雄州，治今中卫市沙坡头区滨河镇，在黄河北岸。五代因之，后晋改昌化军，北宋存昌化镇，1001 年入西夏，置应吉里寨，亦名力吉里寨。西夏后期升为应理（一作里）州。成吉思汗率蒙古大军灭西夏取应里县即此。其侧有郭家渡等津渡，称"黄河九渡"。《经世大典·站赤》载：蒙古中统四年七月一日，忽必烈诏令开通黄河水驿，由东胜州（内蒙古托克托县）至应里州设十站，起置馆舍以待行旅，共配驿船 66 艘，水手 240 人。此后，黄河水驿成为元大都通西域交通线的组成部分，使用 1600 里水程后，比经过长安的传统线路捷近 2000 里。

镇戎军【Zhènróng Jūn】　治今固原市原州区城关。北宋防御西夏沿边军镇之一，故名"镇戎"。西汉于此置安定郡、高平县。北魏改原州，唐末五代为吐蕃占领，城毁。宋至道三年（997 年），朝廷为防西夏南侵，以此地"山川险阻，旁扼夷落，为中华襟带"，乃筑镇戎军城，属陕西秦凤路，庆历元年（1041 年）十月改隶泾原路，元丰后复属秦凤路。等级同下州。原辖今海原、西吉县东部，同心县南部，彭阳县、固原市原州区大部。大观二年（1108 年）以其北部析置怀德军后，领城一、寨七、城二，辖境缩小，南界为今开城镇，东至彭阳县界，西迄张易镇，北接杨郎乡。建炎四年（1130 年）陷于金，后改镇戎州。参见镇戎州条。

怀德军【Huáidé Jūn】　原名石门堡，因在石门水峡口外，故名。1042 年后为西夏境土。1081 年被宋军攻占。西夏民作《灵芝歌》曰："唱歌作乐，田地都被汉家占却。"绍圣四年（1097 年）章楶知渭州后改筑，名为平夏城。宋大观二年（1108 年）展筑置怀德军，今固原市原州区三营镇黄铎堡遗址尚存。领城二、寨七，辖境约当今固原市原州区西北部、海原县东部、西吉县东部及同心县西南部。建炎四年（1130 年）陷于金。天会九年（1131 年），金以其地赐伪齐刘豫，仍为怀德军。天会十五年（1137 年）金废伪齐，撤怀德军。大定二十二年（1182 年）金改镇戎军为州后，地属三川县。

镇戎州【Zhènróng Zhōu】　治今固原市原州区城关。原为北宋之镇戎军，地处与西夏交战前沿，故名。建炎四年（1130 年）陷于金，属熙秦路。天会九年（1131 年），金以其地赐刘豫之"齐国"。天会十五年废"齐国"，仍为镇戎军。绍兴三十二年（1162 年）宋军一度收复，次年再失。金大定二十二年（1182 年），因与西夏交好，改置镇戎州，仍隶熙秦路，大定二十七年（1187 年）改属凤翔路。金兴定三年（1219 年）六月十八日巳时地震毁城，兴定四年四月二十一日差军民夫二万余人兴工修筑，五月十五工毕。辖东山、三川二县及彭阳、乾兴等八寨，辖境约当今固原市原州区大部及彭阳县北部、西吉和海原县东部地区。

德顺军【Déshùn Jūn】　治陇干城。大中祥符四年（1011 年），宋渭州知州曹玮募兵以居，七年（1014 年）筑城，其地位于陇山主干西侧，故《宋史·地理志》名陇干城，其他史籍亦作笼竿城、陇竿城。庆历三年（1043 年）正月二十三日，以陇干城置德顺军以御西夏，级别同下州。领县一、城一、寨六。辖境约今宁夏隆德县全境、西吉县南部及甘肃之静宁、庄浪县。建炎四年（1130 年）陷金，属熙河路，皇统二年（1142年）撤军改德顺州，辖县六、寨四。宋德顺军名将辈出。《宋史》多处提到抗金四大名将，世称"张、韩、刘、岳"，即张俊、韩世忠、刘锜、岳飞。《宋史》为刘锜单独立传近 6000 字，说他"字信叔，德顺军人"，多次击败金兵，包括大败金兀术的顺昌府（安徽阜阳）之战。赫赫有名的"吴家将"，即吴玠、吴璘、吴挺、吴曦等，也在《宋史》中立传。

德顺州【Déshùn Zhōu】　原为北宋庆历三年（1043 年）所置德顺军，治陇干城（今隆德县城关）。建炎四年（1130 年）入金，属熙河路。次年以其地赐刘豫之"齐国"。天会十五年（1137 年）废"齐国"。金皇统二年（1142 年）改为州，治陇干县，改隶熙秦路。大定二十七年（1187 年）改隶凤翔路。贞祐四年（1216 年）升节镇，置陇安军。辖陇干、水洛、威戎、隆德、通边、治平六县及得胜、宁安、静边、怀远四寨。其辖境约当今隆德县全部、西吉县大部及甘肃省静宁县、庄浪县大部。元代更名静宁州并迁治甘肃静宁县，同时在德顺州城置隆德县。

西安州【Xī'ān Zhōu】　原属西夏之南牟会（今海原县西安州古城），在天都山下，建有行宫、府库，元昊常与宠妃居此。北宋元丰四年（1081 年）被宋将李宪攻毁。次年，西夏皇太后梁氏遣乙埋修复。元符元年（1098 年）被宋军攻取。次年再筑南牟会新城，五月建为州，取"西境安宁"之意，名西安州。州境多为收复西夏之堡寨，并划原怀德军之荡羌寨属之。辖境约当今海原县西部、西吉县北部及甘肃靖远县东部。有都仓曰"裕边"，可储粮五百万斤。有驿站，称南牟驿。皇统二年（1142 年），金以其地赐西夏。1227 年西夏灭亡，州废。

中兴州【Zhōngxīng Zhōu】　元代宁夏府路属州，治怀远县（今银川市老城区）。北魏始置怀远县。宋初为怀远镇。西夏占据后建为国都，先后改名兴州、兴庆府、中兴府。元为中兴州，先后为西夏中兴等路行省和宁夏府路治城。

鸣沙州【Míngshā Zhōu】　今中宁县鸣沙镇。北魏置鸣沙县。宋咸平年间入西夏。元初升为鸣沙州。先后隶于西夏中兴等路行省和宁夏府路。无辖县。

开成府【Kāichéng Fǔ】　宋为镇戎军开远堡，元初为原州辖堡，即今固原市原州区开城镇。蒙古汗国灭西夏后，成吉思汗、元宪宗蒙哥、世祖忽必烈在此建行宫，或避暑或屯兵驻跸。至元十年（1273 年），元世祖忽必烈皇子忙哥剌被封为安西王，分治秦、蜀，遂废原州，于州南开远堡地方展筑新城，取堡名首字，设置开成府，为安西王之行都，视为上都，亦号上路。至治三年（1323 年）降为州。辖今固原市原州区、海原县全部和西吉县及吴忠市同心县部分地区。领开成县和广安州。明初府、州、县皆撤废。

开成州【Kāichéng Zhōu】 见开城府。

广安州【Guǎng'ān Zhōu】 元代州名,治今固原市彭阳县古城镇。宋置东山寨。金升为县,隶镇戎州,元至元七年(1270年)废,并入镇原州,寻改置广安县。至元十年(1273年)升州。隶开成路,辖今彭阳县和原州区东部。

宁夏镇【Níngxià Zhèn】 明代长城沿线所置"九边重镇"之一,建文年间置,治今银川市兴庆区老城,辖今宁夏同心县以北各地。明初因元旧制,仍为宁夏府路。洪武五年(1372年)废府,徙军民于关陕。洪武九年(1376年)草创宁夏卫,迁五方之民以实之。建文年间遂立宁夏镇,上隶于陕西都指挥使司,下辖宁夏卫和左屯、右屯、中屯卫以及前、中、后卫并灵州、兴武营、韦州、平虏千户所。明代宁夏镇为防御瓦剌、鞑靼入侵的前沿阵地,驻军保持在11万人左右,与嘉靖年间民户人口相当。筑有长城两千多里,在北者称外边或大边,在内者称重险或内边、小边。长城沿线筑有众多营、城、堡以屯驻军马,如兴武营、清水营、横城、镇北堡之类。还修建有600多座烽火台,时称"烽墩"或"墩",皆有墩名。长城与道路交会处建有雄伟的关门,最著名的有长城关(在今盐池县城)、赤木关(今银川市三关口)、下马关(今同心县下马关)。以上营、城、堡、墩、关,与长城组成巨大的军事防御系统,皆作为地名沿用至今,是宁夏地名文化的重要特征。

固原卫【Gùyuán Wèi】 北魏至隋唐置原州,治今固原市原州区。唐末因被吐蕃占领,原州南迁至今甘肃镇原直到宋代。北宋在隋唐原州故址设镇戎军,为有别于在镇原之原州,史籍称之为"故原州"。元属开成府开成县境。明初以固原里属陕西平凉府开城县。正统十年(1445年)七月,设固原巡检司。景泰二年(1451年),修复固原废城,驻兵戍守。以讳故改固,或曰城池坚固,正式定名为固原。景泰三年闰九月,设固原守御千户所。成化三年(1467年),迁开城县于固原城。五年十月升所为固原卫,隶陕西都指挥司。下辖西安、镇戎、平虏三守御千户所。辖境相当于今固原市所辖各县和中卫市海原县以及同心县部分地区。成化十年(1474年),新置陕西三边总制府驻此,负责节制延绥、宁夏、甘肃三边之军务。

宁夏府【Níngxià Fǔ】 清代建置,雍正二年(1724年)置,治宁夏县(今银川市兴庆区老城)。明设宁夏镇、宁夏卫,系军事建制。顺治十五年(1658年)合并卫、所。康熙九年(1670年)划归甘肃巡抚统辖。雍正二年(1724年),改宁夏卫置宁夏府,改左卫为宁夏县,右卫为宁朔县,中卫为中卫县,平罗所为平罗县,灵州所为灵州。雍正四年(1726年)初设新渠县。六年设宝丰县。乾隆三年十一月二十四日(1739年1月3日)宁夏大地震后,撤裁新渠、宝丰二县。同治十一年(1872年)置宁灵厅。雍正八年(1730年)在灵州下设花马池分州。辖境即今宁夏北部引黄灌区各地、市、县(不含今同心县）和盐池县。

宁夏道【Níngxià Dào】　清顺治二年（1645 年）置，为行省派出机构，分巡宁夏，驻宁夏府城，雍正二年废。1913 年 2 月，改宁夏府为朔方道，12 月又改为宁夏道，直到 1929 年 1 月初宁夏建省。

朔方道【Shuòfāng Dào】　见宁夏道。

银川专区【Yínchuān Zhuānqū】　原为宁夏省省会银川市。1954 年 9 月 1 日，因宁夏省撤销，成立银川专区，为甘肃省政府派出机构，专员公署驻银川老城，辖贺兰、永宁、平罗、惠农、陶乐、宁朔、中宁、中卫 8 县。

吴忠回族自治州【Wúzhōng Huízú Zìzhìzhōu】　1954 年 6 月 19 日始设宁夏省河东回族自治区，9 月 1 日改隶甘肃省。1955 年 4 月 28 日更名甘肃省吴忠回族自治州，州政府驻吴忠堡，辖吴忠市、金积县、灵武县、同心县、盐池县。除盐池县外，各市县回族人口比例约占半数。1958 年 10 月 25 日因宁夏回族自治区成立而撤销，所辖市、县改为自治区直属。

西海固回族自治州【Xīhǎigù Huízú Zìzhìzhōu】　1953 年 11 月 1 日，西海固回族自治州成立，隶甘肃省，州政府驻固原县城关，辖西吉、海原、固原 3 县，"西海固"一名即源于此。1955 年 11 月 18 日，更名为固原回族自治州，1958 年 9 月 5 日改为固原专区。

固原专区【Gùyuán Zhuānqū】　1958 年 9 月 5 日以固原回族自治州改设，为甘肃省政府派出机构，专员公署驻固原县城关。10 月 25 日划属宁夏回族自治区，辖固原、西吉、海原、隆德、泾源 5 县。1970 年改称固原地区，俗称西海固地区。因历史原因，辖区经济落后，民众温饱问题多年未解决，故与定西、河西并列为国家重点扶贫的"三西地区"。1983 年增设彭阳县。2002 年 7 月，撤地设市，改固原地区为固原市，固原县改称原州区，辖海原县、西吉县、隆德县、泾源县、彭阳县和原州区。次年 12 月 31 日，将海原县划归中卫市。

银北地区【Yínběi Dìqū】　1972 年 2 月 23 日成立，地区革命委员会驻大武口，辖宁夏银川市以北各地，故名。1975 年 11 月 23 日，撤地改市，称石嘴山市。

银南地区【Yínnán Dìqū】　1972 年 2 月 23 日成立，地区革命委员会驻吴忠市，辖吴忠市、青铜峡市及灵武、盐池、中宁、中卫、同心 5 县，皆在银川之南，故名。1998 年 5 月 11 日撤地改市，称吴忠市。

四、县级建制（含同级军事机构）

昫衍县【Xūyǎn Xiàn】　宁夏历史上最早的县级建制之一。原为昫衍戎族牧地，公元前 320 年已入战国秦版图并置县。《史记·六国年表》卷十五：秦惠文王（初更）五年，王北游戎地，至河上。《汉书·五行志》卷二十七：秦孝［惠］文王五年，游晌衍，有献五足牛者。《说文》日部："晌，日出温也。北地有晌衍县。"秦、西汉仍为县，上隶北地郡，辖今盐池及陕西省定边两县之大部。今盐池县花马池镇柳杨堡村张家场古城尚存遗址，出土有大量西汉文物。

乌氏县【Wūshì Xiàn】　治乌氏城（在今何处待考）。宁夏最早的县级建制之一。原为西周故地，后为乌氏戎族居地，故名。战国秦惠文王取之，始置乌氏县，隶北地郡。秦因之。西汉元鼎三年后改隶安定郡，东汉名乌枝县。辖有今宁夏泾源县。乌氏县治何处，有三说。一为胡三省注《资治通鉴》，考在"弹筝峡东"，即今泾源县三关口东；二为《后汉书·郡国志》卷二十三安定郡属县："乌枝，有瓦亭，出薄落谷。"瓦亭至今未变，即今泾源县六盘山镇瓦亭村；三为出土的西汉居延简所记驿程，按里程推移应在今平凉市南十里。《史记·货殖列传》卷一二九："乌氏倮事畜牧，及众，斥卖，求奇缯物，间献遗戎王。戎王什倍其偿与之畜，畜至用谷量马牛，秦始皇帝令倮比封君，以时与列臣朝请。"大意是：乌氏县有个名叫倮的，专事畜牧，并与戎王进行交易，成为巨富，牛马多得难以计数，只好用山谷计。秦始皇令其享受封君待遇，经常参加朝议。

朝那县【Zhūnuó Xiàn】　今彭阳县古城镇。战国初为朝那邑，以朝那戎族居此得名。境内有湖名湫渊，郭沫若在《诅楚文考释》中认为，秦惠文王更元十三年（前312年）举兵伐楚前，作《诅楚文》刻石于碑，投湖祭龙王，乞求保佑战争取得胜利。此时，战国秦已置朝那县。秦属北地郡。西汉元鼎三年（前114年）改属安定郡。东汉至两晋仍为朝那县。县治今彭阳县古城镇，有遗址可考，出土有西汉早期青铜鼎，铭文有"五年，朝那容二斗重十二斤四两"，是朝廷给朝那县颁发的标准量具。西魏大统元年（535年）南迁至今甘肃省平凉市灵台县。

富平县【Fùpíng Xiàn】　秦始皇三十三年（前214年）置，属北地郡，治富平城（今吴忠市利通区西南）。地处富庶的平原地区，故名。辖境约当今宁夏平原大部。秦北部都尉治县城。西汉仍为北地郡属县，但辖境缩小至今吴忠市利通区、灵武市及青铜峡市的河西二镇。新莽更名持武。东汉复名富平，为北地郡治所。永和六年（141年）因羌族起义，随北地郡南徙关中，即今陕西富平县。

灵洲县【Língzhōu Xiàn】　治所在今吴忠市利通区古城湾，汉惠帝四年（前191年）置。县在黄河洲岛上，随水高下，未尝沦没，故号灵洲（亦写作州）。新莽改令周。辖河水主流与支流（即枝津）所围洲岛，约当今吴忠市利通区、灵武市、青铜峡市的沿河各地及永宁县、银川市、贺兰县东部。朝廷设牧马苑二，称号非苑、河奇苑。河奇之名，与灵洲同出一辙，即"灵"也。东汉因之，永和六年（141年）因羌族起义撤废。

灵武县【Língwǔ Xiàn】　汉武帝元鼎三年（前114年）始置，属北地郡，治典农城

（今青铜峡市邵岗镇西）。因县界有灵武谷，当时汉帝尚武，用兵匈奴，故名。其北有上河城，再北又有北典农城，阳朔间冯参为农都尉主管屯田时所筑。新莽改灵武县为威戎亭。辖今青铜峡河西大部及银川市、永宁县西部，东与灵州县隔河相望，北与廉县接壤。东汉县废。隋开皇十八年（598 年），将设在今兴庆区月牙湖乡的建安县改为广闰县。仁寿元年（601 年）杨广称帝，为避其名讳，更名灵武县，并迁回汉灵武县故址。唐因之，上隶灵州。境内有汉渠，其左右又有胡渠、御史、百家等八渠，各溉田五百余顷。唐灵武县人才辈出，最负盛名的是中唐名将浑瑊，终身从戎，战功显赫。泾原兵变时，唐德宗从长安逃至奉天（乾县）。浑瑊孤军救驾，苦战多日，大破数万叛军。官至行营兵马副元帅、检校司徒兼中书令，封咸宁郡王。《新唐书·孝友传》中的侯知道、程俱罗是灵武县农民，在父亲亡故后，"穿圹起坟，出于身力"，拒绝乡人帮助，然后在坟旁守孝。唐代文学家李华听说后，专程来此采访，二人已分别在荒山野岭守孝七年、三年，遂作《灵武二孝赞（并序）》，辑入《全唐文》中。五代后县废。1913 年，又在今灵武市重设灵武县。

廉县【Lián Xiàn】 治今平罗县崇岗镇下庙村南。汉武帝元鼎三年（前 114 年）始置，由朝廷命名。因在黄河之西，新莽曰西河亭。辖今贺兰县西部及平罗县、石嘴山市、惠农县全境。卑移山在西北，即今贺兰山北陲。东汉复名廉县，中期被羌族占领，县废。今平罗县崇岗镇暖泉村有遗址。

三水县【Sānshuǐ Xiàn】 西汉元鼎三年（前 114 年）置，隶安定郡，治今同心县下马关镇北红城水古城。汉武帝遣卫青击败匈奴后，以其地安置匈奴降众，内部因其故俗自治，朝廷设属国都尉管理。因属北地郡，称北地属国。元鼎三年析出置县，划属安定郡，改称安定属国。县东北有温泉，泉东有盐池，朝廷置盐官专其利，在今惠安堡西北，即唐代之温泉盐池，明清仍在大规模开采。新莽更名广延亭。辖境约当今同心县大部、盐池县西南部。东汉县内除匈奴族外，又有羌族进入。八任属国都尉皆贪财货。张奂继任，各部按惯例送呈金饰、良马。张奂却之不受曰："使金多如粟，不入我怀；马多如羊，不入我厩。"其为官清廉传为佳话，境内亦由乱到治。东汉后期县废。

参䜌县【Shēnluán Xiàn】 西汉始置，属安定郡。东汉改隶北地郡。治所在今同心县南部，疑即预旺汉代古城遗址。地名来源无考。辖今同心县南部、固原县东北部，为匈奴、羌族居地。东汉后期县废。

乌枝县【Wūzhī Xiàn】 战国秦始置乌氏县。西汉因之，新莽改乌亭。东汉改称乌枝县，仍隶安定郡。参见西汉乌氏县条。

西川县【Xīchuān Xiàn】 治今同心县下马关镇红城水古城。西汉置三水县。东汉末陷于羌。正始元年（240 年）凉州休屠胡二千余家降魏，郭淮奏请居之，置西川都尉，后改西川县，辖今同心县南部及固原市原州区北部。西晋县废。

回乐县【Huílè Xiàn】 北周置，故址在今吴忠市利通区古城湾，为灵州及普乐郡治。北周时，此地已号称"塞北江南"，生活富足，民风崇礼尚学，外流者皆回而乐之，故名。县内有回乐烽。李益有《暮过回乐烽》诗曰："昔时征战回应乐，今日从军乐未回。"诗意是反过来说：到这里从军的士兵，都乐得不想回了。隋唐至北宋初，回乐县一直是灵州治所，为第一大县，县城即灵州城，城外辖乡多达 12 个。西夏之后不见文字记载，疑已撤废。

鸣沙县【Míngshā Xiàn】 北魏置，治今中宁县东北鸣沙镇。此地人马行沙有声，异于余沙，故曰鸣沙。隋因之。唐仍为鸣沙县，属灵州。武德二年（619 年）置西会州，以县属之。贞观六年（632 年）废西会州，复置环州，治鸣沙县。九年（635 年）环州废，以县还属灵州。咸亨三年（672 年）于境内置安乐州（治今同心县韦州镇南），安置吐谷浑部，仍领鸣沙县。神龙二年（706 年）默啜（后突厥可汗）攻陷鸣沙县，灵武行军大总管沙吒忠义大败，仅战死者六千余人，县城荒废，移治于废丰安城，其后迁回故址。开元初，安置铁勒浑部之东皋兰州曾寄治县界。至德元年七月十三日升为上县。后被吐蕃攻占，县治又曾迁出，但具体时间不详。大中三年（849 年）收复后，改安乐州为威州，辖有鸣沙县。五代县废。西夏升鸣沙郡。元为鸣沙州。明初废州，徙其民于长安，空城颓废，正统年间曾修葺调兵防守。到清道光二十一年，西北大半已塌于河，仅剩三里七分之土城。其后城墙全无，仅存"鸣沙州"地名。

怀远县【Huáiyuǎn Xiàn】 《元和郡县图志》卷四记载："怀远县，本名饮汗城，赫连勃勃以此为丽子园。后魏给百姓，置为县，名怀远。"在今银川市东郊掌政镇东。"给百姓"，意即从内地移民于此。地名寓意内地移民志怀远方。西魏大统元年（535 年），与东魏发生战争，民户内迁，废县。北周建德三年（574 年）又从内地移民二万户于此，复置怀远县，并增设怀远郡治此（《太平寰宇记》卷三十六载）。隋开皇三年（583 年）罢郡，以怀远县属灵州。辖境包括今银川市三区、贺兰县及石嘴山市所辖区、县，西跨贺兰山至阿拉善左旗吉兰泰（即隋唐之红桃盐池）。唐因之。仪凤二年（677 年），城为黄河水汛损，三年（678 年）于故城西筑新城。唐肃宗在灵武郡登基后，诏令升为紧县。五代废县，降为怀远城。北宋初复为怀远县，开宝年间降为镇。咸平四年（1001 年）被西夏攻占。1038 年西夏以此为都，名兴庆府，但仍存怀远县，直至元末。因此，怀远县是银川市及兴庆区使用时间最长的历史地名，达 860 多年。

高平县【Gāopíng Xiàn】 西汉元鼎三年（前 114 年）置，治高平城（今固原市原州区城关），亦为安定郡治。因地在原上，既高且平，故名。莽曰铺睦。东汉安定郡移出，存县，因城池大而坚固，有"第一城"之称。三国魏、西晋废。前赵复置县，为朔州治地。前秦为北部都尉治，又为牧官都尉治。赫连夏再废县。北魏正光五年（524 年）复置。

平高县【Pínggāo Xiàn】 西魏末以高平县改。参见高平县条。

黄石县【Huángshí Xiàn】 北魏正光五年（524 年）置县，治阳晋川黄石固（今彭阳县东南红河附近），故名。隶长城郡。辖今彭阳县南部及平凉市东北部。

长城县【Chángchéng Xiàn】 西魏废帝二年（553 年）以黄石县改置，治黄石固（今彭阳县东南红河附近）仍隶原州长城郡，战国秦长城经此，故名。北周因之。辖境不变。

白池县【Báichí Xiàn】 北魏正光五年（524 年）始置，隶原州长城郡，治所待考。因境内泉水多而名。辖今彭阳县北部。

弘静县【Hóngjìng Xiàn】 治今永宁县南望洪镇附近。北魏太平真君六年（445 年），薄骨律镇将刁雍修艾山旧渠，平地积谷，奏请修建仓城，赐名刁公城，在今永宁县南望洪镇附近。刁雍又招内地汉民到此屯垦，立弘静镇，俗名汉城。隋开皇十一年（591 年）置弘静县，治在贺兰山东九十三里、灵州（今吴忠市北）东北六十里，黄河西三里。

保静县【Bǎojìng Xiàn】 治今永宁县南望洪镇附近。北魏置弘静镇，隋改弘静县，唐神龙元年（705 年）改安静县，至德元年（756 年）七月十二日，唐肃宗在灵武郡登基，次日诏告天下，文中改县名为保静，并升为上县。治在灵州（今吴忠市北）东北六十里，黄河外三里，西距贺兰山九十三里，即今永宁县南望洪镇附近。县有平田数千顷，耕之足以供军需。

建安县【Jiàn'ān Xiàn】 治今银川市兴庆区月牙湖乡西北。北魏太和初年平三齐，徙历下（古县名，今山东济南市）之民居此，因名历城。北周天和二年（567 年）又置历城郡，领建安一县，同治历城，在今银川市兴庆区月牙湖乡西北，黄河东岸。隋开皇三年（583 年）废郡存县，属灵州。

广润县【Guǎngrùn Xiàn】 原为建安县，隋开皇十八年（598 年）改广（一作大）润县。仁寿元年（601 年）为避太子杨广名讳，又改灵武县，并移至河西汉灵武县故址（今青铜峡市邵岗镇西）。

他楼县【Tālóu Xiàn】 晋有他楼城，亦作佗楼城、太楼城，城名含义无考。隋大业元年（605 年）置他楼县，属原州。南至州一百八十里，即今海原县李旺镇。

百泉县【Bǎiquán Xiàn】 北魏置黄石县，在今彭阳县南红河川上，属长城郡。西魏改长城县，北周因之。隋开皇初废郡，县属原州。大业初改百泉县，因水泉众多而名，属平凉郡。辖今彭阳县之大部，泾源县之一部。唐末县废。

温池县【Wēnchí Xiàn】 唐神龙元年（705 年）置，治今盐池县惠安堡北 9 公里盐池村，属灵州（今吴忠市利通区古城村），西北至州一百八十里。县西南侧有盐湖，西汉置盐官，朝廷专其利，唐代仍大规模开采。因其西 8 公里有温泉，故名温泉盐池。县名简作"温池"。至德元年（756 年）七月十三日升为上县。大中四年（850 年）属威州。五代县废。此处温泉在《水经注》中即有记载，1992 年仍有 30 多个泉眼涌水，汇成湖泊，水质甘甜，为甜水河之源。所成湖泊处极旱地区，冬不结冰，热气蒸腾，十分珍贵。因保护不力，2000 年后烧石灰者掘地炸石，将地下水脉络破坏，泉水不复存在。盐湖在明清时过度开采，盐产逐步枯竭，20 世纪 60 年代即已停产。

定远县【Dìngyuǎn Xiàn】　唐先天二年（713 年）置定远军，属关内道九军府之一，后又置定远县，属灵州。唐初主要边患在北方，置军戍守，故名定远。在灵州（今吴忠市北）东北二百里，景福元年（892 年）改警州，县废。

丰安县【Fēng'ān Xiàn】　隋置丰安县，取农丰民安之意，在今中宁县余丁乡石空村附近。后废。唐武德四年（621 年）复置丰安县，属灵州。贞观四年（630 年）隶回州，属灵州都督府。贞观十三年（639 年）县废，其地并入回乐县。

萧关县【Xiāoguān Xiàn】　晋有他楼城，隋置他楼县，治今海原县李旺镇，后废。唐贞观六年（632 年）置缘州，安置突厥降户，寄治于他楼城，属原州。高宗时（650—683 年），置他楼县。神龙年间（705—707 年）废他楼县，以其地置萧关县，治故白草军城。至德（756—758 年）后没于吐蕃。大中三年（849 年）收复，五年置武州，领萧关县，属关内采访使。中和四年（884 年）再陷吐蕃，武州侨治泾州之潘原（今甘肃平凉东），萧关县废。萧关县之名，源于西汉关中北面雄关——萧关，在今固原市南 40 公里瓦亭村。唐之萧关县，已在汉萧关之北 130 公里。二者之间的南北大道，为丝绸之路长安—凉州北道之一段，在唐代称萧关道。唐诗中，有大量吟诵萧关道的名句。

东山县【Dōngshān Xiàn】　今彭阳县古城镇。宋咸平二年（999 年）于秦汉故朝那县筑东山寨，以山为名，属镇戎军。建炎四年（1130 年）陷于金，金大定二十二年（1182 年）升为东山县，隶镇戎州，辖今彭阳县南部。元代废县置广安州。

三川县【Sānchuān Xiàn】　今固原市原州区彭堡镇隔城子古城。宋置三川寨，因有三条河汇流，故名，属镇戎军。建炎四年（1130 年）陷金。大定二十二年（1182 年）升三川县，属镇戎州，辖天圣、飞泉、熙宁、灵平、通峡、汤羌、九羊、张义等八寨。其辖境约当今固原市原州区大部、彭阳县北部及西吉、海原两县东之局部。元代县废。

陇干县【Lǒnggàn Xiàn】　北宋始置，治外底堡（今甘肃静宁县附近）。金皇统二年（1142 年）移治陇干城（今隆德县城关），属德顺州，与州同治一地。元代更名隆德县。陇干，陇山主干，即今六盘山主峰米缸山（古名高山、美高山），海拔 2942 米。

安化县【An'huà Xiàn】　北宋乾德二年（964 年）析华亭县地始置安化县，治安化峡（今泾源县新民乡），属仪州。太平兴国八年（983 年）移治制胜关（今泾源县城西北 2 公里官庄）。至道元年（995 年）复治安化镇。熙宁五年（1072 年）因仪州废，改属渭州。熙宁七年（1074 年）废制胜关，再徙县治于关地。建炎四年（1130 年）入金，改称化平县，属平凉府，辖今泾源县各地。

开成县【Kāichéng Xiàn】　北宋为镇戎军开远堡，即今宁夏固原市原州区开城镇。元朝至元十年，元世祖忽必烈皇子忙哥刺被封为安西王，分治秦、蜀，遂废原州，于州南开远堡地方展筑新城，设置开成府及开成县，为安西王之行都，视为上都，亦号上路。明代县废。

宁夏卫【Níngxià Wèi】　明洪武三年（1370 年）置宁夏府，五年废府，"空其城"，徙民于关陕。洪武九年（1376 年）创设宁夏卫，治今兴庆区南门内，迁五方之民以实之。其间军伍营制不齐，洪武二十六年（1393 年）七月整治之。洪武二十八年四月，改为右护卫。永乐元年（1403 年）正月再置宁夏卫（明兵制：连郡者设卫，大约 5600 名士兵为卫。辖一郡者设千户所，领 1120 人）。嘉靖年间，领 5 个千户所（每所统兵 1120 名）、50 个百户所，屯田 33710.8 顷，编制士兵 6838 名，有战马 2382 匹。士兵多数屯垦，约 2000 余人专事驿递差役。另有冬操夏种编余士兵 1111 名。还有备御西安左等卫官军 4199 人，分作两班：每年春二月一班在边，一班回卫；十月后防秋，两班俱在边。有战马 2382 匹。辖军事屯堡十一：潘昶堡、金贵堡、李祥堡、杨和堡、王泰堡、王铉堡、任春堡、河中堡、汉坝堡、叶升堡及河西寨。每堡有军丁百余事屯垦，以百户一员领之。因多系新设之堡，本无堡名，互以百户之姓名相称，世代沿袭。以下各屯卫所辖各堡之名，亦多类此。

宁夏前卫【Níngxià Qiánwèi】　明洪武十七年（1384 年）置，后废。永乐元年（1403 年）十二月复置，治今兴庆区老城北景岳小学，上隶陕西都司。所辖屯堡居北部边防前沿，故名前卫。嘉靖年间，领 5 个千户所、50 个百户所，屯田 2258.96 余顷，编制正额旗军 5600 名，管带旗军 1328 名，另招募士兵 1268 人。战马 1050 匹。辖屯堡 9：谢保堡、张亮堡、李纲堡、平虏城、周澄堡、平虏城、威镇堡、宋澄堡、黄沙马寨堡。

宁夏左屯卫【Níngxià Zuǒtúnwèi】　明洪武二十五年（1392 年）二月置卫，后废。建文四年（1402 年）十二月复置，治兴庆区老城东北。所辖屯堡多在宁夏镇东部，故名左屯卫，上隶陕西都司。嘉靖年间，领 5 个千户所，50 个百户所，编制兵员 7080 人，马 2230 匹。屯田 2991.41 顷。辖屯堡 14：蒋鼎堡（有仓场）、陈俊堡、瞿靖堡、林皋堡、邵岗堡（南路守备驻扎于此，有仓场）、李俊堡、王佺堡、林武马站堡、刘亮堡、魏信堡、张政堡、唐铎堡、许旺堡、王澄堡（有仓场）。参见宁夏卫。

宁夏右屯卫【Níngxià Yòutúnwèi】　明洪武二十五年（1392 年）二月置卫，后废。

建文四年（1402 年）十二月复置，上隶陕西都司。所辖屯堡多在宁夏镇西部，故名右屯卫。领 5 个千户所，50 个百户所，屯田 1277.44 顷，编制军丁数阙载，另招募士兵 1268 人。有战马 892 匹。辖屯堡 18，嘉靖《宁夏新志》实列堡名 17：大坝堡、靖夷堡、杨显堡、靖虏堡、威远堡、平胡堡、雷福堡、桂文堡、常信堡、洪广堡、高荣堡、姚福堡、镇朔堡、杨信堡、镇北堡、平羌堡、新兴堡。堡名来历参见宁夏卫。

宁夏中屯卫【Níngxià Zhōngtúnwèi】 洪武二十五年（1392 年）置，后废。建文四年（1402 年）复置，治兴庆区南门城楼内东侧。永乐四年（1406 年）十二月并入宁夏卫。正德五年（1510 年）八月，革庆王中护卫，改置屯卫，名中屯卫，隶陕西都司。嘉靖年间，领 5 个千户所，50 个百户所，编制旗军 5488 人。屯田 1931.14 余顷。领屯堡五：虞祥堡、汉伯堡、金积堡、中营堡、镇河堡。堡名来历参见宁夏卫。

宁夏中卫【Níngxià Zhōngwèi】 元置应理州，明洪武三年（1370 年）州废，以宁夏左屯卫军余（编余或未正式入籍的军人）屯种于此，人数不详。永乐元年正月丙申（1403 年 2 月 9 日）由宁夏右护卫改置宁夏中卫，上隶陕西都司。原额马 1400 匹。辖境约当今中卫市沙坡头区全境及中宁县大部。辖军事屯堡 11：柔远、镇靖、永康、宣和、宁安、威武、石空寺、枣园、常乐、镇虏、宁安新堡。另有民户 1923 户 4069 口。原城池周长四里三分，天顺四年（1460 年）增筑为七里三分，并浚护城河，有城门二：东曰振武，西曰镇远。嘉靖三年增辟南门。皆有城楼。

宁夏后卫【Níngxià Hòuwèi】 古盐州地。明正统二年（1437 年），立哨马营并筑堡。城在边墙外，成化年间移筑于今盐池县花马池镇。弘治七年（1494 年），改置花马池守御千户所。正德元年（1506 年），升为宁夏后卫，领 5 个千户所、50 个百户所，原额旗军 5200 名，马 673 匹。另驻备御庆阳等路官军 2039 人。领堡寨三：安定堡、柳杨堡、铁柱泉，辖地相当于今盐池县东北部和灵武市部分地区。

灵州千户所【Língzhōu Qiānhùsuǒ】 明代以前之灵州，在今吴忠市利通区古城镇。洪武三年（1370 年），徙民于关陕，一度空其城。十六年（1383 年），西南城角为河水浸毁，于故城北十余里筑新城。十月置灵州河口守御千户所，属陕西都司。永乐末，河水又迫近城下，又在其东建新城。宣德三年（1428 年），复在新城东五里再建新城，即今灵武市城关，改灵州河口守御千户所为灵州千户所，属宁夏卫。正德元年（1506 年）九月，改为灵州守御千户所，还属陕西都司。万历以后，又归属宁夏卫管辖，仍为灵州千户所。领堡十三，属城十。辖地相当于今灵武市全境和利通区、盐池县部分地区。

兴武营守御千户所【Xīngwǔyíng Shǒuyù Qiānhùsuǒ】 位于明长城两道边墙交会处，今盐池县高沙窝镇营西村境内遗址犹存。旧有古城，称半个城，不知何代所遗。明正统十年（1445 年）于旧基重新筑城，屯兵戍守，置兴武营。正德元年（1506 年）升为兴武营守御千户所，属宁夏卫，辖今盐池县西北部地区，主要戍守宁夏东边墙西段。

宁夏平虏守御千户所【Níngxià Pínglǔ Shǒuyù Qiānhùsuǒ】　明嘉靖中置，治平虏城（今平罗县城关）。旧无城池。洪武中，分拨宁夏前卫后千户所驻此。永乐初，立哨马营并筑营城。嘉靖三十年（1551 年），改设平虏守御千户所，直属陕西都司，辖今石嘴山市全境及贺兰县北部。

宁夏群牧千户所【Níngxià Qúnmù Qiānhùsuǒ】　（即韦州群牧所）明洪武间置，治韦州（今同心县韦州镇）。得名于西夏之韦州静塞军司。明洪武二十七年（1394 年）置宁夏群牧千户所，隶宁夏卫，实属朱栴之庆王府。

平虏守御千户所【Pínglǔ Shǒuyù Qiānhùsuǒ】　明弘治间置，治豫望城。元代以今同心县预旺镇之地封豫王，并筑城，俗呼"豫王城"。明弘治十四年（1501 年），修复古城。十八年（1505 年）置平虏守御千户所，属固原卫，而军事防务仍归宁夏镇总兵指挥。清代后依其城为居民点，往往设乡，民国年间写作"豫旺"，当代讹作"予旺"。

镇戎守御千户所【Zhènróng Shǒuyù Qiānhùsuǒ】　明成化十二年（1476 年）置，属固原卫，地名八营，即今海原县七营镇北之北嘴古城。因宋代镇戎军而名，辖境约当今固原市原州区北部、同心县西南及中卫市海原县东南部。

西安州守御千户所【Xī'ānzhōu Shǒuyù Qiānhùsuǒ】　明成化五年（1469 年）设西安州守御千户所，隶固原卫，治西安州（今海原县西安镇）。西夏政权建立后，于其地建南牟会城，宫殿府库皆备，为元昊与其宠妃之行宫。1081 年被宋将李宪攻占，焚毁其城。北宋元符元年（1098 年），于此重新筑城设州，朝廷赐名西安。今遗址尚存。

宁夏县【Níngxià Xiàn】　明为宁夏镇左屯卫。清雍正二年（1724 年）置宁夏县，与宁夏府同治宁夏城（今银川市兴庆区老城），辖堡寨二十一和府城前在城、左在城、宁在城三街区。辖境相当于今银川市、贺兰县、永宁县大部。民国初因之。1935 年 5 月更名贺兰县，移治今贺兰县习岗镇。

宁朔县【Níngshuò Xiàn】　清雍正二年，以宁夏右屯卫改县，取宁夏、朔方首字命名宁朔县，治宁夏城，属宁夏府，辖堡寨二十三和府城更名户、张腾户、邵必户、谢谷俊户四街区。辖境约当今银川市、永宁县、青铜峡市、贺兰县部分地区。1913 年属宁夏道，将县治迁至新满城。1943 年县政府移驻王洪堡，1941 年再移李俊堡，后又移治小坝。1960 年 8 月 15 日撤销宁朔县，另设青铜峡市于峡口。

新渠县【Xīnqú Xiàn】　原属平罗县东部沿河滩地。清雍正四年（1726 年），因近黄河，水利方便，建闸开渠，招民屯垦，五月乙未设新渠县，治今平罗县姚伏镇东。乾隆三年十一月二十四日（1739 年 1 月 3 日）宁夏大地震，城堡、渠闸俱毁，于次年三月壬子撤销新渠县，其属地回归平罗县。

宝丰县【Bǎofēng Xiàn】　原属平罗县东部沿河滩地。清初称为查汗托护和石嘴子地方，因近黄河，水利方便，建闸开渠，招徕兴垦。于雍正六年（1728 年）十一月壬戌设宝丰县，治今平罗县宝丰镇，与新渠县共辖堡寨五十三，均归宁夏府管辖。乾隆三年十一月二十四日（1739 年 1 月 3 日）大地震，城堡、渠闸俱毁，遂于次年三月壬子撤销宝丰县，其地仍归平罗县管辖。

宁灵厅【Nínglíng Tīng】　原为灵州属堡。清同治十一年（1872 年），马化龙领导的金灵回民反清斗争被镇压后，为加强对灵州回民聚居区的控制，经陕甘总督左宗棠请准，改宁夏水利同知为宁灵抚民同知，其衙署宁灵厅驻金积堡，直属宁夏府管辖。划辖七堡城，约当今吴忠市西南部和同心县北部地区。1913 年改置金积县。1960 年 8 月 15 日撤县，多数地方划归吴忠市，西南局部划属青铜峡市。

花马池分州【Huāmǎchí Fēnzhōu】　清雍正四年（1726 年）置，治花马池城（今盐池县花马池镇）。其地有盐湖，传说池中忽现花马，盐产顿丰，故名花马池。明为宁夏后卫，筑长城，设长城关，关内筑花马池营（城）。清雍正八年二月乙卯（1730 年 4 月 3 日），添设州同，为灵州花马池分州。领堡寨六。辖境即今盐池县。

海城县【Hǎichéng Xiàn】　清同治十三年（1874 年）置，治海城（今中卫市海原县海城镇），其名源于明代之海喇都堡。清初辟为牧地，招民开垦，责平凉府驻固原州之盐茶同知代司赋租之务。乾隆十二年（1747 年），平庆道移治固原州，次年即将原驻州城之平凉府盐茶同知移驻海喇都，起建厅署，遂为盐茶厅城，称海城。同治十三年，改设海城县。上隶固原直隶州，下属堡寨十四处，辖境相当于今海原县。1914 年，因与辽宁海城县重名，更名海原县。

硝河城分州【Xiāohéchéng Fēnzhōu】　清同治十三年（1874 年）置，治硝河堡城（今西吉县硝河乡），因其地有硝河而名。原为固原州属地，清初归盐茶厅管。同治十三年，固原州升直隶州，别置州判于硝河堡城，隶固原直隶州，下管五堡。辖境相当于今西吉县南部部分地区。

化平川直隶厅【Huàpíngchuān Zhílìtīng】　原属甘肃省华亭县，山大沟深，交通不便，人烟稀少。清同治十年（1871 年），清军镇压西北回民反清运动后，迫迁部分陕西籍回民于此，筑城驻兵，割平凉、固原、隆德、华亭四州县边地析置化平川直隶厅，治今泾源县香水镇，沿用金国所置化平县之名。上隶平庆泾固化道，下辖香水里、化临里、圣谕里、白面里。辖境约当今泾源县大部（除六盘山镇、大湾乡）。

平远县【Píngyuǎn Xiàn】　明为平虏守御千户所管辖之下马关堡。清初因之，后改属盐茶厅。清同治十三年（1874 年）置平远县，治下马关。上隶固原直隶州，下辖十里。辖境约当今同心县。

镇戎县【Zhènróng Xiàn】　原属甘肃省固原直隶州平远县。1913 年划属朔方道，改名镇戎县，更具民族歧视色彩。辖今同心县大部。1929 年划属宁夏省，更名豫旺县，因元代封豫王牧地而名，县政府仍驻下马关。1938 年 4 月改名同心并移至半个城（今同心县城）。

陶乐县【Táolè Xiàn】　地处黄河东岸，湖滩多，又属河套地区的西套，故清代称"套虏湖滩"。民国初与绥远省划界不清。1935 年内政部查勘后划归宁夏。1937 年成立陶乐设治局，根除了地名中的民族歧视含义。1941 年设陶乐县，直到 2003 年 12 月 31 日撤销。除南端月牙湖乡划归银川市兴庆区外，其余各地属平罗县。

五、城堡军寨

城镇指独立而有城池的聚落，不包括州县衙驻在之城。堡为居民点，多数朝代筑有城墙，从清代起一般无城墙。军寨是宁夏历史上特有的地名，仅存在于北宋与西夏对峙时期，都有较大的城池，屯驻禁军 3000 人左右，护卫若干民堡，其级别略低于县级。宁夏历史上出现过数百个城堡军寨地名，仅选介具有代表性、今已废弃者。

塞外浑怀障【Sàiwài Húnhuái Zhàng】　军事要塞，蒙恬于秦始皇三十三年（前 214 年）筑以御匈奴，为浑怀都尉理所，故名。西汉沿用，并驻戍卒屯垦。北周又置历城郡，领建安县。《水经注》卷三："河水又东北径廉县故城东。河水又北与枝津合……河水又东北径浑怀障西。"《元和郡县图志》卷四怀远县条："废灵武城，在〔怀远〕县东北隔河一百里。其城本蒙恬所筑，古谓之浑怀障，即浑怀所理道。"唐怀远县治地在兴庆区老城；按"县东北隔河一百里"考证：今月牙湖乡政府之东的二道墩，南至银川黄河大桥为 41.5 公里，折向西至兴庆区南门广场为 15.2 公里；合计 56.7 公里。因此，塞外浑怀障的位置，必在月牙湖乡西北。旧址不存，疑在隋末被黄河冲毁。浑怀是秦代驻守都尉之名，因在长城外，故名塞外浑怀障。从秦筑三十四县城临河及西汉调遣大批士兵到此屯垦的记载看，其规模与县城同。今月牙湖乡兵沟汉墓群，当是军官亡后安葬遗迹。

神泉障【Shénquán Zhàng】　在今吴忠市西到青铜峡峡口一带，秦蒙恬于秦始皇三十三年（前 214 年）筑以御匈奴，以泉为名。西汉为北部都尉治。

典农城【Diǎnnóng Chéng】　分南北两座，均为西汉阳朔年间冯参任上河农都尉时所筑，在当时的上河（黄河宁夏段干流）西侧。南典农城在今青铜峡市邵岗镇西，北典农城疑在今永宁县玉泉营一带。这里的典，作"主管""主持"解。典农，即管理农业、屯垦。两座典农城都在西汉的灵武县境内，唐代文献所记之汉渠即在县境，可溉田四千顷。

丁奚城【Dīngxī Chéng】　东汉城名，在灵洲县城之北，黄河洲岛上，羌族居地，其首领滇零联络西北诸部发动羌族起义，于永初二年（108 年）在丁奚城自称天子。他去世后，其子零昌仍以丁奚城为中心，指挥部下与官军作战，迫使北地等三郡内迁。

饮汗城【Yǐnhàn Chéng】　本匈奴族城名，匈奴语音，其含义、始筑时间不详，407年匈奴人赫连勃勃建大夏国后，以此为丽子园。《元和郡县图志》卷第四："关内道……灵州，……怀远县，上。南至州（唐灵州，今吴忠市古城湾）一百二十五里。在州东北，隔河一百二十里。本名饮汗城，赫连勃勃以此为丽子园。"据此，饮汗城即北魏至唐初怀远县城所在，位于今银川市兴庆区掌政镇东。赫连勃勃改建的丽子园，是宁夏最早的园林，说明他已改变匈奴族世无定居、逐水草而牧的习俗，吸收了汉文化。

刁公城【Diāogōng Chéng】　北魏太平真君五年（444 年），刁雍任薄骨律镇将，修复艾山旧渠，灌溉农田 4 万顷。从第二年起，连年大稔，仓储满盈，只好平地积谷，故于太平真君九年上表求于河外三里（今永宁望洪镇）造城储谷。魏太武帝诏准。次年城就，赐名为刁公城，亦称薄骨律仓城。刁雍又招内地民来此垦殖，立弘静镇，俗称汉城，后发展为弘静县。

千金堡【Qiānjīn Pǔ】　始筑时间不详，在唐怀远县（今银川市）西北四十里，即今银川市西夏区芦花台至阅海公园之间。其东有长湖，名千金陂，长五十里，宽十里（清代演变为七十二连湖）。千金堡之名，即源于此。唐永昌元年（689 年）更名新堡，安置防御军二千五百人，储粮五万石。五代后地名消失。

东关镇【Dōngguān Zhèn】　今灵武县城西南，沿革不详。北宋初属回乐县，旁有黄河渡口，扼灵州之东，故称东关镇。咸平五年（1002 年），灵州被西夏奠基人李继迁攻占。咸平六年（1003 年）五月，李继迁仍"在灵州东三十里东关镇，树栅居之，所部人骑约三万"。西夏立国后，常驻兵五万以护灵州。

平夏城【Píngxià Chéng】　唐代置石门关，宋初称"旧石门城"，1041 年为西夏境土。绍圣四年（1097 年）宋知渭州章粢率四路大军攻取，并展筑其城，朝廷赐名为平夏城，今固原市原州区三营镇黄铎堡村有遗址。大观二年（1108 年）于此置怀德军。元符二年（1099 年）立镇戎军至西安驿道，于此设驿，名为"石门驿"。大观元年（1107年）宋于此建都仓，称"裕财仓"，可储粮五百万斤。元代后城池荒废，地名消失。

羊牧隆城【Yángmùlóng Chéng】　宋天禧元年（1017 年）在邪没笼川筑，今西吉县将台镇南境火家集有遗址。城名为"蕃语"的河流名，此地从唐广德元年（763 年）至宋初的二百多年间，一直为吐蕃族牧地，故疑"羊牧隆"是吐蕃语的音译，含义不详。庆历元年（1041 年）宋夏好水川之战，元昊以诱敌深入、据险设伏之计，在羊牧隆城西五里好水川全歼宋军，主将任福及将士三万余人战死。此役西夏以飞鸽报警之法，确定宋军方位，引导夏军骑兵攻击，故作为典型战例，写入《军事百科全书》。庆历三年更名隆德寨，金升隆德县。元代之后地名搬家，此后的隆德县，盖源于此。

瓦亭寨【Wǎtíng Zhài】　西汉设萧关，为关中北面雄关。东汉为邮亭，疑系新莽改乌氏县为乌亭县之谐音而名瓦亭。瓦亭为军事要地，即东汉初牛邯军瓦亭之处。唐代设陇山关，为全国六个上等关之一，控丝绸之路。唐广德元年（763年）后被吐蕃攻占，交通断绝。北宋初筑瓦亭寨，驻军最多时曾达六千人。今泾源县六盘山镇瓦亭村尚存瓮城。宋代以后至清末，常设瓦亭驿，为交通咽喉之地。

通峡寨【Tōngxiá Zhài】　原为西夏境土，北宋元丰四年（1081年）被宋将刘昌祚攻占，宋元符元年（1098年）二月十四日兴筑，三月十七日工毕。因在峡谷口外，故名。亦名没烟前峡。在今海原县黑城镇北苋麻河谷口。先属镇戎军，大观二年（1108年）改隶怀德军。辖有五堡。大观元年（1107年）于此建都仓曰裕民仓，可储粮五百万斤。建炎四年（1130年）陷金，后改隶镇戎州三川县。

南牟会【Nánmóu Huì】　西夏元昊时始筑，名南牟会城，有宫殿府库。元昊常与宠妃居此。元丰四年（1081年）宋五路征西夏，李宪将其焚毁。次年，西夏皇太后梁氏遣乙埋修复。元符元年（1098年）被宋军攻取。元符二年复筑，故称南牟会新城，并于此建西安州，即今海原县西安镇西安州古城。建都仓可储粮五百万斤，名裕边仓。又设南牟驿，开驿道通镇戎军（今固原市）。

定川寨【Dìngchuān Zhài】　北宋庆历二年（1042年）筑，属镇戎军，在秦长城及长城壕外，依山傍水，即今固原市原州区中河乡硝河西北岸黄嘴古城。是年九月，宋、夏定川寨之战爆发。元昊领兵10万，全歼宋泾原路经略安抚招讨副使葛怀敏等部，葛怀敏及以下战将16人、士兵9400人战死。寨城毁于战火，再未恢复。

萌城【Méng Chéng】　明筑，属灵州千户所，在今盐池县惠安堡镇萌城村。控南下关中交通大道，故设萌城批验盐引所，置大使，查验盐税、堵禁私盐。又设萌城驿，原额甲军113名。为转运军用物资，还设萌城递运所，原额旗军147名。

第二节　山　川

一、山

卑移山【Bēiyí Shān】　西汉山名，即今贺兰山暖泉以北段。《汉书·地理志》卷二十八北地郡廉县后注：卑移山在西北。《水经注》卷三：河水又东北径廉县故城东，王莽之西河亭，地理志曰卑移山在西北。廉县，西汉置，今平罗县下庙乡暖泉村有遗址。卑移山在其西北，当指贺兰山暖泉以北段。

乞伏山【Qǐfú Shān】 今贺兰山北端。唐代贺兰山北端与黄河相交处山峰名。唐《元和郡县图志》卷四灵州保静县后："贺兰山，在县西九十三里……其山与河东望云山形势相接，迤逦向北经灵武县，又西北经保静县西，又北经怀远县西，又北经定远城西，又东北抵河。其抵河之处亦名乞伏山。"参见第二章贺兰山条。

克危山【Kèwēi Shān】 宋、西夏时贺兰山北陲之异名。《西夏纪事本末》卷首所附《西夏地形图》标有此山，位置在定州（今平罗县南）之西北、黄河西岸，并有交通大道与定州相通。以此考之，克危山即今贺兰山北陲。

望云山【Wàngyún Shān】 唐代山名，即今牛首山。唐《元和郡县图志》卷四灵州保静县后："贺兰山，在县西九十三里……其山与河东望云山形势相接。"

艾山【Ài Shān】 今牛首山、青山之统称，北魏山名，属薄骨律镇，南北宽二十六里，东西长四十五里，即今跨吴忠市、青铜峡市、中宁县之牛首山及河外之青山。《魏书·刁雍传》卷三十八：五年，以本将军为薄骨律镇将。至镇，表曰："……富平西南三十里，有艾山，南北二十六里，东西四十五里，凿以通河，似禹旧迹……今艾山北，河中有洲渚，水分为二。西河小狭，水广百四十步。臣今求来年正月，于河西高渠之北八里、分河之下五里，平地凿渠……"艾山到底是今西岸的青山，还是东岸的牛首山？牛首山在河东，与修渠之事无关。青山虽在河西，但东西宽只有二里左右，南北长也不到二十六里。因此，把艾山当作单独的某一座山都不太妥当。刁雍的奏表，似乎把河东、河西的两座山作为一个整体统称艾山。

娑罗模山【Suōluómó Shān】 今永宁县玉泉营西贺兰山峰名。明清山峰名，一作莎罗模山，近贺兰山之灵武口，今属永宁县境。《嘉靖宁夏新志》卷一：莎罗模山，城西南一百里，近贺兰山之灵武口。水自地涌出。旧有龙王祠，祷旱多应。《乾隆宁夏府志》卷二：娑罗模山，在府南一百里，近贺兰山灵武口，有水涌出，流入玉泉地，玉泉营以此得名。

金积山【Jīnjī Shān】 明清山名，因土色如金，故名。即今青铜峡市、吴忠市、中宁县交界之牛首山。《嘉靖宁夏新志》卷三；金积山，在州西南一百余里，产文石。上有牛首寺。

磁窑山【Cíyáo Shān】 明清山名，在今灵武市磁窑堡，其地系陶冶之所，故名。现存西夏制瓷遗址，废残瓷片堆积如山。2005 年，在南磁湾发现面积大、分布集中、保存完整的恐龙化石群遗址，就地建有恐龙博物馆。

长乐山【Chánglè Shān】 唐宋山名，亦名铎落山、达乐山，为吐谷浑部落居地，属安乐州。宋代又名乐山。明代改称蠡山。即今同心县大罗山。唐咸亨三年（672 年），辖有今青海全境的吐谷浑王国被吐蕃大败，退居于大通河流域，不安其居，请求内迁。

唐高宗下令将其国王慕容诺曷钵及其残部迁于灵州鸣沙县西境，置安乐州，"欲其安且乐也"。今大罗山东麓红城水村有州城遗址。吐谷浑迁此，实现安且乐，故名其山为"达乐山"。后又改州名为长乐州，山亦称"长乐山"。

蠡山【Luó Shān】　今同心县罗山，即唐宋之长乐山、达乐山、铎落山、下北山、乐山。一说系明代庆王府长史刘昉以山形似螺而称蠡山，实则因乐山之音转而名。嘉靖《宁夏新志》卷三韦州：蠡山，在城西二十余里。层峦耸翠，草木茂盛，旧不知何名。洪武中，庆府长史刘昉以其形似名之。

麦田山【Màitián Shān】　魏晋南北朝山名，亦名无孤山，为陇西鲜卑、河西鲜卑居地，疑即今中卫县香山。《晋书·载记·秃发乌孤》卷一二六：秃发乌孤，河西鲜卑人也。其先与后魏同出。八世祖匹孤率其部自塞北迁于河西，其地东至麦田、牵屯……《水经注》卷二：河水又东北径麦田山西谷。山在安定西北六百四十里。河水又东北径于黑城北，又东北高平川水注之。

牵屯山【Qiāntún Shān】　魏晋南北朝时山脉名称，系陇西鲜卑、河西鲜卑居地。一作牵条山。十六国时一般指陇山北段，即今固原城以北的六盘山脉。北魏时所含地域有所扩大，《魏书·刁雍传》记刁雍造船在"牵屯山河水之次"，将今中卫县的香山也包括进去。《水经注》卷二"高平川水"：川水又北……肥水注之，水出平高县西北二百里牵条山西。《晋书·载记·秃发乌孤》卷一二六：秃发乌孤，河西鲜卑人也……其地东至麦田、牵屯，西至湿罗，南至浇河，北接大漠。

天都山【Tiāndū Shān】　疑今海原县西华山、南华山之统称，宋、西夏时山名，主峰今名马万山，海拔2955米。元昊以其为军事指挥中心，并营建宫室。元符二年（1099年）后属宋之西安州。金攻取后赐西夏。今海原县西华山金牛寺所存明万历二十六年天都山碑铭文：……西安州治……西门外十里许有山，名曰天都山。

莲花山【Liánhuā Shān】　清代山名，在海原县城南约十五里，相传因山形似莲花，故名。近代音转为南华山。其南北宽三十里，东西长四十里。《乾隆盐茶厅志备遗》：莲花山，在海城南一十五里，南北长三十里，横亘四十余里，峰峦秀拔，中有沃壤，水草肥美，相传山似莲花，故得名焉。山高气寒，春秋雨皆成雪，故又称为雪山。

峗朱龙山【Wéizhūlóng Shān】　今月亮山。宋、西夏时山名，即今海原县南、西吉县北之月亮山，属六盘山脉，主峰海拔高2633米。山体为北西—南东走向，长约40公里，宽约20公里。《宋史·地理志》卷八十七西安州宁安寨下注：崇宁五年，武延川峗朱龙山下新寨赐名宁安。今西吉县城北26公里月亮山南麓有宁安寨遗址。故峗朱龙山即今月亮山。

美高山【Měigāo Shān】　今隆德、泾源县交界之米缸山。明清山名，在隆德县陈靳乡西南、泾源县惠家台乡西北，为六盘山主峰，高 2942 米。泾水源头之一出自山西麓，疑即《山海经》"泾水出焉"之高山。明清史籍均称美高山，今讹作米缸（冈）山。《太平寰宇记》卷三十三原州百泉县：泾水源出县西南泾谷……《水经》云："泾水出安定泾阳县高山泾谷。"郦道元注云："《山海经》曰高山，泾水出焉，东流注于渭。"《康熙隆德县志》山川：东南二十里曰美高山，产松竹药草。

都庐山【Dūlú Shān】　今泾源县东瓦亭西南小六盘。西汉至南北朝山名，亦名薄落山、可蓝山，泾水北源所出。西汉属乌氏县，东汉属乌枝县。山在县之西。《汉书·地理志》卷二十八下："安定郡……乌氏，乌水出西，北入河，都庐山在西。莽曰乌亭。"《后汉书·地理志》卷二十三："安定郡……乌枝，有瓦亭，出薄落谷。"都庐山与可蓝山、薄落山是一山异名，在今泾源县六盘山镇瓦亭村之东南，民众俗称"小六盘"。

弹筝峡【Tánzhēngxiá】　北魏至隋唐著名险峡，控丝绸之路长安至凉州北道咽喉，扼萧关、六盘关、制胜关之口，故又名三关口，在今泾源县六盘山镇蒿店村西侧。《太平寰宇记》转引《水经注》曰："泾水经都庐山，山路之内，常有如弹筝之声，行者闻之，歌舞而去。又云弦歌之山。峡口水流，风吹滴崖，响如弹筝之韵，因名之。"其地十分险峻，百丈峭壁垂直而立，历代摩崖石刻、碑铭荟萃。北崖壁上现仍有"山容水韵""山水清音""峭壁奔流"等摩崖石刻。《三关口峡道碑记》等碑刻尚存固原博物馆。各种古《西行记》，亦详细记载古道之险要。

鸡头山【Jītóu Shān】　秦汉时山名，即今泾源县内六盘山泾河源头。《汉书·地理志》作开（qiān）头山，又名笄头山，山峰形如鸡冠，远望似鸡头，故名。有鸡头道。《史记·秦始皇本纪》卷六：二十七年，始皇巡陇西、北地，出鸡头山，过回中。《汉书·地理志》卷二十八下：[泾阳县]笄头山在西，《禹贡》泾水所出。《史记正义》：原州平高县西百里亦有笄头山，在京西八百里，黄帝鸡山之所。

二、河流

上河【Shàng Hé】　东汉至南北朝今中宁县至银川市一段黄河之别名。有峡，河侧两山相对，水出其间，曰上河峡，世谓之青山峡，即今青铜峡。《后汉书·西羌传》卷八十七：任尚将诸郡兵与马贤并进北地击狼莫……相持六十余日，战于富平上河，大破之。《水经注》卷二：河水又东北径呴卷县故城西（地理志曰河水别出为河沟，东至富平，北入河。河水于此有上河之名也）。同书卷三：河水又北过北地富平县西，河侧有两山相对，水出其间，即上河峡也，世谓之青山峡。

北河【Běi Hé】　战国至汉代河套地区一段黄河的别称。因在秦汉都城之北，而当时的黄河叫"河"，故名北河。《史记·秦本纪》卷五：[秦惠文君]十四年，更为元年……五年，王游至北河。《史记正义》按：王游观北河，至灵、夏州之黄河也。《史记·卫将军骠骑列传》：今车骑将军……遂西定河南地，按榆溪旧塞，绝梓岭，梁北河……

高平川水【Gāopíngchuān Shuǐ】 今清水河。因其冲积平原称"高平川"，故名；或曰因汉在其上游置有高平县而得名。《水经注》称高平水，记述甚详。又因汇水含碱量高，水质咸苦，亦名苦水。唐代至宋夏史籍改称蔚茹水。明代改今称。源出固原市原州区西南四十里开城乡黑刺沟垴，流经城东南转北，再经海原、同心县境，至中宁县泉眼山西入黄河。流域面积 8500 平方公里，干流长 180 公里，年径流量约 1.65 亿立方米。《水经注》卷二："河水又东北径于黑城北。又东北；高平川水注之，即苦水也。"唐《元和郡县图志》卷三："萧关县……蔚茹水，在县之西，一名葫芦河，源出原州西南颓沙山下。"《太平寰宇记》卷之三十三："蔚茹水，一名胡芦河，源出原州西南颓沙山中。"《嘉靖固原州志》山川："清水河在州西南四十里，发源六盘山下，至鸣沙州入黄河。"

蔚茹水【Wèirú Shuǐ】 见高平川水。

龙泉水【Lóngquán Shuǐ】 今固原市城北之北海子，系今清水河支流。《水经》称龙泉水；明代音转称暖泉，一名北鱼池；民国年间称临洮泉水。《水经注》卷二高平川水："……东北流经高平县故城东……其水又北，龙泉水注之，水出县东北七里龙泉，东北流注高平川。"《万历固原州志》上卷："暖泉，在州北五里，隆冬不冻，流入清水河。"

石门水【Shímén Shuǐ】 今固原市原州区北境中河，系清水河主要支流，因流经石门（今寺口子），故名。其侧有须弥山，近代又名须灭都河。水有五源，汇合后出寺口子（石门），经黄铎堡、代店、平路向东北汇入清水河。《水经注》卷二高平川水："苦水又北与石门水合。水有五源：东水导源高平县西八十里，西北流；次水注之，水出县西百二十里如州泉，东北流；右入东水乱流，左会三川，参差相得……谓之石门口，水曰石门水。石门之水又东北注高平川。"

自延水【Ziyán Shuǐ】 今海原县东、固原市原州匹北境之苋麻河。系清水河支流。《水经注》称自延水，民国年间称北河。源出海原县南华山东侧，再经固原黑城乡向东北流注于清水河。《水经注》卷二："石门之水又东北注高平川。川水又北，自延水注之。水西出自延溪，东流历峡谓之自延口，又东北经延城南，东入高平川。"

肥水【Féi Shuǐ】 今海原县石峡口水，系清水河支流，主源是今海原县的园河，发源于西华山西麓，又汇入三条支流，东北出石峡口入高平川水（即今清水河）。《水经注》卷二高平川水："川水又北，径三水县西，肥水注之。水出高平县西北二百里牵条山西，东北流，与若勃溪合。水有二源，总归一渎，东北流入肥。"

三、湖泊（含盐湖）泉井

湫渊【Jiǔ Yuān】　秦汉时由朝廷祭祀的湖泊名，在今固原市原州区开城镇马厂村东海子水库，祭坛在今彭阳县古城镇北约 7 公里有遗址。秦汉时，湖周长四十里，冬夏水不增减，湖畔不生草木，世人奉作神灵祀之，因在朝那县境内，称作湫渊祀朝那，战国秦已定为祭祀龙王场所。秦惠王伐楚前，派"宗祝"（管理巫师者）到此祭祀龙王，刻《诅楚文·湫渊》石碑投于湖，诅咒楚王无道、乞求战争胜利。此碑于宋代出土，赵明诚《金石录》中存有拓本，今藏中国文字博物馆。秦始皇灭六国后，统一全国常祀名山大川，湫渊被列为常祭的全国六大名川之列，也是唯一的湖泊，由朝廷派祠官主祭。每年祭三次：秋末封冻、冬季年末、初春解冻之时。祭品包括牛、犊各一，羊、圭若干，俎豆等（《史记·封禅书》）。汉代沿袭。汉文帝十四年因大丰收，扩大坛场，增加祭品（《汉书·地理志》《汉书·郊祀志》）。湖水经历代耗减，至唐代周回仅有七里（《元和郡县图志》卷三）。明代时长五里，宽约一里。唐以前建有湫渊祠及祭坛。北宋崇宁三年（1104 年）建龙神庙，金宋边臣常祀于祠。金末兵燹，祠毁无人居。元初地方官划荒芟秽，建庙设像，神曰盖国大王。大德十年（1306 年）地震，陵谷变迁，殿宇湮灭。延祐元年（1314 年），当地土人佛玉保出资重建，构堂屋，塑神像，并于元统三年（1335 年）五月十五日建《重修朝那湫龙神庙碑》。当地人奉作神灵，每遇旱灾，必至祭祷求雨，据称甚为灵验。明清后祭坛、庙宇颓圮，民众称之为东海子。1958 年改建为水库。

千金陂【Qiānjīn Bēi】　唐代湖泊名，又称千金大陂。南北长五十里，宽十里，南起永宁县望洪镇靖益村海子湖，北至金凤区丰登镇。《元和郡县图志》卷第四："黄河……千金陂，在县北四十二里。长五十里，阔十里。汉渠，在县南五十里，从汉渠北流四十余里始为千金大陂……"同书怀远县下又载："新堡，在县西北四十里，永昌元年置。堡内安置防御军二千五百人，粮五万石，旧名千金堡，今名新堡。"千金陂的走向，与《水经》记述的西汉黄河故道吻合。后黄河改道东移，遗存为湖泊。后代逐步耗减，清代演变为七十二连湖。

七十二连湖【Qīshí'èr Liánhú】　清代宁夏府西部平原地区诸湖泊的总称，系唐代千金陂的遗存，在唐徕渠西侧，南起青铜峡市连湖农场，北至金凤区丰登镇。宽八九里、南北约六十多里间，有湖数十，互相连属，故名连湖。乾隆《宁夏府志》所列清代宁夏八景之一的"连湖渔歌"即此。乾隆《宁夏府志·名胜》卷三："连湖渔歌，唐渠两侧多湖……俗以其相连属曰连湖，亦曰莲湖，在邵刚、李俊二堡间者最大，周环数十里。"七十二连湖之名，最早出现于乾隆《宁夏府志·艺文》卷二十一田霖《连湖渔歌》诗：

"闲说连湖七十二，沧波深处聚鱼多。不知罢钓何村宿，一棹青苹欸乃歌。"清代地方志列湖名而属七十二连湖者，计有杨家湖、平列湖、老鹳湖、庆家湖等31个。留存至今的，有海子湖、胶泥湖、牛毛湖、七子连湖、华雁湖、西湖、锅底湖等10多个。

老鹳湖【Lǎoguàn Hú】　清代湖名，亦名连湖，七十二连湖中最大者，在其南端，今永宁县李俊镇、青铜峡市邵岗镇之间。周围数十里，波光浩渺，清澈多鱼，为老鹳（白鹳）栖息地，故名。乾隆《宁夏府志》列入"宁夏八景"，称"连湖渔歌"。其卷三记曰："老鹳湖，在李俊堡，出鱼，周围数十里，水澄澈，无葭蒹，望之森然，贺兰倒影，野树环匝，渔子操轻舟出没烟波，真有江乡风色……"民国二十四年按比例尺绘制的《宁夏省渠流一览图》，标有老鹳湖，面积在20万亩左右。1951年修建第一排水沟，将湖水排干，成为连湖农场耕地。

池子湖【Chízi Hú】　今阅海公园。清代湖名，七十二连湖北端最大者，始见于乾隆《宁夏府志》，列在丰登堡。亦名大西湖、西湖。1926年按比例尺绘制的地图上，其面积约18万亩。当代随排水设施逐渐完善，面积大幅减少，北部成为西湖农场耕地，现存南端约2.9万亩，2004年更名阅海公园。

长湖【Cháng Hú】　今永宁县望镇长湖村。明清湖名，因南北呈长条形，故名，亦称连湖。嘉靖《宁夏新志·山川》卷一："长湖，在城南十五里。"乾隆《宁夏府志·山川》卷三："长湖，在张政堡，去城十五里，亭泓浩渺，水光澄碧。"今已消失，唯存长湖村之名，在银川市兴庆区东南，汉延渠以西，属永宁县望远镇。

观音湖【Guānyīn Hú】　清代湖泊，因其侧有观音庙而名。当代因在镇朔堡，更名镇朔湖。其水源为贺兰山之大水沟，有滞洪蓄洪作用。乾隆《宁夏府志·山川》卷三第四页："观音湖，在城西北九十三里贺兰山大水口下，今名镇朔湖。"

月湖【Yuè Hú】　明清湖名，形似月而名，又名张亮广湖，在今贺兰县常信乡张亮村。"月湖夕照"被列入明代宁夏八景。20世纪70年代，因建排水沟穿湖而过，湖水排干而成耕地。嘉靖《宁夏新志·古迹》卷二："月湖，张亮堡北，周回二十四里，其地广无水草，远望莹如，照物无遗，俗传古战场也。"嘉靖《宁夏新志·景致》卷二："月湖夕照，在张亮堡。"陈德武诗："百顷平湖月祥圆，光涵倒影欲黄昏。天边乌兔端相望，水底鱼龙不敢吞。……"

高台寺湖【Gāotáisì Hú】　明清湖泊，有千顷水域，因西夏建有高台寺而名，民国时更名燕池湖，即今燕鸽湖，在兴庆区燕庆路东、石油城2处。嘉靖《宁夏新志·寺观》卷二：高台寺，在城东十五里。夏废寺，台高三丈。庆恭王重修之。下有大湖千顷，山光水色，一望豁然。

巽湖【Xùn Hú】　疑即今永宁县鹤泉湖。明清湖泊，在宁夏镇（府）城，东南三十五里，疑即今永宁县大观桥东魏家湖。嘉靖《宁夏新志·山川》卷一：巽湖，在城东南三十五里。

暖泉【Nuǎn Quán】　今贺兰县暖泉镇。明清湖泊，今贺兰县暖泉镇西，因湖中有泉而名。嘉靖《宁夏新志·山川》卷一及乾隆《宁夏府志·山川》卷三：暖泉，在城（府）西北八十里。

岛嘴湖【Dǎozuǐ Hú】　在今银川市兴庆区掌政镇之东，系黄河急弯改道后形成的牛轭湖，从陆地视角看，形如岛嘴，故名。又一说为：相传明代曾于湖旁建老祖庙，故名老祖湖，后演化为岛嘴湖。因产权归属变更，民国年间先后称刘家湖、陆家湖。2000年为保护湖泊湿地，取"两个黄鹂鸣翠柳"诗句，更名为鸣翠湖。参见第二章鸣翠湖词条。

教场湖【Jiàochǎng Hú】　民国期间银川市城北大湖，从1935年《宁夏水利专刊》按比例尺所绘地图上看，东起今北门旅游汽车站，西至唐徕渠，南至北京路，北至北塔，面积约7800亩。明代在宁夏镇北城墙德胜门（今北门）外设有演武教场，因名教场湖。1936年开挖北大沟，将湖水排入黄河，此后水面逐年耗减。1958年后，其中段建为水产研究所渔场，西段变成稻田，东段为沼泽。1990年后，市区北扩，水面基本消失。今之海宝公园南湖，是2011年将残存部分实施"湿地修复"工程的结果。

塔湖【Tǎ Hú】　民国年间湖泊，位于海宝塔西北侧，故名。水域面积2000余亩。至2010年仅存100余亩。2004年建海宝公园，将湿地修复扩展到600余亩，即今北塔湖的北段。

巴浪湖【Bālàng Hú】　明代至1953年吴忠市境最大的湖泊，在利通区西南，即今巴浪湖农场。其水源主要为汉渠尾水，次为牛首山及周边山洪。明代时面积数十万亩，史籍形容为"一片汪洋"。明天启二年（1622年）何东道张九德整理渠道，由巴浪东开清水沟，将湖水排入黄河，面积大大缩减，但至民国年间仍为银川平湖河东最大的湖泊。1936年《宁夏水利专刊》："巴浪湖，在金积县城东约十里至二十里之间，周围二十余里，即为各湖汇归之，亦为境内最大之湖。"按民国二十四年实测后所绘地图估算，水面超过20万亩。1953年扩建排水沟，水域变成可耕地，遂成立国营巴浪湖农场至今。《宁夏水利专刊》还记录有牛毛湖、苏盖湖、温渠湖、北官湖、南官湖、杨家湖、吕家湖、套子湖、方家湖、鞑子湖、冯家湖共11个湖名，面积在2000~3000亩，都在巴浪湖周围。

牛毛湖【Niúmáo Hú】　在巴浪湖西南，两湖实际相连，1936年周长约6公里，当代消失。

温泉盐池【Wēnquán Yánchí】　即今盐池县惠安堡北盐湖。西汉即由朝廷设盐官开采，因属三水县，故称三水盐官。《汉书·地理志》卷二十八下："安定郡，……三水，属国都尉治，有盐官。"唐代原属灵州回乐县，神龙元年（705 年）在盐湖之东增设温池县。盐湖西南有温泉，故名温泉盐池，简称温池。《新唐书·地理志》卷三十七："回乐县……有温泉盐池。"《唐会要·盐铁使》载："温池，盐湖周围三十一里，由朝廷管理，置榷税使一员，推官两员，巡官两员，胥吏三十九人，防池官健及池户百六十五户。大中四年三月，由度支收管，设灵州分巡院官专管。"历五代、西夏，至明清称"小盐池"，盐产量猛增，近销宁夏、关陇，远销陕南各地。清道光九年（1829 年），产量达到顶峰，年产食盐 726.88 万斤。此后逐年下降，1958 年后已停止开采。

　　武平盐池【Wǔpíng Yánchí】　唐代盐湖，在怀远县西北十二里，北宋以后不见产盐记载，变成淡水湖，即今银川市金凤区小西湖。《旧唐书·地理志》卷三十八："怀远县……武平盐池，在县西北一十二里。"

　　河池【Hé Chí】　唐会州（治今甘肃靖远县）境内的一处盐池，远望似河（当地景观至今仍如此），故名。《元和郡县图志》卷第四："会州……会宁县……河池，西去〔至〕州一百二十里。其地春夏因雨水生盐，雨多盐少，雨少盐多，远望似河，故名河池。"在今海原县西安镇盐池村，明清后基本干涸，故俗称干盐池。

　　西府井【Xīfǔ Jǐng】　是清代至民国时期银川城内著名的水井，以涌水量大、味道甘甜而闻名。此处在明代为寿王府，居庆王府之西，故名西府井。相传此处原有三个涌水量很大的泉眼，清乾隆中，3 家商号联合建成三口大井。三井呈品字形，井口直径 3 米。宁夏城地下水位高，各机构、商铺、大户都自建有水井，但有的区域水质咸苦。而西府井水口感远胜于其他井水，故吸引各官署、周边民户到此汲取饮用水。一些贫民挑水卖水，有的甚至用毛驴车送水收费，逐渐形成卖水市场，一直沿袭到自来水出现。1958 年银川市城区局部始建自来水管网，在西府井打成 115 米深井，并建 16 米高水塔 1 座。今在其地建有西府井饭店。20 世初，银川自来水公司开发桶装纯净水，也以"西府井"为商标，创出了知名品牌。

　　帅府井【Shuàifǔ Jǐng】　古代水井遗址，在银川市兴庆区玉皇阁北街银河巷西端北侧文化街街道办事处院内。《嘉靖宁夏新志》卷前《宁夏镇城图》在此处标有帅府，故称为"帅府井"，在德胜门内大街西侧。清代为宁夏总兵官府，康熙帝亲征噶尔丹来宁以之为行宫，驻跸达 18 天。民国为宁夏护军使（又名宁夏镇守使）署。据老人回忆，院内有井，水质甚佳，民国时期是银川市规模仅次于西府井的饮用水井，有很多以下苦力为生的贫民，在此汲水，然后挑桶沿街叫卖，直到自来水出现。现已列为银川市文物保护单位，井口被封闭保护，其左侧立碑镌《帅府井碑记》，右侧有龙纹碑额，是康熙御赐宁夏碑之残件。

第三节 古城池

西夏都城【Xīxià Dūchéng】 即银川市兴庆区老城。弘治《宁夏新志》载：城周回一十八里，东西倍于南北，总面积392万平方米，"相传以为人形"。1020年，李德明在旧怀远县城址大兴土木，升之为兴州，为建都作准备。1038年元昊在此建都称帝，营造宫室官署，设十六司以总庶务。城墙四周有护城河，阔十丈；南北各二门，东西各一门；城门上建城楼。整个城市有规划严整的布局，有明显的中轴线；道路呈方格形，街道较宽；皇宫及皇家手工业作坊集中于宫城（内城）；居民及街坊均在外城，有崇义等数十余街坊。兴庆府的宫城位于西北部，其中心在今银川市兴庆区光明广场东。明初遗址尚在，时称"元昊宫"。兴庆府人口构成复杂。北宋初期的怀远镇，人口不足万。李继迁攻灵州时，"尽逐居民城外，遂皆依怀远"（《西夏纪》卷5）。此时移入的以汉族为主。李德明又将银、夏、宥三州"衣食丰者徙之河外五城"（《西夏书事》卷7）。《宋史·夏国传》载，西夏在此定都后，城内仅驻军达7万人，皇室及庞大的官僚机构，很多官吏、侍从、工匠及其家属，加上各寺院僧侣及西夏从各地俘获来的"技艺"人才，城市人口不少于20万。1227年成吉思汗灭西夏，引水灌城，战火加震灾，城垣尽毁，居民逃散，不知所终。

宁夏镇城【Níngxiàzhèn Chéng】 明设宁夏镇，镇城建在今兴庆区老城内。城址原系西夏都城，城墙周长十八里，东西袤于南北，相传为人形。元末因寇乱难守，弃其西部（今进宁街以西）筑城。明正统年间，因人口增加，将所弃西半复筑于内，城墙全部甃以砖石，四角刊削以示不满之意。嘉靖《宁夏新志》卷前有《宁夏城图》，系重建后概貌。从图上可看出：第一，城墙南北长度是东西长度的2/3，总体为长方形。第二，城墙建有六道城门，都有城门楼：南城墙偏东为南薰门，偏西为光化门；北城墙偏东为德胜门，偏西为振武门；东城墙中间略南为清和门；西城墙中间略南为镇远门。第三，城内标有49个地名，多数为公署、王府，占地最多的为庆王府，其次为马营、草场、都察院、太监宅等。第四，城墙外围有14座建筑物：最大的是南关，在南薰门外，实际是一座瓮城，四面筑墙，其东半部为馆驿，除设驿站外，还建有馆舍接待来镇官员；德胜门外有北关，规模比南关小，其西侧建有演武场，为士兵操练之所；其他多为寺庙。明宁夏镇城的修筑，为后世遗留诸多地名，如今天的片区地名东门、西门、南门、北门、南关，城市道路南薰路、清和街、丽景街等。

旧满城【Jiùmǎn Chéng】 清雍正元年（1723年），为屯驻八旗兵，在宁夏府城东北五里筑城，即今银川市兴庆区丽景街街道办事处及其周边。城墙周长6.3里，高3.6

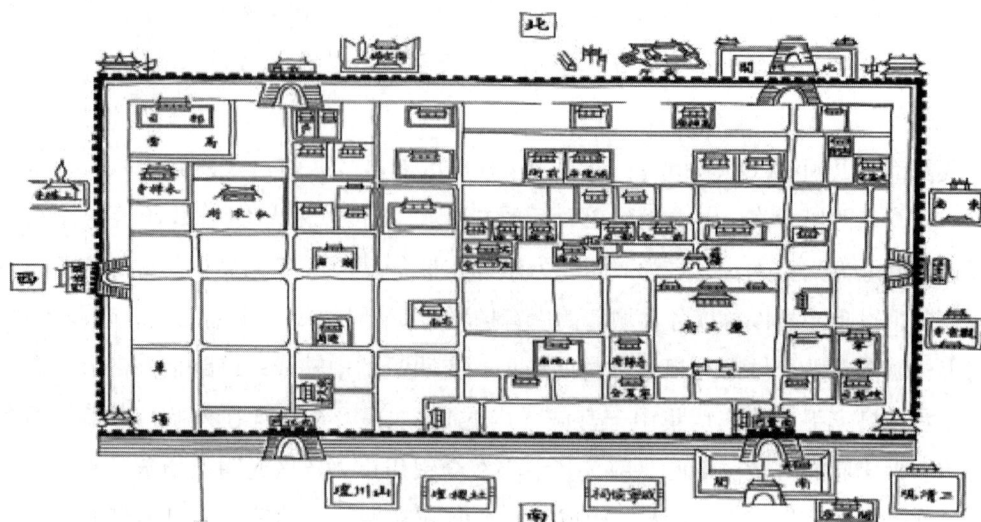

明代宁夏城镇图

丈，四面各有城门一座。城墙外有护城河，深、宽皆 2 丈。城内建营房、民居，驻八旗兵及家属万余人，任命满营将军管理。乾隆三年十一月二十四日（1739 年 1 月 3 日）大地震城毁，五年在宁夏府城西十五里平伏桥东南另筑新满城，民众俗称新城，而将已毁城址称作"旧满城"。1958 年成立红花人民公社，所辖满春大队即取"满城"谐音。今留存满春家园、满春中学等地名。

新满城【Xīnmǎn Chéng】 乾隆三年十一月二十四日（1739 年 1 月 3 日）宁夏大地震，将旧满城震毁。次年，宁夏道尹阿炳安在宁夏府城之西 7.5 公里平湖桥东丰乐堡另建新城，作为八旗兵驻防之所，故称新满城。城墙以砖砌，周长 1360 丈，高 2.4 丈，基宽 2.5 丈，顶宽 1.5 丈，女墙高 2 尺。设城门楼 4 座，垛口 1240 个，炮眼 1363 个。城内建将军、官佐衙门、士兵营房共 7176 间，又建牌楼、庙宇、学校、商铺，布局成十字大街。所耗银两，约近重建宁夏府城之半，足见其规模之大。初驻八旗官兵 3472 名，后准许家属随住，至道光年间，计有 1725 户、13411 口。民国建元，八旗兵遣散，成为满旗聚居区，逐步有汉户迁入。1935 年修建满城机场，将部分城墙拆毁，居民强行迁出，而机场也因跑道太短而废弃不用。1951 年，将新满城划归银川市。此后经历年建设，形成一独立城区，俗称之为新城。

宁夏府城【Níngxiàfǔ Chéng】 清代置宁夏府，府城在今银川市兴庆区老城内，仍沿用明代宁夏镇城。乾隆三年十一月二十四日（1739 年 1 月 3 日）大地震，城墙、房宇皆毁。乾隆五年，朝廷发内帑重建。对重建工程，乾隆《宁夏府志》卷五有翔实记载：筑城墙周长二千七百五十四丈，东西长四里五分，南北宽三里一分；城墙高二丈四尺，基厚二丈五尺，顶厚一丈五尺，全部包砌砖石；墙顶部外砌垛口，高五尺三；设城门六座，仍沿用明城之名，东曰清和，西曰镇远，东南曰南薰，西南曰光化，东北曰德胜，西北曰振武，门上各建城门楼，楼下皆修车马通道，门外各建瓮城门及城楼；城墙四角各建角楼一座；城墙上共建炮台、铺楼二十四座；南薰门外另建土城一座（见后文南关）；德胜门外关厢建土城一座，土筑墙周长四百三十丈六尺，高二丈，基厚二丈，顶厚一丈。土城建门楼一座，初名平虏门，后改永安门。除上述 6 道城门之外，为方便民众，还在四面城墙各建小便门一座，只有门而无门楼。城墙外有护城河一道，宽三丈，深一丈。工程于乾隆五年五月开工，次年六月竣工，共耗银 31.45 万余两。此后的宁夏府城、宁夏省城、银川市区，都以这座城池为基本格局，一直使用到 1958 年。

南关【Nán Guān】 明清至今片区地名，覆盖今南门外至红花渠南北一带。源于明代宁夏镇城南薰门外所筑南关。清乾隆五年（1740 年）重建南关土城，城墙周长五百九十八丈，高二丈，基厚二丈，顶厚一丈，顶部外垛口墙高五尺二寸，内侧女墙高一尺八寸，外甃砖石。南墙设关门一座，名朝阳门，北墙设便门，皆修车马大道。1945 年抗日战争胜利后马鸿逵重修，为便于汽车出入，将城门改为两道，一进一出，故俗称双城门。1969 年 2 月 5 日，为适应"备战"需要，银川市革命委员会决定撤毁南关。今地名延伸有南关一巷、二巷、三巷、四巷。

第四节 交通水利

一、丝绸之路

回中道【Huízhōng Dào】 西汉著名交通大道，由今西安市通往宁夏固原市。汉武帝于元封四年（前 107 年）下令辟通。起自长安，经回中宫北出萧关，故名。是西汉首都通往安定郡治（今固原市原州区城关）的交通大道。《汉书·武帝纪》卷六："［元封］四年冬十月，行幸雍，祠五畤，通回中道，遂北出萧关。"回中道也是驿道，沿途设驿站，出土的居延汉简录有驿站之名，其中在宁夏境内的有平林置［驿］、高平驿。此后，汉武帝多次出回中道至安定郡、北地郡视察。回中道的辟通，为丝绸之路的长安—凉州北道奠定了基础。

长安—凉州北道【Cháng'ān－Liángzhōu Běidào】 丝绸之路东段长安至凉州，分南北两道：南道沿渭河西行经天水入河西走廊；北道利用回中道，从宁夏固原市至河西走廊，全程 1600 里。较之南道，北道山险少，近 400 余里，在汉武帝之后广泛使用，南北朝至唐中期进入极盛时期。沿途设驿站。有刘秀亲征与河西五郡太守窦融会师高平（固原市）、波斯向北魏贡狮子在高平被扣留两年等重大历史事件，有须弥山石窟展现的丝路文化，还有在固原出土的波斯鎏金银壶、玻璃碗及古罗马金币等西域珍奇文物。今须弥山石窟唐代大坐佛下方，还留存一段从山崖中开凿的丝路遗迹，保存完好。唐广德元年（763 年），陇右数十州被吐蕃攻占，丝路交通断绝，后改走灵州西域道（后详）。

萧关道【Xiāoguān Dào】　长安—凉州北道的宁夏段，数十首唐诗称其为"萧关道"。为何叫萧关道，有两个原因：一是因西汉在这段路的南端设有萧关；二是唐神龙年间（705—707 年），又在原州之北 180 里设萧关县（今海原县李旺镇）。从长安走到萧关县内，大道便分两路：西可通西域，北经灵州、燕然都护府、回纥牙帐可抵贝加尔湖。有数十首唐诗吟诵过萧关道。王昌龄《塞下曲》中有"蝉鸣桑树林，八月萧关道"之句。岑参《胡笳歌送颜真使河陇》，将萧关道与天山、昆仑山联系起来："凉秋八月萧关道，北风吹断天山草。昆仑山南月欲斜，胡人向月吹胡笳。"贾岛的《送李骑曹》诗，就使用了"萧关分碛路"之句：

> 归骑双旌远，欢生此别中。
>
> 萧关分碛路，嘶马背寒鸿。
>
> 朔色晴天北，河源落日东。
>
> 贺兰山顶草，时动卷旗风。

灵州西域道【Língzhōu Xīyù Dào】　广德元年（763 年），吐蕃趁唐军东调平定安史之乱，大举东进，攻占包括原州在内的陇右数十州，丝路的长安至凉州南北两道尽在其掌控之中。中西交通不能长期断绝，必须另辟蹊径，灵州西域道应运而生，作为丝绸之路唯一可用的主线，使用了 150 多年，故称"灵州西域道"。辟通时间在 852—855 年。全程均设驿站、驿亭。长安至灵州一段，使用灵州道，共 1250 里。灵州至凉州段共 900 里，在灵州城之西渡黄河，至今青铜峡市小坝镇，沿黄河外侧而西，100 公里至中宁县老石空堡，唐朝在此置丰安县，又有丰安军。路北有大佛寺石窟，亦名石空寺石窟，始建于唐后期，即灵州西域道开通之后。从石空石窟再向西 37 公里为中卫市，唐后期到五代末置雄州，元代改应里州。又西 22 公里至沙坡头，由此向西有 40 里在沙漠中，元代叫沙陀。1226 年成吉思汗率蒙古大军灭西夏，由河西走廊"踰沙陀"即此。再西 67 公里至营盘水，其西侧为今宁甘省界。元代时这里有甘泉，是周围野马聚饮之处，因此把驿站取名"野马泉马站"，设脱脱禾孙（即蒙古语关会查验）管理。再西约 200 公里至武威，即唐宋之凉州。此外，因五代、北宋的都城多在开封，故从灵州入中原，另有辅道一条，经过盐州（陕西定边）、夏州（靖边）、绥州（绥德）、太原至开封。

灵州入参天可汗道【Língzhōu Rù Cāntiānkèhán Dào】　贞观二十年（646 年）秋，唐太宗幸灵州，接受回纥等北方游牧民族的归附。次年正月，应各部首领之请，下令在回纥、突厥间"治大涂"，即修筑交通大道，"岁内貂皮为赋"，取名"参天可汗道"。沿途设立 68 所驿站，预备驿马，供足酒肉，款待到唐都长安的各民族贡使。驿道的北部止点为回纥牙帐（贝加尔湖南约 300 里），南部起点为鹡鸰泉（内蒙古乌拉后旗西北），共 4650 里。今学术界称"草原丝路"。灵州是唐朝都城长安入参天可汗道的必经之地，北至弥娥川水（汇入鹡鸰泉小河）1000 里。从《新唐书》《旧唐书》的诸多记载看，在安史之乱爆发之前，从唐都长安去漠北，都要路过灵州，使用参天可汗道。开元中期，王维作为监察御史，经过萧关、贺兰山去燕然都护府（此时设在内蒙古乌拉特中旗乌加河北岸）也是路出灵州入参天可汗道。唐太宗下令建立参天可汗道的初衷是让回纥岁内貂皮为赋，后来变成马匹和丝绸贸易之路。回纥每年入市，"以马一匹易绢四十匹，动至数万匹"。如按 5 万匹马计算，换绢 200 万匹。大历八年（773 年），唐代宗"以马价出于租赋，不欲重困于民"，下令每年只购六千匹，回纥仍可换回丝绸 20 万匹。这只是朝廷买马所换，至于民间交换的丝绸，数量更大。

灵州—夏州道【Língzhōu–Xiàzhōu Dào】 丝绸之路灵州西域道的辅道，五代至宋初中原王朝多建都开封，故使用较多。东至盐州（陕西定边县南），取大车道（官路）300 里，或走小道绕黑浮图堡（今地待考）400 里。盐州向东 300 里至夏州（陕西省靖边县红墩涧乡白城子）。446 年魏太武帝诏刁雍运粮，令从统万（即夏州）调拨牛车千辆，说明在北魏时已成大车道。唐代诗人白居易在《城盐州》一诗中描述说，盐州新城筑就，吐蕃"忽见新城当要路，君臣赭面有忧色"；而对于唐朝，由于有新城保护，商旅通畅无阻，出现了"鄜州驿路好马来""长安药肆黄芪贱"的商贸流通景象。夏州再东，经绥州、太原府至汴京。

兴庆府至宋都汴梁路【Xīngqìngfǔ Zhì Sòngdū Biànliáng Lù】 是宋、夏时期丝绸之路的东段。李继迁刚占据夏、银、绥、宥、静五州，同时也据有了这条驿道上的"东西二十五驿、南北十驿"。大中祥符二年（1009 年），西夏尚未定都立国，李德明为表示对宋朝的"忠"，以"中国恩礼亿渥，天使频临，遂于绥、夏建馆舍二，曰承恩，曰迎辉。五百里内道路桥梁修治整饬。闻朝使至，必遣亲信重臣迎道左"（戴锡章《西夏纪》第三章）。次年正月十九日，宋真宗批准在汴京建馆驿专门接待夏使，直到大中祥符九年（1016 年）的四月七日才建成，系将京城西面的一个旧染院改造而成（《宋会要辑稿》方域十至十四）。1038 年，西夏在兴庆府建都立国，并控制河西走廊传统丝路，使丝绸之路全线贯通，兴庆府成为重要节点。兴庆府至宋都汴梁路没有险狭路段，全程约二千六百五十里，有利于车队行走，因此在西夏立国后一直很繁忙，不但是宋、夏使团所必经，西域各国与宋朝交往也要使用。比国信驿路远二百余里。

通辽直路【Tōngliáozhí Lù】 西夏时期丝绸之路东段的一条支线。1021 年，辽册封李德明为尚书令、大夏国王。西夏向辽称臣，每年除岁贡外，还有八个节日都要派使臣携带大量贡奉物资至辽都临潢府（内蒙古巴林左旗南）。而辽国每年也有"岁赐"物资运往西夏。至于两国间的信使往来，更是长年不断。因此，辽夏之间于 1021 年开辟了一条直路（《辽史·地理志五》河清军），从兴庆府直达临潢府，全程过三千里。直路（或称直道）就是线路相对较直的大道，在地图上如同一条直线。在《西夏地形图》上，通辽直道实际只有兴庆府到辽国的河清军（内蒙古鄂尔多斯市，旧名东胜）一段是笔直的，长度约九百八十里。具体走向为：兴庆府向东三十里，在顺化渡（当代称横城渡，今建银川黄河大桥）过黄河，然后向东北径直穿过鄂尔多斯草原，沿途共设十二个驿站，站间相距约七十里。其站名依次为：马练驿、吃罗驿、启多驿、卒李驿、瓦井驿、布袋驿、连袋驿、陌井驿、乳井驿、咩逋驿、梁凌驿、横水驿。在《西夏地形图》上，十二个驿站一字排开，宛如一条直线。有了这条驿道，辽国得益最大，与西域各国往来，可以经过兴庆府直达河西走廊，比使用漠北的沙碛之路要好走得多。后来金灭辽，把中都迁到今北京市郊，这条驿道的北段随之改线，但西夏境内的直道仍在使用。

兴庆府至古玉门关道【Xīngqìngfǔ Zhì Gǔyùménguān Dào】 西夏时期丝绸之路西段。《西夏地形图》详细标示了这条路，具体走向是：从兴庆府向西沿贺兰山东麓南下，经"西夏祖坟"（即西夏帝陵）、贺兰军（平吉堡）、顺州（青铜峡市邵岗镇西），折向西经旧丰安军（中宁县石空镇西）、郭家渡、雄州（中卫市）、柏罗口（甘塘），再折向西北至凉州。从兴庆府至凉州共九百八十里。然后沿河西走廊经甘州（张掖市）、肃州（酒泉市）、瓜州（安西东南）、沙州（敦煌市）出古玉门关（敦煌市西北小方盘古城）。河西走廊各州，皆属西夏重镇，多数设有监军司。玉门关再西，即属回纥境土，可经天山南北两道抵西域各国。这条驿道在西夏境二千九百余里。

六盘山路【Liùpánshān Lù】 元朝废弃唐代以前的长安至凉州南北道，将丝绸之路改线：从长安西北行，经咸阳、乾县、泾川、平凉，进入宁夏后，在泾源县六盘山镇瓦亭村折向西，越度六盘山，经隆德入甘肃静宁，再经定西、榆中等地至兰州，然后归入河西走廊通西域。清代入新疆，也沿用此路，使用至近现代，称"陕甘大道""西兰公路"。宁夏境内仅 150 里，元代设瓦亭驿、德顺州驿，十分繁忙，各有驿马百余匹，仍不敷使用。

二、交通干道

灵州道【Língzhōu Dào】 从灵州向南至古都长安，计长 1250 里，战国秦已从关中通至北地郡，秦汉之际北延，实际就是北地郡治所的北移路线：秦朝北地郡在今甘肃宁县，西汉北迁至庆阳之北的马岭，东汉又迁至富平县（今吴忠市利通区金积镇）。隋唐称"灵武道"或"灵州道"。宋代的《武经总要》称灵武大路。其走向与今天公路的

211 国道大体相同（详见前文灵州西域道）。这条大道，既是军事要道，又是驿道。隋朝派杨弘、杨素、韩僧寿等率兵击突厥，贞观二十年（646 年）唐太宗幸灵州后返长安，皆走此路。唐肃宗在灵州登基后，南下收复长安，也走这条大道，随行的有文武百官及十余万大军。其道路规模，亦可想而知。

灵州—原州道【Língzhōu – Yuánzhōu Dào】　从灵州向南经红寺堡至鸣沙县（中宁县鸣沙镇），再沿蔚茹水（今清水河）至原州，线路与今天公路的 101 省道大体相同，沿吴忠向南后，从东面绕过牛首山，全程 640 里，通大车。贞观二十年（646 年）唐太宗到灵州，天宝十五载（756 年）安史之乱李亨从长安逃往灵州，都走这条大车道。尤其是唐太子李亨北上灵州，各种史籍对行经地点记述清晰，如白草屯（海原县李旺镇）、黄河渡口、鸣沙（中宁县鸣沙镇）等地。

萧关通灵威路【Xiāoguāntōnglíngwēi Lù】　唐大中三年（849 年），唐军从吐蕃手中收复原州等三州七关后，又从灵州经温池县（盐池县惠安堡镇老盐池村）、威州（同心县下马关乡红城水）至萧关县（海原县李旺镇东北）新辟车道一条，全程 590 里。这条新路由邠宁节度使白敏中规划建设，当时称"萧关通灵威路"。按今天的地名叙述，是从吴忠向南，经惠安堡、韦州、下马关、预旺、张家塬，再折向东经羊路至李旺、固原。

国信驿道【Guóxìn Yìdào】　咸平四年（1001 年）西夏攻占灵州后，原灵州道主线（长安向北经淳化、庆州、环州至灵州）上的驿站全部废弃。1038 年西夏建都兴庆府，为与宋朝交往，双方共同开辟了一条国信驿路，专供信使往来。《西夏纪事本末》卷首有北宋时绘制的《西夏地形图》，图中以虚线标示"国信驿路"的走向及沿途驿站：由兴庆府向南经永州（永宁县），在吕渡东渡黄河，再向东经岔口驿、古雨驿、苦井驿、人头堡驿、白池驿（白池即今内蒙古鄂托克旗北大池盐湖），折向南经万全寨至保安军（陕西志丹县）。宋代曾公亮《武经总要》更详细地记载了这条驿道，因跨越秦长城，故称其为"长城岭路"，其走向为：自保安军向北，由"归娘族六十里过长城岭，北至秦（有的史籍作奈）王井驿入平夏，经柳泊岭并铁巾、白池、人头堡、苦井、三分山、谷口、河北九驿至故灵州怀远镇七百里"。因《武经总要》成书时今银川市属西夏都城兴庆府，作者将其归入"化外州"，故称"故灵州怀远镇"。具体走向：从兴庆府向南过永州，至河北驿（永宁县东和村）过黄河，渡口名吕渡。再向东为谷口驿，约今灵武市沙葱沟。又东为三岔驿，约今古窑子。又东至苦井驿，约今盐池县兴武营。又东至人头堡驿，约今苏步井。又东至白池驿，今盐池县北张家场。又东南至铁巾驿，约今陕西定边县。又东南至陕西省吴旗县、志丹县。从兴庆府至此共七百余里。再南，则经延州、蒲津关、洛阳至宋都汴梁。从兴庆府至汴梁全程二千四百二十里。由于保安军至长城岭有百余里山路，这段驿道无法行驶车队，只能供驿骑使用。

宁夏镇至陕西驿道【Níngxiàzhèn Zhì Shǎnxī Yìdào】 明代宁夏最重要的驿道。起自宁夏镇在城驿（南关内东侧），向东南经河西寨（永宁县通桥之东），东渡黄河，折向南至高桥儿驿（灵州定朔门内大街东侧），以上计九十里；西南四十里大沙井驿；南六十里石沟驿；南七十里小盐池驿（今盐池县惠安堡镇老盐池村）；南经惠安堡、隰宁堡至萌城驿九十五里。再南十里即今宁甘省界，然后过环县、庆阳、宁县入关中，终点为陕西都指挥使司。驿道在今宁夏境内共182.5公里，设6个驿站，由一名驿丞常驻大沙井驿管理。沿途又设7个递运所，主要任务是转运军用物资，派两名镇抚常住河西寨递运所管理。各驿站、递运所编制军丁110~190人，全部以军卒充役，设百户1员管理。15个驿、递，总计有军丁1600余人。嘉靖十九年，都御史翟鹏在奏疏中说："宁夏自在城驿渡黄而南……南接环庆、省城以上京师，西通固静临巩以至甘肃，不时传报军情，转运军需器械，递送公文，供应往来人马。差役浩繁，日不暇给……"

西路厅驿道【Xīlùtīng Yìdào】 是清代宁夏府西通省城兰州的驿道，在中卫设西路厅管理，故名。从平番县（今甘肃景泰县）三眼井驿向北，120里入宁夏境之营盘水驿；折向东经三塘水、长流水两驿至中卫西路厅，再沿黄河外侧经胜金关、渠口、大坝、王铉堡至宁夏在城驿，境内驿程570里，设9个驿站，各站配驿夫15~42人，备驿马30~60匹。

宁夏府南路驿道【Níngxiàfǔ Nánlù Yìdào】 从西路厅驿道的渠口驿南渡黄河，经宁安、沙泉、同心、李旺、三营5驿抵固原州永宁驿。永宁驿再南，至瓦亭驿接陕甘驿道。全程560里。其中瓦亭驿规模最大，配驿夫28人，驿马45匹。又设瓦亭递所，配运夫30人及人力车若干。

三、关隘

萧关【Xiāo Guān】 西汉关名，在安定郡朝那县界，即今泾源县大湾乡瓦亭村。古时将艾蒿称作"萧"，以其地多艾蒿而名，今瓦亭村之东10公里仍有蒿店村地名。西汉以关中为京畿。关中者，四关之中也：东函谷，南武关，西散关，北萧关。汉代的强敌是北方的匈奴，故筑萧关控扼其南下之路。《史记·匈奴传》："汉孝文皇帝十四年，匈奴单于十四万入朝那萧关，杀北地都尉卬，虏人民畜产甚多，遂至彭阳。使奇兵入烧回中宫，候骑至雍甘泉。于是文帝……大发车骑往击胡。单于留塞内月余乃去，汉逐出塞即还，不能有所杀。"汉萧关，应与唐、宋之萧关有别：唐代将汉萧关更名陇山关，而在今海原县李旺镇另设萧关县。北宋在今海原县高崖乡草场村筑萧关城，西夏境土"南极萧关"即此。

陇山关【Lǒngshān Guān】 唐代关名，即汉萧关故址，在今泾源县大湾乡瓦亭。在陇山（六盘山）东麓，故名陇山关。唐张守节《史记正义》曰："萧关，今名陇山关，在原州平凉县界。"唐时，关有上、中、下之分，陇山关为全国六个上关之一，系丝绸之路东段北道必经的关隘。《大唐六典》卷六记载，其职责是"限中外，隔华夷……司赇货之出入"，具有今海关的作用。北宋更名瓦亭关。曾公亮《武经总要》前集卷十八上：瓦亭关，汉朝那县地，古萧关也。

原州七关【Yuánzhōu Qīguān】 唐代在原州境内所设七个关，分布在南起泾源县，北至海原县的六盘山脉一线。《新唐书·地理志》卷三十七："原州……西南有木峡关。州境又有石门、驿藏、制胜、石峡、木靖等关，并木峡、六盘为七关。"《资治通鉴》："[唐宣宗大中三年二月]吐蕃秦、原、安乐三州及石门等七关来降。"其中五个关可确定具体位置：制胜关，泾源县城西北1公里处永丰村官[关]庄遗址；六盘关，今六盘山红军长征纪念馆广场，遗址已毁；木峡关，固原市原州区西南四十里张易镇红庄村遗址；石门关，今固原市原州区黄铎堡乡；石峡关，今海原县高崖乡石峡口水库。

木峡关【Mùxiá Guān】 北魏即有此关，在今固原市原州区西南四十里张易镇红庄村界。隋、唐因之。唐朝关有上、中、下之分。木峡关为全国十三个通驿道之中关，唐原州七关之一。《隋书·突厥传》：开皇三年（583年），突厥沙钵略纵兵四十万，自木峡、石门两道来寇，武威、天水、安定、金城、上郡、弘化、延安六畜咸尽。唐广德年间（763—764年）后没于吐蕃。大中三年（849年）收复。唐末又没于吐蕃。

石门关【Shímén Guān】 隋朝即有此关，在今固原市原州区西北须弥山寺口子，唐朝为原州七关之一。在平高县西北九十多里处，约当今固原市西北50公里黄铎堡村西的须弥山寺口子，是古丝绸之路东段北道必经之关隘。唐广德元年（763年）陷于吐蕃，大中三年（849年）收复，唐末又失。

镇远关【Zhènyuǎn Guān】 明初筑，今名正谊关。在今石嘴山市惠农区贺兰山北陲，与旧北长城相连，其南五里为黑山营，俱为明宁夏北边要害。正德初墙、关、营弃守，遂废。

北关门【Běiguān Mén】 明嘉靖十年（1531年）筑，为宁夏镇北长城（大武口向东至黄河）关门。在今平罗县城北15里处，控南北交通大道，设关门二：曰平虏，曰镇北。今遗迹荡然无存。

大硙口三关【Dàwèikǒu Sānguān】 明嘉靖年间筑，为西长城和贺兰山隘口，沿贺兰山谷设三关。在今石嘴山市西北大武沟口，遗迹荡然无存。

赤木关【Chìmù Guān】 明初筑，嘉靖十九年（1540年）重修，为贺兰山最大关隘。设三道关控扼贺兰山谷道，头道关墙居谷口，与西长城相连。在今银川市西南约50

公里处，即通往内蒙古自治区阿拉善盟之银巴公路越贺兰山三关口处。向西入谷道间隔五里许依地形筑二道关、三道关。头关关城宏伟，东西各设关门以控交通。因常有山洪，关城荡然无存，但沟口南段长城保存完好。

胜金关【Shèngjīn Guān】　明弘治六年（1493 年）筑，万历四十一年（1613 年）重修，为今中卫市沙坡头区与中宁县分界点，黄河以北，控扼去中卫的交通大道。地方志称其险胜过金陡潼关。

长城关【Chángchéng Guān】　明嘉靖九年（1530 年）筑，控扼南北交通大道，是明长城中唯一以"长城"命名的雄关，筑有台基、城楼、关门，高伟雄壮，在宁夏镇东长城上，故又称东关门。位于花马池城北六十步，即今盐池县城北侧。

下马关【Xiàmǎ Guān】　今同心县下马关镇尚存关门及瓮城。筑于内边墙，因三边总制尚书每年"防秋"巡视至此必下马歇息，故原名下马房。

四、古桥

永通桥【Yǒngtōng Qiáo】　位于明代宁夏镇城南薰门（今银川市南门）外，今银川市南门广场之南约 500 米处，南北向跨红花渠。明成化二十一年（1485 年）由都御史崔让主建，并撰《永通桥记》，载嘉靖《宁夏新志》卷一"桥渡"。此桥为单孔石拱桥，长 8 丈，约合 26.7 米。宽度未记载，估算在 12 米左右。桥上用石栏分为 3 个通道，每个通道净宽不到 4 米：中间为重要官员通道；东面为出城通道；西面为进城通道。4 道石栏，每道石栏的 4 个石柱上，各雕琢石狮 1 尊，共 32 尊小石狮。石栏的南北端，各置放大石狮 1 尊，共 8 尊。桥南立牌坊 3 道，雕龙绘凤，以油漆着色，视之金碧辉煌。最南的牌坊上书金字"迎恩"。中间的牌坊题黑字书桥名"永通桥"。《永通桥记》表明，这座桥的结构为石砌拱桥，建造时"凿石铸金，炼灰刊木，券砌一大孔"。短短 13 字，记录了这种桥梁的建筑技术：系单孔拱桥，用木模、石料、石灰砌拱；相邻的石料衔接处凿成燕尾形缺口，以生铁熔汁灌入缺口，将石料连接锁固。这种技术叫"腰铁连接法"。有人做过试验，孔隙中灌进 1000 多摄氏度的高温生铁汁，石料马上就会炸裂。古人到底用什么工艺确保石料不至开裂，至今仍是个谜。

安安桥【Ān'ān Qiáo】　大型石拱桥，修建在明代的固原城南，跨清水河，长度至少有 200 米。"桥上廛市林立，下有瓮洞，遥而望之形势凌虚。"从宣统《固原州志》留下的简短文字，可以推想桥的规模：桥上商店林立，形成市场；远望凌空横卧，形势壮观；瓮洞就是石拱桥孔，当有多孔。1952 年在原址所建石墩版梁桥为 8 孔。

中卫山河桥【Zhōngwèi Shānhé Qiáo】　有二：上山河桥在宁安堡通寺口子道上，跨寺口水，即今中卫寺口子东侧；下山河桥在中卫宣和堡红崖子东（今名红爱村）、中宁古城岔口之西，跨清水河。两座山河桥始建年代不详，均在宁夏府通兰州的驿道上。按驿道开通时间推测，应在康熙四年（1665 年）。乾隆二十年（1755 年），均按同一结构重修。乾隆《中卫县志》卷四记载："其桥皆因崖岸垒石作基陛，节节相次。排木纵横，接比更为镇压，对岸俱向赴中，去三四丈并大材。以板横次之，外施钩栏，悬空而行。"这是一座独具特色的"伸臂木梁桥"，因为像伸出的两只手握在一起，故又名"握桥"。建桥方法是：先将两岸崖壁凿成阶梯雏形，然后以石料砌成阶梯状的基础；每层基础压一排略微上翘的方木；下层方木最短，以上一层更比一层长，层层向河心挑出；待到两岸挑出的方木相距三四丈时，再搭一排长木作为梁；最后在两侧做好钩栏，一座没有桥桩的悬空桥便架设成功。这座桥所跨清水河，在当地被称作"山河"，河中水流湍急，100 余米的河道，有两道瀑布。当时没有钢筋水泥等材料，这里既无法建桥墩，也无法立木桩，为了克服跨径大与材料抗弯强度的矛盾，所以采用一种特殊的结构：运用我国古代建筑"斗拱"层层挑出的原理，既增加跨度，又可缩小主梁的长度。著名桥梁专家茅以升的《中国桥梁史话》，就专门介绍了这种独具匠心的桥梁结构（地点误记在惠农县境内）。按《朔方道志》记载，光绪八年（1882 年）曾在此另建新桥，高三丈，宽八尺，跨三孔。当是伸臂木梁桥已坏。1943 年，将下面一道瀑布的石坎底部凿成瓮洞以通河水，顶部凿平以通汽车，使用至 1992 年，今遗迹仍在。是年，在瓮洞桥上游 10 余米建成跨径 90 米的钢筋混凝土拱桥。

五、渡口、机场

黄河流经宁夏 397 公里，自古就有众多渡口，但五代以前文献只记过渡之事，不载渡口名称。西夏时，出现顺化渡、吕渡、郭家渡、贺兰沟渡、大都督府渡等 10 多个渡名。成吉思汗从河西走廊率大军攻灭西夏，到达应理州，从"黄河九渡"渡河攻灵州，说明从今中卫到中宁一带，当时就有 9 个渡口，但渡名不详。清代宁夏平原人口猛增，渡口数量达 20 多个。民国年间略有减少，为 21 个。现将规模较大的渡口分列于后。

横城渡【Héngchéng Dù】 西夏称顺化渡，在都城兴庆府之东，通宋都汴京、辽都临潢府的驿道经此，故为西夏第一渡。明代在其北侧的长城抵河处筑横城，故名横城渡，被列入"宁夏八景"，称"黄沙古渡"。它是宁夏镇向东、向南的交通咽喉，经常是"渡者蚁集河滨"。为了保护渡口，特筑戍台一座，取名宁河台。台四周筑城墙环卫。台高 16.8 米。台上再建 3 个守望亭，四面都是厢房，为士兵营房及渡口人员住所。加上亭、房高度，宁河台总高超过 21 米。在平漫荒野之地，矗立一座雄伟建筑，时人称其为"朔方一胜境"。明代文学家、翰林王家屏到此，特作《中路宁河台记》，除描写建筑的壮观，还记述了横城渡的重要作用："横城之津危，则灵州道梗；灵州之道梗，则内郡之输不得方轨而北上，而宁夏急矣！"庆靖王朱栴有《黄沙古渡》诗留传：

> 黄沙漠漠浩无垠，古渡年来客问津。
>
> 万里边夷朝帝阙，一方冠盖接咸秦。
>
> 风生滩渚波光渺，雨打汀洲草色新。

1996 年银川黄河大桥建成，横城渡撤废。

仁春渡【Rénchūn Dù】　位于今永宁县南境李俊镇雷台村，明清称"仁春堡"，当代称"仁存乡"。仁春渡历史悠久，北魏时就是灵州要津，西夏时曾名吕渡，此后长期是宁夏南北交通的咽喉。1932 年后开始渡运汽车，但规模不如中卫莫家楼渡。1936 年青铜峡东岸辟山开路，宁（银川市）平（平凉）公路改线经过中宁、白马、吴忠、仁春堡（即今仁存乡）至银川，仁春渡一跃成为宁夏最大的车渡。1940 年，宁夏省国民政府将其定为甲等渡口。1944 年交通部拨款 150 万元，作为仁春渡渡船购置及青铜峡峡口段公路改造专用。宁夏省政府将款项用来修建了 4 只木质渡船，改为官渡，交私人经营。北至银川市 42 公里，东南至灵武市 10 公里，西南至吴忠市 20 公里，连接当时的宁兰、宁平、银川至盐池、银川至豫旺 4 条公路。1944 年，宁夏省政府在这里改制渡船 4 艘，到 1947 年，交通部第七区公路工程管理局从甘肃靖远县安宁渡调拨来单桨汽划子 2 艘。后由苟光明（1951 年被定为地主，渡船没收）经营，有小船 7 只载渡行人车马；大船 6 艘（其中 3 艘为省政府投资建造），每艘可载渡汽车 1 辆；渡工增加到 100 多人。1949 年 9 月，中国人民解放军十九兵团进军银川。20 日，六十四军工兵营占领仁春渡。工兵营官兵与渡口工人冒雨作业，将先头部队于 23 日运过河，连夜进入银川。其后又将整个兵团渡过河。十九兵团参谋长的耿飚，还拍摄了仁春渡及渡送大军的照片，留下了珍贵的历史纪念。1949 年后，为宁夏最繁忙的渡口，每日待渡汽车排成长龙。1970 年 12 月，叶盛黄河大桥建成，渡口撤废。

石嘴山渡【Shízuǐshān Dù】　位于今石嘴山市惠农区黄河之滨，隔河为内蒙古自治区乌海市地界，是包兰公路上的重要渡口，也是宁夏北部通绥远省的要津。所在河段为砂砾河床，航道、河岸较固定。北魏时已在此设渡，但直至明代渡口名称不详。清康熙中期，石嘴山成为蒙汉民众交易市口。鸦片战争后，英、德等国商人在石嘴山开设"洋行"10 家，所采购的西北皮毛，都在此梳洗打包，再装船下运。石嘴山逐渐成为重要的水陆码头，渡运繁盛。1932 年后，包兰公路经此横跨黄河，石嘴山渡成为车渡。1940 年，宁夏省政府将其定为甲等渡口，仅有船户刘满库所经营的木质小渡船 1 只。1941 年后小渡船增加，数目不详，仍为私人经营。1949 年 9 月 26 日，中国人民解放军第十九兵团五八一团接管渡口，1950 年移交宁夏省航运管理局。1988 年 10 月 25 日石嘴山黄河大桥建成通车，渡口撤废。

1949 年 9 月 24 日中国人民解放军在仁春渡渡河情景

1936 年宁夏磴口县的渡口

莫家楼渡【Mòjiālóu Dù】　　位于中卫县城东南 10 公里，属永康乡，所处河道为砾石河床，相对稳定，码头也较固定，正常水位时河面宽 500 余米。西夏时曾在附近设郭家渡。明清时称永康渡。1927 年，甘肃省道办事处计划将兰宁公路改由中卫县莫家楼过黄河，直到 1933 年工程完成，才在此设汽车渡。因此，莫家楼渡的渡运能力，当时居宁夏各渡之首。1936 年后，宁兰公路改经仁春渡过河，莫家楼渡汽车渡运量明显下降。1940

年，宁夏省国民政府将其定为甲等渡口，有木质大渡船 4 艘。

陶乐渡【Táolè Dù】 位于陶乐县城西马太沟，西至平罗县城 19 公里，东南至陶乐县城 9 公里，处在黄河游荡性河床的曲折地段。河面宽 1000 ~ 2000 米，河水流速低，泥沙沉积严重。1929 年绥远省置沃野设治局于高仁镇，镇南的上八倾成为主要渡口。1937年改置陶乐设治局并划归宁夏省。次年，宁夏省政府将陶乐境内 7 个渡口定点、分级，列为官渡，共有渡船 12 只，仅渡行人车马。其中西梁渡（陶乐渡口渡址）最大，有渡船 3 只（两大一小）。

东昌机场【Dōngchāng Jīchǎng】 是宁夏最早的飞机场，位于银川市兴庆区金贵乡南通昌村，距市中心 20 公里，地名通昌堡，系清雍正七年通智开浚惠农渠之后，招民屯垦新置诸堡之一，堡名皆冠"通"字。辟为机场后，各报刊音讹写作"东昌机场"。1933 年，宁夏省主席马鸿逵制订发展航空业计划。次年，组织兵工、民工在通昌的黄河西边平整碾压沙滩，修建机场。1934 年 6 月 20 日，欧亚航空公司（由国民政府与德国汉莎航空公司联合组建）开辟兰宁航线（支线），首架容克式班机在东昌机场降落。对于降落的时间，民国年间各种著述皆误记为 7 月。经查档案及当时宁夏邮局接运航空邮件的呈文，准确时间为 6 月 20 日。东昌机场草草修建，地势低洼，常有积水。加之地方偏僻，交通不便，机组人员及乘客只能乘牛车、毛驴车奔波。航班运行几趟之后，机组人员即提出另建要求，省政府遂于次年 10 月另建满城机场。

六、古渠

宁夏平原自秦汉到清代，有众多古渠。其中多数渠名至今未改，如秦渠、汉延渠、唐徕渠、惠农渠，在第七章农业和水利设施中已有记述。本章只列今已废弃不用的古渠。

汉渠【Hàn Qú】 此汉渠在银川平原黄河以西，与今河东吴忠市之汉渠有别。汉渠是干渠，汉代开凿。唐初拓展为灵州最长的干渠，除灵武县（青铜峡市邵岗镇）外，保静县（永宁县望洪）、怀远县（银川市）的平原地区西部均已受益。其侧有胡渠、御史、百家等 8 渠，则是从汉渠引水的支渠，共溉田 4000 余顷，即 40 万唐亩，合今约 21.7 万亩。《元和郡县图志》卷四："灵武县……汉渠，在县南五十里……其左右又有胡渠、御史、百家等八渠，溉田五百余顷。"西汉、唐代的灵武县，在今青铜峡市邵岗镇。其中的"汉渠在县南五十里"，说的是渠口位置。

艾山渠【Àishān Qú】 北魏太平真君五年（444 年），由薄骨律镇镇将刁雍疏浚，南起今青铜峡一百零八塔以西，经青铜峡市、永宁县，长一百二十里。因渠首地处艾山，故名。此处原有古高渠，但荒废已久，渠口高于河水二丈三尺，无法引水。刁雍将渠口下移八里，在西面岔河筑坝引水，新浚渠道四十里，利用旧渠道八十里。渠成后，溉田四万顷，河西各地连年丰收。《魏书·刁雍传》有大段文字记载。后世《元和郡县图志》等地理名著亦全文引用："［太平真君］五年，以本将军为薄骨律镇将。至镇，表曰：臣蒙宠出镇，奉辞西藩，总统诸军，户口殷广。又总勒戎马，以防不虞，督课诸屯，以为储积。夙夜惟忧，不遑宁处。以今年四月末到镇，时以夏中，不及东作。念彼农夫，虽复布野，官渠乏水，不得广殖。乘前以来，功不充课，兵人口累，率皆饥俭。略加检行，知此土稼穑艰难。夫欲育民丰国，事须大田。此土乏雨，正以引河为用。观旧渠堰，乃是上古所制，非近代也。富平西南三十里，有艾山，南北二十六里，东西四十五里，凿以通河，似禹旧迹。其两岸作溉田大渠，广十余步，山南引水入此渠中。计昔为之，高于水不过一丈。河水激急，沙土漂流，今日此渠高于河水二丈三尺。又河水浸射，往往崩颓。渠溉高悬，水不得上。虽复诸处按旧引水，水亦难求。今艾山北，河中有洲渚，水分为二。西河狭小，水广百四十步。臣今求入来年正月，于河西高渠之北八里，分河之下五里，平地凿渠，广十五步，深五尺，筑其两岸，令高一丈。北行四十里，还入古高渠，即循高渠而北，复八十里，合百二十里，大有良田。计用四千人，四十日功，渠得成讫。所欲凿新渠口，河下五尺，水不得入。今求从小河东南岸斜断到西北岸，计长二百七十步，广十步，高二丈，绝断小河。二十日功，计得成毕，合计用功六十日。小河之水，尽入新渠，水则充足，溉官私田四万余顷。一旬之间，则水一遍；水凡四溉，谷得成实。官课常充，民亦丰赡。诏曰：卿忧国爱民，知欲更引河水，劝课大田。宜便兴立，以克就为功，何必限其日数也。有可以便国利民者，动静以闻。"

薄骨律渠【Bógǔlǜ Qú】　在古回乐县（治今吴忠市利通区）境，黄河以东，青铜峡峡口下引水，向西过灵州城，全长至少 100 余里。《元和郡县图志》卷 4 回乐县下记载，薄骨律渠的渠口"在县南六十里，溉田一千余顷"，合今 5.43 万亩。既名"薄骨律渠"，应是北魏刁雍任薄骨律镇将时开凿。

七级渠【Qījí Qú】　在古回乐县境，开凿时间不详，溉田九百余顷，合今 4.9 万亩。唐时始有记载。《新唐书·代宗纪》卷六："［大历八年］八月己未，吐蕃寇灵州，郭子仪败之于七级渠。"

光禄渠【Guānglù Qú】　在回乐县境，黄河以东，始凿时间不详。"光禄卿"为职官名，管理宫闱门户、百官朝会膳食等。唐元和十五年（820 年）六月由李听疏浚，溉田千余顷，合今约 5.34 万亩。《旧唐书·李晟附李听传》："十五年六月，改灵州大都督府长史、灵盐节度使。境内有光禄渠，废塞岁久，欲起屯田以代转输。听复开旧渠，溉田千余顷，至今赖之。"按明代史籍载，此渠引水已到灵州守御千户所（今灵武市城关），长度近百里。

特进渠【Tèjìn Qú】　亦在回乐县境内，黄河以东，始凿时间不详。"特进"是对年迈勋臣赏赐的一种官名，待遇高而无实权。北魏刁雍任薄骨律镇将十多年，年老解职还朝被授予特进。疑此渠亦为刁雍始浚。唐长庆四年（824 年）七月加以疏浚，置营田六百顷，合今约 3.3 万亩。《新唐书·地理志》回乐县后有记载。《旧唐书·敬宗纪》系在长庆四年七月辛酉："疏灵州特进渠。"

昊王渠【Hàowáng Qú】　西夏开国皇帝元昊下令修建，后代民众俗称昊王渠。其走向与今之西干渠相近，从青铜峡下引黄河水，长 100 余公里，但因灌溉效益不佳被废弃。今青铜市、永宁县、贺兰县、平罗县有分段遗址，被文物部门列入保护范畴。

七、废旧排水沟

东沟【Dōng Gōu】　建于 1936 年，在唐徕渠东，大清渠西，沟头起自青铜峡大坝乡，流经蒋顶、陈俊，穿大清渠再经瞿靖、林皋，穿过汉延渠入于河，长 30 余里。现已由 1964 年青铜峡县开挖的永庆支干沟取代，东沟随之消失。

西沟【Xī Gōu】　建于清代，沟头起自玉泉营，流经西邵、宋澄，在唐铎堡穿汉延渠，于望洪堡穿惠农渠入黄河。沟长 26 公里，排水流量 3 立方米/秒。仅能排除农田湖泊部分积水。1952 年兴建第一排水沟取代，西沟随之消失。

黑阳沟【Hēiyáng Gōu】　建于清代，沟头起自唐铎堡的分水闸，流经增岗、王全、杨显、许旺，在魏信堡穿汉延渠，河西寨处穿惠农渠东入黄河。沟长 25 公里，排水流量 4 立方米/秒，排水面积 4 万亩。1958 年仍在使用，沟浅，涵洞过高，排水不畅，经常漫堤决口，淹没农田，已由 1964 年兴建的永清沟代替。

黄阳沟【Huángyáng Gōu】　建于 1936 年，沟头始于魏信堡，流经李祥堡的长湖，在掌政桥南边穿汉延渠，沿银横公路南侧于碱富桥（现永固桥）下 180 米穿惠农渠转东北，经强家庙北的通朔堡穿民生渠东入黄河。沟长 20 公里，排水流 12.3 立方米/秒，排水面积 4 万亩。已由四三支沟和永二干沟代替。

西大沟【Xīdà Gōu】　建于民国初年，1936 年调十路军疏浚。沟头起自永宁县靖益堡（今属望洪镇靖益村），沿新开渠东侧至盈南、盈北、同庄、于祥、洪广营，往北入燕窝池至石嘴山入黄河，长 120 余公里。因该沟西靠山坡地多沙漠，沟浅淤塞，排水能力低。已由新开的第二、三、四和永二干沟所取代，旧西大沟随之消失。

北大沟【Běidà Gōu】　为疏泄宁夏省城周围诸湖之水，于 1931 年始浚。先利用东、北城壕（清代护城河）为沟头，后引入教场湖、北塔湖（在海宝塔之北）；折向东北浚沟 15 里入马家大湖，并汇入小中沟之水；又北 15 里下穿汉延渠，汇入王澄塔（今宏佛塘）湖；出湖转东 5 里下穿惠农渠，在通吉堡东北入黄河，共长 50 余里。1958 年后，因断面狭小，出水不畅，新建银新干沟代之。

第五节　建筑景观园林

高台寺【Gāotái Sì】　西夏佛寺，因台基较高而名，有：一在今银川市兴庆区银古办事处高台村。《西夏纪》载，天授礼法延祚十年（1047 年）春二月，元昊"令官民礼佛，为己祈福，于兴庆府东十五里役民夫建高台寺及诸浮图，俱高数丈，储宋所赐《大藏经》。广延回鹘僧居之，演绎经文"。明代曾修复，今浮图荡然无存。嘉靖《宁夏新志》卷二寺观："高台寺，在城东十五里，夏废寺。台高三丈，庆恭王重修之，下有大湖千顷，山光水色，一望豁然。"二在今银川市兴庆区玉皇阁北街街道高台寺社区，存有土台残基。

安西王府【Ānxīwáng Fǔ】　在今固原市城关之南 38 公里。元朝至元九年（1272 年），忽必烈封其第三子忙哥剌为安西王，以京兆（西安）为分地，在西安、六盘山建府，冬居京兆，夏徙六盘。安西王兼领陕、甘、川等处军政，凡军政大事常决于开城王府。至元十五年（1278 年）冬十一月，忙哥剌病亡，其子阿难答嗣位。至元十七年（1280 年），朝廷罢王相府，并接连设立陕西、四川、甘肃等行中书省，安西开城王相府的辖境大为缩减。大德十年（1306 年）八月，开城路地震，压死故秦王妃也里完等五千余人，王府毁于一旦，朝廷给钞 13600 锭、粮 44100 石济之，这次地震给王相府带来了灭顶之灾。大德十一年（1307 年），成宗去世，因无子嗣，皇后卜鲁罕与大臣阿忽台、伯颜等欲拥立阿难答为帝，事败后，阿难答被擒杀。安西王府规模宏大，由八部分组成：安西王官邸；相府；安西王住宅区；王相住宅区；街道平民区；各级官吏住宅区；窑址；墓葬区。因毁于地震，其建筑形制无考。

庆王府【Qìngwáng Fǔ】　明代庆王府邸，宁夏镇最大的建筑群，在今银川市兴庆区新华街以北、中山北街以西、解放东街以南、玉皇阁北街以东，占地 25 万平方米。庆王，即朱元璋第十六子朱㮵，于洪武二十四年受封为王，谥曰"靖"。次年建宫室于宁夏同心县韦州镇，居五年后徙宁夏镇，另建宫室，称庆王府。四周萧墙高一丈三尺，周长三里，南门一座，曰"棂星门"。府内除建有端礼门、东过门、西过门、承运门以及王宫、东宫、西宫、承运殿、西殿、庆王庙、书堂等宫室殿堂外，还陆续建有逸乐园、慎德轩（康园）、延宾馆以及拥翠楼、八角亭、迎薰楼等。其中官室官署、楼台亭榭，应有尽有。王府设中护卫，官吏、印信如制，领旗军 5600 名；又设仪卫司，领校卫 1120 名；还设承奉司、长史司、纪善所、典膳所、良医所、审理所、工正所、寿祠所、典仪所、广济库、广济仓等机构，还有独立的乐舞机构丽春院，配乐师 20 名。近万人居其中，街巷自成体系，俨然一独立王城。嘉靖年间庆王世系绝封后，其王府改为宁夏卫公署。

宁河台【Nínghé Tái】 明代戍台，在今银川黄河大桥东桥头南侧，今灵武市临河乡即得名于此，同音异字而已。其建设经过，明代大学士、翰林王家屏著有《中路宁河台记》：万历元年（1573年），罗凤翱就任宁夏巡抚。上任伊始，率诸将行巡，至横城渡，见船夫操舟载渡，待渡者蚁集河滨，而无亭堠卫护。当即决定修建一座戍台，征调戍卒、工匠，历五旬而工竣。台高五丈五尺，台上建厢房列于四周，供戍守士兵居住；另建三座亭子，作瞭望之用。总计高约20米。高台外围，又建城墙围护，周长九十余丈，高二丈四尺。此台是为保护横城渡而筑。王家屏在文中称宁河台"诚朔方一壮观矣！"又阐述其意义说："横城之津危，则灵州之道梗。灵州之道梗，则内郡之输挽不得方轨而北上，而宁夏急矣，此公所计为要害者也。"

南薰门【Nánxūn Mén】 明代宁夏镇南城墙之城门。南薰，出自《南风》歌，相传为虞舜所作："南风之薰兮，可以解吾民之愠兮。"清乾隆五年（1740年）重建，通高27.5米：砖包台基高7米，长33米，宽24.5米，正中有南北向门洞通行人车马，台基上有20.5米高的重檐歇山顶二层楼。民众俗称"南门楼"。当代在楼南辟广场，为大型庆典集会场。参见第六章第二节银川南薰门。

光化门【Guānghuà Mén】 明代宁夏镇城南城墙西段之城门，含义为"光大王化"。清代宁夏府城沿用。近代音转为光华门，俗称小南门，在今银川市利民街南端与南薰路交会处。

清和门【Qīnghé Mén】 明代宁夏镇城东城墙之城门，含义为"清平祥和"。清代宁夏府城沿用。近代民众称东门，至今仍使用"东门""东门外"等地名。原有城门楼，清乾隆五年（1740年）重建，为城门高台上的三层重檐大屋顶建筑，其规模略逊于今南门城楼。"文化大革命"中为适应"备战"需要，银川市革命委员会决定于1969年2月5日拆除东门城楼，即日施工。此后，沿城墙外护城河形成东环路，后取名清和街。

镇远门【Zhènyuǎn Mén】 明代宁夏镇城西城墙之城门，清代宁夏府城沿用。因在西城墙，民众惯称西门。原有城门楼，为清乾隆五年（1740年）重建，其规模与今南门城楼相差无几，1969年2月5日被视作"有碍战备"被拆除。1984年在其原址建成凤凰碑（民族团结碑）大型雕塑。此后，民众仍广泛使用"西门""西门外""西门桥"等地名。

德胜门【Déshèng Mén】 明代宁夏镇城北城墙东段城门，清代宁夏府城沿用，民众惯称北门。原有城门楼，为清乾隆五年（1740年）重建，其规模与今南门城楼相差无几，位置在今中山北街与北京东路交叉口。1969年2月5日被视作"有碍战备"被拆除。此后，民众仍广泛使用"北门""北门外"等地名。

振武门【Zhènwǔ Mén】 明代宁夏镇城北城墙西段城门，清代宁夏府城沿用，在今

1958 年的东门

银川市进宁北街与北京中路交会处。有城楼，清后期封闭，近代拆除。

双城门【Shuāngchéng Mén】 位于银川市南门外红花渠旁，即明清南关，原有一道城门。1945 年抗日战争胜利后重修，为便于汽车出入，将城门改为两道，一进一出，故俗称双城门。1969 年 2 月 5 日，为适应"备战"需要，银川市革命委员会决定撤毁。

演武场【Yǎnwǔchǎng】 明初即有，又名演武教场，简称教场，在德胜门（今北门）外西侧，外无围墙，内少设施。嘉靖十年（1531 年）春，大都督周尚文（字彦章）住宁夏镇守使，认为太简陋"不足以壮边威"，经多方协调，予以改建。四周筑一丈高墙，植树万株。坐东面西筑将台，台两厢竖桅悬旗。场中央建看军楼，供将军登楼指挥，教习营阵。又建都指挥、指挥亭舍若干。登台观之，建筑雄伟壮丽，教场广阔平坦。

马营【Mǎ Yíng】 明代宁夏镇城驻防"班兵"总部所在，又是圈养骑兵军马的地方，因在城西北角，俗名西马营。嘉靖《宁夏新志》记载宁夏城图标在城西北角，为长方形，即今中山公园，但其面积要大一倍左右，南至文化街，东至银川四中，西、北依城墙。

丽子园【Lìzǐ Yuán】 位于今银川市兴庆区掌政镇东。据唐李吉甫《元和郡县图志》记载：东晋十六国时期，匈奴族在此筑饮汗城。407 年，匈奴人赫连勃勃建大夏国，将饮汗城改建为皇家园林，命名丽子园，是为宁夏园林之始。

1950 年的双城门

丽景园【Lìjǐng Yuán】 明代宁夏镇名园，在宁夏镇城清和门（东门）外红花渠畔之东，是明代庆王府私家园林。园内主体建筑芳林宫和群芳馆，为庆王的避暑宫。园内夹道皆槐，宫内建有望春楼，围绕宫楼与馆舍，则有溪水、湖沼勾连全园。有拟舫轩、凝翠轩、芳意轩、群芳馆、芳林宫、大觉殿、望春亭、春宜亭、水月亭、清漪亭、蹴鞠亭、涵碧亭、湖光一览厅、飞鸿亭、小虹桥、宴仙桥和月榭、桃蹊、杏坞等坞榭，有鸳鸯池、碧池、鹅鸭池、碧沼等池沼，有杏庄、涵碧、合欢道、红芋、翠阴等庄所，还有菊井、连碧湖等多处景观。园南有小春园。园西临红花渠，穿过红花渠就是宁夏镇城。园东有延庆寺。明廷大学士金幼孜持节赴宁夏，在庆王陪同下游玩丽景园时，曾留下《九日宴丽景园》诗作。清代，首任宁夏巡抚黄尔性从宁夏府城建筑文物遗存意义上考虑，提出宁夏"八景"之一的"藩府名园"新说，即明代修建的丽景园。在清初，丽景园仍为北方一处胜景。

金波湖【Jīnbō Hú】 在明代宁夏镇城清和门外丽景园内北侧，即今银川市兴庆区老城东门外丽景街东、银横路北，是庆王府硕景园内的水上景观。嘉靖《宁夏新志》卷前绘有《金波湖》图，实为园林。湖面呈正方形，南北各有景观楼 2 座，西有亭台 1 座，四周为园林。同书卷二："垂柳沿岸，青荫蔽日，中有荷菱，画舫荡漾，为北方盛观。"湖西建有临湖亭，北岸有鸳鸯亭，南岸有宜秋楼。留有多首诗词、记叙文咏颂其景。历代水面耗减，今辟为丽景公园，水面 199.5 亩。

永春园【Yǒngchūn Yuán】 位于宁夏人民会堂偏东，为明代巩昌郡王王府花园。园内有湖，湖中有岛，岛上有假山、草坊。园中还建有延宾轩，曾是郡王朱秩炅读书、问学和会友吟对的地方。

后乐园【Hòulè Yuán】 为都察院行台花园。园中引渠水环流，有亭名"环碧"，林木葱翠，花坞之旁又有射圃，使该园集观赏与游戏于一体。

西园【Xī Yuán】 为帅府后园，被称为镇城中的"小蓬莱"。此园以牡丹闻名边塞，有都御史总兵官张勋诗作《赏镇守西园牡丹》为证。

梅所【Méi Suǒ】 因谪戍宁夏的湖南黔阳县原县令郭原将内地的梅花移植成功，所以给修建的小花园取名"梅所"。园林景色十分秀丽，引得不少文人故友写诗称赞，代表作就是当时的塞上诗坛著名诗人潘元凯的《梅所》。

南塘【Nán Táng】 在明代宁夏镇城南薰门外，即今银川市兴庆区南门外红花渠西南。嘉靖《宁夏新志》卷前绘有《南塘》图，实为园林。原为沼泽。嘉靖十五年（1536年），宁夏巡抚、都御史张文魁加以治理，年余未成。继任都御史杨守礼派人修浚绿化，外砌围墙，引渠注水，成百亩水域，其间水草杂生，引来水鸟，然后配置楼船供人游览。留有多首诗词、记叙文咏颂其景。

乐游园【Lèyóu Yuán】 在光化门（小南门）外西南处。此园规模虽小，但园内也有来青楼和荷香柳影亭、山光水色亭等风景游乐景观点缀其间。

小春园【Xiǎochūn Yuán】 在丽景园南。园中建有清趣斋、清赏轩和眺远亭、芍药亭、牡丹亭多处，以花卉见长，是一座名副其实的都市花园。作为藩府名园，在清初仍然是极盛之观。

盛实园【Shèngshí Yuán】 在德胜门外，即北门外东北 8 里许，是一处主调为水景的大型园林。

撷芳园【Xiéfāng Yuán】 在南薰门外，即南门外，为人们寻幽览胜之地。

东花园【Dōng Huāyuán】 位于中山南街西侧、新华东街北侧，即今新华饭店及其北面约 200 米区域，面积 50 余亩。明前期为庆王府花园，后期为宁夏卫署。清代至民国前期为宁夏县署。1941 年宁夏县撤销，增设贺兰县、永宁县，将原县衙地改称东花园，与飞机场旁之西花园相对应。中华人民共和国成立后，东花园曾为工人俱乐部，增建了设施，开设了图书馆、游艺室、阅览室等，成为工人和市民阅读、娱乐场所。直至 20 世纪 60 年代中期，园中仍是花木繁茂，景致幽雅，四周有高大挺拔的穿天杨，老远就能看见。"文化大革命"中，先将原办公区平房改建成两栋"支左楼"，安置军队干部家属。1972 年，在临新华街一面的园林处建成新华饭店。1997 年，市政府决定在原址之东、中山南街东侧重建东花园，但面积已小得多，林木更少。

西花园【Xī Huāyuán】　清代后期所建，为宁夏满营将军府邸花园，在今西夏区西花园北街与中和巷丁字路口西侧。因在银川市城区之西，与东花园对应，故民众俗称西花园。当代花园消失，留下西花园地名，又曾建有西花园机场。

第六节　书院学校

揆文书院【Kuíwén Shūyuàn】　位于明宁夏镇城北，详址待考。明初为宁夏卫学，嘉靖十七年（1538 年）巡抚吴铠在卫学东巷购民居创建养正书院。嘉靖四十三年，王崇古任宁夏巡抚，见其侧为游击将军署，每日戎马旌旗，往来不断，干扰学生敬业，加之地震导致书院房屋倾圮，遂决定于奎星楼西另建新书院，建有仪门及明道、会讲二堂各 3 楹，左右号舍各 6 区，名为六行六艺，筑台为文昌祠等。工程于嘉靖四十五年七月动工，隆庆元年（1567 年）六月落成，更名"揆文"。提学佥事殷武卿作记，详载书院沿革及改建经过。万历间，巡抚罗凤翔、黄嘉善相继增修。清代改为讲院。

银川书院【Yínchuān Shūyuàn】　是"银川"首次作为正式地名出现。清乾隆十八年（1753 年），宁夏知府赵本植（字竹堂）购光华门内张氏房屋创建。在今银川市兴庆区宗睦巷与自强巷东段之间。三十三年知府顾光旭增拓重修，广其址，筑围墙，有重门，讲堂可容数十人，其余建筑东西依次为文明祠、探源楼、藏书所、主院居处、斋舍等，计有屋百余间。府人翰林路谈作记，详载重修增拓之事。书院有学田一百三十九顷，在废新渠、宝丰县内，每年收租粮一千五百九十九石（采用《银川小志》所记，他书数字相去甚远）。同治二年（1863 年）毁于战乱。同治十年，知府李藻在文庙（今文化街中段路南）西侧重建，仍名银川书院。光绪三十一年（1905 年）改作试院。次年改为宁夏府中学堂。1919 年改名为甘肃省第五中学，同年与甘肃第八师范合并，时称"五中八师"，为四年制普通中学。1929 年宁夏建省，又改名为宁夏省立第一中学。银川书院创立者赵本植的家庭教师汪绎辰，于乾隆二十年完成《银川小志》，进一步将"银川"作为行政区域对待，更是给以后银川市的定名奠定了基础。

维新书院【Wéixīn Shūyuàn】　宁夏驻防八旗子弟就学之所。雍正三年（1725 年），清廷在宁夏建立满营并创建维新书院供驻军子弟入学。乾隆三年十一月二十四日（1739 年 1 月 3 日），宁夏大地震，旧满营城毁，五年改于城西建新满营，书院随迁。光绪二十九年（1903 年），宁夏满营副都统志锐倡办新学，改书院为驻防满营小学校。

兴平书院【Xīngpíng Shūyuàn】　平罗县书院。乾隆二十一年（1756 年），知县宋惟孜筹建书院，次年因罢官而工止。乾隆三十年（1765 年），知县李鸣埙又对县城西原郎润堂予以维修权充诸生就学之用。乾隆四十九年（1784 年），知县王世治增建整修旧址，始定名为兴平书院。乾隆六十年（1795 年），知县张炳继续对书院进行维修扩建，渐成规模。嘉庆后，因经费无着，旋兴旋废。嘉庆十三年（1808 年），知县王楚堂维修屋宇和购置器具，使之焕然一新，遂改名为又新书院，其意在射"诸生功期勤学，期敏日新，不已以精其业也"。道光五年（1825 年），知县徐保字等，对县城西南隅大公馆进行改建，以为新书院，仍名。同治间毁于兵乱，光绪三年（1877 年），知县任懋修重修之，宁夏府又划拨土地八百四十二亩为书院学田。民国四年（1915 年），知事王之臣改书院为县学堂。

应理书院【Yīnglǐ Shūyuàn】　中卫县书院。清康熙四十八年（1709 年），新任宁夏西路同知高士铎创建。县为西夏至元代之应理州，故名。乾隆二十一年（1756 年）知县黄恩锡为书院划拨学田一百一十多亩，作为办学专资。书院原在南门内，嘉庆二十年（1815 年），前署知县周濂集资购买文昌宫右侧草厂吴姓旧宅，建为书院新址。道光二十年（1840 年）知县郑元吉筹资维修。咸丰二年（1852 年）毁于地震，四年（1854 年）知县封景岷在原址重建。民国七年（1918 年）改为中卫县模范初级小学校。

灵州钟灵书院【Língzhōu Zhōnglíng Shūyuàn】　清乾隆三十八年（1773 年），灵州知州周人杰于城西门外前知州江鲲废公廨创建，后渐倾废。五十二年（1787 年），知州广玉和知州杨芳灿相继移建于城东南隅文庙旁，并改名奎文书院。同治二年（1863 年），城破毁于兵乱。光绪二年（1876 年），知州孙承弼重建，易名曰灵文书院。三十二年（1906 年），知州陈必淮改为州学堂。

宁灵厅钟灵书院【Nínglíngtīng Zhōnglíng Shūyuàn】　清同治十一年（1872 年），灵州属堡金积堡升为宁灵厅。次年，首任同知赵兴隽在城东南隅创建书院，沿用原毁于战火的灵州钟灵书院之名。光绪中同知洪翼重加维修扩建。光绪三十一年（1905 年）改为县学堂。

蠡山书院【Luóshān Shūyuàn】　平远县（今同心县）书院。光绪十九年（1893 年），知县王宝镛筹款于县城下马关文昌宫侧创建。后废。

五原书院【Wǔyuán Shūyuàn】　固原直隶州（今固原市）书院。清光绪十七年（1891 年）固原提督雷正绾捐资倡导创建。院址位于州城王字街。

临泉书院【Línquán Shūyuàn】　院址在隆德县城学宫侧，始建时间不详。清同治间毁于兵乱。光绪十九年（1893 年），乡人杜克勤之妻李氏，遵夫遗言捐赠遗产修建书院。知县卢世坤选址于保障门外里许兴建，因位于六盘山峰台山下，改名峰台书院。宣统间改书院为学校。

归儒书院【Guīrú Shūyuàn】　化平直隶厅（今泾源县）书院。清左宗棠平定西北回民反清义军后，于回民聚居区推广儒学教育，同治十一年（1872 年），湘军提督喻胜荣奉命创办书院，令回民子弟入学学习儒家文化。陕甘总督左宗棠为书院题名曰"归儒书院"。光绪末改为小学堂。

宁夏府中学堂【Níngxiàfǔ Zhōngxuétáng】 宁夏第一所新式中学堂。光绪三十一年（1905 年），清廷宣布废除科举制度，在全国兴办新式教育。同年，宁夏府知府高熙喆在城北马府街（今银川市中山北街西侧），以前明总兵马世龙帅府旧宅改建府学堂。次年，新任知府赵惟熙，因原址规模狭小，即将原府学考院（亦为原银川书院旧址）进行修筑，迁府学堂于内。三十四年（1908 年），在学堂内附设简易师范科一班。宣统三年（1911 年），府学堂毁于战火。1913 年，因经费不足而改为高等小学。后为甘肃省立第八师范学校和省立第五中学校址。

固原州中学堂【Gùyuánzhōu Zhōngxuétáng】 固原地区第一所新式中学堂。清光绪三十二年（1906 年），知州王学伊创修。固原、海城、平远、硝河等地儿童纷纷入学就读。设校长一人（兼会计）、教习一员、监堂一员（兼稽查学员功课）。知州王学伊兼任监堂。宣统二年（1910 年），第一届学员毕业，报甘肃省教育司，未予批准，遂改为固原县立第一高等小学堂。

甘肃省立第八师范学校和第五中学【Gānsù Shěnglì Dì –bā Shīfàn Xuéxiào Hé Dì –wǔ Zhōngxué】 1918 年，甘肃省教育厅拨款 3000 两白银，令改前清宁夏府中学堂为省立第八师范学校。这是宁夏现代教育的第一所中等学校。次年，又在八师内创办省立第五中学。实为一校两名，校长李秉彝。时人简称"五中八师"。三校（包括附小一所）共有校舍 115 间，教职员工 38 人，馆藏书 829 册（其中外文图书 115 册），教学器材和标本 600 余件。中学和师范的课程基本一致，有修身、国文、英语、数学、历史、地理、博物、理科（中学为化学）、图画、体操、乐歌、手工等。首届毕业生有师范科 19 名，中学科 21 名。1929 年宁夏建省，改五中为宁夏省立第一中学，又名宁夏中学。校长牟凤鸣。改八师为宁夏省立第一师范学校。校长王其昌。

蒙回师范学校【Měnghuí Shīfàn Xuéxiào】 宁夏第一所民族中等师范学校。1918 年，由宁夏护军使马福祥倡办，校舍、校产和办学经费主要为马福祥和伊斯兰各教门以及回族群众捐赠。学校附设小学一所。招收回、蒙、汉学生入学，课程除增授伊斯兰经学和蒙古文外，其他与一般师范学校相同。1929 年，宁夏建省后停办。

宁夏省立云亭师范学校【Níngxià Shěnglì Yúntíng Shīfàn Xuéxiào】 民族师范学校。1931 年，马鸿逵捐资在省城创办中阿学校，1936 年改名为宁夏回民师范学校，1937 年，马鸿逵为纪念其父马福祥（字云亭）归真五周年，改该校为宁夏省立云亭师范学校，全面抗战爆发后停办。

国立绥宁师范学校【Guólì Suíníng Shīfàn Xuéxiào】 民国政府教育部开办的边疆教

育性师范学校。由绥远和宁夏两省教育厅代管，故名。1941 年 6 月筹建，校址设于宁夏惠农县黄渠桥镇。首任校长边振方。1942 年暑期正式招生，第一期入学学生 150 名，分普师（中师）部学制四年，简师学制三年。附设小学一所，供学生实习。生源以宁夏省（占 50%）、绥远省（占 30%）为主，还优先招收沦陷区 10 多个省的流浪学生入学学习（占 20%）。学校为培养民族地区师资，特别注意在蒙旗地区招生，并增加蒙古文课程。1950 年 5 月，该校简师部并入惠农中学，普师部并入宁夏师范，绥宁师范撤销。

宁夏私立贺兰中学【Níngxià Sīlì Hèlán Zhōngxué】　1939 年马鸿逵捐资，命十五路军总部副官处长柴桂勋负责筹办，利用望洪堡（今永宁县望洪镇）原宁朔县政府旧址改扩建为校舍，次年秋正式招生。首任校长张天吾、名誉校长马鸿逵。首批入学学生 30 多人，分设高小部（高小六年级班）和初中部。1944 年秋增加高中部。同年，学校迁至银川市南郊陈家寨（今宁夏医学院西北）。1948 年在校学生 600 多名，全校学生免收学杂费，并供给食宿。宁夏解放后，与宁夏一中合并，改名为宁夏中学。

宁夏卫生学校【Níngxià Wèishēng Xuéxiào】　在银川市新城区西部，西临幸福巷，北靠怀远西路。1935 年创办，为宁夏助产职业学校。后更名为宁夏高级助产护士职业学校，校址在今银川市城区（银川一中校址）。占地 80 亩，建筑面积 22000 平方米。教职工 202 人，内有副教授 2 人、副主任医师 1 人、讲师及主治医师 23 人。在校学生 770 人。有妇幼医士、卫生医士、护士等 8 个专业 19 个班。设有各类实验室、标本室及电化教室共 25 个。1950 年 2 月，合并于宁夏省立医院的原宁夏助产职业学校从省立医院分出，更名为宁夏省立医校，后曾名宁夏省卫生技术学校、宁夏省卫生学校、甘肃省银川卫生学校，1954 年 11 月 12 日，宁夏卫生学校改为银川卫生学校。1960 年迁至城区南门外（今宁夏医学院址）更名宁夏回族自治区卫生学校。1971 年与宁夏中医学校合并，改名宁夏新医学校。1978 年迁现址，1981 年 11 月 19 日，自治区政府办公厅通知，宁夏新医学校恢复为宁夏卫生学校。1980 年被教育部定为全国重点中等专业学校，同年又被卫生部定为全国重点卫生学校。1993 年 7 月至 1994 年底，香港爱国人士赠款建立的华夏基金会对于宁夏卫生学校无偿援助 8 万美元。2002 年，并入宁夏医科大学。

宁夏省立中卫初级中学【Níngxià Shěnglì Zhōngwèi Chūjí Zhōngxué】　中卫县第一所中等学校。1932 年 11 月创立，名为宁夏省立第二中学，首任校长黄增隆。1933 年改名为宁夏省立中卫初级中学，校长王寿同。1937 年改为省立简易师范学校，校长李盛春。1938 年并入宁夏省联合中学师范部，次年仍各自恢复原校名独立办学。1940 年，"战区教育服务团"派员至县创办"中山中学"，附设于师范内，易名为中卫县初级中学。中华人民共和国成立后改名为中卫师范学校。

宁夏省立中宁初级中学【Níngxià Shěnglì Zhōngníng Chūjí Zhōngxué】　中宁县第一

所中等学校。1946 年乡人捐资筹办，次年夏正式招生。中宁县县长苏盛华兼任校长。第一期招生 86 名，分两个教学班。1949 年中宁解放时，在校学生 134 人，分三个教学班。为中宁中学前身。

甘肃省立固原初级中学【Gānsù Shěnglì Gùyuán Chūjí Zhōngxué】　固原地区第一所中等学校。1940 年筹建，次年正式招生，只设初中班。1948 年增加高中预修班，次年即撤销。1949 年固原解放时，全校有七个教学班，在校学生 170 名。为固原一中前身。

固原简易师范学校【Gùyuán Jiǎnyì Shīfàn Xuéxiào】　固原地区第一所中等师范学校，1942 年由驻军军长丁德隆倡办，初名维德师范，附设于固原初中内。1943 年正式招生，学制三年。1944 年改为甘肃省立固原初级师范，学制三年。1949 年固原解放时，有教员 16 名，在校学生 82 名。次年停办。

宁夏师范专科学校【Níngxià Shīfàn Zhuānkē Xuéxiào】　宁夏第一所高等学校。宁夏省主席马鸿逵在 1939 年就提出建立宁夏医学院、创办贺兰大学等要求，均未被国民政府教育部批准。1948 年，马鸿逵以培养中等学校师资、发展边疆教育事业为由，成立宁夏师范专科学校一所。刘柏石任校长。招收一个班，40 多名学生，当年 9 月正式开学，校址暂借银川市西门外一座破旧的龙王庙 10 余间土房使用。第二年 6 月，迁入宁夏师范学校内，借用该校一部分房屋继续开课。学制定为三年，其中修业二年、实习一年，毕业时颁发大专文凭。1949 年 9 月，宁夏解放前夕，该校师生自行解散，宁夏师范专科学校宣告结束。

第七节　街市商号

晋商宁夏八大家【Jìnshāng Níngxià Bādàjiā】　近代宁夏八家老字号私营商店。分别为敬义泰、天成西、隆泰裕、合盛恒、百川汇、广发隆、福新、永盛福商号。除百川汇商号于清宣统三年（1911 年）开办外，其他七家均于同治末年首创，老板全为山西籍商人。均主要经营日用百货及土特产品，也有的是批发货栈兼客商旅店。敬义泰为山西省万泉县阎景镇敬义泰的分号，首任经理王秉初，初创资本 1000 两白银，又附设敬义酱园，并在天津设敬盛永货栈，年收入发展到 20 万两白银。后改名大同庆。天成西为山西省交城县天元恒皮货庄股东郭、丁、沈三家投资创办，为开办资本 4000 银圆的小杂货铺。民国初生意扩大为以批发为主，还在盐池和内蒙古鄂托克旗设立分号，年收入 20 多万银圆。后改名为乾元吉。隆泰裕原为山西省平遥县董姓老板开创，开办资本约 1000 银圆，后兼做皮毛生意，资本扩充到 18 余万银圆。合盛恒为山西省临晋县荆姓老板所创，以经营日用百货为主，在中卫、平罗设有分号，最兴隆时拥有 1.2 万两白银股金，年收入 12 万两白银。百川汇是山西省平遥县人雷泽霖创办，开办资本 3000 两白银。民国以后，拥有万元汇、汇源涌两个分号和内蒙古伊克昭盟大庙的一处牧场，资金达到 30 多万银圆。抗战后改名为德丰隆。福新为山西省平遥县张老板等五家合办。开办资本 1 万银圆，民国间岁入约 6 万银圆。永盛福为山西省河津县王姓创办，原为陕北三边地区一乡间小店，同治末迁入宁夏，渐发达为岁入 5 万银圆的大店。广发隆货栈是隆泰裕的分店，兴旺时岁入 10 万银圆，后改名兴华商店。以上八家商号的进货渠道，主要来自山西省，品种以土布、土线、火柴、铁锅、铁铲为大宗，辅之于天津批进一些细布、蜡烛、肥皂、铁钉、铁丝、搪瓷盆、袜子等。另外，还有少量进口洋货。同时，各商号还大量收购西北的土特产羊毛、枸杞、甘草、发菜和大烟等，运往天津与外国洋行交易。在地方军阀的摧残和在官僚资本的排挤下，八家商号先后纷纷倒闭，只有敬义泰、天成西、百川汇三家苦苦支撑到宁夏解放。

固原"十大号"【Gùyuán "Shídàhào"】　民国间固原县城较大商店。十大商号为民国初年，甘肃省秦安商人张福堂所开设。其中以福盛统、福盛远、福盛俊、福盛兴、福盛昌实力最强。每号资本约 7000 银圆。以经营百货、布匹和典当业为主。民国九年（1920 年），海固大地震中受到严重破坏而相继歇业。后又有恒泰德（后改名永盛福）、裕泰长、永长久、万顺成等商号兴盛一时。四家老板是蒋德春、沈恒春、赵永长、王文喜，均为陕西籍。资本都在 1 万银圆以下，经营多以百货、布匹和绸缎为主。

协力厚【Xiélìhòu】　中华老字号药店。清朝道光二十三年（1843 年），山西人李保忠在河南禹县创办，时名"唐洼药栈"。1900 年，李家药栈迁往西安大麦市街，名"同心裕药栈"。1911 年春，第二代掌门人李芝秀举家迁往银川。1914 年，李芝秀在羊肉街口建 3 层木质阁楼药庄，前店后厂共计 70 多间房。请宁夏护军使、陆军中将马福祥为药庄牌匾题下"协力厚药庄"五个大字。1949 年 9 月，李芝秀作为工商界代表赶赴黄河仁春渡口，迎接人民解放军解放银川，在新中国诞生初期，多次参加宁夏政协会议，并作为地方历史名人载入史册。1989 年，第四代掌门人李逢春接承祖业，将百年老店发展成为医药、健康产品的专业营销公司。1994 年 12 月被国内贸易部、国家医药管理局认定为"中华老字号"，随后荣获"优秀药店""诚信单位""文明经营单位"等称号。2006 年再次被商务部认定为全国第一批"中华老字号"。现拥有连锁药店 8 家，其中兴庆区有3 家。

敬义泰【Jìngyìtài】　店址在今银川市玉皇阁西侧，为山西省万泉县阁景镇敬义泰商号的分号。最初来宁夏创办敬义泰分号的首任经理是王秉初，资本 1000 两白银。后来，宁夏敬义泰分号生意日益兴隆，敬义泰总号的股东们才全力投资和经营宁夏分号，铺面扩为 5 间，在天津设有敬盛永货栈。宁夏城敬义泰有店员和学徒 30 多名，每年收入 20

万两白银。商号经理先后有王秉初、谢自立、阎汉三、王玉章、范星三、张诚之、程仰山。商号附设敬义酱园，生产酱油、醋、酱菜、酒、糕点以及闻名遐迩的黄酒和玫瑰露酒。抗战期间，在以马鸿逵为首的宁夏官僚垄断资本集团的迫害下，敬义泰商号被迫改名为大同庆，每况愈下。2006年，商务部公布全国首批"中华老字号"，敬义泰名列其中。

天成西【Tiānchéngxī】　店址在今银川市第三人民医院第一门诊部，为山西省交城县天元恒皮货庄的股东郭、丁、沈三家投资创办。初创资金4000银圆，系小杂货铺。民国初年，生意开始红火，扩大为5间铺面，以批发为主，有伙计30余人，在盐池和内蒙古鄂托克旗设有分号，自养骆驼、牛羊，年收入20多万银圆。最后一任总经理是山西省平遥县的董钦锡。1941年，为避免马鸿逵派兵征税遂改名为乾元吉。

民国时期的天成西商号

隆泰裕【Lóngtàiyù】　店址在今银川市鼓楼之西约50米解放西街北侧，是山西省平遥县董姓所创，最后一任经理是刘维汉。该号初创时资本约1000块银圆，兴旺时，年收入十八九万银圆。有5间铺面、30多名店员和学徒。商号在阿拉善左旗养有骆驼、牛羊，并兼做皮毛生意。

合盛恒【Héshènghéng】　店址在今银川市解放西街五一餐厅西侧，为山西省临晋县荆姓创办，股东兼最后一任经理是荆子明。同治末年迁入银川，主要经营日用百货，后发展成为岁收入12万两白银的富商号。有3间铺面，雇有30多名店员，在中卫县城和平罗县黄渠桥均有分号。

百川汇【Bǎichuānhuì】　店址在今银川市解放西街五一餐厅，是山西省平遥县雷泽霖创办，最后一任经理是张子珍。初创资本白银3000两，仅是个杂货铺。民国以后，生意大振，运转资金达 3000 多万银圆，雇 30 多名伙计，并附设万元汇分号（零售为主）和汇源涌烧坊（酿酒），另在内蒙古伊克昭盟（今鄂尔多斯市）大庙附近有牧场，自养骆驼 30 多峰。1937 年初，商号缩小经营范围，后又改名为德丰隆商号。

广发隆【Guǎngfālóng】 店址在今银川市玉皇阁北侧。该货栈本称广发店，由隆泰裕商号同一店东所开，最后一任经理是赵子文。生意兴旺时，岁入 10 万银圆。抗战期间，受马鸿逵的官僚垄断资本集团排挤，改名为兴华商店。

福新店【Fúxīndiàn】 店址在今银川市玉皇阁斜对面，为山西省平遥县张姓等五家创办，股金 1 万银圆。民国初，生意兴旺，年收入 6 万银圆，最后一任经理是张廷凡。

民国时期的西大街商铺

永盛福【Yǒngshèngfú】 店址在今银川市新华饭店东侧，为山西省河津县王姓创办。它原为陕北三边地区乡间小店，同治末年迁入银川后，逐渐成为岁入 5 万银圆的大店。

石嘴子洋行【Shízuǐzi Yángháng】 光绪元年（1875 年），英、德商人在天津兴办贸易商行，国人称之为"洋行"。他们得知西北各省将羊毛视作废物后，即于光绪六年（1880 年）进入宁夏，选中水旱码头石嘴子（石嘴山）为基地，迅速开办 10 家洋行。其中属英商的有高林、仁记、新泰兴、天长仁、平和、聚立、隆茂、明义 8 家，由德商经营的有瑞记、兴隆 2 家。10 家洋行的分支机构（称外庄）则遍布甘肃、青海、宁夏及周边蒙旗。其主要任务是以极低的价格，大量收购各种皮革和绒毛。《西北丛编》统计，10 家洋行每年收购各种皮革约 100 万张，绒毛 3000 万斤。各地收购集中后，距黄河远者，用骆驼直运到石嘴山；青海、甘肃境内距黄河近者，先以骆驼或畜力车运到黄河岸边，然后分别从各地的码头装上皮筏，顺流运到石嘴山。宁夏各地则以木帆船装运，但都须在石嘴山的码头集中，然后整理、清洗、晾晒、打包。最后装上船筏，运至包头上岸，再以陆运方式运至天津转口。1909 年京张铁路通车后，最后一段的陆运更加方便。1920 年，甘肃省国民政府将皮毛的捐税提高到收购价的 15%。绥远省则开征"皮毛过境税"。见利润下降，各洋行皆收缩业务。次年，瑞记、天长仁、平和、仁记 4 家洋行撤回天津。其余 6 家洋行维持到 1926 年初，因冯玉祥宣布将西北交通"收归国有"，也全部撤离。

裕宁甘草公司【Yùníng Gāncǎo Gōngsī】 宁夏第一家工厂，外资企业。1926 年 12 月，芬兰商人维利俄斯在贺兰县洪广营开办甘草公司，以机器提炼甘草膏，产品全部由外商包销至海外。1926 年西北军入甘后停办。1933 年马鸿逵主政宁夏，省政府建设厅厅长魏鸿发派员接办该公司，添设磨面、榨油等生产项目，定名为宁夏裕宁甘草公司。1936 年魏鸿发被解职离宁停办。1940 年 4 月，于省城北郊八里桥复办利宁甘草膏制造厂，资本 40 万元，为官商合办企业。全厂员工 71 名，日产纯甘草膏 400 余磅，年产量约 14 万磅，年毛利润 72 万元。产品在国内外畅销。

明代宁夏镇城街市【Míngdài Níngxià Zhènchéng Jiēshì】 嘉靖《宁夏新志》记有明代宁夏镇城的 32 个街坊市集名，分别叫熙春、泰和、咸宁、里仁、南薰、平善、毓秀、感应、修文、乐善、广和、备武、积善、宁朔……多数以意识形态命名。其中 6 个为市集，其余为街道，但只有毓秀街记有具体位置。

清代宁夏府城街市【Qīngdài Níngxià Fǔchéng Jiēshì】 乾隆《宁夏府志》记载府城街巷共 127 条，叫街的 29 个，叫街口的 9 个，其余都叫巷，但都只记述了所在片区，无具体位置。其中：南薰门内 7 条，光华门东 45 条，镇远门南 15 条，德胜门东 15 条，振武门东 36 条，镇远门外 9 条。最多的是三类：第一类以交易商品命名，如碹子市街、鸡市街口、骡马市巷、羊市街、芦席巷、新木头市街、羊肉街口、猪市街口、稻草巷、砖巷、柴市古楼街、陆纱帽巷、糠市巷等。第二类以庙宇祠坛命名，如方妃祠巷、礼拜寺巷、喇嘛寺巷、关帝庙巷、鲁班庙巷、白衣寺巷、三官庙巷、老君庙巷、上帝庙巷、观音堂巷等。第三类以官署命名，如审理所巷、府仓巷、左司衙门巷、水利府街、道府巷、火器库巷等。还有以数字命名的，三座城门都有头道巷、二道巷；有以水井命名的，如西方井巷、罗家井巷、大井巷、水巷；有以姓氏命名的，如哈八巷、薛家巷、纳家巷、祁家楼南巷、杜府街口；还有以其他方式命名的，如书院街、铁局街军。以意识形态命名的一个也没有。

横城市口【Héngchéng Shìkǒu】 清代蒙汉民族交易场所，又名互市，在今银川市兴庆区掌政镇黄河东岸横城堡内。清顺治二年（1645 年），鄂尔多斯蒙古王公札萨克等奏请开设横城互市，顺治帝谕准"暂设"，"次年再议"正式设立，形成蒙汉民族交易市场，每月交易三次。蒙古族主要出售马、牛、羊及畜产品，汉族主要出售铁器、粮食、布匹。民国间改为三日交易一次，入驻商户建店面，形成十字街。

毓秀街【Yùxiù Jiē】　明代街市名，今宗睦巷。嘉靖《宁夏新志·街坊市集》："毓秀，抵新谯楼，凡苏杭杂货、鱼肉、瓜菜、五谷，皆集于此。"

清和街【Qīnghé Jiē】　明代街市名，今银川市解放东街的清和街至羊肉街口段，与今清和街有别，因在清和门内，故名。嘉靖《宁夏新志·街坊市集》："清和，凡果品、颜料、纸笔、山货、鞋帽皆集于市。"

南薰街【Nánxūn Jiē】　明代街市名，今银川市中山南街的南门城楼至新华街一段，因在南薰门内，故名。与今南薰路有别。

西大街【Xī Dàjiē】　民国时期银川市街道名，东起鼓楼，至止西门，沿街商铺林立，省政府居其中段。官方曾以"中正"为名，但民众惯用"西大街"，宁夏解放后更名解放西街至今。

东大街【Dōng Dàjiē】　民国时期宁夏省城重要街道名，由鼓楼向东至东门，故名。官方曾一度改用"中正东街"，但民众惯用"东大街"，宁夏解放后更名解放西街至今。

王元大街【Wángyuán Dàjiē】　民国年间银川市街道名，分两段：南王元大街即今民族南街的老大楼至南薰路一段；北王元大街即今民族北街的邮电大楼至北京东路一段。王元，明代宁夏卫人，万历五年（1577 年）中进士（《朔方道志·人物志三·进士》卷之十六），曾任河北大名县（今河北省大名县南乐镇）知县，因其府第在今民族南街，故后人称此街为王元街。民国时期以西大街为界，分南王元大街、北王元大街。1941 年 8 月下旬，分别改称民族街、民权街。银川解放后，统称民族南、北街至今。

北柴市街【Běicháishì Jiē】　民国年间银川市街道，今玉皇阁北街，因设柴市而名。1941 年 8 月下旬更名和平北街。

南柴市街【Náncháishì Jiē】　民国年间银川市街道，今玉皇阁南街，因设柴市而名。1941 年 8 月下旬更名博爱街。中华人民共和国成立后更名和平南街。

米粮市【Mǐliáng Shì】　今银川市民生街，1930 年宁夏省主席门致中将粮食市场迁于此，故名。1941 年 8 月下旬更名民生街。

骡马市【Luómǎ Shì】　骡马等大家畜交易市场。明弘治《宁夏新志》记在"猪羊市西"，即今珠市巷西，约当今之公园街。清乾隆《宁夏府志》记"骡马市在新街口北"，即新华东街口之北。1926 年成书的《朔方道志》宁夏城地图上，将"骡马市"标在今银川市新宁巷与育才巷交会处西南侧一带。1941 年 8 月下旬改名兴宁街，1970 年，又更名新宁街。据此，清乾隆年间至民国的骡马市，在今新宁街内，南至新华东街，北至解放东街，南北长约 400 余米，东至中山南街不到 200 米。

草巷子【Cǎo Xiàngzi】 今银川市中心巷，1936 年"宁夏省会图"标明"草巷子"，因有柴草市场而名。1941 年 8 月下旬更名新生街。1947 年改名中兴巷。

国防路【Guófáng Lù】 民国年间银川市街道名，今文化街的鼓楼北街口两侧各百余米，1933 年因路北为十五路军总指挥部而名之。

文化路【Wénhuà Lù】 民国年间银川市街道名，今文化街的西段，东接国防路，西至中山公园。因有甘肃省第五中学、第八师范学校及宁夏建省后的宁夏一中，故名。

柳树巷【Liǔshù Xiàng】 清乾隆至民国年间银川市街道名。1941 年 8 月下旬更名四维巷。抗日战争胜利后更名复兴街，即今鼓楼南街（商业步行街）。

芦席巷【Lúxí Xiàng】 民国银川市街巷名，今中心巷。当时民居房顶、炕上皆铺芦席，用量极大，城中设芦席市场而名。1941 年 8 月下旬更名仁义巷。

珠市巷【Zhūshì Xiàng】 明代称"猪市"，清代沿用，民国以谐音更名"珠市巷"，在今银川市绿洲饭店东侧，通解放西街及文化街，长约 200 米。

糠市街【Kāngshì Jiē】 民国银川市街巷名，今鼓楼北街。

尚勇巷【Shàngyǒng Xiàng】 民国年间银川市街道，在城东北，即今湖滨街东段，东起中山北街，西至民族北街，沿街多军营，故名。一直使用到 20 世纪 80 年代，更名湖滨街。

第十一章 地名工作

第一节 机构沿革

宁夏回族自治区地名领导小组 1979年10月由自治区革命委员会批准成立，下设办公室负责全区地名管理工作。同月，宁夏第一次地名工作会议在银川举行，重点安排部署地名普查工作。

宁夏回族自治区地名委员会 1981年8月6日，经自治区人民政府同意，将宁夏回族自治区地名领导小组更名为宁夏回族自治区地名委员会，负责全区地名的领导工作。此后至1998年，共召开五次全区地名工作会，讨论地名管理工作、法规制定及修订等重大事项。2010年2月8日，2014年7月22日，对自治区地名委员会成员进行调整。

自治区地名委员会办公室 1981年8月6日成立，由自治区民政局代管。1984年3月29日，自治区民政厅、城乡建设厅发出《关于地名委员会办公室归属的通知》，经两厅协商决定，将各级民政部门代管的地名办公室划归城乡建设厅。1987年3月成立宁夏回族自治区地名档案资料馆，具体负责地名档案的收集、整理、归档、管理、服务等工作。1988年1月18日，宁夏回族自治区编委决定，宁夏回族自治区地名委员会办公室由宁夏回族自治区城乡建设厅划归民政厅领导，办公室编制10人（其中办公室行政编制5人，地名档案资料馆5人），对外挂"宁夏回族自治区地名委员会办公室"牌子。各地、市、县（区）地名办公室同日划归民政部门领导。1989—1990年，自治区编制办公室派人深入各市、县（区）开展工作，督查地名机构编制人员落实情况，至此全区地名机构人员全部配齐。

自治区地名委员会标准化中心 2017年12月8日，根据自治区编委《关于自治区民政厅承担行政职能事业单位改革涉及机构编制事项调整的通知》（宁编发〔2017〕51号）、自治区编办《关于调整自治区民政厅部分所属事业单位机构编制事项的通知》（宁编发〔2016〕238号）、《关于自治区民政厅民间组织管理局更名等有关事项的通知》（宁编办发〔2017〕77号）等文件精神，将自治区地名委员会办公室更名为自治区地名委员会标准化中心。

地级市地名管理机构　2016 年，自治区编办《关于调整自治区民政厅部分所属事业单位机构编制事项的通知》决定将自治区地名委员会办公室更名为自治区地名委员会标准化中心后，宁夏 5 个地级参照，将地名管理机构重新认定见表 11-1。

表 11-1　宁夏回族自治区地市级地名办事机构表

地级市		机构名称	批准时间	文件批复（文号）	编制人数
银川市	始设机构	银川市地名委员会办公室	1986 年 4 月	银政发〔1986〕59 号	1 人
	现行机构	区划地名和社会事务科	2019 年 3 月 29 日	银党办〔2019〕77 号	1 人
石嘴山市	始设机构	地名委员会及其办公室	1986 年 5 月	石编发〔1986〕13 号	2 人
	现行机构	基层政权建设与区划地名科	2019 年 6 月	石党办发〔2019〕32 号	2 人
吴忠市	始设机构	吴忠市地名管理办公室	2019 年 2 月 20 日	吴编办发〔2019〕7 号	3 人
	现行机构	吴忠市地名标准化服务中心			
固原市	始设机构	地名办	2019 年 3 月 28 日	固原市委办公室　市政府办公室《固原市民政局职能配置内设机构和人员编制规定》	2 人
	现行机构	地名办			
中卫市	始设机构	社会事务科	2004 年 10 月	卫政办发〔2004〕131 号	1 人
	现行机构	基层政权和区划地名科	2019 年 5 月	卫党办发〔2019〕45 号	1 人

宁夏地名学会　2008 年 3 月 17 日成立。发展有单位或个人会员 230 个。其中，理事 54 人（包括常务理事 14 人）。宁夏地名学会系宁夏回族自治区民政厅主管的专业学术团体，是由从事地名科学研究、管理的专业人员，以及区内外地名爱好者和有关单位自愿结成的全区性学术团体，是经自治区民政厅依法登记、具有独立法人资格的非营利性社会组织。学会秉承"融汇、专注、服务、志远"的理念，寓意以学会为平台，聚集多方专家，形成专注地名研究，服务政府与社会，行以致远的文化氛围。

第二节　法规制度

《宁夏回族自治区地名条例》　2013 年 7 月 31 日，自治区第十一届人民代表大会常务委员会第五次会议审议通过，2013 年 10 月 1 日施行。

《宁夏回族自治区地名管理实施办法》　1980 年 3 月 31 日，宁夏回族自治区人民政府出台。于 2013 年 10 月 1 日废止。

《宁夏回族自治区地名管理规定》　1987 年 5 月 19 日，宁夏回族自治区人民政府颁布，对地名管理的范围、地名命名、更名的审批权限和程序、地名标志的设置与管理作了详细的规定。于 2000 年 12 月 30 日废止。

《宁夏回族自治区地名管理办法》　1998 年 3 月，第六次全区地名工作会议在银川市召开。会议回顾总结了全区地名工作的方向和任务，表彰了在国道设标工作中涌现出来的先进集体和先进个人，总结交流了城镇街路、巷、楼、门牌设置工作的经验，研讨修订了《宁夏回族自治区地名管理办法》。随着经济体制改革的深入，对外开放的扩大和经济社会的快速发展，宁夏回族自治区人民政府根据国务院颁布的《地名管理条例》和民政部颁布的《地名管理条例实施细则》，结合少数民族地区地名管理的特点，于 2000 年 12 月 30 日制定并发布《宁夏回族自治区地名管理办法》，对地名管理的权限、范围、内容、目的、处罚及地名管理各项工作要达到的目标、遵循的原则等都作了明确的规定。

《宁夏回族自治区城镇建筑物名称管理暂行规定》《宁夏回族自治区门牌管理暂行规定》　2005 年 1 月 1 日由自治区民政厅印发并实施。

《关于实施地名公共服务工程的通知》　2006 年，由自治区政府下发。要求各级政府加强领导，采取有力措施，精心实施好地名公共服务工程。

第三节　地名调查与普查

一、地名调查

地名调查是地名管理的基础。宁夏各级地名管理机构将调查贯穿于日常工作中，一般分四种调查。

日常调查：对地名管理中发现的问题进行调查，如违犯国家、地方法规规定的情况，群众反映的问题，清理不规范地名，清理重复地名等。

综合调查：为掌握本区域内地名状况而进行的全面调查。使用在地名规划、地名统计工作中。

专项调查：如交通类、水利类、商业类地名，都与相关部门联合进行调查。为正确贯彻党的民族宗教政策，近年对部分宗教场所、含有民族褒贬成分、民族与宗教不分的地名进行了调查。

命名、更名前期调查：2000 年，实施城镇化，出现大量新的街巷及其他公用设施。银川市地名办每年都数次组织地名专家作实地考察、调研，为地名命名、更名奠定基础。

二、第一次全国地名普查

简称"一普"。1979—1982 年，在国务院的统一部署下，宁夏进行第一次全国地名普查工作，在当时的 18 个市县、7 个市辖区全面展开。普查的范围包括：行政区划和居民点名称；独立存在的各专业部门使用的名称；人工建筑和纪念地；自然地理实体。

经两年实地调查，共获取近两万条地名信息资料。1981 年 1 月 15 日，自治区民政厅转发中国地名委员会《认真抓好地名普查成果质量的通知》，要求要善始善终地搞好地名普查工作，确保各项成果资料的质量。1981 年 3 月 12 日，宁夏回族自治区民政厅制定《宁夏回族自治区地名普查成果验收办法》，组成验收组，对普查成果资料逐条逐项进行全面、细致、认真的验收。

1989 年 10—11 月，自治区在盐池县惠安堡镇进行地名补查试点工作，培养了 30 多名地名补查工作骨干，取得了自治区地名补查的各类样表，该试点经验和民政部在福建省下白镇地名补查试点经验被民政部转发。

1989 年 11 月，宁夏回族自治区地名委员会、民政厅制定下发《宁夏回族自治区地名补查和资料更新工作实施细则》，部署"一普"地名补查和资料更新工作。全区地名补查和资料更新工作历时 6 年，参与此项工作的人员超过千人，调查地名 4 万多个，形成地名成果表 3547 张，积累了大量现实地名资料，为编纂地名志、录，开展地名管理工作打下了良好的基础。

2005 年，宁夏民政厅地名办对 1979—1982 年第一次地名普查的资料及形成的地名志进行收集、整理、归档，清点地名补查和更新成果表 504 卷，地名图 574 张，地名照片 570 张，各市、县地名志 1510 本。

三、第二次全国地名普查

2014 年，宁夏启动自治区内第二次地名普查（简称"二普"）工作。自治区政府成立宁夏回族自治区第二次全国地名普查小组，在民政厅下设办公室。先后制定了《宁夏回族自治区第二次全国地名普查设施方案》《宁夏回族自治区第二次全国地名普查操作规程实施细则》《宁夏回族自治区第二次全国地名普查监理办法实施细则》《宁夏回族自治区加强地名文化保护清理整治不规范地名实施方案》，成立地名普查专家咨询委员会。2016 年 12 月 22 日，国务院第二次全国地名普查领导小组办公室以 23 号文明确通知，规范地名普查"外包服务"，并委托第三方为监理单位开展面向县（区）的地名普查监理工作。为保证地名普查质量，做好保密工作，又组织开展了面向地名工作者、服务外包单位的业务和保密培训工作，培训人数达到 480 人，从而为地名普查的地名信息采集、标准化处理、地名标志设置、国家地名数据库建立、成果转化应用奠定了基础。由于承包方系外省企业，对宁夏地名不甚了解，所以，有些县市的普查质量稍差，仍在进行补查。

宁夏地名"二普"工作，仍在深入进行中。

四、地名普查成果转化

1980 年 8 月 30 日,第一次全区地名普查会议召开,部署全区地名工作任务,要求着手编辑市、县地名志。1982 年 4 月 6 日,自治区地名委员会召开专题会议,研究落实市、县地名志编辑、出版问题,然后在 5 月 5 日下发《市县地名志编辑方案通知》。1984 年 10 月 7 日,自治区地名委员会、城乡建设厅、宁夏人民出版社联合下发《关于加强对市、县地名志编辑出版管理的通知》。

1984 年 11 月,自治区人民政府委托自治区地名委员会组成宁夏《地名词典》编纂委员会,由自治区政协副主席吴尚贤任编委会主任、主编,韩云文任副主任,徐庄、孙照前为副主编,各方面专家汪一鸣、钟侃、鲁人勇等 14 人为编委会成员,指导《中华人民共和国地名词典》宁夏回族自治区分册的编纂工作。11 月 17 日,《中华人民共和地名词典宁夏分卷》第一次编委扩大会议举行,讨论通过了工作方案。此后,参加撰稿人数多达 33 人,历时 8 年定稿,于 1993 年 7 月在商务印书馆出版。此为宁夏第一部公开出版发行的地名专著。

2015 年底,"二普"的成果转化工作提上议事日程。自治区地名普查领导小组办公室作出规定:自治区将在"二普"成果基础上,组织编修《地名志》和《地名词典》,各市、县两级政区必须完成自己的《地名图》《地名录》《地名词典》《地名志》。至 2016 底,多数市县已形成第一稿,第二稿尚在纂修中。

第四节 地名命名更名

一、政区类地名

按照国务院《地名管理条例》规定,行政区划名称的命名、更名,按照国务院《关于行政区划管理的规定》办理,县级及以上政区地名,按照国务院批准的行政区划地名执行。街道、乡镇的命名、更名,由各市政府上报,自治区政府批准执行。行政村、社区地名,由所在县市区政府报市政府批准执行。这类地名的命名、更名较多。最集中的有 2 次:1980 年,地名"拨乱反正",将"文化大革命"中形成的红卫、要武、战斗之类公社、大队名更以新名或恢复旧名,全宁夏多达 300 多个。仅灵武一县,生产大队更名的达 28 个。2003 年撤乡并镇,合并行政村,较大的县市撤乡都在 10 多个,保留的乡多数改通名为镇。通名、专名都不变的为极少数。2004 年后,政区类地名变化较少。

二、城市基础设施及建筑物类地名

《宁夏回族自治区地名管理办法》第九条明确规定："城市（镇）内的街路、巷、桥梁等名称，由设区的市或县（市）民政部门报同级人民政府批准。""商贸大厦、宾馆饭店、餐饮娱乐场所、综合性写字楼等大型有地名意义的建筑物名称，具有地名意义的企事业单位名称，由批准立项或登记注册部门的同级民政部门审批。""城市内的居民区、住宅区（含住宅区的道路）名称，由建设单位在申请立项前，报工程所在地的设区的市或县（市）民政部门审批。"上述规定，治理了城市地名的混乱现象。1994 年以来，全区 24 个县（市、区）针对城镇街路、巷存在的问题，重新进行了规范和命名。至 2001 年底，全区命名街路、巷名 387 个，更名 158 个，销名 96 个，实现了全区城镇街、路、巷名称的规范化、标准化。但在实施中，建设居民小区的开发商、新建企事业单位，往往自行命名，不向民政部门申报的仍然不少，乃至出现地名的大、洋、怪、重现象。有的房地产开发商，还在居民小区名字前置企业名，为自己做免费终身广告。

三、行业类地名

交通、水利、文物、电信、金融等类地名，中央各部委各有规定，长期自行管理，近年开始征求地名管理部门意见。公路中国家高速公路、国道名称，源自国务院批准的《全国公路网规划》，已有法律效力。地方道路命名，则遵从以起止点命名的惯例，较为规范，便于民众使用；桥梁，以所在地名为名。近年在银川市境建设的多座大型桥梁，由银川市地名办按地名命名程序办理，由市政府、自治区政府批准。

四、命名程序

早期地名的命名、更名，无章可循，随意性大，一度造成地名混乱。1958 年"大跃进"和公社化时，改乡为公社，改村为大队，摒弃有历史渊源的老地名不用，而冠以"跃进""红旗""卫星""东风""团结"等时尚地名，几乎每县都有，造成大量地名重复。而大队之下，又以一队、二队、三队……按数字为名，原来的庄、寨、堡名全部消失。"文化大革命"期间，仅存的传统地名被当作"封资修"予以批判，代之以反映极"左"思潮的地名，如"红卫""永红""文革"之类。1980 年后，恢复了一大批老旧乡村名，但新地名一般由当地党政领导命名，随意性较大。2000 年后，银川等地级市开始探索地名的命名程序，并逐步规范：第一步，地名办先作实地调查，了解地理位置、周边老地名及地理环境；第二步，组织地名专家实地考察、开会论证，介绍当地历史文化，提出命名备选方案；第三步，在网上广泛征求意见；第四步，综合专家、网上意见，归纳为三四个建议方案，上报市政府。最后，由市政府讨论定夺并交媒体公示。这种命名程序，综合了群众、专家、地名管理部门的意见，比较科学合理。

第五节　地名标牌管理

一、街巷标志与门牌设置

1992年，自治区地名委员会办公室根据全国地名会议工作精神，提出以抓城镇街路巷、门牌设置工作为突破口，全面做好城镇地名管理工作。全区共设置街路巷牌235块，门牌28000余块。随着旧城改造、新区开发等城市建设的不断加快，原来设置的街、路、巷、门牌标志已残缺不全，新建的街、路、巷没有及时设标。从1995年开始，首先对全区城镇街、路、巷标志，进行了设置和更新。1996年，各级民政局会同公安部门设置了城镇和部分农村门牌。在抓好城镇地名标志设置的同时，15个县（区）完成了农村乡（镇）和行政村的标志设置任务。截至2001年底，全区共设街路、巷标志12847块，门牌42.6万块，乡（镇）和行政村标志1987块，初步形成了全区地名标志网络系统。

二、地名标志设置

1995年12月，民政部、交通部、公安部、建设部联合下发《关于在国道两侧设置地名标志的通知》，要求用3年的时间，在国道两侧的村镇设置地名标志，并制定了详细的技术规范。对此，宁夏在连续4年遭受严重旱灾，抗旱任务十分艰巨，群众生活十分困难的情况下，各级民政部门努力克服经费紧张、人员不足等困难，于1997年底前完成了全区境内国道村镇、旅游景区设标任务。部分市、县（区）还设置了省、县道标志。全区设标总里程达1680.9公里，设置标牌426块，其中国道907公里，设置标牌283块。提前一年完成任务，受到了民政部、交通部、公安部、建设部的联合通报表彰，被评为全国国道设标先进单位。

2000年3月，民政部、交通部、国家工商管理局、国家质量技术监督局联合下发《关于在全国城市设置标准地名标志的通知》，宁夏民政厅联合交通厅、工商行政管理局和质量技术监督局及时转发了4部委的通知，并于2001年3月制订了全区城镇设置标准地名标志实施方案。为确保城镇标准地名标志设置工作质量，按时完成设标任务，2002年4月，民政厅制定了《全区城镇标准地名标志制作设置规范》，对地名标志设置提出了要求。2003年6月10日，自治区民政厅发出《关于加强城市标准地名标志设置工作的通知》，至2007年底，宁夏全区共设置地名标志114594块，其中银川市52327块，石嘴山市 19258 块，吴忠市 42759 块，固原市 204 块，中卫市设置 46 块。地名标志设置工作的发展，为全区开展一码通、智慧地名标志设置奠定了基础。

第六节　　地名档案管理

1987 年 3 月成立宁夏回族自治区地名档案资料馆，具体负责地名档案的收集、整理、归档、管理、服务等工作。

1987 年 10 月，在宁夏回族自治区中宁县召开了全区地名档案建档工作试点现场会，各市、县、区的地名干部和主管部门负责人、中国地名档案馆、宁夏回族自治区地名档案馆的领导参加了会议。会议传达了同年 8 月在吉林市召开的全国地名档案工作经验交流及地名信息自动化管理座谈会精神，参观学习了中宁县建立地名档案的经验，讨论和交流了市、县地名档案工作的现状，部署了今后一段时间地名档案工作的主要任务。

2005 年 12 月，宁夏地名档案资料馆搬迁至宁夏民政厅办公楼，并配备了密集架、电脑、卡片柜、吸尘器、加湿器等现代化设施，实现了微机化管理。形成文书档案 78 卷，地名补查和更新成果表 504 卷，地名卡片 740 余张，地名图 574 张，地名照片 570 张，馆藏全国各省（自治区、直辖市）、市、县地名志 65 本，本省市、县地名志 1510 本，各类地名、文学等专业丛书 110 本，为今后宁夏地名的发展奠定了基础。

2007 年 9 月至 2008 年 6 月，组织电脑录入 1979—1986 年第一次全国地名普查及后来形成的地名补查和更新成果资料，从而形成了电子文档形式的地名档案资料。2007 年以来，自治区地名委员会办公室建立了国家地名数据库 GIS 地名业务管理系统，开通了宁夏地名网站。2016 年，结合第二次全国地名普查，完成了地名普查数据库建库工作。

地名规划 2007 年以来，自治区地名委员会办公室建立了国家地名数据库 GIS 地名业务管理系统、开通了宁夏地名网站，编制了贺兰山东麓葡萄产业及文化长廊地名规划及银川市辖区、平罗县、贺兰县、泾源县、吴忠市红寺堡区县域地名规划，摄制了宁夏地名动漫片，出版了《宁夏地名摄影画册》和《宁夏最美地名故事》。根据《宁夏回族自治区地名条例》的有关规定，组织开展了面向全区地名工作者的地名行政执法培训，培训人数达到了 60 人，从而保证了地名工作者都能够持证开展地名行政执法工作。县域地名规划和专题地名规划，由设区市、县（市）民政部门依据有关规划负责编制。县的地名规划由市民政部门审核，其他由自治区民政厅审核。

第七节　地名规划

地名规划是在一定时期内，对目标区域内的各种自然、人文地理实体名称进行既符合法规和标准化要求，又体现当地历史文化和自然环境的规划设计，从而建立起区域性的科学化、系统化地名体系，使之发挥出多种功能和作用而进行的各项地名要素的统筹部署和具体安排。地名规划同时也是地名公共服务工程的四个专项事务之一，也是地名管理的基础工作。

一、启动地名规划编制工作

开展地名规划编制工作以来，在自治区地名标准化中心的领导下，组织指导了银川市城市控制区、贺兰县、盐池县、泾源县率先启动地名规划编制工作。

《平罗县地名总体规划》成效显著，为推动全区地名规划工作有序开展，自治区民政厅、自治区财政厅确定平罗县为全区县域地名规划试点县。平罗县按照自治区人民政府关于实施地名公共服务工程的总体要求，依据国家有关法规和《平罗县 2010—2020 年城市建设总体规划》，坚持"尊重历史、名副其实、提高品位、雅俗共赏、好找易记"的基本方针，遵循"规范化、系统化、层次性和地域性"原则，规划编制得到自治区、石嘴山市民政部门和宁夏社科院、宁夏社科联、宁夏地名学会的精心指导，以及平罗县有关部门、各乡镇的大力配合，邀请多名老干部、知名专家等进行修改审校，经过精心组织、周密部署、缜密设计、科学策划，六易其稿完成《平罗县地名总体规划》。

根据自治区地名办下发的《关于召开平罗县地名总体规划评审会议的通知》（宁民字〔2010〕60 号）文件，于 2010 年 6 月 13 日，召开了《平罗县地名总体规划》评审及现场会，作为全区第一个完成地名规划的县。专家评审组对《平罗县地名总体规划》作出了以下评价：一是规划内容翔实，文字简洁，区块主题鲜明，点面层次清晰、空间覆盖完整；二是尊重历史、结合现实，突出了地名的地域特点和历史文化特色；三是遵循了历史沿革、人文基础、自然地理特征，体现了未来社会经济发展方向；四是从地名文化保护、优化调整、规划引导等方面，对地名进行了全面科学的规划设计。同时，也提出了宝贵的建议和修改意见。《平罗县地名总体规划》顺利通过评审，将进一步规范平罗县地名管理与服务工作，对平罗的生态旅游、经济发展和社会和谐起到了促进作用。同时，也促使宁夏县域地名规划工作顺利实施，为全区其他市、县（区）开展地名规划工作奠定了基础。

2013 年 8 月 4 日下午，盐池县地名规划征求意见座谈会在县民政局三楼会议室召开。

自治区地名学会会长吴忠礼、自治区地名办副主任李波、宁夏大学资源环境学院院长米文宝、吴忠市民政局副调研员李长春、盐池县民政局局长卢平和副局长杨继文，盐池县关于地名研究的学者、专家、老领导以及县城地名规划编制组的所有同志参加了座谈会。会上，宁夏大学副教授李建华介绍了盐池县城区地名规划编制原则、县城城区道路的命名思路，并展示了县域地名规划的相关图幅。与会同志竞相发言、各抒己见。自治区地名学会会长吴忠礼就地名命名提出要解决好三个方面的问题：一是要认识所编制规划地域的地理；二是要了解该地域的历史；三是要梳理该地域的文化内涵。他认为，这三者结合起来就能产生出好的地名。关于地名命名，他又从定位、内容、通俗性、体现个性、体现老区特色等方面阐述了自己的观点，对盐池县地名规划编制工作起到了很好的指导作用。

同年12月6日，盐池县召开了地名总体规划评审会。自治区民政厅、吴忠市民政局、宁夏大学资源环境管理学院、盐池县民政局及盐池县有关部门的代表等参加了会议。与会专家代表听取了规划编制单位对《2013—2030年盐池县地名总体规划》文本、图册的详细介绍。该规划按照盐池县地名的标准化、规范化、系列化的要求，形成了内容有序、空间完整、文化内涵丰富、地域特色鲜明，且同本县"人文盐池、红色盐池、生态盐池"定位相一致的地名体系。评审专家对盐池县地名规划工作给予了充分的肯定，同时对规划的原则性、规范性、科学性以及有关规划完善性等提出了很好的修改意见与建议。各有关单位成员会同专家对规划进行评审，先后发表了自己的意见。会议认为，该规划是盐池县民政局的一项新工作，工作起步较快，调研工作深入扎实，规划方案合理可行。在此基础上，规划还需要进一步的完善：一是地名委员会成员单位之间要进一步加强沟通和协调；二是地名编制要有继承性和稳定性，对社会发展起促进作用，从方便广大群众生产生活角度出发；三是在充分听取当地群众意见的基础上，进行修改补充完善。

《银川市地名规划》于2015年启动。在自治区民政厅的关心和支持下，紧紧围绕市委、市政府建设西北地区"最适宜居住、最适宜创业"的现代化区域中心城市建设的奋斗目标，按照"以人为本，为民服务"的原则，积极开展城市地名规划工作，成功破解了长期以来地名命名落后于开发建设的历史难题，取得了良好的社会效果，地名工作先后被民政部表彰为"全国地名标志设置先进城市""全国地名公共服务工程示范市"。

银川市地名规划分为《银川市城区地名规划》和各县（市）区地名规划两个部分，城区地名规划由银川市政府负责规划，主要涉及兴庆区、金凤区、西夏区城区部分，三区各乡镇部分，由三区政府进行规划，贺兰县、永宁县、灵武市由各政府负责进行规划。

《银川市城区地名规划（2011—2020年）》于2013年1月6日由银川市人民政府印

发执行。规划期限为 2011—2020 年，其中以 2011—2015 年为近期，2016—2020 年为远期。《银川市城区地名规划（2011—2020 年）》共 6 章 4 个附件。第一章为总则，内容主要包括指导思想、规划总纲、规划依据、规划范围和对象、规划目标、规划期限 6 个部分。第二章主要介绍了银川市城市规划控制区的基本情况，分自然条件、历史沿革、城区区划及地名变迁 3 个部分。第三章主要是银川市城区地域文化与地名特征，主要由地域文化特征和地名现状特征两部分组成。第四章主要介绍了银川市城区地名通名规划，主要从通名规划原则、道路通名规划、桥涵通名规划、住宅区通名规划、公共绿地休闲地通名规划、大型标志性建筑通名规划、地理实体通名规划、点位地名通名规划 8 个方面作了介绍。第五章主要介绍了银川市城区地名专名规划，在专名规划原则方面分别从稳定性原则、原位性原则、特色性原则、指示性原则、系统性原则、延伸性原则 6 个方面进行了规划。第六章关于银川市地名规划的组织实施方面，主要从强化组织领导、明确任务责任；做好规划衔接，严格地名审批制度；拓宽地名采集渠道，有条件地实施地名管理的市场化运作；加强规划执行力度，开展跟踪检查和动态管理 4 个方面进行了规划，明确了主体动作、动作方法与措施及实施保障，确保地名规划在实际过程中得到落实。第七章主要是从贯彻落实银川市地名规划的保障措施，主要从理顺地名命名、更名管理体制；依法保障地名规划顺利执行；营造地名规划的社会参与氛围；加强地名密集性出版物的监管；严格地名登记备案制度，提升地名信息化管理水平；强化地名标准化、规范化使用和监督工作 6 个方面进行了规范。

依据这个规划，市政府先后出台了《银川市城镇地名命名办法》《银川市地名命名更名审批程序规划》，确保了地名命名规范化、制度化、科学化。

《泾源县县域地名规划》编制工作取得实效，泾源县地处六盘山东麓，辖 4 乡 3 镇，97 个行政村、3 个城镇社区居委会。总面积 1131 平方公里，总人口 12.6 万，其中，回族人口占 75%。泾源作为全区生态旅游县，始终把城市规划、旅游规划、地名规划等工作纳入重要的议事日程，立足实际、规范管理。泾源县第二次全国地名普查工作开展以来，在区、市民政部门的精心组织和县委、县政府的正确领导下，依照自治区第二次全国地名普查工作总体规范要求，及时成立组织机构、制订工作方案、统一采购服务等一系列前期准备。按时间节点全面开展第二次全国地名普查工作，分阶段完成资料收集整理、外业资料普查和成果转化工作等任务。泾源县地名规划工作走在了全区的前列，2015 年 9 月在全国地名规划参评中，泾源县域地名规划编制以民族性、地域性、生态性及旅游性四位一体的特性，跻身全国规划前三甲，被民政部地名司评为全国优秀地名规划，被编印成册在全国交流推广。

二、地名规划发展背景

2018年以来，宁夏地名工作在民政部的大力支持下，在自治区党委、政府的领导下，取得了一定成绩。为做好全区地名工作，自治区人大颁布出台了《宁夏回族自治区地名条例》，自治区政府又先后下发了《自治区人民政府关于做好我区农村地名标志设置工作的实施意见》《自治区人民政府办公厅关于"十二五"时期加快实施县域地名规划工作的指导意见》《宁夏县域地名规划范本》《贺兰山东麓葡萄产业及文化长廊地名规划实施方案》和《关于宁夏回族自治区开展第二次全国地名普查工作实施方案的通知》等文件，确保全区地名工作的顺利开展，促进地名工作的科学发展。

自治区地名标准化中心指导各市县区完成地名规划编制工作：一是指导银川市完成了城市控制区地名规划编制工作和城市地名命名办法。二是指导平罗县完成了《平罗县2010—2020年地名总体规划》的编制工作，并上报民政部。三是指导永宁县城镇及开发区地名规划的评审工作。四是起草《关于宁夏"十二五"期间加快实施县域地名规划工作的指导意见》。截至2019年度，贺兰县、泾源县、盐池县已报同级人民政府审批，经上级民政部门备案后最终形成地名规划编制工作，其中贺兰县、泾源县被民政部地名司评为全国优秀地名规划，并编印成册在全国交流推广。

在编制地名规划过程中，自治区地名委员会各成员单位能够积极参与编制工作，同时邀请中国地名研究所、国家地名数据库软件服务中心、宁夏大学和宁夏地名专家担任顾问，确保规划的科学性、实效性。各市、县（区）政府及民政部门由于重视程度不同，全区地名规划工作进展参差不齐，大部分只进行到初期制定阶段。银川市、贺兰县、永宁县、平罗县、盐池县、泾源县等地的地名规划工作在全区进展相对较快，已完成了地名规划方案。其中县域地名规划和专题地名规划，由设区市、县（区）民政部门依据有关规划负责编制。县的地名规划由市民政部门审核，其他由自治区民政厅审核。

根据《宁夏回族自治区人民政府办公厅关于"十二五"时期加快实施县域地名规划工作的指导意见》（宁政办发〔2012〕19号）和《宁夏回族自治区人民政府关于促进贺兰山东麓葡萄产业及文化长廊发展的意见》的要求，制订了《贺兰山东麓葡萄产业及文化长廊地名规划实施方案》。2014年3月，民政厅提请自治区政府下发了《关于印发贺兰山东麓葡萄产业及文化长廊地名规划编制工作实施方案的通知》（宁政办发〔2014〕42号），按照要求，成立由民政、发改委、林业、财政等相关部门组成的贺兰山东麓葡萄产业及文化长廊地名规划编制领导小组，依托宁夏地名学会和宁夏大学，组成地名规划工作组，开展此项工作。从2012年12月份开始，至2017年10月底，由民政厅、自治区发展改革委员会联合印发，面向社会公开出版。

同时，为加强《宁夏回族自治区地名条例》的贯彻落实力度，于 2016 年 1 月 1—15 日，分别在光明广场、南门广场组织了宁夏回族自治区地名条例、第二次全国地名普查的宣传活动。同年"十一"期间，又开展了"地名普查宣传日"活动，在光明广场人民会堂西侧布置了 20 块地名展板，宣传条幅 10 条，发放宣传手册 2000 本。《宁夏回族自治区地名条例》的颁布，对各市、县（区）地名的工作作出明确要求，有效帮助各市、县（区）解决地名命名、更名、地名标志设置等问题。并积极组织专家学者指导各地地名规划工作，使地名工作更加规范。

2010 年 4 月 19—21 日，全区地名行政执法能力培训班在银川举办。组织面向全区地名工作者的地名行政执法培训，培训人数达到了 63 人，参加人员通过考试的形式，根据考试成绩，颁发全区地名行政执法能力培训结业证书。2014 年 12 月 11—12 日，在宁夏回族自治区税务干部学校北院会议室召开全区地名行政执法设备操作使用培训班，各市、县（区）民政局分管领导、地名业务工作人员参加了此次培训，使从事地名业务的工作人员更好地掌握地名行政执法设备的操作使用方法。同时自治区民政厅下发了《关于做好地名行政执法资格审查工作的通知》（宁民发〔2014〕63 号），举办全区地名业务与行政执法培训班，从而保证了地名工作者都能够持证开展地名行政执法工作。通过依法行政，不断提高行政执法水平，把地名管理工作纳入法制化管理的轨道。

第八节　地名文化建设

自治区地名文化工作在民政部的大力支持和指导下，在自治区各级党委、政府的领导下，全区地名战线的同志们联系实际，履行职责，开拓进取，狠抓重点，突破难点，整体推进，使得全区地名文化工作取得一定成效。

一、地名文化工作开展情况

一是规范地名文化建设。为发展和弘扬地名文化，保护地名文化遗产，认真贯彻落实民政部宫蒲光副部长在全国地名文化培训班上的讲话精神，按照民政部统一部署，结合宁夏地名工作的实际情况，进一步完善地名文化管理体制和工作机制，将宁夏地名文化遗产的保护与国家、世界文化遗产的保护衔接起来，使各类地名文化遗产得到有效的保护、传承和弘扬，自治区民政厅制订了《地名文化建设及地名文化遗产保护实施方案》报自治区政府，落实抓好地名文化建设及地名文化遗产保护工作，以地名数字平台为基础，指导各市、县（区）完善地名数字信息录入工作。通过参加民政部举办的地名文化培训班，为下一步开展地名文化建设及地名文化遗产保护工作奠定了基础。

二是加强地名文化宣传。近年来自治区民政厅对全区各市、县（区）地名文化建设进行了调研，在此基础上，完成了宁夏三级地名网站建设工作、组织摄制了4部地名动漫故事，出版了《地名丛书——宁夏地名故事》《宁夏地名文化2017系列丛书》，组织编纂了《宁夏标准地名图、录、典、志》等地名工具书，通过举办地名摄影展，以人民群众喜闻乐见的形式，宣传地名文化，提高大家的保护意识；各市、县（区）依托社会和企业，收集、整理和出版了本辖区内有关地名的历史故事和民间传说，为社会提供丰富多彩的地名文化产品。同时，借助宁夏地名网站搭建了地名文化产业和地名文化宣传平台，推出了具有明显地域特色的地名文化经济产品，并产生了一定的经济效益。

三是积极开展地名文化遗产保护工作。宁夏历史悠久，许多地名体现了生活在宁夏多个民族对人文自然环境特有的认识和思考，记录着多民族在漫长的历史进程中创造的文明成果，是宁夏文化形成、发展和传承的重要载体。在开展地名文化遗产保护工作以来，自治区民政厅加强对全区各市、县（区）的工作指导，对符合申请地名文化遗产申报条件的盐池县、灵武市、西吉县、隆德县给予大力支持和帮助，积极协调各有关部门，推动全区地名文化的建设工作；对其他各市、县（区）也加大帮扶力度，对具有历史纪念意义的地名加强了保护，特别是对具有传承意义的近代地名也进行了积极保护。

根据民政部区划地名司要求，为规范申报程序，自治区民政厅又下发了《关于开展地名文化遗产申报及保护工作的通知》（宁民办发〔2015〕40号），明确申报项目、条件、程序和时间，为保护地名文化遗产奠定了基础。组织专家深度挖掘地名普查成果，指导灵武市、隆德县开展地名文化遗产申报。2018年灵武市被中国地名文化遗产保护促进会确认为"中国地名文化遗产千年古县"，正式跻身全国100个"千年古县"之列，这是宁夏历史上首次获此殊荣。隆德县地名文化遗产申报工作也取得实质进展，目前正在积极推进。2019年，指导盐池县、隆德县编制地名文化遗产保护规划，分别联系中国科学院地理科学与资源研究所、宁夏地名学会进行深入调研论证。制订实施方案，成立规划领导小组，按照要求，于2020年先后完成盐池县、隆德县地名文化遗产保护规划编制工作，在宁夏尚属首次编制，在全国也开了先例。开展地名文化遗产保护规划编制工作将有效提升宁夏地名文化遗产管理、保护与决策水平，使之全面系统地保护宁夏优秀地名文化。

二、地名文化宣传活动

为做好宁夏地名文化建设工作，于2018年11月30日，宁夏回族自治区民政厅和宁夏地名学会共同开展了"宁夏地名文化进校园"活动，分别向银川市实验小学、银川市金凤区实验小学、永宁县武河小学赠送了《宁夏地名故事》系列丛书450本和宁夏地名摄影集 10 本，以此增加广大学生对家乡厚重地名文化的了解和认知，活动受到了学校师生的热烈欢迎。同时，还邀请了南京师范大学历史学院胡阿祥教授，地理科学学院张雪英教授，中国科学院地理科学与资源研究所研究员、博士生导师王英杰教授和中国测绘科学研究院期刊中心主任、研究员牛汝辰教授等多位专家通过地名文化周末大讲堂的形式，组织民政工作人员学习了解地名文化。

近年来，宁夏民政厅和宁夏地名学会为加强优秀地名文化宣传和历史传承，利用第二次全国地名普查的契机，广泛开展街头地名文化宣传、专家学者地名知识讲座、制作播放地名文化专题片、设立地名文化报刊专栏等多种形式的地名文化宣传活动，集中展示宁夏厚重的地名历史文化和风土人情，使广大社会公众进一步了解宁夏回族自治区优秀地名文化知识和历史传承，有效激发了他们爱祖国、爱宁夏、爱家乡的思想情怀。

附　录

一、《宁夏回族自治区地名条例》

2013 年 7 月 31 日自治区第十一届人民代表大会常务委员会第五次会议通过

第一章　总　则

第一条　为了加强地名管理，适应城乡建设、社会发展和人民生活需要，结合自治区实际，制定本条例。

第二条　自治区行政区域内地名的命名、更名、销名、使用、标志设置以及相关的管理服务活动，适用本条例。

第三条　本条例所称地名包括：

（一）设区的市、县（市、区）、乡（镇）行政区划名称；

（二）山、川、河、沟、塬、峁、湖、滩、湿地、水道、沙漠、关隘、地形区等自然地理实体名称；

（三）街道办事处、居民委员会、村民委员会名称；

（四）城市（镇）内的街（路）巷、桥梁名称；

（五）自然村名称；

（六）居民区、住宅区名称；

（七）商贸大厦、宾馆饭店、餐饮娱乐场所、综合性写字楼等大型具有地名意义的建筑物名称；

（八）工业园区、开发区、示范区、经济区、移民开发区等名称；

（九）具有地名意义的油（气）田、矿山、盐场、农林牧渔场名称；

（十）公园、广场、公共绿地、博物馆、展览馆、体育场馆、自然保护区、文物古迹、文化遗址、风景名胜、纪念地等公共场所名称；

（十一）机场、铁路、公路以及具有地名意义的台、站、港、码头、水库、渠道、堤围、水闸、电站等设施名称；

（十二）门牌号码；

（十三）其他具有地名意义的名称。

第四条　县级以上人民政府地名委员会，负责组织、协调、指导本行政区域内的地名工作。

第五条　县级以上人民政府民政部门（以下称地名主管部门）负责地名监督管理工作。

发展改革、财政、公安、住房城乡建设、交通运输、工商、质量监督等有关部门，应当按照各自职责做好地名工作。

乡（镇）人民政府、街道办事处应当协助地名主管部门做好辖区内的地名工作。

第六条　地名管理经费应当列入本级财政预算，专款专用。

鼓励企业、社会组织以及个人投资或者捐助地名公共服务事业。

第二章　地名的命名、更名和销名

第七条　地名的命名、更名、销名，实行分级分类审批。未经批准，任何单位和个人不得擅自进行地名命名、更名和销名活动。

第八条　设区的市、县（市、区）地名主管部门应当会同有关部门编制本行政区域地名规划，报本级人民政府批准后组织实施。

经批准的地名规划，任何单位和个人不得擅自变更；确需变更的，应当报原批准机关批准。

编制城乡规划和专项规划涉及地名的，应当征求地名主管部门的意见。

第九条　地名的命名、更名应当遵循下列原则：

（一）维护国家尊严、民族团结、社会和谐；

（二）有利于继承和发扬传统文化、民族文化；

（三）符合社会公序良俗，名实相符，含义健康；

（四）符合地名规划，反映当地历史、文化、地理特征；

（五）尊重群众意愿，与有关各方协商一致；

（六）保持地名的相对稳定。

第十条　地名的命名应当符合下列要求：

（一）自治区行政区域内重要的自然地理实体名称、乡（镇）以上名称、街道办事处名称，同一县（市、区）内的村（居）民委员会名称，同一乡（镇）内的自然村名称，同一城市内的道路、居民地、建筑物名称，不得重名、同音；

（二）乡（镇）名称应当与其政府驻地名称一致，街道办事处名称应当与其所在街

（路）、巷名称一致；

（三）台、站、港、码头、机场、水库、矿山等名称应当与所在地的名称一致；

（四）一般不以人名作地名，禁止使用国家领导人和外国人名、外国地名作地名；

（五）不得以著名的山脉、河流等自然地理实体名称作行政区划名称；自然地理实体的范围超出本行政区域的，不得以其名称作本行政区域名称；

（六）地名用字应当使用规范的汉字，避免使用生僻字、同音字和字形、字音容易混淆或者产生歧义的字；除门牌号码外，不得使用数字命名地名。

地名命名规则由自治区地名主管部门按照国家和本条例规定制定。

第十一条 地名的更名应当符合地名命名要求，遵守下列规定：

（一）有损国家主权和民族尊严，带有民族歧视性质、妨碍民族团结，字义低级庸俗的，应当更名；

（二）一地多名，一名多写，应当确定一个统一的名称和用字；

（三）不符合本条例第十条第二、三、六项规定的地名，在征得有关方面和当地群众同意后更名。

地名更名应当从严控制，可更名可不更名、当地群众难以接受的，不得更名。

第十二条 本条例第三条规定的地名的命名、更名，按照下列规定办理审批手续：

（一）第一项规定的地名，按照《国务院关于行政区划管理的规定》规定的审批权限和程序办理。

（二）第二项规定的地名，除依法由国务院审批的以外，由设区的市人民政府提出意见，经自治区地名主管部门审核后，报自治区人民政府批准。

（三）第三、四、五项规定的地名，由设区的市、县（市、区）地名主管部门按照各自权限报同级人民政府批准；批复意见报自治区地名主管部门备案。

（四）第六、七项规定的地名，由开发建设单位在申请立项前，报工程所在地设区的市、县（市、区）地名主管部门批准。

（五）第八项规定的地名，除依法由国家审批的以外，由县级以上人民政府地名主管部门提出意见，报同级人民政府批准。

（六）第九、十项规定的地名，由其主管部门提出申请，报同级地名主管部门批准。

（七）第十一项规定的地名，经征得所在地人民政府同意后，由有审批权的专业主管部门批准。

（八）第十二项规定的门牌号码，由设区的市、县（市、区）地名主管部门按照各自权限编制。

第十三条 下列地名在命名、更名前，应当予以公示，并组织论证或者听证：

（一）有重大影响的地名；

（二）列入历史地名保护名录的地名；

（三）历史文化名城、名镇、名村；

（四）风景名胜、文物保护单位；

（五）公众争议较大的地名。

第十四条　申请地名命名、更名，应当提交书面申请材料，申请材料应当载明下列内容：

（一）地理实体的性质、位置、规模；

（二）命名、更名的理由；

（三）拟用地名的汉字、标调的汉语拼音、含义；

（四）有关方面的批复、意见。

地名命名、更名的，受理机关应当自受理申请之日起十日内作出是否批准的决定；但涉及公众利益，需要征求有关方面意见的，受理机关应当自受理申请之日起六十日内作出是否批准的决定。

对依法批准的居民区、住宅区、建筑物名称，地名主管部门应当在作出批准决定之日核发《标准地名使用证》。

审批地名不得收取费用。

第十五条　已经实际使用的地名未办理命名手续，符合命名规定的，地名主管部门应当通知相关单位或者个人补办命名手续；不符合命名规定且必须更名的，地名主管部门应当制发地名更名通知书，有关单位或者个人应当自收到通知书之日起六十日内办理更名手续。

第十六条　因区划调整，城乡建设或者自然变化等原因不能续存的地名，由审批机关按照审批权限和程序销名。

第三章　标准地名的使用与服务

第十七条　经依法批准的地名为标准地名。标准地名不得擅自更改。

地名主管部门应当向社会公布标准地名，未经批准的地名，不得公开宣传和使用。

第十八条　标准地名应当由专名和通名两部分组成，通名应当真实反映其实体的属性类别，禁止单独使用专名词组或者通名词组作地名。

第十九条　标准地名应当使用国家公布的规范汉字书写，并以汉语普通话为标准读音。地名的拼写应当以国家公布的《汉语拼音方案》、《中国地名汉语拼音字母拼写规则（汉语地名部分）》为准。

第二十条　下列范围内应当使用标准地名：

（一）涉外协定、文件；

（二）机关、团体、企业事业单位的公文、证件；

（三）图书、报刊、广播、电视和信息网络；

（四）地图、电话号码簿、邮政编码簿等地名出版物；

（五）地名标志；

（六）涉及地名的商标、牌匾、广告、合同以及印信。

第二十一条　规划、房管、工商等部门在办理居民区、住宅区、大型具有地名意义的建筑物工程项目建设规划、房产销售、房产确权、房地产广告等手续时，应当查验开发建设单位的《标准地名使用证》；开发建设单位未能提供《标准地名使用证》的，应当要求其补办地名手续。

建设工程规划许可证、施工许可证、商品房预售许可证、房屋所有权证等标注的项目名称及广告发布的地名名称，应当与开发建设单位的《标准地名使用证》上的标准地名一致。

第二十二条　各级地名主管部门应当编纂本行政区域内的标准地名出版物，专业主管部门应当根据地名主管部门公布的标准地名负责编纂旅游、交通指南等专业地名出版物，为社会使用标准地名提供便利。

第二十三条　地名主管部门应当建立健全地名档案和地名数据库，并确定专人负责管理。

地名主管部门应当适时组织地名普查和补查，及时更新地名信息。

国土、公安、规划、房管、工商等部门应当与地名主管部门及时互通地名基础信息，实行资源共享。

第二十四条　地名主管部门应当加强地名研究，根据社会发展需要组织开发地名公共产品，向社会提供地名信息、地名查询等地名公共服务。

为公众提供地名公共服务，应当遵守国家保密的有关规定。

第四章　地名标志的设置与管护

第二十五条　本条例第三条规定的地名，应当设置地名标志。其地名标志的设置和管护职责按照下列规定确定：

（一）第一、二、三、四、五、十二项地名的标志，由地名主管部门设置、管护；

（二）第六项地名的标志，由开发建设单位设置，物业企业管护；

（三）第七项地名的标志，由开发建设单位设置，产权单位或者使用单位管护；

（四）第八、九、十、十一项地名的标志，由有关主管部门设置、管护。

　　地名标志设置管护单位应当保持地名标志的完好，发现损坏或者字迹残缺的，应当及时修复或者更新。

　　因施工等原因确需移动、拆除地名标志的，应当经地名标志设置管护单位同意。

　　第二十六条　地名标志的内容、样式、规格、材质以及设置应当符合国家标准或者行业标准。

　　第二十七条　新建的道路、桥梁、街（路）巷、居民区、住宅区地名标志应当在工程竣工时设置完成。

　　第二十八条　任何单位和个人不得有下列行为：

　　（一）涂改、污损、遮挡、覆盖地名标志；

　　（二）在地名标志上悬挂物品；

　　（三）擅自移动、拆除地名标志；

　　（四）其他损坏地名标志的行为。

　　第二十九条　地名主管部门负责对所有地名标志的设置管护情况进行监督检查。

　　上级地名主管部门发现下级地名主管部门设置管护的地名标志有下列情形之一的，应当责令其及时进行维修、更换或者调整：

　　（一）地名标志破损、字迹不清或者残缺不全的；

　　（二）内容、样式、规格、材质以及设置不符合国家标准或者行业标准的；

　　（三）未使用标准地名的；

　　（四）其他应当维修、更换或者调整地名标志的情形。

　　由地名主管部门以外的单位设置管护的地名标志有前款情形之一的，地名主管部门应当责令其及时进行维修、更换或者调整。

第五章　历史地名保护

　　第三十条　历史地名保护应当坚持使用为主、注重传承的原则，与地名规划和历史文化名城、名镇、名村保护规划相结合。

　　鼓励单位和个人参与历史地名的研究、保护和宣传工作。

　　第三十一条　自治区实行历史地名保护名录制度。

　　历史地名保护名录由县（市、区）地名主管部门提出，经专家评审并征求社会意见后，报同级人民政府批准公布。

　　历史地名评定标准由自治区地名主管部门会同有关部门制定。

　　第三十二条　历史地名保护名录中的在用地名不得更名。因特殊情况需要更名的，应当按照本条例规定程序办理。

历史地名保护名录中的非在用地名，其专名可以按照地域就近原则优先采用；未被采用的，应当采取措施加以保护。

第三十三条　拆除或者迁移历史地名保护名录中地名所指称的地理实体的，有关部门应当事先告知地名主管部门。

第六章　法律责任

第三十四条　地名主管部门、有关部门及其工作人员，有下列行为之一的，对直接负责的主管人员和其他直接责任人员依法给予处分；构成犯罪的，依法追究刑事责任：

（一）不依法办理地名命名、更名、销名的；

（二）不依法履行地名标志设置、管护以及监督检查职责的；

（三）不依法查验《标准地名使用证》的；

（四）利用地名审批职权收受、索取财物的；

（五）滥用职权、玩忽职守、徇私舞弊行为的。

第三十五条　未经批准擅自对地名进行命名、更名的，责令限期改正；逾期不改正的，由有审批权的部门依法撤销其名称，并处二千元以上一万元以下罚款。

第三十六条　违反本条例规定，有下列行为之一的，由地名主管部门按照下列规定予以处罚：

（一）公开宣传、使用未经批准的地名的，给予警告，责令限期改正；逾期不改正的，责令停止使用非标准地名，并处一千元以上一万元以下罚款；情节严重的，处一万元以上二万元以下罚款。

（二）未经批准擅自出版发行地名工具书、图（册）的，给予警告，责令限期改正；逾期不改正的，责令停止出版发行，没收违法所得，并处二千元以上一万元以下罚款。

（三）开发建设单位不按照规定设置地名标志，物业企业、产权单位或者使用单位不按照规定管护地名标志的，给予警告，责令限期改正；逾期不改正的，处二千元以上一万元以下罚款。

（四）涂改、污损、遮挡、覆盖地名标志或者擅自移动、拆除地名标志的，责令限期改正，恢复原状，并处二百元以上一千元以下罚款；造成损失的，依法赔偿。

（五）未按照国家规定书写、拼写标准地名的，责令限期改正；逾期不改正的，处一百元以上五百元以下罚款。

第七章　附　则

第三十七条　本条例下列用语的含义：

（一）专名：是指地名中表示指称的地理实体专有属性的名称部分。

（二）通名：是指地名中表示指称的地理实体通用属性（类别）的名称部分。

（三）地名标志：是指标示地理实体标准地名及相关信息的设施。

（四）历史地名：是指具有历史文化价值和纪念意义的地名。

第三十八条　本条例自 2013 年 10 月 1 日起施行。2000 年 12 月 30 日自治区人民政府公布的《宁夏回族自治区地名管理办法》同时废止。

二、文献选编

《本市各街巷及沿公路堡镇更改名称》

1941 年 8 月 26 日《宁夏民国日报》

访讯：本省省会各街巷及各县之堡镇名称，多系用私人之名称相沿称呼，习久成名，考其意义，即鄙俚不堪，特予悉数更改名称。兹将省会之各街巷及本省沿公路各县堡镇更改名称□于后。计省会：东大街改称中山大街，西大街及邢府街改称中正大街，北大街改称大同街，南大街改称复兴街，北柴市改称和平街，南柴市改称博爱街，柳树巷改称四维街，新华街改称兴华街，糠市街改称进宁街，南王元大街改称民族街，北王元大街改称民权街，米粮市改称民生街，银川饭店东至南门三道巷口为银川街，新街改称新民巷，南门头道巷改称南城巷，西门二道巷改称群圣巷，东门二道巷改称光明巷，西门头道巷改称永和巷，（西门）二道巷改称永和巷，（西门）三道巷改称永安巷，东门头道巷改称自治巷，（东门）二道巷改称自立巷，（东门）三道巷改称自强巷，西门里丁家巷改称通顺巷，行政人员训练所巷改称靖宁巷，棕木巷改称宗睦巷，棺材巷改称吉祥巷，纳家巷改称崇信巷，莞豆巷改称崇义巷，车巷子改称崇俭巷，草巷子改称新生巷，山河湾改称明耻巷，碴子市改称明礼巷，旧骡马市改称兴宁巷，蔡家巷改称崇节巷，郎家巷改称中和巷，芦席巷改称仁义巷，学生巷改称育才巷，（宁）夏县后街改称保民巷，旧财政厅前街改称尚德巷，旧财政厅后街改称柳营巷，小南（门）街改称利民街，法院巷改称正义巷。各县沿公路之堡镇计：大新墩改称大兴墩，姚伏堡改称邀福堡，李刚堡改称立刚堡，谢刚堡改称习刚堡，王元桥改称望远桥，小官桥改称小观桥，大官桥改称大观桥，杨和堡改称养和堡，王太堡改称和乡堡，王洪堡改称望鸿堡，任春堡改称仁存堡，张恩堡改称彰恩堡，陈麻子井改称宁远堡，叶升堡改称叶盛堡，渠中堡改称崇仁堡。闻省政府业已分别令知各县赳日更改呼名云。

西北军政委员会民政部转内务部
关于扩大银川市区的批复

王厅长

　　五月十九日中央人民政府内务部内民（五二）字第一四一号批复：宁夏省银川市因建设需要，拟扩大市区：将永宁第四、六两区及贺兰第四区各一部划归该市管辖，新市界系北至八里桥，南至陈家寨林场以南之杨家湾子；东至大新渠之新水桥；西至新城以西之湛恩渠，总面积约达九十平方公里。经核同意照办。

　　希遵照办理为要！

部　长：王子宜

一九五〇年五月

　　注：标题为编者所加。

中央人民政府关于撤销大区一级
行政机构和合并若干省、市建置的决定

（一九五四年六月十九日中央人民政府委员会第三十二次会议通过）

　　一、自中华人民共和国成立以来，大区一级行政机构代表中央人民政府领导和监督地方政府，对于贯彻中央政策，实施人民民主建政工作，进行各种社会改革运动，恢复国民经济，以及在经济建设、文化建设和其他各方面的工作中，都起着很重要的作用，都胜利地完成了它的任务。

　　二、现在，国家进入了有计划的经济建设的时期。国家计划经济的建设，要求进一步加强中央集中统一的领导。为了中央直接领导省市以便于更能切实地了解下面的情况，减少组织层次，增加工作效率，克服官僚主义；为了节约干部加强中央和供给厂矿企业的需要，并适当地加强省、市的领导，撤销大区一级的行政机构，是完全必要的和适时的。

　　三、鉴于目前各大区一级行政机构为中央担负了许多具体的工作，而中央各部门对于各省市的情形又不很熟悉的实际情况，为了在撤销大区一级机构的过程中，不致发生领导中断的混乱状态，中央、大区和省市三级都要进行充分的准备，相互间的交接工作，必须做得非常稳当。在步骤上，可以不必采取六个大区机构一次撤销的办法，而采取一个一个地撤销的办法。对于各个不同的部门，可视不同性质，按照先易后难、先简后繁的原则逐个地加以撤销。至于各个大区一级机构撤销的时间和先后，各个部门撤销的次

序和步骤，应由中央人民政府政务院加以安排和规定。

四、在大区一级机构撤销之后，为了便利于中央对于省、市的领导，特别是为了适应国家经济建设的要求，合并一些省市，减少一些中央直接领导的行政单位，是很必要的。为此决定：

1. 辽东、辽西两个省的建制均撤销，合并改为辽宁省。

2. 松江省建制撤销，与黑龙江省合并为黑龙江省。

3. 宁夏省建制撤销，与甘肃省合并为甘肃省。

4. 沈阳、旅大、鞍山、抚顺、本溪、哈尔滨、长春、武汉、广州、西安、重庆等十一个中央直辖市，均改为省辖市。沈阳、旅大、鞍山、抚顺、本溪五市并入辽宁省的建制；哈尔滨市并入黑龙江省的建制；长春市并入吉林省的建制；武汉市并入湖北省的建制；广州市并入广东省的建制；西安市并入陕西省的建制；重庆市并入四川省的建制。

以上省市的合并时间和合并工作，亦应由中央人民政府政务院加以安排规定。

关于撤销西北大区一级行政机构和改变宁夏省、西安市建制的实施方案（节选）

（西北行政委员会第二次会议通过）

中央决定改变宁夏省、西安市建制的措施，不仅可以减少一些中央直接领导的行政单位，而且有助于该地区互相间的直接支援和各方面工作的协调进展。宁夏省的建制撤销后，原河东回族自治区和蒙古自治区的机构均不变更，其余各县和银川市，应划为一个专区，建立专区一级机构，领导各该县市的工作。以上回族和蒙古自治区及新建的专区均由甘肃省人民政府直接领导。西安市的建制改变后，应直隶陕西省人民政府领导。上述省、市的机构人员均应作适当的调整充实，以利工作的进行。合并的时间、步骤和其他有关问题，由甘肃省和宁夏省、陕西省和西安市迅即共同研究提出方案，报经大区审核后呈请中央核准执行。

为了切实做好撤销大区机构和改变宁夏省、西安市的建制，必须将中央的决定向全体干部进行传达解释，使我们在执行这一决定中，能够收到增强行政效力，改进工作，胜利地开展各项建设事业的效果。我们国家的建设事业正一日千里地向前发展，各方面的工作都迫切要求我们努力去做，我们必须勇敢忠诚的担负起应尽的职责，为我们国家和人民的幸福，为社会主义的共同目标而奋斗。西北地域广阔，各种资源极为丰富，我们确信：在今后长期的共同的努力中，一定会给国家和人民做出不可估量的伟大的事业来的。

一九五四年六月

中华人民共和国第一届全国人民代表大会
第四次会议关于成立宁夏回族自治区的决议

（一九五七年七月十五日第一届全国人民代表大会第四次会议通过）

第一届全国人民代表大会第四次会议批准国务院周恩来总理提出的议案，成立宁夏回族自治区。宁夏回族自治区的行政区域，包括银川专区、吴忠回族自治州、固原回族自治州和平凉专区的隆德县、泾源回族自治县，共辖十七个县和二个市。

宁夏回族自治区人民委员会
关于设立石嘴山市撤销惠农县的通知

〔60〕宁民字第 15 号

惠农县人民委员会：

国务院全体会议第九十三次会议已通过，设立宁夏回族自治区石嘴山市、撤销惠农县，将原惠农县的石嘴山等十个乡（镇）划为石嘴山市的行政区域，其余地区划归平罗县。特此通知。

另外，随文转去国务院制发的宁夏回族自治区石嘴山市人民委员会印一颗和印模一张，请查收，并请将前发给你县的印交回办公厅，以便退回国务院。

宁夏回族自治区人民委员会
一九六〇年元月二十二日

国务院关于撤销宁夏回族自治区的宁朔、
金积两县成立青铜峡市的决定

（一九六〇年八月十五日国务院全体会议第 102 次会议通过）

国议字 57 号

撤销宁朔、金积两县，成立青铜峡市。以原宁朔县的瞿靖公社全部和小坝、李俊公社的部分地区，原金积县的中滩公社全部和双闸公社部分地区，中宁县的渠口公社部分地区为青铜峡市的行政区域。原宁朔、金积两县的其余地区分别划归永宁县和吴忠市。

中华人民共和国国务院

国务院关于设立宁夏回族自治区吴忠、青铜峡
两个县，撤销吴忠、青铜峡两个市的决定

（一九六三年六月廿九日国务院全体会议第 133 次会议通过）

国议字 40 号

一、设立吴忠县。以吴忠市的行政区域为吴忠县的行政区域。

二、撤销吴忠市。

三、设立青铜峡县。以青铜峡市的行政区域为青铜峡县的行政区域。

四、撤销青铜峡市。

中华人民共和国国务院

国务院关于宁夏回族自治区
调整石嘴山市行政区域的批复

国内字（407）号

宁夏回族自治区人民委员会：

一九六三年五月二十三日报告收悉。国务院同意你自治区：

1. 现属平罗县的石炭井镇和大武口公社新联、简泉两个生产大队划归石嘴山市领导。

2. 现属石嘴山市的黄渠桥、宝丰两个公社划归平罗县领导。

中华人民共和国国务院

国务院关于宁夏回族自治区行政区划调整问题的批复

国发〔1972〕17 号

宁夏回族自治区革命委员会：

国务院同意宁夏回族自治区行政区划作如下调整：

（一）设立银北地区，辖石嘴山市和平罗、陶乐、贺兰三县。地区革委会驻大武口。

（二）设立银南地区，辖吴忠、灵武、盐池、青铜峡、中宁、中卫、同心七县。地区革委会驻吴忠县。

（三）将永宁县划归银川市管辖。

机构调整后的人员编制问题，同意你们本着精兵简政的原则，在现有人员中调剂解决。

中华人民共和国国务院
一九七二年二月二十三日

国务院关于宁夏回族自治区设立彭阳县的批复

〔83〕国函字 149 号

宁夏回族自治区人民政府：

你区一九八三年二月二十二日《关于将固原县划分为固原、彭阳两个县的请示》收悉。同意设立彭阳县，管辖原固原县东部地区的十五个公社，县人民政府驻彭阳。

中华人民共和国国务院
一九八三年七月二十九日

国务院关于宁夏回族自治区恢复吴忠市的批复

〔83〕国函字 240 号

宁夏回族自治区人民政府：

你区一九八三年九月二十二日请示报告收悉。同意撤销吴忠县，恢复吴忠市（县级），以吴忠县的行政区域为吴忠市的行政区域。

中华人民共和国国务院
一九八三年十一月十日

国务院关于宁夏回族自治区
撤销青铜峡县恢复青铜峡市的批复

〔84〕国函委 180 号

宁夏回族自治区人民政府：

你区一九八四年九月十八日《关于将青铜峡县恢复为市的请示报告》收悉。同意撤销青铜峡县，恢复青铜峡市（县级）。以原青铜峡县的行政区域为青铜峡市的行政区域。

中华人民共和国国务院
一九八四年十二月十七日

国务院关于撤销石嘴山市郊区恢复惠农县的批复

国函〔1987〕21 号

宁夏回族自治区人民政府：

你区一九八六年八月七日《关于撤销石嘴山市郊区恢复惠农县的报告》收悉。同意撤销石嘴山市郊区，恢复惠农县，县人民政府驻马家湾。

中华人民共和国国务院

一九八七年一月二十三日

国务院关于同意内蒙古自治区人民政府和
宁夏回族自治区人民政府行政区域界线联合勘定协议书的批复

国函〔1995〕88 号

内蒙古自治区、宁夏回族自治区人民政府：

你们《关于报批（内蒙古自治区人民政府和宁夏回族自治区人民政府行政区域界线联合勘定的协议书）的请示》（内政发〔1995〕25 号）及附件收悉。现批复如下：

同意两自治区人民政府签订的行政区域界线联合勘定协议书。望你们认真遵守所签协议，做好边界线的维护和管理工作，进一步搞好边界地区的安定团结和经济建设。

中华人民共和国国务院

一九九五年九月二十二日

关于宁夏回族自治区撤销灵武县设立灵武市的批复

民行批〔1996〕31 号

宁夏回族自治区：

你区 1993 年 11 月 17 日《关于灵武县撤县设市的报告》和有关补充报告收悉。经国务院批准，同意撤销灵武县，设立灵武市（县级），以原灵武县的行政区域为灵武市的行政区域。

中华人民共和国民政部

一九九六年五月二十日

国务院关于同意宁夏回族自治区
撤销银南地区设立地级吴忠市的批复

国函〔1998〕33 号

宁夏回族自治区人民政府：

　　你区《关于撤销银南地区设立地级吴忠市请示》（宁政发〔1997〕96 号）和《关于撤销银南地区设立地级吴忠市有关情况的补充报告》（宁政发〔1998〕1 号）收悉。现批复如下：

　　一、同意撤销银南地区和县级吴忠市，设立地级吴忠市，市人民政府驻新设立的利通区朝阳东街。

　　二、吴忠市新设利通区，以原县级吴忠市的行政区域为利通区的行政区域。区人民政府驻裕民东街。

　　三、吴忠市辖原银南地区的中卫、中宁、盐池、同心 4 个县和新设立的利通区。原银南地区的青铜峡市和灵武市由自治区直辖。

　　吴忠市的各类机构均应按照"精简、效能"的原则设置，所需人员编制和经费，由你区自行解决。

中华人民共和国国务院

一九九八年五月十一日

国务院关于同意宁夏回族自治区
撤销固原地区设立地级固原市的批复

国函〔2001〕80 号

宁夏回族自治区人民政府：

　　你区《关于撤销固原地区设立地级固原市的请示》（宁政发〔2000〕128 号）及有关补充报告收悉。现批复如下：

　　一、同意撤销固原地区和固原县，设立地级固原市。市人民政府驻新设立的原州区。

　　二、固原市设立原州区，以原固原县的行政区域为原州区的行政区域，区人民政府驻政府街。

　　三、固原市辖原固原地区的西吉县、海原县、隆德县、泾源县、彭阳县和新设立的原州区。

固原市的各类机构要按照"精简、效能"的原则设置，所需经费和人员编制由你区自行解决。

中华人民共和国国务院

国务院关于同意宁夏回族自治区调整
银川市市辖区行政区划的批复

国函〔2002〕95 号

宁夏回族自治区人民政府：

你们《关于调整银川市市辖区行政区划的请示》（宁政发〔2002〕168 号）收悉。现批复如下：

一、同意撤销银川市城区、新城区和郊区，设立银川市西夏区、金凤区和兴庆区。

二、西夏区辖原新城区的朔方路、文昌路、北京西路、西花园路、宁华路 5 个街道办事处和原郊区的镇北堡镇、兴泾镇、芦花乡，区人民政府驻怀远东路。

三、金凤区辖原新城区的铁东、新城东街 2 个街道办事处和原郊区的良田乡、兴源乡、银新乡以及贺兰县的丰登乡，区人民政府驻新夏东路。

四、兴庆区辖原城区的行政区域和原郊区的红花乡、满春乡、大新乡、永固乡、掌政乡、通贵乡，区人民政府驻上海东路。

上述行政区划调整涉及的各类机构要按照"精简、效能"的原则设置，所需经费和人员编制由你们自行解决。银川市各市辖区的行政区域界线，要按照有关规定及时勘定。

中华人民共和国国务院
二〇〇二年十月十九日

国务院关于同意宁夏回族自治区调整
石嘴山市部分行政区划的批复

国函〔2002〕96 号

宁夏回族自治区人民政府：

你们《关于调整石嘴山市行政区划的请示》（宁政发〔2002〕71 号）收悉。现批复如下：

一、同意撤销石嘴山市石炭井区，将原石炭井区的行政区域划归大武口区管辖。

二、同意将平罗县的隆湖吊庄乡及崇岗乡的长胜、九泉、潮湖 3 个村划归大武口区管辖。

上述行政区划调整涉及的行政区域界线，要按照有关规定及时勘定。

中华人民共和国国务院

二〇〇二年十月十九日

自治区人民政府关于灵武市由吴忠市代管
变更为由银川市代管的决定

宁政发〔2002〕92 号

各市、县（区）人民政府，自治区政府各部门、直属机构：

银川市是自治区的首府城市，其作用和地位在全区举足轻重。近年来，随着改革开放的不断深入，特别是城市化建设步伐的明显加快，经济社会有了长足发展，城市配套设施渐趋完善，辐射积聚功能日益增强。然而与全国其他省会城市相比，银川市无论是经济规模、财政收入、人口总量，还是城市建成区面积，位次都是靠后的，与区域中心城市的地位很不相称。为实现自治区第九次党代会提出的关于努力把银川市建设成现代化区域中心城市的目标，自治区党委、政府研究决定，将与银川市地域接壤、经济联系密切的灵武市由目前吴忠市代管变更为银川市代管。

将灵武市变更为银川市代管有利于拓展银川市的发展空间，增强银川市作为自治区政治、经济、文化、信息中心的优势，发挥区域中心城市的辐射带动功能，加快我区城市化进程，从而带动自治区整体经济的快速发展。银川市和吴忠市要认真做好变更后的交接工作。

宁夏回族自治区人民政府

二〇〇二年十月二十五日

自治区人民政府关于将红寺堡开发区
划归吴忠市管辖的决定

宁政发〔2002〕93 号

各市、县（区）人民政府，自治区政府各部门、直属机构：

红寺堡开发区是我区最大的扶贫开发区，从 1998 年 9 月正式建区开发建设以来，在党中央、国务院的亲切关怀下，在自治区党委、政府的领导下和各有关部门的大力支持下，经过开发区广大干部职工和移民群众的奋力拼搏，已初见成效，初具规模。为加快红寺堡地区开发建设，妥善安置移民，确保这地区经济发展和社会稳定，自治区党委、政府研究决定，将红寺堡开发区划归吴忠市管理。

一、红寺堡开发区原有的行政职能不变，组织、人事、干部管理以及社会发展等方面的事宜由吴忠市管理。依法设立的公安、司法等机构，作为吴忠市的派出机构，由吴忠市相应的职能部门归口管理。

二、红寺堡开发区的工程计划、项目安排、移民搬迁、财政体制保持不变，由自治区直接管理。自治区有关部门以及金融、保险、邮政、电信等中央驻宁单位，要继续在资金信贷、项目安排以及基础设施建设、公用事业发展等方面，加大对红寺堡开发区的投入扶持力度。

宁夏回族自治区人民政府
二〇〇二年十月二十五日

自治区人民政府关于撤销石嘴山市
石嘴山区和惠农县设立石嘴山市惠农区的通知

宁政发〔2004〕7号

石嘴山市人民政府：

为加快我区城市化发展步伐，促进区域经济协调发展，根据《国务院关于同意宁夏回族自治区设立地级中卫市等有关行政区划调整的批复》（国函〔2003〕139号）精神，自治区人民政府决定，撤销石嘴山市石嘴山区和惠农县，设立石嘴山市惠农区，以原惠农县和石嘴山区的行政区域为惠农区的行政区域，惠农区人民政府驻原石嘴山区北大街。

调整后的行政区域界线，由自治区民政厅会同石嘴山市人民政府共同勘定。

宁夏回族自治区人民政府
二〇〇四年一月三十日

自治区人民政府关于撤销石嘴山市陶乐县的通知

宁政发〔2004〕8号

银川市、石嘴山市人民政府：

为加快我区城市化发展步伐，促进区域经济协调发展，根据《国务院关于同意宁夏回族自治区设立地级中卫市等有关行政区划调整的批复》（国函〔2003〕139号）精神，自治区人民政府决定，撤销石嘴山市陶乐县，将原陶乐县的月牙湖乡划归银川市兴庆区管辖；将原陶乐县的红崖子乡、高仁乡、马太沟镇划归石嘴山市平罗县管辖。

调整后的行政区域界线，由自治区民政厅会同银川市、石嘴山市人民政府共同勘定。

宁夏回族自治区人民政府

二〇〇四年一月三十日

自治区人民政府关于撤销中卫县设立地级中卫市的通知

宁政发〔2004〕12 号

各市、县（区）人民政府，自治区政府各部门、直属机构：

为了加快我区经济社会发展步伐，推进城市化进程，根据《国务院关于同意宁夏回族自治区设立地级中卫市等有关行政区划调整的批复》（国函〔2001〕09 号）精神，自治区人民政府决定：

一、撤销中卫县，设立地级中卫市。市人民政府驻原中卫县滨河西路。

二、中卫市辖从吴忠市划入的中宁县、从固原市划入的海原县和原中卫县。

三、自治区民政厅会同吴忠市、固原市人民政府抓紧完成行政区域界线的勘定工作。有关市、县要按照调整后的行政区划，认真做好各项交接工作。

四、新设立的地级中卫市要按照调整后的行政区划搞好城市总体规划，调整城市功能和布局，改善投资环境，强化城市管理，充分发挥城市的辐射带动作用，促进全区经济社会协调发展。

宁夏回族自治区人民政府

二〇〇四年二月六日

大事记

先 秦

西周时期　宁夏南部称朔方，为区域性地名。《诗经·小雅·出车》："天子命我，城彼朔方。"是指周文王命南仲去朔方筑城。

▲《诗经·小雅·六月》："薄伐狁，至于大原。"周穆王时，宁夏南部称大原，为区域性地名。

公元前 320 年　秦惠文王游昫衍，在今盐池县张家场古城已置昫衍县，为宁夏中部、北部最早的县级地名。

公元前 312 年　秦惠文王举兵伐楚前，作《诅楚文》刻石于碑，投之于湫渊以祭龙王。湫渊为湖名，在今彭阳县古城镇与原州区开城镇交界处，时属朝那县。此前，秦惠文王取乌氏戎居地，置乌氏县，今泾源县属之。皆为宁夏最早的县名。

秦 汉

秦始皇三十二年（前 215 年）　遣蒙恬统兵三十万北逐匈奴，收河南地，徙关东贫民实之，号新秦中，为区域性地名，包括今宁夏平原。

秦始皇三十三年（前 214 年）　置富平县隶北地郡，辖今宁夏平原各地，寓意富庶的平原。蒙恬又筑神泉障、塞外浑怀障以御匈奴。

汉惠帝四年（前 191 年）　置灵州［洲］县，在黄河洲岛上，随水高下，未尝沦没，故号灵洲。朝廷在洲上设牧马苑二，名河奇苑、号非苑。

汉文帝十四年（前 166 年）　匈奴单于十四万骑入朝那萧关。此为萧关地名首次在史籍中出现，为关中北面屏障。

元鼎三年（前 114 年）　汉武帝大规模移民开发新秦中，因人口剧增，遂析出北地郡西部另置安定郡，辖二十一县，在今宁夏境内有高平、朝那、泾阳、乌氏、参䜌、朐卷、三水七县。新北地郡辖十九县，在宁夏境内有灵武、富平、灵州、昫衍、廉县五县。

元封四年（前 107 年）冬十月　汉武帝通回中道，遂北出萧关。丝绸之路宁夏段开通。

东汉初　北地郡移治富平县，在今吴忠市利通区西南。

建武八年（公元 32 年）　汉光武帝亲征隗嚣至高平第一城，即今固原市旧城。因城池宏伟险固，故号"第一城"。

永初五年（111 年）三月　因羌族起义，南迁北地郡寄理池阳（今陕西省泾阳县西北），安定郡治临泾，辖县亦随之内迁。

永建四年（129 年）九月　朝廷对羌族作战取得胜利，南迁郡县归治旧地。朝廷遣郭璜"缮城廓，置侯驿，既而激河浚渠为屯田"，是史籍中关于宁夏最早的修渠记载，疑是古汉渠之始。

永和六年（141 年）十月癸丑　因羌族起义再度爆发，再将郡县内迁。此后至北魏初，宁夏中部、北部皆为北方游牧民族控制，无行政建制。南部山区属黄河流域诸政权，郡县建置变更频繁。

魏晋南北朝

龙升元年（407 年）　匈奴铁弗部首领赫连勃勃建立大夏政权，史称赫连夏，据有宁夏全境，建置不详。以饮汗城建为丽子园，在今银川市兴庆区掌政镇境；又建果园，称赫连果城，在今吴忠市利通区。此为宁夏园林、果园之始。

始光三年（426 年）　北魏出兵攻赫连夏，并于 431 年灭夏占领宁夏全境。在今吴忠市利通区置薄骨律镇，固原市原州区置高平镇，皆为军政合一机构，不领郡县。

北魏太和初（477 年）　平三齐（今山东省大部），徙历下（县名，今山东省济南市历下区）民至浑怀障（今银川市兴庆区月牙湖乡），遂有历城之名。北周因置历城郡于此。

北魏正光五年（524 年）　以高平镇改置原州，同时设郡县，盖取"高平"曰"原"为名。领郡二：高平郡、长城郡；县五：高平县、默亭县、朝那县、黄石县、白池县。

北魏孝昌二年（526 年）　以薄骨律镇改置灵州，魏孝明帝诏郦道元持节兼黄门侍郎前往主其事。"其郡县戍名令准古城邑"，即由郦道元按旧地名定夺处置，在州下设郡，郡领县。郦道元访诸耆旧、故老，调查薄骨律镇等老地名来历、含义，最后决定在州下设普乐、怀远、临河三郡及回乐、鸣沙、怀远、临河四县。此为宁夏古代规模最大的地名调查活动。

北魏武泰元年（528 年）　波斯国王贡狮子路经高平镇（今固原市），被民族起义领袖万俟丑奴扣留，改元"神兽"，自称天子。狮子在高平镇被饲养 3 年，后起义失败，随万俟丑奴一并"槛送"洛阳，朝廷为之专建狮子坊。《洛阳伽蓝记》曰："百国千城，莫不款附。胡商贩客，日奔塞下。"此为北朝时期丝绸之路宁夏段的真实写照。

北周宣政元年（578年）十二月　大将王轨破陈将吴明彻，次年三月迁其被俘士兵近三万人于灵州，其江东之人尚礼好学，习俗相化，故谓之塞北江南。或曰有水田果园，引河水溉田，因风貌相似而称塞北江南。今宁夏平原号称"塞上江南"即源于此。

▲北周在历城（今银川市兴庆区月牙湖乡）置历城郡，领一县。辖今平罗县的河东各地、兴庆区月牙湖乡及灵武县北部。

隋唐五代

隋开皇三年（583年）　《隋书·赵仲卿传》载，突厥犯塞，"以行军总管从河间王弘出贺兰山。"此为贺兰山之名首次在史籍中出现。《隋书·地理志》又载："灵武郡……弘静，开皇十一年置，有贺兰山。"

隋开皇十一年（591年）　在今永宁县望洪镇置弘静县。

隋开皇十九年（599年）　在今中宁县鸣沙镇置鸣沙县。人马行经此沙，随路有声，异于余沙，故号鸣沙。

大业三年（607年）　改原州为平凉郡，仍治平高县（今固原市原州区），辖五县，其中平高、百泉、默亭县在今宁夏境。

唐武德元年（618年）　改灵武郡为灵州，领回乐、鸣沙、灵武、怀远、保静、温池六县。改平凉郡为原州，初领平高、平凉、百泉三县，神龙年间（705—707年）增设萧关县，治今海原县李旺镇。

唐贞观二十年（646年）九月甲辰　唐太宗幸灵州，会见归附的回纥诸部首领数千人，诸部共尊唐皇为"天至尊可汗"。次年，唐太宗决定设置带有民族区域自治性质的羁縻州，安置诸部，由其自行管理。其中在今宁夏境内的有皋兰、高阙、燕然等20多个州名。

唐咸亨三年（672年）　以灵州之鸣沙县东境置安乐州，安置吐谷浑王国诸部。今同心县下马关乡红城水有州城遗址。因水草丰美而实现安且乐，又更州名为长乐州，所居之山为达乐山。今大罗山之名，即达乐山之谐音。

唐神龙元年（705年）　改他楼县为萧关县，治今海原县李旺镇，丝绸之路穿过县境，即唐诗中所称"萧关道"。又在今盐池县惠安镇老盐池村置温池县，县侧有盐池，池东有温泉，故名。

唐开元九年（721年）十月六日　在灵州置朔方节度使，统七军府，防区东至晋、陕间黄河，西至甘肃靖远、景泰，南至陕西黄陵、彬县，北跨今中蒙边界。初编制兵力64700人，战马24300匹。其中经略军驻灵州城内，管兵27000人，战马3000匹；丰安军在今中宁县老石空堡，管兵8000人，战马3000匹；定远军在今平罗县姚伏镇，管兵

7000 人，战马 3000 匹；其余在三受降城，今内蒙古河套地区。安史之乱后，总兵力达 15 万人，成为全国最强盛的军镇。唐后期防区大大缩小，仅辖今宁夏平原，至北宋初撤销，共存在 200 年。宁夏中部、北部常被称作"朔方"，盖源于朔方军镇。

唐调露元年（679 年）　于灵州南界置鲁、丽、含、塞、依、契等六州，以处西突厥降户（中亚昭武九姓），时人谓之"六胡州"。其治地多不可考，仅知鲁州在今盐池县苏步井。

唐天宝元年（742 年）　再改灵州为灵武郡，原州为平凉郡。乾元元年（758 年）改回灵州、原州，辖县均未变。

唐天宝十五载（756 年）七月十二日　李亨在灵武郡南楼登基，谥号唐肃宗，改年号为"至德"，参加大典的，有朝官和北军将士、西土耆老共一万五千人。

唐乾符三年（876 年）六月乙丑至七月　雄州（今中宁县余丁乡石空村）大地震，州城庐舍尽毁，地陷水涌，死伤甚众。故于中和元年（881 年）徙治承天堡，即今中卫市城区。

唐代　银川平原有长湖名千金陂，又称千金大陂。《元和郡县图志》记此湖南北长五十里，宽十里，南起今永宁县望远镇丰盈村，北至金凤区丰登镇，即清代七十二连湖前身。

北宋、西夏至元朝

宋至道三年（997 年）　在唐原州废城遗址筑镇戎军城，等级同下州。

宋咸平四年（1001 年）　西夏奠基人、党项族首领李继迁从夏州率兵东进，攻占灵州所辖各地，并于次年攻克灵州城，称西平王，以其城为西平府。

景德四年（1007 年）四月　李德明建馆舍于绥夏二州，开通至宋都开封府的夏绥驿道及宋夏国信驿道，丝绸之路复通。

北宋天禧四年（1020 年）　李继迁之子德明展筑旧怀远县城以居，号兴州。北宋明道二年（1033 年）升为兴庆府。

辽开泰十年（1021 年）　李德明向辽称臣，从兴州开直路通辽都。

西夏天授礼法延祚元年（1038 年）　元昊建立大夏国，定都兴庆府，史称"西夏"。其版图"东尽黄河，西界玉门，南接萧关，北控大漠"。早期分疆域为十九州，晚期增至二十二州。在宁夏境内有兴州（银川市兴庆区老城）、灵州（吴忠市利通区）、盐州（盐池县）、定州（平罗县姚伏镇）、怀州（兴庆区掌政镇洼路村）、永州（永宁县城）、静州（永宁县望洪镇）、顺州（青铜峡市邵岗镇）、韦州（同心县韦州镇）、雄州（中卫市沙坡头区）。

宋庆历三年（1043年） 以六盘山下陇干城置德顺军，同下州，在今隆德县城。

宋元符二年（1099年） 以南牟会新城建为西安州，今海原县西安镇之名源于此。州境多为收复西夏之堡寨，西夏中期改兴庆府为中兴府。

金天会八年（1130年） 金占领宁夏南部原属北宋之各地，改德顺军为德顺州，下设隆德等六县；大定二十二年（1182年）改镇戎军为镇戎州（今固原市城区），下设东山、三川两县；皇统六年（1146年）将西安州割让给西夏。

1227年 成吉思汗指挥蒙古大军攻陷中兴府，西夏亡，正式立国189年，实际控制宁夏中、北部达225年。

忽必烈中统二年（1261年），在西夏故都设西夏中兴等路行省，辖原西夏所属各地。此后与甘肃行省互有撤并、更名。

至元十年（1273年） 元世祖忽必烈皇子忙哥剌被封为安西王，分治秦、蜀，遂废原州，于古原州之南开远堡（今开城镇）地方修筑新城，设置开成府，为安西王之行都，视为上都，亦号上路。元代之开成府，遂成宁夏南部政治军事中心。

至元二十五年（1288年）二月 改西夏中兴路为宁夏府路。是为宁夏得名之始，寓意安宁的西夏。

明 清

明洪武三年（1370年） 设宁夏府，五年废府，"空其城"，徙民于关陕。九年设卫，迁五方之民实之。

明洪武十七年（1384年） 置宁夏前卫，后废。建文四年（1402年）十二月复置。隶陕西都司，辖屯堡九。

明洪武二十五年（1392年）二月 置宁夏左屯、右屯、中屯三卫。连前设之宁夏卫、宁夏前卫，合称宁夏五卫，共置57个屯堡，开展军事屯垦。每堡以百户一员领之。军丁不晓旧地名，皆以其百户姓名呼堡，成为地名，并沿用至今，如吴忠、杨和、邵刚、李俊……有的以谐音改之，如张政改掌政，工泰改工太，李刚改立岗……。

明洪武二十五年（1392年）置宁夏中卫指挥使司，上隶陕西都司，迁在京、在外官军六千余人来此屯戍，领屯堡十一。此为"中卫"地名之始。

明建文年间（1399—1402年） 立宁夏镇，为"九边重镇"之一，上隶陕西都指挥使司，下辖宁夏卫和左屯、右屯、中屯卫以及前、中、后卫并灵州、兴武、韦州、平虏四千户所。

宣德三年（1428年） 在今灵武市置灵州千户所，辖屯堡十三。古灵州原在今吴忠市利通区，地名古城湾。明洪武十六年（1383年）城为河水浸毁，此后三迁其城，于是年落定，即今灵武市市区。

弘治十五年（1502 年）　升开成县为固原州。景泰二年（1451 年），修复固原废城，驻兵戍守。三年闰九月，设固原守御千户所。成化三年（1467 年），迁开成县于固原城。五年十月升所为固原卫，隶陕西都指挥司。辖西安、镇戎、平虏三守御千户所。

▲是年　设固原镇。弘治十八年（1505 年），移陕西总兵驻守固原。上隶陕西都指挥使司，其管辖范围东与陕西延绥镇定边营相接，西连甘肃镇皋兰界。后又设三边总制尚书驻固原。

正德元年（1506 年）　升花马池守御千户所为宁夏后卫，即今盐池县。

嘉靖三十年（1551 年）　设平虏守御千户所，在今平罗县城。

为防御蒙古各部南侵，明代在宁夏境大规模修筑长城，称"边墙"。宁夏境内先后筑有东边墙、西边墙、北边墙、西南墙（含陶乐长堤）和固原内边等五条骨干边墙，分期工程数十处，总长近 3000 里。

清顺治二年（1645 年）　重置隆德县，上隶甘肃省平庆泾固化道。

清雍正二年（1724 年）　置宁夏府，上隶甘肃省，下置宁夏、宁朔、平罗、中卫四县和灵州直隶州。

清雍正四年（1726 年）七月　设新渠县治今平罗县姚伏镇东。盛京工部侍郎通智、宁夏道单畴书主持开凿惠农渠，至雍正七年五月竣工，又名皇渠，俗呼黄渠，干渠长二百六十里，耗银十六万两。

清雍正六年（1728 年）　置宝丰县治今平罗县宝丰镇。

清雍正八年（1730 年）　于宁夏后卫花马池添设州同一员，为灵州花马池分州。

清乾隆三年十一月二十四日（1739 年 1 月 3 日）　宁夏大地震，城池尽毁。震后裁汰新渠、宝丰二县；府城、其他县城皆重建。

清嘉庆十六年（1811 年）　重修固原州城，闰三月兴工，次年秋工竣。以工代赈募夫近万人，用帑五万余金。

清同治十年（1871 年）　割平凉、华亭、固原、隆德四州县属地置化平川直隶厅，安置反清斗争失败的陕西籍回民九千四百余口。

清同治十一年（1872 年）　马化龙领导的金灵回民反清抗暴斗争被镇压后，经陕甘总督左宗棠请准，改宁夏水利同知为宁灵抚民同知，其衙署宁灵厅驻金积堡。

清同治十三年（1874 年）　升固原州为直隶州。上隶平庆泾固化道，下辖海城、平远二县和硝河城分州。

▲以海城盐茶厅城改设海城县。

▲于平远所下马关置平远县。上隶固原直隶州。

民 国

1913 年 改灵州花马池分州为盐池县。

▲2 月 7 日 北京政府令裁府设道。撤宁夏府，设朔方道，同时改宁灵厅为金积县，灵州为灵武县，加原设宁夏、宁朔、平罗、中卫、平远县，朔方道共辖 8 县。南部山区属甘肃省平庆泾化道，改化平直隶厅为化平县。

▲12 月 再改朔方道为宁夏道。

1914 年 1 月 清理全国重复县名，改平远县为镇戎县，改海城县为海原县。

1928 年 9 月初 国民政府行政院副院长冯玉祥提出甘肃省分治设宁夏、青海两行省提案。10 月 17 日，国民党中央政治会议第 159 次会议决议，将宁夏道原属 8 县及阿拉善、额济纳两蒙旗合并建为宁夏省。10 月 19 日，南京国民政府以"命令"行文公布。

▲是年，因含民族歧视贬义，将镇戎县改名豫旺县，治下马关。1938 年又更名同心县并迁治同心城。

1929 年 1 月 9 日 宁夏省主席门致中率政府委员宣誓就职，对外宣告宁夏省政府成立。宁夏省共辖 9 县（1 月 30 日增加磴口县）2 旗，面积 36430 平方公里。

1933 年 9 月 以中卫县析置中宁县，从中卫及新县城宁安堡各取一字命名。

1936 年 6 月 21 日 红军西征解放盐池县城。7 月，盐池县苏维埃政府成立。

▲10 月 20 日 豫海回民自治代表大会在同心清真大寺召开，宣布成立豫海县回民自治政府，县政府驻王家团庄。此为全国最早的回族区域自治政权。因县境跨豫旺、海原两县，故名"豫海县"。

1941 年 4 月 1 日 南京政府批准宁夏省行政区划变更：划原宁夏县、宁朔县部分地区增设永宁县，县治杨和堡；划平罗县北部增设惠农县，治宝丰；宁夏县更名贺兰县；陶乐设治局升为陶乐县；增设香山、居延、紫湖 3 个设治局。

▲8 月 26 日 《宁夏民国日报》载：省会各街巷及各县沿公路堡镇地名，"多系用私人之名称相沿称呼"，"鄙俚不堪"。省政府已令各县"克日更改"新名，共改街巷名 43 个，堡名 15 个，包括谢刚堡改习刚堡、杨和堡改养和堡、叶昇堡改叶盛堡……

1942 年 10 月 10 日 划海原、固原、隆德、静宁四县毗邻地区置西吉县，取"蓆芨滩"谐音为县名，治沐家营。

1945 年 1 月 9 日 银川市政筹备处成立，并公布《银川市筹备处组织章程》。

1947 年 4 月 18 日 银川市正式成立，李振国任市长。

1949 年 9 月 23 日 中国人民解放军解放银川市。26 日，宁夏全境解放。

▲9 月 26 日 新设吴忠堡市，上隶灵武县。

中华人民共和国

1950 年 1 月 4 日　《宁夏日报》报道：省人民政府决定，改灵武县辖吴忠堡市为省辖县级市。

▲9 月 18 日　甘肃省人民政府决定：改化平县为泾源县。

1953 年初　中共甘肃省委决定：以西吉、海原、固原 3 县为基础，成立西海固回族自治区，驻固原，级别同专区。"西海固"一名，即源于此，以后 50 年涵盖宁夏南部6 县。

1954 年 4 月 22 日　成立专区级河东回族自治区，驻吴忠市，辖该市及灵武、金积、同心县。

▲6 月 19 日　中央人民政府决定：撤销宁夏省，与甘肃省合并为新的甘肃省。原河东回族自治区组织机构不变，其余各县和银川市合并为银川专区。至 9 月 23 日，原宁夏省人民政府停止行使职权。

1955 年 11 月 18 日　国务院批复改西海固回族自治区为自治州。21 日，又批复改河东回族自治区为吴忠回族自治州。

1957 年 7 月 15 日　全国人大常委会一届四次会议通过《关于成立宁夏回族自治区的决议》，行政区域包括银川专区和吴忠、固原 2 个回族自治州，以及隆德县、泾源回族自治县，辖 2 市、17 县。

1958 年 10 月 25 日　宁夏回族自治区成立。

1960 年 1 月 7 日　国务院第 93 次会议决定，撤销惠农县，成立石嘴山市（县级）。

▲3 月 26 日　石嘴山市第一次人民代表大会召开，会上正式宣布成立石嘴山市，治石嘴山（今惠农区）。

▲8 月 15 日　国务院第 102 次会议决定，撤销金积、宁朔 2 县，成立青铜峡市（县级），市政府驻青铜峡镇。

1961 年　设银川市城区，为县级。

1962 年　设银川市新城区，为县级。

1963 年 6 月 11 日　吴忠、青铜峡改市为县。青铜峡县政府迁至小坝镇。两市分别在1983 年、1984 年恢复。

1972 年 2 月 23 日　国务院批复设立银北地区，驻大武口，辖石嘴山市、平罗县、贺兰县、陶乐县。另将永宁县划归银川市。

▲4 月　又批复设银南地区，驻吴忠市，辖吴忠市及宁夏中部 6 县。

1979 年 10 月　自治区革命委员会批准成立宁夏回族自治区地名领导小组，下设办公室。同月，宁夏第一次地名工作会议在银川举行，安排部署第一次全国地名普查工作。

1980年3月31日　宁夏回族自治区人民政府出台《宁夏回族自治区地名管理实施办法》。

1980年8月30日　第二次全区地名工作会议召开，部署各市县在地名普查基础上，着手编写市、县地名志。

1981年8月6日　经自治区人民政府同意，将宁夏回族自治区地名领导小组更名为宁夏回族自治区地名委员会，负责全区地名工作。

1981年3月12日　宁夏回族自治区民政厅组成验收组，对地名普查成果资料逐条逐项进行验收。

1982年5月5日　自治区地名委员会下发《市县地名志编纂方案》。

1983年7月29日　国务院批复划固原县东部15个公社设彭阳县。

1984年3月29日　将各级民政部门代管的地名办公室划归城乡建设厅。

▲11月17日　自治区地名委员会宣布成立《中华人民共和国地名词典》宁夏分册编纂委员会，委托自治区政协副主席吴尚贤为主任委员兼主编，韩云文为副主任委员，徐庄、孙照前为副主编，汪一鸣、钟侃、鲁人勇等14人为委员。第一次编委扩大会议同时召开，讨论了编修方案及编委分工。编修工作从此展开，除编委中的专家、学者直接撰稿外，还有各行各业33人参与撰写初稿，最后由编委审定，历时7年完成，1993年由商务印书馆出版。

1986年4月1日　全区市县地名志编纂工作座谈会召开，从理论和学术角度讨论地名志编纂工作。

1987年3月　宁夏地名档案资料馆成立。5月19日，自治区人民政府颁布《宁夏回族自治区地名管理规定》。

1988年1月18日　宁夏回族自治区编委决定，宁夏回族自治区地名委员会办公室由城乡建设厅划归民政厅领导。

1989年10月　第五次全区地名工作会议在盐池县召开。此为地名工作移交民政部门后的首次全区工作会议，主要任务是贯彻落实民政部、中国地名委员会《关于开展地名普查和资料更新工作的通知》，商讨如何更好地开展地名工作。

1998年3月　第六次全区地名工作会议在银川举行，表彰了在公路国道设标中的先进集体和个人，交流了地名标志、门牌设置中的经验，重点讨论、修改《宁夏回族自治区地名管理办法》草案。

1998年5月12日　国务院批复撤销银南地区，设地级吴忠市。

▲9月5日　自治区党委第35次常委会决定，成立红寺堡开发区，为县级建置。

2000 年 12 月 30 日　自治区人民政府发布《宁夏回族自治区地名管理办法》。

2002 年 4 月　民政厅制定《全区城镇标准地名标志制作设置规范》。至 2007 年底，全区共设置地名标志 114594 块，其中银川市 52327 块，石嘴山市 19258 块，吴忠市 42759 块，固原市 204 块，中卫市 46 块。

▲7 月 6 日　国务院批复撤销固原地区，设立地级固原市。

▲10 月　国务院批复撤销银川市城区、新城区、郊区，分别成立兴庆区、金凤区、西夏区。11 月 1 日，以上三区政府挂牌成立。

是年　撤乡并村，各县市区行政区划作大幅调整。至年底，全区乡镇由 314 个减至 188 个，撤销 126 个，占 40.1%。行政村减至 2627 个，减少约三分之一。

2004 年 2 月 11 日　自治区人民政府根据国务院批复发出通知：设立地级中卫市，辖原中卫县，划入中宁县、海原县；撤销石嘴山市的石嘴山区和惠农县，设立惠农区；撤销陶乐，其乡镇多数划属平罗县，月牙湖乡划属银川市兴庆区。

2005 年 1 月 1 日　自治区民政厅印发《宁夏回族自治区城镇建筑物名称管理暂行规定》《宁夏回族自治区门牌管理暂行规定》。

2005 年 6 月 2 日　宁夏民政厅、建设厅联合转发民政部、建设部《开展城市地名规划工作的通知》。

2007 年 12 月　宁夏民政厅、财政厅联合印发《宁夏地名数据库建设及地名公共服务工程实施方案的通知》。

2008 年 6 月 5 日　宁夏地名学会成立。

2009 年 9 月　经国务院批复设立吴忠市红寺堡区。

2010 年 10 月 18 日　自治区民政厅、公安厅、财政厅联合印发《关于在全区开展街路巷、楼门牌编制清理整顿工作的紧急通知》。

2012 年　在全区开展县域地名规划工作。

2013 年 7 月 31 日　宁夏回族自治区第十一届人民代表大会常务委员会第五次会议审议通过《宁夏回族自治区地名条例》，自 2013 年 10 月 1 日起施行。2000 年 12 月 30 日自治区人民政府公布的《宁夏回族自治区地名管理办法》同时废止。

2014 年 1 月 23 日　《国务院关于开展第二次全国地名普查的通知》发出。

2014 年 4 月 11 日　国务院第二次全国地名普查领导小组印发《第二次全国地名普查实施方案》，规定地名调查包括行政区域，非行政区域，群众自治组织，居民点，交通运输设施，水利、电力、通信设施，纪念地、旅游景点，建筑物，单位，陆地水系，陆地地形等 11 大类。

2014 年 5 月 12 日　宁夏回族自治区人民政府印发《宁夏回族自治区开展第二次全国

地名普查工作实施方案的通知》。

2014 年 7 月 22 日　宁夏回族自治区人民政府办公厅印发《关于成立自治区第二次全国地名普查领导小组的通知》，自治区政府副主席李锐任组长，政府副秘书长李建功、民政厅厅长杜正彬为副组长，政府各部门负责人 20 人为成员。

2015 年 5 月 11 日　宁夏民政厅印发《关于开展地名文化遗产申报及保护工作的通知》。

2015 年 10 月 19 日　宁夏回族自治区第二次全国地名普查领导小组办公室印发《关于成立地名普查专家咨询委员会的通知》。

2016 年 3 月 28 日　宁夏回族自治区第二次全国地名普查领导小组办公室印发《地名普查监理工作的通知》。

参考书目

[1] 汉书·地理志［M］. 北京：中华书局，1962.

[2] 宁夏各市县旧志、新修地方志及各行各业专业志.

[3] 历年《宁夏统计年鉴》.

[4] 郦道元. 水经注［M］. 刻本. 思贤讲社，1892（光绪十八年）.

[5] 王国维. 水经注校［M］. 上海：上海人民出版社，1984.

[6] 李吉甫. 元和郡县图志［M］. 北京：中华书局，1983.

[7] 乐史. 太平寰宇记［M］. 北京：中华书局，2008.

[8] 曾公亮. 武经总要［M］. 乾隆钦定《四库全书》影印本.

[9] 顾祖禹. 读史方舆纪要［M］. 北京：商务印书馆，1936.

[10] 王仲荦. 北周地理志［M］. 北京：中华书局，1980.

[11] 彭定求，等. 全唐诗［M］. 北京：中华书局，1985.

[12] 董浩，等. 全唐文［M］. 北京：中华书局，1983.

[13] 谭其骧. 中国历史地图集［M］. 北京：中国地图出版社，1982.

[14] 胡汝砺. 嘉靖宁夏新志（管律重修）［M］. 银川：宁夏人民出版社，1982.

[15] 张金城. 宁夏府志［M］. 刻本，1780（乾隆四十五年）.

[16] 马福祥. 朔方道志［M］. 天津：天津古籍出版社，1926.

[17] 林竞. 西北丛编［M］. 神州国光社，1931.

[18] 傅作霖. 宁夏省考察记［M］. 北京：正中书局，1934.

[19] 宁夏人文地理图志［M］. 油印本. 1936.

[20] 宁夏省政府. 宁夏水利专刊［M］. 刊印本. 1936 年.

[21] 宁夏省建设汇刊［M］. 宁夏省建设厅编印. 1936.

[22] 宁夏省政府秘书处. 宁夏十年来省政述要［M］. 刊印本. 1942.

[23] 叶祖灏. 宁夏纪要［M］. 北京：正论出版社，1947.

[24]《宁夏水利志》编纂委员会. 宁夏水利志［M］. 银川：宁夏人民出版社，1992
年.

[25]《宁夏回族自治区》编纂委员会. 中华人民共和国地名词典·宁夏回族自治区 [M]. 北京：商务印书馆，1993.

[26]《宁夏百科全书》编纂委员会. 宁夏百科全书 [M]. 银川：宁夏人民出版社，1998.

[27] 鲁人勇，吴忠礼，徐庄. 宁夏历史地理考 [M]. 银川：宁夏人民出版社，1993.

[28]《银川市志》编委会. 银川市志 [M]. 银川：宁夏人民出版社，1998.

[29]《宁夏水利志》编纂委员会. 宁夏水利新志 [M]. 银川：宁夏人民出版社，2004.

[30]《宁夏通志》编纂委员会. 宁夏通志 [M]. 北京：方志出版社.

[31] 吴忠礼. 朔方集 [M]. 银川：宁夏人民出版社，2011.

[32] 鲁人勇. 西夏地理志 [M]. 银川：宁夏人民出版社，2014.

[33] 国家文物局. 中国文物地图集·宁夏分册 [M]. 北京：文物出版社，2010.

[34] 何彤慧. 宁夏地名特征与地名文化 [J]. 宁夏社会科学，2003（4）.

后　记

　　本志编修工作于 2019 年 3 月 21 日启动, 2020 年 11 月完成初稿。2021 年 9 月 23 日通过评审, 根据评审意见, 经 3 个月修改, 于 2021 年 12 月定稿。

　　本志编纂过程中, 主要渡过三个难关。

　　一是资料搜集。接手此项任务前设想, 有第二次地名普查为基础, 资料必定丰富扎实。但到各市一看地名普查登记表, 谬误、缺漏, 比比皆是。登记在册的, 很多为小饭馆、皮包公司之类的个体工商户, 不是地名; 有些地名, 其地名要素是杜撰, 更无地名文化, 不敢用; 一些大的地名, 如黄河大桥、高速公路、全国文物保护单位等, 却未登记在册; 更有一些地名信息, 系从网上下载……因此, 只能重新搜集资料。很多资料, 如服务业、文物古迹、农林牧场、学校医院、各种基础设施类, 都是求助于主管厅局, 才取得权威性资料。还有一些地名资料, 是列出清单, 提出具体要求, 请各县市重新调查核准予以补充的。

　　二是篇目设计。地名志的主体, 本应按地名分类设章。但是, 如按第二次地名普查所分十一类地名设章, 则出现各章互相重复现象。再三考虑, 最后决定参照国家《地名词典》主编周舜武先生所设八类(政区及居民点、自然地理实体、交通运输、农林水利、科教文卫、工矿业、文物古迹及风景名胜、服务业), 加上城市公共设施、历史地名、地名工作, 共设十一章。

　　三是不离地名主题。参考了全国已出版的几本地市级地名志, 发现都有一个问题: 多数内容游离于"地名"这个主题之外, 经济、社会、气候、各项建设事业的成就, 占了很大篇幅, 实际是地方志, 不是地名志。本志在编纂中, 力求避免这种写法: 经济社会发展等点到为止; 将"历史沿革"改为"地名沿革"; 每个县级以上政区, 再列地名现状、地名来历及含义、地名命名特点、地名文化及利用等子目, 其中地名文化是重点。

　　本志计划篇幅为 55 万字, 只能选写知名度较大的地名, 政区写到乡镇和街道, 城市基础设施、水利、交通写到大型项目, 学校写到重点中学, 医院写到二甲……其他各行业地名, 也都各自规定了地名收录标准。尽管想方设法压缩, 最后仍达 85 万字。除了篇幅太大，本志仍存在一些缺陷，如：街道办事处类地名，地名文化的内容不足；乡镇类地名，按各地提供的基础资料编写，成稿后又反馈给各市县复核，但仍然难免有误；专业性较强的交通、水利、文物古迹类地名，还有地名要素记述不完整现象。其他疏漏、错误，亦在所难免，切望读者批评指正。

　　本书的编纂工作，在编纂委员会、宁夏民政厅地名办指导下进行，宁夏地名学会给予了全力支持。鲁人勇担任主编并执笔撰写多数章节；李波撰写了地名工作等2章，伊军撰写了文化、古迹和旅游景区1章；杜芳作为主编助理，自始至终负责上下协调、资料整理及其他编务工作。各市县民政部门给予了支持和帮助，提供了部分基础资料。自治区文化和旅游厅、林业和草原局、水利厅、交通运输厅、卫生健康委、教育厅等单位，提供了辖属单位地名的准确信息，在此深表诚谢！

本书编者

2021 年 10 月 20 日